Wohnungswirtschaft für die Vereinigte Stahlwerke AG, 1933–1945

Andreas Dörschner

Wohnungswirtschaft für die Vereinigte Stahlwerke AG, 1933–1945

Entstehung, Organisation, Bestandsbewirtschaftung und Wohnungsbau der Rheinische Wohnstätten AG, Rheinisch Westfälische Wohnstätten AG, Westfälische Wohnstätten AG und Westdeutsche Wohnhäuser AG

PETER LANG
Frankfurt am Main · Berlin · Bern · Bruxelles · New York · Oxford · Wien

Bibliografische Information der Deutschen Nationalbibliothek
Die Deutsche Nationalbibliothek verzeichnet diese Publikation in der Deutschen Nationalbibliografie; detaillierte bibliografische Daten sind im Internet über <http://www.d-nb.de> abrufbar.

Zugl.: Bochum, Univ., Diss., 2005

Abbildung auf dem Umschlag:
Abbildung aus dem Geschäftsbericht 1938/39 der gemeinnützigen Wohnungsgesellschaften, Duisburg-Beeck, Karolingerstr.
Quelle:
BBA B. 225 / o. S. (AS 1100 A/8.1.1 A)

Abdruck mit freundlicher Genehmigung des Bergbauarchivs beim Deutschen Bergbaumuseum, Bochum

D 294
ISBN 3-631-55129-0

www.peterlang.de

Inhaltsverzeichnis

Vorwort

Die unternehmerische Wohnungswirtschaft hat sich innerhalb weniger Jahrzehnte zu einer besonderen volkswirtschaftlichen Größe entwickelt. Sie ist Anfang des 21. Jahrhunderts mit nahezu 40 Mio. Wohnungen in 17 Mio. Gebäuden bei einem Wert von knapp vier Billionen Euro nicht nur Deutschlands größte Branche geworden, sondern mit einer Bruttowertschöpfung von 249 Mrd. Euro ebenso eine der wichtigsten. Dementsprechend wächst auch das Interesse an den Grundlagen dieser Dynamik und an den verantwortlichen Wohnungsunternehmen. Großen Anteil an der Entstehung und Entwicklung der Branche hatte der industrieverbundene Wohnungsbau. Hier waren die Wohnungsgesellschaften der Vereinigte Stahlwerke AG besonders repräsentativ.

So ist dieses Buch aus einer Dissertation entstanden, die im Sommer 2005 an der Ruhr-Universität Bochum angenommen wurde. Am Anfang der Untersuchung standen Hinweise zum Forschungsstand, die ich Frau Prof. Dr. Lidwina Kühne-Büning verdanke und die zum Kontakt mit der VEBA Immobilien AG führten. Dort lagen die ersten Akten auf Veranlassung des wenig später zum Generalbevollmächtigten der Viterra AG bestellten Volker Nordalm bereit, dem ich daneben auch für eine unkomplizierte Archivnutzung danke. Univ.-Rektor Prof. Dr. Dietmar Petzina übernahm die Dissertationsbetreuung, die von weiterführenden Anregungen gekennzeichnet war. Dafür schulde ich ihm ebenso besonderen Dank wie für die Aufnahme in seine Doktoranden- und Forschungskolloquien, die manchen Denkanstoß vermittelten. Für die Möglichkeit der weiteren Teilnahme an Kolloquien nach der Emeritierung Prof. Dr. Petzinas ist Prof. Dr. Dieter Ziegler zu danken. Anregungen, die die Arbeit förderten, verdanke ich weiteren Personen, stellvertretend nenne ich Dr. Lutz Budraß, Dr. des. Christian Eiden, Dr. Jan-Otmar Hesse, Prof. Dr. Ralf Holland, PD Dr. Christian Kleinschmidt, Dr. Alfred Reckendrees, Dr. des. Tim Schanetzky, Dr. des. Volker Schwarz, Dr. Willehad Stockmann und Architekt Dipl.-Ing. F.-W. Trappmann. Bei Fragen, die universitäre Verwaltungsvorgänge betrafen, hatte ich in Marie Luise Backhaus und Gisela Klein verläßliche Ansprechpartnerinnen.

Das Personal in den Archiven zeigte bei der Beförderung der Aktenberge große Ausdauer. Im ThyssenKrupp Archiv in Duisburg kümmerten sich die Mitarbeiter von Prof. Dr. Rasch sachkundig um die Aktenbeschaffung, namentlich sind hier Astrid Dörnemann und insbesondere Andreas Zilt zu nennen. Daneben war eine unkomplizierte Wohnungsvermittlung über Frau Wegener sehr hilfreich. Besonders zuvorkommend war die Behandlung in der Villa Hügel im Historischen Archiv Krupp in Essen durch Dr. Renate Köhne-Lindenlaub und Dr. Jens Hohensee. Gudrun Neumann vom Bergbau-Archiv beim Deutschen Bergbaumuseum in Bochum zeichnete für die schnelle Versorgung mit Bildmaterial verantwortlich und Dr. Karl-Peter Ellerbrock ermöglichte bei der Stiftung Westfälisches Wirtschaftsarchiv in Dortmund die zeitsparende Vervielfältigung von Vorschriften. Zwar konnten die Städte im Geschäftsbereich der Wohnungsgesellschaften der Vereinigte Stahlwerke AG infolge der Kriegseinwirkungen

kaum Unterlagen anbieten, doch zeigte sich das Personal der Stadtarchive wie in Bochum (Dr. Ingrid Wölk), Duisburg (Ralf Heuser), Emden (Monika Meine), Bielefeld (Prof. Dr. Reinhard Vogelsang) und Essen (Dr. Klaus Wisotzky) mit Alternativvorschlägen hilfsbereit. Daneben ermöglichte das Bundesarchiv in Berlin die Einsichtnahme in wohnungspolitisch bedeutsame Akten.
Ergänzende Hinweise zu den Lebensläufen der Vorstandsmitglieder der Wohnungsgesellschaften verdanke ich Frau Gisela Reimers, geb. Fusban, aus Aurich sowie Herrn Josef Muth vom Verband Deutscher U-Bootfahrer e.V. in Düsseldorf.
Bei der Erschließung der Literatur hat sich die Universitätsbibliothek Bielefeld besonderes Lob verdient. Mit langen Öffnungszeiten, gut sortierten Beständen und hilfsbereitem Personal stellte sie überdurchschnittliche Nutzungsbedingungen zur Verfügung.
Der Oberfinanzdirektion Münster und dem Finanzamt Bielefeld danke ich für die Überlassung des Reichsgesetzblatts.
Das Buch widme ich in Dankbarkeit meinen Eltern und meiner Frau, Katharina Dörschner, die die Arbeit zu jeder Zeit befürwortet hat.

Bielefeld, im Mai 2006 — Andreas Dörschner

A. Einleitung

„Die Wohnungswirtschaft eines jeden Volkes steht unter zwei großen Voraussetzungen. Die eine ist die Gestaltung des Sozial- und Wirtschaftslebens ganz allgemein und die andere ist die damit zusammenhängende, aber doch als Eigenfaktor zu wertende Gestaltung des gesamten Siedlungswesens."

Friedrich Lütge[1]

Als im Jahr 1926 das Unternehmen Vereinigte Stahlwerke AG (VSt) gegründet wurde, brachten die Gründungswerke neben den Werksanlagen ihren jeweiligen Wohnungsbestand in den neuen Konzern ein. Ein Großunternehmen der Stahlindustrie und des Bergbaus hatte nun die Aufgabe zu lösen, für einen Bestand von über 60.000 Wohnungen mit einem Wert von rd. 184 Mio. RM eine effiziente Bewirtschaftung zu schaffen.[2]

Am 22.06.1933 gründete die VSt vier Wohnungsgesellschaften und teilte den Großteil des Wohnungsbestands auf. Es entstanden die drei gemeinnützigen Wohnungsgesellschaften Westfälische Werkswohnungs AG, Rheinisch-Westfälische Werkswohnungs AG und Rheinische Werkswohnungs AG sowie die nicht gemeinnützige Westdeutsche Wohnhäuser AG. Im Jahr 1937 firmierten die gemeinnützigen Gesellschaften zu Westfälische Wohnstätten AG, Rheinisch Westfälische Wohnstätten AG und Rheinische Wohnstätten AG um.[3] Sie besaßen Ende 1938, als die VSt gemessen an ihrem Grundkapital hinter der I.G. Farbenindustrie AG zweitgrößte Industrieaktiengesellschaft im Deutschen Reich war, mehr als ein Viertel des Gesamtbestands industrieller Wohnungen in den Wirtschaftskammerbezirken Düsseldorf und Westfalen-Lippe und ein Achtel des gesamten deutschen industriellen Wohnungsbestands.[4]

Einschließlich der Haushaltsangehörigen zählte die mit Wohnraum zu versorgende Belegschaft der VSt annähernd 675.000 Personen. Auch wenn nicht alle betriebsverbundenen Personen bei den Wohnungsgesellschaften der VSt wohnten und deren Wohnungen nicht nur von Werksangehörigen bewohnt wurden, hatte der Wohnungsbestand das Volumen einer Großstadt von bis zu 250.000 Einwohnern und wies einen dementsprechend hohen Repräsentationsgrad auf.[5]

---

[1] Lütge, Friedrich, Wohnungswirtschaft, Eine systematische Darstellung unter besonderer Berücksichtigung der deutschen Wohnungswirtschaft, Jena 1940, S.1.

[2] Bericht vom 01.07.1935 über die Organisation der Wohnungsgesellschaften, S. 3, TKA VSt/ 2009; TKA A/ 9415; Steinberg, Wilhelm, Wohnstätten an Rhein und Ruhr, Aus der Arbeit der Wohnstätten-Gesellschaften für Kohle und Stahl, Düsseldorf 1958, S. 20.

[3] VA VS/ I, Bl. 60; folgend *Westfälische W.*, *Rheinisch Westfälische W.*, *Rheinische W.*, *Westdeutsche W.* .

[4] Küster, Egon, Entstehungsgründe, Kapitalquellen und Unternehmungsformen des gemeinnützigen Wohnungsbaues, Göttingen 1941, S. 98; Fiedler, Martin, Fusionen und Übernahmen in der deutschen Industrie, 1898-1938, in: JfW 2002/ 2, S. 209-239, hier S. 233.

[5] Mönkemöller, Fritz, 5 Jahre Wohnstättengesellschaften, Aufbau und Tätigkeit der 1933 gegründeten Wohnstättengesellschaften, die der Vereinigte Stahlwerke Aktiengesellschaft, Düsseldorf, nahestehen, Düsseldorf 1938, S. 33; Heinrichsbauer, August, Industrielle Siedlung im Ruhrgebiet in Vergangenheit, Gegenwart und Zukunft, Essen 1936, S. 124.

Die Größenordnung verdeutlicht den Stellenwert für die Bevölkerung des Rhein-/ Ruhrgebiets, denn die Wohnung gehörte als Wirtschaftsgut von beträchtlicher Lebensdauer bereits zu den bedeutsamsten Gütern der Wirtschaft. Die Wohnung wird durch einen hohen Komplexitätsgrad definiert, gehört zu den heterogenen Gütern und bedient das existentielle Bedürfnisfeld „Wohnen". Das Gut Wohnung ist standortgebunden, allenfalls bedingt teilbar und aus technisch-naturaler Sicht als „materielle menschliche Behausung, wozu im engeren Sinne Gebäude gehören"[6], zu bezeichnen. Die Wohnung ist ökonomisch betrachtet als langlebiges Konsumgut durch Dauerhaftigkeit charakterisiert und kann verkauft oder vermietet werden. In personal-sozialer Hinsicht befriedigt sie das Wohnbedürfnis der Bevölkerung auf vielfachen regionalen und sachlichen Teilmärkten.[7] Die Geschäftstätigkeit von Wohnungsunternehmen definiert sich über eine „Vieldimensionalität"[8], die rechtliche, betriebs- und volkswirtschaftliche, soziologische und technische Voraussetzungen einbezieht. Welcher dieser Disziplinen jeweils größere Aufmerksamkeit zu widmen ist, richtet sich nach dem Schwerpunkt einer jeden Begutachtung.[9]

Die vier Wohnungsgesellschaften der VSt gelten bis heute in der Betriebswirtschaftslehre der Grundstücks- und Wohnungswirtschaft als ein „Musterbeispiel"[10] für Unternehmungen der Industrie, die rechtlich selbständig wohnungswirtschaftliche Aufgaben versahen.

---

[6] Greve, Rolf, Wohnungsgenossenschaften und ihre Konzernstrukturen, Eine Analyse aus institutionenökonomischer Sicht, Kooperations- und genossenschaftswissenschaftliche Beiträge, Münster 1998, S. 6.

[7] Oettle, Karl, Die Wohnung als wirtschaftliches Gut, in: Engelhardt, Werner W./ Thiemeyer, Theo, Gesellschaft, Wirtschaft, Wohnungswirtschaft, Festschrift für Helmut Jenkis, Berlin 1987, S. 235-259, hier S. 237 ff.; zur Entstehung von Wohnbedingungen Zinn, Hermann, Entstehung und Wandel bürgerlicher Wohngewohnheiten und Wohnstrukturen, in: Niethammer, Wohnen im Wandel, Wuppertal 1979, S. 13-27, hier S. 17; Kornemann, Rolf, Fehlsubventionierungen im öffentlich geförderten Wohnungsbau, Bilanz einer systemwidrigen Marktintervention, Bonn 1973, S. 15; Mayer, Annette, Theorie und Politik des Wohnungsmarktes, Eine Analyse der Wohnungspolitik in Deutschland unter besonderer Berücksichtigung der ökonomischen Theorie der Politik, Berlin 1998, S. 43.

[8] Oettle, Karl, Wohnungswirtschaft - in den deutschen Wirtschafts- und Sozialwissenschaften vernachlässigt, in: Jenkis, Helmut W., (Hrsg.), Kompendium der Wohnungswirtschaft, 4. Auflage, München 2001, S. 3-22, hier S. 10; Möhlmann, Horst, Betriebswirtschaftliche Gesamtplanung in der Wohnungswirtschaft, Hamburg 1973, S. 22; Dörschner, Andreas, Bedeutung der Unternehmensgeschichte in der Praxis der Wohnungswirtschaft, Interview mit Volker Nordalm, Vorstandsmitglied der Veba Immobilien AG, in: Akkumulation 12/ 1999, S. 4.

[9] Kohoutek, Rudolf/ Kainrath, Wilhelm, Wohnungsmarkt II, Ansätze zu einer politökonomischen Theorie der Wohnungswirtschaft, Institut für Stadtforschung, Wien 1976, S. 5; Engelbrecht, Klaus, Die Unternehmensverfassung im System dezentraler Planung des Wirtschaftsprozesses - Ein ordnungstheoretisches Problem in gesamtwirtschaftlicher Sicht -, Marburg 1970, S. 4, 12, 18; Schulte, Karl-Werner, Betriebswirtschaftliche Grundlagen der Immobilienökonomie, in: Jenkis, Kompendium (2001), S. 889-933, hier S. 890; Oettle, Wohnungswirtschaft, in: Jenkis, Kompendium (2001), S. 14; zur Komplexität des Untersuchungsgegenstandes unter Bezugnahme auf den „Arbeitskreis für kritische Unternehmens- und Industriegeschichte" (AKKU) Pierenkemper, Toni, Unternehmensgeschichte, Eine Einführung in ihre Methoden und Ergebnisse, Grundzüge der modernen Wirtschaftsgeschichte, Band 1, Stuttgart 2000, S. 76.

[10] Murfeld, Egon (Hrsg.), Spezielle Betriebswirtschaftslehre der Immobilienwirtschaft, 4. Auflage, Hamburg 2002, S. 8; zeitgenössisch Deuble, Willy R., Fürsorge für den Wohnungsbau als soziale Aufgabe des Unternehmers, in: Theisinger, Karl (Hrsg.), Die Führung des Betriebes, Festschrift zum 60. Geburtstag von Wilhelm Kalveram, Berlin Wien 1942, S. 133-137, hier S. 135.

I. Fragestellung und Analyserahmen

Mit der Gründung mehrerer Wohnungsgesellschaften begab sich die VSt im Sommer 1933 in einen Wirtschaftszweig, der lange in Abhängigkeit zu industriellem Wachstum gestanden hatte. Für die Industriebelegschaft waren seit dem 19. Jahrhundert Wohnungen errichtet worden, die den Anfangsbestand bei Gründung der Wohnungsunternehmen bildeten. Die Gründungsphase der Gesellschaften fiel dann 1933 mit der nationalsozialistischen Machtübernahme zusammen. Der Nationalsozialismus wurde daher nahezu zeitgleich das politische System, unter dem die Wohnungsgesellschaften zunächst ihre Geschäftstätigkeit versahen.

Daraus ergibt sich als erstes die erkenntnisleitende Fragestellung nach den Handlungsspielräumen und Strategien, die die Gesellschaften im Verhältnis zum nationalsozialistischen Staat entwickeln konnten. Die Untersuchung im Rahmen des Zusammentreffens von Unternehmen und Nationalsozialismus reiht sich ein in die gleichnamige Diskussion der vergangenen Jahre.
Mit *Plumpe*[11] sind hier drei Diskussionsstränge zu erkennen:
Zum ersten die Verantwortung in und gegenüber der Politik, zum zweiten das Verhältnis von Wirtschaft und Politik im Rahmen der nationalsozialistischen Wirtschaftssteuerung und zum dritten die Entwicklung einzelner Unternehmen und Branchen.
Die Untersuchung der Wohnungsgesellschaften betrifft den dritten Strang, der steigende wissenschaftliche Beachtung erfährt. Dies findet Ausdruck in Untersuchungen zu Versicherungen und Banken - auch unter Berücksichtigung der sog. „Arisierungen“[12]-, zur Schwerindustrie, Elektroindustrie, Bauindustrie, chemischen und optischen Industrie sowie zum Automobil-, Schiffs- und Flugzeugbau.[13]

---

[11] Plumpe, Werner, Unternehmen im Nationalsozialismus, Eine Zwischenbilanz, in: Abelshauser, Werner/ Hesse, Jan-Otmar/ *derselbe* (Hrsg.), Wirtschaftsordnung, Staat und Unternehmen, Neue Forschungen zur Wirtschaftsgeschichte des Nationalsozialismus, Festschrift für Dietmar Petzina zum 65. Geburtstag, Essen 2003, S. 243-266, hier S. 247 ff. .

[12] Exemplarisch James, Harold, Die Deutsche Bank und die „Arisierung“, München 2001; Köhler, Ingo, Die „Arisierung“ der Privatbanken im Dritten Reich, Verdrängung, Ausschaltung und die Frage der Wiedergutmachung, Schriftenreihe zur Zeitschrift für Unternehmensgeschichte, Band 14, München 2005.

[13] Banken: James, Harold, Die Deutsche Bank und die deutsche Diktatur, in: Gall, Lothar/ Feldman, Gerald D./ James, Harold/ Holtferich, Carl-Ludwig/ Büschgen, Hans E., Die Deutsche Bank 1870-1945, München 1995, S. 315-408; Steinberg, Jonathan, Die Deutsche Bank und ihre Goldtransaktionen während des Zweiten Weltkrieges, München 1999; James, Harold, Die Deutsche Bank im Dritten Reich, München 2003; Henke, Klaus-Dietmar (Hrsg.), Die Dresdner Bank im Dritten Reich, 4 Bände, München 2006; Versicherungen: Feldman, Gerald D., Die Allianz und die deutsche Versicherungswirtschaft 1933-1945, München 2001; Schwerindustrie: Seebold, Gustav-Hermann, Ein Stahlkonzern im Dritten Reich, Der Bochumer Verein 1927-1945, Wuppertal 1981; Mollin, Gerhard Th., Montankonzerne und Drittes Reich, Der Gegensatz zwischen Monopolindustrie und Befehlswirtschaft in der deutschen Rüstung und Expansion 1936-1944, Göttingen 1988; Reckendrees, Alfred, Das Stahltrust-Projekt, Die Gründung der Vereinigte Stahlwerke A.G. und ihre Unternehmensentwicklung 1926-1933/34, München 2000; Elektronik/ Elektrizität: Feldenkirchen, Wilfried, Siemens, 1918-1945, München 1995; Stier, Bernhard, Staat und Strom, Die politische Steuerung des Elektrizitätssystems in Deutschland 1890-1950, Schriften des Landesmuseums für Technik und Arbeit in Mannheim, Ubstadt-Weiher 1999; Kältetechnik: Dienel, Hans-Liudger, Die Linde-AG, Geschichte eines Technologie-Konzerns 1879-2004, München 2004; Bau: Pohl, Manfred, Philipp Holzmann, Geschichte eines Bauunternehmens, 1849-1999, München 1999; Chemische Industrie: Plumpe, Gottfried, Die I.G. Farbenindustrie AG, Wirtschaft, Technik und Politik 1904-1945, Berlin

Auch staatliche und mittelständische Unternehmen sind davon betroffen.[14] Dementsprechend hat sich die Frage nach dem Verhältnis zwischen Staat und Unternehmen und damit die Frage nach den konkreten Strategien und Handlungsspielräumen der Unternehmen als besonders wichtiger Untersuchungsbereich herausgestellt.[15] So ist es auch hinsichtlich der Wohnungsgesellschaften von besonderem Interesse, wie die nationalsozialistischen Vorgaben in die Tätigkeit der Gesellschaften - namentlich in die Bestandsbewirtschaftung und in die Bauprogramme - Einbindung fanden. Fraglich ist, ob es hier die politischen Faktoren waren, die die Entscheidungen der Unternehmen maßgeblich beeinflußten. Dafür gilt es festzustellen, in welchem Maß die unternehmerischen Entscheidungen von exekutiven Maßnahmen oder der Gesetzgebung bestimmt waren. Es fragt sich, inwieweit eine unternehmerische Entscheidungsautonomie unter dem politischen Einfluß auf die Entscheidungsräume erhalten blieb. Da die Ausgestaltung der Geschäftsfelder unter den Bedingungen des Nationalsozialismus

---

1990; Hayes, Peter, Die I.G.-Farbenindustrie, in: Gall, Lothar/ Pohl, Manfred (Hrsg.), Unternehmen im Nationalsozialismus, München 1998, S. 107-116; Stokes, Raymond G., Von der I.G. Farbenindustrie bis zur Neugründung der BASF, (1925-1952), in: Abelshauser, Werner (Hrsg.), Die BASF, Eine Unternehmensgeschichte, 2. Auflage, München 2003, S. 221-358; Lindner, Stephan H., Hoechst. Ein I.G. Farben Werk im Dritten Reich, München 2005; Optische Industrie: Walter, Rolf, Zeiss 1905-1945 (Band 2, Carl Zeiss, Die Geschichte eines Unternehmens), Köln 2000; Schiffsbau: Meyhoff, Andreas, Blohm & Voss im „Dritten Reich“, Eine Hamburger Großwerft zwischen Geschäft und Politik, Hamburger Beiträge zur Sozial- und Zeitgeschichte, Bd. 38, Hamburg 2001; Flugzeugbau: Budraß, Lutz, Flugzeugindustrie und Luftrüstung in Deutschland 1918-1945, Düsseldorf 1998; Pophanken, Hartmut, Gründung und Ausbau der „Weser“-Flugzeugbau GmbH 1933 bis 1939, Unternehmerisches Entscheidungshandeln im Kontext der nationalsozialistischen Luftrüstung, Bremen 2000; Automobilindustrie: Mommsen, Hans/ Grieger, Manfred, Das Volkswagenwerk und seine Arbeiter im Dritten Reich, 3. Auflage, Düsseldorf 1997; Gregor, Neil, Stern und Hakenkreuz, Daimler-Benz im Dritten Reich, Berlin 1997; Heyl, Bernd/ Neugebauer, Andrea, ...ohne Rücksicht auf die Verhältnisse“, Opel zwischen Weltwirtschaftskrise und Wiederaufbau, Frankfurt/ M. 1997; Spoerer, Mark, Die Automobilindustrie im Dritten Reich: Wachstum um jeden Preis ?, in: Gall/ Pohl, Unternehmen, S. 61-68; Werner, Constanze, Kriegswirtschaft und Zwangsarbeit bei BMW, Schriftenreihe der BMW Group-Konzernarchiv, Band 1, München 2006.

[14] Hildebrand, Klaus, Die Deutsche Reichsbahn in der Zeit der nationalsozialistischen Diktatur 1933-1945, in: Gall, Lothar/ Pohl, Manfred, Die Eisenbahn in Deutschland, Von den Anfängen bis zur Gegenwart, München 1999, S. 165-250; Hildebrand, Klaus, Die Deutsche Reichsbahn 1933-1945, in: Gall/ Pohl, Unternehmen, S. 73-90; Hopmann, Barbara, Von der Montan- zur Industrieverwaltungsgesellschaft (IVG) 1916-1951, Stuttgart 1996; Gehrig, Astrid, Nationalsozialistische Rüstungspolitik und unternehmerischer Entscheidungsspielraum, Vergleichende Fallstudien zur württembergischen Maschinenindustrie, München 1996; Bräutigam, Petra, Mittelständische Unternehmer im Nationalsozialismus, Wirtschaftliche Entwicklungen und soziale Verhaltensweisen in der Schuh- und Lederindustrie Badens und Württembergs, München 1997; Berghoff, Hartmut, Zwischen Kleinstadt und Weltmarkt, Hohner und die Harmonika, 1857-1961, Paderborn 1997.

[15] Banken, Ralf, Der Nationalsozialismus in der Unternehmensgeschichte: Hinterläßt die Sonderkonjunktur Spuren ?, in: Akkumuklation 20/ 2004, S. 1-18, hier S. 4; Großbölting, Thomas/ Schmidt, Rüdiger (Hrsg.), Unternehmerwirtschaft in Deutschland zwischen 1930 und 1960-Stand und Perspektiven der Forschung, in: *dieselben*, Unternehmerwirtschaft zwischen Markt und Lenkung, Organisationsformen, politischer Einfluß und ökonomisches Verhalten 1930-1960, München 2002, S. 9-38, hier S. 9 ff., zu Politik und Wirtschaft grundlegend Kershaw, Ian, Der NS-Staat, 3. Auflage, Reinbek 2002, S. 80 ff.; mit Schwerpunkt Unternehmer Erker, Paul, Industrieeliten in der NS-Zeit, Anpassungsbereitschaft und Eigeninteresse von Unternehmern in der Rüstungs- und Kriegswirtschaft 1936-1945, Passau 1993/ 94; Mommsen, Hans, Konnten Unternehmer im Nationalsozialismus apolitisch bleiben ?, in: Gall/ Pohl, Unternehmen, S. 69-72, hier S. 70; Feldman, Gerald D., Hugo Stinnes und der Nationalsozialismus, in: Gall/ Pohl, Unternehmen, S. 91-98; Scholtyseck, Joachim, Robert Bosch und der liberale Widerstand gegen Hitler, München 1999; Lorentz, Bernhard, Industrieelite und Wirtschaftspolitik 1928-1950, Heinrich Dräger und das Drägerwerk, Paderborn 2001.

nicht nur von der „Orchestrierung der Ressourcen"[16] abhing, ist also zu beachten, in welchem Umfang insbesondere die wohnungspolitischen Rahmenbedingungen eine effiziente Geschäftstätigkeit zuließen. Die „Erwartungsbildungsprozesse" und „Entscheidungsroutinen" blieben in deutschen Unternehmen generell unverändert, so daß der Nationalsozialismus nach 1933 für die Entscheidungsabläufe „keine große Herausforderung"[17] darstellte. Fraglich ist indessen, ob dies so auch für die Wohnungsgesellschaften galt. In diesem Zusammenhang ist zu klären, ob die Wohnungsgesellschaften einer Beschränkung ihrer Verfügungsautorität entgegenwirken konnten, indem sie einerseits Zugeständnisse an das Regime machten, um andererseits möglichst weitgehend autonom entscheiden und handeln zu können.
Wie also verhielten sich die Gesellschaften gegenüber dem Regime, um ihre Funktion aufrechterhalten zu können ? Machten sie allein aus ökonomischem Selbstzweck mit oder waren sie über wirtschaftliche Zwecke hinaus ideologisch motiviert ? Dabei gilt es abzuwägen, ob die Wohnungsunternehmen den Handlungsrahmen, den der Nationalsozialismus auch unter den Bedingungen des Krieges bot, allein nutzten, um Routineentscheidungen aus ökonomischem Kalkül zu treffen oder aber darüber hinausgingen.

Neben dem Umfang der Handlungsspielräume, die die Gesellschaften im Nationalsozialismus hatten, ist fraglich, aus welchen Motiven es zuvor zur Ausgründung der Wohnungsbestände der Werke im Gesamtkonzern kam. Dabei fragt es sich, welche Entwicklung die VSt dazu bewog, in dem erst 1926 gegründeten Konzern eine Reorganisation vorzunehmen, die rechtlich eigenständige Gesellschaften für die Wohnungsbestände hervorbrachte. Ging es bei der Gründung um eine geographische Neuordnung, ging es um eine einheitlichere Verwaltung ? Bedeutete die Herauslösung der Wohnungen aus den Werksbeständen eine zunehmende Distanz der VSt zu ihren Wohnungsbeständen ? Wie bedeutsam waren die Wohnungsunternehmen ? War der Bereich der Wohnungswirtschaft im Gesamtkonzern wichtig ? Spielte der Vermögenswert der Wohnungen für die VSt in den Gründungsüberlegungen eine Rolle ?

Angesichts der Gründung sowohl eines nicht gemeinnützigen als auch dreier gemeinnütziger Unternehmen ist es darüber hinaus erklärungsbedürftig, welchen Stellenwert der Status der Gemeinnützigkeit für die Wohnungsgesellschaften hatte. Verbarg sich dahinter nur ein leerer Begriff oder definierte sich darüber die Unternehmenspolitik ? Gewährte die Gemeinnützigkeit gar Vorteile, die Schlüssel zum Verständnis der unternehmerischen Entscheidungen waren ? Hatte die Gemeinnützigkeit Einfluß auf das unternehmerische Selbstverständnis ? Was also bedeutete die Gemeinnützigkeit für die Einordnung des unternehmerischen Handelns der Wohnungsgesellschaften ?

Die Effizienz des unternehmerischen Handelns hing auch von einer angemessenen Organisation ab. Daher ist fraglich, aus welchen Gründen die Rechtsform der AG den

---

[16] Schulte, Karl-Werner/ Schäfers, Wolfgang (Hrsg.), Einführung in das Corporate Real Estate Management, in: *dieselben*, Handbuch Corporate Real Estate Management, Köln 1998, S. 25-54, hier S. 31.
[17] Plumpe, in: Abelshauser/ Hesse/ *derselbe*, S. 261.

Vorzug erhielt. Welche Stellen und Instanzen kennzeichneten dann die Organisation ? Waren sie selbständig oder miteinander verknüpft ? Waren sie Veränderungen unterworfen oder von Kontinuität geprägt ? Welche Entscheidungsebenen bestanden ? Wer hatte Weisungsbefugnisse, wem kamen Steuerungsfunktionen zu ? Lagen auch ressourcenorientierte Kooperationsformen vor ?

Im Anschluß daran ergibt sich schließlich der Fragenkomplex, wie die Wohnungsgesellschaften ihre unternehmerischen Strategien im Gesamtkonzern der VSt umsetzen konnten. Gab die VSt Handlungsmuster vor, erteilte sie Direktiven ? Wie sahen die Willensbildungsprozesse aus ? Welchen Nutzen hatte die VSt von einer Geschäftstätigkeit der Wohnungsgesellschaften, wie bedeutsam waren deren Aktivitäten ?
Dabei fragt es sich, ob die Gesellschaften ihre Unternehmenspolitik auf dem Geschäftsfeld der Bestandsbewirtschaftung insbesondere im Mietwesen hinreichend definieren konnten. Konnten sie unter Berücksichtigung ihrer Mieterstruktur Vertragsverhältnisse beliebig ausgestalten ?
Die Bestandsbewirtschaftung wurde um die Tätigkeit im Wohnungsbau als weiterem Geschäftsfeld ergänzt und bringt die Frage mit sich, wie erfolgreich die Gesellschaften im Bauwesen tätig sein konnten. Hier ist nicht allein von Interesse, wie welche Arten von Bauvorhaben umgesetzt wurden, sondern auch, wie die Gesellschaften ihrer Aufgabe der Wohnraumversorgung insbesondere unter den Bedingungen des Krieges nachkamen. Angesichts der Kriegseinwirkungen gilt es festzustellen, inwiefern sich die Wahrnehmung der Geschäftsfelder veränderte. Agierten die Gesellschaften bereits im Hinblick auf Nachkriegsplanungen oder reagierten sie lediglich auf die Verhältnisse, die der Krieg mit sich brachte ?
Alles in allem ist es für das unternehmerische Selbstverständnis von zentralem Interesse, ob es den Gesellschaften im Verhältnis zur VSt überhaupt möglich war, autonome Entscheidungen zu treffen.

Zusammengefaßt ergeben sich somit die erkenntnisleitenden Fragestellungen,

- welche Bedeutung die politischen Vorgaben des nationalsozialistischen Regimes auf die Unternehmenspolitik der Wohnungsgesellschaften hatten,
- welche Intentionen zur Gründung der Wohnungsgesellschaften mit einer angemessenen Organisationsstruktur führten,
- welchen Stellenwert die Gemeinnützigkeit einnahm,
- welches Verhältnis zwischen den Wohnungsgesellschaften und der VSt bestand.

Im Hinblick auf die Vorgehensweise ist zu beachten, daß insbesondere Fragen zu der Anerkennung der Gemeinnützigkeit oder der geeigneten Rechtsform eng an juristische Voraussetzungen gebunden waren. Auch das Alltagsgeschäft war vor allem über das Miet- und Baurecht stark von rechtlichen Einflüssen geprägt. Die juristischen Rahmenbedingungen gewannen daher für die Gesellschaften einen zentralen Stellenwert.

So wird mit den Rechtswissenschaften ein Bereich integriert, der bislang in Untersuchungen vor allem hinter betriebswirtschaftlichen und soziologischen Fragestellungen zurückstand.
Hinsichtlich betriebswirtschaftlicher Ansatzpunkte führte die fachliche Diskussion um die Analyse und Interpretation von Handlungs- und Entscheidungsprozessen in komplex organisierten Unternehmen bei variierenden Umweltbedingungen insbesondere zu dem Versuch, institutionenökonomische Voraussetzungen zu übernehmen.[18] Transaktionskostentheorie,[19] Property-Rights-Begriff[20] und Principal-Agent-Theorie

---

[18] Plumpe, Werner, Unternehmen, in: Ambrosius, Gerold/ Petzina, Dietmar/ *derselbe* (Hrsg.), Moderne Wirtschaftsgeschichte, Eine Einführung für Historiker und Ökonomen, München 1996, S. 47-66, hier S. 55; Pfister, Ulrich/ Plumpe, Werner, Unternehmen und Unternehmer. Markt-Organisation-Gesellschaft, Einleitung: Plädoyer für eine theoriegestützte Geschichte von Unternehmen und Unternehmern, in: Westfälische Forschungen 50/ 2000, S. 1-21, hier S. 3 ff.; Erker, Paul, Aufbruch zu neuen Paradigmen. Unternehmensgeschichte zwischen sozialgeschichtlicher und betriebswirtschaftlicher Erweiterung, in: AfS 37 (1997), S. 321-365, hier S. 321; Pierenkemper, Toni, Was kann eine moderne Unternehmensgeschichtsschreibung leisten ? Und was sollte sie tunlichst vermeiden, in: ZUG 44 (1999), S. 15-31, hier S. 20; dazu Pohl, Manfred, Zwischen Weihrauch und Wissenschaft ? Zum Standort der modernen Wirtschaftsgeschichte, Eine Replik auf Toni Pierenkemper, in: ZUG 44 (1999), S. 150-163; dazu Duplik Pierenkemper, Toni, Sechs Thesen zum gegenwärtigen Stand der deutschen Unternehmensgeschichtsschreibung, Eine Entgegnung auf Manfred Pohl, in: ZUG 45 (2000), S. 158-166 sowie Borscheid, Peter, Der ökonomische Kern der Unternehmensgeschichte, in: ZUG 46 (2001), S. 5-10, hier S. 5; Triebel, Florian/ Seidl, Jürgen, Ein Analyserahmen für das Fach Unternehmensgeschichte, in: ZUG 46 (2001), S. 11-26; allgemeiner Schulz, Günther, Die neuere deutsche Wirtschaftsgeschichte: Themen-Kontroversen-Erträge der Forschung, in: Feldenkirchen/ Schönert-Röhlk/ *derselbe*, Wirtschaft, Gesellschaft, Unternehmen, Festschrift für Hans Pohl zum 60. Geburtstag, 1. Teilband, VSWG Beihefte, Nr. 120a, Stuttgart 1995, S. 400-425; Jeske, Jürgen, Der Aufstieg der Unternehmensgeschichte, in: FAZ v. 09.06.2001, Nr. 132, S. 13; sehr kurz Raphael, Lutz, Geschichtswissenschaft im Zeitalter der Extreme, Theorien, Methoden, Tendenzen von 1900 bis zur Gegenwart, München 2003, S. 75 f.; m.w.N. Hesse, Jan-Otmar, Unternehmensgeschichte als Medium der Mediengeschichte, Ein Literaturbericht, in: AfS 41 (2001), S. 539-555; Berghoff, Hartmut, Wozu Unternehmensgeschichte ? Erkenntnisinteressen, Forschungsansätze und Perspektiven des Faches, in: ZUG 49 (2004), S. 131-148, hier S. 132 ff., S. 135 Fn. 14; Berghoff, Hartmut, Moderne Unternehmensgeschichte, Eine themen- und theorieorientierte Einführung, Paderborn 2004; S. 14 ff.; Plumpe, Werner, Perspektiven der Unternehmensgeschichte, in: Schulz, Günther u.a. (Hrsg.), Sozial- und Wirtschaftsgeschichte, Arbeitsgebiete-Probleme-Perspektiven, 100 Jahre Vierteljahrschrift für Sozial- und Wirtschaftsgeschichte, Stuttgart 2004, S. 403-425, hier S. 419.

[19] Coase, Ronald H., The Nature of the Firm, in: Economica 4 (1937), S. 386-405, abgedruckt in: *derselbe*, The Firm, the Market and the Law, Chicago London 1988, S. 33- 55 (chapter two); Commons, John R., Institutional Economics, Its Place in Political Economy, Volume Two, Wisconsin Madison 1961 [1934], S. 510 ff.; Williamson, Oliver E., The Economic Institutions of Capitalism. Firms, Markets, Relational Contracting, New York 1985; *derselbe*, Transaktionskostenökonomik, Ökonomische Theorie der Institutionen, Münster Hamburg 1993, S. 12; Schumann, Jochen/ Meyer, Ulrich/ Ströbele, Wolfgang, Grundzüge der mikroökonomischen Theorie, 7. Auflage, Berlin Heidelberg New York 1999, S. 474; Nieberding, Anne/ Wischermann, Clemens, Unternehmensgeschichte im institutionellen Paradigma, in: ZUG 43 (1998), S. 35-48, hier S. 45 Fn. 19 und 29; kurzer Überblick bei Tilly, Richard, Wirtschaftsgeschichte als Disziplin, in: Ambrosius/ Petzina/ Plumpe, S. 1-26, hier S. 21 f.; Butschek, Felix, Wirtschaftsgeschichte und Neue Institutionenökonomie, in: Schremmer, Eckart (Hrsg.), Wirtschafts- und Sozialgeschichte, Gegenstand und Methode, 17. Arbeitstagung der Gesellschaft für Sozial- und Wirtschaftsgeschichte in Jena 1997, VSWG Beihefte Nr. 145, Stuttgart 1998, S. 89-100, hier S. 93; Berghoff, Hartmut, Transaktionskosten: Generalschlüssel zum Verständnis langfristiger Unternehmensentwicklung ? Zum Verhältnis von Neuer Institutionenökonomie und moderner Unternehmensgeschichte, in: JfW 1999/ 1, S. 159-176, hier S. 175; Llewellyn, Karl N., What price contract ? An essay in perspective, Yale Law Journal 40 (1931), S. 704-751, zitiert bei Williamson, Transaktionskostenökonomik, S. 8 f. .

[20] Wischermann, Clemens, Der Property-Rights-Ansatz und die „neue" Wirtschaftgeschichte, in: GuG 19 (1993), S. 239-258; Neus, Werner, Einführung in die Betriebswirtschaftslehre aus institutionenökonomischer Sicht, 3. Auflage, Tübingen 2003, S. 107 ff.; dazu weiter Schanetzky, Tim, Was ist Unternehmensgeschichte ?, Theoretische und methodische Grundlagen einer Geschichte der Wohnungswirtschaft, Ausarbeitung für den Gemeinnützigen Förderverein für Wohnungswesen, Städteplanung und Raumordnung e.V. (gfw), Bochum 1997, S. 18;

sollten aus der Betriebswirtschaftslehre übertragen werden,[21] konnten sich aber nicht unmittelbar etablieren. Während ein weiterer Ansatzpunkt soziologisch berücksichtigen kann, daß in Unternehmen als sozialen Systemen Entscheidungen zur Steuerung und Koordination der langfristigen Entwicklungsziele nicht nur von rational-ökonomischen Überlegungen getroffen werden, ermöglicht die Integration der rechtlichen Rahmenbedingungen konkret für die Untersuchung der Wohnungsgesellschaften die Beachtung der vielfältigen und umfangreichen Schnittstellen zwischen Immobilienökonomie und Rechtswissenschaften.[22]

Die Regeln des Rechts leiten maßgeblich das Handeln der Akteure am Markt, in Organisationen und in der Politik und insbesondere in der Wohnungswirtschaft besteht eine enge Rückkopplung von Legislative und Judikative. [23] Ebenso findet die „Unternehmungsverfassung", deren Gegenstand die Regelung der Entscheidungs- und Anreizstruktur der Kerngruppe einer Unternehmung ist, ihren nachhaltigsten Ausdruck in

---

Wöhe, Günter, Einführung in die Allgemeine Betriebswirtschaftslehre, 18. Auflage, München 1993, S. 15; Alchian, Armen Albert/ Demsetz, Harold, American Economic Review production, information costs, and economic organization, in: American Economic Review 1972, S. 777-795.

[21] Chandler, Alfred Dupont, Scale and Scope, The dynamics of Industrial capitalism, Cambridge London 1990, S. 14-46; Neus, S. 10, 17; North, Douglass C., Institutionen, institutioneller Wandel und Wirtschaftsleistung, Die Einheit der Gesellschaftswissenschaften, Studien in den Grenzbereichen der Wirtschafts- und Sozialwissenschaften, Band 76, Tübingen 1992, S. 3; Erlei, Mathias/ Leschke, Martin/ Sauerland, Dirk, Neue Institutionenökonomik, Stuttgart 1999, S. 69 ff., 75, 272; Richter, Rudolf, Sichtweise und Fragestellungen der Neuen Institutionenökonomik, in: ZWS 110 (1990), S. 571-591, hier S. 580 f.; Bonus, Holger, Unternehmen in institutionenökonomischer Sicht, in: Wischermann, Clemens/ Borscheid, Peter/ Ellerbrock, Karl-Peter (Hrsg.), Unternehmenskommunikation im 20. Jahrhundert, Neue Wege der Unternehmensgeschichte, Gesellschaft für Westfälische Wirtschaftsgeschichte, Untersuchungen zur Wirtschafts-, Sozial- und Technikgeschichte Band 19, Dortmund 2000, S. 17-29, hier S. 20; Walter, Rolf, Wirtschaftsgeschichte, Vom Merkantilismus bis zur Gegenwart, Wirtschafts- und Sozialhistorische Studien Band 4, Köln Weimar Wien 2000, S. 12; Bonus, Holger/ Weiland, Raimund, Die Welt der Institutionen, in: Dieckheuer, Gustav (Hrsg.) Beiträge zur angewandten Mikroökonomik, Jochen Schumann zum 65. Geburtstag, Berlin New York London u. a. 1995, S. 31, 34, 39; Hesse, Jan-Otmar, Im Netz der Kommunikation, Die Reichs- Post- und Telegraphenverwaltung 1876-1914, Schriftenreihe zur Zeitschrift für Unternehmensgeschichte, Band 8, München 2002, S. 41; zum Ganzen Ellerbrock, Karl-Peter/ Wischermann, Clemens (Hrsg.), Die Wirtschaftsgeschichte vor der Herausforderung durch die New Institutional Economics, Untersuchungen zur Wirtschafts- und Technikgeschichte, Band 24, Dortmund 2004.

[22] Plumpe, Werner, Das Unternehmen als soziale Organisation - Thesen zu einer erneuerten historischen Unternehmensforschung, in: Akkumulation 11/ 1998, S. 1-7, hier S. 4; Plumpe, Werner/ Hesse, Jan-Otmar, Plädoyer für eine Unternehmensgeschichte der Wohnungswirtschaft, Nutzen und Konturen eines historiographischen Forschungskonzepts in: Eichener, Volker/ van Emmerich, Horst/ Petzina, Dietmar, Die unternehmerische Wohnungswirtschaft: Emanzipation einer Branche, Der Strukturwandel der deutschen Wohnungswirtschaft seit dem ausgehenden 19. Jahrhundert, Frankfurt/ M. 2000, S. 9-19, hier S. 15; Drepper, Christian, Differenzierung, Entscheidung und Integration, Dilemata der Steuerung und Intervention in Organisationen, Soziologische Schriften, Band 72, Berlin 2001, S. 62 f., S. 200; Richter, Rudolf/ Furubotn, Eirik G., Neue Institutionenökonomik, Eine Einführung und kritische Würdigung, 3. Auflage Tübingen 2003, S. 119 f.; Dunn, Malcom H., Die Unternehmung als ein soziales System, Ein sozialwissenschaftlicher Beitrag zur neuen Mikroökonomie, Berlin 1998, S. 148 ff., 306; Neus, S. 127; Siegenthaler, Hansjörg, Regelvertrauen, Prosperität und Krisen, Die Ungleichmäßigkeit wirtschaftlicher und sozialer Entwicklung als Ergebnis individuellen Handelns und sozialen Lernens, Tübingen 1993, S. 29-31, 71, 131; Minssen, Heiner, Der soziale Prozeß betrieblichen Wandels, in: Lauschke, Karl/ Welskopp, Thomas (Hrsg.), Mikropolitik im Unternehmen; Arbeitsbeziehungen und Machtstrukturen in industriellen Großbetrieben des 20. Jahrhunderts, Essen 1994, S. 16-47, hier S. 30; Welskopp, Thomas, Der Betrieb als soziales Handlungsfeld, in: GuG 22 (1996), S. 118-142, hier S. 142; Dahrendorf, Ralf, Sozialstruktur des Betriebes - Betriebssoziologie -, Wiesbaden 1959, S. 13, 15, 18; Luhmann, Niklas, Soziale Systeme, Grundriß einer allgemeinen Theorie, Frankfurt/ M. 1984, S. 194 f., 226 f. .

[23] Zu Schnittstellen Immobilienökonomie/ Rechtswissenschaft Schulte, in: Jenkis, Kompendium (2001), S. 892 f. .

gesetzlichen und vertraglichen Normen. Eine Unternehmensverfassung verleiht den sich permanent verändernden Prozessen Kontinuität und erreicht eine hohe Konsistenz aus der methodischen Einheit, die auf individualistischen Grundannahmen der handelnden Wirtschaftsubjekte einerseits und der Privatautonomie andererseits beruht.[24] Zugleich besteht die Notwendigkeit, bei der Auseinandersetzung mit Fragen der Unternehmungsleitung rechtsformspezifische Unterscheidungen zu treffen.[25]
Nun sind zwar Rechtsordnung und Wirtschaftsordnung nicht gleichzusetzen, doch weist *Eucken* darauf hin, daß Rechtsnormen und Rechtsprechung die Möglichkeit zur Installation und Entfaltung einer Wirtschaftsordnung ermöglichen.[26] Bereits Anfang des vergangenen Jahrhunderts zeigte *Jellinek*[27] unter Bezugnahme auf „alle neueren Forscher" auf, daß die Geschichte des Privatrechts, dem das Wirtschaftsrecht zuzuordnen ist, von der Wirtschaftgeschichte nicht zu trennen ist. Dafür mußte über die Privatautonomie die Grenze zwischen Privatrecht und öffentlichem Recht überwunden werden.[28]
Privatautonomie bedeutet nicht, daß der Staat ein unbegrenzt freies Spiel der Kräfte erlaubt, sondern der Staat versucht, seine soziologischen Bewegungsgesetze durch juristische Normen zu beherrschen, die - selbst soziologische Tatsachen - in die soziologische Bewegung einzugreifen vermögen.[29] Wirtschaftsrecht ist so das Recht der organisierten Wirtschaft und dieses Recht verleiht dem Unternehmen die Form der Organisation. Dafür ist die passende Rechtsform zu finden, die das Unternehmen nach gesellschaftsrechtlichen Voraussetzungen wesentlich gestaltet.

Für die Geschäftstätigkeit des Unternehmens findet dann der von *Rudolf v. Ihering* aufgestellte Lehrsatz des „Rechts als Pflicht gegen das Gemeinwesen" für das wirtschaftliche Gemeininteresse und die von ihm begründete Methode einer „Interessenjurisprudenz" Anwendung.[30] Die Methode führt über die Normengewinnung und die rechtliche Ordnung zur legislativen Auslegung, die über den reinen Wortlaut des Gesetzes hinaus zu den im Gesetz geregelten materiellen und ideellen Lebensbedürfnissen vordringt. In der Subsumtion eines Einzelfalls ist für das Unternehmen in kasuistisch-empirischer Methode unter Gewichtung aller Interessengesichtspunkte zu entscheiden, welche Absichten des Gesetzgebers vorliegen.

---

[24] Kießler, Otfried/ Nagel, Bernhard, Überlegungen zur Funktion und zum Wandel der Unternehmensverfassung, in: *dieselben*/ Kittner, Michael (Hrsg.), Unternehmensverfassung, Recht und Betriebswirtschaftslehre, Köln Berlin Bonn München 1983, S. 1-11, hier S. 7.

[25] Frese, Erich, Grundlagen der Organisation, Konzept-Prinzipien-Strukturen, 8. Auflage, München 2000, S. 208.

[26] Eucken, Die Grundlagen der Nationalökonomie, 5. Auflage, Godesberg 1947, S. 89; Schröder, Rainer, Steuerung der Wirtschaft durch Rechtsauslegung, in: Gosewinkel, Dieter (Hrsg.), Wirtschaftskontrolle und Recht in der nationalsozialistischen Diktatur, Studien zur europäischen Rechtsgeschichte, Veröffentlichungen des Max-Planck-Instituts für europäische Rechtsgeschichte, Band 180, Das Europa der Diktatur, Band 4, Frankfurt/ M. 2005, S. 91-106, hier S. 94 ff. .

[27] Jellinek, Georg, Allgemeine Staatslehre, 5. Neudruck der 3. Auflage zum Grundwerk von 1900, Berlin 1929, S. 111; zu Divergenz und Konvergenz in der Wirtschaftsgeschichte vgl. Fremdling, Rainer, Wirtschaftsgeschichte und das Paradigma der Rückständigkeit, in: Schremmer, S. 99-115.

[28] Eisenhardt, Ulrich, Deutsche Rechtsgeschichte, 3. Auflage, München 1999, Rdnr. 775.

[29] Radbruch, Gustav, Einführung in die Rechtswissenschaft, 5.-6. Auflage, Leipzig 1925, S. 150.

[30] Ihering, Rudolf von, Der Kampf ums Recht, Wien 1872; *derselbe*, Recht und Sitte, München 1924, S. 40.

In der Praxis bedeutet das für Unternehmen der Wohnungswirtschaft wie für die vier Gesellschaften der VSt, daß bereits in der Planungsphase eines Bauvorhabens der juristische Beratungsbedarf einsetzt. Dieser betrifft neben bauplanerischen und bauordnungsrechtlichen Vorschriften vor allem Fragen des Bürgerlichen Gesetzbuches im Allgemeinen Schuldrecht, im Besonderen Schuldrecht, im Sachenrecht (Grundstücksrecht) sowie in den Normen des Grundbuchsrechts (GBO), des Gesellschaftsrechts und des Steuerrechts.
Die Nutzungsphase einer Immobilie geht in vielen Fällen mit Mietverhältnissen einher und wird daher stark von den Vorschriften des Mietrechts bestimmt. Für die technische Bewirtschaftung sind neben den mietrechtlichen Fragestellungen aus Instandhaltung, Instandsetzung und Modernisierung Gewährleistungsansprüche von Belang.[31] Im infrastrukturellen Bereich treten insbesondere Probleme im Dienstvertragsrecht, Werkvertragsrecht und Kaufvertragsrecht auf.

Es wird somit ein erhebliches Gewicht der rechtlichen Determinanten deutlich, das in der Literatur nicht vertieft wird. Zwar weisen *Pries* und *Pierenkemper* darauf hin, daß die Rechtswissenschaft mehrere Definitionen für ein Unternehmen vorsieht.[32]
Sie belassen es jedoch bei dem Hinweis. Die nach *Dietsche/ Brauchlin* „bedauerliche Abstinenz" verhindert, daß die Betriebswirtschaftlehre bei der Fortentwicklung des Rechts Kenntnisse und Postulate einbringen kann.[33] Auch wenn *Erker* eine immer vielstimmigere und von mehr und mehr Aspekten und Standpunkten aus operierende Fachwelt sieht, erkennt er nur ein Spagat zu Wirtschaftswissenschaften und Soziologie, nicht aber zu den Rechtswissenschaften.[34]
Diese Tendenz ist umso bemerkenswerter, als daß vereinzelt interdisziplinäre Ansätze zur Abgleichung von Erkenntnissen aus Rechtswissenschaften und Betriebswirtschaftslehre vorliegen. Besonders erwähnenswert ist hier die Veröffentlichung von *Horn* und *Kocka*[35] zu den Ergebnissen eines Forschungsprojekts am Zentrum für interdiszipli-

---

[31] Dörschner, Andreas, Facility Management - Interdisziplinäres Immobilienmanagement, in: Neue Wirtschafts-Briefe (NWB) Nr. 45/ 2000, Fach 24, S. 2185-2188; Definitionen vgl. Richtlinien des Deutschen Verbandes für Facility Management e.V. [GEFMA - German Facility Management Association] in Anlehnung an die „ Library of Congress"; International Facility Management Association [IFMA], Houston, Texas; Association of Facility Managers [AFM]; European Network, Glasgow sowie die DIN 32736 „Gebäudemanagement - Begriffe und Leistungen", Berlin 2000; Schulte, in: Jenkis, Kompendium (2001), S. 891 f. .

[32] Pries, Ludger, Die Geschichte von Unternehmen als dreifache Transformation gesellschaftlicher Wirklichkeit - Beobachtungen aus soziologischer Perspektive, in: Hesse, Jan-Otmar/ Kleinschmidt, Christian/ Lauschke, Karl (Hrsg.), Kulturalismus, Neue Institutionenökonomik oder Theorienvielfalt, Bochumer Schriften zur Unternehmens- und Industriegeschichte Bd. 9, Bochum 2002, S. 225-241, hier S. 226; Pierenkemper, Unternehmensgeschichte, S. 15 ff. .

[33] Dietsche, Peter/ Brauchlin, Emil, Organisation und Recht: Gedanken zur rechtlichen Strukturierung von Konzernen, in: Bleicher, Knut/ Gomez, Peter (Hrsg.), Zukunftsperspektiven der Organisation, Festschrift zum 65. Geburtstag von Prof. Dr. Robert Staerkle, Bern 1990, S. 67-80, hier S. 67.

[34] Erker, Paul, „A New Business History ?", Neuere Ansätze und Entwicklungen in der Unternehmensgeschichte, in: AfS 42 (2002), S. 557-604, hier S. 604.

[35] Horn, Norbert/ Kocka, Jürgen (Hrsg.), Recht und Entwicklung der Großunternehmen im 19. und frühen 20. Jahrhundert, Wirtschafts-, sozial- und rechtshistorische Untersuchungen zur Industrialisierung in Deutschland, Frankreich, England und den USA = Law and the Formation of the Big Enterprises in the 19th and Early

näre Forschung der Universität Bielefeld. Sie zeigen unter Teilnahme von *Alfred D. Chandler jr.* das Zusammenwirken von Recht und ökonomischer Entwicklung in Großunternehmen des 19. und 20. Jahrhunderts auf.

Als Rechtsbegriff ist das Unternehmen nicht einheitlich gefaßt:

Nach der auf *Jacobi* zurückgehenden und im wesentlichen unstreitigen Definition ist ein Unternehmen eine „organisatorische Einheit, die bestimmt wird durch den wirtschaftlichen oder ideellen Zweck, dem ein Betrieb oder mehrere organisatorisch verbundene Betriebe desselben Unternehmens dienen"[36]. Ein Betrieb indessen ist eine organisatorische Einheit, die durch sachliche oder immaterielle Mittel bestimmte arbeitstechnische Zwecke fortgesetzt verfolgt. Der rechtliche Begriff des Unternehmens ist in Abweichung zur h. M. der betriebswirtschaftlichen Definition weiter als der des Betriebs, kann sich aber im Einzelfall mit ihm decken. Ein Unternehmen kann mehrere Betriebe umfassen. Dabei sind Betrieb und Unternehmen gleichartige, manchmal identische, manchmal im Verhältnis des Teils zum Ganzen stehende Einrichtungen.[37]

Mit *Karsten Schmidt* lassen sich unter Berücksichtigung der juristischen Aspekte zusammenfassend folgende Merkmale anführen, die ein Unternehmen aufweisen muß: Das Unternehmen hat ein Mindestmaß an sachlichen und persönlichen Mitteln, im Unternehmen läßt sich ein Mindestmaß an organisierter Einheit feststellen, das äußere Auftreten der organisierten Wirtschaftseinheit am Markt durch anbietende und rechtsgeschäftliche Tätigkeit bietet einen einheitlichen rechtlichen Anknüpfungspunkt von Rechtsverhältnissen und das Unternehmen zeichnet sich durch Selbständigkeit, Planmäßigkeit und eine Ausrichtung auf Dauer aus.[38]

Trotz dieser umfassenden Definition sind damit noch nicht alle Begriffsbestimmungen des Unternehmens, die das deutsche Recht vorhält, erfaßt.

20th Centuries, Studies in the History of Industrialization in Germany, France, Great Britain and the United States, Kritische Studien zur Geschichtswissenschaft, Band 40, Göttingen 1979.

[36] Jacobi, Erwin, Betrieb und Unternehmen als Rechtsbegriffe, Sonderabdruck aus der Festschrift der Leipziger Juristenfakultät für Victor Ehrenberg zum 30. März 1926, Leipzig 1926 , S. 9 ff. .

[37] Raiser, Thomas, Das Unternehmen als Organisation, Kritik und Erneuerung der juristischen Unternehmenslehre, Berlin 1969, S. 126; Weidenkaff, Walter, in: Palandt, Otto, Bürgerliches Gesetzbuch, Kommentar, 65. Auflage, München 2006, vor § 611 Rdnr. 14; zum Begriff des Wohnungsunternehmens Dietrich, Wolfgang, Der Einfluß gemeinnütziger Wohnungsunternehmen auf die Mietpreisbildung in der Marktwirtschaft, Diss., Marburg 1977, S. 2; Schmitt, Lothar, Die Unternehmungsform in Betriebswirtschaftslehre und Steuerrecht, Eine Untersuchung über den betriebswirtschaftlichen Begriff der Unternehmungsform und seine Bedeutung im Steuerrecht mit dem Versuch einer Ordnung auf dem Gebiet der Unternehmungsbesteuerung, Schriftenreihe der Wilhelm-Rieger-Gesellschaft 3, München 1966, S. 20; dagegen Wöhe, S. 12.

[38] Schmidt, Karsten, Handelsrecht, 5. Auflage, Köln Berlin Bonn München 1999, § 4 I, weiterführend auch Gierke, Julius von, Handelsrecht und Schiffahrtsrecht, 8. Auflage, Berlin 1958, § 1 II, § 14 I-III; Hopt, Klaus/ Baumbach, Adolf/ Duden, Konrad, Handelsgesetzbuch mit GmbH & Co., Handelsklauseln, Bank- und Börsenrecht, Transportrecht (ohne Seerecht), 29. Auflage, München 1995, Einl. vor § 1 Rdnr. 34; Canaris, Claus-Wilhelm, Handelsrecht, 23. Auflage, München 2000, § 3 Rdnr. 7; BGHZ 31, 105 (109).

So definiert die funktionale Abgrenzung im Handelsrecht den Unternehmensbegriff über die Bestimmung der Kaufmannseigenschaft (§§ 2; 3 Abs. 2 HGB), des Handelsgewerbes (§ 1 HGB) sowie des Handelsgeschäfts (§ 22 HGB). Wichtig ist, daß sich im Gesellschaftsrecht der Unternehmensbegriff auch auf Nichtkaufleute erstreckt.[39]

Ein zusätzlicher erweiterter Unternehmensbegriff wird für Kartelle verwendet. Kartelle sind privatrechtliche Verbindungen, Vereinbarungen oder Beschlüsse von Unternehmen oder Unternehmenszusammenschlüssen, die bestrebt sind, den Wettbewerb durch Beeinflussung von Marktverhältnissen zu beschränken.[40] Ein Unternehmen dieser Art, das geeignet ist, Erzeugung oder Marktverhältnisse für den Verkehr mit Waren oder gewerblichen Leistungen durch Beschränkung des Wettbewerbs zu beeinflussen, ist verboten, soweit nicht ein besonderer gesetzlicher Erlaubnistatbestand gegeben ist (§ 1 GWB).

Vom Unternehmen ist der Unternehmer begrifflich zu unterscheiden. Dieser ist als Inhaber des Unternehmens Rechtssubjekt und Träger von Rechten und Pflichten.
Der Begriff Unternehmer erfaßt gem. § 14 BGB nicht nur eine rechtsfähige Personengesellschaft, die bei Abschluß eines Rechtsgeschäfts in Ausübung ihrer gewerblichen oder selbständigen beruflichen Tätigkeit handelt, sondern auch eine natürliche oder juristische Person, die erwerbswirtschaftlich tätig wird.[41] So kann gem. § 84 Abs. 3 HGB auch ein Handelsvertreter Unternehmer sein.
Raisch bezeichnet deshalb denjenigen als Unternehmer, der selbstständig mittels einer auf Dauer angelegten organisierten Wirtschaftseinheit anderen Marktteilnehmern werthafte Leistungen anbietet.[42] Zu den Eigenschaften des Unternehmers zählen u. a. Risikobereitschaft, Leistungsorientierung, Fleiß, Genauigkeit, Kreativität und Neugierde und können in Begriffen wie „Conscientiousness" und „Openess for experience" zusammengefaßt werden.[43]
Speziell bezogen auf den Untersuchungsgegenstand sind die Wohnungsgesellschaften der VSt als Wohnungsunternehmer die „Verwalter ihrer Hypothekengläubiger"[44].

---

[39] Schmidt, Karsten, Gesellschaftsrecht, 3. Auflage, Köln Berlin Bonn München 1997, § 31 II.
[40] Zur Kartellierung für die Entwicklung unternehmerischer Interessen, allerdings vornehmlich wirtschaftswissenschaftlich orientiert vgl. Pierenkemper, Unternehmensgeschichte, S. 233 ff. .
[41] Lütge, Wohnungswirtschaft, 2. Auflage, Stuttgart 1949, S. 31; BGH, BB 1982, S. 1876 (Unternehmer mit und ohne Gewerbe); zur Abkehr einer begrifflichen Parallelisierung von Unternehmen und Unternehmer in der Wirtschaftsgeschichte vgl. Pfister/ Plumpe, S. 9 ff. sowie Hesse, Kommunikation, S. 32 m.w.N. .
[42] Raisch, Peter, Geschichtliche Voraussetzungen, dogmatische Grundlagen und Sinnwandlung des Handelsrechts, Karlsruhe 1965, S. 119 ff. .
[43] Hoyningen-Huene, Gerrik v., in: Münchener Kommentar zum Handelsgesetzbuch, Band 1, Erstes Buch, Handelsstand, §§ 1 - 104, München 1996, § 84 Rdnr. 63 f.; BGHZ 43, 108 (111); die ökonomischen Theorien des Unternehmers betonend Casson, Mark, Der Unternehmer, Versuch einer Deutung, in: GuG 27 (2001), S. 524-544, hier S. 526 ff.; zum Unternehmertum in der psychologischen Forschung mit entsprechenden Forschungsergebnissen an der Universität Jena unter Zitierung von Schmitt-Rodermund, Eva, Unternehmertum ist eine Frage der Persönlichkeit, in: FAZ v. 07.01.2001, Nr. 5, S. 20; zur Funktion des Unternehmers als Steuermann der Unternehmensorganisation zwecks Positionierung des Unternehmens vgl. Pfister/ Plumpe, S. 9 f. .
[44] Spiethoff, Arthur, Boden und Wohnung in der Marktwirtschaft, insbesondere im Rheinland, Bonner Staatswissenschaftliche Untersuchungen, Heft 20, Jena 1934, S. 104.

Letztlich darf die besondere Beachtung rechtlicher Rahmenbedingungen nicht die „Komplexität von Wohnungsunternehmen“[45] verkennen. Ungeachtet eines rechtlichen Untersuchungsschwerpunkts verdeutlicht die interdisziplinäre Betrachtungsweise, daß ein Unternehmen zusammengenommen als eine „dauerhafte, von der Mitgliedschaft her utilitaristische, macht-asymmetrische, rechtlich verfaßte Organisation“ gelten kann, die in einem pluralistischen, von ständigem Wandel beherrschten Feld handelt und Güter und Dienstleistungen für einen anonymen Markt bereitstellt.[46] Insbesondere ein Wohnungsunternehmen definiert sich über die Vermittlung, Projektentwicklung, Verwaltung, Finanzierung sowie den Kauf oder Verkauf von Immobilien oder der Erbringung immobilienbezogener Dienstleistungen.[47]
Insgesamt können so Bereiche, die theoretisch getrennt erscheinen, im Alltag der Wohnungsunternehmen als „Portfolio von Kernkompetenzen“ in einem sich stets gegenseitig überlagernden „Mehrebenenprozeß“[48] zusammengeführt werden.

[45] Weißer, Gerhard, Unternehmungsformen in der Wohnungswirtschaft, in: Schwan, Bruno (Hrsg./ Gesamtleitung unter Förderung von Krohn, Johannes), Wörterbuch der Wohnungs- und Siedlungswirtschaft, Loseblatthandbuch für die gesamte privatwirtschaftliche, genossenschaftliche, öffentlich-wirtschaftliche und Verwaltungs-Praxis auf dem Gebiete des Wohnungs- und Siedlungswesens, Stuttgart Berlin 1938, 1093-1106, hier S. 1093; Weisser, Gerhard, Unternehmenstypen in der Wohnungswirtschaft, in: Wandersleb, Hermann (Hrsg.), Handwörterbuch des Städtebaues, Wohnungs- und Siedlungswesens, Dritter Band R-Z, Stuttgart 1959, S. 1480-1488, hier S. 1480; Abele, Hanns/ Winckler, Georg, (mit Beiträgen von Amann, A.), Wohnungsmarkt 1, Ansätze zu einer Mikroanalyse der Wohnungswirtschaft, Institut für Stadtforschung, Wien 1976, S. 19.

[46] Plumpe, in: Ambrosius/ Petzina/ *derselbe*, S. 59; *derselbe*, in: Schulz, S. 419; Kaufmann, Franz-Xaver, Interdisziplinäre Wissenschaftspraxis, Erfahrungen und Kriterien, in: Kocka, Jürgen (Hrsg.), Interdisziplinarität, Praxis-Herausforderung-Ideologie, Frankfurt/ M. 1987 S. 63-81, hier S. 67; Pierenkemper, Unternehmensgeschichte, S. 76; Hesse, Kommunikation, S. 34.

[47] Bone-Winkel, Stephan, Das strategische Management von offenen Immobilienfonds unter besonderer Berücksichtigung der Projektentwicklung von Gewerbeimmobilien, Diss., Köln 1994, S. 25 f. .

[48] Plumpe, Unternehmen als soziale Organisation, S. 5.

II. Forschungsstand und Quellenlage

Die Geschichte der Wohnungswirtschaft war in Deutschland bislang eher eine Geschichte der Wohnungspolitik als die Geschichte der Wohnungsunternehmen. Der gemeinnützige Wohnungsbau hat zwar ebenso wie die Zechensiedlungen bereits historisches Interesse gefunden, aber die Werkssiedlungen der Eisen- oder chemischen Industrie im Ruhrgebiet sind nahezu unerforscht.[49]
Im Jahr 1938 publizierten die drei gemeinnützigen Wohnungsgesellschaften anläßlich der ersten fünf Jahre ihres Bestehens einen von *Mönkemöller*[50] verfaßten Tätigkeitsbericht, der kurz und bebildert Bewirtschaftung und Erweiterung des Wohnungsbestands zusammenfaßte. Ebenfalls 1938 veröffentlichte *Weingarten* einen kurzen fünfseitigen, vor allem bebilderten und mit Zeichnungen versehenen Bericht zu den Haustypen der Gesellschaften.[51] Ein dann zum zehnjährigen Bestehen der Wohnungsgesellschaften von *Fusban*[52] für die VSt erstellter Überblick zeigte Wohnungsbestand, Mietaufkommen, Instandhaltungs- und Instandsetzungsbedarf und erörterte die steuerliche Belastung der vier Gesellschaften. Aus Anlaß ihres 25-jährigen Bestehens gaben die Gesellschaften dann im Oktober 1958 die von *Steinberg*[53] bearbeitete Schrift „Wohnstätten an Rhein und Ruhr" heraus, die die Wohnungsbestände in den 1950er Jahren anschaulich dokumentierte, den Zeitraum von 1933 bis 1945 aber lediglich auf sieben Seiten abhandelte. Beiden Schriften ist gemein, daß sie aus ihrem Selbstverständnis als Tätigkeits- und Leistungsbericht heraus für den genannten Zeitraum keine Forschungsangaben machen und auf Literaturhinweise weitgehend verzichten. Für die Erstellung einer „Unternehmenskonzeption der Wohnungsgesellschaften" mit der Darlegung von „Aufgabenstellung und Leistung in der Vergangenheit" blieb es 1971 ebenso bei einem Entwurf wie im Jahr 1983, als ein Skript zu „50 Jahre im Dienste des Wohnungs- und Städtebaus an Rhein und Ruhr" unveröffentlicht blieb. Dennoch bot das Jubiläum 1983 Gelegenheit für die Ausgabe eines von der VEBA Wohnstätten AG und der Westdeutsche Wohnhäuser AG verfaßten Prospekts[54], der in Anlehnung an

---

[49] Eichener/ van Emmerich/ Petzina, Einleitung: Ein Forschungsprojekt, in: *dieselben*, S. 2-8, hier S. 2, 4; Veröffentlichungsgrundlage war eine Tagung des Gemeinnützigen Fördervereins für Wohnungswesen, Städteplanung und Raumordnung (gfw) an der Führungskademie der Wohnungs- und Immobilienwirtschaft (FWI) mit dem Institut für Wohnungswesen, Immobilienwirtschaft und Stadt- und Regionalentwicklung (InWIS) und dem Lehrstuhl für Sozial- und Wirtschaftsgeschichte der Ruhr-Universität Bochum zur Geschichte der unternehmerischen Wohnungswirtschaft; Rasch hält es aufgrund der Aktenlage „durchaus für möglich, die Geschichte des betrieblichen Wohnungswesens der Vereinigte Stahlwerke AG zu schreiben", Rasch, Manfred, Quellen zur Stadtgeschichte in Archiven der Wirtschaft, dargestellt an Beispielen aus dem Archiv der ThyssenKrupp AG, in: Frese, Matthias/ Zeppenfeld, Burkhard (Hrsg.), Kommunen und Unternehmen im 20. Jahrhundert, Wechselwirkungen zwischen öffentlicher und privater Wirtschaft, Essen 2000, S. 247-263, hier S. 256; zur Forschung Schanetzky, Tim, Ruhrprovinz oder Ruhrstadt ?, Defizite und Chancen einer „Geschichte des Wohnens im Revier" - eine Skizze, in: Forum Geschichtskultur und Industriedenkmalpflege 2 (2001), S. 12-18, hier S. 13 f. .

[50] Mönkemöller, vgl. Fn. 5.

[51] Weingarten, Hans, Arbeiterwohnstätten und Volkswohnungen der Wohnungsbaugesellschaften der Vereinigte Stahlwerke, in: Die Bauzeitung 1938, S. 277-281.

[52] TKA VSt/ 1248.

[53] Steinberg, Wohnstätten, S. 19-25.

[54] VEBA Wohnstätten AG (Hrsg.), Bauen und Wohnen an Rhein und Ruhr im Wandel von 5 Jahrzehnten, Bochum 1983; VEBA Wohnstätten AG, Unternehmenskonzeption der Wohnungsgesellschaften, Entwurf vom

den Entwurf einen kurzen bebilderten Überblick gibt und in eingeschränktem Umfang Aussagen über die Tätigkeit in dem Zeitraum von 1933 bis 1945 enthält.
Neben diesen Arbeiten kann auf Veröffentlichungen der VSt zurückgegriffen werden, die aufgrund der 1936 und 1939 erschienenen Schriften zu Aufbau, Entwicklung und Beteiligungen der VSt eine erste Einordnung der Wohnungsgesellschaften in den Gesamtkonzern ermöglichen. Für die Beurteilung der Entstehung des Siedlungsbestands, der in die Gründungsmasse 1933 eingebracht wurde, liegt eine von Thyssen-Bergbau im Jahr 1922 herausgegebene Abhandlung vor, die sich mit dem Wachstumspotential der Zuwanderung im 19. Jahrhundert und der daraus entstandenen Bedeutung des Wohnungswesens und der Wohlfahrtseinrichtungen für die Werksangehörigen bis in die 1920er Jahre befaßt.[55]
Darüber hinaus geben mehrere Arbeiten Einblicke in die Struktur der VSt und betreffen mit unterschiedlicher Gewichtung zugleich die Wohnungsgesellschaften. So streifen die neueren Gesamtdarstellungen von *Hilger*, *Fear* und *Reckendrees*[56] aus verschiedenen Perspektiven auch das Wohnungswesen der VSt. In Bearbeitung der betrieblichen Sozialpolitik in der rheinisch-westfälischen Eisenindustrie seit der Mitte des 19. Jahrhunderts bis 1933 geht Hilger für den Zeitraum der Gründung der Wohnungsgesellschaften auf allgemeine Organisationsmerkmale ein. Fear und Reckendrees hingegen zeigen in ihren Untersuchungen zu Thyssen & Co. 1871-1934 bzw. zur Gründung der VSt und ihrer Entwicklung bis 1934 vor allem den Widerstand der Abt. Bergbau gegen die Überführung der Werkwohnungen in eigene Gesellschaften auf.
Daneben sind in der Literatur zum allgemeinen Siedlungswesen Zitate zu den Wohnungsgesellschaften der VSt zu finden. Die industrielle Siedlung im Ruhrgebiet zunächst allgemein beurteilend geht *Heinrichsbauer*[57] auf die vier Gesellschaften der VSt ein und schildert in Kürze die Gründung und anfängliche Siedlungspolitik unter Zugrundelegung der siedlungspolitischen Bedingtheiten des Ruhrbezirks. Ebenso wie *Schmalenberg* begutachten *Spörhase* und *Hannesen*, die die Wohnungsgesellschaften in ihre Darstellung einbinden, die Entwicklungsepochen des Wohnungsbaus in der Eisen- und Stahlindustrie.[58]

21.04.1971; *dieselben*, 50 Jahre im Dienste des Wohnungs- und Städtebaus an Rhein und Ruhr, Entwurf vom 16.03.1983; insgesamt wurden unter Berücksichtigung von Entwürfen und der verschiedenen Unternehmen der VEBA seit Gründung der Wohnungsgesellschaften sieben Tätigkeitsberichte, z. T. als Festschrift, erstellt.

[55] Vereinigte Stahlwerke Aktiengesellschaft (Hrsg.) Kohle, Eisen, Stahl, Ein Überblick über die Vereinigte Stahlwerke Aktiengesellschaft, Düsseldorf und ihre Betriebsgesellschaften, Düsseldorf 1939; *dieselbe*, Vereinigte Stahlwerke Aktiengesellschaft Düsseldorf, Aufbau und Entwicklung, Besitzbeschreibung, Statistik und Finanzen, Betriebsgesellschaften, Beteiligungen, Das Spezial-Archiv der Deutschen Wirtschaft, Berlin 1936; Thyssen-Bergbau (Hrsg.), Siedlungswesen und soziale Einrichtungen des Thyssen-Bergbaues am Niederrhein, Hamborn 1922.

[56] Hilger, Susanne, Sozialpolitik und Organisation, Formen betrieblicher Sozialpolitik in der rheinisch-westfälischen Eisen- und Stahlindustrie seit der Mitte des 19. Jahrhunderts bis 1933, Zeitschrift für Unternehmensgeschichte, Beiheft 94, Stuttgart 1996, S. 325 ff., S. 361; Fear, Jeffrey Robert, Thyssen & Co., Mülheim (Ruhr), 1871-1934: The institutionalization of the corporation (Volumes I and II), Stanford 1993, S. 446 f.; Reckendrees, Stahltrust, S. 518 ff. .

[57] Heinrichsbauer, S. 1 ff., S. 123 ff. .

[58] Schmalenberg, Carlaugust, Die bauliche Selbsthilfe in der Wohnungswirtschaft unter Berücksichtigung der Verhältnisse in der eisenschaffenden Industrie, Diss., Köln 1958; Spörhase, Rolf, Wohnungs-Unternehmungen im Wandel der Zeit, Hamburg 1947, *derselbe*, Wohnungsbau als Aufgabe der Wirtschaft, Förderung des Woh-

Für seine Forschungsarbeit über Entstehungsgründe, Kapitalquellen und Unternehmungsformen des gemeinnützigen Wohnungsbaus zieht *Küster* die Wohnungsgesellschaften der VSt beispielgebend zur Darstellung der Übernahme von Anteilen oder Aktien eines gemeinnützigen Wohnungsunternehmens durch ein Industriewerk heran und verdeutlicht den hohen Repräsentationsgrad der Gesellschaften. Dementsprechend zeichnet auch *Buse* den mit der Ausgründung der Wohnungsunternehmen eingeleiteten allgemeinen Wandel zum werkgeförderten Wohnungsbau in seiner 1999 veröffentlichten Analyse des strategischen Managements von industrieverbundenen Wohnungsunternehmen nach.[59]
Die Wohnungsfürsorge privater Arbeitgeber war bereits 1913 Thema der Forschungsarbeit von *Jacobi*, die ausdrücklich auf den Stellenwert der industriellen Bodenpolitik verweist. Diese wird insbesondere dann wichtig, wenn Unternehmen - wie Thyssen Anfang des 20. Jahrhunderts im Kreis Dinslaken - annähernd 50 % des Bodens gehören. Diese Aussage wird von *Strehlow* in der Analyse der Wohnungsfrage im rheinisch-westfälischen Industriebezirk gestützt und um die Industrieanteile in Gelsenkirchen (36,8 %), Bottrop (32,3 %), Essen (24,6 %), Hamborn (58,3 %) und Oberhausen (37,7 %) ergänzt.
Darüber hinaus zitieren regional ausgerichtete Studien die Tätigkeit der Wohnungsgesellschaften der VSt. *Schmecht* befaßt sich anhand der Entwicklung der dem Verband rheinischer Wohnungsunternehmen angeschlossenen Mitgliedsunternehmen mit strukturellen Veränderungen in der gemeinnützigen Wohnungswirtschaft. Dabei unterteilt er die Unternehmen in der Entwicklung bis 1945 nach ihrer Rechtsform und legt die Größenordnung der dem Verband angehörigen Rheinische W. und Rheinisch Westfälische W. dar.[60] Bezogen auf den Duisburger Raum und damit auf den Wirkungskreis der Rheinische W. bietet *Milkereit*[61] einen Überblick zu der Entstehung und der Entwicklung des Werkwohnungsbaus bis nach dem Zweiten Weltkrieg und skizziert dabei die Größenordnung der Rheinische W. für die Jahre 1928 und 1934. Ebenso bezieht *Forstmann*[62] die Wohnungsbautätigkeit in Duisburg-Hamborn zu

---

nungsbaues durch Wirtschafts - Unternehmungen, Methoden und Leistungen, Bücher des Deutschen Industrie-Instituts, Stuttgart 1956, S. 102; Hannesen, Rolfjürgen, Die ökonomische und soziale Problematik des Wohnungsbaus in der Eisen- und Stahlindustrie des Ruhrgebiets, Münster 1954, S. 33 f., S. 66 ff. .

[59] Küster, Entstehungsgründe, S. 97 f.; Buse, Christoph, Strategisches Management von industrieverbundenen Wohnungsunternehmen, Schriften zur Immobilienökonomie, Band 9, Köln 1999, S. 32.

[60] Jacobi, Dorothea, Die gemeinnützige Bautätigkeit in Deutschland, ihre kulturelle Bedeutung und die Grenzen ihrer Wirksamkeit, Staats- und sozialwissenschaftliche Forschungen Heft 167, München Leipzig 1913, S. 10 ff.; Strehlow, Friedrich, Die Boden- und Wohnungsfrage des rheinisch-westfälischen Industriebezirkes, Essen 1911, Tab. 1 hinter S. 164; Schmecht, Rainer, Strukturwandlungen der gemeinnützigen Wohnungswirtschaft, Schriften des Instituts für Wohnungsrecht und Wohnungswirtschaft an der Universität zu Köln, Band 44, Köln 1976.

[61] Milkereit, Gertrud, Betriebliches Wohnungswesen im Duisburger Norden 1880-1974, in: Teuteberg, Hans Jürgen (Hrsg.), Homo Habitans, Zur Sozialgeschichte des ländlichen und städtischen Wohnens in der Neuzeit, Studien zur Geschichte des Alltags, Band 4, Münster 1985, S. 391-419, insbes. S. 405-410; *dieselbe*, Vom Arbeiterhaus zur Gartenstadt, Hundert Jahre industrielles Wachstum und Bevölkerungsverdichtung, Entstehung und Entwicklung des Werkwohnungsbaus im Duisburger Raum von der Mitte des 19. Jahrhunderts bis zum Ende des Zweiten Weltkrieges, in: Niederrheinkammer, Zeitschrift der Niederrheinischen Industrie- und Handelskammer Duisburg-Wesel-Kleve zu Duisburg, April 1987, S. 210-216, hier S. 215 f. .

[62] Forstmann, Walter, Die Wohnungsfrage der Nachkriegszeit mit besonderer Berücksichtigung der Wohnungs- und Siedlungsverhältnisse der Hamborner Berg- und Hüttenarbeiter, Ein Beitrag zur Neubelebung der Bautätig-

Anfang der 1920er Jahre in seine Untersuchung der Wohnungs- und Siedlungsverhältnisse der Hamborner Berg- und Hüttenarbeiter ein. Von den 14 Montanaktiengesellschaften, die in Dortmund in der Industrialisierungsphase des 19. Jahrhunderts gegründet wurden, wird der von Hoesch getragene Wohnungsbau in einer Firmenschrift bis zum Wiederaufbau nach 1945 aufgezeigt und vermittelt einen Einblick in die Wohnungsversorgung in Dortmund.[63] Im Jahr 1932 wurde der werksgebundene Wohnungsbau in Dortmund noch von drei verbliebenen großen Hüttenwerken getragen - dem Dortmund-Hörder-Hüttenverein (DHHV) mit den beiden Betriebsgesellschaften Dortmund und Hörde unter dem Dach der VSt und der IG Hoesch-Köln Neuessen. *Walz* geht auf den werksgebundenen Wohnungsbau bei Hoesch im allgemeinen, *Unverferth* auf den Arbeiterwohnungsbau der DHHV im besonderen ein.

Der gemeinnützige Wohnungsbau in Dortmund wird von *Kastorff-Viehmann / v. Petz/ Walz* für den Zeitraum von 1918-1946 sowie von *Trocka-Hülsken* in einem für die DOGEWO erstellten Tätigkeitsbericht über den Zeitraum von 1918 bis 1993 veranschaulicht und betrifft die Westfälische W. insoweit, als diese an der DOGEWO beteiligt war.[64] Mit dem Genossenschaftswesen in Berührung kam die Westfälische W. in Dortmund 1935 aufgrund des Erwerbs einer Beteiligung am Hörder Spar- und Bauverein, dessen Entwicklung aus den Anfängen von *Ellerbrock*[65] dargelegt wird. Ebenfalls betroffen war der Dortmunder Raum hinsichtlich der Beteiligung der Westdeutsche W. an der 1928 gegründeten *Ruhrwohnungsbau AG*, die ihre Tätigkeit 1953 anläßlich ihres 25-jährigen Bestehens in einem Bildband mit vorangestellten Unternehmensdaten würdigte. Das Bebauungsbild gestaltete zudem die 1932 in Dorsten

---

keit, Würzburg 1923; ebenso zur Entwicklung der Duisburger Kleinwohnungsverhältnisse und industriellem/ genossenschaftlichem Wohnungsbau bis 1922 vgl. Schöbel, Fritz, Das Duisburger Kleinwohnungswesen, Seine Entwicklung von der Mitte des 19. Jahrhunderts bis zur Gegenwart unter besonderer Berücksichtigung der kommunalen, genossenschaftlichen und industriellen Bautätigkeit, Jena 1923.

[63] Hoesch AG (Hrsg.), Wohnen und Leben im Schatten der Hochöfen, Zur Geschichte des Stahlarbeiterwohnungsbaus bei Hoesch von den Anfängen bis zum Wiederaufbau nach 1945, Dortmund 1991 - Firmenschrift zu einer Ausstellung des Hoesch-Museums (29.5-30.9.1991). Zur Wohnungssituation in Dortmund Ellerbrock, Karl-Peter, Zwischen traditionellem und modernem Wohnen: Zur Wohnungsversorgung und zum Arbeiterwohnungsbau in Dortmund im 19. und frühen 20. Jahrhundert, in: Hoesch AG, Wohnen und Leben, S. 10-17; Walz, Manfred, Werksgebundener Wohnungsbau bei Hoesch in der NS-Zeit (1933-45), in: Hoesch AG, Wohnen und Leben, S. 50-57; Unverferth, Gabriele, Der Arbeiterwohnungsbau des Hörder Vereins, in: Hoesch AG, Wohnen und Leben, S. 18-24; *dieselbe*, Arbeiterwohnungsbau in der Eisen- und Stahlindustrie vor dem Ersten Weltkrieg, Der Hörder Verein-Ein Beispiel, in: Dascher, Otfried/ Kleinschmidt, Christian, (Hrsg.), Die Eisen- und Stahlindustrie im Dortmunder Raum, Wirtschaftliche Entwicklung, soziale Strukturen und technologischer Wandel im 19. und 20. Jahrhundert, Untersuchungen zur Wirtschafts-, Sozial- und Technikgeschichte, Band 9, Dortmund 1992, S. 97-116, hier S. 113 zur seit 1935 zur Westfälische W. gehörenden Kolonie Sommerberg/ Winterberg.

[64] Kastorff-Viehmann, Renate/ Petz, Ursula von/ Walz, Manfred, Stadtentwicklung Dortmund: Die moderne Industriestadt 1918-1946, Standortsicherung der Industrie, Wohnungsbau, Stadtplanung, Dortmund 1995; Trocka-Hülsken, Ingrid, 75 Jahre DOGEWO, 1918-1993, Ein Beitrag zur Dortmunder Stadtentwicklung, Dortmund 1993; Trocka-Hülsken spricht von einem Neueintritt der Westfälische W. am 16.04.1937, *dieselbe*, ebda., S. 122; 1937 erhöhte die Westfälische W. die Beteiligung von 29.950,-- auf 136.300,-- RM; VA AR/ 3-A-3/ 26.06.1937, S. 4.

[65] Ellerbrock, Karl-Peter, 100 Jahre Hörder Spar- und Bauverein, 100 Jahre gws, 1897-1997, Ein Beitrag zur Sozialgeschichte des genossenschaftlichen Wohnungsbaus in Deutschland, Dortmund 1997; *derselbe*, „Wohnungsnoth“ und „Selbsthülfe“, Aus den Anfängen des genossenschaftlichen Wohnungsbaus in Westfalen vor dem Ersten Weltkrieg: Das Beispiel des Hörder Spar- und Bauvereins 1897, in: Westfälische Forschungen 50/ 2000, S. 183-217, zur Gründung S. 214 ff. .

gegründete „Heim und Scholle“ mit, Vorläuferin der Westfalia-Gemeinnützige Wohnungsbaugesellschaft m.b.H. bzw. der Wohnbau Westfalen.[66]
Neben dieser exemplarischen Auswahl finden sich weitere Nachweise zum Wohnungsbau der Industrie in Abbildungen nebst Beschreibungen u. a. bei *Heinrichsbauer* und *Küster*[67] für das rheinisch-westfälische Industriegebiet und bei *Mönkemöller* für die Wohnungsgesellschaften der VSt ebenso wie z. B. bei *Wehling* und *Kanther* für den Duisburger Raum[68], bei den *EHW* oder *Bleidick/ Sträter* für Bochum[69] sowie für Dortmund bei *Bollerey/ Hartmann*, die ältere Bestände der Westfälische W. zeigen. Dabei handelt es sich vornehmlich um Häuser, die zwischen 1870 und 1930 und daher nicht von den Wohnungsgesellschaften errichtet, sondern durch Übertragung in deren Eigentum überführt wurden. *Bollerey* verschafft darüber hinaus in einer gemeinsam mit *Hartmann* und *v. Petz* erstellten Bibliographie eine Übersicht hinsichtlich des Forschungsstands zum Arbeiterwohnungsbau im Ruhrgebiet von 1850 bis 1933.[70]
Ähnliche Untersuchungen zu der Wohnungswirtschaft einzelner Unternehmen finden sich auch für andere Regionen und Städte in Deutschland wie beispielsweise Berlin, München, Köln, Essen, Leverkusen, Gladbach, Mannheim, Kassel oder Bielefeld. Allerdings ist der Repräsentationsfaktor aufgrund der verschiedenen Wohnversorgungsleistungen unterschiedlich. Zudem werden nicht unternehmerische Handlungsmuster, Organisationsstrukturen oder gesellschaftsrechtliche Probleme der Unternehmen analysiert. Vielmehr legen diese Darstellungen einen anderen Schwerpunkt, indem sie exemplarisch Ergebnisse der unternehmerischen Wohnungsbaupolitik auflisten.
Bodien, *Herzberg*, *Neumeyer* und *Novy/ Neumann-Cosel*[71] zeigen so die Entwicklungs-

---

[66] Ruhrwohnungsbau-Aktiengesellschaft (Hrsg.), 25 Jahre Ruhrwohnungsbau-Aktiengesellschaft, Gemeinnütziges Wohnungsunternehmen Dortmund, 1928-1953, Dortmund 1953; Heuvelmann, Magdalene/ Israel, Simone, Durch die Jahre geblickt, 50 Jahre Wohnbau Westfalen GmbH, Dortmund 2002, S. 25.

[67] Küster, August, Heimat Industrieland, Ein Bilderbuch der Arbeitersiedlung im rheinisch-westfälischen Industriegebiet, Bildbearbeitung von Rud. vom Endt, Leipzig 1938, Häuser RWW: S. 3, 4, 7, 27, 31, 35, 38.

[68] Wehling, Hans-Werner, Werks- und Genossenschaftssiedlungen im Ruhrgebiet 1844 – 1939, Band 2: Duisburg-Rheinhausen, Duisburg-Homberg/ Ruhrort, Essen 1994, S. 17 m.w.N.; Kanther, Michael A., Rundgang durch das alte Duisburg und seine Stadtbezirke und Stadtteile Bissingheim, Hamborn, Hochfeld, Homberg, Meiderich, Neudorf, Rheinhausen, Ruhrort, Walsum und Wedau, Gudensberg-Gleichen 2000, S. 48, 53, 60.

[69] Eisen- und Hüttenwerke Aktiengesellschaft Bochum (EHW), Arbeit am Stahl, Ein Bildbericht über unser Werk, Bochum 1935, S. 58; Bleidick, Dietmar/ Sträter, Johannes, „Nach gethaner Arbeit verbleibt im Kreis der Eurigen !“, Arbeiterwohnungen in Bochum anhand von 5 Beispielen, in: Tag des offenen Denkmals in Bochum, Bochum 1993, S. 20-23.

[70] Bollerey, Franziska/ Hartmann, Kristiana, Wohnen im Revier, 99 Beispiele aus Dortmund, Siedlungen vom Beginn der Industrialisierung bis 1933, Ein Architekturführer mit Strukturdaten, München 1975, Bsp. 21, 28, 30, 31 f. u. 35, 36, 53, 54, 55, 62, 63, 66, 75, 77, 83, 86, 88; Abb. von Werkwohnungen 1899 in Bruckhausen bei Uebbing, Helmut, Wege und Wegmarken, 100 Jahre Thyssen, Berlin 1991, S. 259; Bollerey, Franziska/ Hartmann, Kristiana/ Petz, Ursula v., Bibliographie zum Arbeiterwohnungsbau im Ruhrgebiet (1850-1933) unter Mitarbeit von Helga Schmal und Werner Killing, Institut für Raumplanung (IRPUD) Abteilung Raumplanung Universität Dortmund, Dortmunder Beiträge zur Raumplanung, Bibliographien Band 2, 2. Auflage, Dortmund 1983.

[71] Bodien, Ernst, Geschichte der gemeinnützigen Wohnungswirtschaft in Berlin, Hamburg 1957; Herzberg, Ursula, Geschichte der Berliner Wohnungswirtschaft unter besonderer Berücksichtigung der gemeinnützigen Wohnungswirtschaft, 1957; Neumeyer, Fritz, Der Werkwohnungsbau der Industrie in Berlin und seine Entwicklung im 19. und frühen 20. Jahrhundert, Berlin 1978; Novy, Klaus/ Neumann-Cosel, Barbara, Zwischen Tradition und Innovation, 100 Jahre Berliner Bau- und Wohnungsgenossenschaft von 1892, Berlin 1992.

geschichte des industriellen bzw. genossenschaftlichen Wohnungsbaus in Berlin auf, orientieren ihre Darstellung aber an Beispielen, die auf das Ergebnis unternehmerischen Handelns und weniger auf dessen Entstehung ausgerichtet sind. In dieser Form zeigen ebenso *Hahn* (Mannheim) und *Horst* (Leverkusen) wie auch *Reulecke* (Essen) und das *Institut für Wohnungsrecht und Wohnungswirtschaft an der Universität zu Köln* (Düsseldorf) den Wohnungsbau im neunzehnten und zwanzigsten Jahrhundert.[72] Anhand der Ravensberger Heimstätte zeichnet *Bunte*[73] die Wohnungsmarktsituation in Bielefeld und Herford nach. Bunte legt dabei größeres Gewicht auf die Entstehungsgeschichte und die Resultate der Bautätigkeit und weniger auf die unternehmerischen Entscheidungsvorgänge. Ebenso schildern *Walter* und *Heinen/ Pfeffer* die Entwicklung der gemeinnützigen Wohnungsbautätigkeit in München bzw. Köln.[74] Die Ergebnisse der Wohnungspolitik werden von Walter für die GWG in München und von Heinen/ Pfeffer für die GAG in Köln dargestellt und als chronologischer Tätigkeitsbericht präsentiert.

Ebenfalls vom Institut für Wohnungsrecht und Wohnungswirtschaft an der Universität zu Köln bearbeitet, zeichnet die Geschichte der Gladbacher Aktienbaugesellschaft für den Zeitraum von 1868 bis 1969 vornehmlich die Bautätigkeit der Gesellschaft nach.[75] Dagegen befaßt sich *Mittmann* für das „Bauen im Nationalsozialismus" am Beispiel Braunschweigs vor allem mit planerischen und gestalterischen Gesichtspunkten.[76]

Außerdem ermöglichen zeitgenössische Monografien und Dissertationen den Zugang zu Fragestellungen der unternehmerischen gemeinnützigen Wohnungswirtschaft. Aufgrund ihrer wissenschaftlichen Präsenz im Zeitraum von 1933-1945 sind vor allem *Brecht*[77] und *Fischer-Dieskau*[78] als Fachautoren zu erwähnen, die sich intensiv mit

---

[72] Hahn, Barbara, Der geförderte Wohnungsbau in Mannheim 1850-1985, Südwestdeutsche Schriften 3, Institut für Landeskunde und Regionalforschung der Universität Mannheim, Mannheim 1986; Horst, Adolf, Wiesdorf, Bayer und die Kolonien, Leverkusen-Entwicklung einer Stadt, Leverkusen 1986, WWA/ E 1384; Koch, Otto, 60 Jahre Düsseldorfer Wohnungsgenossenschaft eGmbH: 1898-1958, Düsseldorf 1958; Institut für Wohnungsrecht und Wohnungswirtschaft an der Universität zu Köln, Düsseldorfer Wohnungsgenossenschaft eGmbH, 1898-1973; Die Geschichte eines genossenschaftlichen Großbetriebes, Köln 1973; Reulecke, Jürgen, Leben und Wohnen im Revier am Essener Beispiel, Soziale Herausforderungen und soziale Reform an der Schwelle zum 20. Jahrhundert, in: Allbau Allgemeiner Bauverein Essen AG (Hrsg.), Wohnen und Markt, Gemeinnützigkeit wieder modern, Essen 1994, S. 5-22.

[73] Bunte, Thomas, Überwindung der Wohnungsnot-Sieg der Wohnkultur, Gemeinnütziger Wohnungsbau in der Weimarer Republik am Beispiel der Ravensberger Heimstättengesellschaft m.b.H., Bielefeld 1995; Bielefelder Gemeinnützige Wohnungsgesellschaft mbH (Hrsg.), BGW 1950 – 1990, Bielefeld 1990, S. 10.

[74] Walter, Uli, Sozialer Wohnungsbau in München, Die Geschichte der GWG (1918-1993), München 1993, S.11; Heinen, Werner/ Pfeffer, Anne-Marie, Köln: Siedlungen 1888-1938, Stadtspuren-Denkmäler in Köln, Band 10 I, Köln 1988; die GAG ist nicht zu verwechseln mit der Gemeinnützige Aktiengesellschaft für Wohnungsbau, Ludwigshafen/Rhein, die 1960 zu ihrem 40-jährigen Jubiläum eine Festschrift veröffentlichte.

[75] Institut für Wohnungsrecht und Wohnungswirtschaft an der Universität zu Köln (Bearb.), Gladbacher Aktien-Baugesellschaft 1869-1969, Die Geschichte eines gemeinnützigen Wohnungsunternehmens, Mönchengladbach 1971; weitere Nachweise zu Tätigkeitsberichten - mit genossenschaftlichem Schwerpunkt - z. B. bei Ellerbrock, „Wohnungsnot" und „Selbsthülfe", in: Westfälische Forschungen 50/ 2000, S. 184 Fn. 5.

[76] Mittmann, Markus, Bauen im Nationalsozialismus, Braunschweig, die „Deutsche Siedlungsstadt" und die „Mustersiedlung der Deutschen Arbeitsfront Braunschweig-Mascherode", Ursprung-Gestaltung-Analyse, mit Architektur-Handbuch Siedlungen und Wohnungsbau in Braunschweig 1933-1945, Hameln 2003.

[77] Brecht, Julius, Die gemeinnützigen Wohnungsunternehmen in der Wohnungswirtschaft, in: *derselbe*/ Fischer-Dieskau, Joachim/ Querfeld, Hanns, Beiträge zur Wohnungswirtschaft, Materialiensammlung Forschungsstelle

Problemen der gemeinnützigen Wohnungswirtschaft unter Beachtung des Abhängigkeitsverhältnisses zu wohnungspolitischen Vorgaben auseinandergesetzt haben. Der Ansatzpunkt, einen allgemeinen Querschnitt der Unterstützung des Wohnungsbaus durch mehrere Großunternehmen der deutschen Wirtschaft darzustellen, wurde 1936 von *Wiedemann*[79] mit dem Schwerpunkt der Ansiedlung von Industriearbeitern gewählt. Dabei untersucht Wiedemann die Kleinsiedlungstätigkeit, indem er sich mit Siedlungsträgern, Arbeitsverhältnissen der Siedler, Größe von Siedlung und Siedlerstelle, Baukosten und Finanzierung sowie mit der Durchführung der Bauten befaßt. Insbesondere die Problematik der Belegung von Wohnungen der Industrie durch Werksfremde behandelt *Reuß* unter Schilderung der Entwicklung des Arbeiterwohnstättenbaus. Eine weitere Übersicht zum Arbeiterwohnstättenbau, geben u. a. *Heerde* (regional) und *Fischer-Dieskau* (überregional). Allgemeine Daten zu Leistungen im (gemeinnützigen) Wohnungsbau in Reich und Ländern sind eingehend bei *Fey* und in der Untersuchung des *Deutschen Vereins für Wohnungsreform e.V.* dokumentiert.[80]

Ferner behandeln die Materialien der *Forschungsstelle für Siedlungs- und Wohnungswesen an der Universität Münster in Westfalen* die Problemstellungen der Wohnungswirtschaft in Analysen und überlieferten Vorträgen.[81] Ähnlich konzipiert, aber weniger umfangreich ist die von *Heilmann* an der Universität Berlin zum Wohnungswesen und Städtebau herausgegebene Schriftenreihe des Instituts für Wohnungs- und Siedlungswesen, die sich für das Jahr 1939 mit den Gegenwartsfragen des Wohnungswesens

---

für Siedlungs- und Wohnungswesen an der Universität Münster i. W., Bd. 34, Jena 1939, S. 9-33; *derselbe*, Das gemeinnützige Wohnungswesen im Kriege, in: Reichsverband des deutschen gemeinnützigen Wohnungswesens (Hrsg.), Jahrbuch des deutschen gemeinnützigen Wohnungswesens, Ein Leistungsbericht für das Jahr 1940, Berlin 1942, S. 1-42; *derselbe*, Privater und gemeinnütziger Wohnungsbau, in: Der deutsche Volkswirt 1941, S. 864-867.

[78] Grundlegend: Fischer-Dieskau, Joachim, Einführung in die Wohnungs- und Siedlungspolitik, Grundlagen und Hauptprobleme, Berlin Leipzig 1938; exemplarisch *derselbe*, Begriffe und Begriffsbestimmungen im Wohnungs- und Siedlungswesen, in: RArbBl. 1939 II, S. 297-299; *derselbe*, Krieg und Wohnungswirtschaft, in: RVerwBl. 1940 S. 185-188; *derselbe*, Die Entwicklung des Wohnstättenbaues, in: Der Vierjahresplan 1938, S. 582-585.

[79] Wiedemann, Waldemar, Industrielle Heimstättensiedlung, Der Weg zur Krisenfestigkeit des deutschen Arbeiters, Berlin 1936. Bei den Unternehmen handelt es sich um die Waggonfabrik Talbot GmbH, Aachen/ Siemens-Werke, Berlin/AEG, Berlin/ I.G. Farbenindustrie AG, Wolfen bei Bitterfeld, Ludwigshafen und Oppau/ Osram GmbH, Berlin/ Carl Zeiss, Jena/ Hirsch Kupfer- und Messingwerke AG, Finow (Mark)/ Fried. Krupp Grusonwerk AG, Magdeburg, S. 108-129.

[80] Reuß, W., Der Werkwohnungsbau der Industrie, in: Siedlung und Wirtschaft 1939, S. 58-61; Heerde, Georg, Die Industriefirmen im Arbeiterwohnstättenbau, in: Wirtschaftsblatt der Industrie- und Handelskammer zu Berlin, Heft 27/28 1941, S. 523; Fischer-Dieskau, Joachim, Reichswohnungspolitik und Arbeiterwohnstättenbau; Unter besonderer Berücksichtigung der Grundsteuerbeihilfen, Schriften des Zentralverbandes Deutscher Haus- und Grundbesitzervereine, Jahrgang 1937, 2. Heft, Berlin 1937; Fey, Walter, Leistungen und Aufgaben im Deutschen Wohnungs- und Siedlungsbau, Sonderhefte des Instituts für Konjunkturforschung Nr. 42, Berlin 1936; Deutscher Verein für Wohnungsreform e.V., Wohnungsbau in Reich und Ländern 1933-1937, Eine Untersuchung über die Ergebnisse der deutschen Wohnungsstatistik und Vorschläge zu ihrer Ausgestaltung, Forschungsstelle beim Reichsarbeitsministerium für Fragen des Wohnungs- und Siedlungswesens, Berlin 1939.

[81] Materialiensammlung der Forschungsstelle für Siedlungs- und Wohnungswesen an der Universität Münster i.W., Bd. 1 (1930) - Bd. 39 (1941); später u. a. gemeinsam mit dem Zentralinstitut für Raumplanung der Universität Münster Beiträge, Sonderdrucke, Sonderveröffentlichungen sowie Materialien zum Siedlungs- und Wohnungswesen und zur Raumplanung.

auseinandersetzt.[82] Weiterhin liefern die beim *Reichsverband des deutschen gemeinnützigen Wohnungswesens* in drei Bänden aufgelegten Jahrbücher des deutschen gemeinnützigen Wohnungswesens themenbezogene Berichte für die Jahre 1938 bis 1940.[83] Neben Aufsätzen zum gemeinnützigen Wohnungswesen finden sich vornehmlich Darlegungen zu Organisation, Steuerrecht, Mietrecht, Grundstücksrecht, Bauwirtschaft, Finanzierung und Prüfungswesen.

Für die Beurteilung wohnungswirtschaftlicher Entwicklungstendenzen bieten mehrere zusammenfassende Darstellungen einen Zugang. Einen umfassenden Beitrag liefert *Jenkis*[84], dessen Arbeit zu Ursprung und Entwicklung des gemeinnützigen Wohnungswesens die Grundlage war für die anschließend erschienene zweibändige Untersuchung der gemeinnützigen Wohnungswirtschaft zwischen Markt und Sozialbindung. Neben den geistigen Grundlagen und der Herausbildung des Wirtschaftszweiges der „gemeinnützigen Wohnungswirtschaft" vermittelt Jenkis deren Besonderheiten und ihre Einordnung als Teil der Gesamtwirtschaft.
Unter Berücksichtigung der Unternehmungsformen schildert *Stöcker*[85] die Zeitphasen der Ausformung der gemeinnützigen Wohnungswirtschaft und gibt einen Überblick über Gründungs-, Aufbau-, Leistungs- und Wachstumsphasen. Stöcker ordnet den Zeitraum von 1919 bis 1949 der Leistungsphase zu, deren Darlegung deshalb besondere Beachtung verdient. Zu der von *Teuteberg* behandelten Problematik des Einflusses von Industrialisierung und Urbanisierung auf die Wohnverhältnisse trägt *Schulz* eine Untersuchung zum Wohnungsbau industrieller Arbeitgeber in Deutschland bis 1945 bei. Darin unterteilt Schulz in drei Formen des Wohnungsbaus - den Werkwohnungsbau, den werkgeförderten Wohnungsbau und die Beteiligung von Industrieunternehmen an Wohnungsunternehmen -, um Entwicklung und Bestimmungsfaktoren des Werkwohnungswesens kennzeichnen zu können.[86] Für den Zeitraum von 1847 bis 1997 bietet *Kanther*[87] einen zusammenfassenden Überblick zu der Entwicklung und volkswirtschaftlichen Bedeutung der deutschen Wohnungswirtschaft. Er skizziert

---

[82] Heilmann, Georg, Wohnungswesen und Städtebau, Schriftenreihe des Instituts für Wohnungs- und Siedlungswesen an der Universität Berlin, Gegenwartsfragen des Wohnungswesens und Städtebaues, Heft 2, 4 Abhandlungen nach Vorträgen von Brecht, Michaelis, von Schenck und Stephan, Eberswalde Berlin Leipzig 1939.

[83] Reichsverband des deutschen gemeinnützigen Wohnungswesens (Hrsg.), Jahrbücher des deutschen gemeinnützigen Wohnungswesens, Ein Leistungsbericht für das Jahr 1938, Berlin 1939; Band II/ 1940, Ein Leistungsbericht für das Jahr 1939, Berlin 1940; Band III/ 1941, Ein Leistungsbericht für das Jahr 1940, Berlin 1942.

[84] Jenkis, Helmut W., Ursprung und Entwicklung der gemeinnützigen Wohnungswirtschaft, Schriftenreihe des Instituts für Städtebau, Wohnungswirtschaft und Bausparwesen e.V. (Arnold-Knoblauch-Institut), Band 24, Hamburg 1973; *derselbe*, Die gemeinnützige Wohnungswirtschaft zwischen Markt- und Sozialbindung, Schriften zum Genossenschaftswesen und zur Öffentlichen Wirtschaft, Band 14/ I und Band 14/ II, Berlin 1985.

[85] Stöcker, Heinzgeorg, Die Entwicklungsphasen in der gemeinnützigen Wohnungswirtschaft unter dem Einfluß der Unternehmungsformen, Schriften des Instituts für Wohnungsrecht und Wohnungswirtschaft an der Universität zu Köln, Band 45, Bonn 1976.

[86] Schulz, Günther, Der Wohnungsbau industrieller Arbeitgeber in Deutschland bis 1945 in: Teuteberg, Homo habitans, S. 373-389.

[87] Kanther, Michael A., Die Entwicklung und volkswirtschaftliche Bedeutung der deutschen Wohnungswirtschaft von 1847 bis 1997, Gemeinnütziger Förderverein für Wohnungswesen, Städteplanung und Raumordnung e.V. (gfw), Bochum 1997, S. 15 ff. .

sowohl den Werkwohnungsbau anhand der Beispiele BASF in Leuna und Siemens in Berlin als auch den gemeinnützigen industrieverbundenen Wohnungsbau seit 1919 u. a. mit Beispielen der Kölner GAG, der Allbau aus Essen und der SAGA aus Hamburg. Darüber hinaus setzt sich Kanther neben dem Genossenschaftswesen mit Unternehmen auseinander, die wie die Gemeinnützige Heimstätten-Aktiengesellschaft für Angestellte (GAGFAH) 1918 der Zusammenarbeit von Staat und Verbänden oder Unternehmen entstammten.

Überblicke zur Entwicklung der Wohnungswirtschaft, die eine Einordnung der Wohnungsgesellschaften in die zu untersuchenden Zusammenhänge ermöglichen, gibt des weiteren die allgemeine wohnungswirtschaftliche Literatur, die sich - begleitet von einer Vielzahl themenspezifischer Ausarbeitungen - auf einige Standardwerke stützt. Erstmalig gab *Eberstadt* von 1909 bis 1920 das Handbuch des Wohnungswesens heraus, das sich mit Fragen der Wohnungswirtschaft, des Städtebaues, der Bodenpolitik und des Siedlungswesens befaßt. Dieses Werk erfuhr 1930 seine Ablösung durch das von *Albrecht* gemeinsam mit fünf weiteren Fachautoren im Auftrag des Deutschen Vereins für Wohnungsreform e.V. herausgegebene lexikalisch sortierte „Handwörterbuch des Wohnungswesens".[88] Ebenfalls lexikalisch aufgebaut und von führenden Fachleuten der Wohnungswirtschaft und Wohnungspolitik verfaßt ist das 1938 unter der Gesamtleitung von *Schwan* erschienene „Wörterbuch der Wohnungs- und Siedlungswirtschaft".[89] Dabei handelt es sich um ein umfangreiches Loseblatthandbuch mit Themenvielfalt und besonderer zeitlicher Nähe zum Untersuchungsgegenstand. Das in drei Bänden von *Wandersleb*[90] herausgegebene Handwörterbuch des Städtebaues, Wohnungs- und Siedlungswesens betrachtete sich 1959 als Nachfolger der von Eberstadt, Albrecht und Schwan verantworteten Handbücher. Das Werk ist vor allem für die Bereiche des Untersuchungsgegenstandes interessant, die 1938 noch nicht berücksichtigt werden konnten und dann erst wie im Falle des 1940 neuen WGG auf die unternehmerische Wohnungswirtschaft einwirkten.

Eine weitere grundlegende Veröffentlichung aus dem Jahr 1938 von *Kämper* mit dem Titel „Wohnungswirtschaft und Grundkredit" erläutert die Entwicklung und Finanzie-

---

[88] Eberstadt, Rudolf, Handbuch des Wohnungswesens und der Wohnungsfrage, 4. Auflage, Jena 1920; Albrecht, Gerhard/ Gut, Albert/ Lubbert, Wilhelm/ Weber, Emil/ Wölz, Otto/ Schwan, Bruno (Hrsg.), Handwörterbuch des Wohnungswesens, Jena 1930.

[89] Schwan, Bruno (Hrsg.) Wörterbuch der Wohnungs- und Siedlungswirtschaft, Loseblatthandbuch für die gesamte privatwirtschaftliche, genossenschaftliche, öffentlich-wirtschaftliche und Verwaltungs-Praxis auf dem Gebiete des Wohnungs- und Siedlungswesens, Stuttgart Berlin 1938; Fachleute waren der Syndikus des Reichsverbandes des deutschen gemeinnützigen Wohnungswesens Dr. Alfred Enskat, ORR Dr. Joachim Fischer-Dieskau vom Reichs- und Preußischen Arbeitsministerium, der Präsident des Bundes Deutscher Mietervereine RA Walter Groß, der Architekt Wilhelm Heilig, der Vorsitzer des Aufsichtsrats der Deutschen Bau- und Bodenbank ORR Dr. Dr. Otto Kämper, der Leiter der Hauptabteilung IV für Siedlungswesen, Wohnungswesen und Städtebau im Reichs- und Preußischen Arbeitsministerium Ministerialdirektor Dr. Ernst Knoll, der Beigeordnete im Deutschen Gemeindetag Dr. Claus Wedig-von Schmeling, der Präsidialdirektor bei der Gemeinnützigen Siedlungs- und Wohnungsgesellschaft der Stadt Berlin Dr. Hans Wagner sowie RR Dr. Fritz Wenzel.

[90] Wandersleb, Hermann (Hrsg.), Handwörterbuch des Städtebaues, Wohnungs- und Siedlungswesens, Erster Band A-E/ Zweiter Band F-P/ Dritter Band R-Z, Stuttgart 1959.

rung des Wohnungswesens.[91] In seinem dann 1940 erschienenen, ebenso wegweisenden Lehrbuch stellt *Lütge*[92] die deutsche Wohnungswirtschaft von den Kosten des Bauens über Finanzierungsfragen bis hin zu Wohnnutzungsproblemen systematisch dar. Systematik und Entwicklung von Unternehmen der Wohnungswirtschaft vermitteln zudem einschlägige nach dem Zweiten Weltkrieg erschienene Lehrbücher.
Das von *Heuer/ Kühne-Büning/ Nordalm/ Drevermann* veröffentlichte „Lehrbuch der Wohnungswirtschaft“ schloß sich zunächst dem Darstellungsansatz Lütges an und wurde 1994 und 2005 mit einer von mehreren Autoren getragenen Darstellung neu verfaßt.[93] Ergänzend zeigt *Hämmerlein*[94] die Branchenqualifikation der Wohnungswirtschaft als Wirtschaftszweig in Darstellung der unternehmerischen Wohnungswirtschaft in der Zeit vom landesfürstlichen Wohnungsbau bis zum gemeinnützigen Wohnungsbau auf. Die Interdisziplinarität der Wohnungswirtschaft besonders beachtend, widmet sich ein Stab von Fachleuten den wohnungswirtschaftlichen Handlungsfeldern sowohl in dem „Kompendium der Wohnungswirtschaft“ von *Jenkis* als auch in der „Speziellen Betriebswirtschaftslehre der Immobilienwirtschaft“ von *Murfeld*, die sich konkret auf die Wohnungsunternehmen der VSt bezieht.[95]

Ihren Anknüpfungspunkt zur Wohnungspolitik findet die den Forschungsstand dokumentierende wohnungswirtschaftliche Literatur in der Gesetzgebung. Deren Einwirkung auf die Unternehmenspolitik der Gesellschaften ist daher als ein wesentliches Bindeglied zwischen Wohnungswirtschaft und Wohnungspolitik zu beachten.
Das Gebiet des Wohnungswesens und des Städtebaus hat *Pergande*[96], ehemaliger Leiter des Gesetzgebungsreferats im Bundesministerium für Wohnungsbau, für einen zusammenfassenden Überblick 1973 anläßlich des 50-jährigen Jubiläums der Deutschen Bau- und Bodenbank AG aufgearbeitet. Pergande skizziert darin die Struktur der Wohnungspolitik mit einigen wesentlichen Normen und kennzeichnet so die Gebiete des Bau- und Bodenrechts, des Wohnungsbaurechts und des Mietrechts zur Zeit des Nationalsozialismus.
In dem von *Kähler* herausgegebenen Band 4 der fünfteiligen Reihe der Wüstenrot-Stiftung zur Geschichte des Wohnens hat *Kornemann*[97] das Thema der Rechtsgrund-

---

[91] Kämper, Otto (unter Mitarbeit von Hans Haehling von Lanzenauer), Wohnungswirtschaft und Grundkredit - mit besonderer Betrachtung des nachstelligen Grundkredits im In- und Auslande, Deutsches Institut für Bankwissenschaft und Bankwesen, Berlin 1938.
[92] Lütge, Fn. 1.
[93] Heuer, Jürgen H. B./ Kühne-Büning, Lidwina/ Nordalm, Volker/ Drevermann, Marlies, Lehrbuch der Wohnungswirtschaft, 2. Auflage, Frankfurt/M. 1985; Kühne-Büning, Lidwina/ Heuer, Jürgen H. B.(Hrsg.), Grundlagen der Wohnungs- und Immobilienwirtschaft, 3. Auflage, Hamburg 1994; Kühne-Büning, Lidwina/ Nordalm, Volker/ Steveling, Lieselotte, Grundlagen der Wohnungs- und Immobilienwirtschaft, 4. Auflage, Hamburg 2005.
[94] Hämmerlein, Hans, Die unternehmerische Wohnungswirtschaft, Ein verwalteter Wirtschaftszweig, Baden Baden 1988.
[95] Jenkis, Kompendium (2001) Fn. 8; Murfeld, Fn. 10.
[96] Pergande, Hans-Günther (unter Mitarbeit von Pergande, Jürgen), Die Gesetzgebung auf dem Gebiete des Wohnungswesens und des Städtebaues in: Deutsche Bau- und Bodenbank Aktiengesellschaft (Hrsg.), 50 Jahre Deutsche Bau- und Bodenbank Aktiengesellschaft 1923 - 1973, 50 Jahre im Dienste der Bau- und Wohnungswirtschaft, Frankfurt/ M. 1973, S. 11-209.

lagen dann noch einmal aufgegriffen und für den Untersuchungszeitraum neben den Bereichen der Städtebaupolitik, des Bau- und Bodenrechts und des Mietrechts vornehmlich um Aussagen zu Wohnungsneubauförderungen, Bauherren und Ressortzuständigkeiten sowie um das Thema der Wohnungspolitik als integralem Bestandteil der Judenvernichtung ergänzt.

Repräsentiert von *Ebel* und *Roquette* war das in der Bestandsverwaltung der Wohnungsgesellschaften gewichtige Mietrecht bereits in den 1930er Jahren Gegenstand vielfacher Veröffentlichungen und stößt - wie noch 1999 von *Hinkelmann* in ihrer Arbeit zur Historie des Mietzinses aufgezeigt - auch in seiner historischen Entwicklung bis heute auf Interesse. Dementsprechend analysiert auch *Saalfeld* die Mieten und Wohnungsausgaben der privaten Haushalte in Deutschland von 1880 bis 1980.[98]
Das mit dem Wohnungswesen eng verbundene Steuerrecht hat einen reichhaltigen zeitgenössischen Fundus in der von *Reinhardt* herausgegebenen sog. „Bücherei des Steuerrechts". Einen Überblick aus heutiger Sicht vermitteln *Voß* und *Schauer* in Darlegung der Rezeption des nationalsozialistischen Gedankenguts in Forschung und Lehre des Steuerrechts.[99]
Traditionell an das Steuerrecht gekoppelt ist die Wahl der Rechtsform, die in den Gründungsüberlegungen der Wohnungsunternehmen eine große Rolle spielte und deren Stellenwert nach *Kessler/ Schiffers/ Teufel* besondere Berücksichtigung findet. Ebenso traditionell ändern sich die Normen des Steuerrechts in schneller Abfolge, doch besteht die Anbindung der Rechtsform an das Steuerrecht unverändert bis heute fort. In der Einschätzung der Schwierigkeiten und Komplexität der Wahl der passenden Rechtsform sind sich Kessler/ Schiffers/ Teufel mit *Lanz* und *Jacobs* einig, die die Zielkonflikte und Bestimmungsfaktoren als Auswahlkriterien der Rechtsform auf-

---

97 Kornemann, Rolf, Gesetze, Gesetze..., Die amtliche Wohnungspolitik in der Zeit von 1918 bis 1945 in Gesetzen, Verordnungen und Erlassen, in: Kähler, Gerd (Hrsg.), Geschichte des Wohnens, Band 4, 1918-1945, Reform - Reaktion - Zerstörung (Wüstenrot-Stiftung, Deutscher Eigenheimverein e.V.), Ludwigsburg Stuttgart 1996, S. 599-723.

98 Ebel, Martin, Der neue Einheitsmietvertrag, in: RArbBl. 1934 II S. 143-146; *derselbe*, Die Neuregelung des Mieterschutzes, in: RArbBl. 1936 II S. 178-183; *derselbe*, Reichsmietengesetz und die Ausführungsverordnungen des Reichs und Preußens, 6. Auflage, Berlin 1936; *derselbe*, Der neue Mieterschutz, in: Bund Deutscher Mietervereine e.V. (Hrsg.), Mietrecht, Wohnungs- und Siedlungsfragen, S. 3-21; *derselbe*, Mieterschutzgesetz nebst Verfahrensanordnung, 8. Auflage, Berlin 1938; Roquette, Hermann, Rechtsgrundlagen der Wohnungsmiete, Schriftenreihe der Juristischen Wochenschrift Nr. 6, Leipzig 1936; *derselbe*, Das Verbot der Umwandlung von Wohnungen in Räume anderer Art, in: Deutsches Recht 1941, S. 2221-2223; *derselbe*, Mietzinsbildung als Rechtsproblem, in: Deutsches Recht 1942, S. 1433-1436; *derselbe*, Mietrecht, Aufbauende Gesamtdarstellung des Mietrechts unter Berücksichtigung der Neufassung des Mieterschutzgesetzes vom 15.12.1942, 2. Auflage, Berlin Leipzig Wien 1943; *derselbe*, Werkwohnungen und Betriebswohnungen im Mietrecht, in: Deutsches Recht 1943, S. 927-931; Hinkelmann, Beate, Die ortsübliche Miete, Zur historischen Entwicklung, Auslegung und prozessualen Handhabung des Vergleichsmietenbegriffs, Schriften zum bürgerlichen Recht, Band 224, Berlin 1999; Saalfeld, Diedrich, Die Mieten und Wohnungsausgaben der privaten Haushalte in Deutschland 1880-1980, in: Schulz, Günter (Hrsg.), Wohnungspolitik im Sozialstaat, Deutsche und europäische Lösungen 1918-1960, Düsseldorf 1993, S. 201-S. 221.

99 Reinhardt, Fritz (Hrsg.), Bücherei des Steuerrechts, Berlin 1937; Voß, Reimer, Steuern im Dritten Reich, Vom Recht zum Unrecht unter der Herrschaft des Nationalsozialismus, München 1995; dort zu Veröffentlichungen von Reinhardt vgl. Fn. 296; Schauer, Ralf Erich, Die Steuergesetzgebung des Nationalsozialismus als Mittel der Machtpolitik: Vom Steuerrecht zum Steuerunwesen, Frankfurt/ M. 2003.

zeigen.[100] Die Würdigung der gesellschaftsrechtlichen Strukturmerkmale der Rechtsformalternativen, die mit der z. B. von *Nordsieck*, *Scott*, *Picot* und *Frese* [101] eingehend bearbeiteten Problematik der betrieblichen Organisation zur Steuerung der Produktivitätspotentiale korrespondieren müssen, münden insgesamt in die Auseinandersetzung mit steuerlichen Aspekten.

Sofern dabei der Zugriff auf nicht veröffentlichte Erlasse zur thematischen Erschließung ausreichend ist, kann auf die von *Moll* veröffentlichten, nicht im Reichsgesetzblatt abgedruckten Erlasse verwiesen werden. Im Hinblick auf die amtlich bekanntgemachten Erlasse, Verordnungen und Gesetze sind im Bereich der gemeinnützigen Wohnungswirtschaft insbesondere die Gemeinnützigkeitsverordnung vom 1. Dezember 1930 und im Hinblick auf das WGG vom 29. Februar 1940 die WGGDVO vom 23. Juli 1940 und der Rderl. des RdF vom 26.10.1940 zur steuerlichen Behandlung von gemeinnützigen Wohnungsunternehmen wichtig.[102]

Speziell zum Recht der Gemeinnützigkeit sind neben den von *Hirtsiefer* 1929 aufgezeigten Handlungsfeldern der Wohnungswirtschaft die Kommentare von *Meier/ Draeger*, *Baumgarten* und *Bodien* einschlägig. Angesichts der verwendeten Auflagen von 1931, 1934 und 1952 spiegeln diese den Forschungsstand zum Wohnungsgemeinnützigkeitsrecht über den Zeitraum von 20 Jahren analysiert wider und verweisen wie diverse Monografien auf weiterführende Literatur.[103] Eine den gesamten Untersuchungszeitraum umfassende und zugleich kommentierte Zusammenstellung sämtlicher

---

[100] Kessler, Wolfgang/ Schiffers, Joachim/ Teufel, Tobias, Rechtsformwahl-Rechtsformoptimierung, München 2002, S. V; Lanz, Thomas, Die Wahl der Rechtsform als Entscheidungsproblem unter besonderer Berücksichtigung einer mittelständischen Unternehmung, Betriebspolitische Schriften, Beiträge zur Unternehmenspolitik Band 19, Berlin 1978; Jacobs, Otto H., Unternehmensbesteuerung und Rechtsform, Handbuch zur Besteuerung deutscher Unternehmen, 3. Auflage, München 2002.

[101] Nordsieck, Fritz, Grundlagen der Organisationslehre, Stuttgart 1934; Scott, Richard W., Grundlagen der Organisationstheorie, Frankfurt/ M. New York 1986; Picot, Arnold/ Dietl, Helmut/ Franck, Egon, Organisation, Eine ökonomische Perspektive, Stuttgart 1997; Frese, Fn. 25.

[102] Moll, Martin, „Führer-Erlasse" 1939-1945; Edition sämtlicher überlieferter, nicht im Reichsgesetzblatt abgedruckter, von Hitler während des Zweiten Weltkriegs schriftlich erteilter Direktiven aus den Bereichen Staat, Partei, Wirtschaft, Besatzungspolitik und Militärverwaltung, Stuttgart 1997; VO zur Sicherung von Wirtschaft und Finanzen vom 1. Dezember 1930, Siebenter Teil, Wohnungswirtschaft Kapitel III, Gemeinnützigkeit von Wohnungsunternehmen, RGBl. 1930 I S. 593; Gesetz über die Gemeinnützigkeit im Wohnungswesen - Wohnungsgemeinnützigkeitsgesetz - (WGG) vom 29. Februar 1940, RGBl. 1940 I S. 438; VO zur Durchführung des Gesetzes über die Gemeinnützigkeit im Wohnungswesen (WGGDV) vom 23. Juli 1940, RGBl. 1940 I S. 1012; Steuerliche Behandlung der gemeinnützigen Wohnungsunternehmen, Rderl. des RdF vom 26.10.1940 (S 2512-280 III), RStBl. 1940 S. 937.

[103] Hirtsiefer, Heinrich, Die Wohnungswirtschaft in Preußen, Eberswalde 1929; Heinrich Hirtsiefer setzte sich als Preußischer Minister für Volkswohlfahrt mit Fragen der Gemeinnützigkeit auseinander; Meier, Werner/ Draeger, Waldemar (unter Mitwirkung von Kennerknecht, Albert), Die Gemeinnützigkeit im Wohnungswesen, Verordnung vom 1. Dezember 1930 nebst Ausführungsbestimmungen, Kommentar, Handbücherei für Baugenossenschaften, Band 1, Berlin 1931; Baumgarten, Die Regelung des gemeinnützigen Wohnungswesens, Berlin 1934; Bodien, Ernst, Das Gesetz über die Gemeinnützigkeit im Wohnungswesen vom 29.02.1940 mit den Durchführungsvorschriften und sonstigen einschlägigen Bestimmungen, Wohnungswirtschaftliche Reihe, Band 2, Hamburg 1952; m.w.N. Draeger, Waldemar, Gemeinnützigkeits- und Steuerfragen, in: Deutscher Bauvereins-Kalender 1934, S. 171-181; Werner-Meier, Die Neufassung des Rechts der gemeinnützigen Wohnungswirtschaft, Materialiensammlung Forschungsstelle für Siedlungs- und Wohnungswesen an der Universität Münster i.W., Band 37, Jena 1940.

Rechtsgrundlagen auf Länder- und Reichsebene in Form von Erlassen, Verordnungen und Gesetzen liegt jedoch nicht vor. Dementsprechend unverzichtbar sind Reichsgesetzblatt, Reichssteuerblatt und Reichsarbeitsblatt.
Für den Zeitraum bis zu ihrem Erscheinungsdatum hilfreich sind die - allerdings weitgehend unkommentierten - Zusammenstellungen von Gesetzen, Verordnungen und Erlassen, die die Ausarbeitungen von *Flügge* und *Enskat* auch auf Länderebene auszeichnen. Die weiterreichende, 1939 erstmalig erschienene Sammlung der von *Knoll/ Schmidt/ Scholz/ Heilmann/ Fischer-Dieskau* zusammengestellten Bestimmungen gibt in drei Bänden auch unter Beachtung von Ausführungsvorschriften der Länder das Recht des Städtebaus, des Siedlungswesens und der Wohnungswirtschaft wieder. Darüber hinaus bietet *Cohrs* eine Loseblattsammlung zu sämtlichen Bestimmungen für den sozialen Wohnungsbau in Deutschland auf Grund des Erlasses vom 15.11.1940 über den Wohnungsbau nach dem Kriege, während das von *Weißler* bzw. *Bergmann* betreute Reichs-Archiv auch zu weiterführenden rechtlichen Problemen Fundstellen nachweist, die *Buschmann* einer erneuten Würdigung unterzieht und dabei Gesetzgebung und nationalsozialistische Weltanschauung zueinander ins Verhältnis setzt.[104] In der Dichte der Gesetze, Verordnungen und Erlasse zeigt sich die enge Rückkopplung des unternehmerischen Handelns der Wohnungsgesellschaften an die Wohnungspolitik.

Die breite Beachtung, die der allgemeinen Wohnungspolitik im Gegensatz zur Geschichte der unternehmerischen Wohnungswirtschaft in der Forschung bislang zuteil wurde, findet Ausdruck in einem reichhaltigen Literaturangebot.[105]
Die Schnittstelle von Wohnungspolitik und unternehmerischer Wohnungswirtschaft wird von *Walz* und *Forndran* berührt, die die Wohnungsbau- und Industrieansied-

---

[104] Flügge, Carl, Verzeichnis-Sammlung der bestehenden Gesetze und Verordnungen auf dem Gebiete des Bau- und Wohnungswesens im Reich und in den Ländern, Materialiensammlung Forschungsstelle für Siedlungs- und Wohnungswesen an der Universität Münster i.W., Band 15, Münster 1935; Enskat, Alfred, Die wohnungs- und siedlungswirtschaftliche Gesetzgebung; Gesetze, Verordnungen und Erlasse des Reiches und der Länder, Band V/ 1937 Nr. 4, Beilage der Zeitschrift für Wohnungswesen Heft 5, Berlin 1937; Knoll, Ernst/ Schmidt, Friedrich/ Scholtz, Werner/ Heilmann, Georg/ Fischer-Dieskau, Joachim (Hrsg.), Das Recht des Städtebaues, des Siedlungswesens und der Wohnungswirtschaft, (Loseblatt-)Sammlung der geltenden Bestimmungen in 3 Bänden, Band I: Städtebau, Erste Hälfte, Eberswalde Berlin Leipzig 1939; Cohrs, Wilhelm M., Der neue Wohnungsbau: sämtliche Bestimmungen für den sozialen Wohnungsbau in Deutschland auf Grund des Erlasses des Führers vom 15. November 1940, Bad Oeynhausen (Westf.) 1940; Weißler, Adolf, Reichs-Archiv (früher Preußisches Archiv), Sammlung der Gesetze und der das Rechtswesen des Reichs und Preußens berührenden Verordnungen und Verfügungen, 41. Jahrgang 1934 [2 Bände] - 42. Jahrgang 1935 [2 Bände], Ettlingen Leipzig 1934-1935; Bergmann, Hans, Reichs-Archiv, Sammlung der das Rechtswesen betreffenden Gesetze, Verordnungen und Verfügungen, 43. Jahrgang 1936 [2 Bände] - 49. Jahrgang 1942 [ab 1938 3 Bände], Karlsruhe 1936-1942; Buschmann, Arno, Nationalsozialistische Weltanschauung und Gesetzgebung 1933-1945, Band II, Dokumentation einer Entwicklung, Wien New York 2000 (allein Chronologie der Vorschriften S. XV-LXV); komprimierter von Münch, Ingo (Hrsg.), Gesetze des NS-Staates, Dokumente eines Unrechtssystems, 3. Auflage, Paderborn 1994.

[105] Zusammenfassungen zum Wohnungsbau und zum Thema Wohnen finden sich u.a. bei Schulz, Günther, Neue Literatur zur Geschichte des Wohnens und der Wohnungspolitik, in: VSWG 73 (1986), S. 366-391; Müller, Martin L., Ein Jahrhundert Sozialer Wohnungsbau, Ein Literaturbericht zur Wohnungspolitik im Konfliktfeld von Markt und Sozialstaat, in: AfG 34 (1994) S. 375-396; Hesse, Jan-Otmar, Epochen und Unternehmenskulturen in der Wohnungswirtschaft, Die Geschichte der deutschen Wohnungswirtschaft seit Ende des 18. Jahrhunderts - Konzeptentwurf und Aufarbeitung des Forschungsstandes - (im Auftrag des gfw), Bochum 1996; Zimmermann, Clemens, Wohnungspolitik und Wohnkultur im 20. Jahrhundert, in: NPL 46 (2001), S. 96-110.

lungspolitik in Deutschland von 1933 bis 1945 anhand des Aufbaus des Industriekomplexes Wolfsburg-Braunschweig-Salzgitter darstellen.[106] Zu den Veröffentlichungen, deren wohnungspolitischer Inhalt den Wirkungskreis der Wohnungsgesellschaften besonders berührt, gehört die zum Jubiläum der Deutsche Bau- und Bodenbank AG erschienene Studie von *Blumenroth*, in der er 100 Jahre deutscher Wohnungspolitik einer kritischen Würdigung unterzieht. Blumenroth zeigt die Erhaltung und Funktionsfähigkeit der die Wohnungsversorgung mitbestimmenden Märkte auf, indem er Kreditversorgung und Finanzierungsformen vorstellt. Ebenso zeitlich übergreifend wie Blumenroth sind die Werke von *Häring* und *Peters*. Häring akzentuiert vergleichsweise stärker das Verhältnis von Sozialpolitik und Wohnungspolitik, während Peters die Entwicklung des Wohnungswesens auch aus der Perspektive der gemeinnützigen Wohnungswirtschaft betrachtet.[107]

Ausgehend von den Feststellungen, die *Zimmermann*, *Teuteberg* und *Berger-Thimme* zur staatlichen Wohnungspolitik bis 1918 und *Witt* und *Ruck* zur Wohnungsbaupolitik in der Weimarer Republik treffen, kann mit *Schulz* und *Recker* eine sowohl qualitative als auch quantitative Bilanz der Wohnungsbautätigkeit in der nationalsozialistischen Zeit gezogen werden.[108] Schulz beschäftigt sich mit dem Wandel von grundsätzlich privatwirtschaftlicher zu zwangswirtschaftlicher Unternehmensführung mit dem Be-

---

[106] Walz, Manfred, Wohnungsbau- und Industrieansiedlungspolitik in Deutschland 1933-1939, dargestellt am Beispiel des Industriekomplexes Wolfsburg-Braunschweig-Salzgitter, Frankfurt/ M. New York 1979; Forndran, Erhard, Die Stadt- und Industriegründungen Wolfsburg und Salzgitter, Entscheidungsprozesse im nationalsozialistischen Herrschaftssystem, Wolfsburger Beiträge zur Stadtgeschichte und Stadtentwicklung, Campus Forschung Band 402, Frankfurt/ M. New York 1984.

[107] Blumenroth, Ulrich, 100 Jahre deutsche Wohnungspolitik, Aufgaben und Maßnahmen, in: Deutsche Bau- und Bodenbank Aktiengesellschaft, S. 211-411; gesondert 1975 erschienen unter: Deutsche Wohnungspolitik seit der Reichsgründung - Darstellung und kritische Würdigung-Beiträge zum Siedlungs- und Wohnungswesen und zur Raumplanung, Band 25, Münster 1975; Häring, Dieter, Zur Geschichte und Wirkung staatlicher Interventionen im Wohnungssektor; Gesellschaftliche und sozialpolitische Aspekte der Wohnungspolitik in Deutschland, Soziographisches Institut an der Johann Wolfgang Goethe - Universität Frankfurt am Main, Frankfurt/ M. 1973 (auch: Hamburg 1974); Peters, Karl-Heinz, Wohnungspolitik am Scheideweg, Wohnungswesen, Wohnungswirtschaft, Wohnungspolitik, Volkswirtschaftliche Schriften H. 343, Berlin 1984, S. 94, 143, 245, 382.

[108] Zimmermann, Clemens, Von der Wohnungsfrage zur Wohnungspolitik, Die Reformbewegung in Deutschland 1845-1914, Kritische Studien zur Geschichtswissenschaft, Band 90, Göttingen 1991; Teuteberg, Hans Jürgen, Eigenheim oder Mietskaserne: Ein Zielkonflikt deutscher Wohnungsreformer 1850-1914, in: Heineberg, Heinz (Hrsg.), Innerstädtische Differenzierung und Prozesse im 19. und 20. Jahrhundert, geographische und historische Aspekte, Städteforschung, Veröffentlichungen des Instituts für vergleichende Städtegeschichte in Münster, Reihe A: Darstellungen, Band 25, Köln Wien 1987, S. 21-56; Berger-Thimme, Dorothea, Wohnungsfrage und Sozialstaat, Untersuchungen zu den Anfängen staatlicher Wohnungspolitik in Deutschland (1873-1918), Europäische Hochschulschriften, Reihe III, Geschichte und ihre Hilfswissenschaften, Bd./Vol. 68, Frankfurt/ M. 1976; Witt, Peter-Christian, Inflation, Wohnungszwangswirtschaft und Hauszinssteuer, Zur Regelung von Wohnungsbau und Wohnungsmarkt in der Weimarer Republik, in: Niethammer, Lutz (Hrsg.), Wohnen im Wandel, Beiträge zur Geschichte des Alltags in der bürgerlichen Gesellschaft, Wuppertal 1979, S. 385-407; Ruck, Michael, Der Wohnungsbau - Schnittpunkt von Sozial- und Wirtschaftspolitik, in: Abelshauser, Werner (Hrsg.), Die Weimarer Republik als Wohlfahrtsstaat, Zum Verhältnis von Wirtschafts- und Sozialpolitik in der Industriegesellschaft, Vierteljahrschrift für Sozial- und Wirtschaftsgeschichte, Beiheft Nr. 81, Stuttgart 1987, S. 91-123; Schulz, Günter, Kontinuitäten und Brüche in der Wohnungspolitik von der Weimarer Zeit bis zur Bundesrepublik, in: Teuteberg, Hans-Jürgen (Hrsg.), Stadtwachstum, Industrialisierung, sozialer Wandel; Schriften des Vereins für Socialpolitik, N.F. Bd.156; Berlin 1986, S. 135-173; Recker, Marie-Luise, Staatliche Wohnungsbaupolitik im Zweiten Weltkrieg, in: Die Alte Stadt 1978, S. 117-137; *dieselbe*, Nationalsozialistische Sozialpolitik im Zweiten Weltkrieg, München 1985.

ginn des Zweiten Vierjahresplans und berührt die unternehmerische Wohnungswirtschaft durch Einarbeitung der Bilanz der Wohnungsbautätigkeit während des Nationalsozialismus.
Die Wohnraumzwangswirtschaft wird von *Kerner*[109] thematisiert, dargestellt unter Bezugnahme auf das Wohnungsamt Duisburg. Kerner greift für seine Untersuchung auf die Gesetze, Bekanntmachungen, Verordnungen, Durchführungsverordnungen und Dienstanweisungen zurück und gewährleistet so eine eng an wohnungspolitische Vorgaben angelehnte Beschreibung. Mit dem Wohnraummangel im Nationalsozialismus setzt sich zudem *Führer* auseinander. Er verdeutlicht, in welchen Größenordnungen auf den einzelnen Wohnungsmärkten in Deutschland Haushalte ohne eigene Wohnung waren und damit bis zur kriegsbedingten Verringerung der Neubauten ein Tätigkeitsbereich für die unternehmerische Wohnungswirtschaft entstand. Führer legt in seinen Untersuchungen neben Mietpolitik und Wohnraumbewirtschaftung die nationalsozialistische Wohnungsbaupolitik und im Zuge dessen die Wohnungsmarktlage dar. Ebenso untersucht er das Kleinsiedlungswesen im Nationalsozialismus und zeigt Probleme bei der Finanzierung, der Gestaltung der Siedlerstelle und der Auswahl der Siedler auf.[110]
In ihrer Analyse der nationalsozialistischen Siedlungspolitik beschäftigt sich *Peltz-Dreckmann*[111] mit der staatlichen, von rechtlichen und ökonomischen Vorgaben geprägten Umsetzung der Wohnungspolitik, während *Heiden*[112] - unter Berücksichtigung regionaler Belange - die Entwicklungsstadien der Kleinsiedlungsvorhaben bis zum Behelfsheimbau nachvollzieht. Die gleichfalls regional ausgerichtete Arbeit von *Haerendel*[113] gibt trotz ihres Schwerpunkts, der auf der Wohnungspolitik in München liegt, eine Übersicht zu Prämisse und Praxis nationalsozialistischer Wohnungspolitik.
Darüber hinaus vermittelt die von *Harlander/ Fehl* zu Hitlers sozialem Wohnungsbau von 1940 bis 1945 verfaßte Studie einen wohnungspolitischen Überblick, dem ausgewählte Aufsätze der Zeitschrift „Der Soziale Wohnungsbau in Deutschland" bzw. „Der Wohnungsbau in Deutschland" zugrundeliegen. Neben der Funktion der DAF im Wohnungswesen werden die im Spannungsverhältnis zwischen Reichswohnungs-

---

[109] Kerner, Frank, Wohnraumzwangswirtschaft in Deutschland, Anfänge, Entwicklung und Wirkung vom Ersten bis zum Zweiten Weltkrieg, Europäische Hochschulschriften, Reihe III, Geschichte und ihre Hilfswissenschaften, Bd./ Vol. 720, Frankfurt/ M. 1996, S. XXV.

[110] Führer, Karl Christian, Mieter, Hausbesitzer, Staat und Wohnungsmarkt; Wohnungsmangel und Wohnungszwangswirtschaft in Deutschland 1914-1960, VSWG, Beiheft Nr. 119, Stuttgart 1995, S. 210 ff., S. 335 ff.; siehe auch *derselbe*, Die deutsche Mieterbewegung 1918-1945, in: Schulz, Wohnungspolitik im Sozialstaat, S. 223-245, *derselbe*, Betrogene Gewinner ? Die deutschen Hausbesitzer und der Streit um den Gewinn aus Inflation und Währungsreform 1923-1943, in: VSWG 82 (1995), S. 29-53; *derselbe*, Anspruch und Realität, Das Scheitern der nationalsozialistischen Wohnungsbaupolitik 1933-1945, in: VfZ 45 (1997), S. 225-256, S. 248; *derselbe*, Das NS-Regime und die „Idealform des deutschen Wohnungsbaues", Ein Beitrag zur nationalsozialistischen Gesellschaftspolitik in: VSWG 89 (2002), S. 141-166.

[111] Peltz-Dreckmann, Ute, Nationalsozialistischer Siedlungsbau, Versuch einer Analyse der die Siedlungspolitik bestimmenden Faktoren am Beispiel des Nationalsozialismus, München 1978.

[112] Heiden, Detlev, Von der Kleinsiedlung zum Behelfsheim, Wohnen zwischen Volksgemeinschaft und Kriegsalltag, in: Heiden, Detlev/ Mai, Gunther (Hrsg.), Nationalsozialismus in Thüringen, Köln Wien 1995, S. 349-373.

[113] Haerendel, Ulrike, Kommunale Wohnungspolitik im Dritten Reich, Siedlungsideologie, Kleinhausbau und „Wohnraumarisierung" am Beispiel Münchens, München 1999, S. 104-150.

kommissar Ley und Reichsarbeitsminister Seldte entstandenen wohnungspolitischen Maßnahmen aufgezeigt, die auch Wohnungsunternehmen der Industrie betrafen. Diese Studie wird ergänzt um eine Untersuchung *Harlanders* zur deutschen Kleinsiedlungspolitik zwischen 1930 und 1950 sowie um dessen Habilitationsschrift zum Wohnungsbau und der Wohnungspolitik in der Zeit des Nationalsozialismus, während sich Fehl in einer gesonderten Veröffentlichung besonders mit den Typisierungen des Wohnungsbaus im Dritten Reich beschäftigt.[114]

Hinsichtlich der wohnungspolitischen Bedingungen bei Kriegsende unterrichtet die zur Berliner Wohnungspolitik der Nachkriegszeit angefertigte Dissertation von *Hanauske* in Verbindung mit den dort zitierten Nachweisen über Wohnungsnot und Notmaßnahmen in Westdeutschland und berührt insofern die Wohnungsgesellschaften. Deren Zerstörungen können unter Hinzuziehung der Bilanzen u. a. von *Hohn* und *Recker*[115] zu Bombardierung und Schäden des Luftkriegs betrachtet werden. Dabei erforscht Recker das Wohnen in den Städten unter den Bedingungen der Luftangriffe und berücksichtigt die Wohnverhältnisse. Diese Untersuchung ist Teil des von *Niethammer* herausgegebenen Bandes zum „Wohnen im Wandel", der mit Aufsätzen mehrerer Autoren von der Entstehung bürgerlicher Wohngewohnheiten bis zum Wohnen im Zweiten Weltkrieg einen umfassenden Beitrag zur Sozialgeschichte des Wohnens leistet. *Häußermann/ Siebel* vertiefen die Problematik u. a. im Hinblick auf Wohndichte und Wohnkosten und erörtern die Überwindung der Wohnungsnot. Die Studien betreffen ebenso wie die Untersuchungen von *Wischermann* zu Wohnung und Wohnquartier und von *Kastorff-Viehmann* zu Kleinwohnung und Werkssiedlung den Wohnalltag gegen Ende des 19. sowie zu Beginn des 20. Jahrhunderts. Sie verdeutlichen damit für den Untersuchungsgegenstand, welche wohnungspolitischen Entwicklungsstadien die übernommenen Wohnungsbestände der Wohnungsgesellschaften durchlaufen mußten.[116]

---

[114] Harlander, Tilman/ Fehl, Gerhard (Hrsg.), Hitlers sozialer Wohnungsbau 1940-1945, Wohnungspolitik, Baugestaltung und Siedlungsplanung, Aufsätze und Rechtsgrundlagen zur Wohnungspolitik, Baugestaltung und Siedlungsplanung aus der Zeitschrift „Der Soziale Wohnungsbau in Deutschland", Band 6 der Reihe Stadt-Planung-Geschichte, Hamburg 1986; Harlander, Tilman, Kleinsiedlungspolitik zwischen 1930 und 1950 - eine deutsche Geschichte, in: Schulz, Wohnungspolitik im Sozialstaat, S. 123-139, *derselbe*, Zwischen Heimstätte und Wohnmaschine, Wohnungsbau und Wohnungspolitik in der Zeit des Nationalsozialismus, Band 18 der Reihe Stadt-Planung-Geschichte, Basel Berlin Boston 1995; Fehl, Gerhard, Typisierter Wohnungsbau im Dritten Reich, in: Durth, Werner/ Nerdinger, Winfried, Architektur und Städtebau der 30er/ 40er Jahre, Ergebnisse der Fachtagung in München, 26.-28. November 1993, des Deutschen Nationalkomitees für Denkmalschutz, Schriftenreihe des Deutschen Nationalkomitees für Denkmalschutz, Band 48, Bonn 1994, S. 74-83.

[115] Hanauske, Dieter, „Bauen, bauen, bauen...!", Die Wohnungspolitik in Berlin (West) 1945-1961, Publikationen der Historischen Kommission zu Berlin, Diss., Berlin 1995; Hohn, Uta, Die Zerstörung deutscher Städte im Zweiten Weltkrieg, Regionale Unterschiede in der Bilanz der Wohnungstotalschäden und Folgen des Luftkrieges unter bevölkerungsgeographischem Aspekt, Duisburger Geographische Arbeiten, Band 8, Dortmund 1991; Recker, Marie-Luise, Wohnen und Bombardierung im Zweiten Weltkrieg, in: Niethammer, Wohnen im Wandel, S. 408-428.

[116] Häußermann, Hartmut/ Siebel, Walter, Soziologie des Wohnens, Eine Einführung in Wandel und Ausdifferenzierung des Wohnens, Weinheim und München 1996, S. 65 ff.; Wischermann, Clemens, Wohnung und Wohnquartier, Zur innerstädtischen Differenzierung der Wohnbedingungen in deutschen Großstädten des späten 19. Jahrhunderts, in: Heineberg, S. 57-84; Kastorff-Viehmann, Renate, Kleinwohnung und Werkssiedlung, Zur Erziehung des Arbeiters durch Umweltgestaltung, in: Rodríguez-Lores/ Fehl, Gerhard (Hrsg.), Die Kleinwoh-

Die Wohnverhältnisse der 1920er Jahre werden zudem von *v. Saldern* in bezug auf Großwohnanlagen in dem von *Schildt/ Sywottek* herausgegebenen Sammelband zum Wohnen in der Großstadt seit dem Ersten Weltkrieg und von *Harlander/ Hater/ Meiers* hinsichtlich der Errichtung von Stadtrandsiedlungen analysiert.[117] Die Sozialpolitik eines Unternehmens beschränkt sich nun nicht auf ihre Wirkung nach außen, sondern entfaltet auch nach innen Wirkungsmechanismen. Dementsprechend sind die Forschungsarbeiten von *Hilger* und *Frese*[118] zur Beurteilung der Betriebspolitik ergänzend zu beachten.

Im Hinblick auf unveröffentlichte Quellen stützt sich die Untersuchung auf Aktenbestände des Archivs der ehemaligen Veba Immobilien AG bzw. Viterra AG in Bochum, des Konzernarchivs der ThyssenKrupp AG in Duisburg, des Historischen Archivs Krupp in der Villa Hügel, Essen, des Bergbau-Archivs beim Deutschen Bergbaumuseum in Bochum, des Stadtarchivs Emden, des Bundesarchivs in Berlin und der Stiftung Westfälisches Wirtschaftsarchiv in Dortmund.

Die größten Aktenbestände konnten im Archiv der ehemaligen Veba Immobilien AG bzw. Viterra AG sowie im Archiv der ThyssenKrupp AG eingesehen werden.
Zu Fragen der Gründung, der Wahl der Rechtsform, der Organisation und zu Neubaufragen fand sich in diesen Archiven verschiedenartiges Quellenmaterial. Hilfreich waren im Archiv der Veba Immobilien AG die von 1936 bis 1946 verfaßten Berichte über die Verwaltungssitzungen der Vorstände und Prokuristen der Wohnungsgesellschaften mit über 1.500 erschlossenen Einzelquellen. Die Verwaltungssitzungen vermitteln ein dichtes Bild von der Problematik der Bestandsverwaltung sowohl vor als auch während des Zweiten Weltkriegs und stellen daher einen Hauptbestandteil des Quellenmaterials dar, auf das sich die Untersuchung stützt. Außerdem dokumentieren neben den vorhandenen Geschäftsberichten von 1933/ 34 bis 1945/ 46 Protokolle von Aufsichtsrats- und Vorstandssitzungen sowie Wirtschaftsprüfungsberichte den untersuchten Zeitraum.
Die Materialien gehen deutlich über den Bestand an Geschäftsberichten hinaus und übertreffen insoweit die Angaben der Veba Immobilien AG anläßlich einer von *Hesse* im Auftrag des gfw 1996/ 97 durchgeführten und zusammengefaßten Umfrage zu den Archivbeständen deutscher Wohnungsunternehmen.[119]

---

nungsfrage, Zu den Ursprüngen des sozialen Wohnungsbaus in Europa, Band 8 der Reihe Stadt-Planung-Geschichte, Hamburg 1988, S. 221-241.

[117] Saldern, Adelheid von, Neues Wohnen, Wohnverhältnisse und Wohnverhalten in Großwohnanlagen der 20er Jahre, in: Schild, Axel/ Sywottek, Arnold (Hrsg.) Massenwohnung und Eigenheim, Wohnungsbau und Wohnen in der Großstadt seit dem Ersten Weltkrieg, Campus Forschung Band 589, Frankfurt/ M. New York 1988, S. 201-221; Harlander, Tilman/ Hater, Katrin/ Meiers, Franz, Siedeln in der Not, Umbruch von Wohnungspolitik und Siedlungsbau am Ende der Weimarer Republik, Band 10 der Reihe Stadt-Planung-Geschichte, Hamburg 1988.

[118] Frese, Matthias, Betriebspolitik im „Dritten Reich", Deutsche Arbeitsfront, Unternehmer und Staatsbürokratie in der westdeutschen Großindustrie 1933-1939, Westfälisches Institut für Regionalgeschichte Landschaftsverband Westfalen-Lippe Münster, Forschungen zur Regionalgeschichte, Band 2, Paderborn 1991; Hilger vgl. Fn. 56.

[119] Hesse, Jan-Otmar, Ergebnisse der Umfrage zu Archivbeständen der Wohnungsunternehmen (im Auftrag des gfw), Bochum 1997, S. 9. Für das Projekt einer Geschichte der Wohnungswirtschaft wurden bundesweit 130 Unternehmen zwecks Mitteilung der Archivbestände angeschrieben.

Für das Archiv der ThyssenKrupp AG muß dessen eingehende Erschließung der Bestände durch strukturierte Findbücher gewürdigt werden.[120] So war es möglich, für die Bestände der VSt, der Bergbau- und Industriewerte GmbH, der Friedrich Wilhelms-Hütte und des Nachlasses Steinberg gezielt Akten zu Gründungsüberlegungen, organisatorischen Fragen, Verschmelzungsbestrebungen, Behelfsheimbau und der besonderen Konstellation zwischen VSt und Wohnungsgesellschaften heranzuziehen. Darüber hinaus finden sich zu Einzelthemen Abhandlungen, so z. B. zu Gründungsfragen oder zum Wohnverhalten. Gegebenenfalls können hier auch Geschäftsberichte der Wohnungsgesellschaften eingesehen werden.[121]

Geschäftsberichte finden sich ebenfalls im Bergbau-Archiv des Deutschen Bergbaumuseums in Bochum, das im Bestand der Gelsenkirchener Bergwerks-AG neben Satzungen und Unterlagen zu Beteiligungsverhältnissen auch Schriftwechsel zur Gründung der Wohnungsgesellschaften vorhält. Außerdem sind dort Berichte, Vorträge und Denkschriften aus der Arbeit der Wohnungsgesellschaften zu finden, ergänzt um verschiedene, in Heftform verfaßte Berichte der Gesellschaften zu Wohnungs- und Wohnverhältnissen sowie zum baulichen Zustand und Wiederaufbau der Häuser.[122]

Das Historische Archiv Krupp in der Villa Hügel in Essen überliefert mit dem Bestand zum Bochumer Verein Material zu Instandsetzungsvorhaben und zum Kleinsiedlungsbau. Im besonderen dokumentiert ist dabei der Kleinsiedlungsbau in Bochum.

Weiterhin befinden sich bei der Stiftung Westfälisches Wirtschaftsarchiv in Dortmund allgemeine Sachakten der Industrie- und Handelskammer Dortmund zum Wohnungs- und Siedlungswesen im Dritten Reich, in denen Fragen zu Gemeinnützigkeit, Mietrecht, Baugewerbe, Siedlerbetreuung und Wirtschaftlichkeitsberechnungen erörtert werden. Darüber hinaus können Steuerfragen und Beteiligungsverhältnisse von VSt und Wohnungsgesellschaften aus Druckschriften der VSt entnommen werden.

Rechercheanfragen in den Archiven der Städte Essen, Duisburg, Dortmund, Bielefeld, Gelsenkirchen und Bochum ergaben, daß aufgrund der kriegsbedingten Verluste gar kein bis kaum ergiebiges Material vorliegt.

---

[120] Rasch, Manfred (Hrsg.), Findbuch zu den Beständen Vereinigte Stahlwerke AG und Bergbau und Industriewerte GmbH, Band 1 und 2, Veröffentlichungen aus dem Archiv der Thyssen AG, 1, Duisburg 1996; *derselbe* (Hrsg.), Findbuch zum Bestand Friedrich Wilhelms-Hütte (1811-1969), Veröffentlichungen aus dem Archiv der Thyssen AG, 2, Duisburg 1997, *derselbe* (Hrsg.), Findbuch zu den Beständen der Ruhrstahl-Gruppe, Veröffentlichungen aus dem Archiv der Thyssen AG, 3, Duisburg 1998; *derselbe* (Hrsg.), Findbuch zum Nachlaß Wilhelm Steinberg (1896-1984), Veröffentlichungen aus dem Archiv des ThyssenKrupp Konzerns, 4, Duisburg 1999; zum Umfang des Bestands der VSt vgl. auch *derselbe*, Das Archiv der Thyssen AG und seine Bestände, in: Archiv und Wirtschaft 29 (1996), S. 2-13; früher bereits Hatzfeld, Lutz, Die archivische Überlieferung der Vereinigte Stahlwerke AG, Zur Archivgeschichte einer entflochtenen Unternehmung, in: Der Archivar 36 (1983) Sp. 384-394. Zur Entwicklung der Werksarchive und u. a. des Archivs der Thyssen AG Rasch, Manfred, Unternehmensgeschichte und Unternehmensgeschichtsschreibung, in: Faulenbach, Bernd/ Jelich, Franz-Josef (Hrsg.), Literaturwegweiser zur Geschichte an Ruhr und Emscher, Im Auftrag des Forums Geschichtskultur an Ruhr und Emscher, Essen 1999, S. 165-168.

[121] Rasch, Manfred, Hinweise auf Überlieferungen zur Vereinigte Stahlwerke AG in anderen Archiven, in: *derselbe*, Findbuch VSt, S. 59-88, hier S. 85.

[122] BBA 55/ 1731.

Im Stadtarchiv Emden dagegen befinden sich in eingeschränktem Umfang Unterlagen zur Siedlung Friesland, die die Erkenntnisse über den Wohnungsbau der Westfälische W. für die Nordseewerke Emden abrunden.
Im Bundesarchiv in Berlin gibt die vom Arbeitswissenschaftlichen Institut der Deutschen Arbeitsfront (AWI) archivierte Sammlung von Zeitungsartikeln[123] einen zeitgenössischen Überblick zum Werkwohnungswesen im allgemeinen und zum industrieverbundenen Wohnungsbau der Wohnungsgesellschaften der VSt im besonderen.
Die weiteren Bestände der Reichsstelle für Raumordnung, des Vereins Deutscher Eisen- und Stahlindustrieller - Wirtschaftsgruppe Eisenschaffende Industrie, des Reichswirtschaftsministeriums, des Reichsministeriums für Rüstungs- und Kriegsproduktion, der Reichskanzlei und der Deutschen Akademie für Wohnungswesen ermöglichen neben den bereits bestehenden Veröffentlichungen zur Wohnungspolitik vertiefte Erkenntnisse zu den wohnungspolitischen Vorgaben, mit denen sich die Wohnungsgesellschaften der VSt konfrontiert sahen.

[123] Eine entsprechende Sammlung befindet sich ebenso an der Ruhr-Universität Bochum.

B. Entstehung einer unternehmerischen Wohnungswirtschaft

Die thematische und zeitliche Einordnung der Gründung der Wohnungsgesellschaften der VSt in das Gesamtgefüge der Wohnungswirtschaft verlangt zunächst einen Blick auf die Zusammenhänge der Entstehung und Entwicklung einer unternehmerischen Wohnungswirtschaft in Deutschland mit dem Schwerpunkt Rhein-/Ruhrgebiet.

I. Wohnungswesen bis zum Ersten Weltkrieg

1. Wohnungsnot und Selbsthilfe

Erste Vorläufer einer Wohnungswirtschaft waren die um das Jahr 1500 errichteten Weberhäuser in Nürnberg sowie die Fuggersiedlung, die Jacob Fugger 1511 in Augsburg stiftete. Im Jahr 1690 entstanden in Brandenburg Arbeitersiedlungen und als erstes Wohnungsunternehmen wird der 1825 gegründete „Bauverein Elberfeld“ genannt.[1]

Die Entwicklung einer unternehmerischen Wohnungswirtschaft läßt sich für Deutschland erst nach 1840 erkennen. Lette und Victor Aimé Huber hatten sich bis dahin als erste Reformer mit der Problematik der Wohnversorgung des 19. Jahrhunderts auseinandergesetzt. Huber schlug Maßnahmen zur Bekämpfung der Wohnungsnot vor und faßte die Auswirkungen des Wohnens in dem Satz zusammen: „Eine gute oder schlechte Wohnung ist eine Lebensfrage.“[2] Hubers Ziel war die Verwandlung des eigentumslosen Arbeiters in arbeitende Eigentümer. Dabei stellte er sich die Schaffung von Associationen für Arbeiter und den Bau neuer Wohnquartiere am Rand der Städte oder in der Nähe der Arbeitsplätze in drei Größenklassen vor: für 20 bis 100 Familien, für 100 bis 500 Familien oder für 20 bis 30 bzw. 50 bis 200 ledige Arbeiter.[3]

---

[1] Schmoll, Fritz, Wohnungsnot und Wohnungsreform in Deutschland, Das Beispiel der gemeinnützigen Wohnungsunternehmen vor 1870, Stuttgart 1979, S. 248; Bobrowski, Paul, Werk- und werkgeförderte Wohnungen in Recht und Praxis, Wohnungswirtschaftliche Reihe, Band 9, Hamburg 1955, S. 1 m.w.N.; Speck, Arbeitgeber und Wohnungsbau, in: Schwan, Wörterbuch, S. 41-50; ähnlich, aber vom Jahr 1519 ausgehend Weiß, Albrecht/ Pergande, Günther, Handbuch des betrieblichen Wohnungswesens, Formen, Planung, Finanzierung, Steuerfragen, Musterverträge, Gesetzestexte, Düsseldorf 1953, S. 13; Institut für Wohnungsrecht und Wohnungswirtschaft an der Universität zu Köln, Gladbacher Aktien-Baugesellschaft, S. 16; Kastorff-Viehmann, Renate, Wohnungsbau für Arbeiter, Das Beispiel Ruhrgebiet bis 1914, Aachen 1981, S. 95, sie nennt als ersten bedeutenden Werkwohnungsbaukomplex Anfang der 20er Jahre drei Wohnhäuser der Ratinger Spinnerei Cromford.

[2] Schaaf, Hans, Die Entwicklungstendenzen der gemeinnützigen Bauvereinigungen in Deutschland in der Kriegs- und Nachkriegszeit, Münster 1926, S. 2; Huber, Victor Aimé zitiert bei Teuteberg, in: Heineberg, S. 25; Schmoll, S. 96 ff. .

[3] Huber, Victor Aimé, Die Selbsthülfe der arbeitenden Klassen durch Wirtschaftsvereine und innere Ansiedlungen, Berlin 1848, S. 14; zum Gedanken der Association Huber, Victor Aimé, Über innere Kolonisation, 1846, in: Frank, Hartmut/ Schubert, Dirk (Hrsg.), Lesebuch zur Wohnungsfrage, Köln 1983, S. 122-126, hier S. 125; zu Huber zusammenfassend Jenkis, Helmut W., Victor Aimé Huber zum 100. Todestag, in: Gemeinnütziges Wohnungswesen 1969, S. 195-204; zur theologischen (S. 23) und politischen (S. 85) Gedankenwelt Eun-Sang Yu, Die Grundzüge der sozialen Gedankenwelt von Victor Aimé Huber, Eine Untersuchung seiner theologischen und politischen Grundauffassungen, Berlin 1986; umfassende Würdigung Hubers mit Literaturangaben und -besprechung zu und von Huber vgl. Kanther, Michael A./ Petzina, Dietmar, Victor Aimé Huber (1800-1869), Sozialreformer und Wegbereiter der sozialen Wohnungswirtschaft, Berlin 2000, S. 13 ff., 183 ff. .

Nach dem gescheiterten Versuch des Königlich-Preußischen Landbaumeisters Hoffmann, 1841 einen „Häuserbauverein" zu schaffen, bildeten der von Hoffmann 1846 gegründete „Verein zur Verbesserung der Arbeiterwohnungen" und der zwei Jahre zuvor entstandene „Centralverein für die arbeitenden Klassen" die Grundlage für den Wirtschaftszweig einer gemeinnützigen Wohnungswirtschaft in Deutschland.
Die Denkschrift Hoffmanns für „Die Aufgabe einer Berliner gemeinnützigen Baugesellschaft" führte 1847/ 48 zu der Gründung einer gleichnamigen Gesellschaft, die sich als älteste gemeinnützige Baugesellschaft den Grundsätzen Hubers verpflichtet fühlte und unter der Schirmherrschaft von Prinz Wilhelm, ab 1871 Kaiser Wilhelm I., stand.[4] In den 1850er Jahren folgten dann weitere Gesellschaften, die aus humanitären Intentionen gegründet wurden.
Ausgehend von den Gedanken Hubers erfolgte die Vermietung an Minderbemittelte bei Begrenzung der Miete auf das Kostendeckungsprinzip und des Verkaufspreises auf die tatsächlichen Kosten des Hauses. Neben der ehrenamtlichen Tätigkeit der Gesellschaftsorgane wurde die Dividende auf einen geringen Prozentsatz begrenzt und der Grundsatz der Vermögensbindung mit der Maßgabe verabschiedet, daß keiner der Anteilseigner bei Ausscheiden oder bei Auflösung der Gesellschaft mehr als den eingezahlten Nominalbetrag erhalten konnte.[5]

Der Großteil der Gesellschaften baute überwiegend Mietwohnungen, doch entstanden besonders im rheinischen Raum auch Kleinhäuser mit Preisbindung für Arbeiter als Kaufanwärter. Gemeinnützige Baugesellschaften wurden in den 1850er Jahren z. B. in Halle (1851), Stettin (1853), Lüdenscheid (1853), Pforzheim (1857), Hagen (1861), Nürnberg (1862) und Görlitz (1864) gegründet. Die 1869 gegründete Gladbacher Aktien-Baugesellschaft war mit der 1864 gegründeten Bonner Baugesellschaft und Gesellschaften in Duisburg, Rheydt und Wuppertal-Barmen eines der ersten rheinischen gemeinnützigen Wohnungsunternehmen.[6]

Das für die Wohnversorgung der Arbeiter gleichfalls wichtige Genossenschaftswesen geht zwar auch auf das Jahr 1849 zurück, die ersten eigenständigen Baugenossenschaften entstanden aber erst später.[7] Im Rahmen der Selbsthilfe sollten sich die Genossen

---

[4] Hagemann-Miksits, René/ Kanther, Michael/ Eichener, Volker, Geschichte des GdW Bundesverband deutscher Wohnungsunternehmen, in: Eichener/ van Emmerich/ Petzina, S. 194-227, hier S. 197.
[5] Flender, August, Die Wohnungsgemeinnützigkeit im Wandel der Zeiten, Aus der Vergangenheit in die Zukunft, Schriftenreihe des Verbandes gemeinnütziger Wohnungsunternehmen e.V. Köln, Heft 3, 2. Auflage, Hamburg 1970, S. 2 ff.; Institut für Wohnungsrecht und Wohnungswirtschaft an der Universität zu Köln, Gladbacher Aktien-Baugesellschaft, S. 16 f.; zur „Berliner gemeinnützige Baugesellschaft" und den weiteren ersten Gesellschaften vgl. Reichardt, Erwin, Die Grundzüge der Arbeiterwohnungsfrage mit besonderer Berücksichtigung der Unternehmungen, die Arbeiter zu Hauseigenthümern zu machen, Berlin 1885, S. 42 ff.; Brüggemann, Josef, Die Wohnungsversorgung der gemeinnützigen Wohnungsunternehmen, in: Gesamtverband gemeinnütziger Wohnungsunternehmen e.V. (Hrsg.), Unternehmerische Wohnungsversorgung, Allgemeiner Deutscher Bauvereinstag, Stuttgart 15. und 16. Oktober 1964, Köln 1965, S. 43- 57, hier S. 46.
[6] Institut für Wohnungsrecht und Wohnungswirtschaft an der Universität zu Köln aaO.; Schmoll, S. 194 ff., dort Katalog der vor 1870 gegründeten Wohnungsunternehmen ab S. 320 ff. .
[7] Salzmann, Bernhard, Gemeinnützige Wohnungswirtschaft im Raum Westfalen-Lippe, in: Seraphim, Hans-Jürgen (Hrsg.), Deutsche Siedlungs- und Wohnungspolitik, Gegenwartsprobleme und Zukunftsaspekte, Fest-

durch Geschäftsabschlüsse mit der Genossenschaft selbst fördern. Damit unterstrich dieser sozialreformerische Ansatz vor allem den Aspekt der Selbst- und nicht der Fremdversorgung. Neben Friedrich Wilhelm Raiffeisen kam der von Schultze-Delitzsch[8] gegründete Allgemeine Deutsche Genossenschaftsverband auf den Vereinstagen zu Mainz (1864) und Stettin (1865) zu dem Ergebnis, daß in genossenschaftlicher Selbsthilfe errichtete Eigenhäuser den Mitgliedern gegen ein Kaufgeld zu überlassen waren, das sich „durch terminliche, auf eine Reihe von Jahren zu verteilende Raten amortisierte"[9].

Da das Genossenschaftsgesetz (GenG) von 1868 noch eine unbeschränkte Haftpflicht kannte, konnte auf das Privatvermögen der Genossenschafter zurückgegriffen werden.[10] Dennoch begünstigte auch das Genossenschaftswesen die Etablierung einer gemeinnützigen Wohnungswirtschaft. So wurden das Genossenschaftsgesetz vom 01.05.1889 und das Invaliditäts- und Altersversicherungsgesetz vom 23.06.1889 Grundlage für die Finanzierung gemeinnütziger Wohnungsunternehmen, indem nun über die Alters- und Invaliditätsversicherung Kapital im gemeinnützigen Wohnungsbau angelegt werden konnte.[11]

Die Ermächtigung der Landesversicherungsanstalten zur Kreditvergabe an gemeinnützige Baugesellschaften begünstigte daraufhin die Entwicklung gemeinnütziger Wohnungsunternehmen ebenso wie die Aufhebung der Sozialistengesetze 1890 und die ersten staatlichen Eingriffe auf dem Wohnungssektor vor allem zugunsten der Beamten.[12] Generell forderte das GenG die Selbstorganschaft mit Vorstand und Aufsichtsrat, deren Mitglieder aus dem Kreis der Genossen kommen mußten.[13]

---

schrift zum 25jährigen Bestehen des Instituts für Siedlungs- und Wohnungswesen der Westfälischen Wilhelms-Universität Münster i.W., Münster 1959, S. 323-330, hier S. 323 f..

[8] Novy, Klaus/ Prinz, Michael, Illustrierte Geschichte der Gemeinwirtschaft, Wirtschaftliche Selbsthilfe in der Arbeiterbewegung von den Anfängen bis 1945, Berlin Bonn 1985, S. 23, 49.

[9] Schaaf, S. 3; zur Entwicklung der Baugenossenschaften in Übersicht Jenkis, Helmut W., Die gemeinnützige Wohnungswirtschaft im Widerstreit der Interessen und Meinungen, Eine kommentierte Dokumentation zur Aufhebung des Wohnungsgemeinnützigkeitsgesetzes, ZögU Beiheft 26, Baden-Baden 2000, S. 179; in Zahlen vgl. Tabelle bei Kämper, Wohnungswirtschaft, S. 70; 1864 setzten sich auch der „Kongreß deutscher Volkswirthe" und der „Vereinstag deutscher Arbeitervereine" mit einer Wohnungsreform auseinander.

[10] 1873/ 74 führte der Zusammenbruch von Baugenossenschaften zur Bestandsverringerung auf 28 Genossenschaften. Das Genossenschaftsgesetz vom 01.05.1889 sah dann eine Haftungsbeschränkung vor und hatte eine Wiederbelebung des Baugenossenschaftssektors zur Folge (1921 = 3.000/ bis 1929 = 4.383); Kurzübersicht zum Genossenschaftswesen und exemplarisch Geschichte der Genossenschaften, die zur Gründung der Vereinigten Wohnstätten 1889 eG führte, bei Schlier, Jutta/ Most, Dietmar, Vereinigte Wohnstätten 1889 eG, 1889-1989, 100 Jahre genossenschaftlicher Wohnungsbau, Kassel 1989, S. 17 ff..

[11] Bleidick, Dietmar/ Hemke, Hans H., 60 Jahre GWG, Wuppertal 1997, S. 12.

[12] Jenkis, Die gemeinnützige Wohnungswirtschaft zwischen Markt- und Sozialbindung, Band 14/ I, S. 109; zum Leistungsumfang Genossenschaften/ Beamten-Wohnungsvereine vgl. Kanther, Entwicklung Wohnungswirtschaft, S. 10.

[13] Jeschke, Gerhard, Mitglieder und Organisation von Wohnungsbaugenossenschaften, - Eine empirische Untersuchung -, Gesamtverband Gemeinnütziger Wohnungsunternehmen e.V. (GGW), Köln, Schriftenreihe Heft 20, Köln 1984, S. 19; Ellerbrock, „Wohnungsnot" und „Selbsthülfe", S. 192; Greve, S. 292 ff.. Im Vergleich war die AG die bevorzugtere Rechtsform, Kock, Werner, Wohnungsunternehmen, freie, in: Wandersleb, Handwörterbuch, S. 1762- 1764; Kanther, Entwicklung Wohnungswirtschaft, S. 35; Stöcker, S. 102, 105.

Die Bautätigkeit konnte jedoch auf einem freien Wohnungsmarkt mit der Nachfrage vor allem nach Kleinwohnungen nicht Schritt halten. Die staatliche Regulierungsinstanz beschränkte sich lediglich auf eine Rahmengesetzgebung, so daß von einer Fürsorgepflicht des Staates bei der Wohnraumversorgung keine Rede sein konnte.
Als Reflex auf das Marktversagen bot sich für die Industrie daher vor allem der Weg der Selbsthilfe an.[14] Die Unternehmen nutzten nun den direkt an die Werke angebundenen Wohnungsbau als Möglichkeit der Seßhaftmachung. Hier lagen die Wurzeln der Bestände, die die Werke der VSt dann 1933 in die Wohnungsgesellschaften einbrachten.

2. Arbeitskräftemangel und Werkwohnungen der Industrie

Vor allem im Ruhrgebiet ergab sich der Wohnungsbau von Industrieunternehmen aus dem Arbeitskräftemangel als Begleiterscheinung der Industrialisierung und zwang überall dort zur Beschaffung von Wohnraum, wo sich Unternehmen in verhältnismäßig bevölkerungsarmen Gegenden ansiedelten. Die Problematik der Wohnversorgung war im Ruhrgebiet insbesondere davon bestimmt, daß die Unternehmen an die Vorkommen von Kohle, Salz und Erzen gebunden waren. Die neuen Zechen folgten nicht bereits gewachsenen Siedlungsstrukturen, sondern den geologischen Gegebenheiten.[15]
Der unternehmerische Wohnungsbau für die Arbeiter wurde so zur Voraussetzung für eine Gründung oder Kapazitätsausdehnung. Die Frage der Unterbringung der Arbeiter möglichst nah zur Arbeitsstätte hatte großen Einfluß auf die rationelle Verwendung der menschlichen Arbeitskraft, denn sobald es gelang, Wohnstätten in Betriebsnähe zu schaffen, entfielen zeit- und kraftraubende An- und Abfahrtswege.[16]

---

[14] Albrecht, Heinrich, Handbuch der Sozialen Wohlfahrtspflege in Deutschland. Auf Grund des Materials der Zentralstelle für Arbeiterwohlfahrtseinrichtungen, Berlin 1902; Rode, Gerhard, Der gemeinnützige Wohnungsbau in Deutschland, Greifswald Barth in Pommern 1935, S. 26; Kurth, Monika, Bergarbeiterwohnungsbau im Dortmunder Raum, in: Bergfreiheit 6 (1964), S. 199-204, hier S. 200 bezugnehmend auf Preuß. Ansiedlungsgesetz 1845 und auf Heuer, Jürgen, Industrieller Wohnungsbau an Rhein und Ruhr, unveröffentlichtes Manuskript, Essen 1963; Komossa, Dietrich, Die Entwicklung von Wohnungsbaugenossenschaften , Ursachen ihrer Wachstumsunterschiede, Bochum 1976, S. 7; Krischausky, Dietmar/ Mackscheidt, Klaus, Wohnungsgemeinnützigkeit zwischen bedarfswirtschaftlicher Tradition und wohnungspolitischer Neuorientierung, Köln 1984, S.78 f.; Blaas, Wolfgang/ Brezina, Brigitta, Zur politischen Ökonomie der Wohnungsgemeinnützigkeit, in: Korinek, Karl/ Nowotny, Ewald (Hrsg.), Handbuch der gemeinnützigen Wohnungswirtschaft, Wien 1994, S.141-166, hier S. 147.

[15] Petzina, Dietmar, Von der industriellen Führungsregion zum Krisengebiet: Das Ruhrgebiet in historischer Perspektive, in: Schulze, Rainer (Hrsg.), Industrieregionen im Umbruch, Historische Voraussetzungen und Verlaufsmuster des regionalen Strukturwandels im europäischen Vergleich, Essen 1993, S. 246-274, hier S. 253.

[16] Noch um 1870 waren die deutschen Städte „Fußgängerstädte", so daß um 1890 z. B. allein in Hamburg etwa 50.000 Arbeiter bis zu eineinhalb Stunden benötigten, um zu ihrer Arbeitsstelle zu gelangen. In den 1920er Jahren ergaben dann Untersuchungen, daß mittlerweile ein Großteil der Arbeitnehmer 30 bis 40 Kilometer entfernt wohnte; Wischermann, in: Heineberg, S. 75; Rode, S. 58 f.; Krämer, Brigitte, Werkwohnungsbau im Kaiserreich, Zur Entwicklung und Funktion der innerbetrieblichen Sozialpolitik in der deutschen Großindustrie 1871-1914, o.O. 1981, S. 83 ff.; Heinrich, Adolf F., Die Wohnungsnot und die Wohnungsfürsorge privater Arbeitgeber in Deutschland im 19. Jahrhundert, Marburg 1970, S. 139; Hundt, Robert (Bearb.), Bergarbeiter-Wohnungen im Ruhrrevier, Herausgegeben von dem Verein für die bergbaulichen Interessen im Oberbergamtsbezirk Dortmund, Berlin 1902, hier zur Zeche „Zollverein", S. 80.

Außerdem proklamierten die Unternehmen, daß „der Arbeiter in zufriedenen Verhältnissen Grundbedingung für den technischen Fortschritt“[17] sei. Im Ruhrgebiet kam hinzu, daß die Bergwerke für werkseigenen Wohnungsbau besonders geeignet waren, da sie das erforderliche Kapital zur Erstellung von Wohnungen und Zugang zu den benötigten Baumaterialien hatten.[18] Zudem sprach für eine Ansiedlung in einer Werkwohnung, daß diese 10-30 %, in Ausnahmefällen 50 % niedrigere Mieten auswiesen als vergleichbare Objekte,[19] auch wenn dieser Vorteil im Einzelfall in das Verhältnis zum Verdienst zu setzen war.

Die Kopplung der Arbeits- und Mietverträge konnte für die Beschäftigten die Begründung eines ungünstigen Abhängigkeitsverhältnisses bedeuten. Dies kam in Mietverträgen zum Ausdruck, die festlegten, daß „Mietlinge unserer Wohnungen dieselben im Streikfalle zu räumen“ hatten, weil sie sich „nicht wirtschaftsfriedlich“ verhielten. Ebenso verpflichteten sich die Mieter vertraglich, auch ihre Söhne dem Werk zuzuführen. Geschah dies nicht, kündigte das Werk die Wohnung.[20]
Die Verknüpfung von Wohnung und Arbeitsplatz sollte zudem Bindung und Interesse der Belegschaft am eigenen Unternehmen fördern. Mit *Nieberding* ist darauf hinzuweisen, daß die Kopplung von Miet- und Arbeitsvertrag für die Mieter von Vorteil sein konnte, da sie von betriebsbedingten Kündigungen nicht als erste betroffen waren. Außerdem ließen sich Mieter vielfach nur so eng binden, wenn sie großes Interesse daran hatten, in einem Unternehmen zu bleiben.[21]

Der Bau von Werkwohnungen stellte insofern den integrativen Ansatz der Verzahnung von Wohnen und Arbeit dar. Maßgebend für die Eigenschaft als Werkwohnung blieb der rechtliche und ökonomische Zusammenhang des Arbeitsverhältnisses mit dem Wohnrecht. Es unterlag weiter der freien vertraglichen Vereinbarung, die Dauer des Mietverhältnisses von der Dauer des Arbeitsverhältnisses abhängig zu machen.[22]

---

[17] Siemens, Karl Friedrich von, Die Bedeutung der Wohnungsfrage für die Industrie, in: *derselbe*/ Thielicke, Fritz/ Leyser, Erich, Großstadt und Kleinhaus, Berlin 1917, S. 3-11, hier S. 9.

[18] Riebel, Volker, Strukturwandel des Bergarbeiterwohnungsbaus, in: Eichener/ van Emmerich/ Petzina, S. 135-158, hier S. 139; Kastorff-Viehmann, Wohnungsbau für Arbeiter, S. 75 ff., 95.

[19] Rappaport, Ph. A., Das Industriegebiet als Ausgangszeile neuzeitlicher Siedlungsgestaltung, in: Deutsche Bauzeitung 1934, S. 377-378, hier S. 378; Hannesen, S. 145; Heinrichsbauer, S. 50.

[20] Hax, Karl, Betriebliche Sozialpolitik als Teilbereich der Unternehmungspolitik, in: Zeitschrift für handelswissenschaftliche Forschung 1955, S. 1-21, hier S. 1, 6, 12; Adelmann, Gerhard, Quellensammlung zur Geschichte der sozialen Betriebsverfassung, Ruhrindustrie unter besonderer Berücksichtigung des Industrie- und Handelskammerbezirks Essen, Zweiter Band, Soziale Betriebsverfassung einzelner Unternehmen der Ruhrindustrie, Publikationen der Gesellschaft für Rheinische Geschichtskunde 54, Bonn 1965, S. 133 f.; Jansson, Wilhelm (Bearb.), Die Zustände im deutschen Fabrikwohnungswesen, Ergebnisse einer von der Kommission zur Beseitigung des Kost- und Logiszwanges veranstalteten Erhebung, Berlin 1910, S. 52.

[21] Nieberding, Anne, Unternehmenskultur im Kaiserreich, J. M. Voith und die Farbenfabriken vorm. Friedr. Bayer & Co., Schriftenreihe zur Zeitschrift für Unternehmensgeschichte, Band 9, München 2003, S. 180.

[22] Lüke, Josef, Die Werkwohnung, Köln 1932, S. 4, 7, zum Vertrag S. 13 ff.; Walker, Marianne, Die Bedeutung der Arbeiterwohnstätte und ihre rationelle Förderung im Rahmen der sozialen Betriebspolitik, Zürich 1952, S. 79; Georgii, Peter, Betriebliche Wohnungsfürsorge, Möglichkeiten und Probleme, Baden-Baden Frankfurt/ M. 1957, S. 15; Geller, H., Arbeitsverhältnis und Werkwohnung, in: Gemeinnütziges Wohnungswesen 1957, S. 177- 180, hier S. 178; Specht, H.K.F., Die Bedeutung des werkgeförderten Wohnungsbaues, in: Gemeinnütziges Wohnungswesen 1961, S. 351-353, hier S. 352; Lütge, Wohnungswirtschaft (1940), S. 165 ff.; Knipping, Franz, Werkwohnungen, in: Albrecht/ Gut/ Lubbert/ Weber/ Wölz/ Schwan, S. 754-757.

Unter den Werkwohnungsbau fielen nicht nur Wohnungen, die ein Betrieb in eigener Regie erbaute, sondern auch Wohnungen, die Baugesellschaften oder die Arbeitnehmer selbst mit finanzieller Unterstützung des Arbeitgebers errichteten.
Eine „werkgeförderte Wohnung" lag vor, wenn ein Dritter und nicht der Dienstberechtigte der Vermieter war. Dienstvertrag und Mietvertrag existierten dann selbständig nebeneinander, wurden aber durch die Vereinbarung der Vertragspartner, daß die Wohnung nur mit Rücksicht auf das bestehende Dienstverhältnis gewährt wurde, rechtlich miteinander verknüpft und konnten Grundlage eines „Werkwohnungsvertrags" sein.
Wurde hingegen die Wohnung als Teil der Vergütung überlassen, bestand wiederum ein Vertrag, der Miete und Arbeitsverhältnis koppelte. Einige Unternehmen lösten die Kopplung und verkauften Werkwohnungen an Belegschaftsmitglieder. Diese konnten die monatlichen Zins- und Tilgungsbeträge jedoch nicht immer aufbringen und die Wohnungen wurden dann zu Spekulationsobjekten.[23]

Die Wohnungsfürsorge der Unternehmen erstreckte sich auch auf die Gewährung von Darlehen. Die Unternehmen vergaben Hypotheken an ihre Stammarbeiter und richteten sich dabei nach deren betrieblich-sozialem Rang.[24] Die Unterstützung der Unternehmen wurde nicht in jedem Fall angenommen, denn es existierte auch Passivität eines Teils der Arbeiter gegenüber dem Ansiedlungswillen der Werke. So bemerkte der Jahresbericht 1904/ 05 des Rheinischen Vereins für Kleinwohnungswesen, daß sich für die von einem Eisenwerk in der Nähe Essens ausgesetzten Beihilfen zum Hausbau „nicht ein Bewerber" fand.[25]

Im späteren Geschäftsbereich der Rheinisch Westfälisch W. war Krupp in Essen ein früher Förderer des werksverbundenen Wohnungsbaus. Die Zahl der Beschäftigten war bei Krupp seit 1832 ständig gewachsen (1873: 12.000/ 1902: 43.000/ 1918: 167.000 Beschäftigte) , so daß das Unternehmen ab 1861 mehrere Meisterwohnungen und Reihenhäuser und dann ab 1863 Werkssiedlungen errichtete.[26] Alfred Krupp stellte 1865 fest: „Es ist nicht der geringe Lohn, der die Arbeiter unzufrieden macht, sondern

---

[23] Stadler, Hubert, Die Werkwohnung, Rechtsgrundlagen und Beendigung des Werkwohnungsverhältnisses, Nürnberg Düsseldorf Berlin 1961, S. 42 ff.; differenzierend Fuchs, Dieter, Die Arten der Werkwohnung und ihre Verknüpfung mit dem Arbeits- und Mietrecht, Nürnberg 1965, S. 12; Kokotkiewicz, Gerhard, Finanzierung, Zinsen und Miete, in: Wirtschaftsblatt der Industrie- und Handelskammer zu Berlin, 8.7.1941 Heft 27/28, S. 528-531, hier S.530; Heinrich, S. 79; Küster, Entstehungsgründe, S. 110; Heinrichsbauer, S. 60.
[24] Kurth, S. 200; Hoffmann, August/ Simon, H. (Hrsg.), Wohlfahrtspflege in den Provinzen Rheinland, Westfalen, dem Regierungsbezirk Wiesbaden, den Städten Offenbach und Hanau, Düsseldorf 1902, S. 135 f.; Brill, Heinrich, Geschlossene Wohnungswirtschaft · Eine Forderung der Zeit, Diss., Berlin 1940, S. 16; zu Darlehen Schulz, in: Teuteberg, Homo Habitans, S. 378; so war z. B. der 1889 bei Krupp ausgesetzte Fond von 500.000 Mark in wenigen Jahren vergriffen und die an 185 Angestellte ausgegebenen Darlehen betrugen 1902 rd. 620.000 Mark; Krämer, Werkwohnungsbau, S. 37.
[25] Allmers, Fritz, Private Arbeiterwohnungspolitik im Rheinland von 1815-1914, Diss., Köln 1925, S. 203.
[26] Ruhrlandmuseum (Hrsg.), Vom Hausen und Wohnen, Wohnungsbau für Arbeiter zur Zeit der Industrialisierung: Essen, ein Beispiel, Essen 1988, S. 28-53, hier S. 29; Kämper, Wohnungswirtschaft, S. 72; Völse, Joachim/Hene, Sabine/ Kloster, Horst, Chronik, in: ThyssenKrupp Wohnimmobilien (Hrsg.), Krupp Wohnungsbau im Ruhrgebiet 1861-1999, Essen 2001, S. 9-65, hier S. 9.

der geringe Genuß von der Menge Geld, nämlich die hohen Mieten und das teure Kostgeld. Ich glaube, daß ein großes Opfer gebracht werden muß. Niemand macht sich eine Vorstellung von der Not, die eintreten wird, und von den Vorteilen, die wir haben werden gegenüber anderen."[27] Auch wenn der Wohnungsbau zu den besonders aufwendigen und erfolgreichen Sozialmaßnahmen gehörte, konnte er mit der Expansion der Firma nicht mithalten. So wohnten 1907 lediglich 22 % der Essener Krupp-Beschäftigten mit ihren Familien in Werkwohnungen.
Bei der Ansiedlung fiel stark ins Gewicht, daß noch um 1900 durchschnittlich 50 % der Arbeiter pro Jahr einen Betrieb verließen. Wechsler wohnten typischerweise noch nicht in einer Werkwohnung. Unter ihnen waren überproportional viele Frauen, Ledige, Ungelernte und Unternehmensneulinge. Bei Krupp waren zu dieser Zeit bis zu 60 % derer, die das Unternehmen verließen, weniger als sechs Monate beschäftigt.[28] Krupp erreichte das Wachstum der Belegschaft daher nicht allein durch Ansiedlung, sondern auch durch Abwerbung.[29]

Ähnlich wie Krupp gründete der Bochumer Verein, der seine Bestände bei Gründung der VSt in den Konzern und dann 1933 in die Wohnungsgesellschaften einbrachte, nahe seiner Gußstahlfabrik Arbeiterwohnstätten.
Die verkürzten Arbeitswege standen auch beim Bochumer Verein seit seiner Gründung durch Jacob Mayer neben der Intention, einen Facharbeiterstamm zu halten. Gerade der Bochumer Verein war es, der Mietverträge ausgab, die darauf hinausliefen, die Söhne der Wohnungsinhaber zur Arbeitsaufnahme in diesem Unternehmen zu veranlassen. Die Unternehmensleitung versprach sich davon einen disziplinierten Nachwuchs und für die Arbeiterfamilien eine ökonomisch-soziale Stabilisierung.[30]
Nach dem Plan von Louis Baare beabsichtigte das Unternehmen 1872, das gesamte Werkwohnungswesen des Bochumer Vereins nebst Wohlfahrtseinrichtungen in der Rechtsform einer Stiftung zusammenzufassen und zu verselbständigen. Da das Unternehmen dafür jedoch keine landesrechtliche Genehmigung erhielt, wählte es die Form

[27] Stemmrich, Daniel, Die Siedlung als Programm, Untersuchungen zum Arbeiterwohnungsbau anhand Kruppscher Siedlungen zwischen 1861 und 1907, Hildesheim 1981, S. 8 ff.; Steinhauer, Gerhard, Gartenstadt Margarethenhöhe, 50 Jahre Margarethe-Krupp-Stiftung für Wohnungsfürsorge in Essen, Essen 1956, S. 25; ähnlich betont Siemens 1917 in: Die Bauwelt, Nr. 28 vom 12.7.1917, zitiert bei Rode, S. 59: „Grundbedingung für den technischen Fortschritt und die Leistungen in der Fabrik ist es, daß die Arbeiterschaft....sich in zufriedenen Verhältnissen befindet."; WWA/ F 4659.

[28] Nipperdey, Thomas, Deutsche Geschichte 1866-1918, Erster Band, Arbeitswelt und Bürgergeist, München 1994, S. 294 f. .

[29] Adelmann, S. 62; Gall, Lothar, Krupp, Der Aufstieg eines Industrieimperiums, Berlin 2000, S. 369-371 (Tabelle Belegschaft), S. 98 (Lohn, Fn. 122); Borsdorf, Ulrich/ Schneider, Sigrid, Ein gewaltiger Betrieb: Fabrik und Stadt auf den Kruppschen Fotografien, in: Tenfelde, Klaus (Hrsg.), Bilder von Krupp, Fotografie und Geschichte im Industriezeitalter, 2. Auflage, München 2000, S. 123-158, hier S. 150, 154; Tenfelde, Klaus, Krupp - der Aufstieg eines deutschen Weltkonzerns, in: *derselbe*, (Hrsg.), Bilder von Krupp, S. 13-39, hier S. 28 f. (m.w.N. in Fn. 60).

[30] HA Krupp WA 80/ 25200 Nr. 2; Bacmeister, Walter, Louis Baare, Ein Wirtschaftsführer aus der Bismarckzeit, Essen 1937, S. 163; Puppke, Ludwig, Sozialpolitik und soziale Anschauungen frühindustrieller Unternehmer in Rheinland-Westfalen, Schriften zur rheinisch-westfälischen Wirtschaftsgeschichte, Neue Folge der Veröffentlichungen des Archivs für Rheinisch-Westfälische Wirtschaftsgeschichte, Bd. 13, Köln 1966, S. 182 ff.; Heinrich, S. 140; Krämer, Werkwohnungsbau, S. 85; Zimmermann, Von der Wohnungsfrage, S. 70.

einer AG. Es entstand die „Aktiengesellschaft-Stahlhausen“ mit einem Grundkapital von 500.000 Thalern. Der Zweck war auch hier, „den Arbeitern und Beamten des Werks als bevorzugten Aktionären eine sichere und gewinnbringende Anlage ihrer Ersparnisse zu ermöglichen und dem Werk einen guten Arbeiterstamm zu sichern“[31]. 1873/74 errichtete der Bochumer Verein ein Arbeiterkosthaus für 2.000 Personen mit Speisesaal, Küchenanlagen und Wirtschaftsgebäuden mit einem Kostenaufwand von 287.300 Thalern. Die Kolonie Stahlhausen wuchs auf 99 Wohngebäude mit zwei, drei, sechs, acht und neun Wohnungen an. 1874/ 75 veranlaßte der Bochumer Verein auf dem Werksgelände auf 250 Morgen den Bau von 400 Wohnungen. Den Wohnungsbestand erweiterte das Unternehmen auf Betreiben von Fritz Baare, Sohn von Louis Baare, zudem in angekauften Werkskolonien wie „Maria Anna“, „Engelsburg“, „Steinbank“, „Hasenwinkel“ und „Karolinenglück“.[32]

Die privaten Bergwerke waren - Preußen insgesamt betrachtet - im Jahr 1873 Eigentümerinnen von 11.242 Wohnungen in 2.800 Häusern. Die Belegschaft des Kohlenbergbaus wuchs ab 1870 von 50.457 auf rd. 220.000 Beschäftigte im Jahr 1900 an und bedeutete für den Werkwohnungsbau im Bereich der später gegründeten Wohnungsgesellschaften den Beginn der stärksten Entwicklungsphase.
Nach Erhebungen des Westfälischen Vereins für Kleinwohnungswesen waren trotz der Wohnungsbauaktivitäten in Westfalen bis dahin noch immer 67 % der Häuser mit Zimmermietern und mindestens einem Schlafgänger besetzt. In Recklinghausen, Castrop, Wattenscheid, Herne und Hörde beherbergten über 50 % der Dreizimmerwohnungen zwei oder mehr Schlafgänger, die weder in einer frei finanzierten noch in einer Werkwohnung einen Haushalt gründen konnten.[33] So waren in der Arbeiterschaft des 19. Jahrhunderts Ehe und Familie die Alternative zu Untermiete und Schlafgängertum. Für das Jahr 1897 notierte die Handelskammer Bochum in ihrem Jahresbericht, daß das Kost- und Logierhaus unverheirateten Arbeitern des Bochumer Vereins für 65-75 Pf täglich Wohnung nebst Mittag- und Abendessen bot.[34] Rheinstahl erbaute in diesem Jahr eine „Arbeiterkaserne“ in unmittelbarer Nähe der Werksanlagen und richtete auf gewerkschaftlicher Ebene eine Zentralkommission zur Beseitigung des Kost- und Logierzwangs ein. Die Kommission sah es als ihre Aufgabe an, die Propaganda gegen das Kost- und Logierwesen zu fördern und Material zur Beurteilung des Fabrikwohnungswesens in Durchführung statistischer Erhebungen zu beschaffen.[35]

---

[31] Vom Werkwohnungsbau zum gemeinnützigen Wohnungsbau, in: Deutsche Siedlung Nr. 42, 30.05.1942, BArch NS 5 VI/ 5307 (Aktiva und Passiva übernahm 1875 der Bochumer Verein).

[32] Keim, Hans, Soziale Arbeit beim Bochumer Verein, in: RArbBl. 1943 V S. 297-300, hier S. 299.

[33] Heinrich, S. 78; Tremöhlen, Ernst, Wohnungsfürsorge für Industriearbeiter in der Provinz Westfalen, unter besonderer Berücksichtigung des Kleinwohnungsbaues, Abhandlungen des staatswissenschaftlichen Seminars zu Jena, Elfter Band, Erstes Heft, Jena 1911, S. 86 ff. .

[34] Handelskammer zu Bochum, Jahresbericht 1879, Bochum 1879 (Nr. 2505 XXIII 4 B 33 [A 65, 20]), HA Krupp, WA 80/ 25500 Nr. 6 (Wohnung, Mittagessen, Brot und Kaffee je 15 Pf, Abendessen 15-25 Pf); Kastorff-Viehmann, in: Rodríguez-Lores/ Fehl, S. 225; *dieselbe*, Wohnungsbau für Arbeiter, S. 28; Holtermann, Felix, Zechen-Siedlung im rheinisch-westfälischen Industriebezirk, in: Deutsche Bergwerkszeitung vom 14.05.1936, BArch R 113/ 53444.

[35] Milkereit, Arbeiterhaus, S. 212; Jansson, S. 3; Unverferth, Gabriele, Reihenhaus und Gartenstadt: Englische Einflüsse im Bergarbeiterwohnungsbau, in: Ellerbrock, Karl-Peter/ Stremmel, Ralf, Westfalen und die Welt,

3. Bevölkerungsentwicklung und Wohndichte

Das Mißverhältnis zwischen Wohnungsangebot und -nachfrage hatte hohe Mieten zur Folge. Untersuchungen von Schwabe ergaben, daß die Ausgaben für die Wohnung umso höher lagen, je niedriger das Einkommen war.[36]
Im Ruhrgebiet als dem „Kernraum der industriellen Evolution" fand die Kompensation des Arbeitskräftemangels in so hohem Maß durch Nah- und Fernwanderer aus Ost-, Nordwest, Mittel- und Süddeutschland sowie aus dem Ausland statt, daß sich bis zum Jahr 1907 die Städte Bochum und Gelsenkirchen zu über 60 %, Dortmund zu fast 40 % und Essen und Duisburg zu mehr als der Hälfte ihrer Einwohner aus Zuwanderern zusammensetzten.[37]

Die im Bereich der vier Wohnungsgesellschaften befindlichen Kreise Recklinghausen Stadt und Land, Hamm, Hörde, Hagen Land, Dortmund Stadt und Land, Bochum Stadt und Land, Gelsenkirchen Stadt und Land, Hattingen, Essen Stadt und Land, Ruhrort, Duisburg und Mülheim an der Ruhr, die den rechtsrheinischen Teil des Ruhrkohlenbezirks hauptsächlich umfaßten, hatten am 01.01.1900 eine Bevölkerung von 2.173.052 Personen. Das bedeutete gegenüber den 716.743 Einwohnern am 01.12.1871 auf 0,7 % der damaligen Reichsfläche eine Bevölkerungszunahme um mehr als 200 %. Die Landkreise von Gelsenkirchen (24.981-188.042), Bochum (49.779-160.843) und Dortmund (36.974-147.990) - und damit wiederum die Kreise im Arbeitsbereich der Wohnungsgesellschaften - wuchsen bis zur Jahrhundertwende auf 496.875 Einwohner und damit sogar um das 4,4-fache an.[38] Nachdem sie 1858 erst 22.115 Einwohner und 1871 nur 44.420 Einwohner beherbergt hatte, nennt *Kurth* Dortmund als die erste Stadt des Ruhrgebiets, die am 11.04.1894 Großstadt wurde.[39]

Vergleichsweise geringer war die Steigerung der Gesamtbevölkerungszahl im Deutschen Reich von 25 Mio. Menschen auf 35 Mio. im Jahr 1810, auf 43 Mio. im Jahr 1875 und auf 65 Mio. im Jahr 1910.[40] Insgesamt zeigte die Wanderungsbewegung vom Land in die Industriegebiete von 1871 bis 1925 folgenden Verlauf:

Drei Jahrhunderte in Bildern und Dokumenten aus dem Westfälischen Wirtschaftsarchiv, Münster 2002, S. 125-128, hier S. 126.

[36] „Schwabe'sches Gesetz" nach Schwabe, erstem Direktor des Statistischen Bureaus der Stadt Berlin; dazu Jenkis, Helmut W., Das Schwabe'sche Gesetz und die Lütge'sche Regel - Über das Ausgabeverhalten der Mieter -, in: *derselbe*, Kompendium (2001), S. 361-391; Stöcker, S. 34; Fuchs, Carl Johannes, Wohnungsfrage und Wohnungswesen, in: Elster, Ludwig/ Weber, Adolf (Hrsg.), Handwörterbuch der Staatswissenschaften, Ergänzungsband, 4. Auflage, Jena 1929, S. 1098-1160, hier S. 1109; Riebel, in: Eichener/ van Emmerich/ Petzina, S. 139; nach Wohnungen differenzierend Krabbe, Wolfgang R., Die Anfänge des „sozialen Wohnungsbaus" vor dem I. Weltkrieg, in: VSWG 71 (1984), S. 30-58, hier S. 40.

[37] Krämer, Werkwohnungsbau, S. 32; Köllmann, Wolfgang, Bevölkerung in der industriellen Revolution, Studien zur Bevölkerungsgeschichte Deutschlands, Göttingen 1974, S. 171, 220.

[38] Hundt, S. 2; Heinrichsbauer, S. 6; zur Gebietsentwicklung Dortmunds vgl. Ellerbrock, 100 Jahre gws, S. 74.

[39] Kurth, S. 200.

[40] Kornemann, Rolf, „Ausgangstatsachen" für das Entstehen der Wohnungsgemeinnützigkeit, in: Engelhardt/ Thiemeyer, S. 25-137, hier S. 134.

Tab. 1: Einwohnerverteilung im Deutschen Reich in Stadt und Land; 1871-1925

Jahr	Lebensmittelpunkt von 100 Einwohnern des Deutschen Reichs	
	Stadt	Land
1871	36,1	63,9
1919	62,5	37,5
1925	64,4	35,6

Quelle: Lehmann.[41]

Die Einwohnerverhältnisse kehrten sich demnach innerhalb von nur 54 Jahren um. Hatten 1871 noch knapp 64 % auf dem Land gewohnt, war dies im Jahr 1925 der fast identisch hohe Anteil für die Städte. Noch deutlicher wurde der Wanderungsprozeß bei Betrachtung allein der Großstädte mit einer Bevölkerung von mehr als 100.000 Einwohnern. Wohnten 1871 erst 4,8 % der Gesamtbevölkerung in den Großstädten, so waren es 1910 bereits 21,3 %.[42]

Der zum Reichsdurchschnitt überproportionale Bevölkerungsanstieg zeigte sich auch in den folgenden 30 Jahren bis 1933, als im Ruhrgebiet 1.179,5 Einwohner auf dem km^2 lebten, während dies im Reichsdurchschnitt 140,3 Einwohner/ km^2 waren.[43]
Die intensivierte Zuwanderung bewirkte noch bis 1939 an Orten wie Gelsenkirchen einen Bevölkerungsanstieg um mehr als das elffache gegenüber der Bevölkerung des Jahres 1850. Korrespondierend damit verzeichneten die Provinzen Rheinland und Westfalen allein zwischen 1910 und 1925 ein Bevölkerungswachstum, das mit 12,7 % bzw. 11,7 % über die Hälfte höher war als das des Reichs.[44]
Die von *Kämper* anhand der Statistischen Jahrbücher deutscher Städte bzw. des Deutschen Reichs angefertigte Gegenüberstellung der Einwohnerzahlen der Industrieorte zeigte für das Rhein-/ Ruhrgebiet die sprunghafte Entwicklung der Bevölkerung von 1850 bis zum Gründungsjahr der Wohnungsgesellschaften 1933 auf.
Der Bevölkerungsentwicklung entsprechend wuchsen die Belegschaftszahlen der Unternehmen von 1900 bis 1927 stetig an. Nur den Zeitraum von 1900 bis 1920 betrachtet ergab sich fast eine Verdopplung der Belegschaftszahl des Ruhrbergbaus (Tab. 4).

---

[41] Lehmann, O., Die Entwicklung der staatlichen Wohnungspolitik in Preußen und im Deutschen Reiche, in: Poerschke, Stephan (Bearb.), Heimstättenarbeit in Westfalen im Lichte 50jähriger staatlicher Wohnungspolitik, Beiträge und Untersuchungen, Neue Folge der Materialien-Sammlung für Wohnungs- und Siedlungswesen, Band 44, Münster 1952, S. 15.
[42] Koch, Wolfgang, Die betriebliche Wohnungsfürsorge als Teil der Unternehmenspolitik, Köln 1968, S. 26.
[43] Spörhase, Wohnungsbau, S. 30; Reulecke/ Zimmermann weisen darauf hin, daß ein einheitlicher Urbanisierungsbegriff noch zu entwickeln ist, der wissenschaftliche Konsens über thematische Schwerpunkte und theoriegeleitete Fragestellungen aber führt dazu, daß eine stadthistorische Entwicklung um 1900 nicht ohne Prozesse der Migration darstellbar ist; Reulecke, Jürgen/ Zimmermann, Clemens, Zwölf Bemerkungen zur Stadt- und Urbanisierungsgeschichte, in: IMS 01/ 2002, S. 62-69, hier S. 64.
[44] Köllmann, Wolfgang, Bevölkerungsentwicklung in der Weimarer Republik, in: Mommsen, Hans/ Petzina, Dietmar/ Weisbrod, Bernd (Hrsg.), Industrielles System und politische Entwicklung in der Weimarer Republik, Düsseldorf 1974, S. 76-84, hier S. 83; Murfeld, S. 4 ff. .

Tab. 2: Bevölkerungsentwicklung westfälischer und rheinischer Städte; 1850-1933

	Bevölkerungsentwicklung			
Stadt	**um 1850**	**1900**	**1910**	**1933**
Bochum	4.067	65.554	136.931	314.546
Dortmund	7.620	142.418	214.226	540.875
Düsseldorf	26.134	213.767	358.728	498.600
Duisburg	7.506	92.792	229.483	440.419
Wuppertal	34.956	156.937	170.195	408.602
Essen	7.175	118.863	294.653	654.481
Gelsenkirchen	14.615*)	36.935	169.513	332.545
Hagen	5.226	50.609	88.605	148.314
Recklinghausen ..	3.893	34.042	41.087	87.411
Witten	3.960	33.514	37.450	72.580

Quelle: Statistisches Bundesamt.[45] *) 1880

Tab. 3: Bevölkerungsentwicklung Westfalen und Rheinland; 1850-1933

	1840	**1880**	**1910**
Rheinland	2.591.650	4.074.000	7.121.140
Westfalen	1.383.197	2.043.442	4.125.096

Quelle: Köllmann.[46]

Tab. 4: Belegschaft im Ruhrbergbau; 1900-1927

Jahr	**Belegschaft ohne technische/ kaufmännische Angestellte**
1900	220.000
1910	335.000
1914	384.000
1920	472.000
1924	463.000
1925	434.000
1926	385.000
1927	408.000

Quelle: Knipping in: Hölling/ Pinkerneil.[47]

[45] Statistisches Bundesamt (Hrsg.), Bevölkerung gestern, heute und morgen, Mainz 1985, S. 13 (bei Flächenverringerung nach dem I. Weltkrieg von 540.900 km² auf 468.800 km² 1933, dazu *dasselbe* (Hrsg.), Bevölkerung und Wirtschaft 1872-1972, Stuttgart 1972, S. 90); Kämper, Wohnungswirtschaft, S. 46; nach der Diss. von Krawinkel nahm die Bevölkerung der Ruhrgebietsstädte bis 1939 um bis zu 830 % (Essen 1890: 79.000/ 1939: 667.000) bzw. 1.100 % (Gelsenkirchen 1890: 28.000/ 1939: 319.000) zu; Krawinkel, Friedrich Willhelm, Das Recht der Werkwohnung, Köln 1956, S. 4a; die Zahlen widersprechen Petzina/ Abelshauser/ Faust, die anhand der Statistischen Jahrbücher deutscher Städte bzw. (ab 1934) Gemeinden nachvollziehbar zitieren und für 1939 Essen 667.000 und Gelsenkirchen 317.000 Einwohner zuweisen, vgl. Petzina, Dietmar/ Abelshauser, Werner/ Faust, Anselm, Sozialgeschichtliches Arbeitsbuch, Band III, Materialien zur Statistik des Deutschen Reiches 1914-1945, Statistische Arbeitsbücher zur neueren deutschen Geschichte, München 1978, S. 38.

[46] Köllmann, Bevölkerung in der industriellen Revolution, S. 231; *derselbe* (Hrsg.), Quellen zur Bevölkerungs-, Sozial- und Wirtschaftsstatistik Deutschlands 1815-1975, Band I (bearbeitet von Antje Kraus), Forschungen zur Deutschen Sozialgeschichte Band 2/ I, Boppard 1980, S. 210, 216.

[47] Knipping, Die Wohnungsfürsorge im Bergbau, in: Hölling, W./ Pinkerneil, Fr.A., Die deutsche Bergwirtschaft der Gegenwart, Festgabe zum Deutschen Bergmannstag 1928, herausgegeben von der Geschäftsführung der Fachgruppe des Reichsverbandes der Deutschen Industrie, Berlin 1928, S. 230-244, hier S. 235.

Im gesamten Deutschen Reich standen neben Phasen relativer Knappheit auch Phasen, in denen das Wohnungsangebot ausreichte. Davon war das Ruhrgebiet jedoch aufgrund der besonderen Bevölkerungsentwicklung weitgehend ausgenommen. Meßlatte des Wohnungsmarktes war die Zahl der leerstehenden Wohnungen und als normal galt eine Leerstandsquote von 3-4 %. Sofern der Leerstand geringer war, mußte von Wohnungsmangel gesprochen werden. Entgegen der Leerwohnungsziffer von 1913 in Hamburg (5,6 %) oder Berlin (4,4 %) gab es in Essen (0,9 %) kaum und in Dortmund gar keine freien Kleinwohnungen.[48]
Dabei errichteten die gemeinnützigen Wohnungsunternehmen bis 1914 mehr als 161.000 Wohnungen, wobei insbesondere der Bestand an Werkwohnungen des Ruhrbergbaus kontinuierlich anstieg. Die Bautätigkeit in Westfalen blieb zunächst hinter der der Rheinprovinz zurück, da in Westfalen seit dem 15.08.1876 das Umsiedlungsgesetz galt. Dieses Gesetz wies bauwilligen Werken die Kostentragung zu. Das hatte zur Folge, daß im Jahr 1901 in Westfalen auf 100 Belegschaftsangehörige 10,26 und in der Rheinprovinz 13,82 Werkwohnungen kamen.
Begünstigend wirkte die Gründung des Rheinisch-Westfälischen Kohlensyndikats, die über die Verbesserung der wirtschaftlichen Lage eine Steigerung der Bautätigkeit bedeutete.[49] 1920 lebten daher bereits über 40 % der Ruhrbergleute in Werkwohnungen, in einigen nördlichen Gemeinden sogar bis zu 70 %.[50]

Tab. 5: Wohneinheiten des Ruhrbergbaus; 1873-1924

Jahr	Wohneinheiten
1873	6.772
1893	10.525
1900	26.245
1914	94.027
1924	158.000

Quelle: Zusammenstellung nach Zimmermann, Schulz und Knipping.[51]

Aus der gestiegenen Zahl der verfügbaren Wohneinheiten wird jedoch allein die Tendenz einer quantitativ verbesserten Wohnversorgung im Ruhrbergbau deutlich.
In qualitativer Hinsicht waren die Wohnverhältnisse in den Industriebezirken immer noch von stetig wachsender räumlicher Konzentration bei schlechten hygienischen und sanitären Voraussetzungen geprägt.[52] Dieses Bild relativierte sich beim Bochumer

[48] Tilly, Richard/ Wellenreuther, Thomas, Bevölkerungswanderung und Wohnungsbauzyklen in deutschen Großstädten im 19. Jahrhundert, in: Teuteberg, Homo habitans, S. 273-299; Führer, Mieter, Hausbesitzer, Staat und Wohnungsmarkt, S. 27; Krabbe, S. 34.

[49] Knipping, in: Hölling/ Pinkerneil, S. 233; Zimmermann, Wohnungsfrage, S. 261 (für 1900 Abrundung auf 26.000); Lange-Kothe, Irmgard, Hundert Jahre Bergarbeiterwohnungsbau, in: Der Ausschnitt, Mitteilungsblatt der Vereinigung der Freunde von Kunst und Kultur im Bergbau 2 (1950), S. 10; Stöcker, S. 111 Tab. 6; Krawinkel, S. 138.

[50] Bleidick/ Sträter, S. 20 ff. .

[51] Zimmermann, Wohnungsfrage, S. 261; Schulz, in: Teuteberg, Homo habitans, S. 375; Knipping, in: Hölling/ Pinkerneil, S. 234.

[52] Debus, Carl, Arbeiterwohnungswesen im rheinisch-westfälischen Industriebezirk unter besonderer Berücksichtigung der Arbeiterkolonie der Zeche „Teutoburgia" des „Bochumer Verein für Bergbau und Gußstahlfabrikation", Diss., Heidelberg 1915, S. 26; 1924 kamen dann auf 463.000 Beschäftigte 158.000 Wohnungen.

Verein insofern ein wenig, als daß dort in den Wohnungen die Räume von der Wohnküche aus beheizt werden konnten.[53]
Die großstädtische Bevölkerung lebte insgesamt zu einem hohen Anteil in Wohnungen mit einem beheizten Zimmer und mindestens sechs Bewohnern bzw. in Wohnungen mit zwei beheizbaren Zimmern und mindestens zehn Bewohnern.[54]
In Dortmund und Essen wohnten zwar offiziell unter 20 Personen in einem Haus, doch existierten Angaben von bis zu 100 in einem Gebäude lebenden Personen.[55]

Tab. 6: Bewohner pro Haus in deutschen Großstädten; 1903

Stadt	Bewohner/ Haus
Bremen	7,84
Köln	15,82
Frankfurt/ Main	18,71
Essen	18,73
Dortmund	19,86
Düsseldorf	20,00
Hannover	20,36
Stuttgart	21,06
Hamburg	23,32
Dresden	28,68
München	28,89
Breslau	40,70
Berlin	50,07

Quelle: Häußermann/ Siebel, S. 78.

Die intensive Belegungsdichte ließ eine hinreichende Wohn- und Wohnungskultur vermissen und widersprach den Interessen der Industrieunternehmen, mit der Seßhaftmachung ihrer Arbeitskräfte eine verläßliche ortsgebundene Stammbelegschaft zu schaffen. So ergab sich die zentrale Problematik der Wohnversorgung nicht mehr nur aus der quantitativen Befriedigung. Es galt Lösungen für das weiter bestehende krasse Ausmaß „sozialer Disparitäten" zu finden, wobei keine Vorstellung davon bestand, wie die Bevölkerung in der Großstadt leben wollte und konnte.[56]

[53] HA Krupp WA 25200 Nr. 2; Verein zur Förderung des gemeinnützigen Kleinwohnungswesens in der Provinz Westfalen (Hrsg.), Erläuterungen zu den Leistungen des „Bochumer Verein" zu Bochum auf dem Gebiet des Kleinwohnungswesens, Münster 1910, S. 18 f. .

[54] Wischermann, in: Heineberg, S. 71; zur Wirkung der Wohnverhältnisse zitiert Debus, S. 11, Schmollers „Mahnruf in der Wohnungsfrage": „Natürlich ist alle menschliche Gesinnung ein unendlich kompliziertes Produkt geistiger und materieller Einflüsse, aber unter den materiellen ist keiner wichtiger als die Wohnung. Man könnte unsere ganze Kulturgeschichte eine Geschichte der Wohnung nennen. Man hat schon gesagt, der Mensch sei das, was er esse; jedenfalls richtiger ist, zu sagen, er sei das, was ihn seine Wohnung werden lasse."

[55] Milkereit, Arbeiterhaus, S. 211.

[56] Plumpe, Werner, Gemeinnützige Wohnungswirtschaft, Das Beispiel der THS, in: Maessen, Hubert (Hrsg.), … und dann kommst du nach Hause, Geschichte(n) vom Wohnen und Leben im Revier, 75 Jahre THS, eine Epoche von 1920 bis 1995, S. 151-157; Teuteberg, Hans Jürgen/ Wischermann, Clemens, Wohnalltag in Deutschland, 1850-1914, Bilder-Daten-Dokumente, Studien zur Geschichte des Alltags, Band 3, Münster 1985, S. 94; Pfeil, Elisabeth, Die Wohnwünsche der Bergarbeiter; Soziologische Erhebung, Deutung und Kritik der Wohnvorstellungen eines Berufes, Tübingen 1954, S. 4.

4. Koloniebau und Gartenstadt

Trotz der Unsicherheit hinsichtlich der konkreten Wohnbedürfnisse betrieben einzelne Zechengesellschaften seit Mitte des 19. Jahrhunderts den sog. „Koloniebau", also den Bau in geschlossenen Siedlungen. Sie vermieden damit weitgehend den Massenmietwohnungsbau, der sich mit engen, feuchten und mangelhaft belichteten Wohnungen, engen Hinterhöfen und Hintergebäuden in den Arbeitervierteln von Großstädten wie Berlin entwickelt hatte.

Vielfach mangelte es an einer öffentlichen Kanalisation, einer Wasserversorgung und an öffentlichen Verkehrsmitteln. Hinzu kam die Schwierigkeit, daß in einigen Städten häufig umgezogen wurde. Wenn wie in Berlin die Mietverträge grundsätzlich quartalsweise über drei Monate abgeschlossen wurden, trat der Wohnungsmangel an diesen „Ziehtagen" schlagartig zutage und wurde zum öffentlichen Problem.[57]

Daraus zog der Werkwohnungsbau des Ruhrgebiets die Lehre, Rücksicht auf die landschaftliche Eigenart zu nehmen und die Menschen gleichzeitig vor der Mietskaserne zu bewahren. Beim Koloniebau handelte es sich wie bei der Kolonie Eisenheim grundsätzlich um geschlossene Siedlungen aus mehreren Vierfamilienhäusern in eineinhalbgeschossiger Bauweise.[58] Auch die Häuser, die Haniel erbaute, widersprachen Berliner Mietskasernen. Der direkte Anschluß an die Köln-Mindener Eisenbahnstrecke hatte Franz Haniel zum Bau der Zeche Zollverein und dann zur Errichtung der Bergarbeiterwohnungen bewogen. Diese Häuser hatten einen ausgebauten Dachstuhl und waren unterkellert. Sie hatten vier Wohnungen von 50 m² bis 60 m² mit separatem Eingang von außen und hinter den Gebäuden befanden sich Schuppen, in denen Toiletten und Tiere untergebracht waren. Zu jeder Wohnung gehörte außerdem ein bis zu 600 m² großer Garten, der eine weitgehende Selbstversorgung ermöglichte.[59]

Ähnlich waren beim Bochumer Verein Gebäude vom sog. „Mülhauser Typ"[60] mit vier um einen Kreuzgrundriß angeordneten Wohnungen konzipiert.

Neben den erwähnten Argumenten der Seßhaftmachung und Bindung der Arbeiter an die Unternehmen sollte insbesondere der Bau von Werkwohnungen in Kolonien den

---

[57] Geist, Johann Friedrich/ Kürvers, Klaus, Das Berliner Mietshaus 1862-1945, Eine dokumentarische Geschichte von „Meyer's Hof" in der Ackerstraße 132-133, der Entstehung der Berliner Miethausquartiere und der Reichshauptstadt zwischen Gründung und Untergang, München 1984, S. 120.

[58] Als älteste Siedlung war die zur Zeche Osterfeld der Gutehoffnungshütte gehörende Kolonie Eisenheim I 1844 erbaut worden, Günter, Janne/ Günter, Roland, „Sprechende Straßen" in Eisenheim, Konzept und Texte sämtlicher Tafeln in der ältesten Siedlung (1846/1901) im Ruhrgebiet, Essen 1999, S. 32-35; Günter, Roland, Siedlungen im Ruhrgebiet - Optionen für die Region, in: Forum Industriedenkmalpflege und Geschichtskultur 02/ 2001, S. 40-46; Küster, August, Wohnungsbau der Industrie in Vergangenheit, Gegenwart und Zukunft, in: Siedlung und Wirtschaft 1941, S. 94-96, hier S. 95; Häußermann/ Siebel, S. 76 ff.; Hilger, S. 175; Fischer, Wolfram, Herz des Reviers, 125 Jahre Wirtschaftsgeschichte des Industrie- und Handelskammerbezirks Essen · Mülheim · Oberhausen, Essen 1965, S. 265; zur späteren Entwicklung von Abrißvorschlägen über (Design-) Projektgruppen bis zur Sanierung vgl. Beermann, Wilhelm, Die Gründung der GSB, Hintergründe und Motive, in: GSB Gesellschaft zur Sicherung von Bergmannswohnungen mbH (Hrsg.), Zuhause ist mehr als ein Haus: Die Geschichte der GSB Gesellschaft zur Sicherung von Bergmannswohnungen mbH, Essen 2002, S. 26-37.

[59] Klassifizierung nach Dege, Wilfried, Zechenkolonien und Bergarbeitersiedlungen im Ruhrgebiet, Ihre Entwicklung und Typisierung, in: Naturkunde in Westfalen 4 (1968), S. 119-128, hier S. 122 ff.; Beispiele für englische und deutsche Siedlungen bei Unverferth, in: Ellerbrock/ Stremmel, S. 127 f. .

[60] Bleidick/ Sträter, S. 22.

„Werth des Grund und Bodens im Ruhrkohlenbezirk“ als Bauland erhöhen. Bis zu einer Beschränkung auf drei Vollgeschosse und bei der Vermeidung von Hinterhäusern und Seitenflügeln sollte die „vorbildliche technische Ausführung der Bauten“ betont werden.[61] Das starre Liniengefüge, das auf geometrisch-ornamentale Flächenaufteilung ausging, ohne auf die topografischen Gegebenheiten des Geländes Rücksicht zu nehmen, wurde aufgelockert. Die geschlossene Umbauung rechteckiger Komplexe durch Baublöcke wurde von parallel gelegten Zeilen, die günstig zur Sonnenrichtung lagen, abgelöst. Der Siedlungsorganismus sollte überschaubar bleiben und als Einheit wirken. Garten- und Grünanlagen sollten lichtlose Hinterhöfe ersetzen und die Straßen wurden z. B. beim Bochumer Verein in der Kolonie Stahlhausen einschließlich der Vorgärten bis zu 29 m breit angelegt.[62]

Der Bau von Grünanlagen entsprach den Gedanken der Gartenstadtbewegung, wonach der zu jedem Haus gehörende Garten die Möglichkeit einer gesunden und abwechslungsreichen Ernährung und einen Ausgleich zur Arbeit in Fabrik und Büro bieten sollte. Die Gedanken zur Gartenstadt, die *Fritsch* (1895), *Ebenezer Howard* (1898) und *Kampffmeyer* entwickelten und die *Muthesius* aufgriff, genossen so hohe Publizität, daß sogar spekulative Terraingesellschaften für die von ihnen als Landvororte bebauten Gebiete den Namen „Gartenstadt“ gebrauchten.[63] Die 1910 auf deutsch erschienenen „Grundlagen des Städtebaus“ von *Raymond Unwin* vermittelten über Fachkreise hinaus das Nebeneinander rationeller Siedlungsplanung und abwechslungsreicher Gestaltung.[64] Die Gartenstadt sollte in ihrem Wachstum auf eine bestimmte Größe, einen „numerus clausus der Bevölkerung“, beschränkt bleiben und durch einen städtisch unbebaubaren landwirtschaftlichen Gürtel, besetzt mit landwirtschaftlichen Betrieben, versorgt werden. Es ergaben sich nach *Fuchs* fünf Merkmale der Gartenstadt im engeren Sinn:

---

[61] Rode, S. 107 f.; zu Grundrissen/ Möblierung vgl. Kastorff-Viehmann, in: Rodríguez-Lores/ Fehl, S. 226 ff.; Novy/ Neumann-Cosel, S. 22 ff.; Kastorff-Viehmann, Wohnungsbau für Arbeiter, S. 106 ff. .

[62] Koepf, Hans, Deutsche Baukunst, Von der Römerzeit bis zur Gegenwart, Stuttgart 1956, S. 217; Bacmeister, Louis Baare, S. 163; HA Krupp WA 80/ 25200 Nr. 2.

[63] Für den Arbeiterwohnungsbau bedeutsam war von Ebenezer Howard das Buch „Tomorrow“, das unter dem Titel „Garden Cities of tomorrow“ 1902 leicht verändert erneut erschien. Muthesius war nach Philosophie-/ Architekturstudium, Arbeit bei Wallot und beim Preußischen Ministerium für öffentliche Arbeiten sowie als Attaché an der Deutschen Botschaft in London Mitbegründer des deutschen Werkbundes und war an der Planung und Entwicklung von Gartenstädten beteiligt, Hubrich, Hans-Joachim, Hermann Muthesius, Berlin 1981, S. 10 ff.; Schollmeier, Axel, Gartenstädte in Deutschland, Ihre Geschichte, städtebauliche Entwicklung und Architektur zu Beginn des 20. Jahrhunderts, Kunstgeschichte, Bd. 28, Münster 1990, S. 68, 70; zu Wesen und Praktiken des Terraingeschäfts vgl. Fisch, Stefan, Grundbesitz und Urbanisierung, Entwicklung und Krise der deutschen Terraingesellschaften 1870-1914, in: GuG 15 (1989), S. 34-61; ebenso Maaß, Hans, Grundfragen des städtischen Wohnungswesens, Greifswald 1926, S. 12; Milkereit, Arbeiterhaus, S. 214 f. .

[64] Kastorff-Viehmann, Renate, Wohnungsbau und Siedlungswesen, in: *dieselbe*/ v. Petz/ Walz, S. 89-166, hier S. 143; v. Saldern kann keinen geordneten Bezug zur landschaftlichen und städtebaulichen Umgebung erkennen und spricht von „Ghettocharakter“, Saldern, Adelheid von, Häuserleben, Zur Geschichte städtischen Arbeiterwohnens vom Kaiserreich bis heute, Bonn 1995, S. 53.

1. genereller Bebauungsplan,
2. städtischer Kern,
3. gartenmäßige, niedrige Bebauung im Wohngürtel,
4. landwirtschaftlicher Gürtel und
5. Gemeindeeigentum am gesamten Grund und Boden.[65]

Diese Idee hatte nicht nur die Gründung der Städte Letchworth, Welwyn (England), Dresden-Hellerau, Berlin-Grünau (Siedlung Falkenberg), Fuhlsbüttel und Wandsbek bei Hamburg zur Folge, sondern hatte auch große Impulse für den Werkwohnungsbau im Ruhrgebiet.[66] Sie führte dort zur Entstehung z. B. von Hüttenau bei Hattingen, zu der von Krupp ab 1906 in kleinstädtischem Stil errichteten Margarethenhöhe in Essen oder zu den Siedlungen Rheinpreußen in Homberg, Bergmannsplatz in Hamborn (Haniel), Neukirchen-Vluyn (Niederrheinische Bergwerks AG) oder zu der Siedlung der Zeche Prinz Regent in Bochum-Wiemelshausen. Praktisch nahmen sowohl der Leiter des Essener Stadterweiterungsamtes und Gründer des Siedlungsverbandes Ruhrkohlenbezirk, *Robert Schmidt*, als auch das Baubüro von Krupp Einfluß auf die Umsetzung der Gartenstadtidee. Ebenso entstanden die „Alte Kolonie" in Lünen, die „Teutoburgia" in Herne-Sodingen, die „Kolonie Brassert" in Marl, die Siedlung Wehofen in Duisburg, die Kolonie „Fürst Leopold" in Dorsten, die gartenstädtisch angelegten Arbeiterhäuser der Gewerkschaft Sachsen in Hamm-Heessen sowie die „Gartenstadt Emst" bei Hagen für 15.000 Personen in rd. 2.500 Einfamilienhäusern.[67] Die Wohnhäuser waren im allgemeinen mit einem Stallanbau eineinhalbgeschossig und im Erdgeschoß mit einer Küche und einem Wohnraum konzipiert, der um bis zu drei Wohnräume in dem ausgebauten Dach des Hauses ergänzt wurde. Damit bildete die Siedlung das Gegenmoment zur Kaserne der Großstadt und erlangte „sozialkulturelle Qualität"[68]. Die Gartenstadt traf im Ruhrgebiet auf so gute Voraussetzungen, weil *Große-Wilde* zufolge das Land an der Ruhr noch nicht in eingefahrenen Traditionen zementiert war.[69] Die von *Damaschke* initiierte Bewegung der Bodenreform für die Verhinderung der weiteren Ausbreitung von Mietkasernen trug dazu bei, daß der Auftrag an die Architekten der Bergarbeitersiedlungen gleichermaßen von strenger Sachlichkeit und zweckmäßiger Ausführung geprägt war. An dieser Stelle waren die erwähnten Berliner Mietshäuser, die wie Meyer´s Hof um mehrere Hinterhöfe herumgebaut waren und wenig Licht und Belüftung zuließen, wiederum von besonderer Bedeu-

---

[65] Fuchs, Carl Johannes, Die Wohnungsfrage vor und nach dem Kriege, Aufsätze und Vorträge zur Wohnungsfrage, Neue Folge, München Leipzig 1917, S. 41.
[66] Novy/ Neumann-Cosel, S. 57 f. (Friedrichshagener Dichter- und Künstlerkreis; Bund Dt. Lebensreformer); Lageplan der Siedlung Margarethenhöhe bei Günter, Roland, Arbeitersiedlungen im Ruhrgebiet, in: Trier, Eduard/ Weyres, Willy, Kunst des 19. Jahrhunderts im Rheinland, Band 2, Architektur II, Profane Bauten und Städtebau, Düsseldorf 1980, S. 481, Abb. 9.
[67] Metzendorf, Rainer, Die Gartenstadtidee und ihre Umsetzung im Ruhrgebiet, in: Forum Industriedenkmalpflege und Geschichtskultur 1/ 2003, S. 25-31, hier S. 29.
[68] Günter, Roland, Die Siedlung als Geschichte, als Gegenwart und als Vision, in: Forum Geschichtskultur an Ruhr und Emscher, Forum Informationen 2/ 97, S. 17-25, hier S. 19, 21 f.; weitere Beispiele für Gartenstädte von *demselben*, Siedlungen im Ruhrgebiet-Optionen für die Region, S. 43.
[69] Große-Wilde, Hanns W., Bedeutung und Entwicklung des Werkswohnungsbaus, in: Eichener/ van Emmerich/ Petzina, S. 159-167, hier S. 165.

tung. Hier kam erneut zum Ausdruck, in welchem Stil die Siedlungen im Ruhrgebiet gerade nicht entstehen sollten.[70] Hinsichtlich des Teils des Wohnungsbestands, den die Gesellschaften 1933 dann übernahmen, darf der Berliner Mietskasernenbau mit seiner abschreckenden Wirkung insofern als einflußreich auf den Baustil der Wohnungsgesellschaften angesehen werden.

Daß darüber hinaus die Arbeiterwohnungen im Ruhrgebiet nicht allein zwecks Anwerbung der Arbeiter in billiger und schlechter Bauweise ausgeführt wurden, unterstreicht *Hundt* in Auflistung der Baukosten für solche Wohnungen in den Bergrevieren Recklinghausen, Dortmund, Bochum, Witten, Hattingen, Herne, Wattenscheid, Essen, Werden und Oberhausen.[71]

Repräsentativ brachte die Architektur in Siedlungen in Dortmund neben dem Kolonietyp auch den Landhaustyp hervor. Der Kolonietyp stand als Arbeiter-Wohnort - zu finden z. B. in den Orten Bövinghausen, Marten, Holte, Hombruch, Berghofen, Schüren, Aplerbeck, Sölde, Eving, Deusen, Obernette, Dorstfeld - neben dem Landhaustyp, der später zu einem niedrigen halboffenen Siedlungsbau wurde. Um 1900 waren mehr als die Hälfte der in diesem Stil von den Ruhrzechen errichteten Bauten Vierfamilienhäuser.[72]

Auch wenn die Schwerpunkte in Gartenvorstädten und Industriesiedlungen erste Erfolge brachten und die Deutsche Gartenstadtgesellschaft (1902-1937) unter *Kampffmeyer* seit Anfang des 20. Jahrhunderts eloquent auftrat, konnte sich die Gartenstadtidee nach dem Ersten Weltkrieg wegen einer fehlenden breiten staatlichen Unterstützung und den veränderten wirtschaftlichen Gegebenheiten nicht auf Dauer durchsetzen.[73]

---

[70] Damaschke, Adolf, Die Bodenreform, Grundsätzliches und Geschichtliches zur Erkenntnis und Überwindung der sozialen Not, 4. Auflage, Berlin 1907; Knipping, in: Hölling/ Pinkerneil, S. 231, 238; Treuhandstelle für Bergmannswohnstätten im rheinisch-westfälischen Steinkohlenbezirk Essen (Hrsg.), Treuhandstelle für Bergmannswohnstätten im rheinisch-westfälischen Steinkohlenbezirk Essen 1920-1970, S. 13; zur „elendsten aller Wohnstätten" Wutzky, Emil, Kommunale Wohnungswirtschaft, in: Wutzky, Emil/ Meyer, Hermann, Kommunale Wohnungswirtschaft und Wohnungskultur, Referate und Richtlinien - gehalten auf der Zweiten Reichskonferenz für Kommunalpolitik am 20. bis 22. September 1927 in Magdeburg, Berlin 1927, S. 4-16, hier S. 11; in Wort und Bild dazu Asmus, Gesine, „Mißstände...an das Licht des Tages zerren", in: *dieselbe* (Hrsg.), Hinterhof, Keller und Mansarde, Einblicke in Berliner Wohnungselend 1901-1920, Die Wohnungs-Enquête der Ortskrankenkasse für Kaufleute, Handelsleute und Apotheker, Hamburg 1982, S. 32-243 (Abb. S. 47 ff.); Beier, Rosemarie, Leben in der Mietskaserne, Zum Alltag Berliner Unterschichtsfamilien in den Jahren 1900 bis 1920, in: Asmus, Hinterhof, S. 244-270; „Bergarbeitersiedlungen mit großer Tradition", in: Verlagsbeilage „Immobilienstandort Nordrhein-Westfalen" der FAZ v. 17.05.2002, Nr. 113, S. V3.

[71] Hundt, S. 32-38; im Detail zur Entwicklung im Kreis Recklinghausen und zur VSt bzw. VEBA gehörenden Wohnungen vgl. Neurohr, Wilhelm, Bergarbeiterwohnungsbau im Vest Recklinghausen - Tradition und Perspektive, in: Vestischer Kalender 62 (1990), S. 96-109, hier S. 97.

[72] Rohsa, Erich, Wirtschaft und Siedlung in Dortmund, Marburg 1937, S. 100 f.; Debus, S. 37; Allmers, S. 138; zur Baukonzeption Kastorff-Viehmann, Wohnungsbau für Arbeiter, S. 85 f.; Milkereit, Arbeiterhaus, S. 211.

[73] Dennoch beteiligte sich die Westfälische W. noch im Jahr 1935 kurz vor Auflösung der Deutschen Gartenstadtgesellschaft mit 1.000,-- RM an der Gartenstadt Dortmund eGmbH; VA AR/ 3-A-3/ 15.07.1935, S. 2; insgesamt vertiefende Zusammenfassung bei Albrecht, Gerhard, Gartenstadtbewegung, in: *derselbe*/ Gut/ Lubbert/ Weber/ Wölz/ Schwan, S. 262-266; Günter, Arbeitersiedlungen, S. 476 ff. .

5. Vereine und Verbände

Die Probleme um die Wohnungsversorgung standen auch im Zentrum der Diskussion verschiedener Vereine, die Vorschläge zur Abhilfe erarbeiteten.
Mit der Gründung des Rheinischen Vereins zur Förderung des Arbeiterwohnungswesens (später Rheinischer Verein für Kleinwohnungswesen) im Jahr 1897 entwickelte sich in der Wohnungswirtschaft auf gemeinnütziger Ebene eine Interessenvertretung, die zum Teil in dem späteren Bereich der Wohnungsgesellschaften, vornehmlich der Rheinische W. und der Westdeutsche W., tätig war.
Der bedeutsamste Zusammenschluß hinsichtlich der Bearbeitung von statistischem Material und weiterer Veröffentlichungen war der „Verein für Socialpolitik" (gegr. 1872), während der ebenfalls wichtige „Verein Reichswohnungsgesetz" nach seiner Gründung unter v. Mangoldt 1898 regionale Interessen zusammenführte und stetig durchgreifende gesetzgeberische Maßnahmen anmahnte.[74] Nach seiner Umbenennung in „Deutscher Verein für Wohnungsreform" 1904 organisierte der Verein Wohnungskongresse (1904 Frankfurt am Main; 1911 Leipzig) und gab zahlreiche wissenschaftliche Schriften heraus, die seiner Intention des zielgerichteten staatlichen Eingriffs auf dem Gebiet des Wohnungswesens entsprachen.[75]

Daneben bildete sich mit dem „Verband rheinischer Baugenossenschaften" für die Revision von Bauvereinen 1907 in dem Bereich, der später die Geschäftstätigkeit der Wohnungsgesellschaften umfaßte, eine fachliche Organisation, die ihr Arbeitsgebiet regional begrenzte und die ihren Aufgabenbereich genau übersehen konnte. Bis zum Ersten Weltkrieg gab es 15 Revisionsverbände, die einer Prüfungspflicht unterlagen und seit 1905 mit einer Aktienbaugesellschaft auch andere Rechtsformen erfaßten.[76] Ein Gesamtverband gründete sich erst am 21. Juli 1924, als der Hauptverband Deutscher Baugenossenschaften entstand, zu dessen Mitgliedsverbänden dann über 2.000 Genossenschaften gehörten.

Die Sparkassen, die grundsätzlich an der Finanzierung von Arbeiterwohnungen teilhatten, wurden vom Deutschen Sparkassenverband repräsentiert. Obwohl Unternehmen wie Krupp bereits betriebliche Darlehen gewährten, riet dieser Verband 1890 von einer Kreditvergabe an Arbeiter ab. Die Arbeiter sollten vielmehr von den Sparkassen zum Sparen angehalten werden. Dementsprechend rief die Zeitschrift „Die Sparkasse" dazu auf, direkte Kredite an Arbeiter zu vermeiden. Sie billigte Kredite aber, wenn unmittelbar auf Rechnung der Sparkassen preiswerte und gute Arbeiterwohnungen entstehen sollten. Die Stadt übernahm in diesen Fällen die Bauausführung und stellte den Baugrund kostengünstig und die Infrastruktur kostenfrei zur Verfügung, so daß die Immobilie innerhalb von 28 Jahren über eine zweiprozentige Amortisation erworben

---

[74] Teuteberg/ Wischermann, S. 367 ff. .
[75] 1938 wurde dem Verein die Eigenschaft einer Forschungsstelle beim RArbMin. verliehen; er nannte sich 1940 dann „Deutsche Gesellschaft für Wohnungswesen, Forschungsstelle beim RArbMin. für Fragen des Wohnungs- und Siedlungswesens"; 1941 erfolgte die Umbenennung in „Deutsche Akademie für Wohnungswesen"; dazu auch Mangoldt, Rose von, Wohnungsreform, in: Wandersleb, Handwörterbuch, S. 1759-1761.
[76] Schmecht, S. 40, 42.

werden konnte.[77] Außerdem verabschiedete 1895 die Generalversammlung des Verbandes eine „Resolution“[78], die es den Sparkassen erlaubte, bei den Sicherheiten für die Finanzierung von Arbeiterwohnungen geringere Ansprüche zu stellen.

6. Wohnungspolitische Ansätze in Preußen

Obwohl der Preußische Staat bereits 1867 denjenigen gemeinnützigen Aktien-Baugesellschaften Stempelfreiheit zugestanden hatte, die Wohnungen für „unbemittelte Familien“ errichteten,[79] erkannten erst diejenigen Gesetze eine Verbesserung der Wohnverhältnisse als Aufgabe des Staates an, die ab 1895 die kommunale Wohnungsfürsorge betrafen. Eine bedeutsame Vorschrift erging in Preußen mit dem Erlaß des Ministers für Handel und Gewerbe vom 19.03.1901 im Hinblick auf die Behandlung der „Sozialfürsorge für gewerbliche Arbeiter“. Die Regelung hatte spürbare Auswirkungen auf die langsam einsetzende staatliche Wohnungspolitik und begann auf die Errichtung bezahlbaren Wohnraums für Arbeiter Einfluß zu nehmen.
Eine der ersten Maßnahmen sah vor, daß die Seßhaftmachung von Arbeitern durch die staatliche Förderung bei der Errichtung von Rentengütern bis zu einer Größe von 12,5 a erleichtert werden sollte.[80] Der erste staatliche Wohnungsbaufonds für Minderbemittelte vom Fürstentum Schwarzburg Sondershausen war durch Erlaß vom 23.04.1902 mit 50.000,-- Mark dotiert und sah eine Kaufmiete vor. Ähnliche Vorhaben für Minderbemittelte setzten die Länder wie in Hamburg gegen eine Rentenschuld und in Hessen mit der Landeskreditkasse um.[81]

Ansonsten regelten die Vorschriften zum Wohnungswesen vornehmlich das Bauordnungsrecht, basierend auf dem Preußischen Fluchtliniengesetz von 1875.[82] Nachdem im späteren Arbeitsbereich der Wohnungsgesellschaften z. B. für Duisburg die ersten Flächennutzungspläne 1864 und 1879 entstanden waren, wurden im Rhein-/ Ruhrgebiet abgestufte Bauordnungen - sog. „Zonenbauordnungen“ - erlassen, die für die Gemeinden Art und Maß der Nutzung regeln konnten. *Eberstadt* erklärte insbesondere die Bauordnungsplanung dafür verantwortlich, daß für die rheinischen Wohnverhält-

---

[77] Pohl, Hans, Die Wohnungsbaufinanzierung der Sparkassen von den Anfängen bis zur Gegenwart, in: Mura, Jürgen (Bearb.), Die Wohnungsbaufinanzierung der Sparkassenorganisation - historische Entwicklung und Zukunftsperspektiven, Sparkassenhistorisches Symposium 1997, Stuttgart 1998, S. 36 f. .

[78] Mura, Jürgen, Zur Geschichte der Wohnungsbaufinanzierung der deutschen Sparkassenorganisation von den Anfängen bis 1945 (I), in: Sparkasse, S. 430-435, hier S. 431.

[79] Jenkis, Helmut W., Die gemeinnützige Wohnungswirtschaft - Ursprung, Entwicklung, Aufhebung -, in: *derselbe*, Kompendium der Wohnungswirtschaft, München 1991, S. 309-329, hier S. 310; Thies, Gunnar, Wohnungsgemeinnützigkeit, Rechtsprobleme der Anerkennung, Vermögensbindung und Entziehung, München 1986, S. 7.

[80] Ministerialerlaß über kommunale Wohnungsfürsorge vom 19.03.1901 m.w.N. sowie Erlaß des Preußischen Ministers für Landwirtschaft, Domänen und Forsten und des Finanzministers vom 08.01.1907 bei Poerschke, S. 213, 216.

[81] Hämmerlein, S. 15.

[82] Abdruck bei Abendroth, Alfred, Deutsche Siedlungs- und Bebauungspläne, Praktisches Handbuch zur Aufstellung und Durchführung von Siedlungs- und Bebauungsplanentwürfen auf geschichtlicher, volkswirtschaftlicher, sozialpolitischer, künstlerischer und technischer Grundlage für Siedlungstechniker und -beamte aller Art, Berlin 1926, S. 268 ff.; das Badische Fluchtliniengesetz von 1868 gilt als erstes Fluchtliniengesetz.

nisse eine geringere Belegungsintensität festzustellen war als in Städten wie Berlin.[83] In Preußen war in den 1890er Jahren der Regierungsentwurf für ein überregional wirksames Wohnungsbaugesetz am Widerstand der Haus- und Grundeigentümer gescheitert. So blieben die Versuche einer städtebaurechtlichen Ordnung auf räumliche Teilergebnisse beschränkt, die sich in Baupolizeiverordnungen wie für Dortmund (28.01.1908) oder Hörde (30.06.1910) wiederfanden.[84]

Nachdem der Gedanke des 1905 aufgekommenen „Städtevereinigungsplanes"[85] für das Ruhrgebiet verworfen worden war, galten 1911 z. B. in Duisburg, Oberhausen, Mülheim, Essen, Bochum, Witten, Dortmund, Hörde, Haspe, Hagen und in den Landgemeinden der Regierungsbezirke Düsseldorf und Arnsberg sowie in der Gemeinde Osterfeld jeweils verschiedene, voneinander abweichende Bauordnungen. Dabei traten erst mit dem Beginn der großstädtischen Entwicklung in den Bauordnungen wohnungshygienische und -ästhetische Gesichtspunkte in den Vordergrund. Die Unterschiede in den Bauordnungen zeigten sich von der Gebäudehöhe (12m-20m) über die Wandbebauung, Decken und Treppen bis zur Regelung der Beziehungsfrist. Um eine ausreichende Versorgung der Wohnungen mit Licht und Luft zu sichern, erließen die Baubehörden Abstandsregeln, während sie für die Einteilung und Verwendung des Bodens Bebauungspläne aufstellten.[86] Auch an dieser Stelle kam zum Ausdruck, daß im Ruhrgebiet keine Mietskasernen Berliner Stils entstehen sollten. Die reformerischen, in einer „Denkschrift"[87] formulierten Gedanken *Robert Schmidts* zu einem Raumplanungskonzept waren aufgrund einer breiten Datenanalyse sehr fortschrittlich, fanden aber infolge des Ausbruchs des Ersten Weltkriegs keine baurechtliche Umsetzung mehr.

Ansonsten war das Bauwesen von dem Problem gekennzeichnet, daß bis zum Ersten Weltkrieg weder das Reich noch die Länder eine umfassende Statistik zur Bautätigkeit

---

[83] Eberstadt, Rudolf, Rheinische Wohnverhältnisse und ihre Bedeutung für das Wohnungswesen in Deutschland, Nebst 17 Grundrissen Deutscher Kleinwohnungsgebäude, Jena 1903, S. 75, S. 3 ff. .

[84] Kabel, Begründung und Erläuterung zum Baustufenplan der Stadt Dortmund, Nur für den Dienstgebrauch, (Sonderbauordnung vom 20. Dezember 1929), Dortmund 1930, S. 10 ff., 32 ff.; Kastorff-Viehmann, Renate, Zum Verhältnis von Arbeitersiedlungen, Stadtplanung und Stadtentwicklung im Ruhrgebiet, in: Biecker, Johannes/ Buschmann, Walter (Hrsg.), Arbeitersiedlungen im 19. Jahrhundert, Historische Entwicklung, Bedeutung und aktuelles Erhaltungsinteresse, Bochum 1985, S. 7- 21, hier S. 7, 18. In Städten wie Elberfeld galt bereits seit 16.07.1807 das Bergische Dekret als Vorläufer der Ersten PolizeiVO von 1861, dazu Eberstadt, Handbuch, S. 210; Milkereit, Arbeiterhaus, S. 210.

[85] Wie der Wiener Architekt Camillo Sitte, der 1898 einen künstlerischen Städtebau gefordert hatte, verfolgte Karl Ernst Osthaus den Gedanken, Städte und Regionen zu einem Gesamtkunstwerk zu umzuformen; 1907 regte Osthaus einen „Generalbau- und Wegeplan für das Industriegebiet" an; Benedict, Andreas, 80 Jahre im Dienst des Ruhrgebiets, Siedlungsverband Ruhrkohlenbezirk (SVR) und Kommunalverband Ruhrgebiet (KVR) im historischen Überblick 1920-2000, Essen 2000, S. 25.

[86] Rode, S. 104; Pohle, Ludwig, Die Wohnungsfrage II, Die städtische Wohnungs- und Bodenpolitik, Leipzig 1910, S. 9; Abendroth, S. 75 ff. .

[87] Schmidt, Robert, Denkschrift betreffend Grundsätze zur Aufstellung eines General-Siedelungsplanes für den Regierungsbezirk Düsseldorf (rechtsrheinisch), Essen 1912, zitiert bei Benedict, S. 27. Ein später am 08.07.1929 eingebrachter Antrag beim Preußischen Landtag zur Schaffung der „Stadtgemeinde Ruhrstadt" scheiterte ebenso, dazu Tenfelde, Klaus, Ruhrstadt, Historischer Hintergrund (Vortrag: Ruhrstadt-Diskussionsreihe, Bochum/ HGR 20.3.02), S. 13, 17.

erstellten. Lediglich Teilgebiete des Deutschen Reichs fanden Eingang in Zählungen. Das Statistische Amt des Deutschen Reichs erfaßte seit 1912 z. B. 58 Gemeinden, darunter 40 Großstädte. Ebenso verzeichnete das Statistische Amt der Stadt Köln seit 1914 44 Gemeinden. Diese beiden Stellen vereinten ihre Tätigkeit, die sich ab 1917 auf Gemeinden mit mehr als 50.000 Einwohnern erstreckte. Ab 1923 erfolgte dann die Erfassung der Bautätigkeit aller Gemeinden.[88]

II. Entwicklung eines Wirtschaftszweiges seit dem Ersten Weltkrieg

1. Kriegseinwirkungen auf die Wohnungspolitik

Im Ersten Weltkrieg kam der Wohnungsbau fast zum Erliegen, verstärkt durch das Verbot aller nicht kriegswichtigen Bauten im Juli 1917.[89]

Die erste Reichswohnungszählung vom Mai 1918 ermittelte insgesamt niedrige Leerwohnungsziffern. Die Drei-Prozent-Marke überschritten nur wenige Städte wie Berlin, Hamburg oder Chemnitz. Während des Krieges erfuhren mittlere und kleinere Wohnungen wachsenden Zuspruch, da größere Wohnungen von den Mietern vielerorts nicht gehalten werden konnten.[90]

Vereinzelte regionale Mietstops wie in Kiel 1916 ließen die Hauseigentümer befürchten, den rechten Zeitpunkt für eine Mieterhöhung vor einer politischen Beschränkung zu versäumen. Beispiele, in denen mehrere Hauseigentümer ohne Rücksicht auf die Marktlage die Mieten anhoben, wurden im Ruhrgebiet u. a. in Dortmund und Bochum bekannt.[91] Zugunsten der Mieter erging am 26.07.1917 die „Bekanntmachung zum Schutze der Mieter", die versuchte, die Mieter durch verstärkten Kündigungsschutz abzusichern. Hierbei kam es zu einem Rückgriff auf die seit 1914 von den Kommunen eingerichteten Mieteinigungsämter. Die Landeszentralbehörden konnten die Ämter ermächtigen, auf Antrag eines Mieters über eine vom Vermieter zwecks Mietsteigerung ausgesprochene Kündigung zu entscheiden.

Soweit in Angelegenheiten des Wohnungs- und Siedlungswesens die Zuständigkeit beim Reich lag, waren zunächst das Reichsamt des Innern und ab 1917 das Reichswirtschaftsamt verfahrensbeteiligt.[92]

Bedeutsamen Ausdruck fand die staatliche Wohnungspolitik in Preußen 1918 mit dem Preußischen Wohnungsgesetz. Darin waren Bebauungspläne und die mögliche Abgrenzung von Wohn- und Industriegebieten ebenso vorgesehen wie die Einrichtung kommunaler Wohnungsämter zur Wohnungsaufsicht und -pflege. Hinzu kam die Förde-

---

[88] Strehlow, Tabelle 7 hinter S. 164.

[89] Kanther, Entwicklung Wohnungswirtschaft, S. 15.

[90] Albrecht, Gerhard/ Mangoldt, Karl v./ Rusch, Karl, Wohnungsfrage und Übergangswirtschaft, Deutscher Wohnungsausschuß, Schriften, Heft 3, Berlin 1917, S. 34.

[91] Führer, Mieter, Hausbesitzer, Staat und Wohnungsmarkt, S. 29, 123.

[92] Zur Diskussion zuvor in der Reichstagskommission für Wohnungswesen vgl. Albrecht/ v. Mangoldt/ Rusch, S. 44 ff.; Führer, Mieter, Hausbesitzer, Staat und Wohnungsmarkt, S. 29, 124; Kerner, S. 264 m.w.N.; Hämmerlein, S. 18 (Zuständigkeit für das Wohnungswesen später beim Reichswirtschaftsministerium, 1934 Zuständigkeit beim Reichsarbeitsministerium).

rung der gemeinnützigen Bautätigkeit in Höhe von 20 Mio. Mark. Die Summe war zur Beteiligung des Staates mit Stammeinlagen an gemeinnützigen Bauvereinigungen bestimmt.

Die Fördermaßnahmen wurden nach dem Ende des Krieges in der VO zur Behebung der dringendsten Wohnungsnot vom 09.12.1919 spezifiziert. Danach war aber auch die Enteignung gegen Entschädigung möglich, sofern für Klein- und Mittelwohnungen Bau- und Gartenland nicht zur Verfügung stand.[93] Die VO verpflichtete die Länder zur Einsetzung von „Bezirkswohnungskommissaren", die das Bauland enteignen konnten. In Preußen waren den Regierungspräsidenten „Wohnungsaufsichtsbeamte" zugeteilt, die den Wohnungsbestand überwachten und später auch für die Gestaltung der Bebauungs- und Siedlungspläne zuständig waren. Gestützt auf das Gesetz über Maßnahmen gegen Wohnungsmangel vom 11.05.1920, auf Wohnungsmangelverordnungen und auf eigene Vorschriften begegneten die Länder und Gemeinden dem Wohnungsfehlbestand nun mit „Einquartierungen" oder sog. „Wohnungsrationierungen". Sie lösten damit aber nicht das eigentliche Problem ausreichender Wohnversorgung. Vielmehr griffen sie in die Rechte der Wohnungseigentümer ein.[94] Mit Vorschriften zur Regelung der Reichsmieten, zum Wohnungsmangelgesetz und zum Mieterschutz entstand ein Ordnungssystem, das den Markt ausschaltete und die Mieten zunächst fixierte. Es bildete sich eine Wohnungszwangswirtschaft, deren Abbau fortan Gegenstand der Wohnungspolitik war. Einer Belebung der Bauwirtschaft wirkten hohe Baupreise entgegen, die bei der Erstellung einer Kleinwohnung gegenüber der Vorkriegszeit bis 1920 bereits um den elffachen Preis stiegen.[95]

2. Siedlungsverband Ruhrkohlenbezirk und Heimstätten

Diese Situation führte angesichts der Vielzahl großer Städte im Ruhrgebiet dazu, daß sich durch Gesetz vom 05.05.1920 17 Städte und 11 Landkreise, das waren 346 Gemeinden, über eine Fläche von 3.840 km² mit 3,6 Mio. Einwohnern zum Siedlungsverband Ruhrkohlenbezirk zusammenschlossen.[96] Der Verband hatte die Aufgabe, für Einheitlichkeit und Planmäßigkeit in den Bebauungsplänen, im Verkehrswesen und in baupolizeilichen Bestimmungen zu sorgen. Diesem Zweck diente dann auch die Bau-

---

[93] RGBl. 1919 S. 1968; ergänzend 1921/ 1925 Erste/ Zweite Preußische VO zur Ausführung der VO der Reichsregierung über die Behebung der dringendsten Wohnungsnot vom 09.12.1919; weiterführend Koinzer, Thomas, Wohnen nach dem Krieg, Wohnungsfrage, Wohnungspolitik und der Erste Weltkrieg in Deutschland und Großbritannien (1914-1932), Schriften zur Wirtschafts- und Sozialgeschichte, Band 72, Diss., Berlin 2002, S. 233 ff..

[94] Hämmerlein, S. 18; Kerner, S. 200, 220 ff.; Führer, Mieter, Hausbesitzer, Staat und Wohnungsmarkt, S. 319 ff..

[95] Eberstadt, Rudolf, Wirtschaftliche Aufteilungsformen für Kleinsiedlungen, in: Städtebauliche Vorträge aus dem Seminar für Städtebau, Siedlungs- und Wohnungswesen an der Technischen Hochschule zu Berlin 1920, Band IX, Heft 7, S. 22; Bekanntmachung über Maßnahmen gegen Wohnungsmangel vom 23.09.1918, RGBl. 1918 S. 1143; RGBl. 1919 S. 591 (MieterschutzVO v. 22.6.1919), RGBl. 1920 S. 949 (Wohnungsmangelgesetz vom 11.05.1920, letzte Fassung vom 23.07.1923, RGBl. 1923 I S. 751); Kerner, S. 220 ff. m.w.N.; Führer, Mieter, Hausbesitzer, Staat und Wohnungsmarkt, S. 319 ff.; Murfeld, S. 6.

[96] Steinberg, Heinz Günter, Die Entwicklung des Ruhrsiedlungsverbandes, in: Först, Walter (Hrsg.), Ruhrgebiet und neues Land, Beiträge zur neueren Landesgeschichte des Rheinlandes und Westfalens, Band 2, Köln Berlin 1968, S. 113-152, hier S. 125.

polizeiverordnung für den Siedlungsverband Ruhrkohlenbezirk vom 22.03.1927, die Streusiedlungsgebiete, Wohngebiete, Geschäftsgebiete und Industriegebiete definierte und in bezug auf die Wohnungsgesellschaften der VSt im Gebiet der Westfälische W. in einen Baustufenplan für Dortmund mündete.[97]
In dem Zusammenhang ist darauf hinzuweisen, daß sich die Städte selbst seit den 1890er Jahren an Wohnungsunternehmen beteiligten und wie im Fall der Kölner Gemeinnützige Aktiengesellschaft für Wohnungsbau (GAG) sogar Wohnungsunternehmen gegründet und dementsprechend Interesse an einheitlichen Planungsvorgaben gezeigt hatten. Wie auch in Duisburg, Hagen, Krefeld, Wesel oder Witten hatten Kapitalgesellschaften bei Beteiligungswünschen der Kommunen eine bevorzugte Stellung erhalten.[98]

Darüber hinaus entwickelte sich im Deutschen Reich in Anlehnung an die Farmlandzuweisungen („Homestead Act") der amerikanischen Regierung unter Lincoln sowie im Hinblick auf die Gedanken der Gartenstadtbewegung und des Bodenreformers *Henry George* („Progress and Poverty") die Idee der Heimstätte. Bereits 1915 hatte *Damaschke* Behörden und Organisationen im „Hauptausschuß für Kriegerheimstätten" zusammengeführt, um „einen körperlich und sittlich gesunden Volksnachwuchs zu sichern, die Wehrkraft des Volkes zu erhöhen und die Erträgnisse des heimischen Bodens zu sichern"[99]. Ihre erste gesetzliche Grundlage fanden die Heimstätten in Preußen im Wohnungsgesetz vom 28.03.1918 nebst späterer Ausführungsanweisung vom 17.05.1918.
So entstand im Juli 1918 die Westfälische Heimstätte. Neben dem Anschluß der 1917 gegründeten Landessiedlungsgesellschaft Sachsen kamen weitere Heimstätten im Reichsgebiet hinzu. Da die Heimstätten Durchführungsorgane der staatlichen Wohnungs- und Siedlungspolitik sein sollten, war ihnen der Bau von Kleinwohnungen im eigenen Namen und auf eigene Rechnung untersagt.
Die Heimstätten konnten ihre Aufgaben nicht frei wählen. Vielmehr wollte der Staat die Heimstätten als Werkzeuge nach Maßgabe seiner jeweiligen wohnungspolitischen Zielsetzung einsetzen. Der Tätigkeit der Heimstätten kam daher vornehmlich eine wohnungspolitische Funktion zu.[100]

---

[97] Dietzsch, Rolf, Die Wohnungsbeschaffung nach dem Kriege und ihre siedlungspolitische Grundlage im Bereiche des Siedlungsverbandes „Ruhrkohlenbezirk", Diss., Köln Essen 1931, S. 9 ff.; Drescher, Der Ruhrsiedlungsverband, in: Schwan, Wörterbuch, S. 960a-960b; Kegel, Sturm, Die funktionelle Rolle des Wohnungsbaues in Industrie und Städtebau des Ruhrgebietes, in: Seraphim, Deutsche Siedlungs- und Wohnungspolitik, S. 357-363; Rappaport , Ruhrgebiet und Siedlungsverband Ruhrkohlenbezirk, in: Wandersleb, Hermann, Eigenheime für den Bergmann, Die neuen MSA-FOA Bergarbeitersiedlungen im Ruhrgebiet und bei Aachen, Köln 1954, S. 7 f.; Benedict, S. 28 ff. .

[98] Eberstadt, Handbuch, S. 544 ff.; Stöcker, S. 137 f. .

[99] „Gebt den Arbeitern, den Beamten Wohnheimstätten und tausend dunkle Fragen werden eine organische Lösung finden" (Adolf Damaschke); Schleiter, Ludwig-Wilhelm, Historische, gesellschaftliche und ökonomische Grundlagen der Immobilien-Projektentwicklung, Ein Beitrag für fachübergreifendes Denken, Forschen und Handeln, Köln 2000, S. 52.

[100] Wedler, Bernhard, Heimstätten, in: Wandersleb, Handwörterbuch, S. 827-831; die Baubetreuungsleistung bis 1945 belief sich im Deutschen Reich in den Grenzen von 1937 auf etwa 360.000 Wohnungen; Schenke, Wilhelm, Die Heimstätten und ihre Funktion als Organe der staatlichen Wohnungspolitik, in: Heuer, Jürgen,

Für Angestellten-Heimstätten erfolgte auf Initiative der Verbände mit Satzung vom 14.08.1918 die Gründung der Gemeinnützige Aktien-Gesellschaft für Angestellten-Heimstätten, die 1926 offiziell die Abkürzung GAGFAH erhielt und die in der Deutsche Wohnungsfürsorgegesellschaft für Arbeiter, Angestellte und Beamte (DEWOG) ihre Entsprechung fand. Die an der Gründung beteiligten Angestellten-Verbände waren politisch unterschiedlich ausgerichtet, konnten aber zusammengenommen bis 1920 mit dem Bau der ersten 530 Baueinheiten beginnen.
Nachdem die GAGFAH erst Eigenheime errichtet hatte und dann entgegen der ursprünglichen Intention zu zwei Dritteln Mietwohnungen auf der Grundlage normierter Grundrißtypen erstellt hatte, erhielt sie in den folgenden Jahren bei der Reichsversicherungsanstalt für Angestellte (RfA) erststellige Hypotheken zu günstigen Zinssätzen.[101] Die GAGFAH rettete aus dem Währungsverfall zunächst ein Kapital von 500.000 GM, das sie 1925 auf zwei Mio. RM und 1927 bereits auf vier Mio. RM erhöhen konnte.[102]

3. Treuhandstelle für Bergmannswohnstätten

Ebenso wie bei der GAGFAH entstand 1920 mit der Treuhandstelle für Bergmannswohnstätten im rheinisch-westfälischen Steinkohlenbezirk (THS) ein neues Unternehmensmodell der Wohnungswirtschaft.
Die auf Veranlassung des Reichsfinanz- und Reichsarbeitsministers in das Handelsregister eingetragene THS betrieb als gemeinnütziges Wohnungsunternehmen Bergarbeiterwohnungsbau.[103] Sie war nicht nur wie drei der 1933 gegründeten Wohnungsgesellschaften der VSt gemeinnützig, sondern ebenso in deren Geschäftsbereich tätig. Nach dem Ersten Weltkrieg hatte die Unterversorgung mit Kohle erheblichen Einfluß auf die Wohnversorgung genommen, bedingt durch die Territorialverluste des Saarlandes und in Oberschlesien sowie durch Reparationsleistungen, manifestiert mit dem Kohlenabkommen von Spaa bei gleichzeitigem Rückgang der Kohleförderung in den

---

Wohnungsbaufinanzierung, Grundlagen-Träger-Aufgaben, Institut für Siedlungs- und Wohnungswesen der Westfälischen Wilhelms-Universität Münster, Beiträge und Untersuchungen, Neue Folge der Materialien-Sammlung für Wohnungs- und Siedlungswesen, Band 58, Köln 1964, S. 97-109, hier S. 99 f.; zur Bauweise vgl. Bollerey/ Hartmann, Bsp. 36 (Zeilenbauten auf dreieckigem Siedlungsgrundriß und „anspruchslos gestaltete, verputzte Mehrfamilienhäuser" mit Satteldächern); vertiefend Poerschke, S. 9 ff. .

[101] Peters, S. 114; Gemeinnützige Aktiengesellschaft für Angestellten-Heimstätten (Hrsg.), 1918-1993, 75 Jahre GAGFAH, Innovation aus Tradition, Essen 1993, S. 25 ff., 34; Dietzsch, S. 123; Spörhase, Wohnungs-Unternehmungen, S. 103; Küster, Entstehungsgründe, S. 213 ff.; Lütge, Wohnungswirtschaft (1940), S. 148 f.; vertiefend Lange, Georg, Die Gagfah im Auf und Ab der Wohnungspolitik, in: Fischer-Dieskau, Joachim, Beiträge zur Theorie und Praxis des Wohnungsbaues, Arnold Knoblauch als Festschrift zum 80. Geburtstag gewidmet von seinen Freunden, Bonn 1959, S. 223-257; Zimmermann, Clemens, Wohnungspolitik und Wohnungswirtschaft bis zum Ende des Zweiten Weltkrieges, in: Eichener/ van Emmerich/ Petzina, S. 51-62, hier S. 58.

[102] Kruschwitz, Gagfah, in: Schwan, Wörterbuch, S. 494; Mengin, Christine, Der Wohnungsbau für Angestellte in der Weimarer Republik, in: Hofmann, Wolfgang/ Kuhn, Gert (Hrsg.), Wohnungspolitik und Städtebau 1900-1930, Arbeitshefte des Instituts für Stadt- und Regionalplanung, Heft 48, TU Berlin 1993, S. 203-222, hier S. 207 ff.; Abdruck des Deckblatts der Gründungsschrift bei Novy/ Prinz, S. 106.

[103] Treuhandstelle für Bergmannswohnstätten im rheinisch-westfälischen Steinkohlenbezirk, S. 9 ff.; Schwenger, Rudolf, Die betriebliche Sozialpolitik im Ruhrkohlenbergbau, Leipzig 1932, S. 207 ff. .

verbliebenen Gebieten.[104] Der gestiegene Bedarf an Kohle konnte nur durch eine Steigerung der Förderleistung und zusätzliche Arbeitskräfte gedeckt werden.
Daraus folgte ein Anstieg der Wohnraumnachfrage, die die Betriebe nach dem Krieg angesichts erheblicher Investitionen und gestiegener Baupreise nicht aus eigener Kraft befriedigen konnten. So beschloß der Reichskohlenrat als oberstes Wirtschaftsorgan des Bergbaus am 30.12.1919 in Abstimmung mit der Reichsregierung, die für den Bau von Bergarbeiterwohnungen erforderlichen Gelder mit einem Aufschlag von 2,-- M je Tonne Rohbraunkohle, 6,-- M je Tonne Steinkohlen und Briketts und 9,-- M je Tonne Koks bereitzustellen. Mit dem Bau und der Verwaltung von Wohnungen wurde die Reichsarbeitsgemeinschaft für den Bergbau mit ihren Bezirksarbeitsgemeinschaften betraut.[105] Da die Arbeitsgemeinschaften keine Rechtspersonen waren, konnten sie nicht als Träger von Rechten und Pflichten auftreten. Die Folge war die Einrichtung der Treuhandstelle für Bergmannswohnstätten nach den Bestimmungen des Reichsarbeitsministers über die Gewährung von „Beihilfen aus Reichsmitteln zur Errichtung von Bergmannswohnungen vom 21.01.1920". Die späteren Bestände der Wohnungsgesellschaften waren hier insofern betroffen, als daß ein Entwurf des Reichsarbeitsministeriums zunächst die Enteignung von Werkwohnungen vorschlug.[106] Gesellschafter waren der „Verein für die bergbaulichen Interessen im Oberbergamtsbezirk Dortmund" (Arbeitgeber) und sieben bergbauorientierte Angestellten- und Arbeitergewerkschaften. Der Verwaltungsrat der Gesellschaft wurde paritätisch besetzt.
Ursprünglich stellte die THS Einzelbauherren, Baugenossenschaften, Gemeinden und größeren Werken Darlehen zur Verfügung. Das hatte u. a. Darlehensanträge für ungeeignete Bauvorhaben und zu viele Neugründungen von wirtschaftlich nicht fundierten Baugenossenschaften zur Folge. Da es insgesamt nicht genügend geeignete Bauherren gab, dezentralisierte die Treuhandstelle in Essen ihre Tätigkeit durch Gründung von 16 Bezirksgesellschaften, die personell und hinsichtlich des Kapitals eng mit der Treuhandstelle verwoben waren und als Bauherrinnen auftraten.[107] Bis zum 31.12.1923 ergingen für 20.677 Wohnungen Darlehensbescheide, doch konnten daraufhin nur 19.459 Wohnungen fertiggestellt werden; 192 Wohnungen mußten in unfertigem Zustand veräußert werden.[108]

---

[104] Bierbrauer, Walter, Die Einwirkungen des Krieges und der Nachkriegszeit auf die Wohnbautätigkeit, unter besonderer Berücksichtigung von Rheinland und Westfalen, Ein Beitrag zur Frage der Neubelebung der Wohnbautätigkeit, Diss., Münster 1921, S. 43.
[105] Bleidick, Dietmar, Gründung der THS und 20er Jahre, Wirtschaft und Gesellschaft im Ruhrgebiet, in: Maessen, S. 27-50, hier, S. 28; Giebner, Werner, Bergarbeiterwohnungsbau, in: Wandersleb, Handwörterbuch, S. 313-318, hier S. 313.
[106] ZBlDR 1920, S. 595, 1478 und ZBlDR 1922, S. 443; DRAnz. 1920 Nr.1 und 91; RMBl. 1923 S. 923; DRAnz. 1927 Nr. 156; RGBl. 1930 I S. 32 und RGBl. 1934 I S. 354, Bökelmann, Horst, Bergmannssiedlungsvermögen, in: Wandersleb, Handwörterbuch, S. 318- 320; Heinrichsbauer, S. 109.
[107] Degenhardt, Wilhelm, Die Maßnahmen zur Durchführung einer Bergarbeiteransiedlung in der ersten Nachkriegszeit und die tatsächliche Entwicklung im Ruhrgebiet, Diss., Leipzig 1936, S. 36 f. .
[108] Hagemann, Johannes, Die Bergarbeiteransiedlung im rheinisch-westfälischen Steinkohlenbezirk 1920-1924, Diss., Münster 1926, S. 68; Küster; Entstehungsgründe, S. 200; Most, Otto/ Kuske, Bruno/ Weber, Heinrich, Wirtschaftskunde für Rheinland und Westfalen, Unter Förderung der Provinzialverbände der Rheinprovinz und der Provinz Westfalen, Berlin 1931, S. 446.

Die Kohlenabgabe und ergänzende Mittel des Reichs blieben aber weiterhin Quelle der Finanzierung und die geförderten Wohnstätten waren weiter an den Bergbau gebunden. Alle sozialversicherten Arbeitnehmer des Bergbaus waren berechtigt, in diesen Wohnungen zu wohnen. Sie waren nicht auf ein bestimmtes Unternehmen festgelegt und konnten den Arbeitsplatz frei wählen.[109] Da sich mit der Nordwanderung der Bergwerke eine Konzentration auf die besonders wirtschaftlichen Standorte verband, wurden 1926 die 16 Bezirksgesellschaften zu sieben Gesellschaften zusammengefaßt. Das Bergmannssiedlungsgesetz vom 10. März 1930 regelte in § 2 Nr. 7 die Zuständigkeit der THS für die rheinisch-westfälischen Steinkohlenbezirke und bekräftigte das besondere Wohnrecht für versicherungspflichtige Arbeitnehmer des Kohlenbergbaus, Witwen und Berginvalide. Zur Vermeidung sozialer Härten konnte von einer starren Anwendung des Grundsatzes der Berufsbindung abgewichen werden. Das Zweite Gesetz über Bergmannssiedlungen vom 2. Mai 1934 griff dann weit in die Gesellschaftsverhältnisse ein, indem es die bisherigen paritätischen Eigentümer enteignete und das Kapital in Reichsvermögen überführte.[110]

4. Finanzierung und Hauszinssteuer

Die nach dem Ersten Weltkrieg fortschreitende Geldentwertung brachte wachsende Finanzierungsschwierigkeiten mit sich.

Die Ausgaben für die Miete im Verhältnis zum Einkommen verringerten sich 1923 rapide. Während der Anteil der Miete am Einkommen 1914 noch 15-20 % betragen hatte, verdiente ein durchschnittlich entlohnter Arbeiter seine Jahresmiete nun in viereinhalb Stunden.[111]

Die Unwägbarkeiten trafen auch den Wohnungsbau und zeigten sich für die Deutsche Pfandbriefanstalt, als sie für 1.000 Wohnungen einen Betrag von 344 Mrd. Mark auszahlte und schließlich eine Bilanzsumme von 1.200.000 Billionen Mark auswies. Tragfähige Beleihungsmöglichkeiten ergaben sich erst nach der Umstellung der Währung auf RM.[112]

Infolge der Inflation des Jahres 1923 gründeten vornehmlich Wohnungsfürsorgegesellschaften unter Mitwirkung des Deutschen Reichs die Deutsche Wohnstätten-Bank, die wegen der Verwechslungen mit anderen Unternehmen ab 1926 unter „Deutsche Bau- und Bodenbank" firmierte. Nach der zusätzlichen Gründung der Tochtergesellschaft „Deutsche Wohnstätten-Hypothekenbank" im Jahr 1924 für Aufgaben der langfristigen Beleihungen, erstreckte sich der Tätigkeitsbereich der Wohnstätten-Bank auf kurz- und mittelfristige Vor- und Zwischenfinanzierungen von Objekten der Dauerfinanzie-

---

109 Spörhase, Wohnungs-Unternehmungen, S. 97.

110 TKA B/ 4619, Treuhandstelle für Bergmannswohnstätten im rheinisch-westfälischen Steinkohlenbezirk, S. 9 f.; Riebel, in: Eichener/ van Emmerich/ Petzina, S. 141 ff.; Kämper, Wohnungswirtschaft, S. 407; RGBl. 1930 I S. 32; RGBl. 1934 I S. 354; Weißgerber, Erich, Bergarbeiter-Wohnungen im Ruhrgebiet, in: Die Volksheimstätte 7 (1949), S. 3-6, hier S. 3.

111 Führer, Betrogene Gewinner, S. 30 mit Hinweis auf BArch R 43 I/ 2343.

112 Lubowski, Herbert, Die Deutsche Pfandbriefanstalt im Dienste der Wohnungsbaufinanzierung 1922-1972, Wiesbaden Berlin 1972, S. 13 f..

rung im Wohnungsbau. Ab 1924 erhielt die Bank zudem zunehmend Treuhandaufgaben in der Finanzierung des Wohnungsbaus durch das Reich.[113]

Die mittelständischen Inflationsverlierer suchten allerdings in eigeninitiierter Selbsthilfe nach Auswegen. So entstanden mit der Gemeinschaft der Freunde (GdF) in Wüstenrot 1924 und der Deutschen Bau- und Siedlungsgemeinschaft (DBS) in Darmstadt im Jahre 1925 die beiden ersten Bausparkassen. Bis zum Jahresende 1924 hatte die Bausparkasse der GdF bereits 916 Bausparverträge über insgesamt 14,3 Mio. GM abgeschlossen, so daß Gelder wie auf einer Wüstenroter Pfarrertagung 1925 (362.000 Mark an 25 Bausparer) vergeben werden konnten.[114] Auch das Zusammenwirken von Gewerkschaften, Genossenschaften und freien Bauunternehmen führte zu Neugründungen - wie bei Entstehung der GEHAG mit einem Aktienkapital von 50.000,-- RM am 14.04.1924[115] -, um bei größtmöglicher Wirtschaftlichkeit Wohnungen zu errichten.

Die Finanzierung einer Wohnungsbaumaßnahme in Deutschland erfolgte während der Jahre 1924-1931 ansonsten, sofern die öffentliche Hand im Rahmen des allgemeinen Fördersystems mitwirkte, grundsätzlich nach dem Schema 20 % Eigenkapital / 10-20 % I. Hypothek/ 70-80 % Hauszinssteuerdarlehen.[116] Ein Problem war die Beschaffung der II. Hypothek, da die Zinsen die Finanzierungskosten so hochdrückten, daß eine Amortisation über die Mieteinnahmen unmöglich war. Die öffentliche Wohnungsbauförderung setzte dabei dazu an, Kapital zu Bedingungen zur Verfügung zu stellen, die eine Kalkulation mit bezahlbaren Mieten ermöglichten. So wurden neben zweitstelligen Hypotheken Bürgschaften, Zinssubventionen und verbilligte Zwischenkredite vergeben.[117]

Das Reich griff dafür im Haushalt insbesondere auf Hauszinssteuermittel zurück. Die Mittel konnte ein Schuldner als zweitstellige Hypothek mit 1-3 % Zins- und 1 % Tilgungsleistung erlangen. Die Hauszinssteuer war die in Preußen mit der Steuernotverordnung vom 01.04.1924 landesrechtlich normierte Form der Gebäudeentschuldungssteuer, die zu den Realsteuern gehörte und die die Länder wie eine gestaffelte Grundsteuer von denjenigen Gebäuden erhoben, die nicht dauernd landwirtschaftlichen, gärtnerischen oder forstwirtschaftlichen Zwecken dienten. Die Hauszinssteuer war wegen der inflationsbedingten Abwertung der auf den Grundstücken lastenden Hypo-

---

[113] Blumenroth, in: Deutsche Bau- und Bodenbank, S. 288 ff.; Küster, Entstehungsgründe, S. 116.

[114] Müller, Martin L., Bausparen in Deutschland zwischen Inflation und Währungsreform 1924-1948, Schriftenreihe zur Zeitschrift für Unternehmensgeschichte, Band 1, München 1999, S. 71, 76; Kuß, Stefan, Wer jetzt kein Haus hat, kauft sich Bauerwartungsland, Nach dem Wüstenrot-Tag: Das deutsche Eigenheim und seine beiden Normen, volle Öffnung der Schranktür und Schmaldurchgang des Menschen, in: FAZ v. 23.10.2001 Nr. 246, S. 57; bis Oktober 1931 entstanden über 400 Bausparkassen, dazu Blumenroth, Wohnungspolitik seit der Reichsgründung, S. 194 f.; zusammenfassend o.A., Das Bausparen in Deutschland wird achtzig Jahre alt/ Wüstenrot als Selbsthilfeorganisation 1924 gegründet/ Nach dem Krieg 14 Millionen Wohnungen mitfinanziert, in: FAZ v. 12.11.2004 Nr. 265, S. 41.

[115] Gemeinnützige Heimstätten-Aktiengesellschaft (Hrsg.), GEHAG Gemeinnützige Heimstätten Aktiengesellschaft 1924-1957, Entstehung und Entwicklung eines gewerkschaftlichen Wohnungsunternehmens, Berlin 1957, S. 7, 11, 13; weiterführend Schäche, Wolfgang (Hrsg.), 75 Jahre GEHAG, 1924-1999, Berlin 1999.

[116] Jaschinski, Heinrich/ Klein, Magda, Finanzierung des Wohnungsbaues, in: Wandersleb, Handwörterbuch, S. 607-626, hier S. 611.

[117] Ruck, in: Abelshauser, Weimarer Republik als Wohlfahrtsstaat, S. 101.

thekenschulden entstanden, d. h. sie hatte die Aufgabe, einen Teil des Gewinns zu erfassen, der den Hauseigentümern mit Fortfall eines Großteils der Vorkriegshypotheken aufgrund der Inflation zugefallen war.
Damit war der Gewinn betroffen, der entstand, als die dingliche Belastung nach der Inflation nur in Höhe von 25 % des Goldmarkbetrages wieder aufgewertet wurde. Das brachte eine Besserstellung der Hauseigentümer gegenüber dem reinen Geldvermögen mit sich. Im Gegensatz zum beständigen Gebäudewert blieben 75 % durch die Inflation abgewertet. Die Steuer bot also einen Geldentwertungsausgleich bei bebauten Grundstücken und wurde von den Ländern als Aufwertungssteuer oder als Steuer vom Grundvermögen erhoben.[118]
Die Hauszinssteuer machte 1925/ 26 ein Achtel des gesamten Steueraufkommens aus und konnte der öffentlichen Wohnungsbauförderung zwischen 1925 und 1931 im Jahr durchschnittlich 1,52 Mrd. RM verschaffen.
Richtlinien der Minister für Volkswohlfahrt und für Finanzen legten jährlich die Verwendung der Anteile des Hauszinssteueraufkommens für die Neubautätigkeit fest. Der Ertrag stand im allgemeinen knapp zur einen Hälfte für den Wohnungsbau über die Vergabe von Hauszinssteuerhypotheken und zur anderen Hälfte für weitere Zwecke der Länder und Gemeinden zur Verfügung. Allerdings erfolgte in der Praxis „die Bewilligung von Hauszinssteuerhypotheken recht schleppend“[119] und verschob dadurch die Kalkulationsgrundlagen. Im Ergebnis stammten *Ruck* zufolge etwa 60 % aller Fördermittel, die von Mitte der 1920er Jahre bis Anfang der 1930er Jahre zur Bekämpfung der Wohnungsnot dienten, allein aus dem Hauszinssteueraufkommen.[120]

Dabei war für die Industrie von großer Bedeutung, daß in den ministeriellen Richtlinien die Förderung von Werkwohnungen ausgeschlossen war und deren Bau infolgedessen stark zurückging. Die interventionistische Härte für den Teil der Industrie, der wie die VSt einen großen Althausbestand hatte, ergab sich aus der Sachlage, daß einerseits auf die Althausbestände Hauszinssteuer erhoben wurde, während andererseits der Staat die Industrie gerade von denjenigen Fördermaßnahmen zum Wohnungsbau ausschloß, die sie selbst mit aufbrachte.

---

[118] RGBl. 1924 I S. 74; GS 1924, S. 191; unterschiedliche Bezeichnung in Ländern - z. B. Preußen: Hauszinssteuer/ Baden: Gebäudesondersteuer/ Bayern: Geldentwertungsabgabe/ Sachsen: Mietzinssteuer; näher Thiele, Friedrich, Gebäudeentschuldungssteuer, in: Wandersleb, Handwörterbuch, S. 679; Peters, S. 78; zur Steuerentwicklung nach dem Jahrbuch Deutscher Baugewerksbund 1926 vgl. Führer, Mieter, Hausbesitzer, Staat und Wohnungsmarkt, S. 408 Tab. 10; Schlosser, Aloys/ Herrmann, Willy, Die Hauszinssteuer, Grundvermögensteuer und der staatliche Zuschlag zur Grundvermögensteuer, Kommentar, 3. Aufl. Berlin 1932; Verband westfälischer und lippischer Wohnungsunternehmen e.V. Münster/ Westfalen (Hrsg.), Gemeinnützige Wohnungswirtschaft in Westfalen und Lippe 1903-1963, Münster 1963, S. 42; Voß, S. 120.
[119] Lücke, Fritz, Die folgenschwere Mißhandlung des Hausbesitzes, Berlin 1950, S. 5; Entwicklung in Grafik bei Lütge, Wohnungswirtschaft (1940), S. 300; zur lange umstrittenen Aufbringungslast der Steuer vgl. Beschwerden vom Reichsverband Deutscher Geschäfts- u. Industriehausbesitzer e.V. vom 25./ 30.11.1933 mit Erwiderung von Popitz vom 14.12.1933, BArch R 43 II/ 1005 Bl. 199-209.
[120] Ruck, Michael, Die öffentliche Wohnungsbaufinanzierung in der Weimarer Republik, in: Schild/ Sywottek, S. 150-200, hier S. 163.

5. Wohlfahrtsinterventionismus

Das Reich baute dieses Instrumentarium staatlicher Förderung aus, doch war die Politik des fördernden Eingriffs auch umstritten.

So wandte sich *Eucken* gegen eine interventionistische Wirtschaftspolitik, die er eine „Politik der Experimente" nannte: Fortwährende Eingriffe des Staates in den Wirtschaftsablauf vornehmlich durch Subventionen und Konjunktursteuerung führten aufgrund der Interdependenz sämtlicher ökonomischer Prozesse zu unerwünschten Nebenwirkungen, die weitere Interventionen hervorriefen.[121]

Auch wenn die gesetzgeberischen Maßnahmen in ihren Auswirkungen für das wohnungspolitische Gesamtproblem als „Schönheitspflästerchen"[122] umstritten waren, griff das Reich z. B. 1927 regulierend in die erst 1924 gelockerte Mietpreisregelung ein und schrieb in der „Verordnung über Festsetzung einer Mindesthöhe der gesetzlichen Miete" vom 11.03.1927 vor, daß die Miete bis zum 01.10.1927 mindestens 120 % der Friedensmiete - der Miete, die ein Raum am 01.07.1914 erbrachte[123] - betragen mußte. Die Ausweitung des Kreises von Wohnungen und Räumen, die nicht mehr unter die Zwangswirtschaft fielen, konterkarierte die Festschreibung der Mieten jedoch.

Außerdem ergab sich das Problem, daß sich einerseits die Mieten für Altbauwohnungen nur langsam dem allgemeinen Kostenstand anglichen und andererseits die Wohnungsnot zu gesteigerter Bauproduktion herausforderte. Die Folge war, daß die Mieten auch für Kleinwohnungen mit bis zu drei Zimmern stiegen und für weniger bemittelte Bevölkerungskreise untragbar wurden.[124]

Dennoch bedeutete der staatliche Wohlfahrtsinterventionismus, daß hohe öffentliche Ausgaben einschließlich der Sozialversicherung für den Wohnungsbau Verwendung fanden, auch wenn die Bautätigkeit durch die nach wie vor hohen Preise bei den Baustoffen erschwert wurde. Die Verbände der Haus- und Grundeigentümer forderten zum Ausgleich für die Substanzverschlechterung der Häuser und wegen der Einbußen am mobilen Kapital Erleichterungen von der bisherigen Hypothekenbelastung.[125]

---

[121] Gerken, Lüder, Freiheit und Würde sind bedroht durch private und staatliche Macht - Ordnungspolitik für Deutschland - Zum fünfzigsten Todestag von Walter Eucken, in FAZ v. 20.03.2002, Nr. 67, S. 18; Lenel, Hans Otto, Walter Eucken, in: Starbatty, Joachim (Hrsg.), Klassiker des ökonomischen Denkens, Zweiter Band, Von Karl Marx bis Jahn Maynard Keynes, München 1989, S. 292-311, hier S. 308; zur Theorie der Steuerung in der Wohnungswirtschaft vgl. Blumenroth, Wohnungspolitik seit der Reichsgründung, S. 103 ff.; zur Kritik an der Weimarer Wohnungspolitik m.w.N. vgl. Ruck, in: Abelshauser, Weimarer Republik als Wohlfahrtsstaat, S. 92; dazu auch in Auseinandersetzung mit der Position Friedrich von Hayeks zur Kapitalverschwendung Drupp, Michael, Gemeinnützige Bauvereine im Wohnungswesen der Weimarer Republik, in: Abelshauser, ebd., S. 124 - 146, hier S. 142.

[122] Wutzky, in: *derselbe*/ Meyer, S. 7.

[123] Groß, Walter, Friedensmiete, in: Schwan, Handwörterbuch, S. 493.

[124] Hertel, Franz, Wandlungen des Miet- und Wohnungsrechtes in Deutschland, in: Zimmermann, Waldemar (Hrsg.), Beiträge zur städtischen Wohn- und Siedelwirtschaft, 1. Teil: Deutschland, Kritische Gesamtübersichten und allgemeine Probleme, Leipzig 1930, S. 51-85, hier S. 65; Bunte, S. 40; Spörhase, Wohnungs-Unternehmungen im Wandel der Zeit, S. 118.

[125] Zu den ablehnenden Stellungnahmen der Haus- und Grundbesitzervereine vgl. Führer, Betrogene Gewinner, S. 34; Born, Wolfgang, Möglichkeiten der Mietverbilligung im Wohnungswesen, Diss., Breslau Würzburg 1941, S. 99 f. .

Auf den Wohnungsbau der Jahre 1924 bis 1931 entfielen insgesamt etwa 16,5 Mrd. RM, die annähernd zur Hälfte aus öffentlichen Mitteln stammten.[126] 40 % des Wohnungsbaus trugen gemeinnützige, staatlich geförderte Wohnungsunternehmen, 50 % deckte die private Bautätigkeit ab und jede zehnte Wohnung - vor allem bei der 1924 gegründeten Siedlungsgesellschaft der Deutschen Reichsbahn und bei den Gesellschaften der Reichspost - errichtete die öffentliche Hand. Unterstützt wurde der Interventionismus von zentralen wirtschaftspolitischen Institutionen wie dem Wohlfahrtsministerium oder dem Reichswirtschaftsministerium.[127]

So regte das Wohlfahrtsministerium an, als im Ruhrgebiet 1927 die Bautätigkeit der Treuhandstelle für Bergmannswohnstätten nicht zur Bedarfsdeckung ausreichte, daß Industrie und Städte gemeinsam Arbeiterwohnungen erstellen sollten.[128]
Die Unternehmen erhielten für die erforderlichen Auslandshypotheken jedoch keine Genehmigung und konnten keine Hauszinssteuermittel zur Durchführung des Werkwohnungsbaus in Anspruch nehmen. Daraufhin gründeten die VSt, die Eisen- und Stahlwerk Hoesch AG, die Köln-Neuessener Bergwerksverein AG, die Klöckner-Werke AG, die Fried. Krupp AG, die GBAG, die Harpener Bergbau-AG, die Mannesmannröhren-Werke AG, die Westfälische Heimstätte Wohnungsfürsorgegesellschaft mbH und die Rheinische Wohnungsfürsorgegesellschaft mbH gemeinsam die Ruhrwohnungsbau-AG.
Aufgrund des Ausschlusses des Werkwohnungsbaus von der Förderung aus Hauszinssteuermitteln war die Industrie auf eine Finanzierung mit höheren Zinssätzen angewiesen, während Gemeinden und gemeinnützige Wohnungsbaugesellschaften je Wohnung eine Hauszinssteuerhypothek in Höhe von 3.000,-- bis 4.000,-- M erhielten, die sie nur mit 1 % zu verzinsen und zu tilgen hatten. Die Regierung sagte in diesem Fall aber für die Ruhrwohnungsbau-AG unter der Bedingung Hauszinssteuermittel zu, daß die Industrieunternehmen zu weniger als 50 % an dem neuen Unternehmen beteiligt waren. Außerdem durften die Wohnungen keine Werkwohnungen sein und eine Kopplung von Dienstvertrag und Mietvertrag war untersagt.[129]
Dementsprechend hielten die Industrieunternehmen zunächst nur 49 % an dem Unternehmen, das bis 1930 bereits 3.827 Wohnungen erbaute. Hinzu traten 1.000 Wohnungen, die die Dortmunder Gemeinnützige Siedlungsgesellschaft im Auftrag der

---

[126] Fey, Leistungen, S. 14; Jenkis, Helmut W., Größe und Größenstruktur gemeinnütziger Wohnungsunternehmen, Schriftenreihe des Instituts für Städtebau, Wohnungswirtschaft und Bausparwesen e .V. (Arnold-Knoblauch-Institut) Band 20, Bonn Hamburg 1970, S. 89.
[127] Petzina, Dietmar, Die deutsche Wirtschaft in der Zwischenkriegszeit, Wiesbaden 1977, S. 87, 91; Kanther, Entwicklung Wohnungswirtschaft, S. 20.
[128] Meis, Hans, Der Ruhrbergbau im Wechsel der Zeiten, Verein für die bergbaulichen Interessen, Essen 1993, S. 234 f. .
[129] Meis, S. 239; Ruhrwohnungsbau-Aktiengesellschaft (Hrsg.), Die Ruhrwohnungsbau-Aktiengesellschaft, deren Entstehung und bisherige Tätigkeit, Denkschrift gelegentlich der Besichtigungsfahrt der Mitglieder des Wohnungsausschusses des Reichstages im September 1929, Dortmund 1929, S. 3; *dieselbe*, 25 [Fünfundzwanzig] Jahre Ruhrwohnungsbau-Aktiengesellschaft Gemeinnütziges Wohnungsunternehmen Dortmund, 1928-1953, Dortmund 1953, S. 5; TKA VSt/ 1244.

Ruhrwohnungsbau-AG errichtete und verwaltete.[130] Die Wohnungsgesellschaften waren hier über Beteiligungen der Westdeutsche W. betroffen.

Insgesamt war die Wohnversorgung trotz der Verbesserungen in Art und Umfang auch nach dem Ersten Weltkrieg noch nicht bedarfsdeckend. Die Gesamtzahl der Haushaltungen und Familien ohne eigene Wohnung betrug bei der Reichswohnungszählung mit Stichtag vom 16.05.1927 für das ganze Deutsche Reich 903.000. Trotz der Subventionen der öffentlichen Hand für den Wohnungsbau und trotz der gestiegenen Bautätigkeit von 1924 bis 1930/ 31 nahm der aus der Kriegs- und Inflationszeit übernommene Fehlbestand an Wohnungen zu.[131]

Je größer die Gemeinde war, desto schlechter waren die Wohnverhältnisse. Während in Gemeinden von 5.000 bis 20.000 Einwohnern jede 25. Haushaltung ohne eigene Wohnung war, mußte in den Gemeinden mit über 100.000 Einwohnern jede 13. Haushaltung auf eine selbständige Wohnung verzichten. Das betraf insbesondere kinderreiche Familien, d. h. Familien mit mindestens vier bei den Eltern lebenden Kindern. 171.000 große Familien wohnten in Wohnungen mit vier oder weniger Räumen.[132] Von den 1927 leerstehenden Wohnungen waren 31,9 % vermietet, 26,9 % standen zur Verfügung des Wohnungsamtes, 10,8 % waren baufällig und 30,4 % aus sonstigen Gründen nicht vermietet.[133]

Nachdem in Preußen bis dahin etwa ebensoviele Bauten privater Bauherren mit Hauszinssteuerhypotheken unterstützt worden waren wie Bauvorhaben von Gemeinden und

Tab. 7: Wohnungszahl je neu errichtetem Wohngebäude im Deutschen Reich; 1927-1935

Jahr	Bauherr		
	Öffentliche Körperschaften und Behörden	Gemeinnützige Bauvereinigungen	Private Bauherren
1927	2,9	3,2	1,8
1928	3,0	3,2	1,8
1929	3,3	3,5	1,9
1930	3,4	3,9	1,9
1931	3,3	4,0	1,8
1932	1,5	2,5	1,5
1933	1,2	1,8	1,4
1934	1,3	1,6	1,5
1935 *)	1,3	1,7	1,6

Quelle: Fey, S. 16. *) einschließlich Saarland

130 VA GB/ RWB/ 1930, S. 2.

131 Fey, Leistungen, S. 20; Born, S. 2 (bis 1933 Zunahme auf 1,1 Mio., bis 1941 auf 1, 5 Mio. Personen).

132 Statistisches Reichsamt, Die Wohnverhältnisse im Deutschen Reich nach der Reichswohnungszählung 1927, Teil I Text, Statistik des Deutschen Reiches Band 362 I, Berlin 1930, S. 135; Rode, S. 8 f.; Führer, Mieter, Hausbesitzer, Staat und Wohnungsmarkt, S. 31, 36 ff. .

133 Sobotschinski, Arnim, Rezessionen in der Wohnungswirtschaft, Schriftenreihe des Instituts für Städtebau, Wohnungswirtschaft und Bausparwesen e.V. (Arnold-Knoblauch-Institut), Band 12, Bonn 1967, S. 22 f. .

Tab. 8: Wohnungsbau und Bauherren im Deutschen Reich; 1927-1932

Jahr	Private Bauherren		Gemeinnützige Bauvereinigungen		Öffentliche Körperschaften Behörden	
	nominal	%	nominal	%	nominal	%
1927	169.395	60,3	78.426	27,9	33.269	11,8
1928	180.900	59,6	90.889	30,0	31.538	10,4
1929	173.139	55,5	109.121	34,9	30.010	9,6
1930	156.754	51,3	121.394	39,8	27.148	8,9
1931	118.749	51,7	92.587	40,3	18.492	8,0

Quelle: Zusammenstellung nach Fey, S. 19.

Genossenschaften, änderte sich ab 1927 das Verhältnis zugunsten der gemeinnützigen Bauvereinigungen.
Generell traten nun die gemeinnützigen Wohnungsunternehmen als Empfänger staatlicher Fördergelder in den Vordergrund. Die von gemeinnützigen Bauvereinigungen errichteten Wohngebäude hatten im Durchschnitt doppelt soviele Wohnungen wie ein von privaten Bauherren gebautes Haus, so daß der Bau von Miethäusern nach und nach auf diese Unternehmen überging.
In den Jahren 1930/ 31 konnten die gemeinnützigen Bauvereinigungen ihren Wohnungsbauanteil im Deutschen Reich auf 40 % gegenüber 28 % im Jahre 1927 steigern. In den Großstädten entstanden 1931 60 % aller Neubauten im Auftrag gemeinnütziger Wohnungsunternehmen.[134]

In der Weltwirtschaftskrise bewirkte der Finanzbedarf der Länder schließlich den Zugriff auch auf die dem Wohnungsbau zugedachten Gelder.
Die Gebäudeentschuldungs- bzw. Hauszinssteuer verlor für die Wohnungsbauförderung zunehmend an Bedeutung. Der Anteil der Steuer am Wohnungsbau ging ab 1932 sogar gegen null.[135] Die Kritik an der gemeinnützigen Bautätigkeit, zu viele Wohnungen stünden leer, widerlegte allerdings 1932 eine Umfrage des Hauptverbandes Deutscher Baugenossenschaften über die Belegung von 363.558 Wohnungen mit einer Leerstandsquote von 1,1 %.
Ebenso konnte der Anfang der 1930er Jahre erhobene Vorwurf, Bauvereinigungen bauten mit der Folge untragbarer Mieten zu groß, nicht aufrechterhalten werden. Die Wohnfläche der Kleinwohnungen betrug zwischen 32 m^2 und 45 m^2 und sollte bei Wohnungen, die für Familien mit Kindern bestimmt waren, 60 m^2 nicht überschreiten.[136]

[134] Fey, Leistungen, S. 16, 18 f. .
[135] Oehmen, Bernhard, Die Hauszinssteuerhypotheken in ihrer Bedeutung für die Lösung des Problems der nachstelligen Wohnungsbaufinanzierung, Materialien-Sammlung Forschungsstelle für Siedlungs- und Wohnungswesen an der Universität Münster i.W., Band 33, Jena 1939, S. 12; Schulz, in: Teuteberg, Stadtwachstum, S. 143; Witt, in: Niethammer, Wohnen im Wandel, S. 397; Teichmann, Gabriela, Britischer und deutscher Wohnungsbau in den Zwischenkriegsjahren, Ein Vergleich, Frankfurt/ M. 1997, S. 224; Häußermann/ Siebel, S.118.
[136] Reichsgrundsätze für den Kleinwohnungsbau, RGBl. 1931 I S. 9.

Schwerwiegender war vielmehr, daß die Arbeitslosenziffer im Mai 1931 die Vier-Millionen-Grenze überschritt und die Entwicklungsgeschwindigkeit der Erwerbslosigkeit im Ruhrgebiet höher war als im Reichsdurchschnitt. Die Wohnungswirtschaft, und mit dieser die Wohnungsverwaltung der Werke der VSt, sah sich daher Anfang der 1930er Jahre mit einer gesunkenen Leistungsfähigkeit der Mieter und anwachsenden Mietrückständen konfrontiert.[137]

Alles in allem bildeten sich bei Betrachtung der Gesamtentwicklung der Wohnungswirtschaft bis zu diesem Zeitpunkt trotz weiterhin bestehender Unzulänglichkeiten Wohnbedingungen von verbesserter Qualität und Quantität heraus.
Bei der VSt setzte sich nun exemplarisch die Intention fest, eine umfassende Wohnversorgung über eigene Wohnungsgesellschaften bereitzustellen.

[137] Petzina, Zwischenkriegszeit, S. 102; *derselbe*, Arbeitslosigkeit in der Weimarer Republik, in: Abelshauser, Weimarer Republik als Wohlfahrtsstaat, S. 239-259, hier S. 250 Tab. 5. Regionale Betrachtung bei Petzina, Dietmar, Zum Problem des Verlaufs und der Überwindung der Weltwirtschaftskrise im regionalen Vergleich, in: *derselbe*, Die Verantwortung des Staates für die Wirtschaft, Ausgewählte Aufsätze, Bochumer Schriften zur Unternehmens- und Industriegeschichte Bd. 8, Bochum 2000, S. 158-187, hier S. 186 Tab. 14; *derselbe*, Kommunale Finanzen und Handelsspielräume in der Weltwirtschaftskrise: Das Beispiel der Stadt Bochum, in: Teuteberg, Stadtwachstum, S. 231-254, hier S. 239 unter Zitierung des Vorsitzenden der Industrie- und Handelskammer von Velsen in der Ruhr und Rhein. Wirtschaftszeitung (RuR) vom 05.02.1932.

C. Wohnungswirtschaft im Konzern Vereinigte Stahlwerke AG

I. Gründung und Reorganisation der Vereinigte Stahlwerke AG

Der Gründung der Wohnungsgesellschaften ging die Entstehung der VSt 1926 voraus. Die Grundstücke und Häuser, deren Eigentümerinnen die Wohnungsgesellschaften 1933 wurden, entstammten dem Eigentum der Bergbau- und Stahlunternehmen, das diese bei der Konzerngründung 1926 einbrachten.
Es entstand ein Unternehmen, das 1933 dann ein Achtel des gesamten deutschen industriellen Wohnungsbestands auf die vier Wohnungsgesellschaften übertrug und trotz seiner kurzen Entwicklungsgeschichte bereits zu Maßnahmen der Reorganisation gezwungen war.

1. Gründungsvolumen

Die VSt wurde am 14. Januar 1926 zunächst als „Studiengesellschaft" und dann am 5. Mai 1926 rückwirkend zum 1. April 1926 als Aktiengesellschaft gegründet.[1]
Es handelte sich hier um in vier Gruppen zusammengefaßte Bergbau- und Stahlgesellschaften, namentlich die „Thyssen-Gruppe" (u. a. Vermögen der August Thyssen-Hütte, der AG für Hüttenbetrieb sowie der Gewerkschaften Friedrich Thyssen, Lohberg und Rhein I), die „Montangruppe" der Siemens-Rheinelbe-Schuckert-Union[2] (Bochumer Verein für Bergbau und Gußstahlfabrikation, Gelsenkirchener Bergwerks-Aktien-Gesellschaft - ohne Zeche Monopol und einige weitere Geschäftsfelder, Deutsch-Luxemburgische Bergwerks- und Hütten-AG), die „Phoenix-Gruppe" (Phoenix AG für Bergbau und Hüttenbetrieb, Vereinigte Stahlwerke van der Zypen, Wissener Eisenhütte AG) und die „Rheinische Stahlwerke" (Eisenerzgruben, Hüttenwerke, Weiterverarbeitungsbetriebe, Stahlhandelsgesellschaften).[3] Hoesch, Klöckner, Gutehoffnungshütte und Krupp beteiligten sich nicht, da neben Bewertungsschwierigkeiten unter dem Einfluß der Arbeitsgemeinschaft Verarbeitende Industrie (AVI) auf den Maschinenbau verzichtet werden sollte und deshalb auch Fritz Thyssen mit der Zustimmung des Aufsichtsrats die Maschinenfabrik der Thyssen & Co. AG aufgab.[4]
Die Gründergesellschaften erhielten anteilig Aktien der VSt. Die Beteiligungsverhält-

---

[1] Reckendrees, Alfred, Die Vereinigte Stahlwerke A.G. 1926-1933 und das „glänzende Beispiel Amerika", in: ZUG 41 (1996), S. 159-186; *derselbe*, Stahltrust, S. 149 ff.; dazu Spethmann, Dieter, Begegnung mit einer jüngeren Ansicht über die Vereinigte Stahlwerke AG, in: ZUG 46 (2001), S. 237-241; Mönnich, Horst, Aufbruch ins Revier, Aufbruch nach Europa, Hoesch 1871-1971, München 1971, S. 265 ff.; Vereinigte Stahlwerke Aktiengesellschaft, Aufbau Werke, Zechen und Rohstoffbetriebe, Konzern- und Gründer-Gesellschaften, Statistik Mittelpunkt Finanzen, in: Das Spezial-Archiv der Deutschen Wirtschaft, Sonderausgabe Stahl, Berlin 1927, S. 8, 13; WWA/ F 676.

[2] Zu deren Entstehung vgl. Reckendrees, Stahltrust, S. 100 ff. .

[3] Stremmel, Ralf, Ein „gesundes Gebilde von gemäßigter Größe"?, Notizen zur Geschichte der Vereinigte Stahlwerke AG, in: Rasch, Findbuch VSt, S. 3-46, hier S. 5 ff. m.w.N.; Wixforth, Harald, Banken und Schwerindustrie in der Weimarer Republik, Diss., Köln Weimar Wien 1995, S. 453 ff. .

[4] Hatzfeld, Lutz, Thyssen & Co., Mülheim a. d. Ruhr - Werks- und Firmengeschichte, in: Wessel, Horst A. (Hrsg.), Thyssen & Co., Mülheim a. d. Ruhr, Die Geschichte einer Familie und ihrer Unternehmung, Stuttgart 1991, S. 53-178, hier S. 171.

nisse sahen je 26 % für die Thyssen- und die Phoenix-Gruppe, je 15,1 % für die Gelsenkirchener Bergwerks-AG und die Deutsch-Luxemburgische Bergwerks- und Hütten-AG (Deutsch-Lux), 9,3 % für den Bochumer Verein für Bergbau- und Gußstahlfabrikation und 8,5 % für die Rheinische Stahlwerke vor.[5]
Bereits im Dezember 1926 übertrugen Deutsch-Lux und Bochumer Verein ihre Anteile auf die GBAG. Die VSt, nach der I.G. Farbenindustrie AG zweitgrößtes Unternehmen in Deutschland und nach der U.S. Steel Corp. das zweitgrößte Stahlunternehmen der Welt, bewertete in der Eröffnungsbilanz ihre Werksanlagen mit über einer Mrd. RM bei einem Grundkapital von 800 Mio. RM.
1927 umfaßte der Bergbau der VSt in Deutschland 153 Schächte, 30 Kokereien und 27 Erzgruben. Damit vereinigte die VSt Zechenanlagen des Rhein-Ruhrreviers in einer Ausdehnung von 360 Mio. m² auf sich.[6] Die VSt war an der Rohstahlproduktion des Deutschen Reichs mit fast 44 % und an der Walzstahlproduktion mit rd. 40 % beteiligt. Die Roheisengewinnung erfolgte in 15 Hochofenwerken mit 64 Hochöfen und einer Jahresleistung von zehn Mio. t Roheisen. In den 27 Stahlwerken des Unternehmens arbeiteten 28 Thomasbirnen und 119 Siemens-Martin-Öfen, ferner Bessemer- und Elektroofenanlagen. Neben Walzwerken existierten Werkstätten und Verfeinerungsbetriebe für Eisen- und Stahlguß zur Herstellung von Preß- und Schmiedestücken aller Art (Weichenbauanstalten, Schienen, Anlagen zur Herstellung von Waggon- und Lokomotivbeschlagteilen, Schiffsankern, Ankerstegketten, Röhren, Kesseln, Spundwandeisen, Schrauben, Nieten, Federn usw.). Die gesamte An- und Abfuhr der Eisenbahnanlagen belief sich auf nahezu 88.000.000 t, abgewickelt mit 411 Schmalspur-Lokomotiven und mehr als 10.000 eigenen Waggons auf einer Gesamtlänge der normalspurigen Gleisanlagen von etwa 1.244 km.[7]
Hinzu kam die Brückenbauanstalt Dortmund für Brücken und Eisenhochbauten. Zudem verfügte die VSt außer einer Werft in Emden über acht Hafenanlagen am Rhein und am Rhein-Herne-Kanal mit einer Fläche von eineinhalb Mio. m² zum schnellen Güterumschlag mit 54 Kränen und Verladebrücken bei einer Leistungsfähigkeit von 19 Mio. t.[8]

Das Grundeigentum der VSt umfaßte bei ihrer Gründung 121.659.294 m², von denen 28.832.980 m² auf Industriegelände entfielen. Die Werke brachten alle Grundstücke mit Bestandteilen und Zubehör einschließlich der Wohnungen, Wege, Gas- und Was-

[5] Graphik dazu bei Uebbing, S. 34, Seebold, S. 28 ff.; zu den Gründungsverhandlungen auch Kleinschmidt, Christian, Rationalisierung als Unternehmensstrategie, Die Eisen- und Stahlindustrie des Ruhrgebiets zwischen Jahrhundertwende und Weltwirtschaftskrise, Essen 1993, S. 197 ff. .
[6] Vertiefend zum Steinkohlenbergbau der VSt Knepper, Gustav/ Oberste-Brink, Karl, Die Grundlagen des Steinkohlenbergbaus der Vereinigte Stahlwerke A.-G., Essen 1927, 1. Text/ 2. Kartenanlagen, (28 Übersichtskarten mit sieben Bemerkungen zu den Kartenbeilagen).
[7] Uebbing, aaO.; Stremmel, in: Rasch, S. 6; Vereinigte Stahlwerke Aktiengesellschaft (Hrsg.), Handbuch der Anleihen des Jahres 1926, Mit Anlage: Brassertsche Bewertungszahlen, Essen 1926, S. 232; für einen zeitgenössischen Überblick zum Produktionsverfahren siehe Vereinigte Stahlwerke Aktiengesellschaft (Hrsg.), 50 Jahre Rillenschiene, Düsseldorf 1929, S. 8 ff. .
[8] Vereinigte Stahlwerke Aktiengesellschaft (Hrsg.), Vereinigte Stahlwerke Aktiengesellschaft Düsseldorf, Erzeugungs- und Verkaufsplan Ausgabe 1929, Dortmund 1929, S. VIII f.; WWA/ F 2183.

serleitungen, Kabel und Entwässerungsanlagen sowie Maschinen in die VSt ein.[9] In ihrem Gründungsjahr nahm die VSt Anleihen in drei Serien über $ 30 Mio. (Serie A 6 ½ %), 126 Mio. RM (Serie B 7 %) und $ 10,815 Mio. (Serie C 6 ½ %) auf. Die Anleihebedingungen waren in 10 Verträgen und Abkommen verbrieft.[10]
Die VSt war international ausgerichtet und kaufte zur Sicherung der Erz- und Transportversorgung Beteiligungen in Skandinavien, Portugal, Brasilien und den Niederlanden. Bis 1930 gingen knapp 30 % der Produktion in den Export.
Ebenso engagierte sich die VSt zu dieser Zeit über Siemens China Co. Shanghai und die Stahlunion Export GmbH, die für das Auslandsgeschäft zuständig war, bei der Wiederherstellung der Peking-Hankow-Eisenbahnverbindung. Um das Gelände vor Ort entwickeln und für Eisenbahngrundstücke verwenden zu können, mußten Auffüllungsarbeiten finanziert werden, deren Sicherstellung über ein Sinking Fund Committee, bestehend aus Vertretern des Finanzministeriums, der Peking-Hankow-Bahn, der Banken und der Vertretung Siemens Shanghai erfolgen sollte.[11] Diese Tätigkeit bewirkte, daß die VSt Erfahrungen in internationaler Grundstückswirtschaft sammeln konnte.

2. Überproduktion und Rationalisierung

Während sich der Hauptsitz der Gesellschaft in Düsseldorf befand, wurden die Bergbauinteressen zentral von Essen aus geleitet. Übergeordnetes Ziel der VSt war es, Produkte unter Abbau von Überproduktion rationeller und kostengünstiger herzustellen. Die technische, wirtschaftliche und organisatorische Rationalisierung sollte den Werken ihre weitere Existenz ermöglichen. So äußerte sich die mit der Gründung angestrebte Dezentralisierung in selbständigen Werken, die je nach Tätigkeitsbereich in „Gruppen" zusammenarbeiteten. In diesen Gruppen war neben der Koordination der Unternehmenspolitik auch die Grundstücks- und Wohnungsverwaltung angesiedelt.
Dem hatte zunächst entgegengestanden, daß in der Hauptverwaltung der VSt bei deren Gründung kaum mehr als 100 Personen arbeiteten. Es lag daher noch keine der Konzerngröße entsprechende Organisations- und Verwaltungsstruktur vor.[12] Andererseits waren es gerade hohe Löhne, Steuern und Sozialabgaben für die Mitarbeiter, die das Konzernergebnis drückten.
Frühzeitig darauf aufmerksam machte Albert Vögler, seit 1926 Vorstandsvorsitzender der VSt und vielfaches Mitglied in Institutionen der Verwaltung, in Verbänden und

[9] Vereinigte Stahlwerke, Handbuch Anleihen, S. 229, 232; zum Grundeigentum bis 1933 vgl. Das Spezial-Archiv der Deutschen Wirtschaft, Die Deutsche Eisen- und Stahlindustrie 1933, Aufbau, Entwicklung, Werke, Statistik und Finanzen von Konzernen, Gruppen und Einzelunternehmungen der Eisen- und Stahlindustrie, Ihre Interessen und Verflechtungen, Berlin 1933, S. 23; auch TKA B/ 4619; Karte zum „Felderbesitz der Vereinigte Stahlwerke AG im Ruhrbezirk 1926" bei Bacmeister, Walter, Gustav Knepper, Das Lebensbild eines großen Bergmanns, Essen 1950, Anlage hinter S. 92.
[10] Vereinigte Stahlwerke, Handbuch Anleihen, S.4, 209 ff.; Verenkotte, Clemens, Das brüchige Bündnis, Amerikanische Anleihen und deutsche Industrie 1924-1934, Diss., Freiburg 1991, S. 210.
[11] Das Geschäftsvolumen umfaßte Reparaturmaterial für Lokomotiven, Waggons, zehn Passagierlokomotiven, zwölf Frachtzuglokomotiven, einen Expreßzug mit Güter-, Speise- und Personenwaggons, Werkstattmaschinen, Werkzeuge, 1.500 t Brückenkonstruktion und 2.000 t Schienen nebst Kleineisenteilen zur Befestigung der Schienen; Stahlunionexport GmbH an Deutsche Revisions- und Treuhand AG, 24.4.1931, BArch R 2/ 16679.
[12] Reckendrees, Stahltrust, S. 277 f.; unter Zitierung Albert Röglers/ Fritz Thyssens Stremmel, in: Rasch, S. 7.

Aufsichtsräten mit kurzzeitiger politischer Erfahrung. Vögler galt *Radzio* zufolge als „Stinnes-Majordomus" und war als einer der - so *Fiedler/ Lorentz* - „Netzwerkspezialisten der deutschen Wirtschaftselite" u. a. Mitglied des Präsidiums des Reichsverbandes der Deutschen Industrie, Berlin, 1. Vorsitzender des Vereins deutscher Eisenhüttenleute, Hauptvorstandsmitglied des Vereins Deutscher Eisen- und Stahlindustrieller, Vorstandsmitglied des Vereins zur Wahrung der gemeinsamen wirtschaftlichen Interessen von Rheinland und Westfalen, Mitglied der IHK zu Dortmund, Mitglied des Reichswasserstraßenbeirates, Mitglied des Bezirksausschusses Dortmund der Reichsbank, Mitglied des Vorläufigen Reichswirtschaftsrates, 1919-1920 Mitglied der verfassunggebenden Deutschen Nationalversammlung, 1920-1924 für die DVP Mitglied des Reichstags, 1929 Mitglied der Reparations-Sachverständigenkonferenz in Paris und seit 1927 Ehrensenator der TH Karlsruhe. Vögler war ebenso Mitglied der Ruhrlade, dem abseits der Öffentlichkeit agierenden Gremium von 12 Großindustriellen, dem auch Gustav Krupp, Fritz Thyssen, Fritz Springorum und Ernst Poensgen angehörten, und in dem die Mitglieder politische sowie wirtschaftliche Themen, Unternehmensaktivitäten und Zahlungen an die Parteien (über 1,5 Mio. RM, auch an die NSDAP) aufeinander abstimmten.[13]

Schon 1928 hatte Vögler in der VSt-Generalversammlung darauf hingewiesen, daß der erzielte Reingewinn bei der großen Erzeugung der Gesellschaft „sehr bescheiden" gewesen sei.[14]
Trotz hoher Selbstkosten erwirtschaftete die VSt in den beiden ersten Geschäftsjahren zunächst Reingewinne von 52.938.000 RM und 52.496.000 RM, mußte aber im Geschäftsjahr 1930/31 einen Verlust über 18.909.000 RM ausweisen. Im Herbst 1931 entsprach der Auftragsbestand kaum mehr als 40 % der Kapazität und fiel Anfang 1932 auf 20 %, die unregelmäßig über das Fabrikationsprogramm verteilt waren.[15]

---

[13] Volz, Robert, Reichshandbuch der Deutschen Gesellschaft, Das Handbuch der Persönlichkeiten in Wort und Bild, Erster Band, Berlin 1930, S. 1953, Radzio, Heiner, Unternehmen Energie, Aus der Geschichte der VEBA, Düsseldorf 1979, S. 142; Röseler, Klaus, Die Stellung der deutschen Unternehmen in der Wirtschaftskrise 1929-1933, Diss., Hannover 1967, S. 212 ff.; Verenkotte, S. 558; Fiedler, Martin/ Lorentz, Bernhard, Kontinuitäten in den Netzwerkbeziehungen der deutschen Wirtschaftselite zwischen Weltwirtschaftskrise und 1950, Eine quantitative und qualitative Analyse, in: Berghahn, Volker R./ Unger, Stefan/ Ziegler, Dieter (Hrsg.), Die deutsche Wirtschaftselite im 20. Jahrhundert, Kontinuität und Mentalität, Essen 2003, S. 51-74, hier S. 63, S. 65 Tab. 5; Rasch, Manfred, Über Albert Vögler und sein Verhältnis zur Politik, in: Mitteilungsblatt für soziale Bewegungen, Forschungen und Forschungsberichte 28 (2003), S. 127-156 m.w.N.; *derselbe*, Albert Vögler, Die Industrie und die Wissenschaften, Annäherung an ein Thema, in: Soénius, Ulrich S. (Hrsg.), Bewegen-Verbinden-Gestalten, Unternehmer vom 17. bis zum 20. Jahrhundert, Festschrift für Klara van Eyll zum 28. September 2003, Köln 2003, S. 313-333; wertend sowohl Eglau, Hans Otto, Erste Garnitur; Die Mächtigen der deutschen Wirtschaft, Düsseldorf Wien 1980, S. 40, als auch Klaas, Gert von, Albert Vögler, Einer der Großen des Ruhrreviers, Tübingen 1957, S. 45 ff. .

[14] Zitiert bei Kleinschmidt, Christian/ Welskopp, Thomas, Zu viel „Scale" zu wenig „Scope". Eine Auseinandersetzung mit Alfred D. Chandlers Analyse der deutschen Eisen- und Stahlindustrie in der Zwischenkriegszeit, JfW 1993/1, S. 251-297, hier S. 267 f. .

[15] Sohn-Rethel, Alfred, Industrie und Nationalsozialismus, Aufzeichnungen aus dem „Mitteleuropäischen Wirtschaftstag", Berlin 1992, S. 45. Belegschaft und Produktion der Großeisenindustrie und des Steinkohlenbergbaus nahmen ab 1929 im Rheinland und in Westfalen insgesamt ab; vgl. Tabellen zu Förder- und Erzeugungsindizes bei Gärtner, Industrieller Arbeitsmarkt unter besonderer Berücksichtigung des Rheinisch-Westfälischen Industriegebiets (Arbeitsraum und Siedlung), in: Preyer, Wilhelm D.(Hrsg.), Industrielle Arbeitsmarktgestaltung und

Mehr als 40 % der 1928 Beschäftigten hatten bis 1931 ihre Arbeitsstelle verloren. Angesichts der sich verschärfenden Wirtschaftslage und der rückläufigen Auftragslage sah sich der Vorstand der VSt seit 1930/ 31 veranlaßt, unrentable Betriebsanlagen zu schließen.

Tab. 9: Produktionsstättenverringerung der Vereinigte Stahlwerke; 1926-1933

Erzeugungsstätten	Anzahl		Firmen	Gruppen
	1926	1933	1926	1933
Hochofenwerke	23	9	8	5
Siemens-Martin-Stahlwerke	20	8	8	6
Stab- und Formeisenwalzwerke	17	10	8	6
Bandeisenwalzwerke	7	3	5	3
Drahtwalzwerke	7	2	4	2
Blechwalzwerke	13	6	6	4
Röhrenwerke	8	3	4	1
Preß- und Hammerwerke	8	4	6	3
Eisengießereien	11	6	6	1
Stahlgießereien	10	4	6	4
Drahtverfeinerung	9	4	5	1
Weißblechwerke	3	3	3	1
Radsatzfabriken	6	1	5	1
Fittingswerke	3	3	3	1

Quelle: Vögler.[16]

Insgesamt kam es nach Darlegung Albert Vöglers in allen Bereichen von 1926 bis 1933 zu einer Verminderung der Produktionsstätten unter gleichzeitigem Anstieg des Anteils maschineller Produktion. Während die Förderung im deutschen Steinkohlenbergbau 1926 nur zu 58,1 % auf maschinellem Weg erfolgte, wuchs dieser Anteil 1931 im Deutschen Reich auf 84 %, im Ruhrbergbau sogar auf 96 % an. Bei der Eisenerzeugung hatten langfristig betrachtet 1870 noch 145 Hüttenwerke insgesamt 864.000 t erblasen, 1931 erzeugten 59 Werke 10,6 Mio. t Roheisen.[17]

Kleinschmidt/ Welskopp zeigen relativierend auf, daß die VSt mit ihrer Gründung keine umfassende Rationalisierungsgemeinschaft wurde, die im Rahmen einer systematischen Strategie die Effektivierung der Eisen- und Stahlindustrie erfolgreich vorantrieb. Vielmehr mangelte es an der Durchführung von umfangreichen Spezialisierungs- und Diversifizierungsmaßnahmen.[18] Die fehlende Ausdifferenzierung und die unzureichende Abgrenzung von Zuständigkeiten führten dazu, daß sich wiederholt unterschiedliche Ausschüsse und Kommissionen mit denselben Fragen auseinandersetzten. Die VSt mußte Fremdmittel in größerem Umfang aufnehmen, um das Wachstum des

Siedlung, Materialien-Sammlung Forschungsstelle für Siedlungs- und Wohnungswesen an der Universität Münster, Band 17, Münster (Westf.) 1935, S. 36-60, hier S. 43, 45.

[16] Vögler, Albert, Der betriebsorganisatorische Umbau der Vereinigte Stahlwerke A.-G., Ausführungen von Generaldirektor A. Vögler anläßlich der außerordentlichen Generalversammlung der Vereinigten Stahlwerke am 29. November 1933, in: Das Werk, S. 483-492, hier S. 484; Verenkotte nennt unter Bezugnahme auf Treue/ Uebbing abweichende Zahlen, die die Abnahme der Produktionsstätten aber ebenso bestätigen, *derselbe,* S. 212.

[17] Schnadt, Theo, Bochum, Wirtschaftsstruktur und Verflechtung einer Großstadt des Ruhrgebietes, Bochum-Langendreer 1936, S. 41.

[18] Kleinschmidt/ Welskopp, S. 278; vgl. dort auch Tabelle 3, S. 279.

Anlagevermögens und neue Beteiligungen zu finanzieren. Bis zum September 1931 nahm die VSt in Höhe von 942 Mio. RM Fremdkapital auf, dem ein Eigenkapital von 836 Mio. RM entgegenstand.[19]

Nur wenige Großaktionäre hielten das Kapital der VSt. Faktisch größter Aktionär war 1930 Friedrich Flick mit einem Aktienanteil von 60,45 %. Flick aber konnte nach dem Kauf von Phoenix- und GBAG-Aktien seine Schulden aufgrund ausgefallener Dividenden in der Wirtschaftskrise nicht mehr bedienen. Um eine Übernahme der Beteiligungen Flicks durch ausländische Konzerne zu verhindern, kaufte das Deutsche Reich im Mai 1932 die GBAG-Aktien von Flick bei einer Börsennotierung von 22 % zu einem Kurs von 80 % und wurde unter Hinzukauf weiterer Aktien von der Dresdner Bank mit 22,98 % Großaktionär der VSt (sog. „Gelsenberg-Affäre"). Preußen machte seine Zustimmung gegenüber dem Reich davon abhängig, daß dessen „neu gewonnene Machtstellung im Ruhrgebiet mit den starken preußischen Interessen in Einklang" zu bringen war.[20]

3. Konzern und Steuerrecht

Da die VSt seit ihrer Gründung als undurchsichtiger und unsystematischer Konzern mit komplizierten Hierarchien galt, dem ein starker bürokratischer Geist mit langen Entscheidungswegen innewohnte, forderte Albert Vögler „größere Klarheit und Einfachheit der Betriebsführung".[21] Das bedeutete eine weitreichende Reorganisation der VSt im allgemeinen sowie die Ausgründung der Wohnungsgesellschaften im besonderen.

Diese Aufgabe verantwortete Heinrich Dinkelbach, Leiter Revision und Buchhaltung, und wurde zu dessen „brainchild"[22]. Dinkelbach hatte nach kaufmännischer Lehre und Fortbildungsschule in Mülheim bereits ab 1909 kaufmännische Erfahrung und prä-

---

[19] Wixforth, S. 453 ff., 468. Plumpe weist darauf hin, daß nicht alle Konzernbereiche unrentabel waren, so schrieb die Abt. Bergbau 1931/32 nur wegen hoher Abschreibungssätze rote Zahlen und war betriebswirtschaftlich „bei ihrer förmlichen Neugründung 1934 ein gesundes Unternehmen", Plumpe, Werner, Betriebliche Mitbestimmung in der Weimarer Republik, Fallstudien zum Ruhrbergbau und zur Chemischen Industrie, München 1999, S. 387; Reckendrees, Stahltrust, S. 302; Seidenzahl nennt die Gründung „Mißerfolg": „Zusammenschluß und Neuordnung von Werken genügen nicht und bürgen nicht für Dividende", Seidenzahl, Fritz, 100 Jahre Deutsche Bank 1870-1970, Frankfurt/ M. 1970, S. 286; weiter Treue, Wilhelm/ Uebbing, Helmut, Die Feuer verlöschen nie, August Thyssen-Hütte 1926-1966, Düsseldorf 1966, S. 44.

[20] Schreiben Preuß. Minister für Handel und Gewerbe an den Reichsminister der Finanzen vom 10.09.1932, Abschrift in: Winkler, Hans-Joachim, Preußen als Unternehmer 1923-1932, Staatliche Erwerbsunternehmen im Spannungsfeld der Politik am Beispiel der Preussag, Hibernia und Veba, Berlin 1965, S. 55; zur Gelsenberg-Affäre Stremmel, in: Rasch, S. 16; Mollin, S. 48, 53; nähere Daten im Entwurf zur Denkschrift des Präsidenten des Rechnungshofes des Deutschen Reiches, BArch R 2301/ 6450; Mollin nennt „eine französische Bank, hinter der der Rüstungskonzern Schneider vermutet werden sollte", *derselbe*, S. 51; Reckendrees führt folgende Zahlen an: „Die Reichsregierung hatte .... von der AG Charlottenhütte .... nominell 100 Mio. RM GBAG-Aktien zu einem durchschnittlichen Kurs von 90 % erworben, obschon deren Aktienwert an der Börse allenfalls 30 % betrug. Die Vermittlung weiterer 10 Mio. RM GBAG-Aktien sicherte die Charlottenhütte der Regierung vertraglich zu. Zusammen mit eigenen 15 Mio. RM GBAG-Aktien .... der Dresdner Bank .... konnte das Deutsche Reich nun mit 125 Mio. RM Aktien über eine 50 %ige Beteiligung an der GBAG verfügen und übernahm so Flicks Rolle als mittelbarer Mehrheitsaktionär der VSt", *derselbe*, Stahltrust, S. 472.

[21] Dascher, Otfried, Probleme der Konzernorganisation, in: Mommsen/ Petzina/ Weisbrod, S. 127- 135, hier S. 131; Stremmel, in: Rasch, S. 17.

[22] Fear, The institutionalization, S. 423.

gende Erkenntnisse zu Organisationsformen, Steuerungs- und Kontrollorganen bei Thyssen & Co., Abteilung Maschinenfabrik, gesammelt und war dort 1913 Abteilungsleiter der Buchhaltung und der internen Revision geworden. 1919 war Dinkelbach Leiter des Revisionswesens sowie ab 1924 Leiter des Rechnungswesens unter gleichzeitiger Verleihung von Prokura. 1925 hatte Dinkelbach einen Wechsel in die Leitung der Hauptrevision und Hauptbuchhaltung der August Thyssen-Hütte Gewerkschaft vollzogen, hatte anschließend an der Gründung der VSt mitgewirkt und war fortan in die wichtigen Finanztransaktionen bei der VSt eingebunden.[23]
Während die VSt in der ersten Phase ihres Bestehens dazu neigte, die technische Effizienz zu unterstreichen, lag in einer zweiten Phase das Schwergewicht auf der organisatorischen Effizienz. *Fear* führt dazu aus, „the VSt shifted more clearly away from technical efficiency or productivist rationale to a technocratic financial conception of control"[24]. Aus der beabsichtigten multidivisionalen Struktur ergab sich das rechtliche Problem, daß die zu bildenden Unternehmensgruppen aufgrund ihrer Unabhängigkeit auch bei den untereinander getätigten Rechtsgeschäften wie externe Einzelunternehmen besteuert zu werden drohten.

So standen einer Aufteilung der VSt in Einzelunternehmen auch unter Berücksichtigung der Vergünstigungen der Notverordnung vom 09.12.1931 über „Steuerliche Erleichterungen für die Aufteilung von Gesellschaften"[25] Steuer- und Kostenansprüche von Reich, Ländern und Gemeinden entgegen. Sofern das abzutrennende Unternehmen als eine selbständige Aktiengesellschaft (Tochtergesellschaft) geführt werden sollte, deren Aktien sämtlich in der Hand der veräußernden Aktiengesellschaft (Muttergesellschaft) vereinigt waren und zu der Tochtergesellschaft Grundstücke gehörten, fiel Grunderwerbsteuer in Höhe von 1 % an, sobald die Muttergesellschaft die Aktien der Tochtergesellschaft auf eine andere Aktiengesellschaft übertrug.
Für die VSt bedeutete dieser Steuersatz eine Grunderwerbsteuer in Höhe von 7.500.000,-- RM, die sich mit der Gesellschaftsteuer (1 %) über 6.000.000,-- RM, der Börsenumsatzsteuer (1,5 %) über 112.500,-- RM und Gerichts- und Notarkosten (1 %) über 9.500.000,-- RM auf eine Forderung von 23.112.500,-- RM summierten.
Ohne die Ermäßigung nach den Vergünstigungen der Notverordnung vom 09.12.1931 erhöhte sich der Steuersatz der Grunderwerbsteuer noch von 1 % auf 5 % (37.500.000,-- RM), die Gesellschaftsteuer verdoppelte sich (12.000.000,-- RM) und die mögliche steuerliche Belastung der Gründung von Einzelunternehmen wuchs auf 59.112.500,-- RM an. Zu beachten war zusätzlich die Wertzuwachssteuer, deren Höhe von der Feststellung des Erwerbspreises und des Veräußerungspreises bei der Einbringung abhängig war und 30 % der Differenz zwischen den Preisen betrug.[26]

---

[23] Lux, Thomas, Heinrich Dinkelbach - Vom Lehrling zum Generaldirektor, Eine amerikanische Karriere, in: Zeitschrift des Geschichtsvereins Mühlheim a. d. Ruhr 66 (1993), S. 569-587, hier S. 570, 572, 574; Reckendrees, Stahltrust, S. 163 f..
[24] Fear aaO..
[25] RGBl. 1931 I S. 714.
[26] Gutachten der Hauptsteuerabteilung der VSt vom 03.01.1933, S. 7, BBA 55/ 519.

Diese Steuern konnten auf dem Weg der Gesetzgebung oder durch Notverordnung außer Hebung gesetzt oder ermäßigt werden. Außerdem war der Reichsminister der Finanzen gem. § 131 AO ermächtigt, nach erfolgter Veranlagung für einzelne Fälle Reichssteuern, deren Einziehung nach Lage des einzelnen Falles unbillig gewesen wäre, ganz oder zum Teil zu erlassen. So hoffte die VSt auf steuerminimierende Gespräche mit dem Reichsfinanzministerium.
Bereits 1929 hatte die Betriebsprüfung bei der VSt zu einer vorteilhaften Behandlung geführt, nachdem das Ministerium in die laufende Betriebsprüfung eingegriffen hatte. Zwar hatte die VSt dann falsch verbuchte Beträge nachzuzahlen, die einen zu niedrigen Gewinn auswiesen und als buchhalterische Verschleierungen gelten konnten, doch hatte die Betriebsprüfung hohe Sonderabschreibungen für die Steuerbilanz mit der Begründung akzeptiert, daß die VSt ansonsten nicht in der Lage gewesen wäre, eine jährliche Dividende von 6 % auszuschütten.[27] Auch hinsichtlich der Abschreibungspraxis ist darauf hinzuweisen, daß es im VSt-Konzern bis zu dessen Liquidation mehrmals abgeschriebene Anlagen gab.[28] Die Anlagen trugen nach der Neubewertung des Sachanlagevermögens im Rahmen der Goldmarkeröffnungsbilanz, der DM-Eröffnungsbilanz und der Neuordnung der Eisen- und Stahlindustrie mit jeder „neuen" Abschreibung zur Eigenfinanzierung des Konzerns bei.

Vögler und Wilhelm Späing von der Hauptsteuerabteilung und Vorstandsmitglied erreichten in Abstimmung mit dem Reichsfinanzhof und mit dem Reichsfinanzminister Schwerin v. Krosigk, daß die steuerrechtliche „Organtheorie" Anwendung fand. Der finanzielle Verkehr zwischen den VSt-Gesellschaften galt danach lediglich als intern und nicht steuerbar.[29] Die Verhandlungen fanden letztlich Ausdruck in dem Gesetz über die Abgabenerhebung bei der Neuordnung des Stahlverein-Konzerns vom 07.03.1934.[30] Das Gesetz ermächtigte den Reichsminister der Finanzen, die Reichssteuern, die im Zusammenhang mit der Umbildung des Stahlverein-Konzerns entstanden waren, in Pauschbeträgen festzusetzen und über deren Entrichtung Bestimmungen zu schaffen.

---

[27] Schröder, Susanne, Steuerlastgestaltung der Aktiengesellschaften und Veranlagung zur Körperschaftsteuer im Deutschen Reich und den USA von 1918 bis 1936, Ein Beitrag zum Problem der Besteuerung in der Demokratie, Schriften zur Wirtschafts- und Sozialgeschichte, Band 47, Berlin 1996, S. 148, 172.
[28] Rätsch, Claus, Untersuchungen zur Publizität der deutschen Aktiengesellschaften, Erläutert an Hand von Geschäftsberichten und konsolidierten Jahresabschlüssen der Vereinigte Stahlwerke AG, Düsseldorf und ihrer Tochtergesellschaften, Diss., Düsseldorf 1960, S. 33 - der Vater von Claus Rätsch, Herbert Rätsch, betreute als Wirtschaftsprüfer vom 01.10.1938 - 30.09.1945 mit van Aubel die Westdeutsche W..
[29] Fear, Jeff, Thyssen & Co., Mülheim a.d. Ruhr, Blaupause für die Umorganisation der Vereinigte Stahlwerke AG, in: 900 Jahre Mülheim an der Ruhr (1093-1993), Zeitschrift des Geschichtsvereins Mülheim a. d. Ruhr 66 (1993), S. 405-431, hier S. 422 ff.; Späing an Vögler am 17.01.1933 zum „Doppelspiel" der Selbständigkeit für Akzeptverkehr und Bilanzklarheit gegenüber der Abhängigkeit der Untergesellschaft vom Unternehmen für die Anerkennung als Organgemeinschaft; Gutachten der Hauptsteuerabteilung der VSt vom 03.01.1933, S.7; zur Definition der Organtheorie auch Gutachten des I. und III. Senats des RFH vom 26.07.1932, BBA 55/ 519.
[30] RGBl. 1934 I S. 177; zum Fortgang Reckendrees, Stahltrust, S. 525 ff.; BBA 55/ 519; TKA VSt/ 1617.

4. Produktions- und Betriebsgesellschaften

Daraufhin konnte nach den Vorgaben Vöglers eine Gruppenorganisation als Voraussetzung für eine weitgehende Verselbständigung der einzelnen Produktions- und Betriebsgesellschaften sowohl in betriebstechnischer als auch in finanzieller Hinsicht durchgeführt werden.[31]

Die Reorganisation umfaßte so unter einem Konzernvorstand die Fusion von VSt, Phoenix AG für Bergbau- und Hüttenbetrieb, Vereinigte Stahlwerke van der Zypen und GBAG, einhergehend mit der Errichtung von Betriebs- und Verkaufsgesellschaften. Damit verband sich die Ausgründung der Wohnungsgesellschaften, die Abtrennung der Konsumanstalten, die Errichtung der Essener Steinkohlenbergwerke AG in Essen sowie die Errichtung der Stahlverein GmbH für Bergbau- und Industriewerte in Berlin als Effektenverwaltungsgesellschaft, die dazu bestimmt war, die VSt von Beteiligungen

Tab. 10: Betriebsgesellschaften der Vereinigte Stahlwerke AG

Betriebsgesellschaft	Gründung
Gelsenkirchener Bergwerks AG, Essen	
Gruppe Dortmund	
Zeche Erin, Castrop-Rauxel	1870
Zeche Westhausen, Dortmund-Bodelschwingh	1873
Zeche Hansa, Dortmund-Huckarde	1869
Zeche Adolf von Hansemann, Dortmund-Mengede	1896
Zeche Zollern 1/3, Dortmund-Kirchlinde	1873
Zeche Zollern 2/4, Dortmund-Bövinghausen	1902
Zeche Minister Stein, Dortmund-Eving	1875
Zeche Fürst Hardenberg, Dortmund-Lindenhorst	1876
Gruppe Bochum	
Zeche Bruchstraße, Bochum-Langendreer	1874
Zeche Dannenbaum, Bochum-Laer	1861
Zeche Prinz Regent, Bochum	1873
Zeche Friedlicher Nachbar, Bochum-Linden	1860
Zeche Engelsburg, Bochum	1875
Zeche Carolinenglück, Bochum	1850
Gruppe Gelsenkirchen	
Zeche Nordstern 1/2, Gelsenkirchen-Horst	1868
Zeche Nordstern 3/4, Gelsenkirchen-Horst	1901
Zeche Graf Moltke 3/4, Gladbeck	1902
Zeche Holland 3/4/6, Gelsenkirchen-Wattenscheid	1879
Zeche Pluto-Wilhelm, Wanne-Eickel	1876
Zeche Zollverein 1/2/Albert, Essen-Katernberg	1851
Zeche Bonifacius, Essen-Kray	1859
Gruppe Hamborn	
Zeche Friedrich Thyssen 4/8, Duisburg-Hamborn	1903
Zeche Westende, Duisburg-Meiderich	1909
Zeche Beeckerwerth, Duisburg-Hamborn	1923
Zeche Friedrich Thyssen 2/5, Duisburg-Hamborn	1896
Zeche Lohberg, Dinslaken (Niederrhein)	1913

[31] TKA/ VSt 2996; Hilger, S. 287 Fn. 48; Flemmig, Walter, Zum Umbau der Vereinigten Stahlwerke (Finanzielle Bereinigung - Betriebliche Aufgliederung), in: Die Deutsche Volkswirtschaft 1933, S. 461-465, hier S. 463; „Splitter und Späne, Der Umbau der Vereinigten Stahlwerke", in: Ruhr und Rhein, November 1933, S. 727; „Der Umbau der VSt", in: Rheinisch Westfälische Zeitung, Nr. 549 vom 28.10.1933; „Stahlverein in neuer Form" in: Deutsche Allgemeine Zeitung, Nr. 474-475 vom 28.10.1933 sowie General-Anzeiger Nr. 293 vom 26.10.1933; Deutsche Bergwerks-Zeitung Nr. 250 vom 24.10.1933; BBA 55/ 521.

Rohstoffbetriebe der Vereinigten Stahlwerke GmbH, Dortmund	
August-Thyssen-Hütte AG, Duisburg-Hamborn	
Thyssenhütte, Duisburg-Hamborn	1890
Hütte Ruhrort-Meiderich, Duisburg-Meiderich	1854
Hochofen Hüttenbetrieb, Duisburg-Meiderich	1901
Niederrheinische Hütte, Duisburg-Hochfeld	1851
Hütte Vulkan, Duisburg-Hochfeld	1854
Dortmund-Hörder Hüttenverein AG, Dortmund	
Werk Dortmund, Dortmund	1855
Werk Hörde, Dortmund-Hörde	1839
Bochumer Verein für Gußstahlfabrikation AG, Bochum	
Gußstahlfabrik, Bochum	1842
Stahlindustrie, Bochum	1870
Werk Höntrop, Bochum	1922
Werk Weitmar, Bochum	1889
Deutsche Eisenwerke AG, Mülheim-Ruhr	
Schalker Verein, Gelsenkirchen	1872
Friedrich Wilhelms-Hütte, Mülheim/ Ruhr	1820
Gießerei Hüttenbetrieb, Duisburg-Meiderich	1901
Gießerei Hilden, Hilden (Rhein)	1904
Deutsche Röhrenwerke AG, Düsseldorf	
Werk Poensgen, Düsseldorf	1845
Werk Thyssen, Mülheim-Ruhr	1871
Werk Thyssen, Dinslaken	1897
Hüttenwerke Siegerland AG, Siegen	
Charlottenhütte, Niederschelden	1864
Hochofenwerk und Weißblechwerk Wissen, Wissen (Sieg)	1873
Eichener Walzwerk, Kreuztal	1884
Werk Attendorn, Attendorn	1885
Werk Nachrodt, Nachrodt	1809
Werk Hüsten, Hüsten	1846
Meggener Walzwerk, Meggen	1727
Verzinkerei Aschaffenburg, Aschaffenburg	1923
Westfälische Union AG für Eisen- und Drahtindustrie, Hamm	
Westfälische Union, Hamm (Westf.)	1856
Werk Lippstadt, Lippstadt	1861
Werk Dinslaken, Dinslaken	1897
Drahtwerk Knipping, Altena (Westf.)	1709
Seilindustrie Iburg, Georgsmarienhütte	1856
Metallweberei Brünn (Thüringen)	1896
Bandeisenwalzwerke AG, Dinslaken	1897
„Wurag" Eisen- und Stahlwerke AG, Hohenlimburg	1800
Dortmunder Union Brückenbau AG, Dortmund	
Werk Dortmund, Dortmund	1867
Werk Orange, Gelsenkirchen	1872
Siegener Eisenbahnbedarf AG, Siegen	1900
Eisenwerk Rothe Erde GmbH, Dortmund	1855
Eisenwerk Wanheim GmbH, Duisburg	1912
Concordiahütte GmbH, Engers	1839
Nordseewerke Emden GmbH, Emden	1906
Gebr. Knipping Nieten- und Schraubenfabrik GmbH, Altena	1709
Kettenwerke Schlieper GmbH, Grüne (Westf.)	1825
Kleineisen- und Schraubenfabrik Steele GmbH, Essen-Steele	1857

Quellen: TKA/ RS 1321; Vereinigte Stahlwerke (Hrsg.), Kohle, Eisen, Stahl, S. 90.[32]

[32] Im Jahr 1939 zudem Wuragrohr GmbH, Wickede-Ruhr sowie Blechwaren- und Faßfabrik Eichen-Attendorn GmbH, Eichen, vgl. Vereinigte Stahlwerke (Hrsg.), Kohle, Eisen, Stahl, S. 90; zum Aufbau der Werksgruppen ebenso Fear, The institutionalization, S. 560.

zu entlasten, die nicht organisch mit dem Konzern zusammenhingen.[33] Neben den Betriebsgesellschaften gründete die VSt für den Vertrieb der Produkte Verkaufsgesellschaften in Dortmund, Hamm, Siegen, Mülheim und Düsseldorf. Es entwickelten sich fortan die Verkaufskontore

- Rohstoffhandel der Vereinigten Stahlwerke GmbH, Dortmund,
- Westdeutsches Bandeisenkontor GmbH, Mülheim,
- Grob- und Mittelblechkontor GmbH, Düsseldorf,
- Walzeisenkontor GmbH, Düsseldorf,
- Westdeutsches Feinblechkontor GmbH, Siegen,
- Thomasmehlkontor GmbH, Dortmund,
- Roheisenkontor GmbH, Düsseldorf,
- „Union" Rheinisch-Westfälisches Drahtkontor GmbH, Hamm.[34]

Das verkaufte Material reichte u. a. von Gießereiroheisen, Stahleisen, Halbzeug (Rohblöcke, Rundgüsse und -stahl für die Röhrenfabrikation), Oberbaumaterial (Schienen), Formeisen (Waggonprofile), Stabeisen (Konstruktionsmaterial für den Eisenhoch-, Brücken- und Waggonbau), Bandeisen, Grob- und Mittelbleche, Schiffsbleche, Universaleisen, Qualitätsfeinbleche, Stahldraht und Drahtseilen bis zu Baustoffen der Rohstoffhandel GmbH. Das ursprünglich als Stahlunion-Einkaufs-GmbH (Düsseldorf) tätige Unternehmen vertrieb neben dem für Leichtbeton geeigneten Hüttenbims vor allem Teer- und Asphaltmakadam, Schlackensand und Schlackenmauersteine sowie Hochofenschlacke. Erzeugnisse, die darüber hinaus nicht die Verkaufskontore vertrieben, waren Geschäftsgegenstand weiterer Verkaufsstellen der Betriebsgesellschaften.[35]
Für den Vertrieb bediente sich die VSt ebenso ihrer Beteiligungen an Handelsgesellschaften wie z. B. der Raab Karcher GmbH, der Thyssen Rheinstahl AG oder der Vereinigte Holzgesellschaften.

Die VSt war nun im Ergebnis eine Holding-Gesellschaft, die ihr Verhältnis zu den Betriebsgesellschaften über Betriebsführungsverträge ausgestaltete.
So erstreckte sich die Reorganisation auf die Sparten Bergbau, Hüttenwerke, Verfeinerungsgesellschaften, Verkaufskontore sowie Beteiligungen, die wie im Fall der Wohnungsgesellschaften bis zu 100 % reichten.[36]

---

[33] Späing und Schilling zur Umorganisation am 25.04.1934, TKA RS/ 1321; Anlage III zum Gründungsvertrag der Essener Steinkohlenbergwerke AG vom 29.11.1933; TKA A/ 9415; ansonsten zum Ganzen Reckendrees, Stahltrust, S. 426 ff.; Stremmel, in: Rasch, S. 18 sowie TKA RS/ 1321, TKA VSt/ 1664.
[34] Vereinigte Stahlwerke (Hrsg.), Kohle, Eisen, Stahl, S. 92 mit Überblick zu industriellen Angliederungen und Verkaufskontoren (hier Eigenname „Rohstoffhandel der Vereinigten Stahlwerke *GmbH*"); BBA 55/ 1508.
[35] BBA 55/ 1508.
[36] Hilger, S. 287; Stremmel, in: Rasch, S. 24 f.; Flemmig, S. 463; Verein für die bergbaulichen Interessen (Hrsg.), Jahrbuch für den Ruhrkohlenbezirk, Ein Führer durch die rheinisch-westfälische Montanindustrie, die Elektrizitätswerke und Großbanken nebst einer Darstellung aller in Betracht kommenden Behörden und Organisationen, Essen 1933, S. 243 ff., auch TKA B/ HBL 1/22.

Abb. 1: Vereinigte Stahlwerke AG; 1933/ 34

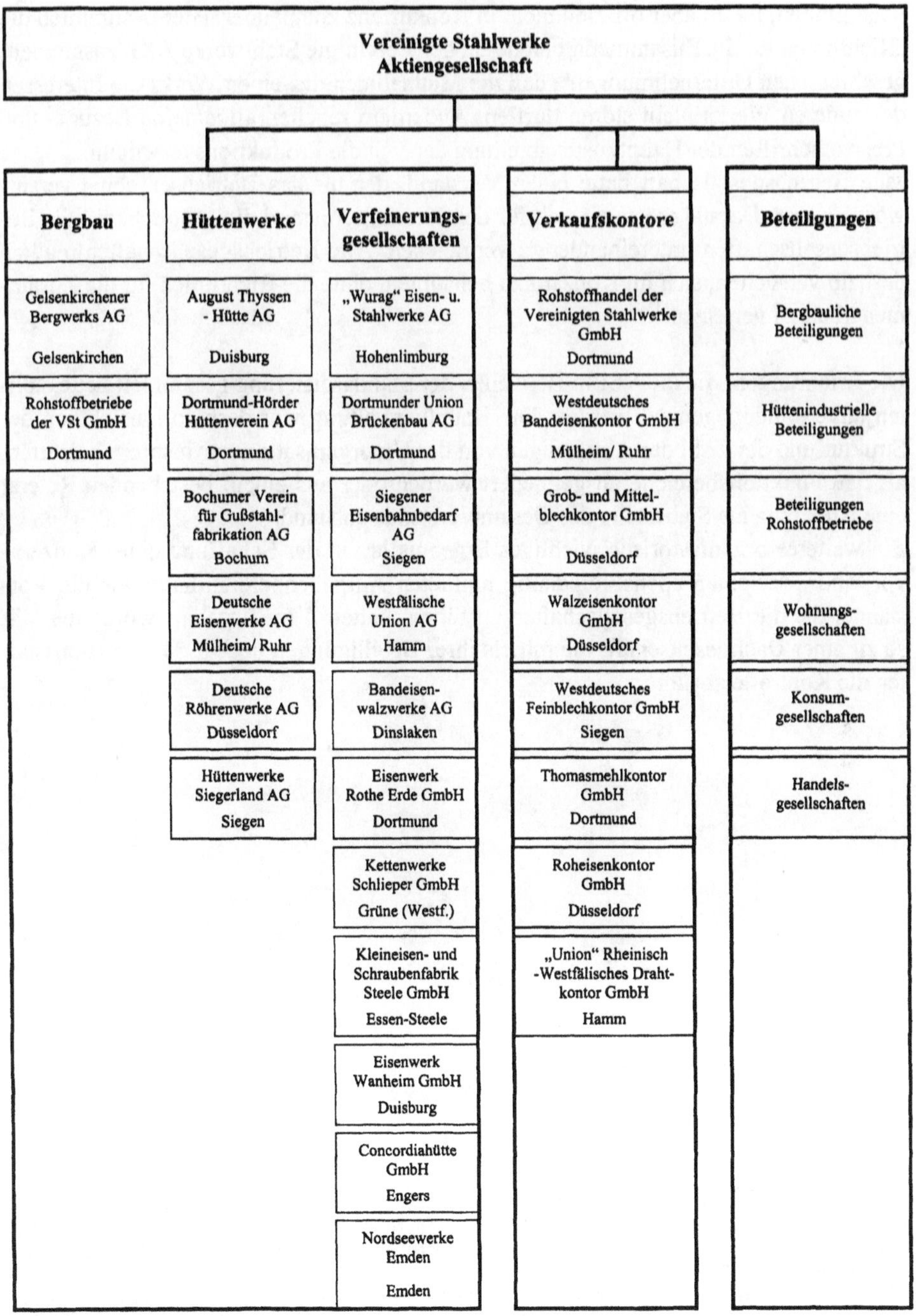

Quelle: Fear, Blaupause, S. 423; Reckendrees, Stahltrust, S. 554 f.; Vögler, Der betriebsorganisatorische Umbau, S. 488; TKA VSt/ 2996.

Die Betriebsgesellschaften bildeten jede für sich eine eigenständige, betriebswirtschaftliche Einheit, traten aber offiziell nicht in Konkurrenz zueinander. Hier bestimmten die „Richtlinien für die Zusammenarbeit der in der Vereinigte Stahlwerke A.G. zusammengeschlossenen Unternehmungen", daß die Maßnahmen des einen Werks die Interessen des anderen Werks nicht stören durften. Außerdem regelten allgemeine Bezugs- und Preisvorschriften der Hauptkostenabteilung der VSt die Produktionsverteilung.
Jede Betriebsgesellschaft hatte einen Vorstand, der für das Betriebsergebnis verantwortlich war. Daraus eröffnete sich für den Konzernvorstand die Möglichkeit, die Betriebsgesellschaften untereinander zu vergleichen. Alle Betriebsgesellschaften mußten deshalb versuchen, sich im Konzern zu behaupten, ohne die Richtlinien für die Zusammenarbeit zu verletzen.[37]

Die Erfahrungen, die die VSt in Bereichen der Standardisierung gesammelt hatte, sollten unvermindert genutzt werden. Die Hauptverwaltung war deshalb hinsichtlich der Struktur und der Zahl der Abteilungen von der Umorganisation nur insofern betroffen, als daß Funktionsbereiche ausgegliedert wurden oder aus einem bestehenden Referat eine Abteilung als Stabsstelle des Gesamtvorstands entstand.
Ein weiteres organisatorisch wichtiges Ergebnis lag in der Schaffung eines Konzernvorstands, der einen ebenso eindeutig umfaßten Aufgabenbereich hatte wie die Vorstände, die die Betriebsgesellschaften zu führen hatten.[38] Im Ergebnis wurde die VSt so zu einer Dachgesellschaft, die mittels ihrer Beteiligungen über die Produktionsstätten die Kontrolle ausübte.

---

[37] Reckendrees erkennt in der Vergleichsmöglichkeit für den Konzernvorstand die Führung der Betriebsgesellschaften wie „profit center", Reckendrees, Stahltrust, S. 558; zusammenfassend *derselbe*, Der Property Rights-Ansatz und sein möglicher Nutzen für die historische Unternehmensforschung. Ein Versuch, in: Ellerbrock/ Wischermann, S. 272-290, hier S. 277 ff. .

[38] Stremmel, in: Rasch, S. 19; zu Untersuchungen zur VSt von Kurt Gossweiler, Harald Wixforth, Clemens Verenkotte, Alfred D. Chandler, Christian Kleinschmidt, Wilfried Feldenkirchen sowie Jeffrey Fear vgl. Reckendrees, Stahltrust, S. 47 ff., 557; zur Sozialpolitik vgl. Plumpe, Betriebliche Mitbestimmung, S. 256 f. sowie Frese, Betriebspolitik, S. 20 ff. .

II. Gründung der Wohnungsgesellschaften der Vereinigte Stahlwerke AG

Der Gründung der Wohnungsgesellschaften gingen langwierige Überlegungen voraus, die bis in das Jahr 1931 zurückreichten. Die grundlegenden Gespräche, die Albert Vögler mit Heinrich Dinkelbach, Ernst Poensgen, Gustav Knepper und Carl Rabes führte, begannen 1932, als Friedrich Flick sein Interesse an der VSt durch Verkauf der Aktien an das Reich aufgegeben hatte und Geheimrat Hans von Flotow als Vertreter des Reichs über das Bankhaus Hardy zur VSt hinzukam.
Bereits im Sommer 1932 erklärte sich Albert Vögler damit einverstanden, daß unabhängig von allen anderen Fragen der Neuorganisation die Gründung von Wohnungsgesellschaften zu betreiben war.[1] Die Zielsetzung war, die Werksleitungen der VSt-Betriebe von Aufgaben zu entlasten, die der eigentlichen Betriebsführung wesensfremd waren. Eine Verwaltungsvereinheitlichung und -vereinfachung sollte unter besonderer Berücksichtigung der Eigenart des Hauseigentums erfolgen.[2]

Nach der Erstellung mehrerer Gutachten setzte Vögler im Februar 1933 eine Kommission aus den drei Abteilungsleitern Heinrich Dinkelbach (Revisionsabteilung), Hans Fusban (Hauptrechtsabteilung) und Wilhelm Späing (Hauptsteuerabteilung) ein[3], die sich im besonderen mit der Gründung der Wohnungsgesellschaften befaßte.
Besonders die Vorstellungen Dinkelbachs beeinflußten nicht nur die Gliederung der VSt in Betriebsgesellschaften, sondern bestimmten maßgeblich das Gründungsbild der Wohnungsgesellschaften. Dinkelbach legte damit den Grundstein für seine Mitgliedschaft im Vorstand der VSt. Er wurde mit der Leitung der Abteilungen Hauptrevision, Haupteinkauf, Hauptbuchhaltung, Verkaufsbuchhaltung, Bilanzen und der Hollerith-Abteilung betraut und eine der bestinformierten Personen aus der Leitungsspitze der VSt.[4]
Dinkelbach übernahm die Zusammenstellung und Koordination der Informationen und vermittelte Beratungsergebnisse der Beteiligten vor allem zwischen Vögler, Rabes (Zweiter Stellvertreter Vöglers und Leiter der Hauptfinanzabteilung), Fusban, Späing und Oskar Sempell. Sempell war Vorstandsmitglied der VSt und Vorstandsvorsitzender von Mittelstahl sowie Finanzvorstand der Deutsch-Lux und Leiter der VSt-Verwaltungsstelle Berlin zur Kommunikation mit der Reichsregierung und wirtschaftspolitischen Institutionen. Insbesondere war Sempell mit dem Komplex der Dollar-Anleihen befaßt und mit entsprechenden Aufgaben ausgestattet. Dinkelbachs Aufgabe war es

---

[1] Notiz Dinkelbach, betr.: Wohnungsgesellschaften, VA GA/ 09.07.1932 und VA GA/ 11.07.1932.

[2] „Auftakt der Zergliederung bei den Vereinigten Stahlwerken, Zusammenfassung der Werkswohnungen in vier Aktiengesellschaften", in: Deutsche Bergwerkszeitung Nr. 143 vom 25.06.1933, BArch NS 5 VI/ 5303.

[3] Tätigkeit als VSt-Vorstandsmitglied: Fusban 01.04.1926-29.11.1933; Dinkelbach 27.10.1933-01.12.1936 (stellvertretendes Vorstandsmitglied), 01.12.1936-15.10.1946; Späing 01.04.1926-26.06.1945; Rasch, Findbuch VSt, S. 938 ff..

[4] Weiter dazu Lux, S. 576. Zur Rolle Dinkelbachs bei der VSt in den 1930er Jahren vgl. auch Gillingham, John, Coal, steel, and the rebirth of Europe, 1945-1955, The Germans and French from Ruhr conflict to economic community, Cambridge 1991, S. 197; weiter zur Person Typoskript von Ernst Schröder bzgl. der Konzernentflechtung, TKA VSt/ 3102.

darüber hinaus, den Vorstand der von der Fusion mit der GBAG und der VSt betroffenen Phoenix AG für Bergbau und Hüttenbetrieb zu unterrichten. Dies waren Walter Fahrenhorst, stellvertretender Aufsichtsratsvorsitzender der VSt, und Helmuth Poensgen, Leiter der Hauptstelle der Hauptverwaltung.[5]
Außerdem war das Vorstandspräsidium in Kenntnis zu setzen. Das Vorstandspräsidium war das handlungsfähige Organ der VSt, das Albert Vögler als Vorstandsvorsitzender und Carl Rabes (ATH), Ernst Poensgen (Phoenix) und Gustav Knepper (Abteilung Bergbau, Essen) als Stellvertreter Vöglers bildeten.[6]

1. Gründungsmotive

Bei den 1926 in die VSt eingebrachten Werkwohnungen handelte es sich, wie anhand einiger Beispiele gesehen, um mit Werksmitteln errichtete Häuser, deren Bewirtschaftung bis dahin den einzelnen Werken oblag.
Je nach Zugehörigkeit zu einem Werk waren unterschiedliche Formen des Mietvertrags, der Bewirtschaftung und der Betreuung erkennbar. Die Folge war angesichts der regional zum Teil weit auseinanderliegenden Werke ein unübersichtliches und unwirtschaftliches System. Mit der Gründung auch gemeinnütziger Gesellschaften sollte die Wohnungsversorgung unter Umwandlung der werkseigenen Wohnungen (Werkwohnungen) in werksverbundene (-geförderte) Wohnungen erfolgen.[7] Einer Ausgliederung des Wohnungsbestands in eigene Gesellschaften standen allerdings vielfältige Schwierigkeiten entgegen.

Sowohl die Erkenntnis, daß Wohnungsbau und Wohnungsbewirtschaftung anderen ökonomischen und organisatorischen Bedingungen unterlagen als Kohle und Stahl, als auch die Überzeugung, daß die bisherigen Verwaltungsstrukturen nicht ausreichten, führten Dinkelbach dazu, die Vorteile einer Gründung von Wohnungsgesellschaften stärker zu gewichten.
So bewertete Dinkelbach eine eigenständige Wohnungsverwaltung positiver als das bisherige auf mehrere Betriebe verteilte Verwaltungsverfahren. Die Uneinheitlichkeit der Verwaltung der Wohnungen zeigte sich u. a. darin, daß ein Teil der Werke eigene Bauhandwerker einsetzte, ein anderer Teil aber außerhalb der Betriebe ansässige Unternehmer und Handwerker beschäftigte.
Damit verband sich die Erkenntnis Dinkelbachs, daß die Vergabe von Instandsetzungsarbeiten einen anderen Charakter hatte als die Beschaffung von Rohstoffen für die Produktionsbetriebe. Er verwies darauf, daß „besondere Wohnungsgesellschaften die Eigenheiten der Wohnungswirtschaft in vollkommenerem Maß berücksichtigen als Verwaltungsabteilungen von Bergbau- und Hüttengesellschaften“[8]. Nicht nur die For-

---

[5] TKA VSt/ 1573; die kaufmännischen und technischen Vorstandsmitglieder von VSt und Mittelstahl kooperierten im „Gemeinsamen Arbeitsausschuß“, einem eigens eingerichteten Vorstandsausschuß, Reckendrees, Stahltrust, S. 252 ff., 293, 305, 519.
[6] Der Gesamtvorstand der VSt umfaßte nach deren Gründung 40 ordentliche Vorstandsmitglieder und zwölf stellvertretende Vorstandsmitglieder und war daher in seiner Handlungsfähigkeit eingeschränkt.
[7] Steinberg, Wohnstätten, S. 20.
[8] Organisationsbericht vom 01.07.1935, S. 5, TKA VSt/ 2009.

derungen der Wohn- und Geschmackskultur sollten Beachtung finden, sondern auch der technische Fortschritt. Dem sollte methodisch umfassend Rechnung getragen werden, indem die Gesellschaften sowohl Aspekte der Normung als auch die Forschungsarbeiten der VSt beachteten.[9]

Dinkelbach sah sich darüber hinaus mit einem nach seiner Aussage „zum Teil erschreckenden Bild“ konfrontiert, das aufgestellte Übersichten zu der Einstellung der Werke gegenüber ihrem Wohnungsbestand ergaben.[10] Ein Teil der Werke sah vordergründig die soziale Betreuung unter dem Aspekt der Wohnungsfürsorge, während ein anderer Teil über die Mieten die Lohnhöhe zu drücken suchte. Ein weiterer Teil der Werke versuchte Dinkelbach zufolge, die Selbstkosten durch eine zu starke Sparsamkeit aus den Mieteinnahmen zu verbessern.[11]
Außerdem hatte sich aufgrund der Zusammenfassung der Werke eine geografische Überschneidung der jeweiligen Bestände ergeben. So war z. B. über das Hütten- und Bergbaugelände der Bergbaugruppe Hamborn und der Hüttengruppe West in Duisburg-Hamborn, Mülheim und Dinslaken seit 1926 eine verschiedenartige Zuteilung des Wohnungsbestands zwischen den Gruppen erfolgt. Eine grundbuchmäßige Trennung dergestalt, daß die zu den verschiedenen Gruppen gehörigen Grundstücke auch auf getrennten Grundbuchblättern eingetragen wurden, war bis dahin nicht erfolgt. Vielmehr lagen die Grundstücke in ungeteilter Gemengelage und sollten daher nach Lage des Grundeigentums der vorgesehenen Wohnungsgesellschaft vermessen und aufgeteilt werden.[12]

Die weiteren Motive einer Ausgründung von Wohnungsgesellschaften lagen für Dinkelbach neben einer Verwaltungsvereinfachung in der Realisierung stiller Reserven. So waren seine Vorüberlegungen auch davon geprägt, mit der Neuorganisation einen Buchgewinn zu erzielen. Nach dem Stand vom 30.06.1932 war die VSt Eigentümerin von 59.162 Wohnungen, bei denen in der Planung im September 1932 von einem Buchwert an Gebäuden von 650,-- RM je Wohnung und an Grundstückswerten von 350,-- RM je Wohnung, also von zusammen 1.000,-- RM je Wohnung ausgegangen wurde.[13] Da einige Wohnungen eng mit den Werksanlagen zusammenhingen und sich nicht für eine Ausgliederung eigneten, bildeten für Dinkelbach zunächst 50.000 Wohnungen die Kalkulationsgrundlage. Daraus ergab sich insgesamt ein Buchwert von 50.000.000,-- RM. Nach den bis September 1932 vorliegenden Einheitssteuerwerten betrug der Durchschnittswert je Wohnung 2.700,-- RM bzw. insgesamt 135.000.000,-- RM. Das

---

[9] Unterstützung von Forschungsvorhaben z. B. zu rostbeständigen Boilerblechen oder Rohrleitungen, Organisationsbericht vom 01.07.1935, S. 6, TKA VSt/ 2009.
[10] Dinkelbach, Überlegungen, die im Jahre 1933 mit der Neuordnung der Vereinigte Stahlwerke AG und der Gründung der Wohnungsgesellschaften zusammenhingen, 01.02.1955; TKA NSt/ 225; Exposé zur Neugliederung vom 14.11.1932 und vom 19.12.1932, TKA VSt/ 1576.
[11] Dinkelbach aaO. .
[12] Niederschrift Mirow über die Besprechung hinsichtlich der Aufteilung des Grundbesitzes der Bergbaugruppe Hamborn und der Hüttengruppe West unter besonderer Berücksichtigung der zu bildenden gemeinnützigen Wohnungsgesellschaften und einer Grundstücksverwertungsgesellschaft, VA GA/ 14.03.1933, S. 2.
[13] VA GA/ Dinkelbach Denkschrift zum VSt Wohnungswesen, 10.09.1932, S. 1.

bedeutete, daß sich ein Überschuß von 85.000.000,-- RM errechnete, der bei der VSt zum Ausgleich von Betriebsverlusten benutzt werden konnte. Es war daher daran zu denken, die Gründung von Wohnungsgesellschaften möglichst dann durchzuführen, wenn die VSt Verluste auswies.[14]

Neben diesen Erwägungen wollte Dinkelbach aber auch berücksichtigt wissen, daß sich am Wohnungsmarkt die Verhältnisse geändert hatten, die die Werke vor 1914 noch zum Bauen gezwungen hatten. Dinkelbach ging davon aus, daß es für die Werke keine unbedingte Betriebsnotwendigkeit mehr war, Eigentum an Wohnungen für die eigenen Arbeiter und Angestellten zu haben. Beeinflußt wurden seine Erwägungen durch die verbesserten Verkehrsverhältnisse.
So hatte die VSt auch abgewogen, ob der Wohnungsbestand besser ganz oder in Teilen veräußert werden sollte. In Betracht kam ein Verkauf über eine noch zu gründende Wohnungsgesellschaft oder eine sofortige Veräußerung entweder an private Interessenten oder an das Deutsche Reich, an Preußen, an Provinzen, an Kreise bzw. an Kommunen. Bei einem Verkauf über eine Wohnungsgesellschaft sollte in deren Satzung festgelegt werden, daß die Mieter ihre gemietete Wohnung zu festgelegten Werten erwerben konnten, ohne Grunderwerbsteuern zahlen zu müssen.
Bei einer sofortigen Veräußerung an private Interessenten bezog Dinkelbach für Ein- und Zweifamilienhäuser als Finanzierungsmöglichkeit die Methode der Bausparkassen durch Heimsparbriefe von Sparkassen in Betracht. Den Erwerbern sollte von der VSt angeboten werden, daß sie Werksparguthaben zum Erwerb der Häuser verwendeten oder die Häuser über Erbpacht erwarben. Obwohl der Sparwille der Arbeiter und Angestellten durch Kriegsanleihen, Inflation und den Zusammenbruch von Spareinrichtungen stark betroffen war, galt Kapitalbildung weiterhin als Notwendigkeit.
Neben der finanziellen Entlastung versprach sich die VSt von einem Hauserwerb durch eigene Arbeiter und Angestellte nach wie vor die Förderung der Bodenständigkeit und der Verbundenheit mit dem Werk.[15]

Für einen Verkauf an die öffentliche Hand schienen Fördermöglichkeiten auf siedlungspolitischem Gebiet zu sprechen. Dinkelbach war es besonders wichtig, bei einem solchen Verkauf eine politische Einflußnahme bei der Wohnungszuteilung auszuschließen.[16] Letztlich kam es aber weder zu einem Verkauf an öffentliche Stellen noch an Privatpersonen, da für die Beteiligten die Argumentation überwog, den Vermögenswert der Wohnungen langfristig im Sinne der VSt zu benutzen.

---

[14] Den Buchwert der Wohngebäude ermittelte die VSt, indem sie den bei Einbringung der Wohnungen des Bergbaus zugrundegelegten Einzelwert auch für die von den Hütten eingebrachten Wohnungen annahm. Die ab 1926 hinzugekommenen Wohnungen wurden zu den tatsächlichen Gestehungspreisen eingerechnet und die anteiligen Abschreibungen wurden abgesetzt; Dinkelbach aaO.; Notiz Linz „betr.: V.St. Wohnungsgesellschaften", VA GA/ 27.08.1932.

[15] „Bindung an die Scholle hat große Vorteile", VA GA/ Dinkelbach, Denkschrift 10.09.1932, S. 2 f., 4; VA GA/ Exposé über das VSt-Wohnungswesen vom 05.05.1932, S. 4.; entsprechend Kühne-Büning, Lidwina, Die Wohnung und ihre Märkte, in: *dieselbe*/ Heuer, S. 6-26/ 56-175, hier S. 9: „Die Wohnung ist der bauliche Rahmen für soziale Prozesse, die die persönliche Entfaltung stark beeinflussen"; zu den wirtschaftlichen Problemen ab 1918 Petzina, Zwischenkriegszeit, S. 75 ff., 96 ff. .

[16] VA GA/ Exposé über das VSt-Wohnungswesen vom 05.05.1932, S. 4.

In Zusammenhang damit war die besonders gewichtige Argumentation zu sehen, daß sich mit dem Gründungsakt die Möglichkeit eröffnete, über die Wohnungsgesellschaften langfristig Finanzierungsmittel beschaffen zu können. Dabei gingen die Überlegungen zunächst in Richtung einfacher Darlehen der Wohnungsgesellschaften an die VSt. Das bedingte jedoch einen Kapitalstock, der sich erst über die Jahre hinweg hätte ansammeln müssen. Dinkelbach dachte zwischenzeitlich auch daran, die Werkssparkassen über die Wohnungsgesellschaften auszubauen und bei einer Loslösung vom Werk zusätzliche Sicherheiten für die Sparkassen-Gläubiger anzubieten.[17]

Schließlich nahm Dinkelbach davon Abstand, denn seine Intention erstreckte sich vor allem darauf, daß die Wohnungsgesellschaften eigene Kredite aufnehmen konnten. Zum einen sollten sie damit die Schuld bei der VSt tilgen und das Geld dem Wohnungsbau zuführen. Zum anderen sollten die Wohnungsgesellschaften auch eine Inanspruchnahme von Krediten für die VSt ermöglichen.[18]
So wollte Dinkelbach den Zustand beseitigen, daß der große Vermögenswert der Wohnhäuser als Teil der einzelnen Werke nicht zu umfassenden Finanzierungen herangezogen werden konnte. Er wies den Werken die Konzentration auf ihre Kernkompetenzen zu und bewerkstelligte damit ein „Outsourcing" innerhalb des Konzerns, bevor dieser Begriff Eingang in die deutsche Betriebswirtschaftslehre fand. Dabei hielt Dinkelbach es für unbedingt notwendig, den Wert des Wohnungsbestands gegenüber der Belegschaft als sozialen Aufwand darzustellen.[19]

Demnach ging es Dinkelbach nicht primär darum, Bestände des Anlagevermögens aufzuwerten, um Deckung für einen eventuell im Zuge der Reorganisation von VSt entstehenden Fehlbetrag zu finden. Vielmehr stellten seine Argumente organisatorische Gründe und die Möglichkeit der besseren Außenfinanzierung in den Vordergrund.
Der vereinzelt vertretenen Auffassung[20], der Konzern habe eine „zunehmende Distanz" gegenüber der Unterhaltung von Werkwohnungen eingenommen und „offenbar" habe der erhebliche Verwaltungsaufwand den Ausschlag zur Umstrukturierung gegeben, kann daher nicht gefolgt werden.

---

[17] Aktennotiz Dinkelbach, VA GA/ 25.01.1933.

[18] Sowohl Mönkemöller (1938) als auch Fusban (1943) übergingen dieses hinsichtlich der Gemeinnützigkeit rechtlich fragliche Motiv [Würdigung C. IV. 4. a) gg)] in Schilderungen zum fünf- bzw. zehnjährigen Bestehen der Wohnungsgesellschaften: Mönkemöller, S. 13 f.; Fusban, S. 12 f., TKA VSt/ 1248.

[19] TKA VSt/ 1241; TKA NSt/ 243.

[20] Hilger, S. 327, 330; Vormbrock, Vorsitzer des Beirates bei der Bauvereinsabteilung der Deutschen Bau- und Bodenbank AG Zweigniederlassung Essen und bis 1933 Generaldirektor im Vorstand des Verbandes westfälischer Wohnungsunternehmen, setzte die Gründung mit einem Bedeutungsverlust der Wohnungen für die Industrie gleich, Vormbrock, Heinrich, Der westdeutsche Siedlungs- Um- und Aufbau in Verbindung mit Volkstums- und Heimatpflege, in: Die Westfälische Heimat 3/ 4 (1934), S. 25-27, hier S. 27; dagegen die finanzielle Motivationslage beachtend Reckendrees, Stahltrust, S. 522.

2. Wohnungsbestand der Abt. Bergbau/ Güterabteilung

Schwierigkeiten bereitete die Integration des Wohnungsbestands der Abt. Bergbau. Die 1926 in die VSt eingebrachten Bergwerke waren mit Sitz in Essen in der Abteilung Bergbau zusammengefaßt worden, die sich in die vier Gruppen Hamborn, Gelsenkirchen, Bochum und Dortmund gliederte und von Gustav Knepper geleitet wurde. Neben den Bergwerksbetrieben arbeiteten für die VSt im Sommer 1933 die Rohstoffbetriebe, die Hüttengruppe West, die Hüttengruppe Ost, die Gruppe Siegerland, der Bochumer Verein, die Drahtgruppe, die Gießereigruppe, die Stahlröhrengruppe und die Verfeinerungsgruppe. Für die in der Abteilung Bergbau der VSt zusammengeführten Anlagen wurde mit einem Kapital von 360 Mio. RM die neue Bergwerksgesellschaft geschaffen, die wiederum den Namen GBAG trug. Diese neue GBAG besaß zwar bis auf die Zeche Monopol sämtliche Anlagen der alten GBAG, hatte aber mit der ursprünglichen Gesellschaft nur den Namen gemeinsam, da sie die Verwaltungsstruktur der VSt-Bergbauabteilung übernahm und die Einteilung in die vier Gruppen mit jeweils eigenen Betriebsverwaltungen beibehielt.[21]

Für die Gewährleistung einer einheitlichen geografischen Aufteilung schien bereits in den ersten Plänen eine Trennung der Wohnungsgesellschaften nach der Zugehörigkeit der Wohnungen zu Bergbau oder Hütte mehrheitlich nicht zweckmäßig.[22] Diese Behandlung des Bestands der Abteilung Bergbau war allerdings innerhalb der VSt umstritten.

Die Abteilung Bergbau wollte den Einfluß auf die Vergabe und die Bewirtschaftung ihrer Wohnungen nicht verlieren und selbst das Interesse guter Arbeitskräfte durch Zuteilung ansprechender Wohnungen wecken. Sobald der Einfluß der Werksleitungen des Bergbaus auf die Wohnungsverwaltungen beseitigt war, sah dieser außerdem seine Geschäftspolitik der Kostenersparnis gefährdet.[23] Gustav Knepper, Ernst Brandi von der Bergwerksgruppe Dortmund, Vorstandsmitglied und Vorsitzender des „Verein für die bergbaulichen Interessen", und Franz Bartscherer, Vorstandsmitglied und Werksleiter der ATH, unterstützten diese Auffassung ebenso wie der spätere Vorstand der vier Wohnungsgesellschaften, Hans Fusban. Sie vertraten damit zugleich die Ansicht des Bergausschusses. Dieser nahm insofern eine Sonderstellung ein, als er wie ein besonderer Vorstand der Abt. Bergbau angesehen wurde, die ihrerseits fast wie eine selbständige Tochtergesellschaft mit Sitz in Essen gegenüber der VSt in Düsseldorf geführt wurde.[24]

---

[21] Übersicht dazu bei Reckendrees, Stahltrust, S. 468.

[22] Niederschrift Mirow über die Besprechung hinsichtlich der Aufteilung des Grundbesitzes der Bergbaugruppe Hamborn und der Hüttengruppe West unter besonderer Berücksichtigung der zu bildenden gemeinnützigen Wohnungsgesellschaften und einer Grundstücksverwertungsgesellschaft, VA GA/ 14.03.1933, S. 3.

[23] Niederschrift Dinkelbach über die Besprechung betreffend Aufteilung des Grundbesitzes der zur Hüttengruppe West und zur Bergbaugruppe Hamborn gehörigen Betriebe sowie der Betriebe in Mülheim a d. Ruhr und Dinslaken, Stahlhaus Nord zu Düsseldorf, VA GA/ 17.03.1933, S. 2.

[24] Vertraulich VSt-Hauptstelle, Generalsekretariat an Hauptgrundstücksabteilung, Hauptrechtsabteilung, VA GA/ 05.05.1933; Reckendrees, Stahltrust, S. 298; BBA 55/ 519; TKA VSt/ 2665.

Dabei konnte die Abt. Bergbau neben der Wohnungsverwaltung auch auf die Erfahrung in der Bewirtschaftung von Gütern verweisen, für deren Verwaltung zum 1. April 1926 die Güterabteilung der VSt eingerichtet worden war. Die Güterabteilung war der Hauptverwaltung der Abt. Bergbau angegliedert.

Tab. 11: Verwaltungsobjekte der Güterabteilung, Abt. Bergbau; 1933

Objekt	Ort
Herrenhaus Westhusen	Dortmund-Westerfilde
Herrenhaus Dellwig	Lütgendortmund
Gutshof Brüninghausen	Groß-Dortmund
Gutshof Altmengede	Groß-Dortmund
Gutsverwaltung Schalke (Gutshof/ Schloß Grimberg, Gut Tossehof)	Gelsenkirchen-Bismarck
Gutshof Rheinelbe	Essen-Kray
Gutshof Goldhamme, vormals Cabeisemannshof	Bochum
Gutshof Wiemelshausen	Bochum
Gutshof Behringhausen	Castrop
Gutshof Zollverein	Essen-Schonnebeck
Gut Hülsermannshof	Walsum nahe Hamborn
Rittergut Klein-Linde	Rohlsdorf, Station Perleberg
Rittergut Hohendorf	Station Golßen, Luckau (Niederlausitz)
Rittergut Jerischke	Station Groß-Särchen (Niederlausitz)
Waldgut Brünnow	Station Gummenz (Pommern)

Quelle: BBA 55/ 1107; TKA VSt/ 5069.[25]

Der Aufgabenkreis der Güterabteilung erstreckte sich 1933 auf die Verwaltung des gesamten Grundbesitzes der Abt. Bergbau, soweit er land- oder forstwirtschaftlich genutzt wurde, allerdings nur für Flächen von fünf Morgen an aufwärts. Eine Ausnahme machte die Bergbaugruppe Hamborn, die der Güterabteilung nur Höfe ab einer Größe von 40 Morgen unterstellte. Die Güterabteilung tätigte für alle selbstbewirtschafteten Güter den zentralen Einkauf von Vieh, Düngemitteln und Futterartikeln.
Das galt, soweit ein Rückgriff auf eine eigene Erzeugung nicht möglich war und erstreckte sich auch auf Maschinen und größere Geräte. Ebenso veräußerte die Güterabteilung das Getreide für alle Güter und bestimmte dabei von sich aus auch den Zeitpunkt des Verkaufs. So konnte die Güterabteilung unter Ausschaltung aller Zwischenhandelsstellen ein- und verkaufen.

Die 1933 verwaltete Fläche hatte eine Größe von 6.982,4863 ha. Davon lagen mit einer Gesamtgröße von 3.035,2650 ha drei Rittergüter in der Provinz Brandenburg und ein Waldgut in der Provinz Pommern. Der übrige Güterbestand in Größe von 3.947,2213 ha lag im rheinisch-westfälischen Industriegebiet. Die Erfassung der Grundstücke erfolgte mittels Notierung der auf den forst- und landwirtschaftlichen

[25] TKA VSt/ 532 zum Kauf von Klein-Linde am 06.12.1933 sowie TKA VSt/ 5069 zu Gut Hohendorf. Weitere Verwaltungsobjekte wurden Gut Hahnerhof TKA VSt/ 1067, Gut Herl (Köln) TKA VSt/ 5211, VSt/ 5647, Gut Hollerich (Seelbach/ Nassau) TKA VSt/ 5214, VSt/ 5471, VSt/ 5409, Gut Königsmühle TKA VSt/ 1260, Gut Schenck TKA VSt/ 1278.

Gütergrundstücken stehenden Wohn- und Wirtschaftsgebäuden nebst näherer Wertschätzung und Bezeichnung (Wohnhaus, Scheune, Forsthaus, Bauernhof usw.). Der Bestand im rheinisch-westfälischen Industriegebiet wurde im Süden durch die Ruhr, im Westen durch den Rhein, im Norden durch die Lippe und im Osten durch Dortmund begrenzt.[26] Ein Verwalter, der unmittelbar der Güterverwaltung unterstellt war, bewirtschaftete jeweils ein Gut. Neben den Gütern, Gutshöfen, Herrenhäusern und dem Waldgut gehörte letztlich noch eine Gärtnerei der Gießerei-Gruppe Schalker Verein in Gelsenkirchen zur Verwaltung der Güterabteilung.

Auf die Erfahrungen der Abt. Bergbau verweisend unterstrich Knepper seine Ablehnung, den Wohnungsbestand der Abt. Bergbau in die Wohnungsgesellschaften einzubringen. In den Besprechungen stellte er die Einsparung von Verwaltungskosten in Frage und argumentierte mit höheren, aus der Neuorganisation resultierenden Ausgaben.[27] Neben Kosten für die mit 6 % angenommene Verzinsung des Aktienkapitals (12,7 Mio. RM), anteiligen Anleihekosten (12,7 Mio. RM) und Abschreibungen (20 Mio. RM) errechnete Knepper 15 Mio. RM, die aufgrund der Ausgründung der Wohnungsgesellschaften aufgewendet werden mußten oder weniger eingenommen werden konnten.[28]
Dabei kam Knepper immer wieder auf die Bergschädenregelung zurück. Unter allen Umständen sollte verhindert werden, daß das sog. Bergschädengelände, das der Bergbau zur Abgeltung und Verhütung von Schadensersatzforderungen erworben hatte, bei einer Aufteilung verlorenging. Der Widerstand Kneppers stützte sich auf die Argumentation, daß der Bergbau sein Grundeigentum hauptsächlich aus Bergschadensgründen erworben und alle Kosten getragen hatte, um dauernden schweren Belastungen zu entgehen. Bei einer Ausgründung juristisch selbständiger Gesellschaften mit eigenem Vorstand sah Knepper neue Forderungen und Streitigkeiten als unvermeidlich an.
Dabei betrugen nach Kneppers Vermutungen die zu erwartenden Ansprüche aus Bergschäden, die gegenüber einer neuen Gesellschaft aufleben konnten, 2.000.000,-- RM. Diese Argumentation ergänzte Brandi in den Verhandlungen um den Hinweis, daß der Bergbau diese Grundstücke ebenso für die Anlage von Grubenbahnen oder den Bau von Kolonien erworben hatte.[29] Darüber hinaus hielten es Knepper und Brandi für notwendig, das Eigentum in Bodensenkungsgebieten in der Umgebung von Eisenbahnen und Flußläufen zu behalten. Deren Erhaltung erforderte aus technischen Gründen die Abtrennung von Landstreifen und gab ebenfalls Anlaß zu Befürchtungen um prozessuale Auseinandersetzungen.

---

[26] Erhebungen über Grundstücks-Flächen und -Werte nach dem Stande vom 30.09.1932, VA GA/ 30.09.1932, S. 3; Vereinigte Stahlwerke AG (Hrsg.), Die Güterabteilung der Vereinigte Stahlwerke AG, Abteilung Bergbau, Hauptverwaltung Essen, Essen 1933, S. 1 ff., S. 7, BBA 55/ 1107.
[27] Knepper glaubte eine „Unterlassungssünde zu begehen, wenn er nicht rechtzeitig vor allem gewarnt habe." Niederschrift über die Besprechung der Gruppenvorstände mit der Hauptverwaltung Düsseldorf wegen der Aufteilung des Grundbesitzes der Vereinigte Stahlwerke AG anläßlich ihrer Umgestaltung in juristisch selbständige Gruppen, VA GA/ 12.04.1933, S. 2, 5 sowie TKA VSt/ 963.
[28] Reckendrees, Stahltrust, S. 522.
[29] Knepper an Vögler, 29.03.1933, BBA 55/ 519.

Im Ergebnis waren den neuen Wohnungsgesellschaften vom Bergbau herrührende Bergschäden nicht zu ersetzen, wenn es sich lediglich um die Verringerung eines Grundstückswertes oder um die Verteuerung von Neubauten handelte. Eine Verringerung der Grundstückswerte konnte sich aus Grundstücksertragsminderungen, Bauplatzqualitätsaufhebungen oder Bauplatzqualitätsminderungen ergeben. Eine Verteuerung von Neubauten lag z. B. bei der Sicherung eines Bauwerks gegen künftige Bergschäden durch Verankerung, Fundamentierung (Betonrost, Betonbankette usw.) oder Trennschlitze vor. Eine Ausnahme galt, sofern die Sicherungsmaßnahmen über das Maß der allgemein anerkannten Regeln der Baukunst hinausgingen.[30]
Zu ersetzen waren dagegen alle Schäden, die den Gebrauchswert der Bauwerke verminderten. Es mußten daher alle Reparaturen bezahlt werden, die notwendig waren, um den Gebrauchswert einer Wohnung wiederherzustellen. Konnte der Gebrauchswert durch eine Reparatur nicht in vollem Umfang hergestellt werden, kam eine Teilminderwertabfindung zum Ausgleich des Gebrauchsminderwerts in Frage. Um dieser Eventualität selbsttätig begegnen zu können, sah der Entwurf der sog. Abt. G zur Anlage II des Einbringungsvertrags eine Überführung in eigene Verwaltung oder in eigenen „Besitz" vor.[31] Spezifizierende Bergschädenabkommen richteten sich gesondert nach der Zahl der in den betroffenen Gebieten erfaßten Wohnräume. Je Raum erfolgte eine festgelegte Vergütung und die Beseitigung der Bergschäden ging dann auf Kosten der Wohnungsgesellschaft. Die Bergschädenabkommen führten für die Wohnungsgesellschaften über den Untersuchungszeitraum betrachtet nicht nur zu Verlusten (Westfälische W. - 209.466,-- RM; Westdeutsche W. - 42.798,-- RM). Die Rheinisch Westfälische W. aber konnte nur deshalb einen Überschuß ausweisen (807.999,-- RM), weil es ihr nicht möglich war, die Bergschäden ordnungsgemäß zu beseitigen und sie insofern keine Instandsetzungskosten hatte.[32]

Knepper sah sich in seiner ablehnenden Haltung außerdem insoweit bestärkt, als daß der Bergbau nach den bestehenden Tarifverträgen gehalten war, für seine Beamten freie Dienstwohnungen bereitzustellen. Die Beamten im Bergbau hatten traditionell freie Wohnungen, so daß bei einer Ausgliederung der Bergbau selbst Wohnungen anmieten mußte, um sie den Beamten zuweisen zu können.[33]
Um seiner Ablehnung wiederholt Nachdruck zu verleihen, mutmaßte Knepper schließlich auch, daß eine reibungslose Zusammenarbeit nur bis zum Ausscheiden der „bis dahin tätigen Herren" gesichert war, während er für die Zeit danach einen „Kampf zwi-

---

[30] Anlage II Nr. V zum notariellen Protokoll Dr. Stankeit, Bochum, VA GA/ 22.06.1933.

[31] Gemeint sein mußte hier „Eigentum", denn die den Besitz kennzeichnende Ausübung der tatsächlichen Sachherrschaft ermöglichte noch keine eigentumsrechtlichen Verfügungsgeschäfte; Anlage II Nr. V zum notariellen Protokoll Dr. Stankeit, Bochum, VA GA/ 22.06.1933.

[32] VA GA/ Anlagen/ Westfälische W., Keppler Anl. 15; VA GA/ Anlagen/ Rheinisch Westfälische W., Keppler Anl. 15; VA GA/ Anlagen/ Westdeutsche W., Keppler Anl. 13.

[33] Mitteilung der Hauptstelle, Generalsekretariat der VSt an die Hauptfinanzverwaltung und die Bilanzbuchhaltung zu Punkt 33 der Niederschrift über die 101. Sitzung des Bergausschusses am 04.08.1933 betr. Wohnungsgesellschaften, VA GA/ 11.08.1933.

schen den einzelnen Gruppen“ heraufbeschwor.[34]
Der Argumentation des Bergbaus begegnete Dinkelbach mit dem Verweis auf Duisburg-Hamborn. Dort erfolgte seit 1926 eine gemeinsame Verwaltung der Hütten- und Bergbauwohnungen ohne nennenswerte Probleme.[35] Soweit Häuser durch eine der Bergbaugruppen zu mieten waren, hielt Dinkelbach dem Bergbau erfolgreich entgegen, daß die Bergschäden im Mietvertrag geregelt werden konnten. Ansonsten war die Situation abzuwägen. Ein völliger Bergschadensverzicht war im Interesse des Bergbaus zwar einerseits denkbar, andererseits ergab sich dann aber die Schwierigkeit, die Häuser bei der Einbringung so zu bewerten, daß sich noch ein Buchgewinn für die VSt ergab.[36]

An einer sachgerechten Einigung interessiert, hielt Dinkelbach es zur Vermeidung von Interessenkonflikten zwischen Bergbau und Wohnungsgesellschaften für erforderlich, daß der Abt. Bergbau die Verfügungsgewalt über die Wohnungen in begrenztem Maß verblieb. Dabei war für ihn eine „gewisse Personalunion in der Weise nötig, daß Herren, die der Verwaltung der Bergwerksgesellschaft angehören, teils in den Vorstand, teils in den Aufsichtsrat der Wohnungsgesellschaften entsandt werden“[37].
So erhielt Knepper im Mai 1933 davon Kenntnis, daß er sicher annehmen durfte, daß der Bergbau mindestens im Aufsichtsrat vertreten sein würde, wenngleich die obersten Personalien noch durch Vögler zu klären waren. Personelle Konsequenz der Auseinandersetzung war letztlich, daß Knepper am 11. August 1933 jeweils die Wahl zum Vorsitzenden der Aufsichtsräte der vier Wohnungsgesellschaften gewann.[38]

In der Sache konnte sich Knepper allerdings nicht durchsetzen. Seine weiteren Vorschläge, daß es dem Bergbau ermöglicht werden sollte, einzelne Häuser und Grundstücke zurückzuerwerben, die er zu betrieblichen Zwecken benötigte, verwarf die Hauptrechtsabteilung. Sie hielt diese Regelung für unpraktisch, denn solange die VSt die Aktienmehrheit hielt, meinte sie im Hinblick auf die angestrebte Einheitlichkeit der Verwaltung keine praktischen Schwierigkeiten befürchten zu müssen. Hinzu kam, daß damit eine Einengung der unternehmerischen Bewegungsfreiheit der Wohnungsgesellschaften zu befürchten war. Die den Gesellschaften zugedachten Verpflichtungen sollten höchstens den bis dahin der VSt auferlegten Pflichten entsprechen und gegebenenfalls grundbuchlich gesichert in der Duldung der Verlegung von Rohrleitungen und Kabeln bestehen.[39]

---

[34] Niederschrift über die Besprechung der Gruppenvorstände mit der Hauptverwaltung Düsseldorf wegen der Aufteilung des Grundbesitzes der Vereinigte Stahlwerke AG anläßlich ihrer Umgestaltung in juristisch selbständige Gruppen, S. 5, VA GA/ 12.04.1933.
[35] TKA VSt/ 963.
[36] Fusban an Späing mit Gutachten der Hauptrechtsabteilung, S. 13, VA GA/ 04.01.1933; TKA VSt/ 963.
[37] Vertraulich Späing/ Dinkelbach an Linz (Hauptrechtsabteilung) am 09.05.1933, BBA 55/ 519.
[38] Hauptrechtsabteilung an Knepper am 12.05.1933; Niederschriften über die Sitzungen der Aufsichtsräte der Westfälische W., Rheinisch Westfälische W., Rheinische W. und Westdeutsche W. am 11.08.1933 im Verwaltungsgebäude der VSt, Abt. Bergbau Hauptverwaltung Essen, VA AR/ 1-A-3/ 11.08.1933; BBA 55/ 519.
[39] Hauptrechtsabteilung an Knepper am 12.05.1933, BBA 55/ 519.

Knepper, der auch nach Bildung der Wohnungsgesellschaften weiter opponierte, wollte außerdem keinen der Wohnungsbewohner, sondern allein die Werke der VSt als Vertragspartner der Wohnungsgesellschaften eingesetzt wissen.
Damit sollte der Vorteil verbunden sein, daß die Werke die Mieten vom Lohn einbehalten und an die Wohnungsgesellschaften abführen konnten. Die Mieten für diese Wohnungen sollten sich bei den Arbeitern aus den angeschlossenen Mietverträgen ergeben, während die Mieten für Beamtenwohnungen auf der Grundlage festgelegter Mietentschädigungen bestimmt werden sollten.[40] Die Mieteinziehung und -abführung sollte den Werken obliegen, deren Arbeitnehmer die Wohnungen besetzten. Damit wollte Knepper zumindest die erste und unmittelbarste Instanz für die Mieter sein und die damit verbundene Möglichkeit der Einflußnahme für den Bergbau bewahren. Das Argument des direkten Zugriffs auf die Miete traf aber im Hinblick auf die werksfremden Mieter nicht zu.[41] Dennoch fand eine sogenannte „Miete-Einhaltung" und Abrechnung der Abt. Bergbau für die Wohnungsgesellschaften statt. Neben dieser geringfügigen Verwaltungstätigkeit für den Wohnungsbestand stellte die Abt. Bergbau für sich fest, daß in den Fällen, in denen sich der Erwerb von Häusern mit Rücksicht auf Bergschäden als notwendig erwies, auch „weiterhin für die Abt. Bergbau Ankäufe zu tätigen waren".[42]

Knepper durfte sich allgemein in seinem Kurs der Unterstützung des Bergausschusses gewiß sein, der noch zwei Wochen nach Abschluß der Gründungsverträge die Frage aufwarf, ob die auf die Wohnungsgesellschaften übergegangenen Wohnungen nicht am billigsten von den Zechen selbst verwaltet werden könnten. Wie weit die Auseinandersetzungen gingen, zeigte der Streit um die Beleuchtungskörper der Häuser, die auf die Wohnungsgesellschaften übergegangenen waren. Die Gesellschaften nahmen die Beleuchtungskörper für sich in Anspruch, verbunden mit dem Hinweis, daß damit Zubehör gem. § 97 BGB betroffen war, das dem Gründungsprotokoll zufolge mit eingebracht worden war.[43]
Die Hauptrechtsabteilung teilte die Auffassung der Wohnungsgesellschaften rechtlich korrekt, so daß sich die Abt. Bergbau veranlaßt sah, darauf hinzuweisen, daß die Wohnungsgesellschaften dann auch die Verpflichtung übernehmen sollten, die Beleuchtungskörper kostenlos instand zu halten und gegebenenfalls zu ersetzen. Dieses Vorbringen war insofern verwunderlich, als daß sich diese Pflicht bereits aus der eigentumsrechtlichen Konstellation ergab. Es unterstrich indessen besonders augenfällig den Konfrontationskurs der Abt. Bergbau.

---

[40] Auszug aus der Niederschrift über die 98. Sitzung des Bergausschusses, VA GA/ 27.06.1933.
[41] Gutachten Dinkelbach, S. 2, VA GA/ 10.09.1932; Niederschrift über die Besprechung betreffend Aufteilung des Grundbesitzes der zur Hüttengruppe West und zur Bergbaugruppe Hamborn gehörigen Betriebe sowie der Betriebe in Mülheim a. d. Ruhr und Dinslaken, Stahlhaus Nord Düsseldorf, S. 3, VA GA/ 17.03.1933.
[42] Vertraulich VSt-Hauptstelle, Generalsekretariat an Hauptrevision, Hauptfinanzverwaltung, Bilanzbuchhaltung und Statistik, VA GA/ 29.03.1934 sowie Auszug aus der Niederschrift über die 99. Sitzung des Bergausschusses, VA GA/ 07.07.1933.
[43] Nr. II der Anlage II zum notariellen Gründungsprotokoll Dr. Stankeit, Bochum, BBA 55/ 1727.

Insgesamt ging die Argumentation zur Vermeidung einer Verteuerung der Wohnungswirtschaft in Bezug auf die neuen Wohnungsgesellschaften insofern fehl, als daß gerade einheitliche Verwaltungsvorgaben bessere Kostenstrukturen schaffen konnten. Hinsichtlich der Abt. Bergbau konnte zwar durchaus von einer Kostensteigerung allein wegen ausbleibender Mietüberschüsse aus Arbeiterwohnhäusern und Aufwendungen für die Beamtenwohnungen gesprochen werden. Für Vögler und Dinkelbach überwogen jedoch die Vorteile des unter der Leitung Dinkelbachs erarbeiteten Gesamtkonzepts, bestimmt von den Grundsätzen der Verwaltungsvereinfachung und den Finanzierungsmöglichkeiten, die die Wohnungsgesellschaften eröffneten.

3. Amerika-Anleihen

Einer Gründung der Wohnungsgesellschaften stand aber noch die weitere große Schwierigkeit entgegen, daß das Grundeigentum der VSt für mehrere amerikanische Anleiheabschnitte aus dem Jahr 1926 haftete.[44] Es handelte sich dabei um drei Anleiheabschnitte, gekennzeichnet durch die Serien A, B und C.

Die Anleihe Serie A hatte eine Laufzeit von 25 Jahren, begeben in den USA und zu gleichem Rang mit den Serien B und C hypothekarisch gesichert. Als Serie B begab die VSt die zu 102 % rückzahlbare Anleihe über 126 Mio. RM. Davon wurden im Deutschen Reich 90 Mio. RM, in den Niederlanden 5 Mio. RM, in der Schweiz 15 Mio. RM und in Schweden 5 Mio. RM aufgelegt. Die Laufzeit betrug wie bei den Serien A und C 25 Jahre. Die Begebung der Serie C schloß die VSt zur Ablösung eines noch nicht eingelösten Teils einer Thyssen-Anleihe aus dem Jahr 1925 ab.
Die Abkommen und Verträge ging die VSt mit der National City Bank of New York, dem Bankhaus Dillon, Read & Co. und der Darmstädter & Nationalbank Kom. Ges. a.A., Berlin, ein.

Im einzelnen begab das Bankhaus Dillon, Read & Co., New York, die Anleihe Serie A über $ 30 Mio. zu 6 ½ %. Zur Sicherstellung der Serie A erging die Eintragung einer Sicherungshypothek in Höhe von $ 31,5 Mio. und einer Schuld von 4,2 Mio. GM zu gleichem Rang mit den für die Serien B und C bestellten Sicherheiten. Die Zinsscheine der Serie A waren am 1. Juni und 1. Dezember jedes Jahres zahlbar.[45]
Die Serie B über 126 Mio. RM war die zweite Serie der einheitlichen Gesamtanleihe, für die die Darmstädter und Nationalbank Kommanditgesellschaft a. A. zu Berlin (Danatbank) und The National City Bank of New York in New York gemeinschaftlich Treuhänder waren. Diese Serie wurde zu gleichem Rang mit den Serien A und C durch Eintragung einer Feingoldhypothek im Sinne der „5. VO zur Durchführung des Gesetzes über wertbeständige Hypotheken" sichergestellt und war mit 7 % jährlich verzinslich.

---

[44] Dinkelbach Denkschrift, S. 6 VA GA/ 10.09.1932; zur Anleihepolitik der VSt Wixforth, S. 493 ff. .
[45] Bezug bis 1. Juli 1929 zum Kurs von 125 %; $ 30.000.000 United Steel Works Corporation (Vereinigte Stahlwerke) 25-Year 6 ½ % Sinking Fund Mortgage Gold Bond Series A, vgl. Vereinigte Stahlwerke, Handbuch Anleihen, S. 194, 210.

Die zur Ablösung der Thyssen-Anleihe aus dem Jahr 1925 begebene Anleihe von $ 10.815.000 zu 6 ½ % war hinsichtlich der Tilgung und der Bezugsrechte auf Aktien der VSt ausgestattet wie die Serie A.[46] Zusammengefaßt handelte es sich also um folgende Anleiheabschnitte:

Tab. 12: Anleiheabschnitte der Vereinigte Stahlwerke AG; 1926

Serie A	6,5 %	$	30.000.000,--
Serie B	7,0 %	RM	126.000.000,--
Serie C	6,5 %	$	10.815.000,--

Quelle: Vereinigte Stahlwerke, Handbuch Anleihen, S. 4.

Die in zehn Verträgen und Abkommen[47] verbrieften Anleihebedingungen gingen im einzelnen aus Treuhands-, Options- und Anleiheverträgen, einem Umtausch-Ausführungsvertrag und gesonderten Abkommen hervor. Neben neun Verträgen bzw. Abkommen, die die VSt abschloß, waren für die Freigabe der Grundstücke noch die Anleihebedingungen zu beachten, die aus einem Zusatz-Treuhandvertrag für die Serie B hervorgingen, den The National City Bank of New York und die Danatbank miteinander eingingen.

In einem Banker's Agreement [Vertragsnummmer 1, Tab. 13] zwischen der VSt und Dillon, Read & Co. war der Abschluß der 6 ½-prozentigen Anleihe Serie A über $ 30 Mio. niedergelegt, während es sich bei dem Trust Indenture [2] als Treuhandvertrag zwischen der VSt und The National City Bank of New York gemeinsam mit der Danatbank um einen Mantelvertrag handelte, in dem die genauen Vorschriften für den Anleihedienst der Serie A festgesetzt waren. Dieser Vertrag schuf den Rahmen für derzeitige und künftige Anleihe-Finanzierungen und ließ zur Regelung der Bedingungen neuer Anleihen Spielraum für Zusatztreuhandverträge.[48]

Die Serien A und C waren in Bezug auf die Aktien der VSt mit einer Option ausgerüstet, die in dem Warrant Indenture [3] zwischen der VSt und The National City Bank of New York festgeschrieben war. Dieser Optionsvertrag regelte die Hinterlegung von Optionsaktien, die Verfügung über die den Optionsaktien anhaftenden Rechte und die Ausübung der Option mit einer Befristung bis zum 1. Juli 1929. Der Banker's Optionsvertrag zwischen der VSt und Dillon, Read & Co. (Agreement dealing with Banker's Stock Option) [4] hingegen sah die Einräumung einer Option für Dillon, Read & Co. auf VSt-Aktien vor. Aus einem Zusatz-Optionsvertrag zwischen der VSt und The National City Bank of New York, dem Supplemental Warrant Indenture [5], ging dann indirekt zugunsten der Dillon, Read & Co. die Erhöhung der Option [4] für den Bezug von Aktien der Stahlunion hervor.[49]

[46] RGBl. 1924 I S. 415; Vereinigte Stahlwerke, Handbuch Anleihen, S. 206, 212, 223.
[47] TKA VSt/ 3894, 3898, 3899, 4026, 4028, 4029, 4030.
[48] Vereinigte Stahlwerke, Handbuch Anleihen, S. 4.
[49] Vereinigte Stahlwerke, Handbuch Anleihen, S. 5.

Tab. 13: Anleiheverträge der Vereinigte Stahlwerke AG; 1926

Nr.	Vertrag	Datum
[1]	Abkommen zwischen Vereinigte Stahlwerke AG und Dillon, Read & Co. *(Banker's Agreement)*	23.06.1926
[2]	Treuhandvertrag zwischen der Vereinigte Stahlwerke AG und The National City Bank of New York sowie der Darmstädter- & Nationalbank Kom.-Ges .a.A., Berlin *(Trust Indenture)*	01.06.1926
[3]	Optionsvertrag zwischen Vereinigte Stahlwerke AG und The National City Bank of New York *(Warrant Indenture)*	01.07.1926
[4]	Banker's Optionsvertrag zwischen der Vereinigte Stahlwerke AG und Dillon, Read & Co. *(Agreement dealing with Banker's Stock Option)*	23.06.1926
[5]	Zusatz-Optionsvertrag zwischen Vereinigte Stahlwerke AG und The National City Bank of New York *(Supplemental Warrant Indenture)*	01.06.1926
[6]	Der Deutsche Anleihe-Vertrag zwischen der Vereinigte Stahlwerke AG und der Darmstädter- & Nationalbank Kom.-Ges .a.A., Berlin und Abschlußschreiben der Darmstädter- & Nationalbank Kom.-Ges. a.A., Berlin	16.08.1926
[7]	Abkommen zwischen der Vereinigte Stahlwerke AG und Dillon, Read & Co. betr. Thyssen-Umtausch *(Agreement dealing with Exchange of Thyssen Bonds)*	23.06.1926
[8]	Zusatz-Treuhandvertrag zwischen Vereinigte Stahlwerke AG einerseits und The National City Bank of New York und Darmstädter- & Nationalbank Kom.-Ges .a.A., Berlin andererseits für die Serie C *(Supplemental Indenture dealing with Exchange of Thyssen-Bonds)*	01.06.1926
[9]	Umtausch-Ausführungs-Vertrag zwischen Vereinigte Stahlwerke AG und The National City Bank of New York *(Escrow Agreement)*	12.07.1926

Quelle: Vereinigte Stahlwerke Aktiengesellschaft, Handbuch Anleihen, S. 4 ff. .

Die Serie B war gleichfalls mit einem Optionsrecht auf Aktien der VSt ausgestattet. In dem Deutschen Anleihe-Vertrag zwischen der Danatbank und der VSt sowie in dem Abschlußschreiben der Danatbank [6] waren die Abschlußbedingungen für die deutsche Anleihe über 126 Mio. RM in Höhe von 7 % verbrieft. Die vollinhaltliche Gegenbestätigung wurde von der VSt am 2. Oktober 1926 erteilt.
Zuzuordnen war die Serie B dem Treuhand-Vertrag als dem Rahmenvertrag (Trust-Indenture [2]) mit dem Zusatz-Treuhandvertrag für die Serie B, abgeschlossen zwischen The National City Bank of New York und Danatbank.[50]

Die Ausgabe der Serie C für das Herausziehen der Thyssen-Anleihe ($ 10.500.000,--) aus dem Markt war aufgrund eines Abkommens zwischen der VSt und Dillon, Read & Co., dem sog. Agreement dealing with Exchange of Thyssen Bonds [7], als 6 ½-prozentige Anleihe der VSt über $ 10.815.000,-- geregelt.

[50] Vereinigte Stahlwerke, Handbuch Anleihen, S. 4 f. .

Die für die Serie C geltenden besonderen Bestimmungen regelte ein weiterer Zusatz-Treuhandvertrag zwischen der VSt einerseits und The National City Bank of New York sowie der Danatbank andererseits. Der Vertrag ordnete zugleich die Serie C unter den Mantel-Vertrag (Trust-Indenture [2]) ein. Für den Umtausch der Thyssen-Anleihe kam es darüber hinaus mit dem sog. Escrow Agreement zu einem gesonderten Umtausch-Ausführungs-Vertrag zwischen der VSt und The National City Bank of New York. Dieser Vertrag schließlich zeigte die Umtauschmodalitäten der Thyssen-Bonds in Serie C-Bonds der VSt auf. Weitere Anleihen bekam die VSt 1927 in Höhe von $ 34.225.000 über Dillon, Read & Co. ebenso, wie die GBAG 1928 noch $ 15.000.000,-- erhielt.[51]

Die VSt nahm die Anleihe 1926 zur Stärkung ihrer Betriebsmittel und zur Ablösung laufender Verbindlichkeiten auf. Sie war den Anleihetreuhändern verpflichtet und von deren Zustimmung abhängig.
Die Anleihe belastete nicht nur reines Wohneigentum. Sowohl mit den Werken verbundene Gebäude, als auch Wohnhäuser, die sich nicht auf Werksgelände befanden, unterlagen Anleihe-Belastungen. Einige Grundstücke in Randgebieten waren bereits von der Haftung befreit. Im März 1933 erstreckte sich die Belastung auf einen Einheitswert von 133.935.000,-- RM.[52]
Für eine Übertragung auf die zu gründenden Wohnungsgesellschaften mußten die Grundstücke jedoch von der Haftung für die Anleiheschuld frei sein. Eine Freigabe von Werkwohnungs-Grundstücken der VSt war ebenso wie die Genehmigungsbedürftigkeit einer Fusion oder einer Aufteilung von Werksgesellschaften im Indenture vom 01.01.1926, dem sog. „Rhein-Elbe-Indenture“, und im VSt-Indenture vom 01.06.1926 festgelegt.[53]

Eine Möglichkeit der Freigabe bestand darin, daß mit Zustimmung des amerikanischen Treuhänders zu dessen Gunsten der Verkauf eines Grundstücks unter Zurverfügungstellung des Kaufpreises stattfand. Sofern der Kaufpreis unter dem Schätzwert des Grundstücks lag, hatte der Treuhänder Anspruch auf den dem Schätzpreis entsprechenden Betrag.[54]
Eine andere Freigabemöglichkeit war für die Gründung der Wohnungsgesellschaften von noch größerem Interesse. Späing beschrieb diese Möglichkeit „mit der in unseren amerikanischen Anleiheverträgen gegebenen Möglichkeit“, Grundstücke gegen den Nachweis gleichwertiger Neuanlagen auf den den Anleihegläubigern verpfändeten Grundstücken von der Hypothek freizustellen. Das bedeutete, daß die VSt Freigabean-

[51] Verenkotte, S. 215; Vereinigte Stahlwerke, Handbuch Anleihen, S. 5.
[52] Aktennotiz Dinkelbach, VA GA/ 17.03.1933.
[53] Anleihe-Treuhandvertrag/ Indenture von GBAG, Deutsch-Luxemburgische Bergwerks- und Hütten-AG sowie Bochumer Verein für Bergbau- und Gußstahlfabrikation mit The American Exchange Pacific National Bank vom 01.01.1926, TKA VSt/ 3894. Anleihen-Treuhandvertrag zwischen VSt, The National City Bank of New York und Darmstädter- und Nationalbank KGaA als Treuhänder vom 01.06.1926, TKA VSt/ 4028; ebenso BArch R 907/ 11868.
[54] Art. IX Abschn. 1 b), VA GA/ 18.05.1933.

träge stellen konnte, sofern sie in der Lage war , jeweils einen Werterhöhungsnachweis erbringen.[55]
Den Unterlagen zu den Freigabeanträgen mußte eindeutig zu entnehmen sein, daß es sich bei den neuen Anlagen der VSt nicht ausschließlich um Ersatzbauten, sondern um zusätzliche Einrichtungen wie Erweiterungs- oder Verbesserungsbauten handelte. Allein der Ersatz von altem, nicht ausreichendem, abgenutztem oder zerstörtem Eigentum reichte dementsprechend nicht aus. Ob die Voraussetzungen eines Freigabeantrags erfüllt waren, hing von der Feststellung ab, ob die von der Gesellschaft ausgeführten Arbeiten tatsächlich zu werterhöhenden Bauten geführt hatten.[56] Lag nun bei einer Würdigung des Freigabewerts der Wert des ursprünglich belasteten Grundeigentums nebst Anlagen erheblich unter dem zum Beleihungszeitpunkt zugrundegelegten Wert, galten auch Erweiterungsbauten grundsätzlich nur als „werterhaltend".
Das bedeutete zugleich, daß werterhöhende Maßnahmen nur dann vorlagen, wenn die Bauten in gutem und brauchbarem Zustand errichtet worden waren.[57] So ergab sich für jeden Einzelfall die Vorgabe, sorgfältig zu prüfen, ob es sich um werterhöhende oder lediglich werterhaltende Anlagen handelte.

Da die Treuhänder im einzelnen den Nachweis für einen Wertzuwachs verlangten, kam es für die VSt darauf an, die Vorzüge der neuen Anlagen darzulegen und die Verbesserung und Werterhöhung zu verdeutlichen.
Die Zusammenstellung der Wertzuwachsbeträge wies 218.953.000,-- RM aus und verteilte sich namentlich auf Bergwerksbetriebe und Hüttenwerke, die Rohstoffbetriebe, den Bochumer Verein, die Gießereigruppe, die Röhrenwerke, die Drahtgruppe, die Verfeinerungsgruppe und die Gruppe Siegerland. Neben einer großen Zahl von Investitionen, die im Wert unter der Millionengrenze blieben, bewirkten einige Einrichtungen einen darüber liegenden hohen Wertzuwachs.

Die im Bergbau vor allem in der Bergbaugruppe Dortmund erzielten Wertzuwächse ergaben sich aus Wertsteigerungen bei umgebauten Schachtanlagen, neu errichteten Großkokereien, Gleisanlagen und einer Drahtseilbahn, neuen Kesseln mit Kamin und Speicheranlagen, einem Erweiterungsbau von 60 Öfen auf der Kokerei Erin einschließlich Koksabwurframpe und Nebenproduktenanlagen sowie dem Ausbau der Tagesanlagen.[58] Darüber hinaus war zwecks Freimachung von Kokereigas für die Ferngasversorgung die Umstellung der vorhandenen Kessel auf die Verfeuerung von festen Brennstoffen erfolgt und es war eine Kesselbekohlungsanlage entstanden.
Außerdem hatten die Drucklufterzeugungsanlagen mit dem weiteren Ausbau der Zechen Minister Stein und Fürst Hardenberg für eine Fördersteigerung nicht Schritt gehalten, so daß zur wirtschaftlichen Erzeugung der Druckluftmengen und zur Schaffung

---

[55] Auszug aus der Niederschrift über die Sitzung der Industriellen Kommission des Aufsichtsrates der Vereinigte Stahlwerke AG am 20.06.1933, S.2, VA GA/ 21.06.1933.
[56] R.-E.-Ind., Art. IX Abschn. 5, 1, S. 87 f. (S. 107).
[57] Gutachten zur Freigabe, S. 6, VA GA/ 18.05.1933.
[58] Der Ausbau erfolgte für eine Tagesförderung über 3.000 t netto von der achten Sohle.

einer Betriebsreserve ein neuer Turbokompressor zum Einsatz kam. Der in den veralteten Kesselanlagen erzeugte Dampf war zu teuer geworden, da er bis dahin in ebenfalls veralteten Turbinenanlagen unwirtschaftlich in Strom umgewandelt wurde. Die Zeche Zollern nahm den Umbau der entsprechenden Kessel und der 3.500 kw-Turbine auf Schacht II vor.

Die Fördersteigerung auf den Zechen Fürst Hardenberg und Minister Stein hatte zudem die Aufstellung je eines neuen modernen Kesselhauses verlangt, um den erforderlichen Dampf mit den geringsten Selbstkosten erzeugen zu können. Außer den Kesselhäusern waren auch neue Kohlenstaubaufbereitungs- und Verdampferanlagen mit Dampfspeicher entstanden. Um ebenso das Überschußgas der Kokereien für die Ferngasversorgung nutzbar zu machen, hatten die Zechen weitere Kompressoren aufgestellt. Daneben hatte die Zeche Minister Stein die vollständig neue Schachtanlage Emil Kirdorf ebenso wie den dafür ausgebauten Zechenbahnhof nebst besonderem Füllort in Betrieb nehmen können.[59]

Die Bergbaugruppen Bochum, Gelsenkirchen und Hamborn erzielten gleichfalls mit der Aufstellung von neuen Kompressoren, Turbinen und Kesseln Wertzuwächse.[60] Um den Koksbedarf der örtlichen Werke zu sichern und um eine höhere Koksbeteiligungsquote beim Kohlensyndikat zu erreichen, waren auf den Zechen Bruchstraße, Alma und Nordstern moderne Großkokereien mit Nebengewinnungsanlagen hinzugekommen. Da die veralteten und im Betrieb unsicheren Ventilatoren nicht mehr für eine Steigerung der Luftleistung ausgereicht hatten, kamen nun für die Weiterführung und eine Vergrößerung der Grube neue Ventilatoren zum Einsatz. Der Bau automatischer Wagenumläufe hatte zudem den alten Betrieb auf der Hängebank ebenso modernisiert wie der Bau einer mechanischen Koksverladung auf der Zeche Graf Moltke die unwirtschaftliche Handverladung des erzeugten Kokses abgelöst hatte.

Zwecks Aufnahme weiterer Fördermaschinen hatte außerdem die Zeche Zollverein mit einem Wertzuwachs von 235.000,-- RM Fördermaschinengebäude errichtet. Die Zeche Alma hatte daneben zur Vermeidung von Bergschäden und zur Sicherstellung eines geregelten Bergversatzes noch eine vollständig neue Spülversatzanlage in Betrieb genommen.[61] Da auf Friedrich Thyssen III/VII die vorhandene Gaskühlanlage nicht ausgereicht hatte, um das gesamte Gas für die Fernleitung auf 0° herunterzukühlen, waren dort eine vergrößerte Gaskühlanlage und eine Benzolfabrik sowie eine neue Ammoniakfabrik mit einem Wertzuwachs von 2.500.000,-- RM entstanden. Die fortgeschrittene Entwicklung der Tagesanlagen und die voranschreitende Elektrifizierung unter Tage hatten zudem den Neubau moderner, betriebssicherer Schaltanlagen mit Schalt- und Transformatorenhäusern zur Folge gehabt.

---

59 Haupt-Neubauverwaltung an Späing, Dinkelbach und Martini bzgl. Bergbaugruppe Dortmund, VA/ GA/ 20.05.1933.

60 Zechen Prinz Regent, Karolinenglück, Dannenbaum, Bruchstraße (Bochum)/ Graf Moltke, Zollverein, Rheinelbe-Alma, Holland, Nordstern, Pluto (Gelsenkirchen)/ Friedrich Thyssen III/IV, Beeckerwerth, Lohberg, Westende Kampschacht (Hamborn).

61 Haupt-Neubauverwaltung an Späing, Dinkelbach und Martini bzgl. Bergbaugruppe Gelsenkirchen und Bergbaugruppe Bochum, VA GA/ 20.05.1933.

Die Rohstoffbetriebe konnten einen Wertzuwachs über 1.395.000,-- RM verbuchen, da die auf den Erzgruben Vereinigung, Petersbach und St. Andreas ursprünglichen Aufbereitungsanlagen nicht mehr in Betrieb waren, sondern eine moderne Zentralaufbereitungsanlage angelaufen war, die für die drei Gruben eine eigene Bahnverbindung hatte.[62]

In der Hüttengruppe West ergaben sich Wertzuwächse, da neue Abhitzeverwertungsanlagen und die wegen der wachsenden Elektrifizierung vorgenommenen Erweiterungen am Gesamtkabelnetz und an Zentralschalthäusern die Wirtschaftlichkeit der Kraftzentralen erhöht hatten.

Die ATH in Hamborn hatte neugebaute Stabeisen- und Blockstraßen mit einem Wertzuwachs von 4.300.000,-- RM für die Gesamtstahlproduktion erhalten. Darüber hinaus hatte die ATH nach der Errichtung von sieben Öfen mit dem Bau eines achten Ofens (4.400.000,-- RM) begonnen. Um einen einwandfreien An- und Abtransport der Walzen zu ermöglichen, hatte die vorhandene Dreherei Außenkranbahnen und Kranausrüstungen bekommen. Der erhöhte Umschlag des Hafens hatte dann einen Umbau der vorhandenen Verladebrücken erforderlich gemacht. Einen weiteren hohen Wertzuwachs (7.500.000,-- RM) ergab die Anschaffung weiterer Dynamo- und Gebläsewindmaschinen zur Mehrstahlerzeugung in den Walzwerken der ATH in Hamborn und Mülheim, während neben neuen Schlackenbrech- und Siebanlagen eine neue Thomasschlackenmühle nebst Zubehör mit 3.500.000,-- RM Wertzuwachs den Anforderungen an modernes Thomasmehl gerecht werden sollte. Die Verbesserung der Verladung von Gütern hatte im Fall der Hochofenschlacke nicht nur die Installation von Elektrolöffelbaggern zur Folge, sondern ebenso den Bau von Erzverladebrücken und weiteren Hafenanlagen für den Umschlag ankommender Erze.[63] Um den bei der Hütte Vulkan existierenden Gasüberschuß auf der Niederrheinischen Hütte nutzbar zu machen, verkuppelten sich die Hütten mit einer Gasleitung, indem sie die Leitung von der Duisburger Kupferhütte zur Niederrheinischen Hütte verlängerten.[64]

Auch beim Bochumer Verein hatten die Öfen zeitgemäßen Anforderungen der Walzwerke nicht standgehalten. Die Konsequenzen zeigten sich in neuen Stoßöfen und einer vollständigen Kohlenstaubmahlanlage. Die gestiegenen Anforderungen der Konzernwerke und der eigenen Rohrwerke hatten darüber hinaus die Aufstellung eines vierten kippbaren Martinofens neben den notwendigen Chargier- und Gießkränen erfordert und gemeinsam mit Stoßöfen, Kohlenstaubmahlanlage und einer Koksgasleitung zur Gasversorgung einen Wertzuwachs in Höhe von 3.100.000,-- RM erzeugt.
Aus Modernisierungsgründen hatte außerdem ein neues Zwei-Kaliber-Reifenwalzwerk im Hammerwerk II des Bochumer Vereins das alte Walzwerk für Straßenbahnradreifen ersetzt. Darüber hinaus hatte eine vom Bochumer Verein erbaute Verbindungsbahn

---

[62] Haupt-Neubauverwaltung an Späing, Dinkelbach und Martini bzgl. Rohstoffbetriebe, VA/ GA/ 20.05.1933.
[63] Haupt-Neubauverwaltung an Späing, Dinkelbach und Martini bzgl. August Thyssen-Hütte Hamborn und Hüttenbetrieb Meiderich, Hochofen; Hafenanlage für Erzumschlag auch bei Dortmunder Union-Hörder Verein, VA GA/ 20.05.1933.
[64] Haupt-Neubauverwaltung an Späing, Dinkelbach und Martini bzgl. Hütte Vulkan, VA GA/ 20.05.1933.

einen hohen Wertzuwachs über 5.100.000,-- RM erbracht. Da der Bochumer Verein noch nicht an den Wasserweg angeschlossen war, hatte er eine Bahn für den Transport von Erz und anderen Rohstoffen zum Hafen Grimberg eingerichtet. Ebenfalls hoch in Ansatz gebracht werden konnten zwei neue Gasgebläsemaschinen nebst zugehörigen Fundamenten, Gebäuden und Einrichtungen sowie der Bau eines neuen Preßwerks einschließlich Spezialanwärmöfen für das Pressen besonders großer Schmiedeteile mit einem Wertzuwachs von zusammen 6.700.000,-- RM.

Um in der Gießereigruppe weiterhin Überschußgasmengen der Schalker Hochöfen wirtschaftlich auffangen und verwenden zu können, waren die Installation einer Kesselbatterie für Kohlenstaub und einer MAN-Hochdruckturbine mit einem Wertzuwachs von 3.500.000,-- RM erfolgt. Die Einrichtung einer Kabelverbindung zwischen Schalker Verein und Bochumer Verein ergänzte diese Vorhaben. Zum Kraftausgleich zwischen den Werken sollte der Bochumer Verein unter Einbeziehung der Bergbaugruppe Bochum (Zeche Prinz Regent) Überschußenergie der Schalker Hochöfen nutzen können. Daneben hatte eine neue Schleudergießerei zwecks Herstellung großer Mengen gußeiserner Rohre einen Wertzuwachs über 2.200.000,-- RM erbracht.
Zur Senkung der Betriebskosten für die Schlackengranulierung und für eine preiswerte Verfrachtung des Schlackensandes hatte der Schalker Verein außerdem eine Zentralschlackengranulation und eine Umschlaganlage für Schlackensand und Koks erbaut.[65]
Die Friedrich Wilhelms-Hütte hatte dagegen eine neue Zementfabrik errichten müssen, um unter Berücksichtigung größtmöglicher Rentabilität aus Hochofenschlacke einwandfreien, verkaufsfähigen Zement herstellen zu können. Die Einrichtung der Bandarbeit für Radiatoren- und Heizkesselbau hatte noch einen weiteren Ausbau der Gießerei in Hilden zur Folge gehabt. Die Einführung von Rippenplatten bei der Deutschen Reichsbahn hatte außerdem im Werk Wanheim in Duisburg-Wanheim die Beschaffung von Einrichtungen zur Herstellung von Weichenrippenplatten bei einem gleichzeitigen Wertzuwachs von 1.800.000,-- RM erfordert.[66]

In der Stahlröhrengruppe ergaben sich Wertzuwächse aufgrund größerer Investitionen in die Verbesserung der Produktion und in die Errichtung von Gebäuden.
Um den Bedarf an nahtlosen Röhren kleinen Durchmessers decken zu können, hatten die Röhrenwerke in Düsseldorf ein neues Stiefelwalzwerk mit den zugehörigen Hilfs- und Transportanlagen erstellt und allein in Verbindung mit der Aufstellung von neuen Fallhämmern zur Herstellung von Spezialflanschen sowie mit neuen Hallen und Maschinen für die Adjustage einen Wertzuwachs von 3.850.000,-- RM erzielt.
Die Stahl- und Walzwerke Thyssen in Mülheim hatten neben Warm- und Kaltziehanlagen für nahtlose Gasrohre mehrere Weiterverarbeitungshallen (1.000.000,-- RM) und eine schwere Muffenkalibrierpresse von 1.000 t (1.500.000,-- RM) in besonderen Hallen eingerichtet. Hinzu kamen nebst Hilfsmaschinen und Apparaturen moderne

---

[65] Haupt-Neubauverwaltung an Späing, Dinkelbach und Martini bzgl. Schalker Verein, Gelsenkirchen, VA GA/ 20.05.1933.
[66] Haupt-Neubauverwaltung an Späing, Dinkelbach und Martini bzgl. Friedrich Wilhelms-Hütte, Mülheim a. d. Ruhr; Gießerei, Hilden; Werk Wanheim, Duisburg-Wanheim, VA GA/ 20.05.1933.

Tab. 14: Wertzuwachsbeträge bei Neuanlagen der Vereinigte Stahlwerke AG; 1933

Betrieb		RM	
		Einzel	Gesamt
Bergbaugruppen	Dortmund	58.450.000,--	136.520.000,--
	Bochum	9.950.000,--	
	Gelsenkirchen	35.185.000,--	
	Hamborn	32.935.000,--	
Rohstoffbetriebe	Dortmund	1.395.000,--	1.395.000,--
Hüttenwerke	August Thyssen-Hütte, Hamborn	25.540.000,--	46.933.000,--
	Hütte Ruhrort-Meiderich	-	
	Hüttenbetrieb Hochofen, Meiderich	1.373.000,--	
	Niederrheinische Hütte	-	
	Hütte Vulkan, Duisburg	990.000,--	
	Dortmunder Union, Hörder Verein	2.480.000,--	
	Bochumer Verein	16.550.000,--	
Gießereigruppe	Schalker Verein, Gelsenkirchen	7.915.000,--	12.065.000,--
	Friedrich Wilhelms-Hütte, Mülheim	1.550.000,--	
	Hüttenbetrieb Gießerei	-	
	Gießerei Hilden	800.000,--	
	Zementfabrik Vulkan	-	
	Werk Wanheim, Duisburg-Wanheim	1.800.000,--	
	Concordiahütte, Engers	-	
Röhrenwerke	Röhrenwerke, Düsseldorf	5.350.000,--	16.770.000,--
	Stahl- und Walzwerke Thyssen	7.505.000,--	
	August Thyssen-Hütte, Dinslaken	2.000.000,--	
	Bochumer Verein, Röhrenwerk Höntrop	1.915.000,--	
Drahtgruppe	Westfälische Union, Hamm	520.000,--	520.000,--
	Drahtwerke Langendreer	-	
	Gebrüder Knipping, Altena	-	
	Metallweberei, Brünn	-	
Verfeinerungsgruppe	August Thyssen-Hütte, Dinslaken	1.200.000,--	1.200.000,--
	Wuragwerk, Hohenlimburg	-	
	Nordseewerke, Emden	-	
	Eisenindustrie zu Menden und Schwerte	-	
Gruppe Siegerland	Charlottenhütte mit Unterwerken	1.250.000,--	3.550.000,--
	Hochofenwerk, Wissen	-	
	Weißblechwerk, Wissen	2.300.000,--	
	Westfälische Union, Nachrodt	-	
	Weiß- und Feinblechwalzwerke, Hüsten	-	
	Stahlwerke van der Zypen, Köln	-	
	Meggener Walzwerk	-	
	Siegener Eisenbahnbedarf	-	
			218.953.000,--

Quelle: Haupt-Neubauverwaltung an Späing, Dinkelbach und Martini, VA GA/ 20.05.1933.

Walzwerke u. a. zur Herstellung von Rohren mit einem Durchmesser von mindestens 700 mm. Der sich ständig vergrößernde Abruf von fertigen Rohrbögen für Leitungsmontagen hatte die Aufstellung einer Rohrbogenfabrikation in größerem Maßstab verlangt („Hamburger Rohrbogenanlage“). Ebenso führten die gesteigerten Anforderungen an Stahlmuffenröhren zu der Erweiterung des Röhrenwalzwerks Höntrop um eine weitere Halle und zu Neubaumaßnahmen im Röhrenwalzwerk der ATH in Dinslaken (insgesamt 3.350.000,-- RM).[67]

In der Verfeinerungsgruppe und der Gruppe Siegerland schließlich waren ebenfalls weitere Walzwerke entstanden, um den Vorsprung der amerikanischen Weiß- und Feinblechwalzwerke für Karosserie- und Walzbleche aufzuholen und hatten den Bau einer modernen Gießhalle zum direkten Chargieren im Martiniwerk zur Folge.[68]

Die Werke der VSt hatten somit vielerorts Erweiterungs- und Verbesserungsbauten errichtet, die ausweislich zu Wertzuwächsen führten und daher insoweit für eine Freigabe der Grundstücksbelastungen herangezogen werden konnten.
Damit war allerdings noch nicht das Problem gelöst, daß die freizugebenden Grundstücke mit ihrer Einbringung in die Wohnungsgesellschaften weder „verkauft“ noch „gegen anderes Grundeigentum eingetauscht“ werden sollten und eine anderweitige Grundstücksübertragung buchstabengetreu nicht unter die Freigabevoraussetzungen fiel. Dies war nur dann der Fall, wenn es der VSt gelang nachzuweisen, daß die Einbringung einem Verkauf gleichkam. Die VSt verfolgte die Argumentation, daß die Einbringung als Unterform einer Veräußerung angesehen werden konnte.[69]
Zwar stand ein Einbringungsvertrag einem Kaufvertrag rechtlich nicht gleich, sondern war Teil des Gesellschaftsvertrags und daher auch nicht als Kaufvertrag zu verstempeln. Dennoch fanden die rechtlichen Voraussetzungen beim Kauf über Sach- und Rechtsmängelgewährleistung gem. §§ 445 ff. BGB auch bei der Einbringung Anwendung und führten so zu der Gleichsetzung mit einem Verkauf.

Insofern konnte die VSt Grundstücksfreigaben beantragen, auch wenn Späing noch darauf aufmerksam machte, daß angesichts der seit 1926 stark verringerten Produktionsstätten „bei den Amerikanern die uns höchst unangenehme Frage nach dem Minderwert der zahlreichen stillgelegten Betriebsanlagen“ aufkommen konnte.[70] Dessen ungeachtet bereitete die VSt die Freigabeanträge vor und lag damit angesichts der ausbleibenden Diskussion zum Minderwert stillgelegter Betriebsanlagen richtig.

---

[67] Haupt-Neubauverwaltung an Späing, Dinkelbach und Martini bzgl. Röhrenwerke, Düsseldorf; Stahl- und Walzwerke Thyssen, Mülheim a. d. Ruhr; August Thyssen-Hütte, Dinslaken; Bochumer Verein, Röhrenwerk Höntrop, VA GA/ 20.05.1933.
[68] Haupt-Neubauverwaltung an Späing, Dinkelbach und Martini bzgl. August Thyssen-Hütte Dinslaken, Verfeinerung; Charlottenhütte, Niederschelden; Eichener Walzwerk, Kreuztal [Charlottenhütte]; Weißblechwerk, Wissen, VA GA/ 20.05.1933.
[69] Gutachten zur Freigabe von Werkwohnungs-Grundstücken der Vereinigte Stahlwerke Aktiengesellschaft und Freigabe von Geldbeträgen gemäß R.-E.-Ind. vom 1. Januar 1926, VA GA/ 18.05.1933.
[70] Späing an Sempell vom 22.12.1932, S. 4 f., VA GA/ 22.12.1932.

Schon bei den Verhandlungen anläßlich der Gründung der VSt 1926 hatten sich die amerikanischen Treuhänder der Irving Trust Company in Verbindung mit der Deutschen Kreditsicherung AG mit den Gutachtern Martini und Philippi einverstanden erklärt, die nun auch hier die Position der VSt vertreten sollten.[71]
Während Martini bereits zuvor entsprechende Taxen für die VSt angefertigt hatte, befaßte sich Philippi als Rechtsanwalt und Justitiar für die VSt sowie als Leiter der Dortmunder Rechtsabteilung und in dieser Funktion als juristischer Sachverständiger mit Fragen der Anleihen. Späing erwog zunächst lediglich Gutachten von Martini und Philippi beizubringen, ohne zuvor das nochmalige Einverständnis der Treuhänder mit diesen Sachverständigen einzuholen. Angesichts des Arbeitsumfangs nahm aber nicht nur Späing eine Unterstützung durch Price Waterhouse in Aussicht. Auch aus New York kamen nachdrücklich Signale zugunsten eines weiteren, unparteiischen Sachverständigen. Die Qualität der Gutachten sollte die richtige Bewertung und die Unparteilichkeit ohne Zweifel lassen und in einem Memorandum für die Treuhänder in entsprechenden Bewertungen zum Ausdruck kommen.[72]

Um die Anleiheverhandlungen zu führen, traf Oskar Sempell am 7. April 1933 in Begleitung des Mitarbeiters Clark von Price Waterhouse und Rechtsanwalt Dr. Mirow in New York ein. Price Waterhouse war nun tatsächlich in die Verhandlungen eingebunden.[73] Sempell selbst hatte bereits 1925/ 26 im Vorfeld der Gründung der VSt Anleiheverhandlungen in den USA geführt.
Die Verhandlungen zur Gründung der Wohnungsgesellschaften erfolgten nach ersten Sondierungsgesprächen, die Carl Rabes bereits im Februar 1933 mit den europäischen Vertretern der Investmentbank Dillon, Read & Co. - Emissionshaus aller amerikanischen Anleihen der VSt-, mit den amerikanischen Treuhändern von der Chase National Bank of the City of New York, der American Exchange Irving Trust Company („Irving Trust Company“) und der National City Bank of New York geführt hatte. Rabes war insofern sehr erfahren, als daß er sich nicht nur bereits vor dem Ersten Weltkrieg zur Finanzierung von Projekten der internationalen Finanzmärkte bedient hatte, sondern ihm war es 1925 auch gelungen, für den Thyssen-Konzern die Anleihe in den USA über Dillon, Read & Co. aufzunehmen.[74]
Die Besprechungen zur Gründung der Wohnungsgesellschaften gestalteten sich jedoch schwierig und dauerten wegen Unstimmigkeiten bis kurz vor Unterzeichnung der Verträge an. Insbesondere die Irving Trust Company brachte noch am 20.06.1933, zwei Tage vor der Vertragsunterzeichnung in Deutschland, gegen die Bitte um Freigabe der

---

[71] „...approve director martini and doctor philippi as experts for purpose mentioned your radiogram sixteenth reserving all questions as to release until submission of required documents", Deutsche Kreditsicherung AG an VSt vom 18.11.1926, VA GA/ 17.05.1933.
[72] Kabel aus New York an Späing/ Rabes/ Fusban/ Dinkelbach/ Daub [Verwaltungsstelle Berlin] „238 Newyork 261 77/76 18 wunem, NLT Stahlunion Späing DSSD", VA GA/ 19.05.1933.
[73] Aktennotiz Dinkelbach zu einer Unterredung von Sempell und Vögler, 04.04.1933, TKA VSt/ 1573.
[74] Rasch, Manfred, Rabes, Carl Gustav Georg, in: Neue Deutsche Biographie, Herausgegeben von der Historischen Kommission bei der Bayerischen Akademie der Wissenschaften, 21. Band, Berlin 2003, S. 71-72, hier S. 71.

Wohngrundstücke von den Anleihehypotheken Bedenken vor. Die Vorbehalte ließen sich zunächst auch nicht durch das mittlerweile angefertigte Memorandum zur Gründung der Wohnungsgesellschaften ausräumen. Selbst die Ausarbeitung unter Hinzuziehung eines Vertreters der amerikanischen Rechtsanwälte Troop und Cotton, Franklin, Wright & Gordon[75] änderte daran anfangs ebensowenig wie die Bemerkung, daß der offizielle Freigabeantrag mit den nach dem Indenture erforderlichen Anlagen (Appraisals, Opinion of Counsel) in Kürze zu erwarten war.[76]
Stattdessen erhoben die Herren Herbst und Davis, die die Irving Trust Company in dieser Sache vertraten, mehrere Einwände. Dem Vorhalt, daß die VSt für das letzte Geschäftsjahr den Audit-Report zur Überprüfung und Einschätzung betrieblicher Qualitätsmerkmale noch nicht eingereicht hatte, konnte entgegengesetzt werden, daß die beabsichtigte Fusion noch mit Wirkung vor Abschluß des Geschäftsjahres durchgeführt und von der neuen Gesellschaft eingereicht werden sollte.
Die Verhandlungsposition erschwerte sich dann allerdings durch den Verweis auf das ab dem kommenden 01.07.1933 gültige Gesetz über Zahlungsverbindlichkeiten gegenüber dem Ausland vom 09.06.1933[77]. Danach waren Zinsen, Gewinnanteile, regelmäßige Tilgungsbeiträge, Miet- und Pachtzinsen und ähnliche regelmäßig wiederkehrende Leistungen aus Guthaben, Krediten, Anleihen, Hypotheken, Grundschulden, Beteiligungen und anderen Vermögensanlagen von Ausländern bei vertragsgemäßer Fälligkeit vom Schuldner zugunsten des ausländischen Gläubigers an die Konversionskasse für deutsche Auslandsschulden zu zahlen. Die Konversionskasse war eine Körperschaft des öffentlichen Rechts, die unter Aufsicht des Reichsbank-Direktoriums stand und ihr Konto bei der Reichsbank führte. Soweit der Schuldner an die Konversionskasse zahlte, wurden die eingezahlten Beträge den ausländischen Gläubigern gutgeschrieben und der Schuldner wurde von seiner Verpflichtung frei. Zu welchem Zeitpunkt Zahlungen auf die Guthaben geleistet werden durften, bestimmte die Reichsbank. Von den Vorschriften des neuen Gesetzes nicht betroffen waren die Verbindlichkeiten der Reichsbank und der Deutschen Golddiskontbank sowie diejenigen Verbindlichkeiten, die den Gegenstand einer Vereinbarung zwischen Gruppen ausländischer Gläubiger und inländischer Schuldner mit Zustimmung der Reichsbank bildeten.[78] Die Treuhänder hatten dieser Vorschrift entsprechend die offizielle Mitteilung erhalten, daß die VSt die fälligen Raten für Zinsen und Sinking-Fund[79] nicht zahlen würde. Das bedeutete, daß die Gesellschaft ab 01.07.1933 in einen Default geraten würde und der Treuhänder einer Freigabe der Grundstücke nicht zustimmen konnte, da

---

75 Cotton, Franklin, Wright & Gordon waren für die VSt mit der Vertragsabwicklung und der Verhandlungsführung in den USA befaßt, Reckendrees, Stahltrust, S. 531.

76 Ermittlung von Schätzwerten bei Grundstücken und Rechtsgutachten; Besprechung bei der Irving Trust Company, VA GA/ 20.06.1933.

77 RGBl. 1933 I S. 349.

78 Sog. „Stillhalteabkommen" gem. § 4 Gesetz über Zahlungsverbindlichkeiten gegenüber dem Ausland, RGBl. 1933 I S. 349; in den folgenden Jahren zahlte die VSt ihre Anleiheschuld an die Konversionskasse, indem sie einen kleinen Teil in Devisen entrichtete und einen größeren Teil in Reichsmark; zu den Verhandlungen Reckendrees, Stahltrust, S. 535 f. sowie Verenkotte, S. 502.

79 In den USA Tilgungsfond, aus dem nach einem Tilgungsplan Anleiheobligationen zurückgezahlt wurden.

der Indenture nur eine Freigabe hypothekarisch gesicherter Grundstücke zuließ, wenn sich die Gesellschaft nicht im Default befand.[80] Die VSt stellte zwar in Frage, ob dieser Fall „höherer Gewalt" als Default im Sinne des Indenture bezeichnet werden konnte, doch schloß nach der amerikanischen Rechtsauffassung auch ein Fall höherer Gewalt den Eintritt eines Defaults für den Schuldner nicht aus.

Aufgrund dieses negativen Einflusses auf die Verhandlungen mit den amerikanischen Treuhändern bedeutete die Vorschrift die erste Behinderung durch die nationalsozialistische Gesetzgebung, noch bevor die Gesellschaften gegründet waren.
Vögler und Thyssen fragten bei Reichsbankpräsident Schacht nach einer Ausnahmegenehmigung, um die Schulden der VSt weiterhin in Dollar verzinsen und tilgen zu können. Schacht lehnte das Ansinnen in der korrekten Auffassung ab, daß die Gläubiger keinen ernsthaften Konflikt eingehen würden.[81] Schacht wie auch das amerikanische Außenministerium wußten, daß es für die Amerikaner ein „nahezu komplettes Debakel der Auslandsschulden" bedeutete, falls sich Deutschland mit dem Ziel an die Spitze eines europäischen Schuldnerblocks gestellt hätte, Schuldenzahlungen von der Verkaufsmöglichkeit der Güter auf den Märkten des Gläubigerlandes abhängig zu machen. Die Protestnote der Gläubigervertreter während der im Juni 1933 in London stattfindenden Schuldenverhandlungen fiel dementsprechend schwach aus und erstreckte sich auf den Vorwurf, daß das amerikanische Kapital eine unentbehrliche Rolle beim Aufbau Deutschlands nach dem Ersten Weltkrieg gespielt hatte und nun für eine Erpressung gegen amerikanische Außenhandelsinteressen instrumentalisiert wurde.[82] Schacht konnte eine Befristung der Maßnahme auf sechs Monate durchsetzen und Teilzahlungen von bis zu 50 % gestatten, während Sanktionen der Gläubiger tatsächlich ausblieben.
So gelang es auch, daß die amerikanischen Verhandlungspartner in den Anleiheverhandlungen hinsichtlich der Wohngrundstücke ihre Bedenken zurückstellten.
Zu den Wertzuwächsen als Gegenwert für die Freigabe der Grundstücke kam die Überzeugung der Anleihegläubiger, daß sich für sie der Vorteil ergab, daß Barmittel aus den Abschreibungen bei den Wohnungsgesellschaften verblieben, also nicht mit anderen Vermögenswerten der VSt vermischt wurden und so ihre Sicherheit gewährleistet war.[83]

Das insgesamt hohe Anleihevertrauen in die VSt, das aus dem Verhalten der amerikanischen Treuhänder sprach, zeigte sich auch in der Akzeptanz der von praktischen Schwierigkeiten gekennzeichneten Vorlage der Freigabeanträge. Das war insofern bemerkenswert, als daß die Fülle des zu bearbeitenden Grundstücksmaterials immer neue Verzögerungen erbrachte, die dann noch mehrere Tage über den Zeitpunkt des Notariatsaktes im Büro Stankeit in Bochum hinweg andauerten.

---

[80] Default clauses berechtigten als Standardbestimmung bei Krediten oder Anleihen den Gläubiger, seine Forderung jederzeit vorzeitig zur Tilgung fällig zu stellen, sofern der Schuldner seinen Zahlungsverpflichtungen nicht fristgerecht nachkam.
[81] Reckendrees, Stahltrust, S. 535.
[82] Verenkotte, S. 503.
[83] VA GA/ Dinkelbach Denkschrift vom 10.09.1932, S. 5.

So verlangten die Handelsregisterbehörden für eine Eintragung der neuen Gesellschaften eine Unbedenklichkeitsbescheinigung der Finanzverwaltung. Die Bescheinigung konnte aber erst ausgestellt werden, nachdem eine vollständige Ausfertigung der Verträge, die mit den Anlagen zusammen mehr als 1.300 Seiten hatten, vorlag.
Die Herstellung der Ausfertigungen für die beteiligten Finanzämter, das Reichsfinanzministerium und die vier Handelsregistergerichte bedeutete für das Notariat und die VSt eine große Arbeitsbelastung. Der Arbeitsaufwand erhöhte sich zusätzlich durch den Umstand, daß der VSt die beabsichtigte Drucklegung der Verträge mit mehr als 40.000,-- RM zu teuer war und die vollständige Ausfertigung der Verträge über die Grundstücksabteilungen laufen mußte.[84] Dementsprechend konnten auch die Freigabeanträge, die in der Hauptsache ausgefertigt waren und mehrere Kisten füllten, erst herausgegeben werden, nachdem vier Ausfertigungen der Einbringungsverträge mit sämtlichen Anlagen hergestellt waren. Das Material allein zu den Freigabeanträgen, das die Treuhänder durchzuarbeiten hatten, umfaßte mehr als 1.600 Seiten[85] und erforderte angesichts des engen zeitlichen Rahmens eine außergewöhnliche Logistik.

Eine weitere organisatorische Herausforderung lag darin, daß die Abtrennung der an die Wohnungsgesellschaften übergehenden Grundstücke etwa 100 Fortschreibungsmessungen auch größeren Umfangs notwendig machte. Die ursprüngliche Absicht der VSt, die Messungen selbst durchzuführen, ließ sich praktisch nur langsam umsetzen, so daß Späing die Freigabe von Geldern für die Inanspruchnahme von Katasterämtern und Landmessern verfügte.[86]

Nachdem sich auch die Industrielle Kommission des Aufsichtsrats der VSt mit dem Abschluß der Einbringungsverträge und der Auflassung der Grundstücke einverstanden erklärt hatte[87], durfte Dinkelbach schließlich am 22.06.1933 entgegen aller Widrigkeiten aufgrund eines Kabels von Sempell[88] vermerken, daß für die Gründung der Wohnungsgesellschaften auch seitens der amerikanischen Anleihegläubiger keine Schwierigkeiten mehr zu erwarten waren.

[84] Späing an Mirow, Steel Union Company New York, mit Durchdruck an Rabes, Dinkelbach, Fusban und Daub (Berlin), VA GA/ 27.06.1933.
[85] Späing an Mirow, GA VA/ 27.06.1933, S. 3.
[86] Landmesser Kroeger an Späing und Schulze-Buxloh (Bergassessor, Direktor und VSt-Vorstandsmitglied bis 29.11.1933 sowie Mitglied des Aufsichtsrats der Rheinisch Westfälische W. und der Rheinische W.) mit Durchdruck an Dinkelbach und der Bitte um Einverständniserklärung sowie Übernahme der Kosten auf Gründungskonto. Die Genehmigung in diesem Fall umfaßte 20.000,-- RM. Die Arbeiten sollten dann noch über das Jahr hinausgehen, VA GA/ 09.10.1933.
[87] Auszug aus der Niederschrift über die „Sitzung der Industriellen Kommission des Aufsichtsrates der Vereinigten Stahlwerke AG am 20.06.1933", S. 1, VA GA/ 21.06.1933; TKA NSt/ 225.
[88] Aktennotiz Dinkelbach, Betr.: Kabel Nr. 56 von Dr. Sempell, VA GA/ 22.06.1933; Schreiben des Vorsitzenden des Aufsichtsrates Fritz Thyssen an alle Mitglieder des Aufsichtsrates, die der Industriellen Kommission der Vereinigte Stahlwerke AG nicht angehörten vom 21.06.1933, TKA NSt/ 231.

4. Gründung und Finanzierung

Die Gründungsverträge für die Rheinische W., Rheinisch Westfälische W., Westfälische W. und für die Westdeutsche W. konnten daraufhin am 22.06.1933 mit Wirkung vom 01.07.1933 unterzeichnet werden. Die Wohnungsgesellschaften waren fortan Mitglied des Kreises in- und ausländischer VSt-Beteiligungen, der bis zur Liquidation der VSt noch auf rund 700 Gesellschaften anwachsen sollte.[89]

Der Gesamtpreis betrug 172.452.000,-- RM. Die Finanzierung kam über Aktienkapital und mit einer Darlehensschuld der Wohnungsgesellschaften gegenüber der VSt zustande. Die Finanzierung für die Rheinische W. über 65.851.000,-- RM setzte sich aus Aktienkapital in Höhe von 36.000.000,-- RM und einer Darlehensschuld über insgesamt 29.851.000,-- RM zusammen, während für die Rheinisch Westfälische W. 38.777.000,-- RM (20.000.000,-- RM Aktienkapital/ 18.777.000,-- RM Darlehen), für die Westfälische W. 34.392.000,-- RM (18.000.000,-- RM/ 16.392.000,-- RM) und für die Westdeutsche W. 33.432.000,-- RM (26.000.000,-- RM/ 7.432.000,-- RM) aufzubringen waren.[90]

Tab. 15: Gründungsdaten der Wohnungsgesellschaften; 1933

Gesellschaft	Anzahl		RM		
				aufgebracht durch	
	Häuser	Wohnungen	Gesamt	Aktienkapital	Darlehensschuld
Rheinische W.	8.343	21.582	65.851.000	36.000.000,--	29.851.000,--
Rheinisch Westfälische W.	4.235	16.391	38.777.000	20.000.000,--	18.777.000,--
Westfälische W.	4.881	13.296	34.392.000	18.000.000,--	16.392.000,--
	17.459	51.269	139.020.000	74.000.000,--	65.020.000,--
Westdeutsche W.	1.645	3.268	33.432.000	26.000.000,--	7.432.000,--
Gesamt	19.104	54.537	172.452.000	100.000.000,--	72.452.000,--

Quelle: TKA VSt/ 1248; TKA NSt/ 225.[91]

Die Einbringung des Wohnungsbestands erfolgte danach auf den Gesamtbetrag bezogen zu etwa 58 % gegen Übertragung der Aktien und zu 42 % gegen Übernahme der verzinslichen und zu tilgenden Schuldverpflichtung gegenüber der VSt.

Die gegenüber der Westfälische W. höhere Darlehensschuld der Rheinisch Westfälische W. ergab sich trotz eines geringeren Hausbestands aus dessen unterschiedlicher

---

[89] Notariat Stankeit (Not. Reg. 1933 Nr. 304-307); BBA 55/ 521; TKA VSt/ 5019; Stremmel, in: Rasch, S. 23 m.w.N. .

[90] TKA VSt/ 1248, Fusban nennt für die eingebrachten Wohnungen Einheitswerte in RM nach der Berechnung von 1931 + 20 % je Wohnung über 2.985,-- (RW), 2.292,-- (RWW), 2.536,-- (WW), 10.219,-- (WWh). Auch nach Fusbans Daten über Wohnungszahlen und Kaufpreise ergeben sich in RM Einheitswerte in Höhe von 2.992,-- (RW), 2.290,-- (RWW), 2.534,-- (WW) und 10.199,-- (WWh).

[91] Zahlen zu langfristiger Darlehensschuld und Gesamtkaufpreis aus TKA VSt/ 1248 bei Steinberg gerundet nachgewiesen, Wohnstätten, S. 22; Fusban korrigierte die Ersterhebung vom 20.06.1933, TKA NSt/ 225; „Die Wohnungsgesellschaften der Vereinigte Stahlwerke", in: Deutsche Bergwerkszeitung Nr. 206 vom 02.09.1933; ebenso in: Berliner Börsen-Courier Nr. 409 vom 02.09.1933, BArch NS 5 VI/ 5303.

Tab. 16: Beteiligungen der Konzerngesellschaften an den Wohnungsgesellschaften; 31.08.1933

Beteiligungen	RM
Westdeutsche W.	
Vereinigte Stahlwerke AG	22.627.000,--
Eisenwerk Kraft AG	200.000,--
Ruhrstahl AG	2.000.000,--
Rheinisch Westfälische Stahl- und Walzwerke AG	112.000,--
Bergbau und Hütten AG Friedrichshütte	164.000,--
Stahlwerke Brüninghaus AG, Werdohl	131.000,--
Friedrich Thomée AG Werdohl	14.000,--
Eisenindustrie zu Menden und Schwerte AG	114.000,--
Vereinigte Preß- und Hammerwerke AG, Dahlhausen	45.000,--
Westfälische Eisen- und Drahtwerke AG, Langendreer	340.000,--
Vereinigte Holzgesellschaften mbH	253.000,--
	26.000.000,--
Rheinische W.	
Vereinigte Stahlwerke AG	35.093.000,--
Eisenwerk Kraft AG	613.000,--
Ruhrstahl AG, Witten	292.000,--
Eisenindustrie zu Menden und Schwerte AG	1.000,--
Westfälische Eisen- und Drahtwerke AG, Langendreer	1.000,--
	36.000.000,--
Rheinisch Westfälische W.	
Vereinigte Stahlwerke AG	17.421.000,--
Ruhrstahl AG, Witten	2.045.000,--
Vereinigte Preß- und Hammerwerke AG, Dahlhausen	138.000,--
Westfälische Eisen- und Drahtwerke AG, Langendreer	395.000,--
Eisenindustrie zu Menden und Schwerte AG	1.000,--
	20.000.000,--
Westfälische W.	
Vereinigte Stahlwerke AG	16.190.000,--
Stahlwerke Brüninghaus AG, Werdohl	302.000,--
Friedrich Thomée AG, Werdohl	167.000,--
Eisenindustrie zu Menden und Schwerte AG	407.000,--
Bergbau und Hütten AG Friedrichshütte	601.000,--
Rheinisch Westfälische Stahl- und Walzwerke AG	27.000,--
Ruhrstahl AG, Witten	25.000,--
Westfälische Eisen- und Drahtwerke AG, Langendreer	281.000,--
	18.000.000,--
Gesamtkapital	**100.000.000,--**

Quelle: Übersicht der Hauptverwaltung zu den Beteiligungen an den Wohnungsgesellschaften, VA GA/ 31.08.1933; Niederschrift über die Sitzung der Industriellen Kommission des Aufsichtsrates der VSt am 20.06.1933, TKA NSt/ 225.

Struktur. Die Rheinisch Westfälische W. hatte bei vergleichbarer Größe über 3.100 Wohnungen mehr übernommen als die Westfälische W. und dementsprechend größere Häuser mit einer höheren Anzahl an Wohnungen.
Das Aktienkapital der vier Gesellschaften war in 100.000 Stück auf den Namen lautende Aktien im Nennbetrag von je 1.000,-- RM eingeteilt. Es verteilte sich in Höhe von 100 Mio. RM auf mehrere, der VSt bis zum Herbst 1934 übertragene Aktien.[92]
Der prozentuale Anteil des Aktienkapitals lag im einzelnen für die Rheinisch Westfälische W. bei 51 %, für die Westfälische W. bei 52,3 % und für die Rheinische W. bei 54,7 %, während die Westdeutsche W. eine Quote von 77,7 % zugunsten des Aktienkapitals auswies.[93]

Das Eigenkapital der Wohnungsgesellschaften war umso höher gewählt, je stärker die Kreditfähigkeit zu sichern und damit für die VSt die Basis für die Aufnahme neuer Kredite zu schaffen war. Die aufzunehmenden neuen Kredite hatten einen doppelten Sinn. Zum einen bedeutete die Kreditfähigkeit der Wohnungsgesellschaften zwecks Errichtung neuer Wohnungen für die VSt eine Erleichterung. Zum anderen war der VSt neben dem Kapital die höhere Darlehensschuld verbrieft. Diese Darlehensschuld sollte nach dem Gründungsplan „in erträglichem Rahmen" getilgt werden und damit der VSt für ihre eigenen Zwecke eine sich laufend steigernde finanzielle Erleichterung bringen. Die Tilgung und die Verzinsung der Forderungen der VSt an die vier Wohnungsgesellschaften unterlagen den in Verbindung mit den Verträgen vom 22.06.1933 getroffenen Abmachungen. Beginnend mit dem 01.08.1933 hatten danach zunächst monatlich zu tilgen:

Tab. 17: Tilgungsraten der Wohnungsgesellschaften; 1933/ 34

01.08.1933-01.05.1934	
Wohnungsgesellschaft	**RM**
Westdeutsche W.	90.000,--
Rheinische W.	200.000,--
Rheinisch Westfälische W.	110.000,--
Westfälische W.	100.000,--
Gesamt	500.000,--

Quelle: Anlage zur Buchungsaufgabe an die Hauptbuchhaltung vom 11.12.1933 mit den „Abmachungen über die Tilgung und Verzinsung der Restkaufforderung (Kaufpreis-Kto.) der VSt an die verschiedenen Wohnungsgesellschaften gemäß der vier Verträge vom 22.6.33 (Not. Reg. 1933 Nr. 304-307)", VA GA/ 11.12.1933.

---

[92] VEBA Wohnstätten AG, S. 44; Kruschwitz nennt ein Aktienkapital in Höhe von 100 Mio. RM ausschließlich für die drei gemeinnützigen Gesellschaften; Kruschwitz, Die Träger des industriellen Arbeiter-Wohnstättenbaues, in: Siedlung und Wirtschaft 1939, S. 66-68, hier S. 66. Nach Aktenlage ist diese Aussage nicht haltbar; der Betrag ergab sich danach aus den Beteiligungen an allen vier Wohnungsgesellschaften, VSt NSt/ 225.
[93] Steinberg rundete auf das Verhältnis 60:40, das sich jedoch nur auf den Gesamtbetrag bezog und das sich ohne Berücksichtigung der Einzelpositionen ergab, Steinberg, Wohnstätten S. 22.

Die Abmachungen über die Verzinsung der Restkaufsummen waren dabei für alle Wohnungsgesellschaften einheitlich. Es galt eine feste Verzinsung von 4 %/ Jahr sowie vorbehaltlich eines Überschusses eine zusätzliche Verzinsung in Höhe des Unterschieds zwischen dem festen Zinssatz von 4 % und dem jeweiligen Reichsdiskontsatz plus 1 %. Ausgangspunkt war der Reichsdiskontsatz mit mindestens 5 %.

Die zusätzliche Verzinsung mußten die Gesellschaften nur insoweit entrichten, als in einem Geschäftsjahr nach Abschreibungen in Höhe von 1,7 % auf die Anschaffungswerte und nach der festen Verzinsung ein Überschuß zur Verfügung stand. War dies nicht der Fall, waren die zusätzlichen Zinsen je nach Überschuß teilweise oder vollständig nachzuzahlen, sobald sich in einem späteren Jahr ein Überschuß ergab.[94]
Allerdings überstieg die in den Gründungsverträgen festgesetzte Tilgungssumme über monatlich 500.000,-- RM die finanziellen Möglichkeiten der Wohnungsgesellschaften. Die Gesellschaften konnten den Betrag nicht weiter aufbringen, ohne illiquide zu werden. Die Schuld der Wohnungsgesellschaften betrug bei der VSt auf laufendem Konto schon per 31.01.1934 1,2 Mio. RM.[95] So gerieten die Tilgungsraten am 22.02.1934 zum bestimmenden Thema einer eigens angesetzten Besprechung zwischen der VSt und den Wohnungsgesellschaften. Die Parteien vereinbarten zunächst, die laufenden monatlichen Tilgungen bis September 1934 auf die Hälfte zu reduzieren und einigten sich im Dezember 1934 nochmals auf eine Verlängerung der Ermäßigung bis 31.03.1935.
Diese neue Gesamttilgungsrate über 250.000,-- RM erhöhte sich für den Zeitraum vom 01.10.1934 bis 31.03.1935 aufgrund mehrerer Zugänge bei den Wohnungsgesellschaften um 15.000,-- RM auf 265.000,-- RM. Von einer höheren Tilgungsrate sah die VSt nunmehr ab, da allen Beteiligten daran gelegen war, verschiedene kleinere Zugänge, wie den Kauf der Baugesellschaften Heerstr. und Angerau[96], direkt auf das laufende Konto zu übertragen. Dieses Vorgehen diente dem Zweck, sowohl die Liquidität zu wahren, als auch die Übersicht über die ursprünglich langfristig gestundeten Beträge und die damit zusammenhängenden Tilgungsüberlegungen nicht zu kompliziert zu gestalten.

Bemerkenswert ist, daß noch bis zwei Tage vor Unterzeichnung der Gründungsverträge die Gesamttilgungsrate lediglich 250.000,-- RM monatlich betragen und damit der später tatsächlich vereinbarten Summe entsprochen hatte. Auf Anregung Dinkelbachs erfuhr der entsprechende Abschnitt der Gründungsverträge aber kurzfristig eine Änderung durch den Einsatz von Tilgungssätzen in doppelter Höhe. In Anwendung des ökonomischen Prinzips „mit kleinstem Aufwand einen größtmöglichen Nutzen zu

---

[94] Dinkelbach, 01.02.1955, TKA NSt/ 225; zu den „Wohnungshausgründungen" bei VSt Kölnische Zeitung Nr. 475 vom 01.09.1933, BArch NS 5 VI/ 5303; Aktennotiz Hauptrevision betr. Wohnungsgesellschaften/ Zusätzliche Zinsen auf Kaufpreis-Konto, VA GA/ 19.11.1934.
[95] Vermerk über die Besprechung am 22.02.1934 im Büro Rabes wegen der Wohnungsgesellschaften zwischen Fusban, Forstmann, Keppler, Rabes, Dinkelbach und Linz, VA GA/ 23.02.1934.
[96] BBA 55/ 521.

erzielen"[97], hatte Dinkelbach noch kurz vor Vertragschluß eine Option für spätere Verhandlungen zugunsten der VSt eingebaut. Eine Ermäßigung der verdoppelten Tilgungsbeträge auf die ursprünglichen Sätze kalkulierte Dinkelbach in seinen Überlegungen ein und so mußten sich die Wohnungsgesellschaften als Ausgleich für ein „Entgegenkommen" der VSt mit zukünftigen Vorschlägen zur Umlegung von Krediten und der Mitwirkung bei Mobilisierungsmöglichkeiten einverstanden erklären.[98]

Im weiteren Verlauf der Tilgung galten ab 01.04.1935 in Abänderung der bis dahin maßgebenden Abmachungen über die Restlaufzeiten neue Tilgungsgrundbeträge, die jeweils am Monatsende für die Westfälische W. über 55.000,-- RM, für die Rheinische W. über 100.000,-- RM, für die Rheinisch Westfälische W. über 60.000,-- RM und für die Westdeutsche W. in Höhe von 50.000,-- RM fällig waren.[99]
Zwecks Vergrößerung des finanziellen Handlungsspielraums ließ sich die VSt von den Wohnungsgesellschaften nun das Recht einräumen, ihre Forderung im Umfang von jeweils 24 Monats-Tilgungsraten mobilisieren zu können. Die Mobilisierung konnte erfolgen, sobald die VSt Forderungen an Dritte abtrat oder die Wohnungsgesellschaften ihr Akzept der VSt zur Verfügung stellten.

Im Jahr 1935 begannen die Wohnungsgesellschaften, ihre Schuld gegenüber der VSt dadurch abzudecken, daß sie auf ihr Grundeigentum Hypotheken aufnahmen.[100]
Dementsprechend konnte die Westdeutsche W. ihre langfristige Schuld bei der VSt als erste Gesellschaft tilgen, nachdem durch Beschluß der außerordentlichen Generalversammlung vom 25.09.1937 das Aktienkapital von 26 Mio. RM um neun Mio. RM auf 35 Mio. RM mit Wirkung ab 01.10.1936 erhöht worden war. Das Aktienkapital war in 35.000 Stück Stammaktien mit einem Nennwert von je 1.000,-- RM eingeteilt.[101]
Begünstigend kam hinzu, daß die Darlehensschuld bei einer Finanzierung zu 77 % über Aktienkapital nur 23 % des Kaufpreises ausmachte. Im Hinblick auf den noch ausstehenden Tilgungsrestbetrag der Rheinische W., Rheinisch Westfälische W. und Westfälische W. genehmigten die Aufsichtsräte schließlich in ihrer Sitzung vom 14.02.1940 die Aufnahme von Tilgungshypothekendarlehen bei einer unter Führung der Deutsche Centralbodenkredit AG in Berlin stehenden Gruppe von Hypothekenbanken.

---

97 Brüggemann, Josef, Gemeinnützige Wohnungsunternehmen im Wettbewerb, in: Gesamtverband gemeinnütziger Wohnungsunternehmen (Hrsg.), Gemeinnützige Wohnungsunternehmen im Wettbewerb, Allgemeiner Deutscher Bauvereinstag Hannover 1967, 12. und 13. Oktober, Köln 1967, S. 33-45, hier S. 42.
98 Aktennotiz Dinkelbach betr. Westdeutsche Wohnhäuser unter Bezugnahme auf Besprechung mit Linz und Schreiben der Hauptrechtsabteilung vom 19.06.1933, VA GA/ 20.06.1933.
99 Bestätigungsschreiben der Hauptrevision an Westfälische W., Rheinische W., Rheinisch Westfälische W. und Westdeutsche W. betr. Besprechung zur endgültigen Festsetzung der Tilgungsraten am 26.04.1935, VA GA/ 07.06.1935.
100 Hauptrevision an Westdeutsche W. betr. Besprechung zur endgültigen Festsetzung der Tilgungsraten am 26.04.1935, VA GA/ 07.06.1935; Steinberg, Wohnstätten, S. 22.
101 VA GB/ 4-A-3/ 1936/37, S. 2; Klaas, Ergänzungs- (Sonder-) Bericht zu den Berichten über die Ergebnisse der Ordnungsprüfungen des Wirtschaftsprüfers Engelmann 1949, VA GA/ Anlagen/ Klaas, Abschn. C 1.

Dem Wohnungsbestand entsprechend wies die Rheinische W. mit 17.801.000,-- RM die höchste Hypothekensumme aus. Neben dem Gesamtbetrag von mehr als 51 Mio. RM genehmigten die Aufsichträte bei einer zweiten Gruppe von Hypothekenbanken unter Führung der Rheinisch-Westfälische Boden-Credit-Bank, Köln, die Aufnahme von Tilgungshypothekendarlehen über 7 Mio. RM. Das bedeutete, daß auch die drei gemeinnützigen Wohnungsgesellschaften ihre Schuld aus den Gründungsverträgen mit

Tab. 18: Tilgungshypothekendarlehen; 1940

Wohnungsgesellschaft	RM
Westfälische W.	13.086.500,--
Rheinische W.	17.801.000,--
Rheinisch Westfälische W.	12.773.000,--
Westdeutsche Wohnhäuser	7.790.500,--
Gesamt	51.451.000,--

Quelle: VA AR/ RRW/ 14.2.1940; VA AR/ 4-A-3/ 14.2.1940, S. 4.

der gesamten Valuta der hypothekarisch gesicherten Tilgungsdarlehen begleichen konnten. Sie waren nun in der Lage, die noch bestehenden langfristigen Kaufpreisschulden von rund 54 Mio. RM[102] abzulösen. Die Westdeutsche W. war aufgrund der früheren Tilgung eher von der Zinszahlungsverpflichtung befreit.

Insgesamt erhielt die VSt bis 30.9.1937 an Zinsen 1.055.356,-- RM auf die Kaufpreisschuld.[103] Im Ergebnis bedeutete die Tilgung der Kaufpreisschulden für die Wohnungsgesellschaften, daß sie Sicherheiten für weitere Hypothekendarlehen freibekamen, die sie nun den Gründungsüberlegungen Dinkelbachs entsprechend im eigenen Interesse und im Interesse der VSt in Anspruch nehmen konnten.

[102] Entwurf für eine Festschrift der Veba Wohnstätten AG, „50 Jahre im Dienste des Wohnungs- und Städtebaus an Rhein und Ruhr", S. 3, A. II. Fn. 54; VA GB/ RRW/ 1939/40, S. 5.

[103] Bericht über die Auswertung der Bilanz- und Ergebnisrechnung bei der Westdeutsche Wohnhäuser AG für die Zeit vom 1. Juli 1933 bis 20. Juni 1948, VA GA/ Anlagen/ Keppler Anl. 4; Bericht über die Auswertung der Bilanz- und Ergebnisrechnung bei der Westfälische Wohnstätten AG für die Zeit vom 1. Juli 1933 bis 20. Juni 1948, VA GA/ Anlagen/ Keppler Anl. 6; Bericht über die Auswertung der Bilanz- und Ergebnisrechnung bei der Rheinisch Westfälische Wohnstätten AG für die Zeit vom 1. Juli 1933 bis 20. Juni 1948, VA GA/ Anlagen/ Keppler Anl. 6.

5. Regionale Geschäftsfelder

Die Vertragsabschlüsse vom 22.06.1933 hatten für die Wohnungsgesellschaften eine Bestandszuordnung nach regionalen Kriterien zur Folge.
Die Geschäftsfelder der Rheinische W., der Rheinisch Westfälische W. und der Westfälische W. waren dementsprechend regional begrenzt. Die Gebäude der Westdeutsche W. verteilten sich dagegen über den gesamten Geschäftsbereich der Gesellschaften und bildeten einen überregionalen Bestand.

Die Erfassung der Liegenschaften erforderte die Aufzeichnung des Grundeigentums in zwei Abschnitten.
Der erste Abschnitt beinhaltete eine Darstellung der übergehenden Grundstücke für die Zwecke des notariellen Vertragsabschlusses.
Für den zweiten Abschnitt war eine katastermäßige Aufstellung derjenigen Grundstücke vorgesehen, die auf die Gesellschaften übergingen. Die Aufstellung sollte eine Übersicht über die Grundstücksverhältnisse geben und als Grundlage für die Auflassung dienen.[104] Eigens konzipierte Erhebungsvordrucke in drei Varianten wiesen die Wohnungen außerhalb der Werke, die unbebauten Grundstücke und Güter außerhalb der Werke sowie das bebaute und unbebaute Werks- und Werkserweiterungsgelände aus.[105]

Schließlich erfolgte eine kartographische Darstellung, die die regionale Aufteilung der Wohnungsgesellschaften in eine westliche, eine östliche und eine Gruppe dazwischen aufzeigte.
Die westliche Gruppe umfaßte mit Dinslaken, Walsum, Duisburg, Mülheim, Willich, Düsseldorf, Hilden, Köln und Engers den in Duisburg-Hamborn verwalteten Bestand der Rheinische W. . Die östliche Gruppe der Westfälische W. hatte ihre Verwaltung in Dortmund sowohl für den dortigen Bestand, als auch für die Standorte Castrop-Rauxel, Herne, Schwerte, Westhofen, Hagen, Hamm, Lippstadt, Brackwede sowie an Lenne und Sieg für Hohenlimburg, Nachrodt, Altena, Werdohl, Plettenberg, Meggen, Eigen, Dreis-Tiefenbach, Weidenau, Siegen, Niederscheiden, Herdorf, Wehbach, Wissen und Altenkirchen. Die dritte Gruppe repräsentierte den Bestand der Rheinisch Westfälische W. in Gladbeck, Wanne-Eickel, Gelsenkirchen, Essen, Bochum, Wattenscheid, Hattingen und Witten.

Zwar hatte die Westfälische W. die meisten Standorte zu versorgen, doch war der Versorgungsgrad mit 4.881 Häusern nur unwesentlich höher als der der Rheinisch Westfälische W. und nahezu halb so hoch wie der 8.343 Häuser umfassende Bestand der Rheinische W. . Von 29 kartographisch erfaßten Standorten der Westfälische W.

---

[104] „Übersichtspläne" für Castrop, Mengede, Curl, Harpen, Dortmund, Aplerbeck, Annen BBA 55/ 1104; Gelsenkirchen, Harpen, Bochum, Witten, Witten-Annen, Hattingen, BBA 55/ 1105; Niederschrift über die Besprechung der Grundstücksabteilungen vom 23.03.1933 betreffend Neugliederung der Vereinigte Stahlwerke AG, VA GA/ 23.03.1933; Übersichtspläne für Gladbeck, Wanne-Unser Fritz, Katernberg, Gelsenkirchen, Essen, Bochum, Essen-Werden BBA 55/ 1106.

[105] Erhebungen über Grundstücks-Flächen und -Werte nach dem Stande vom 30.09.1932, VA GA/ 30.09.1932.

Abb. 2: Lageplan der Wohnungsgesellschaften; 1938

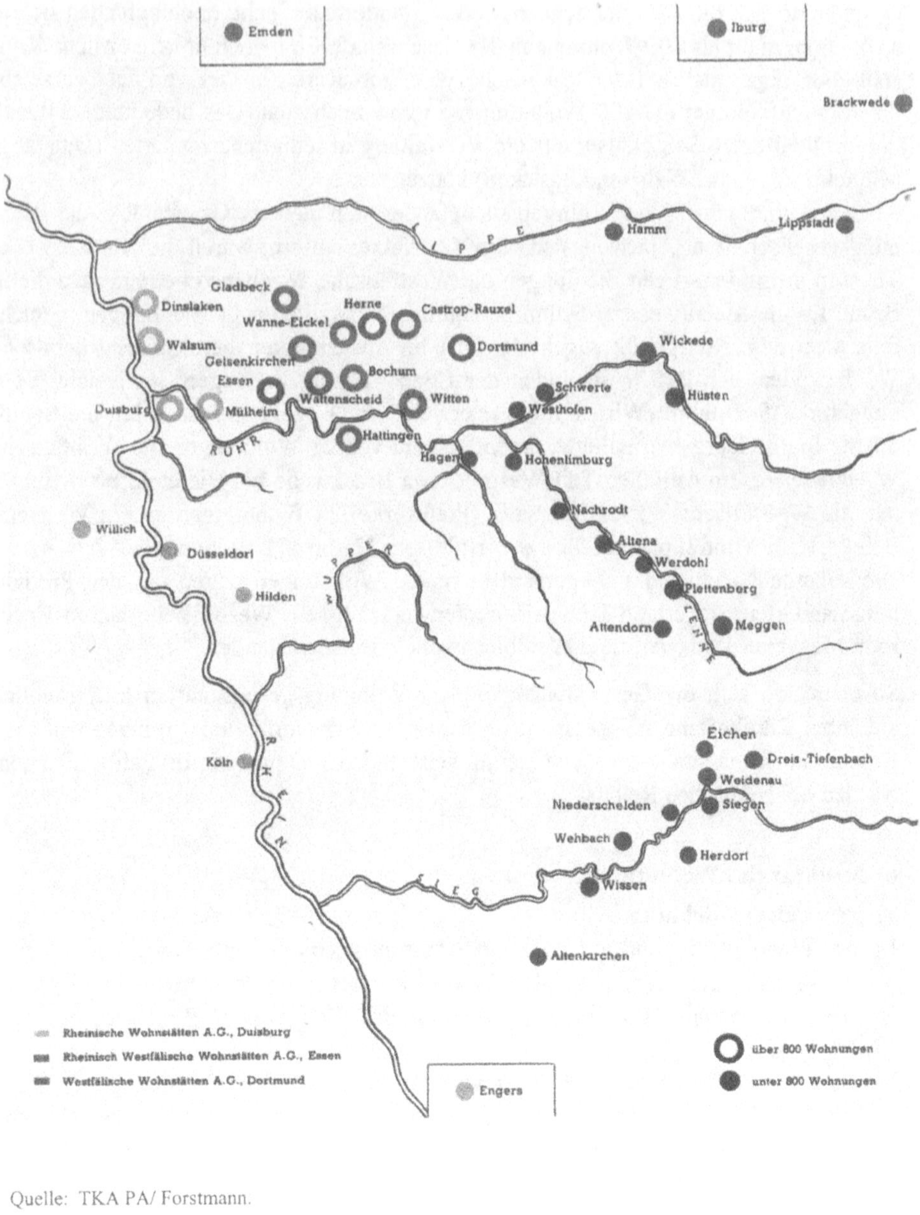

Quelle: TKA PA/ Forstmann.

wiesen nur drei Orte mehr als 800 Wohnungen auf. Für die Rheinisch Westfälische W. beschränkte sich die Zahl der nennenswerten Standorte auf acht, doch befanden sich in allen Orten mehr als 800 Wohnungen der Gesellschaft. Eine noch höhere örtliche Konzentration ergab sich bei der Rheinische W. . Dort waren in vier von acht verzeichneten Orten weniger als 800 Wohnungen zu bewirtschaften. Das bedeutete, daß sich der Großteil der 8.343 Häuser auf die Verwaltung in lediglich vier Orten (Duisburg, Mülheim a.d. Ruhr, Walsum, Dinslaken) konzentrierte.
Auch außerhalb des Rhein-/Ruhrgebiets befanden sich mehrere Grundstücke der Wohnungsgesellschaften. Am weitesten vom Kerngebiet entfernt waren die Nordseewerke Thyssen in Emden, deren Siedlungen die Westfälische W. ebenso betreute wie die in Brünn für die Metallweberei Brünn in Thüringen erstellten acht Wohnungen. Gleichfalls nicht dem Ruhrgebiet zugehörig, aber im Zuständigkeitsbereich der Rheinische W., befanden sich 218 Wohnungen der Concordiahütte in Engers sowie acht Wohnungen der Steinfabrik Wirges im Westerwald. Im Osnabrücker Land lag die Seilindustrie Iburg Georgsmarienhütte, deren Bestand von 21 Wohnungen die Westfälische W. verwaltete. Im östlichen Teil Westfalens in Brackwede bei Bielefeld bewirtschaftete die Westfälische W. für Ruhrstahl (Preßwerke) 28 Wohnungen und in Warstein, Beleke, Hamm und Lippstadt für die Westfälische Union 411 Wohnungen.[106]
Die außerdem südlich im Siegerland betreuten Wohnungen waren mit den Produktionsstandorten Siegerland Hütte, Hochofenwerk Wissen, Westfälische Union Nachrodt, Meggener Walzwerk und Weißblechwerk Wissen entstanden.[107]

So erstreckte sich die Geschäftstätigkeit der Wohnungsgesellschaften hauptsächlich auf ihren Kernbestand im Rhein-/ Ruhrgebiet, ergänzt von einem geringen östlichen Bestand in Brünn sowie um Gebäude im weiteren Westen und wie im Fall Emdens im Norden des Deutschen Reichs.

6. Struktur des Wohnungsbestands

a) Bestandsentwicklung

Da der Wohnungsbestand auf über Jahrzehnte gewachsene Unterkünfte für Arbeiter und Angestellte zurückging, ergab sich ein mehrstufiger Altersaufbau der Gebäude. Ein Teil des Bestands stammte bei Gründung der Wohnungsgesellschaften aus dem 19. Jahrhundert.
Bis zum Jahr 1900 waren 16.963 der von den Gesellschaften übernommenen Wohnungen und damit fast ein Drittel (31,1 %) des Gesamtbestands gebaut worden und verteilten sich auf 5.127 Häuser (26,84 %). Die meisten Häuser (9.325) und Wohnungen (29.431) hatten die Werke zwischen 1900 und 1918 errichtet. Das bedeutete,

[106] Zusammenstellung der bei der Westfälischen Union in Hamm und Unterabteilungen verbleibenden Wohnungen nach nochmaliger Prüfung -Ruhrstahl Brackwede, VA GB/ 3-A-3/ 1933.
[107] Witthöft, Harald/ Plaum, Bernd D./ Bartolosch, Thomas A., Phasen montangewerblicher Entwicklung im Siegerland. Erzbergbau, Hütten- und Hammerwesen im 18. und 19. Jahrhundert, in: Westermann, Ekkehard (Hrsg.), Vom Bergbau zum Industrierevier, VSWG Beihefte Nr. 115, Stuttgart 1995, S. 86-111, hier S. 109.

daß ungefähr die Hälfte der in den Bestand der Gesellschaften eingebrachten Bauwerke (53,97 % Wohnungen/ 48,81 % Gebäude) in diesem Zeitraum entstanden war. Nach dem Ersten Weltkrieg wurden lediglich 4.652 Häuser mit 8.143 Wohnungen fertig. Dabei lag die Fertigstellungsziffer von 1918 bis 1925 mit 6.810 Wohnungen in 4.018 Gebäuden höher als in dem anschließenden Zeitraum von 1925 bis 1933, auf den 1.333 Wohnungen in 634 Häusern entfielen.

Tab. 19: Altersaufbau des Haus- und Wohnungsbestands; 1933

Baujahr	Rheinische W.		Rheinisch Westfälische W.		Westfälische W.		Westdeutsche W.	
	Häuser	Whg.	Häuser	Whg.	Häuser	Whg.	Häuser	Whg.
bis 1900	1.327	3.930	2.013	7.555	1.404	4.665	383	813
1900 - 1918	4.480	13.608	1.838	7.731	2.162	6.489	845	1.603
1918 - 1925	2.137	3.274	327	934	1.247	1.990	307	612
1925 - 1933	399	770	57	171	68	152	110	240
	8.343	21.582	4.235	16.391	4.881	13.296	1.645	3.268

Quelle: Fusban, TKA VSt/ 1248, S. 2.

Tab. 20: Altersstufen der Wohnungen

Altersstufe	Wohnungserstellung	Häuser		Wohnungen	
		Zahl	%	Zahl	%
1	bis 31.12.1899	5.127	26,84	16.963	31,10
2	01.01.1900 - 31.12.1918	9.325	48,81	29.431	53,97
3	01.01.1919 - 31.12.1924	4.018	21,03	6.810	12,49
4	01.01.1925 - 30.06.1933	634	3,32	1.333	2,44
	Gesamt	19.104	100,00	54.537	100,00

Quelle: Berechnung nach VA BV/ 1-A-3/ Sonderbericht Keppler, 16.5.1951; TKA VSt/ 1241.

In Übertragung auf die Altersstufen der Gebäude bedeutete diese Entwicklung, daß die Altersstufe 2 am stärksten und die Altersstufe 4 am schwächsten betroffen waren.
Der Rückgang in Altersstufe 4 fiel gegenüber der Altersstufe 3 umso höher ins Gewicht, als daß die Altersstufe 4 über achteinhalb Jahre eine geringere Bautätigkeit gegenüber der Bautätigkeit in der Altersstufe 3 über den Zeitraum von fünf Jahren auswies. Der Rückgang des Werkwohnungsbaus aufgrund mangelnder Förderung aus dem Hauszinssteueraufkommen zeigte sich auch bei den Werken, die 1926 die VSt bildeten. Die Bautätigkeit der Werke kam den allgemeinen Produktionsziffern entsprechend in den zwanziger Jahren über Siedlungsprojekte wie in Duisburg Beeckerwerth (1921-1932)[108] nicht hinaus.

[108] Kanther, Entwicklung Wohnungswirtschaft, S. 19; Milkereit, Arbeiterhaus, S. 215.

Das fortgeschrittene Alter vieler Gebäude prägte den gesamten Bestandscharakter nicht nur im Zustand, sondern auch in der Bauweise.
Im rheinischen Teil der Liegenschaften hatte die Hütte Vulkan nach der Inbetriebnahme der beiden ersten Hochöfen in Duisburg im Jahr 1856 mit der Errichtung von Arbeiterwohnungen begonnen, die nach einem Übersichtsplan von 1863 am Werthauser Weg in 13 Kleinhäusern untergebracht waren. Die Häuser hatten im Erdgeschoß zur Straße einen Raum und das Treppenhaus, zwei Räume mit ausgebautem Abort und Stallung zum Hof sowie zwei Stuben im Dachgeschoß.[109] Eine ähnliche Bebauung erfolgte dort zu dieser Zeit durch die Niederrheinische Hütte, die 38 Arbeiterhäuser errichtete. Die in Hamborn 1880 entstandenen Arbeiterhäuser waren eineinhalbgeschossig, während die im Jahr 1898 in Obermarxloh erbaute Zechensiedlung von Thyssen bereits höher war, um mehr Familien unterbringen zu können. Dabei legte die Bauausführung Wert auf große Hofräume.[110]
Mit der Phoenix, der Rheinische Stahlwerke und der Aktiengesellschaft für Hüttenbetrieb erstellten im 19. und am Anfang des 20. Jahrhunderts auch im rheinischen Raum Gründergesellschaften der VSt Wohnraum. Während in der zweiten Hälfte des 19. Jahrhunderts 300 Arbeiter der Phoenix in unmittelbarer Nähe zum Ruhrorter Bahnhof in der „Welsche Kolonie" in kleinen Häusern nördlich des Werks und jenseits der alten Emscher lebten, hatte 1871 die Rheinische Stahlwerke in Meiderich die Produktion aufgenommen.[111] Die Rheinische Stahlwerke vermietete nicht nur bebaute Grundstücke und vergab zinsgünstige Kredite zum Hauserwerb, sondern wertete ihren Bestand auch dadurch auf, daß sie für die Bergleute Häuser mit Stallanbauten herrichtete.
Die Aktiengesellschaft für Hüttenbetrieb hatte Anfang des 20. Jahrhunderts in Duisburg Stahlarbeiterwohnungen errichtet, die sich in ihrer Geschlossenheit von der übrigen Bebauung absetzten. Die Häuser waren zwei- bis dreigeschossig mit ausgebautem Dachgeschoß und hatten zwischen vier und sechs Wohnungen mit jeweils drei Räumen. Straßen wie die Wasgaustr., Neubreisacher Str., Brückelstr. oder Bronkhorststr., an denen die Gebäude errichtet waren, hatten alte Baumbestände und waren zum Teil als Alleestraßen mit Bänken ausgestattet. An einigen Häusern befanden sich Elemente des Jugendstils. Durch reichhaltigen Baumbestand zeichnete sich ebenso die von Thyssen erbaute Arbeitersiedlung Lohberg aus, die ab 1907 am gleichnamigen Ort entstand.

Die ersten zehn Doppelhäuser, in die die Gewerkschaft Deutscher Kaiser ab 1889 20 Werkwohnungen baute, waren wie in Hamborn eineinhalbgeschossig. Nachdem dann zwischen 1907 und 1910 in Lohberg 60 Häuser mit 110 Wohnungen entstanden

---

[109] Milkereit, Arbeiterhaus, S. 211.
[110] Kanther, Rundgang, S. 48; B. I. 2..
[111] Milkereit aaO..

waren, kamen im Jahr 1911 weitere 95 Häuser mit 143 Wohnungen hinzu.[112] Dabei handelte es sich um in quadratischem Grundriß angelegte Backsteinhäuser, die zunächst ohne Anschluß an die Kanalisation und an einer unbefestigten Straße gelegen waren. Im Erdgeschoß waren ein Zimmer und eine Küche nebst Treppe zum Obergeschoß, in dem zwei weitere Stuben untergebracht waren. Der Abort befand sich im Stall, der durch ein Gartenstück vom Haus getrennt war.[113]
Der größte Teil der um die Jahrhundertwende für die Zechen Deutscher Kaiser erstellten Wohnungen umfaßte 50 m² mit drei Räumen und einer Küche, die mit eingemauertem Herd und Spülküche als Wohnküche konzipiert war. Diese Häuser waren von vornherein an die Kanalisation und an befestigte Straßen angeschlossen.
Die Koloniehäuser der Zeche Wehofen in Walsum-Wehofen waren 1912/13 zur Fertigstellung gelangt. Die Kolonie war auf einer rechteckigen Fläche schachbrettartig angelegt und galt zu ihrer Entstehungszeit als vorbildlich.[114]

Tab. 21: Werkwohnungen in Duisburg; 1928

Gesellschaft	**Wohnungseinheiten**
Vereinigte Stahlwerke, August Thyssen-Hütte	2.359
Vereinigte Stahlwerke, Bergbaugruppe Hamborn	13.591
Vereinigte Stahlwerke, Hütte Ruhrort-Meiderich	2.434
Vereinigte Stahlwerke, Hüttenbetrieb Meiderich	811
Vereinigte Stahlwerke, Niederrheinische Hütte	340
Vereinigte Stahlwerke, Hütte Vulkan	158
Gesellschaft für Teerverwertung, Meiderich	142
Duisburger Kupferhütte	519
Kabelwerk Duisburg AG	43
Matthes & Weber	85
Aktiengesellschaft für Industrie- und Brückenbau, vorm. Joh. Caspar Harkort	95
Berzelius Metallhüttengesellschaft AG	265
Friedrich Alfred-Hütte, Rheinhausen	52
Bergwerksgesellschaft Diergardt mbH, Rheinhausen	372
DEMAG mit Maschinenbau-Unternehmung AG	135
Lagerverwaltung der Vereinigten Holzgesellschaften	12
Rüttgerswerke Wanheimerort	31
Wasserbauamt Meiderich	22
Schmitz u. Loh	20
Julius Carstanjen	7
Duisburger Tapetenfabrik	15
Gesamt	**21.508**

Quelle: Milkereit, Arbeiterhaus, S. 216.[115]

[112] Litschke, Inge, Im Schatten der Fördertürme, Kindheit und Jugend im Revier, Die Bergarbeiterkolonie Lohberg 1900 bis 1980, Band 18 der „Dinslakener Beiträge“ zur Geschichte und Volkskunde des Vereins für Heimatpflege „Land Dinslaken“ e.V., Diss., 1992, 3. Auflage Duisburg 1994, S. 32 ff.; Heinrichsbauer, S. 59.
[113] Milkereit, Arbeiterhaus, S. 212.
[114] Kanther, Rundgang, S. 53; Zeichnung für ein „Bergmannshaus für 4 Familien -Wehofen und Lohberg“ bei Litschke, Abb. 15, S. 39.
[115] Stadtarchiv Duisburg 604/ 28 bei Milkereit aaO.; Berücksichtigung fanden Firmen mit mehr als fünf Werkwohnungen; Erhebung ohne Duisburger Süden und einschließlich Hamborn.

Die in der erwähnten Bergarbeiterkolonie Beeckerwerth errichteten Wohnungen, die zwischen 45 m² und 70 m² groß waren, waren demgegenüber erst ab 1921 in Ein- und Mehrfamilienhäusern entstanden. Die Mehrfamilienhäuser lagen an Durchgangsstraßen und je Eingang und Treppenhaus befanden sich höchstens drei Wohnungen. Eine Wohnung hatte dort jeweils einen Stall, Keller und Dachboden. Dazu kam eine Küche, die mit Spülküche und eingebauter Badewanne als Wäschespültrog bestückt war[116] und damit bereits erhöhten Komfort bot.
Darüber hinaus hatte z. B. die Niederrheinische Bergwerk AG zwischen 1926 und 1930 die „Neue Kolonie" mit 347 Wohnungseinheiten erbaut und die Gemeinnützige Wohnungsbaugesellschaft Bergmannssiedlung Linker Niederrhein (Rheinpreußen) hatte für Arbeiter des Schachtes Hochstraß zweigeschossige Reihen- und Doppelhäuser mit Stallgebäuden und Grünanlagen errichtet. Allein für den Raum Duisburg ergab sich im Jahr 1928 ein Bestand von 21.508 Werkwohnungen, der die Werke der VSt berücksichtigte.

Tab. 22: Werkwohnungsverteilung in Duisburg nach Wirtschaftsgruppen

Wirtschaftsgruppe	Wohnungseinheiten	%
Bergbau	13.963	64,9
Eisenschaffende und eisenverarbeitende Industrie	6.384	29,7
NE-Metallindustrie	784	3,6
Chemische Industrie	258	1,2
Übrige	119	0,6
Gesamt	21.508	100

Quelle: Milkereit, aaO. .

Trotz der Aufteilung des Wohnungsbestands auf mehrere Werke und Wirtschaftsgruppen hatte die VSt den weitaus größten Werkwohnungsbestand vor Ort. Die Vergabe der Wohnungen an den Bergbau und an die eisenschaffende Industrie stand im Verhältnis von einem Drittel zu zwei Dritteln zugunsten des Bergbaus, abgesehen von 1.161 Wohnungen, die sonstige Wirtschaftszweige erhielten.

Die im westfälischen Bereich des Wohnungsbestands der VSt gelegenen Grundstücke hatten ebenfalls eine Bebauung, die bis in die Mitte des 19. Jahrhunderts zurückreichte. Das Erscheinungsbild der Städte wich aufgrund der Zonenbauordnungen mit ihrer regionalen Struktur wie in Dortmund, Gelsenkirchen, Recklinghausen oder Witten voneinander ab und bildete kein einheitliches System.[117] In Westfalen-Nord beispielsweise galten Baumaßnahmen, die sich auf das Deutsche Reich bezogen, als vordringlich.[118] Neben den erwähnten Bauten, die den Bochumer Verein auf dem Gebiet des Wohnungsbaus auszeichneten, waren im Bewirtschaftungsbereich der

[116] Milkereit, aaO. .
[117] Tremöhlen, S. 37.
[118] Gauheimstättenamt, Häuser entstehen, in: Gau Westfalen-Nord (Hrsg.), Der Gau Westfalen-Nord, Detmold 1939, S. 155-161, hier S. 158.

Rheinisch Westfälische W. die Arbeiterhäuser der GBAG in Wattenscheid von 1861 und in Gelsenkirchen aus den Jahren 1869/ 70 von Einstöckigkeit geprägt. Die Erbauung von Arbeiterkolonien für die GBAG hatte zur Erstellung von zunächst 20 Häusern mit 284 m² Gartenland und je vier Wohnungen geführt, die jeweils drei Zimmer hatten.[119] Im Jahr 1873 übernahm die GBAG die Kolonie „Ottilienaue" in Ückendorf. Zwei Jahre später umfaßte die Kolonie bereits 60 Häuser. Die Gebäude unterteilten sich in sechs Zweifamilien- und 54 Vierfamilienhäuser, die aus einer Küche, einer Stube und zwei Kammern bestanden.[120]

Auch die Westfälische W. hatte mehrere Häuser im Bestand, die bereits dem Zeitraum bis Ende des 19. Jahrhunderts entstammten und damit unter die knapp 27 % der bis 1900 errichteten Gebäude fielen. Während in Dortmund-Tremonia eingeschossig gereihte, analog gestaltete Vierfamilienhäuser in unverputzter Ziegelbauweise mit Ställen als Unterkünfte für Arbeiter dienten, standen in Dortmund-Lindenhorst von der Zeche Stein und der GBAG auf rasterförmigem Grundriß mit achsialen Bezügen errichtete Siedlungshäuser, die durch Beckensteinmauerung und zweiflügelige Rundbogenfenster gekennzeichnet waren. Wie im Fall der „Alte Kolonie Eving" nahmen die Gebäude gartenstädtische Elemente der Durchgrünung, der Blickführung, der Straßenführung und der Platzerweiterungen auf. Die „Alte Kolonie Eving" war eine Repräsentantin der Bauperiode ab 1890 und zeigte, daß die Bauherren besonderes Gewicht auf die Ausgestaltung des Siedlungsgrundrisses gelegt hatten. Um das im Zentrum liegende „Wohlfahrtsgebäude" gruppierten sich baumbestandene Siedlungsstraßen und der Wechsel von optisch provokanten Haustypen charakterisierte das Erscheinungsbild der Siedlung.

Am Rande des Grävingholzes in Dortmund-Eving hatte 1918/19 der damalige Stadtbaurat Architekt Hans Strobel Lehmdrahthäuser (System Paetz) errichtet. Obwohl als eine Erweiterung der Kolonie Eving gedacht, erhielten diese Häuser durch ihren Zuschnitt und die Farbgebung (grün/ weiß oder rot/ weiß) und aufgrund verbretterter Giebel einen eigenen Siedlungscharakter.[121]

Ebenfalls in Dortmund-Eving hatte die GBAG Straßen zu Platzformationen erweitert und ein aufgelockertes Straßenbild durch turmbewehrte Baukörper erreicht, die in Reihen vor- und zurückgesetzt waren. Tiefgezogene Dächer mit Natursteinsockeln und Natursteinfensterstürzen kennzeichneten diese als Putzbauten ausgeführten Häuser.

---

[119] B. I. 2.; Heinrichsbauer, S. 31; Knipping, in: Hölling/ Pinkerneil, S. 232; Probleme Siedlung Eisenheim vgl. Puppke, S. 191; Hundt, S. 68, insgesamt mit 14 Tafeln Architekturzeichnungen; zu 1900 entstandener Arbeitersiedlung vgl. Fotografie bei Heinrichsbauer, S. 41.

[120] Kraus, Antje, Wohnverhältnisse und Lebensbedingungen von Hütten- und Bergarbeiterfamilien in der zweiten Hälfte des 19. Jahrhunderts, Die Arbeitersiedlungen der Carlshütte in Büdelsdorf (Rendsburg) und der Zeche Rheinelbe/ Alm in Ückendorf (Gelsenkirchen), in: Conze, Werner/ Engelhardt, Ulrich (Hrsg.), Arbeiter im Industrialisierungsprozeß, Herkunft, Lage und Verhalten, Stuttgart 1979, S. 163-194, hier S. 170.

[121] Zur Struktur und Entwicklung Dortmunds unter Berücksichtigung der Industriestandorte vgl. Walz, Manfred, Die Stadt - Struktur und Entwicklung, in: Kastorff-Viehmann, Renate/ Petz, Ursula von/ *derselbe*, Stadtentwicklung Dortmund: Die moderne Industriestadt 1918-1946, Dortmunder Beiträge zur Raumplanung, IRPUD, Dortmund 1995, S. 23-88, hier S. 27 ff.; Bollerey/ Hartmann, Bsp. 21, 28, 30, 31, 32.

In Dortmund-Kirchlinde kamen ab 1913 Gebäude als zweieinhalbgeschossige Reihenmehrfachfamilienhäuser zur Fertigstellung. Je fünf Fenster- bzw. Türachsen bildeten eine Hauseinheit mit Mansardendächern und kanellierten Wandpfeilern rechts und links der Hauseingangstüren.[122]
Bedingt durch die große Wohnungsnachfrage hatte die GBAG auch in Dortmund-Bövinghausen eine zweieinhalb- bis dreieinhalbgeschossige Anlage errichtet. Eine enge Straßenrandbebauung korrespondierte mit wechselnden Haustypen und Blockinnenhöfen. Anfang des 20. Jahrhunderts entstand die Siedlung Landwehr - heute zum Westfälischen Industriemuseum Zeche Zollern II/ IV gehörend - mit einer gestalterischen Sorgfalt, die sich im Detail nach wie vor an Fensterrahmungen, Giebelfeldern, Eingängen und Dachlandschaften zeigt.[123] Die GBAG legte großzügige Freiräume und baumbestandene Siedlungsstraßen an, die die Umsetzung gartenstädtischer Ideale bedeuteten. Die Planung führte zur Schaffung von Grünflächen und zur Staffelung, Reihung und Versetzung von Gebäuden.[124]

Mit der Kolonie Neu-Asseln bei Dortmund, die mit Klinkerbauten auf Kreuzgrundriß samt Stallanbauten an den vier Längsseiten sowie zweiflügeligen Rundbogenfenstern repräsentativ für frühe einfache Einfamilienhäuser war, hatte die Phoenix im Bereich der Westfälische W. Grundeigentum, das bis in das 19. Jahrhundert zurückreichte.
In Neu-Asseln hatte die Phoenix auf fast rasterförmigem Siedlungsgrundriß ab 1890 auch Arbeiterhäuser gebaut, die vom Vierfamilienhaus in Ziegelmauerwerk mit „geometrisierenden vertikalen und horizontalen Wandauflagen" bis zum gartenstädtischen Doppelgiebelhaus reichten.[125] Ebenso hatte die Phoenix 1922 in Dortmund-Neuasseln eine individuell und geschlossen wirkende Siedlungseinheit geschaffen. Eine Hofanlage, zu der eine schmale, geschwungene Straße führte, stellte den Siedlungskern dar. Die Wohnstraßen waren bewußt geschwungen angelegt und platzartige Erweiterungen der Straßen sollten den dörflichen Charakter verstärken. Die Grünplanung und die Gartenanlagen waren in das Gesamtkonzept integriert. *Heinen/ Pfeffer*[126] zeigen auf, daß solche Gestaltungsprinzipien später in die nationalsozialistischen Vorstellungen von der Konzeption eines „germanischen Dorfes" übernommen wurden.
Hinsichtlich der Einzelhäuser war die Betonung von Sockelzone und Eingangstür durch Verwendung von Ziegelverblendungen ein besonderes Gestaltungsmerkmal. Der Einfluß der Gartenstadtbewegung machte sich bei der Phoenix in Hörde bemerkbar. Bereits die Eingangssituation unterstrich die nach gartenstädtischen Idealen gebaute Siedlung mit Zwei- und Vierfamilienhäusern durch Kolonnaden mit Natursteinsockeln. Voneinander abweichende Haustypen und unterschiedliche Firstrichtungen ergaben auch hier ein wechselndes Straßenbild.[127]

---

[122] Kurth, S. 201; Bollerey/ Hartmann, Bsp. 35.
[123] Bollerey/ Hartmann, Bsp. 75, 77, 88.
[124] Bollerey/ Hartmann, Bsp. 83.
[125] Bollerey/ Hartmann, Bsp. 53, 54, 55.
[126] Heinen/ Pfeffer, S. 272.
[127] Bollerey/ Hartmann, Bsp. 66.

Nach gartenstädtischen Gestaltungsidealen waren außerdem noch Betriebe wie die Drahtwerke Langendreer in Dortmund-Aplerbeck vorgegangen. Tiefgezogene Mansardendächer und niedrige Zwischenbauten kennzeichneten die in einem kleinen und geschlossenen Siedlungskomplex angeordneten Häuser. Ansonsten waren die Gebäude des Bestands in Aplerbeck aus verschiedenen Bauabschnitten vornehmlich als ein- bis zweigeschossige Ziegelrohbauten konzipiert, die bis in die frühen 1920er Jahre Ergänzungsbauten erhielten. Deren Ausführung in Beton war von der Baupolizei 1910 zunächst unterbunden worden, da „die architektonische Gestaltung nicht günstig im Stadtbilde wirkte".[128] Insgesamt läßt sich als Hauptmerkmal der Wohnarchitektur eine grundsätzlich „ebenerdige Anlage"[129] festhalten, die möglichst einen eigenen Hauseingang hatte.

b) Werksverbliebene Häuser

Der auf die Wohnungsgesellschaften übertragene Bestand umfaßte nicht alle vorhandenen Wohnungen der VSt. Allein Werke wie die Rheinisch Westfälische Stahl- und Walzwerke AG, die Eisenindustrie zu Menden und Schwerte AG und die Vereinigte Holzgesellschaften mbH brachten ihre sämtlichen Wohngrundstücke in die neuen Gesellschaften ein. Insgesamt 6.139 Wohnungen verblieben bei den Werken.

Obwohl die VSt wie in Hamborn oder Siegen Abteilungen für die Werksgrundstücke unterhielt, verwalteten die Wohnungsgesellschaften werksverbliebene Wohnungen mit. Zur Vermeidung von Berührungspunkten mit dem Gemeinnützigkeitsrecht wurden die Wohnungen ab Februar 1937 bei der Westdeutsche W. geführt.[130]

Tab. 23: Werksverbliebene Wohnungen; 19.06.1933

Werk	Zahl der Wohnungen	Einheitswert RM
Vereinigte Stahlwerke AG	5.883	17.961.616,--
Ruhrstahl AG, Witten	124	406.664,--
Eisenwerk Kraft AG	45	128.900,--
Stahlwerke Brüninghaus AG, Werdohl	18	103.500,--
Friedrich Thomée AG, Werdohl	27	124.500,--
Bergbau und Hütten AG Friedrichshütte	28	92.000,--
Vereinigte Preß- und Hammerwerke AG, Dahlhausen	6	20.000,--
Westfälische Eisen- und Drahtwerke AG, Langendreer	5	45.600,--
Gewerkschaft Maiblume	3	58.300,--
Gesamt	6.139	18.941.080,--

Quelle: Hauptgrundstücksabteilung (Schilling), Zusammenstellung der bei den Werken verbleibenden Wohngrundstücke, VA GA/ 19.06.1933.

---

[128] Bollerey/ Hartmann, Bsp. 62, 63.

[129] Weisser, Michael, Arbeiterkolonien - Über die Motive zum Bau von Arbeiterwohnungen durch industrielle Unternehmen im 19. und frühen 20. Jahrhundert in Deutschland, in: Petsch, Joachim (Hrsg.), Architektur und Städtebau im 20. Jahrhundert, Zweiter Band - Wohnungsbau - Sozialistischer Wohnungsbau, Berlin 1975, S. 7-56, hier S. 40.

[130] Ursprünglich hatte die VSt daran gedacht, auch Grundstücke mit Werksanlagen zu übertragen. Das aber machten Schwierigkeiten unmöglich, die sich bei der Herauslösung der Werksanlagen für die beabsichtigte Aufteilung der Auslandsanleihen ergaben, Dinkelbach, 01.02.1955, TKA NSt/ 225; VA VS/ I, Bl. 57.

Die Wohnungen hatten einen Einheitswert von 18.941.080,-- RM. Danach hatte im Durchschnitt jede Wohnung zwar einen Einheitswert von 3.085,-- RM, doch wird eine arithmetische Durchschnittswertermittlung der unterschiedlichen Größe, Ausstattung und Lage der Wohnungen nur unzureichend gerecht.

Während sich für Ruhrstahl (3.279), die Eisenwerk Kraft AG (2.864), die Bergbau und Hütten AG Friedrichshütte (3.285) und die Vereinigte Preß- und Hammerwerke AG (3.333) vergleichbare Werte errechneten, zeigen die Durchschnittswerte für die Stahlwerke Brüninghaus AG (5.750), die Friedrich Thomée AG (4.611), die Westfälische Eisen- und Drahtwerke AG (9.120) sowie für Gewerkschaft Maiblume (19.433), daß der Wohnungsbestand von uneinheitlicher Qualität war.

Die Gebäude verblieben typischerweise bei den Werken, sofern es sich um Funktionsbauten oder direkt auf Werksgelände liegende Häuser mit Wohnungen handelte. Betroffen waren Wohnungen in oder an Verwaltungsgebäuden[131], technische Büros[132], Lohnbüros[133], sonstige Betriebsbüros[134], Pförtnerhäuser[135], Kasinos[136], Schwesternhäuser[137], Kinderheime[138], eine Anstalt für Jugendpflege[139], Ledigenheime[140], Kosthäuser[141], Menagen[142], Baracken[143], Kotten, Fachwerk- und Bauernhäuser[144], Bauten in

[131] Schachtanlage I/VI, Verwaltungsstelle 26 , Bergbaugruppe Hamborn (Duisburger Str.); August Thyssen-Hütte, Verwaltungsstelle 22, Dinslaken (Thyssenstr.); Zeche Lohberg, Verwaltungsstelle 21, Lohberg (Hünxer Str.); Hütte Ruhrort-Meiderich, Verwaltungsstelle 35, Duisburg-Meiderich (Mühlenfelder Str., Silberstr., Sonderburger Str., Stahlstr.); Restverwaltung Düsseldorf, Duisburg-Ruhrort (Vinckeplatz-Jordingstr., Ruhrorter Str., Vinckeufer), VA GA/ 01.02.1934; Niederrheinische Hütte, Verwaltungsstelle 37, Duisburg-Hochfeld (Wörthstr.), VA GA/ 01.02.1934.

[132] August Thyssen-Hütte, Verwaltungsstelle 22, Dinslaken (Karlstr.); Niederrheinische Hütte, Verwaltungsstelle 37, Duisburg-Hochfeld (Wanheimer Str.), VA GA/ 01.02.1934.

[133] August Thyssen-Hütte, Verwaltungsstelle 22, Dinslaken (Thyssenstr.), VA GA/ 01.02.1933.

[134] Hütte Ruhrort-Meiderich, Verwaltungsstelle 35, Duisburg-Meiderich (Betriebsbüro an der Thomasschlackenmühle; Vohwinkelstr.), Beeck (Glückaufstr.); Zeche Lohberg, Verwaltungsstelle 21 (Ziegelstr.); Röhrenwerke, Düsseldorf, Verwaltungsstelle 41 (Kölner Str.), VA GA/ 01.02.1934.

[135] Röhrenwerke, Düsseldorf, Verwaltungsstelle 41 (Höhterweg), Hilden (Hülser Str.), VA GA/ 01.02.1934.

[136] Zeche Wehofen, Verwaltungsstelle 23 (Hindenburgstr.); Zeche Lohberg, Verwaltungsstelle 21, Lohberg (Hünxer Str.); August Thyssen-Hütte, Verwaltungsstelle 22, Dinslaken (Thyssenstr.), VA GA/ 01.02.1933.

[137] August Thyssen-Hütte, Verwaltungsstelle 30, Bruckhausen (Schulstr.); Zeche Wehofen, Verwaltungsstelle 23 (Provinzialstr.); Schachtanlage I/ VI, Verwaltungsstelle 26, Hamborn (Goethestr.), VA GA/ 01.02.1934.

[138] Westfälische Union, Verwaltungsstelle 87, Lippstadt (Riexbecker Str.); August Thyssen-Hütte, Verwaltungsstelle 22, Dinslaken (Brückstr.) und Verwaltungsstelle 30, Bruckhausen (Schulstr.), VA GA/ 01.02.1934.

[139] Hütte Ruhrort-Meiderich, Verwaltungsstelle 35, Duisburg-Meiderich (Düppelstr.), VA GA/ 01.02.1934.

[140] Hüttenbetrieb Meiderich, Verwaltungsstelle 34, Duisburg-Meiderich (Talbahnstr.); Zeche Lohberg, Verwaltungsstelle 21, Lohberg (Stollenstr.), VA GA/ 01.02.1934.

[141] Hütte Ruhrort-Meiderich, Verwaltungsstelle 36, Duisburg-Meiderich (Thielenstr.), VA GA/ 01.02.1934.

[142] Zeche Beeckerwerth, Verwaltungsstelle 33, Beeck & Beeckerwerth (Hoffschestr.); August Thyssen-Hütte, Verwaltungsstelle 30, Bruckhausen (Kaiser Wilhelm-Str.), VA GA/ 01.02.1934.

[143] Stahlwerke van der Zypen, Verwaltungsstelle 42, Köln-Deutz (Bahnhof der Hütte); Zeche Lohberg, Verwaltungsstelle 21, Lohberg (Dorotheenstr.); Hütte Ruhrort-Meiderich, Verwaltungsstelle 35, Duisburg-Meiderich (Beecker Str., Dennewitzstr., Kopmannstr.); August Thyssen-Hütte, Verwaltungsstelle 30, Bruckhausen (Kasinostr., Kaiser Wilhelm-Str.); Röhrenwerke, Düsseldorf, Verwaltungsstelle 41 (Höhterweg), Hilden (Eichestr.), Immigrath (Winkelsweg), VA GA/ 01.02.1934.

[144] August Thyssen-Hütte, Verwaltungsstelle 27, Vierlindenhof Dinslaken (Provinzialstr.) und Verwaltungsstelle 33 (Beeckerwerth); Zeche Lohberg, Verwaltungsstelle 21, Lohberg (Berger Str.); Zeche Beeckerwerth, Verwaltungsstelle 33, Beeck & Beeckerwerth (Hoffschestr.); Zeche Wehofen, Verwaltungsstelle 23 (Eichelskamp, Sternstr., Winkelstr.); Schacht IV/ VIII, Verwaltungsstelle 31 (Beecker Str.), VA GA/ 01.02.1934.

Schrebergärten[145], Wohnungen an Pferdeställen[146], Garagen[147] und Tankstellen[148] sowie in einem Fall eine beim Neubau des Fernsprechamtes der ATH errichtete Wohnung.[149] Zwei Gebäude in Beeck bzw. Düsseldorf waren bereits zu SA-Heimen geworden und konnten deshalb nicht aus dem Bestand der VSt herausgelöst werden.[150]
Die Wohngebäude, die bei den Werken verblieben und sich auf dem Werksgelände befanden, waren entsprechend nah an den Produktionsstätten gelegen. Intern zog die VSt die Anlagen der Werke daher für die Bezeichnung der Gebäude heran. Die Häuser lagen „im Ziegeleigelände“[151], „hinter der Sinteranlage“, „an der Benzolfabrik“[152] oder „vor der Gaszentrale“[153] sowie „am Schlackenberg“[154], „am Kanal“[155] und auf „Werkserweiterungsgelände“[156]. Optisch war das nicht immer wahrnehmbar, da die Häuser in einigen Fällen durch eine hohe Mauer vom Werk getrennt waren.[157]
Bei den „Schofförwohnungen“ orientierte sich die VSt nicht an geografischen Vorgaben, sondern nutzte die enge Verbindung von Dienstvertrag und Mietvertrag beim Abschluß von Werkwohnungsverträgen. So reklamierte die Hauptverwaltung der VSt die „Schofförwohnungen“ für sich, obwohl zunächst sämtliche Wohnungen der Hauptstelle in die Wohnungsgesellschaften eingebracht werden sollten.[158]

Hinsichtlich des Zustands der Gebäude konnte von einer einheitlich ausreichenden Erhaltung keine Rede sein. In Duisburg-Meiderich z. B. lag eine „alte halbverfallene Ziegeleibaracke tief im Gelände mit einem schmalen Fußweg als Zugang“.[159] In Beeck, Zeche Beeckerwerth, war das Wohnhaus im Gelände der Kalkbrennerei „veraltert“.[160] Ein Teil der werksverbliebenen Gebäude hatte also nicht nur hohen Instandhaltungs-, sondern bereits Instandsetzungsbedarf.

---

[145] August Thyssen-Hütte, Verwaltungsstelle 30, Bruckhausen (Kaiser Wilhelm-Str.), VA GA/ 01.02.1934.
[146] Schachtanlage I/VI, Verwaltungsstelle 26 (Buschstr.); August-Thyssen-Hütte, Verwaltungsstelle 30, Bruckhausen (Kaiser Wilhelm-Str.), VA GA/ 01.02.1934.
[147] Hütte Ruhrort-Meiderich, Verwaltungsstelle 35, Duisburg-Meiderich (Beecker Str.[„An der Autogarage“]) und Verwaltungsstelle 36, Duisburg-Ruhrort (Phoenixstr.), VA GA/ 01.02.1934.
[148] Hütte Ruhrort-Meiderich, Restverwaltung Düsseldorf, Duisburg-Ruhrort (Krusestr.), VA GA/ 01.02.1934.
[149] August Thyssen-Hütte, Verwaltungsstelle 30, Bruckhausen, VA GA/ 01.02.1934.
[150] Zeche Beeckerwerth, Verwaltungsstelle 33, Beeck & Beeckerwerth (Hoffschestr.); Röhrenwerke, Düsseldorf, Verwaltungsstelle 41 (Wilhelm-Heinrich-Weg), VA GA/ 01.02.1934.
[151] Hüttenbetrieb Meiderich, Verwaltungsstelle 34, Duisburg-Meiderich (Emscher Str.); Zeche Lohberg, Verwaltungsstelle 21, Lohberg (Ziegeleiweg), VA GA/ 01.02.1934.
[152] Schachtanlage III/ VII, Verwaltungsstelle 30, Bruckhausen (Fabrikstr.), VA GA/ 01.02.1934.
[153] Hüttenbetrieb Meiderich, Verwaltungsstelle 34, Duisburg-Meiderich (Wittfelder Str./ Lösorterstr.), VA GA/ 01.02.1934.
[154] Friedrich Wilhelms-Hütte, Verwaltungsstelle 40, Mülheim-Ruhr (Burgstr.); Schachtanlage III/ VII, Verwaltungsstelle 30, Bruckhausen (Alsumerstr.); Niederrheinische Hütte, Verwaltungsstelle 37, Duisburg-Hochfeld (Liebigstr.), VA GA/ 01.02.1934.
[155] Zeche Westende und Rönsberghof, Verwaltungsstelle 35, Meiderich & Ruhrort (Kopmannstr.), VA GA/ 01.02.1934.
[156] Niederrheinische Hütte, Verwaltungsstelle 37, Duisburg-Hochfeld (Hüttenstr.), VA GA/ 01.02.1934.
[157] Stahlwerke van der Zypen, Verwaltungsstelle 42, Köln-Deutz (Mülheimer Str.), VA GA/ 01.02.1934.
[158] Hauptstelle, Hauptverwaltung, Düsseldorf (Zimmerstr.), VA GA/ 01.02.1934.
[159] Hüttenbetrieb Meiderich, Restverwaltung Düsseldorf, Duisburg-Meiderich (Essen-Steeler Str.), VA GA/ 01.02.1934.
[160] Zeche Beeckerwerth, Verwaltungsstelle 33, Beeck & Beeckerwerth (Hoffschestr.), VA GA/ 01.02.1934.

c) Stahlhäuser

Einen besonderen Abschnitt des Bestands bildeten Stahlhäuser, die nach ersten Versuchen im 19. Jahrhundert in Deutschland in den 1920er Jahren zunächst in Stahltafelbauweise errichtet wurden. Im Ruhrgebiet entwickelte Heinrich Blecken, Direktor der Rheinische Stahlwerke, mit den sog. Stahllamellenhäusern einen weiteren Haustyp, der sich aus Wand- und Dachtafeln mit 3 mm starkem, gekupfertem Thomas-Stahlblech zusammensetzte.[161] Bereits vorgefertigte Eck-, Wand-, Fenster- und Türlamellen ließen sich nach dem sog. „System Blecken" auf der Baustelle senkrecht nebeneinander in beliebiger Weise zu Wänden für eingeschossige Häuser montieren. Da die VSt, in die sich die Rheinische Stahlwerke 1926 wie gesehen eingebracht hatte, bis Oktober 1927 von einem bereits bestehenden Interesse an über 5.000 Häusern ausging, errichtete sie ein Preßwerk bei Siegen und gründete für den Vertrieb und die Errichtung der Häuser am 13.03.1928 mit den weiteren Gesellschaftern Mitteldeutsche Stahlwerke AG, Düsseldorf, Henschel & Sohn, Abt. Henrichshütte, Hattingen sowie der Eisen- und Stahlwerk Hoesch AG, Dortmund, die Stahlhaus GmbH, Duisburg.

Die Besonderheit der Stahlbauweise lag in der Möglichkeit, durch die weitgehende Normierung und Typisierung billige Wohnungen erstellen zu können, gepaart mit leichter Transportfähigkeit und guter Konstruktionsfestigkeit.

Die Gebäude der Stahlhaus GmbH waren konzipiert als Zwei-, Drei-, Vier- oder Fünf-Zimmerhäuser, die auf Wunsch um mehrere Lammellenbreiten vergrößert werden konnten. Ebenso konnte die Aufteilung besonderen Bauwünschen vorbehalten bleiben. Voraussetzung war nur, daß die mittlere Längswand als Tragwand die Haustiefe in etwa gleich große Hälften teilte (je 4 m).[162] Die Decken bestanden vornehmlich aus Holzdielen und -balken, während die Dächer zunächst aus Stahllamellen gefertigt waren.

Das Fundament oder Kellergeschoß entstand gemauert und aus Beton. Die tragenden Wände waren aus Ziegeln aufzumauern. Die Umfassungswände der Unterkellerung mußten im Hinblick auf das gegenüber dem Steinhaus geringere Gewicht eines Stahlhauses nur 25 cm statt 40 cm stark sein und sollten damit zu einer Preisvergünstigung beitragen.[163]

Die erhältlichen Häuser wurden nach sog. Hausformen angeboten, die sich aufgrund der identischen Bauteile ähnelten. Dementsprechend repräsentierte jede Hausform das Gesamtkonzept, das die Stahlhaus GmbH z. B. mit den Hausformen 20, 25 und 30 in Aufbau, Gestaltung und Aufteilung anbot. Die Stahlhaus GmbH integrierte die Haustypen 20, 25 und 30 wie die ähnlichen Hausformen 10, 27, 40 oder 50 in konventionell konzipierte Neubausiedlungen. Der mit seiner Aufteilung von der Stahlhaus GmbH in

---

[161] Robeck, Ulrike, Wohnhäuser aus Stahl, Das Experiment des Stahllamellenbaus im Ruhrgebiet, in: Baukultur 1995, S. 33-35, hier S. 33; weitergehende Literaturhinweise zum Stahlhausbau bei *derselben*, Alles Blech: Wohnhäuser aus Stahl, Eine Bilanz ihrer Entwicklung, Herstellung und Verbreitung im rheinisch-westfälischen Industriegebiet, Essen 2000, S. 131 ff..

[162] Vereinigte Stahlwerke AG, Düsseldorf/ Mitteldeutsche Stahlwerke AG, Berlin/ Henschel & Sohn, Abt. Henrichshütte, Hattingen/ Eisen- und Stahlwerk Hoesch AG, Dortmund, Stahlhäuser (System Blecken) der Stahlhaus G.m.b.H. Duisburg Stahlstraße 61, Duisburg 1929, S. 34.

[163] Eine Steinhauswand wog nach Berechnungen der Stahlhaus GmbH das 18-fache einer Stahlhauswand; Vereinigte Stahlwerke AG/ Mitteldeutsche Stahlwerke/ Henschel & Sohn/ Eisen- und Stahlwerk Hoesch, S. 35.

Abb. 3: Stahlhaus Typ 20.

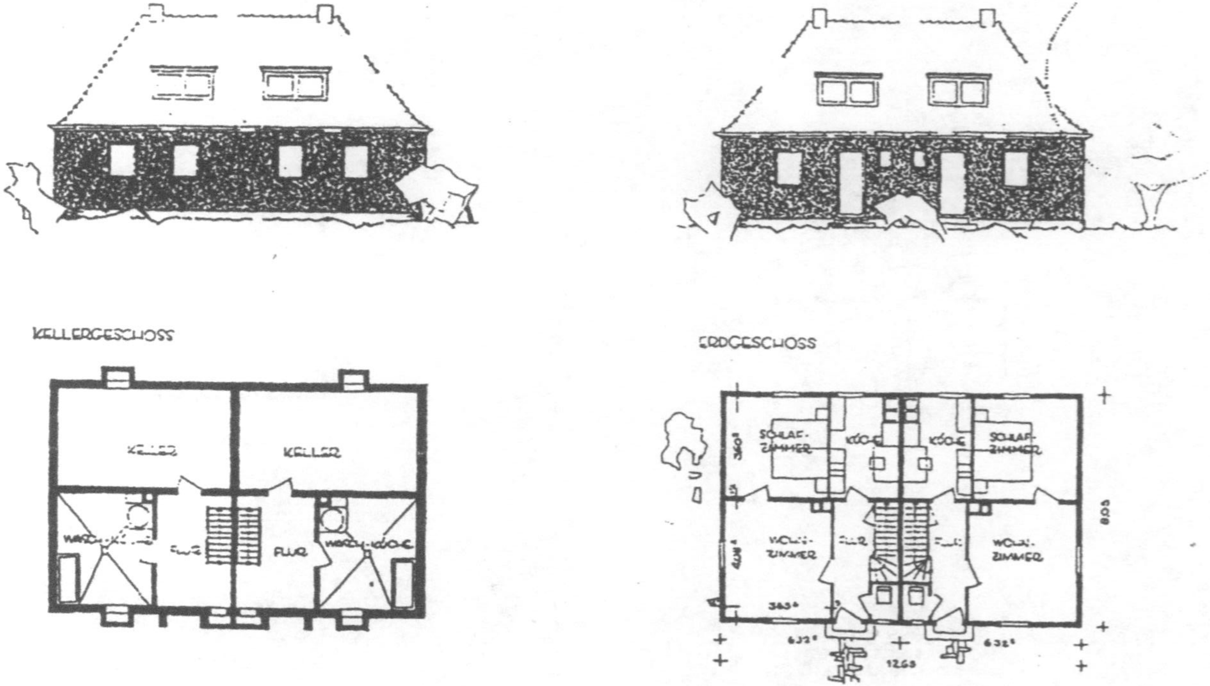

Maßstab 1:200

Quelle: Vereinigte Stahlwerke AG, Düsseldorf/ Mitteldeutsche Stahlwerke AG, Berlin/ Henschel & Sohn, Abt. Henrichshütte, Hattingen/ Eisen- und Stahlwerk Hoesch AG, Dortmund, Anlagen.

Abb. 4: Stahlhaus Typ 30.

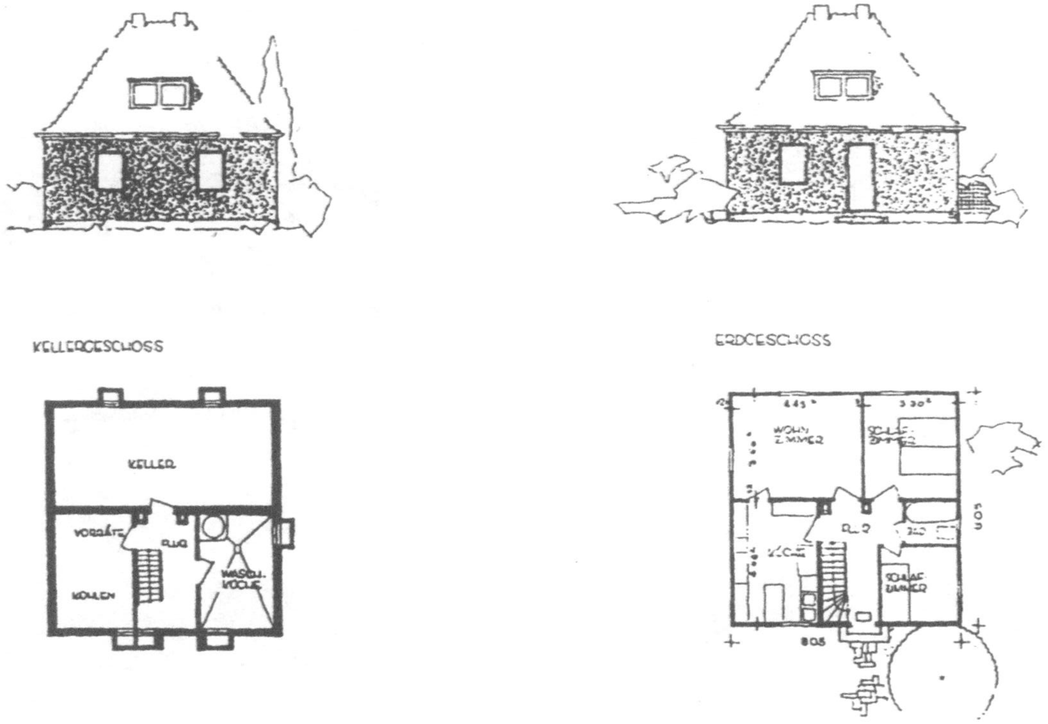

Maßstab 1:200

Quelle: Vereinigte Stahlwerke AG, Düsseldorf/ Mitteldeutsche Stahlwerke AG, Berlin/ Henschel & Sohn, Abt. Henrichshütte, Hattingen/ Eisen- und Stahlwerk Hoesch AG, Dortmund, Anlagen.

Zahlen repräsentativ aufgeführte Haustyp 25 verfügte im Erdgeschoß mit 44 m² über zwei Zimmer, eine Wohnküche, Flur und WC sowie im Dachgeschoß auf 19,5 m² über einen Wohnraum und ein Badezimmer.[164] Hier versprach sich die Stahlhaus GmbH anhand der Berechnung des nutzbaren und nicht nur umbauten Raumes Argumente für den Verkauf der Häuser. Bei identischen Grundrißlängen von 8 m x 8 m ergab sich aufgrund der geringeren Stahlhaus-Wandstärke ein Vorteil der nutzbaren Grundfläche von 59 m² gegenüber 51,8 m² beim Steinhaus und damit ein Raumvorteil von 7,7 m².
Um möglichst nachhaltig zu werben, wies die Stahlhaus GmbH auf ihre Referenzen hin, die von Privatkunden über den Stadtoberbaurat der Stadt Duisburg, den Geschäftsführer des Ruhrsiedlungsverbands, den Baudirektor der Emschergenossenschaft bis hin zu positiven Gutachten des Vereins „Forschungsheim für Wärmeschutz e.V." sowie des Staatlichen Materialprüfungsamtes in Berlin reichten.[165]
Das Stahlhaus sollte aufgrund seines geringeren Gewichts in Bergbaugebieten länger sicheren Baugrund bieten als ein schwereres Steinhaus. Außerdem sollten die Verschraubungen und die geschlossene Verspannung durchlaufender Blechträger die besondere Widerstandsfähigkeit gegenüber Erdbewegungen gewährleisten. Ein weiterer Vorteil der Stahlhäuser sollte in der kurzen Bauzeit liegen. Bis zur Schlüsselfertigkeit war unabhängig von der Witterung von vier bis sechs Wochen auszugehen. Damit verband sich der Hinweis auf Einsparmöglichkeiten bei Miete und Bauzinsen.
Die Stahlhaus GmbH konnte hinsichtlich der Finanzierung darauf verweisen, daß sie in Bochum und Düsseldorf Stahlhaussiedlungen aus Mitteln der öffentlichen Hand hatte errichten dürfen und die Aufsichtsbehörden in Hessen die Stahlbauweise und die Gewährung verbilligter Baudarlehen aus der Hauszinssteuer genehmigt hatten.[166] Auch die Hessische Landesbank erkannte die Haustypen der Stahlhaus GmbH als vollwertig an und ermöglichte die Beleihung zu Konditionen wie für den Steinhausbau.
So errichtete die Stahlhaus GmbH neben den Häusern in Bochum und Düsseldorf auch Gebäude in Dortmund, Bergkamen, Essen, Hattingen, Mühlheim, Duisburg und Walsum sowie außerhalb des Rhein-/ Ruhrgebiets z. B. in Berlin und München.[167]
Insgesamt jedoch blieb der für die VSt und die anderen Gesellschafter interessante Eisen- und Blechverbrauch hinter den Erwartungen zurück. Bis 1929 waren erst 800 statt der geplanten 10.000 bis 12.000 Häuser jährlich entstanden. Die Probleme, die die Kaufzurückhaltung erzeugten, ergaben sich trotz anfänglicher Lieferung unter Selbstkosten aus nicht konkurrenzfähigen Preisen im Verhältnis zur Steinbauweise.

---

[164] Vereinigte Stahlwerke AG/ Mitteldeutsche Stahlwerke/ Henschel & Sohn/ Eisen- und Stahlwerk Hoesch, Anlagen.
[165] Gutachten zur Wärmedurchlässigkeit der Stahlhaus-Wandkonstruktionen, München, September 1926, Staatliches Materialprüfungsamt, Abteilung für Maschinen- und Eisenbau, Prüfungszeugnis, A. Nr. 106267, Abt. IIIa, Nr. 15530, 06.12.1927, Gutachten zur Knickfestigkeit der Druckpfosten; Vereinigte Stahlwerke AG/ Mitteldeutsche Stahlwerke/ Henschel & Sohn/ Eisen- und Stahlwerk Hoesch, S. 6-25.
[166] Ministerium des Innern Nr. 6696 vom 03.03.1928 und Ministerium für Arbeit und Wirtschaft Nr. 6026 vom 26.03.1928; Vereinigte Stahlwerke AG/ Mitteldeutsche Stahlwerke/ Henschel & Sohn/ Eisen- und Stahlwerk Hoesch, S. 36. f. .
[167] Robeck, Wohnhäuser aus Stahl, S. 33; Vereinigte Stahlwerke AG/ Mitteldeutsche Stahlwerke/ Henschel & Sohn/ Eisen- und Stahlwerk Hoesch, S. 4, 7, 9, 13-20, 30-35, 39.

Hinzu kam eine technische Unvollkommenheit, die sich vor allem bei der regelmäßigen Entstehung von Rost zeigte. So bildete sich Rost trotz der Verwendung gekupferten Stahls und trotz mehrfacher Schutzanstriche an den Wandlamellen.
Die Stahlhaus GmbH formulierte in einem Bericht vom 18.09.1929 selbst, sie würde „wohl kaum Aufträge erhalten haben, wenn sie Stahlhäuser zu Gestehungspreisen in Konkurrenz mit der Steinbauweise angeboten hätte". Da bekannt war, daß weltweit jährlich 40 Mill. t Eisen dem Rostfraß zum Opfer fielen, verwies die Stahlhaus GmbH auf den amerikanischen Ingenieur Skinner. Dieser hatte eine statistische Erhebung mit 17.000 Fragebögen dahingehend ausgewertet, daß Rost kein unbedingter Schädling für die Häuser sein mußte, da die Rostbekämpfung über Schutzanstriche erfolgreich sein konnte - ein Erfolg, der sich bei der Stahlhaus GmbH indessen nicht einstellen wollte. Schwitzwasserbildung führte letztlich zur Rückkehr zu den traditionellen Baumaterialien.[168] Hinzu traten schlechte Organisation und Kalkulation sowie eine unsachgemäße Buchführung und das Verhalten Heinrich Bleckens, der nicht nur Ideengeber, sondern neben Friedrich Teichler auch einer der zwei Geschäftsführer der Stahlhaus GmbH war. Die VSt vermerkte zu Blecken und Teichler:

> *„Von keinem Fachwissen getrübt, entwickelten die Herren unter Hingabe ihrer ganzen Arbeitskraft einen Eifer, ein sogenanntes Stahlhaus einzuführen, der einer besseren Sache würdig gewesen wäre."*

Seine betriebliche Funktion ausnutzend errichtete Blecken mehrere Stahlhäuser auf Firmenkosten auf eigenem Grundstück und wurde wie Teichler auf der Gesellschafterversammlung vom 25.10.1929 fristlos entlassen.[169]
Der Verlust der GmbH belief sich bereits 1929 auf knapp eine Mio. RM.[170] Da die Gesellschaft seitdem keinen nennenswerten Stahlhausbau mehr betrieb und die Verluste aufgrund der technischen Unzulänglichkeiten und der Fehleinschätzung des Marktes nicht aufgefangen werden konnten, sondern bis zum 30. April 1930 auf 1.332.500,-- RM anstiegen, erfolgte im November 1932 die Liquidation der Stahlhaus GmbH.

Die Westdeutsche W. hielt 1934 42,67 % an der von der VSt mitgegründeten Ruhrwohnungsbau, die fünf Siedlungen mit den Stahlhäusern in Bergkamen, Castrop-Rauxel, Dortmund-Westrich, Essen-Katernberg und Duisburg erstellt hatte.[171] Nach dem Ende der Stahlhaus GmbH war die VSt so noch über die Westdeutsche W. an diesen in Stahlbauweise erstellten Häusern beteiligt.

---

[168] Vereinigte Stahlwerke AG/ Mitteldeutsche Stahlwerke/ Henschel & Sohn/ Eisen- und Stahlwerk Hoesch, S. 27 ff..
[169] Robeck, Alles Blech, S. 62.
[170] TKA VSt/ 1314.
[171] Ruhrwohnungsbau-Aktiengesellschaft, 25 Jahre, S. 6, 12; in Deutschland wurden dann zwar noch Stahlhäuser gebaut, aufgrund der technischen Schwierigkeiten aber nicht flächendeckend. Wie das System Blecken konnten sich auf Dauer auch das Deutsche Stahlhaus System Scherer, Düsseldorf, das System Speigel oder das GHH-Stahlhaus mit Wand- und Dachblechen der Eisenbau Essen GmbH nicht etablieren. Die Stahlbauindustrie umfaßte in nennenswertem Umfang den Bau von Hallen, Brücken oder Fördertürmen und nicht die Herstellung von Stahlhäusern, die dementsprechend z. B. in Dortmund als einer Hochburg der deutschen Stahlbauindustrie nicht ins Gewicht fiel; zum Dortmunder Stahlbau Kleinschmidt, Christian, Die Dortmunder Stahlbauindustrie zwischen Mitte des 19. und Mitte des 20. Jahrhunderts, in: Fischer, Manfred/ *derselbe* (Hrsg.), Stahlbau in Dortmund, Unternehmen, Technik und Industriekultur im 19. und 20. Jahrhundert, Essen 2001, S. 11-24, hier S. 14 ff..

7. Gemeinnützigkeit der Wohnungsgesellschaften

Die Westfälische W., Rheinische W. und Rheinisch Westfälische W. waren zu dieser Zeit noch mit ihrer Anerkennung als gemeinnützige Wohnungsunternehmen befaßt, während die Westdeutsche W. mit überregionaler Präsenz und mit größeren Wohnungen von vornherein als Organgesellschaft der VSt konzipiert war.

Für die Westdeutsche W. bestand zur Bildung des Organschaftswillens mit dem Vorstand der VSt, Dinkelbach, Helmuth Poensgen, Späing sowie in Finanzierungsfragen mit Deleurant ein Gremium, das sich bei Bedarf in Düsseldorf beriet. Für die drei anderen Gesellschaften mußte noch der Status der Gemeinnützigkeit beantragt werden. Das Anerkennungsinteresse der Gesellschaften als gemeinnützige Unternehmen ergab sich aus der Begriffsbestimmung der Gemeinnützigkeit.

a) Begriffsbestimmung der Gemeinnützigkeit

Unter Berücksichtigung der Legaltheorie waren grundsätzlich Eigentumsrecht und Eigentumsgebrauch voneinander zu unterscheiden. Danach kam im Eigentumsrecht nur die individuelle, dem Einzelwohl zugeordnete Seite und im Eigentumsgebrauch die soziale, dem Gesamtwohl zugekehrte Seite zum Ausdruck. Die dem Eigentumsgebrauch unterstehende Sozialfunktion war dem Bereich der Ethik zuzuordnen. Ethik aber konnte im Klagewege nur erstritten werden, wenn die ethische Sozialpflicht zum Gegenstand positiver Gesetzgebung geworden war.[172] Genau an diesem Punkt war der Begriff der Gemeinnützigkeit über lange Zeit umstritten.

Bis 1930 lagen für eine Regelung der Gemeinnützigkeit im Wohnungswesen über zehn Reichsgesetze, zahlreiche Landesgesetze, Verordnungen und Erlasse vor. Von Einheitlichkeit konnte nicht die Rede sein, zumal in den Ländern für die öffentliche Regelungsbefugnis jeweils unterschiedliche Behörden zuständig waren, die mit voneinander abweichenden Entscheidungen Rechtsunsicherheit erzeugten. Es gab nicht ausschließlich Muß-Vorschriften, so daß die Entscheidungen im Ermessen der Verwaltung standen, eine einheitliche Rechtsprechung nicht entwickelt werden konnte und die Praxis der Finanzämter dementsprechend verschieden war.[173] Steuerliche Vorteile hatten zur Folge, daß auch solche Unternehmen die Anerkennung der Gemeinnützigkeit anstrebten, die keinerlei gemeinnützigen Charakter hatten. Philippi sprach als Rechtsanwalt bei der VSt von „erheblichem Unfug“, der mit der Gemeinnützigkeit betrieben wurde. Folglich waren die Behörden im Anerkennungsverfahren vorsichtig geworden.[174]

---

[172] Radbruch, Gustav/ Wolf, Erik (Hrsg.), Rechtsphilosophie, Stuttgart 1950, S. 241; in Abgrenzung zum Besitz grundlegend Savigny, Friedrich Carl von, Das Recht des Besitzes, Eine civilistische Abhandlung, 6. Auflage, Giessen 1837, S. 29 ff. („Der Besitz ist Recht und Factum zugleich“); zur Auseinandersetzung über „Die Gemeinwirtschaft“, 1922 von Ludwig von Mises verfaßt und Friedrich August von Hayek beeinflussend Leube, Kurt, Nicht das Ergebnis menschlichen Entwurfs, Eine Hommage zum zehnten Todestag des Ökonomen und Sozialphilosophen Friedrich August von Hayek, in: FAZ v. 23.03.2002, Nr. 70, S. 15.

[173] Küster, Entstehungsgründe, S. 2 ff.; Bodien, Das Gesetz über die Gemeinnützigkeit im Wohnungswesen, S. XIV; Draeger, S. 172; Drupp, in: Abelshauser, S. 127.

[174] Schriftsatz Philippi, Rechtsabteilung Dortmund, an die Hauptgrundstücksabteilung Düsseldorf, VA GA/ 10.01.1933; Schwan, Bruno, Die Bautätigkeit durch gemeinnützige Vereinigungen, in: Internationaler Woh-

Auch vielfache Vorschläge zur Vereinheitlichung des Begriffs und die behördliche Zuständigkeit für die Anerkennung der Gemeinnützigkeit konnten zwischen 1928 und 1930 keine eindeutige Regelung auf parlamentarischem Weg bewirken.
Um mit einer einheitlichen gesetzlichen Grundlage Rechtssicherheit herzustellen, erfolgte schließlich die Aufnahme des bereits vorliegenden Entwurfs einer Gemeinnützigkeitsverordnung als siebenter Teil in sechs Kapiteln in die „(Not-) Verordnung des Reichspräsidenten vom 01.12.1930 zur Sicherung von Wirtschaft und Finanzen".
Die Begründung zum Regierungsentwurf der Gemeinnützigkeitsverordnung hob die Abkehr vom Mietskasernenbau hervor und verwies auf das Bestreben, auf eine gute Grundrißgestaltung, weiträumige Anlagen beim Wohnhausbau, die Auflockerung der Wohndichte durch Kleinhausbau und „gesundheitlich einwandfreie Wohnungen" zu achten.[175]
Eine griffige Definition enthielt die Gemeinnützigkeitsverordnung jedoch immer noch nicht, so daß für eine einheitliche Begriffsbestimmung auf andere Gesetze und die Rechtsprechung, vornehmlich des Reichsfinanzhofs, zurückgegriffen werden mußte.
Die für die Gründung der Wohnungsgesellschaften zu beachtenden, vom RFH entwickelten Grundsätze, die z. B. 1931 in den §§ 46, 47 Vermögensteuergesetz (VStG) festgelegt worden waren, fanden sich schließlich zusammengefaßt in § 17 Steueranpassungsgesetz (StAnpG).[176] Danach waren solche Zwecke gemeinnützig, deren Erfüllung ausschließlich und unmittelbar der Allgemeinheit dienten. Eine Förderung dieser Zwecke war nur dann zu bejahen, wenn die Tätigkeit „dem gemeinen Besten, das heißt dem Wohl der deutschen Volksgemeinschaft auf materiellem, geistigem oder sittlichem Gebiet" zugute kam. Ob das der Fall war, beantwortete sich nach den „Anschauungen der Volksgesamtheit". Unter diesen Voraussetzungen anzuerkennen waren die Förderung der öffentlichen Gesundheitspflege, der Jugendpflege und -fürsorge, des Sports, der Wissenschaft, Kunst, Religion, Erziehung, Volks- und Berufsbildung, Denkmalpflege, Heimatpflege und der Pflege des Deutschen Volkstums im Ausland sowie die im öffentlichen Interesse von einer Körperschaft des öffentlichen Rechts geführten oder unterhaltenen Theater.

---

nungskongreß Berlin 1931, Die sozialpolitische Bedeutung der Wohnungswirtschaft in Gegenwart und Zukunft, Kongreßpublikation II Thema I, Vorberichte der Länder, Frankfurt/ M. 1931, S. 196-213, hier S. 196.

[175] RGBl. 1930 I S. 517, 593; vertiefend dazu Brecht, Julius, Wohnungsgemeinnützigkeit, in: Wandersleb, Handwörterbuch, S. 1732-1743, hier S. 1734; Enskat, Alfred, Gemeinnützigkeit im Wohnungswesen, in: Schwan, Wörterbuch, S. 527- 530. Die gemeinnützigen Bauvereinigungen Deutschlands und die Verbände rheinischer und westfälischer Baugenossenschaften forderten bereits seit Mitte der zwanziger Jahre die Anerkennung des gemeinnützigen Wohnungsbaus als gleichberechtigtem Wirtschaftsfaktor, vgl. Verband westfälischer und lippischer Wohnungsunternehmen, S. 42; Werner Meier, Die Entwicklung des Rechts der gemeinnützigen Wohnungsunternehmen, in: RArbBl. 1933 II S. 154-156.

[176] Zur Entwicklung der Rechtsprechung Schröter, Hellmut, Gemeinnützige, mildtätige und kirchliche Zwecke in der Rechtsprechung, Bücherei des Steuerrechts, Band 38, Berlin Wien 1941, S. 22 ff.; RGBl. 1934 I S. 925; grundlegend ansonsten DVO zum Körperschaftsteuergesetz vom 17.05.1926, RGBl. 1926 I S. 244, Reichsbewertungs- und Vermögensteuergesetz vom 14.05.1926, RGBl. 1926 I S. 297 und Umsatzsteuergesetz vom 25.07.1926, RGBl. I 1926 S.323; Aub, Hans, Die neue Steuergesetzgebung und die gemeinnützigen Wohnungsunternehmen, in: Zeitschrift für Wohnungswesen in Bayern 1934, S. 239-243.

In der Negativdefinition war ein Personenkreis dann nicht als Allgemeinheit anzuerkennen, wenn er fest abgeschlossen war oder dauerhaft nur klein sein konnte.
Ebenso lag keine Gemeinnützigkeit vor, wenn eine Tätigkeit nur den Belangen ganz bestimmter Personen diente oder in erster Linie eigenwirtschaftliche Zwecke verfolgte. Falls die Erträge eines Unternehmens einer Körperschaft des öffentlichen Rechts zuflossen, bedeutete dies allein ebenfalls noch keine unmittelbare Förderung der Allgemeinheit.
Diese Voraussetzungen korrespondierten mit der Begründung zum Regierungsentwurf der Gemeinnützigkeitsverordnung. Danach sollte eine höhere Wohnkultur die Funktion haben, zu „sozialem Gemeinschaftsgefühl und gemeinsamer Verantwortung" zu erziehen. *Jacoby* definierte „gemeinnützig" daher auch als „Handeln im Gemein-Interesse".[177]

In Verfolgung des „gemeinnützigen Zwecks" gem. § 6 Abs. 1 GemVO durften sich die Wohnungsunternehmen satzungsgemäß und tatsächlich mit dem Bau und der Betreuung von Kleinwohnungen befassen. Satzungsgemäß bedeutete der gesetzlich geforderten Festschreibung der Satzungszwecke nachzukommen und den sog. Buchnachweis führen zu können, also gegenüber der zuständigen Finanzbehörde belegen zu können, ausschließlich steuerbegünstigte Zwecke zu verfolgen.[178] Bauobjekte durften nur Wohnungen sein, die eine nutzbare Wohnfläche von 90 m² bzw. ab Juli 1933 von 75 m² hatten. Die gemeinnützige Bautätigkeit, nach *Eberstadt* die „Bautätigkeit unter Gewinnverzicht", umfaßte alle Bestrebungen, die auf die Wohnungsproduktion gerichtet waren, „ohne Absicht des Erwerbs des Gewinnes, sei es aus dem Hausbau selber oder aus der Vermietung von Wohnungen".[179]
So setzte die GemVO voraus, daß über eine bestimmte Höhe hinaus (5% gem. § 10 Abs. 2 GemVO) keine Gewinne ausgeschüttet werden durften, wollte das Wohnungsunternehmen nicht den Status der Gemeinnützigkeit verlieren.
Geschäfte, die sich in gemeinnütziger Weise mit dem Bau und der Betreuung der Kleinwohnungen befaßten, lagen gem. Art. 6 Ausführungsverordnung zur GemVO immer dann vor, wenn das Wohnungsunternehmen für eigene Rechnung oder für Rechnung Dritter auf eigenen Namen Kleinwohnungsbauten technisch und wirtschaftlich vorbereitete, erstellte oder erstellen ließ und die Überwachung nebst Abrechnungen

---

[177] Jacoby, Sydney, Die Gemeinnützigkeit, Begriff und Bedeutung im deutschen Recht unter besonderer Berücksichtigung des Steuerrechts, Freiburg im Breisgau 1934, S. 15, 36, 75; Bodien, Gesetz über die Gemeinnützigkeit, S. XII f.; zur gemeinnützigen Wohnungswirtschaft als ergänzendem Ordnungselement zwischen Markt und Staat, Entwicklung der Steuerungsmechanismen durch gesetzliche Auflagen (regulative Politik), Verhaltensbindungen (prozedurale Politik), monetäre Verhaltensanreize (Steuervorteile und Subventionen - incentive Politik) oder Vertrauen auf private nicht-marktliche Organisationen (persuasive Politik) vertiefend Krischausky/ Mackscheidt, S. 70, 78.

[178] Schauhoff, Stephan (Hrsg.), Handbuch der Gemeinnützigkeit, Verein - Stiftung - GmbH, Recht · Steuern · Personal, München 2000, S. 230 Rdnr. 96.

[179] Eberstadt, Handbuch, S. 507; Schaaf, S. 1; Art. 9 Abs. 1 Verordnung zur Ausführung der Verordnung des Reichspräsidenten zur Sicherung von Wirtschaft und Finanzen vom 1. Dezember 1930, Siebenter Teil, Kapitel III vom 20. März 1931, RGBl. 1931 I S. 73; Art. III Nr. 3 Gesetz zur Sicherung der Gemeinnützigkeit im Wohnungswesen, RGBl. 1933 I S. 484; Werner Meier, Die Sicherung der Gemeinnützigkeit im Wohnungswesen durch das Gesetz vom 14. Juli 1933, in: RArbBl. II 1933 S. 286-288.

übernahm. Das Wohnungsunternehmen durfte nicht unter dem überwiegenden Einfluß von Angehörigen des Baugewerbes stehen. Ferner mußte es sich bei dem Unternehmen um eine juristische Person handeln.[180] Die Gemeinnützigkeit des Wohnungsunternehmens war gem. § 6 Abs. 2 GemVO nicht dadurch ausgeschlossen, daß ein Unternehmen die Wohnungen verwaltete, die es verschaffte oder die es von einer Gemeinde zur Verwaltung erhielt.[181]
Die Miete durfte nach dem Grundsatz der Selbstkostenerstattung weder höher noch niedriger bemessen werden, als es nach den Grundsätzen einer ordnungsgemäßen Wirtschaftsführung zur Deckung der Kapital- und Bewirtschaftungskosten erforderlich war. Außerdem sah die GemVO in § 14 vor, daß das Wohnungsunternehmen einem Verband angehören mußte, dem das Recht zur Bestellung eines Revisors verliehen war.[182]

Zusammenfassend waren für eine Unterscheidung der gemeinnützigen von der privaten Wohnungswirtschaft nach den von *Lütge* zusammengestellten Voraussetzungen drei Punkte wesentlich:

- Zum ersten lag ein gewichtiger Unterschied darin, daß die gemeinnützigen Gesellschaften über eine angemessene Verzinsung des Kapitals hinaus keine Gewinne vereinnahmen durften, ohne daß sie zugleich Verluste erzeugen sollten.
- Zum zweiten diente die Bautätigkeit zur Bedarfsbefriedigung des Bevölkerungsteils mit geringem Einkommen, repräsentiert vor allem durch die Industriearbeiterschaft.
- Zum dritten waren die gemeinnützigen Wohnungsunternehmen zum Wohnungsbau verpflichtet. Im Gegensatz zu den privaten Bauunternehmen konnten die gemeinnützigen Wohnungsunternehmen nicht bauen wenn und wann sie wollten, sondern sie mußten sich an der Deckung des Wohnungsbedarfs orientieren.[183]

Unter diesen Aspekten hatten die Wohnungsgesellschaften für eine ordnungsgemäße Durchführung des weiteren Verfahrens die fortwährenden Änderungen zum Recht der Gemeinnützigkeit in Ausführungsverordnungen und in modifizierenden Gesetzen zu beachten.

---

[180] Art. 9 Abs. 1 Verordnung zur Ausführung der Verordnung des Reichspräsidenten zur Sicherung von Wirtschaft und Finanzen vom 1. Dezember 1930, Siebenter Teil, Kapitel III vom 20. März 1931, RGBl. 1931 I S. 73; zusammenfassend Lütge, Wohnungswirtschaft (1940), S. 133.

[181] Der RFH erkannte zunächst nach Erlaß der GemVO eine Gemeinnützigkeit nur an, wenn eine Vermietung in eigens errichteten Häusern vorlag. Dabei verfolgte er die Argumentation, daß der Zweck der Gemeinnützigkeit in der Vermehrung des Wohnraums lag und mit dem Vermieten in angekauften Häusern nicht zu erreichen wäre, RFH vom 24.11.1932, RStBl. 1933 S. 18. Bei der VSt wurde die Auffassung des RFH zwar als ein „unangenehmes Präjudiz" gewertet, doch beeinflußte dies den Fortgang der Gründungsplanungen nicht; Späing wies darauf hin, daß nicht ersichtlich war, ob der Senat die GemVO in die Entscheidung einbezogen hatte, Späing an Dinkelbach und Haupt-Rechtsabteilung,VA GA/ 12.01.1933.

[182] RGBl. 1930 I S. 595.

[183] Lütge, Wohnungswirtschaft (1940), S. 126 ff.; *derselbe*, Wohnungswirtschaft (1949), S. 249 ff.; zum Ganzen auch Weiß/ Pergande, Betriebliches Wohnungswesen, S. 14 f., 77 ff.; weiterführend zu begrifflichen Abgrenzungen Jenkis, Helmut W., Gemeinnützige Wohnungsunternehmen - privilegierte Unternehmen ?, Versuch einer Abwägung der Steuerbegünstigungen und der Sozialbindungen, Hamburg 1973, S. 11 ff. .

Tab. 24: Gesetze und Verordnungen zur Gemeinnützigkeit für das Deutsche Reich; 1930-1934

Gesetz/ Verordnung	Datum	Fundstelle
Gemeinnützigkeitsverordnung (Verordnung des Reichspräsidenten zur Sicherung von Wirtschaft und Finanzen, Siebenter Teil)	01.12.1930	RGBl. 1930 I S. 593
Verordnung zur Ausführung der Verordnung des Reichspräsidenten zur Sicherung von Wirtschaft und Finanzen v. 01.12.1930 Siebenter Teil, Kapitel III	20.03.1931	RGBl. 1931 I S. 73
Verordnung zur weiteren Ausführung der Gemeinnützigkeitsverordnung	22.08.1931	RGBl. 1931 I S. 463
Verordnung über die Organe der staatlichen Wohnungspolitik	22.10.1931	RGBl. 1931 I S. 658
Zweite Verordnung über die Organe der staatlichen Wohnungspolitik	11.02.1933	RGBl. 1933 I S. 67
Zweite Verordnung zur Ausführung der Gemeinnützigkeitsverordnung	11.02.1933	RGBl. 1933 I S. 70
Verordnung zur Änderung der weiteren Verordnung zur Ausführung der Gemeinnützigkeitsverordnung	15.02.1933	RGBl. 1933 I S. 70
Gesetz zur Sicherung der Gemeinnützigkeit im Wohnungswesen	14.07.1933	RGBl. 1933 I S. 484
Verordnung zur Ausführung des Gesetzes zur Sicherung der Gemeinnützigkeit im Wohnungswesen (VO des Reichsarbeitsministers)	06.02.1934	RGBl. 1934 I S. 89
Gesetz über Beaufsichtigung und Anerkennung gemeinnütziger Wohnungsunternehmen	26.03.1934	RGBl. 1934 I S. 246
Dritte Verordnung zur Ausführung der Gemeinnützigkeitsverordnung	26.11.1934	DRAnz. Nr. 279

Hinzu kamen wohnungs- und steuerrechtliche Vorschriften, die die Voraussetzungen zur Gemeinnützigkeitsverordnung ergänzten und die sowohl für den Gründungsakt als auch für den Bestand der gemeinnützigen Wohnungsgesellschaften von Belang waren. Daneben ergaben sich wohnungsrechtliche Besonderheiten, die aus Regelungen hervorgingen, nach denen die Wohnungsunternehmen Befreiungstatbestände in Anspruch nehmen konnten.[184]

---

[184] Zwangsmiete (§ 16 Abs. 1 RMG; § 23 GemVO), Mieterschutz (§ 33 Abs. 1 MSchG, § 24 GemVO), Beschlagnahme (§§ 7, 13 WMG); Ebel, Reichsmietengesetz, S. 60 ff.; Pergande, in: Deutsche Bau- und Bodenbank, S. 97; Wohnungsmangelverordnung vom 23.09.1918, RGBl. 1918 S. 1143; Gesetz über Maßnahmen gegen Wohnungsmangel vom 11.05.1920, RGBl. 1920 S. 949; Reichsmietengesetz vom 24.03.1922, RGBl. 1922 I S. 273; Mieteinigungsämter, RGBl. 1914 S. 55 und RGBl. 1918 S. 1146; Bekanntmachungen vom 26.07.1917, RGBl. 1917 S. 659 und 23.09.1918, RGBl. 1918 S. 1140 und 22.06.1919, RGBl. 1919 S. 591; Gesetz über Mieterschutz und Mieteinigungsämter vom 01.06.1923, RGBl. 1923 I S. 353; VO zur Änderung des Mieterschutzgesetzes und des Wohnungsmangelgesetzes vom 24.12.1924, RGBl. 1924 I S. 111; Gesetz zur Abänderung des Mieterschutzgesetzes vom 29.06.1926, RGBl. 1926 I S. 317; Neubekanntmachung des Mieterschutzgesetzes am 30.06.1926, RGBl. 1926 I S. 347; Gesetz zur Änderung des Mieterschutzgesetzes vom 13.02.1928, RGBl. 1928 I S. 17; Neubekanntmachung am 17.02.1928, RGBl. 1928 I S. 25; 4. VO des Reichspräsidenten zur Sicherung von Wirtschaft und Finanzen und zum Schutze des inneren Friedens vom 08.12.1931, RGBl. 1931 I S. 699; Bekanntmachung über Mieterschutz vom 27.04.1933, RGBl. 1933 I S. 235 bzgl. der seit 17.02.1928 eingetretenen Änderungen sowie Art. 5 des Gesetzes zur Änderung des Verfahrens in bürgerlichen Rechtsstreitigkeiten vom 27.10.1933, RGBl. 1933 I S. 780, 787.

b) Steuerrecht und Gemeinnützigkeit

In steuerrechtlicher Hinsicht hatte sich die öffentliche Hand in Anbetracht der großen Bedeutung gemeinnütziger Wohnungsunternehmen für den Wohnungsbau bereits im 19. Jahrhundert dazu entschlossen, weitgehende Befreiungen von Abgaben und Lasten zu gewähren. Über Änderungen in den Jahren 1900, 1906, 1909 und 1918 hinweg blieb das Reichsrecht bei diesen Regelungen, die nicht nur von Landesvorschriften adaptiert, sondern 1922 auch in das Kapitalverkehrsteuergesetz übernommen wurden.[185]

Die Gemeinnützigkeit wurde zu einem steuerrechtlichen Begriff, indem sich die staatlich anerkannte Zweckbestimmung auf die ständige Befolgung „steuerrechtlich-gemeinnütziger Zwecke“ ausrichtete.[186] Dementsprechend bildeten sich Steuerbefreiungen heraus, die für die VSt aufgrund der vielfältigen Gebühren sowie der zahlreichen Steuer-, Beitrags- und Abgabenarten von Bedeutung waren und die das große Interesse der VSt begründeten, über den Status der Gemeinnützigkeit finanzielle Erleichterungen für die Wohnungsgesellschaften zu erreichen. Ein „Steuerartenplan“ zeigte neben den Steuern die Vielzahl der Zahlungspflichten der VSt auf:

Tab. 25: Auswahl Steuer-, Abgaben-, Gebühren-, Beitragspflichten der Vereinigte Stahlwerke AG

- Anerkennungs-, Prüfungs-, Genehmigungs-, Baugebühr	- Handelskammerbeiträge
- Beförderungssteuern	- Hauszinssteuer
- Beiträge Schul-, Polizei-, Armenlasten Arbeitersiedlung	- Industriebelastungen
- Beiträge zum Reichsnährstand	- Körperschaftsteuer
- Bergregalabgaben	- Kraftfahrzeugsteuer
- Bergreviergebühren	- Landwirtschaftskammerbeiträge
- Berufsgenossenschaftsbeiträge	- Lippeverbandsbeiträge
- Berufsschulbeiträge	- Mineralölsteuer
- Börsenumsatzsteuer	- Müllabfuhr-, Schornsteinfeger-, Kanalgebühren
- Dampfkesselüberwachungsgebühren	- Straßenreinigungskosten
- Elektroüberwachungsgebühren	- Ruhrtalsperrenvereinsbeiträge
- Emschergenossenschaftsbeiträge	- Ruhrverbandsbeiträge
- Gemeindezuschlag zur Grundvermögensteuer	- Schankgewerbe- und Betriebserlaubnissteuern
- Gesellschaftssteuern	- Staatszuschlag zur Grundvermögensteuer
- Gewerbeertragsteuer	- Stempelsteuer
- Gewerbekapitalsteuer	- Straßenbaukostenanteil und Anliegerbeiträge
- Gewerbelohnsummensteuer	- Umsatzsteuer
- Grubenfeldabgabe	- Vermögensteuer
- Grunderwerbsteuer	- Wertpapiersteuer
- Grundvermögensteuer	- Wertzuwachssteuer

Quelle: Vereinigte Stahlwerke Organisation, Werkskontenplan Ausgabe 1935, Anlage 1, Ausgabe 1 1935, S. 17, WWA/ F 103/ 51.

[185] Schauhoff, S. 10 Rdnr. 24, S. 74; Jenkis, Die gemeinnützige Wohnungswirtschaft Bd. 14/ I, S. 144; Meier/ Draeger, S. 2 f.; RGBl. 1918 S. 354; RGBl. 1922 I S. 354.

[186] Schweyer, Carl, Struktur und Grundlagen der gemeinnützigen Wohnungsunternehmen, in: Gesamtverband gemeinnütziger Wohnungsunternehmen e.V., Unternehmerische Wohnungsversorgung, S. 61; Elsner, Helmut, Die Konzentration in der gemeinnützigen Wohnungswirtschaft in der Bundesrepublik Deutschland, Mannheim 1964, S. 3; summarisch Völschau, W./ Klabunde, Erich (Bearb.), Gemeinnützige Wohnungswirtschaft in der Nordmark, Eine Untersuchung der gemeinnützigen Baugenossenschaften und -gesellschaften von Hamburg, Schleswig-Holstein und Mecklenburg, Verband norddeutscher Wohnungsunternehmen, Berlin 1942, S. 52; Brill, S. 64.

Das Interesse an einer steuerlichen Entlastung war auch vor dem Hintergrund zu betrachten, daß der VSt aus ihrer Reorganisation grundsätzlich wie gesehen eine Steuerlast entstand, die sie über die Verständigung mit dem Reichsfinanzminister Schwerin v. Krosigk und dem RFH abwenden konnte.[187] Davon waren jedoch nicht die Steuern betroffen, die für die Wohnungsgesellschaften erst bei einer Anerkennung der Gemeinnützigkeit entfielen.

An dieser Stelle setzten aus steuerrechtlicher Sicht die Möglichkeiten des Gemeinnützigkeitsrechts an.
Wohnungsunternehmen, die ab 1930 aufgrund der GemVO als gemeinnützig anerkannt waren, gewährte das Reichssteuerrecht die Befreiung von der Körperschaftsteuer, Vermögensteuer, Umsatzsteuer, Grunderwerbsteuer und Gesellschaftsteuer sowie von Jahresleistungen aufgrund des Aufbringungsgesetzes vom 30.08.1924, das die Beteiligung der deutschen Wirtschaft an den Reparationsleistungen gegenüber den Alliierten regelte.
Die Körperschaftsteuer entfiel nach § 9 Abs. 1 Nr. 7 KStG für Vermögensmassen und Körperschaften, die nach der Satzung, Stiftung oder sonstigen Verfassung ausschließlich und unmittelbar kirchlichen, gemeinnützigen oder mildtätigen Zwecken dienten und außerdem keinen über eine Vermögensverwaltung hinausgehenden Geschäftsbetrieb unterhielten.[188] Beabsichtigt war damit die wettbewerbliche Gleichstellung gemeinnütziger Körperschaften des privaten Rechts mit öffentlichen Betrieben. Der RFH lockerte die steuerschädliche Wirkung von Erwerbstätigkeiten allerdings auf, indem er eine wirtschaftliche Betätigung, die „unmittelbar und aus einer gewissen Naturnotwendigkeit und Zwangsläufigkeit heraus“ dem gemeinnützigen Zweck diente, für steuerbegünstigt erklärte und damit die Kriterien für den Begriff des „Zweckbetriebs“ schuf.[189]
Die Vermögensteuerfreiheit ergab sich aus § 4 Abs. 1 Nr. 6 VStG, der in der hier in Frage kommenden Beziehung die gleiche Fassung hatte wie § 9 Abs. 1 Nr. 7 KStG. In Ergänzung dazu war § 52 der Durchführungsbestimmungen zum Reichsbewertungs-

[187] Reckendrees, Stahltrust, S. 524 ff. zum Erlaß der letzten drei Raten der Gründungssteuern des Jahres 1926; 1926 hatte bereits das Steuermilderungsgesetz die kostengünstige Gründung des Stahltrust ermöglicht, 1931 hatte die Vierte VO des Reichspräsidenten zur Sicherung von Wirtschaft und Finanzen und zum Schutz des inneren Friedens vom 08.12.1931, RGBl. 1931 I S. 699, die Gründung der Ruhrstahl AG begünstigt; 1934 folgte das Gesetz über die Abgabenerhebung bei der Neuordnung des Stahlverein-Konzerns vom 07.03.1934 mit der Ermächtigung des Reichsministers, die Steuerschuld anläßlich der mit der Gründung entstandenen Reichssteuern in Pauschbeträgen festzusetzen, RGBl. 1934 I S. 177; C. I. 3..

[188] Nach § 17 AusführungsVO v. 17.05.1926 in der Fassung des § 2 VO über die Steuerbefreiung gemeinnütziger Wohnungsunternehmen v. 22.05.1931 waren Wohnungsunternehmen Körperschaften oder Vermögensmassen i.S. des KStG, sofern sie aufgrund der GemVO anerkannt waren, RGBl. 1931 I S. 263; ab 1934/ 35 gem. § 4 KStG v. 16.10.1934, RGBl. 1934 I S. 1031, i.V.m. § 12 DVO v. 06.02.1935, RStBl. 1935 S. 217.

[189] Urteil des RFH vom 11.01.1934, RStBl. 1934 S. 246. Ab 1934 unterlagen solche wirtschaftlichen Geschäftsbetriebe der Steuerpflicht, die über den Rahmen der Vermögensverwaltung hinausgingen, Schauhoff, S.11 Rdnr. 26.

gesetz und zum Vermögensteuergesetz vom 22.05.1931 (RBew.VSt.DV.1931) zu beachten, so daß Wohnungsunternehmen auch hier unter die Befreiung von der Vermögensteuer fielen, wenn sie aufgrund der Gemeinnützigkeitsverordnung anerkannt waren.[190] Zugleich entfielen die angesprochenen Leistungen aufgrund des Aufbringungsgesetzes.[191]

Eine Umsatzsteuerfreiheit ergab sich gem. § 3 Abs. 3 UStG für gemeinnützige Wohnungsunternehmen, wenn sie unmittelbar gemeinnützigen Zwecken dienten und die Entgelte hinter den durchschnittlich für gleichartige Leistungen von Erwerbsunternehmen verlangten Entgelten zurückblieben. Als Unternehmen waren nach § 33 der Durchführungsbestimmungen zum Umsatzsteuergesetz vom 25.06.1926 in der Fassung des § 3 der VO über die Steuerbefreiung gemeinnütziger Wohnungsunternehmen vom 22.05.1931 auch hier die Wohnungsunternehmen anzusehen, die aufgrund der GemVO als gemeinnützig anerkannt waren. Die Vermietung und Verpachtung von Grundstücken war für die Wohnungsunternehmen gem. § 2 Abs. 1 Nr. 7 UStG grundsätzlich umsatzsteuerfrei, ausgenommen war die Vermietung und Verpachtung eingerichteter Räume. Dabei war für die Wohnungsunternehmen zu beachten, daß nach der Rechtsprechung des RFH nicht nur Räume mit Inneneinrichtung als eingerichtet galten, sondern auch Räume, die für die Nutzung gewerblicher Zwecke entsprechend hergerichtet wurden. Ebenso mußten die Gesellschaften berücksichtigen, daß auf den Verkauf z. B. gebrauchter Materialien an Bauhandwerker Umsatzsteuer anfiel.[192]

Von der Grundvermögensteuer indessen war eine beschränkte Befreiung vorgesehen, die zum Tragen kam, sobald Neubauten vorlagen, die nach dem 01.04.1931 bezugsfertig geworden waren. Gemeinnützige Wohnungsunternehmen waren außerdem gem. § 4 Abs. 1 c) Kapitalverkehrsteuergesetz[193] von der Gesellschaftssteuer befreit.
Das Kapitalverkehrsteuergesetz enthielt in den §§ 15, 22 ebenso die Regelung, daß sowohl die Wertpapiersteuer als auch die Börsenumsatzsteuer bei anerkannter Gemeinnützigkeit ermäßigt waren. Zudem ergab sich aus § 8 Nr. 9 GrEStG in der Fassung des § 26 GemVO[194] eine Grunderwerbsteuerbefreiung.

Zu beachten war, daß bei einem als gemeinnützig anerkannten Wohnungsunternehmen die Voraussetzungen für die Befreiung von den einschlägigen Reichssteuern „wegen

[190] Ab 1934/ 35 gem. § 3 Ziff. 6 VStG vom 16.10.1934, RGBl. I S. 1052, i.V.m. § 4 Durchführungsbestimmungen zum Vermögensteuergesetz vom 02.02.1935, RGBl. I 1935 S. 100; Durchführungsbestimmungen zum Reichsbewertungsgesetz und zum Vermögensteuergesetz für die Einheitsbewertung und Vermögensteuerveranlagung nach dem Stande vom 1. Januar 1931, Gesetz vom 22.05.1931, RGBl. 1931 I S. 252.

[191] Näher dazu § 1 Abs. 3 c) 2. DVO zum Aufbringungsgesetz vom 04.12.1925; Voß, S. 76.

[192] RGBl. 1931 I S. 263; auf Anweisung des RdF hatten die Finanzämter Mieteinnahmen aus Vermietung und Verpachtung gewerblicher Räume nur dann der Umsatzsteuer zu unterwerfen, wenn es sich um Gewerberäume in Geschäfts- oder Industriehäusern handelte. Nach RFH-Urteil vom 16.02.1933 - V. A 418/32 - waren gemeinnützige Wohnungsunternehmen in Ansehung der Entgelte, die sie für Warmwasser- und Heizversorgung erhielten, von der Umsatzsteuerpflicht befreit; dazu auch Draeger, S. 178; VA VS/ I, Bl. 49.

[193] Kapitalverkehrsteuergesetz vom 22. 05.1931, RGBl. 1931 I S. 241; § 7 Kapitalverkehrsteuergesetz i.V.m. § 12 der Durchführungsbestimmungen vom 17.12.1934, RStBl. 1934 S. 1593.

[194] RGBl. 1927 I S. 72; RGBl. 1930 I S. 593; ab 1935 regelte § 5 Nr. 7 Gewerbesteuerrahmengesetz vom 30.06.1935, RGBl. 1935 I S. 830, die Gewerbesteuerfreiheit von Unternehmen mit gemeinnützigem Zweck.

ausschließlicher Gemeinnützigkeit" in jedem Fall als erfüllt anzusehen waren. Das bedeutete, daß die drei Wohnungsunternehmen ohne weiteres von der Körperschaftsteuer, Vermögensteuer und Gesellschaftsteuer freizustellen waren, wenn die Voraussetzung der Anerkennung in dem maßgebenden Zeitraum oder an dem maßgebenden Stichtag gegeben war.[195]

Für Landessteuern enthielt darüber hinaus der Dritte Teil der Notverordnung vom 01.12.1930 hinsichtlich der Grundsteuer und der Gewerbesteuer Befreiungsvorschriften, die in Preußen zuvor bereits 1927 bzw. 1928 in der Grundsteuer- bzw. Gewerbesteuerverordnung zu finden waren. Hinzu kam in Preußen die Befreiung von der Stempelsteuer nach dem Preußischen Stempelsteuergesetz, von Gerichtsgebühren nach den Normen des Preußischen Gerichtskostengesetzes und von Verwaltungsgebühren nach den Vorschriften der Verwaltungsgebührenordnung.[196]

c) Gemeinnützigkeit im Widerspruch

Die steuerlichen Vergünstigungen, die sich mit der Gemeinnützigkeit verbanden, waren auch Kritik ausgesetzt.

Die Kritiker stellten in Frage, inwiefern ein Gewinnsteuerprivileg gemeinnütziges Verhalten fördern sollte. Sie verwiesen darauf, daß gemeinnützigen Wohnungsunternehmen nahezu jede gewerbliche Tätigkeit erlaubt war und damit nach ihrer Auffassung eine Diskriminierung der freien, steuerpflichtigen Unternehmen stattfand.

Vornehmlich Haus- und Grundeigentümer sahen in der Gemeinnützigkeit den „Keim der Verlust- und Zuschußwirtschaft" und „in gemeinnützigen Baugenossenschaften und sonstigen Unternehmungen die Verkörperung geschäftlicher Unfähigkeit und skrupelloser Verschwendung"[197]. Unter Verweis auf die Gleichheit aller Deutschen vor dem Gesetz gem. Art. 109 WRV formulierten die Kritiker die Forderung nach minimalen negativen wirtschaftlichen Auswirkungen einer Regelung, die im volkswirtschaftlichen Sinne denjenigen gemeinnützig nannte, der unter gleichen Verhältnissen auf gleicher Kalkulationsgrundlage ohne Sondervergünstigungen die besten Ergebnisse erzielte.

---

[195] Baumgarten, Regelung des gemeinnützigen Wohnungswesens, S. 64.

[196] RGBl. 1930 I S. 517; Grundsteuerrahmenverordnung (Dritter Teil Kapitel II der VO des Reichspräsidenten zur Sicherung von Wirtschaft und Finanzen) vom 1. Dezember 1930, RGBl. 1930 I S. 531; Gewerbesteuer (Dritter Teil Kapitel III der Verordnung des Reichspräsidenten zur Sicherung von Wirtschaft und Finanzen) vom 1. Dezember 1930, RGBl. 1930 I S. 537; Meier/ Dräger, S. 46; Preußisches Gerichtskostengesetz vom 31.10.1922 nebst Ausführungsbestimmungen vom 22.12.1930; Baumgarten, Die Durchführung der Gemeinnützigkeitsverordnung, in: Zeitschrift für Wohnungswesen 1931, S. 299-302, hier S. 302; Verwaltungsgebührenordnung vom 30.12.1926, 24.07.1930 und Preußische Ausführungsbestimmungen vom 17.04.1931 zu §§ 16-19 GemVO; spätere Vereinheitlichung der UrkSt mit Befreiungstatbestand gem. § 4 Abs. 1 Nr. 4 vom 05.05.1936, RGBl. 1936 I S. 407.

[197] Schluckebier, Hermann, Gemeinnütziger Wohnungsbau vom Standpunkt der freien Wirtschaft unter Berücksichtigung des zur Beratung stehenden Gemeinnützigkeitsgesetzentwurfes, in: Beilage zur Deutschen Bauzeitung/ DBZ 1930 Nr.1-2, Bauwirtschaft und Baurecht, Finanzierung · Wohnungswirtschaft · Bauindustrie und Baugewerbe, Rechtsfragen und Chronik, S. 1-5; Drupp, in: Abelshauser, S. 143; Jenkis, Die gemeinnützige Wohnungswirtschaft im Widerstreit, S. 118; Zitat der Schrift „Zeichen des Verfalls der gemeinwirtschaftlichen Bautätigkeit" (Verlagsanstalt des Deutschen Hausbesitzes GmbH Berlin) bei Küster, Entstehungsgründe, S. 18.

Dem Gegenargument, daß auch steuerpflichtige Bauherrn gewinnabhängige Steuern sparen konnten, stand wiederum der Einwand entgegen, daß diese Steuerbefreiung nicht langfristig war. Zwar sank der Vorteil aus der Steuerbefreiung, sobald verminderte Ergebnisse erzielt wurden. Umgekehrt war der Vorteil aus der Steuerbefreiung aber umso größer, je besser die erzielten Ergebnisse waren. Es lief jedoch dem Gedanken der Wohnungsgemeinnützigkeit zuwider, hohe Gewinne zu erzielen.
Die aus der Gemeinnützigkeit resultierenden Vorteile wirkten sich grundsätzlich kosten- und aufwandsmindernd und damit rentabilitätssteigernd aus. Das Fehlen der Steuerzahlungen bedeutete für gemeinnützige Wohnungsunternehmen außerdem Liquiditätsvorteile, die eine Insolvenzgefahr minderten. Zugleich erhöhten sich sowohl der Spielraum für die Selbstfinanzierung als auch der Fremdfinanzierungsrahmen.[198]
Zudem lehnten die Haus- und Grundeigentümer gemeinnützige Wohnungsunternehmen ab, weil sie eine preissenkende und den gewerbsmäßigen Wohnungsbau vernichtende Wirkung auf die Wohnungsmärkte befürchteten. Sie sahen die Unternehmen „in der Maske privatrechtlicher Unternehmungen“ als fachlich und personell eng verbundene Ableger der öffentlichen Hand an, die sich „gewissermaßen selbst Bauland zur Verfügung stellen“[199]. Die Beschränkung des Gewinns auf fünf Prozent des Gesellschaftskapitals verbanden sie mit dem Hinweis, daß kein privater Wohnungsbauunternehmer unter Berücksichtigung aller erforderlichen Abschreibungen höhere Gewinne hätte ausweisen können. Darüber hinaus stand in der Kritik, daß gemeinnützige Wohnungen zunächst nur minderbemittelten Wohnungssuchenden vorbehalten werden sollten, denn das Merkmal „minderbemittelt“ war ein so weitgehender Begriff, daß sich auch die Mieterschaft der privaten Unternehmer überwiegend aus diesem Kreis zusammensetzte.
Es war den Haus- und Grundeigentümern daher nicht ersichtlich, worin der Unterschied bestand, der die Vorteile der gemeinnützigen Wohnungsbauunternehmen rechtfertigte. Die Ablehnung der gemeinnützigen Wohnungsunternehmen reichte bis in politische Kreise hinein, innerhalb derer insbesondere die SPD und die Gewerkschaften vor dem Eintritt in Baugenossenschaften, die den Erwerb von Privateigentum anstrebten, warnten.[200]

Auch bei der VSt selbst stieß der Status der Gemeinnützigkeit auf Widerspruch.
So hielten Mitarbeiter der VSt die Gemeinnützigkeit nicht für wünschenswert, da die Befürchtung aufkam, daß dann der maßgebende Einfluß auf die Wohnungsverwaltung von Mietern und Behörden ausging.[201] Diesen Standpunkt teilte auch Ernst Brandi,

[198] Selchert, F.W./ Lück, Wolfgang, Die steuerliche Behandlung gemeinnütziger und freier Wohnungsunternehmen, Band 53, Frankfurt/ M. 1985, S. 98, 103 f. .
[199] Küster, Entstehungsgründe, S. 18 f. m.w.N. .
[200] Küster zitiert den Bericht einer Versammlung, in der dargelegt wurde, die Bewegung der Gemeinnützigkeit sei „nichts weiter als ein neues Mittel der Arbeitgeber, um die Arbeiter in Knechtschaft zu halten“, Küster, Entstehungsgründe, S. 19; Zweckverband des Neuhausbesitzes (Hrsg.), Die drohende Katastrophe des Neuhausbesitzes, Berlin 1931, WWA/ K 1/ 1832.
[201] Besprechung „betreffend Aufteilung des Grundbesitzes der zur Hüttengruppe West und zur Bergbaugruppe Hamborn gehörigen Betriebe sowie der Betriebe in Mühlheim-Ruhr und Dinslaken“ am 17. März 1933 im Stahlhaus Nord zu Düsseldorf, BBA 55/ 519, ebenso TKA NSt/ 231.

Vorstandsmitglied der VSt bis November 1933 und dann Aufsichtsratsmitglied der Westfälische W. und der Westdeutsche W. . Er befürchtete, daß die Gemeinnützigkeit als Gegenleistung für eventuelle Steuervorteile eine unerwünschte Fesselung und Sozialisierung bedeutete.[202] Ähnlich negativ formulierte auch Linz von der Hauptrechtsabteilung seine Auffassung, indem er die Einengung der Geschäftstätigkeit durch die Beschränkung auf die Errichtung von Kleinwohnungen und die Verwaltung von Häusern als Folge der Anerkennung der Gemeinnützigkeit zu erkennen glaubte.
Insbesondere machte Linz darauf aufmerksam, daß mindestens alle zwei Jahre die Prüfung durch einen Revisionsverband bevorstand und die Aufsichtsbehörde laufend in alle Geschäfte Einblick nehmen konnte.[203]

Die Vorzüge der Gemeinnützigkeit fanden gegenüber der Kritik indessen ihre Rechtfertigung in dem Grundsatz der Gleichberechtigung sämtlicher vom Staat geschützter Interessen, die hinsichtlich der gemeinnützigen Wohnungswirtschaft in der Schaffung einer Anreizsituation zur Behebung des Wohnungsmangels lagen. Dies war bereits auf der Kundgebung „Wohnungswirtschaft in Not" des Hauptverbandes Deutscher Baugenossenschaften im Plenarsaal des Reichstags am 22.11.1931 zum Ausdruck gekommen, als den gemeinnützigen Wohnungsunternehmen die Pflicht in Erinnerung gerufen wurde, „dem deutschen Volk zu dienen" und das Wohnungsbedürfnis der minderbemittelten Bevölkerung ohne Gewinnstreben und Spekulationsabsichten zu befriedigen. Dies sollte unter Wahrung wirtschaftlicher Gesichtspunkte geschehen und ein Familienleben in Wohnungen ermöglichen, die nicht nur in technischer und wohnungsreformerischer Hinsicht einwandfrei sein sollten, sondern auch „luftig und licht der Sonne Zutritt ließen" und in denen „Heimatgefühl und Liebe zu Volk und Vaterland wieder eine Stätte finden konnten".[204]
Angesichts dieser Überlegungen sowie insbesondere der steuerlichen Befreiungen und Ermäßigungen überwogen die Vorteile die formulierte Kritik.

d) Anerkennungsverfahren der Wohnungsgesellschaften

So stellte die VSt mit Schriftsatz vom 21.06.1933 den Antrag auf Anerkennung der Gemeinnützigkeit der Westfälische W., der Rheinisch Westfälische W. sowie der Rheinische W. . Der Zeitpunkt der Antragstellung, den die VSt mit dem 21.06.1933 wählte, lag einen Tag vor der Vertragsunterzeichnung am 22.06.1933 und erschien deshalb ungewöhnlich. Hintergrund dieses Vorgehens war jedoch, daß der Präsident des OLG Düsseldorf mitgeteilt hatte, daß der Anerkennungsantrag vor der Entstehung der Gerichtskostenschuld gestellt sein mußte, sofern die Gerichtskosten aufgrund der Gemeinnützigkeit niedergeschlagen werden sollten. Nach § 8 Abs. 1 Nr. 5 Preußisches

---

[202] Stellungnahme Brandi zur Gemeinnützigkeit vom 02.03.1933, BBA 55/ 519.
[203] Linz jeweils an Rabes, Späing und Dinkelbach betreff Gründung der neuen Wohnungsgesellschaften, VA GA/ 12.05.1933.
[204] Weber, Wohnungswirtschaft in Not, Vortrag zur Kundgebung des Hauptverbandes Deutscher Baugenossenschaften im Plenarsaal des Reichstages, in: Zeitschrift für Wohnungswesen 1931, S. 291-296.

Gerichtskostengesetz i.V.m. der gemeinsamen Verfügung des Finanzministers und des Justizministers in Preußen vom 13.12.1930 stand den Wohnungsgesellschaften, die gemeinnützig werden sollten, rückwirkend auf den Tag der Stellung des Anerkennungsantrags Gebührenfreiheit zu.[205] Berechnungen Dinkelbachs ergaben Stempel- und Gerichtskosten in Höhe von ansonsten 1,35 Mio. RM.[206]

In formeller Hinsicht sprach die örtlich zuständige oberste Landesbehörde oder eine von der Landesbehörde bestimmte Behörde die Anerkennung, Versagung oder Entziehung des Gemeinnützigkeitsstatus mit Wirkung für das gesamte Reichsgebiet aus.
Die mit der Gemeinnützigkeitsverordnung angestrebte Einheitlichkeit in Definition und Verfahren war auch hinsichtlich der zuständigen Anerkennungsbehörde noch nicht umgesetzt.
Aus der Vielzahl der für 1933 zu beachtenden Verwaltungsbehörden ging für die Wohnungsgesellschaften der Präsident des Ruhrsiedlungsverbandes als Anerkennungsbehörde hervor. Das Verbandsgebiet reichte von den Niederlanden bis zum Landkreis Soest sowie von der Lippe bis an die Ruhr bzw. Wupper. Die Fläche erstreckte sich über Teile der drei Regierungsbezirke Düsseldorf, Arnsberg und Münster von Ost nach West.
Der Verbandspräsident stand an der Spitze des Verbandspräsidiums (Tab. 26), das die staatliche Aufsichtsstelle für die dem Siedlungsverband übertragenen Aufgaben und zugleich Organ der preußischen Landesverwaltung war.[207] Aufgrund der Übertragung der Befugnisse für das Verbandsgebiet standen dem Verbandspräsidenten die in der Verordnung vom 09.12.1919[208] geregelten außerordentlichen Rechte zu, die es ihm ermöglichen sollten, das Siedlungswesen „in kräftiger Weise" zu fördern.

Einer Entscheidung des Verbandspräsidenten sollte eine Stellungnahme des örtlich zuständigen Finanzamts vorausgehen. Diese Stellungnahme stand für die Rheinische W., die Rheinisch Westfälische W. und die Westfälische W. auch ein Jahr nach Antragstellung noch aus, da das zuständige Landesfinanzamt Düsseldorf dem Reichsfinanzministerium nach dessen Anordnung den Anerkennungsantrag nebst Akten vorgelegt hatte. Eine weitere zeitliche Verzögerung ergab sich, da das Reichsfinanzministerium die Akten mit der Bitte um Äußerung an das Reichsarbeitsministerium weiterleitete. Das Reichsarbeitsministerium erklärte sich dann zwar für nicht zuständig, schickte die

---

[205] Verfügung des Finanzministers und des Justizministers in Preußen vom 13.12.1930 Az. - FM II C 5485 JM Ie 1288 -. Bei Erhebung von Räumungsklagen gegen Mieter enthielten daher die Klageschriften während des Anerkennungsverfahrens einen entsprechenden Satz; Empfehlung der Westdeutsche W. an die Rechtsabteilung der Ruhrstahl AG vom 18.11.1933, TKA RS/ 1306.

[206] Linz an den Präsidenten des Ruhrsiedlungsverbandes Essen mit Durchdruck an Knepper, Späing und Dinkelbach, VA GA/ 21.06.1933; zuvor Dinkelbach Denkschrift zum VSt Wohnungswesen, VA GA/ 10.09.1932, S. 3, 5.

[207] Dietzsch, S. 12, 20, Karte dort auf S. 13; vertiefend der Regierungsdirektor beim Verbandspräsidium des Siedlungsverbandes, Drescher, Der Ruhrsiedlungsverband, in: Schwan, Wörterbuch, S. 960a-960b; Heinrichsbauer, S. 14; zur Verhinderung der Verbandsauflösung durch Dillgart, später OB Essen, vgl. Steinberg, in: Först, S. 138 ff.; B II. 2. .

[208] RGBl. 1919 S. 1965.

Tab. 26: Anerkennungsbehörden für Gemeinnützigkeit im Deutschen Reich; 1933

Land	Oberste Landesbehörde	Anerkennungsbehörde
Preußen	Minister für Volkswohlfahrt	Berlin: Oberpräsident Charlottenburg Siedlungsverband Ruhrkohlenbezirk: Verbandspräsident Preußen (Rest) : Regierungspräsident
Bayern	Staatsministerium für Landwirtschaft und Arbeit	Kreisunmittelbare Gemeinden: Erster Bürgermeister[209] Sonstige Gemeinden: Bezirksämter
Sachsen	Arbeits- und Wohlfahrtsministerium	Arbeits- und Wohlfahrtsministerium
Württemberg	Innenministerium	Ministerialabteilung für Bezirks- und Körperschaftsverwaltung
Baden	Ministerium des Innern	Ministerium des Innern
Thüringen	Wirtschaftsministerium	Wirtschaftsministerium (Abt. Landes-, Wohnungs- und Siedlungsamt)
Hessen	Minister für Arbeit und Wirtschaft	Minister für Arbeit und Wirtschaft
Hamburg	Senat	Finanzdeputation
Mecklenburg-Schwerin	Minister des Innern	Minister des Innern
Braunschweig	Finanzminister	Finanzminister
Oldenburg	Ministerium der sozialen Fürsorge	Landesteil Oldenburg: Minister der sozialen Fürsorge Birkenfeld: Regierung
Anhalt	Staatsministerium	Landessiedlungsamt
Bremen	Senat	Finanzkommission des Senats
Lippe	Landespräsidium	Regierung, Wirtschaftsabteilung
Lübeck	Senat	Regierung
Mecklenburg - Strelitz	Ministerium des Innern	Ministerium des Innern
Schaumburg-Lippe	Landespräsidium	bis dahin nach *Meier/ Draeger* keine gemeinnützigen Wohnungsunternehmen

Quelle: Meier/ Draeger, S. 254 f. .

Akten aber nicht sofort an das Reichsfinanzministerium zurück.[210]

Auch wenn für die Wohnungsgesellschaften die Auffassung zu sprechen schien, daß begründete Einwendungen nicht vorlagen, rechneten die Gesellschaften noch mit dem Widerstand der Finanzbehörden. Im Herbst 1934 verlautbarte dann tatsächlich, daß das Reichsfinanzministerium und das Landesfinanzamt Einwendungen gegen die Anerkennung der Gemeinnützigkeit der drei Wohnungsgesellschaften vorzubringen hatten.

Nach eingehender nochmaliger Erörterung der Steuerfragen vereinbarten Späing, Dinkelbach, Schilling und Henkel (Hauptrevision VSt) mit den Vorstandsmitgliedern Fusban und Forstmann sowie RA Althüser und Prokurist Keppler, daß ein Vertreter

[209] Anerkennung auch möglich bei Tätigwerden der Gemeindebeamten unter Leitung und Verantwortung des Bürgermeisters, Meier/ Draeger, S. 254.

[210] VA BV/ 4-A-3/ 27.07.1934, S. 1 f. .

des Hauptverbandes Gemeinnütziger Baugenossenschaften beim zuständigen Beamten des Landesfinanzamts Düsseldorf, ORR Vogels, vorstellig werden sollte. Dessen Haltung änderte sich dadurch jedoch nicht.

Trotz der ersichtlich ablehnenden Auffassung der Finanzbehörden erkannte der Verbandspräsident des Siedlungsverbandes Ruhrkohlenbezirk die Rheinische W. und die Rheinische Westfälische W. mit Beschluß vom 04.05.1935 rückwirkend auf den 22.06.1933 als gemeinnützig an.[211] Der Präsident des Landesfinanzamtes Düsseldorf legte dagegen beim Verbandsrat, der als Verbandsverwaltungsgericht fungierte, unter dem 21.05.1935 Berufung mit dem Antrag ein, den Gesellschaften die Anerkennung der Gemeinnützigkeit zu versagen.[212]

Materiell streitig war die Erfüllung der Voraussetzung des gemeinnützigen Zwecks, den die Wohnungsgesellschaften verfolgten. Da nach § 6 GemVO der Kleinwohnungsbau satzungsgemäß zum Ausdruck kommen sollte, legte § 2 der Satzungen der Wohnungsgesellschaften fest, daß die Unternehmen nur die in § 6 GemVO und die in den Ausführungsbestimmungen bezeichneten Geschäfte betreiben durften und nannte als Gegenstand und Zweck der Unternehmen den Bau und die Betreuung von Kleinwohnungen im eigenen Namen. Für das Landesfinanzamt galt es indessen noch festzustellen, ob sich die Wohnungsunternehmen nicht nur satzungsgemäß, sondern auch tatsächlich mit dem Kleinwohnungsbau befaßten. Die Wohnungsgesellschaften riefen daher die Werke dazu auf anzugeben, an welchen Stellen ein Bedürfnis an Kleinwohnungen vorlag.[213]

Der Präsident des Landesfinanzamtes erblickte, ausgefertigt durch den Sachbearbeiter ORR Vogels, auch insoweit einen Verstoß gegen die GemVO, als die Anerkennung der Gemeinnützigkeit nach seiner Auffassung nur bei solchen Wohnungsunternehmen in Frage kommen konnte, die in klar erkennbarer Weise aus dem Gedanken der Gemeinnützigkeit heraus entstanden waren und dies durch entsprechende Handlungen unter Beweis stellten. Es mußte sich nach dieser Ansicht um ein Unternehmen handeln, das die Erstellung von Kleinwohnungen im Sinne der Gemeinnützigkeitsverordnung zum Ziel hatte, um damit der Allgemeinheit und nicht allein dem zugewiesenen Kreis eines Unternehmens zu dienen. Das Landesfinanzamt verwies darauf, daß es nicht dem Grundgedanken der Gemeinnützigkeitsverordnung entsprach, wenn ein gewerbliches Unternehmen dazu überging, die für seine Belegschaft und damit im eigenen Interesse errichteten Wohnungen aus seinem gewerblichen Betriebsvermögen auszusondern und einer eigens zum Zweck der Verwaltung gegründeten juristischen Person zu über-

[211] Gemeinsame Sitzung der Wohnungsgesellschaften und der VSt, VA GA/ 17.10.1934; Beschluß des Verbandspräsidenten des Siedlungsverbandes Ruhrkohlenbezirk vom 04.05.1935, -Az.: W I g 2 Essen 34/34 - aufgrund der GemVO vom 01.12.1930, RGBl. I S. 593, i.V.m. dem Erlaß des Preußischen Ministers für Volkswohlfahrt - II B 3163 - vom 22.12.1930; die Anerkennung der Westfälische W. erfolgte am 16.10.1935 ungeachtet bereits unternommener Bautätigkeit mit der Auflage, mit der Errichtung von Kleinwohnungen bis spätestens 01.04.1938 zu beginnen, VA BV/ 4-A-3/ 28.10.1935; VSt RS/ 1306.

[212] Präsident des Landesfinanzamtes Düsseldorf, 21.05.1935, TKA NSt/ 232; zum Verbandsverwaltungsgericht Kegel, in: Wandersleb, Handwörterbuch, S. 1351-1353.

[213] TKA VSt/ 1237; VA BV/ 4-A-3/ 27.07.1934, S. 2.

tragen.[214] Danach wäre es - so das Landesfinanzamt - jedem Unternehmer eines gewerblichen Betriebs möglich gewesen, über die Gemeinnützigkeitsverordnung für einen Teil seines Betriebsvermögens Steuerfreiheit zu erlangen, ohne sich mit dem Bau von Kleinwohnungen befassen zu müssen. Dementsprechend erhob das Landesfinanzamt Düsseldorf ausdrücklich den Vorwurf, daß der Beweggrund für die Gründung eines solchen Wohnungsunternehmens einzig in dem Bestreben zu suchen war, für das bislang steuerpflichtige Betriebsvermögen Steuerfreiheit aufgrund der Gemeinnützigkeitsverordnung zu erlangen.[215]
Da die VSt im Zuge der Reorganisation die Grundstücke, Gebäude und Baugelände durch Ausscheiden aus dem Betriebsvermögen in die Wohnungsgesellschaften eingebracht hatte, sah das Landesfinanzamt diese Wohnungen nicht als von den Wohnungsgesellschaften, sondern als von der VSt für ihre eigene Belegschaft errichtet an.
In dem Zusammenhang wies das Landesfinanzamt zusätzlich darauf hin, daß nach seiner Ansicht die von der VSt angegebenen Werksfremden ehemalige Werksangehörige waren und die Wohnungsgesellschaften auch insofern keine Gemeininteressen verfolgten. Zudem verwies das Landesfinanzamt auf die hundertprozentige Beteiligung der VSt an den Gesellschaften und vertrat die Auffassung, daß sich im Wesen der Unternehmen gegenüber dem früheren Zustand keine Änderung ergeben habe, zumal die Vorstandsmitglieder bis dahin bei der VSt beschäftigt und die Aufsichtsratsmitglieder noch Arbeitnehmer der VSt waren.
Wenn außerdem einem bereits als gemeinnützig anerkannten Wohnungsunternehmen die Gemeinnützigkeit abzuerkennen war, sobald von einem gewerblichen Unternehmen ein Komplex von Wohngebäuden in dieses Wohnungsunternehmen eingebracht wurde, dann durfte, so die Betrachtungsweise des Landesfinanzamtes, eine Wohnungsgesellschaft, die ihre Entstehung durch einen gleichartigen Vorgang bewerkstelligte, erst recht gar nicht erst als gemeinnützig anerkannt werden.[216]
Daraus folgte insgesamt die Bewertung, daß die gegründeten Wohnungsgesellschaften nicht zum Ziel hatten, der Gemeinnützigkeit zu dienen, sondern den Interessen der VSt.

Die Gegenargumentation der Wohnungsgesellschaften erstreckte sich im Kern zum einen auf die Darlegung der Gemeinnützigkeit des unternehmerischen Handelns und zum anderen auf die Darstellung des Zustands der Wohnungsgesellschaften gemessen an den Erfordernissen der GemVO.
Hinsichtlich ihrer Entstehung stimmten die Wohnungsgesellschaften der Schilderung der Übernahme des durch die Betriebe der VSt geschaffenen Bestands zwar zu, hoben jedoch die damit verbundene soziale Fürsorge hervor, den Arbeitern und Angestellten einen gartenstadtförmig angelegten Wohnungsbestand für die ortsübliche Miete zu

[214] Anfechtung des Anerkennungsbescheids des Verbandspräsidenten des Siedlungsverbandes Ruhrkohlenbezirk gem. § 21 Abs. 1 GemVO vom 21.05.1935, VA GA/ 09.09.1935 sowie TKA NSt/ 232.
[215] TKA NSt/ 232.
[216] TKA NSt/ 232.

überlassen.[217] Darüber hinaus unterstrichen die Wohnungsgesellschaften, daß infolge der Wohnungszwangswirtschaft die freien Verfügungsmöglichkeiten eingeschränkt waren, die Verknüpfungen von Wohnung und Betrieb deshalb zurückgingen und die Wohnungsbestände der Betriebe nicht mehr nur als lebensnotwendige Ergänzung, sondern auch als betriebsfremd und die Werksverwaltung als störend angesehen wurden. Bei der VSt sei 1933 der entscheidende Schritt gelungen, der die Wohnungen von den Betrieben gelöst und sie entsprechend ihrer Funktion in den Dienst der Allgemeinheit gestellt hätte.[218]

Dem Landesfinanzamt konnte weiter entgegengehalten werden, daß die Wohnungsgesellschaften die beschränkenden zwingenden Bestimmungen der §§ 2-14 GemVO beachteten, nach denen z. B. die Gewinnverteilung zu begrenzen war und Rücklagen nur für gemeinnützige Zwecke gebildet werden konnten. Spekulative Verkäufe waren ausgeschlossen, ein Liquidationsüberschuß mußte für den gemeinnützigen Zweck des Unternehmens gebunden werden.

Für die VSt ergab sich aus der Gründung der Wohnungsgesellschaften die Zuführung des gesamten in die Kleinwohnungen investierten Vermögens einschließlich aller stillen Reserven in ein gebundenes Zweckvermögen, das den Vorschriften der GemVO unterworfen war. Die Wohnungsgesellschaften bestritten dabei nicht, daß Klarheit über die aus der Gemeinnützigkeit folgenden Steuerermäßigungen bestand, verneinten aber die Gründung allein zum Zweck der Erlangung der Ermäßigungen.

Die Gesellschaften waren vielmehr in der Lage darauf zu verweisen, daß das Privileg subjektiver Steuerfreiheit lediglich das Gegenstück zu den Bindungen und Beschränkungen des Gemeinnützigkeitsrechts darstellte. So konnten die Wohnungsgesellschaften argumentieren, es sei „nicht angängig", bei Vorliegen der Voraussetzungen für die Gemeinnützigkeit die Anerkennung nur deshalb zu versagen, weil die Finanzbehörde die Steuererleichterung als unverhältnismäßig hoch ansah.[219]

Dem Vorbringen, Belegschaftsmitglieder der VSt bei Vergabe der Wohnungen zu bevorzugen und damit nicht gemeinwirtschaftlich zu handeln, konnten die Wohnungsgesellschaften entgegensetzen, daß eine solche Vermietung nur dann stattfand, sofern sich nicht im Einzelfall eine soziale Härte gegenüber anderen Bewerbern ergab.

Die Vermietung an Werksangehörige beschränkte sich unter Einführung des Mustermietvertrags des Hauptverbandes Deutscher Baugenossenschaften auf solche Wohnungen, die aus Gründen frei wurden, die bei dem bisherigen Mieter lagen, so daß die Wohnungsgesellschaften einem betriebsfremden Mieter gegenüber nicht die Kündigung mit dem Ziel aussprachen, die Wohnung demnächst an einen Werksangehörigen vermieten zu wollen. Die Mietverträge sahen im Gegensatz zu den vormaligen Wohnungsüberlassungsverträgen der Werke im Falle des Ausscheidens aus dem Arbeitsverhältnis keine Beendigung des Mietverhältnisses vor. Die Belegung durch Werks-

---

[217] Antrag der Rheinische W. vom 22.10.1935 an den Verbandsbeirat beim Siedlungsverband Ruhrkohlenbezirk auf Zurückweisung der Anfechtung des Anerkennungsbeschlusses durch den Präsidenten des Landesfinanzamtes Düsseldorf vom 21.05.1935, S. 3, TKA NSt/ 232.

[218] Antrag vom 22.10.1935, S. 5, TKA NSt/ 232.

[219] Antrag vom 22.10.1935, S. 8, TKA NSt/ 232.

fremde war ein Problem, das noch so lange fortwirkte, wie keine passenden Wohnungen für Werksangehörige frei waren und diese daher gezwungen waren, andernorts teurer zu mieten. Darüber hinaus erteilte Fusban den Hinweis, daß auch die Reichsbahn und die Reichspost für die Unterbringung ihrer Arbeiter und Angestellten durch selbständige gemeinnützige Wohnungsunternehmen sorgten.[220]

Ihre Unabhängigkeit von der VSt suchten die Wohnungsgesellschaften außerdem in der Darlegung ihrer getrennten Rechnungsführung nach den Grundsätzen einer Hausverwaltung zu unterstreichen. Zudem waren neben den juristischen Eigentumsrechten die Wohnungen nach wirtschaftlicher Betrachtungsweise Bestandteil des Vermögens der Gesellschaften. Für deren Schulden hafteten die Wohnungen.[221] Auch Vorstand und Aufsichtsrat waren, so die Einlassung, nur dem Gesetz und der Gesellschaftssatzung unterworfen. Dies verband sich mit der Aussage, außerhalb gesetzlicher Vorgaben und satzungsrechtlicher Bindungen keine weiteren Weisungen entgegenzunehmen und zu erfüllen. Angesichts der in den Gründungsüberlegungen Dinkelbachs wichtigen Rolle der Wohnungsgesellschaften als Finanzierungsinstrumente für die VSt - intern bereits durch die Tilgungsratenpolitik Dinkelbachs zum Ausdruck gekommen - war diese Darlegung nicht korrekt, zu der Zeit indessen formaljuristisch nicht zu beanstanden oder anderweitig zu widerlegen.

Zu der zentralen Frage des tatsächlichen Wohnungsneubaus kam Anfang 1935 das sog. „Merkblatt 1 über die Errichtung von Arbeiterwohnstätten" heraus, dessen öffentlicher Argumentationshilfe sich die Gesellschaften gegen das Landesfinanzamt Düsseldorf bedienten. Das Merkblatt führte zu dem Begriff des Bauherrn von Arbeiterwohnungen aus, daß ein Industriewerk nicht als Bauherr (Träger) auftreten, sondern sich an ein dem Werk nahestehendes oder sonstiges gemeinnütziges Wohnungsunternehmen wenden sollte.[222] Damit war eine Richtlinie kodifiziert, die die VSt in ihrem Handeln seit 1933 vor allem angesichts der leistungsfähigen Träger für den Kleinwohnungsbau in der Praxis bereits vorweggenommen hatte. Bis 1935 hatte jede der drei Wohnungsgesellschaften mindestens mit der umsetzungsfähigen Planung des Kleinwohnungsbaus begonnen, der Eingang in die Statistik des Geschäftsjahres 1934/ 35 fand.

Unter Berücksichtigung der Planungen auch zu anderen Wohnungstypen umfaßte die Bautätigkeit der Wohnungsgesellschaften zum Zeitpunkt der Stellungnahme gegenüber dem Verbandspräsidenten im Oktober 1935 740 Wohnungen.[223] Angesichts der juristischen Eigenständigkeit und der damit verbundenen eigentumsrechtlichen Position der

[220] Fusban zur Rechtsauffassung des Präsidenten des Landesfinanzamtes Düsseldorf, VA AR/ 3-A-3/ 28.05.1936, S. 3; Jesch, Karl, Mieten für Werkswohnungen - ein Kapitel betrieblicher Lohngerechtigkeit, in: Mensch und Arbeit 1966, S. 84-85, TKA NSt/ 232.

[221] Antrag vom 22.10.1935, S. 20, TKA NSt/ 232.

[222] Reichsgruppe Industrie, Reichsheimstättenamt der NSDAP, Deutsche Arbeitsfront, Merkblatt 1 über die Errichtung von Arbeiterwohnstätten 1935, S. 13, in: Antrag vom 22.10.1935, S. 10, TKA NSt/ 232.

[223] Antrag vom 22.10.1935, S. 11, TKA NSt/ 232.

Gesellschaften bedeuteten diese Zahlen eine schlagende Argumentation gegenüber dem Landesfinanzamt.
Die Einlassungen der Wohnungsgesellschaften bewegten sich insgesamt ohne politische Formeln auf sachlichem Niveau. Dies ist umso bemerkenswerter, als es sich um die Auseinandersetzung mit einer Behörde handelte, die stellvertretend für das politische System dessen Willensbildung verkörperte und daher einer Argumentation zugänglich war, die den Nationalsozialismus in die Kausalkette des Vorgangs integrierte.

Tab. 27: Kleinwohnungsbau der Wohnungsgesellschaften; 1934/ 35

Wohnungsgesellschaft	Kleinwohnungen	
	in Bau oder fertiggestellt	geplant
Westfälische W.	82	100
Rheinische W.	-	60
Rheinisch Westfälische W.	136	160
Gesamt	218	320

Quelle: VA GB/ 1-A-3/ 1934/ 35; VA GB/ 2-A-3a/ 1934/ 35; VA GB/ 3-A-3/ 1934/ 35.

Ein von dem Verwaltungsfachmann Kluitmann verantworteter Vorentwurf für die Stellungnahme gegen den behördlichen Ablehnungsbescheid hatte noch Bezüge zum nationalsozialistischen Staat erkennen lassen. Kluitmann, der sich auch mit dem Geld- und Kapitalverkehr im Ruhrgebiet auseinandergesetzt hatte und von Dinkelbach bei einer Essener Bank in „Head-Hunter-Manier"[224] abgeworben worden war, war bei der VSt in der Hauptverwaltung Düsseldorf für die verwaltungstechnischen Gebiete wie Verwaltungsanordnung, Arbeitsablauf, Vordrucktechnik, Ordnungstechnik und Büromaschinentechnik zuständig. Sein Entwurf stellte darauf ab, daß sich mit der Ausgründung verstärkte Verantwortlichkeiten ergaben, die „ganz im Sinne der nationalsozialistischen Regierung nachdrücklich Wert und Pflichten der Persönlichkeit" betonten. Korrekturen Dinkelbachs versachlichten den Entwurf jedoch.[225]

Daraus folgt zum einen, daß sich die Wohnungsgesellschaften in ihren Schriftsätzen der Gründungsphase selbst dann nicht dem zeitgemäßen nationalsozialistischen Sprachgebrauch anpaßten, als ihre Existenz betroffen war. Zum anderen geht daraus hervor, daß die Wohnungsgesellschaften ein hohes Zutrauen in die Entscheidungsfähigkeit des Verbandspräsidenten setzten, der dieses Vertrauen schließlich in sachlicher Argumentation mit seinen Anerkennungsbeschlüssen rechtfertigte.

---

[224] Lux, S. 576.
[225] Entwurf einer Stellungnahme gegen die Ablehnung der Anerkennung der Gemeinnützigkeit von Kluitmann, S. 1, VA GA/ 08.11.1934; Kluitmann, Leo, Moderne Bürotechnik, Seminar für Wirtschaftsprüfer beim Institut für Wirtschafts- und Sozialwissenschaften an der Universität Münster i.W., Schriften-Reihe Heft 2 aus der Vortragsfolge des II. Münsterer Fach- und Fortbildungskurses für Wirtschaftsprüfer, Münster i.W. 1932, S. 2, 7; Lux, S. 576; Schilling an Rheinische W. mit Durchdruck an Dinkelbach - 419 - („Streichung von Ziffer 1 und 2"), VA GA/ 08.11.1934; Aktennotiz Dinkelbach zur Gemeinnützigkeit der Wohnungsgesellschaften und zur Neufassung des Entwurfs von Dr. Kluitmann, VA GA/ 10.11.1934.

Prozeßrechtlich war für das weitere Verfahren der Verbandsrat als Verbandsverwaltungsgericht die Vorinstanz zum Reichswirtschaftsgericht, das ein Sondergericht der Verwaltungsgerichtsbarkeit war.[226] Aus der Unmenge an Zuständigkeitsnormen mit einem Umfang von über 200 Gesetzen, Verordnungen und Ausführungsvorschriften ergab sich die Zuständigkeit für die Klage der Gesellschaften aus § 21 Abs. 2 S. 2 GemVO. Danach war die Rechtsbeschwerde für die Wohnungsgesellschaften vor dem Reichswirtschaftsgericht bis zur Errichtung eines Reichsverwaltungsgerichts möglich.

Das Reichswirtschaftsgericht konnte die Auseinandersetzung 1937 dann ohne Urteilsfindung mit der Mitteilung beenden, daß es das Verfahren wegen Anerkennung der Gemeinnützigkeit einstellte, nachdem der Präsident des Landesfinanzamtes Düsseldorf unter Berücksichtigung des Vortrags der VSt seine Rechtsbeschwerde mit Eingabe vom 28. Januar 1937 zurückgenommen hatte.[227]

Die Rücknahme der Beschwerde war insoweit konsequent, als daß auch das Reichsarbeitsministerium Ende 1936 den bis dahin gegenüber den Wohnungsgesellschaften vertretenen Standpunkt aufgegeben hatte, erst nach Anerkennung der Gemeinnützigkeit über die Vergabe von Reichsdarlehen entscheiden zu können. Dazu hatte die Erkenntnis geführt, daß die Bautätigkeit der Wohnungsgesellschaften im Hinblick auf geplante Volkswohnungen „im Interesse der Allgemeinheit“ und damit unter Bezugnahme auf das bislang bestrittene Tatbestandmerkmal einer gemeinnützigen Tätigkeit „nicht erschwert werden sollte“.[228]

Der Beschluß des Verbandspräsidenten vom 04.05.1935 war damit rückwirkend zum 22.06.1933 rechtskräftig. Diese Entscheidung bewirkte, daß die Frage der Anerkennung der Gemeinnützigkeit endgültig entschieden war und sich die bisherigen drei Werkwohnungsgesellschaften zwecks Unterstreichung der gemeinnützigen Gesellschaftszwecke am 06.03.1937 in „Rheinische Wohnstätten AG“, „Rheinisch Westfälische Wohnstätten AG“ sowie in „Westfälische Wohnstätten AG“[229] umbenannten.

---

[226] VO über das Reichswirtschaftsgericht vom 21. Mai 1920, RGBl. 1920 S. 1167, in der durch § 65 der Entschädigungsordnung vom 30. Juli 1921, RGBl. 1921 S. 1046, und § 8 der VO vom 13. Februar 1924, RGBl. 1924 I S. 155, abgeänderten Fassung. Neukodifikation mit „Gesetz über das Reichswirtschaftsgesetz“ vom 25.02.1938, RGBl. 1938 I S. 216. Nach der Einrichtung des Reichsverwaltungsgerichts 1941 wurde dieses als „Verwaltungssondergericht“ bezeichnet; Klinger, Hans, Die Zuständigkeitsgebiete des Reichswirtschaftsgerichts und des Kartellgerichts mit umfassenden Nachweisen über Gesetzgebung und Literatur nebst den zur Zeit gültigen Texten der Verordnung über das Reichswirtschaftsgericht, der Kartellverordnung, der Geschäftsordnung des Reichswirtschaftsgerichts und der Verordnungen über Gerichts- und Anwaltsgebühren, Wirtschaftsrecht und Wirtschaftspflege, Abhandlungen und Gesetzgebung Heft IV, Berlin 1924, S. 11, 15.

[227] Rheinische W. an die Mitglieder des Aufsichtsrats über die Mitteilung des 4. Senats des Reichswirtschaftsgerichts in Berlin vom 04.02.1937, TKA NSt/ 232.

[228] VA BV/ 1-A-3/ 25.11.1936, S. 3.

[229] Nachrichtenblatt der Vereinigte Stahlwerke AG („vertraulich und nur für die Herren des Vorstandes“) Nr. 3/37 vom 04.02.1937, TKA VSt/ 4792. Um die Umbenennungskosten zu verringern, wurden die Mietverträge überstempelt und die Messingschilder an den Hauptbüros zwecks neuer Gravur auf die Rückseite gedreht; Schreibweise der Rheinisch Westfälische W. nach Beschluß ohne Bindestrich, VA VS/ I, Bl. 60.

8. Zwischenergebnis

Die VSt gründete die Wohnungsgesellschaften in einen Wirtschaftszweig, der sich seit dem 19. Jahrhundert aufgrund der veränderten industriellen Arbeitsbedingungen herausbildete.

Die wachsende Zahl von Arbeitskräften im rheinisch-westfälischen Industrierevier erforderte immer neue Unterbringungsmöglichkeiten. Ein wirksames Instrument der Seßhaftmachung war der industrieverbundene Wohnungsbau, den Mitte des 19. Jahrhunderts bereits einige Gründerwerke der VSt wie der Bochumer Verein oder die GBAG durchführten. Zum einen kann der Wohnungsbau als erfolgreich gewertet werden, da es gelang, auf diese Weise das Anwachsen der Industrie im Rhein-/ Ruhrgebiet zu unterstützen. Zum anderen dürfen die Defizite nicht übersehen werden, die die allgemeine Wohnversorgung noch über lange Zeit prägten. Das Problem ausreichender Wohnversorgung konnte trotz der Anstrengungen, in die sich ab Anfang des 20. Jahrhunderts die öffentliche Hand verstärkt einschaltete, nicht abschließend gelöst werden.

Das galt bis zur Gründung der Wohnungsgesellschaften trotz der Errichtung von Heimstätten und Siedlungsverbänden und der staatlichen Regulierungsversuche. Besonders erwähnenswert ist hier die Hauszinssteuer, die die Werke entrichten mußten, ohne daß sie in der Regel beim Wohnungsbau von der staatlichen Ausschüttung des steuerlichen Ertrags profitieren konnten. Wollten Unternehmen Belegschaftswohnraum schaffen, mußten ihre strategischen Überlegungen dazu führen, wie im Fall der Ruhrwohnungsbau AG neue Gesellschaften zu gründen.

Die maßgeblichsten Impulse, die die Entwicklung der unternehmerischen Wohnungswirtschaft für die Gründung der Wohnungsgesellschaften 1933 gab, lagen auf architektonischem und rechtlichem Gebiet. Die Gesellschaften übernahmen von den Werken der VSt einen Bestand, der seit der Jahrhundertwende in Anlehnung an die Ideen des Gartenstadtprinzips gleichsam als Gegenentwurf zu den Berliner Mietskasernen errichtet worden war. Den Arbeitern der Werke stand grundsätzlich mehr „soziales Grün" zur Verfügung als andernorts. Diese gestalterischen Elemente des Wohnumfelds fanden ihre Ergänzung in einer geringen Maximalhöhe der Gebäude und in einer versetzten Anordnung, die die Sozialisation der Bewohner erleichterte.

Juristisch betrachtet war für die Gesellschaften die Entwicklung des Gemeinnützigkeitswesens von großer Bedeutung. Der Wert der Bindungen gemeinnütziger Wohnungsunternehmen lag darin, daß sie die für die Wohnungsversorgung breiter Schichten eingesetzten Mittel vervielfältigten, daß sie deren Abschöpfung zu privatem Nutzen ersparten und daß sie die Verbesserung der allgemeinen Wohnverhältnisse neben der Verbilligung von Mieten und Veräußerungspreisen vor allem bei denen förderten, die der Hilfe der Gemeinschaft bedurften.[230] Die seit den Ansätzen Hubers über Jahr-

---

[230] Riebandt-Korfmacher, A., Der Wert der Bindungen der gemeinnützigen Wohnungsunternehmen, in: Gesamtverband gemeinnütziger Wohnungsunternehmen e.V.(Hrsg.), Unternehmerische Wohnungsversorgung, S. 126; Brecht, Julius, Die Gemeinnützigkeit im Wohnungswesen, in: Heilmann, S. 9-35, hier S. 28 ff..

zehnte praktizierte gemeinnützige Bautätigkeit für minderbemittelte Kreise führte nach dem Ersten Weltkrieg zu zunächst erfolglosen Kodifizierungsversuchen. Von besonders gewichtiger Bedeutung war für die Gründung der Gesellschaften dann aber, daß mit der GemVO eine reichsweit gültige Rechtsgrundlage geschaffen werden konnte. Das Steuerrecht bot für gemeinnützige Wohnungsunternehmen nun weitgehende Entlastungen und war bei den Gründungsüberlegungen daher von großem Interesse.

Die Gründung der Wohnungsgesellschaften erfolgte im Kontext der Reorganisation der VSt.[231] Eine Bewertung der Reorganisationsmotive ergibt mehrere Vorteile, die letztlich auch für die Ausgliederung der Wohnungsbestände mitursächlich waren.
Zunächst konnte die juristische Selbständigkeit der Werke mit einer eingeschränkten Konkurrenz untereinander und einer einfachen und klaren Verwaltung hergestellt werden. Eine eingeschränkte Konkurrenz zwischen den Werken bedeutete, daß diese nicht in Bezug auf die direkte Akquisition, sondern im Hinblick auf die Erzielung des besten Ergebnisses im Wettbewerb standen, ohne dabei die Interessen der anderen Werke zu verletzen.
Arbeitsmarktpolitisch ergab sich der Vorzug, daß neue Gesellschaften neues technisches und kaufmännisches Leitungspersonal erforderten. Darüber hinaus vereinfachte sich die Finanzwirtschaft bei reinen Produktionsbetrieben, indem gegenseitige Lieferungen durch Warenakzepte finanziert werden konnten und die Werksleiter anhand der direkt spürbaren finanziellen Belastung zu Sparsamkeit gezwungen waren. Die Regelung der Arbeitsverhältnisse in den reorganisierten kleineren Einheiten mit einheitlicher Fabrikationsgrundlage war geeigneter, die Verbindung der Werksleiter mit Arbeitern und Angestellten zu fördern. Der Vorteil, daß für kleinere Gesellschaften bessere Eingliederungsmöglichkeiten in das örtliche und bezirkliche Wirtschaftsleben bestanden, war nicht zu verkennen. Vor allem aber konnte Dinkelbach seine Vorstellungen von einer Dezentralisation der über das Revier verteilten Werke mit einer Hauptverwaltung in Düsseldorf unter Beibehaltung der traditionell eingeführten Namen umsetzen. Dabei konnten die Werke gute Ergebnisse, die sich aus den Konzernerfahrungen bis dahin ergeben hatten, übernehmen.
Auf diese Weise konnte die VSt die Interessen ihrer Tochtergesellschaften auf die Ziele des Gesamtkonzerns abstimmen und behielt sich Beratungsmöglichkeiten sowie strategische Lenkungs- und Weisungsbefugnisse vor.

Die VSt konnte mit der Gründung der Wohnungsgesellschaften weitere strategische Zielvorstellungen verfolgen. Gegenüber der Belegschaft war es den Gesellschaften möglich, eine soziale Aussage zu treffen, indem sie ihren Aufwand für Neubauten und für die Bestandspflege unterstrichen. Außerdem ergaben sich mit den Überlegungen Dinkelbachs für die Wohnungsgesellschaften insofern Vorteile, als daß die geografischen Überschneidungen der bisherigen Verwaltungsgebiete der Werke beseitigt werden konnten. Daher gingen Befürchtungen fehl, die Abkehr von einer eigenständi-

[231] Fear, Blaupause, S. 425.

gen, werksbezogenen Verwaltung verursache größeren Aufwand. Hier spielten wie bei der Abt. Bergbau allein Eigeninteressen die tragende Rolle. Stattdessen ergab sich der Vorteil eines einheitlich verwalteten Wohnungsbestands, der aufgrund klarer Grundstücksverhältnisse für hypothekarische Belastungen zugunsten des Wohnungsbaus und für Finanzierungen zugunsten der VSt herangezogen werden konnte. Dinkelbachs strategische Weitsicht kam darin zum Ausdruck, daß die VSt die Möglichkeit erhielt, die Grundbuchplätze der Wohnungsgesellschaften für Hypotheken zu nutzen.

Alles in allem ermöglichte die VSt so mit der Gründung der Wohnungsgesellschaften eine eigenständige Erstellung und Bewirtschaftung der Wohnungsbestände, ohne dabei deren Integration in den Gesamtkonzern zu vernachlässigen.

III. Organisation der Wohnungsgesellschaften der Vereinigte Stahlwerke AG

Mit der Gründung der Wohnungsgesellschaften verband sich das Erfordernis einer umfassenden Organisation, für die Vorbilder nicht vorhanden waren.[1] Es war die Aufgabe Dinkelbachs, in Verbindung mit der Organisationsabteilung der VSt das große Vermögensobjekt, das die Häuser darstellten, seiner Eigenart entsprechend zu organisieren.

Organisation konnte verstanden werden als ein System von betriebsgestaltenden Regelungen zur zweckmäßigen Erfüllung von Daueraufgaben unter Berücksichtigung der Wirkungszusammenhänge zwischen den Trägern von Entscheidungsprozessen.
Die über die Aufbau- und Ablauforganisation erfaßbare Unternehmensorganisation beinhaltete deshalb die Gestaltung von Organisationsstruktur und Arbeitsprozessen der Wohnungsgesellschaften. Die Organisationsstruktur war das Regelwerk, nach dem Arbeitsteilung und Abstimmung funktionieren sollten.
Die Transformation eines Organisationskonzepts aber konnte erst erfolgen, nachdem die rechtlichen Rahmenbedingungen als Fundament der Organisation festgelegt waren, denn spätestens seit der Entstehung von Aktiengesellschaften im 19. Jahrhundert war die Organisation der Unternehmensleitung von der Rechtsform abhängig.[2]

1. Rechtsform der Wohnungsgesellschaften

Fraglich ist, welche Gründe für die Bevorzugung der Aktiengesellschaft sprachen, denn die Wahl der Rechtsform mußte „zum Unternehmen passen wie ein gut geschnittenes Kleid“[3] - je nach Einzelfall mußte dieses einfach (Einzelunternehmen), aufwendig (Aktiengesellschaft) oder robust (GmbH) sein oder differenzierte Lösungen anbieten können (Betriebsaufspaltung, GmbH & Co. KG, Stiftung & Co. KG).
Die Wahl der Unternehmensrechtsform bestimmte die Verfassung, die die rechtlichen Beziehungen manifestierte und die dementsprechend als schwerwiegende Gründungsdisposition mit lebenswichtiger Bedeutung für die Wohnungsgesellschaften wahrzunehmen war. Die Vielzahl wirtschaftlicher und rechtlicher Faktoren, die unterschiedliche quantitative und qualitative Erfaßbarkeit sowie der ungleiche Grad an Dispositivität bedingten aus Gründen der Transparenz die Festlegung von Prioritäten, die als Entscheidungsparameter dienen konnten.

So erforderte die Rechtsformwahl die Kenntnis aller Handlungsalternativen und deren Folgen für das Unternehmen sowie deutlich strukturierte Zielsetzungen, ergänzt um die

[1] Organisationsbericht vom 01.07.1935, S. 1, TKA VSt/ 2009, TKA NSt/ 236; ebenso TKA FWH/ 566.
[2] Picot/ Dietl/ Franck, S. 27 ff.; Nordsieck, S. 15, 29, 119 ff.; Minssen, in: Lauschke/ Welskopp, S. 30; Jakob, Helmut, Unternehmungsorganisation, Gestaltung und Entwicklung sozio-technischer Systeme, Stuttgart 1980, S. 20; Schlagheck, Bernhard, Objektorientierte Referenzmodelle für das Prozeß- und Projektcontrolling, Grundlagen-Konstruktion-Anwendungsmöglichkeiten, Diss., Wiesbaden 2000, S. 15; spezifisch zur Wohnungswirtschaft Lehner, Andreas, Organisationsentwicklung in der Wohnungswirtschaft, in: Verband rheinischer und westfälischer Wohnungsunternehmen e.V. (Hrsg.), Wohnungsunternehmen im Wandel - zeitgemäße Organisationsentwicklung und zukünftige Arbeitszeitgestaltung, Nr. 7, Hamburg 1995, S. 3-65, Abb. zu Umfeldbedingungen S. 31; Hilger, S. 50 f. .
[3] Kessler / Schiffers / Teufel, S. V.

Vorstellungen von Kapitaleinsatz, Haftungsrisiko und Handlungskompetenzen der Geschäftsführung. Da die Wohnungsgesellschaften als Unternehmen zwingend in fortwährende ökonomische und rechtliche Veränderungsprozesse eingebunden waren, mußte die VSt zudem erwägen, wie flexibel sie auf spätere Umstrukturierungen, Nachversteuerungen, Gesellschafterwechsel oder geänderte politische Rahmenbedingungen reagieren konnte.

a) Rechtsformen an den Wohnungsmärkten

Grundsätzlich konnte ein Wohnungsunternehmen in verschiedenen Rechtsformen betrieben werden. Einschränkend bestimmte § 2 WGGDV, daß nur solche Wohnungsunternehmen als gemeinnützig anerkannt werden konnten, die die Rechtsform einer juristischen Person hatten. Nach der amtlichen Begründung sollte dadurch erreicht werden, daß die Möglichkeit einer unzulässigen Gewinnerzielung für die Einzelperson überwacht werden konnte.[4]

Dementsprechend ergab sich eine unterschiedlich hohe Repräsentanz an den Wohnungsmärkten. In den 1930er Jahren bestanden Wohnungsunternehmen vornehmlich in den Rechtsformen der GmbH, AG und eG.[5]

Tab. 28: Verband Rheinischer Wohnungsunternehmen; Rechtsformen 1934-1937

Jahr	Wohnungs-unternehmen	eG		AG		GmbH		sonstige	
	gesamt	absolut	%	absolut	%	absolut	%	absolut	%
1934	366	298	81,4	27	7,4	36	9,8	5	1,4
1935	381	293	76,9	27	7,1	56	14,7	5	1,3
1936	396	306	77,3	27	6,8	58	14,6	5	1,3
1937	372	299	80,4	27	7,3	41	11,0	5	1,3

Quelle: Schmecht, S. 105.

Obwohl Genossenschaften weniger gefördert wurden als die Aktiengesellschaften und Gesellschaften mit beschränkter Haftung, fanden die Baugenossenschaften zunächst noch wachsenden Zuspruch. So betrug im Gebiet des Verbandes Rheinischer Wohnungsunternehmen der prozentuale Anteil der eingetragenen Genossenschaften an der Gesamtzahl der Wohnungsunternehmen um 80 %, während der Anteil der AG bei 7 % lag und der GmbH-Anteil zwischen 9,8 % und 14,7 % schwankte. GmbH und AG erbrachten gegenüber den Genossenschaften gleiche und höhere Leistungen in der Wohnraumbeschaffung für breite Schichten der Bevölkerung und nahmen damit relativ betrachtet größeren Einfluß auf die Entwicklung der Wohnungswirtschaft.[6]

---

[4] Hämmerlein, S. 156; Lanz, S. 35, 157.

[5] Zur Entwicklung der Rechtsform als Voraussetzung für die Grundorganisation des Unternehmens vgl. Wessel, Horst A., Die Organisation der Unternehmen und ihre Auswirkungen auf das Schriftgut der Wirtschaft, in: Kroker, Evelyn/ Köhne-Lindenlaub, Renate/ Reininghaus, Wilfried, Handbuch für Wirtschaftsarchive, Theorie und Praxis, München 1998, S. 24-54, hier S. 30.

[6] Vertiefend zum Verhältnis von Genossenschaften und Gesellschaften in der Wohnungswirtschaft vgl. Verband rheinischer Wohnungsunternehmen e.V. Düsseldorf (Hrsg.), Entwicklung und Gestaltung eines Prüfungsverbandes,1901-1951, Düsseldorf 1951, S. 13 f. .

Die beim Verband Rheinischer Wohnungsunternehmen abzulesende Tendenz des Anstiegs nichtgenossenschaftlicher Wohnungsunternehmen bestätigte sich auf Reichsebene, zu ersehen anhand des vom Hauptverband deutscher Wohnungsunternehmen zusammengestellten Zahlenmaterials. Danach stieg die Gesamtanzahl von 2.786 Wohnungsunternehmen im Jahr 1928 auf 3.129 im Jahr 1934. Zwar ergab sich bei den Genossenschaften über einen Untersuchungszeitraum von 1928 bis 1937 ein Zuwachs

Tab. 29: Hauptverband deutscher Wohnungsunternehmen; Rechtsformen 1928-1938

Jahr	eG	GmbH	AG	sonstige	Gesamt
1928	2.511	179	46	50	2.786
1929	2.638	201	51	42	2.932
1930	2.596	222	56	43	2.917
1931	2.667	237	67	41	3.012
1932	2.654	305	75	41	3.075
1933	2.572	359	86	45	3.062
1934	2.616	377	85	51	3.129
1935	2.680	417	92	56	3.245
1936	2.879	459	92	60	3.490
1937	2.945	458	85	55	3.541
1938	2.881	478	85	58	3.502

Quelle: Küster, Entstehungsgründe, S. 151.

von 434 Unternehmen, doch war nicht nur die Unternehmenszahl im Jahr 1933 zurückgegangen, sondern die Wohnbauleistung der ebenfalls vermehrten AG und GmbH war auch hier im Verhältnis zum Unternehmensbestand höher. Dieses Ergebnis zeigte sich bei den Wohnbauleistungen, als z. B. im Jahr 1935 die 92 AG 8.691 und die 417 GmbH 16.557 Wohnungen erbauten.[7] Demgemäß waren die Baugenossenschaften, deren Kapitaldecke geringer war als die der Gesellschaften,[8] nicht in der Lage, den Wohnungsbedarf so schnell und umfangreich zu decken wie die in der Rechtsform der AG oder GmbH organisierten Wohnungsunternehmen.

b) Genossenschaft

Die Wohnungsgesellschaften der VSt trugen zur Anzahl der Genossenschaften nicht bei, da deren Voraussetzungen hier nicht übertragbar waren.

Während die Genossenschaft nach dem 1933/ 34 geltenden Recht grundsätzlich Personen auf sich vereinigte, die ein persönliches Interesse an der Zuweisung einer Wohnung hatten, setzten sich die Gesellschafter und Aktionäre einer Kapitalgesellschaft aus Personen zusammen, die Kapital zur Erstellung von Kleinwohnungen zur Verfügung

---

[7] Die Zahlen für den Verband Rheinischer Wohnungsunternehmen zeigen eine zunächst schwankende und dann abnehmende Tendenz, begründet in dem Zuzug von Arbeitskräften und der möglichst schnellen Errichtung von Siedlungen. Hier waren die Rechtsformen der AG oder GmbH wegen des höheren Kapitalbedarfs geeigneter als die eG; Küster, Entstehungsgründe, S. 151.

[8] Küster, Entstehungsgründe, S. 152.

stellten, ohne zugleich eine Wohnung zu beanspruchen. Eine Baugenossenschaft konnte einem Mietverhältnis ausschließlich Nutzungsverträge zugrundelegen, während die Kapitalgesellschaften Mietverträge i.S.des § 535 BGB schlossen.[9]

Darüber hinaus erwies sich die Rechtsform der Genossenschaft in der Praxis auf dem Sektor des Kleinsiedlungs- bzw. Eigenheimbaus als unzweckmäßig, da die Genossenschaften über den Herstellungszeitpunkt der Objekte hinaus nicht immer Bestand hatten. So hatten die genossenschaftlichen Eigenheimbauvereinigungen nach dem Ersten Weltkrieg den höchsten Prozentsatz unter den Auflösungen von gemeinnützigen Bauvereinigungen zu verzeichnen.[10]

Dauernder Mitgliederwechsel hatte außerdem einen - zumindest zeitweiligen - Kapitalentzug zur Folge und die genossenschaftliche Verwaltung erfolgte in der Hauptsache nicht professionell, sondern ehrenamtlich.

Letztlich entfiel die von der VSt geplante Möglichkeit, über eine maßgebliche Beteiligung an den Gesellschaften ein neues Finanzierungsinstrument zu schaffen, so daß auch insofern die Genossenschaft als geeignete Rechtsform ausschied.

c) Aktiengesellschaft - Gesellschaft mit beschränkter Haftung

Mit der AG und der GmbH kam für die VSt daher die Gründung einer Kapitalgesellschaft in Betracht, d. h. einer Gesellschaft, bei der im Gegensatz zur Personengesellschaft die Mitgliedschaft auf die Kapitalbeteiligung zugeschnitten war und deren Anteile grundsätzlich frei veräußert und vererbt werden konnten.

Die GmbH war in der 1892 durch das GmbHG kodifizierten Rechtsform stets Handelsgesellschaft. Die Gesellschafter hafteten nicht persönlich, sondern es haftete die GmbH als juristische Person. Sowohl Wohnungsfürsorgegesellschaften als auch Bauträgergesellschaften und die Treuhandstelle für Bergmannswohnstätten wurden in der Rechtsform der GmbH betrieben.[11]

Die Leitungsfunktion wurde von den Geschäftsführern ausgeübt, deren Geschäftsführungsbefugnis durch den satzungsgemäßen Gegenstand des Unternehmens, den Gesellschaftsvertrag und die Gesellschafterbeschlüsse festgelegt war.

Die AG war dagegen als handelsrechtliche Kapitalgesellschaft und juristische Person so ausgestaltet, daß den Gläubigern lediglich das Gesellschaftsvermögen für Verbindlichkeiten haftete und ein in Aktien zerlegtes Grundkapital vorlag (§ 1 AktG).

Die AG war von ihrem Mitgliederbestand unabhängig und auch dann eine Handelsgesellschaft, wenn Gegenstand des Unternehmens nicht der Betrieb eines Handelsgewer-

---

[9] Vormbrock, Heinrich, Wohnungsverwaltung bei den gemeinnützigen Bauvereinigungen, in: Internationaler Wohnungskongreß Berlin 1931, Die sozialpolitische Bedeutung der Wohnungswirtschaft in Gegenwart und Zukunft, Kongreßpublikation II Thema I, Vorberichte der Länder, Frankfurt/ M. 1931, S. 214-220; zu den wohnungspolitischen Erwägungen vgl. Schubert, Werner (Hrsg.), Akademie für Deutsches Recht 1933-1945, Protokolle der Ausschüsse, Ausschuß für Genossenschaftsrecht, Berlin New York 1989, S. 7 ff. .

[10] Küster, Entstehungsgründe, S. 163, 168; zur Organisation der Wohnungsverwaltung bei Genossenschaften vgl. Völschau/ Klabunde, S. 83 ff. .

[11] Küster, Entstehungsgründe, S. 186; grundsätzlich zur Abwägung zwischen AG und GmbH vgl. Lichtherz, Carl Wilhelm, Rechte und Pflichten des Mitglieds bei der Aktiengesellschaft und der Gesellschaft mit beschränkter Haftung, Diss., Greifswald Cöln 1914, S. 4 ff., 52 ff. .

bes war.[12] Als juristische Person mit selbständigen Rechten und Pflichten bedurfte die GmbH ebenso wie die AG mehrerer Organe, die dem Willensbildungsprozeß des Unternehmens Ausdruck verliehen. Während der AG mit Vorstand, Aufsichtsrat und Haupt- bzw. Generalversammlung drei Organe zur Verfügung standen, gab es bei der GmbH mit dem Geschäftsführer und der Gesellschafterversammlung zwei Organe.

Dabei unterschied sich die GmbH in steuerrechtlicher Hinsicht grundsätzlich nicht von der AG, da in beiden Fällen der Gewinn dem Körperschaftsteuergesetz, dem sog. Einkommensteuergesetz für juristische Personen, unterlag. So befaßte sich die Hauptsteuerabteilung der VSt zunächst mit den Auswirkungen des Gemeinnützigkeitsrechts auf Kapitalgesellschaften und dann mit deren Differenzierung.[13] Die steuerlichen Auflagen nach dem Körperschaftsteuergesetz waren von Ausnahmen abgesehen gleich, da Kapitalgesellschaften mit Geschäftsleitung oder Sitz im Inland unbeschränkt körperschaftsteuerpflichtig waren. Die Abgaben betrugen 20 % vom erzielten und 15 % vom ausgeschütteten Gewinn.
Die verhältnismäßig geringe Besteuerung des Gewinns und die verhältnismäßig hohe Belastung bei Ausschüttung hatten zur Folge, daß die GmbH aus steuerlichen Gründen insbesondere dann in Betracht kam, wenn das Unternehmen die Gewinne nicht verzehrte und die GmbH als Thesaurierungsgesellschaft Bedeutung erlangte.[14] Sobald die Ausschüttung vergleichsweise hoch belastet war, konnte deren Zeitpunkt Instrument der Steuergestaltung sein. Für kleinere Gesellschaften mit beschränkter Haftung waren die Tarifvergünstigungen gem. §§ 20 ff. KStG zu beachten.

Die steuerlichen Belastungen der AG und GmbH aus Kapitalverkehrsteuern, Grunderwerbsteuern, Zuwachssteuern, Notariatsgebühren und Gerichtskosten waren ebenso vergleichbar. Zwar waren auf der einen Seite die Gründungskosten der AG mit den Kosten für Aktiendruck, Zinsscheindruck und einer Revision bei Sachgründungen durch die Handelskammer höher, doch ergaben sich auf der anderen Seite Schwierigkeiten bei der Geschäftsbewertung der GmbH, da der zu benutzende Kapitalisierungszinsfuß nicht wie bei der AG von bestehenden Kursen abgeleitet werden konnte. Mit Rücksicht auf den geringeren Mobilisierungswert der Anteile einer GmbH war deshalb der Kapitalisierungszinssatz wesentlich zu erhöhen.[15] Nach den Regelungen zu steuer-

---

[12] Zur Entwicklung des Aktienrechts vom code de commerce 1807 über das Preußische Aktiengesetz von 1843, das Allgemeine Deutsche Handelsgesetzbuch 1861 und die Aktienrechtsnovellen von 1870 und 1884 bis zur VO über das Aktienrecht und Bankenaufsicht sowie über eine Steueramnestie näher Eisenhardt Rdnr. 607; Küster, Entstehungsgründe, S. 140; Plumpe, Unternehmen, in: Ambrosius/ Petzina/ *derselbe*, S. 53. Übersichtliche Kurzdarstellung bei Bahrenfuss, Dirk, Die Entstehung des Aktiengesetzes von 1965, Unter Berücksichtigung der Bestimmungen über die Kapitalgrundlagen und die Unternehmensverfassung, Berlin 2001, S. 29-50.
[13] Briefwechsel Hauptsteuerabteilung und Hauptrevision vom 08./ 09.06.1932; VA GA/ 09.06.1932.
[14] Schmalenbach, Eugen, Finanzierungen, 3. Auflage 1922, S. 102 mit Verweis auf das Gesetz vom 20. März 1920; später Neufassung im Körperschaftsteuergesetz (KStG) vom 16.10.1934, RGBl. 1934 I S. 1031; siehe auch Beuck, W., Steuerlich zweckmäßige Gesellschaftsformen, Die Besteuerung der Unternehmung, 5. Auflage, Berlin Wien 1931, S. 33, 70.
[15] Sätze von 9 % bis 12 % galten als angemessen, Schmalenbach, S. 104.

lichen Erleichterungen für die Aufteilung von Gesellschaften (sog. „Zerschlagungsverordnung") war in der Vierten Verordnung des Reichspräsidenten zur Sicherung von Wirtschaft und Finanzen vom 08.12.1931 die Betriebstrennung nur bei der AG begünstigt. Sofern also bei der Trennung von Betrieben einer Aktiengesellschaft mit dem abgetrennten Betrieb eine neue Aktiengesellschaft errichtet wurde, traten Steuererleichterungen in den Bereichen der Gesellschaftsteuern, Grunderwerbsteuern, Wertzuwachssteuern, der Gemeindesteuern und der Gewerbeanschaffungssteuern ein.

In den Vorüberlegungen zur Gründung der Wohnungsgesellschaften war bei der VSt neben Vorstellungen Dinkelbachs zur AG, niedergelegt in einem Exposé[16] sowie einem ersten groben Gründungsplan[17] auch der Gedanke an eine GmbH aufgekommen. Rechtsanwalt Philippi setzte Dinkelbach auseinander, daß die GmbH seiner Ansicht nach das einfachere Modell gegenüber anderen Rechtsformen darstellte. Die Rechtsform der GmbH zeigte bei Wohnungsunternehmen z. B. gegenüber Genossenschaften den Vorteil, daß sich das Stammkapital nicht dauernd änderte. Die GmbH genoß für Philippi vor allem den Vorzug, daß sich die „jährlichen Generalversammlungen nicht als notarielle Akte abzuspielen hatten"[18].

Für eine GmbH und gegen eine AG schien zu sprechen, daß es die Hauptrechtsabteilung in einem Gutachten zur Neuorganisation des VSt-Wohnungswesens bei einer AG zunächst für aufwendig und „besonders unangenehm" hielt, daß ein besonderer Prüfbericht zu erstatten und ein Gutachten der zuständigen Handelskammer zur Angemessenheit der Bewertung beizubringen waren, während die Bewertung für die Gründung einer GmbH nach Belieben vorgenommen werden konnte.[19]
Außerdem hatte die Aktienrechtsnovelle 1931 verschärfte Publizitätspflichten für Aktiengesellschaften ergeben. Genaue Gliederungsvorschriften für die Bilanz und die Gewinn- und Verlustrechnung traten neben die allgemeinen Grundsätze für die Aufstellung eines Jahresabschlusses sowie die Erweiterung der Berichterstattungspflicht mit Mindestangaben im Bericht des Vorstands. Mit der Änderung von Bewertungsvorschriften gegen eine Überbewertung der Aktiva und einer Unterbewertung der Passiva, der Verschärfung der Publizitätspflicht und der Einführung der aktienrechtlichen Pflichtrevision des Jahresabschlusses durch die Bilanzprüfer sollte der Gläubigerschutz gestärkt werden. Es änderte sich zwar grundsätzlich nichts an der Überwachungspflicht des Aufsichtsrats gem. § 246 Abs. 1 HGB, doch durfte dieser seine Prüfungstätigkeit so weit beschränken und sich auf den Bericht verlassen, wie er aufgrund eigener pflichtgemäßer Prüfung die Person der Bilanzprüfer als zuverlässig anerkannte und der Bericht eine ausreichend sachliche Grundlage für eine eigene Urteils-

[16] Exposé über das VSt-Wohnungswesen, S. 3, VA GA/ 05.05.1932.
[17] „Gründungsplan für die Gründung einer Wohnungs A.G. für den V.St.-Wohnhäuserbesitz", VA GA/ 25.06.1932.
[18] Philippi an Dinkelbach, VA GA/ 21.07.1932.
[19] Gutachten der Hauptrechtsabteilung zur „Neuorganisation des V.St.-Wohnungswesens", S. 8 f., VA GA/ 04.01.1933; Schmalenbach, S. 71.

findung darstellte.[20] Die Verpflichtung zur Veröffentlichung der Bilanzen der AG schien gegenüber der GmbH insofern nachteilig zu sein, als daß konkurrierende Unternehmen Einsicht in die Geschäfte erhalten konnten. Daneben fürchtete die Hauptrechtsabteilung der VSt, daß die Ergebnisse der betreffenden AG und der Übernahmewert der Werkwohnungen in ihrem Verhältnis zueinander öffentlich kritisiert werden könnten.[21]
Abgeschwächt wurden diese Erwägungen indessen durch die Freiheit der Gesellschaften bezüglich der Qualität der Mitteilungen. So konnten Überbewertungen von Vermögensteilen sowie Unterbewertungen von Schuldteilen zum Ausweis nicht erwirtschafteter Gewinne führen und liefen den Gläubigerinteressen zuwider, sofern diese Gewinne zur Ausschüttung gelangten. Dagegen konnten Unterbewertungen von Vermögensteilen und Überbewertungen von Schuldteilen die Verringerung des ausschüttungsfähigen Gewinns zur Folge haben und standen im Widerspruch zu dem Interesse des Aktionärs, weil sie sich ergebnismindernd auswirkten und zu einer Bildung stiller Reserven führten. Da stille Reserven als im Unternehmen reinvestierte Gewinnteile dem Aktionär allenfalls zum Teil sichtbar wurden, konnten sie bei den Wohnungsunternehmen einen unklaren Jahresabschluß bewirken[22] und einer ausreichenden Information über die Ertragslage entgegenstehen.[23] Diese Problematik aktienrechtlicher Publizität lag in dem Gegensatz zwischen Aktionär und Vorstand begründet. Aufgrund der besonderen Konstellation jedoch, daß die VSt erstens Aktionärin der Wohnungsgesellschaften war, zweitens mit Fusban und Forstmann eigene Direktoren zu Vorständen bestellt hatte und drittens in den Aufsichtsräten vertreten war, verringerte sie von vornherein Informationsdefizite.

Gegen eine GmbH als Rechtsform für die Wohnungsgesellschaften sprach, daß die GmbH aus dem Bedürfnis heraus entstanden war, für kleinere bis mittlere Unternehmen die Möglichkeit einer Haftungsbeschränkung zu schaffen. Statistische Erhebungen ergaben, daß das Einzelunternehmen die typische Rechtsform für kleine Unternehmen mit relativ geringem Umsatz und geringer Arbeitnehmerzahl war und Großunternehmen wie die VSt mit hohem Umsatz, hohem Eigenkapital und großer Belegschaft typischerweise in der Rechtsform der AG betrieben wurden. Die GmbH konkurrierte im Mittelstand zwar häufiger mit oHG, KG und GmbH & Co., dafür aber mit geringerem Wohnungsbestand als die Aktiengesellschaften.[24]

---

[20] Rätsch, S. 26; Hähnen, Hans, Die Pflichtrevision im Aktienrecht, Diss., Köln Emsdetten 1934, S. 13.
[21] Gutachten der Hauptrechtsabteilung zur „Neuorganisation des V.St.-Wohnungswesens", S. 9, VA GA/ 04.01.1933.
[22] Dafür waren die Jahresabschlüsse der VSt selbst geeignet. Der Umfang der thesaurierten Beträge machte bei der VSt nach den Untersuchungen von Rätsch ein Vielfaches der ausgewiesenen Gewinne aus, Rätsch, S. 28, 95. Rätsch hatte insofern einen geschärften Blick für die Vorgänge bei der VSt, als daß sein Vater, Herbert Rätsch, nicht nur WP der Westdeutsche W., sondern selbst Dinkelbach-Schüler war, Lux, S. 573.
[23] Näher zu den Interessen des Aktionärs Drescher, Hans Joachim, Die Sicherung der Interessen des Einzelaktionärs nach geltendem Recht und nach dem Gesetzentwurf, Diss., Köln Leipzig 1932, 11 ff.; Hähnen, S. 16 ff. .
[24] Bis 1940 hielten 517 GmbH 461.235 Wohnungen, während lediglich 83 AG einen Bestand von 229.473 Wohnungen hatten. Damit gab es sechsmal so viele GmbH, die mit 36,6 % nur das Doppelte des Anteils der AG am

Der bei einer GmbH im allgemeinen geringere Umfang des Unternehmens und die geringere Zahl der Gesellschafter konnten zwar ein engeres Verhältnis zur Gesellschaft ergeben. Zu beachten war aber der Nachteil, daß ein Gegensatz zwischen der rechtlichen Organisation und dem tatsächlichen wirtschaftlichen Verhältnis innerhalb der GmbH bestehen und damit die Gefahr des Mißbrauchs dieser Rechtsform drohen konnte. Als Organ der GmbH stand der Geschäftsführer mit seinem Wissen dem der Gesellschafter in der rechtlichen Bewertung weder bei einer Mängelhaftung noch einer Anfechtung wegen arglistiger Täuschung gleich. Die Gesellschafter waren danach in der Lage, einen gutgläubigen Geschäftsführer zum Abschluß von Geschäften zu veranlassen, um sich selbst dann gegenüber einer Anfechtung auf die rechtliche Selbständigkeit der Gesellschaft zu berufen.[25]

Die weitere Abwägung bei der Rechtsformwahl war von Problemen bestimmt, die sich aus der politischen Situation nach der Machtübernahme der Nationalsozialisten und aus der Anwendung des bestehenden Gesellschaftsrechts ergaben.

Der „Vorläufige Reichswirtschaftsrat" hatte seine Beratungen über den Aktiengesetzentwurf des Reichsjustizministeriums von 1931 Anfang 1933 abgeschlossen und der Reichsregierung am 07.03.1933 einen anonym gehaltenen Bericht vorgelegt. Der Entwurf des Reichsjustizministeriums zum Aktienrecht hatte zwar zunächst eine Neukodifikation des Aktienrechts vorgesehen, hielt letztlich aber daran fest, in der AG eine Zusammenfassung gleichberechtigter Aktionäre zu sehen, die die Gesellschaft nach demokratischen Grundsätzen beherrschten. Hiergegen brachte Reichsbankpräsident Schacht in einer für die Aktienrechtsdiskussion bedeutsamen Rede auf der neunten Vollversammlung der Akademie für Deutsches Recht (ADR) zum Ausdruck, daß „uns die Aktiengesellschaft im Rahmen der Lebens- und Gestaltungsformen der Kapitalwirtschaft schon längst vor dem Jahre 1933 in besonders hohem Maße problematisch" geworden war.[26] Angesichts des Machtwechsels am 30.01.1933 war daher noch nicht absehbar, wie die Aktiengesellschaft fortbestehen würde. Die Öffentlichkeit schenkte den am 07.03.1933 veröffentlichten Beratungsergebnissen aufgrund der veränderten politischen Lage nur geringe Aufmerksamkeit. Besonders aber die nationalsozialistische Presse griff den Bericht an, der ihrer Ansicht nach einen zu zurückhaltenden Reformkurs verfolgte.[27]

Wohnungsmarkt in Höhe von 18,2 % stellten, Stöcker, S. 165; Mattenklodt, Klaus, Der Mißbrauch der Rechtsform der G.m.b.H. und seine Bekämpfung durch die Rechtsprechung, Diss., Köln 1940, S. 7, 60.

[25] Mattenklodt, S. 7 ff..

[26] Insofern ist die Aussage von Bähr zu relativieren, daß Schacht „die Reformdiskussion endgültig entideologisiert" habe, vgl. Bähr, Johannes, „Corporate Governance" im Dritten Reich, Leitungs- und Kontrollstrukturen deutscher Großunternehmen während der nationalsozialistischen Diktatur, in: Abelshauser/ Hesse/ Plumpe, S. 61-80, hier S. 68. Ausführungen Schachts (seit 02.08.1934 auch Reichswirtschaftsminister) nach der Druckausgabe zur deutschen Aktienrechtsreform auf der 9. Vollsitzung der ADR im Rathaus zu Berlin am 30.11.1935 bei: Schubert, Werner/ Schmid, Werner/ Regge, Jürgen (Hrsg.), Akademie für Deutsches Recht 1933-1945, Protokolle der Ausschüsse, Band I, Ausschuß für Aktienrecht, Berlin 1986, S. XXXIV und XXXVII; ebenso Löhr, Joseph, Die Verwaltung der Aktiengesellschaft, insbesondere unter Berücksichtigung der Durchführung des Führerprinzips, Diss., Heidelberg 1940, S. 6: „Das Aktienrecht war ein Gebiet, bei dem nach verschiedenen Seiten der neue Geist eindringen mußte."

[27] Bahrenfuss, S. 43.

Die nationalsozialistischen Änderungsforderungen erstreckten sich auf eine Beschränkung der Anonymität, die Durchführung des Führerprinzips und auf den Schutz des Unternehmens gegen spekulative Eingriffe.[28] Das Umwandlungsgesetz und das Gesetz über Steuererleichterungen bei der Umwandlung und Auflösung von Kapitalgesellschaften boten fiskalische Anreize zur Umwandlung von Kapitalgesellschaften in Personengesellschaften.[29] Während Stimmen in der Literatur die „Klarheit der Rechtsbeziehungen der Volksgenossen untereinander" bemühten, um für das Verschwinden der GmbH zu votieren, kam eine Abschaffung der AG nicht in Betracht, da die h. M. die Rechtfertigung der AG in der Notwendigkeit erkannte, Kapital aus möglichst vielen Quellen zusammenfassen zu können.

Bei kleineren Unternehmen sollte der Anonymität im Aktienrecht vorgebeugt werden. Dazu sollte die Erhöhung des Mindestkapitals bei Gründung einer AG von 50.000,-- RM auf 500.000,-- RM dienen. Das sog. „wirtschaftliche Grundziel" war, daß die Rechtsform der anonymen AG nur dort eine Rechtfertigung fand, wo wirtschaftliche Gründe einen hohen Kapitalbedarf unbedingt verlangten.[30] Außerdem orientierte sich die Diskussion an der Überlegung, die Rechte des Vorstands unter Aufrechterhaltung der Dreiteilung der Organe der Aktiengesellschaft in Generalversammlung, Aufsichtsrat und Vorstand zu stärken. Die Rechte der Generalversammlung bezüglich der Geschäftsführung und der Bilanzgenehmigung sollten beseitigt werden.

Damit verbanden sich Erwägungen, das Stimmrecht in Höhe von 10-20 % des Grundkapitals der Verwaltung zuzuteilen und Vorschriften zu beseitigen, die einer sog. Führerstellung des Vorstands entgegenstanden. Mit der Stärkung des Vorstands sollten bei einer Beschränkung langfristiger Dienstverträge der Vorstandsmitglieder zugleich die Pflichten des Vorstands wachsen. Damit sollte eine selbständige Verantwortung auch für die den Vorstand deckenden Beschlüsse des Aufsichtsrats einhergehen, gepaart mit einer zivilrechtlichen Verantwortlichkeit durch Umkehrung der Beweislast und verschärfte Bestimmungen des Strafrechts.[31]

Aufgrund des hohen Beratungsbedarfs blieb jedoch eine sofortige Umsetzung dieser Gedanken aus. Vielmehr konstituierten sich nach der Proklamation des ADR auf dem Deutschen Juristentag im Oktober 1933 in Leipzig 29 Ausschüsse für die Novellierung verschiedener Rechtsgebiete.

---

[28] Kißkalt, Wilhelm, Die Aktiengesellschaft im nationalsozialistischen Staat, in: Frank, Hans, Nationalsozialistisches Handbuch für Recht und Gesetzgebung, München 1934, S. 1136-1154, hier S. 1137; Müller-Rückforth, Hans Joachim, Das Führerprinzip im Aktienrecht, Diss., Jena 1936, S. 30 ff.; zur AG nicht als juristische Person sondern als „Gesellschaft mit eigener Rechtspersönlichkeit" Stupp, Matthias, GmbH-Recht im Nationalsozialismus, Anschauungen des Nationalsozialismus zur Haftungsbeschränkung, Juristischen Person, Kapitalgesellschaft und Treupflicht, Untersuchungen zum Referentenentwurf 1939 zu einem neuen GmbH-Gesetz, Schriften zur Rechtsgeschichte, Heft 93, Diss., Berlin 2002, S. 125, 209 ff., 216 ff. .

[29] „Unsolidität und Unreellität", Crisolli, Karl-August, Das Recht der G.m.b.H., in: Frank, S. 1155-1174, hier S. 1155 f.; Bähr, in: Abelshauser/ Hesse/ Plumpe, S. 67; RGBl. 1934 I S. 569, S. 572.

[30] Baumbach, Adolf, Aktiengesetz vom 30. Januar 1937 mit Umwandlungsgesetz und anderen Nebengesetzen, Kommentar, München Berlin 1937, § 7 Anm. 1; Kißkalt, in: Frank, S. 1138.

[31] Damit wurde eine Treupflicht der AG hergeleitet, die für umso stärker angesehen wurde, je größer die Bedeutung der Funktionen war, die die AG in der Gesamtwirtschaft erfüllte, vgl. Hesse, Friedrich Wilhelm, Die Treupflicht des Aktionärs, Diss., Köln 1938, S. 24; Kißkalt, in: Frank, S. 1150; zur Verantwortlichkeit vgl. Löhr, S. 40.

Bemerkenswert ist, wie sich die VSt und mit ihr die Wohnungsgesellschaften über das Geschehen in dem Ausschuß für Aktienrecht Kenntnisse aus erster Hand verschaffften. Heinrich Dinkelbach selbst wurde Mitglied in dem „Ausschuß für Aktienrecht“[32] und sicherte der VSt damit nicht nur legislative Einflußnahme, sondern den angesichts der von Schacht formulierten nationalsozialistischen Vorbehalte gegen die AG den wichtigen unmittelbaren Zugang zu aktienrechtlichen Erkenntnissen und Vorhaben.
Dinkelbach gewährleistete der VSt und den Wohnungsgesellschaften damit einen unternehmerischen Erkenntnisvorsprung und die Möglichkeit, frühzeitig auf rechtliche Modifikationen reagieren zu können.
Die Einflußmöglichkeiten Dinkelbachs kamen noch nicht zum Tragen, als die Kapitalgesellschaften mit dem Gesetz über die Bildung eines Anleihestocks bei Kapitalgesellschaften konfrontiert wurden. Das Gesetz schrieb vor, daß die - über den vom Gesetzgeber später noch erweiterten Zeitraum vom 1.10.1933 bis 31.12.1934 - ausgeschütteten Gewinne in einem Anleihestock anzulegen waren. Dies galt, soweit der Gewinn im Verhältnis zum eingezahlten Kapital höher war, als der ausgeschüttete Gewinn des Vorjahres und 6 % des eingezahlten Kapitals überstieg.[33] Aus dem Anleihestock waren Anleihen des Reichs, der Länder und Gemeinden zu bedienen und mit Erlaß des Gesetzes über die Gewinnverteilung bei Kapitalgesellschaften vom 04.12.1934[34] der deutschen Golddiskontbank zu überweisen. Für die VSt konnte diese Regelung im Hinblick auf die nicht gemeinnützige Westdeutsche W. von Interesse werden, sofern eine entsprechende Gewinnausschüttung vorlag. Bei den drei gemeinnützigen Wohnungsgesellschaften jedoch, die mit 94 % den weitaus größeren Anteil am Gesamtbestand gegenüber der Westdeutsche W. hatten, blieb eine über das Kapitalstockgesetz abzuschöpfende Gewinnausschüttung grundsätzlich außer Reichweite.
Es zeigte sich auch hier, daß die nationalsozialistische Gesetzgebung beabsichtigte, Einfluß auf die Entscheidung für eine Gesellschaftsform auszuüben, indem der Nutzen der Kapitalgesellschaften begrenzt werden sollte und deren Gewinne für Zwecke der allgemeinen Wirtschafts- und Kreditpolitik nutzbar gemacht werden sollten. Für die Gesellschafter handelte es sich nach *Voß* um „ein Zwangssparen und für das Reich um eine Kreditschöpfung“.[35]

Dessen ungeachtet hatten sich auch neben der politischen Entwicklung bei der Rechtsformwahl zu berücksichtigende gesellschaftsrechtliche Problemfälle ergeben.
So bereitete zunächst der Erwerb eigener Aktien durch die AG insoweit Schwierigkeiten, als daß die Gesellschaft nicht zugleich als eine von den Aktionären zu unterscheidende Rechtspersönlichkeit und als ihr eigener Aktionär erscheinen sollte.[36] Noch 1931 waren viele Aktiengesellschaften zusammengebrochen, nachdem sie aus Prestigegründen an der Börse ihre Aktien aufgekauft hatten. Die Finanzkraft vieler Unter-

---

[32] Biografisches bei Schubert/ Schmid/ Regge, Bd. I., S. LII; Würdigung der Beratungen bei Stupp, S. 84 ff..
[33] RGBl. 1934 I S. 295.
[34] Sog. „Anleihestockgesetz" vom 04.12.1934, RGBl. 1934 I S. 1222.
[35] Voß, S. 114 f..
[36] Nürnberger, Rudolf, Der Erwerb eigener Aktien durch die Aktiengesellschaft, Diss., Jena 1938, S. 2, 20.

nehmen war der absteigenden Konjunktur zu der Zeit nicht gewachsen. Da die Kurse weiter gefallen waren, war eine Entwertung der angekauften Aktien eingetreten und aus dem Ankauf resultierten schwere Verluste. Sofern die Aufkäufe auf Kredit erfolgt waren, hatten die Aktien als Deckung gedient und die Unternehmen bei Entwertung der Aktien zu Nachschüssen gezwungen. Die Problemstellung der „Mitgliedschaft einer Aktiengesellschaft bei sich selbst" umging die VSt jedoch damit, daß die Wohnungsgesellschaften jeweils eine eigene Rechtspersönlichkeit erhielten.
Der mit der VO des Reichspräsidenten über Aktienrecht, Bankenaufsicht und über eine Steueramnestie vom 19.09.1931 neu gefaßte § 226 Abs. 4 HGB betraf nun Gesellschaften, die unter dem beherrschenden Einfluß einer Aktiengesellschaft standen. Die Vorschrift regelte das Verbot des Erwerbs von Aktien der beherrschenden Gesellschaft und nicht den Erwerb durch die beherrschende Gesellschaft.[37] Nicht die Wohnungsgesellschaften erwarben indessen Aktien der VSt, sondern umgekehrt.

Eine weitere Problematik ergab sich aus der Stimmrechtsausübung bei der AG durch die Banken aufgrund besonderer oder allgemeiner Ermächtigung. Dabei handelte es sich um das materielle aktienrechtliche Problem, daß die Machtverhältnisse innerhalb der Generalversammlung durch das Bankenstimmrecht besonders ausgestaltet wurden. Es bestand die Gefahr, daß an die Stelle der vom Gesetz gewollten demokratischen Verfassung der Aktiengesellschaft die Herrschaft von Banken trat.[38] Das grundsätzliche aktienrechtliche Problem des durch die Legitimationsübertragung bewirkten Bankeneinflusses lag bei der VSt im Hinblick auf die eigene Aktionärsstruktur insofern vor, als daß 1926 20 Mio. RM an VSt-Aktien zum Börsenhandel und weitere zehn Mio. RM an besonders gute Kunden des Bankenkonsortiums weitergegeben worden waren. Allerdings legte die VSt *Wixforth* zufolge großen Wert auf die Aufrechterhaltung der unternehmerischen Entscheidungsfreiheit bzgl. des Bankenverkehrs und war nicht auf eine Bank fixiert.[39]

Im Hinblick auf die Beteiligungsverhältnisse mußte die VSt zudem keine mißbräuchliche Benutzung der Aktien über einen Stimmkauf fürchten. Das war insofern beachtenswert, als daß seit der Aktienrechtsnovelle 1884 jeder Aktie zwingend ein Stimmrecht beigelegt war, später modifiziert von den Stimmrechtsaktien mit mehrfachem Stimmrecht gem. § 252 HGB.[40] Daraus hatte sich das Problem des Stimmkaufs zum Nachteil von Gesellschaften entwickelt und war gem. § 317 HGB sogar strafbewehrt.

---

[37] Rosenstern, Ernst F., Gegenwartsprobleme des Erwerbs eigener Aktien, Diss., Hamburg 1933, S. 8, 12 ff.; Erster Teil Artikel I Nr. 1 der VO des Reichspräsidenten über Aktienrecht, Bankenaufsicht und über eine Steueramnestie vom 19. September 1931, RGBl. 1931 I S. 493, 759.

[38] Gieseke, Paul, Das Aktienstimmrecht der Banken (Depotaktie und Legitimationsübertragung), Gesellschaftsrechtliche Abhandlungen in Verbindung mit der Vereinigung für Aktienrecht, Berlin 1926, S. 38 ff., vertiefend Lose, Jürgen, Das Bankenstimmrecht, Diss., Hamburg 1962, S. 15.

[39] Wixforth, S. 478, 490, 492; weiter zu Legitimation und Stimmrechtsausübung Humbert, Karl, Die Grenzen der Stimmrechtsausübung in der Generalversammlung der Aktiengesellschaft, Diss., Köln 1935, S. 15.

[40] Wülfing, Walter, Die Stimmrechtsaktie und ihre Reform, Diss., Kiel 1931, S. 13 und 17; Weidenbaum, Paul, Unternehmer- und Minderheits-Aktionäre, Stellung und Entwicklungsmöglichkeiten auf Grund des geltenden Gesetzes, dargelegt an einigen rechtlichen Fragen, Diss., Frankfurt/ M. 1932, S. 9, 12, 16 ff.; Rosenbaum, Alexander, Der Stimmkauf im Aktienrecht, Diss., Jena 1933, S. 9 ff. .

Die Kontrolle des Aktienkapitals hatte für die VSt zur Folge, daß von vornherein keine Forderungen gegen andere Aktionäre vorliegen konnten, die z. B. den auf eine Aktie eingeforderten Betrag nicht rechtzeitig zahlten. Klage und Zwangsvollstreckung zur Zahlung des Betrags, der Verzinsung, dem Ersatz weiterer Schäden und der Zahlung einer Vertragsstrafe gem. § 218 Abs. 2 HGB und der damit zusammenhängende Verwaltungsaufwand fielen daher von vornherein ebensowenig an wie die Anstrengung eines Kaduzierungsverfahrens.[41]

Die Abwägung des Sachverhalts führte nach vielfachen Beratungen zur Wahl der Aktiengesellschaft als Rechtsform, verbunden mit der Möglichkeit, bei einer Betriebsaufteilung rechtliche Vorteile der AG gem. der Vierten VO des Reichspräsidenten zur Sicherung von Wirtschaft und Finanzen in Anspruch nehmen zu können.[42]
Die Vorteile der Rechtsform der AG überwogen vor allem im Hinblick auf die Möglichkeit der Kapitalbeschaffung. Um den Stellenwert der Kapitalbeschaffung einordnen zu können, war zu beachten, daß die im Wohnungsbau erforderliche feste Kapitalgrundlage grundsätzlich eine höhere Kreditsicherheit gewährleistete. Die aufgrund der beschränkten Haftung zunächst als mangelhaft angenommene Kreditsicherheit der GmbH war zwar in der Wohnungswirtschaft gestiegen, seitdem die Wohnungsunternehmen der Revision durch den zuständigen Prüfverband unterworfen waren. Dennoch bot die Rechtsform der GmbH gegenüber der AG eine geringere Kreditwürdigkeit, da diese ihrerseits ein Reflex der Haftungsbeschränkung der Gesellschafter war.[43] Der Zugang zum organisierten Kapitalmarkt war über die AG einfacher. So konnte die VSt davon ausgehen, daß sich auch zukünftig mit einer Rechtsform eine umso höhere Kreditwürdigkeit verband, je unbeschränkter die Haftung war.

Das reformierte Aktienrecht mit dem Aktiengesetz vom 30.01.1937 rechtfertigte dann das Gründungsvertrauen in die Rechtsform der AG und in die Kontinuität der mit ihr zusammenhängenden Vorteile, denn das Reformgesetz wies keine Tendenzen nationalsozialistischer Indoktrination auf und entsprach nicht den ursprünglich 1933 vertretenen Auffassungen einer „nationalsozialistischen Durchdringung". Vielmehr war das Gesetz eine „systemindifferente Reform", die als Beleg mangelnder politischer Durchdringung des Wirtschaftsrechts angesehen werden kann.[44]
So griff *Lose* zu weit, als er in der Leitung der AG „zum Nutzen von Volk und Reich" eine „Entrechtung des Aktionärs" über eine rein nationalsozialistische aktienrechtliche Zielsetzung erkannte. Daß der Vorstand auch nach der Reform in seiner Geschäftsfüh-

---

[41] Verfahren zur Bewirkung des Verlustes der Anteilsrechte nach Aufforderung des Aktionärs zur Leistung von Zahlungsrückständen und deren Bekanntmachung gem. § 219 HGB.
[42] Aktenvermerk von Linz zu der Besprechung mit Dinkelbach, Rabes, Fusban, Späing und Schilling am 11.05.1933, VA GA/ 12.05.1933.
[43] Mattenklodt, S. 7; Küster, Entstehungsgründe, S. 211 Fn. 3; kritisch dazu, auf die Kreditbasis verweisend, Beuck, S. 70; Sicherheiten beachtend Dörner, Bernhard M., Rechtsform nach Maß, Freiburg 1994 Rdnr. 383.
[44] Bähr, in: Abelshauser/ Hesse/ Plumpe, S. 69 m.w.N.; Schulte, Heinz, Der Vorstand nach neuem Aktienrecht, Diss., Köln 1939, S. 14 ff.; Jung, Wilhelm, Die Stellung des Vorstandes im neuen Aktienrecht, Diss., Breslau 1939, S. 12; zu Geschäftsführungsmaßnahmen des Aufsichtsrats § 95 Abs. 5 S. 1 AktG.

rungsbefugnis eingeschränkt werden konnte, hatte bereits *Utendörfer* nachgewiesen.[45] Dementsprechend sahen auch die Satzungen der Wohnungsgesellschaften in § 12 die Zustimmungsbedürftigkeit der Tätigkeit des Vorstands in Fragen des Erwerbs/ der Veräußerung von Grundstücken und Anlagen sowie bei Unternehmensbeteiligungen, langfristig verpflichtenden Verträgen, Anstellung von Angestellten in gehobener Stellung, Erteilung von Generalvollmachten und Prokuren, Aufnahme von Anleihen und der Errichtung/ Auflösung von Zweigniederlassungen vor. Die Satzungen spiegelten so in ihrer Funktion als festgelegte Ausdrucksform des Aktionärswillens die im rechtlichen Rahmen mögliche Einflußnahme der VSt wider und zeigten auf, daß von einer Entrechtung keine Rede sein konnte.

Insgesamt erwies sich somit auch in rechtspolitischer Hinsicht die Entscheidung zugunsten der Rechtsform der Aktiengesellschaft vornehmlich im Hinblick auf den von Dinkelbach angestrebten Einsatz der Grundstücke als Finanzierungsinstrumente für die VSt als richtig.

2. Aufbau der Organisation

a) Stellen und Instanzen

Im Rahmen der Aufbauorganisation führte die Gründung der Wohnungsgesellschaften zu den von der Rechtsform der AG beeinflußten Organisationseinheiten.

Die Organisationseinheiten der Verwaltungsstellen und Bezirke der Wohnungsgesellschaften wurden nach ihrer betrieblichen Funktion einer Geschäftsleitung untergeordnet, die einem Vorstand verantwortlich war.

Damit erhielten die Wohnungsgesellschaften eine eindimensionale Organisationsstruktur, deren Ordnung betrieblicher Funktionen als Funktionalorganisation aufgebaut war. Die Funktionalorganisation bot grundsätzlich die Voraussetzungen für Kosteneinsparungen durch ein hohes Maß an verrichtungsorientierter Arbeitsteilung bei gleichzeitiger fachlicher Spezialisierung.[46] Zu beachten war, daß die Führung der Funktionsbereiche durch direkte Anweisungen seitens der Geschäftsleitung hinsichtlich der Aufgabenvariabilität, -heterogenität und -häufigkeit überschaubar bleiben mußte.

Da also jede Stelle im Unternehmen von einer übergeordneten Stelle mit Leitungsaufgaben - einer Instanz - Weisungen erhalten konnte, war das Leitungssystem der Wohnungsgesellschaften auch nach dem Prinzip der Einheit der Auftragserteilung organisiert. Besonders kennzeichnend war für die Organisation, daß die gemeinsame Leitung der vier Gesellschaften von einem einzigen, jeweils aus denselben Mitgliedern bestehenden Vorstand mit zentraler Verwaltungsspitze ausging.

---

[45] Satzungen TKA VSt/ 1237, BBA 55/ 1729; Lose, S. 34; Utendörfer, Wolfgang, Die Möglichkeiten der Beschränkung der Geschäftsführungsbefugnis des Vorstandes im neuen Aktienrecht, Diss., Köln 1941, S. 19 f. .

[46] Picot/ Dietl/ Franck, S. 212; Sczech, Johannes, Zur vergleichenden Beurteilung von Organisationsstrukturen, Diss., Bonn 1989, S. 9, 45 f.; Dahrendorf, S. 18; funktionale Organisation betrieblichen Immobilienmanagements vertiefend Pierschke, Barbara, Die organisatorische Gestaltung des betrieblichen Immobilienmanagements, Schriften zur Immobilienökonomie, European Business School (ebs), Band 14, Köln 2001, S. 156 ff. .

Abb. 5: Organisationsstruktur der Wohnungsgesellschaften; 1933/ 35

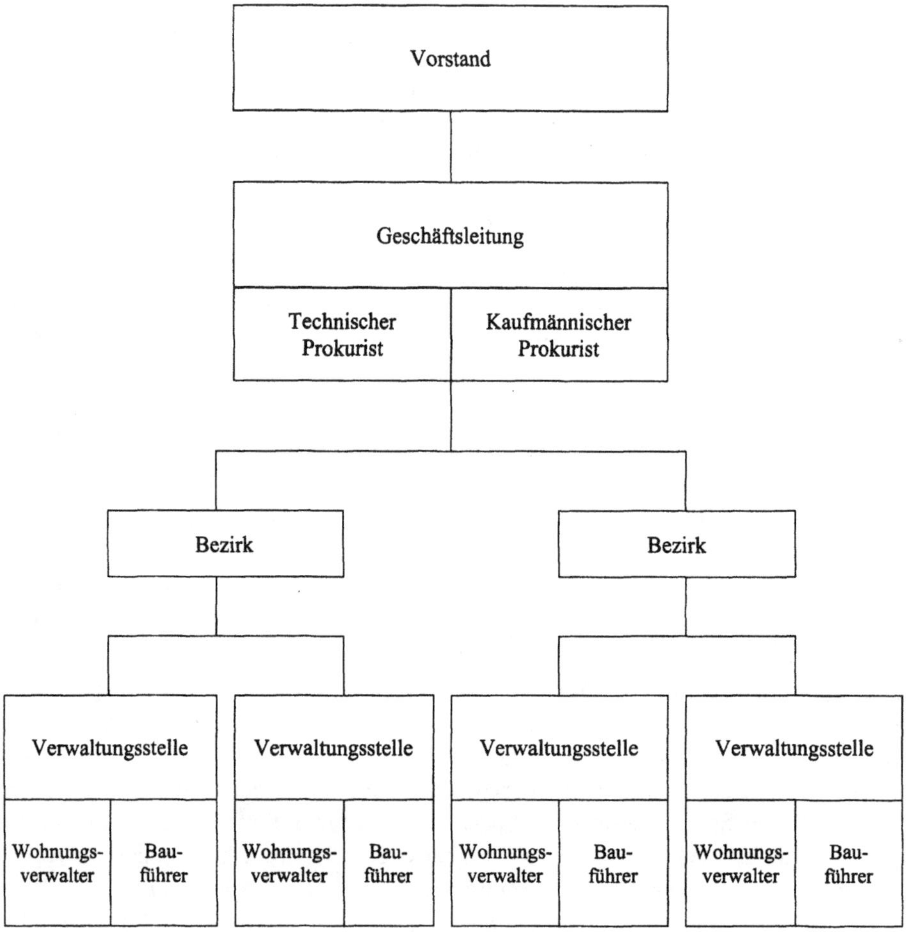

Quelle: Zusammenstellung nach Organisationsbericht vom 01.07.1935, TKA VSt/ 2009.

Dem Vorstand unterstand für jede gemeinnützige Wohnungsgesellschaft eine Geschäftsleitung, die sowohl von einem technischen als auch von einem kaufmännischen Prokuristen wahrgenommen wurde. Die Wohnhäuser der Westdeutsche W. wurden vor Ort von derjenigen gemeinnützigen Gesellschaft mitbetreut, in deren Gebiet das jeweilige Gebäude lag. In diesem Fall verantwortete der Vorstand die Geschäftsführung und integrierte die Westdeutsche W. so in das Leitungssystem.

Abb. 6: Organisation von Geschäftsleitungen, Bezirken und Verwaltungsstellen; 1933/ 35

Vorstand
- Essen -

Rheinische W.
Westdeutsche W.
- Duisburg-Hamborn -

Wohnungsverwaltung Instandhaltung	Einkauf Rechnungswesen

Bezirk	Verwaltungsstelle
I Dinslaken	20 Wesel 21 Lohberg 22 Dinslaken 23 Wehofen
II Hamborn	24 Schacht 2/5 25 Schacht 2/5 26 Hamborn Schacht 1/6 27 Hamborn Schacht 4/8 28 Josefskolonie
III Bruckhausen	29 Marxloh 30 Bruckhausen 31 Ostacker 32 Beeck 33 Beeckerwerth
IV Ruhrort	34 Hüttenbetrieb 35 Ruhrort/ Meiderich 36 Ruhrort/ Laar 37 Hochfeld
V Essen	39 Mülheim-Papenbusch 40 Mülheim 41 Düsseldorf 42 Köln 43 Engers 44 Wirges

Rheinisch Westfälische W.
Westdeutsche W.
- Gelsenkirchen -

Wohnungsverwaltung Instandhaltung	Einkauf Rechnungswesen

Bezirk	Verwaltungsstelle
I Gelsenkirchen	49 Essen 50 Holland 51 Rheinelbe 52 Bulmke (Schalke) 53 Hüllen (Schalke) 54 Pluto
II Nordstern	55 Graf Moltke 56 Nordstern
III Zollverein	57 Zollverein Nord 58 Zollverein Süd 59 Bonifacius
IV Bochum-West	60 Bochum West 61 Bochum Stadt 62 Weitmar 63 Henrichshütte
V Bochum-Ost	64 Friedl. Nachbar 65 Karl Friedrich 66 Prinzregent 67 Dannenbaum 68 Langendreer 69 Witten-Annen

Westfälische W.
Westdeutsche W.
- Dortmund -

Wohnungsverwaltung Instandhaltung	Einkauf Rechnungswesen

Bezirk	Verwaltungsstelle
I Marten	70 Erin-Teutoburgia 71 Germania 72 Zollern
II Mengede	73 Hansemann 74 Hansa-Westhausen
III Dortmund	75 M. Stein. - F. Hardenberg 76 Tremonia - Dtd. Union
IV Barop	77 Hoerder Verein 78 Holstein 79 Barop
V Sauerland	80 Nachrodt 80 Hüsten 80 Hohenlimburg 80 Altena
VI Siegerland	85 Siegen 86 Wissen
VII Essen	87 Hamm 88 Emden 89 Verschiedene

Quelle: Zusammenstellung nach Organisationsbericht vom 01.07.1935, TKA VSt/ 2009.

Der Geschäftsleitung waren mehrere Bezirksleiter verpflichtet, die einen jeweils nach geografischen Gesichtspunkten gebildeten Bezirk der gemeinnützigen Wohnungsgesellschaft betreuten. Jeder Bezirk umfaßte dann mehrere geografisch zusammenhängende Verwaltungsstellen, die vor Ort über einen Bauführer und einen Wohnungsverwalter die laufende Aufsicht über die Häuser ausübten.
Damit wies die Funktionalorganisation der Wohnungsgesellschaften ein Einliniensystem auf, das grundsätzlich Auftragswege und Kompetenzen klar definierte, eindeutige Unter- und Überstellungsverhältnisse sowie einheitliche Kommunikations- und Berichtswege definierte. Nach der Charakterisierung *Fayols* führte über das Einliniensystem von einer vorgelagerten Instanz nur eine Anweisungslinie zu jeder nachgeordneten Stelle und umgekehrt.[47]

Auf die Wohnungsgesellschaften bezogen verband sich hiermit einerseits der Nachteil einer unzureichenden Eigenständigkeit, Spezialisierung und Vernetzung, so daß sich ein Mangel in der Entscheidungsqualität bei den Mitarbeitern ergeben konnte. Das konnte zur Folge haben, daß zu viele Vorgänge von den beauftragten Stellen an die übergeordnete Instanz weitergegeben wurden und zur Überlastung der drei Geschäftsleitungen sowie des Vorstands in Essen führen konnten. Zudem bestand die Möglichkeit, daß infolge der funktionalen Struktur ein überhöhtes hierarchisches Denken mit der Folge eines ausgeprägten Ressortegoismus entstand. Schließlich war auch als Nachteil der funktionalen Organisationsstruktur zu beachten, daß die Zurechnung von Umsatzerlösen auf einzelne Funktionsbereiche nicht unmittelbar möglich war und unternehmerisches Denken unterhalb der Leitungsebene so nicht gefördert wurde.
Andererseits aber wohnte der funktionalen Organisationsstruktur mit der Festlegung der Wohnungsgesellschaften auf die Kernbereiche „Bewirtschaftung“ und „Erstellung von Wohnhäusern“[48] der große Vorteil inne, daß die Nutzung von Größen- und Spezialisierungsvorteilen, Fixkostendegression und Losgrößenvorteilen die Bearbeitung gleichartiger Objekte ohne Umrüstung des Arbeitsträgers ermöglichte.

Die für eine horizontale Kooperation erforderliche gleichartige Betätigung lag bei den Wohnungsunternehmen über die formulierten Kernaufgabengebiete gleichermaßen vor. Da sich die Prokura jeder Gesellschaft auf technische und kaufmännische Belange verteilte, war eine arbeitsteilige Zusammenarbeit erforderlich, die die Leistungsbereiche wohnungswirtschaftlicher Betätigung abdeckte und gemessen am Aufwand der Akteure eine Kostenoptimierung anhand ausreichender Spezialisierung ermöglichte.[49]

---

[47] Administrativer Ansatz von Fayol, Henri, Administration Industrielle et Générale (Bulletin de la Société de l' industrie minérale, 1916, 3) (dt. 1929) bei: Picot/ Dietl/ Franck, S. 173.
[48] § 2 der Satzungen der Wohnungsgesellschaften, TKA VSt 1237, BBA 55/ 1729.
[49] Jenkis, Größe und Größenstruktur gemeinnütziger Wohnungsunternehmen, S. 18 f., 32 ff.; Horster, R., Möglichkeiten der Kooperation für gemeinnützige Wohnungsunternehmen, in: Gesamtverband gemeinnütziger Wohnungsunternehmen, Gemeinnützige Wohnungsunternehmen im Wettbewerb, Allgemeiner Bauvereinstag Hannover 1967, 12./ 13. Oktober, Köln 1967, S. 107-115, hier S. 110.

b) Vorstand

Der Vorstand hatte den Satzungen der Wohnungsgesellschaften entsprechend aus mindestens zwei Mitgliedern zu bestehen, die der Aufsichtsrat ernannte.

Die beiden bisherigen Mitarbeiter der VSt, Hans Fusban und Walter Forstmann, bildeten in Personalunion den Vorstand aller vier Wohnungsunternehmen seit deren Gründung, unterstützt von zwei Prokuristen der Zentralverwaltung, die mit zehn Angestellten so klein wie möglich gehalten werden sollte.[50] Fusban als ordentliches und Forstmann als zunächst stellvertretendes Vorstandsmitglied der Wohnungsgesellschaften waren der VSt über ihren Arbeitsplatz bereits seit mehreren Jahren verbunden.

Fusban war nach dem Studium der Rechtswissenschaften, der Promotion und der Zulassung zur Rechtsanwaltschaft 1926 als Vorstandsmitglied in die GBAG eingetreten. Er wurde Direktor und Vorstandsmitglied der VSt und vertrat deren Interessen als Mitglied der Industrie- und Handelskammer zu Bochum. Ähnlich wie Dinkelbach im Ausschuß für Aktienrecht nahm Fusban auf den Steuer- und Rechtsausschuß des Deutschen Industrie- und Handelstages als dessen Mitglied Einfluß und vertrat ab 1933 den Vorstand. Nachdem er Rabes und dieser dann Vögler von der Zweckmäßigkeit eines Juristen bei der Organisation und Verwaltung von Grundstücken überzeugt hatte, stand Fusban ab 01.07.1933 an der Spitze der Wohnungsgesellschaften. Darüber hinaus nahm Fusban als Aufsichtsratsmitglied und -vorsitzender Einblick in die Geschäftstätigkeit der Ruhrwohnungsbau AG.[51]

Forstmann hingegen war ursprünglich kaiserlicher Marineoffizier und hatte während seiner Abkommandierung zur Marineakademie 1913/ 14 Volkswirtschaftslehre studiert. Er war im I. Weltkrieg U-Boot-Kommandant (u. a. Vorgesetzter von Karl Dönitz, der unter Forstmann Erfahrungen im U-Bootkrieg sammelte), ab Dezember 1917 Chef der III. U-Flotille in Wilhelmshaven und in Verbindung mit der Versenkung von 149 Schiffen neben anderen Auszeichnungen Träger des Ordens „Pour le Merite“.
Forstmann befaßte sich nach dem Ersten Weltkrieg mit der Wohnungswirtschaft, ausgewiesen durch seine Promotion zu den Wohnverhältnissen der Hamborner Berg- und Hüttenarbeiter.[52] Forstmann konnte dafür direkt vor Ort forschen, denn er war 1920 bereits Leiter der Abteilung Wohnungsverwaltung, der Wirtschafts- und Wohlfahrtsbetriebe, des Fuhr- und Autobetriebs sowie der Werksfeuerwehr der ATH geworden.

[50] § 10 Satzungen gemeinnütziger Wohnungsunternehmen; §§ 8, 9 Satzung Westdeutsche W., BBA 55/ 1729; VA GB/ 1-A-3/ 1933; VA GB/ 2-A-3a/ 1933; VA GB/ 3-A-3/ 1933; VA GB/ 4-A-3/ 1933. Nach A. Vögler war Betriebsführung „keine Wissenschaft“, sondern „erst das Zusammenfassen der einzelnen Funktionen zur gesamten Betriebsführung“ hielt er für eine Kunst, Vögler, Albert, Die Organisation der Wirtschaft, Flugschriften der Deutschen Volkspartei, II., Abgeordneter Vögler zum Betriebsrätegesetz, Wortlaut der Rede vom 14. Januar nach dem stenographischen Bericht der Nationalversammlung, Berlin 1920, S. 12.

[51] Volz, S. 513; Ruhrwohnungsbau, 25 Jahre, S. 13; TKA PA/ Forstmann.

[52] Forstmann, Walter, Die Wohnungsfrage der Nachkriegszeit mit besonderer Berücksichtigung der Wohnungs- und Siedlungsverhältnisse der Hamborner Berg- und Hüttenarbeiter, Ein Beitrag zur Neubelebung der Bautätigkeit, Würzburg 1923.

Nachdem er 1922 Prokura erhalten hatte und 1924 zum Betriebsdirektor ernannt worden war, wurde Forstmann 1926 auch Leiter der Wohnungsverwaltung und Wirtschaftsbetriebe der GBAG, Bergbaugruppe Hamborn. Im Jahr 1933 trat er als stellvertretendes Vorstandsmitglied in den Vorstand der Wohnungsgesellschaften ein und 1938 erfolgte seine Bestellung zum ordentlichen Vorstandsmitglied.[53]
Forstmann veröffentlichte neben seinen 1918 und 1933 erschienenen Kriegserlebnissen mit U39 wohnungswirtschaftliche Abhandlungen und wurde nach dem Zweiten Weltkrieg als "Siedlervater“ im Ruhrgebiet bezeichnet, auf dessen Anregung 3.500 Kleinsiedlerstellen und 30 Pestalozzi-Dörfer für 4.500 revierfremde Berglehrlinge entstanden. Forstmann engagierte sich zudem stark bei Jugendlichen für Wohnkultur und hielt vor 14.000 gewerblichen Berufsschülern sowie Berglehrlingen entsprechende Vorträge.[54]

In geografischer Hinsicht erfolgte die Einrichtung des Vorstands mit einer Zentral-Verwaltungsstelle in Essen. Angesichts der Geschäftsleitungen der Wohnungsgesellschaften in Duisburg-Hamborn, Gelsenkirchen und Dortmund erschien jedoch die Errichtung der Zentralverwaltung an einem dieser Standorte naheliegender.
Dementsprechend war den Mitarbeitern die Wahl Essens nicht einfach vermittelbar. Ein intern in Rede stehender Gegenvorschlag wollte Gelsenkirchen als „Oberleitung“ festlegen. Dafür sollten die hohe Wohnungszahl der Rheinisch Westfälische W. und die verwaltungstechnischen Argumente sprechen, daß sich in Gelsenkirchen neben einer Lochkartenabteilung u. a. mit dem früheren Lohn- und technischen Büro des Schalker Vereins ein geeignetes leerstehendes Bürogebäude befand. Dem entscheidenden Argument für den Standort Essen aber hatten dessen Gegner nichts entgegenzusetzen: Die Abteilung Bergbau stellte den Aufsichtsratsvorsitzenden. Angesichts der vorangegangenen Unstimmigkeiten bei den Gründungsverhandlungen der Wohnungsgesellschaften mit dem Zugeständnis des Aufsichtsratsvorsitzes für die Abt. Bergbau und zwecks Gewährleistung einer engen geografischen Verbindung zum Aufsichtsratsvorsitzenden sollte sich die Oberleitung an dessen Standort niederlassen.[55] Standort der Abt. Bergbau war Essen. Folglich war Essen die gebotene Wahl.

In Essen waren die Wohnungsgesellschaften jeweils durch die zwei Mitglieder des Vorstands oder durch ein Mitglied des Vorstands gemeinschaftlich mit einem Prokuristen vertreten. Walter Forstmann stand als zunächst stellvertretendes Mitglied des Vorstands dem ordentlichen Mitglied Hans Fusban in der Vertretungsbefugnis gem. §§ 9 bzw. 10 Abs. 2 der Satzungen gleich. Zudem konnten auch die Erklärungen von zwei Prokuristen eine Wohnungsgesellschaft verpflichten. Dementsprechend hatten

[53] TKA NSt/ 243; TKA NDI/ 29; Sammlungsgut weiterführend zu Fusban TKA FWH/ 459.
[54] Forstmann, Walter, Erfahrungen mit der Bildung von „Wohngemeinschaften“ im Rheinisch-Westfälischen Industriegebiet, in: *derselbe*, Wohnkultur und Städtebau, Die gesellschaftspolitische Aufgabe der Weckung des Gemeinschaftsbewußtseins und ihre Bedeutung für Städtebau und Wohnkultur, Köln 1962, S. 24-33, hier S. 25.
[55] Aktenvermerk von Petzold/ Mesmann (nicht zur Weitergabe) für Dinkelbach betr. Sitz der Oberleitung der Wohnungsgesellschaften anläßlich einer Besprechung bei Fusban am 29.06.1933, VA GA/ 30.06.1933.

die Prokuristen ihrer Namensunterschrift gem. §§ 9 bzw. 10 Abs. 5 der Satzungen einen das Prokuraverhältnis kennzeichnenden Zusatz hinzuzufügen.
Als Führungsprinzipien im Vorstand kamen das Kollegial- sowie das Direktorialprinzip in Betracht. Das Kollegialprinzip kennzeichnete, daß die Verantwortung auf alle Mitglieder der Leitung gleichrangig verteilt wurde und Beschlüsse gemeinsam gefaßt wurden. Als zweckmäßig galt für diese Organisationsform, daß regelmäßige Sitzungen stattfanden und eine gemeinsame Bearbeitung der Eingangspost wirksames Mittel der Zusammenarbeit war. Die reine Form des Kollegialprinzips war im Regelfall nur dann zu finden, wenn sich die Leitung aus nicht mehr als zwei oder drei Persönlichkeiten zusammensetzte. Bei notwendigem, alleinigem Handeln war die Zustimmung nachträglich einzuholen.
Das Direktorialprinzip war insbesondere dadurch gekennzeichnet, daß das zum Vorsitzenden bestimmte Mitglied seine Stimme gegen die Stimme der anderen Leitungsmitglieder durchsetzen konnte. Das schloß jedoch deren Mitverantwortung nicht aus, da sie gegenteilige Auffassungen darlegen und gegebenenfalls dem Aufsichtsorgan zur Kenntnis bringen konnten. So bestand beim Direktorialprinzip im Außenverhältnis eine gemeinsame Verantwortung z. B. über eine Gesamthandshaftung, während im Innenverhältnis die Stimme des Vorsitzenden ausschlaggebend war.[56]
Die Vorstandslösung mit Fusban und Forstmann wurde neben einem erhöhten Arbeitsanfall durch die Notwendigkeit veranlaßt, Leitungsaufgaben nach fachlichen Kriterien aufzuteilen. Dies begann regelmäßig bereits morgens mit der Sichtung der Briefpost und den daran anschließenden Lagebesprechungen mit zwei Prokuristen der Leitungen. Ein Angestellter nahm zwecks Herstellung von Fernverbindungen und für die Herbeischaffung von Akten ebenso an diesen Sitzungen teil. Ab 01. Januar 1936 waren die Besprechungen fester Geschäftsführungsgegenstand und nun auch Teil der Geschäftsordnung.[57]
Fusban und Forstmann bildeten damit als die obersten Wissensarbeiter der Gesellschaften das „Kognitariat", das seine Produktionsmittel Wissen, Information und Einschätzung in seine aus den Informations- und Kommunikationsbeziehungen hervorgehenden Entscheidungen einband und mit „Mitteln der Führungsorganisation" über Informationsaustausch, Problemdiskussion und Entscheidungsfällung eine „sachgerechte Aufgabenerfüllung bei Förderung der sozialen Beziehungen zwischen den Organisationsmitgliedern" anstrebte.[58] Da sich der unternehmerische Einfluß nicht auf einen Entscheidungträger allein beschränkte, war das Bestreben erkennbar, die Kontinuität im Unternehmen auch beim Ausfall einer Person mit Leitungsfunktion sicherzustellen.

---

[56] Arbeitskreis Dr. Krähe der Schmalenbach-Gesellschaft (Verf.), Leitungsorganisation, Die Organisation der Unternehmungsleitung, Köln und Opladen 1958, S. 21 f., 26, 28.
[57] VA VS/ I, Bl. 2, 14, 104.
[58] Willke, Helmut, Organisierte Wissensarbeit, in: ZfS 1998, Heft 3, S. 161-177, hier S. 161 f.; Vossbein, Reinhard, Führungsstile, Führungsverhalten, Führungsinstrumente in deutschen Unternehmen, Eine Studie, Essen 1973, S. 30; Schertler, Walter, Unternehmensorganisation, Lehrbuch der Organisation und strategischen Unternehmensführung, 7. Auflage, München Wien 1998, S. 47; Arbeitskreis Schmalenbach-Gesellschaft, S. 20.

Die gegenseitige Kontrolle der Leitungsmitglieder sollte Maßnahmen zum Schaden der Wohnungsgesellschaften minimieren und hatte zur Folge, daß Themen, die das Gesamtinteresse der Wohnungsunternehmen betrafen, einer eingehenden Doppelprüfung unterlagen. Merkmale kooperativer Führung lagen insoweit vor, als daß Forstmann wie Fusban satzungsgemäß vertretungsbefugt und insoweit gleichrangig waren. Einer vollständigen organisatorischen Gleichrangigkeit stand allerdings entgegen, daß Forstmann seine Funktion als zunächst stellvertretendes Vorstandsmitglied zu zeichnen hatte. Gegen eine gleichrangige Betrachtungsweise sprach auch, daß, als Forstmann ordentliches Vorstandsmitglied wurde, die Ernennung Fusbans zum Vorsitzer des Vorstands erfolgte.[59] Damit erhielt die Verantwortung der Position Fusbans gesondertes Gewicht.

Die Personalunion bedeutete in organisatorischer Hinsicht eine Bündelung von Kompetenzen und Verantwortlichkeiten. Fusban und Forstmann waren gemeinsam zeichnungsberechtigt und hatten nicht nur auf alle Informationen und Materialien Zugriff und insofern Verfügungskompetenz, sondern sie hatten auch die erforderliche Entscheidungskompetenz, da sie zwischen Handlungsalternativen wählen und die Geschäftsleitungen kraft ihrer Anordnungskompetenz zu einem konkreten Handeln oder Unterlassen anweisen konnten.[60] Das entsprach zugleich ihrer Führungsverantwortung, sach- und personenbezogene Leitungsaufgaben zu erfüllen.

So gab der Vorstand für jede Gesellschaft die Richtlinien für die Geschäftsführung aus, bearbeitete die Personalien und die Neubauplanung nebst Finanzierung sowie alle Fragen grundsätzlicher Art. Ferner lag die Zusammenfassung des Rechnungswesens der Gesellschaften und die einheitliche Führung durch einen Prokuristen ebenso in seinem Zuständigkeitsbereich wie die Behandlung von zivil- und öffentlich-rechtlichen Fragestellungen durch den zweiten Prokuristen. Weitere Tätigkeiten lagen in der Bilanzaufstellung und deren Auswertung, in der Finanzverwaltung und in der Überwachung und Ausrichtung der nachgeordneten Stellen.[61] Der Austausch gewonnener Erfahrungen konnte zwischen Fusban und Forstmann bezüglich der Innenverhältnisse der Gesellschaften ebenso von Vorteil sein wie ihr gemeinsames Vorgehen nach einheitlichen Richtlinien für Planung und Durchführung von Maßnahmen auf den Gebieten der Bestandsbewirtschaftung und des Neubaus. Letzterer umfaßte insbesondere eine zweckmäßige Aufteilung der für Baumaßnahmen verfügbaren Mittel.

Ferner versprach die Personalunion eine rationelle Arbeitsgestaltung für alle Gesellschaften und nach außen eine geschlossene und dadurch wirksame Vertretung der Gesamtinteressen.[62]

---

[59] VA AR/ 3-A-3/ 01.02.1938, S. 6.

[60] Bericht des Verbandes Rheinischer Wohnungsunternehmen (Baugenossenschaften und -gesellschaften) e.V. über die bei der Rheinisch Westfälische W. vorgenommene gesetzliche Prüfung, VA VRW/ II, S. 5.

[61] Organisationsbericht vom 01.07.1935, S. 7, TKA VSt/ 2009; VA GA/ Anlagen/ Klaas, Abschn. B 3.

[62] Ergänzungs- (Sonder-) Bericht zu den Berichten über die Ergebnisse der Ordnungsprüfungen des Wirtschaftsprüfers Engelmann, Klaas 1949, VA GA/ Anlagen/ Klaas, Abschn. B 4.

Dabei hatten neben den geografischen Zuordnungsargumenten steuerrechtliche Erwägungen zur Einbeziehung der Westdeutsche W. in die Zuständigkeit der gemeinnützigen Gesellschaften und damit auch des Vorstands geführt.
Die VSt konnte nach Rücksprache mit dem Reichsfinanzministerium durch den Abteilungsleiter der Hauptrechtsabteilung, Linz, mit der Westdeutsche W. das erwähnte Organverhältnis bilden. Zwar war die Organgesellschaft im Körperschaftsteuerrecht nach der sog. Zurechnungstheorie auch steuerbar, doch war eine Verrechnung von Gewinnen und Verlusten im Organkreis möglich.[63]

Der Vorstand blieb von 1933 bis 1950 mit den freundschaftlich einander verbundenen Mitgliedern Hans Fusban und Walter Forstmann unverändert besetzt. Das entsprach der allgemein vorherrschenden kontinuierlichen Zusammensetzung der Vorstände in der deutschen Wirtschaft, innerhalb derer auch nach der Machtübernahme durch die Nationalsozialisten bis zum Zweiten Weltkrieg keine „soziale Elitenzirkulation"[64] stattfand. Einschränkend muß für die Wohnungsgesellschaften gesagt werden, daß es sich aufgrund der Kriegsverwendung Forstmanns ab 1940 in Dänemark im Hinblick auf den Vorstandsposten vornehmlich um eine theoretische Funktionsaussage der Geschäftsberichte handelte, denn erst im August 1945 nahm Forstmann als Vorstandsmitglied wieder kontinuierliche Dienstgeschäfte auf.
Da kein weiteres Vorstandsmitglied anläßlich der Abwesenheit Forstmanns ernannt wurde, bedeutete dies in der Praxis für Fusban zeitweilig die alleinige Vertretung der Interessen des Vorstands gegenüber den Aufsichtsräten.[65] Auch wenn damit übergangsweise die tatsächliche Zusammenarbeit unterbrochen war, hatte dies nicht das Ende der Arbeit Forstmanns zur Folge.

Im Ergebnis war es so möglich, daß Fusban und Forstmann den Vorstand von der Gründung der Wohnungsgesellschaft bis zu ihrer gemeinsamen Verabschiedung in den Ruhestand im September 1950 bildeten und damit für eine hohe personelle Führungskontinuität bei den Wohnungsgesellschaften standen.

---

[63] Linz/ Hauptrechtsabteilung mit Eilvermerk an Schilling betr. Personalien der Wohnungsgesellschaften mit Durchdruck an Rabes, VA GA/ 26.05.1933, Fusban, S. 6, TKA VSt/ 1237; Organisationsbericht, S. 6, TKA VSt/ 1237, TKA VSt/ 2009. Die Rechtsprechung entwickelte die körperschaftsteuerliche Organschaft als, so Tipke, „steuerliches Unikum", Tipke, Klaus, Steuerrecht, Ein systematischer Grundriß, 11. Aufl., Köln 1987, S. 356; Asseyer, Zweifelsfragen auf dem Gebiet der Körperschaftsteuer, in: Reinhardt, Fritz (Hrsg.), Passauer Vorträge, Teil II, Körperschaftsteuer, S. 13-35, hier S. 13; Blümich, Walter, Finanzen und Steuern, Bücherei des Steuerrechts, Band 2, 4. Aufl., Berlin Wien 1939, S. 100; Gewinnabführungsvertrag gem. Organschaftsvertrag der VSt mit der Westdeutsche Wohnhäuser, TKA VSt/ 4460; C. II. 7. .

[64] Ziegler, Dieter, Kontinuität und Diskontinuität der deutschen Wirtschaftselite 1900 bis 1938, in: *derselbe* (Hrsg.), Großbürger und Unternehmer, Die deutsche Wirtschaftselite im 20. Jahrhundert, Bürgertum Beiträge zur europäischen Gesellschaftsgeschichte, Band 17, Göttingen 2000, S. 31-53, hier S. 44, 52.

[65] Der Signatur „Forstmann" im Geschäftsbericht 1939/ 40 vom Januar 1941 folgte in dem Geschäftsbericht 1940/ 41 vom Januar 1942, S. 20 „Forstmann z.Zt. bei der Wehrmacht"; ebenso war Fusban in den Aufsichtsratssitzungen ab 1941 regelmäßig alleiniger Vertreter des Vorstands; VA GB/ 1-A-3a/ 1940/41; VA AR/ 3-A-3/ 19.02.1941; VA GB/ 4-A-3/ 1944/45, S. 5.

c) Aufsichtsräte

Mit den Aufsichtsräten und deren Vorsitzenden konnten sich Kräfte in die Geschäftsführung einschalten, die den Wohnungsunternehmen selbst nicht angehörten.[66]

aa) Funktion der Aufsichtsräte

Die Aufsichtsräte hatten die Geschäftsführung der Wohnungsgesellschaften in allen Zweigen der Verwaltung zu überwachen und sich zu diesem Zweck gem. § 246 HGB vom Gang der Angelegenheiten der Gesellschaften zu unterrichten.

Grundsätzlich hatte jedes Aufsichtsratsmitglied der Wohnungsgesellschaften mit der erst 1931 vorgenommenen Ergänzung des § 246 Abs. 1 HGB um Satz 2 eine erhöhte Einflußmöglichkeit auf den Vorstand. Dem Aufsichtsrat war nicht nur jederzeit vom Vorstand über die Geschäftsführung Bericht zu erstatten. Auf Verlangen des Aufsichtsrats war nunmehr auch über die Beziehungen zu einer abhängigen Gesellschaft oder einer Konzerngesellschaft zu berichten. Das Recht auf Berichterstattung stand allen Mitgliedern der Aufsichtsräte der Wohnungsgesellschaften zu und war mit der Maßgabe verbunden, daß der Vorstand seiner Berichtspflicht nur gegenüber dem zuständigen Aufsichtsrat nachkam. Die Berichterstattung durfte zur Vermeidung allzu vieler Eingriffsmöglichkeiten allerdings kein übertriebenes Ausmaß annehmen. Die Unternehmensleitung durfte nicht gehemmt, also in ihrer Selbstverantwortung nicht zu stark beeinträchtigt werden.[67]

Gem. § 244a HGB war jedes Mitglied des Aufsichtsrats berechtigt, unter Angabe des Zwecks und der Gründe zu verlangen, daß der Vorsitzende unverzüglich den Aufsichtsrat einberief. Die Aufsichtsratsmitglieder durften nicht zugleich Mitglieder des Vorstands oder dauernd Stellvertreter von Vorstandsmitgliedern sein.

Unter diesen Voraussetzungen hatte der Aufsichtsrat die Aufgabe, die Bücher der Wohnungsgesellschaften einzusehen sowie den Bestand der Gesellschaftskasse und gegebenenfalls Bestände an Wertpapieren und Waren zu untersuchen. Er hatte die Jahresrechnungen, die Bilanzen und die Vorschläge zur Gewinnverteilung zu prüfen.

Die alljährliche Bilanzprüfung sowie die ordentlichen und außerordentlichen Kassenprüfungen waren einem Ausschuß von bis zu drei Mitgliedern übertragen, die der Aufsichtsrat jährlich in einer Aufsichtsratssitzung benannte. In der Sitzung beschloß der Aufsichtsrat im Hinblick auf die Gewinn- und Verlustrechnung, welche Vorschläge der Generalversammlung zu unterbreiten waren. Dabei sollte der Aufsichtsrat die Geschäftsführung auch in beratender Funktion unterstützen.[68]

Daneben war es dem Aufsichtsrat gem. § 247 HGB gestattet, die Wohnungsgesellschaften bei der Vornahme von Rechtsgeschäften mit den Vorstandsmitgliedern zu vertreten und Rechtsstreitigkeiten gegen die Mitglieder des Vorstands zu führen.

---

[66] Geschäftsordnung für den Vorstand der Rheinische W., Rheinisch Westfälische W., Westfälische W., Westdeutsche W. Nr. 1, VA 1-A-3/ 04.02.1935; Arbeitskreis Schmalenbach-Gesellschaft, S. 13.

[67] Arbeitskreis Schmalenbach-Gesellschaft, S. 72 f. .

[68] Geschäftsordnung für den Aufsichtsrat der Westdeutsche W., TKA VSt/ 1257; Hoffmann, Dietrich/ Preu, Peter, Der Aufsichtsrat, Ein Leitfaden für Aufsichtsräte, München 2003 Rdnr. 104; Geschäftsordnung für die Aufsichtsräte der Rheinische W., Rheinisch Westfälische W., Westfälische W., TKA VSt/ 1237.

Die Funktionen des Aufsichtsrats, die sich mit all diesen Aufgaben verbanden, konnten nun zwar grundsätzlich von einer asymmetrischen Informationsverteilung im täglichen Geschäft eingeschränkt werden.[69] Dem wirkte jedoch entgegen, daß alle vier Wohnungsgesellschaften mit Gustav Knepper denselben Aufsichtsratsvorsitzenden und mit Wilhelm Späing denselben Stellvertreter des Vorsitzenden hatten. Dabei gewährleistete Späing als Vorstandsmitglied der VSt eine ebenso enge informatorische Anbindung des Aufsichtsrats an die VSt wie Knepper ab 1942 als stellvertretender Vorsitzender des Aufsichtsrats der VSt.
Eine solche personelle Verknüpfung zwischen den Vorständen der Wohnungsgesellschaften und der VSt war zwar nur kurze Zeit gegeben, da Fusban am 29.11.1933 als Vorstandsmitglied der VSt ausschied, doch fanden die Sitzungen des Aufsichtsrats grundsätzlich unter der Teilnahme mindestens eines Vorstandsmitglieds der Wohnungsgesellschaften statt. [70] Das bewirkte ebenfalls die Verringerung einer asymmetrischen Informationsverteilung und nährte eine einheitliche Unternehmenspolitik.
Insofern machte sich die Erfahrung der VSt aus der Phase der Konzernformierung bemerkbar, als fehlende Aufgabendifferenzierungen und unzureichende Zuständigkeitsabgrenzungen zu der Beschäftigung unterschiedlicher Stellen mit denselben Fragen geführt hatten.

Die Satzungen und Geschäftsordnungen verliehen der Entscheidungsgewalt des Aufsichtsrats starkes Gewicht. Sie sicherten den Aufsichtsrat gegenüber der mit der Aktienrechtsreform verstärkten Stellung des Vorstands ab. So formulierten Satzungen und Geschäftsordnungen das strategische Ziel, dem Vorstand die unternehmensrelevanten Entscheidungen nicht ohne Zustimmung des Aufsichtsrats zu überlassen.[71]
Sowohl die Satzungen als auch die Geschäftsordnungen sorgten für eine enge Anbindung des Vorstands an den Aufsichtsrat und die VSt. So sah § 14 der Satzungen unter Berücksichtigung des § 4 GemVO (Verhinderung des bestimmenden Einflusses von Angehörigen des Baugewerbes auf gemeinnützige Wohnungsunternehmen) vor, daß Rechtsgeschäfte mit Aktionären des Baugewerbes bei Fragen der Ausführung, Verwaltung oder Instandhaltung von Wohnungsbauten eine Dreiviertel-Mehrheit aller stimmberechtigten Mitglieder des Aufsichtsrats benötigten.

Verträge, die den Gesellschaften Verpflichtungen für längere Zeit als zwei Jahre oder Verpflichtungen von mehr als 100.000,-- RM auferlegten, bedurften ebenso der Genehmigung des Aufsichtsrats wie die Erteilung von Generalvollmachten, Prokuren und Handlungsvollmachten. Darüber hinaus hatte der Aufsichtsrat der Wohnungsgesellschaften satzungsgemäß nach § 14 Beschlüsse über die Beteiligungen an Unternehmungen sowie über die Aufnahme von Anleihen und sonstigen langfristigen Darlehen

[69] So für die Hattinger Wohnstättengenossenschaft untersucht von Schanetzky, Tim, Unternehmerische Handlungsspielräume zwischen Wohnungsmarkt und Wohnungspolitik: Die Hattinger Wohnstättengenossenschaft zwischen 1945 und dem Ende der 70er Jahre, Magisterarbeit Bochum 1999, S. 84.
[70] AR-Sitzungsniederschriften 1933-1943, VA AR/ 1-A-3; VA AR/ 2-A-3; VA AR/ 3-A-3; VA AR/ 4-A-3; Reckendrees, Stahltrust, S. 302; Rasch, Findbuch VSt, S. 939.
[71] „Structure follows strategy", unter Zitierung Chandlers dazu Schewe, Gerhard, Strategie und Struktur, Eine Re-Analyse empirischer Befunde und Nicht-Befunde, Tübingen 1998, S. 2 f., 240.

zu fassen, sobald der Betrag der Darlehen 100.000,-- RM erreichte. Der Aufsichtsrat beschloß außerdem über die Anstellung von Beamten und Hilfsarbeitern.[72] Auch bei der Beschaffung von Kraftfahrzeugen mußte der Vorstand die Genehmigung des Vorsitzenden des Aufsichtsrats einholen[73], der dann seinerseits die nach den allgemeinen Einkaufsvorschriften der VSt erforderliche Beschlußfassung herbeizuführen hatte.

Außerdem bestimmte jeweils § 14 Abs. 1 a) der Gesellschaftsverträge i.V.m. Nr. 2 der Geschäftsordnung für den Vorstand sowie § 14 der Satzungen, daß der Aufsichtsrat Beschlüsse fassen mußte über den Erwerb, die Veräußerung und die Verpfändung von Grundstücken und grundstücksgleichen Rechten sowie über die Ausführung von Bauten gleich welcher Art. Dies galt, soweit der Wert des Gegenstands im Einzelfall über 50.000,-- RM lag oder in einem Geschäftsjahr den Gesamtwert von 300.000,-- RM überschritt.[74] Grundsätzlich war dem Aufsichtsrat jede zustimmungspflichtige Veräußerung in seiner nächsten Sitzung bekanntzumachen.

Zustimmungsfreigrenzen, die eine Beschränkung der Zustimmung auf den Aufsichtsratsvorsitzenden bedeuteten, veränderten sich in ihrem Umfang in der weiteren Entwicklung der Gesellschaften. So bestimmte der Erlaß weiterer Satzungsbestimmungen anstelle der ersten Satzung und Geschäftsordnungen für Vorstand und Aufsichtsräte im Zuge der Aktienrechtsreform, daß die Zustimmung des Aufsichtsrats für die Veräußerung von Grundeigentum und Rechten an Grundstücken bei unbebauten Grundstücken bis zu 20.000,-- RM und bei bebautem Grundeigentum bis zu 50.000,-- RM nicht erfor-

Tab. 30: Zustimmungsfreigrenzen des Vorstands gegenüber dem Aufsichtsrat

Handlung	Objekt	Freigrenze
Veräußerung	unbebautes Grundeigentum bebautes Grundeigentum	≤ 20.000,-- RM ≤ 50.000,-- RM
Belastung	Aufsichtsrat - genehmigte Neubauten Aufsichtsrat - ungenehmigte Neubauten	≤ 500.000,-- RM ≤ 10.000,-- RM
Erwerb	Grundstücke und andere Rechte	≤ 50.000,-- RM

Quelle: Zusammenstellung nach Nr. 3 der Geschäftsordnung für den Vorstand der Rheinische W., Rheinisch Westfälische W., Westfälische W., Westdeutsche W. vom 28.08.1939, BBA 55/ 1730.

---

[72] BBA 55/ 1728.

[73] BBA 55/ 1730.

[74] § 14 Abs. 1 a) Satzung Rheinische W., BBA 55/ 1728; unbeschadet dieser Vorschriften reduzierte Nr. 4 der Geschäftsordnungen vom 04.02.1935 bei Neubauten den genehmigungsfreien Betrag für den Vorstand auf 20.000,-- RM, BBA 55/ 1728.

derlich war.[75] Ebenso entbehrlich war die Zustimmung des Aufsichtsrats für solche Belastungen von Grundeigentum, die bei Ausführung der vom Aufsichtsrat bereits genehmigten Neubauten bis zu 500.000,-- RM entstanden. Sofern es sich um eine Belastung in mehreren Abschnitten handelte, erfolgte deren Addition zum Zweck der Ermittlung der Freigrenze. Eine Freigrenze galt bis 10.000,-- RM, wenn die Belastung des Grundeigentums außerhalb dieser Voraussetzungen lag und erhöhte sich auf 50.000,-- RM z. B. für den Erwerb von Grundeigentum.

Besondere Beachtung verdient, daß der Begriff der Freigrenze nicht so verstanden werden durfte, daß der Vorstand bis zu einem bestimmten Betrag in seinen Entscheidungen uneingeschränkt frei war.[76] Unbeschadet der vorstehenden Freigrenzen waren bei allen Veräußerungen die in Betracht kommenden Werke über die Entbehrlichkeit des zu veräußernden Grundstücks zu hören.[77] Im Übrigen waren dem Aufsichtsrat alle Geschäfte zur Genehmigung vorzulegen, die für die Wohnungsgesellschaften von besonderer Bedeutung sein konnten. Dies zeigte ein grundsätzlich hohes Einflußpotential des Aufsichtsrats auf. Zugunsten der Wohnungsgesellschaften folgte aus den Befugnissen des Aufsichtsrats, daß er der Vorgabe, sich mit der beabsichtigten Geschäftspolitik zu befassen, intensiv nachkommen konnte und die Gefahr einer Beeinträchtigung der Kontrollfunktion durch eine Amalgamierung nicht bestand.

bb) Besetzung der Aufsichtsräte

Eine Verfestigung der Anbindung der Wohnungsgesellschaften an die VSt folgte aus der Aufsichtsratsbesetzung. Jeder Aufsichtsrat mußte aus mindestens fünf von der Generalversammlung[78] zu wählenden Mitgliedern bestehen. Die Wahl galt für vier Jahre, so daß die Amtsdauer mit dem Schluß der vierten auf die Wahl folgenden ordentlichen Generalversammlung endete. Sie durfte sich nur auf Personen erstrecken, die aufgrund der gesetzlichen Inkompatibilität von Vorstand und Aufsichtsrat nicht Vorstandsmitglied waren.[79]

Noch Ende Mai 1933 war die Personalie des Aufsichtsratsvorsitzes umstritten.

Die Hauptrechtsabteilung regte an, Späing zum Vorsitzer des Aufsichtsrats zu berufen. Damit sollte bewirkt werden, daß das Reichsfinanzministerium für die Westdeutsche W. sofort eine unmittelbare Anbindung an die VSt erkennen und einem steuerlichen Organverhältnis leichter zustimmen konnte.[80] Angesichts der Schwierigkeiten vor allem

[75] Möhring, Philipp/ Schwartz, Gustav, Satzungsgestaltung nach neuem Aktienrecht, Das deutsche Recht in Einzeldarstellungen, Berlin 1938, S. 6 ff.; BBA 55/ 1730.

[76] Nr. 3 der Geschäftsordnung für den Vorstand der Rheinische W., Rheinisch Westfälische W., Westfälische W., Westdeutsche W., BBA 55/ 1730.

[77] Nr. 3 c) der Geschäftsordnung für den Vorstand, BBA 55/ 1730.

[78] Die Terminologie entsprach der dann ab 1937 gem. § 102 AktG geregelten Hauptversammlung, in der die Aktionäre in den Angelegenheiten der Gesellschaft ihre Rechte ausübten.

[79] Schöler, Helmut, Die Inkompatibilität von Vorstand und Aufsichtsrat bei der Aktiengesellschaft, Diss., Köln 1940, S. 18; § 11 Satzungen RRW; § 10 Satzung Westdeutsche W. .

[80] Linz/ Hauptrechtsabteilung an Schilling und Rabes, VA GA/ 26.05.1933.

mit Gustav Knepper im Hinblick auf die Integration der Bestände der Abt. Bergbau wog jedoch die erwähnte Zusage einer zentralen Stelle im Leitungssystem schwerer. Der Vorsitz in sämtlichen Aufsichtsräten der Wohnungsgesellschaften wurde deshalb wie dargelegt Gustav Knepper übertragen und Wilhelm Späing übernahm den stellvertretenden Aufsichtsratsvorsitz.

Gustav Knepper hatte nach Absolvierung der Bochumer Bergschule und der Arbeit als Reviersteiger und Obersteiger der A.G. Kölner Bergwerksverein, Zeche Carl, 1903 begonnen, als Betriebsführer und Grubeninspektor für Hugo Stinnes zu arbeiten. 1905 hatte Stinnes Knepper 35-jährig zum Leiter aller Kohlengruben von Deutsch-Lux unter Belassung seiner Funktion als Leiter der zur Dortmunder Kohlenbergwerk A.G. gehörenden Zechen berufen. 1909 war Knepper in den Vorstand der Deutsch-Lux aufgerückt und gehörte diesem bis zur Gründung der VSt 1926 an. Knepper wurde Dritter stellvertretender Vorstandsvorsitzender der VSt, leitete zugleich die Hauptabteilung Bergbau in Essen und gehörte mit Vögler, Rabes und Ernst Poensgen zum Vorstandspräsidium der VSt.[81] Knepper übernahm zudem weitreichende Tätigkeiten u. a. als Vorstandsmitglied des Ruhrtalsperren-Vereins, im Verein zur Wahrung der gemeinsamen wirtschaftlichen Interessen in Rheinland und Westfalen, im Hauptausschuß des Reichsverbands der Deutschen Industrie, in der Emschergenossenschaft, beim Essener Bergschulverein, beim Verein zur Bekämpfung der Volkskrankheiten im Ruhrkohlenbezirk, bei der Knappschaftsberufsgenossenschaft sowie beim Siedlungsverband Ruhrkohlenbezirk.[82]

Abb. 7: Aufsichtsratsvorsitz; Geschäftsjahre 1933/34-1944/45

Aufsichtsratsvorsitz	Gesellschaft	1933	33/34	34/35	35/36	36/37	37/38	38/39	39/40	40/41	41/42	42/43	43/44	44/45
Knepper, Gustav	Westfälische W.	■	■	■	■	■	▌							
	Rheinische W.	■	■	■	■	■	■	■	■	■	■			
	Rheinisch Westfälische W.	■	■	■	■	■	■	■	■	■	■			
	Westdeutsche W.	■	■	■	■	■	■	■	■	■	■			
Späing, Wilhelm	Westfälische W.						▐	■	■	■	■			
	Rheinische W.													
	Rheinisch Westfälische W.													
	Westdeutsche W.													
Springorum, Otto	Westfälische W.											■	■	■
	Rheinische W.											■	■	■
	Rheinisch Westfälische W.											■	■	■
	Westdeutsche W.											■	■	■

Quelle: Zusammenstellung nach Geschäfts- und Aufsichtsratsberichten der Wohnungsgesellschaften, 1933-1947, VA GB/ 1-A-3/ 1933/34-1946/47; VA GB/ 2-A-3/1933/34-1946/47; VA GB/ 3-A-3/ 1933/34-1946/47; VA GB/ 4-A-3/ 1933/34-1946/47; VA AR/ 1-A-3/1933/34-1946/47; VA AR/ 2-A-3/ 1933/34-1946/47; VA AR/ 3-A-3/ 1933/34-1946/47; VA AR/ 4-A-3/1933/34-1946/47.

[81] Bacmeister, Knepper, S. 27, 31, 36 ff., 50 ff.; Reckendrees, Stahltrust, S. 204, 299, 304, 527.
[82] Volz, S. 955; TKA VSt/ 4108.

Wilhelm Späing war nach dem Zweiten juristischen Staatsexamen, Promotion und Tätigkeit als Gerichtsassessor 1911 erst Justitiar, dann Prokurist und Vorstandsmitglied der Gewerkschaft Deutscher Kaiser (ATH) geworden, bevor er 1915 gleichzeitig Vorstandsmitglied der Stahlwerke Thyssen AG, Hagendingen, und 1919 Grubenvorstandsmitglied der ATH-Gewerkschaft und der Gewerkschaft Friedrich Thyssen, Lohberg und Rhein 1 wurde. Späing war in der Zeit von 1913 bis 1925 auch politisch als Stadtverordneter der DVP in Düsseldorf aktiv und war wie Knepper Vorstandsmitglied der Emschergenossenschaft. Späing wurde 1926 bei der VSt Vorstandsmitglied, daneben Aufsichtsratsmitglied der Geisweider Eisenwerke, Siegen, und Leiter der Hauptsteuerabteilung der VSt.[83]

Die Abbildungen zum Vorsitz und stellvertretenden Vorsitz in den Aufsichtsräten (Abb. 7 und 8) verdeutlichen, daß Gustav Knepper bis zu seinem Ruhestand 1942 bei fast allen Gesellschaften ununterbrochen Aufsichtsratsvorsitzender war. Lediglich bei der Westfälische W. wurde er 1937 von Späing abgelöst, der seinerseits nahezu durchgehend die Position des stellvertretenden Aufsichtsratsvorsitzenden aller Wohnungsgesellschaften einnahm - abgesehen von dem Zeitraum, in dem er Aufsichtsratsvorsitzender bei der Westfälische W. war. Darüber hinaus entlastete Knepper nach Antritt seines Ruhestands den Aufsichtsratskollegen und übernahm den stellvertretenden Vorsitz bei der Westdeutsche W.. Späing blieb aber auch hier Aufsichtsratsmitglied.

Otto Springorum wurde zunächst nach Kneppers Ausscheiden bei der Westfälische W. stellvertretender Vorsitzender. Er vereinigte dann nach Kneppers ruhestandsbedingtem Rückzug den Aufsichtsratsvorsitz aller Wohnungsgesellschaften auf sich, so daß Späing mit Ausnahme der Westdeutschen W. wieder die stellvertretenden Aufsichtsratsmandate ausübte und damit eine insgesamt einheitliche Führungsverwaltung gewährleistet war.

Abb. 8: Stellvertretender Aufsichtsratsvorsitz; Geschäftsjahre 1933/34-1944/45

Stellvertretender Aufsichtsratsvorsitz	Gesellschaft	1933	33/34	34/35	35/36	36/37	37/38	38/39	39/40	40/41	41/42	42/43	43/44	44/45
Späing, Wilhelm	Westfälische W.	■	■	■	■	■						■	■	■
	Rheinische W.	■	■	■	■	■	■	■	■	■	■	■	■	■
	Rheinisch Westfälische W.	■	■	■	■	■	■	■	■	■	■	■	■	■
	Westdeutsche W.	■	■	■	■	■	■	■	■	■	■			
Springorum, Otto	Westfälische W.						■	■	■	■	■			
	Rheinische W.													
	Rheinisch Westfälische W.													
	Westdeutsche W.													
Knepper, Gustav	Westfälische W.													
	Rheinische W.													
	Rheinisch Westfälische W.													
	Westdeutsche W.											■	■	■

Quelle: Zusammenstellung nach Geschäftsberichten und Aufsichtsratsprotokollen 1933-1947, vgl. Abb. 7.

[83] VA AR/ 2-A-3/ 11.08.1933, S. 1; VA AR/ 3-A-3/ 03.05.1934, S. 2 f.; Volz, S. 1804 f.; Reckendrees, Stahltrust, S. 315; Steinberg, Wohnstätten, S. 22; Verenkotte, S. 558.

Abb. 9: Aufsichtsratsmitglieder; Geschäftsjahre 1933/34-1944/45

Aufsichtsratsmitglied	Gesellschaft	1933	33/34	34/35	35/36	36/37	37/38	38/39	39/40	40/41	41/42	42/43	43/44	44/45
Alberts, Walter	Westfälische W.													
	Rheinische W.													
	Rheinisch Westfälische W.										■	■	■	■
	Westdeutsche W.										■	■	■	■
Bartscherer, Franz	Westfälische W.													
	Rheinische W.	■	■	■	■	■	■	■	■	■	■	■	■	■
	Rheinisch Westfälische W.													
	Westdeutsche W.			■	■	■	■	■	■	■	■	■	■	■
Borbet, Walter	Westfälische W.													
	Rheinische W.													
	Rheinisch Westfälische W.	■	■	■	■	■	■	■	■	■	■			
	Westdeutsche W.			■	■	■	■	■	■	■	■			
Brandi, Ernst	Westfälische W.	■	■	■	■	■								
	Rheinische W.													
	Rheinisch Westfälische W.													
	Westdeutsche W.			■	■	■								
Deleurant, Erich	Westfälische W.			■	■	■	■	■	■	■	■	■	■	■
	Rheinische W.			■	■	■	■	■	■	■	■	■	■	■
	Rheinisch Westfälische W.			■	■	■	■	■	■	■	■	■	■	■
	Westdeutsche W.			■	■	■	■	■	■	■	■	■	■	■
Dinkelbach, Heinrich	Westfälische W.			■	■	■	■	■	■	■	■	■	■	■
	Rheinische W.			■	■	■	■	■	■	■	■	■	■	■
	Rheinisch Westfälische W.			■	■	■	■	■	■	■	■	■	■	■
	Westdeutsche W.			■	■	■	■	■	■	■	■	■	■	■
Dütting, Hans	Westfälische W.													
	Rheinische W.													
	Rheinisch Westfälische W.													■
	Westdeutsche W.													■
Eichler, Hans	Westfälische W.													
	Rheinische W.													
	Rheinisch Westfälische W.			■	■	■	■	■	■	■	■	■	■	■
	Westdeutsche W.	■	■	■	■	■	■	■	■	■	■	■	■	■
Esser, Heinrich	Westfälische W.													
	Rheinische W.	■	■	■	■	■	■	■	■	■	■	■	■	■
	Rheinisch Westfälische W.													
	Westdeutsche W.			■	■	■	■	■	■	■	■	■	■	■
Flaccus, Adalbert	Westfälische W.													
	Rheinische W.													
	Rheinisch Westfälische W.													
	Westdeutsche W.	■	■	■	■	■	■	■	■	■	■	■	■	■
Grosse, Karl	Westfälische W.			■	■	■	■	■	■	■	■	■	■	■
	Rheinische W.													
	Rheinisch Westfälische W.													
	Westdeutsche W.			■	■	■	■	■	■	■	■	■	■	■
Haack, Werner	Westfälische W.													■
	Rheinische W.													
	Rheinisch Westfälische W.													
	Westdeutsche W.													■
Hueck, Adolf	Westfälische W.													
	Rheinische W.	■	■	■	■	■	■	■	■	■	■	■	■	■
	Rheinisch Westfälische W.													
	Westdeutsche W.			■	■	■	■	■	■	■	■	■	■	■
Kauert, Herbert	Westfälische W.			■	■	■	■	■	■	■	■	■	■	■
	Rheinische W.			■	■	■	■	■	■	■	■	■	■	■
	Rheinisch Westfälische W.			■	■	■	■	■	■	■	■	■	■	■
	Westdeutsche W.	■	■	■	■	■	■	■	■	■	■	■	■	■

Aufsichtsratsmitglied	Gesellschaft	1933	33/34	34/35	35/36	36/37	37/38	38/39	39/40	40/41	41/42	42/43	43/44	44/45
Klinkenberg, Adolf	Westfälische W.	■	■	■	■	■	■	■	■	■	■	■	■	■
	Rheinische W.													
	Rheinisch Westfälische W.													
	Westdeutsche W.			■	■	■	■	■	■	■	■	■	■	■
Knepper, Gustav	Westfälische W.	■	■	■	■	■	■							
	Rheinische W.	■	■	■	■	■	■	■	■	■	■			
	Rheinisch Westfälische W.	■	■	■	■	■	■	■	■	■	■			
	Westdeutsche W.	■	■	■	■	■	■	■	■	■	■	■	■	■
Lind, Wilhelm	Westfälische W.													
	Rheinische W.													
	Rheinisch Westfälische W.	■	■	■	■	■	■	■	■	■	■	■	■	■
	Westdeutsche W.			■	■	■	■	■	■	■	■	■	■	■
Linz, Wolfgang	Westfälische W.													
	Rheinische W.													
	Rheinisch Westfälische W.													
	Westdeutsche W.													■
Poensgen, Helmuth	Westfälische W.													
	Rheinische W.			■	■	■	■	■	■	■	■	■	■	■
	Rheinisch Westfälische W.													
	Westdeutsche W.	■	■	■	■	■	■	■	■	■	■	■	■	■
Rabes, Carl	Westfälische W.			■	■									
	Rheinische W.			■	■									
	Rheinisch Westfälische W.			■	■									
	Westdeutsche W.			■	■	■	■	■	■	■	■			
Scheifhacken, Wilhelm	Westfälische W.	■	■	■	■	■	■	■	■	■	■	■	■	■
	Rheinische W.													
	Rheinisch Westfälische W.													
	Westdeutsche W.			■	■	■	■	■	■	■	■	■	■	■
Schulze Buxloh, Friedrich Wilhelm	Westfälische W.													
	Rheinische W.													
	Rheinisch Westfälische W.	■	■	■	■	■	■	■	■	■	■	■	■	■
	Westdeutsche W.			■	■	■	■	■	■	■	■	■	■	■
Späing, Wilhelm	Westfälische W.	■	■	■	■	■	■	■	■	■	■	■	■	
	Rheinische W.	■	■	■	■	■	■	■	■	■	■	■	■	
	Rheinisch Westfälische W.	■	■	■	■	■	■	■	■	■	■	■	■	
	Westdeutsche W.	■	■	■	■	■	■	■	■	■	■	■	■	
Springorum, Otto	Westfälische W.					■	■	■	■	■	■	■	■	■
	Rheinische W.					■	■	■	■	■	■	■	■	■
	Rheinisch Westfälische W.											■	■	■
	Westdeutsche W.						■	■	■	■	■	■	■	■

Quelle: Zusammenstellung nach Geschäftsberichten/ Aufsichtsratsprotokollen 1933-1947, vgl. Abb. 7.

Insgesamt ist darauf hinzuweisen, daß die Aufsichtsräte über zwölf Jahre in zusammenhängenden Zeitabschnitten lediglich drei Mandatsträger auf den Posten der Vorsitzenden und der stellvertretenden Vorsitzenden benötigten. Die Führung der Aufsichtsräte war daher ebenso wie die Besetzung des Vorstands von hoher Kontinuität geprägt. Im Hinblick auf die Tätigkeitsdauer der weiteren Aufsichtsratsmitglieder ergab sich der Unterschied, daß zwar kein reger Wechsel innerhalb der Aufsichtsräte vorlag, Deleurant, Dinkelbach, Kauert und zeitweise Rabes aber die einzigen Mandatsträger waren, die in allen vier Aufsichtsräten gleichzeitig vertreten waren.

Alles in allem bestand auch bei der Wahrnehmung der Aufsichtsratsmandate durchgehend für jede der Wohnungsgesellschaften eine hohe Kontinuität.
Der im Verhältnis zu den gemeinnützigen Gesellschaften große Aufsichtsrat der Westdeutsche W. befaßte sich mit Objekten, die über das gesamte Gebiet der Wohnungsunternehmen verteilt waren und nicht so eng regional eingegrenzt und zugeordnet waren wie die Häuser der gemeinnützigen Gesellschaften. Dementsprechend waren die Aufsichtsratsmitglieder jeder Wohnungsgesellschaft - mit Ausnahme Springorums für ein Geschäftsjahr - ab 1934/ 35 nur Mitglied im Aufsichtsrat eines der drei gemeinnützigen Wohnungsunternehmen, wenn sie zugleich auch im Aufsichtsrat der Westdeutsche W. saßen. Umgekehrt kam zwar in Betracht, nur bei der Westdeutsche W. einen Aufsichtsratsposten einzunehmen, ohne bei einem gemeinnützigen Unternehmen in den Aufsichtsrat einzuziehen. Diese Konstellation aber traf ab 1934/ 35 durchgehend nur auf Adalbert Flaccus zu. Das bedeutete, daß jeder Aufsichtsrat der gemeinnützigen Wohnungsunternehmen die Möglichkeit wahrnahm, die Interessen der in der eigenen Region gelegenen Objekte der Westdeutsche W., die auch von Angestellten der gemeinnützigen Gesellschaften bewohnt wurden, zu vertreten.

Von den 24 Aufsichtsratsposten, die bei den Wohnungsgesellschaften über den Untersuchungszeitraum hinweg vergeben wurden, waren lediglich fünf mit Aufsichtsratsmitgliedern besetzt, die nicht auch im Vorstand der VSt saßen oder gesessen hatten, nämlich Walter Alberts, Hans Dütting, Werner Haack und Wilhelm Lind sowie Wolfgang Linz, der erst am 06.12.1945 Vorstandsmitglied der VSt wurde.[84]
Gustav Knepper war als langjähriger Aufsichtsratsvorsitzender der Wohnungsgesellschaften wie gesehen nicht nur vom 01.04.1926 bis 29.11.1933 Dritter stellvertretender Vorsitzender des Vorstands der VSt gewesen, sondern war während seines Ruhestands ab 1942[85] gleichzeitig stellvertretender Vorsitzender des Aufsichtsrats der VSt und der Westdeutsche W..

Carl Gustav Georg Rabes, der ab 1934/ 35 Aufsichtsratmandate bei den Wohnungsgesellschaften wahrnahm, war zunächst Zweiter, ab 1935 Erster stellvertretender Vorsitzender des Vorstands der VSt und war im Konzern zuständig für Finanz- und Rechnungswesen sowie Einkauf. Rabes war kaufmännisch ausgebildet, hatte 1905 als kaufmännischer Direktor bei der ATH angefangen und wurde dort als Chef Dinkelbachs dessen Förderer. Rabes wechselte am 23.03.1937 in den Aufsichtsrat der VSt, dem er dann bis zum 26.03.1941 angehörte.[86] Auch Rabes war so gleichzeitig als stellvertretender Vorstandsvorsitzender bzw. Aufsichtsratsmitglied der VSt in den Aufsichtsräten der Wohnungsgesellschaften tätig.

---

[84] Rasch, Findbuch VSt, S. 938 ff.; Adolf Wirtz, VSt-Vorstandsmitglied vom 01.04.1926-29.11.1933, wurde in der Aufsichtsratssitzung der Rheinisch Westfälische W. vom 11.08.1933 entschuldigt, ansonsten aber nicht mehr geführt und galt dementsprechend auch in den Geschäftsberichten nicht als Aufsichtsratsmitglied.
[85] Ruhestand ab 01.04.1942; stellvertretender Aufsichtsratsvorsitzender der VSt am 25.03.1942, Rasch, Findbuch VSt, S. 935; Bacmeister, Knepper, S. 74.
[86] Lux, S. 572; Rasch, Findbuch VSt, S. 937; *derselbe*, Rabes, S. 71; Verenkotte, S. 556; C. II..

Abb. 10: Aufsichtsratsmitglieder der Westfälische W.; 1933/ 34-1944/ 45[87]

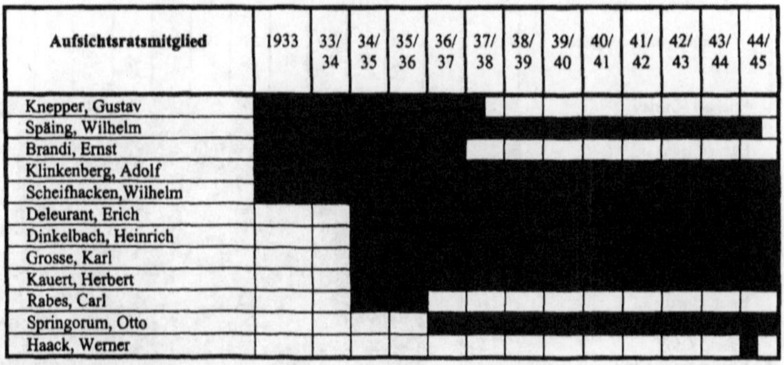

Quelle: wie Abb. 7.

Abb. 11: Aufsichtsratsmitglieder der Rheinische W.; 1933/ 34-1944/ 45

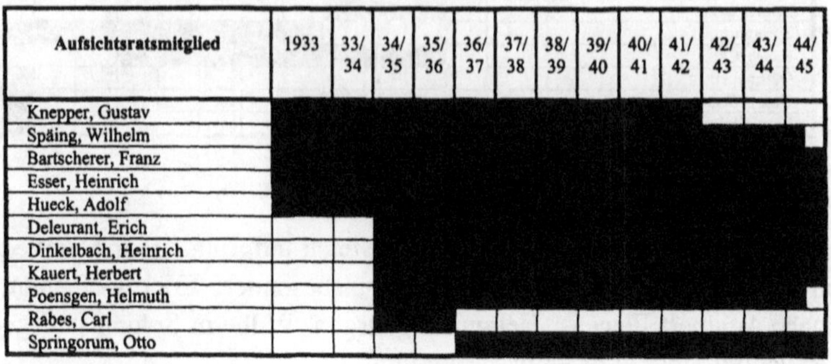

Quelle: wie Abb. 7.

Abb. 12: Aufsichtsratsmitglieder der Rheinisch Westfälische W.; 1933/ 34-1944/ 45

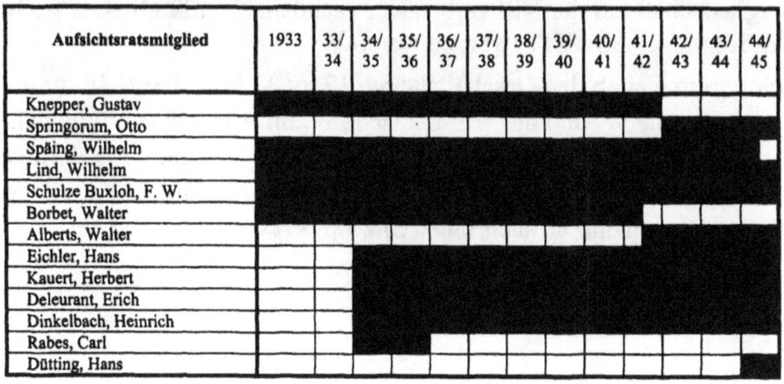

Quelle: wie Abb. 7.

---

87 Zwecks Verdeutlichung des Wechsels von Aufsichtsratsmitgliedern, wie z. B. bei Knepper/ Springorum oder Borbet/ Eichler Abbildungen 10-13 nicht nach Alphabet, sondern in Chronologie.

Abb. 13: Aufsichtsratsmitglieder der Westdeutsche W.; 1933/ 34-1944/ 45

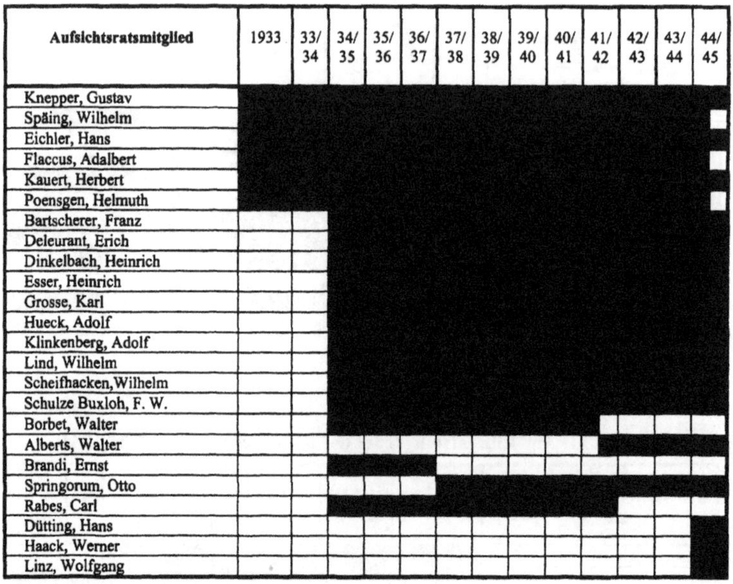

Quelle: wie Abb. 7.

Die Einflußmöglichkeiten der VSt gewährleisteten aufgrund ihrer Mitgliedschaft im Vorstand der VSt neben Knepper und Rabes insbesondere Erich Deleurant, Heinrich Dinkelbach, Adalbert Flaccus, Helmuth Poensgen, Wilhelm Späing und gegen Ende des Untersuchungszeitraums Otto Springorum.
Flaccus, Helmuth Poensgen und Späing waren seit dem 01.04.1926 jeweils bis zu ihrem Tod am 01.01.1945, 22.03.1945 bzw. 26.06.1945 Mitglieder des VSt-Vorstands, während Dinkelbach und Deleurant ihre Aufsichtsratstätigkeit ab 1936 mit einer Vorstandsmitgliedschaft bei der VSt verbanden, nachdem sie 1933 bereits stellvertretende Vorstandsmitglieder der VSt geworden waren.[88]

Otto Springorum war ab den Geschäftsjahren 1936/ 37 bzw. 1937/ 38 für die Westfälische W., Rheinische W. und die Westdeutsche W. im Aufsichtsrat tätig, hatte zunächst aber keine Funktion im Vorstand oder Aufsichtsrat der VSt inne. Als Springorum dann jedoch in dem Geschäftsjahr 1942/ 43 Aufsichtsratsvorsitzender aller vier Wohnungsgesellschaften war, nahm er auch einen Sitz im Vorstand der VSt ein.

[88] VA GB/ 1-A-3/ 1943/44, S. 14, Poensgen fiel am 22.03.1945 einem Bombenangriff zum Opfer, zur Biographie Dinkelbachs vgl. C. I. 3/ C. II. . Deleurant war bis 30.09.1944 Vorstandsmitglied, schied aus Altersgründen aus und kehrte vom 03.10.1946 bis zum 31.03.1948 noch einmal in den Vorstand der VSt zurück, Rasch, Findbuch VSt, S. 939; Stremmel, in: Rasch, S. 39.

Dinkelbach und Springorum gehörten neben Walter Rohland (Vorsitzender), Hans-Günther Sohl (Stellvertreter), Heinz Grehm, Walter Schwede und Wilhelm Steinberg noch bei Kriegsende dem Vorstand der VSt an.[89]

Dagegen hatten die Aufsichtsratsmitglieder der Wohnungsgesellschaften Franz Bartscherer, Walter Borbet, Ernst Brandi, Hans Eichler, Heinrich Esser, Karl Grosse, Adolf Hueck, Herbert Kauert, Adolf Klinkenberg, Wilhelm Scheifhacken und Friedrich Wilhelm Schulze Buxloh bereits bis zum 29.11.1933 Erfahrungen bei der VSt als Vorstandsmitglieder bzw. Wilhelm Lind als stellvertretendes Vorstandsmitglied gesammelt.[90]

Neben der Verankerung der Bindungen zur VSt hatte die Berufung dieser Aufsichtsratsmitglieder auch zur Folge, daß für die Arbeit in den Aufsichtsräten eine hohe Sachkompetenz in Fragen der Unternehmensführung vorlag. Diese Kompetenz drückte sich nicht nur wie bei Dinkelbach, Späing oder Rabes in der Mitwirkung bei der Gründung der Gesellschaften oder in der Mitgliedschaft im Vorstand oder Aufsichtsrat der VSt aus, sondern ging aus den beruflichen Funktionen und Mandaten der Aufsichtsratsmitglieder hervor. Mandatsträger wie Bartscherer, Borbet, Brandi, Flaccus, Grosse, Helmuth Poensgen, Kauert oder Klinkenberg waren lange Zeit bereits für die Gründerunternehmen der VSt tätig gewesen. Sie verfügten infolge ihrer Verbands- und Kammertätigkeiten sowie Mitgliedschaften in weiteren Vorständen und Aufsichtsräten über ein Netzwerk an Verbindungen.

So war Franz Bartscherer bereits 1906 als Betriebsführer von August Thyssen nach Hamborn zur Gewerkschaft Deutscher Kaiser und zur Leitung der Maschinenabteilung des Hochofenwerks gegangen und 1909 Oberingenieur sowie 1916 Direktor der Gaszentralen des Thyssen-Konzerns geworden. 1920 hatte Bartscherer die Leitung des gesamten Maschinenbetriebs der Hütte übernommen, war 1924 Hüttendirektor und Vorsitzender des technischen Direktoriums der ATH und damit Werksleiter geworden, bevor er 1926 dem Ruf in den Vorstand der VSt folgte. 1932 war Bartscherer im Zuge der Gruppenbildung bei der VSt für die Hüttengruppe West zuständig und nach der Reorganisation Vorsitzer des Vorstands geworden, als die Thyssenhütte in Hamborn, die Hochöfen Hüttenbetrieb, die Niederrheinische Hütte, die Hütte Ruhrort Meiderich und die Hütte Vulkan auf die ATH vereinigt wurden. Aufsichtsratsmitglied war Bartscherer zudem bei der Bandeisenwalzwerke AG.[91]

Auch wenn Bartscherer eher Betriebsleiter als Politiker war, gehörte er dem Ratsherrenkollegium der Stadt Duisburg an und vermochte soviel Einfluß auf seine Person zu vereinigen, daß Petitionen an ihn gerichtet wurden. Bartscherer war den Wohnungsunternehmen über seine Mitgliedschaft in den Aufsichtsräten der Rheinische W. von Anfang an und der Westdeutsche W. ab 1934 verbunden.

---

[89] Im Widerspruch zu den Geschäftsberichten und den Niederschriften der Aufsichtsratssitzungen der Westfälische W. terminierte 1983 die Jubiläumsschrift der VEBA Wohnen AG den Aufsichtsratsvorsitz Springorums auf 1944 bis 1945 und den Tätigkeitszeitraum Späings als Vorsitzender des Aufsichtsrats von 1938 bis 1944, VEBA-Wohnstätten, S. 50.

[90] VA GB/ 3-A-3/ 1936/ 37; VA GB/ 4-A-3/ 1937/ 38; Rasch, Findbuch VSt, S. 935 ff. .

[91] Röseler, S. 217 f.; Reckendrees, Stahltrust, S. 464, 466, 554; zum Ausscheiden 1943 TKA VSt/ 2665.

Walter Borbet dagegen war zunächst Oberingenieur und Betriebsdirektor beim Bochumer Verein gewesen, bevor er dort 1919 Vorstandsmitglied, 1921 Vorsitzer des Vorstands und 1924 Generaldirektor wurde. Borbet baute die Höntroper Anlagen des Bochumer Vereins zum modernsten Stahl- und Röhrenwerk Europas aus. In wohnungswirtschaftlicher Hinsicht verwandte sich Borbet u. a. in Bochum-Weitmar für die dort entstandene Siedlung, die dann 1942 nach seinem Tod auf Antrag des Aufsichtsrats in Walter-Borbet-Siedlung umbenannt wurde.[92] Ebenso zeigte Borbet wohnungswirtschaftliche Initiative, als er über die Walter-Borbet-Stiftung eine Feriensiedlung im Lennetal bei Werdohl im Sauerland (Borbet-Höhe) errichten ließ, die 1938 mitursächlich zu der Verleihung der „Goldenen Fahne" durch die DAF führte.[93] Borbet war nach seiner Vorstandstätigkeit bei der VSt 1934 Präsident der Wirtschaftskammer Westfalen-Lippe und hatte vielfältige Verbindungen über Mandate und Mitgliedschaften - so als Aufsichtsratsmitglied der Deutsche Edelstahlwerke AG, bei der IHK Bochum, im sozialpolitischen Ausschuß des Deutschen Industrie- und Handelstages (DIHT), im Ausschuß der Vereinigung der Deutschen Arbeitgeberverbände, als Vorstandsmitglied für die Nordwestliche Gruppe des Vereins deutscher Eisen- und Stahlindustrieller und der Fachgruppe der Eisenschaffenden Industrie beim Reichsverband der Deutschen Industrie.[94] Borbet saß seit 1933 bei der Rheinisch Westfälische W. und seit 1934/ 35 bei der Westdeutsche W. bis zu seinem Tod am 04.01.1942 im Aufsichtsrat.[95]

Auch Karl Grosse gehörte als Ingenieur dem Aufsichtsrat der Westdeutsche W. ab 1934 an. Er brachte Erfahrungen als Generaldirektor der Vereinigte Stahlwerke van der Zypen und Wissener Eisenhütten AG mit und pflegte Verbindungen als Mitglied des Hauptausschusses des Reichsverbandes der Deutschen Industrie, als Vorstandsmitglied der Nordwestlichen Gruppe des Vereins Deutscher Eisen- und Stahlindustrieller sowie als Aufsichtsratsmitglied der Aktiengesellschaft für Bergbau, Blei- und Zinkfabrikation zu Stolberg, der Stahlverbands-AG Düsseldorf und der Schieß-Defries AG.[96]

Bei der Vereinigte Stahlwerke van der Zypen und Wissener Eisenhütten AG hatten Helmuth Poensgen und der Ingenieur Adalbert Flaccus ein Aufsichtsratsmandat inne. Sie waren Mitglieder des Vorstands - Flaccus als stellvertretender Vorsitzender - der Phoenix AG für Hütten- und Bergbaubetrieb und traten bei der Gründung der VSt in deren Vorstand ein. Flaccus und Helmuth Poensgen begleiteten vom Gründungszeit-

---

[92] VA AR/ 1-A-2/ 05.03.1942, S. 2; Unterlagen zur Walter-Borbet-Siedlung in TKA VSt/ 3884 und VSt/ 194.

[93] HA Krupp WA 80/ 25582 Nr. 1; am 01.10.1936 hatte die Belegschaft Borbet anläßlich seines 25-jährigen Dienstjubiläums eine Geldspende von 45.000,-- RM überreicht, die der Aufsichtsrat auf 200.000,-- RM erhöhte und zugleich die Walter-Borbet-Stiftung deklarierte; Bochumer Anzeiger Nr. 153 v. 03./ 04.07.1937, S. 5 (Bildbericht „Ein beispielhaftes Werk begonnen !"), Hüttenzeitung Nr. 15 v. 09.08.1938; Borbet steuerte aus seinem Vermögen 200.000,-- RM bei; dazu und zur Rolle in der Rüstung vgl. Weber, Wolfhard, Walter Borbet, (1881-1942), in: *derselbe* (Hrsg.), Ingenieure im Ruhrgebiet, Rheinisch-Westfälische Wirtschaftsbiographien, Band 17, Münster 1999, S. 225-256, S. 242 ff..

[94] Volz, S. 179; Borbet war ab 1935 Wehrwirtschaftsführer, erlangte von 1937 bis 1940 viermal die Auszeichnung „NS-Musterbetrieb" und 1941 wurde der Bochumer Verein „NS-Kriegsmusterbetrieb". Zur Abwehr außerbetrieblicher Parteieinflüsse gründete Borbet 1937 das Berufserziehungswerk.

[95] VA GB/ 1-A-3/ 1941/ 42, S. 25; Borbets Bürochef, der ihn tot mit einer Pistole in der Hand fand, bestritt die offizielle Todesart „Herzinfarkt"; zu Motiven vgl. Weber, Borbet, S. 253 ff.; zum Staatsakt TKA VSt/ 19.

[96] Volz, S. 598.

punkt an im Aufsichtsrat das Geschehen bei der Westdeutsche W. . Poensgen war auch im Aufsichtsrat der Rheinisch Westfälische W. und der Gebr. Poensgen AG engagiert, während Flaccus weitere Aufsichtsratstätigkeiten bei der Schorch-Werke AG und der Stahlwerke Brüninghaus AG ausübte. Flaccus war ebenso Vorstandsmitglied der Nordwestlichen Gruppe des Vereins Deutscher Eisen- und Stahlindustrieller, zudem Vorstandsmitglied des Vereins Deutscher Eisenhüttenleute und darüber hinaus stellvertretendes Vorstandsmitglied der Emschergenossenschaft.[97]

Bei Gründung der Westfälische W. erhielt mit Ernst Brandi auch ein vom Bergbau kommendes Vorstandsmitglied der VSt ein Aufsichtsratsmandat. Brandi nahm das Mandat bis zu seinem Tod am 22.10.1937 wahr. Im Jahr 1907 war Brandi Betriebsdirektor der GBAG in Dortmund geworden, bevor er 1914 Mitglied des Vorstands und mehrerer Aufsichtsräte - z. B. Ruhrgas - wurde. Brandi wahrte die Interessen der VSt als Präsidiumsmitglied und Vorstandsmitglied der Fachgruppe Bergbau des Reichsverbandes der Deutschen Industrie ebenso wie als Vorsitzender des Westfälischen Industrieclubs. Von 1927 bis 1937 führte er zudem den Verein für die bergbaulichen Interessen im Oberbergamtsbezirk Dortmund (Bergbau-Verein) sowie den Zechenverband und war Aufsichtsratsvorsitzender der Ruhrwohnungsbau AG von deren Gründung 1928 bis zu seinem Tod 1937.[98]

Adolf Klinkenberg war Hüttendirektor und Vorstandsmitglied der VSt, nachdem er zuvor Vorstandsmitglied der GBAG und der Deutsch-Lux gewesen war. Auch Klinkenberg war in weiteren Aufsichtsräten vertreten, so u. a. bei der Friedr. Thomée (Werdohl), der Stahlwerke Brüninghaus sowie der Deutsche Edelstahlwerke AG.

Dagegen war Herbert Kauert 1913 als Kaufmann in die GBAG eingetreten und als solcher 1918 stellvertretendes und 1920 ordentliches Vorstandsmitglied geworden. 1926 wurde Kauert mit der Gründung der VSt kaufmännischer Direktor der Bergbau Hauptverwaltung in Essen und dann Aufsichtsratsmitglied u. a. bei der Benzolverband GmbH, der Concordia Bergbau AG, der GBAG sowie der Ruhrgas AG. Darüber hinaus war Kauert Mitglied des Rheinisch Westfälischen Kohlensyndikats, Essen, und Mitglied des Beirats der Handelsfirma Raab Karcher GmbH.[99] Kauert gehörte wie der zum Bergassessor ausgebildete Hans Eichler seit 1933 ununterbrochen dem Aufsichtsrat der Westdeutsche W. und ab 1934 dem Aufsichtsrat der Rheinische Westfälische W. an. Hinzu kamen für Kauert 1934 auch die Aufsichtsratsmandate bei der Westfälische W. und der Rheinische W. .

---

[97] Rasch, Findbuch VSt, S. 939; Volz, S. 450 und 1426.

[98] Kroker, Evelyn, Heinrich Kost: Rationalisierung und Sozialbeziehungen im Bergbau, in: Erker, Paul/ Pierenkemper, Toni (Hrsg.), Deutsche Unternehmer zwischen Kriegswirtschaft und Wiederaufbau, Studien zur Erfahrungsbildung von Industrie-Eliten, München 1999, S. 291-316, hier S. 300; Volz, S. 198; Ruhrwohnungsbau, 25 Jahre, S. 13; Przigoda, Stefan, Unternehmensverbände im Ruhrbergbau, Zur Geschichte von Bergbau-Verein und Zechenverband 1858-1933, Bochum 2002, S. 323 ff., 424 .

[99] Zur zeitgenössischen Charakterisierung vgl. Unger, Stefan, Die Wirtschaftselite als Persönlichkeit: Zur Selbstdarstellung von Unternehmern und Managern im Ruhrgebiet während der Zwischenkriegszeit, Bochum 2001, S.17 unter Bezugnahme auf Erin/ Hansemann/ Gustav, Werkzeitschrift der Gelsenkirchener Bergwerks-A.G., Nr. II/11/1938, S. 135 anläßlich des 25-jährigen Dienstjubiläums von Kauert.

Im Hinblick auf die berufliche Qualifikation der Aufsichtsratsmitglieder war nicht nur Späing als Jurist in der Minderheit. Auch Kauert, Dinkelbach und Rabes sahen sich mit ihrer kaufmännischen Ausbildung einer großen Mehrheit bergbauspezifischer Qualifikationen gegenüber und entsprachen damit dem Hinweis *Kleinschmidts*, daß Betriebswirte erst nach dem Zweiten Weltkrieg verstärkt von den Unternehmen nachgefragt waren.[100] Es ist allerdings zu beachten, daß damit im Aufsichtsrat ein Gegenpol zur Qualifikation des Vorstands, der ohne Techniker besetzt war, bestand.
Des weiteren gehörten alle Aufsichtsratsmitglieder zur VSt, so daß nicht ein Mandat von einer Bank wahrgenommen wurde. Dies ist umso bemerkenswerter, als daß *Ziegler* für den der Gründung der Wohnungsgesellschaften nicht fernliegenden Zeitraum 1927/ 28 nachweist, daß von 750 untersuchten Aufsichtsratsmandaten in deutschen Aktiengesellschaften jedes dritte Mandat von einem Bankier oder Bankdirektor besetzt war.[101]
Die Verfügungsrechte wurden so bei den Wohnungsgesellschaften für effizienzorientiertes Handeln ohne politisch motivierte Eingriffe von außen jeweils in den Kompetenzen des Vorstands und des Aufsichtsrats gebündelt. Aus der Besetzung der Aufsichtsräte und deren Qualifikationsrahmen folgte, daß es der VSt weniger darauf ankam, ausgewiesene Experten der Wohnungswirtschaft oder des Kreditwesens in den Aufsichtsräten einzubinden, als vielmehr die Kompetenz aus dem Stahl- und Bergbaugeschäft ausreichen zu lassen, um den Einfluß der VSt auf die Wohnungsgesellschaften sicherzustellen.

d) Hauptversammlung

Die Hauptversammlung hatte satzungsgemäß am Sitz der Gesellschaft, in Bochum oder in Düsseldorf stattzufinden. Die Satzung bestimmte, daß sie jährlich mindestens einmal in den ersten sieben Monaten des Geschäftsjahres einzuberufen war.
Im übrigen mußte eine Hauptversammlung stattfinden, wenn es im Interesse der Gesellschaft erforderlich war. Dies war insbesondere dann der Fall, wenn der Prüfungsverband die Einberufung zur Besprechung des Prüfungsberichts oder zur Erörterung der Lage der Gesellschaft für erforderlich hielt.
Der Vorstand oder der Aufsichtsrat beriefen die Hauptversammlung unter Ankündigung der Tagesordnung ein. Die Leitung der Hauptversammlung oblag dem Vorsitzer des Aufsichtsrats oder bei Verhinderung des Vorsitzers dessen Stellvertreter.
Beschlüsse der Hauptversammlung bedurften, soweit nicht Gesetz oder Satzung etwas Abweichendes vorschrieben, der Mehrheit der abgegebenen Stimmen. Über Fragen der Geschäftsführung konnte sie nur entscheiden, wenn es der Vorstand verlangte.[102]

---

[100] Kleinschmidt, Christian, Vom betrieblichen Rechnungswesen zum Controlling, in: Akkumulation 13/ 2000, S. 7-12, hier S. 8.
[101] Ziegler, Dieter, Die Aufsichtsräte der deutschen Aktiengesellschaften in den zwanziger Jahren, Eine empirische Untersuchung zum Problem der „Bankenmacht“, in: ZUG 43 (1998), S. 194-215, hier S. 200.
[102] BBA 55/ 1728, 1729.

e) Geschäftsleitungen

Der Vorstand bediente sich zur Ausführung seiner Arbeiten der Prokuristen, die ihre Aufgaben mit einem Sachbearbeiterstamm für die Geschäftsleitung bearbeiteten. Ausdrücklich vermieden die Gesellschaften die Bezeichnung als Geschäftsführer, um Verwechslungen mit der GmbH entgegenzutreten. Jede Geschäftsleitung einer Gesellschaft umfaßte also einen Personenkreis, der Aufgaben im Geschäftsverkehr wahrnahm, ohne ein Organ der AG zu sein.

So dienten dem Vorstand die beiden am 11.08.1933 für alle vier Wohnungsgesellschaften bestellten Prokuristen Keppler und Althüser, während für die einzelnen Geschäftsleitungen in Duisburg-Hamborn, Gelsenkirchen und Dortmund gesondert jeweils zwei Prokuristen bestellt waren. Die Geschäftsordnung bestimmte, daß in zweiwöchigen Abständen Sitzungen des Vorstands mit den Prokuristen der Geschäftsleitungen stattfanden.[103]

Die Verwaltung des Wohnungsbestands oblag grundsätzlich technisch und kaufmännisch geschulten Angestellten. Einer der Prokuristen betreute die Wohnungsverwaltung mit technischen Fragen und Angelegenheiten des Mieterverkehrs. Der andere Prokurist hatte die kaufmännische Leitung inne.

Namentlich standen den kaufmännischen Prokuristen Wolf (Westfälische W.), Siebrecht (Rheinische W.) und Preute (Rheinisch Westfälische W.) die technischen Prokuristen Terjung (Westfälische W.), Ritter v. Hollidt (Rheinische W.) und Leonhardt (Rheinisch Westfälische W.) zur Seite.[104] Wie die nachhaltige Tätigkeit des Vorstands, so zeichnete sich auch die Besetzung der Prokuristen durch hohe Kontinuität aus, die von unternehmensinternen Verdrängungsmechanismen nicht beeinträchtigt wurde.

Diese Stellen vereinigten soweit wie möglich sämtliche Schreibarbeiten der Verwaltung auf sich. Sie erhielten damit den Überblick über alle Geschäftsvorfälle, die wie bei Grundstücksveränderungen Eingang in die Häuserkartei fanden.

Die bei dem technischen Prokuristen zusammengefaßten Aufgaben beinhalteten neben der Entscheidung über Instandhaltungs- und Instandsetzungsmaßnahmen die Vorbereitung von Neubauangelegenheiten. Das schloß etwaige Verhandlungen mit der VSt, den Behörden und den Mietern z. B. bezüglich der Mietverträge ein.[105]

Die kaufmännischen Prokuristen bearbeiteten dagegen alle mit dem Rechnungswesen zusammenhängenden Fragen, also Bereiche, die die Buchhaltung, den Jahresabschluß, die Kostenrechnung (Mietabrechnungen, Rechnungsprüfung) und das Mahnwesen betrafen. Für Mahnungen gab es bei den Geschäftsleitungen gesonderte „Mahnstellen". Die Entwicklung von Mietrückständen war über eine Mahnkarte zu verfolgen, aus der

---

[103] VA VS/ I, vor Bl. 1.

[104] VSt-Rd.-schr. Nr. 139 (Bilanzbuchhaltung) und Nr. 175 (Generalsekretariat) und Rd.-schr. Nr. 2 der Westdeutsche W., VA GA/ 14.08.1933; Vormbrock, in: Internationaler Wohnungskongreß Berlin 1931, S. 216; VA BV/ 1-A-3, Organisationsbericht vom 01.07.1935, S. 8; ebenso TKA VSt/ 2009.

[105] TKA VSt/ 2009.

zugleich ersichtlich werden sollte, welche Maßnahmen gegenüber dem Mieter bislang getroffen worden waren. Für die Bearbeitung von Räumungsklagen und entsprechenden Auseinandersetzungen wurde jedoch die Rechtsabteilung der VSt tätig. Doppelte Bearbeitungsvorgänge vermied die Ablauforganisation, indem die Mahnstelle eine Mieterakte im Stadium des Mahnverfahrens als „Mahnakte" erhielt und diese Akte erst im Klagefall als „Klageakte" an die Rechtsabteilung der VSt ging.

aa) Kassenwesen

Sowohl für die eingehenden als auch für die ausgehenden Zahlungen waren die Einrichtungen der VSt zuständig. Damit sollten Verwaltungskosten und besondere Kontrolleinrichtungen eingespart werden.
Die werksfremden Mieter zahlten die Miete bei den Werks- und Zechenkassen der Betriebsgesellschaften ein und am Monatsende erfolgte über die Hauptverwaltung Düsseldorf die Gutschrift in einer Summe. Damit die Hauptfinanzverwaltung auch über die auf den Postscheckkonten eingegangenen Beträge ohne Zeitverlust verfügen konnte, waren „die Herren der Hauptfinanzverwaltung in Düsseldorf"[106] für die Postscheckkonten der Wohnungsgesellschaften, die nur für Eingänge verwandt wurden, zeichnungsberechtigt. Diese Handhabung hatte zur Folge, daß die Hauptfinanzverwaltung sofort über sämtliche in bar und durch Postscheck eingegangene Beträge verfügen konnte. Dabei handelte es sich monatlich um rd. 1,5 Mio. RM.[107]

Der Kassenverkehr zwischen den Wohnungsgesellschaften und der VSt lief über mehrere Kassen. Diese waren gleichermaßen für die gemeinnützigen Gesellschaften in deren Region und für die Westdeutsche W. zuständig.
Während die Leiter der Stellen in Hamborn (Siebrecht/ Ritter v. Hollidt), Gelsenkirchen (Leonhardt, Preute) und Dortmund (Wolf, Terjung) nur an denjenigen Kassen wirksam Unterschrift zur Auszahlung von Beträgen leisten konnten, die ihrer Wohnungsgesellschaft ausdrücklich zugeteilt waren, konnten von der Zentralverwaltung Fusban, Forstmann, Althüser und Keppler für alle vier Wohnungsgesellschaften zeichnen.

Diese Befugnis erstreckte sich für Fusban, Forstmann, Althüser und Keppler nicht nur auf die Kassen, bei denen auch die Prokuristen der Wohnungsgesellschaften zeichnungsberechtigt waren, sondern ebenso auf die Kassen der VSt, der Ruhrstahl AG, Witten, der Stahlwerke Brüninghaus, Werdohl, der Friedrich Thomée AG, Werdohl und der Bergbau- und Hütten AG Friedrichshütte, Herdorf. Eine Ausnahme bildete hier insofern die Kasse der Ruhrstahl AG, Witten, als daß dort die Prokuristen Preute und Leonhardt für die Rheinisch Westfälische W. disponieren durften.
Diese Regelung verdeutlichte, daß die Geschäftsleitung jeder Gesellschaft auch nur regional eingeschränkt in einem vorgegebenen Rahmen unternehmerisch tätig werden

---

[106] Organisationsbericht vom 01.07.1935, S. 17, TKA VSt/ 2009.
[107] Organisationsbericht aaO.

konnte. Zugleich drückte sich damit der gewichtige Charakter der Verwaltung in Essen als überregional wirksame Instanz aus.

Tab. 31: Kassenverkehr der Wohnungsgesellschaften mit den Werkskassen

Wohnungsgesellschaft	Kasse	Zeichnung	
		Name	Funktion
Westfälische W./ Westdeutsche W.	- Bergbaugruppe Dortmund - Dortmunder Union - Hoerder Verein, Dortmund - Gruppe Siegerland, Siegen - Nordseewerke Emden - Rohstoffbetriebe Dortmund	Fusban Forstmann Althüser Keppler Wolf Terjung	Vorstand Vorstand Prokurist Prokurist kaufm. Prokurist techn. Prokurist
Rheinische W./ Westdeutsche W.	- Hauptbuchhaltung Düsseldorf - Hüttengruppe West, Hamborn - Bergbaugruppe Hamborn - Gießereigruppe Friedrich Wilhelms-Hütte - Gießereigruppe Concordiahütte Engers (Rhein)	Fusban Forstmann Althüser Keppler Siebrecht Ritter v. Hollidt	Vorstand Vorstand Prokurist Prokurist kaufm. Prokurist techn. Prokurist
Rheinisch Westf. W./ Westdeutsche W.	- Bergbau Hauptverwaltung Essen - Bergbaugruppe Gelsenkirchen - Gießereigruppe Schalker Verein - Bergbaugruppe Bochum - Bochumer Verein, Bochum - Ruhrstahl AG Witten - Ruhrstahl AG Henrichshütte	Fusban Forstmann Althüser Keppler Preute Leonhardt	Vorstand Vorstand Prokurist Prokurist kaufm. Prokurist techn. Prokurist
Westfälische W./ Rheinische W./ Rheinisch Westf. W./ Westdeutsche W.	- Vereinigte Stahlwerke AG - Ruhrstahl AG, Witten - Stahlwerke Brüninghaus, Werdohl - Friedrich Thomée AG, Werdohl - Bergbau- und Hütten AG Friedrichshütte, Herdorf	Fusban Forstmann Althüser Keppler	Vorstand Vorstand Prokurist Prokurist

Quelle: Westdeutsche W. an Vereinigte Stahlwerke AG, Ruhrstahl AG, Witten, Stahlwerke Brüninghaus AG, Werdohl, Friedrich Thomée AG, Werdohl und Bergbau- und Hütten AG Friedrichshütte, Herdorf, VA GA/ 08.11.1933.

bb) Rechnungswesen mit Hollerithverfahren - Anwendung und Widerspruch

Die Anforderungen an die Verwaltung erstreckten sich auf die sich funktionell bedingenden Arbeitsabläufe in den Einkaufs-, Abrechnungs- und sonstigen Verwaltungsvorgängen. Hier ging die VSt von personalbedingten Kosten pro Kopf im Jahr in Höhe von 4.000,-- RM aus.[108] Das Rechnungswesen mußte für die Wohnungsgesellschaften

[108] Kluitmann, S. 4.

konkret den Nachweis über die Einnahmen, die Instandsetzungsausgaben, die Steuerbelastungen sowie über die Entwicklung der Rückstände, des Anlagevermögens und der Verwaltungskosten erbringen. Diese Nachweise sollten auf der Grundlage eines für die Wohnungsgesellschaften geltenden Kontenplans nach Monaten, Gesellschaften und Verwaltungsstellen unterteilt sein. Dadurch, daß jede Zeile der monatlich aufgestellten Bilanzen den Nachweisen über Einnahmen und Ausgaben (Gewinn und Verlustrechnung) und deren Unterteilung (Nachweisung über Instandhaltung) einer Kontengruppe im Kontenplan entsprach, war eine gleichartige Buchung und Bilanzierung bei allen Stellen bis in die Einzelheiten sichergestellt.
Das Zahlenmaterial diente dem Vorstand für die Aufstellung von Voranschlägen zur Finanzdisposition und zur Berichterstattung an die Aufsichtsräte. Konkret ergab sich aus der hohen Zahl der Geschäftsvorfälle von über ca. 11.000 Rechnungen monatlich mit verhältnismäßig geringen Einzelbeträgen die Frage, wie eine differenzierte Aufteilung für das Rechnungswesen bei möglichst geringem Arbeitsaufwand erreicht werden konnte.[109]

Erforderlich war also ein „spezielles System zur Erfassung, Verarbeitung, Speicherung und Übermittlung immobilienbezogener Daten".
Um diesen Anforderungen genügen zu können, griffen die Wohnungsgesellschaften auf die Lochkarteneinrichtungen der VSt zurück. Diese Büromaschinentechnik gehörte bei der VSt zu den wichtigsten Teilgebieten der Verwaltungstechnik. Dinkelbach selbst war bereits seit 1913, nachdem er Abteilungsleiter der Buchhaltung und internen Revision bei Thyssen & Co., Abt. Maschinenfabrik, in Mülheim geworden war, mit der Lochkartentechnik über Hollerith-Maschinen vertraut.[110]
Die Wohnungsgesellschaften entschieden sich damit für eine moderne Bürotechnik, der sich die deutsche Wohnungswirtschaft in den 1930er Jahren allgemein zuwandte, um mit der Mechanisierung des Rechnungswesens die gewachsenen betriebsorganisatorischen Anforderungen erfüllen zu können. Die Technik erfuhr eine fortwährende Vereinheitlichung, so daß nicht mehr wie zunächst 300 Personen über ein halbes Jahr, sondern 15 Personen innerhalb einer Woche die Berechnungsvorgänge erledigten.[111]
Da die Buchungsmaschine nicht den denkenden und disponierenden Menschen ersetzte, mußten die Wohnungsgesellschaften berücksichtigen, in welchem Ausmaß sie die durch maschinelle Verbuchung aufgebaute Organisation benötigten. Sie hatten

---

[109] Organisationsbericht vom 01.07.1935, S. 17, Anlage 20 vor S. 19, S. 20, TKA VSt/ 2009.
[110] Schäfers, Wolfgang, Strategisches Management von Unternehmensimmobilien, Bausteine einer theoretischen Konzeption und Ergebnisse einer empirischen Untersuchung, Köln 2000, S. 274; Kluitmann aaO.; Lux, S. 570.
[111] Möschke, Friedrich, Die Betriebswirtschaft der Wohnungsunternehmen, in: Institut für Wohnungsrecht und Wohnungswirtschaft an der Universität zu Köln/ Verband Rheinischer Wohnungsunternehmen (Baugenossenschaften und -gesellschaften) e.V. Düsseldorf (Hrsg.), Von der Wohnungswirtschaft zur Stadtentwicklungspolitik, August Flender zum 75. Geburtstag, Hamburg 1975, S. 11-16, hier S. 13; Kodifizierung der Terminologie in Erlassen für die Reichsgruppen Industrie, Handel und Handwerk, dazu Reichskuratorium für Wirtschaftlichkeit (Hrsg.), Größere Wirtschaftlichkeit durch geordnetes Rechnungswesen und Betriebsuntersuchungen, Einführung und Anregungen, 2. Auflage, Leipzig 1942, S. 3, Fehlerquellen S. 86, Korrekturen S.92. Zur Arbeitsleistung, wenn auch insgesamt nicht immer sachlich, Black, Edwin, IBM und der Holocaust, Die Verstrickung des Weltkonzerns in die Verbrechen der Nazis, München Berlin 2001, S. 112.

also zu beachten, inwieweit sie Funktionen zu Text- und Wortabkürzungen sowie zu Rechenfunktionen benötigten und ob Zahlensymbole für die jeweils in Betracht kommende Buchungsmaschine erforderlich waren.

Das von Hollerith erfundene Lochkartenverfahren eignete sich aufgrund genauer Angaben über die Einzelheiten der aufgenommenen Unternehmen insbesonders für die Umsatzstatistik, die Selbstkostenermittlung, die Bilanzaufstellung, die Lohnbuchhaltung und die Materialienkontrolle.[112]

Die Lochkartenmaschine galt neben der Addierbuchungsmaschine, der Schreibrechen-Buchungsmaschine, der Vierspezies-Buchungsmaschine und der Registrierbuchungsmaschine als Buchungsmaschine im engeren Sinne. Die Addierbuchungsmaschine war zum Addieren und Subtrahieren und daher zum Saldieren geeignet. Hier gab es neben „Simplexmaschinen" mit nur einem Addierwerk auch sog. „Duplex-" und „Multiplexmaschinen", die Additions- und Subtraktionsverfahren in mehreren Kolonnen wie für Lohn- und Gehaltslisten erlaubten. Die Schreibrechenmaschinen dagegen schrieben beliebige Texte und konnten zugleich Rechenfunktionen ausüben. Die sog. „Vierspezies-Buchungsmaschine" rechnete zudem in mehreren Addierwerken (Registern) mit Saldierung, Kostenvoranschlägen, Tilgungsplänen oder Zins- und Devisenberechnungen in allen vier Rechenarten.

Gegenüber diesen Maschinen und in Konkurrenz zur sog. Registrierbuchungsmaschine, die Rechenmaschinencharakter hatte und vier bis fünf Originaldrucke (Kontrollstreifen, Schecks auf Papierstreifen, Bons oder Kontoblätter) lieferte, zeichnete sich die zur Erfassung des Wohnungsbestands gewählte Hollerithmaschine vor allem dadurch aus, daß sie Sortier- und Addierarbeiten mit Karten vornahm, auf denen Zahlen und Buchungstext durch gestanzte Löcher dargestellt werden konnten.[113]

Die Hollerith-Sortiermaschine konnte z. B. alle Karten mit der Schlüsselzahl „257" aus Tausenden von Karten, von denen jede einen Buchungsfall darstellte, schnell heraussortieren. Die sogenannte Tabelliermaschine konnte dann die heraussortierten Karten derart verarbeiten, daß die Kartenwerte auf Listen niedergeschrieben und aufaddiert wurden. Eine falsch eingesetzte Schlüsselzahl bewirkte, daß der Buchungsvorfall im

---

[112] Brüggemann, Alfred, Richtlinien für die Auswahl und Anwendung von Buchungsmaschinen, Ausschuß für wirtschaftliche Verwaltung beim Reichskuratorium für Wirtschaftlichkeit, RKW-Veröffentlichungen Nr. 17, Leipzig 1930, S. 7, 33. Die „Tabulating Machine Company" vertrieb die Maschinen in Deutschland ab 1910 über die Deutsche Hollerith Maschinen Gesellschaft (DEHOMAG); 1911 fusionierte die "Tabulating Machine Company" mit der „Computing Scale Company" zur "Computing Tabulating Recording Company" (CTR), die 1924 in die "International Business Machines Corporation" (IBM) umfirmierte; IBM Deutschland (Hrsg.), Kleine Chronik der IBM Deutschland 1910-1993, Stuttgart 1993, S. 11; Lenz, Karl, Die Rechen- und Buchungsmaschinen, 3. Auflage, Leipzig Berlin 1932, S. 107; zur Entstehung Dotzler, Bernhard J., Holleriths Killer-Applikation, Der Erfinder der Schaltungstechnik hatte sich nicht vertippt: Seine Lochkartenmaschine war Saat und Staat zugleich, Ereignisse und Gestalten, in: FAZ v. 10.03.2001, Nr. 59, S. III; weiter zum Anwendungsbereich der Hollerithmaschine Lindner, Rudolf/ Wohak, Bertram/ Zeltwanger, Holger, Planen Entscheiden Herrschen, Vom Rechnen zur elektronischen Datenverarbeitung, Deutsches Museum - Kulturgeschichte der Naturwissenschaften und der Technik, Reinbek 1984, S. 60 ff. .

[113] Müller, Jacob, Grundsätzliches zum organisatorischen Einsatz von rechnenden Schreibmaschinen und Addier-Buchungsmaschinen, Berlin 1940, S. 11; dazu Arbeitsablaufschaubild bei Aikele, Erwin, Betriebsabrechnung mit Lochkarten, Schriftenreihe des Reichsausschusses für Leistungssteigerung, Heft 7, Dargestellt an einem geschlossenen Geschäftsgang, Berlin Wien Leipzig 1944, Abb.13.

Memorialbogen und im Tagesauszug falsch geschrieben und der Betrag in einen falschen Begriff der Statistik gebracht wurde.[114]
Von Vorteil war die Lochkartenmaschine besonders bei identischem Buchungsanfall und vielseitiger Sortierungsverwendung. Sofern sie aus drei oder vier Maschinen, dem sog. „Lochkartenmaschinensatz"[115] bestand, erfolgten die Sortier- und Rechenarbeiten durch selbsttätiges Abtasten der gelochten Zahlen von den Lochkarten und durch Übertragung in die Addiermaschine nach mechanischem und elektromagnetischem Prinzip. Bei einem „Lochkartensatz" konnten die Wohnungsgesellschaften neben Lochmaschine, Lochprüfmaschine und Sortiermaschine und auf eine Tabelliermaschine zurückgreifen.
Die Tabelliermaschine war die eigentliche Buchungsmaschine, die allein rechnete und schrieb. Die Bedienung von Loch- und Lochprüfmaschine geschah manuell wie die Beschickung der anderen Maschinen, die ansonsten elektrisch betrieben wurden. So gestatteten die Lochkarten den Wohnungsgesellschaften eine vielseitige Auswertungsmöglichkeit zu statistischen und zu buchhalterischen Zwecken.
Pirker weist darauf hin, daß die Systemgebundenheit ein spezielles Vertrautsein sowohl mit der maschinellen Seite des Lochkartensystems als auch mit dessen Methoden erforderte.[116] Auch wenn die Vielschichtigkeit dieses Anforderungsprofils die Festlegung einer Arbeitsleistung an den Maschinen schwierig erscheinen ließ, ergaben Untersuchungen, daß sog. „mittlere Arbeitsleistungen" immer wiederkehrten. Die Gesellschaften bewerteten die Arbeitsleistung, indem sie die maschinentechnischen, arbeitstechnischen und personellen Faktoren ins Verhältnis zueinander setzten. Maschinentechnisch mußte die Betätigungsart der Maschine ebenso Beachtung finden wie die Arbeitsgeschwindigkeit des Antriebsmotors, die Geschwindigkeit des Wagens und der Zustand der Maschine in Bezug auf Ölung, Reinigung und anfallende Abfälle. Arbeitstechnisch waren die Arbeitsvorbereitung und Arbeitsart von Belang, so daß die Wohnungsgesellschaften grundsätzlich feststellen mußten, ob die Belege gleichförmig ausgestaltet und leserlich geschrieben waren. Außerdem war festzuhalten, ob nur Zahlen oder auch Texte zu registrieren waren und wie die Erfassung durch den Sachbearbeiter stattfand.
Eingeübtes Personal konnte nach empirischen Untersuchungen bei voller Auslastung einer 45-stelligen Lochkarte 150 bis 200 Karten in der Stunde stanzen. Bei den Sortiermaschinen betrug die Maschinenleistung für die Sortierung nach einer Zahlenreihe 18.000-24.000 Karten in der Stunde. Bei den Tabelliermaschinen schwankte die Leistung durch die Einflußfaktoren Arbeitspausen, Kontrollen oder Reparaturen und konnte in der Praxis zunächst mit 3.000 Karten in der Stunde angenommen werden.[117]

---

[114] TKA VSt/ 4488.
[115] Brüggemann, Richtlinien, S. 8, 14, 18, 25 f. .
[116] Pirker, Theo, Büro und Maschine, Zur Geschichte der Soziologie der Mechanisierung der Büroarbeit, der Maschinisierung des Büros und der Büroautomation, Studien des List Instituts, Reihe A, Basel 1962, S. 101.
[117] Brüggemann, Richtlinien, S. 35, 37; Lenz, S. 111; nach Kleinschmidt, Rationalisierung, S. 266, ordneten Sortiermaschinen stündlich bis zu 25.000 Karten und 30.000 achtstellige Zahlen konnten verarbeitet werden.

Die Vorteile des Verfahrens lagen für die Wohnungsgesellschaften vor allem im Vorordnen der Belege, der Eintragung der Angaben und Beträge in die richtigen Spalten der Konten oder Listen und in der rechnerischen Verarbeitung der Beträge. Daraus ergab sich die Möglichkeit einer ständigen genauen Analyse des gesamten Unternehmens, zumal es nun möglich war, jederzeit sofort den Stand jedes Kontos zù erfahren, fehlerhafte Organisation aufzudecken, unrentable Einzelbetriebe und Geschäftsverbindungen zu erkennen und unzureichende Leistungen einzelner Geschäftsabteilungen ursächlich nachzuweisen.[118]

Trotz dieser Vorteile sahen sich die Wohnungsgesellschaften politischem Widerspruch ausgesetzt. Zu den Schwierigkeiten, die den Gesellschaften in ihrer Gründungsphase aus der nationalsozialistischen Politik heraus bereits erwachsen waren, gesellte sich nun ein direkter Eingriff in die Unternehmenspolitik durch den Vertreter des Treuhänders der Arbeit für Westfalen, Pohle, sowie durch Vertreter der Nationalsozialistischen Betriebszellenorganisation (NSBO), namentlich die Betriebszellenleiter Knoll (Bochum) und Meinert. Die 1928 gegründete NSBO galt als politischer, propagandistischer Arm der NSDAP in den Betrieben. Sie lag bei den Betriebsratswahlen 1932 zwar nur bei 4 %, war aber 1933 aktiv an der Zerschlagung der Gewerkschaften beteiligt. Die NSBO hatte davon letztlich keinen Vorteil, denn sie wurde nicht wie erhofft Kern einer nationalsozialistischen Einheitsgewerkschaft, sondern ging 1935 in der DAF auf.[119]

Die Besprechung fand am 26.09.1933 bei den Wohnungsgesellschaften in Essen unter dem Vorsitz Pohles statt. Besprechungsgegenstand war der von dem Betriebszellenleiter Knoll beispielhaft anhand der Westdeutsche W. vorgetragene Vorschlag, gegen die Einführung des Hollerith-Systems bei den Gesellschaften einzuschreiten.

Die Anwesenheit der Vertreter der NSBO konfrontierte die Wohnungsgesellschaften unmittelbar mit dem neuen allseitigen Eingriffs- und Verfügungswesen, das mit dem Nationalsozialismus seit dem Frühjahr 1933 einherging. *Broszat* weist darauf hin, daß Göring schon in der Ministerialbesprechung zur Durchführung des Berufsbeamtengesetzes am 25.04.1933 erklärt hatte, daß das Heer von Kommissaren die Autorität des Staates zu untergraben und zu erschüttern drohte. Daher hatte Göring für Preußen mit Erlaß vom 05.05.1933 verfügt, daß die von der NSDAP und der NSBO in staatlichen Behörden und in wirtschaftlichen Betrieben eingesetzten Sonderkommissare zurückge-

[118] Lenz, S. 112; dabei Feststellung der Wohnverhältnisse nach Lawin, Rudolf, Die Auszählung einer Wohnungsbestandsaufnahme im Hollerith-Verfahren, in: Hollerith-Nachrichten 1935-1937, Heft 45-78, S. 773-777.

[119] Abgrenzung der Wirtschaftsgebiete gem. Nr. 7 der Anlage zu § 1 des Gesetzes über Treuhänder der Arbeit vom 19.05.1933, RGBl. 1933 I S. 285 und RGBl. 1933 I S. 369; näher zum Treuhänder der Arbeit mit Bezug auf das Wirtschaftsgebiet Westfalen vgl. Frese, Betriebspolitik, S. 228 ff. . Die NSBO war in kleineren Firmen sowie in Großbetrieben erfolgreich. Das Durchschnittsergebnis von 16 Betrieben mit NS-Listen soll im Gau Westfalen-Süd bei 11,3 % gelegen haben, Seebold, S. 50; Wisotzky, Klaus, Rassenkampf statt Klassenkampf, Zur Nationalsozialistischen Betriebszellenorganisaton (NSBO) an Rhein und Ruhr bis 1933, in: Ackermann, Volker/ Rusinek, Bernd-A./ Wiesemann, Falk (Hrsg.), Anknüpfungen, Kulturgeschichte-Landesgeschichte-Zeitgeschichte, Gedenkschrift für Peter Hüttenberger, Essen 1995, S. 201-220, hier S. 209, 217.

Besprechung über die Anwendung des Hollerithverfahrens bei den Wohnungsgesellschaften am 26.09.1933 zwischen dem Vertreter des Treuhänders für Arbeit, Mitgliedern der NSBO, Fusban, Forstmann, Keppler, Althüser, Louis und Busse, Düsseldorf, VA GA/ 26.09.1933, S. 1.

zogen werden mußten.[120] Davon waren die gegenüber den Wohnungsgesellschaften auftretenden NSBO-Vertreter indessen nicht betroffen, sie konnten an der Besprechung unter Vorsitz des Vertreters des Treuhänders der Arbeit für Westfalen auch am 26.09.1933 noch teilnehmen.

Fusban und Forstmann sowie die beiden Prokuristen Althüser und Keppler vertraten die Wohnungsgesellschaften und sahen sich mit dem von den NSBO-Vertretern formulierten Vorwurf konfrontiert, daß die Anschaffung von Hollerith-Maschinen die Rationalisierung der Arbeit gegenüber der Handarbeit bevorzugte und deshalb der mit Neueinstellungen verbundenen nationalsozialistischen Arbeitsbeschaffung entgegenwirkte. Daran schloß sich der Vorhalt an, daß Devisen für die Überlassung der Hollerith-Maschinen ins Ausland gingen.[121] Ebenso wollten die Vertreter der NSBO verhindern, daß bei der Beschäftigungsart im Hollerith-Verfahren überwiegend weibliche Arbeitskräfte bei - wie sie befürchteten - schlechter Bezahlung zur Ableistung von Überstunden eingestellt wurden, zumal sie die Auffassung vertraten, daß die Hollerith-Arbeit bei den einzelnen Gruppen der VSt nicht rentabel zu handhaben war. Schließlich trugen sie im Namen der NSBO auch vor, daß die Angestellten generell die Verwendung der Hollerith-Maschine „restlos" ablehnten, da sich diese auf Dauer nur eignete, die Arbeit der älteren Angestellten überflüssig zu machen. Die NSBO maß dieser Frage prinzipielle Bedeutung bei.[122] Sie verband damit die Forderung an den Treuhänder, sich für das Verbot des Hollerith-Systems überhaupt einzusetzen.

Gegen das Vorbringen der NSBO verwandte sich der Jurist Fusban im Sinne der Wohnungsgesellschaften. Er konnte verdeutlichen, daß sich die Angestellten der Gesellschaften in der Hauptsache aus Hausverwaltern, Bauführern und Buchhaltern zusammensetzten und es sich bei diesen Kräften um dieselben Personen handelte, die bereits bei der VSt den Wohnungsbestand bewirtschaftet hatten.

Das Erfordernis, Hollerith-Maschinen zu verwenden, ergab sich nunmehr aus den statistischen Aufgaben, die für rund 60.000 Wohnungen nicht von Hand ausgeführt werden konnten. Die Gründung der Wohnungsgesellschaften hatte nach Fusbans Argumentation gegenüber der vormals nebenbei erledigten Verwaltung zu größeren Dimensionen geführt, so daß die Verwaltung entweder durch maschinelle Arbeit zu erledigen war oder unterbleiben mußte. Die Argumentationslinie der NSBO widersprach außerdem allgemein praktischer Übung, nach der diejenige Buchhaltung zunehmend aufgegeben wurde, die jeden Geschäftsvorfall in zweifacher Weise - zunächst chronologisch in den Grundbüchern und dann systematisch geordnet nach einzelnen Konten - auf-

---

[120] Ergänzend dazu das Zitat des Sonderkommissars der Obersten SA-Führung bei der Regierung in Oberbayern: „Jeder NSBO-Mann, NSBO-Ortsgruppenleiter, NSBO-Kreisleiter...erläßt Verfügungen, die in die Befehlsbefugnisse der Kreisregierungen, Bezirksämter...eingreifen. Jeder verhaftet jeden."; Broszat, Martin, Der Staat Hitlers, 15. Auflage, München 2000, S. 258; zur Entstehung der NSBO vgl. weiter S. 63 ff., 80. Die Wirkung war eingeschränkt, denn ab Herbst 1933 stellten die Unternehmer Überlegungen an, wie den Aktionen von NSBO (und DAF) Einhalt geboten werden konnte, vgl. Frese, Betriebspolitik, S. 78 ff., 88.

[121] Besprechung über die Anwendung des Hollerithverfahrens, VA GA/ 26.09.1933, S. 1.

[122] Bericht Sozialpolitische Abteilung an Ernst Poensgen, Helmuth Poensgen, Rabes, Flaccus, Dinkelbach zur Besprechung bzgl. der Einführung des Hollerithsystems am 26.09.1933 in Essen, VA GA/ 27.09.1933, S. 2.

zeichnete. Während die alte Buchführung erst in die Grundbücher (Kasse, Memorial, Journal) und dann in das Hauptbuch und Kontokorrent übertrug, schrieb die in den 1930er Jahren moderne Buchführung sofort die Originalaufzeichnung auf die Kontokarte und mittels Blaublatt die Durchschrift für die Wohnungsgesellschaften auf das Grundbuchblatt.

Es konnten somit die beiden Aufzeichnungen der alten Buchhaltung mit nur einer Durchschrift verbucht werden. Nach diesem modernen Verfahren arbeitete auch die Lochkartenmaschine, die einen Endlos-Originalbogen und eine Durchschrift anfertigte. Hier bestand die Buchungskontrolle darin, daß die Soll- und Habensummen aller verbuchten Posten in den Grundbüchern mit den entsprechenden Summen des Hauptbuchs übereinstimmen mußten. Ebenso mußten die Soll- und Habensummen aller das Kontokorrent betreffenden Posten in den Grundbüchern mit den entsprechenden Summen der auf die einzelnen Kontokorrentkonten übertragenen Posten im Gleichklang sein und außerdem mit den Soll- und Habensummen des Hauptbuchkontos „kontokorrent" übereinstimmen.[123]

Dem Vorhalt der Arbeitsplatzvernichtung konnte Fusban zugunsten der Wohnungsgesellschaften zudem entgegensetzen, daß nicht nur bereits fünf neue Angestellte, die zuvor arbeitslos waren, eingestellt worden waren, sondern daß die Inanspruchnahme von Hollerith-Maschinen die Einstellung von weiteren zehn Arbeitskräften erforderte. Die bei den Wohnungsgesellschaften tatsächlich aufgrund der Lochkartenverfahren überzählig gewordenen Mietbuchhalter kamen in die zentrale Mietabrechnung oder arbeiteten in der Einkaufsabteilung der Geschäftsleitung.[124]

Die in diesem Zusammenhang für die NSBO vorgetragene Argumentation konnte insofern verwundern, als daß es der allgemein bekannten Entwicklung in der Bürotechnik entsprach, daß die Lochkartentechnik neue Büroberufe von der „Locherin-Prüferin" über den „Lochkarten-Sortierer", „-Tabellierer", und „-Programmierer" bis zum „-Sachbearbeiter" mit bestimmtem Aufgabenbereich hervorgebracht hatte. Auch nach der Definition des Ausschusses für wirtschaftliche Verwaltung (AWV) beim Reichskuratorium für Wirtschaftlichkeit konnte die anzustrebende Wirkung der Umgestaltung eines Betriebs darin bestehen, daß dieser - z. B. durch die zweckmäßige Gestaltung und Vereinfachung des Arbeitsablaufs, den Wegfall entbehrlicher Arbeiten oder die Spezialisierung der Arbeitskräfte - bessere Arbeitsergebnisse erzielen und Personalkosten einsparen konnte.[125]

Im Hinblick auf die Rentabilität teilten sich die Kosten für die Durchführung der maschinellen Buchführung in einmalige Einrichtungskosten und laufende Betriebskosten auf. Anschaffungskosten kamen bei einem Erwerb zu den laufenden Betriebskosten

---

[123] Brüggemann, Richtlinien, S. 29.
[124] Organisationsbericht vom 01.07.1935, S. 24, TKA VSt/ 2009.
[125] Ausschuß für wirtschaftliche Verwaltung (AWV) beim Reichskuratorium für Wirtschaftlichkeit, Wirtschaftlichkeitsberechnungen, Hinweise und Beispiele für ihre Anwendung in Büro- und Verwaltungsbetrieben, bearbeitet unter Mitwirkung des Reichssparkommissars und des Deutschen Instituts für wirtschaftliche Arbeit in der öffentlichen Verwaltung (DIWIV), RKW-Veröffentlichungen Nr. 82, 2. Auflage, Berlin 1933, S. 7.

wie Amortisationsraten, Kapitalverzinsungskosten, Strom, Heizung, Raummieten, Versicherungsprämien, Gehältern und Reparatur- und Materialkosten hinzu.
Materialkosten entstanden beispielweise für Lochkarten, Papier, Form- und Kontoblätter, Drucksachen, Kohlepapier und Farbbänder. Reparaturkosten waren im allgemeinen jährlich mit 5 % - 10 % der Anschaffungspreise der Maschinen anzusetzen.[126]
Angesichts der Arbeitsleistung von bis zu 24.000 Karten in der Stunde war die von der NSBO prognostizierte Unrentabilität der Maschinen indessen objektiv nicht nachvollziehbar.

Für eine Anschaffung standen neben mehrheitlich amerikanischen verschiedene deutsche Maschinenarten und Fabrikate zur Auswahl.[127] Fusban wich dem Vorwurf der Vernichtung von Arbeit durch den Erwerb neuer Maschinen mit dem Hinweis aus, daß der bereits bei der VSt befindliche Bestand an Hollerith-Maschinen benutzt werden konnte und deshalb zunächst ein Kauf entfiel. Die Replik Meinerts, die dafür aufzuwendende Miete in eine Arbeitskraft zu investieren, griff angesichts des objektiven Arbeitszeitvorteils der Hollerith-Maschine nicht.[128]
Unterstützung fand Fusban durch den Angestellten der VSt-Hauptverwaltung Louis, der darauf hinwies, daß auch die Parteileitung der NSDAP und Behörden das Hollerithverfahren grundsätzlich als richtig anerkannten. Louis verwies auf die Verwendung in vielen Behörden und Betrieben, so wie bei der Reichsbank, der Reichsbahn oder beim Statistischen Reichsamt, das das Prinzip des Lochkartenverfahrens bereits seit 1911 nutzte. Zu öffentlichen Stellen wie Pensionskassen, Reichspost, Marine und Luftwaffe gesellten sich Unternehmen aus den Bereichen Eisen- und Stahlerzeugung, Bergbau, Chemie, Kraftfahrzeuge, Elektrogeräte, Werften, Banken, Gummi und Öl. Im September 1933, also zum Zeitpunkt der streitigen Unterredung, nutzten die Nationalsozialisten die DEHOMAG sogar, um die Daten der Fragebögen für die preußische Volkszählung auszuwerten.[129]
Louis zeigte außerdem auf, daß die Hollerithgesellschaft eine eigene Fabrik von der Firma Villeroy & Boch in Berlin erworben hatte, um dort Maschinen herstellen zu

---

[126] Brüggemann, Richtlinien, S. 36 f.; Aufstellung zu den Qualifikationsanforderungen bei Pirker, S. 100.
[127] Add-Index Corporation (New York), Aktiebolaget Addo (Malmö), Brennan Adding (Chicago), Lanston Monotype Machine (Philadelphia), Burroughs Adding Machine Company (Detroit), LE Smith & Corona Typewriter (New York), Dalton Adding Machine (Cincinnati), Federal Adding Machines Incorporated (New York), Gardner Calculator Comp. (Edensburg, USA), Peters-Mors Manufacturing Corp. (Ithaca, USA), Sundstrand Adding Machine (Rockford, USA), Victor Adding Machine (Chicago), National Smith Premier Typewriter (New York), General Office Equipment Corp. (New York). Fotografien zu Hollerith-Sortier- bzw. Tabellier-Zählmaschinen, Lochkarten sowie Datenerfassung im Statistischen Reichsamt bei Black S. 352/ Anker-Werke A.-G. (Bielefeld), Astrawerke Aktiengesellschaft (Chemnitz), Clemens Müller A.-G. (Dresden), Cordt-Triplex (Leipzig), Deutsche Hollerith Maschinen Gesellschaft m.b.H. (Berlin), Europa Schreibmaschinen A.-G. [Olympia] (Berlin), Hamann & Astra (Berlin), Krupp Registrier-Kassengesellschaft m.b.H. (Essen), Mercedes-Büromaschinenwerke A.-G. (Zella-Mehlis, Thüringen), Ruthardt & Co. GmbH (Stuttgart), Aktiengesellschaft vorm. Seidel & Naumann (Dresden), Tasma-Addiermaschinen (Berlin), Triumph-Werke (Nürnberg), Wanderer-Werke (Schönau bei Chemnitz), Zeiss-Ikon A.-G. Goerz-Werk (Berlin).
[128] Vorstandsbesprechung betr. Anwendung des Hollerithverfahrens, VA GA/ 26.09.1933, S. 3.
[129] IBM Deutschland, S. 11; Black, S. 111; Jeismann, Michael, Spalte 22, Zeile 3, Der Journalist Edwin Black spürt den Verbindungen zwischen IBM und der SS nach, in: FAZ v. 16.02.2001, Nr. 40, S. 41.

können und dabei für die Produktion in Deutschland mit einer Arbeitsplatzbeschaffung für 860 Personen bereits bis zu 1 Mio. RM investiert hatte.[130]

Unter Abwägung der Argumentation der Parteien erklärte Pohle in Vertretung des Treuhänders der Arbeit für Westfalen, daß nur „bei offensichtlichen Mißständen" eingegriffen werden konnte, ihm im vorliegenden Fall die Gewichtung jedoch keine Handhabe zum Einschreiten bot. Pohle sah bei einer Ablehnung des Lochkartenverfahrens den Konflikt mit der Partei, die später dann tatsächlich verkündete, daß mit dieser Technik „ein schlagkräftiges wirtschaftspolitisches Werkzeug geschmiedet" worden sei. Abschließend zog sich Pohle darauf zurück „zu versuchen, eine Klärung der Frage durch Bestimmungen von Regierungsseite herbeizuführen".[131]

Für die Wohnungsgesellschaften bedeutete das, daß sie nicht von unmittelbaren Beeinträchtigungen im Hinblick auf eine differenzierte Ausgestaltung des Rechnungswesens bedroht waren. Immerhin hatten sie es so vermocht, sich auf argumentativer Basis einem nationalsozialistisch motivierten Eingriff zu entziehen. Dies ist umso bemerkenswerter, als daß NSBO-Vertreter bereits in Betrieben Lohnerhöhungen unter Androhung von Konzentrationslager, verbunden mit dem Hinweis auf schon erfolgte Verhaftungen, durchgesetzt hatten.[132]

Dem Einsatz der Hollerith-Maschine standen bei den Wohnungsgesellschaften fortan keine Hindernisse mehr im Weg, so daß die NSBO dort mit ihrem Anliegen endgültig gescheitert war. Das Durchsetzungsvermögen gegenüber der NSBO bewirkte, daß die Wohnungsgesellschaften die ersten gemeinnützigen Wohnungsunternehmen in Deutschland wurden, die eine solche datenmäßige Erfassung für die Baukosten, die Instandhaltungskosten und die damit anfallenden Zahlungsvorgänge schufen.[133]
Das Ergebnis der Besprechung vom 26.09.1933 war für die Wohnungsgesellschaften deshalb eine entscheidende Weichenstellung auf dem Weg zu einem modernen Rechnungswesen.

[130] Der 1932 erworbenen Mehrheit bei den Frankfurter Weilwerken, die Schreib- und Buchhaltungsmaschinen („Torpedo") fertigten, sollte 1934 die Einigung mit der Siemens & Halske AG folgen, Erfindungen und Patente auszutauschen. Diese Zusammenarbeit wurde aber aufgegeben, da die amerikanische Unternehmensleitung ihr technisches Wissen nicht über eine Produktionspalette bei Siemens & Halske verbreiten wollte, Driessen, Tilman, Von Hollerith zu IBM, Zur Frühgeschichte der Datenverarbeitungstechnik von 1880 bis 1970 aus wirtschaftswissenschaftlicher Sicht, Wirtschafts- und Rechtsgeschichte, Band 5, Köln 1987, S. 77.

[131] VA GA/ 26.09.1933, S. 4 f.; Zo., Lochkartenmaschinen helfen rechnen und verwalten, in: Der Vierjahresplan 1941, S. 429-431, hier S. 430.

[132] Frese, Betriebspolitik, S. 80.

[133] Flender, August, Die Datenverarbeitung als Mittel der betrieblichen Rationalisierung gemeinnütziger Wohnungsunternehmen - Grundlagen und Erfahrungen -, in: Gesamtverband gemeinnütziger Wohnungsunternehmen, Gemeinnützige Wohnungsunternehmen im Wettbewerb, S. 145-169, hier S. 147.

f) Verwaltungsstellen und Bezirke

Sobald die Verwaltung Fragen der Beaufsichtigung der Häuser berührte, war der Aufgabenbereich der in nächster Nähe der Wohnungen eingerichteten örtlichen Verwaltungsstellen betroffen.[134] Zwischen den jeweiligen Geschäftsleitungen und den Verwaltungsstellen bestand die Aufgabenteilung, daß die Geschäftsleitungen alle erforderlichen Unterlagen und sonstigen Ausrüstungsgegenstände organisierten und sich im Gegenzug der Verwaltungsstellen für die Bestandsbetreuung vor Ort bedienten.

aa) Besetzung der Verwaltungsstellen

Die Besetzung der Verwaltungsstellen mit jeweils einem Wohnungsverwalter und einem Bauführer diente der Bearbeitung eines umfangreichen Aufgabenkatalogs.
Die Aufgabenverteilung sah vor, daß „die Wohnungsverwalter für die Einnahmeseite und die Bauführer für die Ausgabeseite“[135] verantwortlich waren. Dementsprechend fiel die Bauaufsicht in den Zuständigkeitsbereich des Bauführers, während der Wohnungsverwalter z. B. für das Mahnwesen vor Ort zuständig war. Der Bauführer hatte sich zunächst gegenüber Architekten nicht in Bauvorhaben einzuschalten, war allerdings nach den ersten praktischen Erfahrungen verpflichtet, für den Bereich seiner Verwaltungsstelle Monatsberichte für die Geschäftsleitungen anzufertigen.
Den Verwaltungsstellen kam die für Geschäftsleitungen und Vorstand wichtige verbindende Funktion zu den Mietern zu. Bei Mietrückständen fanden vor Ort möglichst persönliche Umstände Berücksichtigung und in Absprache mit der Geschäftsleitung wurde die Mietpartei zunächst mündlich an ausstehende Zahlungsverpflichtungen erinnert.

Die Zusammenfassung mehrerer Verwaltungsstellen in einem Bezirk sollte die Koordination für die Geschäftsleitungen erleichtern.
Jeweils ein Wohnungsverwalter oder Bauführer erhielt für zwei bis sechs Verwaltungsstellen die Position eines Bezirksleiters und war dann in Personalunion Wohnungsverwalter bzw. Bauführer und Bezirksleiter.[136] So ergaben sich für die Verwaltungsstellen der Rheinische W. fünf, der Rheinisch Westfälische W. ebenfalls fünf sowie der Westfälische W. sieben Bezirke. Der größte zu betreuende Bezirk war der Bezirk II der Rheinische W., der 6.370 Wohnungen umfaßte.[137]
Aufgabe des Bezirksleiters war es insbesondere, seine Geschäftsleitung bei der Durchführung organisatorischer Maßnahmen zu unterstützen. Dabei war er für eine möglichst enge Zusammenarbeit der Verwaltungsstellen mit der jeweiligen Geschäftsleitung verantwortlich. Die Aufgaben konnten vor allem im Bereich der Instandhaltungs-

---

[134] Der Erkenntnis einer Orientierung am Mieter folgte die regional ausgerichtete Organisation und nahm damit bereits 1933 eine im 21. Jahrhundert moderne Handlungsoption vorweg. *Marth* zufolge ist für den Erfolg einer Wohnungsstrategie die konsequente Kundenorientierung mit strikt regionaler Präsenz maßgeblich, Marth, Hermann, Aus Mietern werden Kunden, in: FAZ v. 21.3.2003, Nr. 68, S. 43.

[135] Organisationsbericht vom 01.07.1935, S.10, TKA VSt/ 2009.

[136] Eine formale Abgrenzung von Bezirksleiter und einzelner Verwaltungsstelle nahm der Vorstand vor, indem alle Verwaltungsstellen einen Unterschriftenstempel, die Bezirkleiter für ihren Schriftverkehr indessen Firmenbriefbögen erhielten, VA VS/ I, Bl. 72; Organisationsbericht vom 01.07.1935, S. 9, TKA VSt/ 2009.

[137] Anlagen 2-4 zum Organisationsbericht vom 01.07.1935, S. 9, TKA VSt/ 2009; Organigramm C. III. 2. a) .

maßnahmen von nur einer Fachkraft bearbeitet werden, sofern der Bezirksleiter selbst der zuständige Bauführer war. In diesem Fall deckten sich die Anforderungen an die Bezirksleiter und die Bauführer. Ansonsten definierte die Trennung zwischen den Stellen der Bauführer und der Wohnungsverwalter die deutlich voneinander abgegrenzten Tätigkeitsbereiche.

Um zu gewährleisten, daß die Verwaltungsstellen außerhalb der Dienstzeiten nicht verwaisten, versuchten die Geschäftsleitungen ihre Wohnungsverwalter und Bauführer möglichst in der Siedlung selbst oder in der Nähe unterzubringen.[138] Im Durchschnitt, bezogen auf alle Gesellschaften, betreute jeder Wohnungsverwalter 1.108 und jeder Bauführer 1.181 Wohnungen.

Tab. 32: Wohnungszahl je Wohnungsverwalter/ Bauführer

	Wohnungen	
	Wohnungs-verwalter	**Bauführer**
Rheinische W.	1.090	1.194
Rheinisch Westfälische W.	1.016	1.129
Westfälische W.	1.220	1.220
Ø	1.108	1.181

Quelle: TKA VSt/ 2009.

Es bestand demnach eine ungleichmäßige Besetzung. Dies war auf die Aufgabenverteilung bei der Rheinische W. und Rheinisch Westfälische W. zurückzuführen.
Die Unterschiede ergaben sich einerseits aus den bei der Übernahme der Wohnungen bereits bestehenden und dann beibehaltenen Besetzungen sowie andererseits aus den örtlichen Gegebenheiten, wie dem Zustand der Wohnungen oder dem Umfang des Arbeitsbereichs der Verwaltungsstelle.[139] Während z. B. in Witten-Annen von der Verwaltungsstelle 69 lediglich 544 Wohnungen zu betreuen waren und deshalb die Positionen des Bauführers und des Wohnungsverwalters von einer Person (Fengler) wahrgenommen werden konnten, umfaßte die Verwaltungsstelle 73 (Hansemann/ Westfälische W.) 2.129 Wohnungen, die einem Wohnungsverwalter und ausnahmsweise zwei Bauführern unterstanden.
Von der Regel, daß grundsätzlich eine Arbeitskraft nur einen Stelle bekleidete, bestand die weitere Ausnahme, daß im Bezirk II der Rheinische W. der Bauführer Moritz die Aufgaben für Schacht 1/6 und für die Josefskolonie übernahm und deshalb die Verantwortung für die Instandhaltung von 2.735 Wohnungen trug.[140] Im Vergleich zu der sonstigen Betreuungsleistung lag diese Zahl nahezu 1.000 Wohnungen über dem Durchschnitt und brachte ein überproportional hohes Arbeitspensum mit sich.

---

[138] VA VS/ V, Bl. 56.
[139] Organisationsbericht aaO. .
[140] Anlage 2 zum Organisationsbericht vom 01.07.1935, S. 9, TKA VSt/ 2009.

Die doppelte Besetzung der Verwaltungsstellen bewirkte, daß dort der größere Teil des Personals der Wohnungsgesellschaften arbeitete. Die Gesamtzahl von 175 Beschäftigten bei Aufnahme der Verwaltungstätigkeit 1933 erhöhten die Gesellschaften bis Jahresende auf 183 Personen. Davon arbeiteten 112 Beschäftigte als Wohnungsverwalter und Bauführer bei den Verwaltungsstellen.

Tab. 33: Beschäftigte der Verwaltungsstellen und Geschäftsleitungen; 01.01.1934

	Leitung	Verwaltungsstellen	Gesamt
Westdeutsche W.	10	-	10
Rheinische W.	24	46	70
Rheinisch Westfälische W.	20	39	59
Westfälische W.	17	27	44
Gesamt	71	112	183

Quelle: VA BV/ 4-A-3/ 18.01.1934, S. 2.

Der Bestandsverteilung entsprechend hatte die Rheinische W. mit 24 in der Geschäftsleitung und 46 bei den Verwaltungsstellen arbeitenden Personen die meisten Beschäftigten, gefolgt von der Rheinisch Westfälische W. mit 59 (Geschäftsleitung 20/ Verwaltungsstellen 39) und der Westfälische W. mit 44 Mitarbeitern (Geschäftsleitung 17/ Verwaltungsstellen 27). Das Personal der Westdeutsche W. machte mit zehn Angestellten den geringsten Anteil der Gesamtbeschäftigten aus, bearbeitete aber vor allem Vorgänge des Vorstands, zumal die anderen Gesellschaften die Objektbetreuung vor Ort durchführten. Dementsprechend entfielen eigene Verwaltungsstellen für die Westdeutsche W..

Insgesamt erhöhten die Gesellschaften die Zahl ihrer Angestellten seit ihrer Gründung innerhalb eines Jahres von 175 auf 194 und steigerten die Anzahl der Beschäftigten zum 01.10.1935 weiter auf 219. Darunter waren zwölf Arbeiter und eine Erhebung stellte für den Juli 1935 fest, daß von den zu der Zeit 209 Angestellten 77 bei der Rheinische W., 67 bei der Rheinisch Westfälische W., 55 bei der Westfälische W. und nach wie vor zehn beim Vorstand in Essen beschäftigt waren.[141] Von ihrer Gründung bis zum Jahr 1938 weiteten die Wohnungsgesellschaften die Organisation der Stellen aus und steigerten den Anteil der kaufmännischen Angestellten um 44 %. Der Anteil der technischen Angestellten wuchs um 60 %, während bei den Verwaltungsstellen die Zahl der Wohnungsverwalter um 12 % anstieg. Der besonders starke Personalzuwachs von 1936 bis 1939 bei Verwaltungsstellen und Leitungen war auf die Einrichtung technischer Büros und auf die Neubautätigkeit, die Instandsetzungsarbeiten sowie die Arbeiten an der Häuserkartei zurückzuführen.

Die Wohnungsgesellschaften sahen sich zugleich veranlaßt, die am 01.10.1934 auf sechs Lehrlinge zugeschnittenen Stellen bis zum 01.07.1937 auf 18 Ausbildungsplätze auszuweiten. Lehrlinge, die Ostern 1937 ihre dreijährige Lehrzeit abschlossen, erhiel-

[141] Organisationsbericht vom 01.07.1935, S. 31, TKA VSt/ 2009.

ten von den Gesellschaften ein Übernahmeangebot. Neben der dreijährigen Lehre bot die Ausbildungsorganisation der Wohnungsgesellschaften auch eine vierjährige Lehrzeit an, die die Lehrlinge unabhängig von der Gesamtdauer in den Verwaltungsstellen und Geschäftsleitungen bei Schriftgutablage, Einkauf, Rechnungsprüfung, Buchhaltung und technischen Büros absolvierten. Damit kamen die Gesellschaften dem Anlie-

Tab. 34: Beschäftigte der Wohnungsgesellschaften; 1935-1943

	Personal		
	Angestellte	Arbeiter	Gesamt
01.10.1935	207	12	219
01.10.1936	216	11	227
01.10.1937	234	12	246
01.10.1938	252	12	264
01.10.1939	277	12	289
01.10.1940	272	10	282
01.10.1941	272	9	281
01.10.1942	261	10	271
01.10.1943	257	10	267

Quelle: VA GB/ 1944/ 45, S. 8; Vereinigte Stahlwerke (Hrsg.), Jahresbericht der Vereinigte Stahlwerke AG 1939/ 40, S. 167; Jahresbericht der Vereinigte Stahlwerke AG 1940/ 41, S. 173; Monatsbericht der Vereinigte Stahlwerke AG September/ Dezember 1943, S. 77, in : TKA HBL.

gen Albert Völglers nach, der als Gründer des 1933 in die DAF übergegangenen Deutschen Instituts für Arbeitsschulung die Ausbildungspolitik als eine zentrale Strategie der Anpassung an die dynamischen Unternehmensanforderungen erkannt hatte. Vögler war daran gelegen, die Ausbildung des Nachwuchses in die Unternehmensorganisation einzubinden und den Lehrlingen stets die Gelegenheit zu geben, sich mit betrieblichen Fragen auseinanderzusetzen.[142] Die Verwaltungsstellen waren für mindestens ein Vierteljahr, nach zwischenzeitlichen Anweisungen für ein halbes Jahr, in die Ausbildung eingebunden. Sie hatten in dieser Zeit die Funktion der Verknüpfung von Personal- und Ausbildungsorganisation. Für die Ausbildung vor Ort betonte Fusban gegenüber den Geschäftsleitungen, ...

> *... daß der Lehrling gerecht behandelt sein will und menschlich richtig geführt werden muß. Er möchte das Gefühl haben, daß man ihn wirklich zu einem tüchtigen Kaufmann ausbilden will. Andererseits darf er unbedenklich hart angefaßt werden, wenn mangelhafte Leistungen oder schlechte Führung das notwendig erscheinen lassen. Den Leitungen wird die Überwachung der Lehrlinge vom Vorstand besonders nahegelegt.* "[143]

1938/ 39 beschäftigten die Wohnungsgesellschaften dann erstmals mehr als 280 Arbeiter und Angestellte. Sie konnten dieses Niveau in den folgenden drei Jahren halten, bevor es kriegsbedingt sank.

---

[142] VA VS/ I, Bl. 25, 73, 103; Frese, Betriebspolitik, S. 6; Vögler, Der betriebsorganisatorische Umbau, S. 486; weiterführend Haertler, H.-J., Ausbildungsprobleme in der gemeinnützigen Wohnungswirtschaft, in: Gesamtverband gemeinnütziger Wohnungsunternehmen, Gemeinnützige Wohnungsunternehmen im Wettbewerb, S. 125-132.

[143] VA VS/ II, Bl. 46, 58.

Um die Organisation der Stellenzuordnungen ohne Reibungsverluste gewährleisten zu können, verfügte der Vorstand, daß ihm generell beabsichtigte Personalveränderungen auch innerhalb von Abteilungen der Geschäftsleitungen mitzuteilen waren. Der Vorstand war bestrebt, eine reibungslose Zusammenarbeit der Mitarbeiter sicherzustellen und so untersagte und genehmigte er gleichermaßen Umgruppierungen.[144]

Sofern die Verwaltungsstellen behördliche Einladungen erhielten, hatten die Bauführer und Wohnungsverwalter der Geschäftsleitung davon Mitteilung zu machen. Die Geschäftsleitung bestimmte dann, wer einen Termin wahrzuehmen hatte und versuchte so, eine „sachkundige und repräsentative" Interessenvertretung sicherzustellen.
Damit engten die Gesellschaften auf der einen Seite die Entscheidungskompetenz ihrer Belegschaft ein. Das bedeutete grundsätzlich eine beschränkte Arbeitsplatzautonomie. Auf der anderen Seite versuchte der Vorstand, Verantwortungsfreude bei Wohnungsverwaltern und Bauführern zu wecken, zu stärken und sie in die Lage zu versetzen, selbständig an der Verbesserung von Arbeitsergebnissen mitzuarbeiten. So übertrug der Vorstand nicht einer Prüfungsgesellschaft, sondern den Wohnungsverwaltern und Bauführern die Zuständigkeit für den sog. „Verwaltungsstellen-Erfolgsbogen". Bauführer und Wohnungsverwalter verantworteten seitdem die Zusammenstellung der wichtigsten Kennziffern der Verwaltungsstellen zur Unterrichtung von Geschäftsleitungen und Vorstand.[145]
Der Verwaltungsstellen-Erfolgsbogen enthielt Informationen über die Einnahmen, Sollmieten und Mietnebenkosten sowie über die Ausgaben, unterteilt nach den Ausgaben für Instandhaltung, Instandsetzung und Verbrauch.[146] Der organisatorische Ablauf sah die Belieferung der Verwaltungsstellen mit Vordrucken vor, die monatsweise nebeneinander geklebt einen unkomplizierten Überblick über die Entwicklung von Einnahmen und Ausgaben vermittelten. Der Vergleich der Verwaltungsstellen untereinander gab zudem den Geschäftsleitungen die Möglichkeit, einerseits weniger gut geführte Stellen und damit Verlustquellen festzustellen und andererseits die Arbeitsweise starker Verwaltungsstellen auf die weniger erfolgreichen Stellen zu übertragen.[147] Damit standen die Verwaltungsstellen in einer Konkurrenz zueinander, die als Leistungsanreiz dienen sollte.

Alles in allem trug somit die Organisation über die Verwaltungsstellen und Bezirke zur Beschaffung, Verarbeitung, Übertragung, Speicherung und Bereitstellung von Informationen bei und ermöglichte ein effizientes „Informationsmanagement".[148]

---

[144] VA VS/ I, Bl. 74.
[145] VA VS/ I, Bl. 81; Organisationsbericht vom 01.07.1935, S. 20, TKA VSt/ 2009.
[146] Anlage 25 vor S. 21 zum Organisationsbericht vom 01.07.1935, TKA VSt/ 2009.
[147] Organisationsbericht vom 01.07.1935, S. 21, TKA VSt/ 2009.
[148] Schwarze, Jochen, Informationsmanagement als Voraussetzung für ein erfolgreiches Immobilienmanagement, in: Schulte/ Schäfers, Handbuch CREM, S. 83-116, hier S. 92.

bb) Schlüsselung

Die Wohnungsgesellschaften verarbeiteten ihre über die Verwaltungsstellen vor Ort gewonnenen Erkenntnisse ebenso wie die bereits bekannten Bestandsdaten, indem sie unter Verwendung des Hollerithverfahrens eine systematische Schlüsselung für alle registrierfähigen Begriffe einführten.

Eine Schlüsselzahl diente dem Zweck, als Sortierzahl die Erstellung einer Zahlungs- und Geldbewegungsstatistik zu ermöglichen.[149] Dafür waren bei den Wohnungsgesellschaften sämtliche Häuser und Wohnungen - auch leerstehende - innerhalb eines Verwaltungsstellenbezirks zu erfassen. Ein besonderer Arbeitsausschuß legte Anweisungen fest, die sich aus Besprechungen in der Praxis ergaben.

Die Umsetzung einer exakten Schlüsselung erforderte unter der Vermeidung von Verwechslungen die immer gleiche Erfassung der Häuser in der Reihenfolge der Wohngeschosse von unten nach oben. Als Haus galt jeder Gebäudeteil, der eine eigene Nummer hatte.

Als Grundlage der Datensammlung diente vor Ort eine Bewertung des Grundstücks, des Gebäudezeitwerts sowie des Ertragswerts mit Hilfe eines Bewertungsbogens. Darüber hinaus waren die Auflassungsverträge in Zweifelsfragen ebenso Datengrundlage wie die bei den bisherigen Wohnungsverwaltungen der einzelnen Werke geführten Akten und Karteien über die Häuser. Außerdem waren die bisherigen Mieterverzeichnisse und die bei den Grundstücksabteilungen vorhandenen Steuer- und Gebührenunterlagen Hilfsmittel bei der Erstellung der Datensätze.

Im Vorfeld der Datenerhebungen hatte jede Verwaltungsstelle Karten oder Pläne anzufertigen, in denen die Grenzen, die Straßenzüge, die zu den jeweiligen Verwaltungsstellen gehörenden Häuser, in der Nähe liegende Werkskassen und die betreffende Verwaltungsstelle selbst einzutragen waren.[150] Letztlich fanden die Ermittlungen zu den Grundstücks- und Gebäudeeigenschaften Eingang in die Häuserkartei. Der Aufbau der Schlüsselung erfolgte über Ziffergruppen:

(1) Gesellschaften/ Eigentümer 1- oder	3-stellig,
(2) Verwaltungsstellen	2-stellig,
(3) Häuserkontonummer	3-stellig,
(4) Wohnungskontonummer	2-stellig.

Die Wohnungen der Westdeutsche W. erhielten die Gesellschaftsziffer 4. Sie waren mit ihrem Schlüssel derjenigen Wohnungsgesellschaft zuzuordnen, in deren Bereich die Wohnung der Westdeutsche W. lag. Damit bei Ankäufen weiterer Grundstücke und und Häuser der regionale Aufbau, der sich aus der Aufteilung des Bestands ergab,

---

149 TKA VSt/ 4488; zur Einteilung der Buchungskarte und der Ordnung der Referenz- und Belegnummern, Rottke, Hermann, Die Buchhaltung von Industriebetrieben und Handelsgeschäften lückenlos durchgeführt mit Hollerith-Maschinen, Berlin Wien 1929, S. 11, S. 15 ff.; zur Umsetzung (Zweite) Arbeitsanweisung für die Ausfüllung des Häuser- und Wohnungsbestandsvordrucks A und für die Häuser- und Wohnungskontenschlüsselung, VA GA/ 12.08.1933.

150 (Erste) Arbeitsanweisung für die Ausfüllung des Häuser- und Wohnungsbestandsvordrucks A und für die Häuser- und Wohnungskontenschlüsselung, VA GA/ 04.08.1933.

nicht gestört wurde, blieb bei der Schlüsselung jede zehnte Häuserkontonummer unbelegt (Tab. 35).
Innerhalb der Häuserkontonummern erhielten die Wohnungen fortlaufende Numerierungen. Schwierigkeiten bereiteten die Siedlungen, in denen Ausgaben wie z. B. Steuern je Haus nicht vollständig registriert werden konnten. In diesen Fällen faßten die Gesellschaften diejenigen Häuser, die nur einen gemeinsamen Grundsteuerwert hatten, also eine wirtschaftliche Einheit bildeten, zu einer Häuserschlüsselnummer zusammen.

Auch die bei den Häusern vor Ort befindlichen Verwaltungsstellen erhielten unter Berücksichtigung der geografischen Lage eigene Schlüsselnummern (Tab. 36).
Sofern bei der Ermittlung der Datensätze Kennzeichen nicht in Zahlen ausgedrückt werden konnten, sah eine Sonderanlage zur Arbeitsanweisung für die Erarbeitung der Häuser- und Wohnungskontenschlüsselung eine weitere Schlüsselung für mehrere grundstücksspezifische Begriffe vor.[151] Dabei handelte es sich um

> (1) dingliche Belastungen, (2) verwertungsrechtliche Belastungen, (3) Art des Hauses, (4) Lage des Hauses, (5) Lage auf fremden Grubenfeldern, (6) Baujahr, (7) Bauart, (8) Kanalanschluß, (9) Straßenausbau, (10) abgeschlossene Etage, (11) elektrische Beleuchtung, (12) Gasbeleuchtung, (13) Wasserleitung, (14) Heizung, (15) Kachelofen, (16) Zahlart, (17) Betriebsnummer, (18) Werk/ Schachtanlage, (19) Kartenart, (20) Beruf der Mieter, (21) Gemeinde, (22) Feuerversicherung.

Die bei den Werken verbliebenen oder angemieteten Wohnungen erhielten ebenfalls eine Registrierung für die Lochkartentechnik mit Schlüsselnummern. Hier bestand die Zuordnungsproblematik, daß einzelne Objekte in der Regel einem Betrieb angeschlossen waren. Eine Zuweisung ging daher aus dem gesonderten sog. „kleinen Anschriftenverzeichnis" hervor (Tab. 37).
Die Festsetzung der dreistelligen Schlüsselnummern im kleinen Anschriftenverzeichnis erfolgte nach der Zifferngruppe 1. Die Ziffern 1 bis 4 standen für die Wohnungsgesellschaften, während z. B. die Ziffern 170 bis 179 der Abt. Bergbau, Gruppe Gelsenkirchen, zuzuordnen waren. Die Wohnungsgesellschaften waren damit in der Lage, Geschäftsvorgänge wie die Festsetzung des Mieten-Solls durch Lochkarten zu bearbeiten. Daneben legte die Abteilung Einkauf für jeden Unternehmer eine sog. „Bezugskartei" an, die sie unter geringem Arbeitsaufwand mit dem Lochkartenverfahren ausbaute.[152] Die Einführung der Schlüsselung förderte den Einsatz formaler sowohl Planungs- als auch Kontrollsysteme, die eine höhere Transparenz im Rechnungswesen bewirkten. Je weniger Stellen den Instanzen nachgeordnet waren, umso geringer fiel die Leitungsspanne aus.

Im Ergebnis war dieses mit der Schlüsselung definierte „zielkonforme Verhalten"[153] geeignet, Informationsasymmetrien zwischen den Instanzen und nachgeordneten Stellen zu verringern.

---

[151] VA GA/ 04.08.1933.
[152] Anlage 18 vor S. 16 zum Organisationsbericht vom 01.07.1935, TKA VSt/ 2009 und VSt/ 4488.
[153] Picot, Arnold, Die Organisation, Ein dynamischer Prozeß, weil Technologien und Märkte sich verändern/ Kompendium der neuen BWL, in: FAZ v. 18.02.2002, Nr. 41, S. 29.

Tab. 35: Schlüsselplan der Verwaltungsstellen, Häuser- und Wohnungskonten

	Nr. Verwaltungsstelle	Nr. Häuserkonto	Nr. Wohnung
	1	2	3
1. Rheinische W.	20 – 49	001 – 999	01 – 99
2. Rheinisch Westfälische W.	50 – 69	001 – 999	01 – 99
3. Westfälische W.	70 – 89	001 – 999	01 - 99

Quelle: Darstellung nach Anlage 2 zur Arbeitsanweisung für die Ausfüllung des Häuser- und Wohnungsbestandsvordrucks A und für die Häuser- und Wohnungskontenschlüsselung, VA GA/ 12.08.1933.

Tab. 36: Schlüsselung der Verwaltungsstellen

Rheinische W.		Rheinisch Westfälische W.		Westfälische W.	
Verwaltungsstelle	**Schlüssel Nr.**	**Verwaltungsstelle**	**Schlüssel Nr.**	**Verwaltungsstelle**	**Schlüssel Nr.**
Wesel	20	Essen	49	Erin-Teutoburgia	70
Lohberg	21	Holland	50	Germania	71
Dinslaken	22	Rheinelbe	51	Zollern	72
Wehofen	23	Bulmke (Schalke)	52	Hansemann	73
Schacht 2/5	24	Hüllen (Schalke)	53	Hansa-Westhausen	74
Schacht 2/5	25	Pluto	54	M. Stein - F. Hardenberg	75
Hamborn Schacht 1/6	26	Graf Moltke	55	Tremonia - Dtd. Union	76
Hamborn Schacht 4/8	27	Nordstern	56	Hoerder Verein	77
Josefskolonie	28	Zollverein Nord	57	Holstein	78
Marxloh	29	Zollverein Süd	58	Barop	79
Bruckhausen	30	Bonifacius	59	Nachrodt	80
Ostacker	31	Bochum West	60	Hüsten	80
Beeck	32	Bochum Stadt	61	Hohenlimburg	80
Beeckerwerth	33	Weitmar	62	Altena	80
Hüttenbetrieb	34	Henrichshütte	63	Siegen	85
Ruhrort/ Meiderich	35	Friedl. Nachbar	64	Wissen	86
Ruhrort/ Laar	36	Karl Friedrich	65	Hamm	87
Hochfeld	37	Prinzregent	66	Emden	88
Mülheim-Papenbusch	39	Dannenbaum	67	Verschiedene	89
Mülheim	40	Langendreer	68	(kleine Stellen wie	
Düsseldorf	41	Witten-Annen	69	Brackwede, Wülfrath)	
Köln	42				
Engers	43				
Wirges	45				

Quelle: Organisationsbericht vom 01.07.1935 in Verbindung mit der Arbeitsanweisung für die Ausfüllung des Häuser- und Wohnungsbestandsvordrucks A und für die Häuser- und Wohnungskontenschlüsselung, VA GA/ 12.08.1933.

Tab. 37: Schlüsselnummern zum kleinen Anschriftenverzeichnis der Werke

Schlüssel Nr.	Werk	Schlüssel Nr.	Werk
100	Düsseldorf	345	Zementfabrik Vulkan
130	Konsumverwaltung	346	Werk Wanheim
140	Abt. Bergbau, Hauptverwaltung Essen	347	Verkauf Hütte Mülheim
		348	Concordiahütte
	Abt. Bergbau, Dortmund	349	Verkauf Schalker Verein
150	Zeche Erin und Teutoburgia		
151	Zeche Zollern 1/3 und Germania		Röhrenwerke
152	Zeche Zollern 2	401	Röhrenwerke, Werk Oberbilk
153	Zeche Adolf von Hansemann	402	Röhrenwerke, Werk Lierenfeld
154	Zeche Hansa	409	Röhrenwerke, Werk Immigrath
155	Zeche Westhausen	410	Stahl- und Walzwerke Thyssen
156	Zeche Minister Stein	420	August Thyssen-Hütte Dinslaken
157	Zeche Fürst Hardenberg	450	Eisenindustrie zu Menden und Schwerte
158	Kokerei Kaiser Friedrich und		
	Kokerei Glückauf Tiefbau	480	Gruppe Siegerland, Siegen
159	Zeche Tremonia	481	Werke Wissen
		482	Charlottenhütte
	Abt. Bergbau, Gruppe Bochum	483	Eichener Walzwerk, Kreuztal
161	Zeche Bruchstraße	484	Werk Attendorn
162	Zeche Dannenbaum	485	Walzwerk Waldenau
163	Zeche Prinz Regent	486	Werk Nachrodt
164	Zeche Carolinenglück	487	Meggener Walzwerk
165	Zeche Engelsburg	488	Werk Hüsten
166	Zeche Friedlicher Nachbar	489	Verzinkerei Aschaffenburg
		491	Siegener Eisenbahnbedarf
	Abt. Bergbau, Gruppe Gelsenkirchen	492	van der Zypen
170	Zeche Bonifacius		
171	Zeche Nordstern	561	Westfälische Union Hamm
172	Zeche Graf Moltke	562	Werk Lippstadt
173	Zeche Holland	563	Drahtwerke Langendreer
174	Zeche Pluto	564	Gebr. Knipping, Altena
175	Zeche Rheinelbe und Alma	566	Seilindustrie Iburg
176	Zeche Zollverein 1/2	567	Metallweberei Brünn
177	Zeche Zollverein 3/10		
178	Zeche Zollverein 4/5	591	Wuragwerk Hohenlimburg
179	Zeche Zollverein 6/9	592	Wuragwerk Wickede
		630	Pachtbetrieb Plettenberg-Bahnhof
	Abt. Bergbau, Gruppe Hamborn	650	Nordseewerke Emden
181	Zeche Friedrich Thyssen 1/2	660	Steinfabrik Wirges
182	Zeche Friedrich Thyssen 2/5		
183	Zeche Friedrich Thyssen 3/7		Ruhrstahl Witten
184	Zeche Friedrich Thyssen 4/8	800	Gußstahlwerk Witten
185	Zeche Lohberg	801	Henrichshütte Hattingen
186	Zeche Beeckerwerth	802	Gelsenkirchener Gußstahlwerke, Gelsenkirchen
187	Zeche Westende	803	Stahlwerk Krieger, Düsseldorf-Obercassel
188	Zeche Wehofen	804	Annener Gußstahlwerk, Witten-Annen
		805	Preßwerke Brackwede
	Rohstoffbetriebe	810	Stahlwerke Brüninghaus AG, Werdohl
210	Abt. Kalk und Dolomit	820	Friedrich Thomée Aktiengesellschaft, Werdohl
210	Bergverwaltung Westerwald	830	Eisenindustrie zu Menden und Schwerte
210	Bergverwaltung Bayern		(Gründergesellschaft)
211	Bergverwaltung Siegerland	840	Bergbau- und Hüttenaktiengesellschaft
244	August Thyssen-Hütte Hamborn		Friedrichshütte Herdorf
245	Hochofenbetrieb Hüttenbetrieb	850	Eisenwerk Kraft AG, Duisburg-Hochfeld
246	Niederrheinische Hütte	855	Drahtwerke Langendreer AG, Langendreer
247	Hütte Ruhrort-Meiderich	856	Aplerbecker Hütte
248	Hütte Vulkan	860	Rheinisch Westfälische Stahl- und Walzwerke
261	Dortmunder Union		AG, Düsseldorf
262	Hoerder Verein	865	Vereinigte Preß- und Hammerwerke AG,
280	Bochumer Verein, Bochum		Dahlhausen
		870	Vereinigte Holzgesellschaften m.b.H., Essen
341	Schalker Verein	890	Baugesellschaft Niederrhein, Duisburg
342	Friedrich Wilhelms-Hütte	891	Baugesellschaft Heerstraße, Duisburg
343	Gießerei Hüttenbetrieb	892	Baugesellschaft Angerau, Duisburg-Wanheim
344	Gießerei Hilden		

Quelle: Darstellung nach Anlage 3 der Arbeitsanweisung für die Ausfüllung des Häuser- und Wohnungsbestandsvordrucks A und für die Häuser- und Wohnungskontenschlüsselung, VA GA/ 12.08.1933.

g) Einrichtung der Organisation

Stichtag für den Verkauf der Wohnungen an die neuen Gesellschaften war der 01.07.1933. Die alleinige Verwaltung nahmen die Wohnungsgesellschaften jedoch erst am 01.10.1933 nach Einstellung eigenen Personals auf.

In dieser dreimonatigen Übergangszeit halfen die Werke bei der Bearbeitung von Vermietungen, Mietabrechnungen und bei die Vergabe von Instandsetzungsarbeiten.

Das VSt-Rechnungswesen führte die Buchhaltung. Um Schwierigkeiten zu vermeiden, waren bereits ab 01.07.1933 sämtliche Konten für Mieten, Steuern, sonstige Einnahmen und Ausgaben aller Art nach Wohnungsgesellschaften und den bei den Werken verbliebenen Wohnungen zu unterteilen. In der Hauptsache handelte es sich dabei um die im VSt-Werkskontenplan eingerichteten Konten über Mieter und Pächter (061), zweifelhafte Mieter und Pächter (062) sowie um Steuerausgabekonten (153/ 154), Steuerverrechnungskonten (163/ 164) und ein Werkwohnungskonto.

Alle Kosten, die auf die Zeit bis zum 30.06.1933 entfielen, waren den bis Juni 1933 geführten Gesamtkonten zugeordnet. Für Nachtragsbuchungen standen diese Konten zunächst weiter offen, um eine Datenvermengung zu vermeiden.[154]

Im einzelnen ergaben sich für die organisatorische Übergangszeit Grenzfragen, die einer gesonderten Regelung bedurften. So hatte die Buchung bei Instandsetzungen zu Lasten der alten Konten zu erfolgen, wenn die Arbeiten bis 30.06.1933 beendet worden waren. Dies galt auch dann, wenn die Rechnungen erst im Juli 1933 eingingen und gebucht wurden. Demgegenüber waren Instandsetzungen, die bis zum 30.06.1933 bestellt waren, aber nicht fertig wurden, auf den neu eingerichteten Konten zu verbuchen. Die Einheitlichkeit des Nachweises und der Abrechnung für die einzelnen Konten lenkte die VSt unter Verwendung ihrer Bilanzvordrucke.[155] Danach festgestellte Überschüsse erhielten die Wohnungsgesellschaften mit Wert vom 15. des folgenden Monats gutgeschrieben.

Die VSt setzte für die Phase des organisatorischen Übergangs auf die besondere Aufmerksamkeit der Mitarbeiter, die angewiesen waren, alle Unterlagen geordnet und nach den Gesellschaften getrennt zu sammeln. Die VSt beließ es aber nicht bei diesem Vertrauen in die Arbeitsfähigkeit der Mitarbeiter. Vielmehr erteilte sie die Anweisung, daß die Unterlagen stets in prüffähigem Zustand bereitzuhalten waren und die Hauptrevision alle auch bereits von den örtlichen Stellen untersuchten Abrechnungen einer gesonderten Prüfung unterziehen konnte.[156]

Erst ab 01.10.1933 gaben ausschließlich die Wohnungsgesellschaften Bestellungen z. B. für Instandhaltungs- oder Instandsetzungsmaßnahmen ab. Sofern die von den Werken erteilten Bestellungen noch auf Erledigung warteten, waren den Wohnungsgesellschaften alle zugehörigen Akten mit Kennzeichnung des Bearbeitungsstandes sofort auszuhändigen. Im Hinblick auf die Mietverhältnisse hatten die Werke den Woh-

[154] VSt.-Rd.-schr. Nr. 139 (Dinkelbach, Rabes), S. 2, VA GA/ 22.06.1933.
[155] Bilanzvordruck Bil 9; VSt-Rd.-schr. aaO. .
[156] VSt.-Rd.-schr. Nr. 139 (Dinkelbach, Rabes), S. 3, VA GA/ 22.06.1933.

nungsgesellschaften grundsätzlich bis Ende September 1933 die Mietbücher auszugeben. Die werksangehörigen Mieter zahlten ab 01.10.1933 über die Werke anhand der „Einhaltelisten" und der „Gutschriftsanforderungen für einzuhaltende Miete".[157] Unklarheiten, die sich bei der Aufteilung und Buchung von Kosten nicht örtlich klären ließen, mußten die Gesellschaften in eine Sammelliste aufnehmen und an die VSt-Hauptrevision in Düsseldorf weiterleiten. Der Hauptrevision kam dann die Aufgabe zu, die Fragen im Einvernehmen mit den übrigen Stellen zu lösen.

Damit unterstrich die VSt ihre Intention, daß sie über den Gründungsakt der Wohnungsgesellschaften hinaus „die Übersicht behalten"[158], d. h. nicht die Kontrolle verlieren wollte.

h) Beteiligungen

Die Organisation der vier Wohnungsunternehmen schuf mit einem Vorstand für alle Gesellschaften nicht nur die Voraussetzung für strategisch bedeutsame Austauschbeziehungen im Innenverhältnis mit der Folge eines hohen Integrationsgrades, sondern sie brachte neben der Bildung stiller Reserven auch eine einheitliche Beteiligungspolitik als wichtiges Instrument der Unternehmensführung hervor.

Die unmittelbaren Beteiligungen der Wohnungsgesellschaften und die damit zugleich mittelbaren Anteile der VSt gingen - geografisch hauptsächlich im Rheinland und in Westfalen breit gestreut - sowohl auf übernommene Beteiligungen bei Gründung der Gesellschaften als auch auf im Anschluß daran erworbene Anteile an anderen Unternehmen der Wohnungswirtschaft zurück.[159]

So übernahm die Westdeutsche W. 1933 von der VSt mit deren Anteilen an der Ruhrwohnungsbau-AG eine Beteiligung, deren Ursache noch in der Bekämpfung der Wohnungsnot Ende der zwanziger Jahre lag und die wegen ihrer Bedeutsamkeit für die Wohnungswirtschaft des Ruhrgebiets neben der oben (B. II. 5.) bereits vorgenommenen allgemeinen Einordnung in die unternehmerische Wohnungswirtschaft einer weiteren Betrachtung bedarf.

Nachdem der Bergbau in den zwanziger Jahren viele kleinere Schächte zu großen Zentralanlagen zusammengefaßt hatte, brachte der Weg zur Arbeitsstelle für einen großen Teil der Bergleute einen mehrstündigen Aufwand mit sich. Da der Werkwohnungsbau wie erwähnt nicht von dem Aufkommen aus den Hauszinssteuerhypotheken profitierte, wurde auch im Arbeitsbereich der Wohnungsgesellschaften deutlich, daß die Industrie kaum mehr Werkwohnungen erstellte und dem Mißstand der weiten Anreise insofern nicht abgeholfen werden konnte.
Neubauten ohne Förderung kamen nicht in Betracht, da wegen der hohen Verzinsung

---

[157] VSt.-Rd.-schr. Nr. 152 (Fusban, Forstmann, Dinkelbach, Rabes), S. 2, VA GA/ 04.11.1933.
[158] VA VS/ III, Bl. 35.
[159] Beteiligungen der VSt an Unternehmen der Eisen- und Stahlwirtschaft brachten vereinzelt Aufgaben der Grundstücksverwaltung mit sich, waren hier aber nicht zu berücksichtigen, da keine Anteile an einer Gesellschaft der Wohnungswirtschaft vorlagen; z. B. Feinblechhof GmbH, Köln, dazu Vereinigte Stahlwerke AG, Handbuch der Beteiligungen, Düsseldorf 1941, BBA 55/ 1160; weiterführend zu Organisation und Beteiligungen siehe Picot/ Dietl/ Franck, S. 135.

Mieten die Folge gewesen wären, die von den Arbeitern nicht hätten aufgebracht werden können.[160] Um die Unhaltbarkeit dieses Zustands zu beenden, regte die Regierung die Bildung eines Gemeinschaftsunternehmens an, dem Hauszinssteuermittel zufließen konnten. In Betracht kam ein Unternehmen von Kommunen, gemeinnützigen Baugesellschaften und der Industrie.

So gründeten die Wohnungsfürsorgegesellschaften der Provinzen Westfalen und Rheinland (Westfälische Heimstätte Wohnungsfürsorgegesellschaft mbH und Rheinische Wohnungsfürsorgegesellschaft mbH) wie gesehen gemeinsam mit der VSt, der Eisen- und Stahlwerk Hoesch AG, der Köln-Neuessener Bergwerksverein AG, der Klöckner-Werke AG, der Fried. Krupp AG, der GBAG, der Harpener Bergbau-AG und der Mannesmannröhren-Werke AG am 10. März 1928 mit einem Grundkapital von 1.200.000,-- RM die Ruhrwohnungsbau-AG Dortmund.[161]

Die Kreditfähigkeit industrieller Unternehmen war so mit der Gemeinnützigkeit einer Wohnungsgesellschaft gekoppelt. Dabei machte das Ministerium die Gewährung der Hauszinssteuermittel von einer mehrheitlichen Beteiligung der Wohnungsfürsorgegesellschaften und einer Auslandsanleihe abhängig.[162] Dementsprechend waren die VSt und die anderen industriellen Werke mit 49 % und die Wohnungsfürsorgegesellschaften mit 51 % an der Ruhrwohnungsbau-AG beteiligt. Von den 51 % entfielen 34 % auf die Westfälische Heimstätte Wohnungsfürsorgegesellschaft mbH und 17 % auf die Rheinische Wohnungsfürsorgegesellschaft mbH.[163] Die Ruhrwohnungsbau-AG konnte zudem in Höhe von $ 4,6 Mio. eine Auslandsanleihe aufnehmen, die zur Hälfte - in Verbindung mit 8 Mio. RM Hauszinssteuerdarlehen aus dem staatlichen Wohnungsfürsorgefond - 2.058 Wohnungen des sog. „Ruhrbauprogramms" finanzierte.[164]

Das New Yorker Bankhaus Dillon, Read & Co. war federführend zur Investierung der Anleihe bereit, verlangte aber eine Solidarbürgschaft der industriellen Werke. Dabei kam es dem Bankhaus darauf an, daß die Namen der Werke zur Erhöhung der Werbekraft in dem Prospekt für die Anleihebezeichnung aufgeführt wurden. Daraus ergab sich eine neue Schwierigkeit, denn die Werke wünschten keine Solidarbürgschaft zu leisten, da sie eine solche - jedes Werk in voller Höhe - in ihren Bilanzen hätten ausweisen müssen.[165] Gegenüber den amerikanischen Gläubigern aber mußte ein unmittelbares Haftungsverhältnis hergestellt werden.

---

[160] Der mittlere Verzinsungssatz betrug beim Werkwohnungsbau 7,4 %, Heinrichsbauer, S. 118.

[161] Ruhrwohnungsbau-Aktiengesellschaft, 25 Jahre, S. 5; *dieselbe*, Denkschrift S. 3; Brill, S. 18; nach Dinkelbach erfolgte die Gründung, um „das billige Geld der Hauszinssteuer-Hypotheken auszunutzen" und um „einen eigenen Geldaufwand zu vermeiden", Aktenvermerk Dinkelbach betr. Bergbau und Werkwohnungen mit handschriftlichen Anmerkungen, VA GA/ 18.02.1933; B. II. 5. .

[162] TKA VSt/ 1244.

[163] Dietzsch, S. 84 f.; Spörhase, Wohnungs-Unternehmungen, S. 101; Hannesen, S. 31; in RM beteiligten sich die Werke in Höhe von 270.000,-- (VSt), 6.000,-- (GBAG), 87.000,-- (Klöckner), 44.000,-- (Fried. Krupp), 6.000,-- (Harpener Bergbau), je 44.000,-- (Hoesch/ Köln-Neuessener Bergwerksverein) und 38.000,-- (Mannesmann).

[164] VA/ GB/ RWB 1928, S. 2; Ruhrwohnungsbau-Aktiengesellschaft, 25 Jahre, S. 6; die andere Hälfte der Anleihe fand für die Errichtung von 1.021 Wohnungen über die DOGEWO Verwendung.

[165] Ruhrwohnungsbau-Aktiengesellschaft, 25 Jahre, S. 6; TKA VS/ 1244.

Deshalb kam es zu folgender rechtlicher Konstruktion:
Die Ruhrwohnungsbau-AG vermietete die von ihr gebauten Wohnungen in geschlossenen Blöcken an die Werke gegen einen Mietzins, der neben den laufenden Aufwendungen für Steuern, Gebühren, Unterhaltungskosten und Verwaltungsaufwand die Annuitäten der Amerika-Anleihe und der Hauszinssteuer-Hypothek deckte.
Die VSt mietete zunächst 1.200 Wohnungen von der Ruhrwohnungsbau-AG. Allerdings durften die Werke die Wohnungen nicht unmittelbar an ihre Werksangehörigen weitervermieten, da nach Vorgabe des Preußischen Wohlfahrtsministeriums mit Hauszinssteuer-Hypotheken gebaute Häuser nach wie vor nicht die Eigenschaft von Werkwohnungen haben durften. Es durfte sich also beim Arbeitsvertrag einerseits und beim Mietvertrag andererseits nicht um dieselben vertragschließenden Parteien handeln. Daher gründeten die Aktionärsgesellschaften mit der „Ruhrwohnstätten-GmbH" eine gemeinnützige Vermietungsgesellschaft, die zwischengeschaltet wurde. Die Ruhrwohnstätten-GmbH stand zu 100 % im Eigentum der Ruhrwohnungsbau und war de facto nur deren Vermietungsstelle.[166] Das hatte die ungewöhnliche Konstellation zur Folge, daß in den Bilanzen zweier selbständiger Wohnungsgesellschaften dieselben Grundstücke und Häuser verzeichnet waren.

In Kenntnis und Genehmigung des zwischen der Ruhrwohnungsbau-AG einerseits und der International Acceptance Trust Company zu New York und der Reichs-Kredit-Gesellschaft AG zu Berlin andererseits geschlossenen hundert Druckseiten umfassenden Treuhandvertrags vom 01.11.1928 übernahm die VSt die Haftung für die Verpflichtung der anderen Werke aus den Mietverträgen mit der Ruhrwohnungsbau-AG. Sobald ein Werk mit der ihm obliegenden Leistung ganz oder teilweise in Verzug geriet, hatte die VSt ohne weiteres als Schuldnerin für diesen Ausfall einzutreten.[167]
Die Bindung der VSt kam in § 6 des Vertrags zum Ausdruck. Danach waren die Mieten ohne Abzug, insbesondere ohne Abzug für Steuern oder Lasten des Deutschen Reichs, eines deutschen Landes, anderer Regierungsstellen oder deutscher Steuerbehörden zu zahlen. Eine Aufrechnung gegen etwaig entstehende Gegenforderungen war ausgeschlossen, so daß die Verpflichtung, die Mietzinszahlungen zu leisten, bedingungslos und unbeschränkt bestand. Dies galt ungeachtet von Mängeln in dem Recht des Vermieters auf das vermietete Eigentum, der Ungültigkeit einzelner Bestimmungen des Mietvertrags oder eines Verzugs der Ruhrwohnungsbau-AG. Die Verpflichtung bestand auch ohne Rücksicht darauf, ob die Ruhrwohnungsbau-AG Bauvorhaben rechtzeitig fertigstellte.[168]
Durch den Abschluß des einen Rechtsgeschäfts - der Abtretung der Mietansprüche - sollten hier die Wirkungen eines anderen Rechtsgeschäfts - der Bürgschaft - erzielt werden. Die VSt erhielt im Außenverhältnis zwar die Rechtstellung einer voll Berechtigten, war im Innenverhältnis aber nur zu bestimmten Verfügungen berechtigt, so daß ein fiduziarisches Rechtsgeschäft vorlag.

---

[166] Spörhase, Wohnungsbau, S. 164; TKA VS/ 1246.
[167] weiterführend mit Berechnungsbeispiel TKA VSt/ 1246.
[168] TKA VSt/ 1244.

Die Haftungsklausel hatte zur Folge, daß die VSt größere Mietausfälle zu tragen hatte, nachdem der Wohnungsleerstand aufgrund der Wirtschaftskrise auf 14 % angestiegen war. Am 1. Juli 1933 waren bei der Ruhrwohnungsbau-AG 37 % der vertraglich zur Mietzahlung verpflichteten Bewohner arbeitslos und das Einkommen der als Kurzarbeiter Beschäftigten unterschied sich kaum von dem der Erwerbslosen.[169]

Andere Voraussetzungen lagen jedoch bereits bei dem zweiten Bauvorhaben vor. Dessen Durchführung lag wie bei dem ersten Bauprojekt bei der sog. „Ruhrbauabteilung". Dabei handelte es sich um ein Baubüro, das die Westfälische Heimstätte Wohnungsfürsorgegesellschaft mbH, Münster, und die Rheinische Wohnungsfürsorgegesellschaft mbH, Düsseldorf, eigens in Essen einrichteten und bis zum Abschluß des zweiten Bauvorhabens unterhielten. Dieses Vorhaben wurde mit Mitteln der Deutschen Central-Bodenkredit-AG finanziert und führte 1930 zum Bau von 1.769 Wohnungen und 20 Eigenheimen. Für die Hypothek der Deutschen Central-Bodenkredit-AG übernahmen die Aktionärswerke der Ruhrwohnungsbau-AG Mietgarantien. Infolge der langfristigen Mietverträge war die Ruhrwohnungsbau-AG aus dem ersten Bauvorhaben zur Stempelsteuer in Höhe von 467.000,-- RM veranlagt worden und es hatte langer Verhandlungen bedurft, die Forderung auf 20.000,-- RM zu reduzieren.[170] Diese Erfahrung hatte zur Folge, daß beim zweiten Bauvorhaben im Grundsatz der Abschluß schriftlicher Verträge entfiel. Vielmehr verpflichteten sich die Werke in der Hauptversammlung der Ruhrwohnungsbau-AG vom 26.06.1933[171] ausdrücklich, für den Mieteingang des zweiten Bauvorhabens zu bürgen.

Im November 1933 empfahl der Vorstand der Ruhrwohnungsbau-AG den industriellen Aktionären, den Anteil der Wohnungsfürsorgegesellschaften am Aktienkapital über 51 % zu erwerben.[172] Die Befürchtung, daß die von den industriellen Aktionären geleisteten Zuschüsse mit der fortschreitenden Tilgung der Anleihehypothek nicht zurückgezahlt würden, konnten die Werke zerstreuen, als es ihnen gelang, sämtliche Anteile an der Ruhrwohnungsbau-AG zu übernehmen.

Das Argument mangelnden staatlichen Einflusses bei der Übernahme der gemeinnützigen Anteile konnten die Werke entkräften, indem sie dem Präsidenten des Siedlungsverbandes Ruhrkohlenbezirk, der am 22.12.1933 die Gemeinnützigkeit von Ruhrwohnungsbau-AG und Ruhrwohnstätten-GmbH anerkannte, Sitz und Stimme im Aufsichtsrat einräumten.[173] Im Ergebnis gelang es den Werken so unter der erhebli-

---

169 Ruhrwohnungsbau-Aktiengesellschaft, 25 Jahre, S. 7; TKA/ VSt/ 1245.

170 TKA VSt/ 1244.

171 Schreiben der VSt an Bochumer Verein für Gußstahlfabrikation, Bochum, vom 26.02.1947, TKA VSt/ 1244.

172 Vertraulicher Aktenvermerk des Generalsekretariats der VSt an die Hauptrechtsabteilung, Bilanzbuchhaltung und Hauptrevision, VA GA/ 16.11.1933.

173 Auszug Niederschrift über die 98. Sitzung des Bergausschusses am 27.06.1933, S. 3, VA GA/ 27.06.1933; vertraulicher Aktenvermerk des Generalsekretariats der VSt an die Hauptrechtsabteilung, Bilanzbuchhaltung und Hauptrevision betr. Punkt 4 Niederschrift über die 72. Sitzung des Hüttenausschusses v. 23.11.1933, VA GA/ 30.11.1933; VA GB/ RWB/ 1937, S. 8. Die Anerkennung wirkte bei der Ruhrwohnungsbau-AG auf den 18.06.1932, bei der Ruhrwohnstätten-GmbH auf den 31.12.1931 zurück, VA GB/ RWB/ 1933, S. 2.

chen Beteiligung der VSt, eine konstante firmeninterne politische Einflußnahme auf die Geschäftstätigkeit der Ruhrwohnungsbau-AG abzuwenden.

Die Verbindung der Ruhrwohnungsbau-AG zu den Wohnungsgesellschaften der VSt ergab sich aus der Bautätigkeit für die ATH, die GBAG und den Bochumer Verein seit 1928/ 29 sowie aus der Beteiligung der Westdeutsche W. . Die Übernahme der von der VSt zuvor erworbenen Aktien durch die Westdeutsche W. basierte auf dem Einverständnis von Bergausschuß und Hüttenausschuß und der Empfehlung des Generalsekretariats. Danach vereinigte die Westdeutsche W. mit 42,67 % den größten Aktienanteil der Ruhrwohnungsbau-AG auf sich.[174] Die Hoesch AG hielt mit 17,83 % den nächstgroßen Anteil, dem die Klöckner-Werke AG mit 15 % nachfolgte. Die restlichen Anteile verteilten sich mit je 9 % auf die Essener Steinkohlenbergwerke AG und die Fried. Krupp AG sowie mit 3,33 % und 3,17 % auf die Harpener Bergbau AG bzw. die Mannesmannröhren-Werke AG.

Tab. 38: Aktienanteile Ruhrwohnungsbau-AG; 1934

Aktionär	Anteil %
Westdeutsche W.	42,67
Hoesch Aktiengesellschaft	17,83
Klöckner-Werke Aktiengesellschaft	15,00
Essener Steinkohlenbergwerke Aktiengesellschaft	9,00
Fried. Krupp Aktiengesellschaft	9,00
Harpener Bergbau-Aktien-Gesellschaft	3,33
Mannesmannröhren-Werke Aktiengesellschaft	3,17
Gesamt	100,00

Quelle: Ruhrwohnungsbau, 25 Jahre, S. 12.

Da die Ruhrwohnungsbau-AG bereits zur Zeit der Übernahme des Aktienpakets durch die Westdeutsche W. von den Leerständen betroffen war, senkte sie die Mieten und konnte so den Leerstand bis 1935 beseitigen. Das jährliche Mietsoll aber ging um 650.000,-- RM zurück.[175] Obwohl die Wohnungen der ersten beiden Bauabschnitte unrentabel blieben, konnte die Ruhrwohnungsbau-AG ihre Bautätigkeit ab 1935 wiederaufnehmen. Sie führte nun ein drittes und viertes Bauprogramm für 2.000 Wohnungen durch, so daß die Westdeutsche W. gemeinsam mit den anderen Beteiligungsgesellschaften bis 1945 mittelbar an der Errichtung weiterer Eigenheime, Ladengebäude und Wohnungen beteiligt war.[176]

---

174 Ruhrwohnungsbau-Aktiengesellschaft, 25 Jahre, S. 12, 18, 21, 23 f., 28, 32; Vertraulicher Aktenvermerk des Generalsekretariats der VSt an die Hauptrechtsabteilung, Bilanzbuchhaltung und Hauptrevision, VA GA/ 30.11.1933.

175 Führer, Mieter, Hausbesitzer, Staat und Wohnungsmarkt, S. 214 (Mietenstop 1936).

176 Während des Krieges wurde nahezu ein Viertel der Wohnungen total zerstört; bis zur Währungsreform konnten bereits 3.455 Wohnungen wieder instand gesetzt werden, Ruhrwohnungsbau-Aktiengesellschaft, 25 Jahre, S. 7; VA GB/ RWB/ 1945, S. 3; die Beteiligung über die Ruhrwohnungsbau AG an der GAG in Köln bedeutete in den 1930er Jahren einen Anteil an der dortigen Siedlungserrichtung, Heinen/ Pfeffer, S. 11, 267 ff. .

Bis zur Gründung der Wohnungsgesellschaften hatte die VSt sowohl aus der Auflösung von Wohnungsunternehmen Vermögenswerte erlangt als auch andere Beteiligungen zugelassen. Beispielhaft ist zum einen für einen Verkauf die Liquidation der Baugesellschaft am Papenbusch mbH am 28.09.1927, während zum anderen Beteiligungen wie an der Gemeinnützige Kleinwohnungsbau GmbH in Remscheid den Gründungsakt überdauerten.[177]
Einige weitere Beteiligungen der VSt an Unternehmen wie an den Gesellschaften Gemeinnützige Heimstätten AG, Hörde (20.000,- RM), Gemeinnützige Baugenossenschaft Händelplatz eGmbH Berlin (600,-- RM), Gemeinnütziger Bauverein GmbH, Oesede (5.000,-- RM), Siedlungsgenossenschaft Eigenheim eGmbH, Dortmund - Huckarde (2.000,-- RM), Rheinisch-Westfälische Bergwerks GmbH, Mülheim a. d. Ruhr (110.000,-- RM) oder Ruhr-Lippe Siedlungsgesellschaft mbH (40.000,-- RM) bestanden zwar erst noch fort, erfuhren aber keine Erweiterung. Vielmehr kamen sie wie auch die Beteiligung an der Gemeinnützige Bauverein Aktiengesellschaft in Essen mit einem Bestand von 2.475 Wohnungen zum Verkauf oder sie erloschen.
So erging es ebenso der bereits erwähnten, im November 1932 liquidierten Stahlhaus GmbH, Duisburg (500.000,-- RM), und der Baugesellschaft Niederrhein mbH.[178]
Die Baugesellschaft Niederrhein mbH gehörte ursprünglich zu 3/8 der Anteile der Eisenwerk Kraft AG in Duisburg. Zunächst sollten die Geschäftsanteile von der Baugesellschaft Niederrhein mbH auf die Rheinische W. übertragen werden. Dagegen ergaben sich bei der VSt jedoch Bedenken, die zur Auflösung der GmbH und zur Übertragung des Grundeigentums am 18.01.1934 im Rahmen der Liquidation auf die Eisenwerk Kraft AG führten. Hintergrund dieser Vorgehensweise war, daß die VSt aus steuerrechtlichen Gründen von einer Übertragung der Geschäftsanteile an der Baugesellschaft Niederrhein mbH auf die Rheinische W. Abstand nahm. Die Auflösung der Baugesellschaft Niederrhein mbH und deren Vermögensübertragung auf die Eisenwerk Kraft AG erfolgte gem. § 7 der Vorschriften über die steuerlichen Erleichterungen für die Aufteilung von Gesellschaften in der Vierten VO des Reichspräsidenten zur Sicherung von Wirtschaft und Finanzen und zum Schutze des inneren Friedens.[179] Eine Auflösung der Gesellschaft war gegenüber der Anteilsübertragung auf die Rheinische W. insofern einfacher, als daß die Auflassung der Grundstücke auf die Eisenwerk Kraft AG angesichts der Steuermilderung bei der Auflösung von Kapitalgesellschaften

[177] TKA VSt/ 2698; Stremmel, in: Rasch, S. 27.
[178] Aktennotiz Dinkelbach betr. VSt Wohnungsgesellschaften VA GA/ 01.09.1932; Anlage zur Aktennotiz der Hauptrevision betr. Schreiben der Hauptrechtsabteilung an das Konzernbüro vom 21.08.1933 und der Eisenwerk Kraft AG an das Konzernbüro vom 15.09.1933, VA GA/ 10.10.1933; TKA RS/ 1321. Die Beteiligungen wurden der Höhe nach ausgewiesen. Nach Aktenlage widersprüchliche Daten zur Kapitallage der Gesellschaften lassen eine konstante, seriöse Ermittlung der Höhe der Beteiligung im Verhältnis zum Gesamtkapital nicht zu; sofern Daten prozentual ausgewiesen sind, basieren diese auf gesicherten Erkenntnissen aus dem Handbuch der Beteiligungen der VSt, BBA 55/ 1160; TKA VSt/ 1314; C. II. 6. c).
[179] Die Eisenwerk Kraft AG war von der VSt für ein Konsortium von Stahlunternehmen, bestehend aus Krupp, Klöckner, Hoesch, Gutehoffnungshütte und VSt, vom Stumm-Konzern erworben worden, Reckendrees, Stahltrust, S. 248; TKA RS/ 1321; Vierter Abschnitt, Kapitel I Vierte VO des Reichspräsidenten zur Sicherung von Wirtschaft und Finanzen und zum Schutze des inneren Friedens vom 8. Dezember 1931, RGBl. 1931 I S. 699, 714.

keine Grunderwerbsteuer kostete. Die Grunderwerbsteuer, die für die dann folgende Übertragung der Grundstücke von der Eisenwerk Kraft AG auf die Rheinische W. bzw. Westdeutsche W. zu zahlen war, betrug 1 %.[180] Der grunderwerbsteuerpflichtige Vorgang bezog sich auf 5/8 des Grundstücksübernahmewertes von 336.000,-- RM, also auf 210.000,-- RM. Am 28. März 1934 übertrug die Eisenwerk Kraft AG der VSt ihr gesamtes Vermögen einschließlich des von der Baugesellschaft Niederrhein mbH erworbenen Grundeigentums, das die VSt daraufhin an die Westdeutsche W. weitergab.

Wie die Grundstücke der Baugesellschaft Niederrhein mbH, Duisburg, gingen auch Grundstücke der Baugesellschaft Angerau mbH, Duisburg, der Baugesellschaft Heerstr. mbH, Duisburg, der Gesellschaft für Stahlindustrie mbH, Bochum, der Gewerkschaft Christine, Kupferdreh, der Gewerkschaft Hubertina, Düsseldorf, sowie der Gewerkschaft Sequens, Düsseldorf, zu einem Übernahmewert von 2.544.000,-- RM auf die Wohnungsgesellschaften über.[181]
Der Grundstückserwerb erfolgte bei der als gemeinnützig anerkannten Baugesellschaft Angerau mbH, Duisburg, durch die Rheinische W. unter Ausschluß der Liquidation.[182] Es handelte sich hier um eine Fusion mit dem Stammkapital der Baugesellschaft Angerau mbH über 172.000,-- RM bei einer bisherigen Beteiligung der Rheinische W. in Höhe von 162.500,-- RM und Anteilen der Baugenossenschaft Wanheim eGmbH zu 9.500,-- RM.
Ebenso übernahm die Rheinische W. das gesamte Vermögen der Baugesellschaft Duisburg-Heerstraße mbH, Duisburg, unter Ausschluß der Liquidation. Ursprünglich hatte die VSt 99,29 % der Anteile der Baugesellschaft Heerstrasse mbH gehalten. Deren Grundeigentum war mit der Reorganisation der VSt erst auf die neue VSt übertragen worden, bevor es dann auf die Rheinische W. überging. Das Stammkapital bei der vollständigen Übernahme des Vermögens betrug 140.000,-- RM bei bisherigen Anteilen der Rheinische W. in Höhe von 139.000,-- RM und der Baugesellschaft Duisburg-Heerstr. mbH über 1.000,-- RM.[183]
Außerdem übernahm die Westdeutsche W. 100 % der Gesellschaft für Stahlindustrie mbH, Bochum, für 200.000,-- RM, zahlbar mit je 50.000,-- RM am 30. Juni der Jahre 1935 bis 1938 unter einer Verzinsung der jeweiligen Restkaufpreise mit 5 % jährlich.[184] Die Firma erfuhr 1944 dann ihre Umbenennung in Wohnungsgesellschaft Herne-Sodingen mbH, Bochum.

In traditioneller Hinsicht konnten zwar nicht alle Unternehmen, an denen die VSt Beteiligungen erworben hatte, auf eine so lange Geschäftstätigkeit zurückblicken wie

---

180 Aktennotiz Hauptsteuerabteilung betr. Baugesellschaft Niederrhein mbH, Duisburg (Beteiligung der Eisenwerk Kraft AG) und Aktennotiz der Hauptrevision vom 10.10.1933, VA GA/ 13.10.1933.
181 TKA RS/ 1321.
182 Gemeinnützigkeitsanerkennung mit Wirkung ab 08.09.1933, Beschluß Verbandspräsident des Siedlungsverbandes Ruhrkohlenbezirk (Az.: W I g 2 Dbg 17/8), VA GA/ 01.12.1933; VA AR/ 1-A-3/ 01.02.1938, S. 4.
183 VA AR/ 1-A-3/ 04.02.1935, S. 3, VA AR/ 1-A-3/ 01.02.1938, S. 5.
184 VA AR/ 4-A-3/ 04.02.1935, S. 5.

etwa die Altenaer gemeinnützige Baugesellschaft AG, die bereits 62 Jahre an ihrem Wohnungsmarkt vertreten war, doch hatten auch Unternehmen wie der Spar- und Bauverein eGmbH in Duisburg oder der Düsseldorfer Spar- und Bauverein eGmbH in Düsseldorf eine Tradition von 37 bzw. 34 Jahren Geschäftstätigkeit.[185]
Dem jeweiligen Beteiligungsengagement entsprechend erwarben die Wohnungsgesellschaften mit den in den Geschäftsberichten, Aufsichtsratsprotokollen und Handbüchern der VSt verbürgten Beteiligungen unterschiedlich hohe Anteile.

So kaufte die Westdeutsche W. die Anteile an der Gemeinnützige Siedlungsgesellschaft Rheinisches Heim mbH, Bonn, von der Rheinische W. und stockte ihren Anteil im Jahr 1941 auf 10.675,-- RM auf.[186]

Tab. 39: Beteiligungen der Westdeutsche W. an Bau- und Wohnungsgesellschaften

Unternehmen	RM/ Jahr
Bochumer Heimstätten-Gesellschaft mbH, Bochum	85.400,--/ 1934
Gartenstadt Dortmund eGmbH, Dortmund	1.000,--/ 1941
Gemeinnützige Baugesellschaft für das Amt Eiserfeld eGmbH, Eiserfeld	3.000,--/ 1941
Gemeinnützige Siedlungsgesellschaft Rheinisches Heim mbH, Bonn	10.675,--/ 1941
Gemeinnütziger Bauverein eGmbH, Gelsenkirchen-Horst	3.000,--/ 1934
Gesellschaft für Stahlindustrie mbH, Bochum (Wohnungsgesellschaft Herne-Sodingen)	200.000,--/ 1941
Kirdorf-Streithof GmbH, Mülheim/ Ruhr	50.010,--/ 1941
Ruhrwohnungsbau-Aktiengesellschaft, Dortmund	512.040,--/ 1938
Siedlungsgesellschaft Rote Erde mbH zu Münster	4.100,--/ 1936
Spar- und Bauverein eGmbH, Wülfrath	3.000,--/ 1941

Quellen: VA AR/ 4-A-3/ 03.05.1934; VA AR/ 4-A-3/ 15.07.1935; VA AR/ 4-A-3/ 26.06.1937; VA AR/ 4-A-3/ 01.02.1938; VA AR/ 4-A-3/ 24.01.1939; VA AR/ 4-A-3/ 14.02.1940; BBA 55/ 1160.

Darüber hinaus ermächtigte der Aufsichtsrat der Westdeutsche W. den Vorstand, mit Genehmigung des Vorsitzenden des Aufsichtsrats Verträge über den Erwerb eines Geschäftsanteils an der Bochumer Heimstätten-Gesellschaft mbH, Bochum, im Nennbetrag von 85.400,-- RM (17,43 %) sowie an der Gesellschaft Gemeinnütziger Bauverein mbH, Gelsenkirchen-Horst, im Nennbetrag von 3.000,-- RM abzuschließen.[187] Die Beteiligung an der Gemeinnützige Siedlungsgesellschaft Rheinisches Heim mbH, Bonn, erfolgte zudem durch den Erwerb der bisherigen Anteile der Rheinische W. .
Gleichzeitig genehmigte der Aufsichtsrat der Westdeutsche W. den Kauf der Beteiligung der Westfälische W. an der Siedlungsgesellschaft Rote Erde mbH zu Münster[188], die sie anschließend an den Oberpräsidenten der Provinz Westfalen zu

[185] VA GA/ Aktennotiz Dinkelbach betr. VSt Wohnungsgesellschaften, 01.09.1932.
[186] VA AR/ 4-A-3/ 26.06.1937; BBA 55/ 1160. In TKA FWH/ 1185 findet sich einmalig die "Westdeutsche Werkswohnungs-Gesellschaft" und wird im Findbuch des TKA ausgewiesen, Rasch, Findbuch FWH, S. 240; die Akte beinhaltet einen Übertragungsfehler, denn der Vorgang behandelt die Westdeutsche Wohnhäuser AG.
[187] VA AR/ 4-A-3/ 03.05.1934, S. 2; vertraulicher Aktenvermerk des Generalsekretariats der VSt an die Hauptrechtsabteilung, Bilanzbuchhaltung und Hauptrevision betr. Punkt 27i der Niederschrift über die 105. Sitzung des Bergausschusses vom 06.11.1933, VA GA/ 13.11.1933; BBA 55/ 1160.
[188] VA AR/ 4-A-3/ 26.06.1937, S. 2.

Münster weiterveräußerte. Dieser Verkauf ging einher mit dem Erwerb eines geringen Geschäftsanteils über 1,0 % an der Schaden-Schutz-Verband GmbH in Bochum.[189]
Eine höhere Beteiligung wies die Westdeutsche W. in Mülheim a. d. Ruhr hinsichtlich der Kirdorf-Streithof GmbH aus, an der sie mit 50.010,-- RM bei einem Kapital von 300.000,-- RM knapp 17 % hielt, nachdem sie von Frau Jenny Dültgen, geb. Kirdorf, zunächst einen Anteil in Höhe von 40.000,-- RM erworben hatte.[190]
Dagegen hatte die Westdeutsche W. an der Gartenstadt Dortmund eGmbH, Dortmund, und an der Gemeinnützige Baugesellschaft für das Amt Eiserfeld eGmbH, Eiserfeld, nur je zehn Anteile zu je 100,-- RM bzw. 300,-- RM, die eine Gesamtbeteiligung von jeweils 1.000,-- RM bzw. 3.000,-- RM bewirkten. Auch die Höhe der Beteiligung am Spar- und Bauverein eGmbH Wülfrath betrug 3.000,-- RM, war allerdings auf 15 Anteile zu je 200,-- RM aufgeteilt. Der daneben vollzogene Erwerb von Anteilen am Feuerschadenverband rheinisch westfälischer Zechen Versicherungsverein a. G. in Bochum erfolgte mit einer Garantieverpflichtung in Höhe von 13.200,-- RM für die Sicherstellung des Gründungsstocks von 500.000,-- RM. Diese Beteiligung nahmen die drei gemeinnützigen Wohnungsgesellschaften gleichermaßen vor.[191]

Ebenfalls unter der Veräußerung eines Geschäftsanteils an dem Feuerschadenverband rheinisch westfälischer Zechen Versicherungsverein a. G. in Bochum genehmigte der Aufsichtsrat der Rheinische W. der Gesellschaft zunächst den Erwerb von Beteiligungen an der Benrather AG für gemeinnützige Bauten, Benrath, im Nennwert von 118.000,-- RM, an der Düsseldorfer Spar- und Bauverein eGmbH, Düsseldorf, im Nennwert von 5.200,-- RM und an der Gemeinnützige Aktiengesellschaft für Wohnungsbau, Köln (GAG), im Nennwert von 30.000,-- RM (0,40 %).[192]
Diese Anteile ergänzte die Rheinische W. mit dem Kauf von Beteiligungen an der Gemeinnützige Baugesellschaft Immigrath (18.700,-- RM), der Hildener Actien-Baugesellschaft, Hilden (4.000,-- RM/ 15,2 %), der Mülheimer Bau- und Spargenossenschaft eGmbH, Mülheim-Ruhr (11.100,-- RM), sowie dem Spar- und Bauverein eGmbH, Duisburg (1.500,-- RM). 1936 erwarb die Rheinische W. zudem die Beteiligung der VSt an der Gemeinnützige Siedlungsgesellschaft Rheinisches Heim mbH, Bonn, im Nennwert von 1.080,-- RM (0,07%), der der Kauf von Anteilen an der Gemeinnützige Siedlungsgesellschaft Westmark mbH, Koblenz, im Nennwert von 10.000,-- RM folgte.[193]
Auf Düsseldorf, Köln und Koblenz erstreckten sich die in der Folgezeit weiter erworbenen Anteile. In Düsseldorf beteiligte sich die Rheinische W. an der Düsseldorfer

---

[189] VA AR/ 4-A-3/ 24.01.1939, S. 7; BBA 55/ 1160.
[190] Der Kirdorf-Streithof war ursprünglich der 1905-1907 errichtete Land- und Alterssitz im Broich-Speldorfer Wald von Emil Kirdorf (1847-1938), dem Gründer des Gelsenberg-Konzerns. Nach dem Tod Kirdorfs stand das Anwesen leer, bevor es nach dem Ende des Zweiten Weltkriegs zuerst geplündert wurde, dann als Offiziersunterkunft diente und ab 1951 vom DRK betrieben wurde, VA PW/ 4-A-3/ 1938, Bl. 5; Vereinigte Stahlwerke, Handbuch der Beteiligungen, S. 02-03; BBA 55/ 1160.
[191] VA AR/ 4-A-3/ 14.02.1940, S. 4; VA AR/ 1-A-3/ 15.07.1935, S. 2; BBA 55/ 1160.
[192] VA AR/ 1-A-3/ 15.07.1935, S. 2.
[193] VA AR/ 1-A-3/ 28.05.1936, S. 2; VA AR/1-A-3/ 24.01.1939, S. 4.

Wohnungsgenossenschaft eGmbH, Düsseldorf (5.200,-- RM), und an der Rheinwohnungsbau-AG, Düsseldorf (50.000,-- RM/ 5 %), während sie Geschäftsanteile in Köln an der Köln-Lindenthaler gemeinnützige Baugenossenschaft eGmbH (300,-- RM), und in Koblenz an der Gemeinnützige Wohnungs- u. Siedlungsgesellschaft Moselland mbH (10.000,-- RM/ 0,5 %) kaufte.[194] An der Westfälische Bauvereinsbank eGmbH, Dortmund, erwarb auch die Rheinische W. 10 Anteile zu je 300,-- RM.[195]

Tab. 40: Beteiligungen der Rheinische W. an Bau- und Wohnungsgesellschaften

Unternehmen	RM/ Jahr
Baugesellschaft Angerau mbH, Duisburg-Hamborn	162.500,--/ 1934
Baugesellschaft Duisburg-Heerstr. mbH, Duisburg-Hamborn	69.500,--/ 1934
Benrather AG für gemeinnützige Bauten, Benrath	118.000,--/ 1935
Düsseldorfer Spar- und Bauverein eGmbH, Düsseldorf	5.200,--/ 1935
Düsseldorfer Wohnungsgenossenschaft eGmbH, Düsseldorf	5.200,--/ 1941
Gemeinnützige Aktiengesellschaft für Wohnungsbau, Köln	30.000,--/ 1935
Gemeinnützige Baugesellschaft Immigrath	18.700,--/ 1935
Gemeinnützige Siedlungsgesellschaft „Westmark“ mbH, Koblenz	10.000,--/ 1939
Gemeinnützige Siedlungsgesellschaft Rheinisches Heim mbH, Bonn	1.080,--/ 1936
Gemeinnützige Wohnungs- u. Siedlungsgesellschaft Moselland mbH, Koblenz	10.000,--/ 1941
Hildener Actien-Baugesellschaft, Hilden	4.000,--/ 1935
Köln-Lindenthaler gemeinnützige Baugenossenschaft eGmbH, Köln	300,--/ 1941
Mülheimer Bau- und Spargenossenschaft eGmbH, Mülheim-Ruhr	11.100,--/ 1935
Rheinwohnungsbau-AG, Düsseldorf	50.000,--/ 1941
Spar- und Bauverein eGmbH, Duisburg	1.500,--/ 1935
Westfälische Bauvereinsbank eGmbH, Dortmund	3.000,--/ 1944

Quellen: VA AR/ 1-A-3/ 15.07.1935, S. 2; VA AR/ 1-A-3/ 28.05.1936, S. 2; VA AR/ 1-A-3/ 24.01.1939, S. 4; VA AR/ 1-A-3/ 28.06.1944, S. 1; TKA BIW/ 41; BBA 55/ 1160.

Ebenso wie die Rheinische W. veräußerte die Westfälische W. 1935 ihren Geschäftsanteil an dem Feuerschadenverband rheinisch westfälischer Zechen Versicherungsverein a. G. in Bochum. Gleichzeitig schritt die Westfälische W. mit Genehmigung des Aufsichtsrats vom 15.07.1935 zum Erwerb von 16 Beteiligungen an Wohnungs- und Baugesellschaften. Dabei handelte es sich zu einem großen Teil um Gesellschaften, die im Dortmunder Stadtgebiet angesiedelt waren. Während die Anteile an den Gesellschaften Gartenstadt Dortmund eGmbH, Dortmund (1.000,-- RM), Gemeinnütziger Spar- und Bauverein Westerfilde eGmbH, Dortmund-Westerfilde (2.000,-- RM), Spar- und Bauverein eGmbH, Dortmund-Hörde (3.000,--RM), und Gemeinnütziger Bauverein eGmbH zu Dortmund-Berghofen (3.000,-- RM) gering blieben, waren die eingebrachten Beträge bei der Dortmunder gemeinnützige Bau-Aktiengesellschaft „Hellweg“, Dortmund, mit 53.000,-- RM (13,25 %), bei der Westfälische Heimstätte GmbH, Dortmund, mit zunächst 13.936,-- RM und dann 50.000,-- RM (0,5 %) sowie

[194] BBA 55/ 1160.
[195] VA AR/ 1-A-3/ 28.06.1944, S. 1.

bei der Dortmunder gemeinnützige Siedlungs-GmbH, Dortmund, mit 29.250,-- RM höher und begründeten für letztere ein Beteiligungsverhältnis von 13,62 %.[196]
Zwar bildete Dortmund den Schwerpunkt der Anteile der Westfälische W., doch erstreckten sich die anderen Beteiligungsgesellschaften vom Rheinland über das Ruhrgebiet bis in das östliche Westfalen sowie das Sauerland und das Siegerland. Half die Gesellschaft Gemeinnütziger Spar- und Bauverein Wickede-Ruhr und Umgegend eGmbH mit einer Beteiligung der Westfälische W. in Höhe von 600,-- RM Wohnbedürfnisse im Ruhrgebiet zu befriedigen, so betätigte sich die Spar- und Bauverein Wülfrath eGmbH mit einem Geschäftsanteil der Westfälische W. über 3.000,-- RM in dem Wohnungsmarkt des zwischen Düsseldorf, Wuppertal und Essen gelegenen Wülfrath. In Koblenz hingegen war die Gemeinnützige Siedlungsgesellschaft Westmark tätig und stützte sich auf einen Geschäftsanteil der Westfälische W. in Höhe von 10.000,-- RM (0,5 %).[197]
Im östlicheren Westfalen sah sich die Westfälische W. über ihre Beteiligung an der Hammer gemeinnützige Baugesellschaft mbH, Hamm (32.000,-- RM), an der Gemeinnützige Heimstätten Aktiengesellschaft, Hamm (500,-- RM), an der Genossenschaft Gemeinnütziger Spar- und Bauverein Bodelschwingh eGmbH, Bielefeld (2.000,-- RM), und an der Kreisbau- und Siedlungsgenossenschaft eGmbH, Minden (300,-- RM), vertreten. Im Münsterland bestand außerdem eine Beteiligung mit einem Geschäftsanteil über 4.100,--RM an der Siedlungsgesellschaft Rothe Erde mbH zu Münster.

Die geographische Streuung der Beteiligungsverhältnisse der Westfälische W. ergab sich aus weiteren Anteilen an Gesellschaften im Sauerland und im Siegerland.
Auch dort waren die Anteile zwar gering, aber die Westfälische W. hatte über den Beamtenwohnungsverein zu Siegen eGmbH, Siegen (900,-- RM), die Baugenossenschaft eGmbH, Niederschelden (700,-- RM) sowie im Norden mit dem Bauverein für das Amt Ferndorf eGmbH, Kreuztal (1.600,-- RM), Zugang zum dortigen wohnungswirtschaftlichen Geschehen.[198]
Die Geschäftsanteile im Sauerland erstreckten sich auf die Gesellschaft Gemeinnütziger Bauverein für den Kreis Arnsberg eGmbH, auf die Altenaer Gemeinnützige Baugesellschaft AG in Altena und auf die Gemeinnütziger Spar- und Bauverein für das Amt Oestrich GmbH. In Olpe, südlich von Iserlohn auf der Hälfte der Strecke zwischen Frankfurt/ M. und Dortmund gelegen, erwarb die Westfälische W. zudem 1935 an der Gemeinnützige Baugesellschaft für den Kreis Olpe eGmbH eine Beteiligung über 2.000,-- RM. Olpe war mit dem Schienennetz über Attendorn verknüpft und so mit dem Ort verbunden, an dem sich die Gemeinnützige Baugesellschaft mbH befand. Die Westfälische W.war hier mit 10 % beteiligt.[199]

---

[196] BBA 55/ 1160; VA AR/ 3-A-3/ 15.07.1935, S. 2; VA AR/ 3-A-3/ 28.05.1936, S. 7.
[197] VA AR/ 3-A-3/ 15.07.1935, S. 2; VA AR/ 3-A-3/ 24.01.1939, S. 6.
[198] Erhöhung bis 1941 auf 49.600,-- RM bei Gesamtkapital über 775.000,-- RM (6,4 %), BBA 55/ 1160; VA AR/ 3-A-3/ 15.07.1935, S. 2; VA AR/ 3-A-3/ 28.05.1936, S. 2; VA AR/ 3-A-3/ 24.01.1938, S. 1.
[199] VA AR/ 3-A-3/ 15.07.1935, S. 2; VA AR/ 3-A-3/ 28.05.1936, S. 7; VA AR/ 3-A-3/ 24.02.1943, S. 2; BBA 55/ 1160.

Auch in der Folgezeit konzentrierte sich die Westfälische W. bei dem Erwerb von Beteiligungen auf Dortmund, denn neben Geschäftsanteilen an der Westfälische Bauvereinsbank eGmbH erhöhte die Westfälische W. 1937 ihre Beteiligung an der Dortmunder Gemeinnützige Wohnungsgesellschaft mbH, Dortmund. Unter gleichzeitiger Übernahme eines bisher im Eigentum der Firma Wagner & Co. Werkzeugmaschinenfabrik stehenden Anteils erhöhte die Westfälische W. diese Beteiligung von 29.950,-- RM auf 136.300,-- RM und stärkte damit weiter ihre Geschäftstätigkeit in Dortmund.[200]

Tab. 41: Beteiligungen der Westfälische W. an Bau- und Wohnungsgesellschaften

Unternehmen	RM/ Jahr
Altenaer Gemeinnützige Baugesellschaft AG, Altena	6.000,--/ 1935
Baugenossenschaft eGmbH, Niederschelden	700,--/ 1935
Bauverein für das Amt Ferndorf eGmbH, Kreuztal	1.600,--/ 1935
Beamtenwohnungsverein zu Siegen eGmbH, Siegen	900,--/ 1935
Dortmunder gemeinnützige Bau-Aktiengesellschaft Hellweg, Dortmund	53.000,--/ 1935
Dortmunder gemeinnützige Siedlungs-GmbH, Dortmund	29.250,--/ 1935
Dortmunder Gemeinnützige Wohnungsgesellschaft mbH, Dortmund	136.300,--/ 1937
Gartenstadt Dortmund eGmbH, Dortmund	1.000,--/ 1935
Gemeinnützige Baugesellschaft für den Kreis Olpe eGmbH, Olpe	2.000,--/ 1935
Gemeinnützige Baugesellschaft mbH zu Attendorn	500,--/ 1936
Gemeinnützige Heimstätten Aktiengesellschaft, Hamm	500,--/ 1933
Gemeinnützige Siedlungsgesellschaft Westmark mbH, Koblenz	10.000,--/ 1939
Gemeinnützige Wohnungs- u. Siedlungsgesellschaft Moselland mbH, Koblenz	10.000,--/ 1941
Gemeinnütziger Bauverein eGmbH zu Dortmund-Berghofen	3.000,--/ 1936
Gemeinnütziger Bauverein für den Kreis Arnsberg eGmbH	500,--/ 1935
Gemeinnütziger Spar- und Bauverein Bodelschwingh eGmbH, Bielefeld	2.000,--/ 1935
Gemeinnütziger Spar- und Bauverein für das Amt Oestrich GmbH, Oestrich	300,--/ 1935
Gemeinnütziger Spar- und Bauverein Westerfilde eGmbH, Dortmund-Westerfilde	2.000,--/ 1935
Gemeinnütziger Spar- und Bauverein Wickede-Ruhr und Umgegend eGmbH	600,--/ 1935
Hammer gemeinnützige Baugesellschaft mbH, Hamm	32.000,--/ 1935
Kreisbau- und Siedlungsgenossenschaft eGmbH, Minden	300,--/ 1939
Siedlungsgesellschaft Rothe Erde mbH zu Münster	4.100,--/ 1936
Spar- und Bauverein eGmbH, Dortmund-Hörde	3.000,--/ 1935
Spar- und Bauverein Wülfrath eGmbH, Wülfrath	3.000,--/ 1935
Westfälische Bauvereinsbank eGmbH, Dortmund	3.000,--/ 1937
Westfälische Heimstätte GmbH, Dortmund	13.936,--/ 1935

Quellen: VA AR/ 3-A-3/ 15.07.1935; VA AR/ 3-A-3/ 28.05.1936; VA AR/ 3-A-3/ 27.01.1937; VA AR/ 3-A-3/ 26.06.1937; VA AR/ 3-A-3/ 24.01.1939; BBA 55/ 1160.

Demgegenüber bezogen sich die ersichtlichen Beteiligungen der Rheinisch Westfälische W. auf die Baugenossenschaft Bochum und Umgegend eGmbH, Bochum, die Bochumer Heimstätten-Gesellschaft mbH, Bochum, die Gemeinnützige Bauverein eGmbH, Gelsenkirchen-Horst, sowie auf die Westfälische Bauvereinsbank eGmbH,

[200] Die Westfälische W. stockte die Beteiligung auf 11,67 %, d. h. 700.200,-- RM zum Gesamtkapital von 6.000.000,-- RM auf, trotz Ablehnung einer Kapitalerhöhung 1939 von 3.000.000,-- RM auf 4.000.000,-- RM, BBA 55/ 1160; VA AR/ 3-A-3/ 15.07.1935, S. 2; VA AR/ 3-A-3/ 28.05.1936, S. 7; VA AR/ 3-A-3/ 27.01.1937, S. 5; VA AR/ 3-A-3/ 26.06.1937, S. 4; VA AR/ 3-A-3/ 24.01.1939, S. 6.

Dortmund. Dabei lag die Beteiligung bei der Bochumer Heimstätten-Gesellschaft mbH mit 85.407,-- RM und 17,43 % gegenüber den sonstigen Anteilen der Gesellschaften am höchsten.[201] Bei der Westfälische Bauvereinsbank erwarb auch die Rheinisch Westfälische W. 10 Anteile zu je 300,-- RM.[202]

Tab. 42: Beteiligungen der Rheinisch Westfälische W. an Bau- und Wohnungsgesellschaften

Unternehmen	RM/ Jahr
Baugenossenschaft Bochum und Umgegend eGmbH, Bochum	50,--/ 1941
Bochumer Heimstätten-Gesellschaft mbH, Bochum	85.407,--/ 1941
Gemeinnütziger Bauverein eGmbH, Gelsenkirchen-Horst	3.000,--/ 1941
Westfälische Bauvereinsbank eGmbH, Dortmund	3.000,--/ 1944

Quellen: VA GB/ 2-A-3/ 1944/45; BBA 55/ 1160; TKA VSt/ 1253.

Eine weitere Möglichkeit der mittelbaren Beteiligung am Wohnungsbau anderer Unternehmen ergab sich, sobald ein Werk von werksfremden Bau- oder Wohnungsunternehmen um Unterstützung gebeten wurde.
Hier zeigten sich die Werke wie im Fall der Spar- und Baugenossenschaft eGmbH Hattingen allerdings nicht immer aufgeschlossen. Die Genossenschaft beabsichtigte im Jahr 1935 die Errichtung von 50 Kleinwohnungen. Die Wohnungen sollten vornehmlich den Angehörigen der Henrichshütte[203], deren Belegschaft sich von 1933 bis 1938 auf 5.521 Personen mehr als verdoppelt hatte, als Wohnstätten dienen. Die Genossenschaft erbat eine Unterstützung in Höhe von 25.000,-- RM oder entsprechende Sachleistungen. Zwar förderte die Henrichshütte das Vorhaben daraufhin organisatorisch, sah sich aber nicht zur Zahlung der erbetenen Finanzierungshilfe in der Lage.[204]

Zusammengenommen bestanden somit unter Einbeziehung auch derjenigen Gesellschaften, von denen die VSt vor Gründung der vier Wohnungsunternehmen Geschäftsanteile erworben hatte, an folgenden wohnungswirtschaftlichen Unternehmen Beteiligungen:

---

[201] BBA 55/ 1160.
[202] VA AR/ 2-A-3/ 28.06.1944; TKA VSt/ 1253.
[203] Die VSt hatte die Henrichshütte in Hattingen nach deren Erwerb mit anderen Werken wie dem Gußstahlwerk Witten, dem Gelsenkirchener Gußstahl- und Eisenwerk, dem Stahlwerk Krieger in Düsseldorf-Oberkassel, der Annener Gußstahlwerke und dem Preßwerk Brackwede bei Bielefeld in der am 08.03.1930 gegründeten Ruhrstahl AG zusammengeschlossen; zu Henrichshütte/ Ruhrstahl Reckendrees, Stahltrust, S. 454, 458; Rasch, Manfred, Zur Geschichte der Ruhrstahl-Gruppe und ihrer Werke, in : *derselbe*, Findbuch Ruhrstahl, S. 3-72, hier S. 55.
[204] Schanetzky, Tim, Unter einem Dach, Engagement und Sozialkompetenz, 100 Jahre Hattinger Wohnstättengenossenschaft, Essen 1999, S. 88 f. .

Tab. 43: Beteiligungen an Bau- und Wohnungsgesellschaften; 1932-1945

1	Altenaer Gemeinnützige Baugesellschaft AG, Altena
2	Baugenossenschaft Bochum und Umgegend eGmbH, Bochum
3	Baugenossenschaft eGmbH, Niederschelden
4	Baugesellschaft Angerau mbH, Duisburg-Hamborn
5	Baugesellschaft Duisburg-Heerstr. mbH, Duisburg-Hamborn
6	Baugesellschaft Niederrhein mbH, Duisburg
7	Bauverein für das Amt Ferndorf eGmbH, Kreuztal (Gemeinnützige Wohnstättengenossenschaft eGmbH)
8	Beamtenwohnungsverein zu Siegen eGmbH, Siegen
9	Benrather AG für gemeinnützige Bauten, Benrath
10	Bochumer Heimstätten-Gesellschaft mbH, Bochum
11	Dortmunder gemeinnützige Bau-Aktiengesellschaft Hellweg, Dortmund
12	Dortmunder gemeinnützige Siedlungs-GmbH, Dortmund
13	Dortmunder Gemeinnützige Wohnungsgesellschaft mbH, Dortmund
14	Düsseldorfer Spar- und Bauverein eGmbH, Düsseldorf
15	Düsseldorfer Wohnungsgenossenschaft eGmbH, Düsseldorf
16	Gartenstadt Dortmund eGmbH, Dortmund
17	Gemeinnützige Aktiengesellschaft für Wohnungsbau, Köln
18	Gemeinnützige Baugenossenschaft Händelplatz eGmbH, Berlin
19	Gemeinnützige Baugesellschaft für das Amt Eiserfeld eGmbH, Eiserfeld
20	Gemeinnützige Baugesellschaft für den Kreis Olpe eGmbH, Olpe
21	Gemeinnützige Baugesellschaft Immigrath
22	Gemeinnützige Baugesellschaft mbH zu Attendorn
23	Gemeinnützige Heimstätten Aktiengesellschaft, Hamm
24	Gemeinnützige Heimstätten Aktiengesellschaft, Hörde i.W.
25	Gemeinnützige Kleinwohnungsbau GmbH, Remscheid
26	Gemeinnützige Siedlungsgesellschaft Westmark mbH, Koblenz
27	Gemeinnützige Siedlungsgesellschaft Rheinisches Heim mbH, Bonn
28	Gemeinnützige Wohnungs- u. Siedlungsgesellschaft Moselland mbH, Koblenz
29	Gemeinnütziger Bauverein Aktiengesellschaft, Essen
30	Gemeinnütziger Bauverein eGmbH Gelsenkirchen-Horst
31	Gemeinnütziger Bauverein eGmbH zu Dortmund-Berghofen
32	Gemeinnütziger Bauverein für das Amt Mengede
33	Gemeinnütziger Bauverein für den Kreis Arnsberg eGmbH
34	Gemeinnütziger Bauverein GmbH, Oesede
35	Gemeinnütziger Spar- und Bauverein Bodelschwingh eGmbH, Bielefeld
36	Gemeinnütziger Spar- und Bauverein für das Amt Oestrich GmbH, Oestrich
37	Gemeinnütziger Spar- und Bauverein Westerfilde eGmbH, Dortmund-Westerfilde
38	Gemeinnütziger Spar- und Bauverein Wickede-Ruhr und Umgegend eGmbH
39	Gesellschaft für Stahlindustrie mbH, Bochum (Wohnungsgesellschaft Herne-Sodingen mbH, Bochum)
40	Hammer gemeinnützige Baugesellschaft mbH, Hamm
41	Hildener Actien-Baugesellschaft, Hilden
42	Kirdorf-Streithof GmbH, Mülheim a. d. Ruhr
43	Köln-Lindenthaler gemeinnützige Baugenossenschaft eGmbH, Köln
44	Kreisbau- und Siedlungsgenossenschaft eGmbH, Minden
45	Mülheimer Bau- und Spargenossenschaft eGmbH, Mülheim a. d. Ruhr
46	Rheinisch-Westfälische Bergwerks GmbH, Mülheim a. d. Ruhr
47	Rheinwohnungsbau-AG, Düsseldorf
48	Ruhr-Lippe Siedlungsgesellschaft mbH
49	Ruhrwohnungsbau-Aktiengesellschaft, Dortmund
50	Siedlungsgenossenschaft Eigenheim eGmbH, Dortmund-Huckarde
51	Siedlungsgesellschaft Rote Erde mbH zu Münster
52	Spar- und Bauverein eGmbH, Dortmund-Hörde
53	Spar- und Bauverein eGmbH, Duisburg
54	Spar- und Bauverein Wülfrath eGmbH, Wülfrath
55	Stahlhaus GmbH, Duisburg
56	Stahlhaus-Erstellungs-, Verwaltungs- und Finanzierungs GmbH, Berlin
57	Westfälische Heimstätte GmbH, Dortmund

Quellen: Aktennotizen VA GA/01.09.1932, 21.08.1933,15.09.1933, 10.10.1933; VA AR/3-A-3/ 15.07.1935, 28.05.1936, 27.01.1937, 26.06.1936, 24.01.1939; sämtliche Geschäftsberichte; TKA BIW/ 41; BBA 55/ 1160.

Danach ergab sich aus der Zusammensetzung der übernommenen Beteiligungen der VSt bei Gründung der Wohnungsgesellschaften und den Anteilen aus selbsttätigem Erwerb eine über das Ruhrgebiet und das Rheinland reichende Beteiligungsvielfalt.[205] Die vier Wohnungsgesellschaften konnten sich damit Einblick in die Entwicklung verschiedener Wohnungsmärkte verschaffen und waren in der Lage, das Marktgeschehen aus dem Blickwinkel anderer Unternehmen aufzunehmen. Die Beteiligungen an diesen Unternehmen der Wohnungswirtschaft ermöglichte den Wohnungsgesellschaften den Aufbau eines Beziehungsnetzwerks zur Sicherung von Informationsvorteilen.

Entgegen dem Bericht der Stahltreuhändervereinigung von 1954[206] hielt die VSt somit nach Aktenlage nicht nur an 45, sondern unter Hinzuzählung der Rheinische W., der Rheinisch Westfälische W., der Westfälische W. und der Westdeutsche W. an insgesamt 61 Bau- und Wohnungsgesellschaften Anteile. Das bedeutet entgegen der bisherigen Auffassung, daß die Beteiligungen der VSt an anderen Wohnungsunternehmen um über 26 % höher ausfielen. Allerdings ist zu beachten, daß aus den Beteiligungen aufgrund der vielfach geringen Einlagen keine großen Einflußmöglichkeiten hervorgingen.

3. Zwischenergebnis

Die Organisation spielte für die Wohnungsgesellschaften eine zentrale Rolle, galt es doch, den größten gemeinnützigen Wohnungsbestand in Deutschland mit einem effizienten Verwaltungsinstrumentarium zu versehen.
Das Organisationsmodell eines Vorstands für alle Gesellschaften ermöglichte deren zentrale Steuerung. Die Kontrolle des Vorstands durch einen Aufsichtsrat, der ausschließlich aus VSt-Mitgliedern bestand, sicherte der VSt eine Unternehmenspolitik im Sinne ihrer jeweils 100 %igen Beteiligungen an den Wohnungsgesellschaften.
So konnten die Gesellschaften trotz jeweils rechtlicher Selbständigkeit nur dann losgelöst von der VSt agieren, wenn diese damit einverstanden war. Der Vorstand kann daher als verlängerter Arm der VSt angesehen werden, sobald diese ihre Interessen über die Wohnungsgesellschaften formulieren wollte.
Der Vorstand war von einer „hierarchisch-partizipativen Struktur"[207] geprägt, die sich in gemeinsamen Willensbildungsprozessen der Vorstandsmitglieder ausdrückte.
Der insgesamt funktionale Zuschnitt mit ausgeprägter interner Kooperationsform folgte dem Strategieverständnis, die Vorteile einer einheitlichen Verwaltung in Verbindung mit den Vorgaben des Gemeinnützigkeitsrechts nutzen zu können. Dadurch eröffnete sich den Wohnungsunternehmen die Möglichkeit einer internen Kooperation,

---

[205] Die Registrierung umbenannter Gesellschaften findet sich unter den 1933 gültigen Namen, Änderungen stehen in Klammern. Die Beteiligung über die VSt an der Rohrleitungsbau Phoenix GmbH in Berlin-Mariendorf ist nicht verzeichnet, da das Unternehmen nur ein Gewerk vertrat und so lediglich einen Teil der Aufgaben versah, den die Bau- und Wohnungsgesellschaften wahrzunehmen hatten.
[206] Stahltreuhändervereinigung, Die Neuordnung der Eisen- und Stahlindustrie im Gebiet der Bundesrepublik Deutschland, München Berlin 1954, S. 146.
[207] Jakob, S. 118; zur Positionierung in Organisationen vgl. Vossbein, S. 27.

die Mehrfacharbeiten und Reibungsverlusten entgegenwirken und daher kostenhemmend sein konnte. Ausgehend vom Bestand waren die Wohnungsgesellschaften zwar unterschiedlich groß, doch für eine Kooperation untereinander war das weniger von Belang. Bei kooperativem Verhalten konnte die Größe der Unternehmen völlig verschieden sein, sofern sichergestellt war, daß keine der Wohnungsgesellschaften eine Monopolstellung für sich beanspruchte.

Die Variablen der Organisationsstruktur lagen bei der Bildung organisatorischer Einheiten in der Verteilung der Aufgabenbereiche („Job design"), Entscheidungsrechte und Weisungsrechte und im Hinblick auf die betrieblichen Abläufe in einer möglichst weitreichenden Programmierung der Prozesse.
In der Analyse der anstehenden Aufgaben konnten den Gesellschaften mit der Bestandsbewirtschaftung und dem Wohnungsbau genaue Verrichtungsfunktionen zugewiesen werden. Dabei gelang es den Gründungsmitgliedern der Gesellschaften unter Dinkelbach, die Anforderungen als Entscheidungs- und Ausführungsaufgaben so zu definieren und zusammenzufassen, daß sie den organisatorischen Einheiten sinnvoll zugeordnet werden konnten.
Die Entscheidungsrechte waren vor allem auf den Vorstand und dann auf die Geschäftsleitungen zugeschnitten. Die Entscheidungsdelegation bedeutete die Weitergabe der Entscheidungsrechte vom Vorstand über die Geschäftsleitungen bis zu den Verwaltungsstellen. Das hieß für die Organisation, daß der Delegationsgrad bei den Verwaltungsstellen am höchsten war.

Die Delegation schloß indessen die Partizipation an Entscheidungen nicht vollends aus. Da der Vorstand die Geschäftsleitungen mit ihren Prokuristen über Anhörungen und Beratungen in seine Entscheidungsprozesse einbezog, lag ein erhöhter Partizipationsgrad vor, der zur Verringerung von Informationsasymmetrien führte.
Die Partizipation der Verwaltungsstellen war deutlich geringer, aber dennoch vorhanden, so daß bei den Gesellschaften in Einzelfällen durchaus die Möglichkeit bestand, als Wohnungsverwalter oder Bauführer auf eine Entscheidungsfindung einzuwirken.
Dabei bestimmte das Einliniensystem des organisatorischen Aufbaus die Verteilung von Weisungsrechten. Die Strukturiertheit des Systems ermöglichte es den Gründern um Dinkelbach, die für alle Gesellschaften ähnlichen Unternehmensaufgaben in transparente, klar abgegrenzte Arbeitsbereiche zu übertragen.

Die organisatorische Programmierung sollte die betrieblichen Abläufe zudem möglichst detailliert standardisieren. Dies war bei den Gesellschaften insofern nur bedingt möglich, als daß die anfallenden Arbeiten lediglich zum Teil strukturierte und stabile Aufgaben wie beim Hollerithverfahren umfaßten. Ein verringerter Abstimmungsaufwand, gesenkte Delegationsrisiken und die genaue Definition der Verhaltensspielräume zeigten die Verantwortlichkeiten bei Vorstand, Geschäftsführungen und Verwaltungsstellen auf und förderten eine Standarisierung. Damit konnte allerdings lediglich eine Rahmenprogrammierung erfolgen, die in den Satzungen und in unternehmensinternen Richtlinien ihren Niederschlag fand. Dabei erschwerte die Vieldimensionalität der Wohnungswirtschaft eine Standardisierung.

Aufgrund der räumlichen Ausdehnung über das gesamte Ruhrgebiet, einen Teil des Rheinlands und einiger Ausläufer in das Sauerland, nach Ostwestfalen, Thüringen und Ostfriesland war die regionale Bestandsverteilung auf die gemeinnützigen Gesellschaften sinnvoll. Der Bestand der Westdeutsche W. war für eine Verwaltung über weitere Regionalgesellschaften, die nicht unter dem Kriterium der Gemeinnützigkeit standen, zu klein. Es war deshalb einsichtig, die Verwaltung dieser Wohnungen nach regionalen Kriterien auf die gemeinnützigen Gesellschaften zu übertragen.
Die organisatorische Regionalisierung der Gesellschaften hatte den Vorzug, daß die Unternehmen vor Ort mit den Verwaltungsstellen über feste Anlaufpunkte verfügten, die die Pflege direkter Mieterkontakte ermöglichten.

Das bedeutete, daß das organisationale Wissen bei den Wohnungsgesellschaften große Beachtung fand, also nach *Willke* „das Wissen, das nicht in den Köpfen der Menschen gespeichert“ war, sondern in den „Operationsformen des sozialen Systems“: Organisationales oder institutionelles Wissen aus anonymisierten Regelsystemen, die die Operationsweise eines Sozialsystems mit Leitlinien, Arbeitsprozeßbeschreibungen, Routinen, Datensammlungen, kodiertem Produktions- und Projektwissen und den Merkmalen der spezifischen Kultur der Organisation definierten.[208] Sowohl die Qualität als auch die Darstellung der Informationen der Bauführer und Wohnungsverwalter konnten aufgrund des nahen Zeitpunkts der Informationsverarbeitung defizitärmer bei Geschäftsleitungen und Vorstand eingehen. Insgesamt war so gewährleistet, daß Informationen, die die Mieter als die Vertragspartner der Gesellschaften betrafen, über nur wenige Personen vom Vorstand bis zum Verwalter vor Ort transportiert werden konnten. Da die Verwaltungsstellen unverzüglich und tatsächlich vor Ort auf das Geschehen des gesamten Wohnungsbestands Einfluß nehmen konnten, war es möglich, den Reibungsverlusten langer Informations- und Entscheidungswege wirksam entgegenzutreten.

[208] Willke, Helmut, Systemisches Wissensmanagement, 2. Auflage, Stuttgart 2001, S. 16.

IV. Entwicklung der Wohnungsgesellschaften der Vereinigte Stahlwerke AG

Die Wohnungsgesellschaften sahen sich nach der nationalsozialistischen Machtübernahme neben traditionellen kommunalen Verantwortlichkeiten auch neuen behördlichen Zuständigkeitsstrukturen gegenüber, deren Beachtung Grundvoraussetzung der Geschäftstätigkeit war.

1. Wohnungsgesellschaften und Behörden

Die Wohnungswirtschaft hatte generell aufgrund ihrer Interdisziplinarität auf Reichs- und Landesebene und im kommunalen Bereich vielfache Berührungspunkte zwischen Ministerien, Reichsstellen, Partei, Landesbehörden, gemeindlichen Einrichtungen sowie bauwirtschaftlichen Verbänden, Wohnungsunternehmen, Finanzierungsinstituten und Forschungseinrichtungen.

Auf Reichsebene war ab 1934 das Reichs- und Preußische Arbeitsministerium für den Bereich des Wohnungs- und Siedlungswesens zuständig, nachdem der Reichsarbeitsminister zwischenzeitlich für ein halbes Jahr in seinen Kompetenzen von einem Reichskommissar für das Siedlungswesen beim Reichswirtschaftministerium beschnitten worden war.[1] Das Reichs- und Preußische Arbeitsministerium entstand im Zuge der Zusammenlegung der preußischen Ministerien mit denen des Reichs und übernahm nach Auflösung des Siedlungskommissariats dessen Personal als Abteilung.

Im Hinblick auf Fragen des Wohnungs- und Siedlungswesens war für die Wohnungsgesellschaften zunächst grundsätzlich die Hauptabteilung IV im Reichsarbeitsministerium Ansprechpartner. Die Hauptabteilung IV war in drei Abteilungen für Siedlungswesen (IVa), Wohnungswesen (IVb) und Städtebau und Wohnungswesen (IVc) gegliedert. Fragen der Finanzierung (Grundkredite) behandelte das Reichs- und Preußische Wirtschaftsministerium, während das Reichsjustizministerium für die Rechtsgebiete wie Mietrecht oder Zwangsvollstreckungsrecht zuständig war. Probleme des Steuerrechts entschied vornehmlich das Reichsfinanzministerium. Das Reichs- und Preußische Innenministerium befaßte sich mit kommunalpolitischen Fragestellungen. Hier war zudem eine Zusammenarbeit mit der Reichsstelle für Raumordnung erforderlich, sofern es um Angelegenheiten der Reichs- und Landesplanung ging.

Daneben war für die Wohnungsgesellschaften wichtig, daß im Stab des Stellvertreters des Führers das Amt des Siedlungsbeauftragten arbeitete und sich das Reichsheimstättenamt der DAF - die sich seit 1936/37 nach dem Eindruck hochrangiger NS-Funktionäre zu einem „Staat im Staate“ entwickelte - in Angelegenheiten der Ministerien einmischte.[2] Das Reichsheimstättenamt untergliederte sich in Gau- und Kreisheimstättenämter und befaßte sich mit der Errichtung von Kleinsiedlungen. Im Bereich der Woh-

---

[1] Pergande, in: Deutsche Bau- und Bodenbank, S. 102.

[2] Unter Bezugnahme auf das 1.100 Seiten umfassende Gutachten von Karl Eicke zu den Organisationsstrukturen der DAF Einordnung von Hachtmann, Rüdiger, Chaos und Ineffizienz in der Deutschen Arbeitsfront, Ein Evaluierungsbericht aus dem Jahr 1936, in: VfZ 53 (2005), S. 43-78, hier S. 45 m.w.N. .

nungsgesellschaften bestanden Heimstättenabteilungen bei den Gauverwaltungen für die Gaue Essen, Düsseldorf, Westfalen-Nord (Münster) und Westfalen-Süd (Bochum).[3] Spätere langfristige Streitigkeiten über den sozialen Wohnungsbau zwischen dem Leiter der DAF, Reichsorganisationsleiter Robert Ley, und Reichsarbeitsminister Seldte führten einen Kompetenzkonflikt herbei, in dem Seldte unterlag. Nachdem Ley zunächst „Reichskommissar für den sozialen Wohnungsbau" geworden war, entschied Hitler den Konflikt mit der Ernennung Leys zum „Reichswohnungskommissar".[4]
Ley erhielt damit gegenüber den Wohnungsgesellschaften weitgehende Regelungsbefugnisse und wurde einer der „Spezialkommissare", die „vielfach als beweglicher und stoßkräftiger gegenüber dem traditionellen Apparat der Reichsministerien galten".[5]

Auf Länderebene bestimmten die Dienststellen der Länder wie Reichsstatthalter (Sachsen, Lippe, Hessen), Reichskommissare (Saarland) und Staatsämter (Hamburg, Bremen) oder die Ministerien für Arbeit (Preußen), Wirtschaft (Bayern, Thüringen, Anhalt), Finanzen (Braunschweig, Oldenburg) oder Inneres (Württemberg, Baden) die Wohnungs- und Siedlungspolitik.
Für die Umsetzung von Vorhaben im Wohnungs- und Siedlungswesen waren die Mittel- und Unterbehörden der allgemeinen Verwaltung verantwortlich, so daß in Preußen die Regierungspräsidenten grundsätzlich zuständige (Mittel-)Behörde waren. Allerdings galt für die Wohnungsgesellschaften, deren Bestände sich über mehrere Regierungsbezirke verteilten, die besondere Zuständigkeit des Verbandspräsidenten des Siedlungsverbandes Ruhrkohlenbezirk in Essen. Das bedeutete für die Gesellschaften, daß der Verbandspräsident des Siedlungsverbandes Ruhrkohlenbezirk z. B. Bewilligungsbehörde für Reichsdarlehen zur Errichtung von Kleinsiedlungen oder Volkswohnungen war.

---

[3] Fischer-Dieskau, Joachim, Organisation des Wohnungs- und Siedlungswesens, in: Schwan, Wörterbuch, S. 897-902, hier S. 898.

[4] Erl. zur Ergänzung des Erlasses zur Vorbereitung des deutschen Wohnungsbaues nach dem Kriege vom 15. November 1940 vom 04.02.1941, BArch R 43 II/ 1174, Bl. 37; Erl. über den deutschen Wohnungsbau vom 23.10.1942, RGBl. 1942 I S. 623; BArch R 43 II/ 1174a, Bl. 216-247 und 1009, Bl. 60 (Geschäftsverteilungspläne), BArch R 43 II/ 1174, Bl. 15 (Geschäftsbereiche), BArch R 43 II/ 1174, Bl. 37 (Überlassung HA IV RArbMin. an RWK für Fragen des sozialen Wohnungsbaues), BArch R 43 II/ 1174, Bl. 71-74, 157; BArch R 43 II/ 1009, Bl. 41, 78-83, 98 (Zuständigkeiten und Reichsbürgschaften), BArch R 43 II/ 1009a, Bl. 63-65, 125 (Ermächtigungsgrundlagen, Personal), BArch R 43 II/ Bl. 112, 144 und 149 (Zuständigkeiten Ley-Seldte); weiterführend zu Ley vgl. Esenwein-Rothe, Ingeborg, Die Wirtschaftsverbände von 1933 bis 1945, Schriften des Vereins für Socialpolitik, Gesellschaft für Wirtschafts- und Sozialwissenschaften, Neue Folge Band 37, Berlin 1965 sowie Benz, Wolfgang/ Graml, Hermann/ Weiß, Hermann (Hrsg.), Enzyklopädie des Nationalsozialismus, 2. Aufl., Stuttgart 1998, S. 858; zu Seldte vgl. Lankheit, Klaus A., Seldte, Franz, in: Weiß, Hermann (Hrsg.), Biographisches Lexikon zum Dritten Reich, Frankfurt/ M. 1998, S. 426 f. .

[5] Erl. zur Vorbereitung des deutschen Wohnungsbaues nach dem Kriege, RGBl. 1940 I S. 1495; Harlander, Zwischen Heimstätte und Wohnmaschine, S. 206, 216 ff.; Recker, Sozialpolitik, S. 133 ff., 145 ff.; *dieselbe*, Der Reichskommissar für den sozialen Wohnungsbau, Zu Aufbau, Stellung und Arbeitsweise einer führerunmittelbaren Sonderbehörde, in: Rebentisch, Dieter/ Teppe, Karl (Hrsg.), Verwaltung contra Menschenführung im Staat Hitlers, Studien zum politisch-administrativen System, Göttingen 1986, S. 333-350, zu Kompetenzregelungen S. 339.

Untere Verwaltungsbehörden waren in Preußen die Landräte und die Bürgermeister der kreisfreien Städte, die dementsprechend für die Wohnungsgesellschaften z. B. bei der Umsetzung bauordnungsrechtlicher Direktiven vor Ort die Verantwortung trugen.

Außerdem existierten Einrichtungen, die behördenähnlichen Charakter besaßen und für die Wohnungsgesellschaften wichtig werden konnten.
So war der Reichsbürgschaftsausschuß bei der Deutschen Bau- und Bodenbank AG in Berlin für die Übernahme von Reichsbürgschaften für den Kleinwohnungsbau und die Bewilligung von Grundsteuerbeihilfen zuständig. Zweigniederlassungen verwalteten die Vorgänge von Landesbürgschaftsausschüssen, so wie für den Bereich der Wohnungsgesellschaften beim Landesbürgschaftsausschuß in Essen.
Die Deutsche Bau- und Bodenbank AG nahm eine Sonderstellung ein, da sie zwar nicht Organ der staatlichen Wohnungsbaupolitik war, zum überwiegenden Teil aber das Reich ihre Aktien hielt. Der bei der Gründung der Deutsche Bau- und Bodenbank AG vorgesehene Aufgabenbereich über die Vergabe von Bauzwischenkrediten wuchs auf die Bewilligung von Grundsteuerbeihilfen, die Übernahme von Reichsbürgschaften und die Verwaltung von Reichsmitteln zum Bau von Kleinsiedlungen und Volkswohnungen an.[6]
Eine weitere behördenähnliche Stellung hatten die Heimstätten als Organe der staatlichen Wohnungspolitik zur Durchsetzung der wohnungs- und siedlungspolitischen Ziele inne. Sie waren im Rhein-/ Ruhrgebiet durch die Westfälische Heimstätte GmbH in Dortmund und die Rheinische Heimstätte GmbH in Düsseldorf vertreten.[7]

2. Wohnungsmärkte und staatliche Wohnungspolitik bei Geschäftsaufnahme

Unter Beachtung dieses behördlichen und institutionellen Zuständigkeitsrahmens nahmen die Wohnungsgesellschaften ihre Geschäftstätigkeit an den Wohnungsmärkten auf.

Zum Zeitpunkt der Geschäftsaufnahme der Wohnungsgesellschaften umschrieb *Heinrich v. Stackelberg* den Begriff Markt als „gedankliche Zusammenfassung aller Kauf- und Verkaufsakte eines bestimmten Gutes innerhalb eines bestimmten Gebietes und Zeitraumes“.[8] Dabei galt ein Wohnungsmarkt bereits als der ökonomische Ort, an dem sich der Leistungsaustausch des Gutes Wohnung als Resultat besonderer Gegebenheiten auf der Angebots- und Nachfrageseite vollzog. Aufgrund der räumlichen Gebundenheit lagen dann regionale Teilmärkte vor, die sich angesichts der Heterogenität des Gutes Wohnung weiter in sachlich differierende Märkte aufgliedern konnten.[9]

---

[6] Kämper, Otto, Der kurzfristige Baukredit im Wohnungsbau und die Deutsche Bau- und Bodenbank AG, in: Fischer-Dieskau, Festschrift Knoblauch, S. 53-66; Deutsche Bau- und Bodenbank Aktiengesellschaft (Hrsg.), 50 Jahre Deutsche Bau- und Bodenbank Aktiengesellschaft 1923-1973, 50 Jahre im Dienste der Bau- und Wohnungswirtschaft, Frankfurt/ M. 1973.
[7] B. II. 2.; Poerschke, S. 3 ff..
[8] Stackelberg, Heinrich von, Marktform und Gleichgewicht, Wien Berlin 1934, S. 2 ff..
[9] Mayer, S. 42; Heuer/ Kühne-Büning/ Nordalm/ Drevermann, S. 23 ff., 51; Blumenroth, Wohnungspolitik seit der Reichsgründung, S. 208; Elsner, S. 56 ff.; Hämmerlein, S. 87 ff.; Schäfers, S. 75.

So war es möglich, daß z. B. qualitativ-technische Kriterien anhand der Merkmale Größe, Ausstattung, Grundriß und Alter eine zusätzliche Trennung in Teilmärkte ergaben, angebunden an Märkte für Grund und Boden, Bauleistungen und Finanzierungen. Marktbestimmende Bereiche wie die Bestandsbewirtschaftung mit Wohnungswechseln und Wohnungsneubauten konnten ein vieldimensionales Interaktionsfeld sein, geprägt von Informationsstrukturen, Entscheidungsprozessen, Handlungen und institutionellen Bedingungen.[10]
Diese definitorischen Vorgaben ließen sich für die Wohnungsgesellschaften in der Praxis zunächst nur ansatzweise umsetzen, denn es gab bis dahin im Deutschen Reich keine flächendeckende örtliche Beobachtung der verschiedenen Teilmärkte.
Vereinzelte Erhebungen arbeiteten mit unterschiedlichen Bewertungsmaßstäben und waren daher nicht immer vergleichbar. Unterschiede entstanden aus abweichenden Definitionen wie für den Begriff der Leerwohnung oder aus der unterschiedlichen Verwendung der Begriffe Raum, Zimmer oder Kammer. Dementsprechend waren einheitliche Daten zu Mietpreisen, Stockwerkslagen, Raumgrößen, Gas, Elektrizität, Wasser und Heizung selten.[11]

a) Wohnungsleerstand und Wohnungsmangel

Eine Zusammenfassung der Teilmärkte erbrachte die Volkszählung vom 16.06.1933. Insgesamt waren im Deutschen Reich als Folge der ökonomischen Depression der Weltwirtschaftskrise nach den Ergebnissen dieser Volkszählung 1,155 Mio. Haushalte ohne Unterkunft. Allein in Preußen betrug in den Gemeinden mit 10.000 und mehr Einwohnern der Leerwohnungstand 84.869 bei rund 5,5 Mio. Wohnungen.[12]

Tab. 44: Wohnungsleerstand in preußischen Gemeinden; 1933

Einwohnerzahl	Leerwohnungszahl	Leerwohnungsziffer
10.000 - 49.999	14.741	1,3
50.000 - 99.999	5.090	1,0
≥ 100.000*	34.598	1,4
Berlin	30.440	2,2

Quelle: Kruschwitz, Wohnungsmarkt, S. 1239. * ohne Berlin

Das Verhältnis der leerstehenden zu den insgesamt vorhandenen Wohnungen, bezeichnet mit der Leerwohnungsziffer, war in den preußischen Gemeinden bei bis zu 49.999 Einwohnern mit 1,3 % etwas geringer als im Durchschnitt sämtlicher Städte über 10.000 Einwohnern (1,5 %). Die Leerwohnungsziffer lag aber über der Ziffer der Mit-

[10] v. Stackelberg, S. 29 ff .; Abele/ Winckler, S. 3; Greve, S. 11; Eucken, S. 146 ff.; Kornemann, Fehlsubventionierungen, S. 13 ff.; Kirchner, Joachim, Der Wohnungsmarkt: Effizienz und Wirkungen wohnungspolitischer Instrumente, Diss., Regensburg 1986, S. 50 f. .
[11] Kruschwitz, Wohnungsmarkt und Wohnungsbedarf, in: Schwan, Wörterbuch, S. 1237-1244, hier S. 1237; bzgl. der Einzelerhebungen des Statistischen Amts des Deutschen Reiches vor dem Ersten Weltkrieg vgl. B.I.6. .
[12] Kruschwitz, Wohnungsmarkt, S. 139.

telstädte (1,4 %). Bei den leerstehenden Wohnungen mit nicht mehr als drei Wohnräumen fiel der Anteil der Leerwohnungsziffer bei zunehmender Gemeindegröße. Bei Großwohnungen war das Verhältnis umgekehrt, so daß in Gemeinden mit über 100.000 Einwohnern mehr Großwohnungen leerstanden.[13]
Im rheinisch-westfälischen Industriebezirk hatten alle Städte mit Ausnahme von Hagen (1,5), Castrop-Rauxel (1,8) und Düsseldorf (2,6) eine geringere Leerwohnungsziffer als der Reichsdurchschnitt von 1,3.[14]

Diese Wohnungsknappheit verschärfte sich mit steigenden Eheschließungsziffern.[15]
Gem. Abschnitt V § 1 des Gesetzes zur Verminderung der Arbeitslosigkeit vom 1. Juni 1933 konnten deutsche Reichsangehörige, die nach Inkrafttreten dieses Gesetzes heirateten, unter Beachtung weiterer Voraussetzungen der Vorschrift einen Antrag auf Gewährung eines Ehestandsdarlehens in Höhe von bis zu 1.000,-- RM stellen. Dieses Darlehen war unverzinslich und in monatlichen Teilbeträgen von 1 % des ursprünglichen Darlehensbetrags an dasjenige Finanzamt zurückzuzahlen, das für die Einkommensbesteuerung des Ehemannes zuständig war. Die Ehegatten hafteten als Gesamtschuldner für die Rückzahlung des Darlehens, das sie in Form von sog. „Bedarfsdeckungsscheinen" erhielten. Die Bedarfsdeckungsscheine berechtigten zum Erwerb von Möbeln und Hausgeräten in Verkaufsstellen, die zur Annahme der Scheine bereit waren. Die Verkaufsstellen konnten die Scheine anschließend bei den Finanzämtern in bar einlösen.[16]
Die Zahl der Eheschließungen erhöhte sich im Deutschen Reich von 509.597 im Jahr 1932 auf 631.152 im Jahr 1933 und auf 732.147 im Jahr 1934. Im Ruhrgebiet wurden von Mitte 1933 bis 01.10.1934 annähernd 55.300 Paare getraut, die dann eine Wohnung nachfragten. Exemplarisch zeigte sich der Anstieg im Ruhrgebiet in Bochum. Die Heiratsziffer dort stieg von 2.796 im Jahr 1932 auf 3.339 Eheschließungen im Jahr 1933 bzw. 3.805 im Jahr 1934.[17]

Neben den Ehestandsdarlehen wirkte sich 1933 die Verminderung der Arbeitslosigkeit auf die Wohnungsmärkte aus. Im Ruhrgebiet war zwischenzeitlich fast jede dritte Erwerbsperson arbeitslos. Nach offiziellen Zahlen ging die Arbeitslosigkeit auf Reichsebene von 6.013.600 im Januar 1933 auf 4.463.800 im Juli 1933 und auf 3.714.600 im

---

[13] Kruschwitz aaO.; Knipping, Der Arbeiterwohnungsbau, seine wirtschaftlichen und technischen Grundlagen, in: Berkenkopf (Hrsg.), Beiträge zum Wohnungs- und Siedlungswesen der Gegenwart, 5 Vorträge von E. Vögler, Knoll, Gugelmeier, Knipping, Schwan, Materialien-Sammlung Forschungsstelle für Siedlungs- und Wohnungswesen an der Universität Münster i.W., Band 29, Münster 1938, S. 71-123, hier S. 71, 73.

[14] Schröder, Josef, Die Möglichkeiten der Nebenerwerbssiedlung im rheinisch-westfälischen Industriebezirk, Beiträge zur Wohnungswirtschaft, Materialiensammlung Forschungsstelle für Siedlungs- und Wohnungswesen an der Universität Münster i.W., Band 13, Münster 1935, S. 63.

[15] Schreiben Deutscher Verein für Wohnungsreform e.V. an Hitler zu Eheschließungen und Wohnungsmißstand vom 12.12.1934, BArch R 43 II/ 1009.

[16] RGBl. 1933 I S. 323, 327.

[17] Schulz, in: Teuteberg, Stadtwachstum, Tabelle auf S. 171; zum Ruhrgebiet Schnadt, S. 174, Zahlentafel 6; Steinberg, Heinz Günter, Das Ruhrgebiet im 19. und 20. Jahrhundert, Ein Verdichtungsraum im Wandel, Siedlung und Landschaft in Westfalen, Schriftenreihe der Geographischen Kommission im Provinzialinstitut für Westfälische Landes- und Volksforschung 16, Münster 1985, S. 109.

November 1933 zurück. Zwar lag die „unsichtbare“ Arbeitslosigkeit im Januar 1933 bei 7,6 Mio. und im Januar 1934 noch bei 6,0 Mio. Personen, doch war auch bei einem geringeren Rückgang der Arbeitslosenzahl eine Belebung der Wohnungsmärkte festzustellen. Die Berücksichtigung der offiziellen Zahlen findet ihre Rechtfertigung darin, daß sie eine optimistische Grundstimmung erzeugten und damit das Marktverhalten beeinflußten. Kaum etwas war, so *Ambrosius*, angesichts der hohen Arbeitslosigkeit „so geeignet, die neue Regierung zu stabilisieren und das nationalsozialistische Regime gegenüber der Bevölkerung zu legitimieren, wie eine erfolgreiche Beschäftigungspolitik“.[18]

Allein nach dem im Juni 1933 verkündeten Reinhardt-Programm und dessen Ergänzung im September 1933 standen im Umfang von 1,5 Mrd. RM Mittel für Arbeitsbeschaffungsmaßnahmen insbesondere im Wohnungsbau bereit. Bis 31.12.1933 ergingen Bewilligungen in Höhe von 722,2 Mio. RM.[19] Bis auf 4 % des Gesamtvolumens diente das Reinhardt-Programm für den Wohnungsbau, die Haussanierung und zur Verbesserung der kommunalen und landwirtschaftlichen Infrastruktur.[20]

Im Ruhrgebiet verminderte sich die Arbeitslosigkeit um bis zu 70 %.[21] Allerdings ist zu beachten, daß der Rückgang der Arbeitslosigkeit dort nicht gleichbedeutend mit einer Zunahme der Beschäftigung vor Ort war. Einer Abnahme der Arbeitslosigkeit stand über den Zeitraum vom 28.02.1933 bis zum 30.06.1934 in den Städten Dortmund, Bochum, Gelsenkirchen, Herne, Gladbeck, Bottrop, Recklinghausen, Hamm, Hagen und Witten eine geringere Zunahme der Beschäftigung gegenüber. Das zunächst widersprüchlich erscheinende Ergebnis war auf den Anteil des Ruhrgebiets an der Landhilfe zurückzuführen.[22]
Noch 1936 lag die Arbeitslosenquote mit 11, 7 % im Rheinland und 7,9 % in Westfalen über dem Reichsdurchschnitt von 7,4 %.[23] Dennoch reichte der im Verhältnis zur Verminderung der Arbeitslosigkeit geringere Beschäftigungsanstieg aus, um *Lütge* auch

---

[18] Erker, Paul, Dampflok, Daimler, DAX, Die deutsche Wirtschaft im 19. und 20. Jahrhundert, München 2001, S. 182 f.; Ambrosius, Gerold, Von Kriegswirtschaft zu Kriegswirtschaft 1914-1945, in: North, Michael (Hrsg.), Deutsche Wirtschaftsgeschichte, Ein Jahrtausend im Überblick, München 2000, S. 282-350, hier S. 331.

[19] Die Programme gingen auf den Staatssekretär im Reichsfinanzministerium Fritz Reinhardt, Herausgeber der „Bücherei des Steuerrechts“, zurück; zur Person Lankheit, Klaus A., Reinhardt, Fritz, in: Weiß, S. 369-370; weiter zu den Programmen Broszat, S. 176 ff.; Petzina, Zwischenkriegszeit, S. 112 f.; Kornemann, in: Kähler, S. 670; Harlander, Zwischen Heimstätte und Wohnmaschine, S. 52; Gesetz zur Verminderung der Arbeitslosigkeit vom 01.06.1933, RGBl. 1933 I S. 323; VO zur Durchführung der Arbeitsbeschaffungsmaßnahmen aufgrund des Gesetzes zur Verminderung der Arbeitslosigkeit (AB-DVO) vom 28.06.1933, RGBl. 1933 I S. 425; Zweites Gesetz zur Verminderung der Arbeitslosigkeit vom 21.09.1933, RGBl. 1933 I S. 651.

[20] Petzina, Dietmar, Hauptprobleme der deutschen Wirtschaftspolitik 1932/ 33, in: *derselbe*, Die Verantwortung des Staates für die Wirtschaft, S. 90-124, hier S. 116 f.; Barkai, Avraham, Das Wirtschaftssystem des Nationalsozialismus, Ideologie, Theorie, Politik, 1933-1945, Frankfurt/ M. 1995, S. 155 f., S. 234, Tab. 4.

[21] Berufsgruppe Industrie der Steine und Erden 58 %, Holz- und Schnittstoffe 56 %, Nahrungs- und Genußmittelgewerbe 55 %, Bekleidungsgewerbe 69 %, Baugewerbe 68 %, Gärtner, in: Preyer, S. 47.

[22] Gärtner, in: Preyer, S. 52.

[23] Petzina, Dietmar, Arbeitsmarkt und Arbeitsmarktpolitik während des Nationalsozialismus, in: Faust, Anselm, 100 Jahre Arbeitsmarktpolitik in Rheinland-Westfalen, Vom Ende des 19. Jahrhunderts bis zur Gegenwart, Essen 1997, S. 57-69, hier S. 63.

Tab. 45: Beschäftigung in Arbeitsamtsbezirken des Ruhrgebiets; 1933/ 34

Arbeitsamtsbezirk	Zunahme Beschäftigung	Anzahl Beschäftigter	
	Juni 1933	Februar 1933	Juni 1934
Dortmund	540.875	98.223	116.640
Bochum	376.642	68.811	83.324
Gelsenkirchen	340.861	58.316	62.780
Herne	249.236	34.723	39.172
Gladbeck	101.300	12.562	14.559
Bottrop	86.218	11.899	13.741
Recklinghausen	227.186	36.228	45.827
Hamm	121.601	16.718	19.970
Hagen	189.123	31.663	43.139
Witten	79.406	11.194	15.401

Quelle: Zusammenstellung nach Daten bei Gärtner, in: Preyer, S. 49, Tab. 6.

Tab. 46: Verhältnis Beschäftigung und Arbeitslosigkeit im Ruhrgebiet; 1933/ 34

Arbeitsamtsbezirk	28.02.1933-30.06.1933		
	Zunahme Beschäftigung	Abnahme Arbeitslosigkeit	Differenz Spalte 3 - Spalte 2
1	2	3	4
Dortmund	18.417	33.945	15.528
Bochum	14.513	23.231	8.718
Gelsenkirchen	4.464	12.065	7.601
Herne	4.449	16.203	11.754
Gladbeck	1.997	5.660	3.663
Bottrop	1.842	5.325	3.483
Recklinghausen	9.599	13.272	3.673
Hamm	3.252	6.993	3.741
Hagen	11.476	14.494	3.018
Witten	4.207	4.646	439

Quelle: Zusammenstellung nach Daten bei Gärtner, in: Preyer, S. 51, Tab. 7.

für die Zeit des Nationalsozialismus in seiner Auffassung zu stützen, daß das Gleichlaufen von Heiratsbewegung und Konjunktur aufgrund gestiegener objektiver Fähigkeit und subjektiver Bereitwilligkeit für höhere Ausgaben zugunsten einer Wohnung zu den „ältesten und gesichertsten" Ergebnissen der Statistik zählte.[24]

---

[24] Die Entwicklung der Arbeitslosigkeit von 1928 bis 1941, Länderrat des Amerikanischen Besatzungsgebiets, Statistisches Handbuch für Deutschland 1928-1944, München 1949, S. 484, Tab. 13; Fey, Walter, Wohnungsmarkt, in: Wandersleb, Handwörterbuch, S. 1746-1749, hier S. 1747; Führer, Hausbesitzer, Staat und Wohnungsmarkt, S. 210; Einflußgrößen auf die Wohnungsteilmärkte „Einkommen", „Haushaltsstrukturen" und „demographische Strukturveränderungen" nach Kornemann, Rolf, Sind die „nächsten" Wohnungsleerstände noch zu vermeiden ?, in: Verband rheinischer und westfälischer Wohnungsunternehmen e.V. (Hrsg.), Wohnungsmarkt im Wandel - zwischen Mangel und zunehmendem Angebot, Hamburg 1995, S. 29-77, hier S. 37 ff.; Lütge, Wohnungswirtschaft (1940), S. 281.

b) Wohnungszugang und Wohnungsförderung

Der Wohnungszugang erhöhte sich auf Reichsebene ebenso wie im Bereich der Wohnungsgesellschaften in Westfalen und in der Rheinprovinz.

Der Reinzugang an Wohnungen, der weder zerstörte noch umgebaute Wohnungen enthielt, war im Deutschen Reich für 1934 mit 283.995 gegenüber 141.265 Wohnungen im Jahr 1932 mehr als doppelt so hoch. Seine Entsprechung fand dieses Ergebnis in den Zahlen für Westfalen und für die Rheinprovinz. Die Rheinprovinz verzeichnete einen mehr als doppelten Zugang von 13.002 auf 27.495 Wohnungen, während die Erhebungen für Westfalen eine knappe Verdopplung des Wohnungszugangs von 8.012 auf 15.489 Wohnungen (96,7 %) aufzeigten.

Tab. 47: Wohnungszugang im Deutschen Reich; 1932-1934

Jahr	Wohnungsanzahl		Umbau
	Gesamtzugang	Reinzugang	%
1932	159.121	141.265	17,6
1933	202.113	178.038	34,3
1934	319.439	283.995	40,4

Quelle: Daten nach Petzina/ Abelshauser/ Faust, S. 125.

Tab. 48: Reinzugang Wohnungen, Rheinprovinz und Westfalen; 1932-1934

Gebiet	Reinzugang Wohnungen		
	1932	1933	1934
Rheinprovinz	13.002	17.316	27.495
Westfalen	8.012	10.529	15.489
Deutsches Reich	141.265	178.038	283.995

Quelle: Daten nach Sobotschinski, S. 32; Länderrat, Statistisches Handbuch, S. 340.

Bezogen auf den Gesamtzugang wies das Statistische Reichsamt für die Förderung mit öffentlichen Mitteln 1933 48.996 und 1934 81.838 Neubauwohnungen aus.[25] Dabei überwog zwischen 1933 und 1935 der Bau von Kleinhäusern mit ein bis vier Wohnungen.[26]

Wichtiges Instrument der nationalsozialistischen Wohnungsbaupolitik war die Vergabe von Bürgschaften für Kapitalmarktkredite unter Vereinfachung der Bewilligungsvorschriften.[27] Die Reichsbürgschaften, deren Inanspruchnahme auch für die Wohnungsgesellschaften in Betracht kam, wurden als gewöhnliche Bürgschaften übernom-

---

[25] Deutscher Verein für Wohnungsreform, S. 45, 130, Tab. 7.

[26] v. Saldern, Häuserleben, S. 196; Harlander, Zwischen Heimstätte und Wohnmaschine, S. 83, 85; Zimmermann, Wohnungspolitik und Wohnungswirtschaft, S. 60.

[27] Führer, Anspruch und Realität, S. 240.

men, traten erst mit der Fertigstellung des Baus in Kraft und dienten nicht für Zwischenkredite. Sie nahmen die Stelle der zinsgünstigen Kredite ein, die in der Weimarer Republik erhältlich waren. Zur Trägerin des Verfahrens bestellte das Deutsche Reich die Deutsche Bau- und Bodenbank, die selbst die Bürgschaft im Namen des Reichs nach der Entscheidung des Reichsbürgschaftsausschusses über das Vorliegen der Bewilligungsvoraussetzungen übernahm.[28]

Zweck der Reichsbürgschaft war es, als Instrument für Arbeitsbeschaffungsmaßnahmen im Wohnungsbau „Risikospitzen nachstelliger Hypotheken“[29] auszugleichen.

Es sollten keine Hypotheken vergeben werden, die von vornherein als gefährdet angesehen werden mußten. Nach Regelung des Reichsarbeitsministers sollten Geldgeber bei der Beleihung für Reichsbürgschaften so vorsichtig vorgehen, als wenn keine Bürgschaft vorlag. Entgegen dem erststelligen Grundkredit, der eine Befriedigung des Gläubigers aus dem Grundstück anhand der Beleihung der ersten Stelle gewährleistete, bot der nachstellige Grundkredit weniger Sicherheit und war daher entweder teuer oder nicht zu bekommen. Das wiederum hatte wohnungsbauhemmende Wirkung, so daß neben die Finanzierung aus Hypotheken und Eigenkapital vor allem die Reichsbürgschaft als weiteres Finanzierungsmittel trat. Dabei beschränkte sich die Ermächtigung zur Übernahme von Reichsbürgschaften zunächst auf Kleinwohnungsbauten und galt ab 1935 auch für großstädtischen Mietwohnungsbau, da sich mit der Vergabe der Bürgschaften die Zielsetzung der Beschaffung geeigneten Wohnraums für die minderbemittelten Schichten verband.[30]

Die Fördermaßnahmen gingen mit Forderungen und Appellen der Verbände einher. Der Deutsche Verein für Wohnungsreform forderte im Oktober 1933 gegenüber Hitler die „Verbesserung der Wohnsitten“. Ebenso rief der Reichsverband der Deutschen Industrie zur „Beseitigung der abbruchreifen Elendsquartiere in den großstädtischen Mietskasernen“ auf, um „die einzelnen Bewohner durch menschenwürdige Unterkunftsräume in ihrer Einstellung zum Staat und zur Gesellschaft allmählich zum Besseren“ zu wandeln.[31]

Zum Jahresende 1933 zeigte das Institut für Konjunkturforschung die Fördermaßnahmen im Wohnungs- und Siedlungsbau auf. Für Wohnungsinstandsetzungen konnte eine Förderung in Höhe von 569.000.000,-- RM ausgewiesen werden, gefolgt von vorstädtischen Kleinsiedlungen, dem Eigenheimbau sowie Not- und Behelfswoh-

---

[28] Vertiefend zur Zusammensetzung des Reichsbürgschaftsausschusses Kämper, Wohnungswirtschaft, S. 353 (ein Vorsitzender und je ein Vertreter des Reichsarbeitsministeriums, des Reichsministers der Finanzen, des Reichswirtschaftsministers, des Landes, in dem das Bauvorhaben ausgeführt wurde, und der Deutschen Bau- und Bodenbank AG).

[29] Rundschreiben des Reichsarbeitsministers vom 28.02.1934, abgedruckt bei Blechschmidt, Otto, Reichsbürgschaften für den Kleinwohnungsbau, Eberswalde Berlin Leipzig 1937, S. 152.

[30] Reichsarbeitsminister (Az.: IV 2241/34 Wo.) an die Regierungen der Länder - Wohnungsressorts - am 28.02.1934, RArbBl. 1934 I S. 49; Blechschmidt, Reichsbürgschaften (1937), S. 10 ff. .

[31] Zitiert bei Lüken-Isberner, Folckert, Stadterneuerung im Nationalsozialismus, Ein Programm und seine Umsetzung, in: AfK II/ 89, S.191-307, hier S. 294. Schreiben mit Bekenntnissen zum Staat an Hitler wie vom Zentralverband Deutscher Haus- und Grundbesitzervereine e.V. vom 19.07.1933, Bund Deutscher Bodenreformer vom 22.07.1933, Bund Deutscher Mietervereine vom 10.09.1933, BArch R 43 II/ 1005 Bl. 81, 137.

Tab. 49: Arbeitsbeschaffungsmittel im Wohnungsbau bis 31.12.1933

Fördergegenstand	RM
Wohnungsinstandsetzungen	569.000.000,--
Vorstädtische Kleinsiedlungen	128.000.000,--
Eigenheimbau	24.400.000,--
Not- und Behelfswohnungen	800.000,--
Gesamt	722.200.000,--

Quelle: Harlander, Zwischen Heimstätte und Wohnmaschine, S. 52.

nungen.[32] Rechtsgrundlage waren die Bestimmungen über Reichszuschüsse für Instandsetzungsarbeiten an Wohngebäuden. Diese Regelungen betrafen auch die Teilung von Wohnungen und einen Umbau gewerblicher Räume zu Wohnungen. Die Vorschriften regelten ein Volumen von 100 Mio. RM. Zudem stellte die Reichsregierung nach 67 Mio. RM im Juni 1933 mit dem Zweiten Gesetz zur Verminderung der Arbeitslosigkeit vom 21.09.1933 nochmals 500 Mio. RM als Reichszuschuß nach den Vergabebestimmungen des Reichsarbeitsministers vom 09.10.1933 bereit.[33]
In der Praxis eignete sich zwar nicht jeder Wohnungsgrundriß zum Umbau und eine Überbelegung der Wohnungen war unerwünscht. Auch die Interessen des Luftschutzes mußten stärker berücksichtigt werden, so daß die Baupolizei- und Wohnungsressorts der Obersten Landesbehörden gehalten waren, „bei Erteilung von Ausnahmen oder bei Befreiungen von baupolizeilichen Bestimmungen besonders in eng bebauten Stadtteilen tunlichste Zurückhaltung zu üben“. Dennoch waren dann 1934 mehr als ein Drittel der fertiggestellten Wohnungen Umbauwohnungen.[34]

Die Fördermaßnahmen des Reichs erfuhren in der Praxis in mehreren Fällen insofern Beeinträchtigungen, als daß betrügerische Handlungen zur Erlangung von Reichszuschüssen für die Durchführung von Instandsetzungsarbeiten an Häusern auftraten.
Das Reichswirtschaftsministerium wies Seldte darauf hin, daß Ermittlungen des Geheimen Staatspolizeiamtes in Berlin ein „bedenkliches Licht auf die wirtschaftliche

[32] Zu weitergehender Tabelle „Fördermaßnahmen für den Wohnungs- und Siedlungsbau“ Harlander, Zwischen Heimstätte und Wohnmaschine, S. 49 nach Zitat aus Bauen Siedeln Wohnen 1934, S. 82; Blechschmidt, Otto, Reichsbürgschaften für den Kleinwohnungsbau, in: RArbBl. 1934 II S. 403; Mitteilung „Keine neuen Reichszuschüsse, aber Steuerermäßigung für Gebäudeinstandsetzungen“ in: Deutsches Nachrichtenbüro, Erste Frühausgabe, Nr. 2070, 28.09.1934, S. 1, BArch R 43 II/ 1005 Bl. 357.

[33] VO des Reichspräsidenten zur Belebung der Wirtschaft vom 04.09.1932, RGBl. 1932 I S. 425; Erl. des RArbMin. vom 17.09.1932, RAnz. Nr. 222, Erl. der RArbMin. vom 24.01.1933, RAnz. Nr. 21; VO des Reichspräsidenten über die Übernahme von Reichsbürgschaften für Instandsetzungs- und Umbauarbeiten und über die Instandsetzung von landwirtschaftlichen Wirtschaftsgebäuden vom 22.02.1933, RGBl. 1933 I S. 79; DRAnz. Nr. 238 vom 11.10.1933; Ebel, Die Reichszuschüsse für Instandsetzungs- und Umbauarbeiten, in: RArbBl. 1933 II S. 444-447; Noack, Victor, Großangriff auf die Wohnungsnot, in: Bauen Siedeln Wohnen 1935, S. 203-205, hier S. 203; Spörhase, Wohnungs-Unternehmungen, S. 125.

[34] Schreiben von Reichswirtschaftsminister Schmitt an die Obersten Landesbehörden (Baupolizei- und Wohnungsressorts) betr. der Erteilung von baupolizeilichen Ausnahmegenehmigungen vom 22.06.1934, BArch R 43 II/ 1005 Bl. 341; Zweck, Joachim, Die Kleinstwohnung, eine wirtschaftliche Notwendigkeit und ihre rationelle Gestaltung, Diss., Jena Bottrop i. W. 1933, S. 63.

Moral einiger Volksgenossen" warfen.[35] Danach reichten Antragsteller in Zusammenarbeit mit Handwerksbetrieben hohe Kostenvoranschläge ein und ließen die Arbeiten dann zu günstigeren Preisen durchführen. Nachdem Seldte zunächst Einzelfälle vermutet hatte, forderte er die Landesregierungen kurz nach Geschäftsaufnahme der Wohnungsgesellschaften unter dem Eindruck konkreter Bestechungsfälle im Bauwesen auf „scharf durchzugreifen".[36]

Insgesamt verbürgte sich das Deutsche Reich zum einen im ersten Jahrfünft seit der Machtübernahme für 384.054 Wohnungen und damit für 39,3 % der erstellten Unterkünfte. Dabei nahm der Ausschuß für Immobiliarkredit an der Akademie für Deutsches Recht die nachstellige bzw. sog. II. Hypothek in ihr Programm auf.[37]

Zum anderen ergingen allein aus der Gebäudeinstandsetzungsaktion reichsweit für rund drei Mrd. RM Aufträge an das Bauhandwerk. Dessen ungeachtet bestand auch ein Jahr nach Gründung der Wohnungsgesellschaften in deren Arbeitsbereich in 18 Stadtkreisen des Ruhrgebiets noch ein Bedarf von mindestens 75.000 Wohnungen.[38]

c) Gleichschaltung im gemeinnützigen Wohnungswesen

Für die Beseitigung dieses Wohnungsfehlbestands boten sich gemeinnützige Wohnungsgesellschaften mit ihrem satzungsgemäßen Zweck des Kleinwohnungsbaus in eigenem Namen an.[39] Allerdings schränkten die Nationalsozialisten bereits kurz nach ihrer Machtübernahme den Aktionsradius der gemeinnützigen Wohnungsunternehmen im Zuge der sog. „Gleichschaltung" ein.

„Gleichschaltung" bedeutete die Beseitigung derjenigen Organisationen, die sich dem totalitären Anspruch des Nationalsozialismus zu widersetzen drohten. Der von Reichsjustizminister Gürtner eingeführte Begriff fand im Frühjahr 1933 Ausdruck in den Gesetzen und Verordnungen über die Gleichschaltung der Länder. Das Regime erzwang unter Auflösung der gemeindlichen Selbstverwaltungskörper die Einsetzung nationalsozialistischer Landesregierungen und hatte außerdem nach dem "Gesetz zur Wiederherstellung des Berufsbeamtentums" vom 07.04.1933 die Möglichkeit, regimekritische Beamte zu entlassen. Die Gleichschaltung fand mit der Zerschlagung der Freien Gewerkschaften am 02.05.1933 sowie deren Überführung in die am 10.05.1933 gegründete Deutsche Arbeitsfront ihre Fortsetzung. Unter dem Druck des Verbots der SPD am 22.06.1933 lösten sich die Parteien bis Anfang Juli 1933 auf.

---

[35] Schreiben Schmitt an Seldte vom 16.02.1934 unter Anlage der Abschrift des Berichts des Geheimen Staatspolizeiamtes in Berlin betr. Aufdeckung von Betrügereien zur Erlangung von Reichszuschüssen zur Ausführung von Instandsetzungsarbeiten an Häusern vom 26.01.1934, BArch R 423 II/ 1005 Bl. 243-246.

[36] Schreiben Seldte an Schmitt vom 22.01.1934; Schreiben des Treuhänders der Arbeit für das Wirtschaftsgebiet Niedersachsen an Reichsarbeitsminister Seldte vom 06.12.1933, BArch R 43 II/ 1005 Bl. 247-255.

[37] Schubert, Werner/ Schmid, Werner/ Regge, Jürgen (Hrsg.), Akademie für Deutsches Recht 1933-1945, Protokolle der Ausschüsse Band III, 7, Ausschüsse für Immobiliarkredit, Bodenrecht (allgemeines Grundstücksrecht), Hypothekenrecht und Enteignungsrecht (1934-1942), Berlin New York 1995, S. XII; Führer, Anspruch und Realität, S. 241.

[38] Heinrichsbauer, S. 148; Spörhase, Wohnungs-Unternehmungen, S. 125; Vögler, Eugen, Das Problem der Arbeitersiedlung, in: Der deutsche Volkswirt 1935, S. 1765-1767, hier S. 1766.

[39] Art. 8b) 2. VO zur Ausführung der GemVO vom 11.02.1933, RGBl. 1933 I S. 70; Werner Meier, Die Entwicklung des Rechts der gemeinnützigen Wohnungsunternehmen, in: RArbBl. 1933 II S. 154-156, hier S. 155.

Hitler verlieh der „Einheit von Partei und Staat" nach dem Tod von Reichspräsident Hindenburg am 02.08.1934 zusätzliche Bedeutung, indem er der Reichswehr aufgab, den militärischen Eid fortan auf ihn als „Führer und Reichskanzler“ zu leisten. Der Gleichschaltungsprozeß war dann mit der Übernahme von Verbänden, Gewerkschaften, Presse, Film und Rundfunk in die Organisationsstruktur der NSDAP im Sommer 1934 abgeschlossen.[40]

Die Auflösung von Gewerkschaften und übrigen freien Verbänden machte sich bei Wohnungsgesellschaften wie der GAGFAH bemerkbar. Die DAF übernahm das Aktienkapital, das überwiegend in Händen der Angestelltenverbände lag. Allerdings blieb die „Gleichschaltung“ in diesem Fall wirtschaftlich ohne direkte Folgen, da die Reichsversicherungsanstalt der DAF im darauffolgenden Jahr die Aktien abkaufen und die Eigenständigkeit des Unternehmens gewährleisten konnte.[41]

Für gemeinnützige Wohnungsgesellschaften war im Zuge der „Gleichschaltung“ das Gesetz zur „Sicherung der Gemeinnützigkeit im Wohnungswesen“ einschlägig und brachte seit Juli 1933 normative Einschränkungen der wohnungswirtschaftlichen Gemeinnützigkeit mit sich.[42]

Die Wohnungsunternehmen konnten nun neben der laufenden Aufsicht gem. § 20 GemVO einer weiteren Überprüfung unterzogen werden. Darüber, ob ein Unternehmen gesondert überprüft werden sollte, entschied im Streitfall der Reichsarbeitsminister. Dessen Entscheidung band nicht nur die Verwaltungsbehörden, sondern auch die Gerichte. Diese Regelung offenbarte die Ablehnung des Gewaltenteilungsprinzips. Sie setzte die Judikative in Abhängigkeit zur Exekutive und stellte sie einer Unabhängigkeit des Richters entgegen. An dieser Stelle wurde zugleich die nationalsozialistische „Rechtserneuerung“ deutlich, die u. a. auf dem von *Carl Schmitt* formulierten „institutionellen Denktypus“ eines „konkreten Ordnungs- und Gestaltungsdenkens“ beruhte.[43]

---

[40] Vorläufiges Gesetz zur Gleichschaltung der Länder mit dem Reich vom 31.03.1933, RGBl. 1933 I S. 153; Erste und Zweite VO zum Vorläufigen Gesetz zur Gleichschaltung der Länder mit dem Reich vom 05.04. bzw. 08.04.1933, RGBl. 1933 I S. 171, 185; Zweites Gesetz zur Gleichschaltung der Länder mit dem Reich vom 07.04.1933, RGBl. 1933 I S. 173; Gesetz gegen die Neubildung von Parteien vom 14.07.1933, RGBl. 1933 I S. 479 (§ 1: „In Deutschland besteht als einzige politische Partei die Nationalsozialistische Deutsche Arbeiterpartei.“); VO des Reichspräsidenten zum Schutz von Volk und Staat vom 28.02.1933, RGBl. 1933 I S. 83 (Reichstagsbrandverordnung); Reichskulturkammergesetz vom 22.09.1934, RGBl. 1934 I S. 661; weiterführend Hildebrand, Klaus, Das Dritte Reich, 6. Aufl. München 2003, S. 8, 25; Broszat, S. 130 ff.; mit genossenschaftlichem Beispiel Kurzer, Ulrich, Nationalsozialismus und Konsumgenossenschaften, Gleichschaltung, Sanierung und Teilliquidation zwischen 1933 und 1936, Pfaffenweiler 1997; zudem m.w.N. Hehl, Ulrich von, Nationalsozialistische Herrschaft, 2. Aufl. München 2001, S. 7 f..

[41] Gemeinnützige Aktiengesellschaft für Angestellten-Heimstätten, S. 59; die GAGFAH entzog sich direktem nationalsozialistischem Einfluß durch Verlegung des Sitzes der Gesellschaft nach Weimar; Gemeinnützige Heimstätten-Aktiengesellschaft, S. 25.

[42] Gesetz zur Sicherung der Gemeinnützigkeit im Wohnungswesen vom 14.07.1933, RGBl. 1933 I S. 484.

[43] Schmitts rechtstheoretische Erörterungen erschöpften sich nicht in der Ablehnung traditioneller Positionen und der Anerkennung des Führerprinzips, sondern gingen davon aus, daß die Wirklichkeit ihre Ordnung in sich trug, die Ordnung also der Rechtsnorm voranging und nicht umgekehrt. Schmitt ersetzte die „liberal-individualistische Haltung des Richtertums“ mit dem „neuen Sinngehalt aller öffentlich-rechtlichen Einrichtungen“ und vertrat die Ansicht, daß „das Richtertum des Führers derselben Rechtsquelle entspringt, der alles Recht des Volkes entspringt“; Rüthers, Bernd, Die unbegrenzte Auslegung, Zum Wechsel der Privatrechtsordnung im Nationalsozia-

Unter diesen Voraussetzungen war die Anerkennungsbehörde als Überprüfungsbehörde tätig und hatte die Befugnis, neben der regelmäßigen Aufsicht der Wohnungsunternehmen die Verbände, Vereinigungen und Organe der Wohnungsunternehmen einzuberufen.

Daneben stand jeder Überprüfungsbehörde gem. § 3c) und d) des Gesetzes zur Sicherung der Gemeinnützigkeit im Wohnungswesen das Recht zu, „erforderlichenfalls" Vorstandsmitglieder, Geschäftsführer, Aufsichtsratsmitglieder und Mitglieder des Verwaltungsrates abzuberufen oder aber zu bestellen, soweit einer Wohnungsgesellschaft die zur Weiterführung der Geschäfte erforderlichen Personen fehlten. Die Eingriffsintensität reichte so weit, daß die Behörde Prokura erteilen durfte. Außerdem war die Behörde ungeachtet bestehender Satzungen dazu befugt, die Vertretung eines Wohnungsunternehmens einzuschränken, so daß von Privatautonomie keine Rede mehr sein konnte. Hinzu kam die behördliche Berechtigung, Dienstverträge von Vorstandsmitgliedern, Geschäftsführern und Prokuristen zu kündigen. Das war der Fall, sofern die Behörde meinte, die Wirtschaftlichkeit des Geschäftsbetriebs sichern zu müssen oder wenn der „Dienstverpflichtete" nach ihrer Auffassung nicht die Gewähr dafür bot, jederzeit rückhaltlos für den nationalsozialistischen Staat einzutreten.

Von der Ermächtigung zu Eingriffen in die Einrichtung und Ausübung des Geschäftsbetriebs gemeinnütziger Wohnungsunternehmen machten die Behörden auf personellem Gebiet „vielfach Gebrauch"[44]. Die Gleichschaltung machte sich vor allem bei den Genossenschaften, Bauhütten und den der Sozialdemokratie nahestehenden Wohnungsgesellschaften sowie bei den Verbänden bemerkbar. Unter Ausnutzung der Eingriffsbefugnis kam es zu Auswechslungen in der Besetzung von Aufsichtsräten, Vorständen und Vertreterversammlungen.[45]

Die Umbesetzungspraxis zeigte sich exemplarisch bei der „GEHAG", deren Aufsichtsrat zu einem großen Teil mit nationalsozialistischen Funktionären neu besetzt wurde. Die Liste der Aufsichtsratsmitglieder verdeutlichte mit den nationalsozialistisch intendierten Umbesetzungen den entscheidenden Einfluß, den die NSDAP nunmehr mehrheitlich ausübte.[46]

---

lismus, 4. Auflage, Heidelberg 1991, S. 293; Schmitt, Carl, Der Führer schützt das Recht, in: Deutsche Juristen-Zeitung 1934, Sp. 945-950, hier Sp. 947 f. .

[44] Werner Meier, Das Gesetz über Beaufsichtigung und Anerkennung gemeinnütziger Wohnungsunternehmen, in: RArbBl. 1934 II S. 127-128.

[45] Peters, S. 143 ff. .

[46] *Karl Müller*, Vorsitzender, Leiter der wirtschaftlichen Betriebe der DAF, Direktor der Bank der Deutschen Arbeit AG/ *Alfred Spangenberg*, stellvertretender Vorsitzender, Landesleiter der NSBO, Bezirksleiter der DAF Berlin-Brandenburg/ *Paul Brinkmann*, Schatzmeister der DAF/ *Albert Forster*, Staatsrat, Gauleiter der NSDAP/ *Willy Gutzmer*, Leiter des Reichsverbandes der Deutschen Heimstätten/ *Rudolf Haenel*, Geheimer Oberregierungsrat, hauptamtliches Mitglied des Direktoriums der Reichsversicherungsanstalt für Angestellte/ *Georg Johanns*, Baugenossenschaft „Freie Scholle"/ *Hans Reichwald*, Aufsichtsratsvorsitzender der Arbeiterbaugenossenschaft „Paradies"/ *Carl Rosenhauer*, Direktor der Bank der Deutschen Arbeit/ *Friedrich von Schachteyer*, Geschäftsführer der Berliner Gesellschaft zur Förderung des Einfamilienhauses GmbH/ *Robert Schoepf*, Direktor der Deutschen Bau- und Bodenbank/ *Walter Stein*, Geschäftsführer der Baugenossenschaft „Ideal"/ *Walter Schumann*, Staatsrat und Reichsleiter der NSBO, Gemeinnützige Heimstätten Aktiengesellschaft, S. 25.

Der Reichsarbeitsminister hatte außerdem die Befugnis, ein nicht gemeinnütziges Wohnungsunternehmen dem Gesetz zur Sicherung der Gemeinnützigkeit im Wohnungswesen zu unterstellen, sofern das Wohnungsunternehmen nach seiner Satzung die Wohnraumbeschaffung für seine Mitglieder oder für minderbemittelte Bevölkerungskreise bezweckte und dafür öffentliche Mittel erhielt.[47]

In Ergänzung dieser Gleichschaltungsvorschrift im Wohnungswesen regelte das Gesetz über die Beaufsichtigung und Anerkennung gemeinnütziger Wohnungsunternehmen weitere „Maßnahmen zur Sicherung der Gemeinnützigkeit" sowie das Revisionswesen.[48] Da das von vornherein zeitlich befristete Gesetz zur Sicherung der Gemeinnützigkeit im Wohnungswesen am 31.03.1934 außer Kraft trat, forderten mehrere Länderregierungen seine Verlängerung. Es bestanden jedoch u. a. wegen der weitgehenden Eingriffsbefugnisse wohnungspolitische Bedenken, die eine Fortgeltung der Norm verhinderten.[49] Um aber zu vermeiden, daß die durchgesetzten Änderungen nach Geltungsablauf des Gesetzes entfielen, setzte nun das Gesetz über Beaufsichtigung und Anerkennung gemeinnütziger Wohnungsunternehmen fest, daß die behördlich getroffenen Maßnahmen solange in Kraft blieben, bis sie satzungsgemäß aufgehoben oder durch andere Maßnahmen geändert oder ersetzt wurden. Unbedingt erforderlich war dafür die Zustimmung der Behörde, so daß die Gleichschaltungsmaßnahmen weiterhin kontrolliert Wirkung entfalten konnten. Das galt insbesondere für die Abberufung, Entlassung, Bestellung und Anstellung von Vorstandsmitgliedern, Geschäftsführern, Aufsichtsrats- oder Verwaltungsratsmitgliedern sowie für die Erteilung von Prokura und die Regelung von Vergütungen, Abfindungen, Übergangsgeldern und Versorgungsbezügen.[50]
Davon waren auch die Fälle erfaßt, in denen eine Maßnahme nicht unmittelbar von der Behörde getroffen wurde, sondern auf dem Verhandlungsweg als freiwilliger Akt des Wohnungsunternehmens entstand.[51] Der starken Stellung der zuständigen Behörde verlieh die Vorschrift fortgeltende Bedeutung, da Beschlüsse und Rechtshandlungen ohne eine behördliche Zustimmung nichtig waren.

Darüber hinaus setzte eine Neuordnung der Verbände der gemeinnützigen Wohnungswirtschaft die laufende Aufsicht fest. Nach § 14 GemVO mußte jedes gemeinnützige Wohnungsunternehmen einem Verband von Wohnungsunternehmen angehören, dem gem. § 54 GenG grundsätzlich das Recht zur Bestellung eines Revisors verliehen war. Da die Verbandszugehörigkeit die Beaufsichtigung der Gemeinnützigkeit bezweckte, war rechtlich auf das öffentliche Interesse an der Tätigkeit der Aufsichtsbehörden zu verweisen. Die wirtschaftliche und funktionelle Einrichtung der Verbände sollte eine

[47] Art. III Gesetz zur Sicherung der Gemeinnützigkeit im Wohnungswesen; Werner Meier, Die Sicherung der Gemeinnützigkeit im Wohnungswesen durch das Gesetz vom 14. Juli 1933, in: RArbBl. 1933 II S. 286-288, ebenso in: Zeitschrift für Wohnungswesen in Bayern 1934, S. 49-51.
[48] Gesetz über Beaufsichtigung und Anerkennung gemeinnütziger Wohnungsunternehmen vom 26.03.1934, RGBl. 1934 I S. 246.
[49] Werner Meier, Beaufsichtigung und Anerkennung, S. 128.
[50] § 7 Gesetz über Beaufsichtigung und Anerkennung gemeinnütziger Wohnungsunternehmen.
[51] Werner Meier aaO. .

wirksame Beratung und Prüfung der Wohnungsunternehmen ermöglichen und gewährleisten, daß sie die Voraussetzungen der GemVO hinreichend beachteten.
Um die Leistungsfähigkeit der Verbände zu sicherzustellen, mußte deren Arbeitsbereich eine angemessene Größe haben. Im Jahr 1932 hatten die Verbände selbst bereits den Vorschlag unterbreitet, ihre Arbeitsbezirke neu zu ordnen. Der Vorschlag fand zwar trotz Befürwortung der Landesregierungen keine sofortige Umsetzung, diente nun aber als Rechtfertigung für die Zuständigkeitskomprimierung beim Reichsarbeitsminister.

Die Verbände, denen die gemeinnützigen Wohnungsunternehmen anzugehören hatten, erhielten nach Anhörung der obersten Landesbehörde die Zulassung, die der Reichsarbeitsminister aussprach und nach Anhörung des Verbandes auch wieder aufheben konnte. Dementsprechend war der Reichsarbeitsminister ebenfalls befugt, solche Verbände, die bei Inkrafttreten des Gesetzes bereits zugelassen waren, aufzulösen und die weitere Verwendung des Vermögens zu regeln. Daneben konnte er die Mitglieder eines dieser Verbände - auch ohne diesen aufzulösen - rechtswirksam auf einen anderen Verband überführen.

Die zugelassenen Verbände mußten einem ebenso vom Reichsarbeitsminister bestimmten Gesamtverband angehören. Die Zugehörigkeit zu einem anderen Verband war unzulässig. Die Unternehmen mußten Mitglied in einem von zwölf Revisionsverbänden sein, denen jeweils Revisionsbezirke zugeordnet waren.[52]
Überbezirkliche Verbände wie der Reichsverband der Baugenossenschaften e.V. (Berlin), der Verband der Beamtenbauvereine e.V. (Berlin), der Reichsbaugenossenschaft „Deutscher Heimbau" e.V. (Berlin), der Dewog Revisionsvereinigung (Berlin) oder der Revisionsverband gemeinnütziger Wohnungsunternehmen e.V. (Köln) wurden aufgelöst. Der Gesetzgeber weitete den Verbandszwang zusätzlich auf nicht gemeinnützige Genossenschaften aus und machte die Revisionsverbände damit im Bereich des Gemeinnützigkeits- und des Genossenschaftsrechts vollständig zu Zwangsverbänden, die die Prüfungsberichte unter Aufgabe der Selbständigkeit der Verbandsprüfer auszuwerten hatten.[53] Die Verbände stärkten den Ausbau des Kontrollmechanismus, indem sie den Verbandsprüfern einen öffentlich bestellten Wirtschaftsprüfer beiordneten, der die Tätigkeit des Prüfers überwachte und den Verbandsvorstand zu unterstützen hatte.
Im Bereich der Heimstätten übernahmen diese die Aufgaben der provinziellen Landesbauvereine, so daß nun die Tätigkeiten sowohl des Rheinischen als auch des Westfälischen Vereins für das Kleinwohnungswesen die Rheinische bzw. Westfälische Heimstätte wahrnahmen. In dem Arbeitsbereich der gemeinnützigen Wohnungsgesellschaften der VSt waren für die Provinz Westfalen der Verband westfälischer Woh-

---

[52] § 1 Gesetz über Beaufsichtigung und Anerkennung gemeinnütziger Wohnungsunternehmen, Ziff. II der VO zur weiteren Ausführung der Gemeinnützigkeitsverordnung vom 22.08.1931, RGBl. 1931 I S. 463; VO zur Änderung der Verordnung zur weiteren Ausführung der Gemeinnützigkeitsverordnung vom 15.02.1933, RGBl. 1933 I S. 70.
[53] Gesetz zur Änderung des Genossenschaftsgesetzes vom 30.10.1934, RGBl. 1934 I S. 1077.

nungsunternehmen e. V. in Münster und für die Rheinprovinz der Verband rheinischer Wohnungsunternehmen e.V. in Düsseldorf zugelassen.
Im Jahr 1934 erhielten die Verbände dann den Namen „Verband westfälischer Wohnungsunternehmen (Baugenossenschaften und -gesellschaften) e.V." bzw. „Verband rheinischer Wohnungsunternehmen (Baugenossenschaften und -gesellschaften) e.V.". Der Reichsarbeitsminister dehnte außerdem im darauffolgenden Jahr das Verbandsgebiet auf das Land Lippe aus.[54]
Bis 1938 waren die Wohnungsunternehmen dann überregional im Hauptverband Deutscher Wohnungsunternehmen (Baugenossenschaften und -gesellschaften) als der Spitzenvertretung der gemeinnützigen Wohnungsgesellschaften organisiert, bevor der Verband mit dem Reichsverband Deutscher Heimstätten zum „Reichsverband des deutschen Gemeinnützigen Wohnungswesens" zusammengeschlossen wurde.[55]

Hinsichtlich der Umsetzung der Vorschriften zur Gleichschaltung im Wohnungswesen war der alleinige Geschäftsführer des Hauptverbandes Deutscher Baugenossenschaften und -gesellschaften, Geheimrat Glaß, ermächtigt, die Gleichschaltung der gemeinnützigen Wohnungsunternehmen sowie die Vereinheitlichung des baugenossenschaftlichen Verbandswesens vorzunehmen.[56] Zur Durchführung der Gleichschaltung bestellte Glaß Vertrauensmänner für den Regierungsbezirk Münster (Haarhoff), den Regierungsbezirk Arnsberg (Hans), den Regierungsbezirk Minden (Schäfer), den Verbandsbezirk des Siedlungsverbandes Ruhrkohlenbezirk (Plum) sowie für die Wohnungsunternehmen der Reichsbahn (Heintze).
Während beim rheinischen Verband der seit 1915 amtierende Vorstandsvorsitzende Mewes von dem NSDAP-Mitglied Grothe abgelöste wurde, legten beim westfälischen Verband neben dem Generaldirektor Vormbrock auch der Geheime Regierungsrat Althoff, der Direktor Osmerg, der Stadtrat Binder sowie der Reichsbahnamtmann Adam ihre Ämter nieder. Einem neu gebildeten Verbandsbeirat gehörten neun Mitglieder an, von denen vier direkte Anbindung an die NSDAP hatten. Neben dem Leiter des Heimstättenamtes der NSDAP Gau Westfalen-Süd, Bertram (Bochum), und dem Leiter des Heimstättenamtes der NSDAP Gau Westfalen-Nord, Gerling (Münster), waren der Stellvertreter des Kreisleiters Bielefeld, Röser, und der Stellvertreter des Gauleiters der NSDAP des Gaues Westfalen-Süd, Stürtz (Bochum), Mitglieder im Verbandsbeirat.[57]

---

[54] Verbandsmitgliedschaft der gemeinnützigen Wohnungsunternehmen gem. § 21 Abs. 1 der Satzungen der Wohnungsgesellschaften; Verfügung des RArbMin. vom 29.11.1935; TKA VSt/ 1237.
[55] Zur Entwicklung der Verbände vgl. Hagemann-Miksits/ Kanther/ Eichener in: Eichener/ van Emmerich/ Petzina, S. 195 ff., Grafik S. 226; Enskat, Alfred, Reichsverband des deutschen gemeinnützigen Wohnungswesens e.V., in: Schwan, Wörterbuch, S. 951; Mit dem Reichsbund der Haus- und Grundbesitzer in Berlin sowie dem Bund Deutscher Mietervereine in Dresden konnten Vermieter und Mieter jeweils auf eine vom RArbMin. alleinig anerkannte Spitzenvertretung zurückgreifen, BArch R 43 II/ 1173.
[56] Harlander, Zwischen Heimstätte und Wohnmaschine, S. 42; Schreibweise von Geheimrat Glaß z. T. mit „–ss", so Verband westfälischer und lippischer Wohnungsunternehmen e.V., S. 52.
[57] Verband westfälischer und lippischer Wohnungsunternehmen e.V., S. 53; Verband rheinischer Wohnungsunternehmen e.V., S. 18.

Bei den Wohnungsgesellschaften der VSt gab es, wie aus der Besetzung der Aufsichtsräte und des Vorstands ersichtlich, keine personellen Veränderungen.
Vor allem blieben in den Aufsichtsräten Vertreter der Banken unberücksichtigt, da das Merkmal der vielfach bereits langjährigen Zugehörigkeit der Aufsichtsratsmitglieder zur VSt eine Einflußnahme von Staat und Partei über Umbesetzungen verhindern konnte. Das galt für den gesamten weiteren Untersuchungszeitraum selbst dann noch, als Göring bei der VSt im Aufsichtsrat mit dem ehemaligen Flick-Vertrauten Otto Steinbrinck einen Nationalsozialisten installierte, der bei den Wohnungsgesellschaften letztlich weder im Vorstand noch im Aufsichtsrat Einfluß ausübte.[58]

Unter Berücksichtigung der wohnungspolitischen Beeinträchtigungen nahmen die Wohnungsgesellschaften somit ohne personelle Umbesetzungen, aber vor dem Hintergrund einer vornehmlich auf Arbeitsbeschaffungsmaßnahmen fixierten staatlichen Förderung des Wohnungsbaus ihre Geschäftstätigkeit an regionalen Wohnungsteilmärkten auf, für deren Versorgung ein hoher Bedarf bestand.

3. Geschäftsfelder der Wohnungsgesellschaften bis Kriegsbeginn, 1933-1939

a) Bestandsbewirtschaftung

Ein wesentlicher Bestandteil der Wohnungswirtschaft ist die Zuordnung von Wohnungen und Haushalten sowie die Dynamik der Zuordnung, die sich im Wohnungswechsel ausdrückt und die Bestandsbewirtschaftung betrifft.[59] In jedem Produktionsprozeß entstehen Wirtschaftsgüter durch den Einsatz der Produktionsfaktoren Arbeit, Boden und Sachkapital. In die Produktion gehen nicht Faktorbestände, sondern deren Leistungsabgaben ein. Während Leistungsabgaben der Produktion Stromgrößen sind, ist der Produktionsapparat eine Bestandsgröße.[60] Die Bestände des Wirtschaftsgutes Wohnung sind an den Wohnungsmärkten der Kapitalstock der Anbieter.
Dementsprechend gaben die Wohnungsgesellschaften der VSt ihre Leistungen in Form von Wohnnutzungen ab. Diese Leistungsabgaben waren also die wohnungswirtschaftlichen Stromgrößen und der Faktornutzungspreis war die Miete.

---

[58] Memorandum von Hermann Wenzel über die Tätigkeit Steinbrincks bei der VSt, TKA VSt/ 4040. Steinbrinck, Fregattenkäpitän und wie Forstmann U-Boot-Kommandant des Ersten Weltkriegs und u. a. mit dem Pour le Mérite ausgezeichnet, war Mitglied der NSDAP und der SS. Dort war er Brigadeführer (30.01.1939) und Mitglied im „Freundeskreis des Reichsführers SS" (bis 1935 Keppler-Kreis). Nachdem er vom Geschäftsführer des Verbandes deutscher Eisen- und Stahlindustrieller bis zum Generalbevollmächtigten des Flick-Konzerns aufgestiegen war, wurde Steinbrinck nach der Flucht Fritz Thyssens 1939 Treuhänder des Thyssen-Vermögens. Am 20.03.1940 wurde er in der VSt-Hauptversammlung in den Aufsichtsrat gewählt und in der anschließenden konstituierenden Aufsichtsratssitzung zum Ersten stellvertretenden Vorsitzer des VSt-Aufsichtsrats ernannt.
Er unterlag Walter Rohland in der Auseinandersetzung um den Vorstandsvorsitz bei der VSt, vgl. Rohland, Walter, Bewegte Zeiten, Erinnerungen eines Eisenhüttenmannes, Stuttgart 1978, S. 91; Steinbrinck blieb aufgrund latenter Konflikte und seiner Eingriffe in die Verwaltung laut Wenzel ein Fremdkörper bei der VSt. Zur Wertigkeit der Aussage Wenzels in seinem Memorandum vgl. Stremmel, in: Rasch, Findbuch VSt, S. 38 Fn. 112.

[59] Abele/ Winckler, S. 2.

[60] Kühne-Büning, Lidwina, Die Wohnung und ihre Märkte, in: *dieselbe*/ Heuer, S. 6-26/ 56-175, hier S. 6.

aa) Mietwesen

Die Mieten waren für die Rheinische W., Rheinisch Westfälische W., Westfälische W. und Westdeutsche W. die eigentliche Einnahmequelle. Grundlage für die Erhebung der Miete war jeweils der Mietvertrag zwischen Wohnungsgesellschaft und Mieter.
Grundsätzlich regelten die von den Wohnungsgesellschaften verwendeten Mietverträge nur die Überlassung von Wohnraum. Anlagen wie Garagen, die sich im Haus befanden oder die direkt an das Haus angebaut waren, waren dem Wohnungsmietvertrag zugeordnet. Von der Wohnung entferntere Garagen erhielten dagegen einen Sondermietvertrag.[61]

a') Mietvertragsarten

Während zunächst für die werksverbliebenen und nicht gemeinnützigen Wohnungen die alten Bergbau- und Hüttenmietverträge neben den Mustern der Haus- und Grundbesitzervereine erhalten blieben, bekamen die Mieter der gemeinnützigen Wohnungsunternehmen einen Mietvertrag nach dem Muster des Hauptverbandes Deutscher Baugenossenschaften und -Gesellschaften e.V. in Berlin.[62] Ausnahmen bestanden hier für die bergbauangehörigen Angestellten. Deren Mietverträge beruhten auf den Voraussetzungen, die die GBAG für die „Zuweisung einer Dienstwohnung" formuliert hatte.
Die Ablösung der alten Mietverträge ging Schritt für Schritt vor sich.[63] Bis 1936 verausgabten die Westfälische W. rd. 82 % und die Rheinische W. sowie die Rheinisch Westfälische W. je 72 % der Mietverträge als neue, wegen der Farbgebung sog. „gelbe Mietverträge"[64]. Für jedes Mietverhältnis war in Zweifelsfragen als erstes zu prüfen, welcher Mietvertrag dem jeweiligen Vertragsverhältnis zugrunde lag.

Die Wohnungsgesellschaften übernahmen nicht die Vertragspraxis, die Wohnungen mit dem Arbeitsverhältnis zu koppeln. Die gegenseitigen Vertragsbeziehungen waren unabhängig voneinander bzgl. des Dienstverhältnisses nach den §§ 611-630 BGB und hinsichtlich des Mietvertrags nach den §§ 535-580 BGB geregelt.[65]
Dementsprechend waren auch die nach dem Muster des Hauptverbandes Deutscher Baugenossenschaften und -gesellschaften e.V. abgeschlossenen Mietverträge unabhängig vom Bestand eines Arbeitsverhältnisses.[66] Mieter der gemeinnützigen Wohnungsgesellschaften hatten deshalb einen Anspruch auf Übergabe der Wohnung, sobald sie den ersten Mietzins voll entrichtet hatten.
Wohnungsgesellschaft oder Mieter konnten den Mietvertrag bis zum 15. eines jeden Monats schriftlich kündigen. Den Wohnungsgesellschaften stand das Recht der fristlosen Kündigung zu, wenn ein Mieter für zwei aufeinanderfolgende Termine mit der

---

61 VA VS/ I, Bl. 10, 12.
62 Muster vom Hauptverband Deutscher Baugenossenschaften und -Gesellschaften e.V. Berlin und gebilligt durch Verfügung des Preußischen Ministers für Volkswohlfahrt vom 22. Juli 1931 -II 3400/ 9.7.- und des Preußischen Ministers für Wirtschaft und Arbeit vom 15. Mai 1934 -ZA II 3400c. 15. Th.; BBA 55/ 1731.
63 VA VRW/ IV, Bl. 5.
64 VA VS/ I, Bl. 8.
65 Überlassungsvertrag für eine freie Dienstwohnung der VSt vom 01.09.1929; BBA 55/ 1731.
66 Anlage zum Einladungsschreiben vom 14.01.1935 zur Sitzung des Aufsichtsrats der Westdeutsche W., S. 4, VA AR/ 4-A-3/ 04.02.1935.

Entrichtung der Miete oder mit der zur Abdeckung des Eigenkapitals der Wohnungsunternehmen festgesetzten monatlichen Spareinlage ganz oder teilweise im Rückstand blieb. Ausgenommen waren Fälle, in denen die Mieter schriftlich aus besonderen Gründen eine Stundung für eine bestimmte Zeit erhielten. Den Wohnungsgesellschaften stand ferner das Recht der fristlosen Kündigung zu, wenn ein Mieter trotz Mahnung weiter grob gegen Vertragsinhalte verstieß.[67]

Die Einbeziehung von Anlagen in den Wohnungsmietvertrag hatte durchschnittlich einen Jahresmietaufschlag in Höhe von 8 - 10 % zur Folge. Um ihre erhöhte Mietzinsforderung bei der Errichtung einer Anlage abzusichern, holten die Wohnungsgesellschaften die „Zustimmung" zur Mieterhöhung durch Unterschrift beider Eheleute vor Beginn der Arbeiten ein.[68] Verwirrung stiftete hier die vereinzelt über Bezirksleiter vorgetragene irrtümliche Auffassung, daß sich eine solche Neuanlage in kurzer Zeit amortisierte und dann die Erhöhung des Mietzinses wieder entfiel. Der Vorstand hielt dieses Vorgehen nicht nur für „außergewöhnlich", sondern auch mit Rücksicht darauf, daß die Neuanlage über den Amortisationszeitpunkt hinaus bestehen blieb, für ungerechtfertigt.[69]

Einen Sonderfall bildeten die Mietverträge, die die Dienstwohnungen von Betriebsangehörigen der GBAG betrafen und die die Wohnungsgesellschaften „en bloc" der GBAG überließen. Das von den Wohnungsunternehmen mit der GBAG abgeschlossene Pauschalmietabkommen hatte zum Gegenstand, daß GBAG-Betriebsangehörige die Wohnung als Dienstwohnung erhielten und die GBAG die Miete übernahm. Soweit es sich bei den Bewohnern der Wohnungen um pensionierte Beamte der Gründergesellschaften der VSt oder um die Beamtenwitwen handelte, die keine Miete entrichten mußten, erfüllte die VSt die Mietzinsansprüche. Der nach dem Pauschalabkommen zu zahlende Mietzins richtete sich nicht nach der Größe und Beschaffenheit der Wohnung, sondern nach dem Dienstgrad des Wohnungsmieters.
Für die Wohnungsgesellschaften war diese Überlassungsform mit Risiken verbunden. Die Tatsache, daß sie bei einem solchen Vertrag von der GBAG die Miete erhielten, konnte die Verknüpfung ihres Schicksals mit dem der GBAG bedeuten. So hatte die GBAG die Möglichkeit, die von den Arbeitsentgelten abgezogenen Mietbeträge einzubehalten. Ein Zahlungsverzug konnte sich daher auf die Instandhaltung und Instandsetzung der Häuser sowie auf den Kapitaldienst auswirken. Der Vorstand war seinerseits darauf bedacht, pflichtgemäß vorzugehen und auch ohne Rücksicht auf etwaige Untervermietungen und der damit verbundenen stärkeren Wohnraumabnutzung seiner vollen Instandhaltungspflicht nachzukommen.[70]

Die mit der GBAG bestehenden Mietverträge beinhalteten zudem die bereits angeführte Bergschädenregelung. Nachdem der Bergbau nach Norden in das Emschergebiet und

---

[67] BBA 55/ 1731.
[68] VA VS/ I, Bl. 48.
[69] VA VS/ I, Bl. 57.
[70] VA GA/ Anlagen/ Westfälische W., Keppler Anl. 15; VA VS/ II, Bl. 36; VA GA/ Anlagen/ Klaas, Abschn. E 2 ff.; VA VS/ IV, Bl. 34 f. .

in das südliche Münsterland gewandert war und umliegende Ländereien aufgekauft und Wohnungen errichtet hatte, waren beim Kohleabbau Bodensenkungen entstanden, die Schadensersatzansprüche gegen die Betriebe zur Folge hatten.[71]
Die Bestimmungen der Einbringungsverträge vom 22.06.1933 besagten in Verbindung mit nachträglich am 20.06.1934 verfaßten Vereinbarungen und dem Abkommen zur Regelung von Bergschäden mit der GBAG[72], daß wie erwähnt keine Ansprüche wegen der Verringerung des Grundstückswerts („Minderwertansprüche“) und Kosten für Sicherungsmaßnahmen bei Neubauten auf den eingebrachten Grundstücken bestanden. Bergschäden, die den Gebrauchswert der Gebäude verminderten, fielen unter die Ersatzpflicht.

Schließlich mußten die Wohnungsgesellschaften auch erfahren, daß eine Einflußnahme auf den Abschluß der Mietverträge nicht nur bei der GBAG wegen der besonderen vertragsrechtlichen Voraussetzungen möglich, sondern bei anderen Werken tatsächlich auch mehrfach feststellbar war. So versuchten einige Werke wiederholt, Vertragsabschlüsse gezielt in ihrem Sinne zu lenken. Anhand vermehrt auftretender „unliebsamer Vorkommnisse“ bei der Vergabe von Wohnungen und mangelhafter Sorgfalt bei der Auswahl der Mieter unter Umgehung der Wohnungsgesellschaften durch Dienststellen der Werke verdeutlichte Fusban, daß die Vermietung stets allein von den Wohnungsgesellschaften zu verantworten war.[73]
Der Vorstand stufte den Einfluß der Werke auf das Vermietungsgeschäft als kritisch ein und mußte sich noch vier Jahre nach Gründung der Gesellschaften in einem Rundschreiben dieses Problems annehmen.[74] Trotz theoretisch klarer Zuständigkeit sah sich der Vorstand veranlaßt, mehrfach darauf aufmerksam zu machen, daß nur diejenigen Personen für den Abschluß eines Mietvertrags in Betracht kamen, über die die Wohnungsgesellschaften selbst befunden hatten. Insbesondere die Ruhrstahl AG und die Nieten- und Schraubenfabrik GmbH in Altena[75] bereiteten den Wohnungsgesellschaften in dieser Hinsicht Schwierigkeiten.

b') Mietvertragspartner und Mietgegenstand

Der Mietvertrag erhielt bei Eheleuten nur dann Gültigkeit, wenn ihn die Ehefrau des Mieters als Vertragspartner der Rheinische W., Rheinisch Westfälische W., Westfälische W. oder der Westdeutsche W. mitunterzeichnete.[76] Willenserklärungen des einen Ehepartners galten auch als für den anderen abgegeben. Für die rechtliche Wirksamkeit einer Erklärung der vermietenden Wohnungsgesellschaft genügte es, wenn sie die Erklärung gegenüber einem der Ehepartner abgab.

---

[71] C. II. 2.; Koch, Betriebliche Wohnungsfürsorge, S. 30.
[72] Abkommen zur Regelung von Bergschäden mit der Gelsenkirchener Bergwerks-AG vom 16.02.1934, VA VS/ II, Bl. 47.
[73] VA VS/ III, Bl. 12.
[74] Rundschreiben des Vorstands der Wohnungsgesellschaften vom 02.09.1937, VA VS/ III, Bl. 12.
[75] VA VS/ III, Bl. 12.
[76] VA VS/ VIII, Bl. 36.

Alles in allem hatten die Wohnungsgesellschaften eine Mieterschaft, die nicht nur aus allen Teilen des Deutschen Reichs, sondern auch aus dem Ausland stammte.
Die überwiegend mit Arbeitern abgeschlossenen Mietverträge der gemeinnützigen Wohnungsgesellschaften ergänzten die Mietverträge der Westdeutsche W., die die Angestellten mit größerem Wohnraumbedarf versorgte. Externe Vorgaben, wie z. B. eine Einflußnahme der NSDAP, die Vergabe der Wohnungen an eine bestimmte Mieterklientel vorzunehmen oder zu unterlassen, erreichten den Vorstand nicht.

Die anhaltende Wanderungsbewegung in das rheinisch-westfälische Industriegebiet bedeutete für die Wohnungsgesellschaften, daß die Einwanderer als Mieter und Vertragspartner ihre Lebensgewohnheiten mitbrachten und die Besiedelung des Raumes beeinflußten. Die Übersicht für die gemeinnützigen Wohnungsgesellschaften zur Abstammung der Hauptmieter (Tab. 50) zeigt auf, daß der höchste Anteil der Hauptmieter mit 27 % aus den Ostprovinzen Preußens stammte, gefolgt von den Mietern aus Westfalen, die einen Anteil von 20 % an der Gesamtmieterschaft stellten, während 8.929 Mieter, also 16,5 %, aus dem Rheinland kamen. Das bedeutete, daß 3.801 Hauptmieter mehr aus den preußischen Ostgebieten stammten als aus Westfalen. Gegenüber dem Rheinland war die Differenz mit 5.686 Mietern noch höher.
Gemeinsam mit den Zuwanderern aus Polen und Danzig stellten die Familien der preußischen Ostprovinzen 40,6 % der Hauptmieter.

Tab. 50: Abstammung der Hauptmieter der gemeinnützigen Wohnungsgesellschaften

	Rheinische W.		Rhein. Westf. W.		Westfälische W.		Gesamt	
	Hauptmieter	%	Hauptmieter	%	Hauptmieter	%	Hauptmieter	%
Westfalen	1.603	7,2	4.098	23,1	5.113	36,1	10.814	20,0
Rheinland	6.076	27,3	1.739	9,8	1.114	7,9	8.929	16,5
Preuß. Ostprov.[77]	4.982	22,4	6.413	36,2	3.220	22,7	14.615	27,0
Mitteldeutschland	1.298	5,8	747	4,2	732	5,2	2.777	5,1
Hessen	593	2,7	1.086	6,1	792	5,6	2.471	4,6
Norddeutschland	566	2,6	471	2,7	592	4,2	1.629	3,0
Süddeutschland	731	3,3	190	1,1	187	1,3	1.108	2,0
Ostmark (Österreich)	796	3,6	141	0,8	170	1,2	1.107	2,0
Saargebiet	699	3,1	95	0,5	116	0,8	910	1,7
Danzig	158	0,7	111	0,6	136	1,0	405	0,8
Polen	3.136	14,1	2.198	12,4	1.611	11,4	6.945	12,8
Tschecho-Slowakei	604	2,7	80	0,4	62	0,4	746	1,4
Jugoslawien	322	1,5	118	0,7	91	0,6	531	1,0
Niederlande	245	1,1	76	0,4	30	0,2	351	0,7
Übriges Ausland	413	1,9	174	1,0	193	1,4	780	1,4
Gesamt	2.222	100	17.737	100	14.159	100	54.118	100

Quelle: Die Wohnungs- und Wohnverhältnisse bei der Rheinische Wohnstätten Aktiengesellschaft, Duisburg, Rheinisch Westfälische Wohnstätten Aktiengesellschaft, Essen, Westfälische Wohnstätten Aktiengesellschaft, Dortmund, und die Art der Beschäftigung der berufstätigen Bewohner nach dem Stande vom 1. April 1938, S. 3, TKA/ PA Forstmann.

---

[77] Erhebung einschließlich abgetretener Gebiete nach dem Ersten Weltkrieg.

Tab. 51: Dauer der Mietverhältnisse

Vertragsdauer	Rheinische W.		Rhein. Westf. W.		Westfälische W.		Gesamt	
	Hauptmieter	%	Hauptmieter	%	Hauptmieter	%	Hauptmieter	%
1 – 4 Jahre	6.510	29,3	3.744	21,1	3.184	22,5	13.438	24,8
5 – 9 Jahre	4.683	21,1	3.364	19,0	2.629	18,6	10.676	19,7
10 – 14 Jahre	3.189	14,4	2.434	13,7	2.423	17,1	8.046	14,9
15 – 19 Jahre	3.480	15,7	2.225	12,5	2.108	14,9	7.813	14,4
20 – 24 Jahre	1.971	8,9	1.913	10,8	1.338	9,4	5.222	9,7
25 – 29 Jahre	1.163	5,2	1.807	10,2	1.052	7,4	4.022	7,4
30 – 34 Jahre	715	3,2	1.075	6,1	723	5,1	2.513	4,7
35 – 39 Jahre	344	1,5	562	3,2	353	2,5	1.259	2,3
40 – 44 Jahre	98	0,4	234	1,3	161	1,1	493	0,9
45 – 49 Jahre	28	0,1	112	0,6	67	0,5	207	0,4
50 – 54 Jahre	20	0,1	135	0,8	53	0,4	208	0,4
55 – 59 Jahre	5	0,1	49	0,3	24	0,2	78	0,1
60 – 64 Jahre	12	0,1	56	0,3	18	0,1	86	0,2
65 – 69 Jahre	2	0,1	9	0,1	17	0,1	28	0,1
70 – 74 Jahre	1	0,1	7	0,1	7	0,1	15	0,1
≥ 75 Jahre	1	0,1	11	0,1	2	0,1	14	0,1
Gesamt	22.222	100	17.737	100	14.159	100	54.118	100

Quelle: Wohnungs- und Wohnverhältnisse, S. 4, TKA PA/ Forstmann.

Tab. 52: Beschäftigung der Hauptmieter

Beschäftigung bei den Betriebsgesellschaften der VSt								
Werk	Rheinische W.		Rheinisch Westf. W.		Westfälische W.		Insgesamt	
	Hauptmieter	%	Hauptmieter	%	Hauptmieter	%	Hauptmieter	%
Gelsenkirchener Bergwerks AG	6.655	29,9	6.776	38,3	5.191	36,7	18.622	34,4
Gelsenberg Benzin AG	35	0,2	20	0,1	6	-	61	0,1
Rohstoffbetriebe	14	-	5	-	109	0,8	128	0,2
Hüttenwerke	5.100	23,0	3.399	19,2	3.718	26,3	12.217	22,6
Sonstige VSt-Stellen	1.535	6,9	46	0,2	214	1,5	1.795	3,3
Gesamt	13.339	60,0	10.246	57,8	9.238	65,3	32.823	60,6
Beschäftigung außerhalb der Betriebsgesellschaften der VSt								
Werk	Rheinische W.		Rheinisch Westf. W.		Westfälische W.		Insgesamt	
	Hauptmieter	%	Hauptmieter	%	Hauptmieter	%	Hauptmieter	%
Fremder Bergbau	332	1,5	671	3,8	451	3,2	1.454	2,7
Fremde Hüttenwerke	167	0,8	119	0,7	172	1,2	458	0,9
Sonst. Beschäftigungen	1.987	8,9	823	4,6	714	5,0	3.524	6,5
Gesamt	2.486	11,2	1.613	9,1	1.337	9,4	5.436	10,1
ohne Beschäftigung								
	Rheinische W.		Rheinisch Westf. W.		Westfälische W.		Insgesamt	
	Hauptmieter	%	Hauptmieter	%	Hauptmieter	%	Hauptmieter	%
Knappschaftsrentner, Invalide, Witwen, Erwerbslose	6.397	28,8	5.878	33,1	3.584	25,3	15.859	29,3

Quelle: Wohnungs- und Wohnverhältnisse, S. 26 ff., TKA PA/ Forstmann; BBA 55/ 1731.

Demnach überstieg dieser Hauptmieteranteil den 36,5 %igen Anteil der über länger als eine Generation in Westfalen und im Rheinland ansässigen Mieter um 2.222 Hauptmieter bzw. 4,1 %. Der Mieteranteil mit ostpreußischer oder polnischer Herkunft war gegenüber dem gemeinsamen Anteil der Hauptmieter aus Hessen, Nord-, Süd- und Mitteldeutschland, der 14,7 % betrug, sogar um über 25 % höher.

Die Wohnungsgesellschaften leisteten so zur Integration der zahlreichen Hauptmieter mit überwiegend osteuropäischen Vorfahren einen Beitrag, dessen nachhaltige Bedeutung sich in der Kontinuität der Mietverhältnisse ausdrückte.
Aus Osteuropa wanderten auch zahlreiche Juden in das rheinisch-westfälische Industrierevier ein. Nach Berlin und dem mitteldeutschen Industriegebiet war das Ruhrgebiet ein Zentrum jüdischer Immigration aus Osteuropa.[78] Jüdische Mieter unterlagen bei den Wohnungsgesellschaften jedoch keiner gesonderten Erfassung.
Daß Juden als Vertragspartner einer „Wohnraumarisierung" durch Vertreibung aus ihren Wohnungen betroffen waren und damit eine sog. „Entjudung" stattfand, so wie sie *Willems* für Berlin unter Hinweis auf die maßgebliche Täterschaft Speers festhält oder wie sie *Haerendel* für München und *Graf* und *Botz* jeweils für Wien aufzeigen, läßt sich für die Wohnungsgesellschaften nicht nachweisen.[79] Dementsprechend kann auch keine Parallele gezogen werden zum Rückgang der Personenzahl jüdischen Glaubens in Westfalen, Lippe-Detmold und den rheinischen Regierungsbezirken von

---

[78] Rieker, Yvonne/ Zimmermann, Michael, Von der rechtlichen Gleichstellung bis zum Genozid, in: *derselbe* (Hrsg.), Die Geschichte der Juden im Rheinland und in Westfalen, Köln 1998, S. 141-259, hier S. 195 f.; Barbian, Jan-Pieter, „Wenn ich dich liebe, dann geht es dich an", Jüdische Geschichte als integraler Bestandteil der Ruhrgebietsgeschichte, in: *derselbe*/ Brocke, Michael/ Heid, Ludger (Hrsg.), Juden im Ruhrgebiet, Vom Zeitalter der Aufklärung bis in die Gegenwart, Essen 1999, S. 6-24, hier S. 11.

[79] Willems, Susanne, Der entsiedelte Jude, Albert Speers Wohnungsmarktpolitik für den Berliner Hauptstadtbau; Berlin 2002, S. 71 ff., 225 ff.; Haerendel, S. 395 ff.; Graf, Georg, Der Entzug von Mietrechten, Ein rechtshistorischer und rechtsdogmatischer Bericht unter besonderer Berücksichtigung der Entwicklungen nach der Wiedererrichtung der Republik Österreich, in: Jabloner, Clemens u. a. (Hrsg.), „Arisierungen" und Rückstellung von Wohnungen in Wien, München 2004, S. 11-89; Das Reichsbürgergesetz vom 15.09.1935, RGBl. 1935 I S. 1146 und das Gesetz zum Schutze des deutschen Blutes und der deutschen Ehre vom 15.09.1935, RGBl. 1935 I S. 1146, lagen den „Arisierungen" zugrunde. In Wien kam es zu „wilden", d. h. auch vom NS-Recht nicht gedeckten Wohnungsarisierungen, bevor dort dann der Mieterschutz für jüdische Mieter generell am 10.09.1940 aufgehoben wurde, Bailer-Galanda, Brigitte/ Blimlinger, Eva/ Kowarc, Susanne, „Arisierung" und Rückstellung von Wohnungen in Wien, in: Jabloner, S. 91-232, hier S. 113 ff.; m.w.N. Botz, Gerhard, Wohnungspolitik und Judendeportation in Wien 1938 bis 1945, Zur Funktion des Antisemitismus als Ersatz nationalsozialistischer Sozialpolitik, Wien Salzburg 1975, S. 62; *derselbe*, Nationalsozialismus in Wien, Machtübernahme und Herrschaftssicherung 1938/ 39, 3. Auflage, Buchloe 1988, S. 460. Juden waren als Mieter wie als Vermieter betroffen, Kratzsch, Gerhard, Der Gauwirtschaftsapparat der NSDAP: Menschenführung-„Arisierung"-Wehrwirtschaft im Gau Westfalen-Süd, Eine Studie zur Herrschaftspraxis im totalitären Staat, Veröffentlichungen des Provinzialinstituts für Westfälische Landes- und Volksforschung des Landschaftsverbandes Westfalen-Lippe, Münster 1989, S. 252 ff.; Felber, Ulrike/ Melchiar, Peter/ Priller, Markus/ Unfried, Berthold/ Weber, Fritz, Ökonomie der Arisierung, Teil 1: Grundzüge, Akteure und Institutionen, München 2004, S. 334; weiter zur Beteiligung der Kommunen Gruner, Wolf, Die Grundstücke der „Reichsfeinde", Zur „Arisierung" von Immobilien durch Städte und Gemeinden 1938-1945, in: Fritz Bauer Institut (Hrsg.), „Arisierung" im Nationalsozialismus, Volksgemeinschaft, Raub und Gedächtnis, Frankfurt/ M. 2000, S. 125-156, hier S. 129 ff. . Insgesamt waren Grundstücksarisierungen reichsweit unterschiedlich ausgeprägt - so reichte z. B. Hamburg nicht an die „Arisierung" in Berlin oder Wien heran, Bajohr, Frank, „Arisierung" in Hamburg, Die Verdrängung der jüdischen Unternehmer 1933-1945, Hamburg 1997, S. 288; zur Wohnungspolitik als „integralem Bestandteil" der Judenvernichtung Kornemann, in: Kähler, S. 684 ff., 694 ff. .

63.610 auf 27.893 Personen im Zeitraum von 1933 bis Mai 1939.[80] Die Nichterfassung jüdischer Mieter könnte einer nachträglichen Aktenbereinigung geschuldet sein.
Dagegen spricht jedoch, daß sich in der 1938 angefertigten Mieterstatistik der Wohnungsgesellschaften ebensowenig ein Eintrag zu jüdischen Mietern oder deren Wohnungen findet, wie in den ab 1936 überlieferten, gebundenen und durchpaginierten Protokollen zu den Verwaltungssitzungen, in denen auch kleinste Details besprochen wurden. Insofern scheinen Wohnraumarisierungen bei den Wohnungsgesellschaften anders als in Berlin, München oder Wien keine erkennbare Rolle gespielt zu haben.

Insgesamt wohnte über die Hälfte aller Mieter bei Datenerhebung zehn Jahre und länger bei den Wohnungsgesellschaften bzw. bei einer der Vorgängergesellschaften.
Bei der Rheinische W. lebten allein zwanzig Jahre nach Abschluß des Mietvertrags noch 4.361 (19,6 %), bei der Rheinisch Westfälische W. 5.964 (33,6 %) sowie bei der Westfälische W. 3.815 (26,9 %) Hauptmieter in derselben Wohnung.
Demzufolge waren die Wohnungen der gemeinnützigen Wohnungsgesellschaften im Durchschnitt zu einem Viertel (26,7 %) noch von Mietern mit über zwanzigjähriger Vertragslaufzeit belegt. Über 4.900 Mietverhältnisse galten bereits seit 30 Jahren und länger. Auch die zehn bis 15 Jahre bestehenden Mietverträge zeigten mit fast 15 % aller Mietverhältnisse einen hohen Kontinuitätswert.

Diese Stabilität in den Mietverhältnissen ergab sich auch aus der Beständigkeit der Arbeitsverhältnisse.
Von den Hauptmietern der gemeinnützigen Wohnungsgesellschaften arbeiteten über 60 % bei den Betriebsgesellschaften der VSt. Die meisten dieser Beschäftigten wohnten bei der Rheinische W. (13.339), gefolgt von der Rheinisch Westfälische W. (10.246) und der Westfälische W. (9.238). Dabei schwankte der Beschäftigungsgrad zwischen den Hauptmietern der Rheinisch Westfälische W. und der Westfälische W. um 7,5 %, während die Rheinische W. exakt 60 % der bei der VSt arbeitenden Hauptmieter stellte. Die meisten dieser Mieter hatten ihre Arbeitsstelle bei der GBAG und bei den Hüttenwerken. Überschlägig betrachtet war jeder dritte Hauptmieter der gemeinnützigen Gesellschaften bei der GBAG und jeder fünfte bei den Hüttenwerken beschäftigt.

Umgekehrt betrachtet arbeitete jeder zehnte Mieter der gemeinnützigen Gesellschaften nicht bei der VSt und knapp 30 % gingen keiner Beschäftigung nach.
Zum größten Teil war diese Zahl auf Knappschaftsrentner, Invalide und Witwen (25,9 %) und weniger auf Erwerbslose zurückzuführen (3,4 %).[81] Insofern kann mit einem Beschäftigungsgrad der Hauptmieter der gemeinnützigen Gesellschaften bei der VSt in Höhe von 60 % nicht im Umkehrschluß davon gesprochen werden, daß 40 % der Mieter ursprünglich Werksfremde waren. Als solche waren vielmehr einige Er-

[80] Rieker/ Zimmermann in: Zimmermann, Juden im Rheinland und in Westfalen, S. 248; zum Begriff der „Arisierung" Köhler, „Arisierung", S. 38 f. .
[81] Wohnungs- und Wohnverhältnisse, S. 27, TKA PA/ Forstmann.

werbslose und die in Höhe von 10,1 % bei anderen Unternehmen beschäftigten Hauptmieter anzusehen. Unter diesen schien die Zahl der in fremdem Bergbau und in fremden Hüttenwerken beschäftigten Mieter mit 3,6 % nicht sonderlich hoch. Auf die Personenzahl übertragen arbeiteten aber immerhin 1.900 Bergleute und Hüttenarbeiter, die Hauptmieter der gemeinnützigen Wohnungsgesellschaften waren, nicht bei derVSt. Dennoch war der Anteil derjenigen Hauptmieter, die einer sonstigen Beschäftigung außerhalb der Betriebsgesellschaften der VSt nachgingen, mit 3.524 Personen noch wesentlich höher. Insgesamt lebten im Durchschnitt 1,37 Arbeitskräfte in 54.118 Wohnungen der gemeinnützigen Wohnungsgesellschaften.

Die Mietverträge hatten zum Teil nur einen Raum, in der Mehrzahl aber drei bis vier Räume zum Gegenstand. Ein Raum mußte für die Wohnungsgesellschaften nach seiner Definition zum dauernden Aufenthalt der Bewohner (Wohnen, Kochen und Schlafen) dienen.[82]

Tab. 53: Anzahl der Räume in den Wohnungen

Räume je Whg.	Rheinische W.		Rheinisch Westf. W.		Westfälische W.		Gesamt	
	Wohnungs-zahl	%	Wohnungs-zahl	%	Wohnungs-zahl	%	Wohnungs-zahl	%
1	297	1,3	69	0,4	13	0,1	379	0,7
2	3.539	15,9	2.346	13,2	1.369	9,7	7.258	13,4
3	9.756	43,9	6.706	37,8	5.400	38,1	21.862	40,4
4	6.253	28,1	6.755	38,1	5.423	38,3	18.431	34,1
5	1.480	6,7	1.175	6,6	1.280	9,0	3.935	7,3
6	897	4,1	686	3,9	674	4,8	2.257	4,1
	22.222	100	17.737	100	14.159	100	54.118	100

Quelle: Wohnungs- und Wohnverhältnisse, S. 7, TKA PA/ Forstmann; BBA 55/ 1731.

Die Aufteilung der Wohnungen zeigte im Hinblick auf die Raumzahl je Wohnung eine Durchmischung auf, die gegenüber anderen Großstädten positiv auffiel.
Während jede dritte Berliner Wohnung nur aus zwei Räumen bestand und nach einer Volkszählung in Wien 1934 nahezu 75 % aller Wohnungen Kleinstwohnungen mit bis zu eineinhalb Räumen waren, betrug der Anteil der Einraum-Wohnungen bei den gemeinnützigen Wohnungsgesellschaften lediglich 0,7 %. Das heißt, die Bedeutung dieser Kleinstwohnungen blieb hier bei 379 von 54.118 Wohnungen gering.
Abgesehen von den ohnehin größeren Angestelltenwohnungen der Westdeutsche W. lebten über 40 % der Mieter der gemeinnützigen Wohnungsgesellschaften in Dreizimmerwohnungen und jeder dritte Mieter verfügte über eine Wohnung mit vier Räumen. Alles in allem entfielen bei der Rheinische W. auf eine Wohnung 3,37, bei der Rheinische Westfälische W. 3,51 und bei der Westfälische W. 3,63 Räume.[83] Demnach standen den Mietern im Durchschnitt in jeder Wohnung 3,48 Räume zur Verfügung.

---

[82] Wohnungs- und Wohnverhältnisse, S. 7, TKA PA/ Forstmann.
[83] Wohnungs- und Wohnverhältnisse, S. 8, TKA PA/ Forstmann.

Inwieweit dadurch die Wohnsituation der Mieter beeinflußt wurde, richtete sich sowohl nach der Wohnungs- als auch nach der Wohnraumdichte.

Die Wohnungsdichte bestimmte sich nach der Anzahl der Personen, die durchschnittlich in einer Wohnung lebten.
Noch bei der Reichswohnungszählung 1927 hatte sich in 46 deutschen Großstädten eine durchschnittliche Wohnungsdichte von 3,7 Bewohnern ergeben. Bei der Reichswohnungszählung fand sich in Westfalen mit 4,6, in Oberschlesien mit 4,5 und in der Rheinprovinz mit 5,0 Personen die höchste Wohnungsdichte.[84] Auch wenn die Zählung 1927 schon allein aufgrund uneinheitlicher Definitionen des Begriffs „Wohnung" ungenau war, wurde zehn Jahre später in Bochum (3,34), Dortmund (3,34), Duisburg (3,41), Essen (3,34) und Gelsenkirchen (3,41) eine Verbesserung der Situation sichtbar.[85] Dies galt indessen nur für die Städte insgesamt, denn in einer Wohnung der Rheinische W. lebten noch immer 4,24, bei der Rheinisch Westfälische W. 4,25 und bei der Westfälische W. 4,31 Personen.[86] Die Wohnungsdichte nahm umso stärker zu, je kleiner die Wohnung war.

Die Wohnraumdichte bezeichnete die Zahl von Personen, die einen Raum belegten.
Mit zunehmender Raumzahl sank bei den Wohnungsgesellschaften der Anteil der überfüllten Wohnungen. So wiesen die Gesellschaften bereits bei den Vierraumwohnungen unter Ausschluß der Küchen höchstens 1,6 als Belegungswert aus. Bei den Fünfraumwohnungen rutschte der Wert annähernd und bei den Sechsraumwohnungen vollständig unter eine Person. Je nach Berücksichtigung der Küchen, die auch als Aufenthalts- und Schlafraum dienten, belegten im Durchschnitt bei der Rheinische W. 1,26 (1,78 ohne Küche), der Rheinisch Westfälische W. 1,21 (1,70), der Westfälische W. 1,19 (1,64) und damit im Gesamtdurchschnitt 1,22 (1,72) Bewohner einen Raum.[87]
Nun beeinflußte die Mischung von Wohnungen verschiedener Größenklassen die Durchschnittsziffer der Wohnraumdichte je nach dem Anteil der verschiedenen Wohnungsgrößenklassen am Wohnungsbestand. Um feststellen zu können, wieviel Personen tatsächlich in einem Wohnraum zusammenlebten, teilten die Wohnungsgesellschaften die Wohnungen nach vier Belegungsgraden ein (eine Person, ein bis zwei, zwei bis drei und mehr als drei Personen).

Danach lebten 93,8 % der Mieter in Wohnungen mit höchstens zwei Personen je Wohnraum zusammen. Damit wohnte der weit überwiegende Teil der Mieterschaft in

---

[84] Statistisches Reichsamt, S. 135; Führer, Mieter, Hausbesitzer, Staat und Wohnungsmarkt, S. 31 ff.; Rode, S. 8; Deutscher Verein für Wohnungsreform, S. 111; BArch 43 II/ 1006, Bl. 4.
[85] Lange, Albert, Die Siedlungsfrage im Ruhrgebiet, Untersuchungen des Siedlungsverbandes Ruhrkohlenbezirk, Essen 1934, S. 33; Sobotschinski, S. 22; Schnadt, S. 4; diese Daten mit Balkendiagramm u. a. auf Grundlage der Daten des Statistischen Jahrbuchs Deutscher Städte 1933 bei Schröder, Nebenerwerbssiedlung, S. 68; zur verminderten wohnungspolitischen Leistung des nationalsozialistischen Systems speziell in Hamburg, ausgedrückt in geringerer Wohnfläche und Raumzahl ab 1933, vgl. Brecht, Julius, Die Betriebsleistungen der Wohnungsunternehmen, in: *derselbe*/ Klabunde, Erich, Wohnungswirtschaft in unserer Zeit, Hamburg 1950, S. 103.
[86] BBA 55/ 1731; Wohnungs- und Wohnverhältnisse, S. 9, TKA PA/ Forstmann.
[87] BBA 55/ 1731.

Bezug auf die Wohnraumdichte in erträglichen Verhältnissen. Das bedeutete andererseits aber auch, daß 6,2 % der Mieter in Wohnungen wohnten, die mit über zwei Personen je Wohnraum belegt waren und daher nach den bereits bei der Reichswohnungszählung 1927 geltenden Regeln als überfüllt galten.[88]

Tab. 54: Wohnraumdichte

	Bewohner	
	Wohnnutzung einschließlich Küche	Wohnnutzung ausschließlich Küche
Rheinische W.	1,26	1,78
Rheinisch Westfälische W.	1,21	1,70
Westfälische W.	1,19	1,64
Gesamt - Ø	1,22	1,72

Quelle: BBA 55/ 1731.

Tab. 55: Belegungsstärke je Wohnraum einschließlich Küchen

	1 Bewohner		1-2 Bewohner		2-3 Bewohner		> 3 Bewohner	
	Whgs.-zahl	% Wohnungen gesamt	Whgs.-zahl	% Wohnungen gesamt	Whgs.-zahl	% Wohnungen gesamt	Whgs.-zahl	% Wohnungen gesamt
Rheinische W.	9.575	43,1	11.057	49,8	1.443	6,5	147	0,6
Rhein. Westf. W.	8.211	46,3	8.486	47,8	942	5,3	98	0,6
Westfälische W.	6.756	47,7	6.662	47,1	694	4,9	47	0,3
Gesamt	24.542	45,4	26.205	48,4	3.079	5,7	292	0,5

Quelle: Wohnungs- und Wohnverhältnisse, S. 15, TKA PA/ Forstmann.

Somit bleibt festzuhalten, daß die Wohnungsgesellschaften die Wohnungs- und Wohnraumdichte im allgemeinen angemessen berücksichtigten, den wohnsoziologischen Anforderungen bei jedem sechzehnten Mietvertragsverhältnis allerdings nicht gerecht werden konnten.

Neben den Wohnungen bezogen die Gesellschaften Gärten und Grünflächen zur Förderung einer „gemischt städtisch-ländlichen Wohnweise" in die Mietverträge ein.[89]
Sie waren damit dem Anliegen der Wohnungspolitik voraus, die zwar zunehmend Garten- und Landzulagen forderte, gleichzeitig aber noch im Jahr 1939 eingestehen mußte, daß dieser Belang so wenig Beachtung befunden hatte, daß die Wohnungsstatistik des Deutschen Reichs keine Angaben zu der Verbindung von Wohnung und

[88] Der Begriff der Überfüllung folgte der statistischen Definition, die bereits im 19. Jahrhundert in England jede Wohnung mit mehr als zwei Personen je Zimmer als überfüllt ansah, Häußermann/ Siebel, S. 66.
[89] Wohnungs- und Wohnverhältnisse, S. 3, TKA PA/ Forstmann.

Garten machte - abgesehen von gelegentlichen Veröffentlichungen über Kleingärten und landwirtschaftliche Kleinbetriebe bis zu 2 ha Größe.[90] Dies war umso erstaunlicher, als daß der Mangel an Grün bereits Gegenstand von Untersuchungen gewesen war. So hatte sich 1929 herausgestellt, daß Mitte der zwanziger Jahre die großstädtische Bevölkerung zu ungefähr 86 % weder über selbstgenutzte Hausgärten noch über Kleingärten verfügte.[91]

Die Wohnungsgesellschaften sahen die Hausgärten als ergänzenden Lebensraum für ihre Mieterschaft an. Bei größeren Bauvorhaben zog jede der Gesellschaften professionelle Gartengestalter heran. Die grünen Freiflächen sollten als „Außenwohnraum für die Mieter“ nutzbar sein. Insbesondere für die Arbeiter, deren Wohnungen im Grundriß in Anbetracht der Miethöhe „sparsam“ gehalten waren, sollte die Gartengestaltung „angenehm und nützlich“ sein.[92]
Da die Bestellung eines Hausgartens mit persönlichem Aufwand an Arbeitskraft und Geld zusammenhing, versprachen die Gärten bei den Mietern die Seßhaftigkeit zu stärken. Darüber hinaus verfolgten die Wohnungsgesellschaften den Gedanken der Gartenstadtbewegung und betonten den hohen Stellenwert, den für sie „das soziale Grün“ im Industriegebiet einnahm. So sollten den Mietern im Ergebnis mit einer planvollen Durchgrünung „gesunde Wohnviertel“ angeboten werden können.[93]

Die beste Versorgung mit Hausgärten hatte die Rheinisch Westfälische W..
Nahezu drei von vier Hauptmietern schlossen dort einen Mietvertrag ab, der einen Hausgarten mitumfaßte. Die Rheinisch Westfälische W. legte die Gärten so an, daß sie sich im Vergleich zur Rheinische W. und Westfälische W. mehrheitlich über 100 m² erstreckten. Dabei wohnte mehr als jeder dritte Hauptmieter der Rheinisch Westfälische W. in einem Haus, für das mehr als 150 m² Garten zur Verfügung standen.
Bei der Rheinische W. hatte auch mehr als jeder zweite Hauptmieter einen Mietvertrag nebst Garten, allerdings bedingte hier die Bebauung, daß weniger Platz für Grünflächen vorhanden war. Da dennoch eine möglichst breite Gartenversorgung stattfinden sollte, war der Anteil der Mieter mit kleinen Gärten fast doppelt so hoch wie der Anteil mit Gärten in einer Größe von über 50 m². So war bei der Rheinische W. die Versorgung mit 7.958 Gärten unter 50 m² Größe auch im Vergleich zur Westfälische W. und zur Rheinisch Westfälische W., die 2.514 bzw. 3.557 Gärten dieser Größenordnung auswiesen, jeweils mehr als doppelt so hoch. Ausgeglichen war indessen die Größenverteilung bei der Westfälische W., die zwei Drittel ihrer Hauptmieter mit Gärten versorgen konnte.

---

[90] Deutscher Verein für Wohnungsreform, S. 112; Landwirtschaftliche Betriebszählung am 16.06.1933; Statistik in Wirtschaft und Statistik 1935, Nr. 1, S. 16 sowie Sonderbeilage 1935, Nr. 4.
[91] Harlander, Tilman, Suburbanisierung - Zwischen Reagrarisierung und Evakuierung, in: *derselbe* (Hrsg.), Villa und Eigenheim, Suburbaner Städtebau in Deutschland, Stuttgart München 2001, S. 250-283, hier S. 279.
[92] Wohnungs- und Wohnverhältnisse, S. 20, TKA PA/ Forstmann.
[93] Vormbrock, zu dieser Zeit Vorsitzer des Beirates bei der Bauvereinsabteilung der Deutsche Bau- und Bodenbank AG, Zweigniederlassung Berlin, zitierte dazu „Das Volkstum bleibt ewig an den Boden, an die lebendig atmende und wachsende Erde gebunden.“, Vormbrock, Der westdeutsche Siedlungs-, Um- und Aufbau, S. 27; Wohnungs- und Wohnverhältnisse, S. 21, TKA PA/ Forstmann.

Über das Angebot an Gartenland hinaus pachtete jeder dritte Mieter, der bereits mit Garten versorgt war, noch einen Schrebergarten oder anderes Pachtland hinzu. Diese Zahl galt ebenso für die Hauptmieter in Wohnungen der Häuser ohne Gartenfläche. Bezogen auf die Gesamtmieterschaft der gemeinnützigen Wohnungsgesellschaften unterschrieben 12,5 % aller Hauptmieter neben dem Mietvertrag auch einen Pachtvertrag.

Tab. 56: Hauptmieter mit Hausgarten

Hauptmieter	Gartengröße				Hauptmieter	%
	≤ 50 m²	≤ 100 m²	≤ 150 m²	>150 m²		
Rheinische W.	7.958	2.225	1.041	977	12.201	54,9
Rheinisch Westfälische W.	3.557	2.378	2.099	5.039	13.073	73,7
Westfälische W.	2.514	2.429	2.315	2.205	9.463	66,8
Gesamt	14.029	7.032	5.455	8.221	34.737	64,2

Quelle: Wohnungs- und Wohnverhältnisse, S. 20, TKA PA/ Forstmann.

Im Ergebnis verfügten daher mit 64,2 % der gemeinnützigen Hauptmieter fast zwei von drei Mietern über einen Garten. Unter Berücksichtigung auch des Pachtlandes waren 76,7 %[94] der Hauptmieter der gemeinnützigen Wohnungsgesellschaften mit dem angestrebten „sozialen Grün" versorgt, das zur Kontinuität der Mietverhältnisse beitrug.

Ergänzend dazu boten die Wohnungsgesellschaften den Mietern die Möglichkeit der Kleintierzucht. Die Viehhaltung in den Wohnungen war den Mietern ausdrücklich untersagt.[95] Da die Errichtung eines Stalls bis zu 500,-- RM kosten konnte, wurden die Ställe mit monatlichen Mietzuschlägen von bis zu 2,-- RM Vertragsgegenstand.
Die Gesellschaften richteten für die nebenberuflichen landwirtschaftlichen Erzeugungsmöglichkeiten eigens sog. „Landwirtschaftliche Beratungsstellen" ein. Dort konnten sich die Mieter über die Versorgung mit Dünge- und Futtermitteln, Sämereien und Jungtieren sowie über Tiererkrankungen und Fördermittel informieren.[96]
Zum 01.01.1939 stellte die Rheinische W. als erste einen Diplom-Landwirt, Kurt Hülsemann, ein. Hülsemann hatte wie der anschließend für die Westfälische W. eingestellte Diplom-Landwirt Hugo Behler die Aufgabe, die Kleintierhaltung und den Kleingartenbau, u. a. auch mit Veröffentlichungen in Werkszeitungen, zu fördern.[97] Der Beratungsumfang betraf für die gemeinnützigen Gesellschaften neben gärtnerischen Fragen über 146.000 Tiere, die in mehr als 37.000 Ställen untergebracht waren.[98]

---

[94] Wohnungs- und Wohnverhältnisse, S. 22, TKA PA/ Forstmann.
[95] HA Krupp WA 80/ 25200 Nr. 2; VA VS/ III, Bl. 40.
[96] Zwar war bereits 1933 im Rheinisch Westfälischen Industriegebiet betriebsübergreifend auf Veranlassung der IHK Dortmund in Zusammenarbeit mit der Reichsstelle für Siedlerberatung bei der Gesellschaft zur Förderung der inneren Kolonisation eine Beratungsstelle für landwirtschaftliche Ostsiedlung entstanden, doch betraf deren Aufgabenbereich Ansiedlungs- und weniger Bewirtschaftungsfragen; WWA/ K 1/ 1833.
[97] VA VS/ V, Bl. 35; TKA NSt/ 234; WWA/ F 103/ 209 und 210.
[98] 68 Kühe, 1.823 Ziegen, 151 Schafe, 4.381 Schweine, 31.889 Hühner, 682 sonstiges Federvieh, 6.325 Kaninchen, Wohnungs- und Wohnverhältnisse, S. 24, TKA PA/ Forstmann.

Fast 70 % der gemeinnützigen Wohnungen waren mit einem Kleintierstall ausgerüstet. Die Wohnungsgesellschaften gingen entgegen der von *Führer* vertretenen Auffassung, daß die Tierhaltung „meist ökonomisch unsinnig" war, davon aus, daß den Mietern so ein Nebenerwerb möglich war. Sie bewegten sich damit im Rahmen der für die Kleintierhaltung aufgestellten variablen Ertragsrechnungen.[99]

Tab. 57: Unterhalt und Ertrag der Kleintierhaltung

Tiere		Ertrag			Unterhalt
Art	Anzahl	Produkt	Menge	RM	RM
Hühner	9	Eier Fleisch	1.350 Stk. 12 Pfund	135,-- 12,--	70,--
Zuchtkaninchen	2	Fleisch Felle	50 kg 15 Stk.	50,-- 12,--	25,--
Ziegen	2	Milch, Butter, Käse Lämmer Zickelfelle	1.400 Liter 4 Tiere 4 Stk.	280,-- 32,-- 3,--	170,--
Schweine	1	Fleisch	90 kg	144,--	90,--
Gesamt				668,--	355,--

Quelle: Zusammenstellung nach Ludowici, S. 72.

Auch wenn *Ludowici* Unterhalt und Ertrag der Kleintierhaltung als Leiter des Reichsheimstättenamtes vorstellte, wird die Überlegung, er könnte ausschließlich ergebnisorientiert argumentiert haben, nicht nur von *Schulz* unter Zugrundelegung weiterer Untersuchungen widerlegt. Auch *Seiff* wies eine Ertragberechnung über 36,25 RM/ m² nach.[100] Außerdem stellten die Wohnungsgesellschaften eine anhaltend hohe Akzeptanz fest, die in Erhebungen über die Verwaltungsstellen bei bis zu 100 % Zustimmung lag. Die landwirtschaftlichen Beratungsstellen erhielten außerordentliches Lob und die jahrelange Konstanz der Tierhaltung läßt nicht auf „ökonomische Unsinnigkeit" schließen.[101]

Die Aufwendungen für das Gehalt der bei diesen Stellen Beschäftigten wie Hülsemann und Behler nebst sonstiger Kosten von zusammen jährlich bis zu 30.000,-- RM übernahm die VSt. Die Werke waren dafür zuständig, die Kleintierzucht der Mieter durch Vorschüsse zu fördern. Die Kostenübernahme hatte zwischenzeitlich zur Folge, daß die Sozialwirtschaftliche Abteilung der VSt in Düsseldorf bis zur Intervention Fusbans versuchte, den Beratungsstellen selbst direkte Anweisungen zu erteilen.[102]

---

[99] Führer, Idealform des deutschen Wohnungsbaues, S. 159; Ludowici, Johann Wilhelm, Das deutsche Siedlungswerk, 2. Auflage, Heidelberg 1937, S. 71 f. .

[100] Schulz, Max, Die Kleinsiedlung in Deutschland unter besonderer Berücksichtigung ihrer Finanzierungs- und Ertragsverhältnisse, Berlin 1937, S. 61 ff., 105 ff.; Seiff, Rudolf, Die deutsche Kleinsiedlung, Eine Untersuchung unter wirtschaftlichen, sozialen und kulturellen Gesichtspunkten, Eberswalde Berlin 1941, S. 69.

[101] WWA F 103/ 210; TKA VSt/ 204, TKA VSt/ 205, TKA VSt/ 206; VA VS/ III, Bl. 40; noch über 20 Jahre später befanden sich auf 146.483 Kleinsiedlerstellen 1.215.000 Hühner, 222.000 Kaninchen, 9.600 Schweine sowie 3.080 Schafe und Ziegen, vgl. Forstmann, Walter/ Gernert, Karl/ Schiskowski, Helmut/ Seiff, Rudolf/ Striefler, Heinrich (Hrsg.), Die Kleinsiedlung und ihre Entwicklung, Ein Überblick über Sein und Werden der Kleinsiedlung und des Deutschen Siedlerbundes, Hamburg 1960, S. 53.

[102] VA VS/ I, Bl. 40; VA VS/ III, Bl. 15 f.; VA VS/ V, Bl. 28.

c') Mietpreispolitik und Mieteinnahmen

Die Festsetzung des Mietzinses war von der allgemeinen Mietenpolitik abhängig, die im Nationalsozialismus von der Zäsur des Mietenstops 1936 gekennzeichnet war. Bis dahin folgte die Mietenpolitik der von den Präsidialkabinetten vorgezeichneten Linie, für den Mietzins die Bildung von Marktpreisen zuzulassen.[103]

Mit dem Reichsmietengesetz[104] und dem Mieterschutzgesetz[105] mußten die Wohnungsgesellschaften für die Einordnung der allgemeinen mietpolitischen Rahmengesetzgebung zwei seit dem Ersten Weltkrieg fortentwickelte Gesetze beachten.

Diese Vorschriften gestatteten Mietsteigerungen nur insoweit, als sie durch die Steigerung der Ausgaben für ein Gebäude veranlaßt sein mußten. Vor allem landesrechtliche Ausführungsvorschriften hatten das RMG im Laufe der Zeit unübersichtlich eingeschränkt.[106] Aufgrund der unterschiedlichen Verordnungen der Länder sowie der verschieden ausgeformten Ermächtigungen der Gemeinden ergab sich ein in der Praxis zersplittertes Mietpreisrecht, das regional zu unterschiedlichen Mieten bei identischem Wohnwert führte.

Nach der „Reichswohnungskonferenz“[107] vom 24.09.1935 u. a. zu Maßnahmen der Mietpreiskontrolle bewirkten die Änderungen des Reichsmietengesetzes und des Mieterschutzgesetzes vom 18. April 1936 eine Neuregelung des RMG sowie eine Neuveröffentlichung der Ausführungsvorschriften der Länder. Landesrechtliche Mietpreisvorschriften mußten zwecks Vereinheitlichung des Mietrechts bis zum 01.05.1936, d. h. innerhalb von zwölf Tagen den neuen Bestimmungen angepaßt werden, wenn sie in Kraft bleiben sollten.[108] Im November verdeutlichte eine ergänzende Verordnung, daß eine höhere als die gesetzliche Miete nicht neu vereinbart werden durfte.[109]

Grundlage der gesetzlichen Miete war die Friedensmiete, die sich im Gegensatz zu der

---

[103] Brüggemann, in: Gesamtverband gemeinnütziger Wohnungsunternehmen, S. 43; Führer, Mieter, Hausbesitzer, Staat und Wohnungsmarkt, S. 210 ff.; C. II. 7. a).

[104] Reichsmietengesetz, RGBl. 1922 I S. 273; geändert durch Art. 8 des Gesetzes vom 29.06.1926 (RGBl. 1926 I S. 317), Gesetz vom 10.07.1926 (RGBl. 1926 I S. 404), Gesetz vom 14.02.1928 (RGBl. 1928 I S. 21); Neuveröffentlichung durch Bekanntmachung vom 20.02.1928 (RGBl. 1928 I S. 38), durch die Notverordnungen vom 01.12.1930 (RGBl. 1930 I S. 517, 598) und vom 08.12.1931 (RGBl. 1931 I S. 699, 709).

[105] Vgl. B. II. 1.; Bekanntmachung zum Schutze der Mieter vom 26.07. 1917 (RGBl. 1917 S. 659); VO betr. Einigungsämter vom 05.12.1914 (RGBl. 1914 S. 551); Bekanntmachung zum Schutze der Mieter vom 23.09.1918 (RGBl. 1918 S. 1140); Anordnung über das Verfahren vor den Einigungsämtern vom 23.09.1918 (RGBl. 1918 S. 1146); VO zum Schutze der Mieter vom 22.06.1919 (RGBl. 1919 I S. 591); Gesetz über Mieterschutz und Mieteinigungsämter vom 01.06.1923 (RGBl. 1923 I S. 353) mit Entwurfstext und Begründung in RArbBl. 1923 Nr. 28; weitere Änderungen MSchG durch Gesetz und VO am 24.12.1923 (RGBl. 1923 I S. 1247), 14.02.1924 (RGBl. 1924 I S. 111), 29./ 30.06.1926 (RGBl. 1926 I S. 317, 347), 13./ 14./ 17.02.1928 (RGBl. 1928 I S. 17, 21, 25), 27.04.1933 (RGBl. 1933 I S. 235), 27.10.1933 (RGBl. 1933 I S. 780, 787).

[106] Ebel, Reichsmietengesetz, S. 2.

[107] Konferenz unter Teilnahme von Reichsarbeitsminister Seldte mit vier Mitarbeitern, Vertretern des Innen- und des Wirtschaftsministeriums, des Reichskommissariats für Preisbildung, des Hauptamtes für Volkswohlfahrt aus der Reichsleitung der NSDAP, des Amtes des Siedlungsbeauftragten aus dem Stab des Stellvertreters des Führers sowie Ländervertreter aus Anhalt, Baden, Bayern, Braunschweig, Bremen, Hamburg, Hessen, Lippe, Lübeck, Oldenburg, Sachsen und Württemberg; Kerner, S. 449 Fn. 18.

[108] RGBl. 1936 I S. 371, 378; Begründung DRAnz. 1936 Nr. 92; RArbBl. 1936 I S. 122; Hinkelmann, S. 40.

[109] VO über das Verbot von Preiserhöhungen vom 26.11.1936, RGBl. 1936 I S. 955; Erste Ausführungsverordnung zur VO über das Verbot von Preiserhöhungen vom 30.11.1936, RGBl. 1936 I S. 956.

vereinbarten Miete aus den Bestimmungen des RMG ergab. Unter der Friedensmiete war weiterhin die Miete zu verstehen, die ein Raum am 01.07.1914 erbracht hätte. Die reichsgesetzliche Festlegung des Begriffs erfolgte über das RMG unter Einschluß der bis zum 30.06.1918 bezugsfertigen Räume.[110]

Hintergrund des Mietenstops war der Aufbau einer neuen Roh- und Ersatzstoffindustrie unter Auslastung von Ressourcen und Produktionskapazitäten, die einen starken Preisauftrieb befürchten ließen. Nunmehr galt als Richtlinie der Preispolitik „die verhältnismäßige Stabilität der Preise und die Stabilität der bestehenden Beziehungen zwischen Löhnen und Preisen". Daher war die PreisstopVO nach *Hinkelmann* „kein soziales Gesetz zum Schutz der Verbraucher", sondern „erklärter Zweck der Verordnung war ausschließlich der Schutz der Volkswirtschaft im nationalsozialistischen Deutschland".
Die Nationalsozialisten bedienten sich der 1931 geschaffenen Stelle des Preiskommissars, um ein konserviertes, gleichbleibendes Mietniveau zu halten.[111] Im Hinblick auf die Lohnpolitik erreichten die Nationalsozialisten das Ziel, „einen wachsenden Anteil des Sozialprodukts dem privaten Konsum zu entziehen und über schnell steigende Gewinne der Unternehmen den Aufbau neuer Industrien" sowie über einen zunehmenden Anteil des Staates die unmittelbare Rüstung durchzuführen.[112]
Nach einer Politik, die erst das Ziel verfolgte, die Starrheit von Löhnen und Preisen zu beseitigen und die sich dann mit der Verhinderung von Preissteigerungen befaßte, war nun der Übergang von der Überwachung zur Bildung der Preise das entscheidende Merkmal der Preispolitik geworden.[113]

Mietrechtlich setzte der Runderlaß 184/ 37 über „Preisüberwachung und Preisbildung bei Mieten"[114] für Altbauten die gesetzliche Miete des RMG ebenso als Höchstmiete fest wie die Stichtagsmiete vom 30.11.1936 für die seit 01.07.1918 errichteten Neubauten. Jeder Mietzins, der die gesetzliche Miete überstieg, galt bei Altbauten als volkswirtschaftlich nicht gerechtfertigt. Auch hier gab es Ausnahmen. So konnte z. B. eine Mietzinserhöhung genehmigt werden, wenn eine sog. Krisenmiete vorlag.
Unter der Krisenmiete war ein Mietzins zu verstehen, der seit dem 01.01.1932 über die von der Notverordnung vom 08.12.1931 verordnete Senkung hinaus wesentlich ermäßigt worden war. Wie weit der Mietzins wieder erhöht werden durfte, richtete sich

---

[110] Lampe, Hermann, Reichsmietengesetz und Preisstopverordnung, in: RVerwBl. 1938 S. 489-493; Ebel, Mieterschutzgesetz, S. 166; Groß, Friedensmiete, in: Schwan, Wörterbuch, S. 493; Groß, Gesetzliche Miete, in: Schwan, Wörterbuch, S. 557.
[111] Führer, Mieter, Hausbesitzer, Staat und Wohnungsmarkt, S. 217; Gesetz zur Durchführung des Vierjahresplans - Bestellung eines Reichskommissars für die Preisbildung - vom 29.10.1936, RGBl. 1936 I S. 927; siehe dazu auch die Überleitungsverordnung vom 26.11.1936, RGBl. 1936 I S. 955.
[112] Petzina, Dietmar, Der nationalsozialistische Vierjahresplan von 1936, Entstehung, Verlauf, Wirkungen, Diss., Mannheim 1965, S. 210 ff.; Hinkelmann, S. 41.
[113] Petzina, Vierjahresplan, S. 213; Prollius, Michael von, Das Wirtschaftssystem der Nationalsozialisten 1933-1939, Steuerung durch emergente Organisation und Politische Prozesse, Paderborn 2003, S. 243.
[114] Rderl. Nr. 184/ 37 zur „Preisüberwachung und Preisbildung bei Mieten" von Ministerpräsident Generaloberst Göring -RfPr. I V/5-21-3732 - vom 12.12.1937 als Anlage zu den Ausführungsbestimmungen des RdI vom 05.04.1938 (3430-IV.b² 685), DJ 1938, S. 537.

nach dem Wohnungsnutzungswert und den wirtschaftlichen Verhältnissen des Hauses. In ihren Grundlagen gingen diese Beschränkungen inhaltlicher Gestaltungsfreiheit von Mietverträgen auf die Anhänger des „neuen Rechtsdenkens" zurück, repräsentiert von *Carl Schmitt* und im Schuldrecht prominent von *Karl Larenz* sowie in mietrechtlichen Fragen vor allem von *Hermann Roquette* vertreten.[115] Im Ergebnis führte diese Entwicklung zur Entkleidung der Miete in ihrer Funktion als Wert- und Rechenmaßstab des Gutes Wohnung.[116]

In der Praxis waren die vier Wohnungsgesellschaften von diesen mietrechtlichen Vorgaben unterschiedlich betroffen.
Die gemeinnützigen Unternehmen waren von den Bestimmungen des RMG sowie des MSchG zunächst noch ausgenommen.[117] Dennoch berücksichtigten sie die Vorschriften des RMG und des MSchG, allerdings ohne dies formal zu verdeutlichen. Grund dieses Vorgehens war, daß die Anerkennung der Gemeinnützigkeit noch nicht entschieden war und im Fall der Ablehnung das RMG und das MSchG galten. Als die Anerkennung der Gemeinnützigkeit dann erfolgte, setzte der Vorstand die ortsübliche Miete als Maßstab für die gemeinnützigen Wohnungsgesellschaften fest.[118]

Die Mieten sollten die Lasten der Neubauten decken. Für eine einheitliche Handhabung erfolgte die Berechnung der Mieten unter Berücksichtigung der Hypothekenzinsen, der Zinsen des Eigenkapitals in Höhe von 4 % und der Betriebs- und Verwaltungskosten über 2,5 %.[119]
Erschien einer Geschäftsleitung der Wohnungsunternehmen die Miete z. B. im Hinblick auf die soziale Lage der Mieter als zu hoch, unterbreitete sie dem Vorstand Vorschläge für niedrigere Mietsätze. Akzeptierte der Vorstand einen Vorschlag, stellte er im Fall werksangehöriger Mieter bei dessen Werk einen Antrag auf Gewährung von Mietzuschüssen.

---

[115] C. IV. 2 d); Schmitt, Der Führer schützt das Recht, Sp. 945 ff.; Larenz, einer der bedeutendsten Zivilrechtslehrer der Bundesrepublik, ordnete den Mietvertrag dem „Völkischen Vertrag" zu, der der „Lehre vom neuen Vertragsbegriff" entstammte und die den Vertrag im Rahmen der „gesamtvölkischen Ordnung" zur Verwirklichung von Gemeinschaftsaufgaben sah, Larenz, Karl, Neubau des Privatrechts, in: AcP 145 (1939), S. 91-107, hier S. 101; weiterführend Schröder, Rainer, Zur Rechtsgeschäftslehre in nationalsozialistischer Zeit, in: Salje, Peter, Recht und Unrecht im Nationalsozialismus, Münster 1985, S. 8-44, hier S. 18; Roquette, Rechtsgrundlagen der Wohnungsmiete, S. 12 („Bedeutung der Miete im Volksleben"), S. 30 ff., näher zu Roquette vgl. Hügemann, Ewald, Die Geschichte des öffentlichen und privaten Mietpreisrechts vom Ersten Weltkrieg bis zum Gesetz zur Regelung der Miethöhe von 1974, Rechtshistorische Reihe Band 171, Frankfurt/ M. 1998, S. 285 Fn. 829; Anm. zu Hügemann von Zimmermann, Wohnungspolitik und Wohnkultur, S. 97 f.; Überblick zur Rechtsetzung im Zivilrecht bei Otte, Gerhard, Die zivilrechtliche Gesetzgebung im „Dritten Reich", in: NJW 1988, S. 2836-2842.

[116] Seraphim, Hans-Jürgen, Historischer Abriß des Staatseinflusses in der Wohnungswirtschaft, in: Nipperdey, Hans Carl/ Weisser, Gerhard, Der Staatseinfluß in der Wohnungswirtschaft, Schriften des Instituts für Wohnungsrecht und Wohnungswirtschaft an der Universität zu Köln-Braunsfeld, Köln 1959, S. 9-14, hier S. 13 f.; vertiefend m.w.N. bis 2005 Harth, Caroline, Der „richtige Vertrag" im Nationalsozialismus, „Wettbewerb als Instrument staatlicher Wirtschaftslenkung", in: Gosewinkel, S. 107-132, hier S. 110 ff..

[117] Kerner, S. 466 f.; § 16 Nr. 4 RMG und § 33 MSchG; nach VO vom 04.12.1937 fand das MSchG nun auf gemeinnützige Wohnungsunternehmen Anwendung, sofern die Räume nach dem 01.07.1918 bezugsfertig geworden waren. Nach dem Rderl. des Preiskommissars vom 12.12.1937 bestanden dann auch für diejenigen Wohnungen weitgehende Bindungen, die bislang nicht dem RMG unterlagen; VA VS/ II, Bl. 17; VA VS/ I, Bl. 67.

[118] VA VS/ I, Bl. 22, 32 f..

[119] VA VS/ I, Bl. 33.

Dabei zeigte sich in der Praxis das von den Prüfern des Verbandes Rheinischer Wohnungsunternehmen (Baugenossenschaften und -gesellschaften) e.V. erkannte Problem, daß die Vereinbarungen in den Mietverträgen auch drei Jahre nach Gründung der Wohnungsgesellschaften nicht immer mit den Angaben über die Miethöhe in den Akten der Gesellschaften (sog. „Mietestammlisten") übereinstimmten.[120] Eine umfangreich organisierte Mietervertretung - so wie in den Frankfurter Siedlungen des Neuen Bauens, der Siedlung Lindenhof in Berlin oder bei der SAGA in Altona - gab es nicht.[121] Allerdings überarbeiteten die Wohnungsgesellschaften die betreffenden Mietverträge von sich aus. Dies galt ebenso wie bei den Verträgen, die unstatthaft von Minderjährigen unterzeichnet wurden. Das Zustandekommen dieser Verträge war vorbehaltlich der fehlenden Zustimmung der Erziehungsberechtigten problematisch, da bei Minderjährigkeit keine volle Geschäftsfähigkeit vorlag.

Trotz ihrer Korrekturmaßnahmen wurden die Wohnungsgesellschaften an einigen Orten mit „verschiedenen Mißhelligkeiten und Unstimmigkeiten" konfrontiert.
Die Verwaltungsstellen in Düsseldorf und Gelsenkirchen mußten der Geschäftsleitung zwischenzeitlich melden, daß die Ausstellung von Mietverträgen in den dortigen Bezirken nahezu unmöglich war. Die Unterschriftsverweigerung der Mieter lag darin begründet, daß das Wassergeld bislang in der Miete enthalten war, nun aber gesondert bezahlt werden sollte. Außerdem war die Übernahme von Schönheitsreparaturen durch die Mieter umstritten. In diesem Punkt erklärte sich der Vorstand im Gegensatz zur Frage des Umlageverfahrens beim Wassergeld damit einverstanden, besondere mündliche Vereinbarungen zu treffen.[122] Die Anwendung des Umlageverfahrens war im Ergebnis gerecht. Obwohl die Wohnungsgesellschaften feststellten, daß ihnen nun stellenweise Verluste entstanden, gaben sie der gerechteren Lösung den Vorzug.

Der letztlich von den Mietern aufzuwendende Mietzins richtete sich außerdem noch nach der Klassifizierung der Wohnungen in Altersgruppen.
Bei den gemeinnützigen Wohnungsgesellschaften betrug die Miete für Altbauten, bezogen auf den Bemessungszeitraum von 1933 bis 1943, monatlich zwischen 0,40 RM/ m² und 0, 56 RM/ m². Die stärker von Angestellten belegten Altbauwohnungen der Westdeutsche W. kosteten bis zu 0,67 RM/ m². Dabei war die Miete für die bis 1900 errichteten Wohnungen mit 23,23 RM je Einheit bei der Rheinisch Westfälische W. am niedrigsten. Auf den Quadratmeter bezogen waren die in diesem Zeitraum erbauten Wohnungen der Rheinische W. und die von 1925 bis 1933 erstellten Wohnungen der Westfälische W. mit je 0,40 RM/ m² am günstigsten.
Zum einen war dieser Preis dem Alter und der Größe der Objekte geschuldet, zum anderen berücksichtigte der Preis der Westfälische W. den Standort, der auch für die anderen Baujahre gegenüber der Rheinische W. und der Rheinisch Westfälische W. lediglich geringere Mieten begründen konnte. Die Objekte der Westdeutsche W. waren

---

[120] VA VS/ III, Bl. 48 f.; VA VS/ I, Bl. 4.
[121] Kunze, Ronald, Konzepte der Mieterbeteiligung von den zwanziger Jahren bis zur frühen Nachkriegszeit, in: Schulz, Wohnungspolitik, S. 247-265, hier S. 250, 252, 256.
[122] VA VS/ II, Bl. 1 f. .

nicht nur architektonisch anders konzipiert und größer, sondern auch in anderen Wohngegenden gelegen und damit für vergleichende Studien mit den gemeinnützigen Wohnungsgesellschaften ungeeignet. Hinzu kam, daß die Westdeutsche W. die Großwohnungen unter Selbstkosten vermietete und daher über den Untersuchungszeitraum betrachtet Mietzuschüsse der VSt in Höhe von 500.119,-- RM erhielt.[123]

Tab. 58: Monatsmieten je Wohnung/ m²

Baujahr		Rheinische W.	Rhein. Westf. W.	Westfälische W.	Westdeutsche W.
		RM	RM	RM	RM
bis 1900	je Wohnung	24,60	23,23	23,27	59,00
	je m² Wohnfläche	0,40	0,44	0,44	0,49
1900 - 1918	je Wohnung	25,25	26,25	25,22	71,65
	je m² Wohnfläche	0,44	0,50	0,44	0,54
1918 - 1925	je Wohnung	32,81	29,69	28,64	68,48
	je m² Wohnfläche	0,49	0,51	0,44	0,56
1925 - 1933	je Wohnung	31,09	34,68	25,71	91,98
	je m² Wohnfläche	0,47	0,56	0,40	0,67

Quelle: VSt TKA/ 1248.

Tab. 59: Jahresmieten; 1934-1943

Geschäftsjahr	Mieteinnahmen (RM)	
	Summe	je Whg.
1934/ 35	19.516.524	349,98
1935/ 36	19.772.629	353,14
1936/ 37	20.221.263	358,15
1937/ 38	20.705.308	359,65
1938/ 39	21.610.714	330,31
1939/ 40	22.409.440	325,27
1940/ 41	23.079.273	373,61
1941/ 42	23.402.054	373,01
1942/ 43	23.510.888	374,84

Quelle: Vereinigte Stahlwerke (Hrsg.), Jahresbericht der Vereinigte Stahlwerke AG 1939/ 40, S. 167; Jahresbericht der Vereinigte Stahlwerke AG 1940/ 41, S. 173; Monatsbericht der Vereinigte Stahlwerke AG September/ Dezember 1943, S. 77, in : TKA HBL sowie TKA VSt/ 331.

Die Neubautätigkeit machte sich in einem Ansteigen der Mieten bemerkbar. Vor allem die Mieten der Neubauwohnungen der gemeinnützigen Gesellschaften waren uneinheitlich. Dementsprechend unterschiedlich wirkten sich die Mieten auf den für sie aufzuwendenden Einkommensanteil aus.

---

[123] VA GA/ Anlagen/ 4-A-3, Keppler Anlage 16, Bl. 2.

Schwankungen der durchschnittlichen Miethöhe ergaben sich aus der Neubautätigkeit mit jeweils unterschiedlich großen Wohnungen. Bei einem für die Wohnungsgesellschaften ab 1934 in einem Zeitraum über neun Jahre gezahlten jährlichen Durchschnittseinkommen der Angestellten ohne Berücksichtigung individuell verschiedener Nebeneinkommen in Höhe von 3.900,-- RM sowie der Arbeiter in Höhe von 1.630,-- RM[124] ergab sich bezogen auf die durchschnittliche Gesamtjahresmiete aller Gesellschaften in Höhe von 355,-- RM ein Anteil des Mietzinses am aufzuwendenen Einkommen von 9,1 % bei den Angestellten und von 21,8 % bei den Arbeitern.[125]
Insofern schien sich das erwähnte Schwabe'sche Gesetz zur Abhängigkeit von Miete und Einkommen zu bestätigen: „Je ärmer jemand ist, desto größer ist die Summe, welche er im Verhältnis zu seinem Einkommen für Wohnung verausgaben muß".[126]
Einschränkend ist jedoch anzumerken, daß eine gerechte Bewertung aus der Summe aller Wohnungen nicht möglich ist, da die vornehmlich von Angestellten bewohnten Wohnungen der Westdeutsche W. wesentlich teurer waren als die Wohnungen der gemeinnützigen Gesellschaften.
Allein bezogen auf die seit 1925 errichteten Wohnungen errechnete sich für die Westdeutsche W. bei einer Monatsmiete von knapp 92,-- RM eine Jahresmiete über 1104,-- RM und im Durchschnitt ein Verzehranteil der Miete am verfügbaren Einkommen eines Angestellten von 28 %. Der Anteil hinsichtlich der bis 1925 erbauten Wohnungen war mit Monatsmieten über 59,-- RM, 68,48 RM und 71,65 RM geringer, bewegte sich aber immer noch zwischen 18 % und 22 %. Bei den gemeinnützigen Wohnungsgesellschaften bestand eine Preisspanne von monatlich 23,23 RM als der niedrigsten bis 34,68 RM als der höchsten Miete. Daraus ergab sich eine Jahresmiete zwischen 278,-- RM und 416,-- RM, so daß hier prozentual betrachtet der durchschnittliche Anteil des Mietzinses am aufzuwendenden Einkommen zwischen 17,1 % und 25,5 % lag.

Damit wurde deutlich, daß sich bei den Wohnungsgesellschaften die Höhe und der Anteil der Miete je nach Standort und Wohnungsqualität und somit je nach Einzelfall unterschieden. Für einen konkreten Sachverhalt konnte dann nach *Lütge* die Gesamtmiete unter Heranziehung der Kaltmiete neben den Ausgaben für Einrichtung und

[124] Vereinigte Stahlwerke (Hrsg.), Jahresbericht 1940/ 41, S. 173; Monatsbericht September/ Dezember 1943, S. 77; TKA VSt 331; nach Groll-Matzke lagen die monatlichen Einkommen in der Arbeiterfamilie 1933 unter Beachtung der Nebeneinkommen bei 308,69 RM und die allgemeinen Mieten bei 61,18 RM, so daß sich ein den Wohnungsgesellschaften ähnlicher Mietanteil in Höhe von 19,8 % ergab, Groll-Matzke, Margarete, Einkommen und Miete, Wohlstandsentwicklung und Wohnungsaufwand, Materialien-Sammlung Forschungsstelle für Siedlungs- und Wohnungswesen an der Universität Münster i. W., Band 14, Münster 1935, S. 61.

[125] Büning führt in der Literatur verschieden hoch errechnete Anteile am Einkommen auf unterschiedliches Material zurück, sie nennt Heuer, der für 1933/ 1937 einen allgemeinen Mietanteil aus Alt- und Neubauwohnungen von 12,5 % feststellte und spätere Schwankungen in der Relation von Einkommen und Miete auf Nebeneinkommen zurückführte, Büning, Lidwina, Die volkswirtschaftlichen Auswirkungen einer Mietanpassung auf Verbrauchsbereiche und Konsumgütermärkte, Neue Folge der Materialiensammlung für Wohnungs- und Siedlungswesen, Band 46, Köln 1954, S. 53.

[126] B. I. 3.; weiterführend dazu mit Relativierungen der Literatur Eberstadt, Handbuch, S. 193 ff.; Fey, Leistungen, S. 52; Born, S. 1; Zweck, S. 33; Häring, S. 122 ff.; Jenkis, Das Schwabe'sche Gesetz, in: *derselbe*, Kompendium (2001), S. 363; Brede, Helmut/ Kohaupt, Bernhard/ Kujath, Hans-Joachim, Ökonomische und politische Determinanten der Wohnungsversorgung, Frankfurt/ M. 1975, S. 14.

Instandhaltung sowie für Heizung und Beleuchtung weiter ausdifferenziert werden (Lütge´sche Regel).[127] Der Mietanteil am Einkommen war somit bei den geringer verdienenden Arbeitern nur zum Teil höher als bei den Angestellten. Das Schwabe´sche Gesetz bestätigte sich also bei den Wohnungsgesellschaften nur bedingt.

Eine Besonderheit ergab sich bei den Mieteinnahmen von Werksfremden. Die Gesellschaften vereinnahmten von diesen Mietern höhere Mieten, die sie bei einer Neuvermietung auch an Belegschaftsmitglieder nicht wieder herabsetzten.
Dies führte zu Unstimmigkeiten mit einigen Werken. Exemplarisch wandte sich das Stahlwerk Krieger AG dagegen, daß ein Belegschaftsmitglied für seine Wohnung eine um 5,-- RM höhere Monatsmiete an die Rheinische W. zahlen sollte, als Belegschaftsmitglieder in demselben Wohnblock. Dieser Mietunterschied entstand dadurch, daß ein anderes Belegschaftsmitglied im Februar 1936 werksfremd geworden war und eine höhere Miete zahlen mußte, da die übernommenen Werksmieten erheblich unter der ortsüblichen Miete lagen. Bei der dann erfolgten Neuvermietung an ein anderes Belegschaftsmitglied wollte die Gesellschaft nicht auf die höhere Mieteinnahme verzichten. Vielmehr praktizierten die Wohnungsgesellschaften dieses Verfahren auch bei anderen Werken, so wie bei der Deutsche Röhrenwerke AG in Düsseldorf, der Concordiahütte GmbH in Engers, der Ruhrstahl AG in Witten oder dem Bochumer Verein in Bochum.[128] Dieses Verhalten schien den Interessen der Mieter entgegenzulaufen, doch fand insofern ein Ausgleich statt, als daß es auch vorkam, daß die Gesellschaften bei denjenigen Mietern ihre Forderungen senkten, bei denen sie eine hinsichtlich der Ortsüblichkeit überhöhte Miete feststellten.

d') Mietsenkungen und Mietkontrolle

Obwohl die Wohnungsgesellschaften auch bei „Arbeitern mit einer größeren Zahl von Kindern"[129] in der Regel keine Veranlassung für die Herabsetzung von Mietforderungen sahen, kam es zum 01.07.1936 zu einer Vielzahl an Mietsenkungen.
Dabei handelte es sich um insgesamt 4.745 Fälle. Die Senkungen bezogen sich auf den gesamten Bestand und sollten Mietunterschiede bei vergleichbaren Wohnungen beseitigen.[130] Dennoch kam es weiter zu Beschwerden über die Miethöhe, selbst wenn der Mietzins unter dem ortsüblichen Niveau lag.

Im Hinblick auf die Werkwohnungsmieten im Bergbau nahmen sich die Gauleitungen 1937 der Klagen an und versprachen sich davon, über Mietsenkungen Lohnerhöhungen herbeiführen und damit Mißstimmungen bei den Belegschaften der Bergarbeiterschaft

---

[127] Gesetz des sozial bedingten Wohnungsaufwandes, Lütge, Wohnungswirtschaft (1940), S. 258 ff. und Wohnungswirtschaft (1949), S. 424 ff. .
[128] VA VS/ III, Bl. 20.
[129] Auszug aus der Niederschrift über die 103. Sitzung des Bergausschusses am 22.09.1933 in Essen, VA GA/ 09.10.1933; VSt Hauptstelle, Generalsekretariat vertraulich an Hauptfinanzverwaltung, Hauptrevision, Bilanzbuchhaltung betr. Niederschrift des Bergausschusses der GBAG vom 19.03.1934 zu dem Punkt „Mieteeinhaltungs- und Abrechnungskosten für die Wohnungsgesellschaften", VA GA/ 29.03.1934.
[130] VA VS/ I, Bl. 96.

begegnen zu können.[131] Von der Fachpresse[132] begleitet wollte der Preisbildungskommissar konkret Mietsenkungen für Bergarbeiter-Altwohnungen zur Hebung der sozialen Lage des Bergarbeiterstandes herbeiführen. Aus dem Bestand der Westfälische W., Rheinisch Westfälische W. und Rheinische W. waren rd. 17.000 Wohnungen und damit 32 % aller Wohnungen betroffen.
In diesem Fall gingen Vorstand und Aufsichtsräte konform, daß nach der erst kurz zuvor durchgeführten Mietsenkung keine Veranlassung bestand, nochmals tätig zu werden. Eine weitere Mietpreissenkung hätte nicht nur den Privatwohnungsmarkt negativ beeinflußt, sondern Auswirkungen auf die anderen gemeinnützigen Wohnungsunternehmen gehabt. Die Aufsichtsräte stellten nach wiederholter, genauer Prüfung fest, daß der Stand der Mieten nicht überhöht war, sondern lediglich zur Führung einer ordnungsmäßigen Wohnungswirtschaft ausreichte. Einer Mietsenkung nur in Bergarbeiter-Altwohnungen standen zudem die Ungleichbehandlung anderer Mieter und die starke Wohnungsbelegung mit Werksfremden sowie die vergleichsweise ohnehin preiswerte Miete entgegen.[133]
Eine Mietsenkung wäre außerdem insofern einer Lohnerhöhung gleichgekommen, als daß der Bergbau den Lohn seiner bei den Wohnungsgesellschaften wohnenden Belegschaft grundsätzlich um die Miete gekürzt ausbezahlte und ein geringerer Abzug daher eine erhöhte Auszahlung zur Folge gehabt hätte.

Für die Zahlungsweise bevorzugten die Gesellschaften das Einzugsverfahren, da es bei der Einforderung über die Verwaltungsstellen zu Schwierigkeiten kam. Zum einen machten die Gesellschaften die Erfahrung, daß „krankfeiernde Mieter keine Miete bezahlen“.[134] Zum anderen kam es zum Vertrauensmißbrauch eines Mitarbeiters. Ein Jahr nach ihrer Gründung überführten die Gesellschaften einen Wohnungsverwalter der Unterschlagung. Der Verwalter hatte belegte Wohnungen als leerstehend gemeldet und das von ihm persönlich entgegengenommene Geld nicht an die Geschäftsleitung weitergereicht, sondern für sich verbraucht.[135] Daneben nahm der Verwalter u. a. bei der monatlichen Abfertigung der Mietabrechnungen für die werksfremden Mieter die Rechnungen an sich und überbrachte sie persönlich, um das Geld selbst empfangen und unterschlagen zu können. Er behielt aber nicht nur das Geld für sich, sondern schloß zusätzlich eine Vereinbarung über die Tilgung entstandener Rückstände mit der

[131] Der Reichskommissar für Preisbildung erkannte eine „politische Aktion zur Beruhigung der Bergarbeiterschaft", Wisotzky, Klaus, Der Ruhrbergbau im Dritten Reich, Studien zur Sozialpolitik im Ruhrbergbau und zum sozialen Verhalten der Bergleute in den Jahren 1933 bis 1939, Düsseldorf 1983, S. 207 m.w.N..
[132] Nachrichtlich Mietsenkung für Werkswohnungen, in: Der deutsche Volkswirt 1937, S. 227 f.; dem offenen Hinweis auf Propaganda für Mietsenkungen schloß der Artikel die gleichlautende Ansicht an, nicht die ortsübliche Miete, sondern das soziale Bedürfnis des Mieters zum Maßstab für die Bemessung der Miete zu machen.
[133] VA AR/ 3-A-3/ 26.06.1937, S. 5.
[134] VA VS/ I, Bl. 71; „krank feiern“ gehörte zum offiziellen Sprachgebrauch der Wohnungsgesellschaften; in der formularmäßigen Auflistung der Mietschulden folgten der Nennung des Beschäftigungsstandes Angaben zum Arbeitsverhältnis: „bis zum....beschäftigt“/ „ist entlassen“/ „feiert krank“, vgl. Vordruck der Wohnungsgesellschaften für einen Klageauftrag bzgl. einer Geld- und Räumungsklage, 25.06.1934; TKA RS/ 1306.
[135] VA VS/ I, Bl. 8.

Geschäftsleitung ab, als diese die steigenden vermeintlichen Mietrückstände anmahnte.[136] Bis dahin hatte nur eine Verwaltungsstelle die Rechnungen monatlich für die werksfremden Mieter ausgefertigt. Um die Kontrolle gegenüber den Verwaltungsstellen zu verschärfen, ordnete der Vorstand an, daß nun die Geschäftsleitungen die Rechnungen an werksfremde Mieter monatlich adressierten und in die Post gaben.

Der Vorstand nahm den Vorfall außerdem zum Anlaß, fortan leerstehende Wohnungen durch häufige Stichproben zu überprüfen. Sobald die Mitarbeiter einer Gesellschaft eine Wohnung vermietet vorfanden, die der Geschäftsleitung als leerstehend gemeldet war, befragten sie den Mieter nach seinem Einzugstermin. Darüber hinaus verfügte der Vorstand, daß der Verwalter ein Formular zum „Mietausfall in leerstehenden Wohnungen" ausfüllen und neben einer Durchschrift für den Bezirksleiter an die Mietabrechnung bei der Geschäftsleitung schicken mußte. Diese sendete die Durchschrift mit der Bitte an den Bezirksleiter, die Richtigkeit zu bestätigen und sie an die Mietabrechnung zurückzugeben. Dieses Verfahren führte auf der einen Seite erfolgreich zur Sicherung der zukünftigen Mieteinnahmen und zu einer Überprüfung der Schlüsselung der Häuser, hatte aber auf der anderen Seite den Nachteil des hohen Verwaltungsaufwands, der die Anschaffung zusätzlicher Büromaschinen erforderlich machte.[137]
Der Vorstand folgte damit dem Grundsatz, unmittelbar in einen Arbeitsablauf einzugreifen, sobald sich durch „ständige sorgfältige und sehr kritische Überwachung" herausstellte, daß „die Verflechtung und Beziehung zur Um- und Außenwelt innerhalb des Wirtschaftsbereiches" verlorenging.[138]

Daneben hatten die Wohnungsgesellschaften noch Verwaltungsschwierigkeiten bei der Verbuchung verpachteter Grundstücke. Hier halfen auch neue Büromaschinen nicht, denn es bestand das Defizit, daß die Gesellschaften keinen Überblick darüber hatten, ob die Pacht vollständig einging. Zwar waren den Wohnungsverwaltern die Grundstücksgrößen aus Bewertungsbögen bekannt, doch waren sie erst nach der Lieferung von einschlägigem Kartenmaterial in der Lage festzustellen, wo genau die verpachteten Grundstücke lagen.[139] So war es dem erwähnten strafbaren Verwalter zusätzlich noch möglich gewesen, auch Pachtzinsen zu unterschlagen, nachdem ihm ein Bauführer der Zeche Hansa eine Pächterliste ausgehändigt hatte.[140] Diese Nachlässigkeit in der Geschäftspolitik erstaunt umso mehr, als daß der Vorstand das Kartenmaterial erst über zwei Jahre nach Gründung der Wohnungsgesellschaften anforderte und erst dann eine Grundlage für eine ordnungsgemäße Verbuchung der verpachteten Grundstücke schuf.

---

136 VA VS/ I, Bl. 9.
137 VA VS/ I, Bl. 9 f. .
138 Brecht, Julius, Grundlagen und Bedeutung der großen Wohnungsunternehmen, in: Fischer-Dieskau, S. 116-146, hier S. 141 f. .
139 VA VS/ I, Bl. 10.
140 VA VS/ I, Bl. 16.

e′) Mietrückstände und Mietbeihilfen

Ein besonderes Problemfeld stellten trotz der Mietsenkungen die Mietrückstände dar, mit denen die Wohnungsgesellschaften seit ihrer Gründung konfrontiert waren.

Als problematisch erwies sich für die Durchsetzung der Mietansprüche nicht nur, daß mit der Mietsenkungsverordnung vom 08.12.1931[141] die Mieten bereits vor Gründung der Gesellschaften zwangsweise gesenkt worden waren und die Mietrückstände zu jener Zeit nach Ermittlungen des Hauptverbandes Deutscher Baugenossenschaften bereits über 10 % des Mietsolls ausmachten[142], sondern daß die Arbeitslosigkeit das Entstehen hoher Mietrückstände zunächst weiter förderte. Neben den aufgezeigten Beschäftigungszahlen[143] verdeutlichte die Anzahl der Arbeitslosen je 1.000 Einwohner, daß in Köln und Düsseldorf und in den Städten des Ruhrgebiets mit Ausnahme Bochums bei Gründung der Wohnungsgesellschaften noch immer über 10 % Arbeitslose lebten. Zwar sank die Arbeitslosigkeit dann bis 1938 in Städten wie Dortmund, Hagen (Westfalen), Mülheim a. d. Ruhr und Oberhausen unter 10 %, doch verharrten die Realeinkommen zunächst auf dem Stand von 1932.[144]

Tab. 60: Arbeitslose je 1.000 Einwohner in Großstädten des Rhein-/ Ruhrgebiets; 1932/ 38

Stadt	1932	1933	1936	1938
Bochum	114,9	83,6	24,9	3,5
Dortmund	136,0	119,9	47,7	7,0
Düsseldorf	112,4	117,6	33,4	10,9
Duisburg-Hamborn	145,0	128,6	45,9	11,2
Essen	117,4	109,0	45,5	11,0
Gelsenkirchen	105,5	104,2	48,4	11,7
Hagen (Westfalen)	139,7	110,0	28,1	3,4
Köln	109,7	104,3	52,8	18,4
Mülheim a. d. Ruhr	121,3	100,4	18,9	5,3
Oberhausen	119,2	111,2	41,8	6,0

Quelle: Länderrat, Statistisches Handbuch, S. 485.

Für die Wohnungsgesellschaften ergab sich die Schwierigkeit, wie mit den bereits bei der Gründung vorliegenden sowie mit den laufend entstehenden Mietrückständen zu verfahren war. Nach dem Stand vom 30.06.1933 hatte die VSt Ansprüche aus rückständigen Mieten in Höhe von 737.529,-- RM.[145]

---

[141] Kapitel II, Zweiter Teil der Vierten VO des Reichspräsidenten zur Sicherung von Wirtschaft und Finanzen und zum Schutze des inneren Friedens vom 08.12.1931, RGBl. 1931 I S. 699, 707; Zweite VO zur Durchführung der Mietsenkung vom 05.01.1932, RGBl. 1932 I S. 17; Führer, Mieter, Hausbesitzer, Staat und Wohnungsmarkt, S. 409 Tab. 14. Die VO folgte Verbandsforderungen, wie dem Hauptverband Deutscher Baugenossenschaften, der in Nr. 7 seiner Entschließung vom 20.11.1931 Mieterleichterungen für sozial Bedrängte forderte; vgl. Enskat, Alfred, Kundgebung des Hauptverbandes Deutscher Baugenossenschaften; „Wohnungswirtschaft in Not"; in: Zeitschrift für Wohnungswesen 1931, S. 296-299, hier S. 299; Teichmann, S. 231.

[142] Weber, Wohnungswirtschaft in Not, in: Zeitschrift für Wohnungswesen 1931, S. 292.

[143] C. IV. 2. a).

[144] Führer, Mieter, Hausbesitzer, Staat und Wohnungsmarkt, S. 210.

[145] Dinkelbach an Fusban betr. Abrechnung der rückständigen Mieten, VA GA/ 15.09.1933; Aktennotiz betr. Abkommen mit den Wohnungsgesellschaften wegen rückständiger Mieten, VA GA/ 11.10.1933.

Die Hauptrevision der VSt kam mit den Wohnungsgesellschaften darin überein, die zum 30.06.1933 zugunsten der VSt vorhandenen Mietrückstände dem tatsächlichen Eingang entsprechend abzurechnen. Dabei überzeugte sich die Hauptrevision von der ordnungsgemäßen Durchführung aufgetragener Berichtigungen.[146] Aller juristischer Selbständigkeit zum Trotz wurden hier wiederum die Einflußmöglichkeiten der VSt deutlich.
Die Verbuchung der Mietrückstände hatte insofern einen besonderen Stellenwert, als daß sich damit hohe Summen verbanden. Das Volumen der rückständigen Mieten, das auch verauslagte Gebühren umfaßte, stieg bei den Wohnungsgesellschaften zunächst bis 1935 an und bildete sich dann stetig zurück.

Dem höchsten Anteil am Bestand der Wohnungen entsprechend hatte die Rheinische W. auch die höchsten Gesamtrückstände zu verzeichnen. Die Westdeutsche W. dagegen betonte bereits 1935 ausdrücklich, bei einem Vorjahresrückstand in Höhe von 38.585,29 RM gegenüber dem Mietsoll von 3.000.000,-- RM nicht klagen zu können.[147]
Der Rückgang offener Mietforderungen setzte 1935 bei den Wohnungsgesellschaften gleichzeitig ein, bewegte sich aber auf unterschiedlichem Niveau. Während die Rheinische W. noch 1936 über 500.000,-- RM Rückstände ausweisen mußte, waren die ausstehenden Summen bei der Westfälische W. mit knapp 150.000,-- RM und bei der Rheinisch Westfälische W. mit 133.000,-- RM geringer.

Tab. 61: Rückständige Mieten, Gebühren und Umlagen; 1933-1945

Bilanz-stichtag	Rückständige Mieten		
	Westfälische W.	Rheinische W.	Rheinisch Westf. W.
30.09.1933	69.020,45 RM	87.735,51 RM	68.321,26 RM
30.09.1934	108.239,58 RM	k.A.	151.589,55 RM
30.09.1935	177.895,19 RM	573.601,40 RM	180.164,20 RM
30.09.1936	151.696,89 RM	538.700,00 RM	133.256,49 RM
30.09.1937	132.671,88 RM	k.A.	120.456,53 RM
30.09.1938	110.797,63 RM	300.026,45 RM	110.942,10 RM
30.09.1939	109.971,65 RM	228.117,44 RM	114.554,45 RM
30.09.1940	95.709,57 RM	149.373,51 RM	89.707,36 RM
30.09.1941	78.394,76 RM	109.493,33 RM	87.159,64 RM
30.09.1942	64.900,00 RM	86.193,33 RM	67.159,64 RM
30.09.1943	k.A.	k.A.	284.000,00 RM
30.09.1944	269.079,89 RM	837.680,20 RM	453.117,77 RM
30.09.1945	381.571,34 RM	638.974,18 RM	618.065,96 RM

Quelle: Berechnung nach VA GB/ 1-A-3/ 1933/34-1944/45; VA GB/ 2-A-3/ 1933/34-1944/ 45; VA GB/3-A-3/ 1933/34-1944/45; VA GB/ 4-A-3/ 1933/34-1944/45.

---

[146] Rabes und Dinkelbach mit Rundschreiben der Hauptrevision der VSt an alle VSt-Werke betr. Abrechnung rückständiger Mieten, VA GA/ 21.11.1933.
[147] VA GB/ 4-A-3/ 1933/34, S. 2.

Der stetige Rückgang führte bis 1942 proportional zu einer Angleichung der Rückstände. Die Kriegsereignisse hatten dann eine neuerliche, z. T. sprunghafte Steigerung der Rückstände zur Folge. Diesem Anstieg konnten die Gesellschaften zwischenzeitlich wirksam, aber nicht dauerhaft entgegentreten, indem die Wohnungsverwalter umfassende Barkassierungen durchführten.[148]
Die Westdeutsche W. konnte die Rückstände nach einem Anstieg 1935 ebenfalls senken, und zwar über mehrere Jahre gleichmäßig bis auf 13.514,92 RM im Jahr 1940 (1935-42.336,25/ 1936-29.800,--/ 1937-22.548,--/ 1938-19.115,--/ 1939-17.415,--).

In einem Gefälle zwischen der Westfälische W. und Rheinisch Westfälische W. auf der einen und der Rheinische W. auf der anderen Seite zeigte sich ein unterschiedlich ausgeprägtes Zahlungsverhalten der Mietparteien.

Tab. 62: Rückstände Gemeinnützige Wohnungsgesellschaften : Westdeutsche W.

	Westfälische W.	Sp. 2:8	Rheinische W.	Sp. 4:8	Rheinisch Westf. W.	Sp. 6:8	Westdeutsche W.
1	2	3	4	5	6	7	8
30.09.1935	177.895,19 RM	4,2	573.601,40 RM	13,5	180.164,20 RM	4,2	42.336,63 RM
30.09.1936	151.696,89 RM	5,1	538.700,00 RM	18,1	133.256,49 RM	4,5	29.800,00 RM
30.09.1937	132.671,88 RM	5,9	-	-	120.456,53 RM	5,3	22.548,00 RM
30.09.1938	110.797,63 RM	5,8	300.026,45 RM	15,7	110.942,10 RM	5,8	19.115,00 RM
30.09.1939	109.971,65 RM	6,3	228.117,44 RM	13,1	114.554,45 RM	6,6	17.415,00 RM
30.09.1940	95.709,57 RM	7,1	149.373,51 RM	11,0	89.707,36 RM	6,6	13.515,00 RM
30.09.1945	381.571,34 RM	1,9	638.974,18 RM	3,2	618.065,96 RM	3,1	200.000,63 RM

Quelle: Berechnung nach VA GB/ 1-A-3/ 1934/35-1944/45; VA GB/ 2-A-3/ 1934/35-1944/45; VA GB/ 3-A-3/ 1934/35-1944/45; VA GB/ 4-A-3/ 1934/35-1944/45; VA VRW/ I-VII.

Hinsichtlich der Westdeutsche W. hatte die Westfälische W. den vierfachen Bestand, ihre Mieter aber erzeugten über sechs Jahre von 1935 bis 1940 im Gesamtdurchschnitt einen über knapp sechsfach höheren Mietrückstand. Sie lagen damit fast 30 % über den Rückständen der Westdeutsche W. . Bei der Rheinisch Westfälische W. betrug der durchschnittliche Mietrückstand mehr als das fünffache gegenüber dem der Westdeutsche W. und entsprach damit dem größeren Bestand der Rheinisch Westfälische W.[149]
Auch die Rheinische W. wies im Verhältnis zu der Westdeutsche W. höhere Mietrückstände aus, doch wandelte sich dieses Ergebnis bei allen Gesellschaften gegen Ende des Krieges.
Bemerkenswert ist, daß die Mietrückstände bei der Westdeutsche W. nun auf mehr als 200.000,-- RM[150] anstiegen, während die Rheinisch Westfälische W. und Rheinische W. trotz ihrer höheren Bestände lediglich dreifach höhere Mietrückstände ausweisen mußten.

[148] VA VS/ IX, Bl. 58.
[149] vgl. C. II. 4. .
[150] Ab 30.09.1944 inklusive Forderungen an das Reich aus Nutzungsschäden, VA GB/ 4-A-3/ 1944/45, S. 4.

Die erhebliche Zunahme sah der Vorstand im Zusammenhang mit einer „Verschärfung der Kriegslage", die sich „auf die Zahlungsbereitschaft sowohl der verbliebenen als auch der abgewanderten Mieter stark auswirkte".[151] Insgesamt war festzustellen, daß sich unter identischen Zwangsbedingungen der Mangel an Zahlungsbereitschaft bei der Angestellten-Mieterschaft der Westdeutsche W. dem Zahlungsverhalten der Arbeiter-Mieter der gemeinnützigen Wohnungsgesellschaften anglich.

Im Hinblick auf die Verteilung der Mietrückstände zeigte das Beispiel der Rheinisch Westfälische W. deutlich, daß vor dem Krieg jeweils 100.000,-- RM in der Gesamtsumme nicht unterschritten wurden, auch wenn sich zunächst zeitweise jeder fünfte Mieter in Zahlungsverzug befand.[152]
Hinsichtlich der Beurteilung der Bonität der Mietforderungen gingen die Wohnungsgesellschaften sowie der Verband Rheinischer Wohnungsunternehmen davon aus, daß Mietrückstände bis zu einem Betrag von 50,-- RM als sicher anzusehen waren. Diese Auffassung stellte sich als richtig heraus, denn mit der Abnahme der Rückstände ging letztlich auch die Anzahl dieser Schuldner auf 11,3 % zurück. Die Ermittlung der Beträge ergab zuerst für 1936, daß 3.179 Mieter am Bilanzstichtag 51.955,25 RM schuldeten.[153] Das bedeutete, daß 83 % der Mietschuldner lediglich 40 % der gesamten Mietrückstände zu verantworten hatten.

Außerdem war zu berücksichtigen, daß von dem Gesamtrückstand rd. 53.000,-- RM auf solche Mieter entfielen, die bei den Konzernwerken der VSt beschäftigt waren und von deren Lohn die Werke nun neben der Miete einen Betrag zur Tilgung des Rückstands einbehielten. So kamen die Wohnungsgesellschaften mit den Verbandsprüfern zu dem Ergebnis, daß zwischen 40 % und 50 % der ausgewiesenen Gesamtrückstände kurz- und mittelfristig waren. Wertberichtigungsposten in Höhe von 34.074,30 RM konnten daher zum Teil aufgelöst und den Rücklagen oder sonstigen Rückstellungen zugeführt werden.
Die Rückstände über 300,-- RM verringerten sich nahezu ausnahmslos im Laufe des Geschäftsjahres. In den Fällen, in denen sich größere Rückstände nicht verminderten, handelte es sich um Schuldner „mit besonderen sozialen Verhältnissen" oder um solche mit beschlagnahmten Wohnungen, bei denen die Behörde die laufende Miete zahlte, ohne daß Zahlungen auf die Rückstände erfolgten.[154]

Exemplarisch ging der Gesamtrückstand bei der Rheinisch Westfälische W. 1937 entgegen einem Anstieg bei den in Verzug gesetzten Mietern zurück. Nun schuldeten mit 81 % die meisten der Schuldner weniger als 50,-- RM. Sie standen für 41 % des gesam-

---

[151] Prüfungsbericht von van Aubel/ Rätsch Jahresabschluß 30.09.1945, S. 4, VA PW/ 4-A-3/ 1944/45.
[152] 30.09.1936: 3.845 Schuldner/ 17.250 Mietvertragspartner (22,3 %), 30.09.1937: 3.355/ 17.650 (19 %), 30.09.1938: 3.074/ 18.086 (17 %), 30.09.1939: 3.356/ 19.082 (17,6 %), 30.09.1940: 2.514/ 19.651 (12,8 %), 30.09.1941: 2.308/ 20.492 (11,3 %), Berechnung nach VA GB/ 3-A-3/ 1935/36, S. 2; VA GB/ 3-A-3/ 1936/37, S. 3; VA GB/ 3-A-3/ 1937/38, S. 6; VA GB/ 3-A-3/ 1938/39, S. 26; VA GB/ 3-A-3/ 1939/40, S. 31; VA GB/ 3-A-3/ 1940/41, S. 30.
[153] VA VRW/ II, Bl. 48.
[154] VA VRW/ II, Bl. 49.

ten Mietrückstands. Daher konnte wiederum zirka die Hälfte des Rückstands als kurzfristig angesehen werden. Der durchschnittliche Mietrückstand betrug rd. 35,-- RM je Mieter gegenüber 34,-- RM im Vorjahr. Eine Prüfung der Zusammenstellung der Mietrückstände nahm der Verband Rheinischer Wohnungsunternehmen regelmäßig über ausgewählte Verwaltungsstellen vor.[155]

Tab. 63: Verteilung der Mietrückstände der Rheinisch Westfälische W.[156]

Rückstand	**30.09.1936**		**30.09.1937**		**30.09.1938**	
	Mieter Anzahl	**RM**	**Mieter Anzahl**	**RM**	**Mieter Anzahl**	**RM**
unter 25,-- RM	2.401	24.807,06	1.952	20.906,89	1.798	20.385,89
25,-- bis 50,-- RM	778	27.095,18	786	27.353,38	716	24.952,30
50,-- bis 75,-- RM	274	16.847,99	272	16.621,90	244	14.982,19
75,-- bis 100,-- RM	138	11.841,04	100	8.872,19	119	10.239,34
100,-- bis 150,-- RM	112	13.808,47	121	14.815,01	99	12.061,33
150,-- bis 200,-- RM	64	11.077,98	62	10.896,38	59	10.158,99
200,-- bis 250,-- RM	28	6.100,70	31	6.818,22	14	3.059,58
250,-- bis 300,-- RM	19	5.163,23	9	2.478,04	4	1.044,08
über 300,-- RM	31	12.368,95	22	8.705,71	21	7.767,79
Gesamt	3.845	129.163,61	3.355	117.367,72	3.074	104.651,49

Rückstand	**30.09.1939**		**30.09.1940**		**30.09.1941**	
	Mieter Anzahl	**RM**	**Mieter Anzahl**	**RM**	**Mieter Anzahl**	**RM**
unter 25,-- RM	1.875	22.507,35	1.354	15.177,06	1.267	15.624,40
25,-- bis 50,-- RM	878	30.555,62	658	22.277,11	566	19.512,84
50,-- bis 75,-- RM	259	15.879,83	226	13.645,15	207	12.771,06
75,-- bis 100,-- RM	133	11.662,43	89	7.713,78	88	7.536,11
100,-- bis 150,-- RM	122	14.549,07	105	12.588,59	108	13.113,59
150,-- bis 200,-- RM	51	8.898,25	44	7.428,97	30	5.195,81
200,-- bis 250,-- RM	20	4.473,99	17	3.777,92	14	3.164,77
250,-- bis 300,-- RM	11	3.004,32	11	3.060,92	13	3.511,96
über 300,-- RM	7	2.468,08	10	3.578,37	15	6.045,82
Gesamt	3.356	113.998,94	2.514	89.247,87	2.308	86.476,36

Quelle: Zusammenstellung nach VA VRW/ II, Bl. 48; VA VRW/ III, Bl. 24; VA VRW/ IV, Bl. 27; VA VRW/ V, Bl. 20; VA VRW/ VI, Bl. 18; VA VRW/ VII, Bl. 15.

---

[155] Bezeichnung der Verwaltungsstellen vgl. C. III. 2. e) aa); 1936/ 37 z. B. Verwaltungsstellen 54-64.

[156] Rückständige Mieten **ohne** Gebühren/ Umlagen; bei Berücksichtigung letzterer ergeben sich die Beträge der Tab. 62 zu Rückständen aus Mieten, Gebühren, Umlagen bei den gemeinnützigen Wohnungsgesellschaften: 1936; 133.256,49 RM = 29.163,61 + 4.092,88 (Forderungen an acht Gemeinden, die Mietzuschußleistungen übernommen hatten)/ 1937; 120.456,53 RM = 117.367,72 + 3.088,81 (Obdachlosenwohlfahrt für sechs Städte)/ 1938; 110.942,10 RM = 104.651,49 + 6.290,61 (Mietbeihilfen)/ 1939; 114.554,45 RM = 113.998,94 + 555,51 (Mietbeihilfen)/ 1940; 89.707,36 RM = 89.247;87 + 459,49 (Mietbeihilfen)/ 1941; 87.159,64 RM = 86.476,36 + 683,28 (Mietbeihilfen); VA VRW/ II, Bl. 48; VA VRW/ III, Bl 24; VA VRW/ IV, Bl. 27; VA VRW/ V, Bl. 20; VA VRW/ VI, Bl. 18; VA VRW/ VII, Bl. 15.

Die stichprobenweise Prüfung hoher Mietrückstände über 300,-- RM zeigte, daß der Rückstand durch monatliche Tilgung in Höhe von 3,-- RM bis 5,-- RM stetig abnahm, während in Fällen, in denen die Obdachlosenpolizei eine Einweisung des Mieters verfügt hatte, keine Tilgung des Rückstands zu erreichen war.[157]
In den folgenden Jahren nahm der Gesamtrückstand zwar ab, die Schuldnerstruktur aber blieb identisch. So schuldeten nach wie vor 80 - 82 % der Mieter, die mit bis zu 50,-- RM in Verzug waren, knapp 41 - 46,5 % des gesamten Mietrückstands.[158]

Tab. 64: Anteil der Rückstände verzogener Mieter am Gesamtrückstand; Rheinisch Westf. W.

Jahr	Rückstand		
	Verzogene Mieter	Gesamt	%
1	2	3	4
1936/ 37	6.888,54 RM	117.367,72 RM	5,9
1937/ 38	7.742,99 RM	104.651,49 RM	7,4
1938/ 39	6.473,80 RM	113.998,94 RM	5,7
1939/ 40	7.519,87 RM	89.247,87 RM	8,4
1940/ 41	8.529,59 RM	86.476,36 RM	9,7

Quelle: Berechnung nach VA VRW/ III, Bl. 24; VA VRW/ IV, Bl. 27; VA VRW/ V, Bl. 20; VA VRW/ VI, Bl. 18; VA VRW/ VII, Bl. 15.

Dabei war für die Wohnungsgesellschaften der Anteil ehemaliger Mieter am Gesamtverzug gegenüber noch nicht verzogenen Mietschuldnern spürbar. Entgegen der allgemeinen Tendenz zur Rückstandsminderung nahmen die Rückstände verzogener Mieter im Verhältnis zum Gesamtrückstand - 1938/ 39 ausgenommen - zu. Das hieß im einzelnen, daß der relative Zugang so hoch war, daß schließlich knapp jeder zehnte Mietschuldner gar nicht mehr bei den Wohnungsgesellschaften wohnte.

Zur Bekämpfung der Rückstände konnten die Wohnungsgesellschaften auch staatliche Hilfe in Anspruch nehmen. Nach der Verordnung über Mietbeihilfen vom 30.03.1938 waren die Stadt- und Landkreise verpflichtet, für bedürftige Mieter über die Gebäudeentschuldungssteuer eine Beihilfe zu zahlen. Teilbeträge, die die Kommunen den Unternehmen bis dahin für bedürftige Mieter von der Hauszinssteuer erlassen hatten, erhielten die Gesellschaften wie in Gelsenkirchen, Bochum, Essen und Dortmund nun als Mietbeihilfe.[159]

[157] VA VS/ III, Bl. 26.
[158] 1937/ 38: 81,7%/43 %; 1938/ 39: 82%/ 46,5 %; 1939/ 40: 80%/ 42 %; 1940/ 41: 80 %/ 40,6 %; VA VRW/ IV, Bl. 28; VA VRW/ V, Bl. 21; VA VRW/ VI, Bl. 19; VA VRW/ VII, Bl. 16.
[159] Verordnung über Mietbeihilfen vom 30.03.1938, RGBl. 1938 I S. 342; § 1 Nr. 1 Gesetz zur Änderung der Vorschriften über die Gebäudeentschuldungssteuer vom 01.12.1936, RGBl. 1936 I S. 992; VA VS/ II, Bl. 59.

f') Mietniederschlagungen und Mieterschutz

In Reaktion auf die Rückstände verfolgten die Wohnungsunternehmen die Geschäftspolitik, entweder Räumungsklagen anzustrengen oder uneinbringliche Mieten niederzuschlagen.

Mit steigender Geschäftserfahrung gingen die Gesellschaften dazu über, eine Forderung zunächst in voller Höhe entstehen zu lassen. Erst dann entschieden sie über Niederschlagung oder Klage. Nach fünf Jahren wohnungswirtschaftlicher Tätigkeit waren die Niederschlagungen augenfällig. Von Verbandsprüfern gerügt, mußten die Verwaltungsstellen ihre zunächst verfolgte Strategie, Mietrückstände bis zu 7,-- RM wegen Geringfügigkeit niederzuschlagen, aufgeben. Sie mußten sich der Direktive fügen, daß eine Niederschlagung wegen Geringfügigkeit nur bei Pfennigbeträgen als gerechtfertigt galt. Niederschlagungen bei „Unmöglichkeit des Einzugs" oder wegen „Uneinbringlichkeit der Miete" galten im allgemeinen als begründet.

Die Folge war, daß sich die DAF, Gau Essen, gegen „rücksichtloses Einziehen von Mietrückständen" bei der Rheinische W. beschwerte. Konkret lag der Sachverhalt zugrunde, daß die Abrechnungsbüros bis zu 12,-- RM monatlich zur Tilgung des Mietrückstands vom Lohn einbehalten konnten. Der Vorstand ordnete aufgrund der Beschwerden die Herabsetzung der Sätze, nicht aber die Aufhebung der Einziehungsverfügung an. Eine Niederschlagung von Teilbeträgen durfte solchen Mietern zuteil werden, die einige Monate hindurch ihre laufende Miete regelmäßig bezahlt hatten und den ernsten Willen zeigten, ihre Mietrückstände zu tilgen.[160]

Der Vorstand schuf ab 01.04.1936 einen zusätzlichen Abzahlungsanreiz. Sofern ein Mieter mit einem alten, vor dem 01.10.1933 entstandenen Mietrückstand sechs Monate lang seine laufende Miete unverkürzt bezahlte und außerdem angemessene Ratenzahlungen auf den alten Rückstand leistete, wurde ihm nach Ablauf der sechs Monate doppelt soviel vom Rückstand erlassen wie er während dieser Zeit getilgt hatte. Als äußerste Grenze setzte der Vorstand für sein Entgegenkommen 2,-- RM als durchschnittlichen, monatlichen und zur Tilgung bestimmten Mindestbetrag fest.[161]

Wie die Mietrückstände entwickelten sich nun auch die Mietniederschlagungen zurück. Bei Abschluß des Geschäftsjahres 1938/ 39 standen bei den gemeinnützigen Wohnungsgesellschaften den Mietrückständen von 452.463,54 RM Niederschlagungen über 54.000,-- RM gegenüber. Die Entwicklung in den folgenden Jahren war identisch, denn auf Rückstände von 334.790,44/ 275.047,73/ 218.252,92 RM folgten Niederschlagungen über 33.000,--/ 24.200,-- und 21.700,-- RM (Tab. 61, 65). Das bedeutete einen Anteil der Mietniederschlagungen an den Mietrückständen in Höhe von 11,93 %, 9,86 %, 8,79 % bzw. 9,94 % mit dem arithmetischen Mittel von 10,13 %. Da zwischen den prozentualen Werten keine breite Streuung lag, ist davon auszugehen, daß die gemeinnützigen Wohnungsgesellschaften generell in dem untersuchten Zeitraum 10 % der Mietrückstände niederschlugen.

---

[160] VA VS/ I, Bl. 5.

[161] VA VS/ I, Bl. 13 f. .

Eine Handlungsalternative zu den Niederschlagungen bestand für die Wohnungsgesellschaften in der Erhebung der Räumungsklage. Dabei war für sie von besonderer

Tab. 65: Niedergeschlagene Mietforderungen

Geschäftsjahr	Niedergeschlagene Mieten			
	Westfälische W.	Rheinische W.	Rheinisch Westf. W.	Gesamt
1938/39	8.000,-- RM	39.000,-- RM	7.000,-- RM	54.000,-- RM
1939/40	4.000,-- RM	26.000,-- RM	3.000,-- RM	33.000,-- RM
1940/41	7.000,-- RM	15.000,-- RM	2.200,-- RM	24.200,-- RM
1941/42	6.500,-- RM	11.200,-- RM	4.000,-- RM	21.700,-- RM

Quelle: VA GB/ 1-A-3/ 1938/39-1941/42; VA GB/ 2-A-3/ 1938/39-1941/42; VA GB/ 3-A-3/ 1938/39-1941/42; VA GB/ 4-A-3/ 1938/39-1941/42.

Bedeutung, daß die Ausführungsverordnung über den Kündigungsschutz vom 04.12.1937[162] die Geltung des MSchG mit Wirkung ab 01.12.1937 auch auf gemeinnützige Wohnungsunternehmen ausdehnte. Nach dem GKG bestand für die gemeinnützigen Gesellschaften - wie beim Anerkennungsverfahren gesehen - rückwirkend auf den Tag der Antragstellung auf Anerkennung der Gemeinnützigkeit Gebührenfreiheit für Gerichtskosten.[163]

Neben dem Zahlungsverzug nahmen die Gesellschaften auch die „Abkehr" des Mieters von seinem Werk zum Anlaß für eine Kündigung. Den Bergbaugruppen ging dazu eine Aktennotiz mit Verhaltensregeln zu:[164]

> *„In erster Linie kommt hiernach infrage, daß gegen Gefolgschaftsmitglieder, die neuerdings abkehren oder in der letzten Zeit gekündigt haben, alsbald Räumungsklage erhoben wird. Es wurde für zweckmäßig gehalten, daß die Räumungsklage nach Möglichkeit noch innerhalb der für das Arbeitsverhältnis bestehenden Kündigungsfrist erhoben wird, damit die infragekommenden Gefolgschaftsmitglieder es sich überlegen können, die Kündigung ihres Arbeitsverhältnisses im Hinblick auf den drohenden Verlust ihrer Wohnung zurückzuziehen."*

Insofern also benutzten die Wohnungsgesellschaften das lediglich mit ihnen bestehende Vertragsverhältnis, um den Mieter im Hinblick auf ein weiteres, rechtlich davon getrennt zu behandelndes Vertragsverhältnis zugunsten der VSt unter Druck zu setzen. In diesen Fällen hatte de facto das Abhängigkeitsverhältnis überlebt, das de lege mit der Trennung der Arbeits- und Mietverträge hätte beseitigt sein sollen.

Unabhängig davon wurden nach Anerkennung der Gemeinnützigkeit auch von außen Kündigungsbegehren an den Vorstand herangetragen. So teilte der Verband Westfälischer Wohnungsunternehmen in einem Sonderrundschreiben vom 22.04.1937 mit, daß für zuziehende Bergarbeiter Wohnraum zu schaffen sei. Zu diesem Zweck sollten

[162] Verordnung zur Ausführung der VO über den Kündigungsschutz für Miet- und Pachträume vom 04.12.1937, RGBl. 1937 I S. 1325 - bzgl. der nach dem 01.07.1918 bezugsfertigen Räume; C. IV. 3. aa) c'); VA VS/ II, Bl. 17.
[163] C. II. 7 d); § 8 Abs. 1 Nr. 5 Preußisches GKG i.V.m. der gemeinsamen Vfg. des Finanzministers und des Justizministers vom 13.12.1930 - FM II C 5485 JM Ie 1288 -; TKA RS/ 1306.
[164] VA VS/ III, Bl. 9, 18.

die gemeinnützigen Wohnungsunternehmen denjenigen Mietern kündigen, die nicht mehr im Bergbau tätig waren.[165] Die Gesellschaften indessen verwahrten sich gegen diese Form der Geschäftspolitik und stellten sich gegen den Mißbrauch eines über Jahre gewachsenen Vertrauens der Mieter.
Außerdem konnte das vorgeschlagene Vorgehen zur Konsequenz haben, daß bei der bestehenden Wohnungsnot die Obdachlosigkeit der zur Räumung Verurteilten die Folge war und eine behördliche Wiedereinweisung in die Wohnung drohte. Zwar intervenierte die Reichsgruppe Industrie gegenüber dem Reichsarbeits- und dem Reichsinnenministerium zugunsten einer Anweisung an die Polizeibehörden, gekündigte Mieter von Werkwohnungen auf keinen Fall gem. § 21 Polizeiverwaltungsgesetz Preußens (pr. PVG) wieder in dieselbe Wohnung einzuweisen, doch ergab eine Nachfrage des Vorstands, daß bis 1939 bei der Rheinische W. 417, bei der Rheinisch Westfälische W. 47 und bei der Westfälische W. 20 Einweisungen für betriebsfremde Mieter gemeldet waren.[166] Die Einweisungen reichten vorwiegend noch in den Zeitraum der Weltwirtschaftskrise zurück. So lagen z. B. bei der Westfälische W. alle Vorgänge bis auf vier Fälle vor 1932.[167] Auch wenn sich die Wohnungsgesellschaften offiziell beschwerten, daß die Verwaltungsbehörden eine Aufhebung dieser Regelung nicht tatkräftig genug betrieben, ist anzumerken, daß sich damit für die Gesellschaften der nicht von der Hand zu weisende Vorteil einer Mietsicherung durch die Behörden ergab.

Der Verband Westfälischer Wohnungsunternehmen sprach aber nicht nur Kündigungsempfehlungen aus. Vielmehr zeigte er den Wohnungsunternehmen auch Möglichkeiten zum Ausgleich der Mietrückstände auf, die Anlaß für eine Kündigung boten. Der Verband wies auf die Möglichkeit einer Zusammenarbeit mit der Nationalsozialistischen Volkswohlfahrt (NSV) hin.[168] Dem Vorstand der Wohnungsgesellschaften erschien ein Einschalten der NSV bei der Vermietung von Wohnungen unangebracht. Er stimmte aber dem Vorschlag zu, der NSV von rückständigen Mieten, die zu einer Kündigung führen sollten, Kenntnis zu geben. Der Vorstand versuchte also, auf diese Weise Unterstützungszahlungen zu erhalten.
Die NSV reagierte auf die Meldungen bei der Westfälische W. und bei der Rheinisch Westfälische W. nicht finanziell, sondern beschränkte sich auf die Wohlfahrtspflege wie z. B. auf die Wahrnehmung von Aufgaben des Winterhilfswerks, des Hilfswerks „Mutter und Kind“, der Jugendhilfe, des Erholungshilfswerks, des Ernährungshilfswerks und der Schwesternarbeit („braune Schwestern“).[169] Abwegig war der Hinweis

[165] VA VS/ I, Bl. 79.
[166] VA VS/ III, Bl. 38.
[167] VA VS/ III, Bl. 38 f. .
[168] Rd.-schr. der NSV Nr. 34/38; VA VS/ III, Bl. 43.
[169] Vorländer, Herwart, Die NSV, Darstellung und Dokumentation einer nationalsozialistischen Organisation, Schriften des Bundesarchivs 35, Boppard am Rhein 1988, S. 44 ff., 62 ff., 77 ff., 89; ebenso zur wohlfahrtspolitischen Entwicklung zwischen 1933 und 1938 Hansen, Eckhard, Wohlfahrtspolitik im NS-Staat, Motivationen, Konflikte und Machtstrukturen im „Sozialismus der Tat“ des Dritten Reiches, Augsburg 1991, S. 71 ff.; Hammerschmidt, Peter, Die Wohlfahrtsverbände im NS-Staat, Die NSV und die konfessionellen Verbände Caritas und Innere Mission im Gefüge der Wohlfahrtspflege des Nationalsozialismus, Opladen 1999, S. 135 ff. .

des Verbandes jedoch nicht, denn die von der Rheinische W. vorgebrachten Anträge beschied die NSV in Einzelfällen positiv und ließ den Vorstand insoweit von „guten Erfolgen in der Zusammenarbeit" mit der NSV sprechen.[170]

Ab 1937 nahm der Nationalsozialismus auf die Kündigungsmöglichkeiten der Wohnungsgesellschaften immer stärker werdenden Einfluß.
Insgesamt sechs Ausführungsverordnungen, basierend auf der VO vom 28.08.1937, beschränkten das Kündigungsrecht des Vermieters und mündeten schließlich in einen totalen Mieterschutz.[171] Mit dem „Gesetz über die Auflockerung der Kündigungstermine bei Mietverhältnissen über Wohnräume"[172] sollte zudem die Häufung von Umzügen am Kalendervierteljahresschluß vermieden werden. Ein Mietverhältnis, bei dem die Mietzeit nicht bestimmt war, konnte nunmehr auch dann für den Schluß jedes Kalendermonats gekündigt werden, wenn nach den vertraglichen oder den bisher maßgebenden gesetzlichen Bestimmungen die Kündigung nur für den Schluß eines längeren, kalendermäßigen Zeitabschnitts zulässig war. Die vertraglichen oder gesetzlichen Bestimmungen über die Dauer der Kündigungsfrist blieben unberührt. Waren die Wohnungsgesellschaften ein Mietverhältnis für bestimmte Zeit eingegangen, das unter Einhaltung einer Frist vorzeitig gekündigt werden durfte, galt die neue Regelung mit Kündigungsmöglichkeit zum Monatsende ebenso.[173]

Alles in allem sollten Räumungsklagen letztes Mittel einer Auseinandersetzung sein. Diese Auffassung vertrat der Vorstand nicht nur aus sozialen Motiven. Vielmehr hatte bereits im ersten Geschäftsjahr eine hausinterne Berechnung der Abt. Bergbau ergeben, daß monatlich im Durchschnitt zehn Prozesse anhängig waren, die Arbeitskräfte banden. Die betroffenen Sachbearbeiter benötigten ein Drittel ihrer Arbeitszeit für die Prozeßbearbeitung.[174]

bb) Instandhaltung, Instandsetzung, Modernisierung

Aus jedem Mietvertragsverhältnis folgte für die Wohnungsgesellschaften die Pflicht, die Wohnung in einem zum vertragsgemäßen Gebrauch geeigneten Zustand zu überlassen und während der Mietzeit zu erhalten.
Instandhaltung und Instandsetzung waren unmittelbar nach der Gründung das Hauptbetätigungsfeld der Gesellschaften.[175] Begrifflich waren Instandsetzung und Instandhaltung voneinander zu unterscheiden.

---

[170] VA VS/ III, Bl. 43.
[171] Pergande, in: Deutsche Bau- und Bodenbank, S. 123. Erst mit VO vom 07.11.1944 erfolgte eine Lockerung des Mieterschutzes infolge der Erstarrung des Wohnungsmarktes, VO über Änderungen der Mieterschutzrechte, RGBl. 1944 I S. 319.
[172] RGBl. 1938 I S. 306.
[173] VA VS/ II, Bl. 59.
[174] BBA 55/ 519.
[175] Mönkemöller, S. 18. Eine Abgrenzung zwischen Instandhaltung und Instandsetzung nahmen die Wohnungsgesellschaften in der Praxis nur selten vor, so daß auch bei Maßnahmen zur Instandsetzung von Instandhaltung und bei Maßnahmen zur Instandhaltung von Instandsetzung die Rede war.

Instandhaltungen waren Maßnahmen, die die Erhaltung des bestimmungsgemäßen Gebrauchs der Wohnungen sicherstellten. Unter Instandsetzungen fielen dagegen alle Maßnahmen zur Behebung von Mängeln, die z. B. durch Abnutzung, Alterung oder Witterung entstanden waren.[176] Instandhaltungen dienten also der Mängelvermeidung, Instandsetzungen galten der Mängelbeseitigung.
Eine Maßnahme zur Instandsetzung konnte allerdings auch modernisierenden Charakter haben. In der Praxis nicht immer einfach unterscheidbar, lag eine solche Maßnahme insbesondere dann vor, wenn sie eine Erhöhung des Wohnwerts zur Folge hatte. Dies war der Fall, wenn die Gesellschaften z. B. die Elektrizitäts-, Gas- und Heizungsanlagen neuzeitlichen Bedürfnissen anpaßten oder so verbesserten, daß sie den Mindestanforderungen an gesunde Wohnverhältnisse genügten.[177]
Damit eine möglichst gleichmäßige und flächendeckende Bestandserhaltung gewährleistet war, fand durch den zuständigen Wohnungsverwalter zweimal im Jahr eine Begehung der Häuser statt, die in einem 1937 eigens eingeführten „Merkbuch" festzuhalten war.[178] Die Geschäftsleitungen verschafften sich so die dokumentierte Sicherheit, daß eine regelmäßige Überprüfung des gesamten Bestands erfolgte.

a') Förderung und Vergabe der Maßnahmen

Sofern die Wohnungsgesellschaften eine Kostenbeteiligung der Mieter anstrebten, mußten sie deren Zustimmung im Vorfeld einholen.[179] Ansonsten war für die Gesellschaften von Vorteil, daß die nationalsozialistische Wohnungspolitik den Stellenwert von Reparatur und Pflege der Wohnungsbestände erkannt hatte und steuerliche Entlastungsmöglichkeiten anbot.
Neben den erwähnten wohnungspolitischen Maßnahmen wie z. B. Reichsbürgschaften sah das Gesetz über Steuererleichterungen vom 15.07.1933 die Steuerermäßigung für Instandsetzungen und Ergänzungen vor.[180] Das bedeutete, daß sich bei Veranlagung der Einkommensteuer und der Körperschaftsteuer die Steuerschuld um 10 % der Aufwendungen für Instandsetzungs- und Ergänzungsarbeiten ermäßigen konnte.
Die Finanzämter waren zudem mit Erlaß des Reichsfinanzministers vom 28.11.1933 ermächtigt, im Billigkeitswege auf Antrag Rückstände von Reichssteuern, die vor dem 01.03.1933 fällig geworden und noch nicht bezahlt waren, genau in der Höhe zu erlassen, in der der Steuerpflichtige Aufwendungen für Ersatzbeschaffungen oder für Instandsetzungsarbeiten getätigt hatte.[181]

---

[176] Stellvertretend zu den Definitionen Kühne, Horst, Grundlagen der betrieblichen Wohnungswirtschaft, in: Kühne-Büning/ Heuer, S. 467- 481, hier S. 470; Backhaus, Otto, Instandhaltung und Instandsetzung, in: Wandersleb, Handwörterbuch, S. 870-872.
[177] Diehl, Rolf, Erhöhung des Wohnwerts durch Modernisierung - Eine Analyse der Voraussetzungen -, Hamburg 1974, S. 17.
[178] VA VS/ I, Bl. 42.
[179] VA VS/ I, Bl. 48.
[180] C. IV. 2. c); Gesetz über Steuererleichterungen vom 15.07.1933, RGBl. 1933 I S. 491; erläuternd Ebel, Reichszuschüsse, S. 446; Voß, S. 83.
[181] Abschnitt II des Gesetzes zur Verminderung der Arbeitslosigkeit vom 01.06.1933, RGBl. 1933 I S. 323; Abschnitt I 2 des Gesetzes über Steuererleichterungen vom 15.07.1933, RGBl. 1933 I S. 491; Gesetz zur Verminderung der Arbeitslosigkeit, RGBl. 1933 I S. 651. Die steuerliche Entlastungsmöglichkeit galt terminlich noch

Außerdem waren die von *Reinhardt* initiierten Maßnahmen zur Arbeitsbeschaffung im Hinblick auf die Instandsetzungs- und Ergänzungsarbeiten von der Erkenntnis bestimmt, daß für die Erhaltung privater wie öffentlicher Gebäude die Mittel fehlten.[182]
Da die staatliche Unterstützung dazu dienen sollte, daß größere Instandsetzungsarbeiten, die ansonsten auf mehrere Jahre verteilt worden wären, nun in kurzer Zeit zur Ausführung kamen, durften Antragsteller wie die Wohnungsgesellschaften unter Bezugnahme auf eine Anweisung des RFH davon ausgehen, daß die Finanzbehörden bei der Beurteilung der Sachverhalte „nicht engherzig" verfuhren. Die §§ 1; 2 Steueranpassungsgesetz (StAnpG) konkretisierten die Auslegung nach nationalsozialistischer Weltanschauung. Das Finanzamt hatte für seine Entscheidung die „Volksanschauung" und die wirtschaftliche Bedeutung der Steuergesetze ebenso zu berücksichtigen wie „Billigkeit und Zweckmäßigkeit".[183]

So waren ab 21.09.1933 Gebäude jeder Art förderungswürdig, an denen Arbeiten (z. B. an Treppen, Dachrinnen, Abflußrohren, Dächern, Beleuchtung, Heizungsanlage oder Wasserversorgung) erledigt werden mußten.[184]
Begünstigt waren ebenfalls sog. Schönheitsreparaturen. Darunter waren Arbeiten wie das Tapezieren oder der Anstrich von Wänden, Decken, Fußböden, Fenstern und Türen zu verstehen. Diesen Zuschuß konnten auch die Mieter selbst beantragen, wenn sie nach vertraglicher Vereinbarung Schönheitsreparaturen zu tragen hatten. Allerdings war der Zuschuß nach unten auf 100,-- RM begrenzt.

Eine weitere wichtige steuerrechtliche Erleichterung folgte für die Wohnungsgesellschaften aus dem Urkundensteuergesetz (UrkStG)[185]. Danach waren Rechtsgeschäfte von der Besteuerung einer öffentlichen oder privatschriftlichen Urkunde ausgenommen, wenn ein gemeinnütziges Wohnungsunternehmen dieses Rechtsgeschäft vornahm. Für die Instandsetzungsvorhaben bedeutete dies, daß Rechtsgeschäfte der Rheinische W., Rheinisch Westfälische W. und Westfälische W. stempelsteuerfrei waren. Hinsichtlich der Auftrags- und Bestellschreiben der Westdeutsche W. waren Aufträge bis zu 150,-- RM stempelsteuerfrei.[186]
Bei Beträgen, die darüber lagen, nutzte der Vorstand die rechtlichen Voraussetzungen für das Zustandekommen eines Vertrags durch Angebot und Annahme zugunsten steu-

nicht für die Wohnungsgesellschaften, aber die VSt stellte stattdessen bzgl. Reichssteuerrückständen aus der Zeit vor dem 01.01.1933 einen entsprechenden Antrag; BBA 55/519.

182 Reinhardt, Fritz, Generalangriff gegen die Arbeitslosigkeit, in: RStBl. 1933 S. 485-494, hier S. 491; Rheinisch-Westfälischer Baugewerbeverband e.V. an IHK Dortmund vom 22.08.1933 in Zitierung des Reichsbundes des Deutschen Baugewerbes (Zentralverband) mit Verwendungsmöglichkeiten der Zuschüsse, WWA/ K 1/ 1833.

183 Rderl. des RdF vom 03.03.1933 - S 2209 - 70 III - , Richtlinien für die Veranlagung 1933 zur Einkommensteuer und Körperschaftsteuer, G.I.5., RStBl. 1933 S. 162; RFH Slg. Bd. 21 S. 201; Jähnichen, Das Steuerrecht der gemeinnützigen Wohnungsunternehmen, in: Reichsverband des deutschen gemeinnützigen Wohnungswesens, Jahrbuch Leistungsbericht 1938, S. 277-293, hier S. 277.

184 Kruschwitz, Instandsetzung, in: Schwan, Wörterbuch, S. 708 f.; Deutsches Nachrichtenbüro, Erste Frühausgabe, Nr.2070 vom 28.09.1934, BArch R 43 II/ 1005 Bl. 357.

185 § 4 Nr. 4 Urkundensteuergesetz vom 05.05.1936, RGBl. 1936 I S. 407.

186 VA VS/ I, Bl. 20.

errechtlicher Vergünstigungen. Zum einen vergab die Westdeutsche W. auch Arbeiten über 150,-- RM, ohne daß ein Angebot des Unternehmers in Schriftform vorlag. Sie versah ihre Schreiben an die Unternehmer dann mit dem Zusatz:[187]

> *„Falls Einwendungen gegen den vorstehenden Auftrag Ihrerseits nicht zu erheben sind, bitten wir, von einer schriftlichen Bestätigung abzusehen."*

Bestätigte der Unternehmer das Schreiben der Westdeutsche W. nicht, lag kein Vertrag in Schriftform vor und die Urkundensteuer wurde nicht fällig. Der Vorstand nutzte also die rechtliche Möglichkeit, einen Vertrag auch mündlich schließen zu können, sofern nicht wie beim Grundstückskaufvertrag Schriftform zwingend vorgeschrieben war.

Zum anderen kam es vor, daß ein Vertrag aufgrund eines Angebots des Unternehmers mit der Annahme durch ausdrückliche oder konkludente Willenserklärung der Westdeutsche W. zustande kam und dementsprechend die Urkundensteuer anfiel. Nahm die Gesellschaft jedoch Änderungen am Vertrag vor, mangelte es an der Kongruenz der Willenserklärungen. Die mit einer Änderung verbundene Annahme galt dann als Ablehnung, jedoch gem. § 150 Abs. 2 BGB verbunden mit einem neuen Antrag. Das hieß, daß nunmehr die Westdeutsche W. ein Angebot auf Abschluß des geänderten Vertrags abgab. Nahm der Unternehmer dieses Angebot an, unterließ er jetzt aber die schriftliche Bestätigung, lag wiederum kein schriftlicher Vertrag vor und die Urkundensteuer entfiel auch hier.

Arbeiten an Handwerker vergaben die Gesellschaften über die Bauführer oder den Einkauf der Verwaltung. Arbeiten mit Preisen bis zu 10,-- RM durften die Bauführer selbst an Handwerker vergeben. Alle anderen regelmäßigen Anforderungen für Instandhaltungs- und Instandsetzungsmaßnahmen liefen über den Einkauf der Verwaltung. In Notfällen mußten sich die Bauführer möglichst sofort mit dem Einkauf abstimmen. Dies war von Bedeutung, da Instandsetzungen, die mehr als 500,-- RM umfaßten, vom Vorstand genehmigt werden mußten.[188] Die Instruktionen führten zu schnellen Entscheidungen in Notfällen und zahlten sich aus, als eine Kessel-Explosion bei der König Brauerei in Duisburg-Beeck im Sommer 1937 mehrere Häuser beschädigte. In Zusammenarbeit mit dem zuständigen Dachdecker der Rheinische W. (Vey) konnten die Schäden schnell eingeordnet und beseitigt werden.
Für die Regelarbeiten waren Ausschreibungen vorgesehen, die auf drei bis vier Unternehmer beschränkt waren. Nachdem eine Revision bei der Rheinische W. ergeben hatte, daß Angebote auf Ausschreibungen bei den Gesellschaften sofort offenlagen, änderte sich das formale Vergabeverfahren. Um unzulässige Preisabsprachen zu erschweren, durften die Angebote nur noch am jeweiligen Schlußtermin einer Ausschreibung geöffnet werden. Bei stark voneinander abweichenden Angeboten prüften die Bauführer die Durchführbarkeit der Arbeiten zu den angebotenen Preisen.[189]

---

[187] VA VS/ I, Bl. 21.
[188] Dienstvorschrift für die Einkaufsstelle der Rheinische W., S. 1; VA GA/ 06.09.1933.
[189] VA VS/ I, Bl. 91 f. .

b') Beteiligung des Handwerks

Das selbständige, ortsansässige Handwerk profitierte von den Arbeiten an den Gebäuden. Entgegen der Annahme, daß Wohnungsunternehmen mit mehr als 1.000 Wohnungen aufgrund flexiblerer personeller Ausstattung Abteilungen zur Planung und Durchführung von Baumaßnahmen unterhalten[190], lagerten die Wohnungsgesellschaften der VSt die Instandhaltungs- und Instandsetzungsmaßnahmen aus. Im Gegensatz zu der bisherigen Handhabung der Werke, eigene Bauhandwerker heranzuziehen, ließen die Wohnungsgesellschaften die Instandhaltungs- und Instandsetzungsmaßnahmen von werksfremden Handwerkern durchführen.

Die Gesellschaften verfuhren seit ihrer Gründung so, da ihnen eine Untersuchung vorlag, die für die Vergabe von Handwerkerarbeiten an Fremde zu einem kostengünstigeren Ergebnis gelangt war.

Unter Zugrundelegung von 57.534 Wohnungen hatten die Werke 1932 für die Instandhaltung der Wohnungen 6.580.000,-- RM aufgewandt. Davon waren 4.500.000,-- RM, also knapp 70 % Handwerkerlöhne. Hiervon entfielen auf fremde Handwerker etwa 2.700.000,-- RM, während werkseigene Handwerker Arbeiten im Wert von ungefähr 1.800.000,-- RM verrichteten. Bei einem Arbeitslohn von 1.800,-- RM errechnete die VSt, daß für das Wohnungswesen 1.000 ihrer Arbeitskräfte tätig waren. Davon beschäftigten die Wohnungsverwaltungen der Werke bis 01.07.1933 418 Arbeiter direkt.[191]

Obwohl bei der Umstellung auf auswärtige Handwerker Kündigungen ausgesprochen werden mußten - so allein unter Zustimmung des Bergausschusses gegenüber 130 Arbeitern der Gruppe Hamborn[192] - konnten die bis dahin von den Werken in ihrer Wohnungsverwaltung beschäftigten Handwerker entweder an die Werke oder an werksfremde Handwerker vermittelt werden. Die Werke der VSt übernahmen 162 der für die bisherige Wohnungsverwaltung tätigen Arbeitskräfte. 215 Arbeiter fanden dagegen eine neue Anstellung bei auswärtigen Unternehmen, die im Gegenzug Aufträge erhielten, sofern sie den Anforderungen an einen Handwerksbetrieb entsprachen.[193]

Im Geschäftsbereich der Wohnungsgesellschaften war die Zahl der Handwerksbetriebe gering. Das Ruhrgebiet gehörte wie Oberschlesien mit weniger als 55 Handwerkern auf 1.000 Einwohner zu den Gebieten, die die geringste Handwerkerdichte aufwiesen. Davon erfaßt waren vollständig die Bezirke der Handwerkskammern Dortmund und

---

[190] Brüggemann, Josef, Die unternehmerische Wohnungswirtschaft: Struktur - Leistungsbereiche - Entwicklungsmöglichkeiten, in: *derselbe*/ Heuer, Jürgen H. B./ Schork, Ludwig/ Burda, Wolfgang A./ Vollmer, Wolfgang/ Burghardt, Helge Hans/ Ravens, Karl/ Bucher, Hansjörg, Aufgaben und Möglichkeiten der unternehmerischen Wohnungswirtschaft, Materialien zum Siedlungs- und Wohnungswesen, Band 17, Münster (Westf.) 1977, S. 9-29, hier S. 14.

[191] Bergwerks-Zeitung vom 25.06.1933 sowie Handelsblatt/ Technische Blätter vom 15.10.1933 Nr. 243, BBA 55/ 1731; Gegenüberstellung der Kosten für Handwerkerarbeiten in eigener Regie und durch Fremde, „Feststellungen von Herrn Oest in Hamborn", VA/ GA 31.12.1932.

[192] Auszug der Niederschrift über die 104. Sitzung des Bergausschusses; VA GA/ 13.10.1933.

[193] Ergänzende Notiz zur Aktennotiz vom 19.12.1932 betr. Ausgaben für die Instandhaltung von Wohnungen; VA GA/ 31.12.1932; VA BV/ 4-A-3/ 18.01.1934, S. 3; Fusban, S. 7, TKA VSt/ 1248.

Düsseldorf sowie zum Teil Aachen, Münster, Arnsberg und Köln. Schon in früheren Erhebungen kamen in Dortmund lediglich 39,5 Beschäftigte mit 13,7 Betrieben auf 1.000 Einwohner.[194] Dementsprechend teilte der Reichsinnungsverband des Baugewerkes, Bezirksstelle Westfalen-Niederrhein, den Wohnungsgesellschaften nach fünfjähriger Instandsetzungstätigkeit mit, daß die größeren leistungsfähigen Baufirmen ausgebucht waren. Der Verband regte an, größere Vorhaben in kleinere Lose aufzuteilen und verwies als Alternative auf die Reichsanstalt für Arbeitsvermittlung und Arbeitslosenversicherung sowie auf die Landesarbeitsämter Rheinland und Westfalen. Diese vertraten die Ansicht, daß Arbeitsgemeinschaften aus mittleren oder kleineren Firmen größere Vorhaben ausführen sollten. Solche Arbeitsgemeinschaften sollten auch nach Intention der Handwerkskammern und des Reichsstands des Deutschen Handwerks dazu dienen, kleinere Betriebe an großen Aufträgen zu beteiligen.[195]
Dieser Vorschlag stand im Zusammenhang mit der Entwicklung der Großbetriebe des Handwerks im Deutschen Reich. Fast 500 Handwerksbetrieben mit mehr als 200 Beschäftigten standen fast 1.500 Handwerksbetriebe mit 100 bis 150 Beschäftigten gegenüber. Die Großbetriebe des Handwerks fanden sich vor allem im Baugewerbe. Die kleinsten Handwerksbetriebe hingegen arbeiteten für den Baubereich im holzverarbeitenden Gewerbe. Für den Geschäftsbereich der Wohnungsgesellschaften lag der Anteil der Kleinbetriebe am Gewerbeertrag mit 41-48 % in Westfalen über dem Reichsdurchschnitt.[196]
Die Arbeitsämter erklärten der Rheinisch Westfälische W., daß regelmäßig kleinere Betriebe noch zur Verfügung standen. Für größere Vorhaben schlugen die Arbeitsämter die Bildung der Arbeitsgemeinschaften vor. Die Geschäftsleitungen wiesen aber darauf hin, daß viele kleine Unternehmen aus Sorge vor Streitigkeiten keine Arbeitsgemeinschaften wünschten.[197] Erstaunen konnte die Reaktion auf den ersten Blick

---

[194] Saldern, Adelheid von, Mittelstand im Dritten Reich, Handwerker - Einzelhändler - Bauern, Campus Forschung Band 86, Frankfurt/ M. 1979, S. 95; Die Deutsche Volkswirtschaft Nr. 5 vom 02.02.1937; Handwerk als zweitgrößter Bereich der gewerblichen Wirtschaft, Kellenbenz, Hermann, Deutsche Wirtschaftsgeschichte, Bd. II, Vom Ausgang des 18. Jahrhunderts bis zum Ende des Zweiten Weltkriegs, München 1981, S. 413; Deutsches Handwerk Nr. 10/ 1936, Berliner Börsen-Zeitung Nr. 572 vom 05.12.1936; Pressedienst des Reichsnährstandes des deutschen Handwerks Nr. 15 vom 15.05.1937; Deutsche Wochenschau Nr. 20 vom 19.05.1937; Soziale Praxis Nr. 17 vom 01.09.1939; Presse-Quellen unter BArch NS 5 VI/ 9507; Länderrat, Statistisches Handbuch, S. 481; Deutscher Holz-Anzeiger Nr. 50 vom 28.04.1942, BArch NS 5 VI/ 9507; 8 % nennt Schnadt für Bochum, Schnadt, S. 126; für Dortmund Erhebungen von 1895, 1925/ 26 und 1931, Handwerk und Raumordnung im Westen, Braune Wirtschaftspost Nr. 44/ 45 Mai-Oktober 1937, Raumforschung und Raumordnung Nr. 10-11/ 1942; BArch NS 5 VI/ 9507.

[195] VA VS/ III, Bl. 23 f.; Handwerkskammern und der Reichsstand des Deutschen Handwerks schufen für Handwerksangehörige selbst auch gemeinnützige Wohnungsgesellschaften, die 1934-1937 20.000 Wohnungen mit rd. 200 Mio. RM Bau- und Bodenwert betreuten; Gesetz über den vorläufigen Aufbau des deutschen Handwerks, RGBl. 1933 I S. 1015; Vorschriften zu Innungen und Kreishandwerkerschaften enthielt die Erste VO zum Gesetz über den vorläufigen Aufbau des deutschen Handwerks (RGBl. 1934 I S. 493), während die Zweite VO zu diesem Gesetz das Führerprinzip verkündete (RGBl. 1935 I S. 14) und die Dritte VO die Berechtigung zum selbständigen Betrieb und das Verfahren der Eintragung in die 1929 geschaffene Handwerksrolle regelte (RGBl. 1935 I S. 15); Wesen des Handwerksbetriebs in: Blätter für Genossenschaftswesen Nr. 4 vom 15.02.1938, BArch NS 5 VI/ 9509; Spörhase, Wohnungsbau, S. 220.

[196] Wirtschaftsdienst Nr. 230 vom 27.11.1942; BArch NS 5 VI/ 9507; v. Saldern, Mittelstand, S. 99 f. .

[197] VA VS/ III, Bl. 24.

insofern, als daß im Zeitraum von 1936 bis 1939 200.000 Handwerksbetriebe schlossen.[198] Näher betrachtet waren von diesen Schließungen zwar auch leistungsschwache Baubetriebe betroffen, es waren aber vor allem Bäcker, Metzger, Friseure, Herrenschneider und Schuhmacher, die auf dem Gebiet der Handwerkswirtschaft als „außergewöhnlich überbesetzt" galten, „fachlichen Voraussetzungen" nicht genügten oder kein sog. „volkswirtschaftliches Bedürfnis" für die Aufrechterhaltung des Betriebs rechtfertigten.[199]

Letztlich zeigten sich auch die vier Wohnungsgesellschaften Arbeitsgemeinschaften gegenüber verschlossen. Diese Haltung hing mit der Befürchtung zusammen, daß sich die Erledigung von Reklamationen gegenüber uneinigen Arbeitsgemeinschaften problematisch gestalten konnte. Die Wohnungsgesellschaften bevorzugten deshalb die Vergabe größerer Vorhaben in mehreren, aber nicht zu vielen Losen.[200]

c') Umfang der Maßnahmen im Regelbetrieb

In ihrem Umfang stiegen die ausgewiesenen Instandhaltungskosten seit Gründung der Wohnungsgesellschaften zunächst kontinuierlich an. Ab 1934 erhöhten sich die Ausgaben über fünf Jahre bei den gemeinnützigen Gesellschaften um knapp 370.000,-- RM (Rheinische W.) und 545.000,-- RM (Rheinisch Westfälische W.) bzw. 564.000,-- RM (Westfälische W.) sowie bei der Westdeutsche W. um mehr als eine Viertel Mio. RM. Trotz des steigenden Preisniveaus in der Bauwirtschaft zeigte sich darin der wach-

Tab. 66: Instandhaltungskosten der Wohnungsgesellschaften; 1934/35-1938/39

Geschäftsjahr	Rheinische W.	Rheinisch Westf. W.	Westfälische W.	Westdeutsche W.
1934/ 35	1.376.723,68	1.006.120,37	687.996,68	640.988,20
1935/ 36	1.571.812,73	1.362.127,56	1.110.593,33	754.830,58
1936/ 37	-	1.556.548,40	-	936.094,91
1937/ 38	1.760.614,20	1.516.628,63	1.196.766,02	846.993,19
1938/ 39	1.744.772,87	1.550.254,28	1.252.088,31	893.608,21

Quellen: VA GB/ 1-A-3/ 1934/35-1938/39; VA GB/ 2-A-3/ 1934/35-1938/39; VA GB/ 3-A-3/ 1934/ 35-1938/39; VA GB/ 4-A-3/ 1934/35-1938/39.

sende Umfang der Arbeiten. Obwohl zunächst die gemeinnützigen Gesellschaften angesichts des Wirtschaftlichkeitsgrundsatzes Instandhaltungsausgaben von bis zu 15 % und die Westdeutsche W. von bis zu 25 % der Einnahmen vorsahen, lagen die Kosten

---

198 Saldern, Adelheid von, Leistungsdruck im Handwerk während der NS-Zeit, in: Großbölting/ Schmidt, Unternehmerwirtschaft, S. 39-67, hier S. 54; weiterführend zu Konkurrenzverminderung und Handwerksförderung v. Saldern, Mittelstand, S. 38 ff.; Petzina zufolge signalisierte der allgemeine Rückgang der Handwerksbetriebe zwischen 1936 und 1939, daß nicht alte Wirtschaftsstrukturen konserviert wurden, sondern ein Höchstmaß an kapitalistischer Rationalität für die Rüstungspolitik garantiert werden sollte, Petzina, Dietmar, Grundriß der deutschen Wirtschaftsgeschichte, in: Institut für Zeitgeschichte (Hrsg.), Deutsche Geschichte seit dem Ersten Weltkrieg 1918 bis 1945, Band II, München 1973, S. 663-784, hier S. 759.

199 VO über die Durchführung des Vierjahresplans auf dem Gebiet der Handwerkswirtschaft vom 22.02.1939, RGBl. 1939 I S. 327 nebst Anordnung zur VO, RGBl. 1939 I S. 328; vgl. auch Sonderdruck für Deutsches Handwerk Nr. 9 vom 03.03.1939; BArch 5 VI/ 9507.

200 VA VS/ III, Bl. 24; die Beanspruchung der Handwerker durch die Wohnungsunternehmen gibt v. Saldern in ihrem Widerspruch zu Winkler Recht, daß nicht das ganze Handwerk zu einem „entbehrlichen Stand" im Dritten Reich wurde; v. Saldern, Mittelstand, S. 236.

wegen des hohen Bedarfs über dieser Vorgabe. So mußten z. B. die Westfälische W. 1937 und die Westdeutsche W. 1938 fast ein Drittel der Mieteinnahmen aufwenden. Ansonsten verausgabten die Gesellschaften zwischen einem Viertel und einem Fünftel ihrer Mieteinnahmen für Maßnahmen der Instandhaltung bzw. Instandsetzung.[201]

Als erstes investierten die Gesellschaften in die Renovierung der Treppenhäuser, in neue Außenanstriche, in die Erneuerung der Dächer und in neue WC-Anlagen.
Daneben besserten sie Türen, Fenster und Giebel aus. Dabei bedienten sie sich auch besonderer Vertragskonstellationen und vermieteten vereinzelt Giebelflächen zu Werbezwecken. So verpflichtete sich die Continental Cautchuc-Compagnie GmbH aus Hannover über 10 Jahre, die benutzten Giebelflächen in Essen-Kray gegen die Möglichkeit der Werbung vollständig zu putzen, zu streichen und für die Instandhaltung zu sorgen.[202]
Außerdem bauten die Gesellschaften vielerorts Zäune ab und schufen dadurch geräumigere Grünflächen. Die Gelegenheit dazu bot sich vor allem dann, wenn ohnehin in die Erschließung investiert werden mußte. Diese Investitionskosten errechneten sich aus der Entfernung des Wohngebiets von bereits erschlossenen Gebieten sowie aus Wohndichte, Hausart, Gas, Elektrizität und Zu- und Ableitung des Wassers. Ab September 1936 waren die Gemeinden berechtigt, den Wohnungsgesellschaften die Anliegerbeiträge zu stunden und zugleich die Beitragsentrichtung in Form einer Anliegerrente zu verfügen. In der Verfügung waren die Laufzeit der Anliegerrente, die im Höchstfall 10 Jahre betragen durfte sowie die Höhe und der Zeitpunkt der Fälligkeit der Rentenleistungen zu bestimmen.[203] Da es jedoch vorkam, daß Gemeinden auch Anliegerbeiträge forderten, die bereits entrichtet waren, prüften die Geschäftsleitungen die Straßenausbauverträge und die öffentlichen Beitragsbescheide regelmäßig nach. Dabei mußten die Gesellschaften feststellen, daß ihre Zahlungen von Straßenbaukostenvorschüssen - wie beispielsweise an die Stadt Witten - nicht immer zum Empfang von Leistungen der Städte führten. Zudem vergaßen die Städte vielfach, die gezahlten Vorschüsse zu verzinsen. Mehrere Kommunen gingen so vor und rechtfertigten ihr Verhalten über Ortssatzungen. Darin billigten sie sich zu, eingehende Straßenbaukostenvorschüsse „unter Berücksichtigung des Gesamtstraßennetzes“ verwenden zu dürfen.[204]

Unter diesem Eindruck und um langfristigen Instandhaltungs- und Instandsetzungskosten im Bereich des Straßenwesens von vornherein vorzubeugen, traten die Wohnungsgesellschaften Straßen- und Gehwegflächen unentgeltlich an die Kommunen ab. Der Aufsichtsrat der Rheinisch Westfälische W. genehmigte die größte unentgeltlich ab-

[201] Mönkemöller, S. 21; VA VS/ I, Bl. 88; VA VS/ III, Bl. 24; VA GB/ 3-A-3/ 1936/37; VA GB/ 4-A-3/ 1937/38; Wirtschaftlichkeitsgrundsatz gem. § 12 GemVO; Westfälische Landeszeitung Nr. 5 vom 06.01.1937, BArch NS 5 VI/ 5304 Bl. 347.
[202] VA AR/ 2-A-3/ 27.01.1937, S. 3.
[203] Gesetz über die Zahlung und Sicherung von Anliegerbeiträgen vom 30.09.1936, RGBl. 1936 I S. 854.
[204] VA VS/ IV, Bl. 85.

getretene Gehwegfläche über 82 a gegenüber der Stadt Bochum und die größte Straßenfläche mit 55 a in Mülheim. Weitere kleinere Flächen traten die Gesellschaften in Castrop, Gelsenkirchen, Dortmund, Duisburg, Oberhausen, Hattingen, Wattenscheid, Witten, Werdohl und Altena ab. Hinzu kamen Abtretungen, die die Wohnungsgesellschaften für konkrete Bauvorhaben vornahmen, sofern sie einer Schwestergesellschaft oder bei den Städten dem Allgemeinwesen zugute kamen.[205]
Nicht alle Kommunen ließen sich Verantwortung und Kosten vorbehaltlos aufbürden. In Dinslaken ließ sich die Stadt in der Siedlung Lohberg zwar Straßen- und Platzparzellen in der Gesamtgröße von 602,01 a übergeben und sie übernahm auch die Unterhaltung der Straße, indem sie für die Straßenreinigung und Müllabfuhr aufkam. Die Kanalisationsanlagen jedoch nahm die Stadt Dinslaken ausdrücklich mit Rücksicht auf Bergschäden aus ihrer Verantwortung aus.[206] Die Kommunen erkannten also durchaus die Nachteile, die sich mit der Übernahme der Straßen- und Gehwegflächen verbinden konnten und in einigen Fällen bestanden tatsächlich noch bis in die 1960er Jahre Probleme mit der Zuständigkeit für die Trägerschaft von Straßenbaulasten.[207] Allerdings zogen die Kommunen in Abwägung des Für und Wider grundsätzlich die örtlichen Bauinvestitionen vor und nahmen dafür die Belastungen in Kauf.

Ihren Verpflichtungen zur Bestandspflege kamen die Gesellschaften schließlich auch über Modernisierungen nach. Die Rheinische W. legte elektrische Beleuchtung in neue wie in alte Häuser, obwohl Kupferdraht knapp war.[208] Die Mieter stellten unablässig Anträge auf die Anlage elektrischen Lichts für Wohnungen, die noch Petroleumbeleuchtung hatten. Die Elektrifizierung des Kleinverbrauchers über neue Produktentwicklungen, Werbung und verbrauchsfördernde Tarife schritt reichsweit voran und es war Teil des nationalsozialistischen Elektrizitätsprogramms, Preissenkungen durch verstärkte Elektrizitätsanwendungen mit dem Ziel gesamtwirtschaftlicher Produktivitätssteigerung zu erzielen.[209] Die Gesellschaften unterstützten die Elektrifizierung zusätzlich auf Initiative der Rheinisch Westfälische W. und der Westfälische W., indem sie die Gebühren der Stromlieferungswerke je Haus mit 3,-- RM/ Jahr ohne Umlage für die Mieter bezahlten.[210] Das verdient insofern besondere Beachtung, als

---

[205] Essen 2,5 a/ Castrop 10 a/ Gelsenkirchen ca. 7 a/ Dortmund 1,9 a/ Duisburg 2,7 a/ Oberhausen 3,5 a/ Hattingen 0,4 a/ Wattenscheid 0,9 a/ Witten 1,9 a/ Werdohl 2,5 a/ Altena 0,35 a (Bauvorhaben eines Pförtnerhauses); VA AR/ 1-A-3/ 29.01.1936, S. 2; VA AR/ 1-A-3/ 26.06.1937, S. 3; VA AR/ 2-A-3/ 04.02.1935, S. 2; VA AR/ 2-A-3/ 29.01.1936, S. 2 f.; VA AR/ 2-A-3/ 28.05.1936, S. 6; VA AR/ 2-A-3/ 27.01.1937, S. 2; VA AR/ 2-A-3/ 26.06.1937, S. 4 f.; VA AR/ 2-A-3/ 01.02.1938, S. 4 f.; VA AR/ 2-A-3/ 24.01.1939, S. 5; VA AR/ 3-A-3/ 29.01.1936, S. 2; VA AR/ 4-A-3/ 04.02.1935, S. 3; VA AR/ 4-A-3/ 27.01.1937, S. 2.; für Bauarbeiten z. B. Unterstützung der Gemeinnützigen Baugenossenschaft in Oberhausen durch die Rheinische W. mit 10,06 a oder der Stadt Duisburg mit in Fluchtlinien liegenden Geländestreifen über 3 a; die Westdeutsche W. überließ der Erbengemeinschaft Huck in Essen-Katernberg 5 m² Gelände zur baulichen Verwendung; AR/ 4-A-3/ 04.02.1935, S. 2 ff.; VA AR/ 2-A-3/ 01.02.1938, S. 4 f.; VA AR/ 3-A-3/ 04.02.1935, S. 2; VA AR/ 1-A-3/ 01.02.1938, S. 3 f.; VA AR/ 1-A-3/ 24.01.1939, S. 3.
[206] VA AR/ 1-A-3/ 04.02.1935, S. 2; VA AR/ 4-A-3/ 04.02.1935, S. 4; VA AR/ 1-A-3/ 01.02.1938, S. 4; VA AR/ 2-A-3/ 24.01.1939, S. 5; VA AR/ 3-A-3/ 24.01.1939, S. 6.
[207] TKA BIW/ 743.
[208] VA GB/ 1-A-3/ 1935/ 36; VA VS/ I, Bl. 17.
[209] Stier, Staat und Strom, S. 477.
[210] VA VS/ I, Bl. 78.

daß dieser Posten unter Allgemeinstrom umlagefähig gewesen wäre und die Gesellschaften damit bei über 19.000 Häusern auf mehr als 47.000,-- RM jährlich zugunsten der Mieter verzichteten.

Eine besondere Erleichterung für die Mieter bedeutete die umfassende Einrichtung von Spülaborten und Waschküchen. Die Maßnahmen gingen zwar nicht soweit, daß die Gesellschaften auf Finanzierungsangebote der Mieter eingingen und elektrische Waschmaschinen anschafften, doch bedeutete bereits die Schaffung von Waschküchen und Spülaborten eine große Erleichterung im Mieteralltag.
In erster Linie kam die Waschmöglichkeit außerhalb der Wohnung den Frauen zugute, die einmal in der Woche die sog. „Große Wäsche"[211] durchführten und dabei das Waschbrett oder die Rührflügelmaschine benutzten. Obwohl Kokereien und Kraftwerke eine hohe Luftverschmutzung verursachten und den zum Trocknen ausgehängten Sachen mit Ruß und Staub zusetzten, versuchten die Frauen unter freiem Himmel zu waschen. Da dies nur bei Trockenheit und Wärme möglich war und sich in den Häusern bislang kein anderer Platz fand, mußten sie bei kalter, nasser Witterung in der Küche waschen und die Sachen dort aufhängen.[212] Dieser Raum unterlag dann in der Regel an bis zu drei von sieben Tagen in der Woche erschwerten Nutzungsmöglichkeiten. Die Einrichtung der Waschküchen durch die Wohnungsgesellschaften bedeutete für die Mieter daher einen hohen Nutzungszuwachs ihrer Wohnung. Hinzu kam ein erhöhter Wohnkomfort, da die Feuchtigkeit der Wäsche aus der Küche verschwand.

Ein weiterer Nutzungszuwachs der Wohnungen ergab sich aus den angebauten Ställen. Die Bestandspflege bedeutete aber auch, daß unzulängliche Stallanbauten beseitigt werden mußten. Auch Häuser mußten weichen, sofern sie den Anforderungen an eine ordnungsgemäße Instandsetzung nicht mehr genügen konnten. Die Rheinisch Westfälische W. wies insgesamt den höchsten Anteil an alten Gebäuden auf und mußte allein 1938 zwölf nicht mehr sanierungsfähige Häuser mit 52 Wohnungen abreißen.[213]

Darüber hinaus war den Gesellschaften daran gelegen, Defizite bei der Instandhaltung umgehend zu beseitigen. Defizite konnten auch sozialer Art sein und so wies der Vorstand die Geschäftsleitungen und Verwaltungsstellen an, neben der technischen Fürsorge auf einen freundlichen und korrekten Umgang mit den Mietern zu achten.
Briefe waren in angemessener Sprache unter Beachtung der geltenden Umgangsformen zu beantworten und jeder externen Beschwerde war nachzugehen. [214] Der Vorstand wollte so vermeiden, daß den Gesellschaften Gleichgültigkeit gegenüber unhalt-

[211] Günter, Bettina, Schonen-Schützen-Scheuern, Zum Wohnalltag von Arbeiterfamilien im Ruhrgebiet der zwanziger Jahre, Münster New York 1995, S. 80 ff., Fn. 112 unter Zitierung Landschaftsverband Rheinland (Hrsg.), Die große Wäsche, Köln 1988.
[212] Günter, Schonen-Schützen-Scheuern, S. 82, 92.
[213] VA GB/ 2-A-3/ 1937/ 38, S. 1.
[214] VA VS/ I, Bl. 96; VA VS/ II, Bl. 75; auf formale Korrektheit legte der Vorstand nicht nur im Hinblick auf den externen, sondern auch auf den internen Sprachgebrauch Wert und rügte deshalb ausdrücklich die im mündlichen wie im schriftlichen Verkehr gängige Ausdrucksweise: „Essen hat angeordnet", „..... in Meiderich anfragen", „Dortmund hat noch keine Entscheidung gefällt", „Die Angelegenheit wird in Gelsenkirchen noch bearbeitet"; der Vorstand legte Wert auf Formalien und unterstrich deshalb, daß es heißen mußte: „Der Vorstand hat angeordnet"; „.. ich muß die Leitung um Entscheidung bitten"; „die Leitung hat noch keine Entscheidung ge-

baren Zuständen vorgeworfen werden konnte. Allerdings attestierte Fusban einigen Mietern der GBAG-Dienstwohnungen „übertriebene Ansprüche".[215] Sogar Knepper unterstützte die Wohnungsgesellschaften, als die GBAG, Gruppe Gelsenkirchen, forderte:[216]

> *„Wir stehen .... auf dem Standpunkt, daß bei Wohnungswechsel unserer Beamten es selbstverständlich ist, daß das Haus von oben bis unten gestrichen wird und wir keinerlei Anstrichkosten übernehmen können."*

Mit ihrer Ablehnung schufen die Gesellschaften ein Musterbeispiel und wollten so präventiv verdeutlichen, daß für jede Instandsetzung allein der objektive Befund maßgebend war.

d') Umfang der Maßnahmen im zivilen Luftschutz

Zu den regelmäßigen Arbeiten an den Häusern kamen die Einrichtung und Pflege von Luftschutzvorrichtungen hinzu.[217]

Die Nationalsozialisten forderten mit der zeitgenössischen Literatur von der Industrie und ihren Siedlungen nicht nur ökonomische, sondern auch wehrwirtschaftliche und wehrpolitische Aufgaben als „vornehmste Aufgabe ihrer Standortwahl" zu beachten. Das bedeutete vor allem die reichsweite Verteilung der Produktion auf eine Vielzahl an Werken. Da im Ruhrgebiet die Zechen und Stahlwerke standortgebunden waren, ließen sich die gewachsenen Siedlungsstrukturen jedoch nicht aufheben.[218]

Der Pflege der bereits vorhandenen Schutzräume kam daher erhöhte Bedeutung zu und erstreckte sich insbesondere auf die Bauteile aus Eisen (Rostschutz), Holz (Schwammschutz), Filz (Mottenschutz) und Gummi (Konservierung).[219]

Überraschend kamen diese Arbeiten für die Gesellschaften nicht, denn der Werkluftschutz hatte bereits die Werke der VSt betroffen, nachdem der Verein zur Wahrung der gemeinsamen wirtschaftlichen Interessen in Rheinland und Westfalen (Langnamverein) und die Nordwestliche Gruppe des Vereins Deutscher Eisen- und Stahlindustrieller einen Sachbearbeiter für Werkluftschutzfragen bestellt hatten. Der Werkluftschutz war der Reichsgruppe Industrie als Selbstverwaltungsaufgabe übertragen.[220]

---

getroffen" und „ die Angelegenheit liegt der Leitung meiner Gesellschaft vor"; VA VS/ III, Bl. 47.

[215] VA VS/ I, Bl. 105; VA VS/ II, Bl. 65, 72.

[216] VA VS/ II, Bl. 72.

[217] Zuständig war das am 05.05.1933 aus dem „Reichskommissariat für die Luftfahrt" hervorgegangene Reichsluftfahrtministerium (RLM Chef des Zivilen Luftschutzwesens/ „Chef ZL", ab 1939 Luftwaffeninspektion 13), Lemke, Bernd, Luftschutz in Großbritannien und Deutschland 1923-1939, Zivile Vorbereitungen als Ausdruck der staats- und gesellschaftspolitischen Grundlagen von Demokratie und Diktatur, Freiburg im Breisgau 2001, S. 300 ff. .

[218] Glose, Friedrich, Miethausbesitz, in: Reichsbund der Haus- und Grundbesitzer (Hrsg.), Haus- und Grundbesitz, Ein Arbeitsquerschnitt, Bericht über den Deutschen Haus- und Grundbesitzertag vom 25.-28. September 1937 in Köln, Berlin 1937, S. 160-172, hier S. 168; VA GB/ 1-A-3/ 1939/40, S. 1 f.; Frommhold, Kriegskunst und Siedlung, Luftschutz und Städtebau, in: Bauwelt, Zeitschrift für das gesamte Bauwesen 1939, S. 67-74, hier S. 71 f., 74; Benedict, S. 57.

[219] Heinicke, Das Bauwesen unter Berücksichtigung des Luftschutzes, in: Stegemann, Rudolf (Hrsg.), Kleinsiedlungen und Behelfswohnungen, Vom wirtschaftlichen Bauen, 16. Folge, Dresden 1936, S. 99-116, hier S. 115; auf Vorschlag des Leiters des Mykologischen Instituts der Deutschen Gesellschaft für Pilzkunde (Darmstadt) und Verbindungsmanns zur Reichsarbeitsgemeinschaft Schadenverhütung, Kallenbach, kam es 1937 unter Beteiligung der Biologischen Reichsanstalt, der Forsthochschule Eberswalde und des Materialprüfungsamtes Dahlem zur Bildung der Arbeitsgemeinschaft für die Hausschwammbekämpfung, BArch R 3101/ 16202.

Für Maßnahmen am Gebäudebestand hatte das Reichsarbeitsministerium außerdem im Herbst 1933 einen Katalog aufgestellt, der bestimmte, hinsichtlich welcher Arbeiten zum Zwecke des Luftschutzes Reichszuschüsse beantragt werden konnten. Alle Aufwendungen für den zivilen Luftschutz konnten steuerlich Berücksichtigung finden.

Ab 1935 regelte das Luftschutzgesetz mit mehreren Verordnungen die „Luftschutzpflicht". Ansiedlungen an Hauptverkehrs- und Umgehungsstraßen sollten möglichst in einem Abstand von zehn Metern vom Straßenrand errichtet werden.[221]
Daraus ergaben sich für die Wohnungsgesellschaften nicht nur die Vorgaben zur Planung und konstruktiven Durchbildung von Schutzraum-Anlagen, sondern auch einige Ausnahmen. So war bei Wohnstätten, die einer Steuervergünstigung nach dem Grundsteuergesetz (GrStG)[222] unterlagen, die Anlage einer Gasschleuse und eines Abortes nicht erforderlich, wenn das einzelne Baugrundstück weder über zehn Wohnungen, noch mehr als drei Vollgeschosse hatte. Die Wohnungsgesellschaften mußten feststellen, daß die zuständige Baupolizei bei Genehmigungen von Luftschutztüren und Gasschutzblenden unterschiedlich verfuhr. Die Gesellschaften installierten diese Schutzvorrichtungen im Geschoßwohnungsbau daher von vornherein, während bei den Kleinsiedlungen nur dann ein Einbau in Betracht kam, wenn ihn die Baupolizei wegen der unmittelbaren Nähe zu den Werken forderte.[223]

In diesem Zusammenhang auferlegte sich die Leitung des Reichsluftschutzdienstes Hamborn gleichermaßen legislative wie exekutive Kompetenz. Sie forderte die Rheinische W. zur Anfertigung von Handzeichnungen über alle Kellergeschosse auf, ließ die rechtliche Grundlage dafür aber vermissen. Auf die juristische Unzulänglichkeit verweisend empfahl Fusban folgerichtig, „den Reichsluftschutzleitern anheim zu stellen, die Zeichnungen selbst anzufertigen"[224].

---

[220] TKA NSt/ 470; 1933 waren in den Ländern und Provinzen Bereichsvertrauensstellen gebildet worden, die in Bezirke untergliedert waren. Werkluftschutzfragen des Langnamvereins bearbeitete Otto Creutz, der enge Verbindung mit dem Reichsluftfahrtministerium hielt; der Langnamverein, so bezeichnet von Bismarck, löste sich 1934 auf; Plumpe, Werner, Unternehmerverbände, in: Faulenbach/ Jelich, S. 157-164, hier S. 158.

[221] Seldte an die Regierungen der Länder - Wohnungsressorts - IV Nr. 8502/33 Wo. - vom 02.11.1933 betr. Reichszuschüsse für Instandsetzungen und Umbauten, BArch R 43 II/ 1006, Bl. 65 f.; dazu Definition über die Geeignetheit von Räumen zum Luftschutz bei Ronde, Hans, Der Luftschutz, Veröffentlichungen des Reichsverbandes der Deutschen Industrie Nr. 58, Berlin 1931, S. 28; Luftschutzgesetz vom 26.06.1935, RGBl. 1935 I S. 827; 1. DVO zum Luftschutzgesetz vom 04.05.1937, RGBl. 1937 I S. 559; 2. und 3. DVO zum Luftschutzgesetz vom 04.05.1937, RGBl. 1937 I S. 566; 4. DVO zum Luftschutzgesetz vom 31.01.1938, RGBl. 1938 I S. 197; Erste Ausführungsbestimmungen zum § 1 der 2. DVO zum Luftschutzgesetz vom 04.05.1937, RGBl. 1937 I S. 568; Amt des Siedlungsbeauftragten der NSDAP (Hrsg.), Luftschutz und Siedlung, Heft 6, München 1936, S. 7; BArch R 113/ 53445 (C 8/ 15.7.).

[222] § 29 Grundsteuergesetz (GrStG) vom 01.12.1936, RGBl. 1936 I S. 986.

[223] Nrn. 80, 83, und 85 der 2. DVO zum Luftschutzgesetz; VA VS/ I, Bl. 85. Die Einrichtung von gas- und splittersicheren Räumen galt in der Literatur schon länger als wesentlichste Luftschutzmaßnahme bei bereits stehenden Gebäuden; dazu Mahs, Frhr. v., Der Kollektivschutz der Bevölkerung gegen Luftangriffe und die Sicherung lebenswichtiger Betriebe, Veröffentlichungen des Reichsverbandes der Deutschen Industrie Nr. 58, Berlin 1931, S. 56; VA VS/ II, Bl. 43.

[224] VA VS/ II, Bl. 61.

Der Luftschutz umfaßte für die Gesellschaften auch die Verpflichtung, Selbstschutzgeräte für die Luftschutzgemeinschaften bereitzustellen. Luftschutzgemeinschaften setzten sich aus den Bewohnern eines oder mehrerer Häuser zusammen. Im Bereich der Rheinische W. waren 3.000, bei der Rheinisch Westfälische W. 2.200 und bei der Westfälische W. 900 Häuser betroffen, also insgesamt 6.100 Gebäude.[225]
Die Teilnehmer der Luftschutzgemeinschaften besorgten vorgeschriebene Selbstschutzgeräte wie Einreißhaken, Leinen, Leitern, Wasserbehälter, Sandkisten, Schaufeln und Äxte. Luftschutzhausapotheken waren ebenso wie Verbandstoffe und Arzneimittel nur in geringen Mengen zu kaufen. Der Erwerb von 6.000 Handfeuerspritzen erfolgte in Abstimmung mit der Einkaufsabteilung der VSt.[226] Bei der Anschaffung von Volksgasmasken verwarf die VSt eine Sammelbestellung, so daß jeder einen entsprechenden Antrag auf Zuteilung einer Maske bei den Geschäftsleitungen der Wohnungsgesellschaften einreichen mußte.[227]
Neben solchen vorgeschriebenen Maßnahmen förderten die Gesellschaften auch Schutzmaßnahmen, die sie für zweckmäßig hielten. Dementsprechend sorgten sie für Deckenabsteifungen und Notausstiege. Die NSDAP hielt sich bei den Wohnungsgesellschaften hinsichtlich der Umsetzung des Maßnahmenkatalogs zum Luftschutz grundsätzlich zurück. Sie griff allerdings insofern in die Entscheidungsgewalt der Gesellschaften ein, als daß sie die Anbringung von Haustafeln für Mitteilungen der Partei in Fragen des Luftschutzes und anderer Art forderte. Unter Bezugnahme auf eine Stellungnahme des Hauptverbandes Deutscher Wohnungsunternehmen (Baugenossenschaften und -gesellschaften) e.V. kam der Vorstand zu dem Schluß, daß ein emailliertes Blechschild für einen ganzen Block ausreichend war. Dieser Eingriff der Partei in die Bestandsbewirtschaftung verursachte trotzdem immer noch Kosten von knapp 14.000,-- RM.[228]

Alles in allem umfaßten die über Instandhaltungskosten ausgewiesenen Maßnahmen somit neben erhaltenden oder ersetzenden Arbeiten auch kriegsvorbereitende Modernisierungen.
Trotz aller Maßnahmen der Instandhaltung, Instandsetzung und Modernisierung genügte 1938 jede neunte Wohnung der gemeinnützigen Gesellschaften den selbst gesetzten Anforderungen noch nicht. Allerdings ist zugunsten der Gesellschaften zu gewichten, daß sich lediglich 234 Wohnungen in abbruchreifem Zustand befanden.
Der bei 11,1 % festgestellte unbefriedigende Zustand war bei den Wohnungen jeweils unterschiedlich begründet. Vor allem mangelte es an Instandsetzungen von Treppen-

---

[225] VA VS/ III, Bl. 50 f.; VA VS/ IV, Bl. 72 f.; Löfken, Alexander, Baulicher Luftschutz zur Sicherung von Stadt und Land, Wirtschaft und Industrie gegen Luftangriffe, in: Frank/ Schubert, S. 242-248, hier S. 245.
[226] 7. DVO zum Luftschutzgesetz (Beschaffung von Selbstschutzgerät vom 23.05.1939, RGBl. 1939 I S. 963; 9. DVO zum Luftschutzgesetz (Behelfsmäßige Luftschutzmaßnahmen in bestehenden Gebäuden) vom 17.08.1939, RGBl. 1939 I S. 1391; VA VS/ III, Bl. 52, 58; die Aufklärungsaufgaben im Luftschutzwesen oblagen nun dem Bund Deutscher Mietervereine gemeinsam mit dem Hausbesitzerverband, vgl. Führer, in: Schulz, Wohnungspolitik und Sozialstaat, S. 243.
[227] VA VS/ III, Bl. 58.
[228] VA VS/ II, Bl. 26, 28, 74 f. .

häusern und Zuwegungen in den Siedlungen. Daraus folgte noch keine Unbenutzbarkeit der gemieteten Wohnung. Vielmehr durften die Wohnungsgesellschaften positiv darauf verweisen, daß sich nach fünf Jahren nahezu 90 % der Wohnungen in einem gut bewohnbaren Zustand befanden.

Tab. 67: Wohnungszustand; 1938

Zustand	Rheinische W.		Rheinisch Westf.W.		Westfälische W.		Gesamt	
	Whgs.-zahl	% Wohnungen gesamt	Whgs.-zahl	% Wohnungen gesamt	Whgs.-zahl	% Wohnungen gesamt	Whgs.-zahl	% Wohnungen gesamt
gut	18.495	83,2	15.915	89,7	13.481	95,2	47.891	88,5
unbefriedigend	3.680	16,6	1.658	9,3	655	4,6	5.993	11,1
abbruchreif	47	0,2	164	1,0	23	0,2	234	0,4

Quelle: Wohnungs- und Wohnverhältnisse, S. 6, TKA PA/ Forstmann.

Die Gesellschaften meldeten ihre Instandsetzungsmaßnahmen erst ab 20.000,-- RM, seit Januar 1938 ab 10.000,-- RM, an die VSt-Abteilung für Sozialwirtschaft, um in deren monatlichen Mitteilungen erwähnt zu werden. Sie kamen damit den Vorgaben Dinkelbachs von 1933 nach, den Wert des Wohnungsbestands und den betriebenen sozialen Aufwand deutlich gegenüber der Belegschaft zu zeigen.

b) Wohnungsbau

Nachdem die Bestandsbewirtschaftung mit Instandsetzungs- und Instandhaltungsmaßnahmen 1933 und 1934 im Vordergrund gestanden hatte, wandten sich die Wohnungsgesellschaften ab dem Geschäftsjahr 1934/ 35 verstärkt dem Wohnungsbau zu.

aa) Bau- und Bodenrecht

Die Rahmenbedingungen für den Wohnungsbau gingen aus dem Bau- und Bodenrecht hervor, das die formellen und materiellen Voraussetzungen eines Bauvorhabens regelte.

Eine zentrale wohnungspolitische Vorgabe der nationalsozialistischen Gesetzgebung kam in der Rechtsgrundlage des Siedlungsordnungsgesetzes vom 04.07.1934 zum Ausdruck. Der Reichswirtschaftsminister bzw. ab 04.12.1934 der Reichsarbeitsminister erhielt darin die Befugnis zur Regelung baurechtlicher Maßnahmen.[1] Für die Wohnungsgesellschaften gingen daraus die Voraussetzungen der Bauanzeige gegenüber den Regierungspräsidenten bzw. im Gebiet des Siedlungsverbandes Ruhrkohlenbezirk gegenüber dem Verbandspräsidenten hervor.[2]

---

[1] Gesetz über einstweilige Maßnahmen zur Ordnung des deutschen Siedlungswesens vom 03.07.1934, RGBl. 1934 I S. 568; Erlaß über das Siedlungs- und Wohnungswesen vom 04.12.1934, RGBl. 1934 I S. 1225.

[2] DVO zum Gesetz über einstweilige Maßnahmen zur Ordnung des deutschen Siedlungswesens vom 05.07.1934, RGBl. 1934 I S. 582.

Die nationalsozialistische Einflußnahme auf das Städtebaurecht kam in dem Gesetz über die Neugestaltung deutscher Städte zum Ausdruck, dem eine Vielzahl an Verordnungen und Führererlassen für städtebauliche Maßnahmen folgte. Namentlich waren davon mit Bochum, Düsseldorf, Köln und Wuppertal auch Städte betroffen, die im Geschäftsbereich der Wohnungsgesellschaften lagen.[3]

Wollten die Wohnungsgesellschaften ein Gebiet zur Bebauung nutzen, mußte die Fläche nach dem Wohnsiedlungsgesetz zum Wohnsiedlungsgebiet erklärt worden sein. Eine „geordnete Bebauung" sollte über eine Bodenverkehrsgenehmigung erreicht werden.[4] Ab 1936 legte die Bauregelungsverordnung fest, daß Anlagen, die Nachteile für die Allgemeinheit bedeuteten, in Kleinsiedlungs-, Wohn- und Geschäftsgebieten generell nicht zugelassen waren. Die VO über Baugestaltung[5] gab den Bauaufsichtsbehörden dabei die Möglichkeit, auf die Einhaltung der Grundsätze einer „anständigen Baugesinnung und werkgerechten Durchbildung" zu achten. Die baulichen Anlagen mußten sich in die Umgebung einfügen, so daß auf die Eigenart oder die beabsichtigte Gestaltung des Orts-, Straßen- und Landschaftsbildes, auf Denkmäler sowie auf „bemerkenswerte Naturgebilde" Rücksicht genommen werden mußte.
Für den Geschäftsbereich der Wohnungsgesellschaften regelten in den Regierungsbezirken Münster, Arnsberg und Minden Baupolizeiverordnungen das Bauordnungsrecht vor Ort. In größeren Städten erfolgte auch eine ergänzende Einteilung in Bauzonen bzw. Baustufen.[6]

---

[3] Gesetz über die Neugestaltung deutscher Städte vom 04.10.1937, RGBl. 1937 I S. 1054; mit Nachfolgeregelungen zu Augsburg, Bayreuth, Berlin, Bochum, Bremen, Breslau, Danzig, Dresden, Düsseldorf, Frankfurt/ M., Graz, Hamburg, Hannover, Innsbruck, Klagenfurt, Königsberg, Linz, Litzmannstadt, Lüneburg, Memel, Münster (Westf.), Nürnberg, Oldenburg, Reichenberg, Saarbrücken, Salzburg, Stettin, Waldbröl, Weimar, Wien, Würzburg, Wuppertal; im Bereich der Gesellschaften Erlasse des Führers und Reichskanzlers über städtebauliche Maßnahmen in der Stadt Bochum v. 16.05.1941, RGBl. 1941 I S. 279 und 21.12.1943, RGBl. 1943 I S. 683; Stadt Düsseldorf v. 07.06.1939, RGBl. 1939 I S. 987 und 03.05.1940, RGBl. 1940 I S. 714/ Stadt Köln v. 07.06.1939, RGBl. 1939 I S. 988 und v. 03.05.1940, RGBl. 1940 I S. 718/ Stadt Wuppertal v. 20.12.1940, RGBl. 1940 I S. 1645; abgesehen davon erhielten Städte wie Essen 1938 und Duisburg 1939 Stadtsanierungsmittel des RArbMin., Tabelle zu Mitteln des RArbBMin. bei Lüken-Isberner, S. 302.

[4] Gesetz über die Aufschließung von Wohnsiedlungsgebieten vom 22.09.1933, RGBl. 1933 I S. 659; Gesetz zur Änderung des Gesetzes über die Aufschließung von Wohnsiedlungsgebieten vom 27.09.1938, RGBl. 1938 I S. 1246; Fischer, Joachim, Förderung des Baues von Not- und Behelfswohnungen im Rahmen des Arbeitsbeschaffungsprogramms, in: RArbBl. 1933 II S. 368-369; *derselbe*, Wohnungswirtschaft und Arbeitsbeschaffung, in: RArbBl. 1934 II S. 59-60, hier S. 60; Harlander, Zwischen Heimstätte und Wohnmaschine, S. 52; nachrichtlich Siedlung oder Werkswohnung, in: Der Deutsche Nr. 44 vom 22.02.1934, BArch NS 5 VI/ 5303 Bl. 114. Die Aufschließung umfaßte nur die Sicherung geordneter Bebauung und nicht wie später das BBauG bzw. BauGB die Erschließung; Peltz-Dreckmann, S. 116 ff.; VO über die Regelung der Bebauung vom 15.02.1936, RGBl. 1936 I S. 104 im Anschluß an die preußischen Vorschriften zum Fluchtliniengesetz vom 02.07.1875 (GS, S. 561) und dem Wohnungsgesetz vom 28.03.1918 (GS, S. 23); Pergande, in: Deutsche Bau- und Bodenbank, S. 109.

[5] VO über Baugestaltung vom 10.11.1936, RGBl. 1936 I S. 938; zur Zulässigkeit befristeter Bausperren vgl. VO vom 29.10.1936, RGBl. 1936 I S. 933, auch RArbBl. 1936 I S. 289; dazu Bemerkungen des RArbMin. - IV c 6 Nr. 85/40 - vom 05.11.1936, RArbBl. 1936 I S. 300.

[6] Für den Siedlungsverband Ruhrkohlenbezirk trat die einschlägige Vorschrift, in der die Rahmenvorschrift für eine Bauzonenverordnung Aufnahme gefunden hatte, am 04.04.1930 in Kraft; Solnius, H., Die Bauzonenordnung für Stadt und Land in ihrer verwaltungsrechtlichen, kommunalwirtschaftlichen und siedlungspolitischen Begründung unter besonderer Berücksichtigung der Verhältnisse in der Provinz Westfalen, 2. Auflage, Münster 1936, S. 11 f.; Normalbaustufen der Baupolizeiverordnung für den Siedlungsverband Ruhrkohlenbezirk vom 22. März 1927, Kabel, S. 18 ff.; Walz, in: Kastorff-Viehmann/ v. Petz/ *derselbe*, S. 64.

Alles in allem mußten sich die Wohnungsgesellschaften damit arrangieren, daß in den Ländern und Provinzen ein unterschiedliches, zersplittertes Baurecht galt. Eine reichsweite Vereinheitlichung durch Zusammenführung aller wesentlichen Vorschriften in einem Gesetz blieb aus. Ein einheitliches Deutsches Baugesetzbuch, das alle einschlägigen Vorschriften zusammenführte, war zwar bereits in der Weimarer Republik in Form eines Reichsstädtebaugesetzes entworfen worden, lag aber erst 1942 als Referentenentwurf des RArbMin. vor und kam dann nicht mehr zur Veröffentlichung.

bb) Staatliche Lenkungsmaßnahmen

Die Wohnungsgesellschaften konnten unter diesen wohnungspolitischen Voraussetzungen ab 1935 erste Baufertigstellungen ausweisen. Ihre Verfügungsgewalt über den Umfang der Bauarbeiten indessen ging innerhalb der folgenden Jahre ungeachtet aufgestellter Bauprogramme aufgrund mangelnder Arbeitskräfte sowie knapper Baustoffe zurück.

a') Arbeitskräfte

Der Arbeitskräftemangel war die Folge staatlicher Lenkungsmaßnahmen.

Trotz Regelungen zum Arbeitseinsatz[7] und der Einführung eines Arbeitsbuches ergaben sich ab 1936 aufgrund des konjunkturellen Aufschwungs im Deutschen Reich vor allem in der Bau- und Metallindustrie Engpässe.[8]

Nachdem Hitler in einer geheimen Denkschrift zum Vierjahresplan im August 1936 das Ziel formuliert hatte, auf allen Gebieten eine schnellstmögliche Selbstversorgung herzustellen und die Armee und Wirtschaft in vier Jahren „einsatzfähig“ und „kriegsfähig“ zu machen, erging am 18.10.1936 die Verordnung zur Durchführung des Vierjahresplans.[9] Hauptziel der staatlich gelenkten Wirtschaftspolitik war entsprechend der von Hitler vorgegebenen Programmatik die sog. Wehrhaftmachung Deutschlands mit der Erweiterung von Rüstungsvorhaben bei Herstellung weitgehender Autarkie durch Bevorratung erhältlicher und ersatzweiser Produktion fehlender Rohstoffe (z. B. synthetische Treibstoffe). Mit dem Inkrafttreten des „Vierjahresplans“ begann eine verstärkte Einflußnahme von Staat und Partei auf die Wirtschaft („Primat der Politik“).[10]

Die Entscheidungsbefugnis über Lenkungsmaßnahmen erhielt Hermann Göring als Beauftragter für den Vierjahresplan. Göring war zum Erlaß von Rechtsverordnungen und allgemeinen Verwaltungsvorschriften befugt.

Hinsichtlich der Arbeitskräfte setzten sich mehrere Anordnungen zur Durchführung des Vierjahresplans mit der Erfassung, Ausbildung und Lenkung von Facharbeitern ausein-

---

[7] VO zur Regelung des Arbeitseinsatzes vom 15.05.1934, RGBl. 1934 I S. 381.

[8] Gesetz über die Einführung eines Arbeitsbuches vom 26.02.1935, RGBl. 1935 I S. 311; Sitzungsprotokolle, Presseausschnitte und Übersicht zum Bestand an Arbeitsbüchern für die VSt in TKA VSt/ 382; § 1 Abs. 1 Nr. 1 Erste VO zur Durchführung des Gesetzes über die Einführung eines Arbeitsbuches vom 16.05.1935, RGBl. 1935 I S. 602; das Arbeitsbuch wurde zur Beschäftigungsvoraussetzung in 16 definierten Betriebsgruppen gem. Zweite DVO vom 17.01.1936, RGBl. 1936 I S. 24 und Vierte DVO vom 09.06.1936, RGBl. 1936 I S. 485; Petzina, Vierjahresplan, S. 202 f. .

[9] Petzina, Dietmar, Isolation und Öffnung. Zwischen National- und Weltwirtschaft, in: Spree, Reinhard (Hrsg.), Geschichte der deutschen Wirtschaft im 20. Jahrhundert, München 2001, S. 90-116, hier S. 102; Petzina, Vierjahresplan, S. 46; nach Schätzung Speers entstand die Denkschrift im August 1936.

[10] Hildebrand, Das Dritte Reich, S. 53.

ander.[11] Die Wohnungsgesellschaften bekamen die Auswirkungen der Maßnahmen unmittelbar zu spüren, da die Bestimmungen insbesondere die Metall- und Baufacharbeiter betrafen, die als VSt-Belegschaft bei den Gesellschaften wohnten und nun mit Einstellungskontrollen und Abwerbungsverboten konfrontiert waren.

Dem mit dem Westwallbau[12] und der Errichtung der Vierjahresplanwerke (Aktiengesellschaft für Erzbergbau und Eisenhütten Herman Göring[13]) verschärften Arbeitskräftemangel wollten dann im Juni 1938 und im Februar 1939 die Verordnungen zur Sicherstellung des Kräftebedarfs für Aufgaben von besonderer staatspolitischer Bedeutung entgegentreten. Deutsche und in Deutschland lebende Ausländer konnten in Abstimmung mit den Arbeitsämtern für „staatspolitisch wichtige Projekte", namentlich Rüstungsprojekte, dienstverpflichtet werden. Damit wurden Engpässe bei diesen Projekten bekämpft, nicht aber Probleme für diejenigen Unternehmer gelöst, deren Arbeiter aufgrund ihrer Dienstverpflichtung eine vakante Stelle hinterließen oder die wie die Wohnungsgesellschaften anstehende Arbeiten nicht durchführen lassen konnten. So führte der dirigierte Arbeitseinsatz einerseits zum Aufbau der von den Vierjahresplanvorhaben berücksichtigten Industrien von Bau, Chemie und Rüstung sowie des Verkehrswesens. Andererseits verstärkte sich in der deutschen Wirtschaft - und infolge der besonders betroffenen Bauwirtschaft gerade für die Wohnungsunternehmen - der Arbeitskräftemangel. Erschwerend kam hinzu, daß in der staatlichen Verwaltung zu wenig Mitarbeiter saßen, die in einigen Fällen auch noch schlecht ausgebildet waren.[14]

Die nach *Petzina*[15] insgesamt erkennbaren vier Entwicklungsstufen der Lenkungsmaßnahmen zur Regelung des Arbeitsmarktes zeigten in der ersten Stufe 1933/ 34 mit einer neuen Arbeitsmarkt-Ordnung einen organisatorischen Rahmen, in dem Arbeitseinsatzpolitik im wesentlichen mit Arbeitsbeschaffungspolitik identisch war.

In der zweiten Stufe brachte diese Politik 1935/ 36 bis zur Verkündung des Vierjahresplans in einigen rüstungswirtschaftlich bedeutsamen Wirtschaftszweigen gesetzliche Arbeitslenkungsmaßnahmen hervor, die jedoch aufgrund einer Reserve von 1 Mio. Arbeitslosen noch keine größere Bedeutung erlangten.

---

[11] Seldte, Franz, Sozialpolitik im Dritten Reich, 1933-1938, München 1939, S. 13; VO zur Durchführung des Vierjahresplanes, RGBl. 1936 I S. 887; Petzina, Vierjahresplan, S. 203 m.w.N. .

[12] Zahlen dazu mit Propagandablatt bei Thamer, Hans-Ulrich, Verführung und Gewalt, Deutschland 1933-1945, Die Deutschen und ihre Nation, Darmstadt 1986, S. 485; an der Westgrenze waren neben den Facharbeitern noch über 360.000 berufsfremde Arbeitskräfte, ca. 100.000 sog. „Arbeitsmänner" sowie mehrere Gliederungen des Heeres beschäftigt, Bußwitz, Georg, Die Bauwirtschaft im Jahre 1938, in: Reichsverband des deutschen gemeinnützigen Wohnungswesens, Jahrbuch Leistungsbericht 1938, S. 125-132, hier S. 128; VO zur Sicherstellung des Kräftebedarfs für Aufgaben von besonderer staatspolitischer Bedeutung vom 22.06.1938, RGBl. 1938 I S. 652 und vom 13.02.1939, RGBl. 1939 I S. 206.

[13] Gründung mit Handelsregistereintrag vom 15.07.1937; ab 07.07.1938 firmierten unter der Dachgesellschaft „AG Reichswerke Hermann Göring" die „Reichswerke AG für Berg- und Hüttenbetriebe Hermann Göring", die „Reichswerke AG für Waffen- und Maschinenbau Hermann Göring" sowie die „Reichswerke AG für Binnenschiffahrt Hermann Göring".

[14] Streb, Jochen, Das Scheitern der staatlichen Preisregulierung in der nationalsozialistischen Bauwirtschaft, in: JfW 2003/ 1, S. 27-48, hier S. 45.

[15] Petzina, Dietmar, Die Mobilisierung deutscher Arbeitskräfte vor und während des Zweiten Weltkrieges, in: VfZ 18 (1970), S. 443-455, hier S. 443 f.; *derselbe*, Vierjahresplan, S. 205 ff. .

Die dritte Stufe vom Beginn des Vierjahresplans bis zum Sommer 1938 war vom Arbeitseinsatz als Instrument zur Umsetzung der Vierjahresplanvorhaben bestimmt. Die Arbeitseinsatzpolitik, die den Arbeitskräftemangel vor allem bei Facharbeitern wie in der für die Wohnungsgesellschaften bedeutsamen Bauindustrie zu beheben versuchte, war noch ohne Zwangsrekrutierung von Arbeitern eine indirekte Steuerung des Arbeitsmarktes. In der vierten Stufe führte dann ab Sommer 1938 der Arbeitskräftemangel zu Dienstverpflichtungen, die jegliche Freizügigkeit am Arbeitsmarkt aufhoben und die in die bei Kriegsausbruch erlassene VO über die Beschränkung des Arbeitsplatzwechsels mündeten.[16]

Um nun einem eigenmächtigen Abzug der Bauhandwerker seitens der Arbeitsämter vorzubeugen, wies der Vorstand ausdrücklich auf die Voraussetzung einer Dienstverpflichtung hin. Sofern die für die Wohnungsgesellschaften tätigen Bauhandwerker ohne eine Dienstverpflichtung abgezogen wurden, erfolgte sofortiger Einspruch beim Landesarbeitsamt.[17]

Ansonsten waren für die Gesellschaften seit 1936 die Vorgaben der Vierten Anordnung über die „Sicherstellung der Arbeitskräfte und des Bedarfs an Baustoffen für staats- und wirtschaftspolitisch bedeutsame Aufgaben" von Belang. Danach waren dem Arbeitsamt jegliche Arbeiten im Bausektor auf vorgeschriebenen Formularen anzuzeigen, sobald der Arbeitslohn über 5.000,-- RM lag.[18] Das bedeutete, daß dringende Maßnahmen, auch wenn sie über die Lohngrenze hinausgingen, nicht ordnungsgemäß angezeigt werden konnten, planbare Erhaltungs-, Ersetzungs- oder Neubaumaßnahmen hingegen schon. Die Auflagen hatten für jedes Wohnungsunternehmen einen Mehraufwand zur Folge. Darüber hinaus erhielt die „Zentralstelle der Deutschen Arbeitsfront für den Vierjahresplan" mit dem „Erlaß zur Schaffung von Wohnstätten für die Gefolgschaften industrieller Betriebe im Rahmen des Vierjahresplans"[19] den Auftrag zur zentralen Betreuung der Wohnungsbau- und Siedlungsvorhaben, die mit der Durchführung des Vierjahresplans zusammenhingen. Für die Wohnungsgesellschaften war der Erlaß von Bedeutung, da er sich auf Betriebe erstreckte, die wie die Gelsenberg Benzin AG im Rahmen des Vierjahresplans neu errichtet oder verlagert werden mußten.[20]

---

[16] VO über die Beschränkung des Arbeitsplatzwechsels, RGBl. 1939 I S. 1685.

[17] VA VS/ IV, Bl. 36.

[18] VA VS/ I, Bl. 14; Vierte Anordnung über die Sicherstellung der Arbeitskräfte und des Bedarfs an Baustoffen für staats- und wirtschaftspolitisch bedeutsame Aufgaben vom 07.11.1936, DRAnz. Nr. 262.

[19] Erl. zur Schaffung von Wohnstätten für die Gefolgschaften industrieller Betriebe im Rahmen des Vierjahresplans vom 10.02.1937, in: Enskat, Die wohnungs- und siedlungswirtschaftliche Gesetzgebung, S. 81.

[20] Die Gelsenberg Benzin AG erhielt nach Vorgesprächen des Generalbevollmächtigten für die Kriegswirtschaft und Reichsbankpräsident Hjalmar Schacht mit Albert Vögler sowie mit Gustav Knepper von Göring am 15.12.1936 die Betriebserlaubnis als Hydrierwerk in Gelsenkirchen-Horst zur Erzeugung von zunächst 200.000 jato Benzin. Die VSt gründete die Gelsenberg Benzin AG daraufhin mit GBAG, ATH, DHHV und Bochumer Verein am 18.12.1936. Ab Januar 1937 war die GBAG alleinige Aktionärin. Geschäfts- und Betriebsführung der Gelsenberg Benzin AG, die am 03.08.1939 das erste Benzin produzierte, erfolgten im eigenen Namen, aber im Auftrag und für Rechnung der GBAG, die dann für den Wohnungsbau in Gelsenkirchen-Horst mit der Rheinisch Westfälische W. zusammenarbeitete, Baumann, Hans, Gelsenberg Benzin Aktiengesellschaft 1936-1961, Gütersloh 1961, S. 18, 70 f.; Kemmer, Heinz-Günter, Oelspuren, 50 Jahre VEBA OEL, Düsseldorf Wien 1985, S. 14 f.;

Zwar erhöhte sich der Wohnungszugang im Deutschen Reich nun zunächst[21], doch verschob sich die Gewichtung der nationalsozialistischen Politik zugunsten der Investitionen in der Grundstoff- und Investitionsgüterindustrie. Folge dieser Politik blieb die Gewinnung von Baukapazitäten für die sog. staats- und wirtschaftspolitisch wichtigen Aufgaben auf Kosten des allgemeinen Wohnungsbaus.

Im Ergebnis sahen sich die Wohnungsgesellschaften also mit einem Wechsel von der Arbeitsbeschaffung aus Mangel an Arbeit zu der Einschränkung der Arbeit aus Mangel an Arbeitskräften konfrontiert.

b') Baustoffe

Zu dem Arbeitskräftemangel kam ab 1936 ein Mangel an Baustoffen hinzu.
Rohstoffe unterlagen wie die Arbeitskräfte Lenkungsmaßnahmen, zu deren Kontrolle Überwachungsstellen - ab 1939 Reichsstellen - existierten.[22] Diese Stellen unterstanden dem Reichswirtschaftsministerium und waren mit Zuteilungskompetenz ausgestattet. Die Verknappung der Rohstoffe führte 1936 zu einer Neuregelung der Rohstofflenkung, als mit der sog. „Geschäftsgruppe Rohstoffverteilung" eine von sechs Gruppen zur Erledigung der Geschäfte des Vierjahresplans entstand. Die Einrichtung der Geschäftsgruppe Rohstoffverteilung berührte die Verantwortlichkeit der Überwachungsstellen nicht, zumal die Geschäftsgruppe bereits im Juli 1937 von einem Generalbevollmächtigten für die Eisen- und Stahlbewirtschaftung ersetzt wurde.[23]
Da ein Unternehmen für ein Produkt regelmäßig mehrere, untereinander nicht koordinierte Überwachungsstellen (Eisen und Stahl, Holz) anrufen mußte, begann im Februar 1937 eine mengenmäßige monatliche Kontingentierung. Zunächst bestanden vier Kontingente, die vor allem Bauten für Heer und Luftwaffe ermöglichen sollten.[24] Diese Kontingentierung erwies sich in der Praxis jedoch nicht als hilfreich.

---

mit Abschrift von Görings Genehmigung Mrotzek, Marlies, Das KZ-Außenlager der Gelsenberg Benzin AG, Fernwald 2002, S. 32 ff..

[21] Die Wohnungszahl stieg von 241.000 Wohnungen in 1935 über 310.000 in 1936 auf 320.000 in 1937 und übertraf damit den Höchststand von 318.000 aus dem Jahr 1929; mit Daten des Statistischen Jahrbuchs für das Deutsche Reich Petzina, Vierjahresplan, S. 208.

[22] Behördliche Überwachung bzgl. Beschaffung, Verteilung, Lagerung, Absatz und Verbrauch zunächst gem. „Gesetz über den Verkehr mit industriellen Rohstoffen und Halbfabrikation" vom 22.03.1934, RGBl. 1936 I S. 212, mit anschließender Einrichtung der Überwachungsstelle für unedle Metalle am 26.03.1934. Das „Gesetz über wirtschaftliche Maßnahmen" vom 03.07.1934 bildete die Grundlage für die am 04.09.1934 erlassene „Verordnung über den Warenverkehr", die ihrerseits Rechtsgrundlage für die Überwachungsstellen - so wie für Eisen und Stahl am 13.08.1934 - war; vgl. weiter VO über die Errichtung von Überwachungsstellen vom 04.09.1934, DRAnz. Nr. 209 vom 07.09.1934; Lutzeyer, August (Hrsg.), Die Reichsstellen, ihre Zuständigkeit und Verzeichnis der gültigen Anordnungen, Loseblattausgabe, Bad Oeynhausen i.W. 1940.

[23] Die Gruppen waren zuständig für die Erzeugung deutscher Roh- und Werkstoffe, Rohstoffverteilung, Arbeitseinsatz, landwirtschaftliche Erzeugung, Preisüberwachung, Devisen, vgl. Petzina, Vierjahresplan, S. 56; Köhler, Walter, Die Aufgaben der Geschäftsgruppe Rohstoffverteilung, in: Der Vierjahresplan 1937, S. 69-70, hier S. 69; Köhler war Badischer Ministerpräsident und Leiter der Gruppe Rohstoffverteilung; Auflösung im Juli 1937 durch den „Generalbevollmächtigten für die Eisen- und Stahlbewirtschaftung" (Oberst v.Hannecken).

[24] Sarholz, Thomas, Die Auswirkungen der Kontingentierung von Eisen und Stahl auf die Aufrüstung der Wehrmacht von 1936 bis 1939, Diss., Darmstadt 1983, S. 195 f.; der Wohnungsmangel war das entscheidende Defizit des Ausbaus der deutschen Luftfahrtindustrie, vgl. Budraß, S. 454.

Tab. 68: Aufteilung der Kontingentträger

Kennziffer	Kontingentträger	Zuständigkeit
I	NSDAP Reichszentralstelle für die Durchführung des Vierjahresplans	Bauten der NSDAP, ihrer Gliederungen und angeschlossenen Verbände
II	Oberkommando der Wehrmacht Wehrwirtschaftsstab	Wehrmachtsbauten einschließlich der zivilen Luftfahrt und des Reichsarbeitsführers (Verteilung über OKH, Kriegsmarine und RdL)
III	Reichsstelle für Wirtschaftsausbau	Bauten, die ausdrücklich in die Gesamtplanung der Reichsstelle für Wirtschaftsausbau aufgenommen waren, einschl. Deutsche Erd- und Steinwerke
IV	Bergbau Reichswirtschaftsminister Hauptabteilung II Bg.	Betriebsbauten der Mitglieder der Wirtschaftsgruppe Bergbau
V	Eisenschaffende Industrie Reichswirtschaftsminister Hauptabteilung II EM 2	Betriebsbauten der Mitglieder der Wirtschaftsgruppe Eisenschaffende Industrie – ohne Reichswerke „Hermann Göring"
VI	Reichsgruppe Energiewirtschaft Reichswirtschaftsminister Hauptabteilung II En.	Bauten der Gas-, Wasser- und Elektrizitätsversorgung; für die Abgrenzung im einzelnen waren die von der Reichsgruppe Energiewirtschaft herausgegebenen Richtlinien vom Juli 1938 zu beachten
VII	Reichswerke „Hermann Göring" Reichswerke AG für Berg- und Hüttenbetriebe „Hermann Göring"	Bauten der Reichswerke in Braunschweig und Linz
VIII	Volkswagenwerk Volkswagen GmbH, Zentrale Berlin	Bau des Volkswagenwerks Fallersleben und der Stadt des KdF-Wagens
IX	Reichsminister für Ernährung und Landwirtschaft	Bauten für besondere landwirtschaftliche und ernährungswirtschaftliche Bedarfszwecke (Getreidesilos, Fabriken, Stallbauten, Meliorationen)
X	Reichsverkehrsminister Deutsche Reichsbahn Eisenbahnabteilungen	Betriebsbauten der Deutschen Reichsbahn einschl. der Anschlußgleise außerhalb der Werksgelände, soweit sie von der DR befahren wurden
XI	Reichsverkehrsminister Reichswasserstraßenverwaltung	Reichswasserstraßen, einschl. Hafenbauten der Länder und Gemeinden
XII	Generalinspektor für das deutsche Straßenwesen	Reichsautobahnen, Reichsstraßen, Landstraßen 1. und 2. Ordnung einschl. Ortsdurchfahrten
XIII	Reichspostminister	Betriebsbauten der Deutschen Reichspost
XIV	Reichsverkehrsgruppe Schienenbahnen	Bauten der Mitglieder der Reichsverkehrsgruppe Schienenbahnen einschl. der Anschlußgleise, die durch diese Mitglieder befahren wurden
XV	Reichsarbeitsminister Hauptabteilung V	Wohnungs- und Siedlungsbau, gewerbliche und industrielle Bauten, gemeindliche Hoch- und Tiefbauten, soweit nicht andere Kontingentträger zuständig waren (Anträge an das Arbeitsamt)
XVI	Deutsche Arbeitsfront Der Leiter der Zentralstelle für die Finanzwirtschaft (Wohnungs- und Siedlungsbau)	Wohnungs- und Siedlungsbauten, soweit sie ausdrücklich in die Gesamtplanung der DAF aufgenommen waren
XVII	Neugestaltung Deutscher Städte Generalbauinspektor für die Reichshauptstadt	Neubauten der Städte Berlin, München, Nürnberg, Hamburg, Linz
XVIII	Öffentliche Bauten des Reichs und der Länder (einschl. Reichsführer SS, Polizei) Generalbevollmächtigter für die Regelung der Bauwirtschaft	Hoch- und Tiefbauten, soweit sie nach Finanzierung und Zweckbestimmung als unmittelbare Reichs- und Länderbauten anzusehen waren
XIX	Ausbau von Gaustädten Generalbevollmächtigter für die Regelung der Bauwirtschaft	Bauten in Gaustädten, deren Ausbau durch Erlaß Hitlers angeordnet war

Quelle: VA VS/ IV, Bl. 4b.

Die Unternehmen bestellten, um bei der Verteilung der Ware in jedem Fall bedacht zu werden, über ihren Bedarf hinaus.[25] Als Ergebnis der Kontingentierung blieb daher eine ungleiche Verteilung.

Der - so *Lütge* - „komplizierte Apparat an Ge- und Verboten", der in Änderungen zum Baugenehmigungsverfahren und in mehreren baupolizeilichen Zulassungsverordnungen für Baustoffe weiteren Ausdruck fand, „war für den Außenstehenden kaum noch zu übersehen" und stellte an die Wohnungsgesellschaften hohe Anforderungen.[26] Der Generalbevollmächtigte für die Regelung der Bauwirtschaft (GB.- Bau) Todt selbst sprach von „zufällig entstandenen Regelungen".[27]

Eine weitere Aufteilung der Kontingentträger sollte nun zu einer Vereinfachung des Verfahrens führen. Im April 1939 stieg die Zahl der Kontingentträger auf 19 (Tab. 68) und jeder Kontingentträger sollte alle Baustoffe zur Verfügung halten.[28] Für die Wohnungsgesellschaften war die Reichsstelle für Wirtschaftsausbau erste Bedarfsstelle. Daneben war der für den Wohnungsbau wichtigste Kontingentträger der Reichsarbeitsminister, der unter allen Kontingentträgern mit der Kennziffer XV zu finden war. Letztlich brachte jedoch auch die Schaffung der weiteren Kontingente keine nachhaltige praktische Verbesserung. Auch das Nachfrageverhalten änderte sich nicht.

c′) Holz- und Eisenbedarf der Wohnungsgesellschaften

Die Baustoffversorgung der Wohnungsgesellschaften war im einzelnen sehr unterschiedlich. Der höchste Bedarf bestand an Holz und Eisen.

Holz war im Deutschen Reich der weitaus wichtigste Baustoff pflanzlichen Ursprungs und so ging die größte Bauholznachfrage in Europa neben Großbritannien von Deutschland aus. Auf 1 cbm umbauten Raumes entfielen durchschnittlich 0,046 cbm Holz. Der Bedarf für Decken und Dächer war mit 42-60 % Holzanteil am höchsten.[29]

Nachdem die Holzbelieferung für die Geschäftsleitungen zu einem immer weniger planbaren Faktor geworden war, zogen die Gesellschaften in Erwägung, die von der VSt beherrschte Vereinigte Holzgesellschaften mbH aus Essen heranzuziehen. Einer Belieferung über ein Werk der VSt stand jedoch entgegen, daß die Wohnungsgesell-

---

[25] Der von Göring beklagten „Hamsterpsychose" der Unternehmen sollte die Anordnung 15 des Reichsbeauftragten für Eisen und Stahl Einhalt gebieten, DRAnz. Nr. 225 vom 26.09.1936; Sarholz, S. 164 unter Zitierung von „Die Regelung der Vorratswirtschaft im Einzelhandel"; in: Stahl und Eisen 1936, S. 1223-1224.

[26] Lütge, Wohnungswirtschaft (1940), S. 88; kritisch zum Verfahren Zerban, Baustoffbewirtschaftung, Bauverbot und Baugenehmigung, in: RArbBl. 1943 V S. 76-80, hier S. 79.

[27] VO über baupolizeiliche Maßnahmen zur Einsparung von Baustoffen, RGBl. 1937 I S. 728, 1177; RGBl. 1939 I S. 1425; BArch R 3101/ 16202; Todt, Fritz, Regelung der Bauwirtschaft, in: Der Vierjahresplan 1939, S. 762-764, hier S. 763; Auszug der Ernennung von Todt zum Generalbevollmächtigten für die Regelung der Bauwirtschaft mit Erlaß des Beauftragten für den Vierjahresplan vom 09.12.1938 bei Gottsch, Hans/ Hasenjäger, Siegfried (Hrsg.), Technische Baubestimmungen für das Deutsche Reich, Baupolizei-Hochbau-Tiefbau, Loseblattsammlung, 2. Auflage, Eberswalde 1942, A I 5.

[28] Zur Zuständigkeit der 19 Baustoffkontingente Merkblatt Nr. 1 vom 01.04.1939 über die Träger der kontingentierten Baustoffe sowie Merkblatt Nr. 2 vom 21.04.1939 zu „Allgemeinen Richtlinien für die Verteilung und Beanspruchung der Baustoffkontingente".

[29] Stegemann, Rudolf, Die Holzersparnis im Bauwesen, in: Der Deutsche Baumeister 1939, S. 13-17, hier S.13; Lütge, Wohnungswirtschaft (1940), S. 81; Awater, Josefine, Der europäische Holzmarkt nach dem Weltkriege, Münster 1936, S. 172, weiterführende Tabelle S. 173.

schaften von Werklieferungsverträgen zu bewilligten Sonderpreisen nach den unternehmensinternen VSt-Richtlinien für die Materialgestellung bei Neuanlagen und Umbauten vom 07.04.1938 ausgenommen waren.[30] Lediglich Zement und Heizungsmaterial (Kessel, Heizkörper) waren für sie freigegeben.
Die Möglichkeit der Bevorratung von Bauhölzern schied angesichts des hohen logistischen Aufwands bei zum Teil weit auseinanderliegenden Baustellen und den erforderlichen Konservierungsmaßnahmen aus.[31] So blieb noch die Alternative, Holz beim Bau einzusparen. Nach Untersuchungen der „Deutschen Akademie für Bauforschung" lag bei Dächern, Decken und Fußböden das höchste Einsparpotenzial. Für Deckenkonstruktionen bot sich z. B. die Ausführung in Stahlsaitenbeton an, zumal dann neben Holz auch Eisen eingespart werden konnte.[32]

Eisen, das in den vorhergehenden Jahrzehnten preisgünstig Verwendung gefunden hatte, unterlag ebenso Spardirektiven. Eine eisensparende Bauweise sollte durch veränderte Konstruktionsweisen, neue Bausysteme oder die Benutzung von Austauschstoffen erzielt werden.[33] Geschoßdecken sollten nicht mehr als Eisenbetondecken ausgeführt werden, sondern nur noch die Decken über den Kellergeschossen.

Albert Speer erkannte die Lösung des Verzichts auf Eisen bei gleichzeitiger Holzersparnis in der Ausführung der Bauten mit Mauerwerk.[34] Hier bestand allerdings das Problem, daß Ziegelsteine seit 1938 nur noch sparsam verbaut werden konnten. Aus der Produktion allein für 1938 fehlten etwa zwei Mrd. Rohlinge, so daß nur sechs statt acht Mrd. Steine zur Verfügung standen. Die Ziegelsteinindustrie litt zudem unter dem Nachteil, daß die Steine nicht weiter als 50 km kostendeckend transportiert werden konnten. Die Ziegeleien waren so nicht in der Lage, flexibel auf Bedarfsschwankungen zu reagieren.[35] Hinzu kam das Hindernis für Bauherren, daß nationalsozialistische Vorhaben wie beim Bau des im Block 4,5 km langen und für 20.000 Gäste ausgelegten „KDF-Bades Rügen" (Prora) bevorzugt Baumaterial erhielten.

---

[30] Stremmel, in: Rasch, S. 26; VSt-Rd.-schr. 15/ 18 vom 07.04.1938, VA VS/ II, Bl. 64; VA VS/ I, Bl. 69; VA VS/ II, Bl. 64.
[31] VA VS/ II, Bl. 37.
[32] Stegemann, Holzersparnis, S. 16 (Stegemann war Präsident der Deutschen Akademie für Bauforschung).
[33] Bau-Kurier Nr. 24 vom 16.06.1937; die guten Eigenschaften von Eisen und Metallen als zug- und druckfeste Baustoffe waren bekannt; Hugo Junkers wies Hitler mit Schreiben vom 27.04.1933 auf die nützlichen Eigenschaften für das Bauwesen hin, BArch R 43 II/ 1005, Bl. 50; ebenso Müller, Eduard Wilhelm, Zur Frage der Wechselwirkung zwischen Korrosion und statischer Zugbeanspruchung bei Baustählen, in: Mitteilungen aus dem Forschungs-Institut der Vereinigte Stahlwerke Aktiengesellschaft Dortmund 1934, S. 207-234; um zu verhindern, daß eine Einsparung die überproportionale Beanspruchung eines anderen Rohstoffs bedeutete, bot die Deutsche Gesellschaft für Bauwesen im NSBDT Lehrgänge zur Einsparung vorhandener und der Verwendung neuer Baustoffe an; Hannesen, S. 34; Schenck, Bauen mit deutschen Werkstoffen, in: Der Vierjahresplan 1937, S. 474 f.; Merkblatt Nr. 3 des GB.-Bau vom 03.05.1939 zur Abgrenzung des aus den Baustoffkontingenten zu deckenden Eisens für Bauvorhaben, in: Deutscher Baumeister 1939, Heft 5, S. 26; Gottsch/ Hasenjäger, A II 9.
[34] Speer, Albert, Stein statt Eisen, in: Der Vierjahresplan 1937, S. 135-137; hier S. 137; nach Speer erforderte ein Verwaltungsgebäude für 5 Mio. RM beim Eisenskelettbau 4.000 t Stahl, ein Bauwerk mit massiven Decken zwischen den Stahlträgern mit 1.000 t jedoch nur ein Viertel dieser Menge; Horre/ Fischer-Dieskau, Joachim, Vierjahresplan und Wohnungswirtschaft, in: Schwan, Wörterbuch, S. 1127-1136, hier S. 1129; VO über baupolizeiliche Maßnahmen zur Sicherung von Baustoffen, RGBl. 1937 I S. 728.
[35] Vögler, Eugen, Die Bauwirtschaft im Vierjahresplan, in: Berkenkopf, S. 9-36, hier S. 14; Lütge, Wohnungswirtschaft (1940), S. 87.

Das Ausbleiben von Warenlieferungen versuchten die Wohnungsgesellschaften auch mit Ersatzmaterial zu kompensieren. So verlegten sie zum Teil ersatzweise Steinholzfußböden (Xylolith- und Conrazitfußböden) in den Wohnungen.[36] Trotz der schwankenden Versorgungslage achteten die Gesellschaften dabei auf die gesundheitliche Verträglichkeit der Baustoffe.

Die Akzeptanz von Ersatz- und von Inhaltsstoffen ging auf eine verstärkte Baustoff-Forschung zurück, die auch die VSt betrieb.[37]

Auf der Suche nach Ersatzmaterial konnten die Wohnungsgesellschaften daneben von Verfahren profitieren, die die Reichsforschungsgesellschaft für Wirtschaftlichkeit im Bau- und Wohnungswesen in Zusammenarbeit mit Unternehmen und der Arbeitsgemeinschaft zur Förderung des Arbeiterwohnstättenbaues entwickelten und die es z. B. ermöglichten, aus Bims, Schaumlava, Hochofen- und Müllschlacke einen Leichtbeton herzustellen.[38] Die Gesellschaften beobachteten zudem das Geschehen an den allgemeinen Forschungsstellen und Akademien wie der Forschungsstelle für Siedlungs- und Wohnungswesen an der Universität Münster[39], dem Institut für Wohnungs- und Siedlungswesen an der Universität Berlin, der Deutschen Akademie für Städtebau, Reichs- und Landesplanung und dem Deutschen Verein für Wohnungsreform e.V. . Ebenso verfolgten sie aufmerksam auch diejenigen Forschungsvorhaben im Bereich des Wohnungswesens, die die Stiftung zur Förderung von Bauforschungen und die Akademie für Bauforschung in Berlin durchführten.

Im Ergebnis hatte die schwankende Baustoffversorgung trotz Einsparungs- und Ersatzbemühungen jedoch zur Folge, daß den Wohnungsgesellschaften Vorteile vorenthalten blieben, die sie ansonsten als größere Unternehmen u. a. bei der Einteilung von Baulosen oder dem Verhandeln von Verträgen gehabt hätten.

cc) Wohnungstypen

Für die Planung eines Bauvorhabens mußten die Wohnungsgesellschaften mehrere Wohnungstypen beachten, die sich aus den Fördermaßnahmen zum Abbau des Wohnungsfehlbestands entwickelt hatten. Im einzelnen war grundlegend zwischen Kleinwohnungen, Volkswohnungen, Kleinsiedlungen, Landarbeiterwohnungen und Arbeiterwohnstätten zu unterscheiden.

---

[36] VA VS/ I, Bl. 17. 1938 waren die Fußböden zwischenzeitlich wieder erhältlich, VA VS/ II, Bl. 69.

[37] BArch R 13 I/ 631; die VSt setzte Akzente in der Industrieforschung, als sie zum 1. Januar 1934 ihre überbetrieblichen Forschungseinrichtungen als Kohle- und Eisenforschung GmbH rechtlich verselbständigte und damit von unmittelbaren Aufgaben für die Produktion freistellte. So existierte auch ein Ausschuß für Baustoffe, der z. B. die Eigenschaften und die Verwendung basischer Steine für Kamine und Öfen erforschte; Organigramm zur Forschung bei der VSt Anfang der 1930er Jahre bei Daeves, Karl/ Schulz, E. H., Die Organisation der Qualitäts-Wirtschaft in der Vereinigte Stahlwerke Aktiengesellschaft, in: Mitteilungen aus dem Forschungs-Institut der Vereinigte Stahlwerke Aktiengesellschaft, Sonderheft 1, Dortmund 1931, S. 3-16, hier S. 8; Rasch, Manfred, Industrieforschung im Ruhrgebiet, in: Faulenbach/ Jelich, S. 233-236, hier S. 234; Rasch, Manfred, Industrieforschung im Dritten Reich, in: Dascher/ Kleinschmidt, S. 375-400, hier S. 385 ff. .

[38] Die GAG in Köln entwickelte den sog. „Zehnerbau“, bei dem ein einziges Steinformat Verwendung fand, das nach dem Dezimalsystem konstruiert war und im Gegensatz zu den bis dahin verwendeten Formaten in drei Dimensionen verbaut werden konnte, weiter dazu Heinen/ Pfeffer, S. 266.

[39] So arbeiteten die Wohnungsgesellschaften z. B. 1936 bei der Ausfertigung von wohnungswirtschaftlichen Fragebögen für die Forschungsstelle an der Universität Münster mit, VA VS/ I, Bl. 23 und 32.

a′) Kleinwohnungen

Kleinwohnungen wurden durch Reichsbürgschaften für nachstellige Hypotheken gefördert. Bei Geschoßwohnungen sollte die nutzbare Wohnfläche seit Juli 1933 in der Regel nicht mehr als 75 m² betragen.[40] Die Ausstattung sollte eine wirtschaftliche und einfache Haushaltsführung erleichtern und „überflüssigen Aufwand" vermeiden. Grundsätzlich sollten nur deutsche Baustoffe Verwendung finden. Ausnahmen waren zulässig, wenn geeignete inländische Baustoffe nicht vorhanden waren oder deren Verwendung zu einer unverhältnismäßigen Verteuerung geführt hätte.

Die Kosten mußten angemessen, d. h. die Mieten mußten auf Dauer wirtschaftlich tragbar sein. Der jährliche Bürgschaftsrahmen des Reichs erhöhte sich von 1934 bis 1937 von 100 Mio. RM auf 700 Mio. RM. Die Gemeinden konnten selbst nach den Einschränkungen des Gemeindeentschuldungsgesetzes 1933 Bürgschaften für nachstellige Hypotheken übernehmen.[41] Zunächst sollten Reichsbürgschaften in Verbindung mit Hauszinssteuerhypotheken bewilligt werden. Angesichts der zunehmend anderweitigen Verwendung der Hauszinssteuermittel entfiel diese Vorgabe jedoch.[42]

b′) Volkswohnungen

Von der Kleinwohnung zu unterscheiden war die Volkswohnung, für deren Bau das Reich ab 1935 besondere Mittel gewährte. Mit einem Erlaß zur Förderung des Baus von Volkswohnungen sollte den unter besonders ungünstigen Wohnungsverhältnissen leidenden Bevölkerungskreisen aus Mietskasernen, Notwohnungen, Baracken, Kellerwohnungen und Elendsquartieren zu besserem Wohnraum verholfen werden.[43]

Volkswohnungen waren definiert als „billigste Mietwohnungen in ein- oder mehrgeschossiger Bauweise, die hinsichtlich Wohnraum und Ausstattung äußerste Beschränkung" aufwiesen.[44] Auch einfachste Einfamilienhäuser als Doppel- oder Reihenhäuser mit Garten- oder Landzulage sollten gefördert werden. Der Einbau einer Einliegerwohnung im Dachgeschoß galt als unbedenklich. Dagegen waren Einraumwohnungen oder Baracken nicht von der Definition umfaßt.

Die zulässige Wohnfläche änderte sich mehrfach, sollte aber erst nicht mehr als 34 m² umfassen. Bei kinderreichen Mietern durfte sie bis zu 42 m² betragen, die um bis zu

---

[40] VO über die Übernahme von Reichsbürgschaften für den Kleinwohnungsbau vom 26.02.1934, RGBl. 1934 I S. 128; Bestimmungen für die Übernahme von Reichsbürgschaften für den Kleinwohnungsbau vom 28.02.1934, RArbBl. 1934 I S. 46; RGBl. 1933 I S. 484; RFH vom 23. Juli 1937 II A 176/ 37, RStBl. 1937 S. 998.

[41] RGBl. 1933 I S. 647, 971; Blechschmidt, Otto, Fünf Jahre Reichsbürgschaften für den Kleinwohnungsbau, in: RArbBl. 1939 II S. 300- 304, hier S. 300. Die Höchstbeträge für Reichsbürgschaften folgten aus mehreren Verordnungen und erreichten 1938 900 Mio. RM, RGBl. 1938 I S. 2011.

[42] Blechschmidt, Reichsbürgschaften (1937), S. 95, 153; RArbMin. zur Förderung der Neubautätigkeit aus Rückflüssen der Hauszinssteuerhypotheken nebst Richtlinien vom 18.05.1936, RArbBl. 1936 I S. 198 ff..

[43] RArbBl. 1935 I S. 259; Goebbels war gegen den Begriff „Volkswohnung": „Es würde zu unangenehmsten Weiterungen führen, wenn der Begriff Volk, der im nationalsozialistischen Deutschland einen völlig anderen Klang bekommen hat, mit den primitivsten und notdürftigsten Wohnungen in dauerndem Zusammenhang gebracht würde". Goebbels blieb mit seinem Vortrag erfolglos; Goebbels an Seldte mit Schriftsatz vom 17.08.1935, BArch R 43 II/ 1006, Bl. 74 f..

[44] Abschn. III Erl. RArbMin. vom 27.07.1935 zur Förderung des Baues von Volkswohnungen; weiterführend zur Begründung des Volkswohnungstyps neben der Kleinsiedlung vgl. Peltz-Dreckmann, S. 137 ff..

10 % überschritten werden durften.[45] Die Miete sollte 20 % des Bruttoeinkommens im Durchschnitt nicht übersteigen. Als Höchstgrenze galten zunächst 25,-- RM, heraufgesetzt 1937 und 1939 auf 28,-- RM bzw. 40,--RM.
Die Gesamtherstellungskosten durften ohne Grundstücks- und Erschließungskosten nicht über 3.000,-- RM liegen (1937: 4.500,--RM/ 1939: 5.000,-- RM; Vierraumwohnungen: 6.000,-- RM). Eine Darlehensaufnahme war im Rahmen bis zu 1.000,-- RM möglich (1937: 1.500,-- RM/ 1939: 2.000,-- RM).[46] Von Familien mit vier und mehr im elterlichen Haushalt lebenden minderjährigen Kindern konnten Zusatzdarlehen bis zu 300,-- RM beantragt werden.

Das Reich bewilligte für den Volkswohnungsbau zunächst 35 Mio. RM und bis zum 31.12.1937 weitere 95 Mio. RM. Die Darlehen gingen an die Gemeinden oder an Gemeindeverbände, die sie dann an die gemeinnützigen Wohnungsunternehmen weitergaben.[47] Gegenüber den Gemeinden konnte das Reich auf eine dingliche Sicherung des Darlehens verzichten. Bei der Vergabe an ein gemeinnütziges Wohnungsunternehmen wie die Rheinische W., Rheinisch Westfälische W. oder Westfälische W. war das Darlehen durch Eintragung einer Buchhypothek an nächstmöglicher Stelle zugunsten der Gemeinde zu sichern.

In der Bauweise sollten auch Flachbauten entstehen, die bei den Bauverwaltungen erst schwer durchsetzbar waren. Grundsätzlich entstanden die Häuser mit Steildach, der sog. „deutschen Mütze“[48]. Mehrgeschossige Bauten sollten zunächst z. B. nur aus Mangel an Gelände errichtet werden, doch stieg der Geschoßwohnungsbau bereits von 1936 bis 1938 von 43,3 % auf mehr als 65 % an.[49]

---

[45] Pergande, in: Deutsche Bau- und Bodenbank, S. 117; Knoll, Ernst, Grundsätzliches zur deutschen Wohnungs- und Siedlungspolitik, Handbücherei des Wohnungs- und Siedlungswesens, Band 28, Eberswalde Berlin Leipzig 1939, S. 173.

[46] Erlasse vom 06.08.1935, 16.12.1935, 04.08.1937 - IV a 7 Nr. 7015/162 - RArbBl. 1937 I S. 186, vom 25.04.1939 - IV a 7 Nr. 3000/64 - und Rderl. nebst Bestimmungen über die Förderung des Baues von Volkswohnungen mit Reichsdarlehen in der Fassung vom 01.07.1939 - IV a 7 Nr. 3000 -37/39- RArbBl. 1939 I S. 326, sowie Runderlasse vom 05.07.1939 - IV a 7 Nr. 3000-45/39 -, vom 10.08.1939 - IV a 7 Nr. 3000-56/39, vom 07.12.1939 - IV a 7 Nr. 3000-131/39 II sowie vom 12.12.1939 - IV a 7 Nr. 3000-158/39; weitere Erhöhungen folgten aus zusätzlichen Förderbestimmungen zum Volkswohnungsbau ab 1940; BArch R 43 II/ 1175, Bl. 63; WWA/ K 1/ 1833; vgl. auch Erläuterungen zu den Bestimmungen bei Büge, Max/ Griesheimer, Friedrich, Der Bau von Volkswohnungen, Die Bestimmungen und Erlasse, Eberswalde Berlin Leipzig 1940, S. 9 ff.; Gesetz zur Förderung des Wohnungsbaus, RGBl. 1935 I S. 469; Küster, Entstehungsgründe, S. 47; weiterführend zur Diskussion um den Begriff „Volkswohnung“ König, Wolfgang, Volkswagen, Volksempfänger, Volksgemeinschaft. Volksprodukte im Dritten Reich. Vom Scheitern einer nationalsozialistischen Konsumgesellschaft, Paderborn 2004, S. 117 ff. .

[47] Küster, Entstehungsgründe, S. 46.

[48] So hatte z. B. die GEHAG schon vor 1933 mit Flachdach gebaut. Als 1933 die Bauverwaltung bei der GEHAG das Steildach gegen das „entartete und dem deutschen Gemüt fremde Flachdach“ durchsetzen wollte, blieb selbst die von einem uniformierten Auftritt in der Bauverwaltung begleitete Intervention des soeben zum Vorstand bestellten Ernst von Stuckrad zugunsten des Flachdachs erfolglos, Gemeinnützige Heimstätten-Aktiengesellschaft, S. 25.

[49] Deutscher Verein für Wohnungsreform, S. 33; Harlander, Zwischen Heimstätte und Wohnmaschine, S. 98.

c') Kleinsiedlungen

Der Adressatenkreis der Volkswohnungen sollte auch in Kleinsiedlungen wohnen können.

Als Kleinsiedlung galt eine Siedlerstelle, die aus einem Wohnungsbau mit angemessenem Wirtschaftsteil und angemessener Landzulage bestand. Die Siedlerstelle sollte nach Größe, Bodenbeschaffenheit und Einrichtung geeignet sein, dem Kleinsiedler auch unter Einschluß einer Einliegerwohnung durch Selbstversorgung eine spürbare Einkommensergänzung zu bieten.

Davon abzugrenzen war das sog. „Eigenheim". Eigenheime hatten grundsätzlich eine geringere Landzulage, die nicht der Selbstversorgung diente. Ein Eigenheim galt als ein im Eigentum einer natürlichen Person stehendes Grundstück mit einem Wohngebäude. Das Gebäude hatte nicht mehr als zwei Wohnungen, von denen dem Eigentümer oder seinen Angehörigen eine Wohnung als Lebensmittelpunkt diente.[50]

Grundlegendes Wesensmerkmal der Kleinsiedlung war nach den Kleinsiedlungsbestimmungen (KSB) die Landzulage, deren Nutzung zur Selbstversorgung der Siedlerfamilie mit Gemüse, Obst, Eiern, Milch und Fleisch dienen sollte.[51] Die Nationalsozialisten sahen „auf eigenem Boden den Willen zum Kind gestärkt". Sie hielten die Kleinsiedlung mit der Auflockerung der Industriebevölkerung für geeignet, eine Stammarbeiterschaft zu schaffen, die auch bei vorübergehender Beschränkung der Beschäftigung gesichert und bodenständig blieb. Der Arbeiter sollte weiterhin mit dem Grund und Boden verbunden und zu einem politisch gefestigten Mitglied der Volksgemeinschaft werden. Dabei galten „die Wohnung als der zehrende und der Garten als der mehrende Teil" einer Kleinsiedlungsstelle.[52]

Die Größe der Siedlerstelle belief sich bei mittlerer Bodengüte auf 1.000 m² Gesamtfläche, die sich je nach Bodengutachten und Arbeitskraft des Siedlers auf bis zu 5.000 m² vergrößern konnte. Die Siedlungsgebäude mußten einfach, zweckmäßig, dauerhaft und möglichst preiswert errichtet werden. Für den Wohn- und Kochraum waren 14 m², den Elternschlafraum 12 m², den Kinderschlafraum 8 m², den Keller 8 m² und für einen Wirtschaftsraum und einen Kleintierstall je 6 m² vorgesehen. Die lichte Höhe der Erd- und Dachgeschoßräume konnte bis auf 2,20 m gesenkt werden.

Für die Erschließung der Kleinsiedlungen durften nur dann Leitungen für Wasser, Gas und Elektrizität gelegt werden, wenn die Anlage- und Anschlußkosten der geringen Leistungsfähigkeit der Kleinsiedler angepaßt waren. Die Vollkanalisation einer engen Bebauung galt für eine im Verhältnis zum Geschoßwohnungsbau weiträumige Sied-

---

[50] Graff, W., Die zeitgemäße Grundstücksbewertung, Eine Anleitung für die Wertermittlung mit Tabellen und Übersichten, Berlin Neuwied Darmstadt 1956, S. 198; VA VS/ II, Bl. 22.

[51] Bestimmungen über die Förderung der Kleinsiedlung vom 21. April 1936, RArbBl. 1936 I S. 139; m.w.N. Bestimmungen über die Förderung der Kleinsiedlung (KSB) vom 14. September 1937, RArbBl. 1937 I S. 229.

[52] Seldte, S. 156 f., S. 176; Benedict, S. 57; Harlander, in: Schulz, S. 126 ff.; Neumann, Ferdinand, Bauwirtschaftliche Durchführung, in: Zeitschrift für das gesamte Siedlungs- und Wohnungswesen, Denkschrift über Arbeitsbeschaffung durch nebenberufliche Landsiedlung, Sonderdruck zu Siedlung und Wirtschaft 1933, S. 17-23, WWA/ K 1/ 1833; VO über die weitere Förderung der Kleinsiedlung, insbesondere durch Übernahme von Reichsbürgschaften vom 19.02.1935, RGBl. 1935 I S. 341.

lungsbebauung als nicht erforderlich. Abwässer und Abfallstoffe mußten dann gesammelt und der Siedlungswirtschaft nutzbar gemacht werden.[53]

Für die Standortwahl einer Kleinsiedlung waren die Wege vom Wohnort zur Arbeitsstätte, zu den städtischen Verwaltungen und zu den Einkaufsmöglichkeiten ausschlaggebend. Hierbei handelte es sich um ein reichsweites Problem, das die Vossische Zeitung in die Schlagzeile „Die Reise zur Arbeit, in vier Arbeitswochen drei Tage Fahrzeit" faßte.[54] Die Entfernungen konnten vermindert werden, wenn eine Ansiedlung in Kleinsiedlungen und Eigenheimen auch an der Peripherie der Städte gelang.[55] Die Anlage einer außerstädtischen Siedlung war im Ruhrgebiet indessen problematisch, da es keinen Stadtrand mit umgebenden weiträumigen Freiflächen gab. Im rheinisch-westfälischen Industriebezirk überschnitten sich Agglomerationen, die sich um die Großstädte als Agglomerationskerne gruppierten. Die durchschnittliche Agglomerationsbreite in den Siedlungskernen zwischen Dortmund und Essen betrug 30 km. Überschneidungen der Verkehrsströme mußten hier verhindert werden. Stand kein Land zur Verfügung, blieb nur der staatliche Eingriff der Enteignung.[56]

Um Belastung und Wirtschaftlichkeit der Siedlerstelle auf Dauer zu sichern, waren die Gesamtkosten unter der Ausschöpfung aller Ersparnismöglichkeiten, auch bei Heranziehung des Reichsarbeitsdienstes (RAD), gering zu halten. Die Siedler sollten bei den Bauten selbst mitarbeiten und sich „mit der Siedlung innerlich verbinden, Arbeitswillen und Gemeinschaftsgeist bekunden". Im Ergebnis sollten sie also selbst aktiv an der Verbilligung der Baumaßnahmen mitwirken. So begegnete die Mitwirkung der Siedler dem Problem, daß viele Interessenten bei der Aufbringung von Eigenleistungen grundsätzliche Schwierigkeiten hatten. Das Reichsarbeitsministerium wußte von dem Problem, daß die Kosten für viele Interessenten zu hoch waren, sobald Barmittel

---

[53] Grundlage waren u. a. „Vorläufige Richtlinien für technisch-hygienische Wasser- und Abwasserwirtschaft in Siedlungen", Schmidt, Friedrich, Siedlungsplanung und Siedlungsgebäude, Kostengestaltung der Siedlerstellen, in: RArbBl. 1936 II S. 484-488, hier S. 487 m.w.N.; Knipping, Die Siedlungsfrage in den Großstädten und Industriebezirken, Forschungsstelle für Siedlungs- und Wohnungswesen an der Universität Münster i.W., Materialien-Sammlung, Band 12, Münster (Westf.) 1934, S. 30.

[54] Vossische Zeitung Nr. 195 vom 03.04.1932, BArch NS 5 VI/ 5440; Die Belegschaft der Glanzstoffbetriebe kam aus 82 Ortschaften; Mitarbeiter von Siemens, AEG, I.G. Farben und Bosch waren im Durchschnitt knapp 45 Minuten unterwegs, Bauen Siedeln Wohnen Nr. 6 vom 15.03.1938; Rhein Mainische-Wirtschaftszeitung Nr. 17 vom 05.09.1938; Monatshefte für NS-Sozialpolitik Nr. 17/ 18 September 1940, Der Anmarschweg in der Großstadt, in: Deutsche Siedlung Nr. 32/ 33 vom 30.04.1940; BArch NS 5 VI/ 5440; Kötting, Alois, Personen - Verkehrspolitik als Werkzeug siedlungsmäßiger Auflockerung, Siedlungs-, Standorts- und Verkehrsprobleme der Industriewirtschaft III., Forschungsstelle für Siedlungs- und Wohnungswesen an der Universität Münster i.W., Materialien-Sammlung, Band 18, Münster (Westf.) 1935, S. 7, 69 ff..

[55] Deutsche Wirtschaftszeitung Nr. 21/ 2 vom 09.06.1938, Industrie- und Menschensiedlung unter bevölkerungspolitischen Gesichtspunkten, BArch NS 5 VI/ 5440; Benedict aaO.; Klingbeil, Detlev, Zur sozialgeographischen Theorie des täglichen Berufspendelns, in: GZ 57 (1969) S. 108-131; Elshoff, Friedrich, Umsiedlung und Verkehr, Weitere Untersuchungen über das Umsiedlungsproblem, Siedlungs-, Standorts- und Verkehrsprobleme der Industriewirtschaft II., Forschungsstelle für Siedlungs- und Wohnungswesen an der Universität Münster i.W., Band 10, Münster 1933, S. 52 f..

[56] VO über die Landbeschaffung für Kleinsiedlungen vom 17.10.1936, RGBl. 1936 I S. 896 nebst definierendem Rderl. RArbMin. zur Landbeschaffung für Kleinsiedlungen vom 31.10.1936, RArbBl. 1936 I S. 298; Elshoff, Umsiedlung, S. 77, 86 f..

gefordert waren.[57] Selbst- und Nachbarhilfe erhielten dann besonderen Stellenwert. Als Siedler kamen „alle ehrbaren, minderbemittelten Volksgenossen, die sich in einem stetigen Arbeitsverhältnis befanden“ sowie „lebenstüchtig, sparsam, strebsam und nicht nennenswert verschuldet“ waren, in Betracht. Sie mußten „deutsche Reichsangehörige, deutschen oder artverwandten Blutes, politisch zuverlässig und erbgesund“ sein.[58] Jeder Bewerber sollte einen Eignungsschein des Reichsheimstättenamtes der NSDAP und der DAF vorlegen, in dem die politische, charakterliche, gesundheitliche und erbbiologische Eignung dokumentiert war. Diese Vorgaben ergänzten die KSB vom 21.4.1936, die für den Siedler die Mitgliedschaft im Deutschen Siedlerbund voraussetzten.[59]

Letztlich behinderte neben dem bürokratischen Aufwand - bis zu acht Behörden und Parteidienststellen bearbeiteten Vordrucke und Antragsformulare, die *Führer* zufolge aneinandergelegt 22 Meter Länge erreichten - die rassische Selektion die Entwicklung der Kleinsiedlung. Auch die Eigenkapitalquote verhinderte eine intensive Verbreitung dieses Wohnungstyps. Reichsweit unterlagen bis 1938 lediglich 150.000 bzw. bis zum Ausbruch des Krieges im September 1939 rd. 178.500 Siedlerstellen öffentlicher Förderung und machten kaum 8 % der Wohnungsbauleistung von 1933 bis 1939 aus.[60]

---

[57] Fischer-Dieskau, Joachim, Die Finanzierung der Kleinsiedlung, in: RArbBl. 1936 II S. 488-493, hier S. 489; bereits 1935 wies E. Vögler darauf hin, daß ein Arbeiter höchstens 10 % des zur Spitzenfinanzierung benötigten Kapitals selbst aufbringen konnte, vgl. Vögler, Eugen, Das Problem der Arbeitersiedlung, S. 1766 f.; DRAnz. Nr. 303 v. 29.12.1938; Wessel, Werner, Die Finanzierung der Kleinsiedlung unter besonderer Berücksichtigung der Industriearbeitersiedlung, Berlin Bottrop 1939, S. 108 f..

[58] „Der Sieg der Idee von Blut und Boden hat weiteste Kreise die völkische Notwendigkeit gelehrt, die Massen unseres Volkes wieder der Heimaterde enger zu verbinden ....“, Borbet, Walter, Siedlungstätigkeit der Privatwirtschaft, in: Berliner Börsen-Zeitung vom 02.08.1935, BArch NS 5 VI/ 5439; Born, S. 42.

[59] Teil B Abschn. I Nr. I KSB; Kommentierung Schmidt, Friedrich/ Bellinger, Hermann, Die Kleinsiedlung, das gesamte Recht der Kleinsiedlung unter Berücksichtigung der neuen Bestimmungen über die Förderung der Kleinsiedlung (KSB) vom 14. September 1937, Eberswalde 1937, S. 145 ff. ; zum „Kampf“ im „Lebensraum eines Kolonisten“ Goerdeler, Carl Friedrich, Kleinsiedlung und Wohnungsbau als politische und wirtschaftliche Notwendigkeiten I., in: Der deutsche Volkswirt 1936, S. 1207-1211, hier S. 1207 f.; Heiden in: *derselbe*/ Mai, S. 357; Heinen/ Pfeffer, S. 268 ff., 273. Der „Deutsche Siedlerbund e.V.“ war im Mai 1935 aus dem „Reichsbund der Kleingärtner und Kleinsiedler Deutschlands e.V.“ hervorgegangen und vom Reichsheimstättenamt auf vereinsrechtlicher und organisatorischer Grundlage der „Landesgruppe Sachsen der Kleinsiedler e.V. im Reichsbund der Kleingärtner und Kleinsiedler e.V.“ als alleinige Organisation der Kleinsiedler anerkannt. Aufgabe war die Mitgliederbetreuung mit siedlungswirtschaftlichen Schulungen zu Möglichkeiten der Ertragssteigerung bei Tierhaltung und Pflanzenanbau, Striefler, Heinrich, Kurze Entwicklungsgeschichte des Siedlerbundes, in: Forstmann/ Gernert/ Schiskowski/ Seiff/ *derselbe*, S. 29-46, hier S. 31, 34.

[60] Arbeiterwohnstättenbau mit Hilfe der Industrie im Jahre 1936, in: Deutsche Siedlung Nr. 66 vom 07.09.1937, BArch NS 5 VI/ 5439; Kruschwitz, Kleinsiedlung, in: Schwan, Wörterbuch, S. 735-744b, hier S. 744b; m.w.N. Führer, Idealform des deutschen Wohnungsbaues, S. 145 ff.; zu industriellem Siedlungsbau, Arbeitszeitverkürzung und Nebenerwerbssiedlung, in: Politisch-gewerkschaftlicher Zeitungsdienst (PGZ) Nr. 65, 13. Jg. vom 17.03.1933, S. 885; Siedlerstellen bei Junkers, in: Der Propeller 1936, Nr. 12, BArch NS 5 VI/ 5303; zu Siedlungen der Glanzstoff-Betriebe, Wir Siedeln, Sonderheft der Werkzeitschrift für die Angehörigen der Glanzstoffbetriebe, März 1938, BArch NS 5 VI/ 5306; zu Siedlungen der Waggonfabrik Talbot GmbH (Aachen), Siemens-Werke (Berlin), I.G. Farbenindustrie AG (Wolfen bei Bitterfeld, Ludwigshafen, Oppau), Osram GmbH (Berlin), Carl Zeiss (Jena) vgl. Wiedemann, S. 27; zu „Gefolgschaftswohnungen im Industrierevier“ Frankfurter Zeitung Nr. 645 vom 19.12.1937, Deutscher Handelsdienst vom 17.12.1937 und Berliner Börsen-Zeitung Nr. 595 vom 21.12.1937, BArch NS 5 VI/ 5439.

d') Landarbeiterwohnungen

Eine Förderung des sog. Landarbeiterwohnungsbaus sah der Gesetzgeber für den ländlichen Bereich und daher außerhalb des industriell geprägten Geschäftsbereichs der Wohnungsgesellschaften vor. Der Landarbeiterwohnungsbau definierte sich über die Preußische Landesrentenbank in Berlin, die neben der Förderung der landwirtschaftlichen Siedlung langfristige Darlehen zur Schaffung und Einrichtung von Heuerlingstellen, Werkwohnungen und Eigenheimen für ländliche Arbeiter und Handwerker gewährte.[61]

e') Arbeiterwohnstätten

Ab 1937 eröffnete sich für die Gesellschaften mit der sog. Arbeiterwohnstätte eine weitere Fördermöglichkeit im Wohnungsbau.[62]

Als Arbeiterwohnstätte waren solche Wohnungen definiert, die nach Größe, Art und Ausstattung sowie nach der Höhe der Lasten und Mieten für Arbeiter bestimmt waren. Dabei waren „geborene" und „gekorene" Arbeiterwohnstätten voneinander zu unterscheiden.
„Geborene" Arbeiterwohnstätten waren Volkswohnungen, Kleinsiedlungen, öffentlich geförderte Landarbeiterwohnungen und die mit Rückflüssen aus den Hauszinssteuerhypotheken geförderten Wohnungen.
Zu den „gekorenen" Arbeiterwohnstätten zählten sonstige Wohnungen einschließlich derjenigen Eigenheime, die in einem gesonderten Verfahren als Arbeiterwohnstätte Anerkennung fanden. Die Anerkennung erteilte der Oberfinanzpräsident, in dessen Bezirk sich das Bauvorhaben befand. Zuvor hatten der Reichsbürgschaftsausschuß in Berlin oder der zuständige Landesbürgschaftsausschuß festzustellen, ob die Wohnstätte nach Größe, Art und Ausstattung als Dauerwohnung für die Arbeiterschaft bestimmt war und die Lasten für die Arbeiterschaft angemessen und tragbar waren. Die monatliche Belastung durfte höchstens 40,-- RM betragen.

Eine Arbeiterwohnstätte sollte nach ihrer Einrichtung erkennbar sein und es gab funktionsgerechte Typenprogramme für soziales Wohnen, die Bruno Paul, Leiter des Kunstgewerbemuseums Berlin, Mitglied der Vereinigten Werkstätten für Kunst im Handwerk und Gründungsmitglied des Deutschen Werkbundes, oder Adolf Schneck in Stuttgart-Weißenhof entwickelt hatten. Diese Entwürfe gaben jedoch einen Idealzustand wieder, der der Wirklichkeit im Ruhrgebiet nicht entsprach. Die Mehrzahl der Arbeiterfamilien dort lebte in nicht einheitlich konzipierten Einrichtungen.[63]

---

[61] VO zur beschleunigten Förderung des Baues von Heuerlings- und Werkwohnungen sowie von Eigenheimen für ländliche Arbeiter und Handwerker vom 10.03.1937, RGBl. 1937 I S. 292; zu den weiteren Durchführungsverordnungen vgl. Pergande, in: Deutsche Bau- und Bodenbank, S. 120.

[62] VO über die Förderung von Arbeiterwohnstätten vom 01.04.1937, RGBl. 1937 I S. 437; § 12 Abs. 1 und 2 RAO; § 29 Abs. 3 GrStG, RGBl. 1936 I S. 986; Musterverträge und Finanzierungen bei Heerde, Georg, Aufgaben und Möglichkeiten der Betriebe beim Arbeiterwohnstättenbau, Eberswalde 1939, S. 106 ff.; Harlander, Zwischen Heimstätte und Wohnmaschine, S. 87 ff. .

[63] Scheffran, Barbara, Arbeiterwohnen: Ideal und Wirklichkeit, Zur Geschichte der Möblierung von Arbeiterwohnungen 1850-1950, Dortmund 1990, S. 62 ff., 78 ff. .

Als Bewohner von Arbeiterwohnstätten kamen alle Personen in Betracht, die zur Arbeiterschaft im üblichen Sinne des Sprachgebrauchs gehörten oder deren wirtschaftliche Lage mit der der Arbeiterschaft vergleichbar war.[64]
Zweck der Regelung für Arbeiterwohnstätten war die Zusammenfassung der Wohnungstypen, die für die Grundsteuerbeihilfe in Betracht kamen. Das Reich gewährte die Beihilfe zunächst, sofern die Arbeiterwohnstätte in der Zeit vom 01.04.1937 bis zum 31.03.1940 bezugsfertig wurde, verlängerte diese Frist anschließend jedoch mehrfach.[65]

dd) Volkswohnungs-, Kleinwohnungs- und Angestelltenwohnungsbau

Als die Gesellschaften im Geschäftsjahr 1934/ 35 erste Wohnungen planten und errichteten, stand der Status der Gemeinnützigkeit der Westfälische W., Rheinische W. und Rheinisch Westfälische W. noch nicht fest. Um ihre Gemeinnützigkeit zu verdeutlichen, bauten die Gesellschaften Kleinwohnungen und versuchten so zugleich, dem überproportionalen Versorgungsbedarf der Arbeiter im Ruhrgebiet nachzukommen.[66]

a') Bauausführung der Wohnungen

In der Mehrzahl führten die Wohnungsgesellschaften ihre Neubauten im Geschoßwohnungsbau aus. Die Architekten planten dabei mehrere Bautypen mit unterschiedlicher Wohnungszahl. In dem Zeitraum von ihrer Gründung bis zum 30.09.1938 errichteten die Gesellschaften 700 Volkswohnungen, 29 Eigenheime und 2003 sonstige Mietwohnungen.[67]
Die Volkswohnungen entstanden bei den Wohnungsgesellschaften nicht nur mit mehreren Stockwerken, sondern auch in Form von eineinhalbstöckigen Doppelhäusern. Die Häuser ähnelten Kleinsiedlungen und unterschieden sich davon lediglich durch das Fehlen eines Stalls und eines Arbeitsraums. Da eine ausreichende Landzugabe vorgesehen war, hielten sich die Gesellschaften eine spätere Entwicklung zu Erwerbshäusern offen. So baute die Westfälische W. in Witten Volkswohnungen bereits im Gemenge mit Kleinsiedlungen und ermöglichte damit in einer bereits einheitlichen und äußerlich aufeinander abgestimmten Gesamtplanung die Verbindung von verschiedenen Wohnungstypen.[68]
Siedlungen mit Häusern dieses Typs errichteten die Wohnungsgesellschaften seit 1935 z. B. nach Plänen der Architekten Schwickert und Prinz aus Bochum.[69] Die äußere Gestaltung war einfach gehalten, eine nach zeitgenössischen Vorstellungen gefällige Form sollte mit Material aus jeweils heimischen Steinbrüchen unterstrichen werden.

---

[64] Fischer-Dieskau, Reichswohnungspolitik und Arbeiterwohnstättenbau, S. 21.
[65] Die letzte Fristverlängerung erfolgte zum 31.03.1945; Pergande, in: Deutsche Bau- und Bodenbank, S. 120.
[66] Noch 1939 waren in den Großstädten 69,2 % und in den Mittelstädten 74,5 % der Bevölkerung zu den Arbeitern zu rechnen; ihr Anteil an der Gesamtbevölkerung auf Reichsebene betrug dagegen 53,6 %; Petzina, Dietmar, Wirtschaftliche Entwicklung und sozialer Wandel in der Stadtregion Dortmund im 20. Jahrhundert, in: Luntowski, Gustav/ Reimann, Norbert (Hrsg.), Dortmund, 1100 Jahre Stadtgeschichte, Festschrift, Dortmund 1982, S. 297-311, hier S. 304.
[67] Mönkemöller, S. 32.
[68] VA GB/ 3-A-3/ 1936/37, S. 2 f. .
[69] Weingarten, S. 278.

Abb. 14: Volkswohnungen im Flachbau.

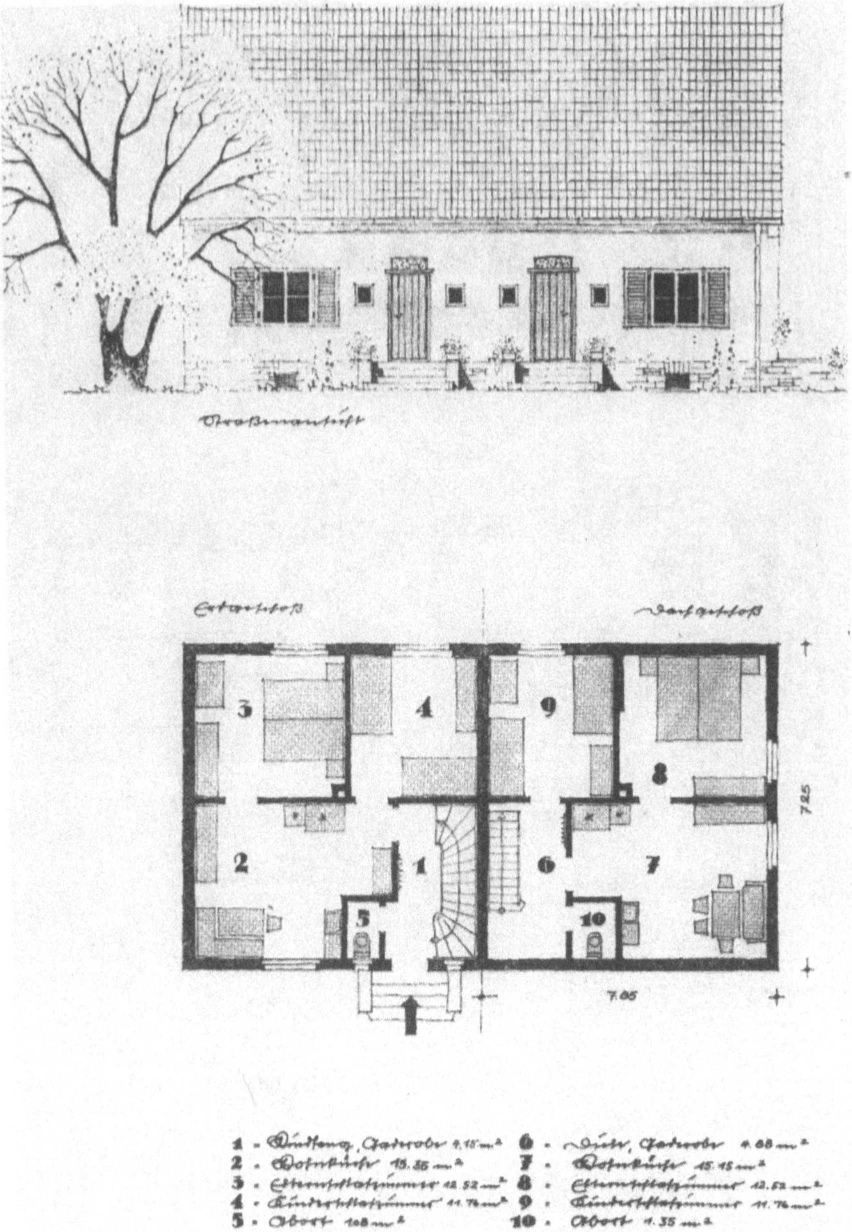

Volkswohnungen im Flachbau

Quelle: Mönkemöller, Anlagen.

Abb. 15: Volkswohnungen im Geschoßbau.

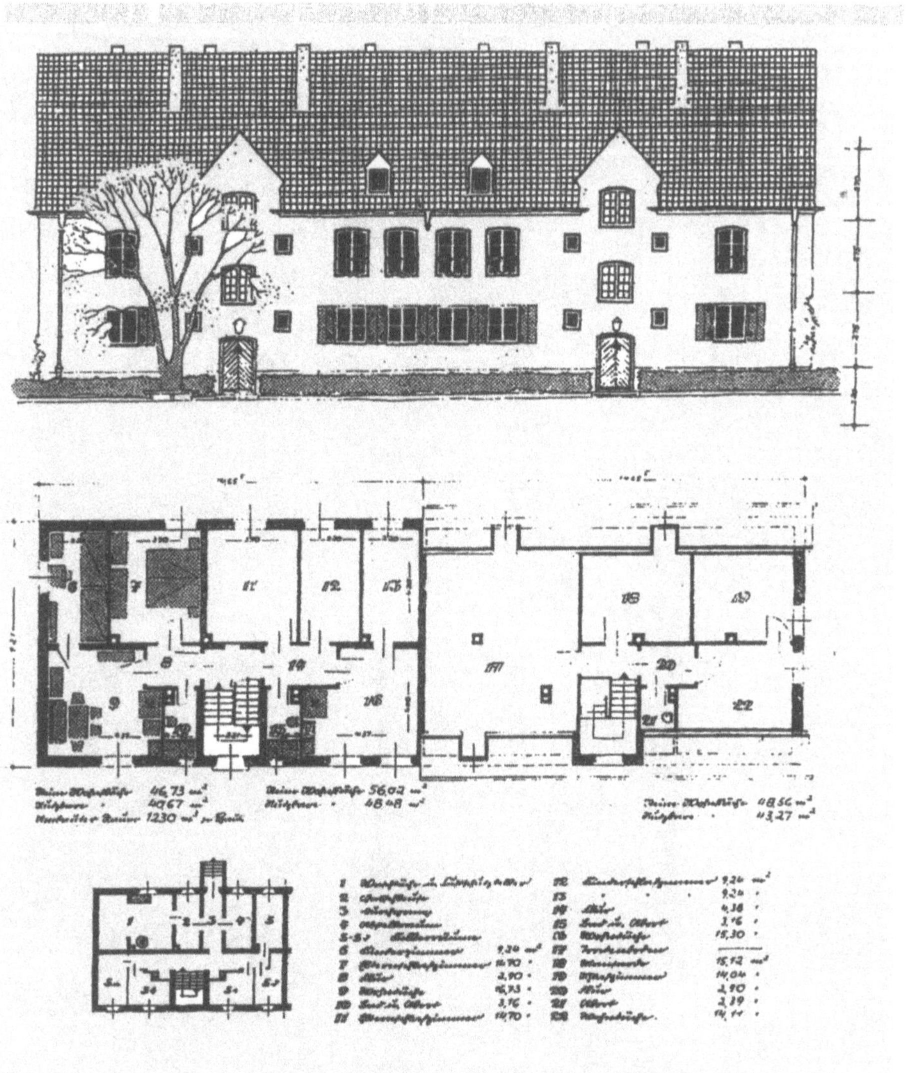

Drei- und vierräumige Volkswohnungen

Quelle: VA GB/ RRW/ 1938/39, Anlage.

Die Gesellschaften verfolgten die Umsetzung klarer und schlichter Formen, deren Pflege sie bei der langen Lebensdauer eines Wohnhauses und hinsichtlich der sozialen Bedeutung für die in dem Gebäude wohnenden Familien für besonders wichtig hielten. Das hatte aber nicht zur Folge, daß bei den Wohnungsgesellschaften eine monotone Gleichartigkeit aller Volkswohnungsbauten vorherrschte.[70] Ohne daß ein Einfluß der nationalsozialistischen Politik feststellbar war, strebten die Gesellschaften Lösungen an, die jeweils der Landschaft und den vorhandenen Strukturen vor Ort angepaßt waren.[71]
Die Grundrisse ihrer Volkswohnungsbauten waren klar und zweckmäßig und zeigten die Wertschätzung von vierräumigen Wohnungen für Kinderreiche.[72] Bei der Ausstattung wählten die Gesellschaften vielfach Gasinstallationen, damit die Mieter Warmwasserbereiter und Anwärmeöfen in den Badezimmern und Küchen anschließen konnten. Anders als von Krupp überliefert, war die Grundausstattung des Bades hier vom Angestellten- oder Arbeiterstatus des Mieters unabhängig.[73]
Für die elektrische Ausstattung sollten im Regelfall bei zwei- und mehrgeschossigen Häusern Klingelanlagen am Haupteingang angebracht werden, bei eineinhalbgeschossigen Volkswohnungen hingegen nicht. Automatische Türöffner und Türdrücker waren die Ausnahme, Briefkästen indessen installierten die Gesellschaften bei mehrgeschossigen Häusern.[74]

Schwierigkeiten ergaben sich mit den Architekten. Baumängel führten ab 1936 dazu, daß die Architektenverträge zwingend eine Versicherungspflicht gegen Sach-, Personen- und Vermögensschäden enthielten. Kosten, die auf unvollständige Unterlagen, mangelhaft ausgeführte Zeichnungen oder Fehler bei der Bauleitung zurückzuführen waren, stellten die Gesellschaften den Architekten in Rechnung.
Das Architektenhonorar wurde in fünf Abschlagszahlungen aufgeteilt, wobei die fünfte Rate erst nach Bauabnahme und nach Beseitigung festgestellter Mängel fällig wurde. Die Überlegung, den Architekten die Bauleitung bei den Wohnungsgesellschaften für alle Objekte zu entziehen und auf die Bauführer zu übertragen, scheiterte daran, daß nicht genügend qualifizierte Bauführer zur Verfügung standen. Außerdem fiel die „soziale Seite“ der Gesellschaften, auf die Fusban regelmäßig hinwies, auch gegenüber

---

[70] Entgegen Münk, dem zufolge der Volkswohnungsbau keine Unterscheidungsmerkmale wegen gleichartiger Bauformen und Grundrisse zuließ, vgl. Münk, Dieter, Die Organisation des Raumes im Nationalsozialismus, Eine soziologische Untersuchung ideologisch fundierter Leitbilder in Architektur, Städtebau und Raumplanung des Dritten Reiches, Diss., Bonn 1993, S. 240.
[71] Fusban, S. 10, TKA NSt/ 225.
[72] VA VS/ III, Bl. 15; Albert Vögler wies dementsprechend im September 1938 in einer Sitzung des gemeinsamen Siedlungsausschusses der Industrieabteilungen der Wirtschaftskammern Düsseldorf und Dortmund darauf hin, daß die westdeutsche Industrie bereit war, vor allem den Volkswohnungsbau in der weiteren Entwicklung zu fördern, sofern sich die Allgemeinheit - der Staat - an dem „Endziel“ beteilige, der „schaffenden deutschen Familie“ eine Vierraumwohnung zur Verfügung zu stellen, Zitat bei Kastorff-Viehmann, in: *dieselbe*/ v. Petz/ Walz, S. 132.
[73] VA VS/ I, Bl. 78, 95; Prinz, Michael, Vom neuen Mittelstand zum Volksgenossen, Die Entwicklung des sozialen Status des Angestellten von der Weimarer Republik bis zum Ende der NS-Zeit, Studien zur Zeitgeschichte, Band 30, München 1986, S. 223.
[74] VA VS/ II, Bl. 63.

den Architekten ins Gewicht. Dennoch erhielten die Bauführer die Aufgabe, die Neubauten und damit die Arbeit der Architekten laufend zu überwachen. Der Vorstand nutzte damit neben der Kontrollfunktion den arbeitspsychologischen Vorteil der „Förderung des Berufsstolzes“[75] bei den Bauführern.

b') Bauvolumen

Die Wohnungsbauvorhaben der Gesellschaften waren nicht auf größere Siedlungen beschränkt, kamen bei diesen aber besonders zum Ausdruck. Im Gegensatz zur Westdeutsche W., für die kein Ort im Mittelpunkt des Bauinteresses stand, hatten die drei gemeinnützigen Gesellschaften jeweils geografische Schwerpunkte ihrer Bautätigkeit.

Die Rheinisch Westfälische W. betrieb den Wohnungsbau vor allem für Arbeiter und Angestellte des Bochumer Vereins, der Ruhrstahl AG und der GBAG. Die Bauvorhaben waren zu einem Teil als Maßnahmen des Vierjahresplans anerkannt.[76] In diesem Rahmen begann die Rheinisch Westfälische W. 1937 auf dem Rosenhügel in Gelsenkirchen-Horst und in Gladbeck für das neue Werk der Gelsenberg Benzin AG 3.500 Wohnungen zu planen, die letztlich jedoch nicht alle errichtet wurden.[77]
Die Siedlung entwickelte sich aus den vorhandenen Ortsteilen Gelsenkirchen-Horst und An der Friedweide und griff um die mit Bäumen alter Gutshöfe bestandene Kuppe des sogenannten Rosenhügels herum. Dabei entstanden Volkswohnungen, Kleinsiedlungen, Angestelltenwohnungen und Einfamilienhäuser, ergänzt um Garagen und um die Planung von Schulen, HJ-Heimen und Läden. Die Rheinisch Westfälische W. arbeitete angesichts der Vierjahresplanvorhaben und der Errichtung von Kleinsiedlungen vor allem in Gelsenkirchen und in Bochum.

Während sich die Rheinische W. vornehmlich in Duisburg betätigte, war Dortmund aufgrund seiner industriellen Bedeutung die Region, in der die Westfälische W. die meisten Bauten für ihren Geschäftsbereich errichtete.
Politisches Gewicht erhielt der Wohnungsbau der Westfälische W. bei der Beteiligung an den Planungen zu der „Groß-Siedlung Dortmund-Süd“. Im Rahmen der Siedlungslenkung des SVR sollten die Randgebiete Dortmunds, vor allem im Süden der Stadt, besiedelt werden. So sollten in 4.500 Volkswohnungen zwischen Stockumer Straße und Reichsautobahn sowie zwischen Barop und Brüninghausen 20.000 Bewohner Aufnahme finden. Der Kreisleiter Hesseldieck gründete eigens einen Bauausschuß Dortmund-Süd mit „Männern aus Partei, Staat und Wirtschaft“ und die Planung sah in der Mitte des Siedlungsraums eine große Grünfläche mit Schulen, Turnhalle, Kindergarten, Sportplatz, Erholungsstätten sowie „würdige Heime“ für „Arbeitsveteranen“ und HJ vor.[78]

---

[75] VA VS/ I, Bl. 27; VA VS/ II, Bl. 23, 69 f.; VA VS/ III, Bl. 23; vgl. C. IV. 3 a) bb).
[76] VA VS/ I, Bl. 70; VA GB/ 2-A-3a/ 1937/38, S. 3; positives Presseecho zu 1.864 Wohnungen als den „Gefolgschaftssiedlungen im Industrierevier“ in der Frankfurter Zeitung Nr. 645 vom 19.12.1937, Deutscher Handelsdienst 17.12.1937 und Berliner Börsen-Zeitung Nr. 595 vom 21.12.1937, BArch NS 5 VI/ 5439.
[77] Steinberg, Wohnstätten, S. 24; VA GB/ 1-A-3/ 1934/ 35-1939/ 40, so in Gelsenkirchen An der Friedweide, Düttingstr., Eckertstr., Grabbestr., Weidwall, Zum Bauverein.
[78] Zitate aus DZ und Rote Erde (Hrsg. Gauleiter Josef Wagner) m.w.N. bei Kastorff-Viehmann, in: *dieselbe/* v. Petz/ Walz, S. 133 f., 139.

Tab. 69: Anzahl der Neubauten; 1935-1939

	1935/ 36	1936/ 37	1937/ 38	1938/ 39	Gesamt
Rheinisch Westfälische W.					
Bochum	36	162	224	170	592
Essen	56	8	68	202	334
Gelsenkirchen	64	99	324	622	1.109
Gladbeck	12	15	0	40	67
Hattingen	48	33	90	90	261
Wattenscheid	20	0	10	0	30
Witten	53	77	78	78	286
Gesamt	289	394	794	1.202	2.679
Rheinische W.					
	1935/ 36	1936/ 37	1937/ 38	1938/ 39	Gesamt
Bendorf	0	k.A.	20	4	24
Dinslaken	0	k.A.	0	15	15
Düsseldorf	8	k.A.	0	0	8
Duisburg	32	k.A.	30	256	318
Mülheim	18	k.A.	96	30	144
Wehbach	0	k.A.	4	0	4
Gesamt	58	-	150	305	513
Westfälische W.					
	1935/ 36	1936/ 37	1937/ 38	1938/ 39	Gesamt
Altena	0	10	18	16	44
Brackwede	0	12	12	12	36
Castrop-Rauxel	0	0	4	29	33
Dortmund	96	127	496	410	1.129
Dreis-Tiefenbach	0	0	12	0	12
Dröschede	0	5	1	0	6
Emden	0	0	36	0	36
Garenfeld	8	0	0	0	8
Groß-Döhren	2	4	0	0	6
Hagen	28	8	0	0	36
Hamm	0	0	40	24	64
Hohenlimburg	0	4	0	8	12
Hüsten	0	0	4	10	14
Kreuztal	0	0	16	0	16
Lippstadt	0	0	0	15	15
Lössel	0	0	6	0	6
Plettenberg	0	8	0	0	8
Schwerte	0	0	6	0	6
Siegen	6	4	0	0	10
Weidenau	6	0	0	0	6
Werdohl	20	13	16	4	53
Westhofen	4	0	10	10	24
Wickede	16	0	4	4	24
Gesamt	186	195	681	566	1.628
Westdeutsche W.					
	1935/ 36	1936/ 37	1937/ 38	1938/ 39	Gesamt
Bochum	1	0	0	0	1
Brackwede	0	0	0	4	4
Castrop-Rauxel	0	1	0	0	1
Dinslaken	0	0	0	4	4
Dortmund	1	1		1	
Gelsenkirchen	0	0	21*	1	45
Gladbeck	0	0		20	
Niederschelden	0	0		0	
Werdohl	0	0		0	
Hattingen	0	0	0	2	2
Mülheim	0	1	0	0	1
Siegen	0	1	0	0	1
Wickede	0	0	0	1	1
Gesamt	2	4	21	33	60

Quelle: VA GB/ 1-A-3/ 1935/36-1938/39; VA GB/2-A-3/ 1935/36-1938/39; VA GB/3-A-3/ 1935/36-1938/39;VA GB/4-A-3/ 1935/36-1938/39.

* Die Angaben der Gesellschaft betreffen ohne weitere Zuweisung 21 Wohnungen in elf Häusern in Dortmund, Gelsenkirchen, Gladbeck, Niederschelden und Werdohl.

Tab. 70: Regionale Verteilung der Neubauten; 1935-1939

Wohnungs-gesellschaft	Ort	Straße	An-zahl
Rheinisch Westfälische W.	Bochum	Am frohen Blick, Am Gerstkamp, Am Maarbach, An der Landwehr, An der Maarbrücke, An der Schalwiese, Essener Str., Felix-Scharf-Str., Freiligrathstr., Friesenstr., Hammer Str., Hattinger Str., Hessenstr., In der Mark, Kirdorfstr., Knoopstr., Landwehrstr., Leibnizstr., Liebigstr., Markstr., Querenburger Str., Siemensstr., Wattenscheider Str., Wiemelhauser Str.	592
	Essen	Alte Kirchstr., Distelbeckshof, Drostenbuschstr., Kaiserstr., Kaldekirchstr., Ocklenburgsriedstr., Rotthauser Str., Stoppenberger Str., Wittenbergstr., Wendtwiese	334
	Gelsenkirchen	An der Friedweide, Bleckstr., Buerer Str., Bulmker Str., Dornstr., Düttingstr., Eckertstr., Fischerstr., Fronenstr., Glückaufstr., Grabbestr., Hagebuttenstr., Hakenstr., Helenenstr., Hertastr., Hohenzollernstr., Franz Seldte-Str., Hügelstr., Hüllerstr., Kirchstr., Koststr., Laurentiusstr., Luitpoldstr., Preußenstr., Rosenstr., Sandstr., Skagerrakstr., Vandalenstr., Viktoriastr., Walpurgisstr., Wanner Str., Weidwall, Zum Bauverein	1.109
	Gladbeck	An der Erlwiese	67
	Hattingen	Bismarckstr., Blankensteiner Str., Drosselweg, Im Heggerfeld, Moltkestr., Stolbergstr., Welper Str., Wernigeroder Str.	261
	Wattenscheid	Gertrudisstr., Weststr.	30
	Witten	Am Busche, Drei-Könige-Str., Göringstr., Hardelstr., Hüttenstr., Stockumer Str., Wannenstr.	286
Westfälische W.	Altena	Im Steinwinkel, Nettestr., Westigerstr.	44
	Brackwede	Heidestr., Landweg	36
	Castrop-Rauxel	Breckenstr., Kottenburgstr., Viktoriastr.	33
	Dortmund	Am Ossenbrink, Am Sodkamp, Auf dem Streffel, Buschstr., Bussardstr., Essener Str., Fichtestr., Friedrichsruher Str., Fuchtestr., Gitschiner Str., Grazstr., Haberlandstr., Hahnenmühlenweg, Heideweg, Landwehrstr., Lindenhorster Str., Nachoder Str., Nettelbeckstr., Oberfeldstr., Oberste Kampstr., Östricher Str., Preußische Str., Rahmer Str., Rhaderweg, Rheinische Str., Scharnhorststr., Schillingstr., Schulstr., Sydowstr., Tejaweg, Thaderweg, Theoderichstr., Totilastr., Winkelstr., Zabernstr.	1.129
	Dreis-Tiefenbach	Burgstr., Siegstr.	12
	Dröschede	Am Südenberg	6
	Emden	Petkumer Str., Syltstr., Unionstr.	36
	Garenfeld	Am oberen Brauck	8
	Groß-Döhren	Am Opferberg	6
	Hagen	Freiherr-vom-Stein-Str.	36
	Hamm	Beukenbergstr., Union-Str.	64
	Hohenlimburg	Hobräckerweg	12
	Hüsten	Arnsberger Str., In den Erlen	14
	Kreuztal	Hochstr., Jahnstr.	16
	Lippstadt	Erwitter Str.	15
	Lössel	k.A.	6
	Plettenberg	Eikaker, Werdenstr.	8
	Siegen	Blauwunderstr., Mevissenstr., Tiergartenstr.	6
	Schwerte	August-Haßler-Str.	10
	Weidenau	Ludwigstr.	6
	Werdohl	Feldstr., Lennestr., Lindenstr., Oststr., Saarlandstr.	53
	Westhofen	Am Schliggenstück, Bruchstr.	24
	Wickede	Bergstr., Brückstr., Erlenstr., Gartenstr.	24

Wohnungs-gesellschaft	Ort	Straße	An-zahl
Rheinische W.	Bendorf	Wiegandstr.	24
	Dinslaken	Amalienstr., Fichtenstr., Friedrichstr., Heinrichstr., Juliusstr.	15
	Düsseldorf	Weichselstr.	8
	Duisburg	Bremenstr., Bruckhauser Str., Brunhildestr., Buschstr., Cornelissenstr., Coupettestr., Die Fröhlichkeit, Fahrner Str., Feldstr., Frundsbergstr., Gerberstr., Goeckingstr., Gustavburgerstr., Hagedornstr., Karlstr., Karolingerstr., Lierheggenstr., Neanderstr., Voßstr., Warbruckstr., Windmühlenstr.	318
	Mülheim	Gießerstr., Herbert-Norkus-Str., Im Winkel, Kreuzfeldstr., Limburgstr., Martinstr., Rolandstr., Tiegelstr., von-Lettow-Vorbeck-Str.	144
	Wehbach	Koblenz-Olper-Str.	4
Westdeutsche W.	Bochum	Königsallee	1
	Brackwede	Goethestr.	4
	Castrop-Rauxel	Am Wiedehagen	1
	Dinslaken	Adolf-Hitler-Str.	4
	Dortmund	Am Ossenbrink, Am Sodkamp, Kappenberger Str., Hankerstr.	
	Gelsenkirchen	Bleckstr., Buerer Str., Hermann-Göring-Allee, Im Mühlenfeld	45
	Gladbeck	Gartenstr., Horster Str.	
	Niederschelden	Kirchstr.	
	Werdohl	Saarlandstr.	
	Hattingen	Rosenberg	2
	Mülheim	Schloßstr., Kohlenkamp	1
	Siegen	Moritzstr.	1
	Wickede	Bergstr.	1

Quelle: VA GB/ 1-A-3/ 1935/36-1938/39;VA GB/2-A-3/ 1935/36-1938/39; VA GB/3-A-3/ 1935/36-1938/39; VA GB/4-A-3/ 1935/36-1938/39; die Straßenangaben entsprechen der Listung der Geschäftsberichte.

Das Vorhaben wurde in Dortmund-Süd dann in weiteren Planungen für einen Siedlungsgürtel zwischen Hörde und Dorstfeld auf einen Umfang von 20.000 Wohnungen ausgedehnt und nach der durch Heß am 11.02.1939 vor Ort erfolgten Freigabe des ersten Bauabschnitts zur „Rudolf-Heß-Stadt" erklärt.[79]
Dabei ergab sich die politische Dimension für die Westfälische W. zwangsweise, da der Kreisleiter verlangte, daß 450 für die Zechen Minister Stein und Fürst Hardenberg sowie 150 für den Schacht Gustav zu bauende Wohnungen in die neue Rudolf-Heß-Stadt verlegt wurden. Im Gegenzug versprach er keine Einwände gegen 112 für die Zeche Erin und die Zeche Hansa geplante Wohnungen geltend zu machen.[80]

Im Gegensatz dazu lehnte die Westfälische W. die Schaffung zusätzlichen Wohnraums in Teilen ab, als sie für die Kriegsmarine in Emden anläßlich des dortigen Hafenausbaus Wohnungen errichten sollte.
Die Westfälische W. baute und verwaltete Wohnungen auch für Angehörige der zur VSt gehörenden Nordseewerke in Emden. Der Hafen in Emden diente zum Gütertransport auf See für das rheinisch-westfälische Industriegebiet. Emden kam die Aufgabe zu, vor allem den östlichen Teil des Ruhrgebiets preiswert mit den wichtigsten

[79] Kastorff-Viehmann, in: *dieselbe*/ v. Petz/ Walz, S. 135.
[80] VA AR/ 1-A-3/ 11.03.1939, S. 3 f. .

Industriestoffen zu versorgen und von dort die Produkte des Bergbaus und der Schwerindustrie über See zu verfrachten.[81]
Nachdem das Bauprogramm 1937 in Emden die Errichtung von 50 Wohnungen vorgesehen hatte, von denen letztlich 36 in der Union-, in der Petkumer- und in der Syltstr. erstellt wurden, sollte die Westfälische W. im Zuge des Hafenausbaus für das Oberkommando der Marine (OKM) weitere 375 Wohnungen errichten, die für die Belegschaft der Nordseewerke Emden und für Angehörige der Marine bestimmt waren.
Von diesen Wohnungen entfielen 150 auf die Erweiterung der bestehenden „Siedlung Friesland" und 250 auf die Gemarkung Borssum.[82] Das OKM erhöhte das Programm 1939 dann auf insgesamt 1.500 Wohnungen und drängte auf eine Beteiligung der Westfälische W., da andere mögliche Träger für das Vorhaben in Emden nicht zu finden waren. Trotz der hohen rüstungspolitischen Bedeutung trat die Westfälische W. dem Ansinnen jedoch erfolgreich entgegen. Sie stützte sich auf die Argumentation, daß die meisten Wohnungen lediglich für Arbeiter und Angestellte der Marine, nicht aber für die Nordseewerke bestimmt waren. Dementsprechend stimmte der Aufsichtsrat nur dem Bau von 150 Wohnungen zu.[83] Weitere für die Marine geplante Bauten lehnte die Westfälische W. ab.
Lediglich für den Notfall empfahl der Aufsichtsrat die Gründung einer GmbH, die die Trägerschaft für die Bauten der Marine unter Beteiligung der Westfälische W., der Stadt Emden und der Marineverwaltung übernehmen konnte. Für einen Sondervertrag mit dem OKM sah die Westfälische W. vor, daß sie von jeder Haftung der GmbH freigestellt wurde, ihr Geschäftsanteil mit mindestens 4 % bis 6 % verzinst wurde und ihre Beteiligung an der GmbH unter gesonderten Voraussetzungen auf Dritte oder das OKM übertragen werden konnte. Letztlich ließ sich das Programm des OKM bis zum Beginn des Krieges nicht mehr umsetzen und die bereits errichteten Bauten waren den im Juli 1940 einsetzenden Luftangriffen auf Emden ausgesetzt.[84]
Im Ergebnis erlangte der Wohnungsbau der Westfälische W. also auch außerhalb des Ruhrgebiets rüstungswirtschaftliche Bedeutung, wenn auch nicht in dem vom OKM gewünschten Umfang.

---

[81] Lübbers, Die wirtschaftlichen Beziehungen des Hafens Emden zum Dortmund-Ems-Kanal und zum rheinisch-westfälischen Industriebezirk, Das volkswirtschaftliche Problem des Ausbaus, in: Bruck, W. F. (Hrsg.), Kolonialgebiete des Rheinisch-westfälischen Industriereviers, Deutsche Inlands-Kolonien, Forschungsstelle für Siedlungs- und Wohnungswesen an der Universität Münster i.W., Materialien-Sammlung, Band 7, Münster (Westf.) 1933, S. 119-129, hier S. 125; weiterführend auch Ellerbrock, Karl-Peter, Zur Bedeutung des Dortmund-Ems-Kanals für den Stahlstandort Dortmund vor dem Ersten Weltkrieg, in: Dascher/ Kleinschmidt, S. 81-96.
[82] VA AR/ 3-A-3/ 24.01.1939, S. 3; VA AR/ 3-A-3/ 11.03.1939, S. 1; erste Bauten der Siedlung Friesland waren ab 1914 unter Mitwirkung von Muthesius im Auftrag der Nordseewerke entstanden, nachdem zuvor im Kaiser-Wilhelms-Polder die Arbeitersiedlung Transvaal errichtet worden war, StArch Emden/ 4573, 1309; Schwoon, Kathrin, Entwicklung geschlossener Arbeitersiedlungen in Emden, unter besonderer Berücksichtigung der „Kolonie Friesland", Studienarbeit am Institut für Bau- und Kunstgeschichte, Universität Hannover, S. 24 ff., 52, StArch Emden/ 1305; zu Muthesius vgl. B. I. 4.
[83] VA AR/ 3-A-3/ 11.03.1939, S. 2 f. .
[84] Haddinga, Johann, Kriegsalltag in Ostfriesland, 1939-1945, Band XII der Bibliothek Ostfriesland, 2. Auflage, Norden 1997, S. 13. So entstanden in der Siedlung Friesland von 1913 bis 1942 letztlich 253 Wohnungen, Wiborg, Klaus, Mit Kurs auf morgen; 75 Jahre Thyssen Nordseewerke GmbH, Düsseldorf Wien 1978, S. 47; StArch Emden/ 1089.

Abb.16: Angestelltenwohnungen.

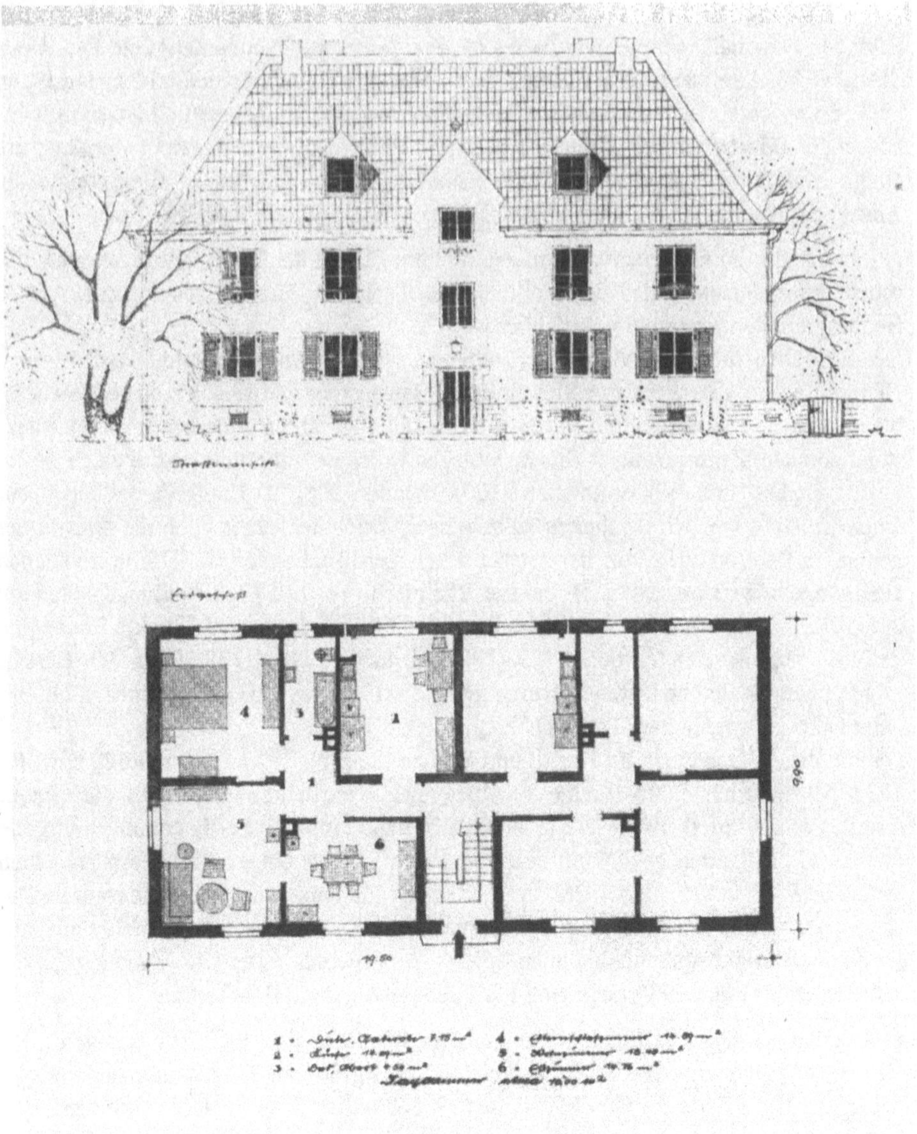

Angestelltenwohnungen

Quelle: Mönkemöller, Anlagen.

Die Bautätigkeit der Westdeutsche W. nahm sich weniger umfangreich aus. Da sich die Westdeutsche W. für die Werke mit der Wohnversorgung der Angehörigen des leitenden Personals befaßte, war dieses die Zielgruppe der Neubautätigkeit. Die Westdeutsche W. kam dem Wohnbedarf ihrer Mieter mit unterschiedlichen Haustypen nach. So errichtete sie neue Einfamilienwohnhäuser, Doppelhäuser und Zweifamilienhäuser für Geschäftsführer, Betriebschefs und andere höhere Angestellte, ergänzt um einige Mehrfamilienhäuser mit Angestelltenwohnungen.[85] Alles in allem zeigte die Anzahl der Neubauten bei allen Gesellschaften eine verstärkte Bautätigkeit.

Allerdings dürfen Gebietserweiterungen und die Zahlen der Fertigstellungen nicht darüber hinwegtäuschen, daß die Wohnungsgesellschaften ihre Zielsetzungen aus ihren Bauprogrammen regelmäßig verfehlten.
Das Bestreben, möglichst viele Wohnstätten zu schaffen, und die zugleich auftretenden Hemmnisse bei den Arbeitskräften und der Baustoffbeschaffung, erzeugten das Problem, daß die Gesellschaften mit den Fertigstellungszahlen immer stärker in Rückstand gerieten. Zwar gelang es ihnen, entgegen widriger Witterungsbedingungen selbst in den Herbst- und Wintermonaten 1937/ 38 und 1938/ 39 Baufertigstellungen mit einem Anstieg von 151 Einheiten auszuweisen. Doch auch hier wich die Anzahl der geplanten Bauvorhaben von den tatsächlichen Fertigstellungen ab. Die entstandenen Überhänge bewirkten, daß z. B. bei der Rheinische W. 120 Kleinsiedlungsbauten am 31.03.1938 fertig wurden, obwohl am 01.10. 1937 für lediglich 20 Objekte Baubeginn gewesen war. So standen den 1.163 (1937/38) bzw. 1.314 (1938/39) in den Herbst- und Wintermonaten errichteten Bauten jeweils 2.106 bzw. 2.615 noch im Bau befindliche Gebäude gegenüber (Tab. 71).[86]
Da von diesen Gebäuden im Herbst und Winter allein für 1937/ 38 nur 1.622 bzw. für 1938/ 39 lediglich 1.608 Bauten neu begonnen werden konnten, lagen die Gesellschaften schon innerhalb dieser kurzen Zeitabschnitte in ihren Fertigstellungen um 484 bzw. 1.007 Einheiten gegenüber den Planungen zurück. Ungeachtet dessen brachten sie auch 1937/ 38 967 und 1938/ 39 4.283 neue Planungen ein, die wiederum im Zusammenhang mit der Befriedigung des gestiegenen Wohnbedarfs vornehmlich aufgrund der Vierjahresplanmaßnahmen standen. Im Ergebnis hatten die Wohnungsgesellschaften so im März 1939 insgesamt 6.898 Bauvorhaben in Bearbeitung.

Das Fertigstellungsdefizit ließ sich auch in den folgenden Jahren nicht beseitigen.
Die Versorgungsschwierigkeiten wirkten sich stetig auf die Umsetzung der Bauvorhaben aus. Zum Ende des Geschäftsjahres 1938/ 39 blieb dann ein Überhang von 4.932

[85] Zum Beispiel Einfamilienhaus: Geschäftsführer der Gewerkschaft Christine, Brunswick, Essen-Kupferdreh/ Doppelwohnhaus: Betriebschef der Westfälische Union AG für Eisen- und Drahtindustrie, Drahtwerk Knipping und Betriebsingenieur der Gebrüder Knipping, Nieten- und Schraubenfabrik GmbH, Altena/ Zweifamilienwohnhaus: höhere Angestellte der Hüttenwerke Siegerland AG, Eichener Walzwerk, Siegen/ Sechsfamilienhaus: Angestellte, Siegen; entsprechende Neubauten auch in Bochum, Dortmund, Brackwede bei Bielefeld, Dinslaken, Dortmund, Gelsenkirchen-Horst, Hattingen, Gladbeck, Niederschelden, Werdohl und Wickede; VA AR/ 4-A-3/ 18.02.1936, S. 2; VA GB/ 4-A-3/ 1937/ 38, S. 2; VA GB/ 1938/ 39, S. 5.
[86] VA BV/ 1-A-3/ 18.05.1936, Anlage.

Tab. 71: Baudifferenzen der Wohnungsgesellschaften; 1937/38, 1938/39

	1937/38			1938/39		
	Bau-beginn	fertig	nicht fertig	Bau-beginn	fertig	nicht fertig
	01.10.	31.03.	31.03.	01.10.	31.03.	31.03.
Rheinische W.						
Volkswohnungen	375	-	375	55	110	389
Sonstige Arbeiterwohnungen	-	-	-	12	-	12
Kleinsiedlungen	20	120	20	10	12	76
Angestelltenwohnungen	-	-	-	-	-	20
Rheinisch Westfälische W.						
Volkswohnungen	743	119	789	776	649	1.134
Sonstige Arbeiterwohnungen	130	393	376	211	86	98
Kleinsiedlungen	4	-	22	-	8	11
Angestelltenwohnungen	-	-	-	10	84	101
Westfälische W.						
Volkswohnungen	291	168	394	485	262	670
Sonstige Arbeiterwohnungen	36	286	104	-	68	20
Kleinsiedlungen	-	65	5	-	4	24
Angestelltenwohnungen	2	-	-	20	24	20
Westdeutsche W.						
Angestelltenwohnungen	21	12	21	29	7	40
Gesamt	1.622	1.163	2.106	1.608	1.314	2.615

Quelle: Zusammenstellung nach VA BV/ 1-A-3/ Anlage.

Wohnungen, der sich mit dem Restprogramm des Vorjahrs zu einem Gesamtüberhang von 6.135 Wohnungen addierte.

Daß es sich hier keineswegs um Vorgänge handelte, die auf die Wohnungsgesellschaften fokussiert waren, zeigte z. B. das Wohnungsbauprogramm für das Siedlungsgelände Resser Mark in Gelsenkirchen. Dort waren aufgrund des Fehlbestands von 20.000 Wohnungen im Raum Gelsenkirchen, Gladbeck, Bottrop und Recklinghausen auf Initiative des Gauleiters Meyer 1.400 Wohnungen mit Unterkünften für 6.000 Personen vorgesehen, letztlich wurden aber nur 376 Wohnungen bezugsfertig.[87]

Zu den Schwierigkeiten, die die Überhänge verursachten, kamen Probleme bei der Bereitstellung von Baugrundstücken hinzu. Vor allem aufgrund der Überlastung der Grundstücksabteilungen und der Katasterämter kam es zu zeitlichen Verzögerungen.[88] Grundbuch- und Katasterunterlagen aber bildeten die Voraussetzung für die Zusage von Hypotheken, für die Beantragung von Reichsbürgschaften, für Baugesuche und für Verhandlungen mit den Behörden.

[87] Institut für Stadtgeschichte (Hrsg.), Historische Spuren vor Ort - Gelsenkirchen im Nationalsozialismus, Schriftenreihe des Instituts für Stadtgeschichte, Materialien Band 3, Essen 1998, 41 ff. .

[88] VA BV/ 2-A-3a/ 25.11.1936, S. 2.

Reichsbürgschaften und Reichsdarlehen bargen ein weiteres zeitliches Problem, da für ihre Beschaffung bis zum Baubeginn mindestens drei Monate vergingen. Außerdem waren Orts- und Lagepläne, Bauentwurfszeichnungen, Wohnflächenberechnungen, Berechnungen des umbauten Raumes, Baubeschreibungen, Wirtschaftlichkeitsberechnungen und Darlehensanträge einzureichen. Die Wohnungsgesellschaften gingen deshalb von einem Gesamtfertigstellungszeitraum von über einem Jahr aus.[89] Das brachte einen hohen bürokratischen Aufwand mit sich und verdeutlichte, daß es die nationalsozialistische Wohnungspolitik versäumte, für ein praxisgerechtes Bauverfahren zu sorgen.

ee) Kleinsiedlungsbau

Im Hinblick auf den Kleinsiedlungsbau waren diejenigen Siedlerstellen beispielgebend, die die Rheinisch Westfälische W. in Bochum-Weitmar bzw. -Höntrop ab 1935 einrichtete. In Anlehnung an Überlegungen Walter Borbets handelte es sich dabei um ein Siedlungsvorhaben mit zunächst 122 Siedlerstellen. Zielsetzung der Wohnungsgesellschaften war es auch hier, Arbeiter und Familien seßhaft zu machen und ihnen den Erwerb eines eigenen Hauses zu ermöglichen.[90]

Die Kleinsiedlungsarchitektur der Wohnungsgesellschaften orientierte sich entgegen der Industriearchitektur, die die „Neue Sachlichkeit“ bevorzugte, an der Heimatschutzarchitektur und an regionalen Bauformen.[91] Das zur Verfügung stehende Gelände war durch Staatsbahnlinien und mehrere Straßenzüge in seiner Größe festgelegt.
Die städtische Lage der Siedlung erleichterte die Erschließung von Straßen, Elektrizität und Gas. Abwasser und Abfall hingegen waren den KSB entsprechend zu sammeln und der Siedlerwirtschaft zuzuführen. Außerdem begrünten die Gesellschaften die Anlagen mit Bäumen, Stauden und Sträuchern.
Da die Siedlungsgebäude einfach und preiswert errichtet werden sollten, mußten die Raumabmessungen bescheiden gehalten werden. Die unterkellerten Häuser enthielten neben einem als Küche benutzbaren Arbeitsraum vier bis fünf Zimmer und einen Kleinviehstall. Abgestimmt auf die genannten gesetzgeberischen Vorgaben betrugen die Mindestraumgrößen bei der Rheinisch Westfälische W. in Bochum-Weitmar zwischen 6 m² und 14 m².[92]

[89] VA GB/ 2-A-3/ 1937/38, S. 4 f. .
[90] Vereinigte Stahlwerke Aktiengesellschaft (Hrsg.), Werk Höntrop der Vereinigte Stahlwerke Aktiengesellschaft, Bochumer Verein Bochum, Düsseldorf 1930, S. 5; „Siedler sind besonders werksverbunden, Aufschlußreiche Untersuchungen in werkgeförderten Wohnungen des Ruhrgebiets“, in: Informationsdienst Ruhr 05.06.1961, S. 1 f.; weiterführend zum Werk Höntrop Däbritz, Walter, Bochumer Verein für Bergbau und Gußstahlfabrikation in Bochum, Neun Jahrzehnte seiner Geschichte im Rahmen der Wirtschaft des Ruhrbezirks, Düsseldorf 1934, S. 411 ff.; VA GB/ 2-A-3a/ 1934/35, S. 2; Keim, S. 299; Schnadt, S. 60; Forstmann, Walter, Ein Rückblick - Ein Ausblick, in: Hüttenzeitung Nr. 4, Sondernummer „Unsere Siedlung“ 24.02.1936, WA 80/ 25201 Nr. 2; „Walter-Borbet-Siedlung“ nach dessen Tod - vgl. VA AR/ 2-A-3/ 05.03.1942.
[91] Heinrichsbauer, S. 132; Weingarten, S. 279; Heinen/ Pfeffer, S. 272; Kölnische Zeitung vom 10.10.1936, BArch R 113/ 53444; 15 Jahre Siedlergemeinschaft „Bochumer Verein“, HA Krupp WA 80/ 25200 Nr. 2.
[92] Forstmann, Walter, Der Einsatz und die praktischen Maßnahmen der Rheinischen Wohnstätten AG, der Rheinisch Westfälischen Wohnstätten AG, der Westfälischen Wohnstätten AG zur Förderung des Baues von Kleinsiedlungen 1934 bis 1956, S. 3; TKA FSchr./ Forstmann; VA VS/ I, Bl. 45.

Abb.: 17: Kleinsiedler-Einzelhaus.

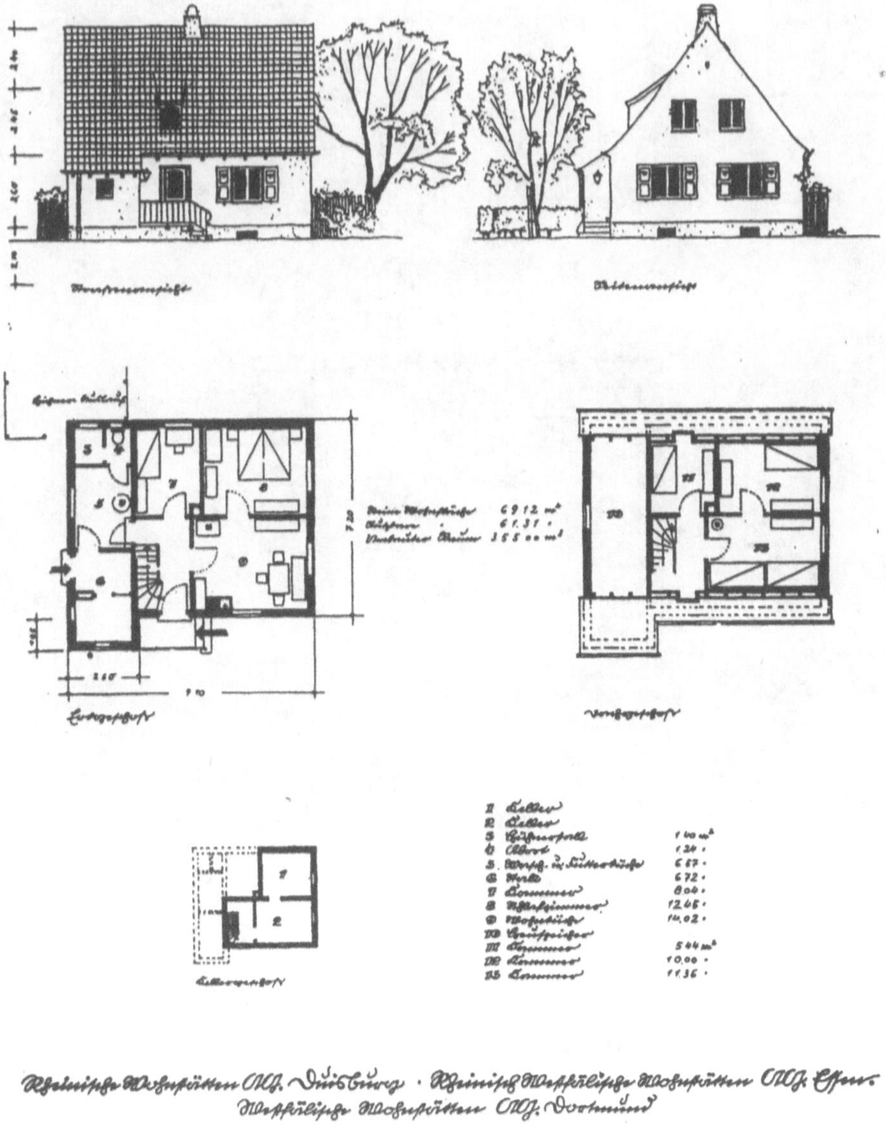

Quelle: TKA NSt/ 229.

Abb. 18: Kleinsiedler-Doppelhaus.

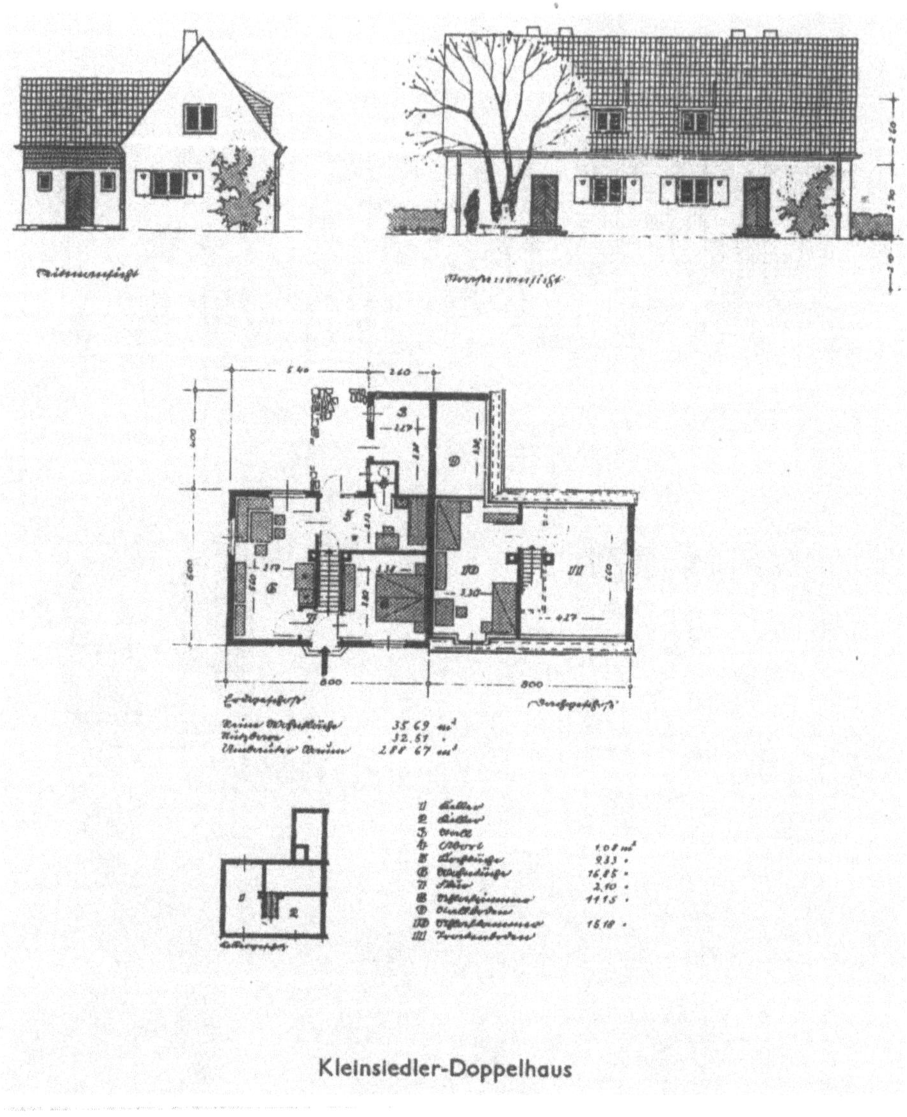

Quelle: VA GB/ RRW/ 1938/39, Anlagen.

Der Wohn- und Kochraum war mit 14 m² das größte, der Wirtschaftsraum mit 6 m² das kleinste Zimmer:

Wohn- und Kochraum	14 m²
Elternschlafzimmer	12 m²
Kinderschlafzimmer	8 m²
Wirtschaftsraum	6 m²
Gesamt	40 m²

Bei größeren Familien konnte ein Raum z. B. im Dachgeschoß hinzukommen und den zur Verfügung stehenden Platz bis auf knapp 60 m² vergrößern.
Die Grundstücksgröße betrug bei den Gesellschaften mindestens 600 m². Die Siedler konnten darauf etwa 20,-- RM monatlich als zusätzliches Nebeneinkommen aus Gartenbau und Kleintierzucht erzielen.[93]

Das Grundstück war zunächst Gegenstand eines Pachtvertrags. Der Vertrag enthielt regelmäßig auch ein Ankaufsrecht des Siedlers. Auf Antrag konnte dann nach drei Jahren die Eigentumsübertragung zugunsten des Siedlers erfolgen. Der Siedler sollte bei den Wohnungsgesellschaften Eigenkapital für den Erwerb des Ankaufsrechts aufwenden. Sofern er dieses Kapital nicht zur Verfügung hatte, traten die Gesellschaften in Vorlage. Der ausstehende Betrag war grundsätzlich ab Fälligkeitsdatum mit 3 % zu verzinsen und mit ersparten Beträgen zu tilgen.
Mit Abschluß des Pachtvertrags legten die Gesellschaften Wert darauf, daß eine Siedlerstelle tatsächlich zur Wohnstätte für den Erwerber und nicht zum Spekulationsgegenstand wurde. So konnte ein Vertrag vorsehen, daß der Weiterverkauf einer Siedlerstelle von der Zustimmung der Wohnungsgesellschaft abhängig war. Die Wohnungsgesellschaften vereinbarten eine Vertragsstrafe in Höhe von 20 % des Bau- und Bodenwerts des Grundstücks. Damit ging die Verpflichtung zur Bestellung einer Sicherungshypothek bezüglich der Vertragsstrafe innerhalb des Bau- und Bodenwerts einher.[94]

Im Planungsstadium kam Kritik an der Größe und Qualität der Häuser auf. Dies zeigte sich in einer Veranstaltung, zu der der Vorstand alle Siedlerinteressenten eingeladen hatte, um „Sozialkontakt" herstellen und Bewerberinteressen lokalisieren zu können. In der mit 800 Personen vollbesetzten Veranstaltung warnte der Betriebsratsobmann des Bochumer Vereins die Versammlung nach der Vorstellung der Baupläne davor, „Ersparnisse für derartige Primitiv-Bauten" herzugeben.
Da sich daraufhin „ein ohrenbetäubender, anscheinend zustimmender Lärm erhob", schloß der Vorstand die Versammlung. Nach Rücksprache des Vorstands mit dem Reichsheimstättenamt über die Haltlosigkeit des Vorwurfs mußte sich der Betriebsrat verpflichten, den Werksangehörigen zu empfehlen, sich in die Liste der Siedlerbewerber aufnehmen zu lassen.

[93] Forstmann, Der Einsatz und die praktischen Maßnahmen, S. 3, TKA FSchr./ Forstmann.
[94] Die Wohnungsgesellschaften überschritten damit die reichsweit verordnete Mindestgrenze von 10 % um das Doppelte; Art. 11 VO zur Ausführung der GemVO vom 20.03.1931, VA VRW/ II, Bl. 18.

Ähnlich reagierte der Vorstand auf unberechtigt empfundene Kritik von außen. So erfuhr er während des ersten Bauabschnitts der Siedlung Bochum-Weitmar, daß sich ein Schaffner der Bochum-Gelsenkirchener Straßenbahn gegenüber den Siedlern fortlaufend negativ zu den Siedlungshäusern äußerte und als „Kaninchenställe" bezeichnete. Forstmann selbst überlieferte die Reaktion des Vorstands:[95]

> *„Wir sahen uns veranlaßt, bei der Bahnverwaltung die umgehende Ablösung dieses Flaumachers zu beantragen, was auch sofort geschah."*

Das restriktive Vorgehen des Vorstands stand in Zusammenhang mit dessen Sensibilisierung aufgrund der Gespräche mit den Siedlerbewerbern. Er verfolgte das Ziel, die Siedler zu einer „sozialen, echten Gemeinschaft" zusammenzufassen und ein Vertrauensverhältnis herzustellen. Er begegnete Bewertungen, die dieser Zielsetzung entgegenwirkten, mit Unverständnis und wandte sich gegen „Horcher, Gerüchtemacher und Außenstehende, die Verwirrung zu stiften versuchten".[96]
Damit verdeutlichte der Vorstand, daß er seine durchaus sozial geleiteten Interessen ebenso konsequent zu verfolgen verstand, wie er Kritik überzubewerten vermochte. Relativierend muß allerdings auch Beachtung finden, daß sich die Wohnungsgesellschaften noch lange Zeit dem de facto unwahren Gerücht widersetzen mußten, daß die Siedler niemals Eigentümer ihrer Siedlerstelle würden. Die Gesellschaften sahen sich in starkem Engagement für die Siedler und daher durch solche Gerüchte in ihrer Arbeit mißachtet.

In der Bauphase konnten die Siedler zur Kostenersparnis in Eigenarbeit aufmauern oder Dachpfannen legen. Die Gesellschaften legten aber Wert darauf, daß die Preiswürdigkeit nicht die Zweckmäßigkeit und Dauerhaftigkeit der Bauten verdrängte.[97] Deshalb gab es eine einheitliche Bauleitung über den zuständigen Bauführer, der sich mit einem Vertreter des Vorstands der Siedlergemeinschaft, dem „Siedlerobmann", für die beste und preiswürdigste Vergabe eines Auftrags einsetzte.[98]
Nach einem Jahr wurden in Bochum-Weitmar Probleme der Bauausführung ersichtlich. Etwa 30 % der Häuser hatten entweder nasse Keller oder nasse Schlagseiten.[99] Folge war die sofortige Heranziehung von Architekten, Unternehmern und Zementsachverständigen für die Sanierung von Bauten, die dann für mehrere Jahrzehnte Teil des Siedlungsbestands in Bochum-Weitmar waren.

Trotz der Schwierigkeiten galt das Vorhaben in Bochum-Weitmar als exemplarisch für den gesamten Kleinsiedlungsbau. Die Rheinisch Westfälische W. unterstrich den repräsentativen Charakter dieser Kleinsiedlung, indem sie in der Kirdorfstr. 26/ 28 ein

---

[95] Forstmann, Walter, Wie weit ist der Erfolg des Familienheimgedankens von sozialpädagogischen Einwirkungen abhängig ?, Schriften des Instituts für Wohnungsrecht und Wohnungswirtschaft an der Universität Köln, Tübingen 1958, S. 36.
[96] Forstmann, Familienheimgedanke, S. 35 f. .
[97] Forstmann, Walter, Selbsthilfe bei Kleinsiedlungsvorhaben, in: Der Arbeitgeber 1949/50, S. 19-26, hier S. 23 f.; VA VS/ II, Bl. 12; TKA RS/ 1300; Bilderbogen „Siedeln schafft Arbeit" zum Siedlungsbau in: Hüttenzeitung 1935 Nr. 5, S. 5, HA Krupp WA 80/ 25201 Nr. 2.
[98] Forstmann, Selbsthilfe, S. 24.
[99] VA VS/ I, Bl. 104.

Musterhaus zur Besichtigung freigab.[100] Das Haus entstand in Zusammenarbeit mit der Tischlerinnung Bochum, die die passenden Möbel ausstellte. Die zuständige Verwaltungsstelle erteilte Interessenten nähere Auskünfte.
Siedlerinteressenten konnten ebenso bei der „Wohnungsfürsorge" der Werke um Rat fragen. Die Werksfürsorgestellen berieten Siedler u. a. zu Fragen des Hausrats, der Möbel und in Fragen des Gartenbaus.[101] Dabei fanden die nationalsozialistischen Vorstellungen von einem Siedlerhaushalt Eingang in die Beratung. So propagierte das Reichsheimstättenamt, daß sich die Ausführung der Möbel auf das Wichtigste beschränken sollte: „Zuerst kommt der Gebrauchswert, dann erst der bereichernde Schmuck". *Selle* verweist ebenso wie *Petsch* darauf, daß die vom Reichsheimstättenamt ausgewählten einfachen Wohnzimmer- und Küchenmöbel nicht nur auf bäuerlich-handwerkliche Traditionen, sondern auch unter Betonung der Gediegenheit des Materials mit einer „ehrlichen, sauberen Wohngesinnung" auf den sozialen Funktionalismus der 1920er Jahre Bezug nahmen.[102] Die Gesellschaften mußten fortan beachten, daß die Siedlermöbel den Lieferbedingungen des Reichsausschusses beim Reichskuratorium für Wirtschaftlichkeit und den Richtlinien des Reichsheimstättenamtes entsprachen.[103] Für die Siedler der Wohnungsgesellschaften bedeutete das in der Praxis eine regulierte und bevormundende Vorauswahl.

Insgesamt erzeugte die Siedlungsmaßnahme in Bochum-Weitmar eine positive Resonanz. 1936 meldeten sich bereits weitere Anwärter für eine Siedlerstelle. Daraufhin erweiterte die Rheinisch Westfälische W. die Siedlung 1937 in einem zweiten Bauabschnitt auf 174 und im Jahr 1938/39 auf 186 Siedlerstellen. Alle Siedlungsmaßnahmen zusammengerechnet entstanden bis 1939 386 Kleinsiedlungsbauten (Tab. 72).

Von diesen Fertigstellungsziffern waren Eigenheime ausgenommen.[104] Zwar fand der Eigenheimbau als bewährte Bau- und Siedlungsform Berücksichtigung, stand aber bei den Gesellschaften gegenüber den geschlossenen Kleinsiedlerstellen mit Stall und Nutzgärten deutlich zurück.

---

[100] HA Krupp WA 80/ 25201 Nr. 2.

[101] VA VS/ I, Bl. 7; Cordemann, Margarete, Werkfürsorge, Archiv für Wohlfahrtspflege, Berlin 1955, S. 18 f., Erl. des RArbMin. vom 16.09./ 13.11.1936 empfahlen dann reichsweit die Einrichtung von Musterhäusern in Wohnungs- und Siedlungsanlagen, versehen mit einer Typensammlung „Grundformen für Kleinsiedlungshäuser", Gassner, Edmund, Hilfe aus der Not, Zur Geschichte der Kleinsiedlung in Deutschland, Social Strategies, Forschungsberichte, Vol. 4, No. 2, März 1992, S. 26 f. .

[102] Selle, Gert, Geschichte des Design in Deutschland, Frankfurt/M. New York 1994, S. 253, 255; Fauth, Der Siedlerhaushalt als wirtschaftliche und kulturelle Aufgabe, in: Bauen Siedeln Wohnen 1936, S. 325-328, hier S. 327 f., Möbelabbildungen bei Kornemann, in: Kähler, S. 645 sowie nachrichtlich zu Siedlermöbeln, in: Bauen Siedeln Wohnen 1937, S. 226-229; Petsch, Joachim, Möbeldesign im Dritten Reich und die Erneuerung des Tischler-Gewerbes seit dem ausgehenden 19. Jahrhundert, in: Weissler, Sabine (Hrsg.), Design in Deutschland 1933-45, Ästhetik und Organisation des Deutschen Werkbundes im „Dritten Reich", Werkbund-Archiv, Band 20, Gießen 1990, S. 42-55, hier S. 46.

[103] Zur Kennzeichnung der Siedlermöbel schuf das Reichsheimstättenamt ein Hausratszeichen als Schutzzeichen, das die Fachorganisationen der Industrie und des Handwerks mit Zustimmung des Reichsheimstättenamts an die Erzeugerfirmen vergaben: „RAL 430 C - Siedlerhausrat"; Berliner Tageblatt vom 02.11.1936, BArch R 113/ 53444.

[104] Deren Errichtung fiel mit insgesamt 29 Gebäuden in Werdohl (vier Eigenheim in der Feldstr.) und in Dortmund-Wischlingen (25 Eigenheime in der Oberste Kamp- und Winkelstr.) sehr viel geringer aus.

Tab. 72: Kleinsiedlungsbau der Wohnungsgesellschaften; 1935-1939

Ort	Lage	Anzahl
Bochum-Weitmar	Stahlwerk Höntrop	186
Dortmund - Wischlingen	Oberste Kamp- und Winkelstraße	47
Dröschede	Kreis Iserlohn, Am Südenberg	6
Garenfeld	Am oberen Brauck	8
Gelsenkirchen	o.N.	8
Duisburg - Hamborn	Karl- u. Fahrnerstraße	20
Hattingen	Drosselweg	21
Hohenlimburg	Am lahmen Hasen	4
Kreuztal	Hochstraße	11
Kreuztal	Jahnstraße	5
Lössel	Kreis Iserlohn	6
Mülheim	Kreuzfeldstraße	10
Mülheim	Tiegelstraße	11
Werdohl	Feldstraße	17
Wickede	Brück- und Erlenstraße	16
Witten	Hardelstraße	10
Gesamt		386

Quelle: VA GB/ 1-A-3/ 1933/34-1938/39; VA GB/ 2-A-3/1933/34-1938/39; VA GB/ 3-A-3/1933/34-1938/39.

Dies erklärte sich aus dem Umstand, daß der Erbauer eines Eigenheims zumeist als eigener Bauherr auftrat.[105] Die Mitwirkung der Wohnungsgesellschaften beschränkte sich in solchen Fällen auf eine beratende Tätigkeit. Sie erstellten Gutachten, die die Grundlage für in Anspruch zu nehmende Arbeitgeberdarlehen bildeten. Zumindest insoweit nahmen die Gesellschaften für die Bauherren von Eigenheimen eine wichtige Funktion ein.

Schließlich hatte insbesondere das Kleinsiedlungswesen bei den Wohnungsgesellschaften zur Folge, daß sie sich infolge des Ankaufsrechts der Siedler auch mit dem Verkauf von Liegenschaften befaßten.
Bereits 1938 wechselten 45 Kleinsiedlungen den Eigentümer, gefolgt von weiteren Einzelübertragungen. Die Gesellschaften besaßen hier keine eigene Definitionsmacht

[105] Holtmann, Michael, Einfamilienhausbau, in: Bose, Michael/ Holtmann, Michael/ Machule, Dittmar/ Pahl-Weber, Elke/ Schubert, Dirk, „...ein neues Hamburg entsteht...", Planen und Bauen von 1933-1945, Beiträge zur städtebaulichen Forschung, Band 2, herausgegeben von der Technischen Universität Hamburg-Harburg, Forschungsschwerpunkt 6 „Stadterneuerung und Werterhaltung", Städtebau I, Hamburg 1986, S. 123-130, hier S. 123 f.; Mönkemöller, S. 27; Forstmann, Familienheimgedanke, S. 38.

an den Wohnungsmärkten, sondern folgten in ihrer Kalkulation den gesetzlichen Vorgaben für Kleinsiedlungsvorhaben. Die Verkäufe von Kleinsiedlungsbauten ergänzten sie um Verkäufe von Mehrfamilienhäusern besonders in Bochum, Dortmund, Duisburg, Düsseldorf und Gelsenkirchen an Privatpersonen und um die Veräußerung von Liegenschaften an Unternehmen bzw. Träger des öffentlichen Rechts.[106]
In Einzelfällen war auch der Kauf von Grundstücken erforderlich. So erwarb die Westfälische W. 17 ha 28 a zu 1,--RM/ m² für die Errichtung von 160 Kleinsiedlungen.[107] Da dieser Kauf von der VSt erfolgte, war ein unternehmensinterner Preis zu zahlen, der den Wohnungsgesellschaften die Umsetzung der beabsichtigten Bauvorhaben erleichtern sollte.
Zudem deckte vor allem die Westdeutsche W. den Bedarf an Wohnraum für ihre Angestellten nicht nur über den Wohnungsbau ab, sondern kaufte Wohnraum hinzu.[108] Dabei ergab sich die Besonderheit, daß die Westdeutsche W. Verträge schloß, die der Wohnungsbaufinanzierung aller Gesellschaften dienten.
So erwarb die Westdeutsche W. z. B. vom Gerling-Konzern eine Liegenschaft zum Preis von 170.000,-- RM. Der Kaufpreis wurde gestundet, mit 4 % verzinst und war mit vierteljährlich gleichbleibenden Beträgen für Zins und Tilgung so nach einem Zins- und Tilgungsplan zu tilgen, daß innerhalb von zehn Jahren ab 01.07.1936 100.000,-- RM abgezahlt sein sollten. Der Restkaufpreis blieb als jederzeit rückzahlbare Restkaufpreishypothek bestehen. Die Gläubigerin sollte die Hypothek nach dieser Regelung dann ab 01.07.1946 mit dreimonatiger Frist zum Ende eines jeden Kalendervierteljahres dergestalt kündigen können, daß innerhalb eines Kalenderjahres nicht mehr als 10.000,-- RM zur Rückzahlung fällig waren. Die Verkäuferin übernahm die gesamten Kosten des Kaufvertrags und der Eigentumsübertragung einschließlich der Kosten für die Eintragung der Kaufpreishypotheken. Die beachtenswerte Besonderheit an diesem Ankauf war, daß er die Bedingung des Gerling-Konzerns dafür war, den Wohnungsgesellschaften Darlehen von bis zu 1,3 Mio. RM gewähren zu dürfen.[109] Damit war der Ankauf eine wesentliche Ursache für das Engagement Gerlings bei der Finanzierung des Wohnungsbaus der Wohnungsgesellschaften.

Im Kleinsiedlungsbereich wie im Geschoßwohnungsbau kam für die Gesellschaften in wenigen Einzelfällen auch der Tausch von Grundstücken mit der VSt, mit Kommunen und mit Privatpersonen in Betracht. Der Tausch war eine Möglichkeit, die es in Varianten gestattete, Grund und Boden zu erwerben bzw. abzugeben. Dabei kam es

---

[106] Fa. Robert Zapp in Düsseldorf, Haniel & Cie. GmbH in Duisburg-Ruhrort, AEG in Mülheim, Stadt Bochum, Städtische Hafenverwaltung Dortmund, Reichsautobahnen Oberste Bauleitung Essen VA AR/ 2-A-3/ 04.02.1935, S. 4; VA AR/ 3-A-3/ 04.02.1935, S. 2; VA AR/ 2-A-3/ 29.01.1936, S. 3; VA AR/2-A-3/ 28.05.1936, S. 6; VA AR/ 1-A-3/ 17.01.1937, S. 2; VA AR/ 2-A-3/ 01.02.1938, S. 4; VA AR/ 2-A-3/ 24.01.1939, S. 5.

[107] Ebenso kaufte z. B. die Rheinisch Westfälische W. in Hattingen von der Eisengießerei Rödinghausen Grund und Boden zur Errichtung von zwölf Siedlerstellen für die Wurag, Abt. Wickede, TKA PA/ Forstmann; VA AR/ 3-A-3/ 27.01.1937, S. 2; VA AR/ 3-A-3/ 01.02.1938, S. 4; VA AR/ 3-A-3/ 24.01.1939, S. 2 ff. .

[108] VA GB/ 4-A-3/ 1936/37, S. 1; VA GB/ 4-A-3/ 1937/38, S. 1; VA GB/ 4-A-3/ 1938/39, S. 1; VA GB/ 4-A-3/ 1939/40, S. 1; VA AR/ 4-A-3/ 18.02.1936, S. 2.

[109] VA AR/ 4-A-3/ 28.05.1936, S. 4.

weniger auf die konkret getauschten Maße der Grundstücke, denn auf deren Funktion an.[110] In der Praxis handelte es sich für die Wohnungsgesellschaften um eine selten passende und daher kaum genutzte Möglichkeit der Gestaltung eines Vertrags zur Überlassung von Grundstücken. Im Verhältnis zu den Geschäftsfeldern der regelmäßigen Bewirtschaftung von mehr als 60.000 Wohnungen und des Wohnungsbaus mit Bauvorhaben wie in Gelsenkirchen-Horst oder Bochum-Weitmar kamen weder dem Tausch noch dem Kauf und Verkauf von Grundstücken große Bedeutung zu.

ff) Hypotheken und Kreditinstitute

Für ihre Baufinanzierung hatten die Wohnungsgesellschaften drei Finanzierungsbereiche voneinander zu unterscheiden, gekennzeichnet von der I. Hypothek, der II. Hypothek, die in einigen Fällen von einer III. Hypothek ergänzt wurde, sowie der Restfinanzierung. Die Einteilung in Kreditstufen diente als Maßstab für die vermutete Kreditsicherheit.

Der bei der I. Hypothek von einer erststelligen Verpfändung gekennzeichnete Realkredit bedeutete die Haftung des Grundstücks nebst darauf befindlichen Gebäuden, sobald das Grundpfandrecht an erster Rangstelle des Grundbuchs eingetragen war.
Mit dem Realkredit erhielten die Wohnungsgesellschaften einen Kredit, der durch ein Grundpfandrecht an einem Grundstück gesichert war, das Verzinsung und Rückzahlung unabhängig von der Person des Kreditnehmers gewährleistete. Die I. Hypothek galt als ein Grundpfandrecht, das den Beleihungswert bis zu 60 % des Wertes des Objekts vorrangig ausschöpfte.[111]

Die II. Hypothek bezweckte die Beanspruchung weiterer, noch nicht von der I. Hypothek belegter und im Grundstück liegender dinglicher Sicherheiten für die Aufnahme langfristiger Kredite. Dabei bestand das Problem der geringeren Sicherheit dieses Kredits gegenüber dem erststelligen Grundkredit. Im allgemeinen galt eine Beleihung bis zu 60 % des Wertes als unbedingt und bis zu 75 % als eingeschränkt sicher. Der darüber hinausgehende Betrag wurde als unsicher angesehen.[112]
Die auf dem allgemeinen Kapitalmarkt beschafften, gesetzmäßig mit Qualitäten der I. Hypothek ausgestatteten und durch öffentliche Bürgschaften zusätzlich gesicherten Hypotheken zwischen 40 %-60 % des Herstellungswertes konnten auch sog. „Ib- Hypotheken" sein. Die Bezeichnung war irreführend, da diese Hypothek eine nachstellige II. Hypothek war. Die Eintragung der Hypothek im Grundbuch erfolgte in Verbindung mit der erstrangigen Hypothek und war der eigentliche Hintergrund für die Bezeich-

---

[110] Rheinisch Westfälische W.: Duisburg-Beeck 1938 34 a an VSt gegen 10 a in Beeck und Hamborn; an VSt in Duisburg-Beeck, Rheinstr. 64, von VSt Duisburg-Hamborn, 13 a; VA AR/ 2-A-3/ 28.05.1936, S. 4; VA AR/ 2-A-3/ 01.02.1938, S. 3/ Westfälische W. 15 a an die Stadt Hamm gegen 1,3 a andernorts; in Dortmund-Aplerbeck mit der Stadt Dortmund und einer Privatperson Straßenparzellen zwecks Festlegung neuer Baufluchtlinien VA AR/ 3-A-3/ 24.01.1939, S. 4 f./ Westdeutsche W. und Deutsche Reichsbahn (DR) 18 m² gegen 33 m²; VA AR/ 4-A-3/ 04.02.1935, S. 3; in Attendorn 13 m² gegen 4 m² mit Kostenausgleich; VA AR/ 4-A-3/ 27.01.1937, S. 3.

[111] Heuer/ Kühne-Büning/ Nordalm/ Drevermann, S. 388.

[112] Brecht, Julius, Beiträge zur Frage der II. Hypothek, Forschungsstelle für Siedlungs- und Wohnungswesen an der Universität Münster i.W., Materialien-Sammlung, Band 16, Münster (Westf.) 1935, S. 27 ff. .

nung, denn in dieser Form konnte sie in den Bilanzen der Kreditinstitute als I. Hypothek ausgewiesen werden.[113]
Konnte der Finanzierungsrahmen mit I. und II. Hypothek nicht ausgefüllt werden, kam die III. Hypothek zum Tragen. Deren Gläubigerinnen waren regelmäßig die Kommunen. Der verbleibende Bereich der Restfinanzierung ergab sich aus Eigenkapital oder Surrogaten wie z. B. Werkszuschüssen oder Arbeitgeberdarlehen.
Sobald die Wohnungsgesellschaften in dieser Form für eine Neubau-Finanzierung Fremdkapital benötigten, mußten sie eine Grundstücksbewertung vornehmen. Für eine Bewertung unterschieden sie zunächst zwischen dem Einbringungswert (Einheitswert + 20 %), dem Buchwert aufgrund von Bewertungsbögen sowie dem gemeinen, ortsüblichen Wert. Der Einbringungswert trat ab Dezember 1936 nicht mehr in Erscheinung. Für ihre Bewertungen zur Beleihungswertermittlung setzten die Gesellschaften fortan den gemeinen Wert ein.[114]

Sollten keine verlorenen Zuschüsse eingesetzt werden, mußte jede Geschäftsleitung berechnen, welche Verzinsung für die Restfinanzierung übrigblieb.
Während die Westdeutsche W. 2 % abschrieb, waren dies bei den gemeinnützigen Gesellschaften bei Neubauten 1 % und bei Altwohnungen 1,7 %. Diese Abschreibungen führten die Gesellschaften nicht nur zur Tilgung auf die langfristige Schuld gegenüber der VSt ab, sondern sie verwendeten sie auch als Eigenkapital für Neubauvorhaben. Die gemeinnützigen Gesellschaften bildeten für die Ermittlung des Abschreibungssatzes bei der AfA vier Gruppen für das Baualter des Gebäudebestands.
Gruppe 1 umfaßte die Wohnungen aus den Baujahren vor dem 1.1.1900 mit einem Abschreibungssatz von 3,5 %, während Gruppe 2 (1900-1918) 1,6 %, Gruppe 3 (1919-1924) 1,4 % und Gruppe 4 (1925-1933) 1,2 % Abschreibung auf den Gebäudebruttobuchwert vorsahen. Im Durchschnittswert ergab sich die Gesamtabschreibung in Höhe von 1,7 %.

Tab. 73: Abschreibungen auf Altwohnungen

Gruppe	Baujahre	%
1	< 1900	3,5
2	1900 - 1918	1,6
3	1919 - 1924	1,4
4	1925 - 1933	1,2

Quelle: VA VS/ III, Bl. 35; VA VS/ IV, Bl. 16.

Den Wohnungsgesellschaften stand der Betrag, der nach Abzug der Betriebs-, Verwaltungs- und Fremdgeldkosten, der Abschreibung und den Instandhaltungsarbeiten übrigblieb, zur Bildung von Rücklagen zur Verfügung.

[113] Hatt, Eugen, Zur Frage der privaten Wohnungsbaufinanzierung unter besonderer Berücksichtigung der II. Hypothek, Zürich 1938, S. 87 ff.; Blechschmidt, Reichsbürgschaften (1937), S. 10; Lütge, Wohnungswirtschaft (1940), S. 193; Kämper, Wohnungswirtschaft, S. 380 ff.; Wessels, Elisabeth, Die Bürgschaft der öffentlichen Hand in ihrer Bedeutung für die Finanzierung des Siedlungs- und Wohnungsbaues, Forschungsstelle für Siedlungs- und Wohnungswesen an der Universität Münster i.W., Materialien-Sammlung, Band 22, Münster 1937, S. 26.
[114] VA VS/ I, Bl. 22 f. .

Die Gesellschaften konnten daneben Eigenkapital bilden, da ihre Ertragslage im Durchschnitt der Geschäftsjahre von 1933/34 bis 1941/42 eine Rendite von 1,63 % (Rheinische W. 1,86 %; Rheinisch Westfälische W. 2,77 %; Westfälische W. 2,41 %; Westdeutsche W. 0,98 %)[115] erbrachte. Die Überschüsse führten zur weiteren Ausstattung der Rücklagen.[116]

Exemplarisch finanzierte die Rheinisch Westfälische W. im Kleinsiedlungsbau die Siedlung Bochum-Weitmar über I. und II. Hypotheken sowie über Arbeitgeberdarlehen und Eigenkapital. Die Siedlung war wegen der Vielzahl der Siedlerstellen und der Musterhäuser besonders repräsentativ.

Der Bochumer Verein war der Eigentümer des Siedlungsgeländes, bevor er es der Rheinisch Westfälische W. zu 0,60 RM/ m² verkaufte. Bei Grund- und Bodenkosten über 58.872,-- RM sowie Baukosten in Höhe von 842.434,-- RM ergab sich für die Rheinisch Westfälische W. die aufzubringende Gesamtsumme von 901.306,-- RM. In den Baukosten waren Baunebenkosten wie mögliche Betreuungs- und Verwaltungsentgelte oder Aufwendungen für die erstmalige Einrichtung einer Siedlerstelle berücksichtigt.[117] Wichtig war die Kalkulation der Betriebskosten, die sich auf 1 % der gesamten Bau- und Einrichtungskosten der Kleinsiedlerstelle belaufen sollten. Dieser Betrag war ein Rechenfaktor, um zu ermitteln, ob der Siedler die voraussichtliche Belastung tragen konnte.

Tab. 74: Bau- und Bodenkosten, Kleinsiedlungsbau Bochum-Weitmar

	Siedlerstellen	
	gesamt	Ø
Grund- und Bodenkosten	58.872,-- RM	482,56 RM
Baukosten (inklusive Straßenbau)	842.434,-- RM	6.905,20 RM
Gesamt	901.306,-- RM	7.387,76 RM

Quelle: Berechnung und Zusammenstellung nach Forstmann, Der Einsatz und die praktischen Maßnahmen, S. 6, in: TKA FSchr./ Forstmann.

115 TKA VSt/ 1248; die Westdeutsche W. konnte ihre Aufwendungen regelmäßig nur über die Einnahmen aus der Organschaftsabrechnung mit der VSt ausgleichen; in RM 1933/ 34: 3.073.913,61 Einnahmen/ 890.636,63 Zahlung VSt; 1934/ 35: 2.759.123,55/ 675.361,89; 1935/ 36: 2.789.692,37/ 734.086,10; 1936/ 37: 2.916.122,42/ 457.532,74; 1937/ 38: 3.028.649,55/ 360.634,04; 1938/ 39: 3.189.254,72/ 483.166,88; 1939/ 40: 3.756.270,67/ 726.874,18; VA GB/ 4-A-3/ 1933/34-1939/ 40.

116 Verluste entstanden 1939/ 40 vor allem durch Luftschutzkosten, die die gemeinnützigen Gesellschaften vortrugen und im darauffolgenden Jahr ausglichen; überlieferte Gewinne und Verluste Westfälische W.(RM): 47.267,52 (1933/34), 32.316,65 (1934/35), 5.000,-- (1935/36), 5.000,-- (1936/37), 70.000,-- (1938/39), -249.000,-- (1939/ 40), 249.000,-- (1940/41); Rheinisch Westfälische W.: 117.770,54 (1933/34), 427.096,35 (1934/35), 422.000,-- (1935/36), 225.000, -- (1936/37), 290.000,-- (1937/38), 110.000,-- (1938/39), -396.000,-- (1939/40), 396.000,-- (1940/ 41); Rheinische W.: 36.000,-- (1935/ 36), 128.000,-- (1937/ 38), 150.000,-- (1938/ 39), -290.000,-- (1939/ 40), 290.000,-- (1940/41); VA GB/ 1-A-3/ 1933/34-1940/ 41; VA GB/ 2-A-3/ 1933/34-1940/ 41; VA GB/ 3-A-3/ 1933/34-1940/ 41.

117 Die Wohnungsgesellschaften kalkulierten z. B. für die erste Düngung, Arbeitsgeräte, Pflanzen und Sämereien sowie Obstbäume und Kleintiere einen Betrag in Höhe von 250,-- RM ein, VA VS/ I, Bl. 45; eine „Betreuungsgebühr" enthielt die Abgeltung für Aufgaben zur Organisation und der Durchführung des Siedlungsvorhabens wie z. B. die Aufstellung von Plänen, die Beschaffung von Genehmigungen oder die dingliche Sicherstellung von Darlehen; darunter fielen auch Architektenhonorare, Geldbeschaffungskosten oder Kosten für technische Unterstützungsmaßnahmen. In der Regel sollte die „Betreuungsgebühr" nicht über 200,-- RM hinausgehen.

Zusammengefaßt ergaben sich für das Kleinsiedlungsvorhaben in Bochum-Weitmar mit 122 Siedlerstellen Bau- und Bodenkosten, die im Durchschnitt jeweils 482,56 RM an Grund- und Bodenkosten und 6.905,-- RM an Baukosten betrugen. Für jede Siedlerstelle mußte die Rheinisch Westfälische W. also 7.387,76 RM aufwenden.

Angesichts der Begrenzung für die Gesamtkosten einer Kleinsiedlerstelle von höchstens 7.000,-- RM schien das Vorhaben auf den ersten Blick zu eng kalkuliert. Bei der Berechnung der Höchstkosten waren jedoch die Kosten für das Land und seine Erschließung (Baureifmachung) nicht zu berücksichtigen, so daß die Belastung mit 6.905,20 RM unterhalb der Höchstgrenze lag.

Da die Finanzierung über I. und II. Hypotheken sowie Arbeitgeberdarlehen 731.000,-- RM abdeckte, verblieb als aufzubringendes Eigenkapital bei der Gesamtsumme von 901.306,-- RM eine Eigenleistung der Siedler in Höhe von 170.206 RM.[118] Auf die einzelnen Siedlerstellen bezogen errechnete sich damit eine einmalige durchschnittliche Leistung jedes Siedlers in Höhe von 1.395,-- RM. Dementsprechend erbrachten die Siedler jeweils eine Eigenleistung von durchschnittlich 18,9 %.

Die Finanzierung kam bei den erststelligen Hypotheken mit einem Zinssatz von 4,5 % und 2 % Tilgung jährlich auf den Nennbetrag von 450.000,-- RM zustande. Das bedeutete eine Belastung in Höhe von 29.250,-- RM. Die nachstelligen Hypotheken in Höhe von 221.000,-- RM hatten bei denselben Zins- und Tilgungssätzen einen Aufwand von 14.371,50 RM zur Folge. Da 60.000,-- RM mit 3 % Zins und einer Tilgung von 2 % als Arbeitgeberdarlehen über die Werke finanziert wurden, ergab sich eine

Tab. 75: Hypotheken und Arbeitgeberdarlehen; Kleinsiedlungsbau Bochum-Weitmar

	Nennbetrag RM	Aufwand/ Jahr				
		Zins		Tilgung		Gesamt
		%	RM	%	RM	RM
I. Hypothek	450.000,--	4,5	20.250,--	2	9.000,--	29.250,--
II. Hypothek	221.100,--	4,5	9.949,50	2	4.422,--	14.371,50
Arbeitgeberdarlehen	60.000,--	3	1.800,--	2	1.200,--	3.000,--
Gesamt	731.100,--		31.999,50		14.622,--	46.621,50

Quelle: Berechnung und Zusammenstellung nach Forstmann, Der Einsatz und die praktischen Maßnahmen, S. 6, in: TKA FSchr./ Forstmann.

Finanzierungssumme in Höhe von 731.100,-- RM, die bei Zinskosten in Höhe von 31.999,50 RM und Tilgungskosten von 14.622,-- RM zu einer Belastung der Siedler von 46.621,50 RM führten.[119] Für den einzelnen Siedler dieses Vorhabens in Bochum-

[118] Forstmann, Der Einsatz und die praktischen Maßnahmen, S. 6, TKA FSchr./ Forstmann.

[119] VA AR/ 2-A-3/ 29.01.1936, S. 2; die Werke gewährten daneben auch Darlehen zu 2 % Zins, 1 % Tilgung, so bei Bauvorhaben in Gelsenkirchen (52.000,-- RM), Bochum (37.000,-- RM), Wattenscheid (19.300,-- RM), Witten (8.000,-- RM), VA VRW/ II, Bl. 56 f. .

Weitmar bedeutete das eine jährliche Belastung von 382,14 RM. Monatlich hatte der Siedler dementsprechend 31,84 RM aufzuwenden, ohne daß Bewirtschaftungskosten bereits berücksichtigt waren. Nach Einbeziehung der Bewirtschaftungskosten belief sich die durchschnittliche Gesamtbelastung jedes Siedlers auf 38,-- RM monatlich.[120] Die Laufzeiten der Hypotheken waren nicht für alle Siedlerstellen gleich, doch waren insgesamt nach 20 Jahren 80 % der Siedler vollständig entschuldet.

Bei der Finanzierung einer Arbeiterwohnstätte mußten die Wohnungsgesellschaften beachten, daß sie nur bis zu 40,-- RM Miete, in begründeten Ausnahmefällen 50,-- RM, berechnen durften, wollten sie nicht die Befreiung von der Grundsteuer verlieren.[121] Dabei wandte sich der Vorstand ausdrücklich gegen die Praxis anderer Unternehmen der Wohnungswirtschaft. So kam es in der Branche vor, daß Wohnungsunternehmen gesetzliche Vergünstigungen über den Rahmen einer Arbeiterwohnstätte hinaus beanspruchten, indem sie Angestelltenwohnungen bauten, die Miete aber nur auf 40,-- RM festsetzten.[122]
Für Zweifelsfälle bestimmte der Reichsbürgschaftsausschuß, daß eine Vergleichsrechnung zeigen sollte, ob tatsächlich eine Arbeiterwohnstätte vorlag. Die Berechnungen des Reichsbürgschaftsausschusses waren allerdings kritisch nachzuprüfen, da sie der Entwicklung der Baukosten nicht Rechnung trugen. Das bedeutete, daß bei der Bewilligung der Reichsbürgschaften nicht die tatsächlichen Gestehungskosten, sondern theoretisch errechnete Dauerbeleihungswerte maßgebend waren, die zum Teil wesentlich unter den tatsächlichen Baukosten lagen.[123] Die Folge waren Kürzungen von Bürgschaftshypotheken, die dann mit lediglich bis zu 70 % der Bau- und Bodenkosten ausliefen und entsprechend höhere Anforderungen an das Eigenkapital stellten.[124]

Unter Zugrundelegung von 20 Wohnstätten in Vierfamilienhäusern mit 18 Wohnungen zu zwei Zimmern (nebst Wohnküche) und zwei Wohnungen zu drei Zimmern (nebst Wohnküche) war nach einer durchschnittlichen Baubeschreibung für eine Finanzierung davon auszugehen, daß die Wohnungen mit zwei Zimmern im Erdgeschoß eine Fläche von 41 m² und im Dachgeschoß von 37 m² hatten, während die Dreizimmerwohnungen 45 m² umfaßten.
Dementsprechend ergaben sich 792 m² Wohnfläche. Bei einer Bauweise mit Keller und umgebendem Mauerwerk aus Ziegelsteinen mit verputzten Außenflächen, massiven Kellerdecken, Erdgeschoßdecken aus Holzbalken und einer Dachdeckung mit Ziegeln

---

[120] Bei dem kleinsten Siedlungshaus in Wickede mit Gesamtkosten von rd. 5.500,-- RM je Siedlerstelle zahlte der Siedler entsprechend weniger: 1.700,-- RM Eigenkapital, im Monat 19,30 RM Hypothekenzinsen und Betriebskosten bei 3,10 RM Tilgung, VA VS/ RRW/ 28.10.1935, S. 4.
[121] RArbBl. 1940 I S. 8; VA VS/ III, Bl. 5.
[122] VA VS/ III, Bl. 4.
[123] Der Preisindex für Wohngebäude nahm gemessen an den reinen Baukosten für Bauleistungen an Gebäuden ab 1936 stetig zu: 1913-100,0/ 1932-132,1/ 1933-125,9/ 1934-131,6/ 1935-131,8/ 1936-131,6/ 1937-134,7/ 1938-136,1/ 1939-138,1/ 1940- 140,3; Statistisches Bundesamt, Bevölkerung und Wirtschaft, S. 248; Sobotschinski, S. 80; gerundet bei Kornemann, in: Kähler, S. 721; Graff, S. 120.
[124] Stuckrad, Ernst von, Mobilisierung der gemeinnützigen Wohnungsunternehmen beim Arbeiterwohnstättenbau des Vierjahresplans, in: Bauen Siedeln Wohnen 1937, S. 273-276, hier S. 275 f.; VA VS/ III, Bl. 5.

konnte ein Finanzierungsplan erstellt werden.[125] Nach den folgenden unter (I) bis (III) formulierten Voraussetzungen bestand eine Belastung in Höhe von 5.500,-- RM und bewirkte Kosten je m² Wohnfläche in Höhe von 6,95 RM. Das bedeutete Monatsmieten von 21,45 RM (37 m²; 257,40 RM/ Jahr), 23,70 RM (41 m²; 284,50 RM) und 26,10 RM (45 m²; 312,75 RM):

(I)	Bau- und Bodenkosten		
	(1) Grund- und Bodenkosten		
	Kaufpreis und Erwerbskosten	6.245 m² zu 0,70 RM/ m²	4.371,50 RM
	(2) Baukosten	3.825 m³ zu 22,00 RM/ m³	84.150,00 RM
	(3) Neben- und Finanzierungskosten		10.313,00 RM
	Gesamte Bau- und Bodenkosten		98.834,00 RM
(II)	Finanzierung		
	I. + II. Hypothek		65.000,00 RM
	Eigenkapital/ Werkszuschuß		33.837,00 RM
	Gesamt		98.834,00 RM
(III)	Lastenberechnung		
	I. + II. Hypothek	5 % Zinsen/ 1 % Tilgung	3.900,00 RM
	Betriebs- und Verwaltungskosten		1.600,00 RM
	Gesamt		5.500,00 RM

Grundsätzlich strebten die Gesellschaften Finanzierungen mit 10 % Eigenkapital an, erreichten dieses Ziel aber nicht immer. Auch eine beispielhafte Finanzierung bei der Rheinisch Westfälische W. zeigte, daß bei einem geplanten Bauvolumen mit einem Gesamtherstellungswert von 5.391.394,-- RM und eigenen Mitteln in Höhe von 660.150,-- RM das aufzunehmende Fremdkapital 4.731.244,-- RM betrug und sich die Rheinisch Westfälische W. dementsprechend mit 12,24 % Eigenkapital an der Finanzierung beteiligte, während sie 87,76 % durch Fremdkapital aufbrachte.[126] Die Zins- und Tilgungsmodalitäten, mit denen die Wohnungsgesellschaften zu rechnen hatten, lagen in der Regel bei einem Zinssatz von 3-5 % und einer Tilgung von 1-2%.

Das bei der Rheinisch Westfälische W. aufgebrachte Fremdkapital summierte sich über die Hypothekenzugänge der Bayerische Handelsbank, München, der Preußische Landespfandbriefanstalt, Berlin und der Reichsversicherungsanstalt, Berlin. Von zwei Ausnahmen abgesehen betrug hier der Zins- und Tilgungssatz 5 % bzw. 1 % (Tab. 76). Das hatte zur Folge, daß unabhängig von der Höhe des Hypothekennennwerts gleichbleibende Zins- und Tilgungssätze vorlagen. Dementsprechend gewährte die Preußische Landespfandbriefanstalt die Hypotheken über 131.000,-- RM zu denselben Konditionen wie über 7.000,-- RM.

Auf Seiten der Anbieter kamen 30 Kreditinstitute als Träger des erststelligen Realkredits in Frage. Die Zahl der öffentlich-rechtlichen Kreditanstalten lag wesentlich höher. So erschienen in erster Linie die deutschen Sparkassen mit über 2.000 Einzelin-

---

[125] Mit Vertragsmuster und Bestimmungen Heerde, Arbeiterwohnstättenbau, S. 101 ff., 148; Hansen, Walter, Die Kleineigenheime in Deutschland, ihre wirtschaftlich-sozialen Probleme und Erfolge, Hamburg 1939, S. 50 f. .
[126] VA VRW/ II, Bl. 8.

Tab. 76: Hypothekenzugänge bei der Rheinisch Westfälische W.; 1935/ 36

Hypothekengläubiger	Bauvorhaben	Nennbetrag	Aufwand/ Jahr				
			Zins		Tilgung		Gesamt
		RM	%	RM	%	RM	RM
Bayerische	Gelsenkirchen, Glückaufstr.	20.800,--	5	1.040,--	1	208,--	1.248,--
Handelsbank		10.200,--	5	510,--	1	102,--	612,--
München	Gelsenkirchen-Horst,	31.300,--	5	1.565,--	1	313,--	1.878,--
	Viktoriastr.	62.700,--	5	3.135,--	1	627,--	3.762,--
	Gelsenkirchen, Preußenstr.	90.000,--	5	4.500,--	1	900,--	5.400,--
	Hattingen, Stollberger Str.	46.400,--	5	2.320,--	1	464,--	2.784,--
		23.200,--	5	1.160,--	1	232,--	1.392,--
Preußische	Essen-Katernberg	131.000,--	5	6.550,--	1	1.310,--	7.860,--
Landespfandbrief-		65.000,--	5	3.250,--	1	650,--	3.900,--
anstalt Berlin	Bochum-Weitmar,	50.000,--	5	2.500,--	2	1.000,--	3.500,--
	Marktstr.	25.000,--	5	1.250,--	2	500,--	1.750,--
	Gelsenkirchen, Glückaufstr.	32.500,--	5	1.625,--	1	325,--	1.950,--
		16.200,--	5	810,--	1	162,--	972,--
	Wattenscheid, Gertrudisstr.	30.000,--	5	1.500,--	1	300,--	1.800,--
		15.000,--		750,--	1	150,--	900,--
		15.000,--	5	750,--	1	150,--	900,--
		7.000,--	5	350,--	1	70,--	420,--
	Bochum, Essener Str.	36.000,--	5	1.800,--	1	360,--	2.160,--
		18.000,--	5	900,--	1	180,--	1.080,--
	Gladbeck, Taubenstr.	29.000,--	5	1.450,--	1	290,--	1.740,--
		13.200,--	5	660,--	1	132,--	792,--
	Witten-Annen, Göringstr.	18.000,--	5	900,--	1	180,--	1.080,--
		9.000,--	5	450,--	1	90,--	540,--
Reichsversicherungs-	Gelsenkirchen-Bulmke,	27.000,--	4,5	1.215,--	1	270,--	1.485,--
anstalt für Angestellte	Helenenstr.	18.000,--	5	900,--	1	180,--	1.080,--
Berlin	Bochum, Felix-Scharf-Str.	19.000,--	4,5	855,--	1	190,--	1.045,--
		12.000,--	5	600,--	1	120,--	720,--
Gesamt		870.500,--		43.295,--		9.455,--	52.750,--

Quelle: Zusammenstellung nach VA VRW/ II, Bl. 16, Bl. 2 zu Anlage 5.

stituten, die privaten Lebensversicherungsunternehmen mit 250 Einzelunternehmen sowie etwa 20 öffentliche Lebensversicherungsanstalten und Zwangsversicherungsanstalten wie die Reichsversicherungsanstalt für Angestellte in Berlin.[127]

Grundsätzlich fiel den Wohnungsgesellschaften eine Finanzierung leichter, wenn größere Pauschalkredite zur Verfügung standen. Es gelang ihnen jedoch in den meisten Fällen nur dann, die Bauvorhaben zu finanzieren, wenn sie um die Hypotheken

[127] Kämper, Otto, Stabilisierung des Arbeitsmarktes durch Siedlungsmaßnahmen, in: Preyer, S. 61-78, hier S. 68 f.; außerdem nahmen die Gesellschaften zunehmend Reichsmittel in Anspruch. Deren Einsatz stieg in den Jahren 1936/ 37 von 5-10 % auf 40 % im Jahr 1942, Fusban, S. 12, TKA NSt/ 225.

gesondert nachsuchten, so daß sie ihre Grundstücke angesichts konkreter Bauvorhaben verpfändeten. Die Gesellschaften zeigten trotz der Vielzahl an Beleihungsinstituten in der Auswahl der Hypothekengläubiger für erststellige ebenso wie für nachrangige Hypotheken Kontinuität. So arbeiteten sie vornehmlich mit folgenden Kreditgebern zusammen:

- Bayerische Handelsbank, München,
- Deutsche Centralbodenkredit-Aktiengesellschaft, Berlin,
- Deutsche Genossenschaftsbank AG, Berlin,
- Deutsche Hypothekenbank, Weimar,
- Frankfurter Hypothekenbank, Frankfurt,
- Gerling-Konzern Allgemeine Versicherungs-Aktiengesellschaft, Köln,
- Kreissparkasse Salzgitter,
- Landesbank der Provinz Westfalen in Münster,
- Landesversicherungsanstalt Rheinprovinz, Düsseldorf,
- Landesversicherungsanstalt Westfalen, Münster,
- Mecklenburgische Hypotheken- und Wechselbank, Schwerin,
- Preußische Landespfandbriefanstalt, Berlin,
- Provinzial Lebensversicherungsanstalt von Westfalen in Münster,
- Reichsknappschaft, Berlin,
- Reichsversicherungsanstalt für Angestellte, Berlin,
- Rheinisch-Westfälische Boden-Kredit-Bank, Köln,
- Sächsische Bodenkreditanstalt, Dresden,
- Stadt Bochum,
- Stadt Dortmund,
- Stadt Essen,
- Stadt Gelsenkirchen,
- Stadt Gladbeck,
- Stadt Mülheim a.d. Ruhr,
- Stadt Wattenscheid,
- Stadt Witten,
- Stadtsparkasse Dortmund,
- Stadtsparkasse Werdohl,
- Süddeutsche Bodencreditbank, München,
- Volksfürsorge Lebensversicherungs-Aktiengesellschaft, Hamburg,
- Westdeutsche Bodenkreditanstalt, Köln,
- Westfälisches Pfandbriefamt für Hausgrundstücke, Münster.

Die Wohnungsgesellschaften konnten demnach (Hypotheken-) Banken, Sparkassen und Pfandbriefanstalten ebenso wie Versicherungen und Kommunen als Hypothekengläubiger gewinnen.

Im einzelnen erwies sich die Preußische Landespfandbriefanstalt (Lapfa) in Berlin für die Wohnungsgesellschaften als verläßlichster Kreditgeber. Bis Mai 1936 hatte die Lapfa bereits 2,5 Mio. RM für die Westfälische W. und die Rheinisch Westfälische W. zur Verfügung gestellt und war damit der stärkste Geldgeber. Im erststelligen Beleihungsraum war der Anteil der Pfandbriefinstitute im allgemeinen schwach ausgeprägt, da das Reich nur in beschränktem Maß Emissionsgenehmigungen für Pfand-

briefe erteilte.[128] Die Wohnungsgesellschaften konnten die Lapfa jedoch anhand ihrer vorgestellten Bauvorhaben und angesichts der Bindung an die VSt für I. und II. Hypotheken gewinnen.
Die Finanzierungssummen der Lapfa erreichten bis zum Beginn des Krieges im Einzelnen mehr als 100.000,-- RM.[129]
Wie die Lapfa war auch das Westfälische Pfandbriefamt für Hausgrundstücke in Münster ein Pfandbriefinstitut, das mit den Wohnungsgesellschaften Bauvorhaben finanzierte, allerdings bevorzugt über erststellige Hypotheken und in geringerem Umfang als die Lapfa. Zudem erstreckte sich die Finanzierung neben Bauten in Dortmund-Huckarde auf Bauvorhaben im Siegerland.[130]
Unter den Hypothekenbanken, deren Geschäftsbetrieb als privatrechtliche Kreditinstitute auf die Beleihung von Grundstücken und die Ausgabe von Schuldverschreibungen aufgrund erworbener Hypotheken ausgerichtet war, zeigte die Deutsche Centralbodenkredit-Aktiengesellschaft, Berlin, nach Besichtigung der unbelasteten Grundstücke großes Engagement, indem sie nicht nur Neubauten in Bochum, sondern auch in Essen-Rüttenscheid, Gelsenkirchen, Wattenscheid, Hohenlimburg, Siegen, Altena und Werdohl hypothekarisch gesichert mitfinanzierte.[131]
In Werdohl engagierte sich auch die Deutsche Hypothekenbank, Weimar, die der Westfälische W. zudem Gelder im Sauerland in Altena und in Plettenberg zur Verfügung stellte, während die Westdeutsche Bodenkreditanstalt, Köln, der Westfälische W. in Altena und Dröschede (Kreis Iserlohn) Darlehen gegen Hypothekeneintragungen im Grundbuch gewährte.

Die weitere Finanzierung über Banken und Sparkassen fand mit der Frankfurter Hypothekenbank und der Süddeutschen Bodencreditbank, München, vor allem im Ruhrgebiet in Bochum, Witten-Heven, Mülheim a.d. Ruhr und Gelsenkirchen statt.[132]

---

[128] Lubowski, S. 24.

[129] Gelsenkirchen (107.000,-- RM), Essen (161.500,-- RM), Hamm (190.000,-- RM), Dortmund (318.000,-- GM), Bochum-Weitmar (82.000,-- GM), VA AR/ 2-A-3/ 01.02.1938, S. 3 - Brackwede (50.000,-- GM/ 51.000,-- RM, Heidestr. 16, 18, 20), VA AR/ 3-A-3/ 01.02.1938, S. 3 (Am Landweg 78/ 82), VA AR/ 3-A-3/ 24.01.1939, S. 3 - Dortmund VA AR/ 3-A-3/ 28.05.1936, S. 8; VA AR/ 3-A-3/ 01.02.1938, S. 3; VA AR/ 3-A-3/ 28.05.1936, S. 8 - Duisburg-Beeck (75.000,-- GM), VA AR/ 2-A-3/ 28.05.1936, S. 3 - Essen, VA AR/ 2-A-3/ 01.02.1938, S. 3 - Gelsenkirchen, VA AR/ 2-A-3/ 26.06.1937, S. 4; VA AR/ 2-A-3/ 24.01.1939, S. 6 - Gladbeck (33.000,-- GM), VA AR/ 2-A-3/ 26.06.1937, S. 3 - Hamm, VA AR/ 3-A-3/ 24.01.1939, S. 4 - Siegen, VA AR/ 3-A-3/ 28.05.1936, S. 8 - Wattenscheid (85.000,-- GM), VA AR/ 2-A-3/ 26.06.1937, S. 4 - Weidenau, (25.500,-- GM), VA AR/ 3-A-3/ 28.05.1936, S. 8 - Werdohl (22.800,-- GM), VA AR/ 3-A-3/ 28.05.1936, S. 8 - Westhofen (22.560,-- GM), VA AR/ 3-A-3/ 28.05.1936, S. 8 - Witten-Annen (16.000,-- GM/ 27.000,-- RM), VA AR/ 2-A-3/ 26.06.1937, S. 4; VA VRW/ II, Bl. 16, Bl. 2 zu Anlage 5.

[130] Dortmund-Huckarde (63.000,-- RM), VA AR/ 3-A-3/ 24.01.1939, S. 4 - Siegen (16.000,-- GM), VA AR/ 3-A-3/ 01.02.1938, S. 3 - Dreis-Tiefenbach (6.500,-- GM), VA AR/ 3-A-3/ 27.01.1937, S. 3 - Eichen (34.500,-- GM), VA AR/ 3-A-3/ 27.01.1937, S. 3.

[131] Bochum (778.000,-- RM), Siegen (60.000,-- RM), VA VS/ II, Bl. 20 - Essen (55.000,-- GM), VA AR/ 4-A-3/ 28.05.1936, S. 4 - Gelsenkirchen (25.000,-- RM), Wattenscheid (39.000,-- RM), Hohenlimburg (48.000,-- RM), Werdohl (53.100,-- GM) und Altena (24.000 RM) VA AR/ 2-A-3/ 26.06.1937, S. 5.

[132] Deutsche Hypothekenbank, Weimar, I. Hypothek Altena (20.700,-- GM), VA AR/ 3-A-3/ 27.01.1937, S. 4 - Altena (21.500,-- GM), VA AR/ 3-A-3/ 26.06.1937, S. 3 - Plettenberg (19.000,-- GM), VA AR/ 3-A-3/ 27.01.1937, S. 3 - Werdohl (19.000,-- GM), VA AR/ 3-A-3/ 26.06.1937, S. 3; I. und II. Hypothek Altena (18.000,-- GM), VA AR/ 3-A-3/ 01.02.1938, S. 4 - 15.200,-- RM Werdohl, VA AR/ 3-A-3/ 24.01.1939, S. 4 -

Insbesondere in Gelsenkirchen-Horst erwarb die Bayerische Handelsbank, München, erststellige Hypotheken zu 825.000,-- GM und war damit eine wesentliche Finanzierungshilfe für die Errichtung von Wohnstätten im Rahmen des Vierjahresplanvorhabens bei der Gelsenberg Benzin AG. Hinzu kamen grundbuchlich gesicherte Finanzierungen von Neubauten in Hagen-Vorhalle, Wickede/ Ruhr, Gladbeck, Bendorf und Bochum-Hamme.[133]
Die Objekte der Kreissparkasse Salzgitter, Deutsche Genossenschaftsbank AG, Berlin, der Landesbank der Provinz Westfalen in Münster und der Stadtsparkasse Dortmund lagen sämtlich in Dortmund und waren für die Kreditinstitute über Hypotheken gesichert, die in Dortmund-Eving für die Deutsche Genossenschaftsbank mit I. und II. Hypotheken über 103.400,-- GM fast doppelt so hoch ausfielen, wie die III. Hypotheken der Landesbank der Provinz Westfalen für neu erstellte Wohnungen in Dortmund-Huckarde.[134]

Aus der Versicherungswirtschaft war wie bei der Westdeutsche W. gesehen der Gerling-Konzern, Allgemeine Versicherungs-Aktiengesellschaft, Köln, aktiv. Gerling investierte allein in das Bauprogramm 1935/ 36 über 1 Mio. RM, die bei Bauvorhaben bei der Rheinische W., der Westfälische W. und insbesondere der Rheinisch Westfälische W. Verwendung fanden. Gerling sicherte die Forderungen aus den Darlehen wie die Volksfürsorge Lebensversicherungs-AG, Hamburg, stets über I. Hypotheken gegenüber den Wohnungsgesellschaften ab.[135] Die Lebensversicherungsanstalt von Westfalen, die Landesversicherungsanstalten Westfalen und Rheinprovinz und die Reichsversicherungsanstalt für Angestellte, Berlin, gaben sich dagegen auch mit nachrangigen Hypotheken zufrieden.[136]

Westdeutsche Bodenkreditanstalt, Köln, I. Hypothek Dröschede (12.400,-- GM), VA AR/ 3-A-3/ 27.01.1937, S. 4 sowie I. und II. Hypothek (5.700,-- GM), VA AR/ 3-A-3/ 26.06.1937, S. 3 – Altena (13.600,-- GM), VA AR/ 3-A-3/ 26.06.1937, S. 4 - Stadtsparkasse Werdohl, I. Hypothek Werdohl (22.800,-- RM), VA AR/ 4-A-3/ 24.01.1939, S. 5 - Frankfurter Hypothekenbank, I. Hypothek, Bochum-Weitmar (24.000,-- RM), VA AR/ 2-A-3/ 24.01.1939, S. 7 - I. und II. Hypothek Witten-Heven (160.000,-- GM), VA AR/ 2-A-3/ 26.06.1937, S. 3, Gelsenkirchen-Hüllen (175.000,-- RM), VA AR/ 2-A-3/ 26.06.1937, S. 4 - Süddeutsche Bodencreditbank, München, I. und II. Hypothek Mülheim a.d. Ruhr (150.000,-- RM), VA AR/ 4-A-3/ 24.01.1939, S. 5.

[133] VA AR/ 2-A-3/ 24.01.1939, S. 3 ff.; VA AR/ 3-A-3/ 27.01.1937, S. 3; VA AR/ 1-A-3/ 01.02.1938, S. 3; VA AR/ 1-A-3/ 24.01.1939, S. 3; VA AR/ 2-A-3/ 26.06.1937, S. 3; VA AR/ 2-A-3/ 01.02.1938, S. 3.

[134] I. und II. Hypotheken der Stadtsparkasse Dortmund in Höhe von 312.800,-- GM; VA AR/ 3-A-3/ 26.06.1937, S. 3; VA AR/ 3-A-3/ 01.02.1938, S. 4; VA AR/ 3-A-3/ 24.01.1939, S. 4.

[135] VA AR/ 1-A-3/ 01.02.1938, S. 2; VA AR/ 2-A-3/ 26.06.1937, S. 3 ff.; VA AR/ 2-A-3/ 01.02.1938, S. 3; VA AR/ 3-A-3/ 01.02.1938, S. 3; VA AR/ 2-A-3/ 24.01.1939, S. 7; Bochum-Weitmar (127.600,-- RM/ 107.800,-- GM), Essen-Rüttenscheid (55.000,-- GM), Hattingen (84.000,-- GM), Dortmund und Witten (178.300,-- GM), Mülheim a. d. Ruhr (82.500,-- GM); Gelder der Volksfürsorge zudem für Bauvorhaben in Duisburg, Düsseldorf-Oberkassel, Bochum-Hamme und Hohenlimburg; C. IV. 3. b) ee).

[136] Werdohl (53.100,-- GM), VA AR/ 3-A-3/ 29.01.1936, S. 2; Werdohl und Eichen (39.000,-- GM), VA AR/ 3-A-3/ 27.01.1937, S. 2; Bochum-Hamme (45.000,-- GM), VA AR/ 2-A-3/ 26.06.1937, S. 3; Duisburg (166.000,-- GM) und Düsseldorf-Oberkassel (83.000,-- GM), VA AR/ 1-A-3/ 01.02.1938, S. 3; VA AR/ 3-A-3/ 27.01.1937, S. 3; VA AR/ 3-A-3/ 26.06.1937, S. 3; VA AR/ 3-A-3/ 01.02.1938, S. 3; VA AR/ 1-A-3/ 01.02.1938, S. 2 f.; VA AR/ 2-A-3/ 24.01.1939, S. 7; VA AR/ 3-A-3/ 24.01.1939, S. 4; RfA: Bochum-Weitmar (30.000,-- GM), Gelsenkirchen-Bulmke (45.000,-- GM), VA AR/ 2-A-3/ 26.06.1937, S. 3 f.; Dortmund (62.000,-- GM), Werdohl (52.700,-- GM), VA AR/ 3-A-3/ 27.01.1937, S. 2 f.; Reichsknappschaft: Dortmund-Huckarde/ -Mengede/ -Westerfilde (39.600,--/ 120.600,--RM/ 43.080,-- RM), VA AR/ 3-A-3/ 24.01.1939, S. 3 ff. .

Von wenigen Ausnahmen abgesehen erfolgte die am geringsten besicherte Verpfändung der Grundstücke mit III. Hypotheken an die Kommunen. Städte wie Bochum, Dortmund und Essen waren gegenüber den Wohnungsgesellschaften ebenso Gläubigerinnen III. Hypotheken wie Gelsenkirchen, Wattenscheid, Gladbeck, Witten oder Mülheim a. d. Ruhr.[137] Die Städte gingen mit der Gewährung von Darlehen gegen die Eintragung dieser nachstelligen Hypotheken zwar ein höheres finanzielles Risiko ein. Sie konnten ihr Vorgehen aber mit den wirtschaftsfördernden Bauvorhaben, die sowohl Arbeit schufen als auch ein Mehr an steuerpflichtigen Einwohnern und Unternehmen bedeuten konnten, nachvollziehbar rechtfertigen.

Unter Zugrundelegung der Genehmigungen, die die Aufsichtsräte der Wohnungsgesellschaften in ihren Sitzungen am 29.01.1936, 28.05.1936, 27.01.1937, 26.06.1937,

Tab. 77: Verpfändungsgenehmigungen der Aufsichtsräte

	Rheinische W.	Rheinisch Westfälische W.	Westfälische W.	Westdeutsche W.
29.01.1936	0,-- GM	647.000,-- RM	53.100,-- GM	0,-- GM
28.05.1936	75.000,-- GM	629.500,-- GM	379.800,-- GM	60.000,-- RM
27.01.1937	0,-- GM	0,-- GM	337.900,-- GM	0,-- GM
26.06.1937	86.000,-- RM	1.077.900,-- GM	223.050,-- GM	0,-- GM
01.02.1938	556.450,-- GM	1.423.600,-- GM	727.150,-- GM	0,-- GM
24.01.1939	13.200,-- RM	1.616.050,-- RM	761.480,-- RM	319.825,-- RM

Quelle: Berechnungen nach VA AR/ 1-A-3/ 1935/36-1938/39; VA AR/ 2-A-3/1935/36-1938/39; VA AR/ 3 A-3/ 1935/36-1938/39; VA AR/ 4-A-3/ 1935/36-1938/39.

01.02.1938 und 24.01.1939 erteilten, wies die Rheinisch Westfälische W. die höchsten hypothekarischen Belastungen auf.[138] Hier machte sich die Bautätigkeit im Kleinsiedlungsbereich ebenso bemerkbar, wie sich ab 1937 die Errichtung von Wohnstätten für Vierjahresplanvorhaben in einem Anstieg der Verpfändungen über I. bis III. Hypotheken zeigte. Genauso ging der Anstieg der hypothekarischen Forderungen auch bei der Westfälische W. und der Rheinische W. mit der zunehmenden Bautätigkeit einher.

Festzuhalten bleibt, daß die Wohnungsgesellschaften trotz erster Fertigstellungsüberhänge und einer ungesicherten Versorgung der Baustellen mit Baustoffen, Arbeits-

[137] In Bochum unterstützte die Stadt das Kleinsiedlungsvorhaben in Bochum-Weitmar mit dem Erwerb III. Hypotheken zu 30.000,-- GM/ 42.000,-- RM; so wie die Stadt Dortmund 79.000,-- RM hypothekarisch nachstellig besicherte, waren auch die Stadt Essen über ein Grundstück in Essen-Katernberg (60.000,-- GM), die Stadt Witten über Grundstücke in Witten-Heven und Witten-Annen (66.000,-- GM) sowie die Städte Gelsenkirchen (93.000,-- GM/ 35.200,-- RM), Gladbeck (15.000,-- GM), Mülheim a.d. Ruhr (50.625,-- RM) und Wattenscheid (30.000,-- GM) über III. Hypotheken auf Grundstücken im inneren Stadtgebiet gesichert; VA AR/ 2-A-3/ 26.06.1937, S. 3 f.; VA AR/ 2-A-3/ 01.02.1938, S. 2 f.; VA AR/ 2-A-3/ 24.01.1939, S. 6 f.; VA AR/ 3-A-3/ 24.01.1939, S. 3 ff.; VA AR/ 4-A-3/ 24.01.1939, S. 5.

[138] Die bei der Rheinische W. vom Aufsichtsrat am 24.01.1939 genehmigte Verpfändung in Höhe von 13.200,-- RM schien gering auszufallen, erfolgte aber vor dem Hintergrund, daß der Aufsichtsrat der Rheinisch Westfälische W. am 28.06.1938 bereits Verpfändungen in Höhe von 480.000,-- RM zugestimmt hatte; zudem war zwischenzeitlich der Hypothekensperrerlaß im Sommer 1938 in Kraft getreten und Anfang 1939 wieder aufgehoben worden, VA AR/ 2-A-3/ 24.01.1939, S. 2; VA GB/ RWW/ 1938/39, S. 3.

kräften und Transportmitteln zugunsten der Wohnversorgung neue Hypotheken aufnahmen. Sie gingen damit ein nicht zu unterschätzendes Risiko ein, denn sie konnten keine Gewißheit darüber haben, inwieweit sich ihre Neubauplanungen erfolgreich umsetzen ließen.

c) Zwischenergebnis

Alles in allen hatte die Geschäftstätigkeit der Gesellschaften in der Vorkriegszeit während der ersten beiden Geschäftsjahre ihr Schwergewicht in der Instandhaltung und Instandsetzung der Wohnungsbestände; anschließend kam bis zum Beginn des Krieges der Wohnungsbau verstärkt zum Tragen.
Diese Geschäftspolitik ist als Folge der Übernahme weitgehend unrenovierter Bestände bei Gründung der Gesellschaften einzuordnen. Die Wohnungen stammten zum Teil noch aus dem 19. Jahrhundert und boten eine entsprechend geringe Wohnqualität. Die Werke hatten außerdem in den Jahren vor der Gründung der Gesellschaften kaum in ihren Wohnungsbestand investiert. Das war darauf zurückzuführen, daß die Verantwortlichen der VSt zunächst unschlüssig waren, wie sie mit ihrem Gesamtbestand bei der Reorganisation des Konzerns verfahren sollten. Die wahrgenommene Option der Verteilung auf vier eigenständige Gesellschaften führte schließlich dazu, daß eine regional klar strukturierte Verwaltung mit deutlich abgegrenzten Zuständigkeitsbereichen gute Voraussetzungen für eine effiziente Lösung der anstehenden Aufgaben in der Bestandsbewirtschaftung und im Wohnungsbau bot.

Dabei ist der Einfluß der nationalsozialistischen Politik auf die Umsetzung der Vorhaben der Wohnungsgesellschaften unterschiedlich zu beurteilen. Einerseits knüpfte das Regime an die Wohnungsbauförderung der Vorgängerregierungen an und unterstützte den Wohnungsneubau. Andererseits waren die Gesellschaften von Anfang an in ihrer Entwicklung gehemmt, da sie mit dem Status der Gemeinnützigkeit nach der Entscheidungsfindung über das Landesfinanzamt, Reichsministerien und das Reichswirtschaftsgericht erst ab 1937 verläßlich arbeiten konnten. Außerdem machten sich für die Gesellschaften die Auswirkungen des Vierjahresplans besonders nachteilig bemerkbar.
Der Vierjahresplan hatte auf die Geschäftspolitik der Wohnungsgesellschaften vor allem deshalb besonders gewichtigen Einfluß, weil der Mangel an Arbeitskräften und fehlendes Baumaterial die Planung und Umsetzung von Bauvorhaben vielfach obsolet werden ließen. Die Gesellschaften litten im Wohnungsbau darunter, daß für die nationalsozialistischen Lenkungsmaßnahmen kein verläßlicher Bedarfsplan vorlag und die Verteilung des Baumaterials nicht im Rahmen der Produktion stattfand. Die Vergabe von Kontingenten ging mangels einer funktionierenden Dringlichkeitsskala über die Erzeugung hinaus und betraf insbesondere die für die Wohnungsgesellschaften neben Steinen wichtigen Materialien wie Eisen und Holz.
Bereits in der Anfangsphase ihrer Bautätigkeit, die sie im Rahmen des Gemeinnützigkeitsrechts wahrnahmen, schufen die Gesellschaften das Fundament für die von Ge-

schäftsjahr zu Geschäftsjahr stetig anwachsenden Überhänge im Wohnungsbau. Die Wohnungsgesellschaften waren insoweit Opfer der Autarkiepolitik und gezwungen, entweder die Wohnungsbautätigkeit entgegen dem Gemeinnützigkeitszweck einzustellen oder fortlaufend über die objektive Leistungsfähigkeit hinaus zu planen. Unter Beachtung des Verhältnisses der ursprünglichen Planungen gegenüber den tatsächlich umgesetzten Vorhaben führte die nationalsozialistische Politik so bei den Wohnungsgesellschaften zu einer relativen Erfolglosigkeit der Neubautätigkeit.
Zugunsten der Wohnungsgesellschaften muß allerdings berücksichtigt werden, daß sie selbständig eine Ergebnisverbesserung anstrebten und dabei den Auswirkungen der nationalsozialistischen Autarkiepolitik weitgehend machtlos gegenüberstanden.
Der Versuch, die Probleme intern auszugleichen, wurde von der zentralen Vorstandstätigkeit Fusbans und Forstmanns für alle Gesellschaften begünstigt. Die Vernetzung der Gesellschaften über einen Vorstand und regelmäßige Konferenzen unter Teilnahme der Geschäftsleitungen zahlten sich hier in Einzelfällen aus, ohne daß dadurch die Mangelerscheinungen insgesamt kompensiert werden konnten.

Das Einvernehmen zwischen den Wohnungsgesellschaften und den Werken war von dem beiderseitigen Interesse an den vielfach identischen Vertragspartnern - Mieter bzw. Arbeiter - geprägt. Die Gesellschaften waren allerdings zwischendurch immer wieder gefordert, sich zu positionieren und ihre Ansprüche gegenüber Werken wie Mietern zu untermauern. Indem sie sich sofort gegen vertragswidrige Maßnahmen wie die Vergabe von Wohnungen durch die Werke wandten, wiesen sie die Werksleitungen bereits in der Vorkriegszeit in die Schranken und legten insofern den Schluß nahe, daß sie weitgehend unabhängig entscheiden konnten.
Das kann jedoch nur eingeschränkt für die Bereiche festgehalten werden, die zum ureigensten wohnungswirtschaftlichen Geschäft gehörten. Ansonsten bleibt festzuhalten, daß die VSt ihre Eingriffsmöglichkeiten von vornherein sowohl satzungsrechtlich als auch mit der Besetzung der Aufsichtsräte manifestierte.

4. Geschäftsfelder der Wohnungsgesellschaften im Krieg, 1939-1945

a) Kriegswohnungsbau

Der Beginn des Zweiten Weltkriegs bedeutete für die deutsche Bevölkerung zunächst keine Beeinträchtigung ihrer Versorgungslage.[1] Die Schwierigkeiten auf den Baustellen jedoch vergrößerten sich durch Bauverbote und weitere Probleme bei der Versorgung mit Material und Arbeitskräften.

aa) Bauverbote

Zunächst galt bis 01.10.1939 ein befristeter Baustop, der verlängert wurde und schließlich in die sog. 9. Anordnung des GB.-Bau vom 16.02.1940 mündete. Diese Anordnung enthielt ein absolutes Bauverbot und zog weitere einschränkende Bestimmungen nach sich.[2]
Die Wohnungsgesellschaften konnten alle Bauvorhaben, die am 01.03.1940 im Rohbau fertiggestellt waren, noch zu Ende führen, sofern die Versorgung mit den erforderlichen Baustoffen sichergestellt war. Bauten hingegen, die am 01.03.1940 begonnen und einschließlich Kellerdecke mindestens sockelfertig waren, durften nur mit Sondergenehmigung fortgeführt werden. Alle Bauten, die am 01.03.1940 noch nicht sockelfertig waren, waren stillzulegen. Der Beginn völlig neuer Vorhaben war, von Sondergenehmigungen abgesehen, ausgeschlossen.

Darüber hinaus brachte der Erlaß der 9. Anordnung des GB.-Bau weiteren Verwaltungsaufwand mit sich. Zu dem regulären Baugenehmigungsverfahren und dem Verfahren zur Bewilligung von Baustoffen kam ein drittes Verfahren hinzu.[3]
Die Einschränkungen der 9. Anordnung nahmen auf die Bauvorhaben der Wohnungsgesellschaften starken Einfluß, denn die Gesellschaften mußten nun den Fertigstellungsgrad jedes Bauvorhabens überprüfen. Dabei differenzierten sie, welche Bauten zu mindestens 50 %, später zu 75 % abgeschlossen waren und in dringlichen Fällen zu Ende gebaut werden konnten. In vielen Fällen lag der Fertigstellungsgrad über 90 %.

Wichtig war, daß die Wohnungsgesellschaften die Kriegswichtigkeit ihrer Bauvorhaben beachteten. Die Nationalsozialisten hatten Dringlichkeitsstufen zunächst von 1 bis 4 , dann von 0 bis 4 eingeführt, um Luftschutzmaßnahmen und dringliche Werkserweiterungen für die Rüstung bevorzugt zu fördern.[4]

---

[1] Unmittelbar vor Kriegsbginn zeigte sich mit der VO über den Warenverkehr vom 18.08.1939 und der VO zur Sicherstellung des lebenswichtigen Bedarfs des Volkes, daß die wichtigen Rohstoffe, Produktionsmittel und Konsumgüter nun einer Lenkungswirtschaft in einem „System der Engpaßplanung mit stark provisorischem Charakter“ unterlagen; Ambrosius, Gerold, Staat und Wirtschaftsordnung, Eine Einführung in Theorie und Geschichte, Grundzüge der modernen Wirtschaftsgeschichte, Band 3, Stuttgart 2001, S. 133 f.; Recker, Staatliche Wohnungsbaupolitik, S. 120; Anordnung des Beauftragten für den Vierjahresplan und des GB.-Bau, DRAnz. Nr. 44 vom 21.02.1940, S. 1; RArbBl. 1940 I S. 110.

[2] Schnellbrief des GB.-Bau vom 02.03.1940 nebst Ausführungsbestimmungen vom 04.03.1940.

[3] Auch dazu 1943 im RArbl. bemerkenswert kritisch Zerban, RArbBl. 1943 I S. 80.

[4] Bauvorhaben, die von den Dienststellen des Beauftragten für den Vierjahresplan als kriegswichtig anerkannt waren, waren ebenso von dem Bauverbot ausgenommen wie Instandsetzungs- und Instandhaltungsmaßnahmen, zu denen das Arbeitsamt und der zuständige Kontingentträger bei einer Gesamtbausumme von bis zu 5.000,-- RM ihre Zustimmung erteilt hatten, VA AR/ 3-A-3/ 24.04.1940, S. 1; Richtlinien für die Anerkennung von Wohnungsbauten als kriegswichtig vom 03.06.1940, RArbBl. 1940 I S. 363.

Tab. 78: Wohnungsfertigstellungen zum Bauprogramm 1938 nach Erlaß 9. Anordnung GB.-Bau

Wohnungsgesellschaft	Werk	Wohnungs-zahl	Fertigstellungs-grad
Rheinische W.	GBAG, Hamborn	36	95 %
	Bandeisenwalzwerk Dinslaken	60	90 %
Rheinisch Westfälische W.	GBAG, Bochum	21	30 %
	GBAG, Gelsenkirchen	8	65 %
	GBAG, Essen	12	60 %
	Bochumer Verein	11	90 %
Westfälische W.	Brüninghaus, Werdohl	15	90 %
	Kalkwerke, Wülfrath	10	90 %
	GBAG, Dortmund	8	50 %
	DHHV, Dortmund	175	95 %
Westdeutsche W.	Gelsenberg Benzin, Gelsenkirchen	4	70 %
	Dortmunder Union Brückenbau, Dortmund	1	90 %

Quelle: VA AR/ RWW/ 14.02.1940, S. 3; VA VS/ VI, Bl. 36.

Unter die Stufe 0 fielen die Wohnungen der Gelsenberg Benzin AG. Ansonsten verteilten sich einige Wohnungsbauvorhaben wie bei der Ruhrstahl AG in Witten oder bei einzelnen Vorhaben des Bergbaus auf die Stufe 1.
Der überwiegende Teil entfiel auf die Stufen 2, 3 und 4. In Stufe 2 befanden sich Vorhaben für die chemische Industrie (ebenfalls Gelsenberg Benzin, DHHV), während in Stufe 3 viele Bergbauwohnungen und Hüttenwohnungen und in Stufe 4 sonstige Wohnungsbauten der Eisenindustrie eingeteilt waren.[5] Ausnahmegenehmigungen für dringende Fälle beantragten die Wohnungsgesellschaften nicht, da sie keine Aussicht auf Erfolg sahen.[6] Das hatte zur Folge, daß die Wohnungsgesellschaften bei der weiteren Ausführung der noch nicht abgeschlossenen Bauten stark eingeschränkt waren.
Sowohl die Rheinisch Westfälische W. als auch die Westfälische W. erhielten über den ursprünglich geplanten Bedarf hinaus noch vier Baugenehmigungen. Von den insgesamt genehmigten 5.059 Wohnungen verblieben unter Berücksichtigung dieser vier Bauvorhaben noch 2.007 Wohnungen, die weitergebaut werden durften.

Das bedeutete, daß die Gesellschaften über 3.000 und damit durchschnittlich mehr als 60 % der bereits genehmigten Wohnungsbauten stillegen mußten. Folgende Übersicht verdeutlicht die Intensität der Stillegungen der Bauvorhaben 1939/ 1940:

---

[5] VA AR/ RWW/ 14.02.1940, S. 8.
[6] VA VS/ VI, Bl. 27; VA AR/ 3-A-3/ 24.04.1940, S. 2, 8.

Tab. 79: Stillegung der Bauvorhaben 1939/ 40

Wohnungsgesellschaft	Werk	Wohnungen		
		Genehmigung	Stillegung	Rest
Rheinische W.	Westfälische Union, Dinslaken	10	10	0
	Deutsche Röhrenwerke, Mülheim	115	115	0
	Concordiahütte, Engers	10	0	10
	GBAG, Hamborn	152	68	84
	Deutsche Eisenwerke, Mülheim	92	66	26
	Eisenwerk Wanheim	20	20	0
	ATH, Duisburg	70	64	6
	Gesamt Rheinische W.	469	343	126
Rheinisch Westfälische W.	GBAG, Gelsenkirchen	316	114	202
	GBAG, Bochum	104	29	75
	Deutsche Eisenwerke, Gelsenkirchen	144	84	60
	Ruhrstahl, Hattingen	308	177	131
	Ruhrstahl, Annen	56	17	39
	Ruhrstahl, Witten	40	0	40
	Bochumer Verein	470	360	110
	Gelsenberg Benzin	1.145	662	483
	Gesamt Rheinisch Westfälische W.	2.583	1.443	1.140
Westfälische W.	GBAG, Dortmund	712	634	78
	DHHV, Dortmund	510	83	427
	Ruhrstahl, Brackwede b. Bielefeld	35	0	35
	Westfälische Union, Hamm	25	0	25
	Deutsche Edelstahlwerke, Aplerbeck	75	75	0
	Stahlwerke Brüninghaus, Vorhalle	10	10	0
	Lippstädter Eisen und Metall	87	87	0
	Nordseewerke Emden	150	25	125
	Dortmunder Union Brückenbau	80	80	0
	Hüttenwerke Siegerland	8	8	8
	Westfälische Union, Iburg	5	5	0
	Westfälische Union, Altena	18	18	0
	Westfälische Union, Lippstadt	15	2	13
	Wurag, Hohenlimburg	22	0	22
	Gebr. Knipping, Altena	20	20	0
	Brüninghaus & Thomée , Werdohl	20	20	0
	Bergverwaltung Siegerland	20	20	0
	Geisweider Eisenwerke	18	18	0
	Gesamt Westfälische W.	1.830	1.097	733
Westdeutsche W.	Deutsche Eisenwerke, Mülheim	8	8	0
	GBAG, Hamborn	6	2	4
	Bandeisenwalzwerk, Dinslaken	1	1	0
	Gelsenberg Benzin	160	160	0
	Hüttenwerke Siegerland	2	2	0
	Gesamt Westdeutsche W.	177	173	4

Quelle: Zusammenstellung nach VA AR/ RWW/ 14.02.1940, S. 4 f.; TKA RS/ 1307.

Unter dem Durchschnittswert lagen die Stillegungen bei der Westfälische W. (59,9 %) und der Rheinisch Westfälische W. (55,9 %). Die Rheinische W. mußte dagegen mit 73,1 % überdurchschnittlich viele Bauten stillegen. Am stärksten war die Westdeutsche W. betroffen, die an knapp 98 % ihrer bereits genehmigten Bauvorhaben nicht weiterbauen durfte.

Der nationalsozialistischen Regelungsvielfalt entsprechend galten die Dringlichkeitsstufen nur über einen begrenzten Zeitraum.
Mit seiner 27. Anordnung vom 27.05.1942 hob der GB.-Bau die bisherigen Dringlichkeitsstufen wieder auf und gruppierte die kriegswichtigen Bauvorhaben neu.[7]
Die Wohnungsgesellschaften mußten sich darauf einstellen, daß die Eingruppierung der Bauvorhaben fortan nach Wehrkreisen und Sachgebieten erfolgte. Alle kriegswichtigen Bauvorhaben wurden nun in sog. „Wehrkreisrangfolgelisten" (W.R.-Listen) eingetragen. Wehrkreisrangfolgenummern legten die Rangfolge entsprechend der Dringlichkeit der Baumaßnahmen fest.[8]

Im Verhältnis zu den häufigen Änderungen der Anordnungen und Erlasse konnte das Neubauverbot der 9. Anordnung vom 09.02.1940 schon als zuverlässiges Normeninstrumentarium gelten, bis auch diese Regelung zum 01.02.1943 Ersatz fand.[9] Die nun geltende 31. Anordnung differenzierte das allgemeine Bauverbot weiter. Für die Wohnungsgesellschaften wurde deutlich, daß nun ihre Bauarbeiten des Hoch- und Tiefbaus mit wenigen Ausnahmen vollständig von Stillegungen betroffen waren. Das Verfahren selbst verschachtelte sich weiter, da die Anordnung weitere Sonderregelungen zuließ. Ein Verstoß gegen das Bauverbot zog neben einer Anzeige wegen Verstoßes gegen die Anordnung des GB.-Bau eine Geldstrafe und den Entzug der Arbeitskräfte nach sich. Dennoch bauten die Gesellschaften an stillgelegten Vorhaben in Witten, Gladbeck, Langendreer und Gelsenkirchen wegen des absehbaren Abschlusses der Bauten weiter. Diese Möglichkeit bestand vor allem deshalb, weil die Wohnungsgesellschaften trotz der Anordnung des GB.-Bau von den Arbeitsämtern noch Arbeitskräfte erhielten.

Darüber hinaus war für die Gesellschaften von Bedeutung, daß auch bereits genehmigte Bauvorhaben auf Anordnung des GB.-Bau erneut überprüft und stillgelegt werden durften. Somit war die Lage der Gesellschaften davon gekennzeichnet, daß als kriegswichtig anerkannte Vorhaben aus den Dringlichkeitslisten wieder gestrichen wurden. Die Wohnungsgesellschaften mußten sich nunmehr darüber klar sein, daß jede Baugenehmigung zwar einen sog. begünstigenden Verwaltungsakt darstellte, sie darin aber keinen Vertrauenstatbestand erkennen durften.

---

[7] Nachdem Todt am 08.02.1942 tödlich verunglückt war, übte das Amt des GB.-Bau nun Albert Speer aus.
[8] Für die Westfälische W. fanden 226 Wohnungen in Dortmund und 333 Wohnungen in Gelsenkirchen Eingang in die Wehrkreisrangfolgeliste. Bei der Rheinisch Westfälische W. wurden die Wohnungen für die Belegschaft der Gelsenberg Benzin und die Bergbauwohnungen verzeichnet; die Rheinische W. unterhielt im Sommer 1942 keine für die Rangfolgeliste relevanten Neubauten mehr, VA VS/ VI, Bl. 40, 53.
[9] 31. Anordnung des GB.-Bau vom 15.01.1943, RArbBl. 1943 I S. 44.

bb) Materialversorgung

Im ersten Kriegsjahr hatten die Einberufungen zum Kriegsdienst zur Folge, daß die Bau- und Baustoffindustrie bereits auf ein Drittel des Personals verzichten mußte. Die Baustoffherstellung ging im allgemeinen während des Krieges reichsweit zurück, obwohl sich mit der deutschen militärischen Expansion der Zugriff auf weitere Produktionsmöglichkeiten in den besetzten Gebieten ergab. Neben Holz und Eisen war von wenigen Ausnahmen abgesehen die gesamte Produktion der wichtigsten Baustoffe betroffen.

Tab. 80: Produktion der wichtigsten Baustoffe

Ware	Einheit	1939	1940	1941	1942	1943	1944
Baukalk	Mio. t	2,8	1,7	1,9	1,9	1,8	1,5
Baugips	1.000 t	575,0	362,0	329,0	306,0	316,0	224,0
Untermauerungsziegel	Mrd. Stk.	8,0	4,4	4,1	3,1	3,1	2,0
Hartbranntziegel	Mrd. Stk.	1,3	1,0	1,0	0,8	0,8	0,7
Leichtbauplatten	1.000 m³	666,0	679,0	702,0	671,0	732,0	658,0
Bauglas	1.000 t	365,0	402,0	435,0	461,0	442,0	425,0

Quelle: Wagenführ, Rolf, Die deutsche Industrie im Kriege 1939-1945, 3. Auflage, Berlin 2006, S. 161 (bis 1939 für das Reichsgebiet in den Grenzen von 1937, ab 1940 einschließlich Österreich/ Sudetenland).

Für die Baumaterialversorgung befanden sich im Geschäftsbereich der Wohnungsgesellschaften zunächst Verteilungsstellen in Dortmund und Köln („Westfälische -" bzw. „Rheinische Verteilungsstelle"). Es war für die Materialbewirtschaftung der Wohnungsgesellschaften von großer Bedeutung, daß der GB.-Bau in den Bereichen der Bezirkswirtschaftsämter bereits seit Januar 1940 „Gebietsbeauftragte" einsetzte. Aufgabe eines Gebietsbeauftragten war es, Einsparungsmöglichkeiten in Zusammenarbeit mit sog. „Sparingenieuren" zu prüfen. Der Vorstand schätzte die Sparingenieure als sehr wichtig für die Gesellschaften ein, da die Ingenieure auch nachträglich noch den Aufwand bei einem bereits begonnenen Bauvorhaben beanstanden durften.[10] Die Gesellschaften konnten im Bereich der Rheinische W. eine Zusammenarbeit zwischen dem Gebietsbeauftragten und ihrem Angestellten Nienhaus als Sparingenieur für die Bauvorhaben der Rheinische W. bewirken. Für die Rheinisch Westfälische W. und die Westfälische W. konnten die Geschäftsleitungen ihre technischen Leiter bei den Gebietsbeauftragten benennen. Insoweit führten die Gesellschaften einen Selbstkontrollmechanismus ein.

Konkrete Einsparungsmaßnahmen verfolgten die Gesellschaften allerdings erst ab 1942 ernsthaft.[11] Da sie mit ihrem bis dahin zweifelhaften Sparwillen nicht alleinstanden, sollte sich der nationalsozialistische Kontrolldruck auf das Bestell- und Ausgabe-

---

[10] 8. Anordnung des GB.-Bau vom 19.12.1939; Industrieabteilung der Wirtschaftskammer Düsseldorf vom 02.02.1940, VA VS/ IV, Bl. 27, 30a; 13. Anordnung des GB.-Bau vom 21.05.1940 in der Fassung vom 19.08.1940, RArbBl. 1940 I S. 590.

[11] Dies belegte die Verwaltungsratssitzung vom 02.02.1942, in der Vorstand und Geschäftsleitungen erstmalig festlegten, daß *„nunmehr ernsthaft"* auf die geltenden Bestimmungen wegen der Einsparung von Baustoffen Rücksicht genommen werden mußte, VA VS/ VI, Bl. 22.

verhalten der Unternehmen verstärken. Im September 1942 richtete der GB.-Bau am Sitz jeder Rüstungsinspektion[12] eigene Dienststellen für sog. „Baubevollmächtigte“[13] mit Baustoffleitstellen ein, die die Lieferleistung der Baustoffwerke zu überwachen hatten. Der GB.-Bau schuf in mehreren Rüstungsinspektionsbezirken Globalkontingente mit je einer Verteilstelle, die sich für den Geschäftsbereich der Wohnungsgesellschaften in Essen niederließ.[14]

Die Wohnungsgesellschaften mußten sich dann nochmals umstellen, als Speer im November 1944 den Bauapparat des Reichs der Organisation Todt (OT) unterstellte und die Bezirkswirtschaftsämter gemeinsam mit den Industrie- und Handelskammern sowie den Handwerkskammern in Gauwirtschaftskammern aufgingen.[15] Die Gauwirtschaftskammern hatten denselben Bereich wie die Gauverwaltungen zu verantworten und vertraten die Wirtschaft als regionale Führungsstellen im Bereich der Gaue.[16]

Im Einzelnen ergab sich für Wohnungsgesellschaften während des Krieges eine unterschiedliche Materialversorgung:

- Für Holz erhielten die Zimmereiunternehmen von den Wohnungsgesellschaften Holzschecks und beschafften damit das Bauholz. Die Geschäftsleitungen mußten dabei auf die Laufzeiten achten, die vielfach zu kurz bemessen waren und den Verfall der Schecks zur Folge hatten. Sobald eine Gesellschaft über ihren Bedarf hinaus Holzschecks erhielt, gab sie diese an die anderen Geschäftsleitungen weiter. So waren bei der Rheinisch Westfälische W. zwischenzeitlich für 100 Wohnungsbauten Holzschecks

---

[12] Die für den Arbeitsbezirk der Wohnungsgesellschaften verantwortliche Rüstungsinspektion befand sich in Münster (Westfalen) und der zuständige Baubevollmächtigte nahm seinen Sitz in Essen.

[13] Daneben vereinigte der Baubevollmächtigte die bisherigen Dienststellen der Gebietsbeauftragten des GB.-Bau, der Außenstellen der Abteilung Rüstungsausbau des Reichsministers für Bewaffnung und Munition einschließlich der Kontingentstellen und der Dienststellen der Sparingenieure auf sich. Zudem wurden in den Gauen sog. Gaubeauftragte des GB.-Bau eingesetzt. Soweit dort bereits Gebietsbeauftragte des GB.-Bau tätig waren, übten diese ihr Amt jetzt als Gaubeauftragte aus. Von diesen Beauftragten mußten die Gesellschaften die „Gauwohnungskommissare“ unterscheiden, deren Funktion die Gauleiter innehatten; 30. Anordnung des GB.-Bau vom 14.09.1942, VA VS/ VII, Bl. 4; RGBl. 1940 I S. 1495; Hoffmann, Rudolf, Vereinfachung der Baustofftransporte für das Kriegsbauprogramm, in: Der Vierjahresplan 1941, S. 372-274, hier S. 373.

[14] Amtliche Bautechnische Mitteilungen 1943, Nr. 15, S. 25; Amtliche Mitteilungen des GB.-Bau 1943, Heft 4, S. 2; Gottsch/ Hasenjäger, A VIII a 1, 4, 5; DRAnz. Nr. 115 vom 10.03.1943; BArch NS 5 VI/ 16812.

[15] 28 Bezirkswirtschaftskammern, 111 Industrie- und Handelskammern und 75 Handwerkskammern gingen in 42 Gauwirtschaftskammern auf. Die OT war 1938 unter der Leitung Todts zur Bearbeitung von Großprojekten wie dem Westwallbau entstanden; zur Entstehungsgeschichte Seidler, Franz W., Die Organisation Todt, Bauen für Staat und Wehrmacht 1938-1945, Koblenz 1987, S. 15 ff..

[16] Speer baute das von Todt eingeführte System von Ausschüssen und Ringen zur Zentralisierung in „Bestbetrieben“ weiter über Hauptausschüsse, Sonderausschüsse, Hauptringe und Sonderringe aus; er bezweckte die Neuordnung der Bewirtschaftung in der Grund- und Rohstoffwirtschaft über die Gründung weiterer Reichsstellen und Reichsvereinigungen unter Zusammenfassung vorhandener Institutionen und führte parallel zur Organisation der Kriegswirtschaft die Zentralisation der regionalen gewerblichen Vertretungen über eine Verordnung von Reichswirtschaftsminister Funk herbei; Janssen, Gregor, Das Ministerium Speer, Deutschlands Rüstung im Krieg, Berlin 1968, S. 44; Milward, Alan S., Die deutsche Kriegswirtschaft 1939-1945, Stuttgart 1966, S. 67 ff.; Volkmann, Hans-Erich, Ökonomie und Expansion, Grundzüge der NS-Wirtschaftspolitik, Ausgewählte Schriften, Beiträge zur Militärgeschichte, Band 58, München 2003, S. 84; 3. DVO zur VO über die Vereinfachung und Vereinheitlichung der Organisation der gewerblichen Wirtschaft (Gauwirtschaftskammeraufbauverordnung - GWKAV) vom 30.05.1942, RGBl. 1942 I S. 371.

übrig, die sie für die Verzimmerung an die Westfälische W. und die Rheinische W. weiterreichte. Derartige Ausgleichsaktionen zeigten, wie die Gesellschaften zu ihrem Vorteil Koordination und Kooperation zwischen den Geschäftsleitungen nutzten.[17] Die koordinierte Vergabe überschüssiger Ware untereinander bewirkte für sie eine Kooperation, die die Verringerung unternehmerischer Reibungsverluste bedeutete.

- Eisenlieferungen verteilten die Wohnungsgesellschaften nach Kriegsbeginn selbst an die Unternehmer. Hier galten besondere Einsparungserfordernisse. Ein Teil der auf den Baustellen und in den Lagern der Bauwirtschaft bevorrateten Eisenmengen durfte auf Anordnung des GB.-Bau beschlagnahmt werden.[18]

Von Einsparmaßnahmen war auch verbautes Eisen betroffen.
Dies zeigte sich bereits ab 1940, als die Wohnungsgesellschaften zur Entgitterung ihrer Grundstücke gezwungen waren.[19] Die Gesellschaften kamen den behördlichen Anweisungen unterschiedlich nach. Während die Rheinische W. bis zum Juni des Jahres bereits 75 % ihres Bestands entgittert hatte, sah sich die Rheinisch Westfälische W. von Parteistellen wegen ihrer Untätigkeit bedrängt. Probleme bestanden hier, weil die Werke der VSt den gewonnenen Schrott sichern sollten, aber nur auf wiederholtes Drängen tätig wurden. So ließ die Rheinisch Westfälische W. die Technische Nothilfe kommen und mußte den Schrott dann den Parteistellen zur Verfügung stellen.[20]
Ergänzend zu den reichsweiten Anordnungen ergingen im weiteren Verlauf des Krieges auf lokaler Ebene Entgitterungsanweisungen, die neben der Schrottgewinnung auch die Verbesserung von Fluchtwegen bei Bombentreffern bezweckten. So wie nach einer Verordnung des Polizeipräsidenten von Essen mußten bei den Gesellschaften in Duisburg und Dortmund die Kellerfenstergitter in Selbsthilfe entfernt werden und hatten einen Zwangsrückbau zur Folge. Zwangsweise kamen die Gesellschaften auch der Ablieferungspflicht sonstiger Metalle nach und gaben ihre Firmenschilder aus Metall ab.[21]

- Steinholz verbauten die Gesellschaften in Decken bzw. Fußböden zur Einsparung von Holz und Eisen. Nachdem sich 1941 zwei Unfälle mit Todesfolge ereignet hatten, ergaben sachverständige Untersuchungen, daß die Unfälle auf die hohe Leitfähigkeit

---

[17] VA VS/ IV, Bl. 70; VA VS/ VIII, Bl. 34, 40; Wischermann, Clemens, Kooperation, Vertrauen und Kommunikation: ein Rahmenmodell des Unternehmens auf institutionenökonomischer Grundlage, oder: Was macht ein Unternehmen handlungsfähig ?, in: *derselbe* (Hrsg. unter Mitwirkung von Anne Nieberding und Britta Stücker), Unternehmenskommunikation deutscher Mittel- und Großunternehmen. Theorie und Praxis in historischer Perspektive, Untersuchungen zur Wirtschafts-, Sozial- und Technikgeschichte, Band 23, Dortmund 2003, S. 76-92, hier S. 83 ff. .
[18] Richtlinien zur Verordnung über baupolizeiliche Maßnahmen zur Einsparung von Baustoffen vom 30.06.1937 (RGBl. 1937 I S. 728) i. d. F. vom 24.01.1940, RArbBl. 1940 I S. 328, 377; Bekanntmachung der Reichsstelle für Eisen und Stahl, DRAnz. Nr. 118 vom 23.05.1940.
[19] Anordnung Nr. 3/ 40 des Reichskommissars für Altmaterialverwertung, VA VS/ IV, Bl. 62.
[20] Neben der Kostenlosigkeit versprach sich der Vorstand den Vorteil, daß die Mieter bei Parteidienststellen eher „die Notwendigkeit der Arbeiten einsehen" würden. Vor allem gegenüber höheren Beamten, die Mieter der Westfälische W. waren und mit deren Widerstand der Vorstand rechnete, konnte auf diese Weise der Zwang zum Ausdruck gebracht werden, dem sich die Gesellschaften beugen mußten, VA VS/ IV, Bl. 63.
[21] VA VS/ VIII, Bl. 49, 57.

frischer und nicht gepflegter Steinholzfußböden zurückzuführen waren. Die Gesellschaften veranlaßten weitere Isolierungen. Diese Maßnahme war deshalb von größerer Bedeutung, weil bei der Westfälische W. 20.000 m², bei der Rheinische W. 18.000 m² und bei der Rheinisch Westfälische W. 4.000 m² Decken als Steinholzfußböden ausgeführt waren. Rechtliche Folgen hatten die Todesfälle für die Gesellschaften nicht. Bei Verhandlungen mit Mietern war die erforderliche Sorgfalt bei der Pflege der Steinholzfußböden nunmehr Gesprächsgegenstand, der Vorstand bestand aber darauf , die Unfälle „in keiner Weise zu berühren“.[22]

- Zementlieferungen unterlagen bei allen Gesellschaften starken Schwankungen. Verzögerungen waren hier insofern bemerkenswert, als daß es trotz der Beziehungen zu den Konzernwerken kaum möglich war, die erforderlichen Zementmengen rechtzeitig zu beschaffen.[23]

- Bei Dachpfannen und Glas kam es ab Juni 1943 zu Lieferengpässen.[24] So wurden die Dächer für die Gesellschaften zu einem besonderen Problemfeld. Das setzte sich bis Kriegsende fort, obwohl sich die VSt in die Bemühungen zur Beschaffung erforderlicher Dachmaterialien einschaltete. Walter Rohland, ab Frühjahr 1944 Leiter des Hauptrings Eisenerzeugung und seit 16.11.1943 Vorsitzender des Vorstands der VSt[25], vermittelte Blechlieferungen für Bedachungen. Die Lieferungen entsprachen jedoch nicht den Anforderungen. Die Wohnungsgesellschaften erhielten Zusagen über 300 t Bleche, doch nur die Rheinisch Westfälische W. fand Berücksichtigung. Die Rheinische W. erhielt kein Material und für die Lieferungen an die Westfälische W. war das Eichener Walzwerk zuständig, das kriegsbedingt ausfiel.[26]

- Ersatzmaterialien kamen für die Gesellschaften wegen der Unzuverlässigkeit der Baustofflieferungen nach wie vor in Betracht. Um Ersatzbeschaffungen möglichst eigenständig steuern zu können, begannen die Rheinisch Westfälische W. und die Westfälische W. in eigener Regie mit der Herstellung von Großformsteinen. Während die Westfälische W. Vollblocksteine unter Hinzuziehung von Arbeitskräften des Bergbaus anfertigte, produzierte die Rheinisch Westfälische W. Hohlblocksteine.[27] Ab Juni 1944 wurde der Betrieb einer Anlage zur Steinbearbeitung genehmigungspflichtig.

---

[22] VA VS/ V, Bl. 27; VA VS/ VII, Bl. 10.
[23] Nach eindringlichen Appellen der Geschäftsleitungen sagte lediglich die Deutsche Eisenwerke zwischenzeitlich Zementlieferungen zu, VA VS/ V, Bl. 58.
[24] VA VS/ VI, Bl. 33, 41; VA VS/ VII, Bl. 24; VA VS/ VIII/ Bl. 6 f., 14, 24, 27.
[25] Rohland („Panzer-Rohland“) war zudem Vorsitzer des Hauptausschusses Panzerwagen beim Reichsministerium für Rüstung und Kriegsproduktion und u. a. geschäftsführender Vorsitzender des Industrierats beim Oberkommando des Heeres, stellvertretender Vorsitzer der Reichsvereinigung Eisen (29.05.1942), Leiter der Bezirksgruppe Nordwest der Wirtschaftsgruppe Eisenschaffende Industrie (13.08.1942) und Mitglied des für die Entwicklung der Produktion bei den Werken wichtigen Neubauausschusses; vertiefend Rasch, Manfred, Walter Rohland zwischen Kaiserreich und Bundesrepublik. Eine biografische Skizze, in: *derselbe* (Hrsg.), Findbuch zum Nachlaß Walter Rohland (1898-1981) und zum Bestand Ruhr-Consulting GmbH, Veröffentlichungen aus dem Archiv der ThyssenKrupp AG, 5, Duisburg 2001, S. 3-61, hier S. 24 f. .
[26] VA VS/ IX, Bl. 25.
[27] Die Arbeiten stoppten wegen des Abzugs der Arbeitskräfte bei der Rheinisch Westfälische W. im Mai 1944 und bei der Westfälische W. im Juni 1944, VA VS/ VIII, Bl. 47.

Der Vorstand vertrat den Standpunkt, daß die Betriebe schon früher bestanden hätten.[28] Diese Argumentation war erfolgreich und gewagt zugleich, denn selbst unter der Annahme bereits bestehender Betriebe - der Wohnungsunternehmen - fiel deren Ausbau, der mit der Steinproduktion unzweifelhaft erfolgte, unter die neue Vorschrift. Die Nationalsozialisten behinderten an dieser Stelle über die staatliche Reglementierung Privatinitiativen, die den vorhandenen Mangelzustand lindern konnten.

- Alle (Ersatz-)Materialien betraf zudem das Problem des zu knappen Treibstoffs. Der Transport von Baustoffen mußte zunehmend beschränkt werden. Bauvorhaben konnten selbst dann, wenn Baumaschinen, Material und Arbeitskräfte vorhanden waren, nur eingeschränkt vorangehen. Auch die beiden Kraftfahrzeuge, die der Vorstand in Essen unterhielt, standen gegen Ende des zweiten Kriegsjahres nicht mehr zur Verfügung. Bereits im Oktober 1941 erhielten die Wohnungsgesellschaften nur 10 % der objektiv erforderlichen Treibstoffmenge. Im Februar 1942 blieb dann zum ersten Mal in Dortmund der Treibstoff gänzlich aus.[29]

Der Mangel nahm während des Krieges angesichts der Erhöhung der Rüstungsproduktion und der steigenden Geschwindigkeit der deutschen Panzer und Flugzeuge zu. Außerdem zeigten alliierte Luftangriffe auf die Produktionsstätten der Treibstoffwirtschaft und auf die Transportwege Wirkung.[30] Stand dennoch trotz der Angriffe Treibstoff zur Verfügung, war er primär militärischer Nutzung und nicht den Wohnungsgesellschaften vorbehalten.

Auf die gesamte Materialversorgung wirkte sich schließlich der Rückzug der Wehrmacht an der Westfront aus, der mit der amerikanischen Besetzung Aachens als erster deutscher Großstadt am 21.10.1944 und mit der Verschiebung der Front bis in das Deutsche Reich hinein verbunden war. Ein Zugriff auf Produktionsstätten in Frankreich, Belgien und Holland als Ersatz für zerstörte inländische Betriebe schied nunmehr aus.[31] Vor allem wurde jetzt besonders deutlich, daß die bereits seit Jahren für die Wohnungsgesellschaften unregelmäßige Materialversorgung umso schwieriger wurde, je länger der Krieg andauerte.

---

[28] VA VS/ VIII, Bl. 73 f. .

[29] VA VS/ IV, Bl. 19, 25; VA VS/ V, Bl. 33, 64; VA VS/ VI, Bl. 2, 20; VA VS/ VIII, Bl. 52; zur Kriegswichtigkeit der Kraftstoffindustrie weiterführend Wagenführ, S. 104 ff. .

[30] Eichholtz, Dietrich, Geschichte der deutschen Kriegswirtschaft 1939-1945, Band III: 1943-1945, Berlin1996, S.87 f.; Milward, S. 106 f.; Birkenfeld, Wolfgang (Hrsg.), Georg Thomas, Geschichte der deutschen Wehr- und Rüstungswirtschaft (1918-1943/45), Schriften des Bundesarchivs 14, Boppard am Rhein 1966, S. 384; weiterführend Blank, Ralf, Kriegsalltag und Luftkrieg an der „Heimatfront", in: Echternkamp, Jörg (Hrsg.), Die deutsche Kriegsgesellschaft 1939 bis 1945, Das Deutsche Reich und der Zweite Weltkrieg, Band 9, Erster Halbband, Politisierung, Vernichtung, Überleben, München 2004, S. 357- 461, hier S. 446 ff. .

[31] Vertiefend zur alliierten Offensive im Westen Weinberg, Gerhard L., Eine Welt in Waffen, Die globale Geschichte des Zweiten Weltkriegs, Stuttgart 1995, S. 848 ff.; Blank, in: Echternkamp, S. 421 ff. .

cc) Fremdarbeiter

Der Personalrückgang bei den ohnehin knappen Fachkräften der Bauwirtschaft bereitete den Wohnungsgesellschaften auch in den Fällen Schwierigkeiten, in denen die Bauvorhaben die höchste Dringlichkeitsstufe bzw. Wehrkreisrangfolgenummer erhalten hatten.

Während des Krieges teilte sich der reichsweite Arbeitseinsatz in drei Phasen auf.
Im ersten Zeitabschnitt von Ende 1939 bis Anfang 1942 traten generell noch keine tiefgreifenden Veränderungen auf. Auch wenn sich im Bauwesen die Einberufungen besonders bemerkbar machten, nahm allgemein die Zahl der Dienstverpflichtungen bis 1942 zunächst um mehr als die Hälfte ab. Die Beschäftigtenzahlen in der Investitionsgüterindustrie wuchsen 1941/ 42 um 11 %.
Die zweite Phase erstreckte sich auf den Zeitraum von Anfang 1942 bis Frühjahr 1943 und war von dem Bestreben gekennzeichnet, den Arbeitseinsatz und die Wirtschaft auf die Kriegserfordernisse umzustellen.
Die dritte Phase schließlich betraf den Zeitraum ab Februar 1943, verbunden mit der Ausrufung des „totalen Krieges" nach der Niederlage in Stalingrad und der damit einhergehenden totalen Mobilisierung von Arbeitskräften.[32]

Die Wohnungsgesellschaften waren aufgrund des besonders hohen Arbeitskräftebedarfs im Bausektor von dieser Entwicklung abgekoppelt. Bereits bis zum Frühjahr 1941 steigerte sich der Arbeitskräftemangel soweit, daß die Gesellschaften trotz der Stillegung von Baustellen Arbeiten zurückstellen mußten.[33]
Im Spätsommer 1941 zog das Arbeitsamt bei den Gesellschaften Arbeitskräfte für Luftschutzarbeiten ab und verschärfte damit die Situation. Hinzu kamen Probleme insbesondere bei der Westfälische W. mit den Architekten, die ihren Verpflichtungen kaum noch nachkamen. Hatten sich die Schwierigkeiten bis dahin auf die Ausführung einzelner Baumaßnahmen erstreckt, nahmen einige Architekten nun ihre Arbeit gar nicht erst auf.

Ab dem Frühjahr 1942 hielt der Vorstand eine planmäßige Durchführung von Bauvorhaben nur noch dann für möglich, wenn es gelang, ausländische Arbeitskräfte heranzuziehen.[34] Bereits seit November 1940 befaßte sich der Vorstand anläßlich eines Rundschreibens von Ernst Poensgen mit dem Einsatz ausländischer Arbeitskräfte, da niederländische Bauunternehmer auf der Grundlage von Vereinbarungen mit der deutschen Bauindustrie Bauarbeiten im Deutschen Reich übernahmen.[35] Zu einem sofortigen Einsatz bei den Wohnungsgesellschaften kam es zwar nicht, aber der Prokurist Leonhardt führte für die Rheinisch Westfälische W. erfolgreiche Verhandlungen. Als deren Ergebnis verkündete der Vorstand im März 1942 den Abschluß eines Vertrags, der zwischen dem für die Wohnungsgesellschaften tätigen Unternehmer Stallmann und

---

[32] Petzina, Arbeitsmarkt und Arbeitsmarktpolitik, S. 66.
[33] VA VS/ V, Bl. 40.
[34] VA VS/ VI, Bl. 35.
[35] Rundschreiben von Generaldirektor Ernst Poensgen vom 19.11.1940, VA VS/ V, Bl. 8.

einem niederländischen Bauunternehmer zustande kam. In dem Vertrag verpflichtete sich der niederländische Unternehmer zur Bereitstellung von bis zu 120 Facharbeitern für die Durchführung von Wohnungsbauarbeiten in Gelsenkirchen-Horst.[36] Der Unternehmer Stallmann war für die Lieferung der Materialien sowie für den Einsatz von Baumaschinen und Transportgeräten zuständig.
Für die mit günstigen Wehrkreisrangfolgenummern versehenen Wohnungsbauten der Gelsenberg Benzin AG waren so Ende Juli 1942 bis zu 60 Niederländer auf der Baustelle. Neben Putzern, Zimmerleuten, Betonarbeitern und Dachdeckern arbeiteten dort elf Maurer. Mit der Arbeitsleistung der Niederländer zeigte sich die Geschäftsleitung im allgemeinen zufrieden. Damit widersprach sie dem im Alltag der Kriegsgesellschaft verbreiteten Urteil über Niederländer als „störrisch", „widerspenstig", „faul" und „anmaßend".[37]
Zwar ließ die Arbeitsleistung im Juli erkennbar nach, doch räumte der Vorstand relativierend ein, daß der Grund darin zu sehen war, daß die Lebensmittelversorgung mit der Verlängerung der Arbeitszeit auf elf Stunden insofern nicht Schritt hielt, als daß die Verpflegung noch für die Arbeitszeit von acht Stunden bemessen war.[38]

Die weitere Anwerbung niederländischer Arbeitskräfte erschwerte ein Erlaß Fritz Sauckels, der seit 21.03.1942 Generalbevollmächtigter für den Arbeitseinsatz und damit derjenige war, der „zwischen rüstungswirtschaftlichen Erfordernissen und ideologischer Position des Regimes den Mittelweg suchen mußte".[39] Ein Firmeneinsatz wie bei den Wohnungsgesellschaften sollte nur noch genehmigt werden, wenn die im Deutschen Reich zum Einsatz kommenden Arbeitskräfte zu mindestens 90 % aus der Stammbelegschaft des Unternehmens abgezogen wurden. Die niederländischen Verbindungsleute erklärten dem Vorstand, daß unter dieser Voraussetzung jede weitere Anwerbung von Arbeitskräften erfolglos gewesen wäre. Der Vorstand erreichte daraufhin in Berlin in Besprechungen beim Generalbevollmächtigten für den Arbeitseinsatz, daß für Bauvorhaben mit den Unternehmern Havenith sowie Splinter & Paulis die Bestimmungen des Erlasses maßgeblich gelockert wurden. Die Wohnungsgesellschaften sollten die Verhandlungen auf der bisherigen Grundlage zu Ende führen.
Das Reichsarbeitsministerium unterrichtete ihren Vertreter in den Niederlanden davon, daß die Gesellschaften weiterhin Werbung für Arbeitseinsätze machen durften. Daraufhin verhandelten die Wohnungsgesellschaften in Amsterdam mit dem niederländischen Unternehmer Havenith zu Vorhaben in Dortmund-Mengede und in Essen.[40]

Für eine Einordnung dieser niederländischen Baufachkräfte in das Gesamtfeld der ausländischen Beschäftigten ist zu beachten, daß nicht alle im Ausland angeworbenen Arbeitskräfte in Deutschland ihre Entscheidungsautonomie behielten, sondern zu

[36] VA VS/ VI, Bl. 29.
[37] Kanther, Michael A., Zwangsarbeit in Duisburg 1940-1945, Duisburger Forschungen Band 49, Duisburg 2004, S. 36.
[38] VA VS/ VI, Bl. 46.
[39] Benz, Wolfgang, Zwangsarbeit im nationalsozialistischen Staat, Dimensionen-Strukturen-Perspektiven, in: Dachauer Hefte 16 (2000), S. 3-17, hier S. 8.
[40] VA VS/ VI, Bl. 54.

Zwangsarbeitern wurden. Dabei konnte der „Zwang" zur Arbeit nach *Herbert* auch dann vorliegen, wenn Zivilarbeiter verpflichtet waren, einen geschlossenen Arbeitsvertrag einzuhalten, um sich nicht Strafen auszusetzen.[41] Grundsätzlich galt aber auch für die Arbeiter das Prinzip von „pacta sunt servanda".
Lag eine Arbeitsvertragsverletzung vor, war eine einheitliche Sanktionierung nicht gewährleistet. Strafen wie Prügel bei Urlaubsüberschreitung zeigten auch Westarbeitern wie Niederländern, daß sie Angehörige besiegter Feindstaaten waren.[42]
Insgesamt unterteilten sich die Zwangsarbeiter nach *Herbert* in mehrere Gruppen.

Im Deutschen Reich arbeiteten:

- Ausländische Zivilarbeiter, die während des Krieges nach Deutschland verbracht und allgemein als „Fremdarbeiter" bezeichnet wurden,
- Kriegsgefangene, vornehmlich aus Polen, der Sowjetunion und Frankreich,
- Häftlinge aus Konzentrationslagern (dort zu 15 % Deutsche/ 85 % Ausländer),
- Juden.

Außerhalb des Reichsgebiets arbeiteten unter Zwang vornehmlich ebenfalls:

- Juden und
- nichtjüdische Häftlinge der Konzentrationslager.

Hinzu kam eine Arbeitshierarchie, in der die Deutschen oben standen, vor Arbeitern wie Dänen, Niederländern und Flamen aus „germanischen Staaten", gefolgt von Arbeitern, vor allem Franzosen, aus Westeuropa. Hinter diesen kamen Arbeitskräfte aus Süd- und Südosteuropa, denen Tschechen, Slowaken, Polen, Russen, Häftlinge aus Konzentrationslagern und schließlich Juden nachfolgten.[43]

Die niederländischen Arbeitskräfte gehörten zwar der den Deutschen nachgeordneten Gruppierung an, doch machte sich auch bei ihnen der seit 1942 unter Westarbeitern und Italienern nach Familienheimfahrten zu verzeichnende selbstbestimmte Arbeitgeberwechsel bemerkbar.
Im Januar 1943 kehrte ein Teil der bis dahin für Bau- und Instandsetzungsarbeiten bei den Wohnungsgesellschaften beschäftigten Niederländer nicht aus dem Urlaub zurück. Lediglich 20 niederländische Arbeiter nahmen ihre Tätigkeit wieder auf, wegen zunehmender Luftangriffe verließen bis April 1943 jedoch auch diese mit Ausnahme von vier Personen ihre Arbeitsstelle.[44] Der Bericht eines Beauftragten der Zentralinspektion der DAF für die Betreuung ausländischer Arbeitskräfte wies darauf hin, daß sich beim Arbeitseinsatz der Ausländer die Schwierigkeit ergab, „daß sie im großen Umfange nach einem Großangriff in Urlaub fahren wollen."[45] Die Empfehlung an die

---

[41] Herbert, Ulrich, Zwangsarbeit im „Dritten Reich", Kenntnisstand, offene Fragen, Forschungsprobleme, in: Reininghaus, Wilfried/ Reimann, Norbert (Hrsg.), Zwangsarbeit in Deutschland 1939-1945, Archiv- und Sammlungsgut, Topographie und Erschließungsstrategien, Bielefeld 2001, S. 16-37, hier S. 17 ff. .
[42] Herbert, Ulrich, Fremdarbeiter, Politik und Praxis des „Ausländer-Einsatzes" in der Kriegswirtschaft des Dritten Reiches, 2. Auflage, Bonn 1999, S. 332 ff.; Kanther, Zwangsarbeit, S. 25.
[43] Zu weiterer Differenzierung vgl. Spoerer, Mark, Zwangsarbeit unter dem Hakenkreuz, Ausländische Zivilarbeiter, Kriegsgefangene und Häftlinge im deutschen Reich und im besetzten Europa 1939-1945, Stuttgart München 2001, S. 15 ff. .
[44] VA VS/ VII, Bl. 15, 32.
[45] Zitat bei Kanther, Zwangsarbeit, S. 252.

Betriebsführer, die Urlaubsbegehren angesichts der nicht zu erwartenden Rückkehr der Arbeiter abzulehnen, fand ihre normative Umsetzung in einer generellen Urlaubssperre für zivile Arbeitskräfte aus Feindstaaten ab 01.09.1943. Die Befristung hob der Generalbevollmächtigte für den Arbeitseinsatz zwar am 05.10.1943 auf, zeichnete dann aber für die Urlaubssperre vom 02.03.1944 verantwortlich, die auf Wunsch der Arbeitgeber unbefristet blieb.[46]

Für die niederländischen Bauarbeiter der Wohnungsgesellschaften wirkte sich positiv aus, daß sie bei dem niederländischen Bauunternehmer angestellt waren. Deshalb wurden sie mit dem Verbleib in ihrer Heimat gegenüber dem Bauunternehmer, nicht aber gegenüber den Wohnungsgesellschaften vertragsbrüchig. Dementsprechend initiierten die Gesellschaften keine Verfolgung, sondern versuchten rein pragmatisch, den Ausfall über andere Arbeitskräfte zu kompensieren.

Neben den niederländischen Arbeitern waren auch dänische Arbeiter, die vor allem Instandsetzungen bei der Westfälische W. erledigten, für die Wohnungsgesellschaften tätig.

Der Vorstand regte die Anwerbung dänischer Bauarbeiter an, nachdem er entgegen Auskünften des Reichsarbeitsministeriums von der Erwerbslosigkeit der Dänen in ihrer Heimat erfahren hatte.[47] Wie bei den niederländischen Firmen war auch bei den dänischen Arbeitern die Vermittlung ganzer Bauunternehmen möglich. Schwierig indessen war für die Wohnungsgesellschaften nach Auskünften des Arbeitsamtes Dortmund die Vermittlung vor Ort, da eine hohe Nachfrage bestand und dabei die höchsten Dringlichkeitsstufen zuerst Berücksichtigung fanden. Für viele in die Dringlichkeitsstufe 3 eingeordnete Bauvorhaben der Wohnungsgesellschaften schien eine Vermittlung deshalb aussichtslos. Trotz der negativen Auskünfte des Arbeitsamtes bat der Vorstand die Berliner Stelle der VSt, mit dem Reichsarbeitsminister und gegebenenfalls mit der in Dänemark zuständigen Deutschen Arbeitsvermittlungsstelle über den Einsatz dänischer Arbeitskräfte zu sprechen.[48] Daraufhin gelang es der Westfälische W., daß sie dänische Fachkräfte zunächst bei Arbeiten wie der Beseitigung von Sturmschäden einsetzen konnte. Über einen Vermittler schloß die Westfälische W. einen Vertrag, dessen Umsetzung im März 1942 dann jedoch Probleme bereitete.

Die Geschäftsleitung der Westfälische W. hatte den Eindruck, daß trotz aller Zusagen auf der dänischen Seite nicht das notwendige Interesse vorlag und die dänischen Unternehmen nicht die vertraglichen Leistungen erfüllten. Es handelte sich hier insbesondere um die Erteilung der Ausfuhrgenehmigungen für verschiedene Maschinen und Geräte, ohne die die Durchführung der Arbeiten nicht möglich war. Vorstand und Geschäftsleitung vereinbarten, daß innerhalb von drei Wochen durch Verhandlungen

---

[46] Kanther, Zwangsarbeit, S. 253; der sog. „Bürgenurlaub" führte vielerorts zur Flucht - so kehrte bei der BASF Anfang 1944 die Hälfte der Franzosen und Belgier nicht zurück, Stokes, in: Abelshauser, S. 324.

[47] Bis zu 35 % der Arbeitslosenversicherten waren im Winter 1939/ 40 arbeitslos; Spoerer, Zwangsarbeit, S. 56.

[48] VA VS/ V, Bl. 38 f.; weiterführend m.w.N. zur Vermittlung der „Deutschlandarbeiter" und zu den von 1940-1945 im Deutschen Reich tätigen 180 dänischen Bauunternehmen vgl. Stræde, Therkel, Dänische Bauunternehmer im „Dritten Reich", in: VSWG 91 (2004), S. 452-477, hier S. 454 f., 468 ff. .

mit dem Vermittler eine Entscheidung zu ergehen hatte. Zu dieser Zeit, als 47 dänische Baufachkräfte Arbeiten für sie durchführten, erwog die Westfälische W. trotz der unwägbaren Versorgungslage einen Rücktritt vom Vertrag. Dazu kam es aufgrund der Vermittlung dann zwar nicht, doch fehlten der Westfälische W. im Juni 1942 in Dortmund-Eving für Bauten, die unter dänischem Einsatz begonnen worden waren, immer noch Maurer. Dieser Mangel setzte sich weiter fort. Auch im Juli 1943 waren für das immer noch im Bau befindliche Vorhaben zu wenig Arbeiter tätig. Neben einem Maurer, einem Polier und einem Zimmermann waren auf der Baustelle, die ursprünglich für 130 Wohnungen ausgelegt war, nur noch Hilfskräfte beschäftigt.[49]

Alle Arbeitskräfte zusammengenommen arbeiteten im September 1943 noch 14 Dänen auf den Baustellen, doch ging die Westfälische W. davon aus, daß die Arbeiter kurze Zeit später nach dem Auslaufen ihrer Verträge nach Dänemark zurückkehrten.[50] Auch wenn hier demzufolge bezüglich der dänischen Arbeiter keine erzwungenen Beschäftigungsverhältnisse vorlagen, bewirkten bei anderen Westarbeitern die Lebensumstände, die u. a. Kritik am Essen und an den Prügelstrafen hervorriefen, daß die Arbeiter nicht an ihre Arbeitsstelle zurückkehrten.[51]

In ihren protokollierten Verwaltungssitzungen befaßten sich die Wohnungsgesellschaften kurzzeitig auch mit einem Einsatz französischer Bauarbeiter, nahmen davon aber wegen organisatorischer Verzögerungen, die die Planungssicherheit weiter einschränkten, Abstand.[52] Mit Italienern, von denen nach dem Waffenstillstand zwischen den Alliierten und Italien im September 1943 600.000 Personen als Militärinternierte galten, versuchten die Wohnungsgesellschaften ab Oktober 1943 den Arbeitermangel auszugleichen, der sich durch die schwindende Zahl der Zivilarbeiter verschärfte. Die italienischen Arbeitskräfte hatten aber im allgemeinen für die Wohnungsgesellschaften den Nachteil, daß sie nicht über die Fachkenntnisse der bisherigen ausländischen Zivilarbeiter verfügten. Sie kamen deshalb nur vereinzelt bei Aufräumarbeiten zum Einsatz.[53]

Bezogen auf den gesamten ausländischen Arbeitseinsatz sahen sich die Gesellschaften aufgrund der hohen Fluktuationsraten auf den einzelnen Arbeitsstellen nicht in der Lage, eine einheitliche, allgemein gültige Beschäftigungsquote abzugeben. Festzuhalten bleibt aber, daß sie Baustellen wie in Dortmund-Eving einrichteten, auf denen zu 100 % Bauarbeiter aus dem Ausland, in dem Fall Dänemark, tätig waren.

---

[49] VA VS/ VI, Bl. 41; VA VS/ VII; Bl. 24, 44.
[50] VA VS/ VII, Bl. 55.
[51] Weiter zu Lebensverhältnissen und Flucht ausländischer Arbeiter Herbert, Fremdarbeiter, S. 331, 359 ff.; zur Ernährung Spoerer, Mark, Die soziale Differenzierung der ausländischen Zivilarbeiter, Kriegsgefangenen und Häftlinge im Deutschen Reich, in: Echternkamp, Jörg (Hrsg.), Die deutsche Kriegsgesellschaft, 1939 bis 1945, Das Deutsche Reich und der Zweite Weltkrieg, Band 9, Zweiter Halbband, Ausbeutung, Deutungen, Ausgrenzung, München 2005, S. 485-576, hier S. 519 ff. .
[52] VA VS/ VI, Bl. 55.
[53] VA VS/ VIII, Bl. 3, 10; Anfang 1944 betrugen die Ausfälle durch Mangel an Arbeitskräften ein Vielfaches gegenüber denen zu Beginn des Jahres 1943; Rohland an Speer am 28.01.1944, BArch R 3/ 1596 F 2/ 2825.

Insgesamt sprachen Vorstand und Geschäftsleitungen, wenn der Arbeitseinsatz zur Debatte stand, entweder von holländischen, dänischen, französischen, italienischen oder aber von „ausländischen Arbeitskräften". Eine genauere Bezeichnung, die einen Rückschluß auf weitere Nationalitäten wie Russen oder Polen zuließ, nahmen Vorstand und Geschäftsleitungen lediglich in einem Fall vor, in dem sie kurz nach Beginn des Krieges den Einsatz von polnischen Bauarbeitern prüften, aber nicht weiter verfolgten. Ansonsten bezogen sie sich auch unter Berücksichtigung des Kontextes lediglich auf die ausdrücklich genannten Nationalitäten. Insofern entsprachen die Arbeitseinsätze bei den Gesellschaften nicht der allgemeinen Beschäftigungspraxis in der Industrie, die sich im Ruhrgebiet neben Zivilarbeitern aus den Niederlanden, Belgien und Frankreich und den italienischen Militärinternierten auch sowjetischer Kriegsgefangener, sonstiger Zwangsarbeiter und der Häftlinge der Konzentrationslager bediente.[54]
Allerdings hatte die Industrie des rheinisch-westfälischen Gebiets relativ niedrige Ausländerquoten, so daß auch die dortigen Städte nicht den höchsten Anteil am Einsatz ausländischer Zwangsarbeiter hatten. So lag die höchste Ausländerquote während des Krieges im Ruhrbergbau bei 38 % und die VSt stellte zum 31.08.1944 fest, daß 34,1 % ihrer Gesamtbelegschaft Ausländer waren, während z. B. bei der Daimler-Benz AG mehr als die Hälfte und bei der Volkswagen AG bei Kriegsende 85, 3 % ausländische Arbeitskräfte waren.[55]
Dennoch ist die Nichterwähnung anderer Kriegsgefangener oder Zwangsarbeiter und Häftlinge der Konzentrationslager bei den Wohnungsgesellschaften insoweit bemerkenswert, als daß Werke der VSt wie der Bochumer Verein Zwangsarbeiter bei sich arbeiten ließen. Die Zwangsarbeiter waren in Lagern untergebracht, deren Aufsicht dem Gewerbeaufsichtsamt in teilweiser Verbindung mit der DAF und dem Kriegsgefangenen-Stammlager (Stalag) oblagen. Im Bereich der GBAG und der Hydrierwerke in Gelsenkirchen wuchs die Zahl der Zwangsarbeiter, mehrheitlich „Ostarbeiter" und sowjetische Kriegsgefangene, von 1940 bis 1944 auf mindestens 40.000 an.
In Gelsenkirchen existierten 75 Arbeitslager und am Sitz des Vorstands der Wohnungsgesellschaften in Essen entstanden zwischen 1939 und 1945 über 370 Lager.[56]
Der Aufnahme von Häftlingen aus Konzentrationslagern dienten zudem wie in der Brüllstraße in Bochum Lager, in denen jede Baracke mit vier oder fünf Zimmern zur Unterbringung von jeweils 50 Personen bestimmt war.[57]

---

[54] Wisotzky, Klaus, Die Jahre der Gewalt - Essen 1914 bis 1945, in: Borsdorf, Ulrich (Hrsg.), Essen, Geschichte einer Stadt, Essen 2002, S. 368-467, hier S. 459.

[55] Kanther, Zwangsarbeit, S. 48 f.; Gregor, S. 264 ff.; zu BMW, Werksgruppe Eisenach, Werner, S. 236 ff. .

[56] Himmelmann, Ralf/ Priamus, Heinz Jürgen/ Schlenker, Roland, Zwangsarbeit in den Städten - ein vernachlässigtes Kapitel deutscher Geschichte, Ein Projekt des Zentrums für interdisziplinäre Ruhrgebietsforschung und des Instituts für Stadtgeschichte Gelsenkirchen, in: Standorte 1999, S. 433-438, hier S. 433, 436; Liste der Zwangsarbeiterlager in Gelsenkirchen bei Goch, Stefan (Bearb.), Dokumentationsstätte „Gelsenkirchen im Nationalsozialismus", Katalog zur Dauerausstellung, Gelsenkirchen 2000, S. 210, Abb. 366; Schlenker, Roland, „Ihre Arbeitskraft ist auf das schärfste anzuspannen." Texte, Dokumente und Materialien zu Zwangsarbeitern und Zwangsarbeiterlagern in Gelsenkirchen 1940-1945, Essen 2003; S. 13; zum Standort des KZ-Außenlagers der Gelsenberg Benzin AG in Gelsenkirchen mit Luftbildaufnahmen Mrotzek, S. 1, 73 ff. .

[57] Schily, Franz/ Müser, Franzjosef, Bochumer Verein, Fremdarbeitereinsatz, Bericht über den Einsatz und die Betreuung von Fremdarbeitern beim Bochumer Verein, Bochum 1947, S. 3 ff.; HA Krupp WA 80/ 94300 Nr. 1;

Im Hinblick auf die ausländischen Arbeitskräfte, die ohne freiwillig abgeschlossenen Vertrag zu Arbeitsleistungen herangezogen wurden, konnten die Wohnungsgesellschaften von einem Grundmodell zur Organisation der Zwangsarbeit in Westfalen profitieren, das am 03.10.1939 auf der sog. „Arnsberger Sitzung" entworfen worden war. Im September 1939 hatten Vertreter des Wehrkreises VI und des Landesarbeitsamtes bereits Stalag VI A in Hemer initiiert und damit das Zentrum der zur Zwangsarbeit verpflichteten Kriegsgefangenen in Westfalen geschaffen. Schnittstelle zwischen Militär- und Zivilverwaltung war der Oberpräsident als Chef der Zivilverteidigung und Reichsverteidigungskommissar, der gleichermaßen übergeordneten Stellen in Berlin wie untergeordneten Behörden auf kommunaler Ebene berichtete.[58]

Nachdem die Wehrmacht am 22.06.1941 in die Sowjetunion einmarschiert war, wurden ab August 1941 russische Kriegsgefangene nach Westfalen transportiert und über die zentralen Anlaufstellen Stalag VI K 326 in Stukenbrock (bei Bielefeld) für Kriegsgefangene und in Soest für sowjetische Zivilarbeiter weiteren Lagern zugewiesen.
Die Arbeitsämter konnten aus den Lagern Arbeitskräfte anfordern, koordiniert vom Landesarbeitsamt in Dortmund. Nachdem der europäische Teil der Sowjetunion für die Landesarbeitsämter in Distrikte aufgeteilt worden war, war das ukrainische Erzrevier von Kriwoy Rog der für Westfalen reservierte Anwerbebezirk.[59] Insofern verdient es gesonderte Beachtung, daß die Wohnungsgesellschaften unter den erwähnten Nationalitäten vor allem für den Bereich der Westfälische W. in Dortmund nicht auch die Heranziehung sowjetischer Arbeitskräfte dokumentierten. Das schließt deren Beschäftigung für die Wohnungsgesellschaften indessen nicht gänzlich aus. Die Werke der VSt stellten für die Gesellschaften ab 1942 Arbeitskräfte vornehmlich zur Beseitigung von Bombenschäden bereit. Der Bergbau beteiligte sich daran mit seiner Belegschaft aus deutschen Arbeitern, Kriegsgefangenen und ausländischen Bergleuten, obwohl sich dadurch die Kohleförderung bis zur Einstellung der Produktion verringerte.[60]

Krämer, Sabine, KZ-Häftlinge als Zwangsarbeiter beim Bochumer Verein, Die Geschichte des John Chillag, in: Industrie-Kultur 4/ 2000, S. 10-11.

[58] Zimmermann, Michael, Zwangsarbeit im Ruhrgebiet während des Zweiten Weltkiegs, Eine Zwischenbilanz der Forschung, in: Forum Industriedenkmalpflege und Geschichtskultur 2/ 2003, S. 11-19, hier S. 13; zum Ganzen Reininghaus, Wilfried, Zwangsarbeiter in Westfalen 1939-1945, in: Der Archivar Jg. 53, Heft 2, 2000, S. 114-121, hier S. 115 ff.; umfassend Seidel, Hans-Christoph/ Tenfelde, Klaus (Hrsg.), Zwangsarbeit im Bergwerk, Der Arbeitseinsatz im Kohlenbergbau des Deutschen Reiches und der besetzten Gebiete im Ersten und Zweiten Weltkrieg, Institut für Soziale Bewegungen, Schriftenreihe C - Zwangsarbeit im Bergwerk, Band 1: Forschungen/ Band 2: Dokumente, Essen 2005.

[59] Reininghaus, S. 116 ff.; Menne, Holger/ Farrenkopf, Michael (Bearb.), Zwangsarbeit im Ruhrbergbau während des Zweiten Weltkrieges, Spezialinventar der Quellen in nordrhein-westfälischen Archiven, Bochum 2004, S. 15. So kamen ab 1999 die meisten Anfragen/ Entschädigungsanträge ehemaliger Zwangsarbeiter in Dortmund aus der Ukraine, dazu Högl, Günther, Städtische Überlieferung und Ersatzüberlieferung zur Zwangsarbeit in Dortmund, in: Reininghaus/ Reimann, S. 97-104; zum Arbeitseinsatz für das Deutsche Reich in der Ukraine selbst vgl. Penter, Tanja, Arbeiten für den Feind in der Heimat - der Arbeitseinsatz in der besetzten Ukraine 1941-1944; in: JfW 2004/ 1, S. 65-94.

[60] Grundlage für die Freistellung der Arbeitskräfte war eine Verfügung des RP Düsseldorf; Schnellbrief des Regierungspräsidenten Düsseldorf an die Vereinigte Stahlwerke AG vom 13.10.1942, VA VS/ VII, Bl. 1, 33; zur Abkommandierung Urban, Thomas, Überleben und Sterben von Zwangsarbeitern im Ruhrbergbau, Forum Regionalgeschichte, Band 9, Münster 2002, S. 142.

Somit ist neben der gesicherten Erkenntnis zur Arbeitstätigkeit von Niederländern, Dänen und Italienern die Möglichkeit eines Einsatzes von Zwangsarbeitern und Häftlingen aus Konzentrationslagern über die von den Werken gestellten Arbeitskräfte nicht von der Hand zu weisen. Eine direkte Rekrutierung von Zwangsarbeitern und Häftlingen aus Konzentrationslagern aber fand demnach seitens der Wohnungsgesellschaften nicht statt.

dd) Vorbereitung des Wohnungsbaus nach dem Krieg - „Führererlaß" 15.11.1940

Die nationalsozialistischen wohnungspolitischen Vorstellungen nahmen auf die Wohnungsbauplanung der Gesellschaften unterschiedlich Einfluß. Während die Überführung der GemVO von 1930 in das WGG 1940 in der Praxis keine weitgehenden Änderungen für die Geschäftspolitik bedeutete, wirkte sich der „Erlaß zur Vorbereitung des deutschen Wohnungsbaues nach dem Kriege" vom 15.11.1940 auf die Planungen der Wohnungsgesellschaften aus.[61]
Hitler definierte darin den nationalsozialistischen „neuen deutschen Wohnungsbau". Die Wohnungen sollten „den Voraussetzungen für ein gesundes Leben kinderreicher Familien" entsprechen und so die Steigerung der Bevölkerungszahl ermöglichen.
Für die Wohnungsgesellschaften war die Bestimmung wichtig, daß der Wohnungsbau in einem von Jahr zu Jahr festzustellenden Wohnungsbauprogramm durchgeführt werden sollte. Der GB.-Bau und der RWK sollten in einem Jahresplan die erforderliche Wohnungszahl festsetzen. Für das erste Nachkriegsjahr verlangte der Erlaß bereits die Vorbereitung des Neubaus von 300.000 Wohnungen. Die Baudurchführung und Verwaltung sollte, soweit nicht von den Gemeinden übernommen, von den gemeinnützigen Wohnungsunternehmen verantwortet werden und betraf damit unmittelbar die Rheinische W., Rheinisch Westfälische W. und die Westfälische W..

Obwohl terminologisch von dem Wohnungsbau „nach dem Kriege" die Rede war, kam es bei den Wohnungsgesellschaften bereits während des Krieges zu ersten Planungen und Bauten aufgrund dieses Erlasses.[62]

Der Vorstand erblickte in dem Führererlaß aufgrund vorgegebener neuer Wohnungsgrößen einen grundsätzlichen Systemwechsel. Die vormaligen Bemühungen, Wohnraum mit tragbarer Miete zu schaffen, hatten zu räumlichen Einschränkungen geführt. Kinderschlafzimmer hatten durchschnittlich 9 m^2, Elternschlafzimmer 14 m^2 und Wohnküchen 15-16 m^2 Wohnfläche. In den „Führerwohnungen"[63] sollten die Wohn-

---

[61] Erl. v. 15.11.1940, RGBl. 1940 I S. 1495; Gesetz über die Gemeinnützigkeit im Wohnungswesen - Wohnungsgemeinnützigkeitsgesetz - (WGG), RGBl. 1940 I S. 438; zu Ausnahmen des zweckgebundenen Wohnungsbaus nach Erl. d. RWK vom 15.09.1941 (III-3-5310/196) vgl. Brecht, Anlage zum Rundschreiben X 3832/III 1a6 an die Mitglieder des Reichsverbandes des deutschen gemeinnützigen Wohnungswesens, Mitteilung Nr. 90/41, TKA VSt/ 327; Brecht, Julius, Privater und gemeinnütziger Wohnungsbau, in: Der deutsche Volkswirt 1941, S. 864-867.
[62] Im April 1941 sah ein Erlaß des RWK vor, den Führererlaß auch auf Bauten auszudehnen, die bereits im Krieg zu beginnen waren; Erl. v. 04.04.1941, ergänzt durch Erl. v. 02.05.1941 u. 08.08.1941; Harlander/ Fehl, S. 378 ff., 382 ff.; VA VS/ VI, Bl. 3.
[63] König, S. 128.

küche fortan 22-26 m², die Elternschlafzimmer 16 m² und das Kinderschlafzimmer 10 m² umfassen und von Mieten getragen werden, die „in einem gesunden Verhältnis zu dem Einkommen der Volksgenossen" standen.
Baukostenverbilligungen, Reichsmittel und Kinderbeihilfen bezweckten den stufenweisen Abbau der Lastenmiete zu einer sozial erwünschten Miete.[64] Die Wohnungsgesellschaften sahen nun in ihren Neuplanungen für geborene Arbeiterwohnstätten das zu der Zeit außergewöhnliche Ausstattungsmerkmal „Duschen" mit Warmwasserbereiter vor.[65] Diese Vorhaben der Wohnungsgesellschaften lagen über dem Standard der durchschnittlichen Arbeiterwohnung und bedeuteten einen spürbaren Zuwachs an Wohnkultur. Allerdings gingen die Gesellschaften in ihren Planungen nicht so weit, daß sie wie andere Gesellschaften[66] zusätzlich Grundstücke auf Vorrat erwarben.

Im einzelnen signalisierten verschiedene Werke der VSt während des Krieges ihr Interesse, am „neuen deutschen Wohnungsbau" teilzunehmen.[67]
Die Planungsfreude überrascht angesichts des hohen Fertigstellungsrückstands. So war es erstaunlich, daß das Bauprogramm der gemeinnützigen Gesellschaften im Mai 1941 mit 9.632 Wohnungen das Doppelte des Programms von 1939 umfaßte, obwohl dieses noch nicht einmal zu einem Viertel abgearbeitet war.[68] Auch im Hinblick auf die bisherige Gesamtbauleistung ergab sich ein hohes Anforderungsprofil, denn über den gesamten Tätigkeitszeitraum bis zum 31.03.1941 konnten die gemeinnützigen Wohnungsgesellschaften mit zusammen 7.130 Wohnungen weniger Bauten ausweisen, als nun für ein Jahr auf dem Plan standen.

Vorstand und Geschäftsleitungen waren sich bewußt, daß es nicht möglich war, eine solche Mehrleistung nach den bisherigen Methoden zu erbringen. Die Gesellschaften beklagten aber nicht die widrigen äußeren Umstände bei der Baustoff- und Arbeitskräfteversorgung, sondern sie versuchten, ihr Vergabewesen durch Ausschreibung schlüsselfertiger Anlagen und durch Pauschalvergaben zu vereinfachen.[69]

Der Führererlaß nahm darüber hinaus Einfluß auf die Planungen der Gesellschaften, da er für die Normung und Rationalisierung die Errichtung sog. „Erprobungstypen" vorsah. Während die Normung als eine Festlegung und Vereinheitlichung bestimmter immer wieder verwendeter und benötigter Einzelbestandteile nach Maß und Qualität zu definieren war, stellte die Typung eine typenmäßige Begrenzung der Herstellung be-

---

[64] TKA NSt/ 229.
[65] VA VS/ V, Bl. 25.
[66] Die Gladbacher Aktien-Baugesellschaft beschloß im September 1940 die Durchführung eines Nachkriegsprogramms und erwarb daraufhin so viele Grundstücke, daß sie im Zeitpunkt der DM-Eröffnungsbilanz unbebaute Grundstücke von insgesamt 69.700 m² erworben hatte, Institut für Wohnungsrecht und Wohnungswirtschaft an der Universität zu Köln, Gladbacher Aktien-Baugesellschaft, S. 37.
[67] So meldete die Ruhrstahl AG einen generellen Bedarf von 600 Wohnungen und für das Werk Brackwede bei Bielefeld einen Bedarf von 121 Volkswohnungen, zwölf Angestelltenwohnungen und 150 Kleinsiedlerstellen, VA VS/ V, Bl. 2; Rundschreiben der Reichsgruppe Industrie an die Werke vom 01.05.1941 sowie Ruhrstahl AG an VSt Abteilung Sozialwirtschaft vom 10.6.1941; Ruhrstahl AG an den Amtsbürgermeister von Brackwede vom 24.02.1942, TKA RS/ 1304.
[68] VA VS/ V, Bl. 42 f. .
[69] VA VS/ V, Bl. 42.

stimmter Güter innerhalb mehrerer Möglichkeiten dar.[70] So waren Grundrisse der Erprobungstypen unter einheitlicher Festlegung von Geschoßhöhen, Wandstärken, Dach-, Decken- und Treppenkonstruktionen zu entwickeln und vorläufig für die Dauer von fünf Jahren für verbindlich zu erklären. Fenster und Türen unterlagen ebenso wie die eingebauten Teile von Versorgungseinrichtungen einer Normierung und die Arbeiten auf der Baustelle sollten mechanisiert werden, um Handarbeit soweit wie möglich auszuschalten.[71]
Obwohl der Industriearbeiter als einer der Hauptmieter der Wohnungsgesellschaften nach dem Verlassen der Arbeitsstelle im Ergebnis nicht eine dem Werk ähnliche Umgebung antreffen sollte, faßte Ernst Neufert als Industrieplaner, Schüler von Walter Gropius und Beauftragter für Normungsfragen des GB.-Bau den typisierten und genormten Wohnungsbau in die Begriffe

> *„Allgemeingültigkeit, Einheitlichkeit, Paßfähigkeit, Variationsfähigkeit, Austauschbarkeit, Sparsamkeit (Verwertung ohne Verschnitt), Massenfabrikation".*[72]

Diese Vorgaben waren die Grundlage für mehrere Erprobungstypen mit Drei- und Vierraumwohnungen. Von den vorgestellten sechs Erprobungstypen wählten die Gesellschaften die vierräumigen Wohnungen (Typen 1, 3, 5) aus, die sie nach den Maßen des Führererlasses mit Balkon oder Loggia ausstatten konnten.
Die Wohnungsgesellschaften mußten die vorgestellten Typen für die Wohnverhältnisse im Ruhrgebiet konstruktiv überarbeiten. Installationszellen, Küchen und Bäder gestalteten sie nach den Vorgaben, die der Arbeitskreis Baugestaltung der Fachgruppe Bauwesen im NSBDT zu den Reichsbauformen herausgab.[73]

---

[70] Born, S. 76; zu Typen- und Normenkatalogen Vortrag des Geschäftsführers des Reichskommissars für den sozialen Wohnungsbau, Hans Wagner, mit dem Thema „Der Wohnungsbau als soziale Aufgabe" nebst Untertitel „Normung als Voraussetzung für die Steigerung der Leistungsfähigkeit" vor der Forschungsstelle für Siedlungs- und Wohnungswesen an der Universität Münster im Juli 1941, BArch R 43 II/ 1009, Bl. 117 ff..

[71] So auch das AWI, das „die besten Arbeitsverfahren unter den jeweils gegebenen Verhältnissen auf allen Gebieten für den Menschen" anwenden wollte, Siegel, Tilla/ Freyberg, Thomas von, Industrielle Rationalisierung unter dem Nationalsozialismus, Forschungsberichte des Instituts für Sozialforschung Frankfurt am Main, Frankfurt/ M. 1991, S. 81. Die für den Bereich der Bauwirtschaft einschlägige technische Rationalisierung beschrieb das AWI in Anlehnung an das RKW von 1930 als „alle Maßnahmen, die getroffen werden können, um eine vernunftgemäße Leistungssteigerung zu erzielen" und die dabei die Belastung des Menschen in körperlicher und geistig-seelischer Hinsicht auf ein erträgliches Maß reduzieren. 1926 hatte zudem die „Arbeitsgemeinschaft für Rationalisierung im Bauwesen" unter Beteiligung des vom Reichsrat eingesetzten „Reichstypenausschusses" sowie der aus dem Ausschuß hervorgegangenen „Reichsforschungsgesellschaft für Wirtschaftlichkeit im Bau- und Wohnungswesen e.V." (RFG) Rationalisierungsmöglichkeiten erfaßt, Fleckner, Sigurd, Reichsforschungsgesellschaft für Wirtschaftlichkeit im Bau- und Wohnungswesen, 1927-1931, Entwicklung und Scheitern, Aachen 1993, S. 23 ff..

[72] Neufert, Ernst, Bauordnungslehre, Berlin 1943, S. 98; Rode, S. 112 f.; Walker, S. 32; Harlander, Zwischen Heimstätte und Wohnmaschine, S. 129 ff., 237.

[73] So stand Kachelöfen die ruhrgebietspezifische Besonderheit entgegen, daß der Küchenherd als „Prunkstück der Arbeiterfamilie" galt, VA VS/ V, Bl. 59; Zeichnungen der Reichstypen für den Wohnungsbau als Sonderdruck in: Der soziale Wohnungsbau in Deutschland 9/ 41, auch in: BArch R 43 II/ 1175a, Bl. 6, 7; Zeichnung zu „Reichsbauformen Installationszelle 10+11" bei Fehl, in: Durth/ Nerdinger, S. 79; Zeichnung „Reichsbauformen Installationszelle 24+25" bei J. Jb., Rationalisierung im Wohnungsbau, in: Der Vierjahresplan 1940, S. 1042-1044, hier S. 1043; VA VS/ V, Bl. 49.

Erprobungstypen in Dortmund-Eving konnte die Westfälische W. als Vierraum-Typ abschließen. Allerdings kam es nicht mehr zum Einzug der vorgesehenen Mieter, denn unmittelbar nach der Fertigstellung wurden die Wohnungen zu „Massenquartieren für Bombengeschädigte" umfunktioniert.[74]

Alles in allem testeten die Wohnungsgesellschaften somit nationalsozialistische Erprobungstypen und verschafften sich einschlägige Erfahrungswerte. Im Ergebnis machte hier die Interessenparallelität im Wohnungsbau die Gesellschaften zu Probanden der nationalsozialistischen Wohnungspolitik.

ee) Bauvorhaben - Programm und Umsetzung im Krieg

Die Gesellschaften errichteten ihre Neubauten vor allem ab 1939/ 40 in bislang unbebauten Gebieten und Straßenzügen. Dort entstanden insbesondere Kleinsiedlungen.

a') Kleinsiedlungsbau im Krieg

Grundlage für den Kleinsiedlungsbau im Krieg waren Bestimmungen, die in Anlehnung an die KSB von 1937 im März 1940 ergingen. Die gemeinnützigen Gesellschaften erstellten auf dieser Basis ein Informationsblatt mit Gestaltungsvorschlägen.[75]

Die Gesellschaften zeigten ihren Interessenten konkret auf, welche Bauvorhaben sie zu welchen Kosten auch während des Krieges umsetzen wollten. Exemplarisch handelte es sich dabei um ein Kleinsiedlungsvorhaben mit Einzel- und Doppelhäusern für nicht kinderreiche Familien. Die monatliche Gesamtbelastung des Siedlers durfte den Betrag von 35,-- RM nicht übersteigen, in Ausnahmefällen waren 40,-- RM zugelassen. Freiwillige, höhere Tilgungsbeträge waren möglich, in keinem Fall jedoch durfte die Gesamtbelastung des Siedlers höher sein als 25 % des gesicherten baren Einkommens.[76]

Nach Berechnungen der Geschäftsleitungen kostete 1940 ein Kleinsiedlungsvorhaben in einer Doppelhaushälfte mit eingebautem Stall für eine nicht kinderreiche Familie 9.000,-- RM.[77] Die Gesellschaften veranschlagten die Baukosten mit 8.000,-- RM und errechneten mit Grundstückskosten zu 600,-- RM und Erschließungkosten zu 400,-- RM die Gesamtkosten in Höhe von 9.000,-- RM.

Der Finanzierung über den Gesamtbetrag von 9.000,-- RM lagen 650,-- RM Eigenkapital, 750,-- RM Arbeitgeberdarlehen, 3.200,-- RM Reichsdarlehen und 4.400,-- RM Hypotheken zugrunde. Für die Finanzierung der Betriebs- und Verwaltungskosten setz-

---

[74] VA VS/ VII, Bl. 4; Steinberg, Wohnstätten, S. 24.

[75] Pläne Nr. 121 und 220 (jeweils Doppelhaus mit eingebautem Stall für eine nicht kinderreiche Familie) sowie Nr. 132 (Doppelhaus mit eingebautem Stall für eine Familie mit fünf im elterlichen Haushalt lebenden Kindern) in den Darlegungen der Rheinische W., Rheinisch Westfälische W. und Westfälische W. zu den erleichterten Bestimmungen der Kleinsiedlung vom 14. März 1940, TKA VSt/ 229.

[76] Im August 1941 änderten sich die Voraussetzungen nochmals, als die Merkmale „Strebsamkeit" und „Sparsamkeit" entfielen und die Baukostengrenzen beweglicher gestaltet wurden, RArbBl. 1937 I S. 229; RArbBl. 1941 I S. 403; Pergande, Hans-Günther, Die Zusammenfassung der Volkswohnungs- und Kleinsiedlungsbestimmungen durch den Reichskommissar für den sozialen Wohnungsbau, in: RArbBl. 1941 V S. 644-646, hier S. 645; zu weiteren Differenzierungen Harlander, Zwischen Heimstätte und Wohnmaschine, S. 235 f. .

[77] Zeichnung dieses Kleinsiedlungsvorhabens nach Plan 220 der Wohnungsgesellschaften, TKA NSt/ 229.

ten die Gesellschaften 1 % der Baukosten und demnach in diesem Fall 80,-- RM fest. Daraus ergab sich eine jährliche Belastung von 408,50 RM. Monatlich hatte der Siedler also 34,05 RM aufzubringen.

Tab. 81: Gesamtkosten und Belastung eines Siedlers der Wohnungsgesellschaften; 1940

Gesamtkosten	Baukosten	8.000,00 RM
	Grundstückskosten ....(800 m² zu 0,75 RM/ m²)........................	600,00 RM
	Aufschließungskosten	400,00 RM
		9.000,00 RM
Finanzierung	650,-- RM Eigenkapital	-
	750,-- RM Arbeitsgeberdarlehen .... zu 3 %	22,50 RM
	3.200,-- RM Reichsdarlehen .... zu 2 %	64,00 RM
	4.400,-- RM Hypotheken .... zu 5 ½ %	242,00 RM
		328,50 RM
	8.000,-- RM Betriebs-/ Verwaltungskosten zu 1 %	80,00 RM
Jährliche Belastung		408,50 RM
Monatliche Belastung		34,05 RM

Quelle: Zusammenstellung nach TKA NSt/ 229.

Höheres Eigenkapital konnte die Gesamtbelastung des Siedlers senken. Sofern der Siedler in der Lage war, das gesamte Eigenkapital aufzubringen und keine Arbeitgeberdarlehen beanspruchte, ermäßigte sich die Belastung im Monat um knapp 2,-- RM. Das bedeutete für die Gesamtbelastung eine Ermäßigung des monatlichen Betrags auf 32,05 RM. Stellte der Siedler weitere Eigenmittel bereit, war eine zusätzliche Verringerung der monatlichen Belastung möglich.[78]

Steuerrechtlich war ein Weiterverkauf nach der ersten Auflassung auch dann noch grunderwerbsteuerfrei, wenn zum Zweck der Weiterveräußerung ein Rückerwerb seitens des Trägers vorlag. Der Vorstand vertrat den Standpunkt, daß die Wohnungsgesellschaften verpflichtet waren, den Siedlern nach Möglichkeit Steuern und Gebühren zu ersparen.[79] Wenn also eine bereits aufgelassene Siedlerstelle an ein Belegschaftsmitglied eines Konzernwerks weiterveräußert werden sollte, war in jedem Fall ein Rückerwerb durch die Wohnungsgesellschaften zwischenzuschalten, um die Grunderwerbsteuer einzusparen. Letztlich blickte Fusban 1943 „mit der verhältnismäßig größten Befriedigung“[80] auf den Kleinsiedlungs- und Eigenheimbau zurück, da 339 Anwärter nach Ablauf der Bewährungszeit nicht mehr nur Besitzer, sondern auch Eigentümer der Siedlerstellen geworden waren.

---

[78] Bei 650,-- RM Eigenkapital betrug die Belastung 34,05 RM / 33,67 RM bei 800,-- RM/ 33,17 RM bei 1.000,-- RM/ 32,67 RM bei 1.200,-- RM/ 31,71 RM bei 1.500,-- RM, TKA NSt/ 229.
[79] VA VS/ VI, Bl. 16.
[80] Fusban, S. 6, TKA NSt/ 225.

b') Volkswohnungsbau im Krieg

So wie die Wohnungsgesellschaften um die Kleinsiedler warben, so waren sie selbst von den Werken bei der Unterbringung der Belegschaft umworben. Die Werke bedienten sich dabei wohnungspolitischer Vergünstigungen, wie sie 1940 hinsichtlich der Förderung des Volkswohnungsbaus bestanden.

Zur Förderung des Baus von Volkswohnungen konnte der Zinssatz für Reichsdarlehen für die Dauer von zunächst fünf Jahren und nach Fristverlängerung durch den RArbMin. „bis auf weiteres" bis auf 1 % ermäßigt werden, wenn nach Erschöpfung aller Ersparnismöglichkeiten und bei einwandfreier Ausführung eine auf Dauer tragbare Miete nicht anders zu erzielen war.[81] Voraussetzung für eine solche Zinssenkung war zudem, daß die Werke den Wohnungsgesellschaften ein verbilligtes Darlehen gewährten.

So hatten Unternehmen wie die Ruhrstahl AG Interesse an der Errichtung von Volkswohnungen für ihre Belegschaft und sicherten den Wohnungsgesellschaften zur Erlangung der Zinsverbilligung ein unverzinsliches Darlehen in solcher Höhe zu, daß eine möglichst weitgehende Zinssenkung über Reichsdarlehen erreicht wurde.

In Besprechungen mit dem Verbandspräsidenten hatte die Rheinisch Westfälische W. erfahren, daß die Ruhrwohnungsbau AG sowie die Treuhandstelle für Bergmannswohnstätten für einige Bauten bei 15 % Werkshilfe erhöhte Reichsdarlehen in Anspruch nehmen durften. Daraufhin konnten auch die Wohnungsgesellschaften diesen Zinssatz für mehrere Bauvorhaben im Dortmunder Süden durchsetzen.[82]

Im Regelfall empfahl die VSt den Werken die Vergabe von unverzinslichen Werksdarlehen in Höhe von 600,-- bis 1.000,-- RM. Die Tilgung dieser Darlehen betrug 1 %.

Daneben war es den Wohnungsgesellschaften möglich, eine Bewilligung erhöhter Reichsdarlehen für den Ausgleich von Baukostensteigerungen zu erhalten.

Maurerarbeiten waren gegenüber dem Jahr 1935 an einigen Orten um 100 % gestiegen, obwohl im Juni 1939 in Ergänzung zur Preisstopverordnung eine Baupreisverordnung ergangen war.[83] Bei den Materialkosten zwischen 1936 und 1940 wies der Zement eine geringe Steigerung in Höhe von 3 % auf. Balkenholz mit 26 %, Kalksandsteine mit 31 %, Dachverbandholz mit 42 % und Grubenkies mit 56 % Preissteigerungsrate waren dagegen stark von einer Verteuerung betroffen. Die höchste Steigerung trat mit 160 % bei den Transportkosten für Hintermauerungssteine auf.

---

[81] WWA/ K 1/ 1833; zur weiteren Durchführung RArbBl. 1940 I S. 8, 326, 406 auf Grundlage des Erlasses vom 04.08.1937, RArbBl. 1937 I S. 186; zu ergänzenden Bestimmungen über die Förderung des Volkswohnungsbaus vgl. Büge/ Griesheimer, S. 11 ff., 65 ff.; Fristverlängerung vgl. BArch R 43 II/ 1175, Bl. 149.

[82] Schreiben der Abteilung Sozialwirtschaft der VSt an die Ruhrstahl AG vom 09.05.1940, TKA RS/ 1305; VA VS/ V, Bl. 15.

[83] Aufgrund der Abweichungen hinsichtlich Art, Umfang sowie Risiken bei Bauvorhaben lagen keine nach der PreisstopVO erforderlichen vergleichbaren Leistungen, sondern in der Regel Einzelleistungen vor, deren Bewertung die BaupreisVO ermöglichen sollte; VO über die Baupreisbildung vom 16.06.1939, RGBl. 1939 I S. 1041; vertiefend Vigano, H., Grundstücks- und Baupreisrecht, in: Reichsverband des deutschen gemeinnützigen Wohnungswesens e.V. (Hrsg.), Jahrbuch des deutschen gemeinnützigen Wohnungswesens, Band III/ 1941, Ein Leistungsbericht für das Jahr 1940, Berlin 1942, S. 119-172, hier S. 145 ff. .

Hinzu kamen amtliche Preiserhöhungen des Reichskommissars für die Preisbildung zum 01.01.1941. Die Löhne erhöhten sich um 0,05 RM/ Stunde und Baumaterialien wie Ziegelsteine, Sand oder Kies stiegen ebenfalls weiter im Preis.[84] Die Wohnungsgesellschaften hatten deshalb keine Probleme darzulegen, daß sie von den Preiserhöhungen im Bauwesen betroffen waren.

Im Ergebnis führten die Förderungen in Verbindung mit dem Bedarf der Werke dazu, daß die Volkswohnungen im ersten Kriegsjahr mit 82,4 %[85] den ersten Platz unter den fertiggestellten Wohnungen einnahmen.

c') Bauvolumen im Krieg

Das Gesamtvolumen betrachtet waren die Überhänge geplanter und begonnener Bauvorhaben trotz aller Anstrengungen nicht mehr abbaubar.

Zu den Überhängen vergangener Jahre kamen aufgrund der Ausnahmetatbestände bei den Bauverboten noch neue Bauvorhaben hinzu. Für eine Verminderung der alten Planungen erwies es sich als problematisch, daß die Gesellschaften bereits 1940 lediglich die Hälfte der fertig geplanten Bauten beginnen konnten. Besonders stark fielen hier die vorgesehenen Bauten der Westfälische W. ins Gewicht, die ihre gesamten Bauvorhaben nur zu einem Drittel aus dem Planungsstadium herausbringen konnte.[86] Dies erstaunt insofern, als daß gerade die Westfälische W. im Verhältnis zu den anderen Gesellschaften am wenigsten über Versorgungsengpässe klagte. Allerdings wirkten sich bei der Westfälische W. exemplarisch die nach wie vor bestehenden nationalsozialistischen Versäumnisse im Bauverfahren aus. Permanente Genehmigungsverzögerungen zeigten auf, daß die nationalsozialistische Wohnungspolitik auch im Krieg kein Mittel für eine schnelle Umsetzung von Bauplanungen fand.

Der Abschluß von 1.214 Bauten im ersten Kriegsjahr bedeutete zwar eine Entspannung für die Wohnraumsituation vor Ort, blieb aber verhältnismäßig gering, da der Überhang des Jahres mit fast 5.000 Wohnungen mehr als dreieinhalbfach so hoch war. Der weitere Anstieg unfertiger Bauten auf 6.249 Wohnungen dokumentierte Ende 1941 die weiter unzureichenden Auswirkungen der nationalsozialistischen Wohnungspolitik.[87] So wiesen die Gesellschaften noch im Februar 1942 Rückstände aus dem Jahr 1938 aus:

---

[84] Born, S. 25; VA VS/ V, Bl. 20; zur Ermittlung der Baustoffkosten anhand eines Musterbeispiels für eine Baustelle im Rheinisch-Westfälischen Industriegebiet siehe Plümecke, Karl/ Seuster, Alfred/ Teller, Paul, Preisermittlung für Bauarbeiten, 10. Auflage, Berlin Leipzig 1942, S. 57 ff.; weitere Erlasse des Reichskommissars für Preisbildung S. 319 ff. .

[85] VA GB/ RRW/ 1939/40, S. 5.

[86] VA GB/ RRW/ 1939/40, S. 4.

[87] Die Westfälische W. hatte nach wie vor ihren Bauschwerpunkt in Dortmund, begleitet von Bauten in Castrop-Rauxel, Werdohl, Hohenlimburg, Wülfrath, Hüsten, Hamm, Lippstadt, Brackwede und Emden; Dortmund: Bermesdicker Str. [20 Wohnungen], Rahmer-/ Sydow-/ Aspey- / Oberfeldstr. [260], Vogesenstr. [14]; Castrop-Rauxel: In der Kemnade [25]; Werdohl: Friedrich-, Gustav-, Oststr. [25]; Hohenlimburg: Wurag-Str. [20]; Wülfrath: Horst Wessel-Str.[10]; Hüsten: Arnsberger Str. [5]; Hamm: Metzer Str. [20]; Lippstadt: Schwanenwiese [35]; Brackwede bei Bielefeld: Landweg, Birkenstr. [10]; Emden: Langeoog-Str. [24],VA GB/ 3-A-3/ 1941/ 42, S.1; TKA VSt/ 1248. Die Rheinisch Westfälische W. war weiterhin vor allem in Gelsenkirchen und daneben in Bochum, Witten, Hattingen und Gladbeck tätig; die Rheinische W. beschränkte sich auf Dinslaken,

Tab. 82: Überhang geplanter und begonnener Wohnungsbauten; 1939-1942

	Rheinische W.	Rheinisch Westfälische W.	Westfälische W.	Gesamt
1939/ 40				
Volkswohnungen	372	2.521	1.445	4.338
Kleinsiedlungen	40	50	178	268
Sonstige Arbeiterwohnstätten	-	116	39	155
Angestelltenwohnungen	12	136	44	192
	424	2.823	1.706	4.953
1940/ 41				
Volkswohnungen	669	3.079	1.869	5.617
Kleinsiedlungen	82	76	178	336
Sonstige Arbeiterwohnstätten	-	92	39	131
Angestelltenwohnungen	8	89	68	165
	759	3.336	2.154	6.249
1941/ 42				
Volkswohnungen	652	2.675	1.775	5.102
Kleinsiedlungen	82	76	164	322
Sonstige Arbeiterwohnstätten	-	55	39	94
Angestelltenwohnungen	8	73	68	149
	742	2.879	2.046	5.667

Quelle: VA GB/ RWW/ 1939/40, S. 4; VA GB/ RWW/ 1940/41, S. 3 f.; VA GB/ RWW/ 1941/42, S. 2.

Die rückläufige Tendenz setzte sich unvermindert fort. Nachdem 1942/ 43 insgesamt noch einmal mehr als 500 Wohnungen fertig geworden waren, konnten die Rheinische W. und die Westfälische W. anschließend keine Wohnungen und Kleinsiedlungen mehr zu Ende bauen. Die Rheinisch Westfälische W. stellte nur deshalb noch weitere 129 Wohnungen fertig, weil es sich um dringliche Vorhaben der Rüstungswirtschaft und in 71 Fällen um Ausbauwohnungen handelte.[88]

Hamborn, Duisburg-Beeck und Düsseldorf-Oberkassel. Gelsenkirchen: Rosenstr., Grünweg [39 Wohnungen], Friedrichstr., Koststr., Jenbacher Str., Landecker Str., Kufsteiner Str., Innsbrucker Str. [125], Chatten-, Vandalen-, Siegfriedstr. [39], Nordsternstr. [5], An der Friedweide [31]; Bochum: Bunsenstr., Hessenstr.[4], Wiemelshauser Str.[4], An der Landwehr [12], Auf der Kiekbast [10], Idunaweg [6]; Witten: Freiligrathstr., Westfeldstr. [29]; Hattingen: Wernigeroder Str., Finkenstr., Drosselweg [66]; Gladbeck: Hansestr., Grazer Pfad, Kärntner -, Steiermärker -, Innsbrucker -, Salzburger -, Stralsunder -, Kolberger - und Wismarer Str. [215]; Hamborn: Brunhildestr., Warbruckstr. [20]; Duisburg-Beeck: Karolinger Str., Windmühlenstr.[34]; Dinslaken: Ziegelstr., Karlstr., Heinrichstr., Thyssenstr., Am Raymannshof, Thyssenplatz [130]; Düsseldorf-Oberkassel: Hansa-Allee [12]; die Westdeutsche W. erstellte neben einigen Angestelltenwohnungen Garagen in Gladbeck, Hattingen, Essen und Witten, VA GB/ 4-A-3/ 1939/40, S. 9; VA GB/ RWW/ 1941/42, S. 2. Die Zahlen entsprachen der Entwicklung auch bei anderen Unternehmen; reichsweit übernahm die gemeinnützige Wohnungswirtschaft 1940 einen Überhang von 148.076 Wohnungen aus den Vorjahren, Brecht, Julius, Das gemeinnützige Wohnungswesen im Kriege, in: Reichsverband des deutschen gemeinnützigen Wohnungswesens (Hrsg.), Jahrbuch des deutschen gemeinnützigen Wohnungswesens, Ein Leistungsbericht für das Jahr 1940, Berlin 1942, S. 1-42, hier S. 3 ff. .

88 VA VS/ VIII, Bl. 48; VA GB/ RWW/ 1943/44, S. 7.

Im letzten Kriegsjahr konnte die Gesellschaft im Rahmen der Möglichkeiten noch 18 Wohungen fertigstellen, die aus den Überhängen der vergangenen Jahre stammten.[89] Das war insofern bewerkenswert, als daß die nationalsozialistischen Beschränkungen und Verbote im Bauwesen zu dem Zeitpunkt bereits eine weitere Stufe erreicht hatten, denn seit August 1944 erloschen auch alle geltenden Ausnahmebewilligungen.

Zusammengenommen errichteten die gemeinnützigen Gesellschaften im Untersuchungszeitraum 9.045 Wohnungen.[90] Bis zum Sommer 1943 sind insgesamt 8.648 fertiggestellte Wohnungsbauten dokumentiert, die den einzelnen Werken der VSt zugeordnet werden können. Das bedeutete unter Berücksichtigung der 4.880 bis 1939 und der ab dann bis Juli 1943 fertiggestellten 3.768 Wohnungen, daß die vier Jahre bis Kriegsbeginn für den Wohnungsbau um mehr als 1.000 Wohnungen produktiver waren als die vier Jahre danach.

Tab. 83: Wohnungsbau und Werke; 1933-1943

Werk	Neubauwohnungen				Kleinsiedlungen			Gesamt
	RW	RWW	WW	WWh	RW	RWW	WW	Neubauten
ATH	210	-	-	-	46	-	-	256
Bandeisenwalzwerk Dinslaken	70	-	-	4	10	-	-	84
Bochumer Verein		669	-	1	-	182	-	852
Concordiahütte	42	-	-	-	-	-	-	42
Deutsche Eisenwerke	124	415	-	6	20	10	-	575
Deutsche Röhrenwerke	112	-	-	-	11	-	-	123
Dortmunder Union Brückenbau	-	5	-	1	-	-	-	6
DHHV	-	-	1.048	1	-	-	55	1.104
Gelsenberg Benzin	-	1.864	-	47	-	-	-	1.911
GBAG	301	829	707	22	36	-	26	1.921
Hüttenwerke Siegerland	-	-	53	9	-	-	19	81
Kaltwalzwerke Plettenberg	-	-	8	-	-	-	-	8
Kettenwerke Schlieper	-	-	-	-	-	-	9	9
Lennewerke Altena	-	-	30	-	-	-	-	30
Lippstädter Eisen und Metall	-	-	52	-	-	-	-	52
Nordseewerke Emden	-	-	78	-	-	-	-	78
Rohstoffbetriebe	4	-	16	-	-	-	-	20
Ruhrstahl	39	958	68	10	-	31	-	1.106
Schwerter Profileisen	-	-	6	-	-	-	-	6
Siegener Eisenbahnbedarf	-	-	12	-	-	-	-	12
Stahlwerke Brüninghaus & Thomée	-	-	131	4	-	-	25	160
Westfälische Union	5	-	131	-	-	-	-	136
Wohnungsgesellschaften	-	4	-	9	-	-	-	13
Wurag, Hohenlimburg	-	-	40	1	-	-	22	63
Gesamt	907	4.744	2.380	115	123	223	156	8.648

Quelle: Zusammenstellung nach Fusban, S. 3, TKA VSt/ 1248.

[89] VA GB/ RWW/ 1944/45, S. 7; VA VS/ VIII, Bl. 73.
[90] BBA 55/ 1731.

Mit Ausnahme von 13 Bauvorhaben, die die Wohnungsgesellschaften für sich durchführten, erstellten sie die Bauten für die Werke der VSt.
Am geringsten war das quantitative Engagement bei der Westdeutsche W. . Dabei ist zu beachten, daß die Angestelltenwohnungen der Westdeutsche W. eine durchschnittliche Wohnfläche von 130 m² hatten. Da die Angestellten die Wohnungen in der Regel nicht mit größeren Familien als die Arbeiter bewohnten, versorgte die Westdeutsche W. proportional zur Wohnfläche betrachtet weniger Personen mit Wohnraum. So ergab sich dort zusätzlich zu der vielfach besseren Lage eine erhöhte Wohnqualität gegenüber den Arbeiterwohnungen.

Im Hinblick auf die einzelnen Werke profitierte neben der GBAG die Gelsenberg Benzin AG aufgrund der über den Vierjahresplan rüstungswirtschaftlich bedeutsamen Wohnungsbauten am stärksten von der Bautätigkeit. Da die Wohnraumversorgung dieser Gesellschaften grundsätzlich im Bezirk der Rheinisch Westfälische W. erfolgte, war dort der höchste Anteil am gesamten Wohnungsbau der Gesellschaften zu verzeichnen. Hinzu kamen in diesem Bereich der umfassende Wohnungsbau für den Bochumer Verein sowie einige Bauten für die Ruhrstahl AG, die ansonsten auch von der Westfälische W. wie z. B. in Brackwede bei Bielefeld, versorgt wurde.

Im Bereich der Westfälische W. ragten quantitativ besonders die über 1.100 für die Belegschaft der DHHV erbauten Wohnungen heraus. Ähnlich der Rheinisch Westfälische W. erbaute die Westfälische W. auch für die GBAG mehr als 700 Wohnungen und war zudem mit jeweils 131 Bauten für die Stahlwerke Brüninghaus & Thomée sowie für die Westfälische Union engagiert. In den außerhalb des Dortmunder Raumes gelegenen Bezirken war die Westfälische W. ebenfalls tätig, die Fertigstellungszahlen waren hier aber wesentlich geringer.

Zusammengenommen war die Rheinisch Westfälische W. nicht nur im Geschoßwohnungsbau, sondern auch bei den Kleinsiedlungsbauten der größte Wohnraumversorger. Der Wohnungsbau und die Tatsache, daß die Gesellschaften auch beschädigte Gebäude weiter als Bestand listeten, führten bis zum Sommer 1943 zu einem Anstieg auf knapp 70.000 verzeichnete Wohnungen.[91]
Das Bauvolumen hatte quantitative und qualitative Auswirkungen auf den Wohnungsbestand. Von besonderem Gewicht war die positive Entwicklung der Buchwerte. Die Einbringung der Wohnungen war bei der Gründung der Gesellschaften 1933 zum geltenden Einheitswert von 1931 zuzüglich 20 % erfolgt und hatte zunächst voneinander abweichende Durchschnittswerte ergeben. Die höchste Bewertungsdifferenz hatte bei den gemeinnützigen Gesellschaften zwischen der Rheinische W. und der Rheinisch Westfälische W. bestanden und mehr als 23 % betragen.
Diese Differenz ergab sich aus dem unterschiedlichen Altersaufbau der Wohnungen zum Gründungszeitpunkt. Die Rheinisch Westfälische W. nahm 1933 mit 7.755 Wohnungen

[91] 1935: 61.623/ 1936: 62.153/ 1937: 62.691/ 1938: 64.009/ 1939: 65.848/ 1940: 66.924/ 1941: 68.184/ 1942: 68.822/ 1943: 69.348, TKA VSt/ 331.

nahezu doppelt soviele vor 1900 errichtete Altbauten auf, hatte zugleich aber einen um ein Fünftel geringeren Gesamtbestand als die Rheinische W. .[92]

Tab. 84: Durchschnittsbuchwerte je Wohnung; 1933/ 1943

	Rheinische W.	Rheinisch Westfälische W.	Westfälische W.	Westdeutsche W.
1933	2.985,-- RM	2.292,-- RM	2.536,-- RM	10.219,-- RM
1943	3.157,-- RM	3.145,-- RM	3.177,-- RM	11.531,-- RM

Quelle: TKA NSt/ 225.

Unter Einbeziehung der Neubauwohnungen zeigte sich 1943, daß die Gesellschaften Wertdifferenzen mit ihrer Bautätigkeit allen Widrigkeiten zum Trotz ausgleichen konnten. Die Durchschnittsbuchwerte stiegen infolge des Ausgleichs beim Altersaufbau mit Bauvorhaben wie in Gelsenkirchen-Horst oder Bochum-Weitmar am stärksten bei der Rheinisch Westfälische W. an. Dementsprechend war eine Differenzminimierung zwischen dem ehemals höchsten und niedrigsten Wert bis auf 0,38 % möglich.

ff) Bautätigkeit im Luftschutz

Während des Krieges ergaben sich für die Gesellschaften zusätzlich zu den bereits durchgeführten Maßnahmen weitere Luftschutzverpflichtungen.

Nach dem im Oktober 1940 von dem nationalsozialistischen Regime befohlenen Bunkerbauprogramm für 79 Städte und wehrwirtschaftlich wichtige Gemeinden entfielen nahezu 45 % aller Bunkerbauten auf das Ruhrgebiet und weitere Teile Westfalens.[93]

Trotz dieser überdurchschnittlichen Bunkerversorgung in ihrem Gebiet waren die Gesellschaften gehalten, weitere Luftschutzmaßnahmen vorzunehmen. Der Führererlaß vom 15.11.1940 wirkte sich auch hier aus. Schutzräume sollten einen längeren Aufenthalt ermöglichen. Außenwände, Decken und Sohlen mußten überarbeitet werden, der Ausbau von Kellerräumen intensivierte sich.[94]

Häuserblocks waren verstärkt durch Brandmauerdurchbrüche miteinander zu verbinden. Da die Angriffswahrscheinlichkeit in der Nähe der Werke am höchsten war, fanden Luftschutzarbeiten zunächst an den dortigen Wohnhäusern und dann an den höchsten Gebäuden statt.[95]

---

[92] Vgl. Tab. 19.

[93] Groehler, Olaf, Der strategische Luftkrieg und seine Auswirkungen auf die deutsche Zivilbevölkerung, in: Boog, Horst (Hrsg.), Luftkriegführung im Zweiten Weltkrieg, Ein internationaler Vergleich, Vorträge zur Militärgeschichte 12, Im Auftrag des Militärgeschichtlichen Forschungsamtes, Herford Bonn 1993, S. 327-349, hier S. 338; v. Mahs, S. 58 ff. .

[94] Ebenso am 15.11.1940 ermächtigte Hitler den auch die Posten des Reichsministers der Luftfahrt und des Oberbefehlshabers der Luftwaffe bekleidenden Göring, Rechtsvorschriften und Verwaltungsbestimmungen zum Luftschutz zu erlassen, vgl. Erlaß des Führers und Reichskanzlers über die Rechtsetzung auf dem Gebiete des Luftschutzes während des Krieges vom 15.11.1940, RGBl. 1940 I S. 1487; näher zu Gebäude- und Wohnraumtypen mit Zeichnungen und Erläuterungen vgl. Neufert, Ernst, Bombensicherer Luftschutz im Wohnungsbau - Vorabdruck 1 aus : Ernst Neufert „Der werksmäßige Wohnungsbau"-, Berlin 1941, S. 73 ff. .

[95] VA VS/ IV, Bl. 2, 12, 22; Ausführungsbestimmungen zu § 1 der 9. DVO zum Luftschutzgesetz (Bestimmungen über Mauerdurchbrüche in bestehenden, unmittelbar benachbarten Gebäuden) v. 12.03.1940, RGBl. 1940 I S. 486; Erlaß des RdL betr. Brandmauerdurchbrüche v. 03.05.1941, RArbBl. 1941 I S. 261.

Die Werke griffen für den Dienst im Werkluftschutz auch auf die Belegschaft der Wohnungsgesellschaften zurück. So verpflichtete der Werkluftschutzleiter des Schalker Vereins Angestellte der Rheinisch Westfälische W. wiederholt zu Luftschutzaufgaben im Werk.[96] Daneben bestand die sog. „Luftschutzdienstpflicht"[97], d. h. die Polizeibehörden durften die Wohnungsgesellschaften und ihre Mieter für den Luftschutzwarndienst, den Sicherheits- und Hilfsdienst I., II. und III. Ordnung, den Werkluftschutz und den Selbstschutz heranziehen.

Bei den Gesellschaften selbst befaßten sich die Bauführer in den Verwaltungsstellen mit der Ausstattung von Schutzräumen, indem sie z. B. Schlafgelegenheiten oder Luftschutz-Heizgeräte organisierten. Da die Bauführer eng in die Umsetzung der Luftschutzmaßnahmen vor Ort eingebunden waren, nahmen mehrere von ihnen eine Nebentätigkeit bei den Luftschutzdienststellen an. Diese gesondert vergütete Tätigkeit begrüßten die Gesellschaften als Möglichkeit, ein „angenehmes Verhältnis zu den Luftschutzbehörden" zu unterhalten.[98]

Die Wohnungsverwalter in den Verwaltungsstellen waren für die Verdunkelung verantwortlich. Die Pflicht dazu erstreckte sich gleichermaßen auf Baustellen und Gebäude. Außenflächen durften die Gesellschaften seit Januar 1941 nicht mehr hell verputzen, doch vermieden sie in der Praxis lediglich leuchtende Farben. In besonders gefährdeten Gebieten wie in der Siedlung Rosenhügel in Gelsenkirchen trugen sie zusätzlich neuentwickelte Feuerschutzanstriche der I.G. Farben auf. Im Innenbereich der Gebäude verwendeten sie nachtleuchtende Farben.[99]

Die Kosten dieser Luftschutzmaßnahmen sollten zunächst auf die Mieter umgelegt werden. An die Stelle einer möglichen Umlage trat jedoch auf Anordnung Görings vom 21.04.1941 ein Erstattungsanspruch gegen das Reich. Gerechnet ab 01.10.1940 konnten sich die Wohnungsgesellschaften ihre Luftschutzaufwendungen über das Finanzamt vom Reich erstatten lassen.[100]

---

[96] VA VS/ V, Bl. 2, 16.

[97] § 2 Luftschutzgesetz i.V.m. § 9 der 4. Änderungsverordnung zum Luftschutzrecht vom 25.11.1941; RGBl. 1935 I S. 827; RGBl. 1941 I S. 168.

[98] VA VS/ VII, Bl. 20.

[99] Lichtquellen im Freien durften aus 500 Metern nicht wahrnehmbar sein; weiterführend Erl. des RdL - 41 L 48.10 L.In. 13/5b Nr. 17055/39- vom 12.12.1939, RArbBl. 1940 I S. 61; § 10 der 8. DVO zum Luftschutzgesetz (Verdunkelungsverordnung) vom 23.05.1939, RGBl. 1939 I S. 965; VA VS/ V, Bl. 5, 24, 37; VA VS/ VI, Bl. 57; die Überwachung der Verdunkelung erfolgte durch die Ortspolizeiverwalter, unterstützt von Ortsgruppen der NSDAP, Reibel, Carl-Wilhelm, Das Fundament der Diktatur: Die NSDAP-Ortsgruppen 1932-1945, Paderborn München Wien Zürich 2002, S. 364, 373 (Ortsgruppenleiter S. 75, Zellenleiter S. 98, Blockleiter S. 103). Ab September 1941 mußten die Gesellschaften nach Erlaß Himmlers sog. „Rügezettel an geeigneter Stelle" anbringen, VA VS/ VI, Bl. 6.

[100] Von geplanten 1.064.000,-- RM hatten die Gesellschaften im März 1940 734.000,-- RM aufgewendet und für 195.000,-- RM Arbeiten vergeben; weitere Maßnahmen sollten 135.000,-- RM kosten; VA VS/ V, Bl. 36; Freund, Werner, Luftschutzrecht und Kriegsschadensrecht, in: Reichsverband des deutschen gemeinnützigen Wohnungswesens (Hrsg.), Jahrbuch des deutschen gemeinnützigen Wohnungswesens, Band III/ 1941, Ein Leistungsbericht für das Jahr 1940, Berlin 1942, S. 173-234, hier S. 183 f.; VA VS/ IV, Bl. 30; VA VS/ V, Bl. 37, 60; Nachrichtendienst der Bezirksgruppe Nordwest der Wirtschaftsgruppe Eisenschaffende Industrie, ND.VIII/ 17 vom 19.08.1941, TKA VSt/ 327.

Schließlich ist für die Einordnung der Arbeit der Wohnungsgesellschaften auch erwähnenswert, daß sie bei behelfsmäßigen Luftschutzbauten anderer mitwirkten. In einer Stadt wie Duisburg, in der bei Beginn des Krieges für nur 7 % der Bevölkerung Schutzraum vorhanden war, entstanden bis Kriegsende 40 große Bunker sowie neben dem Ausbau von über 5.000 Kelleräumen acht in Schlackenhalden und in den Kaiserberg gebaute Stollen.[101] Die Gesellschaften versuchten hier wie andernorts trotz knapper Arbeitskräfte Verbesserungen an öffentlichen Luftschutzkellern durchzuführen und bauten als Verstärkung der Umfassungswände Stahlbetonfertigteile ein.[102]

Auch wenn 6,5 Mio. Personen letztlich ohne Schutzvorrichtung blieben, trugen die Wohnungsgesellschaften mit den Luftschutzmaßnahmen im Rahmen ihrer Möglichkeiten dazu bei, daß im Jahr 1943 von 19 Mio. Einwohnern in denjenigen Städten, die die bevorzugtesten Angriffsziele boten, 740.000 Personen Bunkerplätze und 11,6 Mio. Personen splittersichere Schutzräume aufsuchen konnten.[103]

gg) Hypothekarkredite für die Vereinigte Stahlwerke AG

Das insgesamt rückläufige Neubauvolumen hatte zur Folge, daß auch die Hypothekennachfrage zurückging. Infolgedessen gab es am Markt mehr hypothekarische Beleihungsmöglichkeiten. Die Beleihungsinstitute konnten nicht mehr alle Mittel ausleihen, die sie aufgrund der Tilgung von Hypotheken eingenommen hatten.[104]

In dieser Situation zogen die Wohnungsgesellschaften die Grundstücke, nachdem diese von den zugunsten der amerikanischen Anleihegläubiger eingetragenen Sicherungshypotheken wie gesehen freigestellt waren, zu einer umfangreichen Hypothekenanleihe heran. Mit der Valuta sollte die Kaufpreisschuld gegenüber der VSt abgedeckt werden.[105] Dabei nahmen die Wohnungsgesellschaften jedoch mehr Hypotheken auf, als zur Ablösung der Kaufpreisschuld erforderlich waren.
Insgesamt nahmen die Gesellschaften in den Jahren von 1938 bis 1943 insgesamt 104,5 Mio. RM an Hypothekarkrediten auf. Von der Hypothekenvaluta dienten 64 Mio. RM dazu, Kaufpreisschulden und anderweitige Schulden der Gesellschaften abzudecken. 40,5 Mio. RM überließen die Wohnungsgesellschaften der VSt.[106]

Die Hypothekenbanken zahlten die Valuten vom 19. März 1943 bis zum 09. Juni 1943 unmittelbar an die VSt aus. Die Darlehensverträge, die zu den Hypothekarkrediten führten, schlossen die Wohnungsgesellschaften in eigenem Namen mit jeder der Hypothekenbanken ab, namentlich mit der Deutsche Centralbodenkredit AG (Berlin), Deutsche Hypothekenbank (Weimar), Mecklenburgische Hypotheken- und Wechsel-

---

[101] Kanther, Zwangsarbeit, S. 68.
[102] VA VS/ VI, Bl. 25; VA VS/ VIII, Bl. 10.
[103] Groehler, in: Boog, S. 338; VA VS/ VI, Bl. 42.
[104] Lubowski, S. 25.
[105] C. II. 4..
[106] Den Betrag erhielt die VSt mit der Maßgabe, daß sie für die Belastungen aufzukommen hatte, die aus dem Anleihedienst folgten; Linz an Hueck, Deleurant, Schmede, Fusban, Steinberg zu Umstellungsgrundschulden der vier Wohnungsgesellschaften der VSt 30.08.1950, TKA VSt/ 1241.

bank (Schwerin), Sächsische Bodenkreditanstalt (Dresden), Frankfurter Hypothekenbank (Frankfurt) sowie der Westdeutsche Bodenkreditanstalt (Köln).
Der Hypothekenüberhang verteilte sich auf die vier Wohnungsgesellschaften in unterschiedlicher Höhe:

Rheinische W.	13.594.000,-- RM
Rheinisch Westfälische W.	7.587.000,-- RM
Westfälische W.	7.828.000,-- RM
Westdeutsche W.	11.491.000,-- RM
Gesamt	40.500.000,-- RM

Die Gesellschaften nahmen diese Hypothekarkredite auf, obwohl sie unstreitig weder Geldbedarf in dieser Höhe hatten, noch wegen des Bauverbots nach Belieben Gebäude errichten konnten. Fusban wehrte sich letztlich erfolglos gegen die Auffassung der VSt, vertreten durch Deleurant:[107]

> *"Kredite muß man nehmen, wenn man sie angeboten erhält und nicht, wenn man sie braucht".*

Deleurant rechtfertigte die Hypotheken später gegenüber Dinkelbach damit, daß die zum 01.03.1943 gekündigte Gelsenberg Benzin-Anleihe über 55 Mio. RM zum Teil gedeckt werden sollte. Diese Argumentation war jedoch falsch. Tatsächlich fand die Valuta der fraglichen Hypotheken nicht diese Verwendung. Die Valuta floß der VSt unmittelbar erst ab 19.03.1943 zu und zwar in der Zeit bis zum 09.06.1943. Dagegen erfolgte die Ablösung der Gelsenberg-Anleihe schon am 19.02.1943 mit Wertstellung vom 25.02.1943.[108]
Die VSt substantiierte also gegenüber den Wohnungsgesellschaften die Notwendigkeit einer Aufnahme der fraglichen Hypothekarkredite mit dem Hinweis auf einen sachlich nicht zutreffenden Bedarf für die Rückzahlung der Gelsenberg-Anleihe.

An dieser Stelle war rechtlich von besonderer Bedeutung, daß eine andersartige Verwendung der Gelder ein gesellschaftsfremdes Geschäft darstellen und damit dem Gemeinnützigkeitszweck der Rheinische W., Rheinisch Westfälische W. und Westfälische W. widersprechen konnte. Die Rechte der gemeinnützigen Wohnungsgesellschaften beschränkten sich neben dem Bau und der Verwaltung von (Klein-) Wohnungen auf die Errichtung, Verschaffung und Finanzierung von Bauten und Anlagen im Rahmen ordnungsgemäßer Wohnungswirtschaft.[109] Das heißt, die Gesellschaften waren allein zum Erwerb, zur Belastung und zur Veräußerung von Grundstücken und Erbbaurechten sowie zur Hereinnahme von Zwischenkrediten und Baudarlehen befugt, wenn sie diese Zweckbindung beachteten. Es galt also die Frage zu klären, ob die Hypotheken im ausschließlichen Interesse der VSt aufgenommen wurden.

---

[107] TKA NSt/ 243.
[108] Deleurant an Dinkelbach, Poensgen, Späing, Günzner sowie im Durchschlag an Vögler, Steinbrinck, Rohland, Kauert und Springorum, TKA VSt/ 1241.
[109] § 2 Abs. 2 der Satzungen i.V.m. § 6 WGG; §§ 6 und 7 WGGDV.

Deleurant widersprach einer Aufnahme im Interesse oder im Auftrag der VSt. Zwar vereinbarten die Wohnungsgesellschaften für ihren Kredit an die VSt Kündigungsklauseln. Diese Regelungen aber waren praktisch gegenstandlos, da die mündliche Vereinbarung bestand, daß die VSt trotz einer Terminfestlegung jederzeit bereit war, die Kredite auf Wunsch der Wohnungsgesellschaften vorzeitig zurückzuzahlen. Neben der Vereinbarung über die Kündigungsmöglichkeit sei ein „gentleman agreement" getroffen worden, wonach das Geld den Charakter als „tägliches Geld" bekommen habe.[110]

Die Interessen der VSt konnten Deleurant zufolge auch nur die Interessen der Wohnungsgesellschaften sein. Außerdem wies er darauf hin, daß die VSt Vorsorge treffen mußte, daß bei Wiedereinsetzen einer Bautätigkeit nicht von vornherein seitens der Wohnungsgesellschaften mit verlorenen Zuschüssen oder ähnlichen Subventionen zu Lasten des VSt-Konzerns gearbeitet werden mußte. So lag nach Deleurant keine Vereinbarung vor, wonach im Innenverhältnis die Kredite als im Interesse und für Rechnung der VSt aufgenommen galten. Ein gesellschaftsfremdes Geschäft kam danach nicht in Betracht.

Fusban dagegen bezog sich auf einen Aktenvermerk vom 21.12.1942. Daraus ging hervor, daß die Hypothekenanleihe abgeschlossen werden sollte, indem die VSt den Betrag zu „Originalbedingungen" abnahm, das Geld auf drei Jahre festgelegt wurde und in der Folge mit Jahresfrist gekündigt werden konnte. Die von Deleurant eingeräumte Übernahme zu Originalbedingungen und das von ihm in einer früheren Verhandlung gebrauchte Wort, die VSt habe „geradestehen sollen", bezog sich Fusban zufolge sowohl auf die rechtsgeschäftlichen Bedingungen des Hypothekendarlehens als auch auf die Eigentümlichkeit des Geldes als Hypothek zugunsten der VSt.

Bezeichnend war, daß sowohl Fusban als auch Deleurant von der Übernahme der durch die Wohnungsgesellschaften aufgenommenen Kredite „zu Originalbedingungen" sprachen. Daraus ergab sich im Verhältnis der Wohnungsgesellschaften zur VSt, daß die VSt Trägerin der Hypothek sein sollte. Deleurant aber machte darauf aufmerksam, daß in Wirklichkeit nicht die Originalbedingungen übernommen worden seien, weil man im Verhältnis der VSt zu den Wohnungsgesellschaften nicht dieselbe Laufzeit vorgesehen habe, wie sie zwischen den Hypothekenbanken und den Wohnungsgesellschaften vereinbart war.

Diesbezüglich wies Wolfgang Linz in einem nach dem Krieg erstellten Gutachten zu Umstellungsgrundschulden anläßlich der Währungsreform darauf hin, daß der Vorstand der Wohnungsgesellschaften in der Lage sein mußte, etwas Schriftliches vorzuweisen. Daraus mußte sich ergeben, daß die Valuta verfügbar war, wenn die Gesellschaften selbst Kredite benötigten.[111] Zusätzlich verwies der Wirtschaftsprüfer Klaas

---

[110] TKA NSt/ 225.

[111] Linz zu den „Umstellungsgrundschulden der vier Wohnungsgesellschaften der VSt wegen der Hypotheken aus dem III. Beleihungsabschnitt", 30.08.1950, TKA VSt/ 1241; Linz war VSt-Vorstandsmitglied vom 06.12.1945 bis 01.10.1950.

darauf, daß die VSt die Aufnahme der Darlehen aufgrund ihrer rüstungswirtschaftlichen Verpflichtungen wünschte.[112]

Selbst bei Zweifeln an einer Anweisung der VSt ist zu berücksichtigen, daß ein hundertprozentiges Beteiligungsverhältnis vorlag. Die Aufsichtsräte waren aus leitenden Personen der VSt zusammengesetzt, die die Willensbildungsprozesse im Sinne der VSt kontrollierten. Auch die Aufsichtsratsmitglieder waren sich darüber im klaren, daß vor allem die Möglichkeit bestand, die Gelder innerhalb des Konzerns für industrielle Zwecke anzulegen.
Daraus folgt, daß die VSt und die Wohnungsgesellschaften eine Vereinbarung des Inhalts trafen, daß die Wohnungsgesellschaften die Hypothekarkredite aufnahmen, weil allein sie die erforderlichen Plätze in den Grundbüchern zur Verfügung stellen konnten. Im Innenverhältnis nahmen sie die Kredite also im Interesse und für Rechnung der VSt auf. Die Kreditmittel auch über die 40,5 Mio. RM durften allein zur Verschaffung und Finanzierung von Wohnraum und nicht zur Finanzierung von Vorhaben dienen, die wie die Rüstungsgüterproduktion der VSt gesellschaftsfremd waren.[113] Die Wohnungsgesellschaften waren daher weder verpflichtet noch berechtigt, die dingliche Belastung des Grundeigentums zugunsten des Industriegeschäft der VSt zu veranlassen.

Die Kreditaufnahme war schließlich nicht nur dem Grunde nach, sondern auch in der Höhe beachtlich.
Die Höhe der Hypothekarkredite kam vor allem bei Betrachtung der Neubauprogramme und der Kosten für eine Siedlerstelle zum Ausdruck. Die Kosten für das gesamte Neubauprogramm 1938, das solche Großbauvorhaben wie für die Gelsenberg Benzin AG enthielt, betrugen 29.354.500,-- RM und blieben damit noch mehr als 11 Mio. RM unter dem für die VSt aufgenommenen Kreditrahmen.[114]
Das Neubauprogramm 1939 sah den Gesamtbetrag von 43,1 Mio. RM vor, der ohne die Mängel an Baustoffen und die Beeinträchtigungen durch Bauverbote zu der Erstellung von 6.638 Wohneinheiten hätte führen können.[115]
Unter Zugrundelegung eines durchschnittlichen Betrages von 7.000,-- RM je Siedlerstelle ergab sich außerdem, daß mit Hypothekarkrediten in Höhe von 40,5 Mio. RM die Errichtung von 5.785 Siedlerstellen möglich war. Bei günstigen Grundstückspreisen wie in Bochum-Weitmar mit 0,60 RM/ m² bedeutete die Kreditsumme die Erwerbsmöglichkeit von 24.300.000 m² (24,3 km²) an Grund und Boden. Diese Fläche entsprach der Größe einer Stadt wie Hamm i.W. mit rd. 60.000 Einwohnern (1939: 24,8 km²/ 59.035 Einwohner).[116]

---

[112] Ergänzungs-Sonderbericht zu den Berichten über die Ordnungsprüfungen bei den Wohnungsgesellschaften, VA GA/ Anlagen/ Klaas, Abschn. C 3; zur VSt als Rüstungskonzern vgl. Mollin, S. 77 ff. .
[113] So z. B. bei der Eisenwerk Wanheim GmbH (Munition, Waffen) und der Deutsche Eisenwerke AG (Gießerei Hüttenbetrieb Meiderich; Panzerfahrzeugwerk Hochfeld).
[114] VA VS/ II, Bl. 12.
[115] VA VS/ III, Bl. 14.
[116] Länderrat, Statistisches Handbuch, S. 13.

b) Bestandsbewirtschaftung und Kriegsschäden

aa) Verschmelzungsbestrebungen und Kriegsarbeitsgemeinschaften

Der fortwährende Wechsel wohnungspolitischer Vorgaben betraf die Bestandsbewirtschaftung auch während des Krieges.
So beabsichtigten RWK und RArbMin. 1940, gemeinnützige Wohnungsunternehmen zur Vereinfachung der Verwaltungsaufgaben für die Wohnungswirtschaft zu größeren Gesellschaften zusammenzuschließen.[1] Zusammenlegungen sollten bei „örtlicher Überbesetzung" mit anderen Wohnungsunternehmen erfolgen. Die Anerkennungsbehörde, RWK und Prüfungsverband sollten eine Zusammenlegung bewirken können, wenn dies zur Leistungssteigerung führte und für den Fortbestand des bisherigen Unternehmens kein „volks- oder wohnungswirtschaftliches Interesse" bestand. Dabei war zwischen echter und unechter Zusammenlegung zu unterscheiden.
Bei der echten Zusammenlegung (Verschmelzung) entstand aus mehreren ein einziges Wohnungsunternehmen. Dies war im allgemeinen nur möglich, wenn Genossenschaften oder Aktiengesellschaften unter ihresgleichen vereinigt wurden.
Die unechte Zusammenlegung (Vermögensübertragung) kam bei Wohnungsunternehmen solcher Rechtsformen in Frage, die nicht miteinander verschmolzen werden konnten, wie z. B. Gesellschaften mit beschränkter Haftung untereinander oder Genossenschaften mit Kapitalgesellschaften.

Für die Rheinische W., Rheinisch Westfälische W. und Westfälische W. kam demzufolge eine echte Zusammenlegung und damit eine Verschmelzung in Betracht.
Die Gesellschaften aber wiesen nach, daß sie mit der Bestandsbewirtschaftung ausgelastet waren.[2] Damit blieb diese Form der Zusammenlegung zunächst außer Betracht.
Drei Jahre später waren die Wohnungsgesellschaften jedoch wiederum von einer beabsichtigten Verwaltungsvereinfachung betroffen, als von Unternehmen sog. örtliche „Kriegsarbeitsgemeinschaften" zu bilden waren, die der RWK auch erzwingen konnte.[3] Der Vorstand erkannte die Möglichkeit, daß die Wohnungsgesellschaften pro forma eine Kriegsarbeitsgemeinschaft unter sich bilden konnten, die de facto mit dem gemeinsamen Vorstand bereits existierte. Fusban arbeitete einen Vertrag aus, der Gemeinsamkeiten der Verwaltung über vereinigte Häuserkarteien und Buchhaltungen bezweckte.[4]
Die Besonderheit für die Wohnungsgesellschaften lag darin, daß Fusban die verordnete Kriegsarbeitsgemeinschaft durch einen rechtlichen Zusammenschluß der Gesellschaften erweitern wollte. Dabei kam er auf die Möglichkeit der Verschmelzung zu-

---

[1] Mitteilung des RArbMin. zu Rechtsgrundlagen für die Verschmelzung von Wohnungsunternehmen, RArbBl. 1940 I S. 538; weiter Erlaß des RWK -III 4 Nr. 5335/5- vom 14.11.1941, Der soziale Wohnungsbau 1940, S. 19; Bodien, Das Gesetz über die Gemeinnützigkeit im Wohnungswesen, S. 134; TKA VSt/ 327.
[2] TKA VSt/ 1253.
[3] TKA VSt/ 1253.
[4] VA VS/ IX, Bl. 13.

rück, die den Vorteil der Reduzierung auf eine einmalige Bilanzierung und damit eine Buchhaltung bot.
Die Rheinisch Westfälische W. sollte ihr Grundkapital unter Berücksichtigung der anderen Gesellschaften erhöhen. Die VSt sollte als alleinige Aktionärin für jede Aktie der Wohnungsgesellschaften eine Aktie der Rheinisch Westfälische W. ausgeben.[5] Fusban zeigte auf, daß die neue Bilanz der Rheinisch Westfälische W. dann eine glatte Konsolidierung der bisherigen Bilanzen gewesen wäre. Der Vorstand nahm mit dem Reichsverband des deutschen gemeinnützigen Wohnungswesens Kontakt auf. Dessen Präsident, Julius Brecht, brachte das Anliegen der Gesellschaften beim RWK vor.
Brecht mußte dem Vorstand nach Rücksprache mit einem Vertreter des RWK jedoch mitteilen, daß bei einer Verschmelzung der Rheinische W., Rheinisch Westfälische W. und Westfälische W. mit dem Widerstand der Gauwohnungskommissare zu rechnen war.[6] Unter diesen Umständen erschien es den Gesellschaften zwecklos, die Frage der Verschmelzung weiter zu verfolgen.

bb) Mietverhältnisse im Krieg

Von den Verschmelzungsbestrebungen unberührt blieben die Mietverhältnisse, die zu Beginn des Krieges keine tiefgreifenden Beeinträchtigungen für die Mieter erfuhren und damit den allgemeinen Alltagsverhältnissen entsprachen. Der Kriegszustand machte sich im Alltag neben den Einberufungen zunächst nur durch Preissteigerungen und Qualitätseinbußen bei den Waren bemerkbar.
Seit Ende August 1939 wurden Lebensmittel neu rationiert. Es gab nicht mehr nur einen Bezugschein für Lebensmittel mit verschiedenen Scheinen für die Lebensmittelsorten. Reichsbrot-, Reichsfett-, Reichszuckerkarten wurden nun in Verbindung mit einer Haushalts-Stammkarte samt Lebensmittelverzeichnis ausgegeben. Den Bezug von Textilien und Bett- und Hauswäsche regelte ab November 1939 eine Reichskleiderkarte.[7] Außerdem bestand die erwähnte Verpflichtung zur Verdunkelung.
Ansonsten sollten der Bevölkerung über die zunächst 1,4 Mio. Einberufungen zum Kriegsdienst hinaus keine allzu hohen Belastungen auferlegt werden. Die Zahl der Dienstverpflichtungen nahm 1942 auf 680.000 ab.[8] Im Hinblick auf Versorgung und Wohnen verlief das Leben daher zunächst ähnlich wie vor Kriegsbeginn.

---

[5] Fusban an Springorum vom 22.09.1944, TKA VSt/ 1253; 36.000.000,-- RM (Rheinische W.) + 18.000.000,-- RM (Westfälische W.) = 54.000.000,-- RM; 54.000.000,-- RM + 20.000.000,-- RM (Rheinisch Westfälische W.) = 74.000.000,-- RM, die Geschäftsleitungen sollten für „gesunden Wetteifer" an ihren Standorten bleiben.

[6] Unterredung Fusbans mit Späing und Dinkelbach vom 14.11.1944 sowie Aktennotiz zur Verschmelzung vom 22.11.1944, TKA VSt/ 1253.

[7] Hinsichtlich des von der Westfälische W. für die Belegschaft der Nordseewerke Thyssen betreuten Bereichs nennt Haddinga für den ersten Zuteilungsabschnitt vom 25.9.1939 bis 22.10.1939: Brotkarte: 2400 g Brot oder 1900 g Brot+375 g Mehl/ Woche; Fleischkarte: 500 g Fleisch oder Fleischwaren/ Woche; Fettkarte: 80 g Butter, 125 g Margarine oder Pflanzen-/ Kunstfett oder Speiseöl, 65 g Schweineschmalz oder Speck und Talg, 62,5 g Käse/ Quark, 250 g Zucker und 100 g Marmelade; Haddinga, S. 28 f., 41; zur Ernährungsfrage Herbst, Ludolf, Der Totale Krieg und die Ordnung der Wirtschaft, Die Kriegswirtschaft im Spannungsfeld von Politik, Ideologie und Propaganda 1939-1945, Studien zur Zeitgeschichte, Band 21, Stuttgart 1982, S. 70 ff.; exemplarisch für das Ruhrgebiet Wisotzky, in: Borsdorf, S. 459; näher zur Bezugscheinpflicht RGBl. 1939 I S. 1498, 2195, 2221.

[8] Petzina, Arbeitsmarkt und Arbeitsmarktpolitik, S. 66.

a′) Vereinbarung und steuerliche Belastung des Mietzinses

Der Intention, die Belastungen geringzuhalten, entsprach die finanzielle Unterstützung nach dem Einsatz-Wehrmachtgebührnisgesetz (EWGG) vom 28.08.1939.[9] Angehörige der Wehrmacht, durch deren Einberufung der heimische Haushalt nicht mehr gesichert war, erhielten Familienunterhalt. Die Aufrechterhaltung des Haushalts in einem vertretbaren Ausmaß umfaßte zur Erhaltung des Besitzstands auch die Mietzinszahlung für die Mieter der Wohnungsgesellschaften. Ab Januar 1940 konnte die Miete auf Antrag unmittelbar an die Gesellschaften ausgezahlt werden, sofern diese nachwiesen, daß der Familienunterhaltsberechtigte für mehr als einen Zahlungsabschnitt im Rückstand war.[10]

Trotz des gleichbleibenden Mietniveaus betrachteten es die Wohnungsgesellschaften seit August 1941 in einigen Fällen als Risiko, bei Bezug einer neuen Wohnung eine endgültige Miete zu vereinbaren.[11] Aufgrund der Problematik, daß sie Bauten nicht fertigstellen konnten und gleichzeitig einer Wohnungsnot gegenüberstanden, die „namentlich in den Industrieorten katastrophale Ausmaße annahm“[12], waren die Gesellschaften gezwungen, auch unfertige Wohnungen beziehen zu lassen. Die Gesamtkosten waren in diesen Fällen noch unklar, so daß die Miethöhe bei Einzug nicht schriftlich im Vertrag festgehalten wurde. Die Mietpartei erhielt gleichzeitig mit dem Mietvertrag ein vertragsmodifizierendes Schreiben zur Miethöhe.[13] Dieses Verfahren zog aufgrund der Verbindung der Schriftstücke durch gleichzeitige Übergabe und mündliche Erklärung keine Schwierigkeiten nach sich. Das war nicht nur angesichts des hohen Wohnungsbedarfs, sondern auch im Hinblick auf die vereinbarten Beträge verständlich, denn es handelte sich in diesen Fällen regelmäßig um einen geringen Mietzins, so daß die Interessen der Mieterschaft gewahrt waren.

Die jährliche Durchschnittsmiete im Krieg lag ab 1940 bei 373,-- RM und blieb in den folgenden Jahren auf diesem Niveau, obwohl die Gauwohnungskommissare gem. Erlaß des RWK vom 04.04.1941 nach Ortsklassen die Möglichkeit hatten, Mietsätze je Quadratmeter Wohnfläche festzusetzen.

Damit war eine von Baukosten unabhängige Richtsatzmiete definiert, die dem unternehmerischen Einfluß ebenso entzogen war, wie die Gesellschaften die Steuern, die

---

[9] VA VS/ III, S. 53 f.; § 9 Gesetz über die Besoldung, Verpflegung, Unterbringung, Bekleidung und Heilfürsorge der Angehörigen der Wehrmacht bei besonderem Einsatz (Einsatz-Wehrmachtgebührnisgesetz - EWGG) vom 28.08.1939, RGBl. 1939 I S. 1531, dazu -stellenweise polemisch- Aly, Götz, Hitlers Volksstaat, Raub, Rassenkrieg und nationaler Sozialismus, Frankfurt/ M. 2005, S. 87.

[10] Schwierigkeiten ergaben sich lediglich, als eine Verwaltungsstelle der Rheinisch Westfälische W. unbedacht die Familien von eingezogenen Belegschaftsmitgliedern als werksfremde Mieter ansah und daraufhin höhere Mieten beanspruchte; VA VS/ VII, Bl. 2; VA VS/ III, S. 54; VA VS/ IV, Bl. 29.

[11] Jahresbericht der Vereinigte Stahlwerke AG 1939/ 40, S. 167; Monatsbericht der Vereinigte Stahlwerke AG September/ Dezember 1943, S. 77; TKA/ VSt 331; zu Ortsklassen Gesetz zur Anpassung des Ortsklassenverzeichnisses an die veränderten Verhältnisse vom 24.05.1940, RGBl. 1940 I S. 811; C. IV. 3 a) aa) e′).

[12] Monatsbericht des Regierungspräsidenten Ansbach für März 1941, zitiert bei Recker, Staatliche Wohnungsbaupolitik, S. 123, Fn. 27; Peters, S. 155.

[13] VA VS/ V, Bl. 62, 67; VA VS/ VI, Bl. 32, 37.

einen großen Teil der Mieten aufzehrten, als wesentliche wohnungswirtschaftliche Aufwandposten hinnehmen mußten.
Bezogen auf die von Fusban repräsentativ vorgestellten Zahlen für das Geschäftsjahr 1941/ 42 mußten die Rheinisch Westfälische W. und die Westfälische W. knapp 20 % und die Rheinische W. 25 % der Mieten für Steuerzahlungen an den nationalsozialistischen Staat aufwenden. Bei der nicht steuerbegünstigten Westdeutsche W. führten Vermögensteuer und Industrieumlage zu weiteren Belastungen und erklärten die Steuerhöhe von fast 40 %.

Tab. 85: Belastung der Mieten durch Steuern und sonstige Betriebskosten; 1941/ 42

Steuerbelastung	Rheinische W.	Rheinisch Westfälische W.	Westfälische W.	Westdeutsche W.
Steuerbelastung (%)	25,03	19,25	19,72	39,90
Steuerbelastung/ m²	1,39	1,14	1,12	2,77
Sonstige Betriebskosten/ m²	0,30	0,37	0,30	0,53

Quelle: TKA NSt/ 225.

Die sonstigen Betriebskosten, die z. B. städtische Gebühren oder Mehrausgaben für Wasser enthielten, bewegten sich bei den gemeinnützigen Gesellschaften mit 0,30 RM/ m² bzw. 0,37 RM/ m² auf identischem Niveau. Der erhöhte Anteil bei der Westdeutsche W., der 0,53 RM/ m² ausmachte, ergab sich aus der Ausstattung und Größe der Wohnungen sowie aus dem Mieterverhalten.
Der insgesamt hohe Steueranteil zeigt, daß das Haus- und Grundeigentum der Wohnungsgesellschaften für das öffentliche Finanzwesen von Bedeutung war. Zwar fiel die Hauszinssteuer fort, nachdem die Wohnungsgesellschaften sie zum 01.01.1943 abgelöst hatten,[14] in der Ertragsrechnung blieb aber die Belastung als Abschreibung auf den Abgeltungsbetrag in gleicher Höhe wie die bisherige Steuer auf die Dauer von zehn Jahren bestehen.

b') Räumungsklagen

Wollten die Wohnungsgesellschaften einem Mieter kündigen, hatten sie den weitreichenden Mieterschutz zu beachten. Die Mieterschutzverordnung von 1937 und ihre sechs Ausführungsverordnungen führten zum 01.01.1943 zu einem absoluten Mieterschutz, festgelegt mit Mieterschutzgesetz vom 15.12.1942 und mit Lockerungen nochmals geändert zum 07.11.1944.[15]

---

[14] Hintergrund war, daß die Wohnungsgesellschaften einen einmaligen Abgeltungsbetrag an das Deutsche Reich zu leisten hatten, der das Zehnfache des Jahresbetrags der Gebäudeentschuldungssteuer betrug und der nebst Zinsen als öffentliche Last (Abgeltungslast) auf dem Grundstück ruhte; vgl. VO über die Aufhebung der Gebäudeentschuldungssteuer vom 31.07.1942, RGBl. 1942 I S. 501; weiterführend Voß, S. 120.

[15] VO über den Kündigungsschutz für Miet- und Pachträume vom 28.08.1937, RGBl 1937 I S. 917; 6. VO zur Ausführung der VO über Kündigungsschutz für Miet- und Pachträume nebst Anlage zu § 5 vorstehender VO mit Mieterschutzgesetz in der Fassung vom 15.12.1942, RGBl. 1942 I S. 709, 712; VO über Änderungen des Mieterschutzrechts vom 07.11.1944, RGBl. 1944 I S. 319; C. IV. 3. a) aa) f').

Die Frage des Mieterschutzes gewann für die Wohnungsgesellschaften im Sommer 1940 besondere Bedeutung. Mehrere Betriebsgesellschaften der VSt wollten die von Werksfremden gemieteten Wohnungen für Werksangehörige freimachen.[16]
Es bestand die rechtlich komplizierte Situation, daß das MSchG seit September 1939 grundsätzlich für Mietverhältnisse aller Art galt, jedoch diejenigen Wohnungen davon ausgenommen waren, die mit Rücksicht auf ein zwischen den Vertragsteilen bestehendes Dienst- oder Arbeitsverhältnis vermietet waren (§§ 20-23 a MSchG). Auch wenn wie bei den Wohnungsgesellschaften der Mietvertrag gesondert vom Arbeitsvertrag abgeschlossen wurde, war die Anwendung der Vorschriften des MSchG umstritten.[17]

Die Rechtsprechung kam im Hinblick auf die rechtliche Einordnung der Wohnungen für die Anwendung des MSchG zu unterschiedlichen Ergebnissen. Das Amtsgericht Dortmund hielt die Klage der Westfälische W. gegen einen ehemaligen Betriebsangehörigen der Zeche Westhausen auf Herausgabe der Wohnung zwecks Vergabe an einen Werksangehörigen für begründet, während das Amts- und das Landgericht Siegen jeweils die Klage gegenüber einem Werksfremden - allerdings aus wiederum voneinander differierenden Gründen - als unbegründet abwiesen.[18]
Bei einer Klage gegen werksfremde Mieter konnten die Gesellschaften zunächst grundsätzlich die Aufhebung des Mietverhältnisses verlangen, wenn die überlassenen Räume von dem Inhaber des Betriebs zur Unterbringung von Betriebsangehörigen errichtet oder vor dem 01.07.1918 erworben oder gemietet worden waren. Die zeitliche Beschränkung entfiel schließlich Anfang der 1940er Jahre, als sich die h. M. der Literatur auch in der Rechtsprechung durchsetzte. Das war für die Wohnungsgesellschaften von großer Bedeutung, denn so erweiterten sich für sie die Möglichkeiten bei der Geltendmachung von Räumungsansprüchen. Nach einem Musterprozeß vor dem LG Siegen[19] wiesen die Gesellschaften fortan ausdrücklich auf die Werksbezogenheit der Wohnungen hin. Insofern war der nationalsozialistische Mieterschutz hier nur von eingeschränkter Bedeutung.

---

[16] Insbesondere die Werke in Nachrodt und Schwerte sowie die Hauptverwaltung der GBAG in Essen verliehen dieser Forderung durch schriftliche Anträge Nachdruck, VA VS/ IV, Bl. 78.
[17] Räumungsklage gem. § 22 i.V.m. § 4 MSchG; dessen Anwendbarkeit ergab sich, sofern die Räume, die für Angehörige eines bestimmten Betriebs zur Verfügung standen, weder dem Betriebsinhaber gehörten noch an ihn vermietet waren und ein Betriebsangehöriger die Räume mit Rücksicht auf das zwischen ihm und dem Betriebsinhaber bestehende Arbeitsverhältnis gemietet hatte; § 2 der 3. VO zur Ausführung der VO über Kündigungsschutz für Miet- und Pachträume vom 05.09.1939, RGBl. 1939 I S. 1670; § 4 der 2. VO zur Ausführung der VO über Kündigungsschutz für Miet- und Pachträume vom 31.08.1938, RGBl. 1938 I S. 1070; Ebel, Mieterschutzgesetz, S. 16, 102 ff.; Hans, Heinrich, Das Mieterschutzgesetz vom 15. Dezember 1942 mit Erläuterungen und Nebengesetzen, Aschendorffs Juristische Handbücherei, Bd. 14, 3. Auflage, Münster (Westf.) 1949, S. 22 ff., 62 ff..
[18] Anlage zu VA VS/ VI, Bl. 16.
[19] LG Siegen vom 31.10.1941 - 2 S 49/41 -; VA VS/ VI, Bl. 17; VA VS/ VIII, Bl. 84.

c') Wohnraumlenkung

Zwar bestand seit 1936 ein Verbot der Umwandlung von Wohnungen in Räume anderer Art. Mit zunehmender Dauer des Krieges kamen aber Teilungen oder Umbauten von Wohnungen in Betracht, um das bestehende Wohnraumangebot zu erhöhen.
Fusban initiierte angesichts der nachlassenden Neubautätigkeit im Juni 1942 den Versuch, Großwohnungen aufzuteilen.[20] Der Vorstand legte Wert darauf, daß eine solche Teilung auf freiwilliger Grundlage erfolgte. Allerdings wiesen die Geschäftsleitungen die Mieter großer Wohnungen nicht nur auf die Wohnraumknappheit, sondern auch auf eine etwaige Zwangseinweisung durch die Behörden hin.[21] Die Gauleiter waren als Gauwohnungskommissare ermächtigt, freien Wohnraum festzustellen und die Bereitstellung von Wohnraum anzuordnen.
Der Vorstand machte deutlich, daß bei den Wohnungsgesellschaften die bisherigen Mietverhältnisse gültig blieben. Eingewiesene genossen keinen Mieterschutz. Die Geschäftsleitungen lehnten den Abschluß von Mietverträgen mit Eingewiesenen grundsätzlich ab, da die Zahlung der Miete eine Angelegenheit des Wohnungsamtes war. Außerdem hätte ein neues Rechtsverhältnis dem bisherigen Mietvertrag entgegengestanden.[22] Soweit der Eingewiesene selbst zahlte, bedeutete dies die Zahlung auf Rechnung desjenigen Mieters, mit dem der Vertrag bestand.

Dennoch mußten die Wohnungsgesellschaften Eingriffe in die Mietverhältnisse dulden, wenn sie einer Einweisung nicht sofort widersprachen. In einem exemplarischen Fall wurde bei der Rheinisch Westfälische W. eine Person eingewiesen, obwohl es sich bei der betreffenden Wohnung nicht um eine freie, sondern um eine lediglich unterbelegte Wohnung handelte, deren Zuteilung die Wohnraumlenkungsverordnung nicht erfaßte. Da aber ab 01.07.1943 die „VO zur Wohnraumversorgung der luftkriegsbetroffenen Bevölkerung“[23] galt, waren Nebenwohnungen, unterbelegte Wohnungen, Ausbauwohnungen und zweckentfremdete Wohnungen zugunsten solcher Personen erfaßbar, die wegen „Luftgefährdung“ und Fliegerschäden umquartiert werden mußten. Als unterbelegt galt eine Wohnung, wenn die Zahl der Benutzer der

[20] VA VS/ VI, Bl. 43; 2. VO über das Verbot der Umwandlung von Wohnungen in Räume anderer Art vom 07.11.1936, RArbBl. 1936 I S. 301; VO über das Verbot der Umwandlung von Wohnungen in Räume anderer Art vom 29.07.1941, S. 451; VO über das Verbot der Zweckentfremdung von Wohnungen vom 14.08.1942, RGBl. 1942 I S. 545; Hügemann, S. 298; VA VS/ VII, Bl. 7.
[21] Eine öffentlich-rechtliche Beschlagnahme von Wohnräumen war nach dem Reichsleistungsgesetz vom 01.09.1939 möglich. Einweisungen setzten die Wohnungsämter ohne Rücksicht auf bestehende Mietverhältnisse um; Gesetz über Sachleistungen für Reichsaufgaben (Reichsleistungsgesetz) vom 01.09.1939, RGBl. 1939 I S. 1645; Hügemann, S. 301.
[22] Die Beschlagnahme nach dem Reichsleistungsgesetz war umstritten; ablehnend z. B. Julius Brecht, Präsident des Reichsverbandes der deutschen gemeinnützigen Wohnungsunternehmen, befürwortend v. Schunk, GAG Köln; Richtlinien des RArbMin. zum Bau von Wohnungen für Obdachlose von Luftangriffen vom 10.07.1942, RArbBl. 1942 I S. 331 - Speer widersetzte sich, da die Wohnungen nicht mehr dem Führererlaß vom 15.11.1940 entsprachen; Seldte rechtfertigte dies mit der „Notlage der Bombengeschädigten“, Seldte an Lammers am 08.09.1942, BArch R 43 II/ 1009a, Bl. 111 ff.; § 1 der VO zur Wohnraumlenkung vom 27.02.1943, RGBl. 1943 I S. 127; Harlander, Zwischen Heimstätte und Wohnmaschine, S. 264; Kerner, S. 513 ff.; VA VS/ VII, Bl. 27; VA VS/ IX, Bl. 40.
[23] VO vom 21.06.1943, RGBl. 1943 I S. 355.

dazugehörigen Räume um mehr als eins kleiner war als die Zahl dieser Räume.[24] Aus wichtigem Grund konnte ein Widerspruch formuliert werden, über den das Mieteinigungsamt oder ersatzweise das Amtsgericht entschieden. Die Rheinisch Westfälische W. widersprach der Zuweisung des Mieters aber nicht und mußte sich daraufhin dem Eingriff in das bestehende Mietverhältnis beugen.

Die Wohnraumlenkung bedeutete für die Wohnungsgesellschaften auch, daß sie freie Wohnräume nicht mehr ohne weiteres vermieten durften. Vielmehr sollte „bevorrechtigten" und „begünstigten Volkskreisen" Wohnraum zugewiesen werden.[25]
Die Geschäftsleitungen versuchten, bei den Städten die Nichterfassung der Wohnungen zu erreichen. Stichproben ergaben für Duisburg, Wattenscheid, Gladbeck und Dortmund, daß sich die Wohnungen dort kaum für eine Aufteilung durch eine Zuweisung eigneten.[26] So mußte die Westfälische W. freiwerdende Wohnungen in Dortmund nicht melden, verpflichtete sich aber gegenüber der Stadt, nur Mieter aus bevorrechtigten Volkskreisen aufzunehmen.
Die Gesellschaften strebten solche Vereinbarungen auch mit anderen Städten an. Die Rheinisch Westfälische W. meldete in allen Fällen die freien Wohnungen, schlug aber gleichzeitig die Besetzung mit Werksangehörigen vor. Da gegen die Vorschläge in der Regel keine Einwände bestanden, verblieb der Rheinisch Westfälische W. eine freie Verfügung im Rahmen der Bestimmungen. Keine Schwierigkeiten gab es auch im Bereich der Rheinische W., die die Besetzung der freien Wohnungen selbst durchführen konnte, aber Wohnräume an Belegschaftsmitglieder der Werke vermieten sollte, sofern es sich um Angehörige der bevorzugten Volkskreise handelte.[27]
Insgesamt war es Ziel der Vereinbarungen, eine möglichst weitreichende Unterbringung Wohnungsloser mit den Rechten der Wohnungsmieter in Einklang zu bringen.

cc) Luftangriffe auf Industrie- und Wohngebiete

Über diese wohnungspolitischen Maßnahmen hinaus sah sich die VSt zu einer Familienwohnungshilfe veranlaßt, als die Luftangriffe alliierter Verbände eine hohe Intensität annahmen.[28]
Nachdem britische Bomberverbände im Mai 1940 ihre Operationen zunächst mit dem Befehl begonnen hatten, militärisch bedeutsame Ziele anzugreifen, waren im Juli 1940 erstmals Bestände der Wohnungsgesellschaften, allerdings noch außerhalb des Rhein-/ Ruhrgebiets, betroffen. Die ersten Angriffe beschädigten die von der Westfälische W.

[24] vgl. VO über das Verbot der Zweckentfremdung von Wohnungen vom 14.08.1942, RGBl. 1942 I S. 545.
[25] „Bevorrechtigt": z. B. Kriegsversehrte der Stufe IV, Träger Eichenlaub zum Ritterkreuz des Eisernen Kreuzes, Hinterbliebene von Kriegsteilnehmern, wenn mehr als zwei Familienangehörige kriegsbedingt verstarben; „begünstigt": z. B. Familien von Kriegsversehrten Stufen II/ III, mit mindestens einem minderjährigen Kind im Haushalt, Träger des Ritterkreuzes des Eisernen Kreuzes, Familien von Hinterbliebenen des Krieges mit mindestens zwei Kindern, wenn ein Ehegatte oder ein Kind infolge einer Kriegseinwirkung verstarb; dazu Ebel, Martin, Die Wohnraumlenkung, in: RArbBl. 1943 V, S. 175-179, hier S. 176.
[26] VA VS/ VII, Bl. 36, 38.
[27] VA VS/ VII, Bl. 36, 38, 44; VA VS/ VIII, Bl. 9.
[28] Die Westfälische W. versuchte, die Wohnungshilfe im Sauer- und Siegerland durchzuführen, aber auch dort war nur noch eingeschränkt Wohnraum verfügbar; allein im Bereich der Rheinische W. in Engers-Bendorf erhielten Wohnraumsuchende einige wenige Zimmer, VA VS/ VII, Bl. 64.

verwalteten Wohnungen in Emden.[29] Im Dezember 1940 folgte das erste Flächenbombardement („area attack") in Mannheim. Im Sommer 1941 ging das Air Ministry in London dazu über, auch Angriffe gegen die deutsche Zivilbevölkerung mit dem Ziel der Demoralisierung anzuordnen („moral bombing").
Unter dem Befehl des am 14. Februar 1942 zum Chef des Oberkommandos des Bomber Command ernannten Arthur Harris erfolgten nun systematische Angriffe auf der Grundlage einer vom Ministry of Economic Welfare (MEW) erstellten Liste mit 100 deutschen Städten. Harris wies den britischen Bomberverbänden die Rolle zu, „für die Zerstörung deutscher Städte, die Tötung deutscher Arbeiter und die Zerschlagung des zivilisierten sozialen Lebens in ganz Deutschland" zu sorgen.[30] Das MEW verlieh den Städten Rangziffern, die ihre allgemeine ökonomische Bedeutung („key point ratio") sowie die ökonomische Bedeutung der Stadt im Verhältnis zu ihrer Einwohnerzahl („key point factor") kennzeichneten. Untersuchungen zum Städteaufbau führten den britischen Stadtgeographen Dickinson dazu, die deutschen Städte in eine zentrale Zone („central zone") mit leicht brennbaren alten Häusern, in angrenzende Wohnzonen mit hoher Bevölkerungsdichte und jüngeren Gebäuden, in Industriezonen sowie in die Wohngebiete der Vorstädte einzuteilen.[31]
Nach den ersten Großangriffen der Royal Air Force (RAF) auf Essen, Köln, Lübeck und Rostock erfolgte in der Nacht vom 30. auf den 31. Mai 1942 der 1.000-Bomber-Angriff auf Köln, dem am 01.06.1942 ein Großangriff auf Essen folgte. Auch wenn 1942 nach britischen Angaben bereits 1.000 Einsätze in das Gebiet des Deutschen Reichs geflogen wurden, war dies im Verhältnis zu der Angriffsintensität im darauffolgenden Jahr noch wenig. Sowohl Verbesserungen der Ortungstechnik, die 1942 in dem grob peilenden Leitstrahlsystem „GEE" und 1943 in dem genauer arbeitenden System „Oboe" sowie in der daraus weiterentwickelten Radartechnik zum Ausdruck kamen, als auch das auf der Konferenz von Casablanca am 21.01.1943 vereinbarte gemeinsame Vorgehen von Briten und Amerikanern bei der Bombardierung deutscher Städte führten zur Intensivierung des Luftkriegs. Während die RAF weiterhin Nachtangriffe flog, war die 8. United States Army Air Force (USAAF) für die Tageseinsätze der Bomber gegen die deutschen Städte zuständig.

Die Alliierten hatten den Transport und die Verteilung der Kohle - ein Schlüsselrohstoff der deutschen Kriegswirtschaft - als Schwachstelle erkannt und strebten die Isolierung des Ruhrgebiets aus der Luft an. Der Bombenkrieg und die Kontrolle des westdeutschen Raums durch die Westalliierten stellten die deutsche Kriegsführung vor extreme, letztlich nicht mehr lösbare Probleme.[32] Die Angriffe reihten sich tageweise

---

[29] Haddinga, S. 13, 55, 74, 81, 106.
[30] Overy, Richard, Die alliierte Bombenstrategie als Ausdruck des „totalen Krieges", in: Kettenacker, Lothar (Hrsg.), Ein Volk von Opfern ? Die neue Debatte um den Bombenkrieg 1940-1945, Berlin 2003, S. 27-47 unter Bezugnahme auf „Harris papers" des Royal Air Force Museum (RAFM) , hier S. 39 f. .
[31] Hohn, S. 15.
[32] Messerschmidt, Manfred, Krieg in der Trümmerlandschaft, Pflichterfüllung wofür ?, in: Borsdorf, Ulrich/ Jamin, Mathilde (Hrsg.), Über Leben im Krieg, Kriegserfahrungen in einer Industrieregion 1939-1945, Reinbek 1989, S. 169-179, hier S. 169 f. .

aneinander und abgeworfene Flugblätter enthielten die Mitteilung, daß zur Abkürzung des Krieges „die gesamte Kriegsindustrie des Ruhrgebiets einem erbarmungslosen Bombardement ausgesetzt" würde.[33] Von den rund 80 Mio. Einwohnern des Deutschen Reichs lebten im Juni 1943 26 Mio. in Großstädten mit über 100.000 Einwohnern.[34] Mit Duisburg, Essen, Dortmund und Bochum waren unter den aufgelisteten Städten zentrale Orte der Wohnungsgesellschaften.

Im einzelnen leitete am 05.03.1943 ein Großangriff auf Essen die „Battle of the Ruhr" ein. Die sechstgrößte deutsche Stadt mit dem Sitz des Vorstands der Wohnungsgesellschaften hatte 667.000 Einwohner in 62.200 Wohnhäusern. Diese verteilten sich gemeinsam mit 22 Kohlenzechen, 20 Maschinenbaubetrieben, einem Warmwalzwerk, 25 Eisen- und Stahlwerken, sechs Gießereien, einer Autofabrik, acht Kokereien, zwei Glashütten und 31 Bekleidungsbetrieben auf 188 km² Fläche. Allerdings überschätzten die Briten die Bedeutung Essens für die gesamte deutsche Rüstung, denn der Wert der dortigen Industrieproduktion machte *Boog* zufolge nur 1,21 % der deutschen Gesamtproduktion aus und auch die Stahlproduktion betrug nach *Boog* nur 1 % der deutschen Gesamtkapazität.[35] Abgesehen von der Fertigung insbesondere von Panzerplatten, schweren Geschützen, Panzertürmen und Sondergeschützen erfolgte in Essen die Erprobung neuer Waffen. Mit dem letzten Großangriff vom 11.03.1945 brach die Gas-, Wasser- und Lichtversorgung zusammen. Die Einwohnerzahl sank bis 1945 auf 285.000 Personen und damit auf 43 % der Einwohnerzahl von 1939.

Für Dortmund, der Stadt der Zentrale der Westfälische W., verzeichnete das britische Luftfahrtministerium für die Zeit von 1939 bis 1945 105 Hauptangriffe.
Die Ausmaße der Beschädigungen nahmen auch hier mit den Großangriffen seit 1943 besonders zu. Am 06.10.1944 erfolgte ein Großangriff, der die „Second battle of the Ruhr" einleitete und dem neben dem Hauptbahnhof etwa 1.000 Häuser und über 1.000 Personen zum Opfer fielen. Im Zuge des am 17.02.1945 von den Alliierten beschlossenen „Ruhrabriegelungs-Programms", das zur Isolierung des Rhein-/ Ruhrgebiets konzentrierte Angriffe auf Städte und Eisenbahnen auf einer Linie von Bremen bis Neuwied/ Rhein vorsah, kam es dann am 12.03.1945 zum größten Luftangriff mit nahezu

---

[33] So z. B. Gelsenkirchen am 05.11./ 06.11.1944 tagsüber und nachts, Goch, S. 92; Friedrich, Jörg, Der Brand, Deutschland im Bombenkrieg 1940-1945, 12. Auflage, München 2003, S. 305; Müller, Rolf-Dieter, Grundzüge der deutschen Kriegswirtschaft 1939 bis 1945, in: Bracher, Karl Dietrich/ Funke, Manfred/ Jacobsen, Hans-Adolf, Deutschland 1933-1945, Neue Studien zur nationalsozialistischen Herrschaft, Bonner Schriften zur Politik und Zeitgeschichte, Bd. 23, Düsseldorf 1992, S. 357-376, hier S. 374; Roth, Karl Heinz, Agonie und Katastrophe 1945, in: Eichholtz, Dietrich, Geschichte der deutschen Kriegswirtschaft 1939-1945, Band III: 1943-1945, Teil 2, München 1999, S. 613-679, hier S. 621, 629, 660; neben der Vielzahl lokaler Studien weiterführende Literatur zum Bombenkrieg mit Bezugnahme auf das Ruhrgebiet bei Zimmermann, Michael, Nationalsozialismus, in: Faulenbach/ Jelich, S. 53-67, hier S. 64, Fn. 31; mit Kritik zur literarischen Rezeption Hage, Volker, Zeugen der Zerstörung, Die Literaten und der Luftkrieg, Frankfurt/ M. 2003, S. 113 ff. .

[34] Groehler, in: Boog, S. 338; v. Mahs, S. 58 ff. .

[35] Boog, Horst, Strategischer Luftkrieg in Europa und Reichsluftverteidigung 1943-1944, in: *derselbe*/ Krebs, Gerhard/ Vogel, Detlef, Das Deutsche Reich und der Zweite Weltkrieg, Band 7, Das Deutsche Reich in der Defensive, Strategischer Luftkrieg in Europa, Krieg im Westen und in Ostasien 1943-1944/45, München 2001, S. 1-415, hier S. 18 , zudem Tabelle zu britischen Großangriffen auf Essen S. 19 sowie Karte zu Angriffszielen des britischen Bomber Command und der 8. USAAF von Januar bis August 1944, hinter S. 104.

4.900 t Sprengkörpern. Danach waren in Dortmund 95 % des Stadtkerns sowie 60 % des Wohnraums zerstört. Die Mehrzahl der Bevölkerung Dortmunds hatte Unterkunft und Eigentum verloren und lebte in Notquartieren. Die Wasser- und Stromversorgung funktionierte nicht mehr und die Industrieanlagen waren stark beschädigt.
Die USAAF hielt fest, daß bis dahin Essen den massivsten Luftangriff erlebt hatte, aber „this record stood only one day, for on 12 March Dortmund received 4.899 tons from 1.107 aircrafts."[36] Bis 1945 sank Dortmunds Bevölkerung auf 300.000 Menschen, die *Petzina* zufolge „innerhalb des zweitgrößten Trümmerberges des Reviers in der Hälfte des Wohnungsbestands von 1939 hausten".[37] In der zerstörten Altstadt galten innerhalb der Wälle nur noch drei Häuser als bewohnbar.

In Duisburg am Sitz der Rheinische W. kamen 73 % der Luftkriegsopfer im Jahr 1944 ums Leben. Darunter waren mehr als 1.000 Einwohner, die am 15.10.1944 ihr Leben verloren, da sie nach dem nur 16 Stunden zurückliegenden letzten Großangriff nicht mit einem weiteren Angriff gerechnet hatten. Insgesamt starben allein in Alt-Duisburg im Luftkrieg 6.140 Menschen.[38] Insbesondere für die Stadt Duisburg basierten die Schadensfeststellungen auf unterschiedlichen Quellen und wichen voneinander ab.
Deutlich wurde aber, daß der Zerstörungsgrad in der Duisburger Altstadt, in Beeck und in Untermeiderich mit weit über 50 % (58,4 %/ 57,7 %/ 54,6 %) am höchsten war.[39]

Daneben verursachten im Bereich der Wohnungsgesellschaften Großangriffe gegen Gelsenkirchen (25./26.06; 09./10.07.1943), Oberhausen (14./15.06; 22./ 23.06.1943), Mülheim a.d. Ruhr (22./23.06.1943) und Bochum (29./ 30.03.; 13./14.05.; 12./13.06. 1943) große Schäden.[40] Allein in Bochum machte am 04.11.1944 ein Angriff mit 700

---

[36] Högl, Günther, Dortmund am Ende der Weimarer Republik und während der Herrschaft des Nationalsozialismus, in: Luntowski/ Reimann, S. 271-296, hier S. 294; Michalski, Heinz-Bernd, Objekte der Eisen- und Stahlindustrie in Dortmund, in: Fischer/ Kleinschmidt, S. 224; Blank, Ralf, Die Stadt Dortmund im Bombenkrieg, in: Sollbach, Gerhard E. (Hrsg.), Dortmund, Bombenkrieg und Nachkriegsalltag, 1939-1948, Hagen 1996, S. 13-55, hier S. 51; Blank, in: Echternkamp, S. 443 ff. .

[37] Petzina, in: Luntowski/ Reimann, S. 297-311, hier S. 304; zudem Karte zu Kriegsschäden 1939-1945 in Dortmund, die die totale Zerstörung der Innenstadt ausweist, S. 309 Abb. 53.

[38] Großangriffe vom 3.4.1943, 1.5.1943, 28.5.1943, 25.7.1943, 26.3.1944, 27.4.1944, 30.9.1944, 23.10.1944, 25.10.1944, 29.11.1944, 12.12.1944, 11.3.1945, Wisotzky, in: Borsdorf, S. 461 ff.; Kanther, Zwangsarbeit, S. 69 Tab. 4, S. 71.

[39] Hohn, S. 78 ff., S. 314 Karte 19, Zerstörungen in Bezirken Duisburgs; auch die Zahlen der Reichsstelle für Raumordnung und des Statistischen Reichsamtes zeigen kein einheitliches Bild, BArch R113/ 2027, 2413; Bericht des Statistischen Reichsamtes Außenstelle Weimar - 3418A - „Die im Luftkrieg entstandenen Schäden an Wohngebäuden und die Gefallenenzahlen im Großdeutschen Reich nach Befehlshaberbereichen der Ordnungspolizei in der Zeit vom 01.10.1940 - 31.12.1943 auf Grund der täglichen Lagemeldungen des Chefs der Ordnungspolizei, Weimar Februar 1944, BArch R 113/ 2412; zu Auswirkungen der Luftangriffe im Gau Essen, 01.09.1939 - 31.12.1943, geheime Tabelle der Reichstelle für Raumordnung, BArch R 113/ 1695.

[40] Groehler, Olaf, Bombenkrieg gegen Deutschland, Berlin 1990, S. 92 ff.; Hohn, S. 16 f. mit Karte zur Verteilung und Stärke der RAF-Angriffstätigkeit im Zuge der „Battle of the Ruhr", S. 301; zusammenfassend Wehler, Hans-Ulrich, Deutsche Gesellschaftsgeschichte, Vierter Band, Vom Beginn des Ersten Weltkriegs bis zur Gründung der beiden deutschen Staaten 1914-1949, München 2003, S. 931 ff.; Boog, Horst, Luftwaffe und unterschiedsloser Bombenkrieg bis 1942, in: Michalka, Wolfgang (Hrsg.), Der Zweite Weltkrieg, Analysen Grundzüge Forschungsbilanz, Im Auftrag des Militärgeschichtlichen Forschungsamtes, München Weyarn 1997, S. 523-531, hier S. 526; Übersicht zu Großangriffen des Bomber Command auf Deutschland im Rahmen der

Bombern, die 130.000 Brand- und 10.000 Sprengbomben abwarfen, 70.000 Menschen obdachlos.[41]

Unter Auswertung und Abwägung der verfügbaren Quellen ermittelte *Hohn*, daß im rheinisch-westfälischen Gebiet Essen hinter Aachen, Münster und Köln am stärksten von Bombenschäden betroffen war. Neben dem hohen Zerstörungsgrad im Rheinland in den Regierungsbezirken Köln und Düsseldorf (39,4 % bzw. 37,1 %) waren die Hellwegstädte Duisburg, Mülheim, Essen, Bochum und Dortmund noch stärker zerstört, als die Emscherstädte Oberhausen, Bottrop, Gelsenkirchen, Herne und Castrop-Rauxel, mit Ausnahme von Wanne-Eickel.[42] Prozentual vergleichbare Wohnungstotalverluste ergaben sich für Bochum (29 %), Dortmund (29 %) und Duisburg (33 %).

Letztlich bedeutete das Ziel der Alliierten, Verkehrsanlagen und Industriebetriebe auszuschalten, daß die in der Nähe der Werke befindlichen Gebäude der Wohnungsgesellschaften stets im Zentrum der Luftangriffe lagen.

a') Schadensumfang bei den Wohnungsgesellschaften

Verluste nach Luftangriffen auf die Bestände der Wohnungsgesellschaften gab es im Rhein-/ Ruhrgebiet seit Oktober 1941.[43]

Zwar wurde angesichts der Intensivierung des Luftkriegs in Berlin im Januar 1943 unter dem Vorsitz von Goebbels noch der „Interministerielle Luftkriegsschädenausschuß" zur Koordinierung von Betreuungs- und Unterbringungsmaßnahmen und für die Mobilisierung von Versorgungsgütern gegründet. Dem Ausschuß gelang es jedoch nicht, die mit den Zerstörungen wachsende Wohnraumunterversorgung aufzuhalten. Die Überbelegung war das größte Problem der Städte, denn die Häuser waren „vollgestopft mit Menschen, vom Keller bis zum Boden".[44]

Allein bei den gemeinnützigen Gesellschaften führten die Angriffe der britischen und amerikanischen Luftstreitkräfte bis zum September 1944 zu 2.163 unbewohnten Wohnungen.

„Battle of the Ruhr" bei Boog, Strategischer Luftkrieg, in: *derselbe*/ Krebs/ Vogel, S. 17; zu den Luftoffensiven ab Herbst 1944 vertiefend Blank, Ralf, Die Kriegsendphase an Rhein und Ruhr 1944/ 45, in: Rusinek, Bernd-A., Kriegsende 1945, Verbrechen, Katastrophen, Befreiungen in nationaler und internationaler Perspektive, Dachauer Symposien zur Zeitgeschichte, Bd. 4, Göttingen 2004, S. 88-124, hier S. 90 ff. .

[41] Plumpe, Werner, Alltag bei Kriegsende: Überlebensstrategien von Bevölkerung und Wirtschaft im Übergang 1945/ 46, in: Barbian, Jan-Pieter/ Heid, Ludger (Hrsg.), Zwischen gestern und morgen, Kriegsende und Wiederaufbau im Ruhrgebiet, Essen 1995, S. 158-171, hier S. 158; Bochums Blockbebauung ersichtlich bei Friedrich, Jörg, Brandstätten, Der Anblick des Bombenkriegs, München 2003, S. 32.

[42] VSt-Zentrale bei Friedrich, Jörg, Brandstätten, S. 33.

[43] VA GB/ 1941/42, S. 2; neben Augenzeugenberichten Fotodokumente aus 17 Stadtarchiven, dem Zentralarchiv der WAZ-Mediengruppe Essen und dem Militärgeschichtlichen Forschungsamt Potsdam zu Zerstörungen in Gelsenkirchen, Duisburg, Dortmund, Bochum, Essen, Oberhausen sowie Recklinghausen, bei Grontzki, Nina/ Niewerth, Gerd/ Potthoff, Rolf (Hrsg.), Als die Steine Feuer fingen, Der Bombenkrieg im Ruhrgebiet, Essen 2003, S. 15 f., 19 f., 25, 27, 30 f., 34 f.,41, 45, 50 f., 55, 59, 63, 67 f., 73, 111, 113, 115 f. ; Goch, S. 29 ff., 211; zur Trümmerfotografie Jäger, Jens, Fotografie-Erinnerung-Identität, Trümmeraufnahmen aus deutschen Städten 1945, in: Hillmann, Jörg/ Zimmermann, John, Kriegsende 1945 in Deutschland, Militärisches Forschungsamt, Beiträge zur Militärgeschichte, Band 55, München 2002, S. 287-300, hier S. 293 ff. .

[44] Recker, Wohnen und Bombardierung im Zweiten Weltkrieg, S. 412 f., 415.

Im Winterhalbjahr 1944/ 45 setzten die schwersten Luftangriffe ein. Die Zahl der am 30.09.1944 unbewohnten Wohnungen erhöhte sich bei den gemeinnützigen Gesellschaften in der letzten Phase des Krieges bis zum 01.05.1945 auf insgesamt 17.046 Wohnungen.[45]

Tab. 86: Wohnungsnutzung bei den gemeinnützigen Wohnungsgesellschaften; 1944/45

	Bewohnte Wohnungen		Unbewohnte Wohnungen			
	Anzahl		Anzahl		%	
	30.09.44	01.05.45	30.09.44	01.05.45	30.09.44	01.05.45
Rheinische W.	21.180	14.659	1.346	7.944	6,0	35,1
Rheinisch Westfälische W.	20.775	14.750	620	6.822	2,9	31,6
Westfälische W.	15.530	13.451	197	2.280	1,3	14,5
Gesamt	57.485	42.860	2.163	17.046	3,6	28,5

Quelle: Berechnung und Zusammenstellung nach VA GB/ RWW/ 1944/45, S. 5; BBA 55/ 1731.

Diese Zahlen verdeutlichen, daß die Wohnungsbestände im Vergleich zu den ersten fünf Kriegsjahren innerhalb eines halben Jahres einen vielfachen Schaden erlitten.[46]

Im einzelnen waren bei der Westdeutsche W. im Mai 1945 1.305 Wohnungen unbewohnt. Das entsprach einem Anteil von 36,3 % ihres Bestands. Bei 2.953 beschädigten Wohnungen bedeutete das zugleich, daß bei der Westdeutsche W. der Anteil der nicht mehr bewohnten Wohnungen an den kriegsbeschädigten Wohnungen 44,2 % betrug. Damit lag die Westdeutsche W. über dem Durchschnitt der unbewohnten Wohnungen bei den gemeinnützigen Gesellschaften, der mit 28,5 % vor allem deshalb niedriger war, weil die Westfälische W. mehr als dreimal weniger unbewohnte Wohnungen in ihrem Bestand hatte als die Rheinische W. .

Sowohl die Rheinische W. als auch die Rheinisch Westfälische W. bewegten sich mit 35,1 % bzw. 31,6 % annähernd auf dem Niveau der Westdeutsche W. . Diese Zahlen bedeuteten angesichts der bis zum 30.09.1944 nach über fünf Kriegsjahren noch einstelligen Prozentwerte, daß bis zum 01.05.1945 innerhalb von sieben Monaten nahezu ein Drittel aller Wohnungen der Rheinische W. und Rheinisch Westfälische W. zu unbewohnten Räumlichkeiten wurden. Bei der Westfälische W. war zwar der Umfang geringer, doch war hier innerhalb der sieben Monate eine mehr als elffache Steigerung bei den unbewohnten Wohnungen feststellbar.

---

[45] VA GB/ RWW/ 1944/45, S. 5.

[46] Diese Schadensentwicklung entsprach dem allgemeinen Anstieg der kriegsbedingten Todesfälle. So waren die Verluste bis zum Sommer 1944 genauso hoch wie von diesem Zeitpunkt bis zum Kriegsende. In den fünf Monaten von Dezember 1944 bis April 1945 kamen kriegsbedingt etwa zehnmal soviel Deutsche wie bis zum Angriff auf die Sowjetunion im Juni 1941 um; Overmans, Rüdiger, Deutsche militärische Verluste im Zweiten Weltkrieg, Schriftenreihe des Militärgeschichtlichen Forschungsamtes, Band 46, München 2000, S. 238 f. .

Für eine nähere Klassifizierung der Schäden gab es die Unterscheidung zwischen Vollschäden (Totalschäden) und Teilschäden.
Ein Totalschaden lag für die Wohnungsgesellschaften vor, wenn sämtliche Wohnungen eines Hauses nicht mehr bewohnbar waren.[47] Diese Einordnung entsprach den offiziellen Schadensdefinitionen, die „total zerstört“ von „schwer beschädigt“, „mittelschwer beschädigt“ und „leicht beschädigt“ unterschieden.[48] Danach galt als

total zerstört:	Instandsetzung nicht möglich oder hinsichtlich des Material- und Arbeitsaufwands einem Neubau gleichkommend;
schwer beschädigt:	überwiegend nicht benutzbar - Instandsetzung erfordert längere Zeit;
mittelschwer beschädigt:	Schäden, die in ihrem Umfang zwischen schwer und leicht lagen; z. B. ausgebrannter Dachstuhl, einzelne ausgebrannte Wohnung;
leicht beschädigt:	Instandsetzung in kurzer Zeit ohne größere Bauarbeiten durchführbar; z. B. zerstörte Fensterkreuze, Türen, Teilschäden an Dächern.

Die Wohnungsgesellschaften klassifizierten die Zerstörungsgrade darüber hinaus, indem sie die Schäden in Prozentgruppen einteilten, die bis 25 %, von 26 % bis 50 %, von 51 % bis 75 % und von 76 % bis 100 % reichten.

Sowohl absolut als auch relativ betrachtet erlitt die Rheinische W. die höchsten Schäden. Von 22.603 Wohnungen waren am 01.05.1945 mit 20.171 Wohnungen über 89 % des Bestands beschädigt. Davon waren 5.258 Wohnungen und damit fast ein Viertel des Bestands zu mehr als 75 % betroffen. Die mittleren Schäden zwischen 26 % und 75 % traten demgegenüber - wie bei den anderen Gesellschaften auch - dahinter zurück, während die leichten Schäden bei den gemeinnützigen Gesellschaften knapp die Hälfte und bei der Westdeutsche W. über ein Drittel aller Schäden ausmachten. Die Westdeutsche W. schien mit 2.953 beschädigten Wohnungen gegenüber den anderen Gesellschaften wesentlich weniger Schäden erlitten zu haben, denn neben den 20.171 Wohnungen der Rheinische W. stellte die Rheinisch Westfälische W. noch 17.968 und die Westfälische W. 11.118 Wohnungen als beschädigt fest. Bezogen auf den Bestand am 01.05.1945 über 3.594 Wohnungen waren dies bei der Westdeutsche W. jedoch 82 %, so daß eine ähnliche Beschädigungsquote wie für die Rheinisch Westfälische W. (83,3 %) vorlag und die Westdeutsche W. im Verhältnis zur Westfälische W. über 11 % mehr Schäden erlitt.
Hinzu kam, daß die Rheinische W., die Rheinisch Westfälische W. sowie die Westdeutsche W. zwischen 21,5 und 23,3 % schwere Schäden an ihrem Wohnungsbestand feststellten, während bei der Westfälische W. lediglich 6,1 % bis 8,2 % der Gebäude schwer getroffen waren. Dagegen lag die Westfälische W. bei den leichten Schäden mit 48,4 % knapp vor der Rheinische W. (48,3 %), gefolgt von der Rheinisch Westfälische W. mit 39,4 % und der Westdeutsche W. mit 34,2 %.

---

[47] VA VS/ VII, Bl. 51.
[48] Schadensdefinitionen der Reichsstelle für Raumordnung, BArch R 113/ 2412.

Zusammengenommen zeigte sich knapp ein Viertel des Gesamtbestands der Gesellschaften zu mehr als 75 % zerstört, ein weiteres Viertel verteilte sich auf mittlere Beschädigungen und zur Hälfte hatten die Häuser Schäden bis zur Zerstörungsgrenze von 25 %.

Tab. 87: Kriegsschäden; Mai 1945

Anzahl der Kriegsschäden						
Gesellschaften	Wohnungen	Beschädigungen				
		bis 25 %	26 - 50 %	51 -75 %	76 -100 %	Summe Spalten 3 - 6
1	2	3	4	5	6	7
Rheinische W.	22.603	10.901	2.739	1.273	5.258	20.171
Rheinisch Westf. W.....	21.572	8.503	2.357	2.470	4.638	17.968
Westfälische W.	15.731	7.614	1.256	952	1.296	11.118
Westdeutsche W.	3.594	1.231	483	418	821	2.953
Gesamt		28.249	6.835	5.113	12.013	52.210
%		54,1	13,1	9,8	23,0	100
Anteil der Kriegsschäden am Wohnungsbestand jeder Gesellschaft						
Gesellschaften	Wohnungen gesamt	Beschädigungen - % -				
		bis 25 %	26 - 50 %	51 -75 %	76 -100 %	Summe Spalten 3 - 6
1	2	3	4	5	6	7
Rheinische W.	22.603	48,3	12,2	5,6	23,3	89,4
Rheinisch Westf. W. ...	21.572	39,4	10,9	11,5	21,5	83,3
Westfälische W.	15.731	48,4	8,0	6,1	8,2	70,7
Westdeutsche W.	3.594	34,2	13,4	11,6	22,8	82,0
Anteil der Kriegsschäden am Gesamtschadensbestand						
Gesellschaften	Beschädigte Wohnungen	Beschädigungen - % -				
		bis 25 %	26 - 50 %	51 -75 %	76 -100 %	Summe Spalten 3 - 6
1	2	3	4	5	6	7
Rheinische W.	20.171	54,0	13,6	6,3	26,1	100
Rheinisch Westf. W.....	17.968	47,3	13,1	13,8	25,8	100
Westfälische W.	11.118	68,5	11,2	8,6	11,7	100
Westdeutsche W.	2.953	41,7	16,4	14,1	27,8	100

Quelle: Berechnung und Zusammenstellung nach VA GB/ RWW/ 1944/45, S. 5; VA GB/ 4-A-3/ 1944/45, S. 5.

Über die Hälfte der Gebäude trug also nur leichte Schäden davon, aber beinahe jedes vierte Haus erlitt einen Totalschaden.

Für die Westfälische W. ergab sich aus der Schadensanalyse die Erkenntnis, daß sie im Bereich der leichten Schäden zwar am stärksten, bei den schwereren Schäden dagegen mit Abstand am schwächsten betroffen war.
Dies galt umso mehr bei Betrachtung der Anteile der Wohnungsschäden am Gesamtschadensbestand. Hier zeigte sich, daß bei der Westfälische W. von allen betroffenen Wohnungen zwei Drittel leichte und ein Drittel zu ähnlichen Teilen mittelschwere, schwere und totale Zerstörungen erlitten. Der Anteil mit 11,7 % an den Beschädigungen zwischen 76 - 100 % erzeugte insofern eine bemerkenswerte Differenz zu den anderen Gesellschaften, als daß bei ihnen dieser Zerstörungsgrad jeweils mindestens ein Viertel aller kriegsgeschädigten Wohnungen ausmachte.

Die Schäden führten zu einer im September 1945 bei den Gesellschaften registrierten Abnahme der Bewohnerzahl, obwohl sich zugleich die Belegungsdichte der nutzbaren Wohnungen wegen der Aufnahme Obdachloser erhöhte. Auf eine Wohnung entfielen im September 1945 im Durchschnitt 4,63 Personen gegenüber den 4,27 Personen im Jahr 1938. Bei den gemeinnützigen Gesellschaften lebten nun in Wohnungen mit durchschnittlich 3,5 Räumen 1,32 statt 1,22 Personen je Raum.[49]

Bei der Rheinische W. waren insbesondere deshalb weniger Bewohner registriert, weil in ihrem Geschäftsbereich zu Lande heftigere kriegerische Auseinandersetzungen stattfanden und viele Bewohner ihre Wohnungen verließen. Trotz der Flüchtlinge vor allem aus dem Osten des Deutschen Reichs war noch im Oktober 1946 der allgemeine Bevölkerungsrückgang in den Städten mit Beständen der Wohnungsgesellschaften spürbar. So wohnten 1946 gegenüber 1939 sowohl in Duisburg-Hamborn als auch in Bochum und Dortmund statistisch knapp ein Fünftel, in Essen über ein Fünftel und in Gel-

Tab. 88: Bevölkerungszahlen; 1939/ 46

Stadt	1939	1946	Abnahme %
Duisburg-Hamborn	434.646	355.484	18,3
Gelsenkirchen	317.568	266.114	16,2
Bochum	307.112	246.202	19,8
Essen	666.443	520.656	21,9
Dortmund	535.531	438.766	18,1
	2.261.300	1.827.222	19,2

Quelle: BBA 55/ 1731.

[49] BBA 55/ 1731.

senkirchen ein Sechstel weniger gemeldete Personen. Daraus ergab sich eine durchschnittliche Abnahme von 19,2 %.[50] Dieser Größenordnung entsprach die Abnahme an Bewohnern bei der Rheinische W. über 19,5 %. Von 94.034 Bewohnern im Jahr 1938 waren am 30.09.1945 75.703 Bewohner übrig. Unter Berücksichtigung der Werte für die Westfälische W. und die Rheinisch Westfälische W. fiel der gesamte Bewohnerrückgang bei den gemeinnützigen Gesellschaften geringer aus als im Durchschnitt für Duisburg, Gelsenkirchen, Bochum, Essen und Dortmund.
Das lag an der breiten Streuung der Bestände der Wohnungsgesellschaften und den daher zum Teil auch ländlich gelegenen Gebäuden. Außerdem ließen die Bewohner ihren Lebensmittelpunkt nicht in demselben Umfang zurück, wie an den Häusern Schäden entstanden.

b') Instandsetzungen – Sofortmaßnahmen der Gemeinden, Werkshilfen und OT

Auch während des Krieges unterlagen die Wohnungsgesellschaften grundsätzlich der vertraglichen Pflicht, für die Instandhaltung des vermieteten Wohnraums zu sorgen. Allerdings mußten die Mieter einen im Verhältnis zu den Friedensanforderungen geringeren Unterhaltungsaufwand in Kauf nehmen, da die Wohnungsgesellschaften alle nicht notwendigen Arbeiten an ihren Gebäuden zurückstellen mußten.[51] Die Gesellschaften konnten nur noch solche Arbeiten durchführen, die für die Bewohnbarkeit der Bestände von Belang waren.

Tab. 89: Instandhaltungsguthaben in RM

Geschäftsjahr	Rheinische W.	Rheinisch Westf. W.	Westfälische W.	Westdeutsche W.
1939/ 40	1.659.516,36	1.505.385,76	1.213.235,73	893.018,58
1940/ 41	1.728.124,88	1.509.442,33	1.204.566,25	-
1941/ 42	1.197.000,00	1.225.000,00	1.219.000,00	357.000,00
1942/ 43	1.797.501,54	1.910.000,00	818.000,00	200.000,00
1943/ 44	1.839.501,54	1.840.000,00	1.174.000,00	-

Quellen: VA GB/ 1-A-3/ 1939/40-1943/44; VA GB/ 2-A-3/ 1939/40-1943/44; VA GB/ 3-A-3/ 1939/40-1943/ 44; VA GB/ 4-A-3/ 1939/40-1943/44.

Das bedeutete, daß zwar ein Bedarf vorlag und die erforderlichen Gelder zur Verfügung standen, diese aber nicht ausgegeben werden konnten. So wiesen die gemeinnützigen Wohnungsgesellschaften fast ausnahmslos zwischen einer und zwei Mio. RM aus, die sie nicht für Instandsetzungsmaßnahmen verwenden konnten.

---

[50] BBA 55/ 1731.

[51] Malzahn, Reichszuschüsse für Instandsetzungs- und Ergänzungsarbeiten an Wohngebäuden, in: RArbBl. 1941 V S. 453-455; Rderl. des Preuß. FinMin. vom 22.07.1942, in: Preußisches Finanz-Ministerialblatt und Besoldungsblatt 1942, S. 222; TKA VSt/ 327.

Die gebremste Instandhaltung des Wohnungsbestands führte zu dem Problem, daß die Gesellschaften nun Mittel zur Verfügung hatten, die bei strenger Auslegung der Preisüberwachungsbestimmungen zu einer Senkung der Miete hätten führen müssen.
Da viele Wohnungsunternehmen im Deutschen Reich diese Schwierigkeit teilten, formulierte der Reichsverband des deutschen gemeinnützigen Wohnungswesens den fortan gültigen Standpunkt, daß eine Mietsenkung bei einer geordneten Wohnungswirtschaft nicht eintreten konnte, weil die Miethöhe inklusive Instandsetzungsanteil davon abhängig war, ob dieser in dem einen oder anderen Jahr voll verbraucht wurde. Der unverbrauchte Instandsetzungsanteil galt nicht als Gewinn des Hauseigentümers, sondern mußte für das spätere Nachholen der während der Kriegszeit nicht ausgeführten Arbeiten zurückgestellt werden.[52]
Die Instandhaltungsmaßnahmen gingen umso stärker zurück, wie die Instandsetzung bei der Beseitigung von Kriegsschäden zunahm. Die kriegsbedingte Schadensbeseitigung war vor Ort Aufgabe der (Ober-) Bürgermeister und Landräte, die kraft ihres Amtes nach der 18. Anordnung des GB.-Bau Leiter sog. „Sofortmaßnahmen" waren. Unter Sofortmaßnahmen waren alle zur Behebung von Bomben- und Brandschäden und Schäden von Naturkatastrophen erforderlichen Baumaßnahmen zu verstehen. Zu deren Durchführung konnten sich die Leiter der Sofortmaßnahmen der städtischen oder staatlichen Hochbauämter bedienen. Dabei war die Beseitigung von Brand- und Bombenschäden als Sofortmaßnahme an die Voraussetzung gebunden, daß die Bausumme zunächst 30.000,- RM nicht überstieg. Bei Totalschäden galt die Einschränkung, daß eine Wiederaufbaumaßnahme kriegswichtig sein mußte.[53]
Die Umsetzung einer Sofortmaßnahme galt als vordringlich. Das hieß, daß alle Kriegsschäden kurzfristig behoben werden sollten und noch vor den als kriegswichtig anerkannten Bauvorhaben rangierten. Bauarbeiter, Baugeräte und Baustoffe durften von naheliegenden Baustellen abgezogen werden. Da das Abzugsrecht den Wohnungsgesellschaften nicht allein zustand, waren sie selbst davon betroffen, daß ihr Personal bei anderen Instandsetzungsvorhaben mitwirken mußte. Den Gesellschaften stand im Februar 1944 mit 113 Arbeitern nur ein Drittel der zuvor im Herbst verfügbaren Arbeitskräfte für Sofortmaßnahmen zur Verfügung.[54] Das bedeutete, daß die Wohnungsgesellschaften nicht den Vorstellungen des GB.-Bau entsprechen konnten, der gemeinnützige Wohnungsunternehmen allgemein zur Erfassung und Beseitigung von Bombenschäden heranziehen wollte, da er diese Unternehmen bei Neubauarbeiten für „nicht genügend ausgelastet" hielt.[55]

---

[52] VA VS/ IV, Bl. 66 f. .
[53] Mit Verweis auf fünffache DVO zur 18. Anordnung des GB.-Bau Zerban, S. 94; Neufassung 18. Anordnung des GB.-Bau v. 16.01.1941 nebst Ergänzung v. 14.08.1941, RArbBl. 1941 I S. 101, 384, 502; Mitt. RArbMin. vom 23.10.1941 -IVa 2 Nr. 2007a/88/41; VA VS/ V, Bl. 6, 23; VA VS/ VI, Bl. 38; zu gemeindlichen Kriegsaufgaben Brinkhus, Jörn, Auftragsverwaltung der Gemeinden im Krieg. Das Beispiel rheinischer und westfälischer Städte, in: Mecking, Sabine/ Wirsching, Andreas (Hrsg.), Stadtverwaltung im Nationalsozialismus, Systemstabilisierende Dimensionen kommunaler Herrschaft, Paderborn 2005, S. 215-242, hier S. 221 ff. .
[54] VA BV/RRW/ 27.11.1943, S. 3; VA BV/ RRW/ 09.02.1944, S. 2; VA VS/ VII, Bl. 56.
[55] Der Beauftragte für den Vierjahresplan/ Der Generalbevollmächtigte für den Arbeitseinsatz an die Landesarbeitsämter und Arbeitsämter vom 31.01.1943 zum Erlaß GB.Tgb. 8006/43 VIII vom 19.01.1943 zu Sofort-

Die Werke konnten ab Juni 1944 mehr Arbeiter für Instandsetzungsarbeiten abstellen, da einige Betriebe wegen Bombenschäden nicht vollständig arbeiten konnten. Dementsprechend stieg die Werkshilfe vom 30.06. bis 30.09.1944 von 431 auf 1.017 Personen an.[56] Ungeachtet dessen bestand das fortwährende Problem, daß die Hilfskräfte auch für andere Schadenseinsätze in Betracht kamen und nach Gladbach, Rheydt, Nürnberg oder Berlin abgezogen wurden.

In dieser Situation versuchten die Gesellschaften, auch auf die Organisation Todt zurückzugreifen.[57]
Seit dem Spätsommer 1942 gab es in den Städten, die Luftangriffe zu befürchten hatten, mehrere Baubataillone der OT zur Beseitigung von Bombenschäden. Da sich die Maßnahmen der OT insbesondere auch auf das Ruhrgebiet erstreckten und Speer die fähigsten Ingenieure bei der OT beschäftigt sah, hatte Hitler die Aufstellung der „Einsatzgruppe Rhein-Ruhr" im Bereich der Rüstungsinspektion VI angeordnet.
Der Einsatz der OT nahm im Ruhrgebiet ab Juli 1943 schnell zu und umfaßte am 27.07.1943 bereits 35.000 Personen. Die vergrößerte Einsatzstärke der OT ging darauf zurück, daß Speer den Befehl ausgegeben hatte, „alle mit rüstungswirtschaftlichen Aufgaben betrauten Stellen einschließlich derjenigen zur Behebung der Bombenschäden" örtlich zusammenzufassen. Daraus ging der sog. „Ruhrstab" hervor, der am 04.08.1943 seine Arbeit in Kettwig bei Essen aufnahm.[58]
Die Einsatzgruppe Rhein-Ruhr bildete anschließend in Zusammenarbeit mit der Rüstungsinspektion X (Bremen, Hamburg) die Einsatzgruppe III („Hansa"). Dies betraf die Wohnungsgesellschaften, da sowohl der Gau Essen (Gauziffer 6) als auch der Gau Westfalen-Süd mit Sitz in Bochum (Gauziffer 39) der Rüstungsinspektion VI und damit der Einsatzgruppe III angehörten.

Im Hinblick auf Arbeitsumfang und Arbeitsleistung der OT ergab sich ein differenziertes Bild.[59] Nachdem die OT im Juli 1943 eine Tätigkeit bei den Wohnungsgesellschaften noch abgelehnt hatte, kam es ab August 1943 zu ersten Einzeleinsätzen.

---

maßnahmen bei Bombenschäden; hier: Einschaltung der gemeinnützigen Wohnungsunternehmen bei der Erfassung und Beseitigung der Schäden, RArbBl. 1943 I S. 162; VA VS/ VII, Bl. 25.

[56] VA GB/ RRW/ 1943/44, S. 4; VA VS/ VIII, Bl. 2.

[57] Die OT war nach Erlaß des Reichsministers für Bewaffnung und Munition vom 12.08.1943 zwecks Beseitigung von Fliegerschäden an Beständen des industrieverbundenen Wohnungsbaus einsetzbar; der verstärkte Einsatz der OT ging auf einen von Hitler am 04.04.1942 aufgegriffenen Vorschlag Speers zurück, der unter dem Eindruck der Bombardierung Lübecks (28.03./ 29.03.1942) angeregt hatte, Spezialtechniker mit den notwendigen Erfahrungen und Hilfsmitteln bei der OT zusammenzuziehen; Nr. 35 des Protokolls zur Besprechung im Führerhauptquartier vom 04.04.1942, vgl. Boelcke, Willi A., Deutschlands Rüstung im Zweiten Weltkrieg, Hitlers Konferenzen mit Albert Speer 1942-1945, Frankfurt/ M. 1969, S. 91 f..

[58] Zum Ruhrstab Rohland, S. 95; weitere Daten mit Tabelle zur Aufgabenverteilung des Ruhrstabs bei Rasch, Findbuch Rohland, S. 27 ff.; zum Abzug der OT-Arbeiter VA VS/ VIII, Bl. 3.

[59] Da Hitler für Stellungsbauten und Schanzarbeiten Kräfte der OT zuließ, kam es zu Konflikten zwischen den Gauleitern und Reichsverteidigungskommissaren auf der einen und Speer auf der anderen Seite. Speer erwirkte bei Hitler im Oktober die Aufstellung mobiler Spezialeinheiten für Straßen-, Brücken- und Wasserbau als sog. „Front-OT". Speer erhielt das Weisungsrecht gegenüber allen staatlichen und kommunalen Bauverwaltungen, bevor er im Herbst 1944 das Bauwesen reichsweit der OT unterstellte; Erl. des Führers über den Kriegseinsatz der Bauverwaltungen vom 24.08.1944, RGBl.1944 I S. 207; Erste Durchführungsbestimmung zum Erl. des Führers über den Kriegseinsatz der Bauverwaltungen vom 16.10.1944, RGBl. 1944 I S. 275; Singer, Hedwig,

Die Westfälische W. verzeichnete am 13.10.1943 dann die erste regelmäßige Beschäftigung von OT-Arbeitern bei den Gesellschaften. Der Umfang der Zuweisungen erhöhte sich innerhalb von zwei Wochen von 28 auf 308 Personen, stieg bis 25.11.1943 auf 407 an und erreichte am 18.12.1943 mit 505 Arbeitern den höchsten Stand.
Bei der Rheinisch Westfälische W. blieben die Zahlen zunächst dahinter zurück und erreichten im Februar 1944 mit 330 Arbeitern ihren Höhepunkt.

Tab. 90: Arbeitskräfte der Organisation Todt (OT) bei den Wohnungsgesellschaften

Stichtag	Rheinische W.	Rheinisch Westfälische W.	Westfälische W.	Gesamt
13.10.1943	-	-	28	28
02.11.1943	8	120	308	436
25.11.1943	540	267	407	1.214
18.12.1943	533	296	505	1.334
25.01.1944	408	324	206	938
10.02.1944	486	330	191	1.007
29.02.1944	383	197	222	802
28.03.1944	415	246	196	857
02.05.1944	279	249	19	547
05.06.1944	156	89	14	259
30.06.1944	105	26	1	132
26.07.1944	84	-	-	84
12.08.1944	14	-	-	14
09.09.1944	35	-	-	35
30.09.1944	73	-	-	73
25.11.1944	-	[165]	[89]	[254]

Quelle: VA GB/ RWW/ 1943/ 44, S. 5; VA VS/ IX, Bl. 14.

Die Rheinische W. erhielt erst im Laufe des Novembers 1943 eine namhafte Anzahl an OT-Arbeitern. Die 540 OT-Arbeiter stellten das größte Kontingent für die Wohnungsgesellschaften über den gesamten Zuweisungszeitraum dar. Da die Gesellschaften aber eine Gesamtanforderung von 4.500 Arbeitern für erforderlich hielten, blieb der Zuweisungsrahmen zu eng.[60]
Statt weiterer Zuweisungen ging die Verfügbarkeit der OT-Arbeiter schon im Frühjahr 1944 deutlich zurück. Die zunehmenden Luftangriffe hatten zur Folge, daß immer mehr OT-Kräfte auch andernorts Schäden bearbeiten mußten. Bei der Westfälische W. dezimierten sich die verfügbaren Kräfte im April 1944 auf 19 Arbeiter und am 01.06.1944 war nur noch ein Schreiner übrig.[61] Allein die Rheinische W. konnte bis September 1944 noch auf einige OT-Arbeitskräfte zurückgreifen.[62]

Entwicklung und Einsatz der Organisation Todt (OT), in: *dieselbe* (Hrsg.), Quellen zur Geschichte der Organisation Todt, Band 1 und 2, Osnabrück 1998, S. 1-363, hier S. 53.
[60] VA VS/ VII, Bl. 68; dies galt in der Industrie vielerorts, z. B. für BMW vgl. Werner, S. 342.
[61] VA VS/ VIII, Bl. 69.
[62] VA VS/ IX, Bl. 13.

Die Zuweisungen, die die OT dann mitteilten (Rheinisch Westfälische W. 165/ Westfälische W. 89 Arbeiter; Tab. 90), waren nur noch in den Statistiken, nicht aber mehr an den Einsatzorten der Wohnungsgesellschaften zu sehen.

In qualitativer Hinsicht hatten die OT-Einsätze, die 1943 zur Wiederherstellung der im Mai beschädigten Möhne-, Eder- und Sorpetalsperre geführt hatten, große Bedeutung für die Wasserversorgung von Bevölkerung und Rüstungsindustrie im Ruhrgebiet. Allerdings traten auch Probleme auf, die wie im Geschäftsbereich der Wohnungsgesellschaften auf personelle Unzuverlässigkeit und schlechte Arbeitsergebnisse, begünstigt von unzureichender Aufsicht, zurückzuführen waren.[63] Die „Kopfstärke" eines Einsatzes war nicht gleichbedeutend mit dem Wirkungsgrad einer Maßnahme. Ursache dafür waren zu unterschiedliche fachliche Zusammensetzungen. So bestand der OT-Einsatz bei den Wohnungsgesellschaften „zu einem hohen Anteil aus ungelernten Leuten".[64] Das hieß zwar nicht, daß alle OT-Arbeiter ohne Ausbildung waren, doch bei der Beseitigung von Bombenschäden zeigte sich, daß die Kräfte der OT bislang im wesentlichen Tiefbauarbeiten durchgeführt hatten und nur bedingt für den Einsatz bei beschädigten Gebäuden ausgebildet waren.[65] Im Verhältnis zu den Schäden blieb der OT-Einsatz bei den Wohnungsgesellschaften daher letztlich unzureichend.

Daneben kam es auch auf kommunaler Ebene zu Behinderungen.
Die Städte gingen im Frühjahr 1944 dazu über, eine Unterstützung mit Arbeitskräften aus Sofortmaßnahmen unter Hinweis auf die Hilfe der OT zu versagen. Die OT jedoch verwies ihrerseits auf die Sofortmaßnahmen der Gemeinden. Zwei Hilfsorgane blockierten sich damit gegenseitig. Dem entsprach ein Bescheid der OT-Einsatzgruppe Hansa, die den Antrag der Rheinisch Westfälische W. auf Zuweisung von 510 Arbeitskräften für die Beseitigung von Fliegerschäden in Gelsenkirchen-Horst mit der Begründung ablehnte, daß in der Angelegenheit der Leiter der Sofortmaßnahmen angesprochen werden sollte.[66] Der Baubeauftragte beim Reichsverteidigungskommissar für den Gau Essen entspannte die Situation erst, als er die Oberbürgermeister als Leiter der Sofortmaßnahmen darauf hinwies, daß kriegsbedingte Instandsetzungen von ihnen übernommen werden mußten.[67]

Von den drei Hilfsmöglichkeiten, die den Wohnungsgesellschaften mit den Sofortmaßnahmen der Gemeinden, der OT und der Werkshilfe zur Verfügung stehen sollten, ging im Rahmen der Möglichkeiten die verhältnismäßig zuverlässigste Hilfe von den

---

[63] VA VS/ VIII, Bl. 33; weiter zu Mißständen in der OT Seidler, S. 232 ff.; bzgl. der Bedeutung der Talsperrenarbeiten unterstrich Xaver Dorsch - Ministerialdirektor, Leiter der OT-Zentrale bzw. ab 01.05.1944 Chef des Amtes Bau-OT beim Reichsminister für Rüstung und Kriegsproduktion - in seiner Ausarbeitung für die Historical Division/ US Army in Europe, daß „die deutsche Kriegsführung den Krieg als verloren bezeichnete, wenn es nicht gelang, die Talsperren in kürzester Frist wiederherzustellen"; Dorsch, Xaver, Die Organisation Todt, in: Singer, S. 439-516, hier S. 473.
[64] VA GB/ RRW/ 1943/44, S. 5; VA VS/ VIII, Bl. 33.
[65] VA VS/ VII, Bl. 56.
[66] Bauleiter Niebuhr der OT-Einsatzgruppe Hansa, Essen-Heidhausen, an Rheinisch Westfälische W. vom 19.07.1944, Anlage zur Niederschrift der Verwaltungssitzung vom 14.08.1944, VA VS/ VIII, Bl. 39, 94 f. .
[67] VA BV/ 01.08.1944, S. 3.

Werken der VSt aus. Besonders aber würdigten die Gesellschaften „Tatkraft und Geschicklichkeit" der Bevölkerung.[68] Die staatliche Unterstützung, die die nationalsozialistische Wohnungspolitik beabsichtigte, blieb in der Praxis deutlich hinter der Selbsthilfe zurück.

c') Kriegssachschadensausgleich

Eine ähnliche Diskrepanz zwischen wohnungspolitischen Absichten und praktischer Umsetzung im Nationalsozialismus zeigte sich beim Kriegssachschadensausgleich.

Sobald die Mieter ihre Wohnung wegen Bombenschäden nicht vollständig nutzen konnten, hatten sie die Möglichkeit der Mietminderung. Die Wohnungsgesellschaften hatten ihrerseits nach Verordnungen des Ministerrats für die Reichsverteidigung das Recht, dem Reich für einen finanziellen Ausgleich Nutzungs- bzw. Kriegssachschäden zu melden.[69]

Für eine beschleunigte Instandsetzung von Wohngebäuden, an denen Schäden durch Feindeinwirkung entstanden waren, konnte die Feststellungsbehörde[70] Vorschüsse gewähren. Nach Fertigstellung der Instandsetzungsarbeiten mußten die Gesellschaften die aufgewendeten Kosten und die Art der Arbeiten nachweisen und eine endgültige Kostenfestsetzung zur Schadenskompensation beantragen.[71] Letztlich maßgebend für die Höhe der Entschädigung waren die Kosten, die für eine Wiederbeschaffung oder Wiederherstellung aufgewendet werden mußten. Restwerte rechnete die Feststellungsbehörde bei der Ermittlung der Schadenshöhe an.

Ein Mietverhältnis erlosch im Schadensfall lediglich, wenn das Gebäude länger als nur vorübergehend unbenutzbar geworden war oder die Instandsetzung nicht innerhalb eines Jahres nach Eintritt des Schadens begann. Sobald die Wohnungsgesellschaften anstelle eines zerstörten Hauses ein neues Gebäude errichteten oder nach dem Erlöschen eines Mietverhältnisses unbenutzbar gewordene Räume instand setzten, benötigten sie zur erstmaligen Verfügung über die erstellten Räume die Zustimmung der Gemeindebehörde.

Grundsätzlich erhielten die Wohnungsgesellschaften die Zustimmung, wenn sie mit einem bisherigen Mieter einen Mietvertrag abschließen wollten. Sie mußten allerdings in steuerlicher Hinsicht beachten, daß die Entschädigungsleistungen als Betriebsein-

---

[68] Geheimer Vorstandsbericht an die Mitglieder der Aufsichtsräte vom 01.03.1944, VA BV/ RRW/ 1942/43, S. 1; VA GB/ RRW/ 1943/44, S. 8; VA VS/ VIII, Bl. 52.

[69] VO über die Feststellung von Sachschäden (Sachschädenfeststellungsverordnung) vom 08.09.1939, RGBl. 1939 I S. 1754; 2. DVO zur Sachschädenfeststellungsverordnung (Gebäudesachschädenverordnung) vom 11.12.1939, RGBl. 1939 I S. 2399; Kriegssachschädenverordnung vom 30.11.1940, RGBl. 1940 I S. 1547. Der Ministerrat sollte zur einheitlichen Führung von Verwaltung und Wirtschaft dienen, erlangte aber mit den Mitgliedern Göring, Heß bzw. nach dessen Großbritannienflug Bormann (Leiter Parteikanzlei), Frick (Generalbevollmächtigter für die Reichsverwaltung), Funk (Generalbevollmächtigter für die Wirtschaft), Lammers (Chef der Reichskanzlei) und Keitel (Chef des OKW) keine Bedeutung.

[70] Feststellungsbehörde war bis 100.000,-- RM Schaden der (Ober-)Bürgermeister bzw. Landrat, dann die obere Verwaltungsbehörde (Regierungspräsident); zu Aufgaben des Reichskriegsschädenamtes Malzahn, Helmut, Kriegssachschädenverordnung unter besonderer Berücksichtigung der Gebäudeschäden, Zusammenstellung und Erläuterung der Vorschriften, Eberswalde Berlin Leipzig 1941, S. 107 ff. .

[71] VA VS/ V, Bl. 63.

nahmen gelten konnten.[72] Hinzu kam gerade im Ruhrgebiet, daß berücksichtigt werden mußte, ob ein beschädigtes Haus bereits zuvor infolge bergbaulicher Einwirkungen Schäden erlitten hatte.[73]

In der Praxis führten die Gemeinden die Entschädigungsleistungen nach verschiedenen Verfahren durch.
Einige Bombenschäden beseitigten die Städte, so wie in Gelsenkirchen, Dortmund, Bochum, Witten oder Mülheim, ohne Mithilfe der Wohnungsgesellschaften. In diesen Fällen mußte die Geschäftsleitung nur die Fertigstellung der Reparaturen bestätigen.
In der Mehrzahl ließen die Kommunen die Schäden jedoch durch die Gesellschaften in Ordnung bringen.[74] Die Bauführer mußten dann für ihre Geschäftsleitung einen Schlußbericht zu Schadensumfang, Beseitigungskosten und Instandsetzungsarbeiten anfertigen, um die Kosten bei der jeweiligen Feststellungsbehörde geltend machen zu können. Dabei fielen unter die Kriegssachschäden auch die Nutzungsschäden, also Schäden, die sich aus dem Verlust der Nutzung einer Wohnung ergaben.[75]

Das bedeutete aber noch nicht, daß alle Kommunen ohne Schwierigkeiten Schäden anerkannten und zahlten. Besondere Klage führte die Rheinisch Westfälische W. über die Stadt Essen, die die Entscheidung über angezeigte Schäden (Voll- oder Teilschäden) ebenso wie Erstattungszahlungen sehr lange hinauszögerte. Außerdem waren die Kommunen bei Entschädigungen für Zerstörungen durch Flak-Beschuß zurückhaltend.[76] Nur das Zahlungsverhalten der Stadt Dortmund galt als „vorbildlich". Hamm, Emden, Wanne-Eickel und Gladbeck zahlten grundsätzlich ebenfalls termingerecht. Ansonsten mußten die Gesellschaften mit den Kommunen verhandeln.
So erreichte die Rheinische W. bei der Stadt Duisburg nur unter der Bedingung Ausgleichszahlungen, daß der Prokurist Siebrecht an Eides Statt versicherte, daß vorgelegte Rechnungsbeträge ausschließlich auf Kriegseinwirkungen zurückgingen. Auch nach Erfüllung dieser Voraussetzung hielt die Stadt Duisburg Erstattungszahlungen unter Gewährung eines Vorschusses in Höhe von 100.000,-- RM zurück und verlangte neue Aufstellungen nach besonderen Listen. Ähnlich erging es den Wohnungsgesellschaften in Mülheim, Dinslaken und Düsseldorf.[77] Die Stadt Bochum zeigte sich zwar

---

[72] VO über die Einwirkung von Kriegssachschäden an Gebäuden auf Miet- und Pachtverhältnisse, RGBl. 1943 I S. 546; Erlaß des Reichsministers des Innern vom 28.09.1943-II a 11630/43-245-MBliV S 1554, RStBl. 1943 S. 828; RdF-Erlaß vom 09.10.1941 (S 2130-377 III) über „Steuerliche Behandlung von Entschädigungsleistungen nach der Kriegssachschädenverordnung und der Personenschädenverordnung", RStBl. 1941 S. 777; weiterführend zu Gesetzen, Verordnungen und Erlassen des Kriegssachschädenrechts Malzahn, Kriegssachschädenverordnung, S. 88 f., 97 f..

[73] Schreiben des Präsidenten des Reichsverwaltungsgerichts (Reichskriegsschädenamt) vom 15.08.1943 - RKA/ Pr. 1302.43 - zur „Entschädigung für Fliegerschäden an Häusern, die bereits vorher Schaden durch bergbauliche Einwirkungen erlitten hatten - § 4 KSSchV -", RStBl. 1943 I S. 817.

[74] VA VS/ VI, Bl. 38.

[75] Der RdI setzte mit Erl. v. 14.07.1942 eine monatliche Höchstgrenze pro Schaden in Höhe von 3.000,-- RM fest; eine einmalige Abfindungszahlung war bis zu 10.000,-- RM möglich; sofern den Mietern wegen Kriegsbeschädigungen Mehraufwendungen entstanden, konnten sie diesen Schaden auch selbst geltend machen; Malzahn, Kriegssachschädenverordnung, S. 9, 46.

[76] VA VS/ VI, Bl. 42; VA VS/ VII, Bl. 40.

[77] VA VS/ VIII, Bl. 78; VA VS/ IX, Bl. 15, 25, 27.

grundsätzlich zahlungsbereit, genehmigte sich allerdings „Prüfungsfristen" und gestattete sich damit ebenfalls einen Zahlungsaufschub.
Da dieses kommunale Verhalten im Verlauf des Krieges zunahm und Kriegssachschadenszahlungen vermehrt ausblieben, rechneten die Wohnungsgesellschaften fällige Grundsteuern gegen ihre Forderungen auf. Sobald dieses Verfahren auf Widerstand stieß, bestanden die Gesellschaften darauf, daß die Kommunen eine Stundung der Steuer in demselben Verhältnis zugestanden, in dem das Gesamtmietaufkommen infolge der Kriegsschäden gemindert war.[78]

Insgesamt erhielten die Wohnungsgesellschaften nur einen Teil der Kriegsschäden ersetzt. Wegen uneinheitlicher Datenerfassung und Bewertung konnten sie die Schäden nicht erschöpfend beziffern. Unter Zugrundelegung der verfügbaren Daten hatten die gemeinnützigen Gesellschaften zum 30.09.1945 noch Forderungen aus Kriegsschäden über knapp 39 Mio. RM.[79] Darunter beliefen sich die Totalschäden auf knapp 10,5 Mio. RM.

dd) Ersatzwohnraum in Behelfsheimen

Um die Totalschäden ausgleichen zu können, gingen die Wohnungsgesellschaften zur Schaffung von Ersatzwohnraum über.
Nachdem Speer und Ley im September 1942 die Schaffung von Behelfsunterkünften angeordnet hatten, erging im September 1943 zur Unterkunftsbeschaffung für Luftkriegsbetroffene zusätzlich der „Erlaß des Führers über die Errichtung des Deutschen Wohnungshilfswerkes" (DWH).[80] Besonderes Ziel des DWH war die Aufstellung von Behelfsheimen in Siedlungsform.
Fischer-Dieskau bemängelte als Ministerialdirigent beim RWK, daß „Sinn und Ziel der Aktion" nicht überall verstanden wurden und „immer wieder Bestrebungen auftraten, die kriegsbedingte Notmaßnahme des Behelfsheimbaus zu einer Kleinstwohnungsbau- oder Kleinstsiedlungsmaßnahme umzubiegen und auszuweiten".
Behelfsheime sollten in ihrer Funktion nach dem Krieg z. B. als Wochenendhäuser, Garagen oder Lauben dienen, nicht aber Anlaß für eine „Pfuscharbeit, nichts halbes und nichts ganzes", sein.[81]

---

[78] VA VS/ IX, Bl. 33
[79] VA GB/ RWW/ 1943/44, S. 6.
[80] Das DWH sollte unter der Leitung von Ley, „alle Maßnahmen zur erträglichen Unterbringung der Luftkriegsbetroffenen" umfassen; Erlaß des Führers über die Errichtung des Deutschen Wohnungshilfswerkes vom 09.09.1943, RGBl. 1943 I S. 535; ergänzend Rderl. betr. „Errichtung von Behelfsheimen nach dem Erlaß des Führers vom 09.09.1943 über das Deutsche Wohnungshilfswerk (DWH)", Der Beauftragte für den Vierjahresplan und der GB.-Bau an alle Baubevollmächtigten und Gaubeauftragten vom 15.09.1943 -G.B.-Tgb. 8560/43 VIII-; Erl. des RWK betr. „Deutsches Wohnungshilfswerk (DWH), hier: Errichtung von Behelfsheimen für Luftkriegsbetroffene" vom 22.09.1943 -II Nr. 2141/19/43 -; Erl. des RWK betr. „Kriegswohnungsbauten nach dem Kriegseinheitstyp und Behelfsunterkünfte für Bombengeschädigte (wohnungspolitische Zustimmung)" vom 15.04.1944 -II 2/3 Nr. 2800/40/44; Abdruck bei Harlander/ Fehl, S. 401 ff., 418 ff.; zudem Erl. des RArbMin. betr. „Deutsches Wohnungshilfswerk", hier: Zulassung von Wohnlauben als Dauerwohnung vom 22.10.1944 - IV a 5 Nr. 8710 - 334/43, RArbBl. 1944 I S. 527; VA VS/ VIII, Bl. 73.
[81] Fischer-Dieskau, Joachim, Erfahrungen beim Behelfsheimwerk, in: Die Deutsche Sozialpolitik 1944, S. 53-54, hier S. 53.

a′) Standortwahl und Grundriß für Behelfsheime

Angesichts der Luftangriffe war die Auswahl eines geeigneten Standorts schwierig. Die Gesellschaften waren sich darüber im klaren, daß in ihrem Geschäftsbereich eher ungünstige Voraussetzungen für den Behelfsheimbau vorlagen. So zogen sie Grundstücke in Betracht, die als weniger angriffsgefährdet galten und z. B. für Kleingartenanlagen vorgesehen waren.[82]

Das von Ley beschriebene luftkriegsgefährdete „Ausstrahlungsgebiet" von 50 km unterschritten die Wohnungsgesellschaften, da die Bewohner ihren Arbeitsplatz in den Werken noch innerhalb eines angemessenen zeitlichen Rahmens erreichen sollten.

Deutlich wurde dies in der ersten Errichtungsphase z. B. bei Behelfsheimbauten für die Ruhrstahl AG in Witten und in Brackwede bei Bielefeld.[83] In Mülheim bot die Stadt der Rheinische W. über 20 Halbmassivhäuser an und in Duisburg erstellte die Gesellschaft neun Heime selbst. Die Rheinisch Westfälische W. begann in Essen zu bauen und die Westfälische W. setzte zunächst 24 Behelfsheimbauvorhaben in Dortmund um.[84]

Für ihre Planungsarbeit richteten sich die Gesellschaften u. a. nach Vorgaben, die das DWH für Reichseinheitstypen herausgegeben hatte. Planänderungen mußten sie von dem zuständigen Beauftragten des Gauwohnungskommissars genehmigen lassen.[85]

Nebenräume wie Schuppen oder Abstellräume sollten in der Regel nicht angebaut werden. Da jedoch keine Schwierigkeiten mit den Dienststellen auftraten, errichteten die Gesellschaften die Nebenräume so, wie sie es für richtig hielten.[86]

Jedes Behelfsheim sollte mit einer Breite von 9 - 11 m auf einem mindestens 200 m^2 großen Grundstück liegen und zwei Räume haben, nämlich einen Wohnraum mit Küchenteil und Schlafgelegenheit für Eltern und eine Wohn- und Schlafkammer für Kinder mit einer Wohnfläche von zusammen 20 - 22 m^2.

Die Raumanordnung sah für das Behelfsheim einen Windfang vor, in dem eine belüftete Frischhaltegrube zur Aufbewahrung von Vorräten eingelassen war. Unter der Decke befand sich ein Hängeboden. Vom Windfang aus war der Wohnraum zu erreichen, der mit Kochgelegenheit und Eßplatz für die Bewohner und mit den Schlafstätten für die Eltern ausgestattet war. Dahinter lag die Kinderkammer, in der bis zu vier Betten standen und in der ein Ofen angeschlossen werden konnte.

---

[82] VA VS/ VII, Bl. 67 f.; VA VS/ VIII, Bl. 29; VA VS/ IX, Bl. 17.

[83] TKA RS/ 1324; zur Entstehung der von der Hauptverwaltung der Ruhrstahl AG in Witten aus verwalteten Ruhrstahl AG Preßwerke Brackwede Rasch, Findbuch Ruhrstahl, S. 63 ff.; zu Daten auch Uebbing, S. 325.

[84] VA VS/ VIII, Bl. 28.

[85] Deutsches Wohnungshilfswerk (Hrsg.), Das Behelfsheim aus ortsüblichen Baustoffen, Baubeschreibung, Massenübersicht und Planunterlagen, Technische Unterlagen für den Behelfsheimbau, Heft 1, 2. Aufl., Berlin 1944; VA VS/ VIII, Bl. 23.

[86] VA VS/ VIII, Bl. 71.

b') Bauweise und Baustoffe für Behelfsheime

Für den Bau verwendeten die Gesellschaften entweder serienmäßig erstellte Bauteile oder sie verarbeiteten örtlich vorhandene Werkstoffe.

Für serielle Behelfshheime stand zunächst die einfache Bauweise mit Holzplatten im Vordergrund. Bis Weihnachten 1943 bestellten die Rheinische W. 175, die Rheinisch Westfälische W. 24 und die Westfälische W. 20 Holzheime. Die leichte Brennbarkeit des Holzes gewann jedoch angesichts der Luftangriffe zunehmend an Bedeutung und führte dazu, daß Hitler den Neubau von Holzbaracken und Holzhäusern in den von Luftangriffen bedrohten Städten verbot.[87]

Industriell vorgefertigte Betonfertigteile fanden nun insbesondere bei dem als „Sondertyp 125" bezeichneten Serien-Behelfsheim Verwendung.[88] Die Westfälische W. hielt die Firma Weber in Porta für besonders leistungsfähig, da diese sofort Betonfertigteile herstellen konnte. Daneben hatten die Rheinische W. und Rheinisch Westfälische W. Gelegenheit, über das Wohnungs- und Siedlungsamt des Gaues Essen Betonfertigteile aus Holland zu beziehen.[89]

Nachdem ab 01.02.1944 nur noch Produktionsaufträge für Massivfertigteile zu Behelfsheimreparaturen, zur Beseitigung von Bombenschäden oder zur Herstellung von Massivbaracken der Rüstungsproduktion erteilt werden sollten, gewannen bei den Gesellschaften örtliche Baustoffe an Bedeutung. Diese Baustoffe bestanden vornehmlich aus Trümmerschutt und Großformsteinen und dienten zur Herstellung der Grundmauern, der Außen- und Innenwände, des Dachs und des Fußbodens.

Der Hausbau mit Trümmerschutt war reichsweit Gegenstand mehrerer Forschungsvorhaben, die die Deutsche Akademie für Wohnungswesen (DAW) zu koordinieren versuchte.[90] Die dort zusammengeführten Untersuchungen befaßten sich z. B. mit Her-

---

[87] Die Westfälische W. stand mit der dänischen Firma Olsen aus Kopenhagen in Kontakt, die auch in Kiel zahlreiche Holzhäuser errichtet hatte; VA VS/ VII, Bl. 65; Nachrichtendienst der Gauwirtschaftskammer Essen, Abteilung Industrie Ausgabe-Nr. IV/ 14/ 44 (N.D. Nr. IV/ 14/ 44) vom 05.12.1944, TKA VSt/ 328; zudem zur Holzausführung der Heime TKA RS/ 1324.

[88] Die Baufirmen, die für das DWH produzierten, waren in Sonderausschüssen jeweils für Holzheime und für Massivheime organisiert. Werke der Bauindustrie bei Bremen (Uphusen) und Hamburg (Neuengamme, Sasel) bedienten sich der Arbeitsleistung von KZ-Häftlingen - so wie die Baufirma Kelterborn & Stenvers aus Berlin, die für das DWH im Ghetto Litzmannstadt (Lodz) bis August 1944 und anschließend in Königs Wusterhausen Behelfsheime produzierte. Kelterborn & Stenvers war auf Leichtbeton-Montage spezialisiert und Dachfirma einer 62 Unternehmen umfassenden "Werkgemeinschaft", der auch westfälische Firmen angehörten (Holzwickede: August Horstkotte; Dortmund: Willhelm Stricker; Hamm: Schroeder & Sohn; Bielefeld: Artekobin Gesellschaft Gerhard & Co.), Stier, Frank, Kriegsauftrag 160, Behelfsheimbau im Ghetto Litzmannstadt (Lodz) und im KZ-Außenlager Königs Wusterhausen durch das Deutsche Wohnungshilfswerk, Berlin 1999, S. 52 ff.; Himmelmann, Ralf/ Priamus, Heinz Jürgen/ Schlenker, Roland, Zwangsarbeit und Bombenkrieg - Eine vergleichende Studie zur Situation von Kommunen in Rheinland und Westfalen 1940-1945, in: IMS 2/2001, S. 7-10, hier S. 9; zur Produktion in Hamburg und Bremen vgl. Harlander/ Fehl, S. 77 sowie Stier, Kriegsauftrag, S. 9 Anm. 10 unter Zitierung der Untersuchung von Kaienburg zur „Vernichtung durch Arbeit" in Neuengamme.

[89] VA VS/ VIII, Bl. 22, 28.

[90] Die DAW wurde am 26.08.1941 beim RWK „zur Erzielung von Höchstleistungen im Wohnungs- und Siedlungswesen" gegründet, B. I. 5.; Harlander/ Fehl, S. 445; zu Zement, Beton, Kunststeinen forschten die Berliner Kalksandsteinwerke Robert Guthmann GmbH, die Deutsche Bau AG für Beton und Eisenbeton, Berlin und die Sonderbau GmbH, Berlin. Versuche mit Preßbeton-Leichtbauplatten fanden bei der Basisstoffwerke GmbH, Berlin, statt, BArch R 4002/ 216; Gutachten Dipl.-Ing. Sperle (Ulm) über Lehmbetonsteine, BArch R 4002/ 213.

Abb.19: Behelfsheim (Reichseinheitstyp 050).

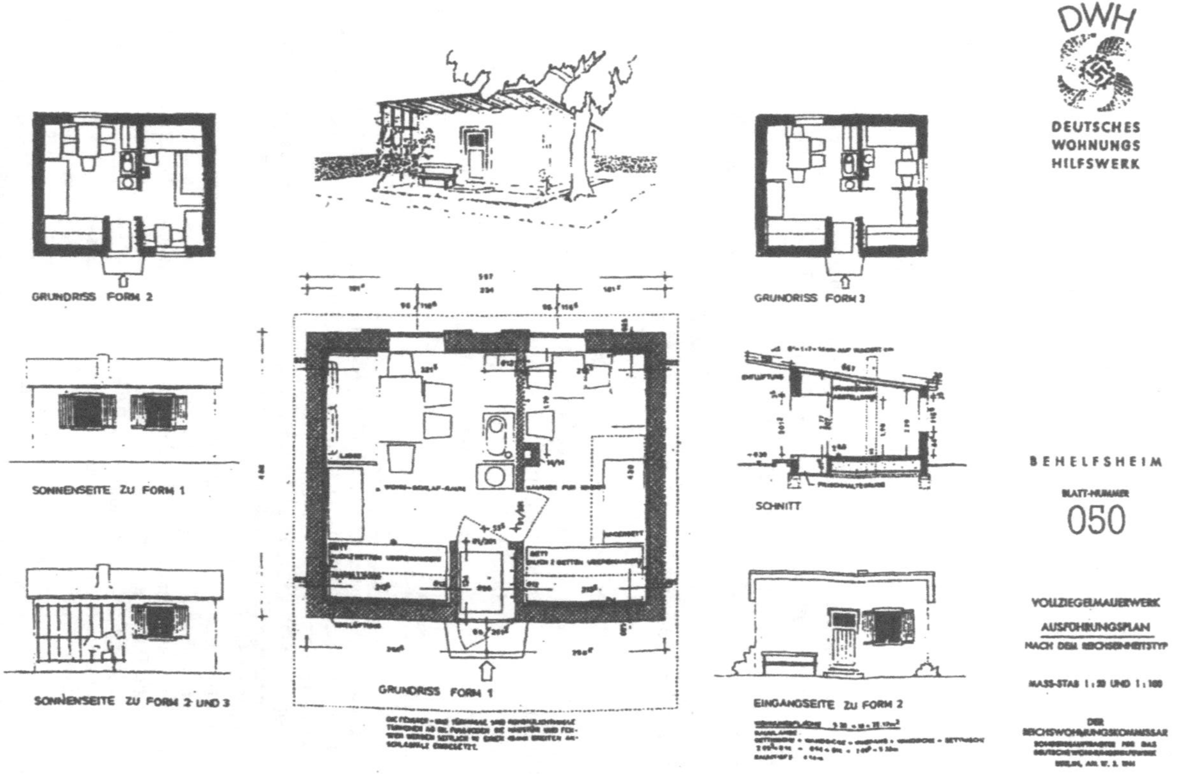

Quelle: DWH, Bl. 050.

Abb.20: Behelfsheim (Hohlblockstein).

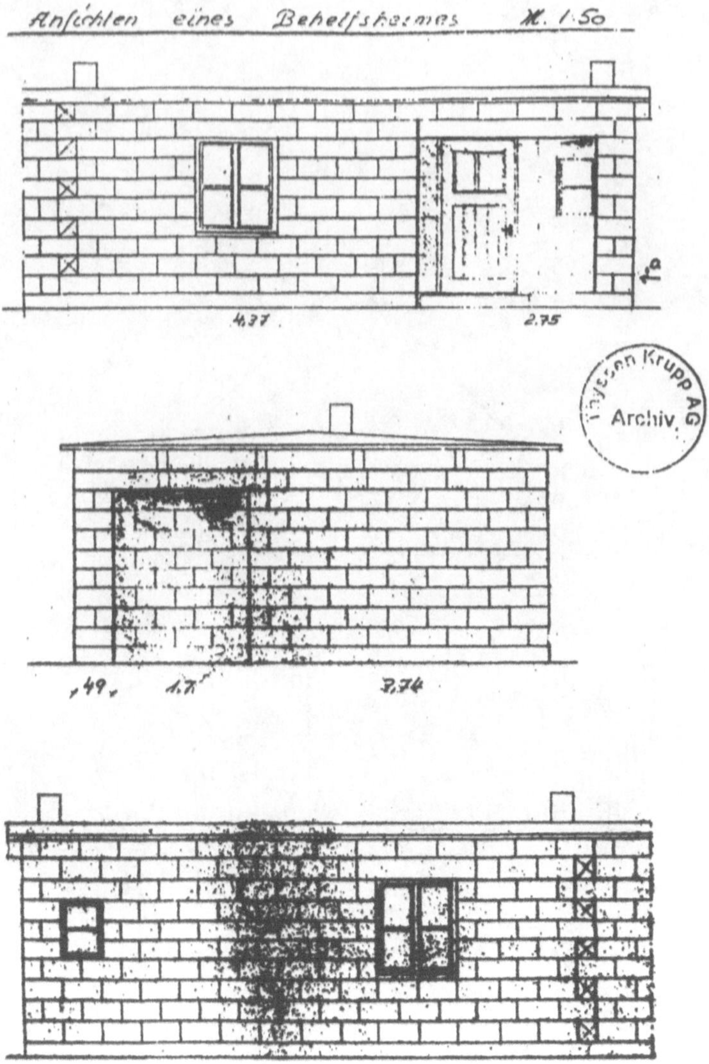

Quelle: TKA RS/ 1324.

Abb.21: Behelfsheim (Holz).

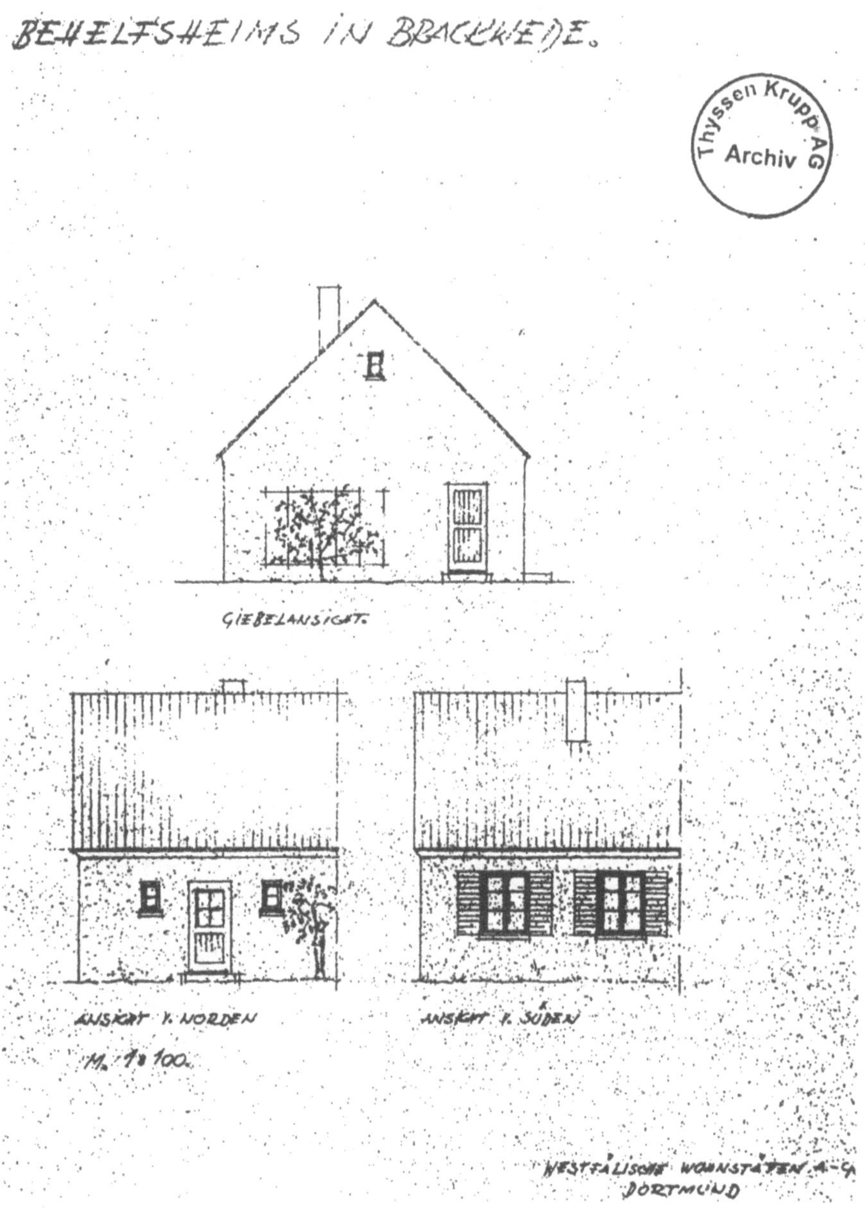

Quelle: TKA RS/ 1324.

stellungsmöglichkeiten von vorgebrannten Bausteinen aus Flugasche, der Produktion von Betonbindemitteln und der Gewinnung von Baustoffen aus Ziegelsplitt. Damit in Verbindung stand die technische Weiterentwicklung von Maschinen, die Unternehmen wie die Krupp AG zur Trümmerschuttverwertung konstruierten.[91]
Vor Ort verwendeten die Gesellschaften jeweils das Material, das vorhanden war und griffen auf Haustrümmer, Großbausteine, Schüttbeton und Fertigbauteile zurück, ohne sich im einzelnen auf eine einheitliche Ausführungsart festzulegen.[92]

So sollten die Wände neben der Standsicherheit zwar auch Wärmeschutz bieten, doch die Verwendung von Dämmplatten blieb infolge der Baustoffverknappung Theorie. Die Innenwände waren nach Möglichkeit aus den gleichen Baustoffen wie die Außenwände herzustellen. Ersatzweise konnten Platten aus Gips, Bimsbeton oder Schlackenbeton als Trennwände Verwendung finden.[93] Die auch bei den Gesellschaften verwendete Hochofenschlacke war als Bauersatzstoff ebenfalls Forschungsgegenstand. Allerdings stand im Mai 1944 nur Schlackensand ausreichend zur Verfügung. 400.000 m³ Hochofenschlackensplit, 400.000 m³ Hochofenschlackensand und 350.000 m³ Hüttenbims waren noch erforderlich, aber nicht zu beschaffen.[94]

Für den Einbau von Türen und Fenstern hatten die Gesellschaften einheitliche Abmessungen zu beachten, es sei denn, es stand Abbruchmaterial zur Verfügung.
Die Abmessungen richteten sich nach den Vorgaben der Forschungsstelle des Reichsbeauftragten für den Holzbau, des Arbeitsausschusses „Fenster" sowie des Arbeitsausschusses „Türen". Schlösser und Beschläge entwickelte eigens für den Behelfsheimbau das Reichsministerium für Rüstung und Kriegsproduktion in Zusammenarbeit mit der DAW und dem Sonderausschuß „Schlösser und Beschläge".[95]

Im Innenbereich war Holz der bestimmende Werkstoff. Die Möblierung bestand wie bei den von der Westfälische W. für die Ruhrstahl AG geplanten Heimen je nach Bewohnerzahl aus mehreren Betten und einer Liege, einem Kleiderschrank, Tisch, Stühlen, einer Kleiderleiste und einem Spiegel.
Obwohl der Platz begrenzt war, ergaben sich mehrere Einrichtungsvariationen, die *Hans Spiegel* - Professor der RWTH Aachen, ab April 1941 Leiter der Abteilung VI „Gebäudeplanung" beim RWK und seit 1942 bei der DAW führend mit „Typung und

---

[91] Forschungsarbeit Büning bzgl. Eigenschaften und Aufbereitung von Ziegelschnitt, BArch R 4002/ 230; auf Veranlassung der DAW Analyse der Verwertung von Abfallstoffen zur Herstellung von Zementbindemitteln mit Errichtung eines Bauforschungsinstituts der Deutschen Akademie für Wohnungswesen im Chemischen Laboratorium der Staatlichen Ingenieur- und Chemikerschule Kattowitz, BArch R 4002/ 205; Forschungsauftrag Franke (Westfalen) zur Mörtelbildung, BArch R 4002/ 251; m.w.N. Schulenburg, Julian/ Renz, Johannes (Bearb.), Innenministerium, Gauwohnungskommissar - Behelfsheime - 1944-1945, Hauptstaatsarchiv Stuttgart, Repertorien, Stuttgart 2003; zur weiteren Forschungsarbeit BArch R 4002/ 207, 210, 211, 213, 214, 216, 223, 225, 227, 246, 251 und 320.
[92] VA VS/ VIII, Bl. 22 f.; VA GB/ 1943/44, S. 8.
[93] DWH, Anm. zu Bl. 162.
[94] TKA RS/ 1324; Forschungen des Versuchs- und Materialprüfungsamtes an der Technischen Hochschule (TH) Dresden, BArch R 4002/ 200.
[95] DWH, Anm. zu Bl. 192 und 215.

Normung“ befaßt - entwarf und mit mehreren gezeichneten Beispielen veröffentlichte.[96] Die Möbel waren ähnlich wie für die Einrichtung der Kleinsiedlungen einfach ausgeführt. Ihre Gestaltung ging auch auf Schemazeichnungen zu zerlegbaren Möbeln von *Ernst Neufert* zurück und berücksichtigte primär die Gebrauchsfähigkeit unter der Prämisse: „Qualität vor Design“.[97] Die Möbel sollten „in ihrer Gestalt zeitlos gearbeitet“ sein. Vor dem Hintergrund des Holzmangels galt die einfache Materialwahl umso mehr, Sondermodelle waren „unstatthaft“.[98] Allerdings konnte auch einfaches Mobiliar selbst in Ostwestfalen, das traditionell gewachsene Möbelbetriebe beherbergte, nicht zuverlässig ausgeliefert werden. Das entsprach den zunehmenden Mangelerscheinungen bei Gütern des täglichen Bedarfs wie Textilien, Schuhen, Lederwaren, einfachen Haushaltsgeräten, Papier, Drogerieartikeln und sonstigen Möbeln.[99]

Im Hinblick auf die Wasserversorgung sollten die Behelfsheime möglichst einen eigenen Anschluß erhalten. Falls keine Sammelwasserleitung vorhanden war, kamen Handpumpen in Betracht. Sog. Ventilbrunnen durften wegen des hohen Materialbedarfs nur installiert werden, wenn sie aus vorhandenen Beständen stammten und zugleich mindestens sechs Behelfsheime versorgen konnten.[100] Dabei mußten die Gesellschaften beachten, daß die Herstellung neuer Abwasserleitungen untersagt war. Der Anschluß an eine vorhandene Kanalisation war erlaubt, aber wegen der Lieferschwierigkeiten von Steinzeugröhren nur eingeschränkt möglich.

Das DWH versuchte von dieser Problematik abzulenken, indem es darauf aufmerksam machte, daß „die anfallenden Fäkalien den Inhabern der Behelfsheime als Dung“ zur Verfügung standen. Für die Abortkübel selbst verteilten nach Mitteilung des Gauwohnungskomissars in Essen die örtlichen Siedler- und Kleingartenvereine Torf.[101]

Die Empfehlung des DWH bedeutete nicht nur einen besonders geringen Wohnkomfort, sondern verdeulichte, daß mittlerweile selbst die Grundversorgung mit Wasser nur noch in einfachster Weise gewährleistet war.[102]

---

[96] Spiegel, Hans, Gestaltung und Ausführung des Behelfsheimes, in: Der Wohnungsbau in Deutschland 1944, S. 1-12, hier S. 4, 6; Harlander/ Fehl, S. 323 ff., 442.

[97] Neufert, Bauordnungslehre, S. 389; Zeichnungsausschnitt auch bei Durth, Werner, Vom Überleben, Zwischen Totalem Krieg und Währungsreform, in: Flagge, Ingeborg (Hrsg.), Geschichte des Wohnens, Band 5, 1945 bis heute, Aufbau Neubau Umbau, Stuttgart 1999, S. 19-39, hier S. 31; Nothhelfer, Karl, Das Möbelbuch, Schönheit der Arbeit, Fachschriftenreihe des Reichsamtes „Schönheit der Arbeit“, Band 2, Berlin 1942, S. 7.

[98] Reichsheimstättenamt der Deutschen Arbeitsfront (Hrsg.), Schönheit des Wohnens, Ein Bildwerk über deutsche Wohnmöbel, Freiburg im Breisgau 1941, Seite vor Nr. 425; Erl. des RWK betr. „Deutsches Wohnungshilfswerk“, hier: Beschaffung von Möbeln für Behelfsheime vom 24.02.1944 - VI 1/3 Nr. 8102/570/44 -, Der Wohnungsbau in Deutschland, 1944, S. 9 f., Harlander/ Fehl, S. 424.

[99] Blank, in: Echternkamp, S. 421 ff.; Möblierung für Westfälische W. (Behelfsheime Ruhrstahl AG) durch die Friedrich Eggert KG, Bielefeld, TKA RS/ 1324; Wiese, Gernot, Die Versorgungslage in Deutschland, in: Salewski, Michael/ Schulze-Wegener, Guntram (Hrsg.), Kriegsjahr 1944, Im Großen und im Kleinen, Historische Mitteilungen der Ranke-Gesellschaft (HMRG), Beiheft 12, Stuttgart 1995, S. 233-250, hier S. 246.

[100] DWH, Anm. zu Bl. 202.

[101] Schreiben Speers vom 07.03.1944 - Ba IV Bar 1a - sowie vom 31.03.1944 - Ba IV Bar 2 -, VA VS/ VIII, Bl. 82; VA VS/ IX, Bl. 5.

[102] Dazu Verordnung zur Regelung der Wasserversorgung vom 30.09.1944, RGBl. 1944 I S. 241, mit der Befugnis für die Mittelbehörden der Wasserwirtschaftsverwaltung, den Wasserbenutzern Auflagen für die Abgabe und die Verwendung von Wasser zu erteilen.

Die Versorgung mit elektrischer Energie sollte für jedes Behelfsheim über einen Stromanschluß zu zwei Glaskugel-Deckenleuchten und einer Steckdose im Wohnraum führen. Der Reichsinnungsverband des Elektrohandwerks und die DAW entwickelten in Zusammenarbeit mit den Firmen Hausigk (Langeneddingen bei Magdeburg) und Ruhland (Berlin-Friedenau) sog. „Elt-Fertigeinrichtungen", die den Gesellschaften den Einbau erleichterten. Ersatzweise konnte das Behelfsheim mit Gas für zwei Leuchten und einen Doppelkocher versorgt werden. Auch diese Möglichkeit bestand nur, wenn der Anschluß an eine Gasleitung ohne größeren Materialaufwand erfolgen konnte.

Meßapparaturen zur Verbrauchserfassung bei Strom, Gas oder Wasser standen nicht zur Verfügung, so daß der Verbrauch pauschal berechnet werden mußte.[103] Selbst wenn der Anschluß an das Netz erfolgte, bedeutete das noch keine gesicherte Versorgung. Vielmehr führten die Bombardierungen zu Ausfällen von Strom und Wasser. Die für die Beheizung erforderliche Kohle gelangte vielfach nicht mehr in dem benötigten Umfang an ihre Bestimmungsorte. Speer sprach mit Blick auf die Lage im Ruhrgebiet im November 1944 von „Anzeichen einer sich anbahnenden Anarchie". So blieben viele Haushalte im Ruhrgebiet im Dezember 1944 gänzlich von Kohlelieferungen ausgenommen.[104]

Konnte also bereits kein Fortschritt in der theoretischen Konstellation der Nationalsozialisten für die Errichtung von Ersatzwohnraum gesehen werden, mangelte es für dessen Nutzung in der Praxis bereits an einer hinreichenden Grundversorgung.

c′) Behelfsheimfinanzierung

Als Bauherr eines Behelfsheims kamen Einzelpersonen, Gemeinden sowie Unternehmen und damit auch die Wohnungsgesellschaften in Betracht.

Bauherren, die über Grundstück und Baustoffe verfügten, erhielten vom Bürgermeister auf Antrag eine Baukarte, die in Verbindung mit einer Fertigstellungsbescheinigung der Gemeindebehörde zum Empfang einer Reichsprämie von 1.700,-- RM berechtigte.[105]

Steuerlich konnten die Gesellschaften Erleichterungen in Anspruch nehmen, da die Behelfsheime nicht der Grundsteuer unterlagen. Zudem bildeten Grundstücke und Behelfseime, die grundsätzlich als Gebäude galten, wegen des vorübergehenden Zwecks der Heime keine wirtschaftliche Einheit. Die bisherige Einheitsbewertung des Grund und Bodens blieb bestehen. Die Errichtung der Heime führte nicht zu einer Fortschrei-

---

[103] VA VS/ VIII, Bl. 23; DWH, Anm. zu Bl. 164, 203 und 217.

[104] Kohlenzüge erreichten ihr Ziel nicht, da Gauleiter die Züge unterwegs anhielten und für ihren Bedarf beschlagnahmten, Wiese, in: Salewski/ Schulze-Wegener, S. 239; zu den Versorgungsengpässen bei Kohle, Energie und Gas und zum Verfall des Verkehrswesens vertiefend Wagenführ, S. 93 ff., 98 ff. .

[105] VA VS/ VIII, Bl. 42; für die Auszahlung war das Finanzamt zuständig, in dessen Bezirk die Gesellschaften das Behelfsheim errichteten (Belegenheitsfinanzamt); RdF-Erl. Deutsches Wohnungshilfswerk, Auszahlung der Prämien für Behelfsheime vom 08.02.1944 - H 2111 II Wo - 62 VI -, RStBl. 1944 S. 129; Baukosten, die die Reichsprämie überstiegen, mußte der Bauherr zwar selbst tragen, doch sollten luftkriegsbetroffene Bauherren schnelle Entschädigungen erhalten, RdI-Erl. vom 15.08.1944 -II S 1142/44-241k- MBliV S. 847-, RStBl. 1944 S. 750.

bung des Einheitswerts für den Grund und Boden, auf dem sie errichtet waren.[106] Darüber hinaus fanden unmittelbare und mittelbare Aufwendungen, die ein Werk der VSt für die Errichtung eines Behelfsheims tätigte, steuerlich Berücksichtigung. Unmittelbar waren Lohn- und Materialaufwendungen, die ein Werk den Wohnungsgesellschaften unbelastet zukommen ließen. Mittelbare Aufwendungen lagen vor, wenn das Werk - oder wie ansonsten auf Reichsebene vereinzelt die NSV[107] - die über 1.700,-- RM hinausgehenden Kosten als verlorenen Zuschuß erstattete.[108]

Die Höhe der Zuschüsse richtete sich nach der Beschaffenheit des Behelfsheims. Sofern es sich um Holzbehelfsheime handelte, gewährte die VSt in Abhängigkeit zu der Verfügbarkeit eines Nebenraums einen Zuschuß zwischen 220,-- RM und 500,-- RM. Errichtete eine Wohnungsgesellschaft ein Massivheim mit Nebenraum und Flachdach oder ein Halbmassivheim mit Steildach, empfing sie von der VSt 1.000,-- RM.[109]

Die Zuschüsse hatten große Bedeutung, denn die Wohnungsgesellschaften sahen sich nicht imstande, ein Behelfsheim zu einem Betrag von 1.700,-- RM zu errichten. So ging die Rheinisch Westfälische W. unter Zugrundelegung von 50 Behelfsheimen für die Ruhrstahl AG in Witten ohne die Berechnung der Straßen- und Erdbewegungsarbeiten von Kosten über 3.300,-- RM je Einheit aus.[110]

	1-fach	50-fach
Herstellungskosten	3.300,-- RM	165.000,-- RM
Reichsprämie	1.700,-- RM	85.000,-- RM
Differenzbetrag Werk	1.600,-- RM	80.000,-- RM

Der Vorstand mußte daher bei 50 Heimen mit Gesamtherstellungskosten von 165.000,-- RM kalkulieren. Da die Reichsprämie lediglich 85.000,-- RM abdeckte, verblieb ein zu finanzierender Betrag von 80.000,-- RM, den das Werk beitrug. Das bedeutete je Behelfsheim eine Werksbeteiligung, die mit 1.600,-- RM die höchste Zuschußgewährung gegenüber den Wohnungsgesellschaften darstellte.

Der Baufortschritt war bei den Behelfsheimen insgesamt mäßig.
Ursache waren neben den Arbeitskräfte- und Materialmängeln zusätzliche Schwierigkeiten, die die Lenkungsbehörden verursachten. Die Gesellschaften erhielten mehrfach Mitteilungen, daß namhafte Firmen die Lieferung von Bauteilen zugesagt hätten.

---

[106] RdF-Erl. Deutsches Wohnungshilfswerk, steuerliche Behandlung der Behelfsheime für Luftkriegsbetroffene, vom 23.02.1944 -S 1921 - 1360 III-, RStBl. 1944 S. 130.
[107] Fischer-Dieskau, Erfahrungen beim Behelfsheimwerk, S. 54.
[108] Fusban an die Hauptsteuerabteilung VSt vom 13.04.1944 sowie Rd.-schr. RP Arnsberg, Gauwohnungskommissar, Wohnungs- und Siedlungsamt Wetter-Ruhr; Steuerliche Behandlung von Behelfsheimen vom 04.03.1944 nebst Ergänzung Rd.-schr. Reichsgruppe Industrie vom 26.05.1944 Tgb. Nr. IV 0390/44/120 durch Rd.-schr. der Reichsgruppe Industrie an die Industrieabteilungen der Gauwirtschaftskammern und Wirtschaftskammern vom 26.06.1944, TKA VSt/ 4198, 5096.
[109] Der über die Reichsprämie hinausgehende Betrag konnte in fünf Jahren mit je 20 % abgeschrieben werden; der Zuschuß erhöhte sich um 500,-- RM, wenn das Massivheim Nebenraum und Steildach hatte; VA VS/ VIII, Bl. 71; Rheinisch Westfälische W. an Hauptverwaltung der VSt vom 04.12.1944, TKA VSt/ 1253.
[110] TKA RS/ 1324.

Nachfragen der Geschäftsleitungen ergaben aber, daß diese Firmen überhaupt nicht unterrichtet waren.[111]
Folge der Mängel war , daß die Wohnungsgesellschaften wie z. B. die Rheinische W. bereits Anfang 1944 kaum noch vorankamen. So konnte bei Vorhaben wie für die Deutsche Eisenwerke in Mülheim zwischenzeitlich überhaupt nicht gearbeitet werden, da das Werk keine Arbeitskräfte abstellen konnte. Bei der Rheinisch Westfälische W. lagen die meisten Baustellen still und betrafen Werke wie die GBAG und die Gelsenberg Benzin AG. An Behelfsheimen für Belegschaftsmitglieder des Schalker Vereins und der Ruhrstahl AG fanden noch Arbeiten statt, die aber ebenfalls nur langsam vorankamen. Allein die Westfälische W. begann noch im Mai 1944 für die Westfälische Union in Hamm 30 Heime zu errichten, die mit besonderer Dringlichkeit entstehen sollten.[112]

Bei den fertiggestellten Behelfsheimen konnten die Wohnungsgesellschaften eine Nutzungsgebühr verlangen. Die Gebühr schloß sämtliche Kosten wie Grundstückspacht und Betriebskosten ein. Da sich die Kosten auch bei identischer Beschaffenheit der Behelfsheime angesichts der Kriegsumstände und der Lage der Gebäude voneinander unterschieden, nahmen die Gesellschaften eine Abstufung nach dem Wohnwert in den Grenzen von 5,-- bis 12,-- RM monatlich vor.[113]

Im Ergebnis konnten die Wohnungsgesellschaften bis zum 30.09.1943 396 Behelfsheime abschließen. Obwohl sich im September 1944 2.271 Behelfsheime im Bau befanden, konnten die Gesellschaften bis zum 30.09.1945 nur 637 offizielle Fertigstellungen ausweisen. Die Dunkelziffer war etwas höher, da im Gebiet der Rheinisch Westfälische W. einige „wilde Behelfsheime" entstanden, mit denen sich der Vorstand erst im Juli 1945 befaßte. Dennoch ist die Fertigstellungszahl vor allem vor dem Hintergrund niedrig, daß der Vorstand im November 1943 im Gau Essen noch 12.500 und im Gau Westfalen-Süd 9.500 Bauten geplant hatte.[114] Insbesondere angesichts der Mieter von über 12.000 Wohnungen, bei denen ein Kriegsschaden von mehr als 75 % vorlag, blieb die Unterbringung in den Behelfsheimen gering.
So führte die Errichtung von Behelfsheimen bei den Wohnungsgesellschaften für lediglich 5,3 % der Luftkriegsbetroffenen zu einer Ersatzwohnraumbeschaffung und entsprach damit der unzureichenden nationalsozialistischen Kompensierung von Bombenschäden an den Wohnungsbeständen im Deutschen Reich.

---

[111] VA VS/ VIII, Bl. 54.
[112] VA VS/ VIII, Bl. 53 f. .
[113] Erl. v. 29.04.1944, VA GB/ RRW/ 1943/44, S. 9; VA VS/ VIII, Bl. 29, 47; VA VS/ IX, Bl. 18, 28.
[114] VA VS/ VIII, Bl. 7, 90; VA GB/ RRW/ 1944/45, S. 7.

c) Kriegsauswirkungen auf Büro und Belegschaft

aa) Sicherungsmaßnahmen

Der Verband Rheinischer Wohnungsunternehmen forderte seine Mitgliedsunternehmen im Sommer 1942 anläßlich der Bombenschäden auch an Büroräumen auf, wichtige Unterlagen und Büromaschinen an sicherer Stelle unterzubringen.

Als besonders schützenswert galten Telefone und Fernschreiber, die für die Gesellschaften außerordentlich wertvoll wurden, als ein Luftangriff im Juni 1943 die Fernsprechanlage der Hauptverwaltung der VSt in Düsseldorf und das Fernsprechnetz des Bochumer Vereins zerstörte.[1]
Hochwertige Büromaschinen sollten in Tresor- und Kellerräumen und durch den Einbau von Abstellräumen mit Stellagen in Luftschutzkellern gesichert werden. Sofern eine Maschine nicht unbedingt zur Aufrechterhaltung der Geschäftstätigkeit nötig war, sollte sie bis Kriegsende im Sicherungsraum bleiben.[2]
Generell mußten die Angestellten vor Ort abwägen, ob es sinnvoll war, auch Büromaschinen des täglichen Gebrauchs im Keller aufzubewahren. Die Rheinisch Westfälische W. berichtete über einen hohen Zeitaufwand und wegen der Treppenverhältnisse in ihrem Bürohaus über Schwierigkeiten des täglichen Transports von Maschinen und Akten. Mit Aufzügen versuchte der Vorstand die Arbeit hier zu erleichtern.[3]
Da sich nicht alle Verwaltungsstellen nach den Sicherungsvorgaben richteten, gingen bei Luftangriffen vor allem im Mai 1944 Büromaschinen und Schlüsselhefte verloren. Die Geschäftsleitungen überprüften die Verwaltungsstellen nun vermehrt, zumal das Büroinventar einen Versicherungswert von 400.000,-- RM hatte.[4]

Hinsichtlich der Unterlagen bestand die Schwierigkeit, daß die Gesellschaften Schutz und Benutzung der Dokumente in Einklang bringen mußten.
Vor allem Unterlagen wie Grundbuchauszüge nebst Nachträgen, Parzellenverzeichnisse, Karteikarten mit Instandsetzungsaufzeichnungen, Kontenkarten, Bücher des vergangenen Geschäftsjahrs, Hypothekenunterlagen, Rechnungseingangsbücher, laufende Belege und Mietabrechnungen, Mieter-, Häuser- und Wohnungsverzeichnisse sowie Werksabrechnungen galten den Gesellschaften als besonders schutzwürdig.[5]
Die besten Schutzmaßnahmen sollten zur Bewahrung der Unterlagen vor Ort beitragen. Die Geschäftsleitungen ließen eiserne Schränke aufstellen und im Wechsel war ein Belegschaftsmitglied für die Büroverdunkelung verantwortlich. Trotz dieser Maß-

---

[1] Zudem durften ab 01.10.1943 keine Fernschreiber mehr produziert werden, Bluma, Lars, Private Telekommunikationsnetze im Ruhrgebiet, Von der Werkstelegrafie zum Fernsprechnetz der Vereinigte Stahlwerke AG, in: Rasch, Manfred/ Bleidick, Dietmar (Hrsg.), Technikgeschichte im Ruhrgebiet · Technikgeschichte für das Ruhrgebiet, Festschrift für Wolfhard Weber zum 65. Geburtstag, Essen 2004, S. 417-437, hier S. 429 f. .

[2] Hierunter fielen z. B. die sog. „Adrema"-Maschinen zur automatisierten Adressierung von Umschlägen; VA VS/ VI, Bl. 48.

[3] VA VS/ VII, Bl. 35; VA VS/ VIII, Bl. 16 f. .

[4] VA VS/ VII, Bl. 18; VA VS/ VIII, Bl. 57.

[5] VA VS/ VI, Bl. 47 f. .

nahmen kam es nach Luftangriffen zu Aktenverlusten.[6] Die Geschäftsleitungen ließen daraufhin von den besonders wichtigen Dokumenten Zweitschriften erstellen. Die Westfälische W. fertigte vom Parzellenverzeichnis ein Duplikat an, das für die Bearbeitung bei der Geschäftsleitung verblieb. Das Original stellte die Westfälische W. in einer Zeche sicher. Dort ergänzte ein Belegschaftsmitglied wöchentlich die Daten anhand des Duplikats.[7]

Der Arbeitsablauf im Alltag war zunehmend durch die Luftangriffe behindert.[8] Dies kam nicht nur in den aufwendigen Transportmaßnahmen und in Luftalarmen, sondern auch in der Organisation gesonderter Büros zum Ausdruck. Da die Wiederaufnahme der Geschäftstätigkeit nach einem Luftangriff erschwert war, wenn die Belegschaft im Schadensfall nicht wußte, an welchem Ort sie sich versammeln konnte, richteten die Wohnungsgesellschaften Ausweichbüros ein. Auf Anregung des Verbandes Westfälischer Wohnungsunternehmen waren in diesen Ausweichunterkünften unentbehrliche Büroeinrichtungsgegenstände vorhanden.[9]
So bezog die Rheinisch Westfälische W. zum 1. Dezember 1944 ein neues Büro am Luftschacht von Rheinelbe. Da die bisherigen Büroräume in der Wanner Str. nach Beschädigungen noch nicht sofort wiederhergestellt werden konnten, bestand die primäre organisatorische Aufgabe darin, die Gesamtleitung räumlich zusammenzuführen. Obwohl die verfügbaren Räume nur bei einer engen Belegung ausreichten, legte der Vorstand Wert auf eine gemeinsame Unterbringung.[10]

Insgesamt reichten die Beschädigungen bei den Verwaltungsstellen bis zur totalen Zerstörung. Die Gesellschaften griffen dann mit Zustimmung der Bewohner auch auf Mieterwohnungen zurück und richteten dort Büros mit Sprechzeiten ein.[11]
Zu Eingriffen der nationalsozialistischen Verwaltung in das Bürowesen der Gesellschaften kam es, als Einrichtungs- und Ausstattungsgegenstände in Verwaltungsgebäuden abgegeben werden sollten. Allerdings entfiel diese Verpflichtung nach Mitteilung des Reichsverbandes des deutschen gemeinnützigen Wohnungswesens im Herbst 1944 wieder.[12]

bb) Arbeitszeit und Urlaub

Hinsichtlich der Präsenz des Personals hatte die noch aus der Geschäftstätigkeit vor dem Krieg stammende Anordnung des Vorstands Gültigkeit, daß die Belegschaft der Verwaltungs- und Bezirksstellen bei Beginn des Dienstes um 07.30 Uhr und eine Stunde vor Dienstschluß in den Büros anzutreffen sein mußte.[13]

---

[6] VA VS/ VI, Bl. 47; VA VS/ VIII, Bl. 10.
[7] VA VS/ VII, Bl. 63.
[8] VA GB/ RRW/ 1943/44, S. 9.
[9] Rd.-schr. Verband Westfälischer Wohnungsunternehmen vom 30.08.1943 - Nr. 11a/43 -, VA VS/ VIII, Bl. 63.
[10] Exemplarisch Verwaltungsstelle 42, Siedlung Hohlweide, für die Rheinische W., VA VS/ IX, Bl. 12, 23.
[11] VA VS/ IX, Bl. 29.
[12] Ergänzung vom 07.08.1944 zur 65. Anordnung der Reichsstelle für Eisen und Metalle vom 17.02.1944, DRAnz. Nr. 179 vom 11.08.1944, VA VS/ VIII, Bl. 93.
[13] VA VS/ IV, Bl. 10.

Nachdem Vorstand und Geschäftsleitungen noch im Oktober 1939 eine durchgehende Arbeitszeit wegen „Schwierigkeiten und Unzuträglichkeiten" der Belegschaft abgelehnt hatten, änderte sich dies 1943 nach dem Anstieg der Wochenarbeitszeit.
Die in der Arbeitszeitordnung von 1938 festgelegten 40 Wochenstunden galten 1942 nicht mehr, als die Belegschaft der Wohnungsgesellschaften wöchentlich 48 Stunden und mit Überstunden 51 bis 54 Stunden arbeiten mußte. Im Februar 1943 erfolgte die Anhebung auf 54 Stunden und bei Terminarbeiten fiel zusätzlich vergütete Sonntagsarbeit an. Die Arbeitszeit stieg weiter auf erst 57 und dann 60 Stunden und weitete sich schließlich bis auf 72 Wochenstunden aus. Die Einführung der durchgehenden Arbeitszeit bedeutete für die Belegschaft, daß sie über die Werke ein warmes Mittagessen erhielt.[14]

Die hohen Arbeitszeitanforderungen hatten bei den Gesellschaften indessen nicht zur Folge, daß der Urlaub des Personals in Vergessenheit geriet. Vielmehr betonte der Vorstand wiederholt, daß zustehender Urlaub zu nehmen sei.[15]
Die Urlaubsgewährung sollte zur „Erhaltung und Zurückgewinnung der geistigen und körperlichen Kräfte" dienen. Dennoch nahmen bei der Rheinische W. nur zwei Drittel (65 %), bei der Rheinisch Westfälische W. etwas mehr als die Hälfte (52 %) und bei der Westfälische W. nur knapp die Hälfte (42 %) des Personals zusammenhängenden Urlaub. Selbst bei der Rheinische W., die den höchsten Anteil derer aufwies, die den Urlaub zusammenhängend beanspruchten, nahmen 29 % der Belegschaft zweimal im Jahr Urlaub. Die Westfälische W. gewährte jedem fünften Belegschaftsmitglied Urlaub in drei Zeitabschnitten, während diese Genehmigungen bei der Rheinische W. und Rheinisch Westfälische W. mit 6 % bzw. 8 % geringer ausfielen.[16]
Einschränkend wirkte sich im April 1943 aus, daß die Wohnungsgesellschaften unter die Bestimmung des Generalbevollmächtigten für den Arbeitseinsatz fielen und höchstens 14 Arbeitstage als Urlaub gewähren durften. Belegschaftsmitglieder, die vor dem 01.04.1894 geboren waren, konnten mehr, aber höchstens 20 Arbeitstage als Urlaub erhalten.[17] Dabei blieb der Grundsatz der Wohnungsgesellschaften aber bestehen, daß der Erholungswert Priorität vor einer Entschädigung hatte. So mahnte der Vorstand im Juli 1944 selbst die Prokuristen an, ihren Urlaub zu nehmen.[18]

Die Prokuristen waren ermächtigt, dem Personal bis zu einem Tag Urlaub für familiäre Verpflichtungen zu geben. Über längere Beurlaubungen entschied der Vorstand. Probleme ergaben sich bei selbst erteiltem Urlaub nach Bombenschäden an den Beleg-

---

[14] VA VS/ IV, Bl. 4; § 3 Arbeitszeitordnung vom 30.04.1938, RGBl. 1938 I S. 447; VSt an Bezirksgruppe Nordwest der Wirtschaftsgruppe Eisenschaffende Industrie vom 30.10.1942 sowie Reichsvereinigung Eisen Außenstelle Nordwest an VSt vom 20.02.1943, TKA VSt/ 757; VA VS/ VIII, Bl. 9.
[15] Es bestand die Möglichkeit, Urlaub kriegsbedingt nur teilweise oder gar nicht zu genehmigen und gem. Anordnung vom 17.11.1939 beim Treuhänder der Arbeit eine Abgeltung zu beantragen. Da diese Abgeltungsanträge abgelehnt werden konnten, ersuchte der Vorstand die Geschäftsleitungen, darauf zu achten, daß die Belegschaft den Urlaub möglichst antrat; Rd.-schr. der VSt Nr. 48 vom 25.11.1939, VA VS/ IV, Bl. 29.
[16] VA VS/ II, Bl. 45.
[17] VA VS/ V, Bl. 46; VA VS/ VII, Bl. 41.
[18] VA VS/ II, Bl. 94; VA VS/ VIII, Bl. 75.

schaftswohnungen. Ohne weiteres durfte der bezahlte Urlaub nicht für die Beseitigung von Bombenschäden in Anspruch genommen werden.[19]
Grundsätzlich mußten Vorstand und Geschäftsleitungen zwischen dem Erholungswert einerseits und den Notwendigkeiten des Geschäftsbetriebs andererseits die Balance halten.

cc) Personal und Identität

Dem Vorstand war daran gelegen, seine Entscheidungen möglichst nachvollziehbar und verständlich zu transportieren. Dabei verfolgte er die Strategie, den Gesellschaften eine feste Identität zu geben, denn auch hier galt, daß ein identitätsloses Unternehmen unfähig zu Kontinuität und Verläßlichkeit ist.[20]

Der betriebliche Umgang war davon gekennzeichnet, daß der Vorstand auf einen freundlichen Umgang des Personals miteinander und im Außenverhältnis vor allem gegenüber der Mieterschaft Wert legte. Im Innenverhältnis förderte er Maßnahmen, die das Gefühl der Belegschaft stärkten, einer gewachsenen und verläßlichen Unternehmenspersönlichkeit anzugehören. Die Belegschaftsmitglieder durften sich der Unterstützung des Vorstands gewiß sein, wenn sie sich „mit Eifer und Erfolg sozial wertvollen Aufgaben der Gesellschaften" widmeten und so eine Unternehmenskultur für ein gemeinsames Grundverständnis als das Ergebnis von Sozialisationsprozessen schufen.

Dazu zählte, daß Belegschaftsmitglieder sowohl der Rheinisch Westfälische W. als auch der Rheinische W. Betriebssportgruppen gründeten. Das Personal der Westfälische W. hatte Kontakte zu benachbarten Werken und schloß sich dort Betriebssportgemeinschaften an.[21]
Auf kultureller Ebene bildeten sich aus der Belegschaft Tänzer- und Sängerschaften, die „der Pflege der Kameradschaft dienende Veranstaltungen der Wohnungsgesellschaften verschönten". Die vom Vorstand immer wieder betonte „Pflege der Kameradschaft" unterstrich das Anliegen Forstmanns, der Belegschaft seinen als U-Bootfahrer ausgeprägten Korpsgeist zu vermitteln. Zu Ausflügen bekamen jedes männliche Belegschaftsmitglied und jeder Lehrling 2,-- RM und jede weibliche Teilnehmerin 3,-- RM Zulage.[22]

---

[19] Anders verhielt es sich unmittelbar nach Beendigung des Krieges, als der Vorstand den zurückgekehrten Soldaten 14 Tage Freizeit bewilligte; VA VS/ VII, Bl. 53; VA VS/ IX, Bl. 44.

[20] Bonus, in: Wischermann/ Borscheid/ Ellerbrock, S. 28.

[21] Nach Schätzungen Schwengers engagierten sich z. Zt. der Gründung der Gesellschaften allein die Zechen des Ruhrbergbaus mit 140 Sportplätzen, Wettkampfpreisen und vielfachen Unterstützungsmaßnahmen bei den Vereinen in der Sportförderung, vertiefend Schwenger, S. 183, 186. Bei der Rheinische W. entstand vor dem Krieg eine Gemeinschaft, die z. B. mit anderen Betriebssportgemeinschaften der VSt im Juli 1938 am Deutschen Turnfest in Breslau teilnahm; VA GB/ 1-A-3/ 1937/38, S. 6; VA GB/ 2-A-3/ 1937/38, S. 8; VA GB/ 3-A-3/ 1937/38, S. 9; VA VS/ II, Bl. 46.

[22] Noch heute existiert unter den Vereinigungen der ehemaligen sowie der aktiven U-Bootfahrer die sog. U-Boot-Kameradschaft „Walter Forstmann" in Düsseldorf, die eine der in § 8 der Satzung des Verbandes deutscher U-Bootfahrer e.V. aufgeführten 23 U-Boot-Kameradschaften ist. Forstmann gab nach dem Krieg die Losung „Miteinander - füreinander Wohnungen bauen" aus und motivierte z. B. 1949 zum Bau der dann 1958 „Walter-

Daneben erhielt das Personal Zuwendungen am Arbeitsplatz, wenn private Anschaffungen der Geschäftstätigkeit dienlich waren. Die Bauführer, die ein Motorrad fuhren und dienstlich nutzten, bekamen Lederjacke, Lederhandschuhe und Kappe auf Kosten der jeweiligen Gesellschaft.[23] In Anbetracht eines Preises von mindestens 55,-- RM für eine Jacke bedeutete dies eine finanzielle Erleichterung, die aufgrund des täglichen Umgangs mit den erhaltenen Sachen Unternehmensidentifikation und Mitarbeitermotivation förderte.

Die Gesellschaften sicherten das Personal auch vor dem illegalen Verlust seines Eigentums während der Arbeitszeit ab. Nachdem einem Angestellten ein Fahrrad gestohlen worden war, kümmerten sie sich um eine Diebstahlversicherung und versicherten außerdem im Januar 1943 das Eigentum über 100.000,-- RM.[24]

Die Vorsorgemaßnahmen dürfen nicht darüber hinwegtäuschen, daß der Vorstand auch darauf bedacht war, daß seine unterstützenden Maßnahmen nicht ausgenutzt wurden. Fusban überprüfte die geltend gemachten Reisekosten und Spesenzusammenstellungen genau. Er sprach Ungereimtheiten offen an und wies z. B. darauf hin, daß Vergütungen zur Benutzung eines Kraftfahrzeugs nur gewährt wurden, wenn zugleich mitfinanzierte Eisenbahnfahrten eingeschränkt wurden.[25] Konnten Belegschaftsmitglieder den Weg zur Arbeitsstelle nur mit Hilfe öffentlicher Verkehrsmittel zurücklegen, erstatteten ihnen die Gesellschaften die Fahrkarten. Im Mai 1944 vereinheitlichten die Gesellschaften das Erstattungsverfahren. Anhand einer Stellungnahme des RdF war deutlich geworden, daß die Geschäftsleitungen bei einer unentgeltlichen Überlassung von Fahrkarten für öffentliche Verkehrsmittel keine Lohnsteuer zu entrichten hatten. Demgegenüber mußten die Verkehrsteilnehmer Fahrgeldzuschüsse oder eine vollständige Fahrgelderstattung in bar versteuern. Um der Belegschaft diese Belastung zu ersparen, wies der Vorstand die Geschäftsleitungen an, keine Barerstattungen mehr vorzunehmen, sondern die erforderlichen Fahrkarten zu erwerben und sie dann den Betroffenen auszuhändigen.[26]

Zusätzliche soziale Kosten entstanden neben sozialen Pflichtbeiträgen, weil die Wohnungsgesellschaften in die Gesundheitsvorsorge der Belegschaft investierten. Die Maßnahmen reichten über die Verabreichung von Vitaminen bis zu Aktionen wie Röntgen-Reihenuntersuchungen.[27]

Forstmann-Siedlung" und „Walter-Forstmann-Siedlung II" genannten Häuser in Dortmund-Kirchlinde (Hangeneystr., Osulfweg, Faberstr.), TKA VSt/ 199; VA VS/ I, Bl. 97.

[23] VA VS/ II, Bl. 14.

[24] Voraussetzung für die Inanspruchnahme des Schutzes war nicht das Abhandenkommen wie durch einen Luftangriff oder ein nicht zu definierendes Ereignis, sondern das Vorliegen eines Diebstahls aufgrund eines Einbruchs; VA VS/ V, Bl. 44; VA VS/ VII, Bl. 18.

[25] Auch für Fahrräder bewilligten die Gesellschaften monatlich eine Entschädigung (4,-- RM), VA VS/ II, Bl. 65; VA VS/ III, Bl. 47.

[26] VA VS/ I, Bl. 72; VA VS/ VIII, Bl. 58.

[27] VA VS/ VI, Bl. 9.

Ihrer Wertschätzung der Belegschaft versuchten Vorstand und Geschäftsleitungen Ausdruck zu verleihen, indem sie formal Urkunden ausfertigten. Um die Verbundenheit zu den Gesellschaften zu fördern, legte der Vorstand Wert auf Zuwendungen, die er gesondert zu Weihnachten bewilligte. Neben einem von Dienstzeit und Einkommen abhängigen Weihnachtsgeld für das eigene Personal veranlaßte er die Zahlung von Weihnachtsvergütungen an Mitarbeiter der Werke, mit denen die Gesellschaften häufig zusammenarbeiteten.[28]

Die sozialen Aufwendungen bewegten sich während des Krieges im gesetzlich verordneten Bereich zwischen 45.000,-- RM und knapp 48.000,-- RM und kamen damit den Aufwendungen der Vorkriegszeit nahe, die zwischen 43.470,-- RM und 51.888,-- RM im Jahr 1939 betragen hatten. Da 1939 mit 289 Personen die meisten Mitarbeiter beschäftigt waren, waren auch die gesetzlichen Aufwendungen am höchsten.
Die freiwilligen Leistungen der Gesellschaften zugunsten ihrer Belegschaft wuchsen demgegenüber an und zeigten bei einer Steigerung von 46.731,-- RM im Jahr 1935 auf fast 150.000,-- RM bis Anfang 1942 nahezu eine Verdreifachung.[29]
Zum einen lag dies an zunehmendem Engagement gegenüber den Mitarbeitern wie hinsichtlich der Fahrtkosten oder bezüglich der Bekleidung der Bauführer, zum anderen machte sich der Krieg bemerkbar, der Ursache weiterer Unterstützungsmaßnahmen war.

Eine besondere kriegsbedingte Zuwendung, die mit integrativer Wirkung das gesamte Personal trug, kam zu Weihnachten 1939 zustande. Das Personal sammelte Spenden für Weihnachtsgeschenke, die es dann den zum Kriegsdienst einberufenen Belegschaftsmitgliedern schickte.[30] Darüber hinaus erhielten die zum Kriegsdienst und zum Arbeitsdienst Einberufenen ab dem Monat ihrer Dienstverpflichtung eine monatliche Zuwendung, die die Gesellschaften gutschrieben, damit nach der Rückkehr sofort Geld verfügbar war. Daneben zahlten die Gesellschaften bis zu zweimal im Jahr 10,-- RM aus, wenn ein Einberufener seine Arbeitsstelle während seines Urlaubs besuchte.[31] Damit wollten die Gesellschaften ihre Anerkennung ausdrücken, Verbundenheit demonstrieren und das Identifikationspotential des einberufenen Mitarbeiters stärken.

Vorstand und Geschäftsleitungen versuchten vielfach erfolglos, eine Dienstverpflichtung zu verhindern. Nachdem nach einem halben Jahr bereits 65 Angestellte eine Einberufung erhalten hatten, begannen die Geschäftsleitungen anhand eines Hinweises des Verbandes Rheinischer Wohnungsunternehmen „in geeigneten Fällen" zu rekla-

---

[28] Bei den Wohnungsgesellschaften lag das Weihnachtsgeld zwischen 15,-- RM (Lehrling im 1. Lehrjahr) und 170,-- RM + 5,-- RM je Kind (mindestens ein Dienstjahr mit Einkommen ab 650,-- RM); VA VS/ I, Bl. 19; VA VS/ VI, Bl. 17.

[29] Vereinigte Stahlwerke, Jahresbericht der Vereinigte Stahlwerke AG 1940/ 41, S. 173; *dieselbe*, Monatsbericht der Vereinigte Stahlwerke AG September/ Dezember 1943, S. 77, in: TKA HBL; Hachtmann zeigt auf, daß zu dieser Zeit mehrere Unternehmen die „Pflege der Betriebsgemeinschaft" förderten und die zusätzlichen Sozialleistungen erhöhten, Hachtmann, Rüdiger, Industriearbeit im „Dritten Reich", Untersuchungen zu den Lohn- und Arbeitsbedingungen in Deutschland 1933-1945, Göttingen 1989, S. 296.

[30] VA VS/ IV, Bl. 13.

[31] VA VS/ IV, Bl. 48 f..

mieren.[32] Dennoch mußten sie weiter Mitarbeiter abstellen, so daß es zu dem „Einsatz weiblicher Kräfte“ kam.
Ausdruck des vorübergehenden Charakters des Arbeitsplatzes der Ersatzarbeitskräfte war die monatliche Kündigungsmöglichkeit.[33] Dabei kam es den Gesellschaften vor allem auf das Geschick gegenüber konkreten Aufgabenstellungen an. Sie widerlegten die vom Arbeitswissenschaftlichen Institut (AWI) der DAF veröffentlichte Definition, derzufolge „die Frau eine in jeder Beziehung möglichst leichte, schnell erlernbare Arbeit ohne größere Verantwortung“ suchte.[34]
Der Einsatz der weiblichen Ersatzkräfte war nicht wie ursprünglich beabsichtigt „kurzfristig“, sondern verlängerte sich mit der Dauer des Krieges. Bis Dezember 1943 wurde auch die Mehrzahl der Auszubildenden zum Kriegsdienst einberufen.[35] Ab Februar 1944 wurden zudem ältere Jahrgänge eingezogen und ab September 1944 sollten die Gesellschaften alle männlichen Belegschaftsmitglieder des Jahrgangs 1906 und jünger, sofern sie mindestens „bedingt kv.“ (kriegsverwendungsfähig) waren, an die Wehrmacht abgeben. Das gleiche galt für die Jahrgänge 1897 und jünger, die „kv.“ waren. Für die Rüstung sollten weibliche Arbeitskräfte, die zwischen 16 und 23 Jahre alt waren, abgestellt werden. Männliche Arbeitskräfte über 60 Jahre, Kriegsversehrte und Körperbehinderte waren zu dieser Zeit von einer Abstellung für Rüstungsarbeit ausgenommen.[36] Letztlich mußten 208 Mitarbeiter ihren Arbeitsplatz wegen der Kriegsdienstverpflichtung zumindest vorübergehend aufgeben. 18 Arbeitskräfte der Wohnungsgesellschaften kehrten nicht aus dem Krieg zurück.

Tab. 91: Männliche und weibliche Belegschaft; 1939/45

		1939		1945	
		Anzahl	%	Anzahl	%
Arbeitskräfte	männlich	269	93	218	81
	weiblich	20	7	59	19
	gesamt	289	100	269	100

Quelle: Zusammenstellung nach VA GB/ 4-A-3/ 1944/45, S. 8.

Die Zahl der Belegschaft sank zwar während des Krieges, doch bewirkten die Ersatzarbeitsverhältnisse, daß sie sich nicht in dem Umfang der Dienstverpflichtungen verminderte. Die weibliche Beschäftigungsquote stieg von 7 % zu Beginn des Krieges bis

---

[32] Auf Anweisung des RArbMin. vom 03.09.1939 war das Personal gemeinnütziger Wohnungsunternehmen bei der „Heranziehung zur Dienstpflicht“ schonend zu behandeln, VA VS/ V, Bl. 58.; die Zahl der u.k.-gestellten Betriebsangehörigen stieg reichsweit von 1,7 Mio. bei Beginn des Krieges bis auf 5,6 Mio. im September 1941 an, Müller, Kriegswirtschaft, in: Bracher/ Funke/ Jacobsen, S. 364.
[33] VA VS/ III, Bl. 54; VA VS/ IV, Bl. 21.
[34] Arbeitswissenschaftliches Institut der Deutschen Arbeitsfront (Hrsg.), Jahrbuch 1940/ 41, I. Band, Berlin 1941, S. 391; VA VS/ VII, Bl. 11; weiterführend zur Ersatzarbeit vgl. Schmidt, Margot, Krieg der Männer - Chance der Frauen?, Der Einzug von Frauen in die Büros der Thyssen AG, in: Niethammer, Lutz (Hrsg.), „Die Jahre weiß man nicht, wo man die heute hinsetzen soll“, Faschismuserfahrungen im Ruhrgebiet, Lebensgeschichte und Sozialkultur im Ruhrgebiet 1930 bis 1960, Band 1, Berlin Bonn 1983, S. 133-162, hier S. 139.
[35] Unter 17 männlichen Lehrlingen befanden sich zehn Dienstverpflichtete, von denen bis dahin bereits zwei gefallen waren, TKA A/ 1091.
[36] VA VS/ VIII, Bl. 37, 87.

auf 35 % im Jahr 1944 an und sank nach Kriegsende zum 30.09.1945 auf 19 % ab. Die männliche Beschäftigungsquote stieg von 65 % während des Krieges bis zum 30.09.1945 wieder auf 81 % an. Dieser Anstieg resultierte aus Heimkehrern, die an ihren alten Arbeitsplatz zurückkamen. Der Personalbestand war bei Kriegsende mit 269 Personen annähernd so hoch wie 1939, die sozialen Zuwendungen indessen nicht mehr.

Der jährliche Grundverdienst eines Arbeiters betrug zwischen 1935 und 1942 durchschnittlich 1.625,-- RM und war für diesen Zeitraum geringer als der Reichsdurchschnitt für alle Industrien mit 1.815,-- RM.[37] Die Angestellten der Gesellschaften erhielten durchschnittlich 3.950,-- RM, lediglich 1940/ 41 fiel das Einkommen mit 3.650,-- bzw. 3.760,-- RM geringer aus. Bezogen auf alle Wirtschaftszweige bewegte es sich deutlich über dem Durchschnittseinkommen. Dabei fiel jedoch ins Gewicht, daß z. B. Angestellte im Groß- und Einzelhandel geringere Einkommen hatten, als Angestellte bei Versicherungsunternehmen oder Banken.[38]

Tab. 92: Einkommen der Arbeiter und Angestellten

Jahr	RM			
	Arbeiter		Angestellte	
	Wohnungsgesellschaften	Gesamte Industrie	Wohnungsgesellschaften	Alle Wirtschaftszweige
1935	1.852,--	1.654,--	3.947,--	2.268,--
1936	1.633,--	1.725,--	3.964,--	2.388,--
1937	1.661,--	1.792,--	3.951,--	2.484,--
1938	1.626,--	1.873,--	3.896,--	2.616,--
1939	1.567,--	1.898,--	3.902,--	2.772,--
1940	1.490,--	1.956,--	3.650,--	2.856,--
1941	1.567,--	-	3.760,--	3.012,--

Quellen: Länderrat, Statistisches Handbuch, S. 473;Vereinigte Stahlwerke (Hrsg.); Jahresbericht der Vereinigte Stahlwerke AG 1940/ 41, S. 173; Monatsbericht der Vereinigte Stahlwerke AG September/ Dezember 1943, S. 77, in: TKA HBL.

Die Wohnungsgesellschaften hatten keinen Tarif, sondern bezahlten nach Leistung und Alter.[39] Um die strategische Orientierung einer sozialen Grundversorgung auch während des Krieges nachhaltig kenntlich machen zu können, erstatteten die Gesellschaften ihre monatlichen Berichte an die Abteilung Sozialwirtschaft der VSt über Instandhaltungen mit einem Mindestaufwand von 10.000,-- RM und ermöglichten damit die erwähnte Aufnahme in den Monatsbericht der VSt zur sozialwirtschaftlichen

[37] Länderrat, Statistisches Handbuch, S. 473.

[38] Deren Aufgaben kamen der Geschäftstätigkeit der Wohnungsgesellschaften näher, so daß die Gehälter auch vergleichbarer waren. Unter Zugrundelegung der Beträge, die Versicherungen und Banken 1941 repräsentativ im Zentrum Berlin zahlten, lagen die Angestellten der Wohnungsgesellschaften im Ruhrgebiet mit 3.760,-- RM noch über den Einkommen der Versicherungen (3.720,-- RM), aber hinter den Banken (4.128,-- RM), Länderrat, Statistisches Handbuch, S. 468 ff.; Petzina/ Abelshauser/ Faust, S. 100.

[39] Wenn ein außertariflich bezahltes Belegschaftsmitglied eine Gehaltserhöhung erhalten sollte, war eine Ausnahmegenehmigung des Treuhänders der Arbeit erforderlich, VA VS/ IV, Bl. 22.

Lage.[40] Der Vorstand nahm diese Möglichkeit wahr, um das Unternehmensleitbild der Gesellschaften zu vermitteln und soziales Image zu verfestigen. Das Ziel eines besonderen Unternehmensbewußtseins konnte sich so etablieren und war Grundlage für ein erhöhtes Identifikations- und Motivationspotential. Dinkelbach faßte die Wohnungsgesellschaften nach Kriegsende begrifflich zusammen und charakterisierte sie als „Traditionskompanie".[41]

Alles in allem entstand eine gefestigte Unternehmensidentität, die die Wohnungsgesellschaften mit einem einheitlichen Selbstverständnis gleichermaßen sowohl unternehmensintern als auch gegenüber dem Unternehmensumfeld zum Ausdruck brachten.

[40] TKA VSt/ 4776 - 4778 und 5960; VA VS/ II, Bl. 19, 36; C. IV. 3. a) bb) d').
[41] TKA VSt/ 4040.

V. Fazit

Abschließend sollen die wesentlichen Untersuchungsergebnisse benannt und in den größeren Zusammenhang der Unternehmensgeschichte zwischen 1933 und 1945 eingeordnet werden. Hierzu vier wesentliche Befunde:

(1) Wohnungsgesellschaften und Nationalsozialismus

Die Gründung der Wohnungsgesellschaften erfolgte 1933 wenige Monate nach der Machtübernahme der Nationalsozialisten, ohne mit diesem politischen Ereignis in Verbindung zu stehen. In den folgenden Jahren indessen wirkte sich die Herrschaft des Nationalsozialismus für die Wohnungsgesellschaften in mehrfacher Hinsicht aus.

Die Inhalte der Unternehmenspolitik - Bestandspflege und Wohnungsneubau - gingen neben dem vornehmlich gemeinnützigen Unternehmenszweck und der Erwartungshaltung der VSt aus den Handlungsmöglichkeiten und Zwangslagen hervor, die Konsequenz der Politik des nationalsozialistischen Regimes waren.
Die Wohnungspolitik im Nationalsozialismus verfolgte mit der Schaffung von Wohnraum generell dieselbe Zielsetzung wie die Wohnungsgesellschaften. Von Anfang an standen jedoch wachsende materielle und normative Hindernisse einer regulären Bestandsbewirtschaftung und einem verlässlichen Wohnungsbau entgegen.

Im normativen Bereich war die stetig anwachsende Überreglementierung von großer Bedeutung, da sie seriöse Planungen für die Geschäftstätigkeit behinderte. Dies zeigte sich in Form von Einschränkungen der unternehmerischen Handlungsspielräume vor allem im Bereich des Öffentlichen Rechts sowie beim Mietrecht im Zivilrecht. Zudem erhöhte sich für die Gesellschaften nach Kriegsbeginn der Mangel an Rechtssicherheit, da der GB.-Bau bereits erteilte Ausnahmegenehmigungen für ungültig erklären konnte. Aufgrund der Vielzahl der zu beachtenden Gesetze, Verordnungen, Erlasse und sonstigen Anordnungen mußten sich die Gesellschaften immer schneller wechselnden juristischen Rahmenbedingungen anpassen. Der unablässige Wechsel der Vorschriften gab zu vielfacher Umdisponierung und Improvisation Anlaß und bedeutete für die Gesellschaften eine weitere Belastung. Zu den Neukodifizierungen gesellten sich wechselnde Verwaltungszuständigkeiten, die zu einem fortwährenden Aufblähen der öffentlichen Verwaltung führten und Bauverfahrensbeschleunigungen entgegenwirkten. Selbst wenn sich Handlungsspielräume wie bei der Ausgestaltung eines Bauvorhabens eröffneten, führten diese Voraussetzungen zu einer rechtlichen Überformung.

In materieller Hinsicht spürten die Wohnungsgesellschaften in ihrer täglichen Praxis anhand der zurückgehenden Zahl der Baufertigstellungen, daß das Vorhaben der nationalsozialistischen Wohnungspolitik, die vollständige Wohnraumversorgung der Bevölkerung zu gewährleisten, umso unrealistischer wurde, je länger der Krieg andauerte. Steigende Überhänge aus Planungen und begonnenen Bauten der Vorjahre offenbarten noch stärker als in der Vorkriegszeit unmittelbar die Unzulänglichkeiten der Wohnungspolitik des Regimes. Die Gesellschaften standen damit beispielhaft für die anderen Unternehmen der Wohnungswirtschaft, deren Aktivitäten sich ebenfalls

mit zunehmender Dauer des Krieges auf Instandsetzungsarbeiten und den Bau von Behelfsheimen und Baracken reduzierten.
Als Kriegsfolge mußten die Gesellschaften wiederum beispielgebend Maßnahmen erdulden, die Abgabepflichten an die Behörden begründeten und Zwangseingriffe in das Eigentum bedeuteten. Da die Unzuverlässigkeit der Warenlieferungen über das reguläre Zuteilungssystem hinzukam, verwundert es nicht, daß es zu Bestellungen über den Bedarf hinaus kam. Dieses Bestellverhalten praktizierten wie die Wohnungsgesellschaften viele Unternehmen, die so mitursächlich dafür waren, daß das nationalsozialistische Zuteilungssystem im Bauwesen scheiterte.

Darüber hinaus gingen die Vorgaben des GB.-Bau an den realistischen Möglichkeiten der Wohnungsgesellschaften vorbei. Vor allem hinsichtlich der Bauweise mit „primitivsten Baustoffen" und im Hinblick auf die Rückschritte bei der Erschließung mit Straßen, Strom und Wasser zeigte sich, daß die nationalsozialistische Politik am Ende zu der Erstellung von Behelfsheimen und damit von Wohnraum führte, dessen besonderen Merkmale sich aus nichts anderem als reiner Behelfsmäßigkeit definierten. In wohnkultureller Hinsicht führte die Politik damit einen zivilisatorischen Rückschritt herbei. Selbst die exorbitante Einfachheit bewirkte keine erwähnenswerte Hilfestellung, so daß die von Hitler und Ley geplanten Fertigstellungszahlen von vornherein unerreichbar waren. Der wohnungspolitische Einfluß des Nationalsozialismus blieb ein stetig wachsendes Hemmnis.

Trotz dieser praktischen und normativen Verdichtung an Beschränkungen blieben die unternehmerischen Entscheidungsprozesse eingeschränkt erhalten. Vor allem die regelmäßigen Verwaltungssitzungen, die das Alltagsgeschäft repräsentativ dokumentierten, lassen den Schluß zu, daß die Gesellschaften von direkten Eingriffen in ihren Geschäftsbetrieb weitgehend verschont blieben. Die Gesellschaften konnten so zwar über ihre wohnungswirtschaftliche Tätigkeit bestimmen, mußten aber in der täglichen Praxis mit den einengenden Folgen der Wohnungspolitik der Nationalsozialisten zurechtkommen. Das hieß, daß sich die Gesellschaften zwar die Freiheit der unternehmerischen Entscheidung grundsätzlich bewahren konnten, ihre Entscheidungsspielräume aber zunehmenden politischen Beschränkungen unterlagen.

Ungeachtet der Hemmnisse und Hindernisse blieben offene Konfrontationen zwischen dem Regime und den Gesellschaften selten und erstreckten sich allenfalls auf einzelne Anweisungen. Das lag weniger daran, daß sich die Gesellschaften besonders systemkonform zeigten, sondern folgte aus der parallelen Interessenlage von Regime und Unternehmen in den wesentlichen Zielen der Wohnungspolitik.
Diese Interessenparallelität bedeutete nicht die direkte Teilhabe der Gesellschaften an der „Arisierung" durch die „Entmietung" von Juden. Das „Mitmachen" der Gesellschaften mag sich auf gute Kontakte zu staatlichen Behörden erstreckt haben, die Bereitschaft, eine „Entjudung" ihres Wohnungsbestands durchzuführen, war indes nicht zu erkennen. Wie es *Banken*[1] für Studien zu Unternehmen im Nationalsozialismus aufzeigt, gilt auch für die Wohnungsgesellschaften, daß die Unternehmensentscheidungen einer wirtschaftlichen Eigenlogik folgten und nicht ideologisch motiviert

[1] Banken, S. 11.

waren. Der Vorstand legte Wert auf ein Vertrauensverhältnis mit den behördlichen Stellen, ohne sich dabei instrumentalisieren zu lassen. Für ihn war die Frage unternehmerisch leitend, wie er seiner Aufgabenstellung gerecht werden konnte, dem Wohnraumbedarf der Werke und den Anforderungen aus den Mietverhältnissen zu genügen. Die Gesellschaften waren um eine betont sachorientierte Grundhaltung bemüht, die beispielhaft sichtbar wurde, wenn Mitarbeiter Schriftsätze, die in politischem Tonfall abgefaßt waren, neutralisierten. Die Entscheidungsprozesse der Wohnungsgesellschaften schlossen so die Pflege politischer Kontakte ein, ohne daß sich damit zugleich eine nationalsozialistisch aktive Rolle verband.

Eingeschränkt waren die Gesellschaften auch Nutznießer der politischen Verhältnisse. Dabei erstreckte sich der Nutzen nicht allein auf die Wahrnehmung staatlicher Fördermittel. Da die VSt die zwangsweise Rekrutierung von Arbeitskräften nutzte und Zwangsarbeiter und Kriegsgefangene beschäftigte, eröffneten sich Zuweisungsmöglichkeiten, von denen die Wohnungsgesellschaften auch Gebrauch machten.
Mit der Inanspruchnahme dieser Arbeitskräfte über die Werke profitierten die Wohnungsgesellschaften mittelbar von der nationalsozialistischen Eroberungspolitik, so daß wiederum von einer Interessenparallelität zwischen Regime und Unternehmen gesprochen werden kann. Allerdings war dieses Interesse im Vergleich zu Großunternehmen der Industrie wie Daimler-Benz, BMW oder gegenüber den Werken der VSt selbst gering. Relativierend ist außerdem zu beachten, daß dieser Nutzen aus der Politik der Nationalsozialisten fast nur Arbeitskräfte für Aufräumarbeiten bei Bombenschäden betraf und damit zum Ausgleich eines Nachteils diente, der ebenso Folge der Politik des Regimes war - nahezu ein Viertel des Gesamtwohnungsbestands der Gesellschaften wurde total zerstört und durchschnittlich acht von zehn Häusern wurden beschädigt.
Hinzu kam die unbefriedigende Versorgung mit Kräften, die den Gesellschaften aus dem Reservoir der OT versprochen wurden. Die Zusammenarbeit mit der OT reichte nur über wenige Monate, war also kurz und außerdem nicht intensiv genug, da sie auch in qualitativer Hinsicht von unzureichenden Zuweisungen geprägt war.
Wenn nach einigen Einsätzen die OT-Arbeiter überhaupt noch erschienen, nahm deren Zahl regelmäßig bei zugleich größer werdenden Schäden ab. Die Maßnahme des Regimes, Unternehmen wie die Wohnungsgesellschaften über die OT zu entlasten, ist insgesamt als erfolglos zu bewerten, denn sie konnte das Ausmaß der Zerstörungen weder auffangen noch verhinderte sie, daß die Selbsthilfe der Bevölkerung maßgebliche Bedeutung erhielt. Darüber hinaus konnte eine pragmatische Zusammenarbeit der Gesellschaften mit den Behörden bei der Unterbringung Ausgebombter nicht vermeiden, daß zum Teil große Schwierigkeiten mit den Kommunen beim Ausgleich von Kriegsschäden entstanden.

Alles in allem agierten die Wohnungsgesellschaften somit unter den Voraussetzungen der nationalsozialistischen Herrschaft, indem sie die für sie nützlichen Angebote ebenso in Anspruch nahmen, wie sie sich mit den zunehmenden Nachteilen des Regimes für eine geregelte wohnungswirtschaftliche Tätigkeit zu arrangieren verstanden. So entstanden und existierten die Wohnungsgesellschaften parallel zur Herrschaft des Nationalsozialismus, ohne daß sie sich gegen ihn stellten oder ihn aber besonders förderten.

Die Gesellschaften entsprachen den Feststellungen *Plumpes*[2], der in der Diskussion um Unternehmen im Nationalsozialismus für die Mehrzahl der einschlägigen Studien die „paradoxe Situation" feststellt, daß die unternehmerische Entscheidungsautonomie auf der einen Seite formal unangetastet blieb, auf der anderen Seite sich aber die politischen Entscheidungsspielräume verengten.
Insgesamt lassen die fortwährenden unternehmerischen Hindernisse und das Größenverhältnis der auf die Politik des Regimes zurückzuführenden Zerstörungen die Schlußfolgerung zu, daß die Gesellschaften trotz ihrer behördlich-opportunistischen Bemühungen wesentlich weniger von der nationalsozialistischen Politik profitierten, als sie aus deren Konsequenzen Schaden nahmen.

(2) Gründung und Organisation

Die Handlungsmaxime des Mitmachens ohne besondere politische Profilierung offenbarten die Gesellschaften seit ihrer Gründung im Sommer 1933, nachdem sie zum Zweck der Vereinheitlichung der Verwaltung und zur Bündelung des Vermögenswerts der Wohnungen entstanden waren. Dabei bedarf es besonderer Beachtung, daß die Gesellschaften der in den Werken bis dahin nebenbei erfolgten Wohnungsverwaltung personell, finanziell und organisatorisch überlegen waren. Allein im Bereich des Wohnungsbaus bestand bei einer regelmäßigen Tätigkeit ein besserer Zugang zum Grundstücksmarkt und zum Markt für Bauleistungen.
Unter der Leitung Dinkelbachs entstanden die Gesellschaften vor allem aus ökonomischem Kalkül. Besonders bedeutsam war, daß die Grundbuchplätze vielfache Finanzierungsmöglichkeiten für die VSt eröffneten. Nicht zuletzt im Hinblick auf die Auswirkungen der Weltwirtschaftskrise stellten die Grundbuchplätze eine Liquiditätsquelle dar. Zugleich verfolgte die VSt die Intention, die Konzentration der Werke auf ihre unternehmerischen Kernkompetenzen in den Hütten und Bergwerken zu stärken.
In Anlehnung an das traditionelle industrielle Motiv der Wohnraumsicherung für Angehörige der Werke war das Instrument der Seßhaftmachung zwar auch noch von Bedeutung. Das Argument des Erfordernisses einer seßhaften Arbeiterschaft wurde jedoch umso schwächer und stand dementsprechend umso stärker hinter den Finanzierungsinteressen zurück, je mehr betriebsfremde Mieter bei den Gesellschaften wohnten.

Die Gründung der Wohnungsgesellschaften brachte eine funktionierende Organisation hervor, die die rechtlichen Voraussetzungen hinreichend beachten mußte.
Bei der Positionierung der juristischen Rahmenbedingungen sahen sich die Gesellschaften von Anfang an rechtlichen Voraussetzungen gegenüber, die sich je nach Tätigkeitsfeld sowohl aus dem Privatrecht als auch aus dem Öffentlichen Recht ergaben. Das betraf die Wahl der Rechtsform als Aktiengesellschaft ebenso wie die Organisation der Geschäftsfelder. Dies zeigte sich vor allem in Fragen des Allgemeinen und Besonderen Schuldrechts, des Sachenrechts - dort insbesondere des Grundstücksrechts -, des Gesellschaftsrechts und des Steuerrechts. Zudem standen die Gesellschaften im Spannungsfeld der Interdisziplinarität der unternehmerischen Woh-

---

[2] Plumpe, in: Abelshauser/ Hesse/ *derselbe*, S. 255.

nungswirtschaft. Hier war das Recht der Organisation die Klammer, die die Leistungsphasen der unternehmerischen Tätigkeit der Wohnungsunternehmen miteinander verband. So galt es mit der Organisation vorausschauend interdisziplinäre Problembereiche zu erkennen, zu analysieren und Lösungen zu erarbeiten, um deren Umsetzung in Abläufen operationalisieren zu können.

Der hohe Stellenwert, den die VSt den Wohnungsgesellschaften beimaß, drückte sich in einer rechtlich selbständigen Organisation aus, die von Kontinuität gekennzeichnet war. Über den gesamten Untersuchungszeitraum hinweg behielten die Gesellschaften die ihnen unter Berücksichtigung der Vieldimensionalität der Wohnungswirtschaft zugewiesenen Schlüsselaufgaben der Organisation bei. Dabei ist die Verteilung der Aufgaben als ein „Drei-Ebenen-Modell" zu bezeichnen.
Der Vorstand, namentlich Hans Fusban und Walter Forstmann, und die Geschäftsleitungen hatten die entscheidenden Steuerungsfunktionen inne. Der Vorstand besaß die umfassendste Weisungsbefugnis und die auf oberster Entscheidungsebene vorgelagerte und daher primäre Steuerungsfunktion.
Jede der Geschäftsleitungen hatte auf nächster Entscheidungsebene sekundäre Steuerungsfunktionen, die gegenüber den Verwaltungsstellen als der dritten Ebene deutlich wurden. Die Geschäftsleitungen bildeten in der Praxis zwischen den Verwaltungsstellen mit Wohnungsverwaltern und Bauführern auf der einen und dem Vorstand auf der anderen Seite die Schaltstellen für eine möglichst reibungslose Umsetzung von Beschlüssen. Diese Vorteile wären bei der zwischenzeitlich erwogenen Verschmelzung der Gesellschaften aufeinander zwar nicht zwingend entfallen, doch hätte diese Maßnahme zu einer Vernachlässigung lokaler Besonderheiten führen können und kam deshalb nicht zustande. Angesichts des dann noch lange über den Krieg hinausgehenden Bestands der Wohnungsgesellschaften war dies eine Entscheidung von weitreichender Bedeutung.

Die Zusammenarbeit des Vorstands mit den Geschäftsleitungen war von den regelmäßigen Verwaltungssitzungen geprägt, auf denen die Strategien für die Unternehmenspolitik ihre Definition erhielten. Diese Konferenzen mit Informationsaustausch, Diskussion, Entscheidung und Aufgabenverteilung waren wesentliches Mittel der Führungsorganisation.
Die für die Leitung mehrerer juristisch selbständiger Gesellschaften besondere Konstruktion mit jeweils einer Geschäftsleitung und nur einem Gesamtvorstand hatte den Nachteil der Fokussierung auf letztlich zwei Personen, bot aber den großen Vorteil einer zentralen Steuerung unter Verminderung innerbetrieblicher Informationsverluste. Verbunden mit dem neukodifizierten Aktienrecht des Jahres 1937 schlug sich dies besonders in den Beteiligungen nieder, die die Gesellschaften auch während des Krieges noch nutzten, um jeweils vor Ort den Wohnungsteilmarkt sondieren zu können. Auch wenn die Bewertung einzelner Beteiligungen nominal gering ausfallen muß, bleibt zu beachten, daß sich die Wohnungsgesellschaften so in ihrem geografischen Kernbereich des Ruhrgebiets Teilmärkte erschlossen, in denen sie noch über Jahre hinweg weiter tätig sein sollten und die daher für die Zukunft von besonderer Wichtigkeit waren.

Insgesamt erbrachte somit das von Kontinuität geprägte Zusammenwirken der Entscheidungsebenen ein hohes Maß an Wissen und Abstimmungsdichte und hatte zugunsten der Gesellschaften vielfache Synergieeffekte. Jedes Belegschaftsmitglied erhielt nach dem Prinzip der Einheit der Auftragserteilung von einem Vorgesetzten Weisungen. Dabei sorgte die Verteilung auf Geschäftsstellen und Verwaltungsstellen mit genau definierten Zuständigkeitsbezirken über die Entscheidungsebenen der Geschäftsleitungen bis zum Vorstand für eine optimale Kontrollspanne und ermöglichte die Einordnung der organisationsspezifischen Voraussetzungen zum Verständnis der Entscheidungsfindung. So existierten organisationssoziologisch als Ausprägung des administrativen Ansatzes innerhalb der Belegschaft übersichtliche und eindeutige Beziehungen, die einer übermäßigen Bürokratisierung entgegenwirkten („Lean Management“).

(3) Gemeinnützigkeit

In den Gründungs- und Organisationsüberlegungen der VSt war daneben auch die Anerkennung der Gemeinnützigkeit für die Rheinische W., die Rheinisch Westfälische W. und die Westfälische W. von zentraler Bedeutung.
Die Gemeinnützigkeit hatte in Anbetracht der steuerrechtlichen Befreiungstatbestände als staatliche unternehmensbezogene Intervention einen besonders hohen Stellenwert, so daß es für die gesamte Geschäftstätigkeit wichtig war, daß die drei Gesellschaften die Anerkennung als gemeinnützige Unternehmen erhielten.
Vorstand und Geschäftsleitungen konnten danach Unternehmensziele entwickeln, die ebenso vom Wohnungsfürsorgegedanken getragen waren, wie sie die steuerlichen Vorzüge der Gemeinnützigkeit in Anspruch nahmen. Die Steuerbefreiungen der gemeinnützigen Unternehmen waren dazu bestimmt, das Gut „Wohnung“ zu verbilligen. Dabei ergingen die Befreiungszuwendungen unter normativen Verwendungsauflagen. Die Rheinische W., Rheinisch Westfälische W. und Westfälische W. unterwarfen ihre Handlungsstrategien auf ihren Geschäftsfeldern der Bestandsbewirtschaftung und des Wohnungsbaus den Voraussetzungen der GemVO bzw. ab 1940 des WGG.
Das bedeutete, daß neben den Finanzierungsinteressen der VSt auch der Status der Gemeinnützigkeit die Unternehmenspolitik der Gesellschaften definierte.
Auf den ersten Blick erscheint es nicht abwegig, daß die Wohnungsgesellschaften auch ohne die Möglichkeit des Gemeinnützigkeitsstatus gegründet worden wären. Diese Möglichkeit bestand insofern, als daß für die VSt die Finanzierungsmöglichkeiten über die Grundstückswerte auch bei Ablehnung der Gemeinnützigkeit vorlagen. Von größerer Bedeutung war jedoch, daß die steuerlichen Erleichterungen für das Alltagsgeschäft und damit für die Positionierung als eigenständige Gesellschaften mit Gewicht im Gesamtkonzern die entscheidungsrelevanten Vorzüge boten.

Im Hinblick auf den Gedanken der Wohnungsfürsorge nahmen gerade gemeinnützige Wohnungsunternehmen auch gegenüber anderen gemeinnützigen Körperschaften eine sozial gewichtige Stellung ein, die sich aus der besonderen Bedeutung der zu errichtenden und zu verwaltenden Wohnungen ergab. Die exponierte Stellung unterstrich Art. 155 der Weimarer Verfassung (WRV) mit dem staatlichen Auftrag der Wohnungsbauförderung. Der Wohnungsfürsorgegedanke sollte möglichst umfangreich die

Integrität der Wohnung als unkontrolliertem Freiraum für das höchstpersönliche Dasein gewährleisten. Der Gesichtspunkt der Gemeinnützigkeit war auch insofern besonders bedeutsam, als daß der als Lebensmittelpunkt zugedachte Wohnraum nur begrenzt zur Verfügung stand und große Teile der Bevölkerung außerstande waren, selbst Wohnraum zu schaffen.

Alles in allem bedeutete die Gemeinnützigkeit für die Wohnungsgesellschaften somit real die Akzeptanz einer ebenso einengenden wie befreienden, aber keineswegs gleichgültigen Vorgabe für ihre Geschäftstätigkeit. Dem Nachteil der Baugrößenbeschränkung und dem „Gewinnverzicht" stand der entscheidende Vorteil der steuerlichen Erleichterungen gegenüber. Das hieß, daß es den Wohnungsgesellschaften möglich war, gleichermaßen die Funktion als Finanzierungsinstrument wie als Steuersparmodell einzunehmen.

(4) Wohnungsgesellschaften im Konzern VSt

Im Hinblick auf die Entscheidungsfreiheit, die die Gesellschaften im Gesamtkonzern beanspruchen konnten, ist festzuhalten, daß sich die VSt bei den gemeinnützigen Gesellschaften über die Satzungen, das Kassenwesen sowie die ausschließliche Besetzung der Aufsichtsräte mit eigenen Vorstandsmitgliedern Eingriffsoptionen offenhielt und die Westdeutsche W. als Organgesellschaft grundsätzlich von selbständigen Willensbildungsprozessen ausgeschlossen war.

Neben der Vielzahl der Grundbuchplätze waren die Wohnungsgesellschaften trotz betriebsfremder Belegungen für die Werke der Hauptwohnraumversorger. Da sie die Neubauten bei einem insgesamt zurückgehenden Bauvolumen in der Hauptsache für die Gelsenberg Benzin, die GBAG, den Bochumer Verein, den DHHV, die Deutsche Eisenwerke sowie für Ruhrstahl errichteten, waren insbesondere diejenigen Werke Nutznießer der Wohnungsbauaktivitäten, die Rüstungsgüter produzierten. Insoweit leisteten die Gesellschaften einen mittelbaren Beitrag zur Aufrüstung der deutschen Streitkräfte.

Die Aufsichtsräte konnten für die VSt als Hüter der Qualitätskontrolle bei den Wohnungsgesellschaften gelten, da sie wesentliche Investitionen mitzutragen hatten. Außerdem war über sie die Informationsversorgung der VSt abgesichert. Angesichts der Einbindung erfahrenen Personals gewährleistete die Besetzung der Aufsichtsräte, daß ein ausreichendes Problembewußtsein für strategische Entscheidungen bestand. Dabei fiel positiv ins Gewicht, daß die Aufsichtsratsmitglieder vielfache Führungserfahrungen aus komplexen Großunternehmen mitbrachten. Analysen, Pläne und Prognosen unterlagen Diskussionen und Wertungen, so daß die jeweilige Aufsichtsratsfunktion in der Überwachung, in der Beratung und in der zielgerichteten Förderung lag und sich nicht auf die kritiklose Zustimmung zu fertigen Vorstandsbeschlüssen beschränkte.

Keinen Entscheidungsfreiraum hatten die Wohnungsgesellschaften bei den Finanzierungsmöglichkeiten, die sich aufgrund der Grundstücksverwertungsrechte für die VSt eröffneten. Zur Beschaffung von Hypothekarkrediten instrumentalisierte die VSt die Rheinische W., Rheinisch Westfälische W. und Westfälische W., ohne deren satzungsgemäß definierten Gemeinnützigkeitszweck zu beachten. Die VSt nötigte die gemeinnützigen Gesellschaften zur Mitfinanzierung ihrer rüstungswirtschaftlich orientierten Geschäftstätigkeit. So trug im Ergebnis die satzungswidrige Zurverfügungstellung der Grundbuchplätze zur Finanzierung der Rüstungsproduktion der VSt bei und dokumentierte deren Führungsanspruch. Obwohl die Wohnungsgesellschaften der Gemeinnützigkeit verpflichtet waren, stellte die VSt hier ihren Eigennutz über den satzungsgemäßen Gemeinnutz.

Die Interessenparallelität bei Wohnungsgesellschaften und VSt hinsichtlich der Bereitstellung von Wohnraum bedeutete, daß der Vorstand ansonsten wohnungswirtschaftliche Entscheidungen weitgehend unbeeinträchtigt treffen konnte. Die VSt und die Gesellschaften stimmten in Geschäftsführungsfragen grundsätzlich überein. Die Einflußnahme der VSt beschränkte sich im täglichen Geschäftsbetrieb vor allem auf die Genehmigung von Wohnungsbauvorhaben bzw. Grundstücksübertragungen. Das lag nicht an einer übermäßig treuen Gefolgschaft gegenüber der VSt, sondern an der im Rahmen der Möglichkeiten erreichten Umsetzung der Unternehmensstrategie durch Vorstand und Geschäftsleitungen.

Hinsichtlich der Mietverhältnisse verband die Wohnungsgesellschaften mit der VSt die Intention, der Belegschaft der Werke eine Unterkunft zu geben, deren Miete bezahlbar blieb, möglichst modernen Anforderungen genügte, einen kurzen Weg zu Arbeitsstelle, Schulen und Versorgungseinrichtungen besaß und eine gute Verkehrsanbindung bot.

Dabei verdient besondere Beachtung, daß sich bei den Gesellschaften das rechtlich verankerte Sozialbewußsein der Gemeinnützigkeit in der Versorgung der Mieterschaft mit möglichst viel Grünfläche und in zunehmend angenehmen Wohnbedingungen widerspiegelte. Diese Einschätzung der Gesellschaften ist insofern von Belang, als daß sie damit die im 21. Jahrhundert moderne Handlungsoption vorwegnahmen, daß für den Erfolg einer Wohnungsversorgungsstrategie die konsequente Orientierung an der Mietpartei mit strikt regionaler Präsenz maßgeblich ist.

In der Praxis zeigte sich die Einstellung der Gesellschaften, indem sie gegenüber den Mietparteien vertragstreu waren. Die mietvertragliche Pflicht der Instandhaltung und Instandsetzung der Gebäude beachteten die Wohnungsgesellschaften umfassend.

Sie demonstrierten gegenüber den Mietern Präsenz und Hilfsbereitschaft und versuchten, trotz der kriegsbedingt beeinträchtigten Geschäftstätigkeit sowohl vor Ort als auch auf der Führungsebene die Einheitlichkeit der Verwaltung zu gewährleisten und zu repräsentieren. Auch hier waren parallele Interessen mit der VSt betroffen, die den Wohnungsgesellschaften folglich wohnungswirtschaftlichen Entscheidungsspielraum beließ.

Das Verhältnis zwischen VSt und Wohnungsgesellschaften war also einerseits von der Interessenparallelität hinsichtlich einer weitreichenden Wohnversorgung der Belegschaft der Werke und andererseits von Eingriffsoptionen bestimmt, die die VSt in Einzelfällen auch wahrnahm.

VI. Ausblick

Nach dem Ende des Krieges und des Nationalsozialismus waren die Gesellschaften vor allem damit befaßt, die Kriegsschäden zu beseitigen.
In den ersten beiden Nachkriegsgeschäftsjahren konnten sie bereits mehr als 5.600 Wohnungen wiederaufbauen, bevor zur Währungsreform das Grundkapital der Rheinische W. und der Westdeutsche W. im Verhältnis 5:3 und das Grundkapital der Rheinisch Westfälische W. und der Westfälische W. unverändert in die DM-Eröffnungsbilanz zum 21.06.1948 übernommen wurden.
Nachdem durch Gesetz Nr. 75 der Militärregierung im britischen Kontrollgebiet vom 10.11.1948 die Aktien, die die VSt an den Wohnungsgesellschaften hielt, beschlagnahmt worden waren, entstanden 20 Jahre nach Gründung der Gesellschaften neue Beteiligungsverhältnisse. Die 1953 umgesetzte Neuordnung sah unter Beibehaltung der Organisationsstruktur mehrere Aktionäre vor, von denen jeweils einer den Großteil der Anteile einer Gesellschaft auf sich vereinte. Während die Hamborner Bergbau AG bei der Rheinische W. 60 % hielt, war die GBAG bei den drei anderen Gesellschaften größte Aktionärin (Rheinisch Westfälische W. 70 %, Westfälische W. 60 %, Westdeutsche W. 40 %).
So konzipiert führten die Wohnungsgesellschaften den Wiederaufbau fort und konnten der großen Wohnraumnachfrage bis 1960 mit der Erstellung von 65.000 Wohnungen nachkommen. Zudem errichtete die Westdeutsche W. Verwaltungsbauten, Kirchen und Gemeindezentren.

Nachdem dann im Jahr 1968 bei den gemeinnützigen Gesellschaften eine Kapitalerhöhung stattgefunden hatte und die GBAG ihre Aktienanteile wie die ATH bis 1973 hatte erhöhen können (GBAG: Rheinisch Westfälische W. 80 %, Westfälische W. 86 %, Westdeutsche W. 65,98 %/ ATH: Rheinische W. 49 % unter Verminderung des Anteils der Hamborner Bergbau AG auf 42,1 %), führte der Bedeutungsverlust des industriell verbundenen Wohnungsbaus 1974 zu einer neuerlichen Umstrukturierung. Diese Neuordnung stellte eine besondere Zäsur dar, denn die Rheinische W. schied aus dem bisherigen Verbund der vier Gesellschaften aus.
Im Zuge des Verfahrens gliederte die Hamborner Bergbau AG ihre Anteile an der Rheinische W. aus und brachte sie in die neu gegründete Rhein-Lippe Wohnstättengesellschaft mbH ein. Gleichzeitig mit der Gründung der Rhein-Lippe Wohnstättengesellschaft mbH gliederte die ATH ihren Anteil über 15 % an der Westdeutsche W. aus und gründete die Thyssen Wohnbau GmbH. Um die Interessensphären der GBAG auf der einen und der ATH auf der anderen Seite zu gewährleisten, kam es so 40 Jahre nach Gründung der Wohnungsgesellschaften zu der Entscheidung, die Rheinische W. aus der gewachsenen Verwaltungsstruktur herauszulösen.

Anstelle der Rheinische W. fand nun die Ruhrwohnungsbau GmbH durch den Erwerb von Anteilen seitens der verbliebenen Gesellschaften Aufnahme in deren Organisation. Die bisherige Organisation der Gesellschaften über Geschäftsleitungen in mehreren Orten erfuhr ebenfalls 1974 eine nachhaltige Umgestaltung, indem die Gesellschaften ihr Personal aus Dortmund, Gelsenkirchen und Essen in einem neuen Verwaltungsgebäude in Bochum zusammenführten.

Knapp zwei Jahre später erwarb die VEBA AG von der GBAG mit Wirksamkeit vom 01.01.1976 die Verwaltungsrechte aus den Aktien an der Rheinisch Westfälische W., Westfälische W. sowie Westdeutsche W. und schloß mit letzterer einen Beherrschungs- und Gewinnabführungsvertrag. Als dann die GBAG selbst in die VEBA AG eingegliedert wurde, gingen mit Wirkung vom 15.11.1979 die Westfälische W. und die Ruhrwohnungsbau GmbH in der Rheinisch Westfälische W. auf, die ihren Namen nun in VEBA Wohnstätten AG mit Sitz in Bochum änderte.[3]

Aus dieser Gesellschaft bildete sich die VEBA Immobilien AG, die Ende der 1990er Jahre einen weiteren Umgestaltungsprozeß einleitete. Mit Wirkung zum 01.01.1998 ging die Veba Immobilen AG mit dem Tochterunternehmen Raab Karcher AG zusammen, bis sich das Unternehmen 1999 unter dem Namen Viterra wiederum neu ausrichtete.
Nachdem im Juni 2000 die VEBA gemeinsam mit der VIAG einen neuen Konzern geschaffen hatte, der nun unter E.ON firmierend mit 200.000 Mitarbeitern und einem Umsatz von rd. 76 Mrd. € drittgrößtes Industrieunternehmen Deutschlands war, verschmolzen im Jahr 2001 die Tochterunternehmen Viterra Wohnen AG und Viterra Wohnpartner AG und gingen im Juli 2003 in der Viterra AG in Essen auf.

Die Viterra AG verwaltete nun als Deutschlands größter privater Anbieter über 150.000 Wohnungen. Neben dem Geschäftsfeld der Bestandsbewirtschaftung widmete sie sich der Entwicklung von Wohn- und Büroimmobilien.
Daneben begann sie sich von allen nicht zum Kerngeschäft gehörenden Geschäftsfeldern zu trennen, um sich als Handelshaus für Immobilien zu positionieren. Dabei verringerte die Viterra ihren Immobilienbestand im Ruhrgebiet durch An- und Verkäufe. Die Veräußerungen betrafen überwiegend zur Privatisierung nicht geeignete Altbestände in den Städten Dortmund, Bochum, Gelsenkirchen, Gladbeck und Herne. Nach An- und Verkäufen im Rahmen einer aktiven Handelsstrategie sollten nun jährlich fünf bis acht Prozent des Bestands umgeschlagen werden. Das bedeutete, daß vor allem die von den Wohnungsgesellschaften von 1933 bis 1945 betreuten Gebäude, soweit sie noch vorhanden waren, zum Verkauf kamen. Die Veräußerungen bewirkten, daß 2004 nur noch 50 % des Wohnungsbestands im Ruhrgebiet lagen.

Im Jahr 2005 erfolgte schließlich mit der bis dahin größten Wohnimmobilientransaktion in Europa der Gesamtverkauf an die Deutsche Annington Immobilien GmbH (DAIG). Damit löste sich der Kreis der regional zusammenhängenden Geschäftsfelder auf, die für die Wohnungsgesellschaften seit 1933 prägend gewesen waren.
Die Geschichte der mit dem Ruhrgebiet und der Schwerindustrie so eng verknüpften Wohnungsunternehmen war damit an ihr Ende gekommen. Zugleich begann ein neues Kapitel in der deutschen und internationalen Wohnungswirtschaft.

[3] Nachrichtlich in: Gemeinnütziges Wohnungswesen 1980, S. 379.

Anhang

I. Quellen

1. Archive

Archiv der ThyssenKrupp AG, Duisburg (TKA)

A	August Thyssen-Hütte AG
BIW	Bergbau- und Industriewerte GmbH
Fschr.	Firmenschriften
FWH	Friedrich Wilhelms-Hütte
NDI	Nachlaß Heinrich Dinkelbach
NSt	Nachlaß Wilhelm Steinberg
PA	Presseausschnittsammlung
RS	Ruhrstahl AG
VSt	Vereinigte Stahlwerke AG

VSt - Monatsberichte 1933-1943
VSt - Jahresberichte 1933-1943

Archiv der Veba Immobilien AG, Bochum (VA)
(Nachfolger: Archiv der Raab Karcher AG - Veba Immobilen Management bzw. Viterra AG)

1-A-3	Rheinische Werkswohnungs AG/ -Wohnstätten AG
2-A-3	Rheinisch Westfälische Werkswohnungs AG/ -Wohnstätten AG
2-A-3a	Rheinisch Westfälische Werkswohnungs AG/ -Wohnstätten AG
3-A-3	Westfälische Werkswohnungs AG/ -Wohnstätten AG
4-A-3	Westdeutsche Wohnhäuser AG

BV	Berichte Vorstand
GA	Gründungsakten
GB	Geschäftsberichte
PW	Prüfungsberichte - Price, Waterhouse & Co.
VRW	Prüfungsberichte - Verband Rheinischer Wohnungsunternehmen I (1934/ 35), II (1935/ 36), III (1936/ 37), IV (1937/ 38), V (1938/ 39), VI (1939/ 40), VII (1940/ 41)
VS	Verwaltungssitzungen I (1936/ 37), II (1937/ 38), III (1938/ 39), IV (1939/ 40), V (1940/ 41), VI (1941/ 42), VII (1942/ 43), VIII (1943/ 44), IX (1944/ 45), X (1945/ 46)

Bundesarchiv, Berlin (BArch)

NS 5 VI	Arbeitswissenschaftliches Institut der Deutschen Arbeitsfront; Zeitungsausschnittsammlung
R 3	Reichsministerium für Rüstungs- und Kriegsproduktion
R 13 I	Verein Deutscher Eisen- und Stahlindustrieller - Wirtschaftsgruppe Eisenschaffende Industrie
R 43 II	Reichskanzlei
R 113	Reichsstelle für Raumordnung
R 907	Sammlung Geschäftsberichte
R 2301	Rechnungshof des Deutschen Reichs
R 3101	Reichswirtschaftsministerium
R 4002	Deutsche Akademie für Wohnungswesen

Historisches Archiv Krupp, Villa Hügel Essen (HA Krupp)

WA 80 Bochumer Verein

Bergbau-Archiv beim Deutschen Bergbaumuseum, Bochum (BBA)

55 Gelsenkirchener Bergwerks-Aktiengesellschaft

Ostfriesisches Landesmuseum/ Stadtarchiv Emden (StArch Emden)

1305 Arbeitersiedlungen Emden
1309 Thyssen Nordseewerke Emden - Kolonie „Friesland“
4573 Siedlung „Friesland“

Stiftung Westfälisches Wirtschaftsarchiv, Dortmund (WWA)

K 1 Industrie- und Handelskammer Dortmund
F 103 Stahlwerke Brüninghaus

2. Periodische Publikationen

Akkumulation
Alte Stadt (Die -)
American Economic Review
Amtliche Bautechnische Mitteilungen
Amtliche Mitteilungen des Generalbevollmächtigten für die Regelung der Bauwirtschaft
Arbeitgeber (Der -)
Archiv für die civilistische Praxis
Archiv für Kommunalwissenschaften
Archiv für Sozialgeschichte
Archivar (Der-)
Ausschnitt (Der -)

Bau-Kurier
Bauen Siedeln Wohnen
Bauindustrie (Die -)
Baukultur
Bauwelt (Die -)
Bauwirtschaft und Baurecht
Bauzeitung (Die-)
Bergfreiheit
Bergwerks-Zeitung
Berliner Börsen-Courier
Berliner Börsen-Zeitung
Berliner Tageblatt
Betriebsberater (Der -)
Blätter für Genossenschaftswesen
Braune Wirtschaftspost

Dachauer Hefte
Deutsche (Der -)
Deutsche Allgemeine Zeitung
Deutsche Baumeister (Der -)
Deutsche Bauzeitung
Deutsche Bergwerks-Zeitung
Deutsche Justiz
Deutsche Siedlung
Deutsche Sozialpolitik (Die -)
Der deutsche Volkswirt
Deutsche Volkswirtschaft (Die -)
Deutsche Wochenschau
Deutscher Baumeister
Deutscher Bauvereins-Kalender
Deutscher Handelsdienst
Deutscher Holz-Anzeiger
Deutsches Handwerk
Deutsches Nachrichtenbüro
Deutsches Recht
Deutscher Reichsanzeiger und Preußischer Staatsanzeiger

Forum Geschichtskultur an Ruhr und Emscher, Forum Informationen
Forum Industriedenkmalpflege und Geschichtskultur
Frankfurter Allgemeine Zeitung
Frankfurter Zeitung

Gemeinnütziges Wohnungswesen
General-Anzeiger
Geographische Zeitschrift
Geschichte und Gesellschaft

Handelsblatt
Hollerith-Nachrichten

Industrie-Kultur
Informationen zur modernen Stadtgeschichte
Informationsdienst Ruhr

Jahrbuch für Wirtschaftsgeschichte
Jahrbuch des deutschen gemeinnützigen Wohnungswesens
Juristische Wochenschrift

Kölnische Zeitung

Mensch und Arbeit
Mitteilungen aus dem Forschungs-Institut der Vereinigte Stahlwerke Aktiengesellschaft
Mitteilungsblatt für soziale Bewegungen, Forschungen und Forschungsberichte
Monatshefte für NS-Sozialpolitik

Nachrichtenblatt der Vereinigte Stahlwerke AG
Nachrichtendienst der Bezirksgruppe Nordwest der Wirtschaftsgruppe Eisenschaffende Industrie
Nachrichtendienst der Gauwirtschaftskammer Essen
National-Zeitung
Naturkunde in Westfalen
Neue Juristische Wochenschrift
Neue Politische Literatur
Neue Wirtschafts-Briefe
Niederrheinkammer, Zeitschrift der Niederrheinischen Industrie- und Handelskammer

Politisch-gewerkschaftlicher Zeitungsdienst
Pressedienst des Reichsnährstandes des deutschen Handwerks
Preußisches Finanz-Ministerialblatt und Besoldungsblatt
Propeller (Der -)

Raumforschung und Raumordnung
Reichsarbeitsblatt II - V
Reichsgesetzblatt I
Reichsministerialblatt
Reichssteuerblatt
Reichsverwaltungsblatt
Rhein Mainische-Wirtschaftszeitung
Rheinisch Westfälische Zeitung
Rote Erde
Ruhr und Rhein

Siedlung und Wirtschaft
Soziale Praxis
Soziale Wohnungsbau in Deutschland (Der -)
Sparkasse
Staats- und sozialwissenschaftliche Forschungen
Städtebauliche Vorträge aus dem Seminar für Städtebau, Siedlungs- und Wohnungswesen an der Technischen Hochschule zu Berlin
Stahl und Eisen
Standorte

Vestischer Kalender
Vierjahresplan (Der -)
Vierteljahrschrift für Sozial- und Wirtschaftsgeschichte
Vierteljahrshefte für Zeitgeschichte
Volksheimstätte (Die -)
Vossische Zeitung

Währung und Wirtschaft
Werk (Das -)
Westfälische Forschungen
Westfälische Heimat (Die -)
Westfälische Landeszeitung
Wir vom Glanzstoff
Wirtschaft und Statistik
Wirtschaftsblatt der Industrie- und Handelskammer zu Berlin
Wirtschaftsdienst
Wirtschaftsring (Der -)
Wohnungsbau in Deutschland (Der -)
Wohnungswirtschaft (Die -)

Yale Law Journal

Zechen-Zeitung
Zeitschrift des Geschichtsvereins Mülheim a. d. Ruhr
Zeitschrift für das gesamte Siedlungs- und Wohnungswesen
Zeitschrift für handelswissenschaftliche Forschung
Zeitschrift für Soziologie
Zeitschrift für Unternehmensgeschichte
Zeitschrift für Wirtschafts- und Sozialwissenschaften
Zeitschrift für Wohnungswesen in Bayern
Zeitschrift für Wohnungswesen

3. Literatur

Abele, Hanns/ Winckler, Georg, (mit Beiträgen von Amann, A.), Wohnungsmarkt 1, Ansätze zu einer Mikroanalyse der Wohnungswirtschaft, Institut für Stadtforschung, Wien 1976.

Abelshauser, Werner (Hrsg.), Die Weimarer Republik als Wohlfahrtsstaat, Zum Verhältnis von Wirtschafts- und Sozialpolitik in der Industriegesellschaft, Vierteljahrschrift für Sozial- und Wirtschaftsgeschichte, Beiheft Nr. 81, Stuttgart 1987.

Abelshauser, Werner (Hrsg.), Die BASF, Eine Unternehmensgeschichte, 2. Auflage, München 2003.

Abelshauser, Werner/ Hesse, Jan-Otmar/ Plumpe, Werner, (Hrsg.), Wirtschaftsordnung, Staat und Unternehmen, Neue Forschungen zur Wirtschaftsgeschichte des Nationalsozialismus, Festschrift für Dietmar Petzina zum 65. Geburtstag, Essen 2003.

Abendroth, Alfred, Deutsche Siedlungs- und Bebauungspläne, Praktisches Handbuch zur Aufstellung und Durchführung von Siedlungs- und Bebauungsplanentwürfen auf geschichtlicher, volkswirtschaftlicher, sozialpolitischer, künstlerischer und technischer Grundlage für Siedlungstechniker und -beamte aller Art, Berlin 1926.

Ackermann, Volker/ Rusinek, Bernd-A./ Wiesemann, Falk (Hrsg.), Anknüpfungen, Kulturgeschichte-Landesgeschichte-Zeitgeschichte, Gedenkschrift für Peter Hüttenberger, Düsseldorfer Schriften zur Neueren Landesgeschichte und zur Geschichte Nordrhein-Westfalens, Band 39, Essen 1995.

Adelmann, Gerhard, Quellensammlung zur Geschichte der sozialen Betriebsverfassung; Ruhrindustrie unter besonderer Berücksichtigung des Industrie- und Handelskammerbezirks Essen, Zweiter Band, Soziale Betriebsverfassung einzelner Unternehmen der Ruhrindustrie, Publikationen der Gesellschaft für Rheinische Geschichtskunde 54, Bonn 1965.

Aikele, Erwin, Betriebsabrechnung mit Lochkarten, Schriftenreihe des Reichsausschusses für Leistungssteigerung, Dargestellt an einem geschlossenen Geschäftsgang, Heft 7, Berlin Wien Leipzig 1944.

Albrecht, Gerhard/ Mangoldt, Karl v./ Rusch, Karl, Wohnungsfrage und Übergangswirtschaft, Deutscher Wohnungsausschuß, Schriften Heft 3, Berlin 1917.

Albrecht, Gerhard/ Gut, Albert/ Lubbert, Wilhelm/ Weber, Emil/ Wölz, Otto/ Schwan, Bruno (Hrsg.), Handwörterbuch des Wohnungswesens (im Auftrage des Deutschen Vereins für Wohnungsreform e.V. Berlin) , Jena 1930.

Albrecht, Gerhard, Gartenstadtbewegung, in: derselbe/ Gut, Albert/ Lubbert, Wilhelm/ Weber, Emil/ Wölz, Otto/ Schwan, Bruno (Hrsg.), Handwörterbuch des Wohnungswesens, Jena 1930, S. 262-266.

Albrecht, Heinrich, Handbuch der Sozialen Wohlfahrtspflege in Deutschland. Auf Grund des Materials der Zentralstelle für Arbeiterwohlfahrtseinrichtungen, Berlin 1902.

Alchian, Armen Albert/ Demsetz, Harold, American Economic Review production, information costs and economic organization in: American Economic Review 1972, S. 777-795.

Allbau Allgemeiner Bauverein Essen AG (Hrsg.),Wohnen und Markt, Gemeinnützigkeit wieder modern, Essen 1994.

Allmers, Fritz, Private Arbeiterwohnungspolitik im Rheinland von 1815-1914, Diss., Köln 1925.

Aly, Götz, Hitlers Volksstaat, Raub, Rassenkrieg und nationaler Sozialismus, Frankfurt/ M. 2005.

Ambrosius, Gerold/ Petzina, Dietmar/ Plumpe, Werner (Hrsg.), Moderne Wirtschaftsgeschichte, Eine Einführung für Historiker und Ökonomen, München 1996.

Ambrosius, Gerold, Von Kriegswirtschaft zu Kriegswirtschaft 1914-1945, in: North, Michael (Hrsg.), Deutsche Wirtschaftsgeschichte, Ein Jahrtausend im Überblick, München 2000, S. 282-350.

Ambrosius, Gerold, Staat und Wirtschaftsordnung, Eine Einführung in Theorie und Geschichte, Grundzüge der modernen Wirtschaftsgeschichte, Band 3, Stuttgart 2001.

Amt des Siedlungsbeauftragten der NSDAP (Hrsg.), Luftschutz und Siedlung, Heft 6, München 1936.

Arbeitskreis Dr. Krähe der Schmalenbach-Gesellschaft (Verf.), Leitungsorganisation, Die Organisation der Unternehmungsleitung, Köln Opladen 1958.

Arbeitswissenschaftliches Institut der Deutschen Arbeitsfront (Hrsg.), Jahrbuch 1940/ 41, I. Band, Berlin 1941.

Asmus, Gesine, Hinterhof, Keller und Mansarde, Einblicke in Berliner Wohnungselend 1901-1920, Die Wohnungs-Enquête der Ortskrankenkasse für Kaufleute, Handelsleute und Apotheker, Hamburg 1982.

Asmus, Gesine, „Mißstände...an das Licht des Tages zerren", in: *dieselbe* (Hrsg.), Hinterhof, Keller und Mansarde, Einblicke in Berliner Wohnungselend 1901-1920, Die Wohnungs-Enquête der Ortskrankenkasse für Kaufleute, Handelsleute und Apotheker, Hamburg 1982, S. 32-243.

Asseyer, Zweifelsfragen auf dem Gebiet der Körperschaftsteuer, in: Reinhardt, Fritz (Hrsg.), Passauer Vorträge, Teil II, Körperschaftsteuer, Berlin Wien 1941, S. 13-35.

Aub, Hans, Die neue Steuergesetzgebung und die gemeinnützigen Wohnungsunternehmen, in: Zeitschrift für Wohnungswesen in Bayern 1934, S. 239-243.

Ausschuß für wirtschaftliche Verwaltung (AWV) beim Reichskuratorium für Wirtschaftlichkeit, Wirtschaftlichkeitsberechnungen, Hinweise und Beispiele für ihre Anwendung in Büro- und Verwaltungsbetrieben, Bearbeitet unter Mitwirkung des Reichssparkommissars und des Deutschen Instituts für wirtschaftliche Arbeit in der öffentlichen Verwaltung (DIWIV), RKW-Veröffentlichungen Nr. 82, 2. Auflage, Berlin 1933.

Awater, Josefine, Der europäische Holzmarkt nach dem Weltkriege, Diss., Münster 1936.

Backhaus, Otto, Instandhaltung und Instandsetzung, in: Wandersleb, Hermann (Hrsg.), Handwörterbuch des Städtebaues, Wohnungs- und Siedlungswesens, Zweiter Band, Stuttgart 1959, S. 870-872.

Bacmeister, Walter, Louis Baare, Ein Wirtschaftsführer aus der Bismarckzeit, Essen 1937.

Bacmeister, Walter, Gustav Knepper, Das Lebensbild eines großen Bergmanns, Essen 1950.

Bähr, Johannes, „Corporate Governance" im Dritten Reich, Leitungs- und Kontrollstrukturen deutscher Großunternehmen während der nationalsozialistischen Diktatur, in: Abelshauser, Werner/ Hesse, Jan-Otmar/ Plumpe, Werner (Hrsg.), Wirtschaftsordnung, Staat und Unternehmen, Neue Forschungen zur Wirtschaftsgeschichte des Nationalsozialismus, Festschrift für Dietmar Petzina zum 65. Geburtstag, Essen 2003, S. 61-80.

Bahrenfuss, Dirk, Die Entstehung des Aktiengesetzes von 1965, Unter Berücksichtigung der Bestimmungen über die Kapitalgrundlagen und die Unternehmensverfassung, Schriften zur Rechtsgeschichte, Heft 86, Diss., Berlin 2001.

Bailer-Galanda, Brigitte/ Blimlinger, Eva/ Kowarc, Susanne, „Arisierung" und Rückstellung von Wohnungen in Wien, in: Jabloner, Clemens/ Bailer-Galanda, Brigitte/ Blimlinger, Eva/ Graf, Georg/ Knight, Robert/ Mikoletzky, Lorenz/ Perz, Bertrand/ Sandgruber, Roman/ Stuhlpfarrer, Karl/ Teichova, Alice (Hrsg.), „Arisierung" und Rückstellung von Wohnungen in Wien, Veröffentlichungen der Österreichischen Historikerkommission, Band 14, München 2004, S. 91-232.

Bajohr, Frank, „Arisierung" in Hamburg, Die Verdrängung der jüdischen Unternehmer 1933-1945, Hamburger Beiträge zur Sozial- und Zeitgeschichte, Band 35, Hamburg 1997.

Banken, Ralf, Der Nationalsozialismus in der Unternehmensgeschichte: Hinterlässt die Sonderkonjunktur Spuren ?, in: Akkumulation 20/ 2004, S. 1-18.

Barbian, Jan-Pieter/ Heid, Ludger (Hrsg.), Zwischen gestern und morgen, Kriegsende und Wiederaufbau im Ruhrgebiet, Essen 1995.

Barbian, Jan-Pieter/ Brocke, Michael/ Heid, Ludger (Hrsg.), Juden im Ruhrgebiet, Vom Zeitalter der Aufklärung bis in die Gegenwart, Essen 1999.

Barbian, Jan-Pieter, „Wenn ich dich liebe, dann geht es dich an", Jüdische Geschichte als integraler Bestandteil der Ruhrgebietsgeschichte, in: *derselbe*/ Brocke, Michael/ Heid, Ludger (Hrsg.), Juden im Ruhrgebiet, Vom Zeitalter der Aufklärung bis in die Gegenwart, Essen 1999, S. 6-24.

Barkai, Avraham, Das Wirtschaftssystem des Nationalsozialismus, Ideologie, Theorie, Politik, 1933-1945, Frankfurt/ M. 1995.

Baumann, Hans, Gelsenberg Benzin Aktiengesellschaft 1936-1961, Gütersloh 1961.

Baumbach, Adolf, Aktiengesetz vom 30. Januar 1937 mit Umwandlungsgesetz und anderen Nebengesetzen, Beck'sche Kurz-Kommentare, Band 23, München Berlin 1937.

Baumgarten, Die Durchführung der Gemeinnützigkeitsverordnung, in: Zeitschrift für Wohnungswesen 1931, S. 299-302.

Baumgarten, Die Regelung des gemeinnützigen Wohnungswesens, Hauptverband deutscher Baugenossenschaften und -Gesellschaften e.V. Berlin, Eberswalde Berlin Leipzig 1935.

Beermann, Wilhelm, Die Gründung der GSB, Hintergründe und Motive, in: GSB Gesellschaft zur Sicherung von Bergmannswohnungen mbH (Hrsg.), Zuhause ist mehr als ein Haus: Die Geschichte der GSB Gesellschaft zur Sicherung von Bergmannswohnungen mbH, Essen 2002, S. 26-37.

Beier, Rosemarie, Leben in der Mietskaserne, Zum Alltag Berliner Unterschichtsfamilien in den Jahren 1900 bis 1920, in: Asmus, Gesine, Hinterhof, Keller und Mansarde, Einblicke in Berliner Wohnungselend 1901-1920, Die Wohnungs-Enquête der Ortskrankenkasse für Kaufleute, Handelsleute und Apotheker, Hamburg 1982, S. 244-270.

Benedict, Andreas, 80 Jahre im Dienst des Ruhrgebiets, Siedlungsverband Ruhrkohlenbezirk (SVR) und Kommunalverband Ruhrgebiet (KVR) im historischen Überblick 1920-2000, Essen 2000.

Benz, Wolfgang, Zwangsarbeit im nationalsozialistischen Staat, Dimensionen-Strukturen-Perspektiven, in: Dachauer Hefte 16 (2000), S. 3-17.

Benz, Wolfgang/ Graml, Hermann/ Weiß, Hermann (Hrsg.), Enzyklopädie des Nationalsozialismus, 2. Aufl., Stuttgart 1998.

Berger-Thimme, Dorothea, Wohnungsfrage und Sozialstaat, Untersuchungen zu den Anfängen staatlicher Wohnungspolitik in Deutschland (1873-1918), Europäische Hochschulschriften, Reihe III, Geschichte und ihre Hilfswissenschaften, Bd./Vol. 68, Diss., Frankfurt/ M. 1976.

Berghahn, Volker R./ Unger, Stefan/ Ziegler, Dieter (Hrsg.), Die deutsche Wirtschaftselite im 20. Jahrhundert, Kontinuität und Mentalität, Essen 2003.

Berghoff, Hartmut, Zwischen Kleinstadt und Weltmarkt, Hohner und die Harmonika, 1857-1961, Unternehmensgeschichte als Gesellschaftsgeschichte, Hab., Paderborn 1997.

Berghoff, Hartmut, Transaktionskosten: Generalschlüssel zum Verständnis langfristiger Unternehmensentwicklung ? Zum Verhältnis von Neuer Institutionenökonomie und moderner Unternehmensgeschichte, in: Jahrbuch für Wirtschaftsgeschichte (1999), S. 159-176.

Berghoff, Hartmut, Moderne Unternehmensgeschichte, Eine themen- und theorieorientierte Einführung, Paderborn 2004.

Berghoff, Hartmut, Wozu Unternehmensgeschichte ? Erkenntnisinteressen, Forschungsansätze und Perspektiven des Faches, in: Zeitschrift für Unternehmensgeschichte 49 (2004), S. 131-148.

Bergmann, Hans, Reichs-Archiv, Sammlung der das Rechtswesen betreffenden Gesetze, Verordnungen und Verfügungen, 43. Jahrgang 1936 [2 Bände] - 49. Jahrgang 1942 [ab 1938 3 Bände], Karlsruhe 1936-1942.

Berkenkopf, Paul (Hrsg.), Beiträge zum Wohnungs- und Siedlungswesen der Gegenwart, 5 Vorträge von E. Vögler, Knoll, Gugelmeier, Knipping, Schwan, Materialien-Sammlung Forschungsstelle für Siedlungs- und Wohnungswesen an der Universität Münster i.W., Band 29, Münster 1938.

Beuck, W., Steuerlich zweckmäßige Gesellschaftsformen, Die Besteuerung der Unternehmung, 5. Auflage, Berlin Wien 1931.

Biecker, Johannes/ Buschmann, Walter (Hrsg.), Arbeitersiedlungen im 19. Jahrhundert, Historische Entwicklung, Bedeutung und aktuelles Erhaltungsinteresse, Bochum 1985.

Bielefelder Gemeinnützige Wohnungsgesellschaft mbH (Hrsg.), BGW 1950-1990, Bielefeld 1990.

Bierbrauer, Walter, Die Einwirkungen des Krieges und der Nachkriegszeit auf die Wohnbautätigkeit, unter besonderer Berücksichtigung von Rheinland und Westfalen, Ein Beitrag zur Frage der Neubelebung der Wohnbautätigkeit, Diss., Münster 1921.

Birkenfeld, Wolfgang (Hrsg.), Georg Thomas, Geschichte der deutschen Wehr- und Rüstungswirtschaft (1918-1943/45), Schriften des Bundesarchivs 14, Boppard am Rhein 1966.

Blaas, Wolfgang/ Brezina, Brigitta, Zur politischen Ökonomie der Wohnungsgemeinnützigkeit, in: Korinek, Karl/ Nowotny, Ewald (Hrsg.), Handbuch der gemeinnützigen Wohnungswirtschaft, Alfred Holoubek zum 65. Geburtstag, Wien 1994, S. 141-166.

Black, Edwin, IBM und der Holocaust, Die Verstrickung des Weltkonzerns in die Verbrechen der Nazis, München Berlin 2001.

Blank, Ralf, Die Stadt Dortmund im Bombenkrieg, in: Sollbach, Gerhard E. (Hrsg.), Dortmund, Bombenkrieg und Nachkriegsalltag, 1939-1948, Hagen 1996, S. 13-55.

Blank, Ralf, Die Kriegsendphase an Rhein und Ruhr 1944/45, in: Rusinek, Bernd-A., Kriegsende 1945 Verbrechen, Katastrophen, Befreiungen in nationaler und internationaler Perspektive, Dachauer Symposien zur Zeitgeschichte, Bd. 4, Göttingen 2004, S. 88-124.

Blank, Ralf, Kriegsalltag und Luftkrieg an der „Heimatfront", in: Echternkamp, Jörg (Hrsg.), Die deutsche Kriegsgesellschaft 1939 bis 1945, Das Deutsche Reich und der Zweite Weltkrieg, Band 9, Erster Halbband, Politisierung, Vernichtung, Überleben, München 2004, S. 357-461.

Blechschmidt, Otto, Reichsbürgschaften für den Kleinwohnungsbau, in: RArbBl. 1934 II S. 403-405.

Blechschmidt, Otto, Reichsbürgschaften für den Kleinwohnungsbau, Eberswalde Berlin Leipzig 1937.

Blechschmidt, Otto, Fünf Jahre Reichsbürgschaften für den Kleinwohnungsbau, in: RArbBl. 1939 II S. 300- 304.

Bleicher, Knut/ Gomez, Peter (Hrsg.), Zukunftsperspektiven der Organisation, Festschrift zum 65. Geburtstag von Prof. Dr. Robert Staerkle, Bern 1990.

Bleidick, Dietmar, Gründung der THS und 20er Jahre, Wirtschaft und Gesellschaft im Ruhrgebiet, in: Maessen, Hubert (Hrsg.), ... und dann kommst du nach Hause, Geschichte(n) vom Wohnen und Leben im Revier, 75 Jahre THS, eine Epoche von 1920 bis 1995, Bochum 1995, S. 27-50.

Bleidick, Dietmar/ Hemke, Hans H., 60 Jahre GWG, Wuppertal 1997.

Bleidick, Dietmar/ Sträter, Johannes, „Nach gethaner Arbeit verbleibt im Kreis der Eurigen !", Arbeiterwohnungen in Bochum anhand von 5 Beispielen, in: Tag des offenen Denkmals in Bochum, Bochum 1993, S. 20-23.

Blümich, Walter, Finanzen und Steuern, Bücherei des Steuerrechts, Band 2, 4. Auflage, Berlin 1939.

Bluma, Lars, Private Telekommunikationsnetze im Ruhrgebiet, Von der Werkstelegrafie zum Fernsprechnetz der Vereinigte Stahlwerke AG, in: Rasch, Manfred/ Bleidick, Dietmar (Hrsg.), Technikgeschichte im Ruhrgebiet · Technikgeschichte für das Ruhrgebiet, Festschrift für Wolfhard Weber zum 65. Geburtstag, Essen 2004, S. 417-437.

Blumenroth, Ulrich, 100 Jahre deutsche Wohnungspolitik, Aufgaben und Maßnahmen, in: Deutsche Bau- und Bodenbank Aktiengesellschaft (Hrsg.), 50 Jahre Deutsche Bau- und Bodenbank Aktiengesellschaft 1923-1973, 50 Jahre im Dienste der Bau- und Wohnungswirtschaft, Frankfurt/ M. 1973, S. 211-411.

Blumenroth, Ulrich, Deutsche Wohnungspolitik seit der Reichsgründung - Darstellung und kritische Würdigung - Beiträge zum Siedlungs- und Wohnungswesen und zur Raumplanung, Band 25, Diss., Münster 1975.

Bobrowski, Paul, Werk- und werkgeförderte Wohnungen in Recht und Praxis, Wohnungswirtschaftliche Reihe, Band 9, Hamburg 1955.

Bodien, Ernst, Das Gesetz über die Gemeinnützigkeit im Wohnungswesen vom 29. Februar 1940 mit den Durchführungsvorschriften und sonstigen einschlägigen Bestimmungen, Wohnungswirtschaftliche Reihe, Band 2, Hamburg 1952.

Bodien, Ernst, Geschichte der gemeinnützigen Wohnungswirtschaft in Berlin, Hamburg 1957.

Bökelmann, Horst, Bergmannssiedlungsvermögen, in: Wandersleb, Hermann (Hrsg.), Handwörterbuch des Städtebaues, Wohnungs- und Siedlungswesens, Erster Band, Stuttgart 1959, S. 318-320.

Boelcke, Willi A., Deutschlands Rüstung im Zweiten Weltkrieg, Hitlers Konferenzen mit Albert Speer 1942-1945, Frankfurt/ M. 1969.

Bollerey, Franziska/ Hartmann, Kristiana, Wohnen im Revier, 99 Beispiele aus Dortmund, Siedlungen vom Beginn der Industrialisierung bis 1933, Ein Architekturführer mit Strukturdaten, München 1975.

Bollerey, Franziska/ Hartmann, Kristiana/ Petz, Ursula v., Bibliographie zum Arbeiterwohnungsbau im Ruhrgebiet (1850-1933) unter Mitarbeit von Helga Schmal und Werner Killing, Institut für Raumplanung (IRPUD), Abteilung Raumplanung Universität Dortmund, Dortmunder Beiträge zur Raumplanung, Bibliographien Band 2, 2. Auflage, Dortmund 1983.

Bone-Winkel, Stephan, Das strategische Management von offenen Immobilienfonds - unter besonderer Berücksichtigung der Projektentwicklung von Gewerbeimmobilien, Diss., Schriften zur Immobilienökonomie, Band 1, Köln 1994.

Bonus, Holger/ Weiland, Raimund, Die Welt der Institutionen, in: Dieckheuer, Gustav (Hrsg.), Beiträge zur angewandten Mikroökonomik, Jochen Schumann zum 65. Geburtstag, Berlin New York London u.a. 1995, S. 29-52.

Bonus, Holger, Unternehmen in institutionenökonomischer Sicht, in: Wischermann, Clemens/ Borscheid, Peter/ Ellerbrock, Karl-Peter (Hrsg.), Unternehmenskommunikation im 19. und 20. Jahrhundert, Neue Wege der Unternehmensgeschichte, Untersuchungen zur Wirtschafts- und Sozialgeschichte, Band 19, Gesellschaft für Westfälische Wirtschaftsgeschichte e.V., Dortmund 2000, S. 17-29.

Boog, Horst/ Krebs, Gerhard/ Vogel, Detlef, Das Deutsche Reich und der Zweite Weltkrieg, Band 7, Das Deutsche Reich in der Defensive, Strategischer Luftkrieg in Europa, Krieg im Westen und in Ostasien 1943-1944/45, München 2001.

Boog, Horst (Hrsg.), Luftkriegführung im Zweiten Weltkrieg, Ein internationaler Vergleich, Vorträge zur Militärgeschichte 12, Im Auftrag des Militärgeschichtlichen Forschungsamtes, Herford 1993.

Boog, Horst, Luftwaffe und unterschiedsloser Bombenkrieg bis 1942, in: Michalka, Wolfgang (Hrsg.), Der Zweite Weltkrieg, Analysen Grundzüge Forschungsbilanz, Im Auftrag des Militärgeschichtlichen Forschungsamtes, München Weyarn 1997, S.523-531.

Boog, Horst, Strategischer Luftkrieg in Europa und Reichsluftverteidigung 1943-1944, in: *derselbe*/ Krebs, Gerhard/ Vogel, Detlef, Das Deutsche Reich und der Zweite Weltkrieg, Band 7, Das Deutsche Reich in der Defensive, Strategischer Luftkrieg in Europa, Krieg im Westen und in Ostasien 1943-1944/45, München 2001, S. 1-415.

Borbet, Walter, Siedlungstätigkeit der Privatwirtschaft, in: Berliner Börsen-Zeitung vom 02.08.1935.

Born, Wolfgang, Möglichkeiten der Mietverbilligung im Wohnungswesen, Diss., Würzburg 1941.

Borscheid, Peter, Der ökonomische Kern der Unternehmensgeschichte, in: Zeitschrift für Unternehmensgeschichte 46 (2001), S. 5-10.

Borsdorf, Ulrich/ Schneider, Sigrid, Ein gewaltiger Betrieb: Fabrik und Stadt auf den Kruppschen Fotografien, in: Tenfelde, Klaus (Hrsg.), Bilder von Krupp, Fotografie und Geschichte im Industriezeitalter, 2. Auflage, München 2000, S. 123-158.

Borsdorf, Ulrich/ Jamin, Mathilde (Hrsg.), Über Leben im Krieg, Kriegserfahrungen in einer Industrieregion 1939-1945, Reinbek 1989.

Borsdorf, Ulrich (Hrsg.), Essen, Geschichte einer Stadt, Essen 2002.

Bose, Michael/ Holtmann, Michael/ Machule, Dittmar/ Pahl-Weber, Elke/ Schubert, Dirk, „...ein neues Hamburg entsteht...“, Planen und Bauen von 1933-1945, Beiträge zur städtebaulichen Forschung, Band 2, herausgegeben von der Technischen Universität Hamburg-Harburg, Forschungsschwerpunkt 6 „Stadterneuerung und Werterhaltung“, Städtebau I, Hamburg 1986.

Botz, Gerhard, Wohnungspolitik und Judendeportation in Wien 1938 bis 1945, Zur Funktion des Antisemitismus als Ersatz nationalsozialistischer Sozialpolitik, Wien Salzburg 1975.

Botz, Gerhard, Nationalsozialismus in Wien, Machtübernahme und Herrschaftssicherung 1938/ 39, 3. Auflage, Buchloe 1988.

Bracher, Karl Dietrich/ Funke, Manfred/ Jacobsen, Hans-Adolf (Hrsg.), Deutschland 1933-1945, Neue Studien zur nationalsozialistischen Herrschaft, Bonner Schriften zur Politik und Zeitgeschichte, Band 23, Düsseldorf 1992.

Bräutigam, Petra, Mittelständische Unternehmer im Nationalsozialismus, Wirtschaftliche Entwicklungen und soziale Verhaltensweisen in der Schuh- und Lederindustrie Badens und Württembergs, Diss., München 1997.

Brecht, Julius, Beiträge zur Frage der II. Hypothek, Forschungsstelle für Siedlungs- und Wohnungswesen an der Universität Münster i.W., Materialien-Sammlung, Band 16, Münster (Westf.) 1935.

Brecht, Julius, Die Gemeinnützigkeit im Wohnungswesen, in: Heilmann, Georg (Hrsg.), Gegenwartsfragen des Wohnungswesens und des Städtebaues, 4 Abhandlungen nach Vorträgen von Brecht, Michaelis, von Schenck und Stephan, Wohnungswesen und Städtebau, Schriftenreihe des Instituts für Wohnungs- und Siedlungswesen an der Universität Berlin, Heft 2, Berlin 1939, S. 9-35.

Brecht, Julius, Die gemeinnützigen Wohnungsunternehmen in der Wohnungswirtschaft, in: *derselbe*/ Fischer-Dieskau, Joachim/ Querfeld, Hanns, Beiträge zur Wohnungswirtschaft - Materialiensammlung Forschungsstelle für Siedlungs- und Wohnungswesen an der Universität Münster i.W., Band 34, Jena 1939, S. 9-33.

Brecht, Julius, Privater und gemeinnütziger Wohnungsbau, in: Der deutsche Volkswirt 1941, S. 864-867.

Brecht, Julius, Das gemeinnützige Wohnungswesen im Kriege, in: Reichsverband des deutschen gemeinnützigen Wohnungswesens (Hrsg.), Jahrbuch des deutschen gemeinnützigen Wohnungswesens, Ein Leistungsbericht für das Jahr 1940, Berlin 1942, S. 1-42.

Brecht, Julius, Die Betriebsleistungen der Wohnungsunternehmen, in: *derselbe*/ Klabunde, Erich, Wohnungswirtschaft in unserer Zeit, Hamburg 1950, S. 69-181.

Brecht, Julius, Wohnungsgemeinnützigkeit, in: Wandersleb, Hermann (Hrsg.), Handwörterbuch des Städtebaues, Wohnungs- und Siedlungswesens, Dritter Band, Stuttgart 1959, S. 1732-1743.

Brecht, Julius, Grundlagen und Bedeutung der großen Wohnungsunternehmen, in: Fischer-Dieskau, Joachim (Schriftleitung), Beiträge zur Theorie und Praxis des Wohnungsbaues, Arnold Knoblauch als Festschrift zum 80. Geburtstag gewidmet von seinen Freunden, Bonn 1959, S. 116-146.

Brecht, Julius/ Fischer-Dieskau, Joachim/ Querfeld, Hanns, Beiträge zur Wohnungswirtschaft, Materialiensammlung Forschungsstelle für Siedlungs- und Wohnungswesen an der Universität Münster i.W., Band 34, Jena 1939.

Brecht, Julius/ Klabunde, Erich, Wohnungswirtschaft in unserer Zeit, Hamburg 1950.

Brede, Helmut/ Kohaupt, Bernhard/ Kujath, Hans-Joachim, Ökonomische und politische Determinanten der Wohnungsversorgung, Frankfurt/ M. 1975.

Brill, Heinrich, Geschlossene Wohnungswirtschaft · Eine Forderung der Zeit, Diss., Berlin 1940.

Brinkhus, Jörn, Auftragsverwaltung der Gemeinden im Krieg. Das Beispiel rheinischer und westfälischer Städte, in: Mecking, Sabine/ Wirsching, Andreas (Hrsg.), Stadtverwaltung im Nationalsozialismus, Systemstabilisierende Dimensionen kommunaler Herrschaft, Westfälisches Institut für Regionalgeschichte, Forschungen zur Regionalgeschichte, Band 53, Paderborn 2005, S. 215-242.

Broszat, Martin, Der Staat Hitlers, 15. Auflage, München 2000.

Bruck, W. F. (Hrsg.), Kolonialgebiete des rheinisch-westfälischen Industriereviers, Deutsche Inlands-Kolonien, Forschungsstelle für Siedlungs- und Wohnungswesen an der Universität Münster i.W., Materialien-Sammlung, Band 7, Münster (Westf.) 1933.

Brüggemann, Alfred, Richtlinien für die Auswahl und Anwendung von Buchungsmaschinen, Ausschuß für wirtschaftliche Verwaltung beim Reichskuratorium für Wirtschaftlichkeit, RKW-Veröffentlichungen Nr. 17, Leipzig 1930.

Brüggemann, Josef, Die Wohnungsversorgung der gemeinnützigen Wohnungsunternehmen, in: Gesamtverband gemeinnütziger Wohnungsunternehmen e.V. (Hrsg.), Unternehmerische Wohnungsversorgung, Allgemeiner Deutscher Bauvereinstag, Stuttgart 15. und 16. Oktober 1964, Köln 1965, S. 43- 57.

Brüggemann, Josef, Gemeinnützige Wohnungsunternehmen im Wettbewerb, in: Gesamtverband gemeinnütziger Wohnungsunternehmen (Hrsg.), Gemeinnützige Wohnungsunternehmen im Wettbewerb, Allgemeiner Deutscher Bauvereinstag Hannover 1967, 12. und 13. Oktober, Köln 1967, S. 33-45.

Brüggemann, Josef/ Heuer, Jürgen H. B./ Schork, Ludwig/ Burda, Wolfgang A./ Vollmer, Wolfgang/ Burghardt, Helge Hans/ Ravens, Karl/ Bucher, Hansjörg, Aufgaben und Möglichkeiten der unternehmerischen Wohnungswirtschaft, Materialien zum Siedlungs- und Wohnungswesen, Band 17, Münster (Westf.) 1977.

Brüggemann, Josef, Die unternehmerische Wohnungswirtschaft: Struktur - Leistungsbereiche - Entwicklungsmöglichkeiten, in: *derselbe*/ Heuer, Jürgen H. B./ Schork, Ludwig/ Burda, Wolfgang A./ Vollmer, Wolfgang/ Burghardt, Helge Hans/ Ravens, Karl/ Bucher, Hansjörg, Aufgaben und Möglichkeiten der unternehmerischen Wohnungswirtschaft, Materialien zum Siedlungs- und Wohnungswesen, Band 17, Münster (Westf.) 1977, S. 9-29.

Budraß, Lutz, Flugzeugindustrie und Luftrüstung in Deutschland 1918-1945, Schriften des Bundesarchivs 50, Diss., Düsseldorf 1998.

Büge, Max/ Griesheimer, Friedrich, Der Bau von Volkswohnungen, Die Bestimmungen und Erlasse, Eberswalde Berlin Leipzig 1940.

Büning, Lidwina, Die volkswirtschaftlichen Auswirkungen einer Mietanpassung auf Verbrauchsbereiche und Konsumgütermärkte, Forschungsstelle für Siedlungs- und Wohnungswesen an der Westfälischen Wilhelms-Universität zu Münster, Beiträge und Untersuchungen, Neue Folge der Materialiensammlung für Wohnungs- und Siedlungswesen, Band 46, Köln 1954.

Bund Deutscher Mietervereine e.V. (Hrsg.) Mietrecht, Wohnungs- und Siedlungsfragen, Reden von Ministerialrat Dr. Ebel, Abteilungsdirigent im Reichs- und Preußischen Arbeitsministerium, Berlin, Ministerialrat Dr. Knoll, Hauptabteilungsleiter im Reichs- und Preußischen Arbeitsministerium, Berlin, J. Herrmann, Führer des Bundes Deutscher Mietervereine e.V., Dresden 1936.

Bunte, Thomas, Überwindung der Wohnungsnot - Sieg der Wohnkultur, Gemeinnütziger Wohnungsbau in der Weimarer Republik am Beispiel der Ravensberger Heimstättengesellschaft m.b.H., Bielefeld 1995.

Buschmann, Arno, Nationalsozialistische Weltanschauung und Gesetzgebung 1933-1945, Band II, Do-

kumentation einer Entwicklung, Wien New York 2000.
Buse, Christoph, Strategisches Management von industrieverbundenen Wohnungsunternehmen, Schriften zur Immobilienökonomie, Band 9, Diss., Köln 1999.
Bußwitz, Georg, Die Bauwirtschaft im Jahre 1938, in: Reichsverband des deutschen gemeinnützigen Wohnungswesens (Hrsg.), Jahrbuch des deutschen gemeinnützigen Wohnungswesens, Ein Leistungsbericht für das Jahr 1938, Berlin 1939, S. 125-132.
Butschek, Felix, Wirtschaftsgeschichte und Neue Institutionenökonomie, in: Schremmer, Eckart (Hrsg.), Wirtschafts- und Sozialgeschichte, Gegenstand und Methode, 17. Arbeitstagung der Gesellschaft für Sozial- und Wirtschaftsgeschichte in Jena 1997, Vierteljahrschrift für Sozial- und Wirtschaftsgeschichte, Beihefte Nr. 145, Stuttgart 1998, S. 89-100.

Canaris, Claus-Wilhelm, Handelsrecht, 23. Auflage, München 2000.
Casson, Mark, Der Unternehmer, Versuch einer Deutung, in: Geschichte und Gesellschaft 27 (2001), S. 524-544.
Chandler, Alfred Dupont jr., (with the assistance of Takashi Hikino), Scale and Scope, The dynamics of Industrial Capitalism, Cambridge (Massachusetts) London 1990.
Coase, Ronald H., The firm, the market and the law, Chicago London 1988.
Cohrs, Wilhelm M., Der neue Wohnungsbau: sämtliche Bestimmungen für den sozialen Wohnungsbau in Deutschland auf Grund des Erlasses des Führers vom 15. November 1940, Bad Oeynhausen (Westf.) 1940.
Conze, Werner/ Engelhardt, Ulrich (Hrsg.), Arbeiter im Industrialisierungsprozeß, Herkunft, Lage und Verhalten, Industrielle Welt, Schriftenreihe des Arbeitskreises für moderne Sozialgeschichte, Band 28, Stuttgart 1979.
Commons, John R., Institutional Economics, Its Place in Political Economy, Volume Two, Wisconsin Madison 1961 [1934].
Cordemann, Margarete, Werkfürsorge, Archiv für Wohlfahrtspflege, Berlin 1955.
Crisolli, Karl-August, Das Recht der G.m.b.H., in: Frank, Hans, Nationalsozialistisches Handbuch für Recht und Gesetzgebung, München 1934, S. 1155-1174.

Däbritz, Walter, Bochumer Verein für Bergbau und Gußstahlfabrikation in Bochum, Neun Jahrzehnte seiner Geschichte im Rahmen der Wirtschaft des Ruhrbezirks, Düsseldorf 1934.
Daeves, Karl/ Schulz, E. H., Die Organisation der Qualitäts-Wirtschaft in der Vereinigte Stahlwerke Aktiengesellschaft, in: Mitteilungen aus dem Forschungs-Institut der Vereinigte Stahlwerke Aktiengesellschaft, Sonderheft 1, Dortmund 1931.
Dahrendorf, Ralf, Sozialstruktur des Betriebes - Betriebssoziologie -, Die Wirtschaftswissenschaften, 13. Lieferung Reihe A (Betriebswirtschaftslehre), Beitrag Nr. 46, Wiesbaden 1959.
Damaschke, Adolf, Die Bodenreform, Grundsätzliches und Geschichtliches zur Erkenntnis und Überwindung der sozialen Not, 4. Auflage, Berlin 1907.
Das Spezial-Archiv der Deutschen Wirtschaft, Die Deutsche Eisen- und Stahlindustrie 1933; Aufbau, Entwicklung, Werke, Statistik und Finanzen von Konzernen, Gruppen und Einzelunternehmungen der Eisen- und Stahlindustrie; Ihre Interessen und Verflechtungen, Berlin 1933.
Dascher, Otfried, Probleme der Konzernorganisation, in: Mommsen, Hans/ Petzina, Dietmar/ Weisbrod, Bernd (Hrsg.), Industrielles System und politische Entwicklung in der Weimarer Republik; Verhandlungen des Internationalen Symposiums vom 12.-17. Juni 1973, Düsseldorf 1974, S. 127-135.
Dascher, Otfried/ Kleinschmidt, Christian (Hrsg.), Die Eisen- und Stahlindustrie im Dortmunder Raum, Wirtschaftliche Entwicklung, soziale Strukturen und technologischer Wandel im 19. und 20. Jahrhundert, Untersuchungen zur Wirtschafts-, Sozial- und Technikgeschichte, Band 9, Dortmund 1992.
Debus, Carl, Arbeiterwohnungswesen im rheinisch-westfälischen Industriebezirk unter besonderer Berücksichtigung der Arbeiterkolonie der Zeche „Teutoburgia" des „Bochumer Verein für Bergbau- und Gußstahlfabrikation", Diss., Heidelberg 1915.
Dege, Wilfried, Zechenkolonien und Bergarbeitersiedlungen im Ruhrgebiet, Ihre Entwicklung und Typisierung, in: Naturkunde in Westfalen 4 (1968), S. 119-128.
Degenhardt, Wilhelm, Die Maßnahmen zur Durchführung einer Bergarbeiteransiedlung in der ersten Nachkriegszeit und die tatsächliche Entwicklung im Ruhrgebiet, Diss., Leipzig 1936.

Deuble, Willy R., Fürsorge für den Wohnungsbau als soziale Aufgabe des Unternehmers, in: Theisinger, Karl (Hrsg.), Die Führung des Betriebes, Festschrift zum 60. Geburtstag von Wilhelm Kalveram, Berlin Wien 1942, S. 133-137.

Deutsche Bau- und Bodenbank Aktiengesellschaft (Hrsg.), 50 Jahre Deutsche Bau- und Bodenbank Aktiengesellschaft 1923-1973, 50 Jahre im Dienste der Bau- und Wohnungswirtschaft, Frankfurt/ M. 1973.

Deutscher Verein für Wohnungsreform e.V., Wohnungsbau in Reich und Ländern 1933-1937, Eine Untersuchung über die Ergebnisse der deutschen Wohnungsstatistik und Vorschläge zu ihrer Ausgestaltung, Forschungsstelle beim Reichsarbeitsministerium für Fragen des Wohnungs- und Siedlungswesens, Berlin 1939.

Deutsches Wohnungshilfswerk (Hrsg.), Das Behelfsheim aus ortsüblichen Baustoffen, Baubeschreibung, Massenübersicht und Planunterlagen, Technische Unterlagen für den Behelfsheimbau, Heft 1, 2. Aufl., Berlin 1944.

Dieckheuer, Gustav (Hrsg.), Beiträge zur angewandten Mikroökonomik, Jochen Schumann zum 65. Geburtstag, Berlin New York London u.a. 1995.

Diehl, Rolf, Erhöhung des Wohnwerts durch Modernisierung - Eine Analyse der Voraussetzungen -, Diss., Hamburg 1974.

Dienel, Hans-Liudger, Die Linde-AG, Geschichte eines Technologie-Konzerns 1879-2004, München 2004.

Dietrich, Wolfgang, Der Einfluß gemeinnütziger Wohnungsunternehmen auf die Mietpreisbildung in der Marktwirtschaft, Diss., Marburg 1977.

Dietsche, Peter/ Brauchlin, Emil, Organisation und Recht: Gedanken zur rechtlichen Strukturierung von Konzernen, in: Bleicher, Knut/ Gomez, Peter (Hrsg.), Zukunftsperspektiven der Organisation, Festschrift zum 65. Geburtstag von Prof. Dr. Robert Staerkle, Bern 1990, S. 67-80.

Dietzsch, Rolf, Die Wohnungsbeschaffung nach dem Kriege und ihre siedlungspolitische Grundlage im Bereiche des Siedlungsverbandes „Ruhrkohlenbezirk", Diss., Köln Essen 1931.

Dörner, Bernhard M., Rechtsform nach Maß, Entscheidungshilfen für eine zweckmäßige Rechtsform, Freiburg/ Breisgau 1994.

Dörschner, Andreas, Bedeutung der Unternehmensgeschichte in der Praxis der Wohnungswirtschaft, Interview mit Volker Nordalm, Vorstandsmitglied der Veba Immobilien AG, in: Akkumulation 12/ 1999, S. 4-6.

Dörschner, Andreas, Facility Management - Interdisziplinäres Immobilienmanagement, in: Neue Wirtschafts-Briefe (NWB) Nr. 45/ 2000, Fach 24, S. 2185-2188.

Dorsch, Xaver, Die Organisation Todt, Ausarbeitung für die Historical Division/ US Army in Europe, in: Singer, Hedwig (Hrsg.), Quellen zur Geschichte der Organisation Todt, Band 1 und 2, Veröffentlichungen deutschen Quellenmaterials zum Zweiten Weltkrieg, Osnabrück 1998, S. 437-516.

Dotzler, Bernhard J., Holleriths Killer-Applikation, Der Erfinder der Schaltungstechnik hatte sich nicht vertippt: Seine Lochkartenmaschine war Saat und Staat zugleich, Ereignisse und Gestalten, in: FAZ v. 10.03.2001, Nr. 59, S. III.

Draeger, Waldemar, Gemeinnützigkeits- und Steuerfragen, in: Deutscher Bauvereins-Kalender 1934, S. 171-181.

Drepper, Christian, Differenzierung, Entscheidung und Integration, Dilemata der Steuerung und Intervention in Organisationen, Soziologische Schriften, Band 72, Berlin 2001.

Drescher, Der Ruhrsiedlungsverband, in: Schwan, Bruno (Hrsg.), Handwörterbuch der Wohnungs- und Siedlungswirtschaft, Loseblatthandbuch für die gesamte privatwirtschaftliche, genossenschaftliche, öffentlich-wirtschaftliche und Verwaltungs-Praxis auf dem Gebiete des Wohnungs- und Siedlungswesens, Stuttgart Berlin 1938, S. 960a-960b.

Drescher, Hans Joachim, Die Sicherung der Interessen des Einzelaktionärs nach geltendem Recht und nach dem Gesetzentwurf, Diss., Köln Leipzig 1932.

Driessen, Tilman, Von Hollerith zu IBM, Zur Frühgeschichte der Datenverarbeitungstechnik von 1880 bis 1970 aus wirtschaftswissenschaftlicher Sicht, Reihe: Wirtschafts- und Rechtsgeschichte, Band 5, Diss., Köln 1987.

Drupp, Michael, Gemeinnützige Bauvereine im Wohnungswesen der Weimarer Republik, in: Abelshauser (Hrsg.), Die Weimarer Republik als Wohlfahrtsstaat, Zum Verhältnis von Wirtschafts- und

Sozialpolitik in der Industriegesellschaft, Vierteljahrschrift für Sozial- und Wirtschaftsgeschichte, Beiheft Nr. 81, Stuttgart 1987, S. 124-146.

Dunn, Malcom H., Die Unternehmung als ein soziales System, Ein sozialwissenschaftlicher Beitrag zur neuen Mikroökonomie, Hab., Berlin 1998.

Durth, Werner/ Nerdinger, Winfried (Red.), Architektur und Städtebau der 30er/ 40er Jahre, Ergebnisse der Fachtagung in München, 26.-28. November 1993, des Deutschen Nationalkomitees für Denkmalschutz, Schriftenreihe des Deutschen Nationalkomitees für Denkmalschutz, Band 48, Bonn 1994.

Durth, Werner, Vom Überleben, Zwischen Totalem Krieg und Währungsreform, in: Flagge, Ingeborg (Hrsg.), Geschichte des Wohnens, Band 5, 1945 bis heute, Aufbau Neubau Umbau, Stuttgart 1999, S. 19-39.

Ebel, Martin, Die Reichszuschüsse für Instandsetzungs- und Umbauarbeiten, in: RArbBl. 1933 II S. 444-447.

Ebel, Martin, Der neue Einheitsmietvertrag, in: RArbBl. 1934 II S. 143-146.

Ebel, Martin, Die Neuregelung des Mieterschutzes, in: RArbBl. 1936 II S. 178-183.

Ebel, Martin, Reichsmietengesetz und die Ausführungsverordnungen des Reichs und Preußens, 6. Auflage, Berlin 1936.

Ebel, Martin, Der neue Mieterschutz, in: Bund Deutscher Mietervereine e.V. (Hrsg.) Mietrecht, Wohnungs- und Siedlungsfragen, Dresden 1936, S. 3-21.

Ebel, Martin, Mieterschutzgesetz nebst Verfahrensanordnung, Kommentar, 8. Auflage, Berlin 1938.

Ebel, Martin, Die Wohnraumlenkung, in: RArbBl. 1943 V, S. 175-179.

Eberstadt, Rudolf, Rheinische Wohnverhältnisse und ihre Bedeutung für das Wohnungswesen in Deutschland, Nebst 17 Grundrissen Deutscher Kleinwohnungsgebäude, Jena 1903.

Eberstadt, Rudolf, Wirtschaftliche Aufteilungsformen für Kleinsiedlungen, in: Städtebauliche Vorträge aus dem Seminar für Städtebau, Siedlungs- und Wohnungswesen an der Technischen Hochschule zu Berlin 1920, Band IX, Heft 7, S. 1-22.

Eberstadt, Rudolf, Handbuch des Wohnungswesens und der Wohnungsfrage, 4. Auflage, Jena 1920.

Echternkamp, Jörg (Hrsg.), Die deutsche Kriegsgesellschaft 1939 bis 1945, Das Deutsche Reich und der Zweite Weltkrieg, Band 9, Erster Halbband, Politisierung, Vernichtung, Überleben, München 2004.

Echternkamp, Jörg (Hrsg.), Die deutsche Kriegsgesellschaft 1939 bis 1945, Das Deutsche Reich und der Zweite Weltkrieg, Band 9, Zweiter Halbband, Ausbeutung, Deutungen, Ausgrenzung, München 2005.

Eglau, Hans Otto, Erste Garnitur; Die Mächtigen der deutschen Wirtschaft, Düsseldorf Wien 1980.

Eichener, Volker/ van Emmerich, Horst/ Petzina, Dietmar (Hrsg.), Die unternehmerische Wohnungswirtschaft: Emanzipation einer Branche, Der Strukturwandel der deutschen Wohnungswirtschaft seit dem ausgehenden 19. Jahrhundert, Frankfurt/ M. 2000.

Eichener, Volker/ van Emmerich, Horst/ Petzina, Dietmar, Einleitung: Ein Forschungsprojekt, in: *dieselben*, Die unternehmerische Wohnungswirtschaft: Emanzipation einer Branche, Der Strukturwandel der deutschen Wohnungswirtschaft seit dem ausgehenden 19. Jahrhundert, Frankfurt/ M. 2000; S. 2-8.

Eichholtz, Dietrich, Geschichte der deutschen Kriegswirtschaft 1939-1945, Band III: 1943-1945, Berlin 1996.

Eichholtz, Dietrich, Geschichte der deutschen Kriegswirtschaft 1939-1945, Band III: 1943-1945, Teil 2, Berlin 1999.

Eisen- und Hüttenwerke Aktiengesellschaft Bochum (EHW), Arbeit am Stahl, Ein Bildbericht über unser Werk, Bochum 1935.

Eisenhardt, Ulrich, Deutsche Rechtsgeschichte, 3. Auflage, München 1999.

Ellerbrock, Karl-Peter, Zwischen traditionellem und modernem Wohnen: Zur Wohnungsversorgung und zum Arbeiterwohnungsbau in Dortmund im 19. und frühen 20. Jahrhundert, in: Hoesch AG (Hrsg.), Wohnen und Leben im Schatten der Hochöfen, Zur Geschichte des Stahlarbeiterwohnungsbaus bei Hoesch von den Anfängen bis zum Wiederaufbau nach 1945, Dortmund 1991, S. 10-17.

Ellerbrock, Karl-Peter, Zur Bedeutung des Dortmund-Ems-Kanals für den Stahlstandort Dortmund vor dem Ersten Weltkrieg, in: Dascher, Otfried/ Kleinschmidt, Christian (Hrsg.), Die Eisen- und Stahlindustrie im Dortmunder Raum, Wirtschaftliche Entwicklung, soziale Strukturen und technologischer Wandel im 19. und 20. Jahrhundert, Untersuchungen zur Wirtschafts-, Sozial- und Technikgeschichte, Band 9, Dortmund 1992, S. 81-96.

Ellerbrock, Karl-Peter, 100 Jahre Hörder Spar- und Bauverein, 100 Jahre gws, 1897-1997, Ein Beitrag zur Sozialgeschichte des genossenschaftlichen Wohnungsbaus in Deutschland, Dortmund 1997.

Ellerbrock, Karl-Peter, „Wohnungsnoth" und „Selbsthülfe", Aus den Anfängen des genossenschaftlichen Wohnungsbaus in Westfalen vor dem Ersten Weltkrieg: Das Beispiel des Hörder Spar- und Bauvereins 1897, in: Westfälische Forschungen 50/ 2000, S. 183-217.

Ellerbrock, Karl-Peter/ Stremmel, Ralf (Hrsg.), Westfalen und die Welt, Drei Jahrhunderte in Bildern und Dokumenten aus dem Westfälischen Wirtschaftsarchiv, Münster 2002.

Ellerbrock, Karl-Peter/ Wischermann, Clemens (Hrsg.), Die Wirtschaftsgeschichte vor der Herausforderung durch die New Institutional Economics, Untersuchungen zur Wirtschafts- und Technikgeschichte, Band 24, Dortmund 2004.

Elshoff, Friedrich, Umsiedlung und Verkehr, Weitere Untersuchungen über das Umsiedlungsproblem, Siedlungs-, Standorts- und Verkehrsprobleme der Industriewirtschaft II., Forschungsstelle für Siedlungs- und Wohnungswesen an der Universität Münster i.W., Materialien-Sammlung, Band 10, Münster 1933.

Elsner, Helmut, Die Konzentration in der gemeinnützigen Wohnungswirtschaft in der Bundesrepublik Deutschland, Diss., Mannheim 1964.

Elster, Ludwig/ Weber, Adolf (Hrsg.), Handwörterbuch der Staatswissenschaften, Ergänzungsband, 4. Auflage, Jena 1929.

Engelbrecht, Klaus, Die Unternehmensverfassung im System dezentraler Planung des Wirtschaftsprozesses - Ein ordnungstheoretisches Problem in gesamtwirtschaftlicher Sicht -, Diss., Marburg 1970.

Engelhardt, Werner W./ Thiemeyer, Theo, (Hrsg.), Gesellschaft, Wirtschaft, Wohnungswirtschaft, Festschrift für Helmut Jenkis, Schriften zum Genossenschaftswesen und zur Öffentlichen Wirtschaft, Bd. 18, Berlin 1987.

Enskat, Alfred, Kundgebung des Hauptverbandes Deutscher Baugenossenschaften, „Wohnungswirtschaft in Not"; in: Zeitschrift für Wohnungswesen 1931, S. 296-299.

Enskat, Alfred, Die wohnungs- und siedlungswirtschaftliche Gesetzgebung; Gesetze, Verordnungen und Erlasse des Reiches und der Länder, Band V/ 1937 Nr. 4, Beilage der Zeitschrift für Wohnungswesen, Heft 5, Berlin 1937.

Enskat, Alfred, Gemeinnützigkeit im Wohnungswesen, in: Schwan (Gesamtleitung), Wörterbuch der Wohnungs- und Siedlungswirtschaft, Loseblatthandbuch für die gesamte privatwirtschaftliche, genossenschaftliche, öffentlich-wirtschaftliche und Verwaltungs-Praxis auf dem Gebiete des Wohnungs- und Siedlungswesens, Stuttgart Berlin 1938, S. 527- 530.

Enskat, Alfred, Reichsverband des deutschen gemeinnützigen Wohnungswesens e.V., in: Schwan (Gesamtleitung), Wörterbuch der Wohnungs- und Siedlungswirtschaft, Loseblatthandbuch für die gesamte privatwirtschaftliche, genossenschaftliche, öffentlich-wirtschaftliche und Verwaltungs-Praxis auf dem Gebiete des Wohnungs- und Siedlungswesens, Stuttgart Berlin 1938, S. 951.

Erker, Paul, Aufbruch zu neuen Paradigmen. Unternehmensgeschichte zwischen sozialgeschichtlicher und betriebswirtschaftlicher Erweiterung, in: Archiv für Sozialgeschichte 37 (1997), S. 321-365.

Erker, Paul, Industrieeliten in der NS-Zeit, Anpassungsbereitschaft und Eigeninteresse von Unternehmern in der Rüstungs- und Kriegswirtschaft 1936-1945, Passau 1993/ 94.

Erker, Paul, Dampflok, Daimler, DAX, Die deutsche Wirtschaft im 19. und 20. Jahrhundert, München 2001.

Erker, Paul, „A New Business History ?", Neuere Ansätze und Entwicklungen in der Unternehmensgeschichte, in: Archiv für Sozialgeschichte 42 (2002), S. 557-604.

Erker, Paul/ Pierenkemper, Toni (Hrsg.), Deutsche Unternehmer zwischen Kriegswirtschaft und Wiederaufbau, Studien zur Erfahrungsbildung von Industrie-Eliten, Quellen und Darstellungen zur Zeitgeschichte, Band 39, München 1999.

Erlei, Mathias/ Leschke, Martin/ Sauerland, Dirk, Neue Institutionenökonomik, Stuttgart 1999.

Esenwein-Rothe, Ingeborg, Die Wirtschaftsverbände von 1933 bis 1945, Schriften des Vereins für Socialpolitik, Gesellschaft für Wirtschafts- und Sozialwissenschaften, N. F. Band 37, Berlin 1965.

Eucken, Walter, Die Grundlagen der Nationalökonomie, 5. Auflage, Godesberg 1947.

Eun-Sang Yu, Die Grundzüge der sozialen Gedankenwelt von Victor Aimé Huber, Eine Untersuchung seiner theologischen und politischen Grundauffassungen, Diss., Berlin 1986.

Faulenbach, Bernd/ Jelich, Franz-Josef (Hrsg.), Literaturwegweiser zur Geschichte an Ruhr und Emscher, Im Auftrag des Forums Geschichtskultur an Ruhr und Emscher, Essen 1999.

Faust, Anselm, 100 Jahre Arbeitsmarktpolitik in Rheinland-Westfalen, Vom Ende des 19. Jahrhunderts bis zur Gegenwart, Düsseldorfer Schriften zur Neueren Landesgeschichte und zur Geschichte Nordrhein-Westfalens, Band 43, Essen 1997.

Fauth, Der Siedlerhaushalt als wirtschaftliche und kulturelle Aufgabe, in: Bauen Siedeln Wohnen 1936, S. 325-328.

Fear, Jeff, Thyssen & Co., Mülheim a. d. Ruhr: Blaupause für die Umorganisation der Vereinigte Stahlwerke AG, in: 900 Jahre Mülheim an der Ruhr (1093-1993), Zeitschrift des Geschichtsvereins Mülheim a. d. Ruhr 66 (1993), S. 405-431.

Fear, Jeffrey Robert, Thyssen & Co., Mülheim (Ruhr), 1871-1934: The institutionalization of the corporation (Volumes I and II), Diss., Stanford 1993.

Fehl, Gerhard, Typisierter Wohnungsbau im Dritten Reich, in: Durth, Werner/ Nerdinger, Winfried (Red.), Architektur und Städtebau der 30er/ 40er Jahre, Ergebnisse der Fachtagung in München, 26.-28. November 1993, des Deutschen Nationalkomitees für Denkmalschutz, Schriftenreihe des Deutschen Nationalkomitees für Denkmalschutz, Band 48, Bonn 1994, S. 74-83.

Felber, Ulrike/ Melchiar, Peter/ Priller, Markus/ Unfried, Berthold/ Weber, Fritz, Ökonomie der Arisierung, Teil 1: Grundzüge, Akteure und Institutionen, München 2004.

Feldenkirchen, Wilfried, Siemens, 1918-1945, München 1995.

Feldenkirchen, Wilfried/ Schönert-Röhlk, Frauke/ Schulz, Günther (Hrsg.), Wirtschaft-Gesellschaft-Unternehmen, Festschrift für Hans Pohl zum 60. Geburtstag, Vierteljahrschrift für Sozial- und Wirtschaftsgeschichte Beihefte Nr. 120a/ Nr. 120b, 1. und 2. Teilband, Stuttgart 1995.

Feldman, Gerald D., Hugo Stinnes und der Nationalsozialismus, in: Gall, Lothar/ Pohl, Manfred (Hrsg.), Unternehmen im Nationalsozialismus, Schriftenreihe zur Zeitschrift für Unternehmensgeschichte, Band 1, München 1998, S. 91-98.

Feldman, Gerald D., Die Allianz und die deutsche Versicherungswirtschaft 1933-1945, München 2001.

Fey, Walter, Leistungen und Aufgaben im Deutschen Wohnungs- und Siedlungsbau, Sonderhefte des Instituts für Konjunkturforschung Nr. 42, Berlin 1936.

Fey, Walter, Wohnungsmarkt, in: Wandersleb, Hermann (Hrsg.), Handwörterbuch des Städtebaues, Wohnungs- und Siedlungswesens, Dritter Band, Stuttgart 1959, S. 1746-1749.

Fiedler, Martin, Fusionen und Übernahmen in der deutschen Industrie, 1898-1938, in: Jahrbuch für Wirtschaftsgeschichte 2002/ 2, S. 209-239.

Fiedler, Martin/ Lorentz, Bernhard, Kontinuitäten in den Netzwerkbeziehungen der deutschen Wirtschaftselite zwischen Weltwirtschaftskrise und 1950, Eine quantitative und qualitative Analyse, in: Berghahn, Volker R./ Unger, Stefan/ Ziegler, Dieter (Hrsg.), Die deutsche Wirtschaftselite im 20. Jahrhundert, Kontinuität und Mentalität, Essen 2003, S. 51-74.

Fisch, Stefan, Grundbesitz und Urbanisierung, Entwicklung und Krise der deutschen Terraingesellschaften 1870-1914, in: Geschichte und Gesellschaft 15 (1989), S. 34-61.

Fischer, Joachim, Förderung des Baues von Not- und Behelfswohnungen im Rahmen des Arbeitsbeschaffungsprogramms, in: RArbBl. 1933 II S. 368-369.

Fischer, Joachim, Wohnungswirtschaft und Arbeitsbeschaffung, in RArbBl. 1934 II S. 59-60.

Fischer, Manfred/ Kleinschmidt, Christian (Hrsg.), Stahlbau in Dortmund, Unternehmen, Technik und Industriekultur im 19. und 20. Jahrhundert, Essen 2001.

Fischer, Wolfram, Herz des Reviers, 125 Jahre Wirtschaftsgeschichte des Industrie- und Handelskammerbezirks Essen · Mülheim Oberhausen, Essen 1965.

Fischer-Dieskau, Joachim, Die Finanzierung der Kleinsiedlung, in: RArbBl. 1936 II S. 488-493.

Fischer-Dieskau, Joachim, Reichswohnungspolitik und Arbeiterwohnstättenbau; Unter besonderer Berücksichtigung der Grundsteuerbeihilfen, Schriften des Zentralverbandes Deutscher Haus- und Grundbesitzervereine, Jahrgang 1937, 2. Heft, Berlin 1937.

Fischer-Dieskau, Joachim, Organisation des Wohnungs- und Siedlungswesens, in: Schwan, Bruno (Hrsg.),

Wörterbuch der Wohnungs- und Siedlungswirtschaft, Loseblatthandbuch für die gesamte privatwirtschaftliche, genossenschaftliche, öffentlich-wirtschaftliche und Verwaltungs-Praxis auf dem Gebiete des Wohnungs- und Siedlungswesens, Stuttgart Berlin 1938, S. 897-902.

Fischer-Dieskau, Joachim, Die Entwicklung des Wohnstättenbaues, in: Der Vierjahresplan 1938, S. 582-585.

Fischer-Dieskau, Joachim, Einführung in die Wohnungs- und Siedlungspolitik, Grundlagen und Hauptprobleme, Berlin Leipzig 1938.

Fischer-Dieskau, Joachim, Begriffe und Begriffsbestimmungen im Wohnungs- und Siedlungswesen, in: RArbBl. II 1939 S. 297-299.

Fischer-Dieskau, Joachim, Krieg und Wohnungswirtschaft, in: RVerwBl. 1940 S. 185-188.

Fischer-Dieskau, Joachim, Erfahrungen beim Behelfsheimwerk, in: Die Deutsche Sozialpolitik 1944, S. 53-54.

Fischer-Dieskau, Joachim (Schriftleitung), Beiträge zur Theorie und Praxis des Wohnungsbaues, Arnold Knoblauch als Festschrift zum 80. Geburtstag gewidmet von seinen Freunden, Bonn 1959.

Flagge, Ingeborg (Hrsg.), Geschichte des Wohnens, Band 5, 1945 bis heute, Aufbau Neubau Umbau, Stuttgart 1999.

Fleckner, Sigurd, Reichsforschungsgesellschaft für Wirtschaftlichkeit im Bau- und Wohnungswesen, 1927-1931, Entwicklung und Scheitern, Diss., Aachen 1993.

Flemmig, Walter, Zum Umbau der Vereinigten Stahlwerke (Finanzielle Bereinigung - Betriebliche Aufgliederung), in: Die Deutsche Volkswirtschaft 1933, S. 461-465.

Flender, August, Die Datenverarbeitung als Mittel der betrieblichen Rationalisierung gemeinnütziger Wohnungsunternehmen - Grundlagen und Erfahrungen -, in: Gesamtverband gemeinnütziger Wohnungsunternehmen (Hrsg.), Gemeinnützige Wohnungsunternehmen im Wettbewerb, Allgemeiner Deutscher Bauvereinstag Hannover 1967, 12. und 13. Oktober, Köln 1967, S. 145-169.

Flender, August, Die Wohnungsgemeinnützigkeit im Wandel der Zeiten, Aus der Vergangenheit in die Zukunft, Schriftenreihe des Verbandes gemeinnütziger Wohnungsunternehmen e.V. Köln, Heft 3, 2. Auflage, Hamburg 1970.

Flügge, Carl, Verzeichnis-Sammlung der bestehenden Gesetze und Verordnungen auf dem Gebiete des Bau- und Wohnungswesens im Reich und in den Ländern, Materialiensammlung Forschungsstelle für Siedlungs- und Wohnungswesen an der Universität Münster i.W., Band 15, Münster 1935.

Först, Walter (Hrsg.), Ruhrgebiet und neues Land, Beiträge zur neueren Landesgeschichte des Rheinlandes und Westfalens, Band 2, Köln Berlin 1968.

Forndran, Erhard, Die Stadt- und Industriegründungen Wolfsburg und Salzgitter, Entscheidungsprozesse im nationalsozialistischen Herrschaftssystem, Wolfsburger Beiträge zur Stadtgeschichte und Stadtentwicklung, Campus Forschung, Band 402, Frankfurt/ M. New York 1984.

Forstmann, Walter, Die Wohnungsfrage der Nachkriegszeit mit besonderer Berücksichtigung der Wohnungs- und Siedlungsverhältnisse der Hamborner Berg- und Hüttenarbeiter, Ein Beitrag zur Neubelebung der Bautätigkeit, Würzburg 1923.

Forstmann, Walter, Ein Rückblick - Ein Ausblick, in: Hüttenzeitung Nr. 4, Sondernummer „Unsere Siedlung" vom 24.02.1936.

Forstmann, Walter, Selbsthilfe bei Kleinsiedlungsvorhaben, in: Der Arbeitgeber 1949/50, S. 19-26.

Forstmann, Walter, Wie weit ist der Erfolg des Familienheimgedankens von sozialpädagogischen Einwirkungen abhängig ?, Schriften des Instituts für Wohnungsrecht und Wohnungswirtschaft an der Universität Köln, Tübingen 1958.

Forstmann, Walter, Wohnkultur und Städtebau, Die gesellschaftspolitische Aufgabe der Weckung des Gemeinschaftsbewußtseins und ihre Bedeutung für Städtebau und Wohnkultur, Institut für Siedlungs- und Wohnungswesen der Westfälischen Wilhelms-Universität Münster, Vorträge und Aufsätze, Heft 13, Köln-Braunsfeld 1962.

Forstmann, Walter, Erfahrungen mit der Bildung von „Wohngemeinschaften" im Rheinisch-Westfälischen Industriegebiet, in: *derselbe*, Wohnkultur und Städtebau, Die gesellschaftspolitische Aufgabe der Weckung des Gemeinschaftsbewußtseins und ihre Bedeutung für Städtebau und Wohnkultur, Institut für Siedlungs- und Wohnungswesen der Westfälischen Wilhelms-Universität Münster, Vorträge und Aufsätze, Heft 13, Köln-Braunsfeld 1962, S. 24-33.

Forstmann, Walter/ Gernert, Karl/ Schiskowski, Helmut/ Seiff, Rudolf/ Striefler, Heinrich (Hrsg.), Die

Kleinsiedlung und ihre Entwicklung, Ein Überblick über Sein und Werden der Kleinsiedlung und des Deutschen Siedlerbundes, Hamburg 1960.

Frank, Hans, Nationalsozialistisches Handbuch für Recht und Gesetzgebung, München 1934.

Frank, Hartmut/ Schubert, Dirk (Hrsg.), Lesebuch zur Wohnungsfrage, Schriften für Planen, Bauen und Kommunale Politik, Köln 1983.

Fremdling, Rainer, Wirtschaftsgeschichte und das Paradigma der Rückständigkeit, in: Schremmer, Eckhart (Hrsg.), Wirtschafts- und Sozialgeschichte, Gegenstand und Methode, 17. Arbeitstagung der Gesellschaft für Sozial- und Wirtschaftsgeschichte in Jena 1997, Vierteljahrschrift für Sozial- und Wirtschaftsgeschichte, Beihefte Nr. 145, Stuttgart 1998, S. 101-115.

Frese, Erich, Grundlagen der Organisation, Konzept-Prinzipien-Strukturen, 8. Auflage, München 2000.

Frese, Matthias, Betriebspolitik im „Dritten Reich", Deutsche Arbeitsfront, Unternehmer und Staatsbürokratie in der westdeutschen Großindustrie 1933-1939, Westfälisches Institut für Regionalgeschichte Landschaftsverband Westfalen-Lippe Münster, Forschungen zur Regionalgeschichte, Band 2, Diss., Paderborn 1991.

Frese, Matthias/ Zeppenfeld, Burkhard (Hrsg.), Kommunen und Unternehmen im 20. Jahrhundert, Wechselwirkungen zwischen öffentlicher und privater Wirtschaft, Bochumer Schriften zur Unternehmens- und Industriegeschichte, Band 7, Essen 2000.

Freund, Werner, Luftschutzrecht und Kriegsschadensrecht, in: Reichsverband des deutschen gemeinnützigen Wohnungswesens (Hrsg.), Jahrbuch des deutschen gemeinnützigen Wohnungswesens, Band III/ 1941, Ein Leistungsbericht für das Jahr 1940, Berlin 1942, S. 173-234.

Friedrich, Jörg, Der Brand, Deutschland im Bombenkrieg 1940-1945, 12. Auflage, München 2003.

Friedrich, Jörg, Brandstätten, Der Anblick des Bombenkriegs, München 2003.

Fritz Bauer Institut (Hrsg.), „Arisierung" im Nationalsozialismus, Volksgemeinschaft, Raub und Gedächtnis, Frankfurt/ M. New York 2000.

Frommhold, Kriegskunst und Siedlung, Luftschutz und Städtebau, in: Bauwelt, Zeitschrift für das gesamte Bauwesen 1939, S. 67-74.

Fuchs, Carl Johannes, Die Wohnungsfrage vor und nach dem Kriege, Aufsätze und Vorträge zur Wohnungsfrage, Neue Folge, München Leipzig 1917.

Fuchs, Carl Johannes, Wohnungsfrage und Wohnungswesen, in: Elster, Ludwig/ Weber, Adolf (Hrsg.), Handwörterbuch der Staatswissenschaften, Ergänzungsband, 4. Auflage, Jena 1929, S. 1098-1160.

Fuchs, Dieter, Die Arten der Werkwohnung und ihre Verknüpfung mit dem Arbeits- und Mietrecht, Diss., Erlangen-Nürnberg 1965.

Führer, Karl Christian, Die deutsche Mieterbewegung 1918-1945, in: Schulz, Günther (Hrsg.), Wohnungspolitik im Sozialstaat, Deutsche und europäische Lösungen 1918-1960, Düsseldorf 1993, S. 223-245.

Führer, Karl Christian, Betrogene Gewinner ? Die deutschen Hausbesitzer und der Streit um den Gewinn aus Inflation und Währungsreform 1923-1943, in: Vierteljahrschrift für Sozial- und Wirtschaftsgeschichte 82 (1995), S. 29-53.

Führer, Karl Christian, Mieter, Hausbesitzer, Staat und Wohnungsmarkt; Wohnungsmangel und Wohnungszwangswirtschaft in Deutschland 1914-1960, Vierteljahrschrift für Sozial- und Wirtschaftsgeschichte, Beiheft Nr. 119, Hab., Stuttgart 1995.

Führer, Karl Christian, Anspruch und Realität, Das Scheitern der nationalsozialistischen Wohnungsbaupolitik 1933 - 1945, in: Vierteljahrshefte für Zeitgeschichte 45 (1997), S. 225-256.

Führer, Karl Christian, Das NS-Regime und die „Idealform des deutschen Wohnungsbaues", Ein Beitrag zur nationalsozialistischen Gesellschaftspolitik, in: Vierteljahrschrift für Sozial- und Wirtschaftsgeschichte 89 (2002), S. 141-166.

Gärtner, Industrieller Arbeitsmarkt unter besonderer Berücksichtigung des Rheinisch-Westfälischen Industriegebiets (Arbeitsraum und Siedlung), in: Preyer, Wilhelm D. (Hrsg.), Industrielle Arbeitsmarktgestaltung und Siedlung, Materialien-Sammlung Forschungsstelle für Siedlungs- und Wohnungswesen an der Universität Münster, Band 17, Münster (Westf.) 1935, S. 36-60.

Gall, Lothar, Krupp, Der Aufstieg eines Industrieimperiums, Berlin 2000.

Gall, Lothar/ Feldman, Gerald D./ James, Harold/ Holtferich, Carl-Ludwig/ Büschgen, Hans E., Die Deutsche Bank 1870-1945, München 1995.

Gall, Lothar/ Pohl, Manfred (Hrsg.), Unternehmen im Nationalsozialismus, Schriftenreihe zur Zeitschrift für Unternehmensgeschichte, Band 1, München 1998.

Gall, Lothar/ Pohl, Manfred (Hrsg.), Die Eisenbahn in Deutschland, Von den Anfängen bis zur Gegenwart, München 1999.

Gassner, Edmund, Hilfe aus der Not, Zur Geschichte der Kleinsiedlung in Deutschland, Social Strategies Forschungsberichte, Vol. 4, No. 2, Basel 1992.

Gau Westfalen-Nord (Hrsg.), Der Gau Westfalen-Nord, Detmold 1939.

Gauheimstättenamt, Häuser entstehen, in: Gau Westfalen-Nord (Hrsg.), Der Gau Westfalen-Nord, Detmold 1939, S. 155-161.

Gehrig, Astrid, Nationalsozialistische Rüstungspolitik und unternehmerischer Entscheidungsspielraum, Vergleichende Fallstudien zur württembergischen Maschinenindustrie, München 1996.

Geist, Johann Friedrich/ Kürvers, Klaus, Das Berliner Mietshaus 1862-1945, Eine dokumentarische Geschichte von „Meyer's Hof“ in der Ackerstraße 132-133, der Entstehung der Berliner Miethausquartiere und der Reichshauptstadt zwischen Gründung und Untergang, München 1984.

Geller, H., Arbeitsverhältnis und Werkwohnung, in: Gemeinnütziges Wohnungswesen 1957, S. 177-180.

Gemeinnützige Aktiengesellschaft für Angestellten-Heimstätten (Hrsg.), 1918-1993, 75 Jahre GAGFAH, Innovation aus Tradition, Essen 1993.

Gemeinnützige Heimstätten-Aktiengesellschaft (Hrsg.), GEHAG Gemeinnützige Heimstätten Aktiengesellschaft 1924-1957, Entstehung und Entwicklung eines gewerkschaftlichen Wohnungsunternehmens, Berlin 1957.

Georgii, Peter, Betriebliche Wohnungsfürsorge, Möglichkeiten und Probleme, Baden-Baden Frankfurt/ M. 1957.

Gerken, Lüder, Freiheit und Würde sind bedroht durch private und staatliche Macht, Die Konzeption des Freiburger Nationalökonomen Walter Eucken, Ordnungspolitik für Deutschland - Zum fünfzigsten Todestag von Walter Eucken, in: FAZ v. 20.03.2002, Nr. 67, S. 18.

Gesamtverband gemeinnütziger Wohnungsunternehmen e.V. (Hrsg.), Unternehmerische Wohnungsversorgung, Allgemeiner Deutscher Bauvereinstag, Stuttgart 15. und 16. Oktober 1964, Köln 1965.

Gesamtverband gemeinnütziger Wohnungsunternehmen e.V. (Hrsg.), Gemeinnützige Wohnungsunternehmen im Wettbewerb, Allgemeiner Deutscher Bauvereinstag Hannover 1967, 12. und 13. Oktober 1967 , Köln 1967.

Gesellschaft zur Sicherung von Bergmannswohnungen mbH (Hrsg.), Zuhause ist mehr als ein Haus: Die Geschichte der GSB Gesellschaft zur Sicherung von Bergmannswohnungen mbH, Essen 2002.

Giebner, Werner, Bergarbeiterwohnungsbau, in: Wandersleb, Handwörterbuch des Städtebaues, Wohnungs- und Siedlungswesens, Erster Band, Stuttgart 1959, S. 313-318.

Gierke, Julius von, Handels- und Schiffahrtsrecht, 9. Auflage, Berlin 1958.

Gieseke, Paul, Das Aktienstimmrecht der Banken (Depotaktie und Legitimationsübertragung), Gesellschaftsrechtliche Abhandlungen in Verbindung mit der Vereinigung für Aktienrecht, Heft 2, Berlin 1926.

Gillingham, John, Coal, steel, and the rebirth of Europe, 1945-1955, The Germans and French from Ruhr conflict to economic community, Cambridge 1991.

Glose, Friedrich, Miethausbesitz, in: Reichsbund der Haus- und Grundbesitzer (Hrsg.), Haus- und Grundbesitz, Ein Arbeitsquerschnitt, Bericht über den Deutschen Haus- und Grundbesitzertag vom 25.-28. September 1937 in Köln, Berlin 1937, S. 160-172.

Goch, Stefan (Bearb.), Dokumentationsstätte „Gelsenkirchen im Nationalsozialismus“, Katalog zur Dauerausstellung, Schriftenreihe des Instituts für Stadtgeschichte, Materialien Band 5, Gelsenkirchen 2000.

Goerdeler, Carl Friedrich, Kleinsiedlung und Wohnungsbau als politische und wirtschaftliche Notwendigkeiten I., in: Der deutsche Volkswirt 1936, S. 1207-1211.

Gosewinkel, Dieter (Hrsg.), Wirtschaftskontrolle und Recht in der nationalsozialistischen Diktatur, Studien zur europäischen Rechtsgeschichte, Veröffentlichungen des Max-Planck-Instituts für europäische Rechtsgeschichte, Band 180, Das Europa der Diktatur, Band 4, Frankfurt/ M. 2005.

Gottsch, Hans/ Hasenjäger, Siegfried (Hrsg.), Technische Baubestimmungen für das Deutsche Reich, Baupolizei-Hochbau-Tiefbau, 3 Bände, Loseblattsammlung, 2. Auflage, Eberswalde 1942.

Graf, Georg, Der Entzug von Mietrechten, Ein rechtshistorischer und rechtsdogmatischer Bericht unter besonderer Berücksichtigung der Entwicklungen nach der Wiedererrichtung der Republik Österreich, in: Jabloner, Clemens/ Bailer-Galanda, Brigitte/ Blimlinger, Eva/ Graf, Georg/ Knight, Robert/ Mikoletzky, Lorenz/ Perz, Bertrand/ Sandgruber, Roman/ Stuhlpfarrer, Karl/ Teichova, Alice (Hrsg.), „Arisierung“ und Rückstellung von Wohnungen in Wien, Veröffentlichungen der Österreichischen Historikerkommission, Band 14, München 2004, S. 11-89.

Graff, W., Die zeitgemäße Grundstücksbewertung, Eine Anleitung für die Wertermittlung mit Tabellen und Übersichten, Berlin Neuwied Darmstadt 1956.

Gregor, Neil, Stern und Hakenkreuz, Daimler-Benz im Dritten Reich, Berlin 1997.

Greve, Rolf, Wohnungsgenossenschaften und ihre Konzernstrukturen, Eine Analyse aus institutionenökonomischer Sicht, Kooperations- und genossenschaftswissenschaftliche Beiträge, Band 41, Diss., Münster 1998.

Groehler, Olaf, Bombenkrieg gegen Deutschland, Berlin 1990.

Groehler, Olaf, Der strategische Luftkrieg und seine Auswirkungen auf die deutsche Zivilbevölkerung, in: Boog, Horst (Hrsg.), Luftkriegführung im Zweiten Weltkrieg, Ein internationaler Vergleich, Vorträge zur Militärgeschichte 12, Im Auftrag des Militärgeschichtlichen Forschungsamtes, Herford Bonn 1993, S. 327-349.

Groll-Matzke, Margarete, Einkommen und Miete, Wohlstandsentwicklung und Wohnungsaufwand, Materialien-Sammlung Forschungsstelle für Siedlungs- und Wohnungswesen an der Universität Münster i. W., Band 14, Münster (Westf.) 1935.

Grontzki, Nina/ Niewerth, Gerd/ Potthoff, Rolf (Hrsg.), Als die Steine Feuer fingen, Der Bombenkrieg im Ruhrgebiet, Essen 2003.

Groß, Walter, Friedensmiete, in: Schwan, Bruno (Hrsg.), Wörterbuch der Wohnungs- und Siedlungswirtschaft, Loseblatthandhandbuch für die gesamte privatwirtschaftliche, genossenschaftliche, öffentlich-wirtschaftliche und Verwaltungs-Praxis auf dem Gebiete des Wohnungs- und Siedlungswesens, Stuttgart Berlin 1938, S. 493.

Groß, Walter, Gesetzliche Miete, in: Schwan, Bruno (Hrsg.), Wörterbuch der Wohnungs- und Siedlungswirtschaft, Loseblatthandbuch für die gesamte privatwirtschaftliche, genossenschaftliche, öffentlich-wirtschaftliche und Verwaltungs-Praxis auf dem Gebiete des Wohnungs- und Siedlungswesens, Stuttgart Berlin 1938, S. 557.

Großbölting, Thomas/ Schmidt, Rüdiger (Hrsg.), Unternehmerwirtschaft zwischen Markt und Lenkung, Organisationsformen, politischer Einfluss und ökonomisches Verhalten 1930-1960, München 2002.

Großbölting, Thomas/ Schmidt, Rüdiger , Unternehmerwirtschaft in Deutschland zwischen 1930 und 1960 - Stand und Perspektiven der Forschung, in: *dieselben* (Hrsg.), Unternehmerwirtschaft zwischen Markt und Lenkung, Organisationsformen, politischer Einfluss und ökonomisches Verhalten 1930-1960, München 2002, S. 9-38.

Große-Wilde, Hanns W., Bedeutung und Entwicklung des Werkswohnungsbaus, in: Eichener, Volker/ van Emmerich, Horst/ Petzina, Dietmar (Hrsg.), Die unternehmerische Wohnungswirtschaft: Emanzipation einer Branche, Der Strukturwandel der deutschen Wohnungswirtschaft seit dem ausgehenden 19. Jahrhundert, Frankfurt/ M. 2000, S. 159-167.

Gruner, Wolf, Die Grundstücke der „Reichsfeinde“, Zur „Arisierung“ von Immobilien durch Städte und Gemeinden 1938-1945, in: Fritz Bauer Institut (Hrsg.), „Arisierung“ im Nationalsozialismus, Volksgemeinschaft, Raub und Gedächtnis, Frankfurt/ M. New York 2000, S. 125-156.

Günter, Bettina, Schonen-Schützen-Scheuern, Zum Wohnalltag von Arbeiterfamilien im Ruhrgebiet der zwanziger Jahre, Münster New York 1995.

Günter, Janne/ Günter, Roland, „Sprechende Straßen“ in Eisenheim, Konzept und Texte sämtlicher Tafeln in der ältesten Siedlung (1846/1901) im Ruhrgebiet, Essen 1999.

Günter, Roland, Arbeitersiedlungen im Ruhrgebiet, in: Trier, Eduard/ Weyres, Willy (Hrsg.), Kunst des 19. Jahrhunderts im Rheinland, Band 2, Architektur II, Profane Bauten und Städtebau, Düsseldorf 1980.

Günter, Roland, Die Siedlung als Geschichte, als Gegenwart und als Vision, in: Forum Geschichtskultur an Ruhr und Emscher, Forum Informationen 2/ 97, S. 17-25.

Günter, Roland, Siedlungen im Ruhrgebiet - Optionen für die Region, in: Forum Industriedenkmalpflege und Geschichtskultur 02/ 2001, S. 40-46.

Hachtmann, Rüdiger, Industriearbeit im „Dritten Reich“, Untersuchungen zu den Lohn- und Arbeitsbedingungen in Deutschland 1933-1945, Kritische Studien zur Geschichtswissenschaft, Band 82, Göttingen 1989.

Hachtmann, Rüdiger, Chaos und Ineffizienz in der Deutschen Arbeitsfront, Ein Evaluierungsbericht aus dem Jahr 1936, in: Vierteljahrshefte für Zeitgeschichte 53 (2005), S. 43-78.

Haddinga, Johann, Kriegsalltag in Ostfriesland, 1939-1945, Band XII der Bibliothek Ostfriesland, 2. Auflage, Norden 1997.

Hähnen, Hans, Die Pflichtrevision im Aktienrecht, Diss., Köln Emsdetten 1934.

Hämmerlein, Hans, Die unternehmerische Wohnungswirtschaft, Ein verwalteter Wirtschaftszweig, Baden Baden 1988.

Haerendel, Ulrike, Kommunale Wohnungspolitik im Dritten Reich, Siedlungsideologie, Kleinhausbau und „Wohnraumarisierung“ am Beispiel Münchens, Studien zur Zeitgeschichte, Band 57, Diss., München 1999.

Häring, Dieter, Zur Geschichte und Wirkung staatlicher Interventionen im Wohnungssektor; Gesellschaftliche und sozial-politische Aspekte der Wohnungspolitik in Deutschland, Soziographisches Institut an der Johann Wolfgang Goethe- Universität Frankfurt am Main, Frankfurt/ M. 1973 (ebenfalls erschienen in Hamburg 1974).

Haertler, H.-J., Ausbildungsprobleme in der gemeinnützigen Wohnungswirtschaft, in: Gesamtverband gemeinnütziger Wohnungsunternehmen (Hrsg.), Gemeinnützige Wohnungsunternehmen im Wettbewerb, Allgemeiner Deutscher Bauvereinstag Hannover 1967, 12. und 13. Oktober, Köln 1967, S. 125-132.

Häußermann, Hartmut/ Siebel, Walter, Soziologie des Wohnens, Eine Einführung in Wandel und Ausdifferenzierung des Wohnens, Weinheim und München 1996.

Hage, Volker, Zeugen der Zerstörung, Die Literaten und der Luftkrieg, Essays und Gespräche, Frankfurt/ M. 2003.

Hagemann, Johannes, Die Bergarbeiteransiedlung im rheinisch-westfälischen Steinkohlenbezirk 1920-1924, Diss., Münster 1926.

Hagemann-Miksits, René/ Kanther, Michael/ Eichener, Volker, Geschichte des GdW Bundesverband deutscher Wohnungsunternehmen, in: Eichener, Volker/ van Emmerich, Horst/ Petzina, Dietmar (Hrsg.), Die unternehmerische Wohnungswirtschaft: Emanzipation einer Branche, Der Strukturwandel der deutschen Wohnungswirtschaft seit dem ausgehenden 19. Jahrhundert, Frankfurt/ M. 2000, S. 194-227.

Hahn, Barbara, Der geförderte Wohnungsbau in Mannheim 1850-1985, Südwestdeutsche Schriften 3, Institut für Landeskunde und Regionalforschung der Universität Mannheim, Mannheim 1986.

Hammerschmidt, Peter, Die Wohlfahrtsverbände im NS-Staat, Die NSV und die konfessionellen Verbände Caritas und Innere Mission im Gefüge der Wohlfahrtspflege des Nationalsozialismus, Opladen 1999.

Hanauske, Dieter, „Bauen, bauen, bauen...!“, Die Wohnungspolitik in Berlin (West) 1945-1961, Publikationen der Historischen Kommission zu Berlin, Diss., Berlin 1995.

Hannesen, Rolfjürgen, Die ökonomische und soziale Problematik des Wohnungsbaus in der Eisen- und Stahlindustrie des Ruhrgebiets, Diss., Münster 1954.

Hans, Heinrich, Das Mieterschutzgesetz vom 15. Dezember 1942 mit Erläuterungen und Nebengesetzen, Aschendorffs Juristische Handbücherei, Band 14, 3. Auflage, Münster (Westf.) 1949.

Hansen, Eckhard, Wohlfahrtspolitik im NS-Staat, Motivationen, Konflikte und Machtstrukturen im „Sozialismus der Tat“ des Dritten Reiches, Diss., Augsburg 1991.

Hansen, Walter, Die Kleineigenheime in Deutschland, ihre wirtschaftlich-sozialen Probleme und Erfolge, Diss., Hamburg 1939.

Harlander, Tilman/ Fehl, Gerhard (Hrsg.), Hitlers sozialer Wohnungsbau 1940-1945, Wohnungspolitik, Baugestaltung und Siedlungsplanung, Aufsätze und Rechtsgrundlagen zur Wohnungspolitik, Baugestaltung und Siedlungsplanung aus der Zeitschrift „Der Soziale Wohnungsbau in Deutschland“, Band 6 der Reihe Stadt-Planung-Geschichte, Hamburg 1986.

Harlander, Tilman/ Hater, Katrin/ Meiers, Franz, Siedeln in der Not, Umbruch von Wohnungspolitik und Siedlungsbau am Ende der Weimarer Republik, Band 10 der Reihe Stadt-Planung-Geschichte, Hamburg 1988.

Harlander, Tilman, Kleinsiedlungspolitik zwischen 1930 und 1950 - eine deutsche Geschichte, in: Schulz, Günter (Hrsg.), Wohnungspolitik im Sozialstaat, Deutsche und europäische Lösungen 1918-1960, Düsseldorf 1993, S. 123-139.

Harlander, Tilman, Zwischen Heimstätte und Wohnmaschine, Wohnungsbau und Wohnungspolitik in der Zeit des Nationalsozialismus, Band 18 der Reihe Stadt-Planung-Geschichte, Hab., Basel Berlin Boston 1995.

Harlander, Tilman (Hrsg. in Verbindung mit Harald Bodenschatz, Gerhard Fehl, Johann Jessen, Gerd Kuhn, Clemens Zimmermann), Villa und Eigenheim, Suburbaner Städtebau in Deutschland, Ludwigsburg Stuttgart München 2001.

Harlander, Tilman, Suburbanisierung - Zwischen Reagrarisierung und Evakuierung, in: *derselbe* (Hrsg.), Villa und Eigenheim, Suburbaner Städtebau in Deutschland, Ludwigsburg Stuttgart München 2001, S. 250-283.

Harth, Caroline, Der „richtige Vertrag" im Nationalsozialismus, „Wettbewerb als Instrument staatlicher Wirtschaftslenkung", in: Gosewinkel, Dieter, (Hrsg.), Wirtschaftskontrolle und Recht in der nationalsozialistischen Diktatur, Studien zur europäischen Rechtsgeschichte, Veröffentlichungen des Max-Planck-Instituts für europäische Rechtsgeschichte, Band 180, Das Europa der Diktatur, Band 4, Frankfurt/ M. 2005.

Hatt, Eugen, Zur Frage der privaten Wohnungsbaufinanzierung unter besonderer Berücksichtigung der II. Hypothek, Diss., Zürich 1938.

Hatzfeld, Lutz, Die archivische Überlieferung der Vereinigte Stahlwerke AG, Zur Archivgeschichte einer entflochtenen Unternehmung, in: Der Archivar 36 (1983), Sp. 384-394.

Hatzfeld, Lutz, Thyssen & Co., Mülheim a. d. Ruhr - Werks- und Firmengeschichte, in: Wessel, Horst A. (Hrsg.), Thyssen & Co., Mülheim a. d. Ruhr, Die Geschichte einer Familie und ihrer Unternehmung, Stuttgart 1991, S. 53-178.

Hax, Karl, Betriebliche Sozialpolitik als Teilbereich der Unternehmungspolitik, in: Zeitschrift für handelswissenschaftliche Forschung 1955, S. 1-21.

Hayes, Peter, Die I.G.-Farbenindustrie, in: Gall, Lothar/ Pohl, Manfred (Hrsg.), Unternehmen im Nationalsozialismus, Schriftenreihe zur Zeitschrift für Unternehmensgeschichte, Band 1, München 1998, S. 107-116.

Heerde, Georg, Aufgaben und Möglichkeiten der Betriebe beim Arbeiterwohnstättenbau, Eberswalde Berlin Leipzig 1939.

Heerde, Georg, Die Industriefirmen im Arbeiterwohnstättebau, in: Wirtschaftsblatt der Industrie- und Handelskammer zu Berlin 1941, Heft 27/ 28, S. 523.

Hehl, Ulrich von, Nationalsozialistische Herrschaft, Enzyklopädie deutscher Geschichte, Band 39, 2. Auflage, München 2001.

Heiden, Detlev/ Mai, Gunther (Hrsg.), Nationalsozialismus in Thüringen, Weimar Köln Wien 1995.

Heiden, Detlev, Von der Kleinsiedlung zum Behelfsheim, Wohnen zwischen Volksgemeinschaft und Kriegsalltag, in: *derselbe*/ Mai, Gunther (Hrsg.), Nationalsozialismus in Thüringen, Weimar Köln Wien 1995, S. 349-373.

Heilmann, Georg (Hrsg.), Gegenwartsfragen des Wohnungswesens und des Städtebaues, 4 Abhandlungen nach Vorträgen von Brecht, Michaelis, von Schenck und Stephan, Wohnungswesen und Städtebau, Schriftenreihe des Instituts für Wohnungs- und Siedlungswesen an der Universität Berlin, Heft 2, Berlin 1939.

Heineberg, Heinz (Hrsg.), Innerstädtische Differenzierung und Prozesse im 19. und 20. Jahrhundert, geographische und historische Aspekte, Städteforschung, Veröffentlichungen des Instituts für vergleichende Städtegeschichte in Münster, Reihe A: Darstellungen, Band 25, Köln Wien 1987.

Heinen, Werner/ Pfeffer, Anne-Marie, Köln: Siedlungen 1888-1938, Stadtspuren-Denkmäler in Köln, Band 10, I, Köln 1988.

Heinicke, Das Bauwesen unter Berücksichtigung des Luftschutzes, in: Stegemann, Rudolf (Hrsg.), Kleinsiedlungen und Behelfswohnungen, Vom wirtschaftlichen Bauen, Dresden 1936, S. 99-116.

Heinrich, Adolf F., Die Wohnungsnot und die Wohnungsfürsorge privater Arbeitgeber in Deutschland im 19. Jahrhundert, Diss., Marburg 1970.

Heinrichsbauer, August, Industrielle Siedlung im Ruhrgebiet in Vergangenheit, Gegenwart und Zukunft, Untersuchung im Auftrage des Siedlungsausschusses der Bezirksgruppe Westfalen, der

Reichsgruppe Industrie und der Wirtschaftsgruppe Bauindustrie bezirkliche Gruppe Rheinland und Westfalen, Essen 1936.
Henke, Klaus-Dietmar (Hrsg.), Die Dresdner Bank im Dritten Reich, 4 Bände, München 2006.
Herbert, Ulrich, Fremdarbeiter, Politik und Praxis des „Ausländer-Einsatzes" in der Kriegswirtschaft des Dritten Reiches, Diss., 2. Auflage, Bonn 1999.
Herbert, Ulrich, Zwangsarbeit im „Dritten Reich", Kenntnisstand, offene Fragen, Forschungsprobleme, in: Reininghaus, Wilfried/ Reimann, Norbert (Hrsg.), Zwangsarbeit in Deutschland 1939-1945, Archiv- und Sammlungsgut, Topographie und Erschließungsstrategien, Bielefeld 2001, S. 16-37.
Herbst, Ludolf, Der Totale Krieg und die Ordnung der Wirtschaft, Die Kriegswirtschaft im Spannungsfeld von Politik, Ideologie und Propaganda 1939-1945, Studien zur Zeitgeschichte, Band 21, Stuttgart 1982.
Hertel, Franz, Wandlungen des Miet- und Wohnungsrechtes in Deutschland, in: Zimmermann, Waldemar (Hrsg.), Beiträge zur städtischen Wohn- und Siedelwirtschaft, 1. Teil: Deutschland, Kritische Gesamtübersichten und allgemeine Probleme, Schriften des Vereins für Socialpolitik, 177. Bd., München Leipzig 1930, S. 51-85.
Herzberg, Ursula, Geschichte der Berliner Wohnungswirtschaft unter besonderer Berücksichtigung der gemeinnützigen Wohnungswirtschaft, o.O. 1957.
Hesse, Friedrich Wilhelm, Die Treupflicht des Aktionärs, Diss., Köln 1938.
Hesse, Jan-Otmar, Epochen und Unternehmenskulturen in der Wohnungswirtschaft, Die Geschichte der deutschen Wohnungswirtschaft seit Ende des 18. Jahrhunderts - Konzeptentwurf und Aufarbeitung des Forschungsstandes - (im Auftrag des gfw), Bochum 1996.
Hesse, Jan-Otmar, Ergebnisse der Umfrage zu den Archivbeständen der Wohnungsunternehmen (im Auftrag des gfw), Bochum 1997.
Hesse, Jan-Otmar, Unternehmensgeschichte als Medium der Mediengeschichte, Ein Literaturbericht, in: Archiv für Sozialgeschichte 41 (2001), S. 539-555.
Hesse, Jan-Otmar, Im Netz der Kommunikation, Die Reichs- Post- und Telegraphenverwaltung 1876-1914, Schriftenreihe zur Zeitschrift für Unternehmensgeschichte, Band 8, Diss., München 2002.
Hesse, Jan-Otmar/ Kleinschmidt, Christian/ Lauschke, Karl (Hrsg.), Kulturalismus, Neue Institutionenökonomik oder Theorienvielfalt, Bochumer Schriften zur Unternehmens- und Industriegeschichte, Bd. 9, Bochum 2002.
Heuer, Jürgen, Wohnungsbaufinanzierung, Grundlagen-Träger-Aufgaben, Institut für Siedlungs- und Wohnungswesen der Westfälischen Wilhelms-Universität Münster, Beiträge und Untersuchungen, Neue Folge der „Materialien-Sammlung für Wohnungs- und Siedlungswesen", Band 58, Köln-Braunsfeld 1964.
Heuer, Jürgen H. B./ Kühne-Büning, Lidwina/ Nordalm, Volker/ Drevermann, Marlies, Lehrbuch der Wohnungswirtschaft, 2. Auflage, Frankfurt/M. 1985.
Heuvelmann, Magdalene/ Israel, Simone, Durch die Jahre geblickt, 50 Jahre Wohnbau Westfalen GmbH, Dortmund 2002.
Heyl, Bernd/ Neugebauer, Andrea, (Hrsg.), „..ohne Rücksicht auf die Verhältnisse", Opel zwischen Weltwirtschaftskrise und Wiederaufbau, Frankfurt/ M. 1997.
Hildebrand, Klaus, Die Deutsche Reichsbahn 1933-1945, in: Gall, Lothar/ Pohl, Manfred (Hrsg.), Unternehmen im Nationalsozialismus, Schriftenreihe zur Zeitschrift für Unternehmensgeschichte, Band 1, München 1998, S. 73-90.
Hildebrand, Klaus, Die Deutsche Reichsbahn in der Zeit der nationalsozialistischen Diktatur 1933-1945, in: Gall, Lothar/ Pohl, Manfred, Die Eisenbahn in Deutschland, Von den Anfängen bis zur Gegenwart, München 1999, S. 165-250.
Hildebrand, Klaus, Das Dritte Reich, Grundriss der Geschichte, Band 17, 6. Auflage, München 2003.
Hilger, Susanne, Sozialpolitik und Organisation, Formen betrieblicher Sozialpolitik in der rheinisch-westfälischen Eisen- und Stahlindustrie seit der Mitte des 19. Jahrhunderts bis 1933, Zeitschrift für Unternehmensgeschichte, Beiheft 94, Diss., Stuttgart 1996.
Hillmann, Jörg/ Zimmermann, John, Kriegsende 1945 in Deutschland, Militärisches Forschungsamt, Beiträge zur Militärgeschichte, Band 55, München 2002.
Himmelmann, Ralf/ Priamus, Heinz Jürgen/ Schlenker, Roland, Zwangsarbeit in den Städten - ein ver-

nachlässigtes Kapitel deutscher Geschichte, Ein Projekt des Zentrums für interdisziplinäre Ruhrgebietsforschung und des Instituts für Stadtgeschichte Gelsenkirchen, in: Standorte 1999, S. 433-438.

Himmelmann, Ralf/ Priamus, Heinz Jürgen/ Schlenker, Roland, Zwangsarbeit und Bombenkrieg - Eine vergleichende Studie zur Situation von Kommunen in Rheinland und Westfalen 1940-1945, Ein Projekt des Zentrums für interdisziplinäre Ruhrgebietsforschung der Ruhr-Universität Bochum und des Instituts für Stadtgeschichte Gelsenkirchen, in: Informationen zur modernen Stadtgeschichte 2/2001, S. 7-10.

Hinkelmann, Beate, Die ortsübliche Miete, Zur historischen Entwicklung, Auslegung und prozessualen Handhabung des Vergleichsmietenbegriffs, Schriften zum bürgerlichen Recht, Band 224, Diss., Berlin 1999.

Hirtsiefer, Heinrich, Wohnungswirtschaft in Preußen, Eberswalde 1929.

Högl, Günther, Dortmund am Ende der Weimarer Republik und während der Herrschaft des Nationalsozialismus, in: Luntowski, Gustav/ Reimann, Norbert (Hrsg.), Dortmund, 1100 Jahre Stadtgeschichte, Festschrift, Dortmund 1982, S. 271-296.

Högl, Günther, Städtische Überlieferung und Ersatzüberlieferung zur Zwangsarbeit in Dortmund, in: Reininghaus, Wilfried/ Reimann, Norbert (Hrsg.), Zwangsarbeit in Deutschland 1939-1945, Archiv- und Sammlungsgut, Topographie und Erschließungsstrategien, Bielefeld 2001, S. 96-104.

Hölling, W./ Pinkerneil, Fr. A., Die deutsche Bergwirtschaft der Gegenwart, Festgabe zum Deutschen Bergmannstag 1928, herausgegeben von der Geschäftsführung der Fachgruppe des Reichsverbandes der Deutschen Industrie, Berlin 1928.

Hoesch AG (Hrsg.), Wohnen und Leben im Schatten der Hochöfen, Zur Geschichte des Stahlarbeiterwohnungsbaus bei Hoesch von den Anfängen bis zum Wiederaufbau nach 1945, Dortmund 1991.

Hoffmann, August/ Simon, H. (Hrsg.), Wohlfahrtspflege in den Provinzen Rheinland, Westfalen, dem Regierungsbezirk Wiesbaden, den Städten Offenbach und Hanau, Düsseldorf 1902.

Hoffmann, Dietrich/ Preu, Peter, Der Aufsichtsrat, Ein Leitfaden für Aufsichtsräte, München 2003.

Hoffmann, Rudolf, Vereinfachung der Baustofftransporte für das Kriegsbauprogramm, in: Der Vierjahresplan 1941, S. 372-374.

Hofmann, Wolfgang/ Kuhn, Gerhard (Hrsg.), Wohnungspolitik und Städtebau 1900-1930, Arbeitshefte des Instituts für Stadt- und Regionalplanung, Technische Universität Berlin, Heft 48, Berlin 1993.

Hohn, Uta, Die Zerstörung deutscher Städte im Zweiten Weltkrieg, Regionale Unterschiede in der Bilanz der Wohnungstotalschäden und Folgen des Luftkrieges unter bevölkerungsgeographischem Aspekt, Duisburger Geographische Arbeiten, Band 8, Dortmund 1991.

Holtermann, Felix, Zechen-Siedlung im rheinisch-westfälischen Industriebezirk, in: Deutsche Bergwerkszeitung vom 14.05.1936.

Holtmann, Michael, Einfamilienhausbau, in: Bose, Michael/ Holtmann, Michael/ Machule, Dittmar/ Pahl-Weber, Elke/ Schubert, Dirk, „...ein neues Hamburg entsteht...", Planen und Bauen von 1933-1945, Beiträge zur städtebaulichen Forschung, Band 2, Herausgegeben von der Technischen Universität Hamburg-Harburg, Forschungsschwerpunkt 6 „Stadterneuerung und Werterhaltung", Städtebau I, Hamburg 1986, S. 123-130.

Hopmann, Barbara, Von der Montan- zur Industrieverwaltungsgesellschaft (IVG) 1916-1951, Stuttgart 1996.

Hopt, Klaus/ Baumbach, Adolf/ Duden, Konrad, Handelsgesetzbuch, Kommentar, mit GmbH & Co., Handelsklauseln, Bank- und Börsenrecht, Transportrecht (ohne Seerecht), 29. Auflage, München 1995.

Horn, Norbert/ Kocka, Jürgen (Hrsg.), Recht und Entwicklung der Großunternehmen im 19. und frühen 20. Jahrhundert, Wirtschafts-, sozial- und rechtshistorische Untersuchungen zur Industrialisierung in Deutschland, Frankreich, England und den USA = Law and the Formation of the Big Enterprises in the 19th and Early 20th Centuries, Studies in the History of Industrialization in Germany, France, Great Britain and the United States, Kritische Studien zur Geschichtswissenschaft, Band 40, Göttingen 1979.

Horre/ Fischer-Dieskau, Joachim, Vierjahresplan und Wohnungswirtschaft, in: Schwan (Hrsg.), Wörterbuch der Wohnungs- und Siedlungswirtschaft, Loseblatthandbuch für die gesamte privatwirtschaftliche, genossenschaftliche, öffentlich-wirtschaftliche und Verwaltungs-Praxis auf dem Gebiete des Wohnungs- und Siedlungswesens, Stuttgart Berlin 1938, S. 1127-1136.

Horst, Adolf, Wiesdorf, Bayer und die Kolonien, Leverkusen - Entwicklung einer Stadt, Leverkusen 1986.

Horster, R., Möglichkeiten der Kooperation für gemeinnützige Wohnungsunternehmen, in: Gesamtverband gemeinnütziger Wohnungsunternehmen (Hrsg.), Gemeinnützige Wohnungsunternehmen im Wettbewerb, Allgemeiner Deutscher Bauvereinstag Hannover 1967, 12. und 13. Oktober, Köln 1967, S. 107-115.

Huber, Victor Aimé, Über innere Kolonisation, 1846, in: Frank, Hartmut/ Schubert, Dirk (Hrsg.), Lesebuch zur Wohnungsfrage, Schriften für Planen, Bauen und Kommunale Politik, Köln 1983, S. 122-126.

Huber, Victor Aimé, Die Selbsthülfe der arbeitenden Klassen durch Wirtschaftsvereine und innere Ansiedlungen, Berlin 1848.

Hubrich, Hans-Joachim, Hermann Muthesius, Die Schriften zu Architektur, Kunstgewerbe, Industrie in der „Neuen Bewegung", Berlin 1981.

Hügemann, Ewald, Die Geschichte des öffentlichen und privaten Mietpreisrechts vom Ersten Weltkrieg bis zum Gesetz zur Regelung der Miethöhe von 1974, Rechtshistorische Reihe, Band 171, Diss., Frankfurt/ M. Berlin Bern New York Paris Wien 1998.

Humbert, Karl, Die Grenzen der Stimmrechtsausübung in der Generalversammlung der Aktiengesellschaft, Diss., Köln 1935.

Hundt, Robert (Bearb.) Bergarbeiter-Wohnungen im Ruhrrevier, Herausgegeben von dem Verein für die bergbaulichen Interessen im Oberbergamtsbezirk Dortmund, Berlin 1902.

IBM Deutschland (Hrsg.), Kleine Chronik der IBM Deutschland 1910-1933, Stuttgart 1993.

Ihering, Rudolf von, Der Kampf ums Recht, Wien, 2. Auflage 1872.

Ihering, Rudolf von, Recht und Sitte, München 1924.

Institut für Stadtgeschichte (Hrsg.), Historische Spuren vor Ort - Gelsenkirchen im Nationalsozialismus, Schriftenreihe des Instituts für Stadtgeschichte, Materialien, Band 3, Essen 1998.

Institut für Wohnungsrecht und Wohnungswirtschaft an der Universität zu Köln, Gladbacher Aktien-Baugesellschaft 1869-1969, Die Geschichte eines gemeinnützigen Wohnungsunternehmens, Mönchengladbach 1969.

Institut für Wohnungsrecht und Wohnungswirtschaft an der Universität zu Köln, Düsseldorfer Wohnungsgenossenschaft eGmbH, 1898-1973; Die Geschichte eines genossenschaftlichen Großbetriebes, Köln 1973.

Institut für Wohnungsrecht und Wohnungswirtschaft an der Universität zu Köln/ Verband Rheinischer Wohnungsunternehmen (Baugenossenschaften und -gesellschaften) e.V. Düsseldorf (Hrsg.), Von der Wohnungswirtschaft zur Stadtentwicklungspolitik, August Flender zum 75. Geburtstag, Hamburg 1975.

Institut für Zeitgeschichte (Hrsg.), Deutsche Geschichte seit dem Ersten Weltkrieg, Band II, München 1973.

Internationaler Wohnungskongreß Berlin 1931 (Hrsg.), Die sozialpolitische Bedeutung der Wohnungswirtschaft in Gegenwart und Zukunft, Kongreßpublikation II Thema I, Vorberichte der Länder, Frankfurt/ M. 1931.

J. Jb., Rationalisierung im Wohnungsbau, in: Der Vierjahresplan 1940, S. 1042-1044.

Jabloner, Clemens/ Bailer-Galanda, Brigitte/ Blimlinger, Eva/ Graf, Georg/ Knight, Robert/ Mikoletzky, Lorenz/ Perz, Bertrand/ Sandgruber, Roman/ Stuhlpfarrer, Karl/ Teichova, Alice (Hrsg.), „Arisierung" und Rückstellung von Wohnungen in Wien, Veröffentlichungen der Österreichischen Historikerkommission, Band 14, München 2004.

Jacobi, Dorothea, Die gemeinnützige Bautätigkeit in Deutschland, ihre kulturelle Bedeutung und die Grenzen ihrer Wirksamkeit, Staats- und sozialwissenschaftliche Forschungen, Heft 167, München und Leipzig 1913.

Jacobi, Erwin, Betrieb und Unternehmen als Rechtsbegriffe, Sonderabdruck aus der Festschrift der Leipziger Juristenfakultät für Victor Ehrenberg zum 30. März 1926, Leipzig 1926.

Jacobs, Otto H., Unternehmensbesteuerung und Rechtsform, Handbuch zur Besteuerung deutscher Unternehmen, 3. Auflage, München 2002.

Jacoby, Sydney, Die Gemeinnützigkeit, Begriff und Bedeutung im deutschen Recht unter besonderer

Berücksichtigung des Steuerrechts, Freiburg im Breisgau 1934.
Jäger, Jens, Fotografie-Erinnerung-Identität, Trümmeraufnahmen aus deutschen Städten 1945, in: Hillmann, Jörg/ Zimmermann, John, Kriegsende 1945 in Deutschland, Militärisches Forschungsamt, Beiträge zur Militärgeschichte, Band 55, München 2002, S. 287-300.
Jähnichen, Das Steuerrecht der gemeinnützigen Wohnungsunternehmen, in: Reichsverband des deutschen gemeinnützigen Wohnungswesens (Hrsg.) Jahrbuch des deutschen gemeinnützigen Wohnungswesens, Ein Leistungsbericht für das Jahr 1938, Berlin 1939, S. 277-293.
Jakob, Helmut, Unternehmungsorganisation, Gestaltung und Entwicklung sozio-technischer Systeme, Stuttgart Berlin Köln 1980.
James, Harold, Die Deutsche Bank und die deutsche Diktatur, in: Gall, Lothar/ Feldman, Gerald D./ James, Harold/ Holtferich, Carl-Ludwig/ Büschgen, Hans E., Die Deutsche Bank 1870-1945, München 1995, S. 315-408.
James, Harold, Die Deutsche Bank und die „Arisierung", München 2001.
James, Harold, Die Deutsche Bank im Dritten Reich, München 2003.
Janssen, Gregor, Das Ministerium Speer, Deutschlands Rüstung im Krieg, Diss., Berlin 1968.
Jansson, Wilhelm (Bearb.), Die Zustände im deutschen Fabrikwohnungswesen, Ergebnisse einer von der Kommission zur Beseitigung des Kost- und Logiszwanges veranstalteten Erhebung, Berlin 1910.
Jaschinski, Heinrich/ Klein, Magda, Finanzierung des Wohnungsbaues, in: Wandersleb, Hermann (Hrsg.), Handwörterbuch des Städtebaues, Wohnungs- und Siedlungswesens, Zweiter Band, Stuttgart 1959, S. 607-626.
Jeismann, Michael, Spalte 22, Zeile 3, Der Journalist Edwin Black spürt den Verbindungen zwischen IBM und der SS nach, in: FAZ v. 16.02.2001, Nr. 40, S. 41.
Jellinek, Georg, Allgemeine Staatslehre, Neudruck der 3. Auflage, Berlin 1929.
Jenkis, Helmut W., Victor Aimé Huber zum 100. Todestag, in: Gemeinnütziges Wohnungswesen 1969, S. 195-204.
Jenkis, Helmut W., Größe und Größenstruktur gemeinnütziger Wohnungsunternehmen, Schriftenreihe des Instituts für Städtebau, Wohnungswirtschaft und Bausparwesen e.V. (Arnold-Knoblauch-Institut), Band 20, Bonn Hamburg 1970.
Jenkis, Helmut W., Ursprung und Entwicklung der gemeinnützigen Wohnungswirtschaft, Schriftenreihe des Instituts für Städtebau, Wohnungswirtschaft und Bausparwesen e.V. (Arnold-Knoblauch-Institut), Band 24, Hamburg 1973.
Jenkis, Helmut W., Gemeinnützige Wohnungsunternehmen - privilegierte Unternehmen ?, Versuch einer Abwägung der Steuerbegünstigungen und der Sozialbindungen, Hamburg 1973.
Jenkis, Helmut W., Die gemeinnützige Wohnungswirtschaft zwischen Markt- und Sozialbindung, Aufsätze und Abhandlungen, Schriften zum Genossenschaftswesen und zur öffentlichen Wirtschaft, Band 14/ I und Band 14/ II, Berlin 1985.
Jenkis, Helmut W., (Hrsg.), Kompendium der Wohnungswirtschaft, München 1991.
Jenkis, Helmut W., Die gemeinnützige Wohnungswirtschaft - Ursprung, Entwicklung, Aufhebung -, in: *derselbe* (Hrsg.), Kompendium der Wohnungswirtschaft, München 1991, S. 309-329.
Jenkis, Helmut W., Die gemeinnützige Wohnungswirtschaft im Widerstreit der Interessen und Meinungen, Eine kommentierte Dokumentation zur Aufhebung des Wohnungsgemeinnützigkeitsgesetzes, Zeitschrift für öffentliche und gemeinwirtschaftliche Unternehmen (ZögU), Beiheft 26, Baden-Baden 2000.
Jenkis, Helmut W., (Hrsg.), Kompendium der Wohnungswirtschaft, 4. Auflage, München 2001.
Jenkis, Helmut W., Das Schwabe'sche Gesetz und die Lütge'sche Regel - Über das Ausgabeverhalten der Mieter - in: *derselbe* (Hrsg.), Kompendium der Wohnungswirtschaft, 4. Auflage, München 2001, S. 361-391.
Jesch, Karl, Mieten für Werkswohnungen - ein Kapitel betrieblicher Lohngerechtigkeit, in: Mensch und Arbeit 1966, S. 84-85.
Jeschke, Gerhard, Mitglieder und Organisation von Wohnungsbaugenossenschaften, - Eine empirische Untersuchung -, Gesamtverband Gemeinnütziger Wohnungsunternehmen e.V. (GGW), Köln, Schriftenreihe Heft 20, Köln 1984.
Jeske, Jürgen, Der Aufstieg der Unternehmensgeschichte, in: FAZ v. 09.06.2001, Nr. 132, S. 13.
Jung, Wilhelm, Die Stellung des Vorstandes im neuen Aktienrecht, Diss., Breslau 1939.

Kabel, Begründung und Erläuterung zum Baustufenplan der Stadt Dortmund, Nur für den Dienstgebrauch, (Sonderbauordnung vom 20. Dezember 1929), Dortmund 1930.

Kähler, Gerd (Hrsg.), Geschichte des Wohnens, Band 4, 1918-1945, Reform - Reaktion - Zerstörung (Wüstenrot Stiftung, Deutscher Eigenheimverein e.V.), Ludwigsburg Stuttgart 1996.

Kämper, Otto, Stabilisierung des Arbeitsmarktes durch Siedlungsmaßnahmen, in: Preyer, Wilhelm D. (Hrsg.), Industrielle Arbeitsmarktgestaltung und Siedlung, Materialien-Sammlung Forschungsstelle für Siedlungs- und Wohnungswesen an der Universität Münster, Band 17, Münster (Westf.) 1935, S. 61-78.

Kämper, Otto (unter Mitarbeit von Hans Haehling von Lanzenauer), Wohnungswirtschaft und Grundkredit - mit besonderer Betrachtung des nachstelligen Grundkredits im In- und Auslande, Deutsches Institut für Bankwissenschaft und Bankwesen, Berlin 1938.

Kämper, Otto, Der kurzfristige Baukredit im Wohnungsbau und die Deutsche Bau- und Bodenbank AG, in: Fischer-Dieskau, Joachim, Beiträge zur Theorie und Praxis des Wohnungsbaues, Arnold Knoblauch als Festschrift zum 80. Geburtstag gewidmet von seinen Freunden, Bonn 1959, S. 53-66.

Kanther, Michael A., Die Entwicklung und volkswirtschaftliche Bedeutung der deutschen Wohnungswirtschaft von 1847 bis 1997, Gemeinnütziger Förderverein für Wohnungswesen, Städteplanung und Raumordnung e.V. (gfw), Bochum 1997.

Kanther, Michael A., Rundgang durch das alte Duisburg und seine Stadtbezirke und Stadtteile Bissingheim, Hamborn, Hochfeld, Homberg, Meiderich, Neudorf, Rheinhausen, Ruhrort, Walsum und Wedau, Gudensberg-Gleichen 2000.

Kanther, Michael A./ Petzina, Dietmar, Victor Aimé Huber (1800-1869), Sozialreformer und Wegbereiter der sozialen Wohnungswirtschaft, Schriften zum Genossenschaftswesen und zur öffentlichen Wirtschaft Band 36, Berlin 2000.

Kanther, Michael A., Zwangsarbeit in Duisburg 1940-1945, Duisburger Forschungen, Band 49, Duisburg 2004.

Kastorff-Viehmann, Renate, Wohnungsbau für Arbeiter, Das Beispiel Ruhrgebiet, Diss., Aachen 1980/ 81.

Kastorff-Viehmann, Renate, Zum Verhältnis von Arbeitersiedlungen, Stadtplanung und Stadtentwicklung im Ruhrgebiet, in: Biecker, Johannes/ Buschmann, Walter (Hrsg.), Arbeitersiedlungen im 19. Jahrhundert, Historische Entwicklung, Bedeutung und aktuelles Erhaltungsinteresse, Bochum 1985, S. 7- 21.

Kastorff-Viehmann, Renate, Wohnungsbau und Siedlungswesen, in: *dieselbe*/ Petz, Ursula von/ Walz, Manfred, Stadtentwicklung Dortmund: Die moderne Industriestadt 1918-1946, Standortsicherung der Industrie, Wohnungsbau, Stadtplanung, Dortmunder Beiträge zur Raumplanung 70, Institut für Raumplanung (IRPUD), Dortmund 1995, S. 89-166.

Kastorff-Viehmann, Renate, Kleinwohnung und Werkssiedlung, Zur Erziehung des Arbeiters durch Umweltgestaltung, in: Rodríguez-Lores, Juan / Fehl, Gerhard (Hrsg.), Die Kleinwohnungsfrage; Zu den Ursprüngen des sozialen Wohnungsbaus in Europa, Band 8 der Reihe Stadt-Planung-Geschichte, Hamburg 1988, S. 221-241.

Kastorff-Viehmann, Renate/ Petz, Ursula von/ Walz, Manfred, Stadtentwicklung Dortmund: Die moderne Industriestadt 1918-1946, Standortsicherung der Industrie, Wohnungsbau, Stadtplanung, Dortmunder Beiträge zur Raumplanung 70, Institut für Raumplanung (IRPUD), Dortmund 1995.

Kaufmann, Franz-Xaver, Interdisziplinäre Wissenschaftspraxis, Erfahrungen und Kriterien, in: Kocka, Jürgen (Hrsg.), Interdisziplinarität, Praxis - Herausforderung - Ideologie, Frankfurt/ M. 1987, S. 63-81.

Kegel, Sturm, Die funktionelle Rolle des Wohnungsbaues in Industrie und Städtebau des Ruhrgebietes, in: Seraphim, Hans-Jürgen, Deutsche Siedlungs- und Wohnungspolitik, Gegenwartsprobleme und Zukunftsaspekte, Festschrift zum 25jährigen Bestehen des Instituts für Siedlungs- und Wohnungswesen der Westfälischen Wilhelms-Universität Münster i.W., Münster 1959, S. 357-363.

Kegel, Sturm, Siedlungsverband Ruhrkohlenbezirk (SVR), in: Wandersleb, Hermann, Handwörterbuch des Städtebaues, Wohnungs- und Siedlungswesens, Dritter Band R-Z, Stuttgart 1959, S. 1351-1353.

Keim, Hans, Soziale Arbeit beim Bochumer Verein, in: RArbBl. 1943 V S. 297-300.

Kellenbenz, Hermann, Deutsche Wirtschaftsgeschichte, Band II, Vom Ausgang des 18. Jahrhunderts bis zum Ende des Zweiten Weltkriegs, München 1981.

Kemmer, Heinz-Günter, Oelspuren, 50 Jahre VEBA OEL, Düsseldorf Wien 1985.

Kerner, Frank, Wohnraumzwangswirtschaft in Deutschland, Anfänge, Entwicklung und Wirkung vom Ersten bis zum Zweiten Weltkrieg, Europäische Hochschulschriften, Reihe III, Geschichte und ihre Hilfswissenschaften, Bd./ Vol. 720, Diss., Frankfurt/ M. Berlin Bern New York Paris Wien 1996.

Kershaw, Ian, Der NS-Staat, 3. Auflage, Reinbek 2002.

Kessler, Wolfgang/ Schiffers, Joachim/ Teufel, Tobias, Rechtsformwahl - Rechtsformoptimierung, München 2002.

Kettenacker, Lothar (Hrsg.), Ein Volk von Opfern ? Die neue Debatte um den Bombenkrieg 1940-1945, Berlin 2003.

Kießler, Otfried/ Kittner, Michael/ Nagel, Bernhard (Hrsg.), Unternehmensverfassung, Recht und Betriebswirtschaftslehre, Referate und Ergebnisse einer Tagung der Gesamthochschule Kassel vom 22.-24. September 1982 in der Evangelischen Akademie Hofgeismar, Köln Berlin Bonn München 1983.

Kießler, Otfried/ Nagel, Bernhard, Überlegungen zur Funktion und zum Wandel der Unternehmensverfassung, in: *dieselben*/ Kittner, Michael (Hrsg.), Unternehmensverfassung Recht und Betriebswirtschaftslehre, Referate und Ergebnisse einer Tagung der Gesamthochschule Kassel vom 22.-24. September 1982 in der Evangelischen Akademie Hofgeismar, Köln Berlin Bonn München 1983, S. 1-11.

Kirchner, Joachim, Der Wohnungsmarkt: Effizienz und Wirkungen wohnungspolitischer Instrumente, Diss., Regensburg 1986.

Kißkalt, Wilhelm, Die Aktiengesellschaft im nationalsozialistischen Staat, in: Frank, Hans, Nationalsozialistisches Handbuch für Recht und Gesetzgebung, München 1934, S. 1136-1154.

Klaas, Gert von, Albert Vögler, Einer der Großen des Ruhrreviers, Tübingen 1957.

Kleinschmidt, Christian, Rationalisierung als Unternehmensstrategie, Die Eisen- und Stahlindustrie des Ruhrgebiets zwischen Jahrhundertwende und Weltwirtschaftskrise, Bochumer Schriften zur Unternehmens- und Industriegeschichte, Bd. 2, Diss., Essen 1993.

Kleinschmidt, Christian, Vom betrieblichen Rechnungswesen zum Controlling, in: Akkumulation 13/ 2000, S. 7-12.

Kleinschmidt, Christian, Die Dortmunder Stahlbauindustrie zwischen Mitte des 19. und Mitte des 20. Jahrhunderts, in: Fischer, Manfred/ *derselbe* (Hrsg.), Stahlbau in Dortmund, Unternehmen, Technik und Industriekultur im 19. und 20. Jahrhundert, Essen 2001, S. 11- 24.

Kleinschmidt, Christian/ Welskopp, Thomas, Zu viel "Scale" zu wenig „Scope". Eine Auseinandersetzung mit Alfred D. Chandlers Analyse der deutschen Eisen- und Stahlindustrie in der Zwischenkriegszeit, Jahrbuch für Wirtschaftsgeschichte 1993/1, S. 251-297.

Klingbeil, Detlev, Zur sozialgeographischen Theorie des täglichen Berufspendelns, in: Geographische Zeitschrift 57 (1969), S. 108-131.

Klinger, Hans, Die Zuständigkeitsgebiete des Reichswirtschaftsgerichts und des Kartellgerichts mit umfassenden Nachweisen über Gesetzgebung und Literatur nebst den zur Zeit gültigen Texten der Verordnung über das Reichswirtschaftsgericht, der Kartellverordnung, der Geschäftsordnung des Reichswirtschaftsgerichts und der Verordnungen über Gerichts- und Anwaltsgebühren, Wirtschaftsrecht und Wirtschaftspflege, Abhandlungen und Gesetzgebung Heft IV, 3. Auflage, Berlin 1924.

Kluitmann, Leo, Moderne Bürotechnik, Seminar für Wirtschaftsprüfer beim Institut für Wirtschafts- und Sozialwissenschaften an der Universität Münster i.W., Schriften-Reihe Heft 2 aus der Vortragsfolge des II. Münsterer Fach- und Fortbildungskurses für Wirtschaftsprüfer, Münster i.W. 1932.

Knepper, Gustav/ Oberste-Brink, Karl, Die Grundlagen des Steinkohlenbergbaus der Vereinigte Stahlwerke A.-G., 1. Text/ 2. Kartenanlagen, Essen 1927.

Knipping, Die Wohnungsfürsorge im Bergbau, in: Hölling, W./ Pinkerneil, Fr. A., Die deutsche Bergwirtschaft der Gegenwart, Festgabe zum Deutschen Bergmannstag 1928, herausgegeben von der Geschäftsführung der Fachgruppe des Reichsverbandes der Deutschen Industrie, Berlin 1928, S. 230-244.

Knipping, Der Arbeiterwohnungsbau, seine wirtschaftlichen und technischen Grundlagen, in: Berkenkopf, Paul (Hrsg.), Beiträge zum Wohnungs- und Siedlungswesen der Gegenwart, 5 Vorträge von

E. Vögler, Knoll, Gugelmeier, Knipping, Schwan, Forschungsstelle für Siedlungs- und Wohnungswesen an der Universität Münster i.W., Materialien-Sammlung, Band 29, Münster 1938, S. 71-123.

Knipping, Die Siedlungsfrage in den Großstädten und Industriebezirken, Forschungsstelle für Siedlungs- und Wohnungswesen an der Universität Münster i.W., Materialien-Sammlung, Band 12, Münster (Westf.) 1934.

Knipping, Franz, Werkwohnungen, in: Albrecht, Gerhard / Gut, Albert/ Lubbert, Wilhelm/ Weber, Emil/ Wölz, Otto/ Schwan, Bruno (Hrsg.), Handwörterbuch des Wohnungswesens, Jena 1930, S. 754-757.

Knoll, Ernst, Grundsätzliches zur deutschen Wohnungs- und Siedlungspolitik, Handbücherei des Wohnungs- und Siedlungswesens, Band 28, Eberswalde Berlin Leipzig 1939.

Knoll, Ernst/ Schmidt, Friedrich/ Scholtz, Werner/ Heilmann, Georg/ Fischer-Dieskau, Joachim (Hrsg.), Das Recht des Städtebaues, des Siedlungswesens und der Wohnungswirtschaft, (Loseblatt-) Sammlung der geltenden Bestimmungen in 3 Bänden, Eberswalde Berlin Leipzig 1939, 5. Ergänzung: Stand vom Januar 1942.

Koch, Otto, 60 Jahre Düsseldorfer Wohnungsgenossenschaft eGmbH, 1898-1958, Düsseldorf 1958.

Koch, Wolfgang, Die betriebliche Wohnungsfürsorge als Teil der Unternehmenspolitik, Diss., Köln 1968.

Kock, Werner, Wohnungsunternehmen, freie, in: Wandersleb, Hermann (Hrsg.), Wörterbuch des Städtebaues, Wohnungs- und Siedlungswesens, Dritter Band R-Z, Stuttgart 1959, S. 1762-1764.

Kocka, Jürgen (Hrsg.), Interdisziplinarität, Praxis - Herausforderung - Ideologie, Frankfurt/ M. 1987.

Köhler, Ingo, Die „Arisierung" der Privatbanken im Dritten Reich, Verdrängung, Ausschaltung und die Frage der Wiedergutmachung, Schriftenreihe zur Zeitschrift für Unternehmensgeschichte, Band 14, München 2005.

Köhler, Walter, Die Aufgaben der Geschäftsgruppe Rohstoffverteilung, in: Der Vierjahresplan 1937, S. 69-70.

Köllmann, Wolfgang, Bevölkerung in der industriellen Revolution, Studien zur Bevölkerungsgeschichte Deutschlands, Kritische Studien zur Geschichtswissenschaft, Band 12, Göttingen 1974.

Köllmann, Wolfgang, Bevölkerungsentwicklung in der Weimarer Republik, in: Mommsen, Hans/ Petzina, Dietmar/ Weisbrod, Bernd (Hrsg.), Industrielles System und politische Entwicklung in der Weimarer Republik; Verhandlungen des Internationalen Symposiums vom 12.-17. Juni 1973, Düsseldorf 1974, S. 76-84.

Köllmann, Wolfgang (Hrsg.), Quellen zur Bevölkerungs-, Sozial- und Wirtschaftsstatistik Deutschlands 1815-1975, Band I (bearbeitet von Antje Kraus), Forschungen zur Deutschen Sozialgeschichte, Band 2/ I, Boppard am Rhein 1980.

König, Wolfgang, Volkswagen, Volksempfänger, Volksgemeinschaft; Volksprodukte im Dritten Reich. Vom Scheitern einer nationalsozialistischen Konsumgesellschaft, Paderborn 2004.

Koepf, Hans, Deutsche Baukunst, Von der Römerzeit bis zur Gegenwart, Stuttgart 1956.

Kötting, Alois, Personen - Verkehrspolitik als Werkzeug siedlungsmäßiger Auflockerung, Siedlungs-, Standorts- und Verkehrsprobleme der Industriewirtschaft III., Forschungsstelle für Siedlungs- und Wohnungswesen an der Universität Münster i.W., Materialien-Sammlung, Band 18, Münster (Westf.) 1935.

Kohoutek, Rudolf/ Kainrath, Wilhelm, Wohnungsmarkt II, Ansätze zu einer politökonomischen Theorie der Wohnungswirtschaft, Institut für Stadtforschung, Wien 1976.

Koinzer, Thomas, Wohnen nach dem Krieg, Wohnungsfrage, Wohnungspolitik und der Erste Weltkrieg in Deutschland und Großbritannien (1914-1932), Schriften zur Wirtschafts- und Sozialgeschichte, Band 72, Diss., Berlin 2002.

Kokotkiewicz, Gerhard, Finanzierung, Zinsen und Miete, in: Wirtschaftsblatt der Industrie- und Handelskammer zu Berlin, 8. Juli 1941, Heft 27/28, S. 528-531.

Komossa, Dietrich, Die Entwicklung von Wohnungsbaugenossenschaften, Ursachen ihrer Wachstumsunterschiede, Diss., Bochum 1976.

Korinek Karl/ Nowotny, Ewald (Hrsg.), Handbuch der gemeinnützigen Wohnungswirtschaft, Alfred Holoubek zum 65. Geburtstag, Wien 1994.

Kornemann, Rolf, Fehlsubventionierungen im öffentlich geförderten Wohnungsbau, Bilanz einer systemwidrigen Marktintervention, Schriftenreihe des Instituts für Städtebau, Wohnungswirtschaft und

Bausparwesen e.V. (Arnold-Knoblauch-Institut), Band 25, Bonn 1973.
Kornemann, Rolf, „Ausgangstatsachen“ für das Entstehen der Wohnungsgemeinnützigkeit, in: Engelhardt, Werner W./ Thiemeyer, Theo, (Hrsg.), Gesellschaft, Wirtschaft, Wohnungswirtschaft, Festschrift für Helmut Jenkis, Schriften zum Genossenschaftswesen und zur Öffentlichen Wirtschaft, Bd. 18, Berlin 1987, S. 125-137.
Kornemann, Rolf, Sind die „nächsten“ Wohnungsleerstände noch zu vermeiden ?, in: Verband rheinischer und westfälischer Wohnungsunternehmen e.V., Wohnungsmarkt im Wandel - zwischen Mangel und zunehmendem Angebot, Vorträge 7, Bad Kreuznacher Tage, Hamburg 1995, S. 29-77.
Kornemann, Rolf, Gesetze, Gesetze..., Die amtliche Wohnungspolitik in der Zeit von 1918 bis 1945 in Gesetzen, Verordnungen und Erlassen, in: Kähler, Gerd (Hrsg.), Geschichte des Wohnens, Band 4, 1918-1945, Reform-Reaktion-Zerstörung (Wüstenrot-Stiftung, Deutscher Eigenheimverein e.V.), Ludwigsburg Stuttgart 1996, S. 599-723.
Krabbe, Wolfgang R., Die Anfänge des „sozialen Wohnungsbaus“ vor dem Ersten Weltkrieg, in: Vierteljahrschrift für Sozial- und Wirtschaftsgeschichte 71 (1984), S. 30-58.
Krämer, Brigitte, Werkwohnungsbau im Kaiserreich, Zur Entwicklung und Funktion der innerbetrieblichen Sozialpolitik in der deutschen Großindustrie 1871-1914, o. O. 1981.
Krämer, Sabine, KZ-Häftlinge als Zwangsarbeiter beim Bochumer Verein, Die Geschichte des John Chillag, in: Industrie-Kultur 4/ 2000, S. 10-11.
Kratzsch, Gerhard, Der Gauwirtschaftsapparat der NSDAP: Menschenführung-„Arisierung“-Wehrwirtschaft im Gau Westfalen-Süd, Eine Studie zur Herrschaftspraxis im totalitären Staat, Veröffentlichungen des Provinzialinstituts für Westfälische Landes- und Volksforschung des Landschaftsverbandes Westfalen-Lippe, Münster 1989.
Kraus, Antje, Wohnverhältnisse und Lebensbedingungen von Hütten- und Bergarbeiterfamilien in der zweiten Hälfte des 19. Jahrhunderts, Die Arbeitersiedlungen der Carlshütte in Büdelsdorf (Rendsburg) und der Zeche Rheinelbe/ Alm in Ückendorf (Gelsenkirchen), in: Conze, Werner/ Engelhardt, Ulrich (Hrsg.), Arbeiter im Industrialisierungsprozeß, Herkunft, Lage und Verhalten, Industrielle Welt, Schriftenreihe des Arbeitskreises für moderne Sozialgeschichte, Band 28, Stuttgart 1979, S. 163-194.
Krawinkel, Friedrich Wilhelm, Das Recht der Werkwohnung, Diss., Köln 1956.
Krischausky, Dietmar/ Mackscheidt, Klaus, Wohnungsgemeinnützigkeit; Zwischen bedarfswirtschaftlicher Tradition und wohnungspolitischer Neuorientierung, Köln Berlin Bonn München 1984.
Kroker, Evelyn/ Köhne-Lindenlaub, Renate/ Reininghaus, Wilfried (Hrsg. im Auftrag der Vereinigung deutscher Wirtschaftsarchivare), Handbuch für Wirtschaftsarchive, Theorie und Praxis, München 1998.
Kroker, Evelyn, Heinrich Kost: Rationalisierung und Sozialbeziehungen im Bergbau, in: Erker, Paul/ Pierenkemper, Toni (Hrsg.), Deutsche Unternehmer zwischen Kriegswirtschaft und Wiederaufbau, Studien zur Erfahrungsbildung von Industrie-Eliten, Quellen und Darstellungen zur Zeitgeschichte, Band 39, München 1999, S. 291-316.
Kruschwitz, Gagfah: Gemeinnützige Aktiengesellschaft für Angestellten-Heimstätten, in: Schwan, Bruno (Hrsg.), Wörterbuch der Wohnungs- und Siedlungswirtschaft, Loseblatthandbuch für die gesamte privatwirtschaftliche, genossenschaftliche, öffentlich-wirtschaftliche und Verwaltungs-Praxis auf dem Gebiete des Wohnungs- und Siedlungswesens, Stuttgart Berlin 1938, S. 494.
Kruschwitz, Instandsetzung, in: Schwan, Bruno (Hrsg.), Wörterbuch der Wohnungs- und Siedlungswirtschaft, Loseblatthandbuch für die gesamte privatwirtschaftliche, genossenschaftliche, öffentlich-wirtschaftliche und Verwaltungs-Praxis auf dem Gebiete des Wohnungs- und Siedlungswesens, Stuttgart Berlin 1938, S. 407-408.
Kruschwitz, Wohnungsmarkt und Wohnungsbedarf, in: Schwan, Bruno (Hrsg.), Wörterbuch der Wohnungs- und Siedlungswirtschaft, Loseblatthandbuch für die gesamte privatwirtschaftliche, genossenschaftliche, öffentlich-wirtschaftliche und Verwaltungs-Praxis auf dem Gebiete des Wohnungs- und Siedlungswesens, Stuttgart Berlin 1938, S. 1237-1244.
Kruschwitz, Kleinsiedlung, in: Schwan, Bruno (Hrsg.), Wörterbuch der Wohnungs- und Siedlungswirtschaft, Loseblatthandbuch für die gesamte privatwirtschaftliche, genossenschaftliche, öffentlich-wirtschaftliche und Verwaltungs-Praxis auf dem Gebiete des Wohnungs- und Siedlungswesens, Stuttgart Berlin 1938, S. 735-744b.

Kruschwitz, Die Träger des industriellen Arbeiter-Wohnstättenbaues, in: Siedlung und Wirtschaft 1939, S. 66-68.

Kühne, Horst, Grundlagen der betrieblichen Wohnungswirtschaft, in: Kühne-Büning, Lidwina/ Heuer, Jürgen H. B. (Hrsg.), Grundlagen der Wohnungs- und Immobilienwirtschaft, vormals Lehrbuch der Wohnungswirtschaft, 3. Auflage, Hamburg 1994, S. 467- 481.

Kühne-Büning, Lidwina/ Heuer, Jürgen H. B. (Hrsg.), Grundlagen der Wohnungs- und Immobilienwirtschaft, vormals Lehrbuch der Wohnungswirtschaft, 3. Auflage, Hamburg 1994.

Kühne-Büning, Lidwina, Die Wohnung und ihre Märkte, in: *dieselbe*/ Heuer, Jürgen H. B. (Hrsg.), Grundlagen der Wohnungs- und Immobilienwirtschaft, vormals Lehrbuch der Wohnungswirtschaft, 3. Auflage, Hamburg 1994.

Kühne-Büning, Lidwina/Nordalm, Volker/ Steveling, Lieselotte (Hrsg.), Grundlagen der Wohnungs- und Immobilienwirtschaft, vormals „Lehrbuch der Wohnungswirtschaft", 4. Auflage, Hamburg 2005.

Küster, August, Heimat Industrieland, Ein Bilderbuch der Arbeitersiedlung im rheinisch-westfälischen Industriegebiet, Bildbearbeitung von Rudi vom Endt, Leipzig 1938.

Küster, August, Wohnungsbau der Industrie in Vergangenheit, Gegenwart und Zukunft, in: Siedlung und Wirtschaft 1941, S. 94-96.

Küster, Egon, Entstehungsgründe, Kapitalquellen und Unternehmungsformen des gemeinnützigen Wohnungsbaues, Diss., Göttingen 1941.

Kunze, Ronald, Konzepte der Mieterbeteiligung von den zwanziger Jahren bis zur frühen Nachkriegszeit, in: Schulz, Günther (Hrsg.), Wohnungspolitik im Sozialstaat, Deutsche und europäische Lösungen 1918-1960, Düsseldorf 1993, S. 247-265.

Kurth, Monika, Bergarbeiterwohnungsbau im Dortmunder Raum, in: Bergfreiheit 6 (1964), S. 199-204.

Kurzer, Ulrich, Nationalsozialismus und Konsumgenossenschaften, Gleichschaltung, Sanierung und Teilliquidation zwischen 1933 und 1936, Diss., Pfaffenweiler 1997.

Kuß, Stefan, Wer jetzt kein Haus hat, kauft sich Bauerwartungsland, Nach dem Wüstenrot-Tag: Das deutsche Eigenheim und seine beiden Normen, volle Öffnung der Schranktür und Schmaldurchgang des Menschen, in: FAZ v. 23.10.2001, Nr. 246, S. 57.

Länderrat des Amerikanischen Besatzungsgebiets (Hrsg.), Statistisches Handbuch von Deutschland 1928-1944, München 1949.

Lampe, Hermann, Reichsmietengesetz und Preisstopverordnung, in: RVerwBl. 1938 S. 489-493.

Lange, Albert, Die Siedlungsfrage im Ruhrgebiet, Untersuchungen des Siedlungsverbandes Ruhrkohlenbezirk, Essen 1934.

Lange, Georg, Die Gagfah im Auf und Ab der Wohnungspolitik, in: Fischer-Dieskau, Joachim, Beiträge zur Theorie und Praxis des Wohnungsbaues, Arnold Knoblauch als Festschrift zum 80. Geburtstag gewidmet von seinen Freunden, Bonn 1959, S. 223-257.

Lange-Kothe, Irmgard, Hundert Jahre Bergarbeiterwohnungsbau, in: Der Ausschnitt, Mitteilungsblatt der Vereinigung der Freunde von Kunst und Kultur im Bergbau 2 (1950), S. 10.

Lankheit, Klaus A., Reinhardt, Fritz, in: Weiß, Hermann (Hrsg.), Biographisches Lexikon zum Dritten Reich, Frankfurt/ M. 1998, S. 369-370.

Lankheit, Klaus A., Seldte, Franz, in: Weiß, Hermann (Hrsg.), Biographisches Lexikon zum Dritten Reich, Frankfurt/ M. 1998, S. 426-427.

Lanz, Thomas, Die Wahl der Rechtsform als Entscheidungsproblem unter besonderer Berücksichtigung einer mittelständischen Unternehmung, Betriebspolitische Schriften, Beiträge zur Unternehmenspolitik, Band 19, Berlin 1978.

Larenz, Karl, Neubau des Privatrechts, in: Archiv für die civilistische Praxis (AcP) 145 (1939), S. 91-107.

Lauschke, Karl/ Welskopp, Thomas (Hrsg.), Mikropolitik im Unternehmen, Arbeitsbeziehungen und Machtstrukturen in industriellen Großbetrieben des 20. Jahrhunderts, Bochumer Schriften zur Unternehmens- und Industriegeschichte, Bd. 3, Essen 1994.

Lawin, Rudolf, Die Auszählung einer Wohnungsbestandsaufnahme im Hollerith-Verfahren, in: Hollerith-Nachrichten 1935-1937, Heft 45-78, S. 773-777.

Lehmann, O., Die Entwicklung der staatlichen Wohnungspolitik in Preußen und im Deutschen Reich, in: Poerschke, Stephan (Bearb.), Heimstättenarbeit in Westfalen im Lichte 50jähriger staatlicher

Wohnungspolitik, Beiträge und Untersuchungen, Forschungsstelle für Siedlungs- und Wohnungswesen an der Westfälischen Wilhelms-Universität zu Münster, Neue Folge der Materialien-Sammlung für Wohnungs- und Siedlungswesen, Band 44, Münster 1952, S. 15-23.

Lehner, Andreas, Organisationsentwicklung in der Wohnungswirtschaft, in: Verband rheinischer und westfälischer Wohnungsunternehmen e.V. (Hrsg.), Wohnungsunternehmen im Wandel - zeitgemäße Organisationsentwicklung und zukünftige Arbeitszeitgestaltung, Nr. 7, Hamburg 1995, S. 3-65.

Lemke, Bernd, Luftschutz in Großbritannien und Deutschland 1923-1939, Zivile Vorbereitungen als Ausdruck der staats- und gesellschaftspolitischen Grundlagen von Demokratie und Diktatur, Diss., Freiburg im Breisgau 2001.

Lenel, Hans, Walter Eucken, in: Starbatty, Joachim (Hrsg.), Klassiker des ökonomischen Denkens, Zweiter Band, Von Karl Marx bis John Maynard Keynes, München 1989, S. 292-311.

Lenz, Karl, Die Rechen- und Buchungsmaschinen, 3. Auflage, Leipzig Berlin 1932.

Leube, Kurt, Nicht das Ergebnis menschlichen Entwurfs, Eine Hommage zum zehnten Todestag des Ökonomen und Sozialphilosophen Friedrich August v. Hayek, in: FAZ v. 23.03.2002, Nr. 70, S. 15.

Lichtherz, Carl Wilhelm, Rechte und Pflichten des Mitglieds bei der Aktiengesellschaft und der Gesellschaft mit beschränkter Haftung, Diss., Greifswald Cöln 1914.

Lindner, Rudolf/ Wohak, Bertram/ Zeltwanger, Holger, Planen Entscheiden Herrschen, Vom Rechnen zur elektronischen Datenverarbeitung, Deutsches Museum - Kulturgeschichte der Naturwissenschaften und der Technik, Reinbek 1984.

Lindner, Stephan H., Hoechst. Ein I.G. Farben Werk im Dritten Reich, München 2005.

Litschke, Inge, Im Schatten der Fördertürme, Kindheit und Jugend im Revier, Die Bergarbeiterkolonie Lohberg 1900 bis 1980, Band 18 der „Dinslakener Beiträge“ zur Geschichte und Volkskunde des Vereins für Heimatpflege „Land Dinslaken“ e.V., Diss., 1992; 3. Auflage, Duisburg 1994.

Löhr, Joseph, Die Verwaltung der Aktiengesellschaft, insbesondere unter Berücksichtigung der Durchführung des Führerprinzips, Diss., Heidelberg 1940.

Löfken, Alexander, Baulicher Luftschutz zur Sicherung von Stadt und Land, Wirtschaft und Industrie gegen Luftangriffe, in: Frank, Hartmut/ Schubert, Dirk (Hrsg.), Lesebuch zur Wohnungsfrage, Schriften für Planen, Bauen und Kommunale Politik, Köln 1983, S. 242-248.

Lorentz, Bernhard, Industrieelite und Wirtschaftspolitik 1928-1950, Heinrich Dräger und das Drägerwerk, Diss., Paderborn München 2001.

Lose, Jürgen, Das Bankenstimmrecht, Diss., Hamburg 1962.

Lubowski, Herbert, Die Deutsche Pfandbriefanstalt im Dienste der Wohnungsbaufinanzierung 1922-1972, Wiesbaden Berlin 1972.

Ludowici, Johann Wilhelm, Das deutsche Siedlungswerk, 2. Auflage, Heidelberg 1937.

Lübbers, Die wirtschaftlichen Beziehungen des Hafens Emden zum Dortmund-Ems-Kanal und zum rheinisch-westfälischen Industriebezirk, Das volkswirtschaftliche Problem des Ausbaus, in: Bruck, W. F. (Hrsg.), Kolonialgebiete des rheinisch-westfälischen Industriereviers, Deutsche Inlands-Kolonien, Forschungsstelle für Siedlungs- und Wohnungswesen an der Universität Münster i.W., Materialien-Sammlung, Band 7, Münster (Westf.) 1933, S. 119-129.

Lücke, Fritz, Die folgenschwere Mißhandlung des Hausbesitzes, Berlin 1950.

Lüke, Josef, Die Werkwohnung, Diss., Köln 1932.

Lüken-Isberner, Folckert, Stadterneuerung im Nationalsozialismus, Ein Programm und seine Umsetzung, in: Archiv für Kommunalwissenschaften II/ 89, S.191-307.

Lütge, Friedrich, Wohnungswirtschaft, Eine systematische Darstellung unter besonderer Berücksichtigung der deutschen Wohnungswirtschaft, Jena 1940.

Lütge, Friedrich, Wohnungswirtschaft, Eine systematische Darstellung unter besonderer Berücksichtigung der deutschen Wohnungswirtschaft, 2. Auflage, Stuttgart 1949.

Luhmann, Niklas, Soziale Systeme, Grundriß einer allgemeinen Theorie, Frankfurt/ M. 1984.

Luntowski, Gustav/ Reimann, Norbert (Hrsg.), Dortmund, 1100 Jahre Stadtgeschichte, Festschrift, Dortmund 1982.

Lutzeyer, August (Hrsg.), Die Reichsstellen, ihre Zuständigkeit und Verzeichnis der gültigen Anordnungen, Loseblattausgabe, Bad Oeynhausen i.W. 1940.

Lux, Thomas, Heinrich Dinkelbach - Vom Lehrling zum Generaldirektor, Eine amerikanische Karriere, in: Zeitschrift des Geschichtsvereins Mühlheim a. d. Ruhr 66 (1993), S. 569-587.

Maaß, Hans, Grundfragen des städtischen Wohnungswesens, Diss., Greifswald 1926.

Maessen, Hubert (Hrsg.), ... und dann kommst du nach Hause, Geschichte(n) vom Wohnen und Leben im Revier, 75 Jahre THS, eine Epoche von 1920 bis 1995, Bochum 1995.

Mahs, Frhr. v., Der Kollektivschutz der Bevölkerung gegen Luftangriffe und die Sicherung lebenswichtiger Betriebe, Veröffentlichungen des Reichsverbandes der Deutschen Industrie Nr. 58, Berlin 1931.

Malzahn, Helmut, Kriegssachschädenverordnung unter besonderer Berücksichtigung der Gebäudeschäden, Zusammenstellung und Erläuterung der Vorschriften, Eberswalde Berlin Leipzig 1941.

Malzahn, Reichszuschüsse für Instandsetzungs- und Ergänzungsarbeiten an Wohngebäuden, in: RArbBl. 1941 V S. 453-455.

Mangoldt, Rose von, Wohnungsreform, in: Wandersleb, Hermann, Handwörterbuch des Städtebaues, Wohnungs- und Siedlungswesens, Dritter Band R-Z, Stuttgart 1959, S. 1759-1761.

Marth, Hermann, Aus Mietern werden Kunden, in: FAZ v. 21.03.2003, Nr. 68, S. 43.

Mattenklodt, Klaus, Der Mißbrauch der Rechtsform der G.m.b.H. und seine Bekämpfung durch die Rechtsprechung, Diss., Köln 1940.

Mayer, Annette, Theorie und Politik des Wohnungsmarktes, Eine Analyse der Wohnungspolitik in Deutschland unter besonderer Berücksichtigung der ökonomischen Theorie der Politik, Volkswirtschaftliche Schriften, Heft 484, Berlin 1998.

Mecking, Sabine/ Wirsching, Andreas (Hrsg.), Stadtverwaltung im Nationalsozialismus, Systemstabilisierende Dimensionen kommunaler Herrschaft, Westfälisches Institut für Regionalgeschichte, Forschungen zur Regionalgeschichte, Band 53, Paderborn 2005.

Meier, Werner/ Draeger, Waldemar (unter Mitwirkung von Kennerknecht, Albert), Die Gemeinnützigkeit im Wohnungswesen, Verordnung vom 1. Dezember 1930 nebst Ausführungsbestimmungen, Kommentar, Handbücherei für Baugenossenschaften, Band 1, Berlin 1931.

Meis, Hans, Der Ruhrbergbau im Wechsel der Zeiten, Verein für die bergbaulichen Interessen, Essen 1933.

Mengin, Christine, Der Wohnungsbau für Angestellte in der Weimarer Republik, in: Hofmann, Wolfgang/ Kuhn, Gert (Hrsg.), Wohnungspolitik und Städtebau 1900-1930, Arbeitshefte des Instituts für Stadt- und Regionalplanung, Technische Universität Berlin, Heft 48, Berlin 1993, S. 203-222.

Menne, Holger/ Farrenkopf, Michael (Bearb.), Zwangsarbeit im Ruhrbergbau während des Zweiten Weltkrieges, Spezialinventar der Quellen in nordrhein-westfälischen Archiven, Veröffentlichungen aus dem Deutschen Bergbau-Museum Bochum Nr. 123 = Schriften des Bergbau-Archivs, Nr. 15, Bochum 2004.

Messerschmidt, Manfred, Krieg in der Trümmerlandschaft, Pflichterfüllung wofür ?, in: Borsdorf, Ulrich/ Jamin, Mathilde (Hrsg.), Über Leben im Krieg, Kriegserfahrungen in einer Industrieregion 1939-1945, Reinbek 1989, S. 169-179.

Metzendorf, Rainer, Die Gartenstadtidee und ihre Umsetzung im Ruhrgebiet, in: Forum Industriedenkmalpflege und Geschichtskultur 1/ 2003, S. 25-31.

Meyhoff, Andreas, Blohm & Voss im „Dritten Reich", Eine Hamburger Großwerft zwischen Geschäft und Politik, Hamburger Beiträge zur Sozial- und Zeitgeschichte, Bd. 38, Hamburg 2001.

Michalka, Wolfgang (Hrsg.), Der Zweite Weltkrieg, Analysen Grundzüge Forschungsbilanz, Im Auftrag des Militärgeschichtlichen Forschungsamtes, München Weyarn 1997.

Michalski, Heinz-Bernd, Objekte der Eisen- und Stahlindustrie in Dortmund, in: Fischer, Manfred/ Kleinschmidt, Christian, Stahlbau in Dortmund, Unternehmen, Technik und Industriekultur im 19. und 20. Jahrhundert, Essen 2001, S. 203-225.

Milkereit, Gertrud, Betriebliches Wohnungswesen im Duisburger Norden 1880-1974, in: Teuteberg, Hans Jürgen (Hrsg.), Homo Habitans, Zur Sozialgeschichte des ländlichen und städtischen Wohnens in der Neuzeit, Studien zur Geschichte des Alltags, Band 4, Münster 1985, S. 391-419.

Milkereit, Gertrud, Vom Arbeiterhaus zur Gartenstadt, Hundert Jahre industrielles Wachstum und Bevölkerungsverdichtung, Entstehung und Entwicklung des Werkwohnungsbaus im Duisburger Raum von der Mitte des 19. Jahrhunderts bis zum Ende des Zweiten Weltkrieges, in: Niederrheinkammer, Zeitschrift der Niederrheinischen Industrie- und Handelskammer Duisburg-Wesel-Kleve zu Duisburg, April 1987, S. 210-216.

Milward, Alan S., Die deutsche Kriegswirtschaft 1939-1945, Schriftenreihe der Vierteljahrshefte für Zeitgeschichte Nr. 12, Stuttgart 1966.

Minssen, Heiner, Der soziale Prozeß betrieblichen Wandels, in: Lauschke, Karl/ Welskopp, Thomas (Hrsg.), Mikropolitik im Unternehmen, Arbeitsbeziehungen und Machtstrukturen in industriellen Großbetrieben des 20. Jahrhunderts, Bochumer Schriften zur Unternehmens- und Industriegeschichte, Bd. 3, Essen 1994, S. 16-47.

Mittmann, Markus, Bauen im Nationalsozialismus, Braunschweig, die „Deutsche Siedlungsstadt" und die „Mustersiedlung der Deutschen Arbeitsfront Braunschweig-Mascherode", Ursprung-Gestaltung-Analyse, mit Architektur-Handbuch Siedlungen und Wohnungsbau in Braunschweig 1933-1945, Hameln 2003.

Möhlmann, Horst, Betriebswirtschaftliche Gesamtplanung in der Wohnungswirtschaft, Hamburg 1973.

Möhring, Philipp/ Schwartz, Gustav, Satzungsgestaltung nach neuem Aktienrecht, Das deutsche Recht in Einzeldarstellungen, Berlin 1938.

Mönkemöller, Fritz, 5 Jahre Wohnstättengesellschaften, Aufbau und Tätigkeit der 1933 gegründeten Wohnstättengesellschaften, die der Vereinigte Stahlwerke Aktiengesellschaft, Düsseldorf, nahestehen, Düsseldorf 1938.

Mönnich, Horst, Aufbruch ins Revier, Aufbruch nach Europa, Hoesch 1871-1971, München 1971.

Möschke, Friedrich, Die Betriebswirtschaft der Wohnungsunternehmen, in: Institut für Wohnungsrecht und Wohnungswirtschaft an der Universität zu Köln/ Verband Rheinischer Wohnungsunternehmen (Baugenossenschaften und -gesellschaften) e.V. Düsseldorf (Hrsg.),Von der Wohnungswirtschaft zur Stadtentwicklungspolitik, August Flender zum 75. Geburtstag, Hamburg 1975, S. 11-16.

Moll, Martin, „Führer-Erlasse" 1939-1945, Edition sämtlicher überlieferter, nicht im Reichsgesetzblatt abgedruckter, von Hitler während des Zweiten Weltkriegs schriftlich erteilter Direktiven aus den Bereichen Staat, Partei, Wirtschaft, Besatzungspolitik und Militärverwaltung, Stuttgart 1997.

Mollin, Gerhard Th., Montankonzerne und Drittes Reich, Der Gegensatz zwischen Monopolindustrie und Befehlswirtschaft in der deutschen Rüstung und Expansion 1936-1944, Kritische Studien zur Geschichtswissenschaft, Band 78, Göttingen 1988.

Mommsen, Hans/ Petzina, Dietmar/ Weisbrod, Bernd (Hrsg.), Industrielles System und politische Entwicklung in der Weimarer Republik; Verhandlungen des Internationalen Symposiums vom 12.-17. Juni 1973, Düsseldorf 1974.

Mommsen, Hans/ Grieger, Manfred, Das Volkswagenwerk und seine Arbeiter im Dritten Reich, 3. Auflage, Düsseldorf 1997.

Mommsen, Hans, Konnten Unternehmer im Nationalsozialismus apolitisch bleiben ?, in: Gall, Lothar/ Pohl, Manfred (Hrsg.), Unternehmen im Nationalsozialismus, Schriftenreihe zur Zeitschrift für Unternehmensgeschichte, Band 1, München 1998, S. 69-72.

Most, Otto/ Kuske, Bruno/ Weber, Heinrich, Wirtschaftskunde für Rheinland und Westfalen, Unter Förderung der Provinzialverbände der Rheinprovinz und der Provinz Westfalen, Haupt- und Tabellenband, Berlin 1931.

Mrotzek, Marlies, Das KZ-Außenlager der Gelsenberg Benzin AG, Fernwald 2002.

Müller, Eduard Wilhelm, Zur Frage der Wechselwirkung zwischen Korrosion und statischer Zugbeanspruchung bei Baustählen, in: Mitteilungen aus dem Forschungs-Institut der Vereinigte Stahlwerke Aktiengesellschaft, Dortmund 1934, S. 207-234.

Müller, Jacob, Grundsätzliches zum organisatorischen Einsatz von rechnenden Schreibmaschinen und Addier-Buchungsmaschinen, Berlin 1940.

Müller, Martin L., Ein Jahrhundert Sozialer Wohnungsbau, Ein Literaturbericht zur Wohnungspolitik im Konfliktfeld von Markt und Sozialstaat, in: Archiv für Sozialgeschichte 34 (1994), S. 375-396.

Müller, Martin L., Bausparen in Deutschland zwischen Inflation und Währungsreform 1924-1948, Schriftenreihe zur Zeitschrift für Unternehmensgeschichte, Band 1, Diss., München 1999.

Müller, Rolf-Dieter, Grundzüge der deutschen Kriegswirtschaft 1939 bis 1945, in: Bracher,Karl Dietrich/ Funke, Manfred/ Jacobsen, Hans-Adolf, Deutschland 1933-1945, Neue Studien zur nationalsozialistischen Herrschaft, Bonner Schriften zur Politik und Zeitgeschichte, Band 23, Düsseldorf 1992, S. 357-376.

Müller-Rückforth, Hans Joachim, Das Führerprinzip im Aktienrecht, Diss., Jena 1936.

Münch, Ingo von (Hrsg.), Gesetze des NS-Staates, Dokumente eines Unrechtssystems, 3. Auflage, Paderborn 1994.

Münchener Kommentar zum Handelsgesetzbuch, Band 1, Erstes Buch, Handelsstand, §§ 1-104, München 1996.

Münk, Dieter, Die Organisation des Raumes im Nationalsozialismus, Eine soziologische Untersuchung ideologisch fundierter Leitbilder in Architektur, Städtebau und Raumplanung des Dritten Reiches, Pahl-Rugenstein Hochschulschriften 284, Diss., Bonn 1993.

Mura, Jürgen, Zur Geschichte der Wohnungsbaufinanzierung der deutschen Sparkassenorganisation von den Anfängen bis 1945 (I), in: Sparkasse 1991, S. 430-435.

Mura, Jürgen (Bearb.), Die Wohnungsbaufinanzierung der Sparkassenorganisation - historische Entwicklung und Zukunftsperspektiven, Sparkassen in der Geschichte, Abteilung I: Dokumentation, Band 15, Sparkassenhistorisches Symposium 1997, veranstaltet von der Wissenschaftsförderung der Sparkassenorganisation e.V. Bonn am 17./ 18. September 1997 in Mannheim, Stuttgart 1998.

Murfeld, Egon (Hrsg.), Spezielle Betriebswirtschaftslehre der Immobilienwirtschaft, 4. Auflage, Hamburg 2002.

Neufert, Ernst, Bombensicherer Luftschutz im Wohnungsbau - Vorabdruck 1 aus : Ernst Neufert „Der werksmäßige Wohnungsbau", Berlin 1941.

Neufert, Ernst, Bauordnungslehre, Berlin 1943.

Neumann, Ferdinand, Bauwirtschaftliche Durchführung, in: Zeitschrift für das gesamte Siedlungs- und Wohnungswesen, Denkschrift über Arbeitsbeschaffung durch nebenberufliche Landsiedlung, Sonderdruck zu Siedlung und Wirtschaft 1933, S. 17-23.

Neumeyer, Fritz, Der Werkwohnungsbau der Industrie in Berlin und seine Entwicklung im 19. und frühen 20. Jahrhundert, Diss., Berlin 1978.

Neurohr, Wilhelm, Bergarbeiterwohnungsbau im Vest Recklinghausen-Tradition und Perspektive, in: Vestischer Kalender 62 (1990), S. 96-109.

Neus, Werner, Einführung in die Betriebswirtschaftslehre aus institutionenökonomischer Sicht, 3. Auflage, Tübingen 2003.

Nieberding, Anne/ Wischermann, Clemens, Unternehmensgeschichte im institutionellen Paradigma, in: Zeitschrift für Unternehmensgeschichte 43 (1998), S. 35-48.

Nieberding, Anne, Unternehmenskultur im Kaiserreich, J. M. Voith und die Farbenfabriken vorm. Friedr. Bayer & Co., Schriftenreihe zur Zeitschrift für Unternehmensgeschichte, Band 9, München 2003.

Niethammer, Lutz (Hrsg.), Wohnen im Wandel, Beiträge zur Geschichte des Alltags in der bürgerlichen Gesellschaft, Wuppertal 1979.

Niethammer, Lutz (Hrsg.), „Die Jahre weiß man nicht, wo man die heute hinsetzen soll", Faschismuserfahrungen im Ruhrgebiet, Lebensgeschichte und Sozialkultur im Ruhrgebiet 1930 bis 1960, Band 1, Berlin Bonn 1983.

Nipperdey, Hans Carl/ Weisser, Gerhard (Hrsg.), Der Staatseinfluß in der Wohnungswirtschaft, Schriften des Instituts für Wohnungsrecht und Wohnungswirtschaft an der Universität zu Köln-Braunsfeld, Köln 1959.

Nipperdey, Thomas, Deutsche Geschichte 1866-1918, Erster Band, Arbeitswelt und Bürgergeist, München 1994.

Noack, Victor, Großangriff auf die Wohnungsnot, in: Bauen Siedeln Wohnen 1935, S. 203-205.

Nordsieck, Fritz, Grundlagen der Organisationslehre, Stuttgart 1934.

North, Douglass C., Institutionen, institutioneller Wandel und Wirtschaftsleistung, Die Einheit der Gesellschaftswissenschaften, Studien in den Grenzbereichen der Wirtschafts- und Sozialwissenschaften, Band 76, Tübingen 1992.

North, Michael (Hrsg.), Deutsche Wirtschaftsgeschichte, Ein Jahrtausend im Überblick, München 2000.

Nothhelfer, Karl, Das Möbelbuch, Schönheit der Arbeit, Fachschriftenreihe des Reichsamtes „Schönheit der Arbeit", Band 2, Berlin 1942.

Novy, Klaus/ Prinz, Michael, Illustrierte Geschichte der Gemeinwirtschaft, Wirtschaftliche Selbsthilfe in der Arbeiterbewegung von den Anfängen bis 1945, Berlin Bonn 1985.

Novy, Klaus/ Neumann-Cosel, Barbara von (Hrsg.; unter Mitarbeit von Amann, Renate/ Walleczek,

Silvia), Zwischen Innovation und Tradition, 100 Jahre Berliner Bau- und Wohnungsgenossenschaft von 1892, Wohnreform in Berlin, Bd. 1, Berlin 1992.
Nürnberger, Rudolf, Der Erwerb eigener Aktien durch die Aktiengesellschaft, Diss., Jena 1938.

Oehmen, Bernhard, Die Hauszinssteuerhypotheken in ihrer Bedeutung für die Lösung des Problems der nachstelligen Wohnungsbaufinanzierung, Materialien-Sammlung Forschungsstelle für Siedlungs- und Wohnungswesen an der Universität Münster i.W., Band 33, Jena 1939.
Oettle, Karl, Die Wohnung als wirtschaftliches Gut, in: Engelhardt, Werner W./ Thiemeyer, Theo, Gesellschaft, Wirtschaft, Wohnungswirtschaft, Festschrift für Helmut Jenkis, Berlin 1987, S. 235-259.
Oettle, Karl, Wohnungswirtschaft - in den deutschen Wirtschafts- und Sozialwissenschaften vernachlässigt, in: Jenkis, Helmut W. (Hrsg.), Kompendium der Wohnungswirtschaft, 3. Auflage, München 1996, S. 3-22.
Otte, Gerhard, Die zivilrechtliche Gesetzgebung im „Dritten Reich", in: Neue Juristische Wochenschrift 1988, S. 2836-2842.
Overmans, Rüdiger, Deutsche militärische Verluste im Zweiten Weltkrieg, Schriftenreihe des Militärgeschichtlichen Forschungsamtes, Band 46, München 2000.
Overy, Richard, Die alliierte Bombenstrategie als Ausdruck des „totalen Krieges", in: Kettenacker, Lothar (Hrsg.), Ein Volk von Opfern ?, Die neue Debatte um den Bombenkrieg 1940-1945, Berlin 2003, S. 27-47.

Palandt, Otto, Bürgerliches Gesetzbuch, Kommentar, mit Einführungsgesetz (Auszug), BGB-Informationspflichten-Verordnung, Unterlassungsklagengesetz, Produkthaftungsgesetz, Erbbaurechtsverordnung, Wohnungseigentumsgesetz, Hausratsverordnung, Lebenspartnerschaftsgesetz, Gewaltschutzgesetz (Auszug), 65. Auflage, München 2006.
Peltz-Dreckmann, Ute, Nationalsozialistischer Siedlungsbau, Versuch einer Analyse der die Siedlungspolitik bestimmenden Faktoren am Beispiel des Nationalsozialismus, München 1978.
Penter, Tanja, Arbeiten für den Feind in der Heimat - der Arbeitseinsatz in der besetzten Ukraine 1941-1944; in: Jahrbuch für Wirtschaftsgeschichte 2004/ 1, S. 65-94.
Pergande, Hans-Günther, Die Zusammenfassung der Volkswohnungs- und Kleinsiedlungsbestimmungen durch den Reichskommissar für den sozialen Wohnungsbau, in: RArbBl. 1941 V S. 644-646.
Pergande, Hans-Günther (unter Mitarbeit von Pergande, Jürgen), Die Gesetzgebung auf dem Gebiete des Wohnungswesens und des Städtebaues in : Deutsche Bau- und Bodenbank Aktiengesellschaft (Hrsg.), 50 Jahre Deutsche Bau- und Bodenbank Aktiengesellschaft 1923 - 1973, 50 Jahre im Dienste der Bau- und Wohnungswirtschaft, Frankfurt/ M. 1973, S. 11-209.
Peters, Karl-Heinz, Wohnungspolitik am Scheideweg, Wohnungswesen, Wohnungswirtschaft, Wohnungspolitik, Volkswirtschaftliche Schriften H. 343, Berlin 1984.
Petsch, Joachim (Hrsg.), Architektur und Städtebau im 20. Jahrhundert, Zweiter Band - Wohnungsbau - Sozialistischer Wohnungsbau, Berlin 1975.
Petsch, Joachim, Möbeldesign im Dritten Reich und die Erneuerung des Tischler-Gewerbes seit dem ausgehenden 19. Jahrhundert, in: Weissler, Sabine (Hrsg.), Design in Deutschland 1933-45, Ästhetik und Organisation des Deutschen Werkbundes im „Dritten Reich", Werkbund-Archiv, Band 20, Gießen 1990, S. 42-55.
Petzina, Dietmar, Der nationalsozialistische Vierjahresplan von 1936, Entstehung, Verlauf, Wirkungen, Diss., Mannheim 1965.
Petzina, Dietmar, Die Mobilisierung deutscher Arbeitskräfte vor und während des Zweiten Weltkrieges, in: Vierteljahrshefte für Zeitgeschichte 18 (1970), S. 443-455.
Petzina, Dietmar, Grundriß der deutschen Wirtschaftsgeschichte 1918 bis 1945, in: Institut für Zeitgeschichte (Hrsg.), Deutsche Geschichte seit dem Ersten Weltkrieg, Band II, München 1973, S. 663-784.
Petzina, Dietmar, Die deutsche Wirtschaft in der Zwischenkriegszeit, Wissenschaftliche Paperbacks 11, Sozial- und Wirtschaftsgeschichte, Wiesbaden 1977.
Petzina, Dietmar, Wirtschaftliche Entwicklung und sozialer Wandel in der Stadtregion Dortmund im 20. Jahrhundert, in: Luntowski, Gustav/ Reimann, Norbert (Hrsg.), Dortmund, 1100 Jahre Stadtgeschichte, Festschrift, Dortmund 1982, S. 297-311.

Petzina, Dietmar, Kommunale Finanzen und Handelsspielräume in der Weltwirtschaftskrise: Das Beispiel der Stadt Bochum, in: Teuteberg, Hans-Jürgen (Hrsg.), Stadtwachstum, Industrialisierung, sozialer Wandel, Beiträge zur Erforschung der Urbanisierung im 19. und 20. Jahrhundert, Schriften des Vereins für Socialpolitik, N.F. 156, Berlin 1986, S. 231-254.

Petzina, Dietmar, Arbeitslosigkeit in der Weimarer Republik, in: Abelshauser, Werner (Hrsg.), Die Weimarer Republik als Wohlfahrtsstaat, Zum Verhältnis von Wirtschafts- und Sozialpolitik in der Industriegesellschaft, Vierteljahrschrift für Sozial- und Wirtschaftsgeschichte, Beiheft Nr. 81, Stuttgart 1987, S. 239-259.

Petzina, Dietmar, Von der industriellen Führungsregion zum Krisengebiet: Das Ruhrgebiet in historischer Perspektive, in: Schulze, Rainer, (Hrsg.), Industrieregionen im Umbruch, Historische Voraussetzungen und Verlaufsmuster des regionalen Strukturwandels im europäischen Vergleich, Industrial Regions in Transformation, Historical Roots and Patterns of Regional Structural Change: A European Comparison, Veröffentlichungen des Instituts zur Erforschung der europäischen Arbeiterbewegung, Schriftenreihe A Darstellungen, Bd. 3, Essen 1993, S. 246-274.

Petzina, Dietmar, Arbeitsmarkt und Arbeitsmarktpolitik während des Nationalsozialismus, in: Faust, Anselm, 100 Jahre Arbeitsmarktpolitik in Rheinland-Westfalen, Vom Ende des 19. Jahrhunderts bis zur Gegenwart, Düsseldorfer Schriften zur Neueren Landesgeschichte und zur Geschichte Nordrhein-Westfalens, Band 43, Essen 1997, S. 57-69.

Petzina, Dietmar, Die Verantwortung des Staates für die Wirtschaft, Ausgewählte Aufsätze, Bochumer Schriften zur Unternehmens- und Industriegeschichte, Bd. 8, Bochum 2000.

Petzina, Dietmar, Hauptprobleme der deutschen Wirtschaftspolitik 1932/ 33, in: *derselbe*, Die Verantwortung des Staates für die Wirtschaft, Ausgewählte Aufsätze, Bochumer Schriften zur Unternehmens- und Industriegeschichte, Bd. 8, Bochum 2000, S. 90-124.

Petzina, Dietmar, Zum Problem des Verlaufs und der Überwindung der Weltwirtschaftskrise im regionalen Vergleich, in: *derselbe*, Die Verantwortung des Staates für die Wirtschaft, Ausgewählte Aufsätze, Bochumer Schriften zur Unternehmens- und Industriegeschichte Bd. 8, Bochum 2000, S. 158-187.

Petzina, Dietmar, Isolation und Öffnung. Zwischen National- und Weltwirtschaft, in: Spree, Reinhard (Hrsg.), Geschichte der deutschen Wirtschaft im 20. Jahrhundert, München 2001, S. 90-116.

Petzina, Dietmar/ Abelshauser, Werner/ Faust, Anselm, Sozialgeschichtliches Arbeitsbuch, Band III, Materialien zur Statistik des Deutschen Reiches 1914-1945, Statistische Arbeitsbücher zur neueren deutschen Geschichte, München 1978.

Pfeil, Elisabeth, Die Wohnwünsche der Bergarbeiter, Soziologische Erhebung, Deutung und Kritik der Wohnvorstellungen eines Berufes, Bearbeitung in Verbindung mit Gunther Ipsen u. Heinrich Popitz, Tübingen 1954.

Pfister, Ulrich/ Plumpe, Werner, Unternehmen und Unternehmer. Markt-Organisation-Gesellschaft, Einleitung: Plädoyer für eine theoriegestützte Geschichte von Unternehmen und Unternehmern, in: Westfälische Forschungen, Zeitschrift des Westfälischen Instituts für Regionalgeschichte des Landschaftsverbandes Westfalen-Lippe 50/ 2000, S. 1-21.

Picot, Arnold/ Dietl, Helmut/ Franck, Egon, Organisation, Eine ökonomische Perspektive, Stuttgart 1997.

Picot, Arnold, Die Organisation, Ein dynamischer Prozeß, weil Technologien und Märkte sich verändern/ Kompendium der neuen BWL, in: FAZ v. 18.02.2002, Nr. 41, S. 29.

Pierenkemper, Toni, Was kann eine moderne Unternehmensgeschichtsschreibung leisten ? Und was sollte sie tunlichst vermeiden, in: Zeitschrift für Unternehmensgeschichte 44 (1999), S. 15-31.

Pierenkemper, Toni, Sechs Thesen zum gegenwärtigen Stand der deutschen Unternehmensgeschichtsschreibung, Eine Entgegnung auf Manfred Pohl, in: Zeitschrift für Unternehmensgeschichte 45 (2000), S. 158-166.

Pierenkemper, Toni, Unternehmensgeschichte, Eine Einführung in ihre Methoden und Ergebnisse, Grundzüge der modernen Wirtschaftsgeschichte, Band 1, Stuttgart 2000.

Pierschke, Barbara, Die organisatorische Gestaltung des betrieblichen Immobilienmanagements, Schriften zur Immobilienökonomie, Band 14, Köln 2001.

Pirker, Theo, Büro und Maschine, Zur Geschichte der Soziologie der Mechanisierung der Büroarbeit, der Maschinisierung des Büros und der Büroautomation, Studien des List Instituts, Reihe A, Veröffentlichungen der List Gesellschaft E.V., Band 23, Basel 1962.

Plümecke, Karl/ Seuster, Alfred/ Teller, Paul, Preisermittlung für Bauarbeiten, 10. Auflage, Berlin Leipzig 1942.

Plumpe, Gottfried, Die I.G. Farbenindustrie AG, Wirtschaft, Technik und Politik 1904-1945, Berlin 1990.

Plumpe, Werner, Gemeinnützige Wohnungswirtschaft, Das Beispiel der THS, in: Maessen, Hubert (Hrsg.), ... und dann kommst du nach Hause, Geschichte(n) vom Wohnen und Leben im Revier, 75 Jahre THS, eine Epoche von 1920 bis 1995, Bochum 1995, S. 151-157.

Plumpe, Werner, Alltag bei Kriegsende: Überlebensstrategien von Bevölkerung und Wirtschaft im Übergang 1945/ 46, in: Barbian, Jan-Pieter/ Heid, Ludger (Hrsg.), Zwischen gestern und morgen, Kriegsende und Wiederaufbau im Ruhrgebiet, Essen 1995, S. 158-171.

Plumpe, Werner, Unternehmen, in: Ambrosius, Gerold/ Petzina, Dietmar/ Plumpe, Werner (Hrsg.), Moderne Wirtschaftsgeschichte, Eine Einführung für Historiker und Ökonomen, München 1996, S. 47-66.

Plumpe, Werner, Das Unternehmen als soziale Organisation - Thesen zu einer erneuerten historischen Unternehmensforschung, in: Akkumulation 11/ 1998, S. 1-7.

Plumpe, Werner, Betriebliche Mitbestimmung in der Weimarer Republik, Fallstudien zum Ruhrbergbau und zur Chemischen Industrie, Quellen und Darstellungen zur Zeitgeschichte, Band 45, Hab., München 1999.

Plumpe, Werner, Unternehmerverbände, in: Faulenbach, Bernd/ Jelich, Franz-Josef (Hrsg.), Literaturwegweiser zur Geschichte an Ruhr und Emscher, Im Auftrag des Forums Geschichtskultur an Ruhr und Emscher, Essen 1999, S. 157-164.

Plumpe, Werner, Unternehmen im Nationalsozialismus, Eine Zwischenbilanz, in: Abelshauser, Werner/ Hesse, Jan-Otmar/ *derselbe* (Hrsg.), Wirtschaftsordnung, Staat und Unternehmen, Neue Forschungen zur Wirtschaftsgeschichte des Nationalsozialismus, Festschrift für Dietmar Petzina zum 65. Geburtstag, Essen 2003, S. 243-266.

Plumpe, Werner, Perspektiven der Unternehmensgeschichte, in: Schulz, Günther/ Buchheim, Christoph/ Fouquet, Gerhard/ Gömmel, Rainer/ Henning, Friedrich-Wilhelm/ Kaufhold, Karl Heinrich/ Pohl, Hans (Hrsg.), Sozial- und Wirtschaftsgeschichte, Arbeitsgebiete - Probleme - Perspektiven, 100 Jahre Vierteljahrschrift für Sozial- und Wirtschaftsgeschichte, Beihefte Nr. 169, Stuttgart 2004, S. 403-425.

Plumpe, Werner/ Hesse, Jan-Otmar, Plädoyer für eine Unternehmensgeschichte der Wohnungswirtschaft, Nutzen und Konturen eines historiographischen Forschungskonzepts, in: Eichener, Volker/ van Emmerich, Horst/ Petzina, Dietmar, Die unternehmerische Wohnungswirtschaft: Emanzipation einer Branche, Der Strukturwandel der deutschen Wohnungswirtschaft seit dem ausgehenden 19. Jahrhundert, Frankfurt/ M. 2000, S. 9-19.

Poerschke, Stephan (Bearb.), Heimstättenarbeit in Westfalen im Lichte 50jähriger staatlicher Wohnungspolitik, Beiträge und Untersuchungen, Forschungsstelle für Siedlungs- und Wohnungswesen an der Westfälischen Wilhelms-Universität zu Münster, Neue Folge der Materialien-Sammlung für Wohnungs- und Siedlungswesen, Band 44, Münster 1952.

Pohl, Hans, Die Wohnungsbaufinanzierung der Sparkassen von den Anfängen bis zur Gegenwart, in: Mura, Jürgen (Bearb.), Die Wohnungsbaufinanzierung der Sparkassenorganisation - historische Entwicklung und Zukunftsperspektiven, Sparkassen in der Geschichte, Abteilung I: Dokumentation, Band 15, Sparkassenhistorisches Symposium 1997, veranstaltet von der Wissenschaftsförderung der Sparkassenorganisation e.V. Bonn am 17./ 18. September 1997 in Mannheim, Stuttgart 1998.

Pohl, Manfred, Zwischen Weihrauch und Wissenschaft ? Zum Standort der modernen Wirtschaftsgeschichte, Eine Replik auf Toni Pierenkemper, in: Zeitschrift für Unternehmensgeschichte 44 (1999), S. 150-163.

Pohl, Manfred, Philipp Holzmann, Geschichte eines Bauunternehmens, 1849-1999, München 1999.

Pohle, Ludwig, Die Wohnungsfrage II, Die städtische Wohnungs- und Bodenpolitik, Sammlung Göschen, Leipzig 1910.

Pophanken, Hartmut, Gründung und Ausbau der „Weser"-Flugzeugbau GmbH 1933 bis 1939, Unternehmerisches Entscheidungsdungshandeln im Kontext der nationalsozialistischen Luftrüstung, Diss., Bremen 2000.

Preyer, Wilhelm D.(Hrsg.), Industrielle Arbeitsmarktgestaltung und Siedlung, Materialien-Sammlung Forschungsstelle für Siedlungs- und Wohnungswesen an der Universität Münster, Band 17, Münster (Westf.) 1935.

Pries, Ludger, Die Geschichte von Unternehmen als dreifache Transformation gesellschaftlicher Wirklichkeit - Beobachtungen aus soziologischer Perspektive, in: Hesse, Jan-Otmar/ Kleinschmidt, Christian/ Lauschke, Karl, Kulturalismus, Neue Institutionenökonomik oder Theorienvielfalt, Eine Zwischenbilanz der Unternehmensgeschichte, Bochumer Schriften der Unternehmens- und Industriegeschichte, Bd. 9, Bochum 2002, S. 225-241.

Prinz, Michael, Vom neuen Mittelstand zum Volksgenossen, Die Entwicklung des sozialen Status des Angestellten von der Weimarer Republik bis zum Ende der NS-Zeit, Studien zur Zeitgeschichte, Band 30, Diss., München 1986.

Prollius, Michael von, Das Wirtschaftssystem der Nationalsozialisten 1933-1939, Steuerung durch emergente Organisation und Politische Prozesse, Diss., Paderborn 2003.

Przigoda, Stefan, Unternehmensverbände im Ruhrbergbau, Zur Geschichte von Bergbau-Verein und Zechenverband 1858-1933, Diss., Bochum 2002.

Puppke, Ludwig, Sozialpolitik und soziale Anschauungen frühindustrieller Unternehmer in Rheinland-Westfalen, Schriften zur rheinisch-westfälischen Wirtschaftsgeschichte, Neue Folge der Veröffentlichungen des Archivs für Rheinisch-Westfälische Wirtschaftsgeschichte, Band 13 (Rheinisch-Westfälisches Wirtschaftsarchiv zu Köln), Diss., Köln 1966.

Radbruch, Gustav, Einführung in die Rechtswissenschaft, 5.-6. Auflage, Leipzig 1925.

Radbruch, Gustav/ Wolf, Erik (Hrsg.), Rechtsphilosophie, Stuttgart 1950.

Radzio, Heiner, Unternehmen Energie, Aus der Geschichte der VEBA, Düsseldorf 1979.

Rätsch, Claus, Untersuchungen zur Publizität der deutschen Aktiengesellschaften, Erläutert an Hand von Geschäftsberichten und konsolidierten Jahresabschlüssen der Vereinigte Stahlwerke AG, Düsseldorf und ihrer Tochtergesellschaften, Diss., Düsseldorf 1960.

Raisch, Peter, Geschichtliche Voraussetzungen, dogmatische Grundlagen und Sinnwandlung des Handelsrechts, Diss., Karlsruhe 1965.

Raiser, Thomas, Das Unternehmen als Organisation, Kritik und Erneuerung der juristischen Unternehmenslehre, Hab., Berlin 1969.

Raphael, Lutz, Geschichtswissenschaft im Zeitalter der Extreme, Theorien, Methoden, Tendenzen von 1900 bis zur Gegenwart, München 2003.

Rappaport, Ph. A., Das Industriegebiet als Ausgangszeile neuzeitlicher Siedlungsgestaltung, in: Deutsche Bauzeitung 1934, S. 377-378.

Rappaport , Philip, Ruhrgebiet und Siedlungsverband Ruhrkohlenbezirk, in: Wandersleb, Hermann, Eigenheime für den Bergmann, Die neuen MSA-FOA Bergarbeitersiedlungen im Ruhrgebiet und bei Aachen, Köln 1954, S. 7-10.

Rasch, Manfred, Industrieforschung im Dritten Reich, in: Dascher, Otfried/ Kleinschmidt, Christian (Hrsg.), Die Eisen- und Stahlindustrie im Dortmunder Raum, Wirtschaftliche Entwicklung, soziale Strukturen und technologischer Wandel im 19. und 20. Jahrhundert, Untersuchungen zur Wirtschafts-, Sozial- und Technikgeschichte, Band 9, Dortmund 1992, S. 375-400.

Rasch, Manfred, Das Archiv der Thyssen AG und seine Bestände, in: Archiv und Wirtschaft 29 (1996), S. 2-13.

Rasch, Manfred (Hrsg.), Findbuch zu den Beständen Vereinigte Stahlwerke AG und Bergbau und Industriewerte GmbH, Band 1 und 2, Veröffentlichungen aus dem Archiv der Thyssen AG, 1, Duisburg 1996.

Rasch, Manfred, Hinweise auf Überlieferungen zur Vereinigte Stahlwerke AG in anderen Archiven, in: *derselbe*, Findbuch zu den Beständen Vereinigte Stahlwerke AG und Bergbau und Industriewerte GmbH, Band 1, Veröffentlichungen aus dem Archiv der Thyssen AG, 1, Duisburg 1996, S. 59-88.

Rasch, Manfred (Hrsg.), Findbuch zum Bestand Friedrich Wilhelms-Hütte (1811-1969), Veröffentlichungen aus dem Archiv der Thyssen AG, 2, Duisburg 1997.

Rasch, Manfred (Hrsg.), Findbuch zu den Beständen der Ruhrstahl-Gruppe, Veröffentlichungen aus dem Archiv der Thyssen AG, 3, Duisburg 1998.

Rasch, Manfred, Zur Geschichte der Ruhrstahl-Gruppe und ihrer Werke, in : *derselbe*, Findbuch zu den Beständen der Ruhrstahl-Gruppe, Veröffentlichungen aus dem Archiv der Thyssen AG, 3, Duisburg 1998, S. 3-72.

Rasch, Manfred (Hrsg.), Findbuch zum Nachlaß Wilhelm Steinberg (1896-1984), Veröffentlichungen aus dem Archiv des ThyssenKrupp Konzerns, 4, Duisburg 1999.

Rasch, Manfred, Industrieforschung im Ruhrgebiet, in: Faulenbach Bernd/ Jelich, Franz-Josef (Hrsg.), Literaturwegweiser zur Geschichte an Ruhr und Emscher, Im Auftrag des Forums Geschichtskultur an Ruhr und Emscher, Essen 1999, S. 233-236.

Rasch, Manfred, Unternehmensgeschichte und Unternehmensgeschichtsschreibung, in: Faulenbach, Bernd/ Jelich, Franz-Josef (Hrsg.), Literaturwegweiser zur Geschichte an Ruhr und Emscher, Im Auftrag des Forums Geschichtskultur an Ruhr und Emscher, Essen 1999, S. 165-168.

Rasch, Manfred, Quellen zur Stadtgeschichte in Archiven der Wirtschaft, dargestellt an Beispielen aus dem Archiv der ThyssenKrupp AG, in: Frese, Matthias/ Zeppenfeld, Burkhard (Hrsg.), Kommunen und Unternehmen im 20. Jahrhundert, Wechselwirkungen zwischen öffentlicher und privater Wirtschaft, Bochumer Schriften zur Unternehmens- und Industriegeschichte, Bd. 7, Essen 2000, S. 247-263.

Rasch, Manfred (Hrsg.), Findbuch zum Nachlaß Walter Rohland (1898-1981) und zum Bestand Ruhr-Consulting GmbH, Veröffentlichungen aus dem Archiv der ThyssenKrupp AG, 5, Duisburg 2001.

Rasch, Manfred, Walter Rohland zwischen Kaiserreich und Bundesrepublik. Eine biografische Skizze, in: *derselbe* (Hrsg.), Findbuch zum Nachlaß Walter Rohland (1898-1981) und zum Bestand Ruhr-Consulting GmbH, Veröffentlichungen aus dem Archiv der ThyssenKrupp AG, 5, Duisburg 2001, S. 3-61.

Rasch, Manfred, Über Albert Vögler und sein Verhältnis zur Politik, in: Mitteilungsblatt für soziale Bewegungen, Forschungen und Forschungsberichte 28 (2003), S. 127-156.

Rasch, Manfred, Albert Vögler, Die Industrie und die Wissenschaften, Annäherung an ein Thema, in: Soénius, Ulrich S. (Hrsg.), Bewegen-Verbinden-Gestalten, Unternehmer vom 17. bis zum 20. Jahrhundert, Festschrift für Klara van Eyll zum 28. September 2003, Schriften zur rheinisch-westfälischen Wirtschaftsgeschichte, Band 44, Köln 2003, S. 313-333.

Rasch, Manfred, Rabes, Carl Gustav Georg, in: Neue Deutsche Biographie, Herausgegeben von der Historischen Kommission bei der Bayerischen Akademie der Wissenschaften, 21. Band, Berlin 2003, S. 71-72.

Rasch, Manfred/ Bleidick, Dietmar (Hrsg.), Technikgeschichte im Ruhrgebiet · Technikgeschichte für das Ruhrgebiet, Festschrift für Wolfhard Weber zum 65. Geburtstag, Essen 2004.

Rebentisch, Dieter/ Teppe, Karl (Hrsg.), Verwaltung contra Menschenführung im Staat Hitlers, Studien zum politisch-administrativen System, Göttingen 1986.

Reckendrees, Alfred, Die Vereinigte Stahlwerke A.G. 1926-1933 und das „glänzende Beispiel Amerika", in: Zeitschrift für Unternehmensgeschichte 41 (1996), S. 159-186.

Reckendrees, Alfred, Das Stahltrust-Projekt, Die Gründung der Vereinigte Stahlwerke A.G. und ihre Unternehmensentwicklung 1926-1933/ 34, Schriftenreihe zur Zeitschrift für Unternehmensgeschichte, Band 5, Diss., München 2000.

Reckendrees, Alfred, Der Property Rights-Ansatz und sein möglicher Nutzen für die historische Unternehmensforschung. Ein Versuch, in: Ellerbrock, Karl-Peter/ Wischermann, Clemens (Hrsg.), Die Wirtschaftsgeschichte vor der Herausforderung durch die New Institutional Economics, Untersuchungen zur Wirtschafts- und Technikgeschichte, Band 24, Dortmund 2004, S. 272-290.

Recker, Marie-Luise, Staatliche Wohnungsbaupolitik im Zweiten Weltkrieg, in: Die Alte Stadt 1978, S. 117-137.

Recker, Marie-Luise, Wohnen und Bombardierung im Zweiten Weltkrieg, in: Niethammer, Lutz (Hrsg.), Wohnen im Wandel, Beiträge zur Geschichte des Alltags in der bürgerlichen Gesellschaft, Wuppertal 1979, S. 408-428.

Recker, Marie-Luise, Nationalsozialistische Sozialpolitik im Zweiten Weltkrieg, Studien zur Zeitgeschichte, Band 29, München 1985.

Recker, Marie-Luise, Der Reichskommissar für den sozialen Wohnungsbau, Zu Aufbau, Stellung und Arbeitsweise einer führerunmittelbaren Sonderbehörde, in: Rebentisch, Dieter/ Teppe, Karl (Hrsg.); Verwaltung contra Menschenführung im Staat Hitlers, Studien zum politisch-administrativen System, Göttingen 1986, S. 333-350.

Reibel, Carl-Wilhelm, Das Fundament der Diktatur: Die NSDAP-Ortsgruppen 1932-1945, Sammlung Schöningh zur Geschichte und Gegenwart, Paderborn München Wien Zürich 2002.

Reichardt, Erwin, Die Grundzüge der Arbeiterwohnungsfrage mit besonderer Berücksichtigung der Unternehmungen, die Arbeiter zu Hauseigenthümern zu machen, Berlin 1885.

Reichsbund der Haus- und Grundbesitzer (Hrsg.), Haus- und Grundbesitz, Ein Arbeitsquerschnitt, Bericht über den Deutschen Haus- und Grundbesitzertag vom 25.-28. September 1937 in Köln, Berlin 1937.

Reichsheimstättenamt der Deutschen Arbeitsfront (Hrsg.), Schönheit des Wohnens, Ein Bildwerk über deutsche Wohnmöbel, Freiburg im Breisgau 1941.

Reichskuratorium für Wirtschaftlichkeit (Hrsg.), Größere Wirtschaftlichkeit durch geordnetes Rechnungswesen und Betriebsuntersuchungen, Einführung und Anregungen, 2. Auflage, Leipzig 1942.

Reichsverband des deutschen gemeinnützigen Wohnungswesens (Hrsg.), Jahrbuch des deutschen gemeinnützigen Wohnungswesens, Ein Leistungsbericht für das Jahr 1938, Berlin 1939.

Reichsverband des deutschen gemeinnützigen Wohnungswesens (Hrsg.), Jahrbuch des deutschen gemeinnützigen Wohnungswesens, Band II/ 1940, Ein Leistungsbericht für das Jahr 1939, Berlin 1940.

Reichsverband des deutschen gemeinnützigen Wohnungswesens (Hrsg.), Jahrbuch des deutschen gemeinnützigen Wohnungswesens, Band III/ 1941, Ein Leistungsbericht für das Jahr 1940, Berlin 1942.

Reichsverband Deutscher Geschäfts- und Industrie-Hausbesitzer E.V. (Hrsg.), Über die Lage des Geschäfts- und Industrie-Hausbesitzes und den Zinsabbau, Denkschrift, Berlin 1931.

Reinhardt, Fritz, Generalangriff gegen die Arbeitslosigkeit, in: RStBl. 1933 S. 485-494.

Reinhardt, Fritz (Hrsg.), Passauer Vorträge, Teil II, Körperschaftsteuer, Berlin Wien 1941.

Reininghaus, Wilfried/ Reimann, Norbert (Hrsg.), Zwangsarbeit in Deutschland 1939-1945, Archiv- und Sammlungsgut, Topographie und Erschließungsstrategien, Bielefeld 2001.

Reininghaus, Wilfried, Zwangsarbeiter in Westfalen 1939-1945, in: Der Archivar Jg. 53, Heft 2, 2000, S. 114-121.

Reulecke, Jürgen, Leben und Wohnen im Revier am Essener Beispiel, Soziale Herausforderungen und soziale Reform an der Schwelle zum 20. Jahrhundert, in: Allbau Allgemeiner Bauverein Essen AG (Hrsg.), Wohnen und Markt, Gemeinnützigkeit wieder modern, Essen 1994, S. 5-22.

Reulecke, Jürgen/ Zimmermann, Clemens, Zwölf Bemerkungen zur Stadt- und Urbanisierungsgeschichte, in: Informationen zur modernen Stadtgeschichte 1/ 2002, S. 62-69.

Reuß, W., Der Werkwohnungsbau der Industrie, in: Siedlung und Wirtschaft 1939, S. 58-61.

Richter, Rudolf, Sichtweise und Fragestellungen der Neuen Institutionenökonomik, in: Zeitschrift für Wirtschafts- und Sozialwissenschaften 110 (1990), S. 571-591.

Richter, Rudolf/ Furubotn, Eirik G., Neue Institutionenökonomik, Eine Einführung und kritische Würdigung, 2. Auflage, Tübingen 1999.

Riebandt-Korfmacher, A., Der Wert der Bindungen der gemeinnützigen Wohnungsunternehmen, in: Gesamtverband gemeinnütziger Wohnungsunternehmen e.V.(Hrsg.), Unternehmerische Wohnungsversorgung, Allgemeiner Deutscher Bauvereinstag Stuttgart, Köln 1965, S. 121-126.

Riebel, Volker, Strukturwandel des Bergarbeiterwohnungsbaus, in: Eichener, Volker/ van Emmerich, Horst/ Petzina, Dietmar (Hrsg.), Die unternehmerische Wohnungswirtschaft: Emanzipation einer Branche, Der Strukturwandel der deutschen Wohnungswirtschaft seit dem ausgehenden 19. Jahrhundert, Frankfurt/ M. 2000, S. 135-158, hier S. 139.

Rieker, Yvonne/ Zimmermann, Michael, Von der rechtlichen Gleichstellung bis zum Genozid, in: *derselbe* (Hrsg.), Die Geschichte der Juden im Rheinland und in Westfalen, Schriften zur politischen Landeskunde Nordrhein-Westfalens, Band 11, Köln 1998, S. 141-259

Robeck, Ulrike, Wohnhäuser aus Stahl, Das Experiment des Stahllamellenbaus im Ruhrgebiet, in: Baukultur 1995, S. 33-35.

Robeck, Ulrike, Alles Blech: Wohnhäuser aus Stahl, Eine Bilanz ihrer Entwicklung, Herstellung und Verbreitung im rheinisch-westfälischen Industriegebiet, Essen 2000.

Rode, Gerhard, Der gemeinnützige Wohnungsbau in Deutschland, Diss., Greifswald Barth in Pommern 1935.

Rodríguez-Lores, Juan/ Fehl, Gerhard (Hrsg.) Die Kleinwohnungsfrage; Zu den Ursprüngen des sozialen Wohnungsbaus in Europa, Band 8 der Reihe Stadt-Planung-Geschichte, Hamburg 1988.

Röseler, Klaus, Die Stellung der deutschen Unternehmen in der Wirtschaftskrise 1929-1933, Diss., Hannover 1967.

Rohland, Walter, Bewegte Zeiten, Erinnerungen eines Eisenhüttenmannes, Stuttgart 1978.

Rohsa, Erich, Wirtschaft und Siedlung in Dortmund, Eine stadtgeographische Studie, Marburg 1937.

Ronde, Hans, Der Luftschutz, Veröffentlichungen des Reichsverbandes der Deutschen Industrie Nr. 58, Berlin 1931.

Roquette, Hermann, Rechtsgrundlagen der Wohnungsmiete, Schriftenreihe der Juristischen Wochenschrift Nr. 6, Leipzig 1936.

Roquette, Hermann, Das Verbot der Umwandlung von Wohnungen in Räume anderer Art, in: Deutsches Recht 1941, S. 2221-2223.

Roquette, Hermann, Mietzinsbildung als Rechtsproblem, in: Deutsches Recht 1942, S. 1433-1436.

Roquette, Hermann, Mietrecht, Aufbauende Gesamtdarstellung des Mietrechts unter Berücksichtigung der Neufassung des Mieterschutzgesetzes vom 15.12.1942, 2. Auflage, Berlin Leipzig Wien 1943.

Roquette, Hermann, Werkwohnungen und Betriebswohnungen im Mietecht, in: Deutsches Recht 1943, S. 927-931.

Rosenbaum, Alexander, Der Stimmkauf im Aktienrecht, Diss., Jena 1933.

Rosenstern, Ernst F., Gegenwartsprobleme des Erwerbs eigener Aktien, Diss., Hamburg 1933.

Roth, Karl Heinz, Agonie und Katastrophe 1945, in: Eichholtz, Dietrich, Geschichte der deutschen Kriegswirtschaft 1939-1945, Band III: 1943-1945, Teil 2, München 1999, S. 613-679.

Rottke, Hermann, Die Buchhaltung von Industriebetrieben und Handelsgeschäften lückenlos durchgeführt mit Hollerith-Maschinen, Berlin Wien 1929.

Ruck, Michael, Der Wohnungsbau-Schnittpunkt von Sozial- und Wirtschaftspolitik, Probleme der öffentlichen Wohnungspolitik in der Hauszinssteuerära (1924/25-1930/31), in: Abelshauser, Werner (Hrsg.), Die Weimarer Republik als Wohlfahrtsstaat, Zum Verhältnis von Wirtschafts- und Sozialpolitik in der Industriegesellschaft, Vierteljahrschrift für Sozial- und Wirtschaftsgeschichte, Beiheft Nr. 81, Stuttgart 1987, S. 91-123.

Ruck, Michael, Die öffentliche Wohnungsbaufinanzierung in der Weimarer Republik, in: Schild, Axel/ Sywottek, Arnold (Hrsg.) Massenwohnung und Eigenheim, Wohnungsbau und Wohnen in der Großstadt seit dem Ersten Weltkrieg, Campus Forschung Band 589, Frankfurt/ M. New York 1988, S. 201-221.

Rüthers, Bernd, Die unbegrenzte Auslegung, Zum Wechsel der Privatrechtsordnung im Nationalsozialismus, 4. Auflage, Heidelberg 1991.

Ruhrlandmuseum (Hrsg.), Vom Hausen und Wohnen, Wohnungsbau für Arbeiter zur Zeit der Industrialisierung: Essen, ein Beispiel, Essen 1988.

Ruhrwohnungsbau-Aktiengesellschaft (Hrsg.), Die Ruhrwohnungsbau-Aktiengesellschaft, deren Entstehung und bisherige Tätigkeit, Denkschrift gelegentlich der Besichtigungsfahrt der Mitglieder des Wohnungsausschusses des Reichstages im September 1929, Dortmund 1929.

Ruhrwohnungsbau-Aktiengesellschaft (Hrsg.), 25 Jahre Ruhrwohnungsbau-Aktiengesellschaft, Gemeinnütziges Wohnungsunternehmen Dortmund, 1928-1953, Dortmund 1953.

Rusinek, Bernd-A., Kriegsende 1945, Verbrechen, Katastrophen, Befreiungen in nationaler und internationaler Perspektive, Dachauer Symposien zur Zeitgeschichte, Band 4, Göttingen 2004.

Saalfeld, Diedrich, Die Mieten und Wohnungsausgaben der privaten Haushalte in Deutschland 1880-1980, in: Schulz, Günter (Hrsg.), Wohnungspolitik im Sozialstaat, Deutsche und europäische Lösungen 1918-1960, Düsseldorf 1993, S. 201-221.

Saldern, Adelheid von, Mittelstand im Dritten Reich, Handwerker - Einzelhändler - Bauern, Campus Forschung, Band 86, Frankfurt/ M. 1979.

Saldern, Adelheid von, Neues Wohnen, Wohnverhältnisse und Wohnverhalten in Großwohnanlagen der 20er Jahre, in: Schild, Axel/ Sywottek, Arnold (Hrsg.), Massenwohnung und Eigenheim, Wohnungsbau und Wohnen in der Großstadt seit dem Ersten Weltkrieg, Campus Forschung, Band 589, Frankfurt/ M. New York 1988, S. 201-221.

Saldern, Adelheid von, Häuserleben, Zur Geschichte städtischen Arbeiterwohnens vom Kaiserreich bis heute, Forschungsinstitut der Friedrich-Ebert-Stiftung Reihe Politik- und Gesellschaftsgeschichte, Band 38, Bonn 1995.

Saldern, Adelheid von, Leistungsdruck im Handwerk während der NS-Zeit, in: Großbölting, Thomas/ Schmidt, Rüdiger (Hrsg.), Unternehmerwirtschaft zwischen Markt und Lenkung, Organisationsformen, politischer Einfluß und ökonomisches Verhalten 1930-1960, München 2002, S. 39-67.

Salewski, Michael/ Schulze-Wegener, Guntram (Hrsg.), Kriegsjahr 1944, Im Großen und im Kleinen, Historische Mitteilungen der Ranke-Gesellschaft (HMRG), Beiheft 12, Stuttgart 1995.

Salje, Peter (Hrsg.), Recht und Unrecht im Nationalsozialismus, Münster 1985.

Salzmann, Bernhard, Gemeinnützige Wohnungswirtschaft im Raum Westfalen-Lippe, in: Seraphim Hans-Jürgen (Hrsg.), Deutsche Siedlungs- und Wohnungspolitik, Gegenwartsprobleme und Zukunftsaspekte, Festschrift zum 25jährigen Bestehen des Instituts für Siedlungs- und Wohnungswesen der Westfälischen Wilhelms-Universität Münster i.W., Münster 1959, S. 323-330.

Sarholz, Thomas, Die Auswirkungen der Kontingentierung von Eisen und Stahl auf die Aufrüstung der Wehrmacht von 1936 bis 1939, Diss., Darmstadt 1983.

Savigny, Friedrich Carl von, Das Recht des Besitzes, Eine civilistische Abhandlung, 6. Auflage, Gießen 1837.

Schaaf, Hans, Die Entwicklungstendenzen der gemeinnützigen Bauvereinigungen in Deutschland in der Kriegs- und Nachkriegszeit, Münster 1926.

Schäche, Wolfgang (Hrsg.), 75 Jahre GEHAG, 1924-1999, Berlin 1999.

Schäfers, Wolfgang, Strategisches Management von Unternehmensimmobilien, Bausteine einer theoretischen Konzeption und Ergebnisse einer empirischen Untersuchung, Schriften zur Immobilienökonomie, Band 3, Köln 2000.

Schanetzky, Tim, Was ist Unternehmensgeschichte ?, Theoretische und methodische Grundlagen einer Geschichte der Wohnungswirtschaft, Ausarbeitung für den Gemeinnützigen Förderverein für Wohnungswesen, Städteplanung und Raumordnung e.V. (gfw), Bochum 1997.

Schanetzky, Tim, Unternehmerische Handlungsspielräume zwischen Wohnungsmarkt und Wohnungspolitik : Die Hattinger Wohnstättengenossenschaft zwischen 1945 und dem Ende der 70er Jahre, Bochum 1999.

Schanetzky, Tim (Hrsg.), Unter einem Dach, Engagement und Sozialkompetenz, 100 Jahre Hattinger Wohnstättengenossenschaft, Essen 1999.

Schanetzky, Tim, Ruhrprovinz oder Ruhrstadt ?, Defizite und Chancen einer „Geschichte des Wohnens im Revier"- eine Skizze, in: Forum Geschichtskultur und Industriedenkmalpflege 2 (2001), S. 12-18.

Schauer, Ralf Erich, Die Steuergesetzgebung des Nationalsozialismus als Mittel der Machtpolitik: Vom Steuerrecht zum Steuerunwesen, Europäische Hochschulschriften, Reihe III, Geschichte und ihre Hilfswissenschaften, Bd. 960, Diss., Frankfurt/ M. u. a. 2003.

Schauhoff, Stephan (Hrsg.), Handbuch der Gemeinnützigkeit, Verein - Stiftung - GmbH, Recht · Steuern · Personal, München 2000.

Scheffran, Barbara, Arbeiterwohnen: Ideal und Wirklichkeit, Zur Geschichte der Möblierung von Arbeiterwohnungen 1850-1950, Dortmund 1990.

Schenck, „Bauen mit deutschen Werkstoffen", in: Der Vierjahresplan 1937, S. 474-475.

Schenke, Wilhelm, Die Heimstätten und ihre Funktion als Organe der staatlichen Wohnungspolitik, in: Heuer, Jürgen (Bearb.), Wohnungsbaufinanzierung, Grundlagen-Träger-Aufgaben, Die Heimstätten und ihre Funktion als Organe der staatlichen Wohnungspolitik, in: Heuer, Jürgen, Wohnungsbaufinanzierung, Grundlagen-Träger-Aufgaben, Institut für Siedlungs- und Wohnungswesen der Westfälischen Wilhelms-Universität Münster, Beiträge und Untersuchungen, Neue Folge der Materialien-Sammlung für Wohnungs- und Siedlungswesen, Band 58, Köln 1964, S. 97-109.

Schertler, Walter, Unternehmensorganisation, Lehrbuch der Organisation und strategischen Unternehmensführung, 7. Auflage, München Wien 1998.

Schewe, Gerhard, Strategie und Struktur, Eine Re-Analyse empirischer Befunde und Nicht-Befunde, Die Einheit der Gesellschaftswissenschaften, Studien in den Grenzbereichen der Wirtschafts- und Sozialwissenschaften, Band 102, Tübingen 1998.

Schild, Axel/ Sywottek, Arnold (Hrsg.), Massenwohnung und Eigenheim, Wohnungsbau und Wohnen

in der Großstadt seit dem Ersten Weltkrieg, Frankfurt/ M. New York 1988.
Schily, Franz/ Müser, Franzjosef, Bochumer Verein, Fremdarbeitereinsatz, Bericht über den Einsatz und die Betreuung von Fremdarbeitern beim Bochumer Verein, Bochum 1947.
Schlagheck, Bernhard, Objektorientierte Referenzmodelle für das Prozeß- und Projektcontrolling, Grundlagen - Konstruktion - Anwendungsmöglichkeiten, Diss., Wiesbaden 2000.
Schleiter, Ludwig-Wilhelm, Historische, gesellschaftliche und ökonomische Grundlagen der Immobilien-Projektentwicklung oder Staats-, Stadt- und Immobilienentwicklung, die politisch-gesellschaftliche, die zeitliche und die räumliche Dimension des Immobilienmarktgeschehens, Strategien und Taktiken für erfolgreiche Immobilien-Projektentwicklung, Ein Beitrag für fachübergreifendes Denken, Forschen und Handeln, Köln 2000.
Schlenker, Roland, „Ihre Arbeitskraft ist auf das schärfste anzuspannen." Texte, Dokumente und Materialien zu Zwangsarbeitern und Zwangsarbeiterlagern in Gelsenkirchen 1940-1945, Schriftenreihe des Instituts für Stadtgeschichte, Materialien Band 6, Essen 2003.
Schlier, Jutta/ Most, Dietmar, Vereinigte Wohnstätten 1889 eG, 1889-1989, 100 Jahre genossenschaftlicher Wohnungsbau, Kassel 1989.
Schlosser, Aloys/ Herrmann, Willy, Die Hauszinssteuer, Grundvermögensteuer und der staatliche Zuschlag zur Grundvermögensteuer, Kommentar, 3. Aufl., Berlin 1932.
Schluckebier, Hermann, Gemeinnütziger Wohnungsbau vom Standpunkt der freien Wirtschaft unter Berücksichtigung des zur Beratung stehenden Gemeinnützigkeitsgesetzentwurfes, in: Beilage zur Deutschen Bauzeitung/ DBZ 1930 Nr. 1-2, Bauwirtschaft und Baurecht, Finanzierung · Wohnungswirtschaft · Bauindustrie und Baugewerbe, Rechtsfragen und Chronik, S. 1-5.
Schmalenbach, Eugen, Finanzierungen, 3. Auflage, Leipzig 1922.
Schmalenberg, Carlaugust, Die bauliche Selbsthilfe in der Wohnungswirtschaft unter Berücksichtigung der Verhältnisse in der eisenschaffenden Industrie, Diss., Köln 1958.
Schmecht, Rainer, Strukturwandlungen der gemeinnützigen Wohnungswirtschaft, Schriften des Instituts für Wohnungsrecht und Wohnungswirtschaft an der Universität zu Köln, Band 44, Köln 1976.
Schmidt, Friedrich, Siedlungsplanung und Siedlungsgebäude, Kostengestaltung der Siedlerstellen, in: RArbBl. 1936 II S. 484-488.
Schmidt, Friedrich/ Bellinger, Hermann, Die Kleinsiedlung, Das gesamte geltende Recht der Kleinsiedlung unter Berücksichtigung der neuen Bestimmungen über die Förderung der Kleinsiedlung (KSB) vom 14. September 1937, Eberswalde Berlin Leipzig 1937.
Schmidt, Karsten, Gesellschaftsrecht, 3. Auflage, Köln Berlin Bonn München 1997.
Schmidt, Karsten, Handelsrecht, 5. Auflage, Köln Berlin Bonn München 1999.
Schmidt, Margot, Krieg der Männer - Chance der Frauen?, Der Einzug von Frauen in die Büros der Thyssen AG, in: Niethammer, Lutz (Hrsg.), „Die Jahre weiß man nicht, wo man die heute hinsetzen soll", Faschismuserfahrungen im Ruhrgebiet, Lebensgeschichte und Sozialkultur im Ruhrgebiet 1930 bis 1960, Band 1, Berlin Bonn 1983, S. 133-162.
Schmitt, Carl, Der Führer schützt das Recht, in: Deutsche Juristen-Zeitung 1934, Sp. 945-950.
Schmitt, Lothar, Die Unternehmungsform in Betriebswirtschaftslehre und Steuerrecht, Eine Untersuchung über den betriebswirtschaftlichen Begriff der Unternehmungsform und seine Bedeutung im Steuerrecht mit dem Versuch einer Ordnung auf dem Gebiet der Unternehmungsbesteuerung, Schriftenreihe der Wilhelm-Rieger-Gesellschaft 3, Diss., München 1966.
Schmoll, Fritz, Wohnungsnot und Wohnungsreform in Deutschland, Das Beispiel der gemeinnützigen Wohnungsunternehmen vor 1870, Diss., Stuttgart 1979.
Schnadt, Theo, Bochum, Wirtschaftsstruktur und Verflechtung einer Großstadt des Ruhrgebietes, Bochum-Langendreer 1936.
Schöbel, Fritz, Das Duisburger Kleinwohnungswesen, Seine Entwicklung von der Mitte des 19. Jahrhunderts bis zur Gegenwart unter besonderer Berücksichtigung der kommunalen, genossenschaftlichen und industriellen Bautätigkeit, Diss., Jena 1923.
Schöler, Helmut, Die Inkompatibilität von Vorstand und Aufsichtsrat bei der Aktiengesellschaft, Diss., Köln 1940.
Schollmeier, Axel, Gartenstädte in Deutschland, Ihre Geschichte, städtebauliche Entwicklung und Architektur zu Beginn des 20. Jahrhunderts, Kunstgeschichte, Bd. 28, Diss., Münster 1990.

Scholtyseck, Joachim, Robert Bosch und der liberale Widerstand gegen Hitler, München 1999.

Schremmer, Eckart (Hrsg.), Wirtschafts- und Sozialgeschichte, Gegenstand und Methode, 17. Arbeitstagung der Gesellschaft für Sozial- und Wirtschaftsgeschichte in Jena 1997, Vierteljahrschrift für Sozial- und Wirtschaftsgeschichte, Beihefte Nr. 145, Stuttgart 1998.

Schröder, Josef, Die Möglichkeiten der Nebenerwerbssiedlung im rheinisch-westfälischen Industriebezirk, Beiträge zur Wohnungswirtschaft, Materialiensammlung Forschungsstelle für Siedlungs- und Wohnungswesen an der Universität Münster i.W., Band 13, Münster 1935.

Schröder, Rainer, Zur Rechtsgeschäftslehre in nationalsozialistischer Zeit, in: Salje, Peter (Hrsg.), Recht und Unrecht im Nationalsozialismus, Münster 1985, S. 8-44.

Schröder, Rainer, Steuerung der Wirtschaft durch Rechtsauslegung, in: Gosewinkel, Dieter (Hrsg.), Wirtschaftskontrolle und Recht in der nationalsozialistischen Diktatur, Studien zur europäischen Rechtsgeschichte, Veröffentlichungen des Max-Planck-Instituts für europäische Rechtsgeschichte, Band 180, Das Europa der Diktatur, Band 4, Frankfurt/ M. 2005, S. 91-106.

Schröder, Susanne, Steuerlastgestaltung der Aktiengesellschaften und Veranlagung zur Körperschaftsteuer im Deutschen Reich und den USA von 1918 bis 1936, Ein Beitrag zum Problem der Besteuerung in der Demokratie, Schriften zur Wirtschafts- und Sozialgeschichte, Band 47, Berlin 1996.

Schröter, Hellmut, Gemeinnützige, mildtätige und kirchliche Zwecke in der Rechtsprechung, Bücherei des Steuerrechts, Band 38, Berlin Wien 1941.

Schubert, Werner/ Schmid, Werner/ Regge, Jürgen (Hrsg.), Akademie für Deutsches Recht 1933-1945, Protokolle der Ausschüsse, Band I, Ausschuß für Aktienrecht, Berlin New York 1986.

Schubert, Werner/ Schmid, Werner/ Regge, Jürgen (Hrsg.), Akademie für Deutsches Recht 1933-1945, Protokolle der Ausschüsse, Band III, 7, Ausschüsse für Immobiliarkredit, Bodenrecht (allgemeines Grundstücksrecht), Hypothekenrecht und Enteignungsrecht (1934-1942), Berlin New York 1995.

Schubert, Werner (Hrsg.), Akademie für Deutsches Recht 1933-1945, Protokolle der Ausschüsse, Band IV, Ausschuß für Genossenschaftsrecht, Berlin New York 1989.

Schulenburg, Julian/ Renz, Johannes (Bearb.), Innenministerium, Gauwohnungskommissar - Behelfsheime - 1944-1945, Hauptstaatsarchiv Stuttgart, Repertorien, Stuttgart 2003.

Schulte, Heinz, Der Vorstand nach neuem Aktienrecht, Diss., Köln 1939.

Schulte, Karl-Werner/ Schäfers, Wolfgang (Hrsg.), Handbuch Corporate Real Estate Management, Köln 1998.

Schulte, Karl-Werner/ Schäfers, Wolfgang (Hrsg.), Einführung in das Corporate Real Estate Management, in: *dieselben*, Handbuch Corporate Real Estate Management, Köln 1998, S. 25-54.

Schulte, Karl-Werner, Betriebswirtschaftliche Grundlagen der Immobilienökonomie, in: Jenkis, Helmut W., Kompendium der Wohnungswirtschaft, 4. Auflage, München 2001, S. 889-933.

Schulz, Günther, Der Wohnungsbau industrieller Arbeitgeber in Deutschland bis 1945, in: Teuteberg, Hans-Jürgen (Hrsg.), Homo habitans, Zur Sozialgeschichte des ländlichen und städtischen Wohnens in der Neuzeit, Studien zur Geschichte des Alltags, Band 4, Münster 1985, S. 373-389.

Schulz, Günther, Kontinuitäten und Brüche in der Wohnungspolitik von der Weimarer Zeit bis zur Bundesrepublik, in: Teuteberg, Hans-Jürgen (Hrsg.), Stadtwachstum, Industrialisierung, sozialer Wandel; Beiträge zur Erforschung der Urbanisierung im 19. und 20. Jahrhundert, Schriften des Vereins für Socialpolitik, Neue Folge Band 156, Berlin 1986, S. 135-173.

Schulz, Günther, Neue Literatur zur Geschichte des Wohnens und der Wohnungspolitik, in: Vierteljahrschrift für Sozial- und Wirtschaftsgeschichte 73 (1986), S. 366-391.

Schulz, Günther (Hrsg.), Wohnungspolitik im Sozialstaat, Deutsche und europäische Lösungen 1918-1960, Düsseldorf 1993.

Schulz, Günther, Die neuere deutsche Wirtschaftsgeschichte: Themen - Kontroversen - Erträge der Forschung in: Feldenkirchen, Wilfried/ Schönert-Röhlk, Frauke/ *derselbe* (Hrsg.), Wirtschaft, Gesellschaft, Unternehmen, Festschrift für Hans Pohl zum 60. Geburtstag, 1. Teilband, Vierteljahrschrift für Sozial- und Wirtschaftsgeschichte, Beihefte Nr. 120a, Stuttgart 1995, S. 400-425.

Schulz, Günther/ Buchheim, Christoph/ Fouquet, Gerhard/ Gömmel, Rainer/ Henning, Friedrich-Wilhelm/ Kaufhold, Karl Heinrich/ Pohl, Hans (Hrsg.), Sozial- und Wirtschaftsgeschichte, Arbeitsgebiete - Probleme - Perspektiven, 100 Jahre Vierteljahrschrift für Sozial- und Wirtschaftsgeschichte, Beihefte Nr. 169, Stuttgart 2004.

Schulz, Max, Die Kleinsiedlung in Deutschland unter besonderer Berücksichtigung ihrer Finanzierungs-

und Ertragsverhältnisse, Diss., Berlin 1937.
Schulze, Rainer (Hrsg.), Industrieregionen im Umbruch, Historische Voraussetzungen und Verlaufsmuster des regionalen Strukturwandels im europäischen Vergleich, Industrial Regions in Transformation, Historical Roots and Patterns of Regional Structural Change: A European Comparison, Veröffentlichungen des Instituts zur Erforschung der europäischen Arbeiterbewegung, Schriftenreihe A Darstellungen, Bd. 3, Essen 1993, S. 246-274.
Schumann, Jochen/ Meyer, Ulrich/ Ströbele, Wolfgang, Grundzüge der mikroökonomischen Theorie, 7. Auflage, Berlin Heidelberg New York 1999.
Schwan, Bruno, Die Bautätigkeit durch gemeinnützige Vereinigungen, in: Internationaler Wohnungskongreß Berlin 1931, Die sozialpolitische Bedeutung der Wohnungswirtschaft in Gegenwart und Zukunft, Kongreßpublikation II Thema I, Vorberichte der Länder, Frankfurt/ M. 1931, S. 196-213.
Schwan, Bruno (Hrsg./ Gesamtleitung unter Förderung von Krohn, Johannes), Wörterbuch der Wohnungs- und Siedlungswirtschaft, Loseblatthandbuch für die gesamte privatwirtschaftliche, genossenschaftliche, öffentlich-wirtschaftliche und Verwaltungs-Praxis auf dem Gebiete des Wohnungs- und Siedlungswesens, Stuttgart Berlin 1938.
Schwarze, Jochen, Informationsmanagement als Voraussetzung für ein erfolgreiches Immobilienmanagement, in: Schulte, Karl-Werner/ Schäfers, Wolfgang (Hrsg.), Handbuch Corporate Real Estate Management, Köln 1998, S. 83-116.
Schwenger, Rudolf, Die betriebliche Sozialpolitik im Ruhrkohlenbergbau, Schriften des Vereins für Socialpolitik 186/ 1, München Leipzig 1932.
Schweyer, Carl, Struktur und Grundlagen der gemeinnützigen Wohnungsunternehmen, in: Gesamtverband gemeinnütziger Wohnungsunternehmen e.V. (Hrsg.), Unternehmerische Wohnungsversorgung, Allgemeiner Deutscher Bauvereinstag, Stuttgart 15. und 16. Oktober 1964, Köln 1965, S. 59-75.
Schwoon, Kathrin, Entwicklung geschlossener Arbeitersiedlungen in Emden, unter besonderer Berücksichtigung der „Kolonie Friesland", Studienarbeit am Institut für Bau- und Kunstgeschichte, Universität Hannover o. J. .
Scott, Richard W., Grundlagen der Organisationstheorie, Frankfurt/ M. New York 1986.
Sczech, Johannes, Zur vergleichenden Beurteilung von Organisationsstrukturen, Diss., Bonn 1989.
Seebold, Gustav-Hermann, Ein Stahlkonzern im Dritten Reich, Der Bochumer Verein 1927-1945, Düsseldorfer Schriften zur Neueren Landesgeschichte und zur Geschichte Nordrhein-Westfalens, Band 3, Diss., Wuppertal 1981.
Seidel, Hans-Christoph/ Tenfelde, Klaus (Hrsg.), Zwangsarbeit im Bergwerk, Der Arbeitseinsatz im Kohlenbergbau des Deutschen Reiches und der besetzten Gebiete im Ersten und Zweiten Weltkrieg, Institut für Soziale Bewegungen, Schriftenreihe C-Zwangsarbeit im Bergwerk, Essen 2005.
Seidenzahl, Fritz, 100 Jahre Deutsche Bank 1870-1970, Frankfurt/ M. 1970.
Seidler, Franz W., Die Organisation Todt, Bauen für Staat und Wehrmacht 1938-1945, Koblenz 1987.
Seiff, Rudolf, Die deutsche Kleinsiedlung, Eine Untersuchung unter wirtschaftlichen, sozialen und kulturellen Gesichtspunkten, Eberswalde Berlin Leipzig 1941.
Selchert, F.W./ Lück, Wolfgang, Die steuerliche Behandlung gemeinnütziger und freier Wohnungsunternehmen, Schriften des Instituts für Wohnungsrecht und Wohnungswirtschaft an der Universität zu Köln, Band 53, Frankfurt/ M. 1985.
Seldte, Franz, Sozialpolitik im Dritten Reich, 1933-1938, München 1939.
Selle, Gert, Geschichte des Design in Deutschland, Frankfurt/ M. New York 1994.
Seraphim, Hans-Jürgen (Hrsg.), Deutsche Siedlungs- und Wohnungspolitik, Gegenwartsprobleme und Zukunftsaspekte, Festschrift zum 25jährigen Bestehen des Instituts für Siedlungs- und Wohnungswesen der Westfälischen Wilhelms-Universität Münster i.W., Münster 1959.
Seraphim, Hans-Jürgen, Historischer Abriß des Staatseinflusses in der Wohnungswirtschaft, in: Nipperdey, Hans Carl/ Weisser, Gerhard (Hrsg.), Der Staatseinfluß in der Wohnungswirtschaft, Schriften des Instituts für Wohnungsrecht und Wohnungswirtschaft an der Universität zu Köln-Braunsfeld, Köln 1959, S. 9-14.
Siegel, Tilla/ Freyberg, Thomas von, Industrielle Rationalisierung unter dem Nationalsozialismus, Forschungsberichte des Instituts für Sozialforschung, Frankfurt/ M. New York 1991.
Siegenthaler, Hansjörg, Regelvertrauen, Prosperität und Krisen, Die Ungleichmäßigkeit wirtschaftli-

cher und sozialer Entwicklung als Ergebnis individuellen Handelns und sozialen Lernens, Die Einheit der Gesellschaftswissenschaften, Studien in den Grenzbereichen der Wirtschafts- und Sozialwissenschaften, Band 81, Tübingen 1993.

Siemens, Karl Friedrich von, Die Bedeutung der Wohnungsfrage für die Industrie, in: *derselbe*/ Thielicke, Fritz/ Leyser, Erich, Großstadt und Kleinhaus, Groß-Berliner Verein für Kleinwohnungswesen, Berlin 1917, S. 3-11.

Siemens, Karl Friedrich von/ Thielicke, Fritz/ Leyser, Erich, Großstadt und Kleinhaus, Groß-Berliner Verein für Kleinwohnungswesen, Berlin 1917.

Singer, Hedwig (Hrsg.), Quellen zur Geschichte der Organisation Todt, Band 1 und 2, Veröffentlichungen deutschen Quellenmaterials zum Zweiten Weltkrieg, Osnabrück 1998.

Singer, Hedwig, Entwicklung und Einsatz der Organisation Todt (OT), in: *dieselbe* (Hrsg.), Quellen zur Geschichte der Organisation Todt, Band 1 und 2, Veröffentlichungen deutschen Quellenmaterials zum Zweiten Weltkrieg, Osnabrück 1998, S. 1-363.

Sobotschinski, Arnim, Rezessionen in der Wohnungswirtschaft, Schriftenreihe des Instituts für Städtebau, Wohnungswirtschaft und Bausparwesen e.V. (Arnold-Knoblauch-Institut), Bd. 12, Bonn 1967.

Soénius, Ulrich S. (Hrsg.), Bewegen-Verbinden-Gestalten, Unternehmer vom 17. bis zum 20. Jahrhundert, Festschrift für Klara van Eyll zum 28. September 2003, Schriften zur rheinisch-westfälischen Wirtschaftgeschichte, Band 44, Köln 2003.

Sohn-Rethel, Alfred, Industrie und Nationalsozialismus, Aufzeichnungen aus dem „Mitteleuropäischen Wirtschaftstag", Berlin 1992.

Sollbach, Gerhard E. (Hrsg.), Dortmund, Bombenkrieg und Nachkriegsalltag, 1939-1948, Hagen 1996.

Solnius, H., Die Bauzonenordnung für Stadt und Land in ihrer verwaltungsrechtlichen, kommunalwirtschaftlichen und siedlungspolitischen Begründung unter besonderer Berücksichtigung der Verhältnisse in der Provinz Westfalen, Forschungsstelle für Siedlungs- und Wohnungswesen an der Universität Münster i.W., Materialien-Sammlung, Band 19, 2. Auflage, Münster 1936.

Specht, H.K.F., Die Bedeutung des werkgeförderten Wohnungsbaues, in: Gemeinnütziges Wohnungswesen 1961, S. 351-353.

Speck, Arbeitgeber und Wohnungsbau, in: Schwan, Bruno (Hrsg.), Wörterbuch der Wohnungs- und Siedlungswirtschaft, Loseblatthandbuch für die gesamte privatwirtschaftliche, genossenschaftliche, öffentlich-wirtschaftliche und Verwaltungs-Praxis auf dem Gebiete des Wohnungs- und Siedlungswesens, Stuttgart Berlin 1938, S. 41-50.

Speer, Albert, Stein statt Eisen, in: Der Vierjahresplan 1937, S. 135-137.

Spethmann, Dieter, Begegnung mit einer jüngeren Ansicht über die Vereinigte Stahlwerke AG, in: Zeitschrift für Unternehmensgeschichte 46 (2001), S. 237-241.

Spiegel, Hans, Gestaltung und Ausführung des Behelfsheimes, in: Der Wohnungsbau in Deutschland 1944, S. 1-12.

Spiethoff, Arthur, Boden und Wohnung in der Marktwirtschaft, insbesondere im Rheinland, Bonner Staatswissenschaftliche Untersuchungen, Heft 20, Jena 1934.

Spoerer, Mark, Die Automobilindustrie im Dritten Reich: Wachstum um jeden Preis ?, in: Gall, Lothar/ Pohl, Manfred (Hrsg.), Unternehmen im Nationalsozialismus, Schriftenreihe zur Zeitschrift für Unternehmensgeschichte, Band 1, München 1998, S. 61-68.

Spoerer, Mark, Zwangsarbeit unter dem Hakenkreuz, Ausländische Zivilarbeiter, Kriegsgefangene und Häftlinge im deutschen Reich und im besetzten Europa 1939-1945, Stuttgart München 2001.

Spoerer, Mark, Die soziale Differenzierung der ausländischen Zivilarbeiter, Kriegsgefangenen und Häftlinge im Deutschen Reich, in: Echternkamp, Jörg (Hrsg.), Die deutsche Kriegsgesellschaft, 1939 bis 1945, Das Deutsche Reich und der Zweite Weltkrieg, Band 9, Zweiter Halbband, Ausbeutung, Deutungen, Ausgrenzung, München 2005, S. 485-576.

Spörhase, Rolf, Wohnungs-Unternehmungen im Wandel der Zeit, Hamburg 1947.

Spörhase, Rolf, Wohnungsbau als Aufgabe der Wirtschaft, Förderung des Wohnungsbaues durch Wirtschafts-Unternehmungen, Methoden und Leistungen, Bücher des Deutschen Industrie-Instituts, Stuttgart 1956.

Spree, Reinhard (Hrsg.), Geschichte der deutschen Wirtschaft im 20. Jahrhundert, München 2001.

Stackelberg, Heinrich von, Marktform und Gleichgewicht, Wien Berlin 1934.

Stadler, Hubert, Die Werkwohnung, Rechtsgrundlagen und Beendigung des Werkwohnungsverhältnis-

ses, Darmstadt Nürnberg Düsseldorf Berlin 1961.
Stahltreuhändervereinigung (Hrsg.), Die Neuordnung der Eisen- und Stahlindustrie im Gebiet der Bundesrepublik Deutschland, München Berlin 1954.
Starbatty, Joachim (Hrsg.), Klassiker des ökonomischen Denkens, Zweiter Band, Von Karl Marx bis John Maynard Keynes, München 1989.
Statistisches Bundesamt (Hrsg.), Bevölkerung und Wirtschaft 1872-1972, Herausgegeben anläßlich des 100jährigen Bestehens der zentralen amtlichen Statistik, Stuttgart Mainz 1972.
Statistisches Bundesamt (Hrsg.), Bevölkerung gestern, heute und morgen, Mainz 1985.
Statistisches Reichsamt, Die Wohnverhältnisse im Deutschen Reich nach der Reichswohnungszählung 1927, Teil I Text, Statistik des Deutschen Reiches, Band 362 I, Berlin 1930.
Stegemann, Rudolf (Hrsg.), Kleinsiedlungen und Behelfswohnungen, Vom wirtschaftlichen Bauen, 16. Folge, Dresden 1936.
Stegemann, Rudolf, Die Holzersparnis im Bauwesen, in: Der Deutsche Baumeister 1939, S. 13-17.
Steinberg, Heinz Günter, Die Entwicklung des Ruhrsiedlungsverbandes, in: Först, Walter (Hrsg.), Ruhrgebiet und neues Land, Beiträge zur neueren Landesgeschichte des Rheinlandes und Westfalens, Band 2, Köln Berlin 1968, S. 113-152.
Steinberg, Heinz Günter, Das Ruhrgebiet im 19. und 20. Jahrhundert, Ein Verdichtungsraum im Wandel, Siedlung und Landschaft in Westfalen, Schriftenreihe der Geographischen Kommission im Provinzialinstitut für Westfälische Landes- und Volksforschung 16, Landschaftsverband Westfalen-Lippe, Münster 1985.
Steinberg, Jonathan, Die Deutsche Bank und ihre Goldtransaktionen während des Zweiten Weltkrieges, München 1999.
Steinberg, Wilhelm (Hrsg.), Wohnstätten an Rhein und Ruhr, Aus der Arbeit der Wohnstätten-Gesellschaften für Kohle und Stahl (Bearb. in Verbindung mit Jürgen Heuer, Leonhard Lowinski, Ruhr-Studio, Arthur Groote, Rolf Spörhase), Düsseldorf 1958.
Steinhauer, Gerhard, Gartenstadt Margarethenhöhe, 50 Jahre Margarethe-Krupp-Stiftung für Wohnungsfürsorge in Essen, Essen 1956.
Stemmrich, Daniel, Die Siedlung als Programm, Untersuchungen zum Arbeiterwohnungsbau anhand Kruppscher Siedlungen zwischen 1861 und 1907, Hildesheim New York 1981.
Stier, Bernhard, Staat und Strom, Die politische Steuerung des Elektrizitätssystems in Deutschland 1890-1950, Technik + Arbeit, Schriften des Landesmuseums für Technik und Arbeit in Mannheim 10, Hab., Ubstadt-Weiher 1999.
Stier, Frank, Kriegsauftrag 160, Behelfsheimbau im Ghetto Litzmannstadt (Lodz) und im KZ-Außenlager Königs Wusterhausen durch das Deutsche Wohnungshilfswerk, Berlin 1999.
Stöcker, Heinzgeorg, Die Entwicklungsphasen in der gemeinnützigen Wohnungswirtschaft unter dem Einfluß der Unternehmungsformen, Schriften des Instituts für Wohnungsrecht und Wohnungswirtschaft an der Universität zu Köln, Band 45, Bonn 1976.
Stokes, Raymond G., Von der I.G. Farbenindustrie bis zur Neugründung der BASF, (1925-1952), in: Abelshauser, Werner (Hrsg.), Die BASF, Eine Unternehmensgeschichte, 2. Auflage, München 2003, S. 221-358.
Stræde, Therkel, Dänische Bauunternehmer im „Dritten Reich“, in: Vierteljahrschrift für Sozial- und Wirtschaftsgeschichte 91 (2004), S. 452-477.
Streb, Jochen, Das Scheitern der staatlichen Preisregulierung in der nationalsozialistischen Bauwirtschaft, in: Jahrbuch für Wirtschaftsgeschichte 2003/ 1, S. 27-48.
Strehlow, Friedrich, Die Boden- und Wohnungsfrage des rheinisch-westfälischen Industriebezirkes, Essen 1911.
Stremmel, Ralf, Ein „gesundes Gebilde von gemäßigter Größe“?, Notizen zur Geschichte der Vereinigte Stahlwerke AG, in: Rasch, Manfred (Hrsg.), Findbuch zu den Beständen Vereinigte Stahlwerke AG und Bergbau und Industriewerte GmbH, Band 1, Veröffentlichungen aus dem Archiv der Thyssen AG, 1, Duisburg 1996, S. 3-46.
Striefler, Heinrich, Kurze Entwicklungsgeschichte des Siedlerbundes, in: Forstmann, Walter/ Gernert, Karl/ Schiskowski, Helmut/ Seiff, Rudolf/ *derselbe* (Hrsg.), Die Kleinsiedlung und ihre Entwicklung, Ein Überblick über Sein und Werden der Kleinsiedlung und des Deutschen Siedlerbundes, Hamburg 1960, S. 29-46.

Stuckrad, Ernst von, Mobilisierung der gemeinnützigen Wohnungsunternehmen beim Arbeiterwohnstättenbau des Vierjahresplans, in: Bauen Siedeln Wohnen 1937, S. 273-276.

Stupp, Matthias, GmbH-Recht im Nationalsozialismus, Anschauungen des Nationalsozialismus zur Haftungsbeschränkung, Juristischen Person, Kapitalgesellschaft und Treupflicht, Untersuchungen zum Referentenentwurf 1939 zu einem neuen GmbH-Gesetz, Schriften zur Rechtsgeschichte, Heft 93, Diss., Berlin 2002.

Teichmann, Gabriela, Britischer und deutscher Wohnungsbau in den Zwischenkriegsjahren, Ein Vergleich, Europäische Hochschulschriften, Reihe III, Geschichte und ihre Hilfswissenschaften, Bd. 70, Frankfurt/ M. Berlin Bern New York Paris Wien 1997.

Tenfelde, Klaus (Hrsg.), Bilder von Krupp, Fotografie und Geschichte im Industriezeitalter, 2. Auflage, München 2000.

Tenfelde, Klaus (Hrsg.), Krupp - der Aufstieg eines deutschen Weltkonzerns, in: *derselbe* (Hrsg.), Bilder von Krupp, Fotografie und Geschichte im Industriezeitalter, 2. Auflage, München 2000, S. 13-39.

Tenfelde, Klaus, Ruhrstadt, Historischer Hintergrund, Vortrag: Ruhrstadt-Diskussionsreihe, Bochum/ HGR 20.3.02, Bochum 2002.

Teuteberg, Hans Jürgen (Hrsg.), Homo habitans, Zur Sozialgeschichte des ländlichen und städtischen Wohnens in der Neuzeit, Studien zur Geschichte des Alltags, Band 4, Münster 1985.

Teuteberg, Hans-Jürgen (Hrsg.), Stadtwachstum, Industrialisierung, sozialer Wandel; Beiträge zur Erforschung der Urbanisierung im 19. und 20. Jahrhundert, Schriften des Vereins für Socialpolitik, N.F. 156, Berlin 1986.

Teuteberg, Hans Jürgen, Eigenheim oder Mietskaserne: Ein Zielkonflikt deutscher Wohnungsreformer 1850-1914, in: Heineberg, Heinz (Hrsg.), Innerstädtische Differenzierung und Prozesse im 19. und 20. Jahrhundert, geographische und historische Aspekte, Städteforschung, Veröffentlichungen des Instituts für vergleichende Städtegeschichte in Münster, Reihe A: Darstellungen, Band 25, Köln Wien 1987, S. 21-56.

Teuteberg, Hans Jürgen/ Wischermann, Clemens, Wohnalltag in Deutschland, 1850-1914, Bilder-Daten-Dokumente, Studien zur Geschichte des Alltags, Band 3, Münster 1985.

Thamer, Hans-Ulrich, Verführung und Gewalt, Deutschland 1933-1945, Die Deutschen und ihre Nation, Neuere Deutsche Geschichte in sechs Bänden, Band 5, Darmstadt 1986.

Theisinger, Karl (Hrsg.), Die Führung des Betriebes, Festschrift zum 60. Geburtstag von Wilhelm Kalveram, Berlin Wien 1942.

Thiele, Friedrich, Gebäudeentschuldungssteuer, in: Wandersleb, Hermann (Hrsg.), Handwörterbuch des Städtebaues, Wohnungs- und Siedlungswesens, Zweiter Band, Stuttgart 1959, S. 679.

Thies, Gunnar, Wohnungsgemeinnützigkeit, Rechtsprobleme der Anerkennung, Vermögensbindung und Entziehung, München 1986.

Thyssen-Bergbau (Hrsg.), Siedlungswesen und soziale Einrichtungen des Thyssen-Bergbaues am Niederrhein, Hamborn 1922.

ThyssenKrupp Wohnimmobilien (Hrsg.), Krupp Wohnungsbau im Ruhrgebiet 1861-1999, Essen 2001.

Tilly, Richard/ Wellenreuther, Thomas, Bevölkerungswanderung und Wohnungsbauzyklen in deutschen Großstädten im 19. Jahrhundert, in: Teuteberg, Hans Jürgen (Hrsg.), Homo habitans, Zur Sozialgeschichte des ländlichen und städtischen Wohnens in der Neuzeit, Münster 1985, S. 273-299.

Tilly, Richard, Wirtschaftsgeschichte als Disziplin, in: Ambrosius, Gerold/ Petzina, Dietmar/ Plumpe, Werner (Hrsg.), Moderne Wirtschaftsgeschichte, Eine Einführung für Historiker und Ökonomen, München 1996, S. 11-26.

Tipke, Klaus, Steuerrecht, Ein systematischer Grundriß, 11. Aufl., Köln 1987.

Todt, Fritz, Regelung der Bauwirtschaft, in: Der Vierjahresplan 1939, S. 762-764.

Tremöhlen, Ernst, Wohnungsfürsorge für Industriearbeiter in der Provinz Westfalen, unter besonderer Berücksichtigung des Kleinwohnungsbaues, Abhandlungen des staatswissenschaftlichen Seminars zu Jena, Elfter Band, Erstes Heft, Jena 1911.

Treue, Wilhelm/ Uebbing, Helmut, Die Feuer verlöschen nie, August Thyssen-Hütte 1926-1966, Düsseldorf Wien 1966.

Treuhandstelle für Bergmannswohnstätten im rheinisch-westfälischen Steinkohlenbezirk (Hrsg.), Treuhandstelle für Bergmannswohnstätten im rheinisch-westfälischen Steinkohlenbezirk 1920-1970, Essen 1970.

Triebel, Florian/ Seidl, Jürgen, Ein Analyserahmen für das Fach Unternehmensgeschichte, in: Zeitschrift für Unternehmensgeschichte 46 (2001), S. 11-26.

Trier, Eduard/ Weyres, Willy (Hrsg.), Kunst des 19. Jahrhunderts im Rheinland, Band 2, Architektur II, Profane Bauten und Städtebau, Düsseldorf 1980.

Trocka-Hülsken, Ingrid, 75 Jahre DOGEWO, 1918-1993, Ein Beitrag zur Dortmunder Stadtentwicklung, Dortmund 1993.

Uebbing, Helmut, Wege und Wegmarken, 100 Jahre Thyssen 1891-1991, Berlin 1991.

Unger, Stefan, Die Wirtschaftselite als Persönlichkeit: Zur Selbstdarstellung von Unternehmern und Managern im Ruhrgebiet während der Zwischenkriegszeit, Tagung „Die deutsche Wirtschaftselite im 20. Jahrhundert, Kontinuität und Mentalität", Bochum 11.-13. Oktober 2001.

Unverferth, Gabriele, Der Arbeiterwohnungsbau des Hörder Vereins, in: Hoesch AG (Hrsg.), Wohnen und Leben im Schatten der Hochöfen, Zur Geschichte des Stahlarbeiterwohnungsbaus bei Hoesch von den Anfängen bis zum Wiederaufbau nach 1945, Dortmund 1991, S. 18-24.

Unverferth, Gabriele, Arbeiterwohnungsbau in der Eisen- und Stahlindustrie vor dem Ersten Weltkrieg, Der Hörder Verein-Ein Beispiel, in: Dascher, Otfried/ Kleinschmidt, Christian (Hrsg.), Die Eisen- und Stahlindustrie im Dortmunder Raum, Wirtschaftliche Entwicklung, soziale Strukturen und technologischer Wandel im 19. und 20. Jahrhundert, Untersuchungen zur Wirtschafts-, Sozial- und Technikgeschichte, Band 9, Dortmund 1992, S. 97-116.

Unverferth, Gabriele, Reihenhaus und Gartenstadt: Englische Einflüsse im Bergarbeiterwohnungsbau, in: Ellerbrock, Karl-Peter/ Stremmel, Ralf (Hrsg.), Westfalen und die Welt, Drei Jahrhunderte in Bildern und Dokumenten aus dem Westfälischen Wirtschaftsarchiv, Münster 2002, S. 125-128.

Urban, Thomas, Überleben und Sterben von Zwangsarbeitern im Ruhrbergbau, Forum Regionalgeschichte, Band 9, Münster 2002.

Utendörfer, Wolfgang, Die Möglichkeiten der Beschränkung der Geschäftsführungsbefugnis des Vorstandes im neuen Aktienrecht, Diss., Köln 1941.

VEBA Wohnstätten AG (Hrsg.), Bauen und Wohnen an Rhein und Ruhr im Wandel von 5 Jahrzehnten, Bochum 1983.

Verband rheinischer Wohnungsunternehmen e.V. Düsseldorf (Hrsg.), Entwicklung und Gestaltung eines Prüfungsverbandes, 1901-1951, Düsseldorf 1951.

Verband rheinischer und westfälischer Wohnungsunternehmen e.V., Wohnungsmarkt im Wandel- zwischen Mangel und zunehmendem Angebot, 10. Bad Kreuznacher Tage, Vorträge 6, Hamburg 1995.

Verband rheinischer und westfälischer Wohnungsunternehmen e.V. (Hrsg.), Wohnungsunternehmen im Wandel - zeitgemäße Organisationsentwicklung und zukünftige Arbeitszeitgestaltung, 10. Bad Kreuznacher Tage, Vorträge 7, Hamburg 1995.

Verband westfälischer und lippischer Wohnungsunternehmen e.V. Münster/ Westfalen (Hrsg.), Gemeinnützige Wohnungswirtschaft in Westfalen und Lippe 1903-1963, 60 Jahre Verband westfälischer und lippischer Wohnungsunternehmen e.V. Münster/ Westfalen, Münster 1963.

Verein für die bergbaulichen Interessen (Hrsg.), Jahrbuch für den Ruhrkohlenbezirk, Ein Führer durch die rheinisch-westfälische Montanindustrie, die Elektrizitätswerke und Großbanken nebst einer Darstellung aller in Betracht kommenden Behörden und Organisationen, Essen 1933.

Verein zur Förderung des gemeinnützigen Kleinwohnungswesens in der Provinz Westfalen (Hrsg.), Erläuterungen zu den Leistungen des „Bochumer Verein" zu Bochum auf dem Gebiet des Kleinwohnungswesens, Münster 1910.

Vereinigte Stahlwerke Aktiengesellschaft (Hrsg.), Handbuch für die Anleihen des Jahres 1926, Mit Anlage: Brassertsche Bewertungszahlen, Essen 1926.

Vereinigte Stahlwerke Aktiengesellschaft (Hrsg.), Aufbau Werke, Zechen und Rohstoffbetriebe, Konzern- und Gründer-Gesellschaften, Statistik Mittelpunkt Finanzen, in: Das Spezial-Archiv der Deutschen Wirtschaft, Sonderausgabe Stahl, Berlin 1927.

Vereinigte Stahlwerke Aktiengesellschaft (Hrsg.), Vereinigte Stahlwerke Aktiengesellschaft Düsseldorf, Erzeugungs- und Verkaufsplan, Ausgabe 1929, Dortmund 1929.

Vereinigte Stahlwerke Aktiengesellschaft (Hrsg.), 50 Jahre Rillenschiene, Düsseldorf 1929.

Vereinigte Stahlwerke Aktiengesellschaft (Hrsg.), Werk Höntrop der Vereinigte Stahlwerke Aktiengesellschaft, Bochumer Verein Bochum, Düsseldorf 1930.
Vereinigte Stahlwerke Aktiengesellschaft (Hrsg.), Die Güterabteilung der Vereinigte Stahlwerke AG, Abteilung Bergbau, Hauptverwaltung Essen, Essen 1933.
Vereinigte Stahlwerke Aktiengesellschaft (Hrsg.), Vereinigte Stahlwerke Aktiengesellschaft Düsseldorf, Aufbau und Entwicklung, Besitzbeschreibung, Statistik und Finanzen, Betriebsgesellschaften, Beteiligungen, Das Spezial-Archiv der Deutschen Wirtschaft, Berlin 1936.
Vereinigte Stahlwerke Aktiengesellschaft (Hrsg.), Kohle, Eisen, Stahl, Ein Überblick über die Vereinigte Stahlwerke Aktiengesellschaft, Düsseldorf und ihre Betriebsgesellschaften, Düsseldorf 1939.
Vereinigte Stahlwerke Aktiengesellschaft, Handbuch der Beteiligungen, Düsseldorf 1941.
Vereinigte Stahlwerke AG, Düsseldorf/ Mitteldeutsche Stahlwerke AG, Berlin/ Henschel & Sohn, Abt. Henrichshütte, Hattingen/ Eisen- und Stahlwerk Hoesch AG, Dortmund, Stahlhäuser (System Blecken) der Stahlhaus G.m.b.H. Duisburg Stahlstraße 61, Duisburg 1929.
Verenkotte, Clemens, Das brüchige Bündnis, Amerikanische Anleihen und deutsche Industrie 1924-1934, Diss., Freiburg 1991.
Vigano, H., Grundstücks- und Baupreisrecht, in: Reichsverband des deutschen gemeinnützigen Wohnungswesens e.V. (Hrsg.), Jahrbuch des deutschen gemeinnützigen Wohnungswesens, Band III/ 1941, Ein Leistungsbericht für das Jahr 1940, Berlin 1942, S. 119-172.
Vögler, Albert, Die Organisation der Wirtschaft, Flugschriften der Deutschen Volkspartei, II., Abgeordneter Vögler zum Betriebsrätegesetz, Wortlaut der Rede vom 14. Januar nach dem stenographischen Bericht der Nationalversammlung, Berlin 1920.
Vögler, Albert, Der betriebsorganisatorische Umbau der Vereinigte Stahlwerke A.-G., Ausführungen von Generaldirektor A. Vögler anläßlich der außerordentlichen Generalversammlung der Vereinigten Stahlwerke am 29. November 1933, in: Das Werk, S. 483-492.
Vögler, Eugen, Das Problem der Arbeitersiedlung, in: Der deutsche Volkswirt 1935, S. 1765-1767.
Vögler, Eugen, Die Bauwirtschaft im Vierjahresplan, in: Berkenkopf, Paul (Hrsg.), Beiträge zum Wohnungs- und Siedlungswesen der Gegenwart, Materialiensammlung Forschungsstelle für Siedlungs- und Wohnungswesen an der Universität Münster i.W., Band 29, Münster 1938, S. 9-36.
Völschau, W./ Klabunde, Erich (Bearb.), Gemeinnützige Wohnungswirtschaft in der Nordmark, Eine Untersuchung der gemeinnützigen Baugenossenschaften und -gesellschaften von Hamburg, Schleswig-Holstein und Mecklenburg, Verband norddeutscher Wohnungsunternehmen, Berlin 1942.
Völse, Joachim/Hene, Sabine/ Kloster, Horst, Chronik, in: ThyssenKrupp Wohnimmobilien (Hrsg.), Krupp Wohnungsbau im Ruhrgebiet 1861-1999, Essen 2001, S. 9-65.
Volkmann, Hans-Erich, Ökonomie und Expansion, Grundzüge der NS-Wirtschaftspolitik, Ausgewählte Schriften, Beiträge zur Militärgeschichte, Band 58, München 2003.
Volz, Robert, Reichshandbuch der Deutschen Gesellschaft, Das Handbuch der Persönlichkeiten in Wort und Bild, Zwei Bände, Berlin 1930.
Vorländer, Herwart, Die NSV, Darstellung und Dokumentation einer nationalsozialistischen Organisation, Schriften des Bundesarchivs 35, Boppard am Rhein 1988.
Vormbrock, Heinrich, Wohnungsverwaltung bei den gemeinnützigen Bauvereinigungen, in: Internationaler Wohnungskongreß Berlin 1931, Die sozialpolitische Bedeutung der Wohnungswirtschaft in Gegenwart und Zukunft, Kongreßpublikation II Thema I, Vorberichte der Länder, Frankfurt/ M. 1931, S. 214-220.
Vormbrock, Heinrich, Der westdeutsche Siedlungs- Um- und Aufbau in Verbindung mit Volkstums- und Heimatpflege, in: Die Westfälische Heimat 3/ 4 (1934), S. 25-27.
Voß, Reimer, Steuern im Dritten Reich, Vom Recht zum Unrecht unter der Herrschaft des Nationalsozialismus, München 1995.
Vossbein, Reinhard, Führungsstile, Führungsverhalten, Führungsinstrumente in deutschen Unternehmen, Eine Studie, Essen 1973.

Wagenführ, Rolf, Die deutsche Industrie im Kriege 1939-1945, Deutsches Institut für Wirtschaftsforschung (Institut für Konjunkturforschung), 3. Auflage, Berlin 2006.
Walker, Marianne, Die Bedeutung der Arbeiterwohnstätte und ihre rationelle Förderung im Rahmen der sozialen Betriebspolitik, Diss., Zürich 1952.

Walter, Rolf, Wirtschaftsgeschichte, Vom Merkantilismus bis zur Gegenwart, Wirtschafts- und Sozialhistorische Studien, Band 4, Köln Weimar Wien 2000.
Walter, Rolf, Zeiss 1905-1945 (Band 2, Carl Zeiss, Die Geschichte eines Unternehmens), Köln Weimar Wien 2000.
Walter, Uli, Sozialer Wohnungsbau in München, Die Geschichte der GWG (1918-1993), München 1993.
Walz, Manfred, Werksgebundener Wohnungsbau bei Hoesch in der NS-Zeit (1933-45), in: Hoesch AG (Hrsg.), Wohnen und Leben im Schatten der Hochöfen, Zur Geschichte des Stahlarbeiterwohnungsbaus bei Hoesch von den Anfängen bis zum Wiederaufbau nach 1945, Dortmund 1991, S. 50-57.
Walz, Manfred, Wohnungsbau- und Industrieansiedlungspolitik in Deutschland 1933-1939, dargestellt am Beispiel des Industriekomplexes Wolfsburg-Braunschweig-Salzgitter, Diss., Frankfurt/ M. 1979.
Walz, Manfred, Die Stadt - Struktur und Entwicklung, in: Kastorff-Viehmann, Renate/ Petz, Ursula von/ *derselbe*, Stadtentwicklung Dortmund: Die moderne Industriestadt 1918-1946, Dortmunder Beiträge zu Raumplanung, IRPUD, Dortmund 1995, S. 23-88.
Wandersleb, Hermann, Eigenheime für den Bergmann, Die neuen MSA-FOA Bergarbeitersiedlungen im Ruhrgebiet und bei Aachen, Köln 1954.
Wandersleb, Hermann (Hrsg.), Handwörterbuch des Städtebaues, Wohnungs- und Siedlungswesens, Erster Band A-E/ Zweiter Band F-P/ Dritter Band R-Z, Stuttgart 1959.
Weber, Wohnungswirtschaft in Not, Vortrag zur Kundgebung des Hauptverbandes Deutscher Baugenossenschaften im Plenarsaal des Reichstages, in: Zeitschrift für Wohnungswesen 1931, S. 291-296.
Weber, Wolfhard, Walter Borbet, (1881-1942), in: *derselbe* (Hrsg.), Ingenieure im Ruhrgebiet, Rheinisch-Westfälische Wirtschaftsbiographien, Band 17, Münster 1999, S. 225-256.
Weber, Wolfhard (Hrsg.), Ingenieure im Ruhrgebiet, Rheinisch-Westfälische Wirtschaftsbiographien, Band 17, Münster 1999.
Wedler, Bernhard, Heimstätten, in: Wandersleb, Hermann (Hrsg.), Handwörterbuch des Städtebaues, Wohnungs- und Siedlungswesens, Zweiter Band F-P, Stuttgart 1959, S. 827-831.
Wehler, Hans-Ulrich, Deutsche Gesellschaftsgeschichte, Vierter Band, Vom Beginn des Ersten Weltkriegs bis zur Gründung der beiden deutschen Staaten 1914-1949, München 2003.
Wehling, Hans-Werner, Werks- und Genossenschaftssiedlungen im Ruhrgebiet 1844-1939, Band 2: Duisburg-Rheinhausen, Duisburg-Homberg/ Ruhrort, Essen 1994.
Weidenbaum, Paul, Unternehmer- und Minderheits-Aktionäre, Stellung und Entwicklungsmöglichkeiten auf Grund des geltenden Gesetzes, dargelegt an einigen rechtlichen Fragen, Diss., Frankfurt/ M. 1932.
Weinberg, Gerhard L., Eine Welt in Waffen, Die globale Geschichte des Zweiten Weltkriegs, Stuttgart 1995.
Weingarten, Hans, Arbeiterwohnstätten und Volkswohnungen der Wohnungsbaugesellschaften der Vereinigte Stahlwerke, in: Die Bauzeitung 1938, S. 277-281.
Weiß, Albrecht/ Pergande, Günther, Handbuch des betrieblichen Wohnungswesens, Formen, Planung, Finanzierung, Steuerfragen, Musterverträge, Gesetzestexte, Handbücherei der sozialen Betriebsgestaltung, Düsseldorf 1953.
Weiß, Hermann (Hrsg.), Biographisches Lexikon zum Dritten Reich, Frankfurt/ M. 1998.
Weißer, Gerhard, Unternehmungsformen in der Wohnungswirtschaft, in: Schwan, Bruno (Hrsg.), Wörterbuch der Wohnungs- und Siedlungswirtschaft, Loseblatthandbuch für die gesamte privatwirtschaftliche, genossenschaftliche, öffentlich-wirtschaftliche und Verwaltungs-Praxis auf dem Gebiete des Wohnungs- und Siedlungswesens, Stuttgart Berlin 1938, S. 1093-1106.
Weisser, Gerhard, Unternehmenstypen in der Wohnungswirtschaft, in: Wandersleb, Hermann (Hrsg.), Handwörterbuch des Städtebaues, Wohnungs- und Siedlungswesens, Dritter Band R-Z, Stuttgart 1959, S. 1480-1488.
Weisser, Michael, Arbeiterkolonien - Über die Motive zum Bau von Arbeiterwohnungen durch industrielle Unternehmen im 19. und frühen 20. Jahrhundert in Deutschland, in: Petsch, Joachim (Hrsg.), Architektur und Städtebau im 20. Jahrhundert, Zweiter Band - Wohnungsbau - Sozialistischer Wohnungsbau, Berlin 1975, S. 7-56.
Weißgerber, Erich, Bergarbeiter-Wohnungen im Ruhrgebiet, in: Die Volksheimstätte 7 (1949), S. 3-6.
Weißler, Adolf, Reichs-Archiv (früher Preußisches Archiv), Sammlung der Gesetze und der das Rechts-

wesen des Reichs und Preußens berührenden Verordnungen und Verfügungen, 41. Jahrgang 1934 [2 Bände] - 42. Jahrgang 1935 [2 Bände], Ettlingen Leipzig 1934-1935.

Weissler, Sabine (Hrsg.), Design in Deutschland 1933-45, Ästhetik und Organisation des Deutschen Werkbundes im „Dritten Reich", Werkbund-Archiv, Band 20, Gießen 1990.

Welskopp, Thomas, Der Betrieb als soziales Handlungsfeld, in: Geschichte und Gesellschaft 22 (1996), S. 118-142.

Werner, Constanze, Kriegswirtschaft und Zwangsarbeit bei BMW, Perspektiven, Schriftenreihe der BMW Group-Konzernarchiv, Band 1, München 2006.

Werner Meier, Die Entwicklung des Rechts der gemeinnützigen Wohnungsunternehmen, in: RArbBl. 1933 II S. 154-156.

Werner Meier, Die Sicherung der Gemeinnützigkeit im Wohnungswesen durch das Gesetz vom 14. Juli 1933, in: RArbBl. 1933 II S. 286-288.

Werner Meier, Das Gesetz über Beaufsichtigung und Anerkennung gemeinnütziger Wohnungsunternehmen, in: RArbBl. 1934 II S. 127-128; ebenso in: Zeitschrift für Wohnungswesen in Bayern 1934, S. 49-51.

Werner-Meier, Die Neufassung des Rechts der gemeinnützigen Wohnungswirtschaft, Materialiensammlung Forschungsstelle für Siedlungs- und Wohnungswesen an der Universität Münster i.W., Band 37, Jena 1940.

Wessel, Horst A. (Hrsg.), Thyssen & Co., Mülheim a. d. Ruhr, Die Geschichte einer Familie und ihrer Unternehmung, Stuttgart 1991.

Wessel, Horst A., Die Organisation der Unternehmen und ihre Auswirkungen auf das Schriftgut der Wirtschaft, in: Kroker, Evelyn/ Köhne-Lindenlaub, Renate/ Reininghaus, Wilfried (Hrsg.), Handbuch für Wirtschaftsarchive, Theorie und Praxis, München 1998, S. 24-54.

Wessel, Werner, Die Finanzierung der Kleinsiedlung unter besonderer Berücksichtigung der Industriearbeitersiedlung, Diss., Berlin Bottrop 1939.

Wessels, Elisabeth, Die Bürgschaft der öffentlichen Hand in ihrer Bedeutung für die Finanzierung des Siedlungs- und Wohnungsbaues, Forschungsstelle für Siedlungs- und Wohnungswesen an der Universität Münster i.W., Materialien-Sammlung, Band 22, Münster 1937.

Westermann, Ekkehard (Hrsg.), Vom Bergbau zum Industrierevier, Vierteljahrschrift für Sozial- und Wirtschaftsgeschichte, Beihefte Nr. 115, Stuttgart 1995.

Wiborg, Klaus, Mit Kurs auf morgen; 75 Jahre Thyssen Nordseewerke GmbH, Düsseldorf Wien 1978.

Wiedemann, Waldemar, Industrielle Heimstättensiedlung, Der Weg zur Krisenfestigkeit des deutschen Arbeiters, Berlin 1936.

Wiese, Gernot, Die Versorgungslage in Deutschland, in: Salewski, Michael/ Schulze-Wegener, Guntram (Hrsg.), Kriegsjahr 1944, Im Großen und im Kleinen, Historische Mitteilungen der Ranke-Gesellschaft (HMRG), Beiheft 12, Stuttgart 1995, S. 233-250.

Willems, Susanne, Der entsiedelte Jude, Albert Speers Wohnungsmarktpolitik für den Berliner Hauptstadtbau, Publikationen der Gedenk- und Bildungsstätte Haus der Wannsee-Konferenz, 10, Berlin 2002.

Williamson, Oliver E., The Economic Institutions of Capitalism, Firms, Markets, Relational Contracting, New York 1985.

Williamson, Oliver E., Transaktionskostenökonomik, Ökonomische Theorie der Institutionen, Band 3, Münster Hamburg 1993.

Willke, Helmut, Organisierte Wissensarbeit, in: Zeitschrift für Soziologie 1998, Heft 3, S. 161-177.

Willke, Helmut, Systemisches Wissensmanagement, 2. Auflage, Stuttgart 2001.

Winkler, Hans-Joachim, Preußen als Unternehmer 1923-1932, Staatliche Erwerbsunternehmen im Spannungsfeld der Politik am Beispiel der Preussag, Hibernia und Veba, Veröffentlichungen der Historischen Kommission zu Berlin beim Friedrich-Meinecke-Institut der Freien Universität Berlin, Band 17, Berlin 1965.

Wischermann, Clemens, Wohnung und Wohnquartier, Zur innerstädtischen Differenzierung der Wohnbedingungen in deutschen Großstädten des späten 19. Jahrhunderts, in: Heineberg, Heinz (Hrsg.), Innerstädtische Differenzierung und Prozesse im 19. und 20. Jahrhundert, geographische und historische Aspekte, Städteforschung Veröffentlichungen des Instituts für vergleichende Städtegeschichte in Münster, Reihe A: Darstellungen, Band 25, Köln Wien 1987, S. 57-84.

Wischermann, Clemens, Der Property-Rights-Ansatz und die „neue" Wirtschaftgeschichte, in: Geschichte und Gesellschaft 19 (1993), S. 239-258.

Wischermann, Clemens/ Borscheid, Peter/ Ellerbrock, Karl-Peter (Hrsg.), Unternehmenskommunikation im 19. und 20. Jahrhundert, Neue Wege der Unternehmensgeschichte, Untersuchungen zur Wirtschafts- und Sozialgeschichte, Band 19, Gesellschaft für Westfälische Wirtschaftsgeschichte e.V., Dortmund 2000.

Wischermann, Clemens (Hrsg. unter Mitwirkung von Anne Nieberding und Britta Stücker), Unternehmenskommunikation deutscher Mittel- und Großunternehmen. Theorie und Praxis in historischer Perspektive, Untersuchungen zur Wirtschafts-, Sozial- und Technikgeschichte, Band 23, Dortmund 2003.

Wischermann, Clemens, Kooperation, Vertrauen und Kommunikation: ein Rahmenmodell des Unternehmens auf institutionenökonomischer Grundlage, oder: Was macht ein Unternehmen handlungsfähig ?, in: *derselbe* (Hrsg. unter Mitwirkung von Anne Nieberding und Britta Stücker), Unternehmenskommunikation deutscher Mittel- und Großunternehmen. Theorie und Praxis in historischer Perspektive, Untersuchungen zur Wirtschafts-, Sozial- und Technikgeschichte, Band 23, Dortmund 2003, S. 76-92.

Wisotzky, Klaus, Der Ruhrbergbau im Dritten Reich, Studien zur Sozialpolitik im Ruhrbergbau und zum sozialen Verhalten der Bergleute in den Jahren 1933 bis 1939, Düsseldorfer Schriften zur Neueren Landesgeschichte Nordrhein-Westfalens, Band 8, Diss., Düsseldorf 1983.

Wisotzky, Klaus, Rassenkampf statt Klassenkampf, Zur Nationalsozialistischen Betriebszellenorganisation (NSBO) an Rhein und Ruhr bis 1933, in: Ackermann, Volker/ Rusinek, Bernd-A./ Wiesemann, Falk (Hrsg.), Anknüpfungen, Kulturgeschichte-Landesgeschichte-Zeitgeschichte, Gedenkschrift für Peter Hüttenberger, Düsseldorfer Schriften zur Neueren Landesgeschichte und zur Geschichte Nordrhein-Westfalens, Band 39, Essen 1995, S. 201-220.

Wisotzky, Klaus, Die Jahre der Gewalt - Essen 1914 bis 1945, in: Borsdorf, Ulrich (Hrsg.), Essen, Geschichte einer Stadt, Essen 2002, S. 368-467.

Witt, Peter-Christian, Inflation, Wohnungszwangswirtschaft und Hauszinssteuer, Zur Regelung von Wohnungsbau und Wohnungsmarkt in der Weimarer Republik, in: Niethammer, Lutz (Hrsg.), Wohnen im Wandel, Beiträge zur Geschichte des Alltags in der bürgerlichen Gesellschaft, Wuppertal 1979, S. 385-407.

Witthöft, Harald/ Plaum, Bernd D./ Bartolosch, Thomas A., Phasen montangewerblicher Entwicklung im Siegerland. Erzbergbau, Hütten- und Hammerwesen im 18. und 19. Jahrhundert, in: Westermann, Ekkehard (Hrsg.), Vom Bergbau zum Industrierevier, Vierteljahrschrift für Sozial- und Wirtschaftsgeschichte, Beihefte Nr. 115, Stuttgart 1995, S. 86-111.

Wixforth, Harald, Banken und Schwerindustrie in der Weimarer Republik, Diss., Köln Weimar Berlin 1995.

Wöhe, Günter, Einführung in die Allgemeine Betriebswirtschaftslehre, 18. Auflage, München 1993.

Wülfing, Walter, Die Stimmrechtsaktie und ihre Reform, Diss., Kiel 1931.

Wutzky, Emil/ Meyer, Hermann, Kommunale Wohnungswirtschaft und Wohnungskultur, Referate (und Richtlinien) gehalten auf der Zweiten Reichskonferenz für Kommunalpolitik am 20. bis 22. September 1927 in Magdeburg, Berlin 1927

Wutzky, Emil, Kommunale Wohnungswirtschaft, in: *derselbe*/ Meyer, Hermann, Kommunale Wohnungswirtschaft und Wohnungskultur, Referate (und Richtlinien) gehalten auf der Zweiten Reichskonferenz für Kommunalpolitik am 20. bis 22. September 1927 in Magdeburg, Berlin 1927, S. 4-16.

Zerban, Baustoffbewirtschaftung, Bauverbot und Baugenehmigung, in: RArbBl. 1943 V S. 76-80 und S. 92-98.

Ziegler, Dieter, Die Aufsichtsräte der deutschen Aktiengesellschaften in den zwanziger Jahren, Eine empirische Untersuchung zum Problem der „Bankenmacht", in: Zeitschrift für Unternehmensgeschichte 43 (1998), S. 194-215.

Ziegler, Dieter (Hrsg.), Großbürger und Unternehmer, Die deutsche Wirtschaftselite im 20. Jahrhundert, Bürgertum Beiträge zur europäischen Gesellschaftsgeschichte, Band 17, Göttingen 2000.

Ziegler, Dieter, Kontinuität und Diskontinuität der deutschen Wirtschaftselite 1900 bis 1938, in: *derselbe* (Hrsg.), Großbürger und Unternehmer, Die deutsche Wirtschaftselite im 20. Jahrhundert, Bürgertum Beiträge zur europäischen Gesellschaftsgeschichte, Band 17, Göttingen 2000, S. 31-53.

Zimmermann, Clemens, Von der Wohnungsfrage zur Wohnungspolitik, Die Reformbewegung in Deutschland 1845-1914, Kritische Studien zur Geschichtswissenschaft, Band 90, Hab., Göttingen 1991.

Zimmermann, Clemens, Wohnungspolitik und Wohnungswirtschaft bis zum Ende des Zweiten Weltkrieges in: Eichener, Volker/ van Emmerich, Horst/ Petzina, Dietmar (Hrsg.), Die unternehmerische Wohnungswirtschaft: Emanzipation einer Branche, Der Strukturwandel der deutschen Wohnungswirtschaft seit dem ausgehenden 19. Jahrhundert, Frankfurt/ M. 2000, S. 51-62.

Zimmermann, Clemens, Wohnungspolitik und Wohnkultur im 20. Jahrhundert, in: Neue Politische Literatur 46 (2001), S. 96-110.

Zimmermann, Michael (Hrsg.), Die Geschichte der Juden im Rheinland und in Westfalen, Schriften zur politischen Landeskunde Nordrhein-Westfalens, Band 11, Köln 1998.

Zimmermann, Michael, Nationalsozialismus, in: Faulenbach, Bernd/ Jelich, Franz-Josef (Hrsg.), Literaturwegweiser zur Geschichte an Ruhr und Emscher, Im Auftrag des Forums Geschichtskultur an Ruhr und Emscher, Essen 1999.

Zimmermann, Michael, Zwangsarbeit im Ruhrgebiet während des Zweiten Weltkriegs, Eine Zwischenbilanz der Forschung, in: Forum Industriedenkmalpflege und Geschichtskultur 2/ 2003, S. 11-19.

Zimmermann, Waldemar (Hrsg.), Beiträge zur städtischen Wohn- und Siedelwirtschaft, 1. Teil: Deutschland, Kritische Gesamtübersichten und allgemeine Probleme, Schriften des Vereins für Socialpolitik, 177. Bd., München Leipzig 1930.

Zinn, Hermann, Entstehung und Wandel bürgerlicher Wohngewohnheiten und Wohnstrukturen, in: Niethammer, Lutz, Wohnen im Wandel, Wuppertal 1979, S. 13-27.

Zo., Lochkartenmaschinen helfen rechnen und verwalten, in: Der Vierjahresplan 1941, S. 429-431.

Zweck, Joachim, Die Kleinstwohnung, eine wirtschaftliche Notwendigkeit und ihre rationelle Gestaltung, Diss., Bottrop i. W. Jena 1933.

Zweckverband des Neuhausbesitzes (Hrsg.), Die drohende Katastrophe des Neuhausbesitzes, Berlin 1931.

II. Abkürzungsverzeichnis

a	Ar
a. d.	an der
a. G.	auf Gegenseitigkeit
aaO.	am angegebenen Ort
Abb.	Abbildung
AB-DVO	Verordnung zur Durchführung der Arbeitsbeschaffungsmaßnahmen aufgrund des Gesetzes zur Verminderung der Arbeitslosigkeit vom 28. Juni 1933
Abs.	Absatz
Abschn.	Abschnitt
Abt.	Abteilung
AcP	Archiv für die civilistische Praxis
ADR	Akademie für Deutsches Recht
Adrema	Adressiermaschinen, Berlin
AEG	Allgemeine Elektrizitäts-Gesellschaft
AfA	Absetzung für Abnutzung
AFM	Association of Facility Manager
AfK	Archiv für Kommunalwissenschaften
AfS	Archiv für Sozialgeschichte
AG	Aktiengesellschaft
AKKU	Arbeitskreis für kritische Unternehmensgeschichte
AktG	Aktiengesetz
Amtl. Samml.	Amtliche Sammlung
Anl.	Anlage
Anm.	Anmerkung
Anord.	Anordnung
AO	Abgabenordnung
AR	Aufsichtsratssitzungen
Art.	Artikel
ATH	August Thyssen-Hütte
AVI	Arbeitsgemeinschaft Verarbeitende Industrie
AWI	Arbeitswissenschaftliches Institut der Deutschen Arbeitsfront
AWV	Ausschuß für wirtschaftliche Verwaltung
b.	bei
BArch	Bundesarchiv Berlin
BASF	Badische Anilin- und Soda-Fabriken
BauGB	Baugesetzbuch
BB	Der Betriebs-Berater
BBA	Bergbau-Archiv beim Deutschen Bergbaumuseum
BBauG	Bundesbaugesetz
Bd.	Band
Bearb.	Bearbeiter; Bearbeitung
betr.	betreffend
BGB	Bürgerliches Gesetzbuch
BGBl. I	Bundesgesetzblatt Teil I
BGH	Bundesgerichtshof
BGHZ	Entscheidungen des Bundesgerichtshofes in Zivilsachen
BIW	Bergbau- und Industriewerte GmbH
Bl.	Blatt
BLR	Bombensicherer Luftschutzraum
BMW	Bayerische Motoren Werke
Bsp.	Beispiel

BV	Berichte Vorstand
BWL	Betriebswirtschaftslehre
bzgl.	bezüglich
bzw.	beziehungsweise
cbm	Kubikmeter
Cie.	Compagnie
Comp.	Company
Corp.	Corporation
CREM	Corporate Real Estate Management
CTR	Computing Tabulating Recording Company
d. h.	das heißt
d. J.	des Jahres
DAF	Deutsche Arbeitsfront
DAIG	Deutsche Annington Immobilien GmbH
Danatbank	Darmstädter und Nationalbank Kommanditgesellschaft auf Aktien zu Berlin
DAW	Deutsche Akademie für Wohnungswesen e.V.
DAZ	Deutsche Allgemeine Zeitung
DBS	Deutsche Bau- und Siedlungsgemeinschaft
DBZ	Deutsche Bauzeitung
DEHOMAG	Deutsche Hollerith Maschinen Gesellschaft
Deutsch-Lux	Deutsch-Luxemburgische Bergwerks- und Hütten-AG
DEWOG	Deutsche Wohnungsfürsorgegesellschaft für Arbeiter, Angestellte und Beamte
DHHV	Dortmund-Hörder-Hüttenverein
DIN	Deutsche Industrienorm
Diss.	Dissertation
div.	diverse
DIWIV	Deutsches Institut für wirtschaftliche Arbeit in der öffentlichen Verwaltung
DJ	Deutsche Justiz
DOGEWO	Dortmunder Gemeinnützige Wohnungsgesellschaft mbH
DR	Deutsche Reichsbahn
DRAnz.	Deutscher Reichsanzeiger und Preußischer Staatsanzeiger
DRK	Deutsches Rotes Kreuz
dt.	deutsch (-e/ -er)
Dtd.	Dortmund (-er)
DVO	Verordnung zur Durchführung der Verordnung (Durchführungsverordnung)
DVP	Deutsche Volkspartei
DWH	Deutsches Wohnungshilfswerk
e.V.	eingetragener Verein
ebda.	ebenda
ebs	European Business School
eGmbH	eingetragene Genossenschaft mit beschränkter Haftung
EHW	Eisen- und Hüttenwerke Aktiengesellschaft Bochum
Einl.	Einleitung
einschl.	einschließlich
Erl.	Erlaß
EWGG	Einsatz-Wehrmachtgebührnisgesetz
f.	folgende (Seite)
Fa.	Firma
FAZ	Frankfurter Allgemeine Zeitung
ff.	folgende (Seiten)
FinMin.	Finanzminister

Flak	Flugabwehrkanone
fm	Festmeter
Fn.	Fußnote
FOA	Foreign Operations Administration
Frhr.	Freiherr
Fried.	Friedrich
Friedl. Nachbar	Zeche Friedlicher Nachbar
Fschr.	Firmenschrift
FWH	Friedrich Wilhelms-Hütte
FWI	Führungsakademie der Wohnungs- und Immobilienwirtschaft
GA	Gründungsakten
GAG	Gemeinnützige Aktiengesellschaft für Wohnungsbau, Köln
GAGFAH	Gemeinnützige Aktiengesellschaft für Angestellten-Heimstätten; Essen und Berlin
Gaveg	Gasverarbeitungsgesellschaft mbH
GB	Geschäftsbericht
GB.-Bau	Der Generalbevollmächtigte für die Regelung der Bauwirtschaft
GBO	Grundbuchordnung
GdF	Gemeinschaft der Freunde
GE	Das Grundeigentum
Gebr.	Gebrüder
GEFMA	German Facility Management Association
GEHAG	Gemeinnützige Heimstätten-Aktiengesellschaft, Berlin
gem.	gemäß
GemVO	Gemeinnützigkeitsverordnung vom 01.12.1930 (Siebenter Teil, Kapitel III der Verordnung zur Sicherung von Wirtschaft und Finanzen vom 1. Dezember 1930)
GenG	Genossenschaftsgesetz
gfw	Gemeinnütziger Förderverein für Wohnungswesen, Städteplanung und Raumordnung, Bochum
GGW	Gesamtverband Gemeinnütziger Wohnungsunternehmen e.V., Köln
GHH	Gutehoffnungshütte Actienverein für Bergbau- und Hüttenbetrieb, Nürnberg
GIG	Gebäudeinstandsetzungsgesetz
GKG	Gerichtskostengesetz
GM	Goldmark
GmbH	Gesellschaft mit beschränkter Haftung
GmbHG	Gesetz betreffend die Gesellschaften mit beschränkter Haftung vom 20. April 1892
GrEStG	Grunderwerbsteuergesetz
GrStG	Grundsteuergesetz
GS	Preußische Gesetzsammlung
GSB	Gesellschaft zur Sicherung von Bergmannswohnungen mbH, Essen
GuG	Geschichte und Gesellschaft
GuV	Gewinn- und Verlustrechnung
GWB	Gesetz gegen Wettbewerbsbeschränkungen
GWG/München	Gemeinnützige Wohnstätten- und Siedlungsgesellschaft, München
GWG/Wuppertal	Gemeinnützige Wohnbaugesellschaft mbH, Wuppertal
GWKAV	Gauwirtschaftskammeraufbauverordnung
gws	Gemeinnützige Wohnstättengenossenschaft Dortmund-Süd
GZ	Geographische Zeitschrift
H.	Heft
h. M.	herrschende Meinung
ha	Hektar
HA	Hauptabteilung
HA Krupp	Historisches Archiv Krupp, Villa Hügel Essen
Hab.	Habilitationsschrift

HBL	Handbibliothek
HGB	Handelsgesetzbuch
Hibernia	Bergwerksgesellschaft Hibernia, Herne
HJ	Hitlerjugend
HMRG	Historische Mitteilungen der Ranke-Gesellschaft
Hoogovens	Koninklijke Nederlandsche Hoogovens en Staalfabrieken N.V.
Hrsg.	Herausgeber
i.	in, im
i.d.F.	in der Fassung
I.G.-Farben	Interessengemeinschaft Farbenindustrie AG
i.S.	im Sinne
i.V.m.	in Verbindung mit
i.W.	in Westfalen
IBM	International Business Machines Corporation
IFMA	International Facility Management Association
IHK	Industrie- und Handelskammer
IMS	Informationen zur modernen Stadtgeschichte
insbes.	insbesondere
Int.	Internationale/ -r
InWIS	Institut für Wohnungswesen, Immobilienwirtschaft, Stadt- und Regionalentwicklung GmbH, Bochum
IRPUD	Institut für Raumplanung, Dortmund
IVG	Industrieverwaltungsgesellschaft
jato	Jahrestonne (-n)
JfW	Jahrbuch für Wirtschaftsgeschichte
Jg.	Jahrgang
k.A.	keine Angaben
KAG	Kommunalabgabengesetz
Kap.	Kapitel
kaufm.	kaufmännisch
KdF	Kraft durch Freude
kg	Kilogramm
KG	Kommanditgesellschaft
KGaA	Kommanditgesellschaft auf Aktien
km	Kilometer
Kom.-Ges. aA	Kommanditgesellschaft auf Aktien (Altbezeichnung)
KSB	Bestimmungen zur Förderung der Kleinsiedlung
KSSchV	Kriegssachschädenverordnung
KStG	Körperschaftsteuergesetz
Kto.	Konto
kv.	kriegsverwendungsfähig
KVR	Kommunalverband Ruhrgebiet
kw	Kilowatt
Langnamverein	Verein zur Wahrung der gemeinsamen wirtschaftlichen Interessen in Rheinland und Westfalen
Lapfa	Preußische Landespfandbriefanstalt, Berlin
LG	Landgericht
LStG	Landesstempelgesetz
M	Mark
m	Meter
M.	Main

m.w.N.	mit weiteren Nachweisen
MAN	Maschinenfabrik Augsburg Nürnberg mbH/ m.b.H. mit beschränkter Haftung
MBliV	Ministerialblatt für die innere Verwaltung
MEV	Ministry of Economic Welfare
Mio.	Million (-en)
Mitt.	Mitteilung
Mrd.	Milliarde (-n)
MSA	Mutual Security Agency
MSchG	Gesetz über Mieterschutz und Mieteinigungsämter
N.F.	Neue Folge
NDI	Nachlaß Heinrich Dinkelbach
NJW	Neue Juristische Wochenschrift
No.	Numero
Not.	Notariat
Not. Reg.	Notariat Register
NPL	Neue Politische Literatur
Nr.	Nummer
NSBDT	Nationalsozialistischer Bund Deutscher Technik
NSBO	Nationalsozialistische Betriebszellenorganisation
NSDAP	Nationalsozialistische Deutsche Arbeiterpartei
NSt	Nachlaß Wilhelm Steinberg
NSV	Nationalsozialistische Volkswohlfahrt
NWB	Neue Wirtschafts-Briefe
o.A.	ohne Autorenangabe
o.J.	ohne Jahresangabe
o.N.	ohne Nennung
o.O.	ohne Ortsangabe
OB	Oberbürgermeister
OKH	Oberkommando des Heeres
OKM	Oberkommando der Marine
OKW	Oberkommando der Wehrmacht
OLG	Oberlandesgericht
ORR	Oberregierungsrat
OT	Organisation Todt
PA	Presseausschnittsammlung
Pf	Pfennig
PGZ	Politisch-gewerkschaftlicher Zeitungsdienst
pr. PVG	Preußisches Polizeiverwaltungsgesetz
Preuss.	Preussische(r)
Preussag	Preussische Bergwerks- und Hütten-AG
PublG	Publizitätsgesetz
PW	Price, Waterhouse & Co. Wirtschaftsprüfungsgesellschaft
R.-E.-Ind.	Rhein-Elbe-Indenture
RA	Rechtsanwalt
RAD	Reichsarbeitsdienst
RAF	Royal Air Force
RAFM	Royal Air Force Museum
RAL	Reichsausschuß für Lieferbedingungen
RAO	Reichsabgabenordnung
RArbBl. II - V	Reichsarbeitsblatt Teil II - Teil V
RArbMin.	Reichs- und Preußischer Arbeitsminister

RBew.VSt.DB	Durchführungsbestimmungen zum Reichsbewertungsgesetz und zum Vermögensteuergesetz für die Einheitsbewertung und Vermögensteuerveranlagung
rd.	rund
Rd.-erl./ Rderl.	Runderlaß
Rd.-schr.	Rundschreiben
RdF	Reichsminister der Finanzen
RdI	Reichsminister des Innern
RdL	Reichsminister der Luftfahrt
Rdnr.	Randnummer
Reg.	Register
RfA	Reichsversicherungsanstalt für Angestellte
RFG	Reichsforschungsgesellschaft für Wirtschaftlichkeit im Bau- und Wohnungswesen e.V.
RFH	Reichsfinanzhof
RGaO	Verordnung über Garagen und Einstellplätze (Reichsgaragenordnung)
RGBl. I	Reichsgesetzblatt Teil I
Rhein.	Rheinisch
RKW	Reichskuratorium für Wirtschaftlichkeit
RLM	Reichsluftfahrtministerium
RM	Reichsmark
RMBl.	Reichsministerialblatt
RMG	Reichsmietengesetz
RP	Regierungspräsident
RR	Regierungsrat
RRW	Rheinische W./ Rheinisch Westfälische W./ Westfälische W.
RS	Ruhrstahl AG
RSiedlG	Reichssiedlungsgesetz
RStBl.	Reichssteuerblatt
RuR	Ruhr und Rhein. Wirtschaftszeitung
RVerwBl.	Reichsverwaltungsblatt
RW	Rheinische Werkswohnungs AG/ Rheinische Wohnstätten AG
RWB	Ruhrwohnungsbau
RWK	Reichskommissar für den sozialen Wohnungsbau 15.11.1940-23.10.1943, dann Reichswohnungskommissar
RWTH	Rheinisch-Westfälische Technische Hochschule
RWW	Rheinisch Westfälische Werkswohnungs AG/Rheinisch Westfälische Wohnstätten AG
S.	Seite
SA	Sturmabteilung
SAGA	Siedlungs-Aktiengesellschaft, Hamburg
Slg.	Sammlung
SLR	Splittersicherer Luftschutzraum
sog.	sogenannte
Soko	Sonderkonto
Sp.	Spalte
SPD	Sozialdemokratische Partei Deutschlands
SS	Schutzstaffel
Stalag	(Kriegsgefangenen-) Stammlager
StAnpG	Steueranpassungsgesetz
StArch	Stadtarchiv
Stk.	Stück
-str.	-straße
SVR	Siedlungsverband Ruhrkohlenbezirk
t	Tonne(n)

Tab.	Tabelle
techn.	technisch
TH	Technische Hochschule
THS	Treuhandstelle für Bergmannswohnstätten im Rheinisch-Westfälischen Steinkohlenbezirk GmbH
TKA	Archiv des ThyssenKrupp Konzerns, Duisburg
TU	Technische Universität
u.	und
u. a.	unter anderem
U.S.	United States
UmwandlungsVO	Verordnung über das Verbot der Umwandlung von Wohnungen
UrkSt	Urkundensteuer
UrkStG	Urkundensteuergesetz
USA	United States of America
USAAF	United States Army Air Force
UStG	Umsatzsteuergesetz
v.	von, vom
v. d. Zypen	Vereinigte Stahlwerke van der Zypen und Wissener Eisenhütten-AG, Köln Deutz
VA	Archiv der Veba Immobilien AG
Veba	Vereinigte Elektrizitäts- und Bergwerks-AG
Verf.	Verfasser
Vfg.	Verfügung
VfZ	Vierteljahrshefte für Zeitgeschichte
vgl.	vergleiche
VO	Verordnung
Vol.	Volume
vorm.	vormals
VRW	Verband Rheinischer Wohnungsunternehmen (Baugenossenschaften und -gesellschaften) e.V.
VS	Verwaltungssitzungen
VSt	Vereinigte Stahlwerke AG, Düsseldorf
VSt-Ind.	Vereinigte Stahlwerke-Indenture
VStG	Vermögensteuergesetz
VSWG	Vierteljahrschrift für Sozial- und Wirtschaftsgeschichte
W.	Werkswohnungs AG, ab 1937 Wohnstätten AG; Wohnhäuser bei Westdeutsche W.
W.R.-Liste	Wehrkreisrangfolgeliste
WAZ	Westdeutsche Allgemeine Zeitung
Wehag	Westdeutsche Haushalt-Versorgung AG , Bochum
Westf.	Westfalen, Westfälische (i.V.m. Rheinisch Westf. W.)
Westfäl.	Westfälische
WGG	Gesetz über die Gemeinnützigkeit im Wohnungswesen vom 29.02.1940
WGGDV	VO zur Durchführung des Gesetzes über die Gemeinnützigkeit im Wohnungswesen vom 23. Juli 1940
Whg.	Wohnung
WMG	Wohnungsmangelgesetz
WoBauG	Wohnungsbaugesetz
WP	Wirtschaftsprüfer
WRV	Verfassung des Deutschen Reiches vom 11.08.1919 (Weimarer Verfassung)
Wurag	Vereinigte Walz- und Röhrenwerke AG, Hohenlimburg
WW	Westfälische Werkswohnungs AG/ Westfälische Wohnstätten AG
WWA	Stiftung Westfälisches Wirtschaftsarchiv
WWh	Westdeutsche Wohnhäuser

z. B.	zum Beispiel
z. Hd.	zu Händen
z. Zt.	zur Zeit
ZBlDR	Zentralblatt für das Deutsche Reich
ZfS	Zeitschrift für Soziologie
Ziff.	Ziffer
ZögU	Zeitschrift für öffentliche und gemeinwirtschaftliche Unternehmen
ZUG	Zeitschrift für Unternehmensgeschichte
Zweckentfremdungs VO	Verordnung über das Verbot der Zweckentfremdung von Wohnungen
ZWS	Zeitschrift für Wirtschafts- und Sozialwissenschaften

III. Tabellenverzeichnis

IV. Abbildungsverzeichnis

FSC
www.fsc.org
MIX
Papier | Fördert
gute Waldnutzung
FSC® C083411

Kolibri 360 GmbH
Ferdinand-Jühlke-Straße 7
99095 Erfurt, Deutschland
produktsicherheit@kolibri360.de

Druck:
CPI Druckdienstleistungen GmbH
im Auftrag der
Kolibri 360 GmbH
Ferdinand-Jühlke-Str. 7
99095 Erfurt